ARCHIVES HISTORIQUES
DE LA GASCOGNE

FASCICULE DOUZIÈME

COMPTES CONSULAIRES DE LA VILLE DE RISCLE

PAR

P. PARFOURU ET J. DE CARSALADE DU PONT

COMPTES CONSULAIRES

DE LA

VILLE DE RISCLE

DE 1441 A 1507

(TEXTE GASCON)

PUBLIÉS POUR LA SOCIÉTÉ HISTORIQUE DE GASCOGNE

PAR

PAUL PARFOURU

ARCHIVISTE DU GERS

ET

J. DE CARSALADE DU PONT

—

TOME PREMIER

1441-1484

PARIS | AUCH
HONORÉ CHAMPION | COCHARAUX FRÈRES
ÉDITEUR | IMPRIMEURS
15, quai Malaquais, 15 | 11, rue de Lorraine, 11

M DCCC LXXXVI

INTRODUCTION

La petite ville de Riscle, chef-lieu de canton du département du Gers, a une origine fort ancienne. Elle est mentionnée pour la première fois dans un acte bien connu et souvent publié (¹) du *Cartulaire noir* du chapitre métropolitain d'Auch. C'est l'acte de fondation de la ville et de l'église collégiale de Nogaro par l'archevêque Austinde, église dont il célébra la dédicace en l'an 1062. Le prélat raconte dans cet acte les démêlés que la fondation de Nogaro suscita entre lui et le comte d'Armagnac, Bernard II Tumapaler, qui venait lui-même de fonder le monastère de Saint-Mont et d'y prendre l'habit religieux. Saint Austinde termine son récit par l'énumération des douze églises du voisinage dont il dut céder les revenus aux moines de Saint-Mont pour obtenir du comte Bernard l'abandon de ses droits de suzerai-

---

(1) Marca, *Histoire de Béarn*, p. 280; *Gallia christiana*, t. I, Instrumenta, p. 160 (le nom de Riscle y est défiguré); dom Brugèles, *Chroniques ecclésiastiques du diocèse d'Auch*, preuves de la III⁰ partie, p. 61; Monlezun, *Histoire de la Gascogne*, t. VI, p. 95.

neté sur Nogaro : parmi ces églises figure celle de Riscle (¹).

Le nom de Riscle n'apparaît plus qu'à de longs intervalles dans les documents pendant près de quatre siècles, mais en 1441 s'ouvre une série de comptes consulaires qui vont nous faire assister, durant un demi-siècle environ, à tous les actes de la vie municipale d'une petite ville de l'Armagnac. Ce sont ces comptes que nous publions.

Les comptes de Riscle, conservés aux Archives départementales du Gers (²), sont écrits sur des cahiers de papier in-4° (30 cent. sur 20), au nombre de 34, formant un total de 838 feuillets. L'écriture est une jolie cursive, d'une lecture assez facile.

Jusqu'en 1462 (³), le compte annuel n'est qu'un résumé des recettes et des dépenses, présenté par les consuls sortants à leurs successeurs; mais, à partir de l'année 1473 jusqu'en 1507, à côté de ce compte-rendu sommaire existe pour chaque année (⁴) un compte détaillé des dépenses. La date exacte et l'objet de la dépense, ainsi que les motifs qui l'ont nécessitée, sont consignés par les consuls avec un soin méticuleux et souvent avec des détails précieux sur les événements contemporains dont la Gascogne

---

(1) Voici cette liste : « Nomina vero ecclesiarum quarum videlicet quartus « (*sic* pour *quartas*) episcopales conventione supra scripta monachi[s] Sancti-« Montis dimiseram, hec sunt : Margoet, Castaied, Arblade, Mormers, Serra-« meian, Cartiga, Boson, Fustarroal, Favarolas, Laoka (ce nom a été effacé « et se lit difficilement : c'est Laleugue), Balambiz, Arriscle ». (Archives départementales du Gers, G. 16. *Cartulaire noir*, acte XIV, f° 38 v°.)

(2) E. 281, 282 et 283.

(3) Les comptes de 1455 à 1460 et de 1463 à 1472 font malheureusement défaut.

(4) Moins les années 1478, 1480, 1491 et 1506 qui manquent.

fut le théâtre : faits de guerre, passages de troupes, etc., etc. Le récit est quelquefois très circonstancié.

On comprend tout l'intérêt que des comptes ainsi rédigés présentent non seulement au point de vue de l'étude du régime municipal et des conditions d'existence des populations de l'Armagnac à la fin du xve siècle, mais encore au point de vue de l'histoire du comté, de la province tout entière et même du royaume à cette époque.

C'est un tableau presque complet des désordres, de la ruine et des misères qui accompagnèrent et suivirent la lutte sanglante engagée entre Louis XI et l'un des plus grands vassaux de la couronne : tableau sombre et navrant.

L'année 1473 fut particulièrement féconde en événements tragiques : la prise et le sac de Lectoure, la mort violente du comte Jean V, le partage de ses dépouilles, le pays livré à des bandes de routiers mettant tout à feu et à sang, « a foec e a sanc » (¹), des chefs avides rançonnant les malheureux habitants, tel est le bilan de cette année *terrible*. Tout cela trouve un écho, un peu affaibli — on n'ose se plaindre trop haut, — dans les comptes de 1473. Aussi les avons-nous reproduits intégralement (²). Ceux de 1484 ne sont guère moins intéressants. A côté de précieux renseignements historiques, ils contiennent un épisode bien curieux. Un bâtard de Jean V, dòn Jean d'Armagnac, sorti de prison en même

---

(1) Comptes de 1473, art. 96, p. 97.
(2) La publication intégrale des comptes eût exigé plusieurs volumes, il a fallu forcément faire un choix. Nous avons tâché de n'omettre rien de ce qui nous a paru vraiment intéressant.

temps que son oncle Charles, arrive dans l'Armagnac avec quelques partisans. Il commence par parler haut, réclamant de l'argent, des hommes et des chevaux. Devant le refus prudent des consuls, qui craignent le pouvoir royal, il s'irrite, il s'emporte, il menace. Les consuls tiennent toujours fermées les portes de la ville. Après de nombreuses allées et venues, il finit par avouer son extrême dénûment et charge les consuls de payer sa dépense à l'auberge : chose que ceux-ci s'empressent de faire, comme ils le font d'ailleurs chaque année pour tous les personnages qui viennent à Riscle. Et ils sont nombreux ces personnages et de toutes qualités, depuis le comte et les membres de sa famille jusqu'au simple sergent chargé d'opérer une saisie. La liste seule des hauts dignitaires ecclésiastiques, militaires et civils qui honorèrent Riscle de leur présence serait trop longue et on nous pardonnera de l'omettre ([1]).

Mais cette masse de faits et de renseignements si divers nous est présentée pêle-mêle par les consuls comptables. Il nous a semblé utile de mettre un peu d'ordre dans ce fouillis et de donner ici un aperçu méthodique des principales matières.

Dans une première partie nous ferons brièvement l'historique du comté d'Armagnac au triple point de vue politique, judiciaire et financier. Une seconde partie sera consacrée à la ville de Riscle, dont nous étudierons successivement les coutumes, l'organisa-

---

(1) Sur tous ces personnages, de même que sur les événements historiques et sur nombre de faits, d'usages curieux ou de particularités intéressantes, on trouvera, dans les Comptes, de nombreuses notes dues à la plume si compétente de M. de Carsalade du Pont, qui a bien voulu nous accorder sa précieuse collaboration.

tion municipale, les impôts, etc. Nous terminerons cette étude par quelques remarques sur le dialecte dans lequel sont écrits les comptes de Riscle.

I.

LE COMTÉ D'ARMAGNAC.

Si à l'origine le comté d'Armagnac se composait uniquement du pays qui avait Nogaro pour capitale, il n'en était déjà plus de même vers la fin du xve siècle. A cette époque, le mot *Armagnac* servait indistinctement et non sans confusion à désigner la sénéchaussée, le comté et le pays d'Armagnac. La sénéchaussée avait un ressort très étendu; elle comprenait les huit pays suivants (¹) : Armagnac, Fezensac, Fezensaguet, Lomagne, Brulhois, Eauzan, Rivière, Pardiac et Quatre-Vallées. Deux de ces pays, l'Armagnac et l'Eauzan, formaient le comté d'Armagnac, tel du moins qu'il fut donné par Louis XI au sire de Beaujeu, en 1473, et qu'il fut possédé par Alain d'Albret (²). Plus tard, lorsque tous les domaines de la maison d'Armagnac furent réunis entre les mains du roi de Navarre, un troisième pays, celui de Rivière, vint, croyons-nous, s'ajouter aux deux premiers pour constituer définitivement le

(1) Les lettres patentes du 27 décembre 1473 y ajoutent la seigneurie de Lectoure et l'Astarac. (*Archives de la ville de Lectoure*, publiées par M. P. Druilhet, fascicule IX des *Archives historiques de la Gascogne*, p. 17.)
(2) Cependant un acte de 1484, inséré plus loin, page 301, attribue un seul et même sens aux mots *pays* et *comté* d'Armagnac. Nous n'osons donc rien affirmer sur ce point de géographie féodale.

comté d'Armagnac; nous le retrouvons ainsi composé au XVIII° siècle (¹). Hâtons-nous de dire que le rattachement de l'Eauzan et de Rivière-Basse à l'Armagnac propre devait être purement administratif et domanial. Chacun de ces trois pays conserva son organisation propre, au point de vue politique comme au point de vue judiciaire. Financièrement parlant et pour le fisc royal, il y eut, dès la fin du XV° siècle, la collecte d'Armagnac, la collecte de Rivière — appelées collectes du Bas-Armagnac et de Rivière-Basse au siècle suivant (²) — et la collecte d'Eauzan (³). Ces divisions financières furent maintenues lors de l'établissement d'un bureau d'élection à Auch, en 1625 (⁴).

(1) États de la consistance du domaine royal dans la Généralité d'Auch, en 1743, 1748, 1753, 1758 et 1763. (Archives du Gers, série C, Bureau des finances.) La liste publiée par l'abbé Monlezun (*Histoire de la Gascogne*, t. II, p. 439) est conforme à ces états, à quelques noms près.

(2) L'expression de *Bas-Armagnac* date donc du XVI° siècle. Nous trouvons « basse conté » et « petit conté d'Armaignac » dès 1544, dans le plus ancien registre de la sénéchaussée de Lectoure (Archives du Gers, B. 1, f⁰ˢ 169 et 325). Cette dénomination, d'abord spéciale au pays d'Armagnac proprement dit, s'étendit plus tard au pays d'Eauzan. Actuellement encore le Bas-Armagnac comprend toutes les communes autrefois dépendantes des collectes de Nogaro et d'Eauze. Dès 1601, le greffe du « bas conté d'Armaignac » établi près la sénéchaussée de Lectoure enregistrait non seulement les procès de la judicature du Bas-Armagnac propre, mais encore ceux de la judicature d'Eauzan. Les causes de la jugerie de Rivière-Basse sont dans les registres du greffe de Fezensac-delà-Baïse. Ce qu'on appelle aujourd'hui le Haut-Armagnac est en réalité le Fezensac. La notion exacte de l'étendue et des limites primitives de ces divers pays était perdue depuis longtemps au XVIII° siècle, à ce point que les auteurs de *L'art de vérifier les dates* font d'Auch la capitale de l'Armagnac.

(3) En 1558, la recette d'Armagnac se composait des collectes d'Auch, de Jegun, de Vic-Fezensac, de Fezensaguet, du Bas-Armagnac, d'Eauzan, de Rivière-Basse, de Lomagne, d'Auvilar, de Laplume (Brulhois), de l'Isle-Jourdain et de Pardiac. (Archives d'Auch, délibérations, BB 5.)

(4) L'élection d'Armagnac fut composée de sept collectes : Auch, Jegun, Vic-Fezensac, Fezensaguet ou Mauvezin, Bas-Armagnac, Eauze et Rivière-Basse. (Archives du Gers, C. 383.) — La division en collectes fut maintenue jusqu'à la Révolution, mais seulement pour l'assiette des impôts. (*Dictionnaire*

§ 1. — État politique du comté d'Armagnac.

Résumons rapidement les vicissitudes subies par le comté, depuis le milieu du xve siècle (1).

Après le meurtre de Jean V, le comté d'Armagnac échut à Pierre de Bourbon, sire de Beaujeu, de par la volonté de Louis XI, son beau-père (2). Le 5 septembre 1473, les commissaires de Pierre de Bourbon présentèrent aux consuls du pays, assemblés à Barcelonne, les lettres royaux qui lui donnaient l'Armagnac, à l'exception du titre de comte « reservat lo « titre de esse comte » (3). Ce ne fut que le 9 octobre 1474 que les nobles et les consuls des « proprietatz » (4) prêtèrent serment de fidélité à leur nouveau seigneur, dans la ville de Nogaro (5). Les commissaires vinrent ensuite à Riscle et exigèrent un serment pareil des habitants, réunis sous la halle (6). Un nouveau serment de fidélité fut prêté au sire de Beaujeu, le 17 novembre 1479, mais non sans résistance de la part de plusieurs gentilshommes et con-

---

d'Expilly, art. Auch.) — Au point de vue de leur recouvrement, l'élection fut partagée, au xviiie siècle, en deux bureaux de recette, établis le premier à Auch pour le Haut-Armagnac, composé de 155 communautés (collectes d'Auch, de Jegun, de Vic et de Fezensaguet), le second à Nogaro pour le Bas-Armagnac, composé de 167 communautés (collectes du Bas-Armagnac, d'Eauze et de Rivière-Basse). (État de la consistance de l'élection d'Armagnac en 1741; Archives du Gers, C. 76.)

(1) Pour la période antérieure à 1473, nous renvoyons le lecteur à l'excellent résumé que M. de Carsalade a placé en tête des comptes de cette année, p. 72.
(2) La donation est du mois de juin 1473. Elle est insérée p. 178.
(3) Comptes de 1473, art. 220, p. 136.
(4) Voir plus loin l'explication de ce terme au § 3 (États d'Armagnac).
(5) Comptes de 1474, art. 69, p. 176.
(6) Ibidem, art 75, p. 177.

suls (¹). Cette résistance ne fit que s'accentuer lorsque, quelques jours après, Pierre de Bourbon demanda aux états un subside assez élevé. La noblesse et le tiers état tinrent plusieurs assemblées dans le cloître de l'église Saint-Nicolas de Nogaro, le 24 et le 25 novembre, sans pouvoir s'entendre sur le chiffre à voter. Le prieur d'Eauze (Jean Marre), futur évêque de Condom, au nom de la noblesse harangua les consuls; ceux-ci ripostèrent. Bref, chaque ordre vota séparément. Mais les consuls s'étant montrés peu généreux furent mis à la raison par les officiers du sire de Beaujeu; il fallut s'exécuter et payer la somme demandée (²).

Louis XI mort, Charles d'Armagnac, grâce à l'intervention des états de Tours, se vit rendre ses divers domaines. La cérémonie de la mainlevée eut lieu à Auch, le 8 mai 1484 (³), et, le 14 du même mois, le sénéchal fit prêter serment aux gentilshommes et aux consuls, à Nogaro (⁴). Quelle ne fut pas leur surprise lorsque, peu de jours après, on les convoqua de nouveau pour jurer fidélité au sire d'Albret (⁵)! La lecture de l'acte d'engagement du comté d'Armagnac ne put les décider : ils voulaient voir le comte (⁶). Ils le virent, en effet, à Auch, le 21 mai, lors de son entrée solennelle, et reçurent sans

---

(1) Comptes de 1479, art. 54, p. 248. (V. Monlezun, *Histoire de la Gascogne*, t. v, p. 14.)

(2) *Ibidem*, art. 57 et 58, p. 249-251. — Voir une note de M. de Carsalade, p. 251.

(3) Comptes de 1484, art. 72, p. 310.

(4) *Ibidem*, art. 83, p. 313.

(5) *Ibidem*, art. 85 et 86, p. 315.

(6) Le procès-verbal de cette assemblée, qui eut lieu le 19 mai, a été inséré en note, p. 318.

doute de sa bouche la confirmation de la triste nouvelle : le 31 du même mois, ils se résignaient à prêter serment entre les mains du seigneur de Lamothe et du juge de Nérac, commissaires d'Alain d'Albret ([1]).

Charles d'Armagnac essaya bien de racheter son comté ; une aide lui fut même octroyée dans ce but par les états ([2]), mais cet argent reçut une autre destination. Le délai pour le rachat étant expiré, Alain fit changer l'engagement en une cession irrévocable (2 juin 1486) ([3]). Peu à peu les populations de l'Armagnac se détachèrent de celui qu'elles considéraient comme leur seigneur légitime. Un nouveau subside ayant été demandé en son nom par le sénéchal, en 1490, les états du comté d'Armagnac refusèrent nettement d'y contribuer. Lorsque les consuls de Riscle apprirent sa mort, (mois de juin 1497) ([4]), ils se contentèrent de faire réparer les portes du château ([5]).

Alain d'Albret se fit rendre hommage comme comte d'Armagnac, le 15 mars 1492 ; il y eut bien quelques récalcitrants parmi les gentilshommes, mais tous finirent par obéir. Pendant une dizaine d'années, le sire d'Albret paraît avoir laissé tranquilles ses nou-

---

(1) Comptes de 1484, art. 93, p. 317.
(2) *Ibidem*, art. 127 et 128, p. 325.
(3) De Gaujal, *Essais historiques sur le Rouergue*, t. II, p. 175.
(4) L'article qui mentionne la mort de Charles n'est pas daté, mais il se trouve entre une dépense du 9 juin et une autre du 13 juin. Cependant, d'après Monlezun (*Hist. de la Gascogne*, t. v, p. 85), le comte ne serait mort que vers la fin du mois de juillet (?).
(5) Dès 1492, le bruit de la mort de Charles avait couru. Le 14 janvier, les consuls de Nogaro annoncèrent cette nouvelle prématurée à ceux de Riscle, en les engageant à faire bon guet et à bien garder la ville.

veaux sujets, se contentant de percevoir les fiefs et autres droits seigneuriaux, lorsque le 7 mai 1494 il parut aux états convoqués par son ordre à Nogaro et leur demanda l'énorme somme de deux ducats par feu. C'était la ruine pour les malheureuses communautés, écrasées déjà par les impôts royaux. On lui offrit un fouage de deux francs. Il ne voulut rien entendre et exigea jusqu'au dernier *ardit*. Les consuls de Riscle durent contracter un emprunt onéreux pour payer cette *donation* forcée. Un second octroi d'un écu par feu, qu'Alain se fit voter l'année même de la mort de Charles d'Armagnac, mit le comble à la misère publique.

On sait que François Ier, en montant sur le trône, fit don à sa sœur Marguerite d'Angoulême et à son mari Charles II, duc d'Alençon ([1]), de tous les domaines qui avaient appartenu à Jean V (1er février et 10 octobre 1515). L'année suivante, le duc d'Alençon fit prendre possession du comté d'Armagnac compris dans la donation royale. Alain d'Albret en conserva néanmoins la jouissance jusqu'à sa mort (octobre 1522), comme gage d'une rente de 800 livres que Charles d'Alençon dut lui reconnaître ([2]).

Après le décès du duc d'Alençon (11 avril 1525), Marguerite d'Angoulême épousa en secondes noces, le 26 janvier 1527, Henri II d'Albret, roi de Navarre, petit-fils d'Alain ([3]), et lui apporta en dot les domaines d'Armagnac. De ce mariage naquit Jeanne

---

(1) Charles d'Alençon était petit-fils de Marie d'Armagnac, sœur de Jean V et de Charles Ier. Son mariage avec Marguerite est du 5 octobre 1509.

(2) Monlezun, *Histoire de la Gascogne*, t. v, p. 141.

(3) Henri d'Albret descendait au quatrième degré d'Anne d'Armagnac, sœur du comte Jean IV.

d'Albret, mère de Henri IV. L'avènement de Henri IV au trône de France n'amena pas la réunion immédiate du comté d'Armagnac à la couronne. Ce ne fut qu'en juillet 1607 qu'il consentit à signer l'acte où il reconnaissait que « par le fait de son « *ascension* au trône tous les fiefs mouvants de la « couronne y avaient fait retour et devaient y être « irrévocablement unis » (1).

Malgré cette clause, le Bas-Armagnac en fut détaché trente ans plus tard et engagé au prince de Condé, en même temps que la duché-pairie d'Albret, par trois contrats des 3 avril, 2 mai et 21 octobre 1641 (2). Ces possessions échurent au Grand Condé après la mort de son père (décembre 1646); il en jouissait encore à la fin de l'année 1650 (3). Mais il est certain qu'elles ne lui appartenaient plus au mois de mars 1651, puisque, par contrat du 23 dudit mois, le duché d'Albret et cinq villes du Bas-Armagnac : Nogaro, Aignan, Barcelonne, Plaisance

---

(1) Monlezun, *Hist. de la Gascogne*, t. v, p. 481.
(2) Samazeuilh, *Dictionnaire géographique et archéologique de l'arrondissement de Nérac*, édit. nouvelle, p. 14.
(3) Cela ressort d'une délibération des états de la collecte du Bas-Armagnac, à la date du 5 décembre 1650, et dont voici un extrait : « Sur ce que Son « Altesse a acquis la plus grande partie de la comté du Bas-Armagnac, qui est « de toute ancienneté de la table d'Albret, et que ladite duché jouit du bénéfice « et décharge du logement des gens de guerre moyennant un certain don qu'on « luy fait; c'est pourquoy la présente collecte doit espérer le même bénéfice, si « elle fait offre de contribuer au même don, et à cet effet on pourroit en arrêter « les conditions avec M. le chevalier de Rivière qui a l'intendance et gouverne- « ment de S. A. en ladite duché d'Albret... » (Archives de Nogaro, BB. 3, folio 354 v°.) — Une délibération de la communauté de Nogaro, du 13 novembre 1647, nous apprend que le don fait au prince de Condé par le duché d'Albret était de 100,000 livres, payables en cinq années, « ce qui est peu de chose eu « esgard au grand bien qu'on reçoit de sa protection, n'ayant pas un seul loge- « ment de guerre en tout le pays ». La ville de Nogaro y contribua pour 600 livres. (Arch. de Nogaro, BB. 3, fol. 231.)

et Riscle, furent de nouveau aliénées en faveur du duc de Bouillon, en échange des souverainetés de Sedan et de Raucourt et de partie du duché de Bouillon (¹). Le prince de Condé reçut comme dédommagement le duché de Bourbonnais (²). Les ducs de Bouillon gardèrent jusqu'à la Révolution le duché d'Albret et les cinq villes du Bas-Armagnac.

§ 2. -- Justices du Bas-Armagnac.

Justice d'appeaux. — Le pays d'Armagnac, sans doute à cause de son éloignement du siège de la sénéchaussée, possédait une justice d'appel ou d'appeaux, comme on disait au Palais. Cette justice supérieure avait son siège à Nogaro (³).

Les comptes de 1474 (art. 3) nous apprennent que Mᵉ Jean de Moschès (⁴), notaire, remplissait

---

(1) L'échange du mois de mars 1651 est mentionné par divers auteurs : *Art de vérifier les dates*, éd. in-8°, t. x, p. 156 et t. xii, p. 313; Expilly, *Dictionnaire historique de la France* (art. Auvergne); — La Chenaye-Desbois, 3ᵉ édition, t. xix, p. 58; — Samazeuilh, *Dictionnaire de l'arrondissement de Nérac*, p. 14. — Les Archives de Nogaro possèdent une copie de ce contrat d'échange (AA. 5).

(2) La Chenaye-Desbois, *Dictionnaire de la Noblesse*, 3ᵉ édition, t. iii, p. 759.

(3) Cela n'est certain qu'à partir des dernières années du xvᵉ siècle ou du commencement du xviᵉ. Nous avons lieu de croire qu'antérieurement à cette époque le juge d'appeaux résidait à Lectoure et que ses pouvoirs étaient presque aussi étendus que ceux du sénéchal lui-même, en matière judiciaire bien entendu. L'existence en Armagnac d'un juge général d'appeaux est établie par un texte du commencement du xvᵉ siècle. C'est une lettre écrite par le comte de Pardiac aux consuls d'Auch pour accréditer près d'eux le « jutge dels « apels de moss. lo comte d'Armanhac ». (Archives d'Auch, AA 4.) — Au xivᵉ siècle, Toulouse, comme Lectoure, possédait à la fois un sénéchal et un juge d'appeaux : nous voyons par un article des coutumes de Fleurance (1358) que les appels des sentences du juge de Gaure pouvaient se porter indifféremment devant l'un ou l'autre de ces magistrats « ... ad senescallum Tholose « domini nostri Francie regis, vel judicem appellacionum Tholose, prout alias « extitit fieri consuetum ». (*Ordonnances des rois de France*, t. viii, p. 86.)

(4) Les registres de Chastenet, notaire de Nogaro, mentionnent un Michel de *Monasteriis* (Moschès, Mouchès), consul de cette ville en 1489.

alors les fonctions de « loctenent deu jutge d'apel d'Armanhac ».

Ce n'est qu'en 1483 (art. 47) que le nom du juge d'appeaux nous est révélé. Il s'appelait Jean de Job (¹). Cet officier eut l'honneur d'être envoyé comme député du tiers état de la sénéchaussée d'Armagnac aux états généraux convoqués à Tours pour le 15 janvier 1484 (²). Jean de Job ne s'y rendit qu'un mois plus tard, par la faute des bonnes villes de l'Armagnac qui avaient négligé de lui faire parvenir leur quote-part du viatique nécessaire pour un pareil voyage. Une lettre pressante de leur député resta sans réponse. Mais le procureur général, Jean de Crescio, s'émut de ce silence, qui mettait obstacle au départ de la députation du pays ; il fit comparaître devant lui, à Lectoure, les consuls de Nogaro, de Riscle, de Barcelonne et d'Aignan, et les obligea, pour chacune de ces villes, à payer cinq francs de roi au juge d'appeaux qui put enfin accomplir son mandat (1484, art. 6-10).

Jean de Job eut pour successeur, vers la fin de l'année 1484, Jean Magnan, seigneur de Bernède (³).

Les comptes des années suivantes, jusqu'en 1507, mentionnent à diverses reprises le juge d'appeaux, mais sans le nommer.

---

(1) Jean de Job était de Lectoure. Il y remplit les fonctions de premier consul en 1489. (*Archives de la ville de Lectoure*, p. 115, note.)

(2) Voir une note de M. de Carsalade, p. 291.

(3) Actes du 31 décembre 1484 et du 9 janvier 1485 (Reg. de Chastenet, notaire à Nogaro; Archives du Séminaire d'Auch.) — Par ces actes, Jean de Magnan nomme des lieutenants en divers lieux de l'Armagnac. Il devait être, comme Jean de Job, juge général d'appeaux et habiter Lectoure. Ce fut probablement quelques années plus tard qu'on transféra le siège d'appeaux à Nogaro en réduisant son ressort à la judicature du Bas-Armagnac.

Ce n'est que vers la fin du xvi⁰ siècle (après 1576) que dut être supprimé le siège d'appeaux de Nogaro. A la date du 3 juillet 1576, on enregistre au sénéchal de Lectoure un appel d'une sentence rendue par le juge d'appeaux, comme assesseur des consuls de Riscle. Il n'est plus fait mention de ce magistrat dans les registres postérieurs à cette date.

Justice ordinaire du Bas-Armagnac. — Le siège principal de la justice ordinaire était établi à Nogaro, comme celui de la justice d'appel. Il y avait, en outre, des sièges secondaires dans les localités les plus importantes du Bas-Armagnac, à Aignan, à Barcelonne, au Houga, à Plaisance (¹) et à Riscle (²).

---

(1) La ville de Plaisance, fondée au commencement du xiv⁰ siècle, faisait primitivement partie du pays de Rivière. Elle s'y trouvait encore à la fin du xv⁰ siècle; nous voyons, en effet, l'abbé de La Case-Dieu, Pierre de Montus, rendre hommage pour la moitié de Plaisance à Jean de Foix, vicomte de Narbonne et seigneur de Rivière (9 septembre 1473) (Archives du Gers, H. 5, Inventaire des titres de La Case-Dieu.) C'est probablement dans le courant du xvi⁰ siècle que Plaisance fut détachée du pays de Rivière-Basse par les officiers du roi de Navarre. Quoi qu'il en soit, cette ville appartenait à la judicature du Bas-Armagnac dès 1601. (Archives du Gers, série B, registres d'audience de la sénéchaussée de Lectoure.)

(2) Un document rédigé avant 1640 et intitulé « *Rolle et dénombrement des viles, vilages ou communeautés deppendantes du bas comté d'Armaignac* » (Archives de Nogaro, FF. 5) nous fait connaître le ressort de chacun de ces sièges. En voici un extrait qui va nous donner la composition du pays d'Armagnac :

« Noguero, vile capitale de la collecte du Bas-Armaignac, où est le siège prin-
« cipal de la justice dudit pays. Duquel siège ont tousjours deppendeu les
« vilages ou communeaultés suivantes, sçavoir les lieus du Bedat, Crabensère,
« L'Hospital-Ste-Crestie, Sion, Bouyt-Juzan, Bouyt-Soubiran, Bourroilhan (jus-
« tice seigneuriale en 1703), Sales, Maupas, Sourbetz, Mauriet, Orgosse,
« Loubion, Clarens, Espaignet, Caupène, Laur, Laur-Juzan, Cantiran (justice
« seigneuriale au xviii⁰ siècle), Laterrade-de-Mau, Laveyrie, Molezun, Lalegue,
« Sarragaissies, Arparens, Lou Castaignet, Sainct-Martin, Tarsac, Caumont,
« Sainct-Germain, Lapugeole, Lou Lin, Arblade-Brassal, Vergoignan, Lupé,
« Daunian, Maignan (justice seigneuriale en 1732), Cremeng, Lane-Soubiran,
« Sainct-Griède, Lou Haget, Geilhecapet (alias Vielcapet), Mourmès, Projan,
« Bilhère, Segos, St-Mont, Labartète, Lou Sersou, Viela (justice seigneuriale
« en 1675), Berlus, Aurensan, Bouhinc, Bernède, Bartecaignart, Cadilhon, Cor-

INTRODUCTION.

Le juge ordinaire ou son lieutenant et le procureur, accompagnés des officiers subalternes (¹), se rendaient plusieurs fois l'an et à des époques régulières dans chacune des villes munies d'un siège de justice et y tenaient des plaids ou assises (²).

En outre, des tournées fréquentes étaient faites soit par le juge, soit par le procureur, chaque fois que les intérêts du comte ou du roi l'exigeaient.

Dans les grandes circonstances, lorsqu'il s'agissait,

« neilhan, Camicas, Gellemale, Lagardère-St-Mont, Lannux, Lacaussade, St-
« Pot, Violes et Vizous.
    « Aignan, vile capitale d'un bayliage qu'il y a eu autrefois, dans laquelle y a
« un siège de justice, auquel respondent les lieus de Castelnabet, Lou Sous,
« Margouet, Averon, Sabazan, Betous, Husterrouau, Vilenabe (alias Gellenave),
« Lou Camp, Lou Cournau, Bouzon, Belegele, Lagouardère-de-Betous, Pegleyze,
« St-Go, Lou Mimort (*de Homine mortuo*).
    « Barsalone, vile située sur la rivière de l'Adour, dans laquelle y a un siège
« de justice, auquel respondent les communautés de Gée et Rivière.
    « Lou Foulgua, ville où il y a un siège de justice, auquel respondent les com-
« muneaultés de Laterrade-Sainct-Aubin (justice seigneuriale au XVIIIᵉ siècle),
« de Perchède et de Sainct-Aulbin.
    « Plaisance, ville située sur la rivière de l'Aros, dans laquelle y a un siège de
« justice. L'abbé de la Caza-Dieu en est con-seigneur avec le Roy et dont
« annuelement au juge du Bas-Armaignac de gages v livres.
    « Riscle, ville assise sur la rivière de l'Adour, où yl y a siège de justice,
« auquel respondent les communeaultés et vilages de Maumusson et Laguian. »
    Les communautés suivantes possédaient à la même époque un siège de justice seigneuriale : Arblade-Comtal, Estang, Lasserrade, Maulichères, Panjas (siège supprimé plus tard), Pouydraguin, Sainte-Christie et Thermes (avec Izotges).
    (1) Plusieurs quittances du XIVᵉ siècle nous apprennent qu'en temps de guerre le juge de Fezensac se faisait accompagner de deux écuyers et de six sergents. Il devait en être de même dans l'Armagnac. (Quittances de B. Mars, juge de Fezensac, siège d'Auch. — Bibl. nat., Titres scellés, r. 70.)
    (2) Le 2 décembre 1499, M. de Sainte-Christie, gouverneur de l'Armagnac, vint installer Jean de Pomadère, récemment nommé juge ordinaire. Celui-ci resta trois jours à Riscle et tint trois audiences successives. Au mois de juillet 1501, le même juge fit annoncer aux consuls qu'il allait venir habiter Riscle pendant un mois ou deux « per metre en ordia beucops de besonhas de la « bila e mes que mes tocant lo feyt de justicia ». — Son successeur, Jean de Mègeville, faillit être victime d'une émeute, le 15 mai 1503, à la suite de l'arrestation d'un mendiant, « a causa que cridaba la carrita ». Le peuple, furieux, fit sonner le tocsin. Le juge se considéra comme insulté ; on l'apaisa par le don de 2 écus.

par exemple, de la défense des places ou d'armements militaires, le sénéchal en personne parcourait le pays avec tous les officiers et suivi d'une nombreuse escorte. Tout ce monde était hébergé aux frais des communautés.

A partir de 1651, et par suite de la cession de Nogaro, d'Aignan, de Barcelonne, de Plaisance et de Riscle au duc de Bouillon, la justice, qui avait été jusque là successivement rendue dans ces cinq villes au nom des anciens comtes, du sire de Beaujeu, d'Alain d'Albret, des rois de Navarre et des rois de France, devint à la fois royale et ducale (1). Le siège du Houga seul resta royal. Le juge, le lieutenant général et le procureur du Bas-Armagnac reçurent en conséquence une double commission, l'une du roi, l'autre du duc de Bouillon. Cet état de choses se modifia vers 1730. Les agents du duc de Bouillon demandèrent et obtinrent, malgré l'opposition des consuls de Nogaro (2), l'érection d'un siège de justice ducale indépendant du siège royal. Depuis cette époque, le juge du Bas-Armagnac cessa de prendre le titre de « juge royal et ducal » et ne fut plus qu'à la nomination du roi. Ce fut le lieutenant général qui exerça les fonctions de « juge ducal », tout en continuant de recevoir des provisions pour les cas royaux (3).

---

(1) Les habitants des communautés du ressort continuèrent d'être jugés au nom du Roi.

(2) Archives de Nogaro, BB. 9.

(3) Voici les noms des juges, lieutenants de juge et procureurs du Bas-Armagnac, que nous avons pu recueillir dans les comptes de Riscle et dans d'autres documents. Cette liste est malheureusement incomplète :

1º Juges du Bas-Armagnac : Jean du Barry (1451-1452). — Jean de Carmona (juin 1473). — Nicolas de Baradat (septembre 1473-1474). — Jean Magnan,

§ 3. — États d'Armagnac.

On sait qu'en vertu de leurs privilèges, les divers pays qui appartenaient à la maison d'Armagnac étaient des pays d'états. L'existence de ces états est établie par des textes dont quelques-uns remontent à la fin du XIIIe siècle (1). Mais ce que nous croyons moins connu, c'est que la royauté, après avoir confisqué les domaines du comte Jean V et s'être emparée des droits régaliens, qui ne furent jamais compris dans les donations ou aliénations ultérieures, respecta cette antique institution (2). On sera peut-être surpris

seigneur de Bernède (1483). — Arnaud-Guilhem de Lauberio (1484-janvier 1486). — Raymond Marquès (février 1486). — Puntous (1486). — Raymond Tasqueti (1499). — Jean de Pomarède (décembre 1499-1501). — Nicolas de Megeville (août 1502-1507). — Jean de Planis (juin 1507). — « Consta » (octobre 1507). — Blaise du Bedat (1544). — Bernard de Caucabanne (1566). — Duclaux (commencement du XVIIe siècle). — Pierre de Luzarey (1623-1632). — Jacques de Luzarey (1647-1667). — Pierre de Luzarey (1670-1697). — Jean-Roger de Luzarey (1697-1729). — Jean-Simon Dupuy (1731-1750). — Jacques-Innocent de Luzarey (1751-1783). — Marie-Joseph de Luzarey de Laujuzan (1787-1790).

2º Lieutenants de juge : Jean Sala (1483). — Bernard Fitan (1487). — André de Bailies (1650-1651). — Bernard de Bailies (1659). — Guillaume Lalanne, sieur de Verteuil (1680). — Claude de Claverie-Maignan (1724-1736). — Jean-Joseph de Claverie-Maignan (1736-1780). — Jacques de Lafargue (1780-1790).

3º Procureurs du Bas-Armagnac : Jean de Teza (1428). — Jean de Camicas (1444-1454). — Jean Taquenet (1461). — Raymond Duclaux (1473). — Hugues Rolier (1473). — Jean du Faget (1473). — Aymeric du Châtelet (1474). — Hugues Rolier (1479-1484). — Pierre Guerin (1486). — Jean de Chastenet (1489-1492). — Nicolas de Megeville (1493). — Hugues Rolier (1499). — Pierre Barthe (1501-1507). — Jean Destouet (1641-1657). — Raymond de Sabazan (1660-1708). — Jean-Joseph de Sabazan (1708-1744). — Jean-Pierre de Sabazan (1744-17..).

(1) Monlezun, *Hist. de la Gascogne*, t. III, p. 6, t. IV, p. 86 et 89, et *passim*.

(2) Notre confrère M. Léon Cadier a révélé l'existence d'états de la sénéchaussée des Lannes sous Charles VII, dans une étude intéressante que nous avons eu l'occasion de signaler aux lecteurs de la *Revue de Gascogne* (*La Sénéchaussée des Lannes sous Charles VII*. Paris, Picard, 1885). Nous avons largement utilisé son livre. Signalons également un savant travail de notre confrère

d'apprendre que vers la fin du XVIIe siècle, longtemps après la création des élections, les états s'assemblaient encore, du moins dans le Bas-Armagnac.

Nous allons dire quelques mots de la composition et des attributions des états de la sénéchaussée et de ceux de l'Armagnac propre. Les comptes de Riscle contiennent, au sujet des derniers surtout, de nombreux et précieux renseignements.

États de la sénéchaussée d'Armagnac ([1]). — Les « tres statz » se composaient, comme le nom l'indique, des députés des trois ordres de chacun des pays du ressort de la sénéchaussée : clergé, noblesse et tiers état.

Le *clergé* ne paraît avoir été que rarement représenté aux assemblées et seulement dans les circonstances exceptionnelles, par exemple lors de la nomination des députés de la sénéchaussée aux états généraux de Tours, en 1483 ([2]); à l'occasion de l'entrée solennelle du comte Charles Ier à Auch, le 21 mai 1484, etc. ([3]). Quels étaient les membres du clergé qui pouvaient assister aux états? Sans doute, les hauts dignitaires ou leurs procureurs : l'archevêque d'Auch, l'évêque de Lectoure, leurs chapitres ([4]) et les abbés des deux diocèses ([5]).

M. A. Thomas sur les *États provinciaux de la France centrale sous Charles VII* (Paris, Champion, 1879).

(1) Encore en 1444 et 1446, sous le comte Jean IV, les états de la sénéchaussée étaient appelés « los tres stats de Gasconha » (Comptes de Riscle, p. 17 et 27), sans doute pour les distinguer des états des autres possessions de la maison d'Armagnac.

(2) Comptes de 1483, p. 281.

(3) Comptes de 1484, p. 316, notes 1 et 2. — *Hist. de la Gascogne*, t. v, p. 27.

(4) En 1470, Jean Marre prit part, en qualité d'official d'Auch, à deux assemblées tenues à Vic. (Comptes de 1473, p. 109, note 2, et p. 146, note 1.)

(5) L'abbé de Flaran fut député par le clergé aux états généraux de Tours

Le plus souvent, la noblesse et le tiers état seuls composaient les états.

Tous les *gentilshommes* possédant des terres ou fiefs dans la sénéchaussée (¹) avaient le droit d'assister aux assemblées, mais un grand nombre d'entre eux se dispensaient d'user de ce droit, se contentant de se faire représenter par des procureurs. Il est arrivé plus d'une fois qu'un gentilhomme représentait à lui seul la noblesse d'un ou même de deux pays. Comme le plus ordinairement les états se réunissaient à Auch, à Vic ou à Jegun, les seigneurs du comté de Fezensac formaient la majorité. Citons, parmi les plus assidus, les quatre barons de Montaut, de Montesquiou, de Pardaillan et de l'Isle. Presque toujours aussi la noblesse du comté d'Armagnac y était assez largement représentée.

« Les nobles figuraient aux états, non seulement « comme grands propriétaires terriens, mais comme « représentants de leurs sujets », dit M. Cadier en parlant des états des Lannes (²). Ceci est également vrai pour les états d'Armagnac. Il ne s'agissait, en effet, la plupart du temps, que d'impôts à répartir sur les biens roturiers.

Le *tiers état* se composait des députés des « proprietatz ». On donnait autrefois ce nom aux communautés qui n'avaient d'autres seigneurs que le comte et plus tard le roi, et qui jouissaient, en

---

de 1484, avec le baron de Montaut et le juge d'appel d'Armagnac (p. 281). — Nous voyons plus loin que l'abbé de Bouillas fit partie de l'ambassade députée vers Charles Ier, en septembre 1484 (p. 334).

(1) Voir dans l'*Histoire de la Gascogne*, t. II, p. 437 et suivantes, les listes des seigneuries et terres de tout l'Armagnac.

(2) *Ouv. cité*, p. 51.

conséquence, d'une liberté plus grande et de privilèges plus étendus que les paroisses soumises à des seigneurs particuliers, indépendance et privilèges bien affirmés par ce mot significatif de *propriétés*. Ces propriétés étaient assez nombreuses, tant bonnes villes que communes rurales (¹).

Comme les députés de la noblesse, les députés des communautés propriétaires usaient largement de la faculté d'envoyer des procureurs aux états, surtout ceux des villes éloignées du lieu de réunion. Nous constatons néanmoins que les consuls de Riscle et ceux de Nogaro se rendaient assez régulièrement aux assemblées tenues soit à Vic, soit à Auch, ou même à Lectoure, malgré la distance qui les séparait de ces trois villes (²).

Voyons maintenant quelles ont été, à la fin du XVe siècle, les attributions des états de la sénéchaussée d'Armagnac. La principale ou pour mieux dire la seule attribution politique des états aux yeux de l'administration, c'est le vote de l'impôt. Louis XI, une fois les droits régaliens en sa main, s'empressa d'en user et de lever des impositions sur

---

(1) Voici, d'après un acte gascon de 1247, conservé en original à la mairie d'Auch et publié dans l'*Histoire de la ville d'Auch*, t. 1, p. 351, quelles étaient, à cette date reculée, les « proprietadz » du Fezensac et de l'Armagnac : Auch, Eauze, Nogaro, Vic, Aignan, Riscle, Le Houga, Mauléon, Sainte-Christie, Bétous, Arblade-Comtal, Espas, Castelnavet, Jegun, Lavardens, Peyrusse, Castillon, Roquebrune, Roquelaure, Castin, Duran, Saint-Criq, Aubiet et Monléon. — Cet acte fort curieux est un accord fait entre le vicomte de Lomagne et les habitants d'Auch à la suite de désordres commis dans cette ville par les gens d'armes du vicomte. Parmi les arbitres figurent « las cortz de Fezensac et d'Armanhac ». Ces cours se composaient des seigneurs du pays, d'où la dénomination de *cours de baronnie* ou *d'assises de chevalier* qu'on leur donnait au moyen âge. C'est là l'origine des états.

(2) Voir p. 146, note 1, l'énumération des députés du tiers qui assistèrent au conseil tenu à Vic, le 13 mars 1470.

l'Armagnac. Mais ni lui ni aucun de ses successeurs pendant plus d'un siècle ne se sont jamais soustraits à l'obligation de convoquer à cette fin les états du pays et de demander leur consentement, consentement qu'on n'osait guère refuser. C'était donc là, il faut bien l'avouer, une simple formalité (1).

Le fameux impôt des lances (2) est celui qui reparaît le plus fréquemment dans les comptes de Riscle. Chaque année, les états étaient convoqués « a beser « enpausar las lansas ». Cet impôt, joint à d'autres non moins lourds, devint bientôt une charge des plus

---

(1) Le procès-verbal d'une assemblée qui eut lieu à Vic, en 1489, nous apprend comment les choses se passaient. Le sénéchal et gouverneur d'Armagnac, Jean de Bosredon *(de Bosco rotundo)*, assistait à la réunion, qui était présidée par le juge-mage, Jean de Tastet (ou Testet). Les commissaires royaux présentèrent leurs lettres de créance et firent connaître le montant des deniers (6,188 livres) qu'ils venaient imposer sur la sénéchaussée au nom et pour les besoins du roi. Les membres des états, après en avoir délibéré entre eux, déclarèrent qu'ils consentaient à l'imposition de ladite somme, mais seulement *(solum et duntaxat)* pour la présente année et sans tirer à conséquence. (Reg. de Chastenet, notaire de Nogaro ; Archives du Séminaire d'Auch.)

La manière de procéder était encore la même soixante-dix ans plus tard. Le 13 novembre 1558, Richard Mithon, receveur des décimes de Périgueux, présenta aux états d'Armagnac et de Fezensac, réunis à Auch dans la maison de ville, une lettre missive du roi portant cette suscription : « A nos très chers et bien « amés les gens des trois estatz de nos pais d'Armagnac et Fezensac » ; après en avoir fait lecture, ainsi que des lettres patentes contenant l'énumération des impôts, le commissaire somma les états de délibérer sur le contenu d'icelles ; puis il quitta la salle des séances. Les membres des états délibérèrent donc et arrêtèrent ce qui suit : « A esté de comun advis et opinion de tous conclud et « arresté que combien la pouvretté du pais soit grande, attendu la necessité, « presse et urgeance des affaires du roy, qu'ils sont prestz obeyr à ses volonté « et mandemens et ensuyvre le contenu esd. commissions de point en point ; et « que sera remonstré au sr commissaire qu'il lui plaise remonstrer au roy et son « privé conseil la grand pouvretté et indigence qu'est au present pais, et nean- « moings les rejects que les autres pais treuvent le moyen jeter et faire porter à « ce pauvre pais, lequel a beaucoup plus d'incomodités que toutz autres pais, « mesmes plus que la Normandie et Lionoys, Forestz et Beaujoloys... ». Les membres des états se rendirent ensuite à l'hôtellerie de la « Salamandre », où était descendu le commissaire royal et lui firent part du résultat de leur délibération. (Archives de la ville d'Auch, BB. 5.)

(2) Voir le paragraphe suivant.

onéreuses pour le pays. On envoyait bien, de temps en temps, une ambassade « en Fransa » pour obtenir une réduction, mais bien minces paraissent les résultats obtenus, du moins sous Louis XI. L'avènement de son successeur dut être salué par des cris de joie : des commissaires vinrent annoncer aux états réunis à Lannepax (29 mars 1484) que le roi, à cause de son nouvel avènement, réduisait les impôts de près d'un tiers, « pagaram tres » au lieu de « sinc »; ils ajoutèrent que l'année suivante on reviendrait « à « l'estat deu temps deu roy Charles » (page 300). C'était là une vaine et irréalisable promesse. Voici ce qui se passa en l'année 1485 : non seulement on imposa les *lances*, mais on exigea de plus la *crue*. (États tenus à Auch, le 3 juillet.) Les commissaires exposèrent que le roi avait « beucop de cargas e « besonhas e que per ayssi sous subgex hi aben a « entene, e que per l'an present falhe que nos porta- « sam la cargua de la crua, aysi que part debant era « acostumada de la porta ». Cette fois, les états regimbèrent et refusèrent leur consentement. Mal leur en prit : des sergents royaux s'abattirent sur le pays et pratiquèrent force saisies. A Riscle, ils s'emparèrent de soixante conques de froment, de plusieurs pièces de drap et de tout le bétail qu'ils purent trouver sur leur chemin. Tout cela ne fut rendu que moyennant finance ([1]).

([1]) Citons deux autres cas de résistance des états aux volontés du pouvoir royal. Le 13 novembre 1489, au conseil de Vic, lecture fut faite d'une lettre missive du roi se plaignant de l'inexécution de ses ordonnances (du 24 avril 1488) contre l'emploi des monnaies étrangères et prescrivant des mesures de rigueur contre les transgresseurs. On comprend l'impopularité de ces ordonnances dans un pays où la monnaie de Béarn (ou Morlàas) était seule en usage.

INTRODUCTION.   XXIII

La restauration de la maison d'Armagnac dans la personne de Charles Ier fut, pour tout le pays, un événement politique d'une importance capitale. Lorsqu'il fit son entrée solennelle à Auch, le 21 mai 1484, au milieu d'une foule enthousiaste de prélats, de seigneurs et de députés des bonnes villes, on ne soupçonnait guère que le temps était proche où de nouveau il languirait en prison. Les états purent croire les beaux jours revenus; ils s'empressèrent donc de sortir du rôle effacé où les avait tenus la main de fer de Louis XI et de reprendre auprès du comte l'influence que leur conféraient les coutumes du pays ([1]). Le jour même de son entrée à Auch, Charles recevait, sous forme d'*articles*, des conseils excellents et pleins de sagesse que pour son malheur il n'eut garde de mettre en pratique ([2]). Quatre mois plus tard, de respectueuses mais sévères remontrances

---

Les états protestèrent énergiquement; ils firent observer que l'emploi des monnaies d'or et d'argent de Navarre, de Béarn et d'Espagne, était toléré dans les grandes villes comme Bordeaux, Toulouse, Périgueux, Agen, Condom, Lectoure et dans toute la Guyenne; ils demandaient à jouir du même privilège. (Reg. de Chastenet, notaire de Nogaro; Archives du Séminaire d'Auch.)

Le second cas est relaté dans les comptes de Riscle. Le 1er janvier 1499, les états se trouvaient assemblés à Lectoure pour l'impôt des lances. On croyait la séance terminée, lorsque les trois commissaires, « messenhors de finansa, « maste Johan Laroer, Johan Garon e hun aperat Pisonet », demandèrent, au nom du roi, l'état des feux et belugues du pays, « que agossan a mustrar totas « lors bolugas qui aben de lors fox ». Cette demande parut suspecte aux « députés; ils refusèrent donc de faire connaître leur « abolugament ». — Notons à propos de ce mot la forme *bouluage*, usitée au XVIIIe siècle dans le Saint-Gironais et que nous relevons dans un récent article de notre confrère et ami M. F. Pasquier : *Situation de la ville de Saint-Girons au commencement du règne de Louis XV*. Foix, 1886.

(1) Rappelons qu'en 1392 les états de Fezensac, de Lomagne et de Rodez déclarèrent Bernard VII héritier légitime de son frère Jean III, à l'exclusion des deux filles de ce dernier. (Monlezun, *Histoire de la Gascogne*, t. IV, p. 86 et 89. — De Gaujal, *Essais historiques sur le Rouergue*, t. II, p. 44.)

(2) Ces articles sont insérés plus loin, p. 316.

lui étaient adressées par les mêmes états (¹) : ce court espace de temps lui avait suffi pour mécontenter ses sujets par de regrettables violences et de folles prodigalités. Malgré ses fautes, les états d'Armagnac aimaient le comte Charles : nous les verrons en 1486 joindre leurs instances aux prières de la comtesse Catherine de Foix pour demander sa mise en liberté, ce qui leur fut accordé, « et la begada « mossenhor d'Armanhac salhic de Castetgelos ». (Conseil tenu à Jegun, le 24 avril).

Les états de la sénéchaussée d'Armagnac continuèrent de s'assembler pendant tout le XVIᵉ siècle et une partie du XVIIᵉ (²). Mais nous pensons que le vote des impôts leur fut retiré lors de l'érection d'un tribunal d'élection à Auch, en 1625. Il se tint encore des séances après cette date, dont une à Auch, le 15 décembre 1632, « pour faire entendre à S. M. les « planctes de l'oppression que son puble reçoit par « les officiers de ceste eslection » (³). Nous ignorons à quelle époque ces sortes de réunions cessèrent complétement.

États du pays d'Armagnac. — C'est à Nogaro que se tenaient le plus ordinairement les états particuliers de l'Armagnac propre, composés de la noblesse (⁴)

---

(1) Voir ces remontrances, p. 331. Elles sont également dans l'*Histoire de la ville d'Auch*, par P. Lafforgue, t. I, p. 371.

(2) Un ancien registre des délibérations de la ville d'Auch (1556-1581) contient plusieurs procès-verbaux d'assemblées des états tant de la collecte d'Auch que de la recette d'Armagnac. Nous avons, dans une note précédente, analysé le procès-verbal de la réunion du 13 novembre 1558. Le même registre mentionne d'autres états tenus à Lectoure (29 décembre 1563), à Vic, à Auch (12 décembre 1570), etc.

(3) Archives de Nogaro, AA. 11.

(4) Voir, dans l'*Histoire de la Gascogne*, t. V, p. 14, la liste des seigneurs de l'Armagnac qui prêtèrent serment de fidélité au sire de Beaujeu, en 1479.

et des consuls des propriétés du pays (¹). Le clergé n'y était pas représenté.

En matière d'impôts, ces états particuliers, sorte de conseil d'arrondissement, avaient pour principale attribution de répartir entre les communautés du pays la quote-part qui leur avait été attribuée par les états de la sénéchaussée, nous allions dire par le conseil général, avec lequel, en effet, ces anciennes assemblées présentent plus d'un point de ressemblance. C'est ce que les consuls de Riscle appellent « far la sieta ».

La répartition des impositions paraît avoir été confiée de bonne heure à un agent spécial, sous le contrôle et la surveillance des états. Cet agent, désigné sous le nom de « clerc deu pais » dans les comptes, était toujours un des notables du tiers état (²).

Une besogne non moins délicate, et surtout plus difficile, c'était le recouvrement des impositions. L'agent qui en était chargé se nommait le *collecteur* et recevait ses pouvoirs des états (³). Bien rude métier que celui de collecteur à l'époque qui nous occupe. Ce n'était qu'à force de saisies et d'emprisonnements qu'il parvenait à se faire payer les quartiers,

---

(1) Nogaro, Aignan, Barcelonne, Caupenne, Le Houga et Riscle étaient, au XVᵉ siècle, les principales propriétés de l'Armagnac. Plaisance vint s'y ajouter dans le courant du siècle suivant.

(2) Nous voyons les fonctions de clerc ou secrétaire remplies : en 1501, par Huguet Magnan (plusieurs autres membres de cette famille occupèrent des emplois honorables auprès des comtes d'Armagnac); en 1544, par le juge d'appeaux du Bas-Armagnac; de 1607 à 1615, par Jean Montauberic, abbé laï de Préchac et premier consul de Nogaro.

(3) Voir, page 301, un acte intéressant passé entre les États et le collecteur Raymond du Bédat, le 3 avril 1484.

« quartarons », pour les verser entre les mains du trésorier du roi (¹).

Ces charges pesaient sur toute la sénéchaussée ; l'Armagnac en supportait d'autres qui lui étaient spéciales, nous voulons parler surtout des aides énormes qu'exigèrent à tour de rôle le sire de Beaujeu, Charles d'Armagnac, Alain d'Albret et les rois de Navarre. Nous avons dit plus haut dans quelles circonstances les états furent contraints de voter plusieurs de ces subsides, nous n'y reviendrons pas. Aussi bien faut-il songer à finir ce paragraphe déjà trop long.

De même que les états de la sénéchaussée, les états de la collecte du Bas-Armagnac — c'est sous cette dénomination qu'ils sont désignés dans les documents depuis le milieu du XVᵉ siècle — s'assemblèrent encore après que l'Armagnac eut été réduit en pays d'élection. Nous possédons les délibérations des états, de 1626 à 1634 (²). Ils n'étaient pas supprimés en 1676, comme le prouve cette mention que nous extrayons du dénombrement fourni, le 12 juin 1676, par les consuls de Nogaro à messire Paul de Mazelières, gouverneur du duché d'Albret et

---

(1) Pierre de Laporterie fut trésorier du Roi pendant plus de vingt ans, de 1476 à 1501. — On trouvera, page 257, une notice généalogique sur la famille Laporterie, d'origine espagnole.

(2) Voici l'analyse de quelques-unes de ces délibérations : don de 300 livres aux Capucins de Nogaro, pour la construction d'un aqueduc, à charge de dire une messe du Saint-Esprit chaque fois que la collecte s'assemblera (1626) ; — emprunt de 3,750 livres pour l'entretien du régiment de Plessis-Praslin, descendu dans le Bas-Armagnac par ordre du prince de Condé, commandant les armées du Roi au siège de Montauban (1629) ; — conférence avec les syndics du pays de Chalosse concernant la liberté du commerce et descente des vins d'Armagnac aux *havres* de Bayonne et de Mont-de-Marsan (février 1633) (Archives de Nogaro, AA. 11).

du comté du Bas-Armagnac pour le duc de Bouillon :
« Dans laquelle ville (Nogaro) est le principal siège
« de justice...; aussy le droit de convocquer en
« icelle la collecte et gens de la noblesse et tiers
« estat dudit pais pour les affaires du roy et du
« publicq, lorsque le besoing est et qu'il est com-
« mandé par le roy et ses officiers et gouverneur de
« la province » (1).

§ 4. — Impôt des lances (2).

Cette question de l'impôt des lances n'est pas, tant s'en faut, une des moins intéressantes de notre histoire de Gascogne. Elle mérite d'autant plus notre attention que l'Armagnac fut peut-être la seule province du royaume qui résista sur ce point à Charles VII et ne se soumit qu'à la force. Ce fait, comme bien d'autres du reste, a échappé à l'historien de la Gascogne. On nous pardonnera pour ces motifs les développements qui suivent.

On sait que pendant plus de vingt ans Charles VII disputa son royaume aux Anglais et aux Bourguignons avec des armées qu'il ne pouvait payer. Ses gens de guerre vivaient sur le pays, *appatisaient* les villes et les villages pour se nourrir et se payer. Ils ont laissé la plus triste réputation sous les noms d'*Armagnacs* et d'*Écorcheurs* Charles VII voulut porter remède à ces maux ; à l'instigation des états

---

(1) Archives de Nogaro, AA. 6.
(2) Tout ce paragraphe a été rédigé par M. de Carsalade, qui l'avait d'abord destiné à servir de note à l'article 7 des comptes de 1451, page 49, et qui nous a autorisé à le placer dans l'Introduction.

réunis en 1439, à Orléans, il publia l'édit ou pragmatique sanction du 2 octobre sur l'*Establissement d'une force militaire permanente à cheval et la repression des vexations des gens de guerre*. C'était la création d'une armée payée régulièrement, en dehors de laquelle nul ne pouvait rester en armes. Cette résolution salutaire était d'une très difficile exécution. Les *Escorcheurs* étaient les plus forts; soldats aguerris, disciplinés, habitués depuis dix années à vaincre toujours, ils étaient trop nombreux pour être tous enrôlés dans la nouvelle armée royale et ils ne pouvaient renoncer au métier des armes, le seul qui les fît vivre. Charles VII savait qu'il leur devait sa couronne, il les ménageait, quoiqu'il n'eût plus besoin d'eux contre les Anglais. Enfin, en 1444, il les envoya, sous la conduite du Dauphin et du maréchal de Jaloigne, faire la guerre en Lorraine, en Alsace et en Suisse (voir comptes de 1446, art. 1, page 24). M. Tuetey a fait l'histoire de cette expédition, qui nous intéresse à cause du grand nombre de Gascons qui y prirent part sous le bâtard d'Armagnac (¹). Ce fut la ruine des Écorcheurs. Charles VII créa la même année des compagnies dites d'ordonnance, que l'on appela vulgairement les *Lances garnies*. Quinze capitaines furent nommés, ayant chacun sous ses ordres cent lances, chaque lance composée de six hommes. Les gentilshommes et tous les soldats éprouvés se présentèrent en foule pour entrer dans ces compagnies. « Fut en ce temps, dit Olivier de la Marche, « que les chevaux de parage se vendirent si cher en

---

(1) Tuetey, *Les Écorcheurs sous Charles VII*, 2 vol. in-8º.

« France.... sembloient bien à chascun gentilhomme
« que s'il se monstroit sur un bon cheval, il en
« seroit mieux cognu, queru et recueilly. »

Cette institution eut les plus heureux résultats, Mathieu d'Escouchy les constate. « Alors commen-
« cèrent les marchands des divers lieux à faire leur
« négoce, les laboureurs à labourer, etc... » *(Mém.)*
On fit le procès aux capitaines qui essayaient encore de tenir la campagne ou d'appatiser le plat pays. Les vieux routiers commencèrent à craindre la justice royale, ils firent leur soumission et obtinrent amnistie pour le passé. Les registres du *Trésor des Chartes* (Arch. Nat., JJ.) contiennent un nombre infini de lettres de rémission qui leur furent accordées; quelques-unes ont été publiées, elles offrent toutes de l'intérêt par les détails qu'elles donnent sur les malheurs et les désordres de ce temps de guerre.

Il fallait payer ces compagnies d'ordonnance. Charles VII, nous dit Philippe de Comynes, fut le premier de nos rois qui imposa des subsides en se passant du vote des états. Le Languedoc ne fut pas consulté, le roi lui imposa arbitrairement l'entretien de cinq cents lances (1). Les états de la province, tenus à Montpellier, eurent le sagesse de ratifier cette charge en votant cent mille livres pour y subvenir. Les historiens du Languedoc constatent pour les années suivantes le vote régulier des sommes allouées à la gendarmerie.

Le roi n'avait le droit de lever aucune taille, aucun subside sur les domaines du comte d'Arma-

---

(1) *Histoire de Languedoc*, édit. du Mège, VIII, p. 108.

gnac, néanmoins il les chargea de l'entretien d'un certain nombre de lances. Nous présumons que ce fut en l'année 1444, après la conquête de l'Armagnac par le Dauphin, car notre texte est le premier document connu qui en fasse mention (voir comptes de 1445). Les trois états d'Armagnac étaient peu disposés à suivre l'exemple de ceux de la province *royale* du Languedoc. On avait à peine souffert des Écorcheurs qui n'étaient pas venus dans la contrée; on y jouissait d'une paix qui est attestée par l'activité des transactions, le taux des rentes foncières, la facilité des baux à prix d'argent ou à moitié fruit et la prospérité du commerce qui fit surgir dans nos petites villes, pendant tout le xve siècle, des fortunes très importantes (¹), dont les possesseurs, anoblis par l'acquisition des fiefs, furent la souche de la majeure partie de cette noblesse gasconne qui se battit si vaillamment au xvie siècle.

Les sujets du comte d'Armagnac lui votaient et payaient la taille fort exactement. A l'époque qui nous occupe, et depuis au moins cinquante ans, les trois états avaient coutume de voter 18 sous par feu pour les biens ruraux et neuf sous pour les biens nobles (voir une note aux comptes de 1479, page 251). Nous admettons cette évaluation d'après un assez grand nombre de délibérations des trois états, dont quelques-unes sont citées par l'abbé Monlezun, *Histoire de Gascogne*, et les autres sont *passim* aux Archives du Séminaire d'Auch. Au xve siècle, nos pères pensaient que 18 sous par feu était un vote

---

(1) Voir aux Archives du Séminaire d'Auch les registres des notaires de Vic du xvie siècle.

suffisant; ils gardèrent le silence sur le reste. Pour les forcer à payer, Charles VII envoya la compagnie d'ordonnance du capitaine Martin Garsias (voir dép. de 1446, art. 7) tenir garnison dans les villes et les villages récalcitrants. Mais il se heurta contre une résistance énergique, et il ne fallut rien moins que la présence de cette compagnie, les violences exercées par les soldats et les collecteurs et l'envoi des garnisaires (voir ces comptes *passim*) pour arracher aux états le vote de ce nouvel impôt et forcer les populations de l'Armagnac à le payer. Elles fondaient leur refus sur ce point de droit commun qu'elles ne devaient à leur seigneur que les subsides ou donations volontaires votés annuellement par les états; droit que le comte, à son avènement, avait solennellement juré de respecter, avec toutes leurs franchises et privilèges, leur serment de fidélité n'étant qu'à cette condition. Les votes des trois états, contraires à ces privilèges et arrachés d'ailleurs par la pression des capitaines des compagnies, étaient sans valeur pour elles.

Cette résistance n'était pas née de la veille. Nous dirons plus loin, dans une note, qu'une des causes de l'emprisonnement de Jean IV et de la saisie de ses domaines avait été son refus d'imposer à ses sujets, au profit du roi, des subsides de guerre. Pareil fait s'était produit cent ans auparavant lorsque, en 1368, le prince de Galles, pour rétablir ses finances, voulut mettre un droit de fouage sur toute l'Aquitaine. Les États généraux, réunis à Niort, avaient voté, malgré les protestations des députés gascons, vingt sous par feu, le fort portant le faible. Le comte d'Armagnac,

Jean II, prit énergiquement le parti de ses sujets lésés dans leurs droits, fit au prince de Galles des remontrances par écrit, dans lesquelles il déclarait que jamais, de mémoire d'homme, il y avait plus de cent ans, aucun subside n'avait été levé pour aucun autre que pour le comte d'Armagnac, *même pour aucun roi de France;* que le *fogatgium* ne pouvait se lever que par le consentement des communautés et des barons; que les barons et les communautés consultés avaient refusé; que le comte et les barons, quand ils recevaient l'hommage des communautés, prêtaient serment de les maintenir dans leurs franchises et libertés; que dès lors le comte et les barons étaient *tenus de résister à la volonté du roi d'Angleterre.* (Collect. Doat). Jean II ne se borna pas à ces remontrances, il en appela en termes violents au roi de France (voir cet appel dans Dupleix) et finalement quitta le parti de l'Angleterre.

En 1444, les faits et les raisons allégués étaient les mêmes, mais les circonstances bien changées. L'Armagnac se trouvait en présence d'un roi victorieux, exigeant, et d'un prince affaibli par l'âge, touchant à sa fin et rendu muet par le malheur. Mais si, en présence de cette violation du droit de ses sujets, Jean IV garda le silence, ceux-ci crièrent bien haut et ne se rendirent qu'après maintes révoltes dont nous retrouvons les échos dans ces comptes.

Malgré les rigueurs nécessitées par la résistance des populations de l'Armagnac, l'impôt des lances fut levé avec une régularité tout administrative. Le Roi nomma des receveurs particuliers dans chacun des bailliages, nous en retrouverons plusieurs dans ces comptes. C'était, en 1450-1453, pour le Fezensac, noble Bertrand de Monclar, seigneur de Beautian, bourgeois de Vic-Fezensac, plusieurs fois consul, homme qui dans cette ville était allié aux meilleures familles (1).

Avant de commencer ses répartitions, le receveur des lances sommait chaque année le receveur des tailles de lui remettre les sommes que les trois états *avaient dû* voter pour les lances. Le receveur des tailles répondait qu'il avait perçu tous les fonds votés et qu'après en avoir fait l'emploi, conformément aux délibérations des trois états, il ne lui restait rien. Bertrand de Monclar s'étant mis en règle de la sorte envoyait ses garnisaires là où on ne voulait pas payer (2). Jean Dupont, habitant de Toulouse, était receveur général des lances, c'était à lui que les receveurs particuliers rendaient leurs comptes (3).

L'impôt continua d'être perçu de la même manière pendant plusieurs années. Les habitants de l'Armagnac obéirent enfin à la volonté du roi, qui continua d'avoir ses receveurs spéciaux des lances jusqu'en 1473, date à laquelle Louis XI s'empara définitivement de l'Armagnac. Depuis ce temps, Pierre de La Porterie, receveur des deniers royaux d'Armagnac, fut en même temps receveur des lances (4).

Louis XI augmenta considérablement cet impôt lorsqu'il voulut créer une infanterie permanente qui, comme on sait, ne lui réussit pas (5). Le 26 mai 1476,

---

(1) Arch. du Séminaire d'Auch, reg. des notaires de Vic.
(2) *Ibidem*.
(3) *Comptes de Riscle*, année 1451, p. 50, note 3.
(4) *Ibid.*, année 1476, art. 31, 43, 58.
(5) *Ibid.*, année 1473, et suiv., levée des francs-archers.

le receveur royal, Pierre de La Porterie, fit sommer les trois états, réunis en séance dans l'église de Vic-Fezensac, d'avoir à payer, sans délai, 450 livres tournois, plus 30 livres pour frais, imposées par lettres patentes du roi pour la levée des archers royaux (¹).

II.

LA VILLE DE RISCLE.

Riscle paraît avoir eu au xvᵉ siècle la même étendue et les mêmes limites que de nos jours. Il y avait alors à Riscle cinq quartiers urbains : la *Bila*, le *Castet*, le *Bordalat*, le *Cambadia* et la *Ribera*. Les trois derniers étaient de simples faubourgs (²). Les quartiers ruraux, qu'on appelait autrefois *parsans*, étaient également au nombre de cinq : *Armentiu, Balambitz*, le *Bedat, Lanablanqua* et *Lanajuzan* (³). Tous ces noms reviennent fréquemment dans les comptes, chaque quartier recevant plusieurs fois l'an la visite des consuls, visite peu agréable puisqu'il s'agissait de la levée des impôts. Le mot

---

(1) Arch. du Sém. d'Auch, reg. d'Odet Dufaur, notaire de Vic.

(2) Au xviiiᵉ siècle le Bourdalat formait deux quartiers, d'après une courte notice consacrée à Riscle par l'abbé Daignan du Sendat : « Il y a deux « fauxbourgs nommés le Bourdalat du milieu et le Bourdalat d'en haut, où il « il y a plus de monde qu'à la ville. » (Bibliothèque de la ville d'Auch, ms. n° 85, p. 871.)

(3) Plusieurs de ces quartiers existent encore : la Ville (englobant l'ancien *Castet* ou château), le Bourdalat, la Rivière, le Bedat et Barthères, Balembits. Armentiu est devenu le quartier de Burosse et la section de Lannejuzan forme aujourd'hui le quartier de Peyris et Perchadous. Les quartiers du Cambadie et de Lanneblanque sont inconnus. (*Renseignement fourni par M. Géhé, maire de Riscle.*)

penherar (saisir, prendre des gages), par lequel on désignait cette opération, en dit assez les difficultés.

Nous ignorons quel était le chiffre de la population de Riscle au xve siècle et pendant les deux siècles suivants. En 1741, cette petite ville possédait 225 feux allumants et 1,575 habitants ([1]). Le dernier recensement lui en donne 1,867.

§ 1. — Coutumes de Riscle.

La communauté de Riscle, de même que les autres propriétés du pays, jouissait de certains privilèges et de certains droits octroyés par les comtes d'Armagnac et dont l'ensemble prenait le nom de *coutumes*. Le texte des coutumes de Riscle est malheureusement perdu et nos recherches pour le retrouver ont été infructueuses. Nous pouvons néanmoins en reconstituer quelques articles, grâce aux comptes consulaires; ceux-ci contiennent, en effet, la mention des droits, peu nombreux il est vrai, que possédait la communauté à la fin du xve siècle.

Il faut citer en première ligne le droit de justice criminelle et de police, prérogative attachée aux fonctions consulaires. Nous en parlerons avec quelques détails dans un des paragraphes suivants.

Au même rang peut se placer tout un groupe de libertés municipales ayant trait à l'élection des consuls, à la convocation du corps de ville, au vote des tailles, etc. Nous y reviendrons tout à l'heure.

Venaient ensuite des droits de moindre importance

---
(1) Archives du Gers, C. 76.

et purement financiers : droit sur les viandes de boucherie *(mazet)*, droit sur la vente du vin au détail *(taberna)*, droits sur les marchandises vendues les jours de foires et de marchés *(taules* ou *tablage)* (¹). C'est ce qu'on appelait *émoluments*. La concession de ces droits n'était que temporaire ; il fallait pour les affermer une licence annuelle du juge ordinaire : coût 2 écus. Leurs revenus avaient d'ailleurs un emploi réglé par la coutume : ils étaient principalement destinés à l'entretien des travaux de défense de la ville. C'est pourquoi le procureur d'Armagnac venait de temps en temps examiner les comptes et s'assurer du bon emploi des émoluments ; nouvelle dépense de 2 écus à la charge des consuls (²).

Enfin, la communauté tenait, moyennant un cens ou fief annuel de 6 écus, une certaine étendue de landes ou padouens *(padebentz)* et deux forêts (la *Barta* et le *Bernet*), d'où l'on tirait tout le bois nécessaire pour les travaux d'utilité publique, notamment pour les ponts sur l'Adour et sur l'Arros, comme on le verra plus loin (³).

---

(1) Les droits de *taules* ou de place ne furent concédés à la communauté que dans les dernières années du xv⁰ siècle ; ils apparaissent pour la première fois dans les comptes de 1494.

(2) Voir plus loin, p. 62, une vérification faite en 1454 par le procureur Jean de Camicas. Il y est dit qu'une maison communale avait été construite en 1429.

(3) Parmi les autres privilèges que devaient contenir les anciennes coutumes de Riscle figurait la liberté de la chasse. C'est ce que nous apprend la notice consacrée à cette ville par M. Bourdeau dans son *Manuel de géographie historique*, p. 240 : « Un extrait de ces coutumes, relevé à Toulouse, fit respecter « en 1759 la liberté de la chasse dans la commune, contre une ordonnance du « duc de Richelieu, gouverneur de la province. » — Un privilège semblable existait à Nogaro, mais la jouissance en était réservée aux consuls et aux notables *(honestiores)* ; les gens du peuple *(viles)* avaient le droit de pêche. (Bladé, *Coutumes municipales du département du Gers*, p. 191.)

La jouissance de ces divers droits rendait obligatoires l'hommage et le serment de fidélité ; nous avons déjà eu l'occasion de le constater (¹).

§ 2. — Administration municipale.

A Riscle, comme dans un grand nombre de communautés de la région, l'administration était autrefois confiée à quatre consuls, qui se renouvelaient tous les ans. L'élection consulaire avait lieu le jour de Noël, dans l'église Saint-Pierre; à cette occasion, on offrait une collation aux électeurs. Quels étaient ces électeurs et comment procédaient-ils à l'élection? Les comptes laissent cette double question sans réponse. Nous pensons que les notables seuls ou jurats composaient le corps électoral. Les consuls sortants ou *anciens* dressaient une liste de trois candidats pour chaque rang; les candidats qui réunis-

---

(1) Voici des extraits d'un hommage rendu en 1634 ; nous en devons la copie à l'obligeance de notre collègue de Montauban, M. Dumas de Rauly :
« ... Ce jourd'huy 26º de janvier 1634, devant nous Scipion Dupleix, conseiller
« du Roy, l'un des commissaires généraux depputés pour la refformation de
« son ancien domaine de Navarre, dans la ville de Lectoure, c'est présenté Jean
« Dufaur, sieur de Largouté, scindic des consuls et habitants de la ville de
« Riscle, lequel estant teste nue... a faict et presté les foy et hommage lige et
« serrement de fidélité... pour raison de la justice criminelle et politicque, que
« lesdits consuls exercent de tout temps... Plus jouissent une maison où ils
« s'assemblent pour les délibérations publiques, et une maison servant pour les
« escoles (*acquisition postérieure au XVᵉ siècle*) (*suivent les droits de tablage et
« de boucherie*). Pareillement jouisssent et pocèdent depuis temps immémorial
« (*lisez : XVIᵉ siècle*) ung molin et ung batan à fouler draps, bastis sur la
« rivière de l'Adour, soubs le fief et rente de 80 livres. Davantage pocèdent ung
« bois ou landes appelées au Bedat...; plus autre bois et lande appelés au
« Bernet, qui confronte avec le ruisseau du Bergons, etc. » (Archives de Tarn-et-Garonne, reg. des hommages d'Armagnac, 1633-1635, fol. 408).

saient le plus de suffrages étaient déclarés consuls *modernes* (¹).

La gestion consulaire commençait à Riscle le lendemain même de l'élection, c'est-à-dire le 26 décembre, pour finir le jour de Noël de l'année suivante. Ce point de départ ne coïncidait pas, comme on pourrait le supposer, avec le commencement de l'année. Depuis le XIV° siècle jusqu'au milieu du XVI°, on suivit à Riscle, ainsi que dans tout l'Armagnac et plusieurs pays voisins (²), le style de l'Annonciation (25 mars). Le changement de millésime est indiqué deux fois seulement dans nos comptes, en 1503 et en 1505 (³).

Malgré les quelques prérogatives attachées aux fonctions consulaires, on les fuyait beaucoup plus qu'on ne les briguait; et cela se comprend, car il n'est sorte de vexations (saisies, emprisonnements, excommunications) que les consuls n'eussent à subir de la part soit du collecteur, soit des créanciers de la ville, par suite de retards continuels dans le paiement des quartiers ou des arrérages.

En 1497, les consuls de Riscle obtinrent d'Alain d'Albret la permission de porter chaperons, « la « licensa deus capetz ». Ils firent acheter, à Eauze,

---

(1) C'est ainsi que l'on procédait à Nogaro; mais l'élection devait être ratifiée par les officiers du comte. Il ne paraît pas que cette formalité fût exigée pour les consuls de Riscle.

(2) *Archives de la ville de Lectoure*, fascicule IX de nos *Archives historiques*, p. 144, note 2. — *Cartulaire des Alaman, XIII° et XIV° siècles*, par MM. Cabié et Mazens, p. XXXI. — *Essai sur les limites de la juridiction d'Agen*, par M. G. Tholin, p. 136, note 2. — Dans le Béarn, l'année commençait à Pâques. (*Cartulaire de Sainte-Foy de Morlaas*, par M. L. Cadier, p. XVIII.)

(3) Si l'indication fournie par les comptes de 1503 n'est pas erronée, le changement de millésime eut lieu cette année le 24 mars, la veille de l'Annonciation.

trois cannes de drap « qui roge qui bruneta », et chargèrent un tailleur de la ville, B. de Saint-Pot, de la confection de cet insigne; un chaperon emprunté aux consuls de Nogaro servit de modèle ([1]). Chaque consul devait emporter son chaperon en sortant de charge, car nous voyons, à partir de cette date, figurer aux dépenses une emplette annuelle de drap rouge et de drap brun pour faire de nouvelles livrées ([2]).

Les consuls d'autrefois, que représente assez bien la municipalité d'une commune moderne, avaient des pouvoirs limités : leur mission consistait principalement à exécuter les décisions d'un conseil communal, lequel offre aussi certaines analogies avec le conseil municipal actuel. Le conseil de Riscle se composait, en outre des quatre consuls en exercice, de tous les notables ou jurats de la ville, c'est-à-dire des habitants qui avaient déjà rempli la charge consulaire. Nos comptes les appellent simplement « conselhes ». Ces conseillers étaient nombreux ([3]), mais il est probable que quelques-uns seulement assistaient aux séances ordinaires, très fréquentes à cette époque comme on pourra s'en convaincre.

---

(1) Le comte Jean IV avait abandonné aux consuls de Nogaro les revenus des fours de cette ville, pour servir à l'achat des livrées consulaires. (Archives des Basses-Pyrénées, E. 280.)

(2) Cet usage existait également à Lombez, comme on le voit par une transaction de 1615, entre l'évêque et les consuls, au sujet des coutumes de 1390. (Archives du Gers, G. 77.)

(3) En 1504, il y avait à Riscle plus de quarante conseillers. L'article qui nous révèle cette particularité est assez intéressant. Le seigneur de Cannet, commune voisine de Riscle, prétendait avoir des droits sur une portion de la forêt de la Barthe ; il avait fait en conséquence établir une ligne de démarcation. Comme les consuls de Riscle lui contestaient ce droit, il fut décidé qu'on se rendrait de part et d'autre sur les lieux pour régler le différend. Les consuls s'y rendirent donc, le 22 janvier, « au cap de la Barta », avec « *XL coselhes o* « *plus* » ; mais ils ne purent s'entendre avec le seigneur de Cannet. Une nouvelle

Le conseil avait des attributions multiples : il fixait le montant des tailles à lever sur les contribuables pour le paiement des impôts, autorisait les emprunts, engageait les procès, commandait les travaux, envoyait les consuls en mission, etc. Bref, les délibérations de cette assemblée portaient sur toutes les questions qui pouvaient à un titre quelconque intéresser la communauté. « Foc apuntat per lo « conselh » est une expression qui revient presque à chaque article des comptes.

Dans les cas d'une gravité exceptionnelle, lorsque les franchises communales étaient menacées ou que les intérêts de la population tout entière étaient en jeu, les consuls convoquaient tous les chefs de maison « tot cap d'ostau »; ceux-ci, réunis en assemblée générale avec les conseillers ordinaires, prenaient alors telle décision que la majorité des votants croyait la plus conforme aux intérêts de la ville. On en trouvera des exemples dans les comptes de diverses années, notamment dans ceux de 1495 et de 1496.

§ 3. — Justice consulaire.

Le principal privilège concédé par les comtes d'Armagnac aux consuls de Riscle consistait, avons-

---

entrevue ayant eu le même résultat, on convint de s'en rapporter au témoignage des voisins « circumbessis ». Le jour fixé pour l'enquête, tout le monde retourna à la Barthe, et de nombreux habitants de Cahuzac, Goux et Thermes, villages voisins, déposèrent en faveur des consuls de Riscle. Cela irrita le seigneur de Cannet, qui « se bota a corrossa ». La colère dudit seigneur alluma celle de « messenhors de cosselhes », qui se mirent séance tenante à combler les fossés, « arassar los baratz », qu'il avait fait creuser. Cette querelle engendra naturellement un procès.

nous dit, dans l'exercice de la justice criminelle et de la police.

Les consuls tenaient beaucoup à leur titre de juges criminels; il paraîtrait toutefois que, soit faiblesse, soit négligence, ils s'acquittaient assez mal des obligations qui découlaient de cette prérogative, et que messieurs les malfaiteurs vivaient fort tranquillement à Riscle sous l'égide d'une administration trop débonnaire. De là des reproches fréquents de la part des officiers du comte, qui avaient conservé la haute main sur la justice criminelle et venaient chaque année « per visitar los proces de « las gens criminosas qui eran en las carces » (¹) et « per se enqueri en forma la justicia cum era regida « ne gobernada e si n'y abe degus qui fossan « rebelles a ladita justicia » (²).

Le 11 novembre 1475, jour de la foire Saint-Martin, le sénéchal d'Armagnac vient inopinément à Riscle et fait fermer les portes de la ville, pensant y surprendre certains malfaiteurs. Il mande ensuite les consuls devant lui et se plaint que la justice soit mal rendue dans tout l'Armagnac (³).

Le 28 août 1482, venue du juge d'appel et du juge ordinaire; nouveaux reproches sur la mauvaise administration des consuls. Ceux-ci répondent que c'est l'affaire du bayle de traduire à leur barre les délinquants (⁴).

Un beau jour, le 12 juillet 1495, le juge ordinaire

---

(1) Comptes de 1449, art. 15, page 39.
(2) Comptes de 1499.
(3) Comptes de 1475, art. 85, page 210.
(4) Comptes de 1482, art. 28, page 266.

fit un petit coup d'État : accompagné du capitaine Caussens, il vint extraire de la prison de Riscle quelques malfaiteurs et les emmena à Nogaro. Grand émoi parmi les habitants; c'est un attentat à leurs privilèges. Plusieurs notables se rendirent auprès du juge pour réclamer les prisonniers. Sur son refus de les rendre, on convoqua une assemblée générale de tous les chefs de maison, et il fut décidé qu'on ferait appel de cet excès de pouvoir au sénéchal de Lectoure. Un commissaire fut envoyé pour faire une information et reçut les dépositions de divers témoins. On ne dit pas quelle suite eut cette affaire.

Les tribunaux consulaires, on le voit par ces citations que nous pourrions multiplier, donnaient ombrage aux officiers de la judicature d'Armagnac; aussi ces derniers saisissaient-ils avec empressement toutes les occasions d'évoquer à eux les procès criminels.

Ils avaient un autre moyen d'intervenir dans ces procédures et d'en diriger les débats. Comme les consuls manquaient des connaissances juridiques nécessaires pour l'instruction de semblables affaires, il leur fallait prendre un gradué ès lois pour assesseur (¹). Le plus souvent, ces fonctions étaient remplies par le juge ordinaire d'Armagnac. Dès 1461, nous voyons le juge Dubarry toucher des honoraires en qualité d'assesseur des consuls de Riscle (²). En 1505, le juge d'appeaux fut leur assesseur pendant le premier semestre et le juge ordinaire pendant le

---

(1) Les consuls d'Auch avaient également un assesseur. (Lafforgue, *Histoire de la ville d'Auch*, t. II, page 45.)

(2) Comptes de 1461, art. 16 et note 4, p. 68.

second; ils reçurent chacun un écu pour leurs honoraires.

Un seul agent seigneurial résidait à Riscle, c'était le bayle. Les fonctions du bayle *(bajulus)*, dont le nom se retrouve dans toutes les vieilles coutumes du Sud-Ouest, étaient à la fois administratives et judiciaires (¹). Il est certain qu'il avait la connaissance des causes criminelles et de la police, conjointement avec les consuls, à Auch, à Lectoure, à Fleurance, à Eauze, à Solomiac, à Monfort, etc., les coutumes de ces diverses localités en font foi. Il s'occupait aussi d'administration : c'est le bayle qui, à Fleurance, recevait les lods et ventes *(venditiones et emptiones rerum emphiteoticarum laudabit)* et mettait les acquéreurs en possession des biens vendus (²). En 1495, nous voyons le bayle de Riscle chargé, avec les consuls, de recevoir les *montres* des habitants de la campagne. Enfin, il exerçait l'office d'huissier : c'est le bayle qui faisait les citations en justice, signifiait les actes de procédure, mettait à exécution les jugements et pratiquait les saisies. Les *Fors de Béarn* sont formels sur ce dernier point : « Lo bailé « medix deu far las penheras ». Les coutumes de Labejan (1313) ne sont pas moins explicites : Le seigneur promet de nommer « un baille homme de bien « pour faire toutes intimations, sommations, exécu- « tions et exploits... » (³). Il en était de même à

---

(1) Voir le paragraphe consacré aux bailes par notre confrère M. Auguste Molinier, dans sa remarquable *Étude sur l'administration féodale dans le Languedoc. (Histoire générale de Languedoc*, édition Privat, t. VII, p. 197.)

(2) *Ordonnances des rois de France*, t. VIII, p. 86.

(3) *Coutumes municipales du département du Gers*, publiées par M. Bladé, p. 50. — L'article suivant des coutumes d'Aguin (1553) ne laisse aucun doute

Riscle, ainsi qu'il appert de plusieurs articles des comptes que nous publions.

Au xviiie siècle il existait encore des bayles en Gascogne, près des judicatures royales ou seigneuriales. De leurs fonctions multiples ils n'avaient conservé que celles d'huissier. Sergent, huissier, bayle étaient alors trois expressions synonymes. On désignait sous le nom de *baylie* la charge de ces officiers de justice ou bien le ressort dans lequel il leur était permis d'exploiter.

Les comptes de Riscle sont muets sur la façon dont les consuls et le bayle rendaient leurs sentences.

Trois ou quatre fois seulement il est fait une vague allusion à des instruments de supplice. En 1475, le juge ordonna aux consuls de faire fabriquer une paire de menottes ([1]). En 1492, achat d'une pièce de bois « per far lo pillauret ». Le 28 décembre 1495, on dresse « las justicias au plassot de Montanhac ».

En 1505, deux boulangères accusées de vol sont en prison. L'affaire est grave, aussi les consuls paraissent-ils assez embarrassés; ils envoient demander conseil à leur assesseur à Nogaro. Le bourreau vient à Riscle quelques jours après, sans doute pour donner le fouet aux deux voleuses; 8 deniers remis au bourreau par les consuls évitent à ces femmes cet humiliant châtiment, « que no toquessa a las pan-« coseras deu pan ».

---

sur la nature des fonctions du bayle : «... un bayle pour faire toutes exécu-« tions tant d'autorité des consuls que autres, appointements ou exécutions « de justice audit lieu et sa juridiction, qui prendra 3 deniers pour chacune « exécution qu'il faira pour les deniers royaux... » (*Ibid.*, p. 95.)

(1) *Huns septz* (art. 59, page 205.)

§ 4. — Impositions.

Feux et belugues. — Le mot *feu* a désigné à l'origine une famille, une « maisonnée » : c'est le *feu allumant;* mais il eut de bonne heure, du moins en Gascogne, un autre sens plus vague, purement fiscal : c'est le *feu de compoids*, unité financière servant de base à l'assiette des impôts et à leur répartition entre les collectes d'une même recette et entre les diverses communautés composant chaque collecte ([1]). Chaque feu de compoids se divisait en cent *belugues* (étincelles) et chaque *belugue* en quatre parties qu'on appelait *quarts de belugue*.

De temps en temps, le pouvoir royal faisait procéder au recensement général ou partiel des feux; cette opération, à laquelle on donnait le nom de *réparations* ([2]), avait pour but de rendre plus équitable la répartition des impôts, en diminuant les charges d'un pays ou d'une communauté qu'une calamité quelconque venait de frapper.

Les comptes de Riscle contiennent plusieurs exemples de ces recensements et de ces réductions. En 1486, le sénéchal demanda l'*abolugament, las bolugas*, c'est-à-dire le nombre des feux de toute la sénéchaussée d'Armagnac. Les états, dans la crainte sans doute d'une surcharge, firent longtemps attendre le dénombrement demandé, trouvant divers prétextes

---

(1) Lire une savante note de M. Auguste Molinier sur les feux. (*Histoire gén. de Languedoc*, t. IX, p. 729, note 4.) — Voir aussi le *Dictionnaire* d'Expilly, art. Généralité d'Auch.

(2) *Hist. de Languedoc*, note citée de M. A. Molinier.

dilatoires (¹). Le sénéchal dut employer la menace, « sus grans penas », pour vaincre leur résistance. Une nouvelle demande du chiffre des feux de l'Armagnac fut faite en 1499, à Lectoure. Les députés présents à l'assemblée refusèrent respectueusement, mais nettement, de faire connaître ce chiffre (²).

La ville de Riscle obtint, à diverses reprises, de notables réductions sur le nombre des feux qui formaient son contingent. Ce nombre qui s'élevait à 100 à l'époque où commencent les comptes n'était plus que de 95 à la fin du xve siècle. Mais Nogaro et Barcelonne ne supportaient que 80 feux ; cette différence semblait injuste aux consuls de Riscle. Ne pouvant obtenir un régalement à l'amiable, ils résolurent de plaider. Dans ce but, ils envoyèrent un messager à Toulouse chercher des lettres du Parlement (février 1498). Tout d'abord, la chancellerie refusa de les délivrer, sous prétexte qu'il s'agissait de deniers royaux et que cela regardait le Conseil des finances ; on finit néanmoins par accorder l'autorisation de plaider, grâce à l'intervention de personnages influents « ab amix », grâce aussi à un procédé fort en usage à cette époque « et ab presents » (³). L'affaire se poursuivit pendant plusieurs années et se termina par un arbitrage (⁴).

Les feux de Riscle furent de nouveau réduits au

---

(1) Les États demandèrent un dernier délai « entro que om fossa stat en « las autras senescausias saver si balhaban lo abolugament ». (Conseil du 16 juin, tenu à Vic.)

(2) Voir plus haut une note de la page XXIII.

(3) Les frais divers (épices) d'obtention de ces lettres montèrent à 6 écus 11 sous.

(4) L'arbitre des consuls de Riscle fut M. de Saint-Lanne. Voici, d'après les comptes, la teneur de la sentence qui fut prononcée le 28 avril 1500 :

xvi⁰ siècle et fixés à 82. Ce chiffre se trouva encore trop élevé lorsque les guerres de religion eurent fait de cette ville un amas de ruines (¹). Nogaro et Barcelonne avaient éprouvé le même sort. Au cri de détresse jeté par les habitants de ces trois malheureuses villes, l'intendant Foulé prescrivit une enquête et la confia à François Secousse, président en l'élection d'Armagnac (septembre 1628) (²). Sur le rapport du commissaire enquêteur, l'intendant rendit une ordonnance qui déchargeait Riscle de 31 feux, Nogaro de 30, et Barcelonne de 37, soit d'un total de 98 feux qu'on rejeta sur les autres communautés du Bas-Armagnac (³).

Un recensement général des feux de la Généralité de Montauban eut lieu en 1672 ; le tarif arrêté au Conseil des finances, le 13 juin de ladite année, réduisit le contingent de la recette d'Armagnac à 1,214 feux 26 belugues, celui de la collecte de Nogaro à 276 feux 46 belugues, et la quote-part de Riscle à 14 feux 4 belugues et demie. Ce nouveau tarif resta en vigueur jusqu'à la Révolution (⁴).

« ... Definin c declaran los arbitres que los de Nogaro portaran hun foec per « l'espasi de nau ans ; passat losditz ans, nos autes l'auram a portar lodit foec, « anxi cuma debant ».

(1) Une requête, conservée dans les Archives de Nogaro (FF. 5), dépeint, dans les termes suivants, l'état de Riscle, en 1638 : « ... Ledit lieu de Riscle « souloit estre une bonne ville, composée de sept à huict cents familles, où le « commerce estoit de grande considération ; laquelle, pour l'œuvre des guerres « civilles, feust entiérement embrasée, sans que du despuis elle ayt esté remise « que seullement trente ou quarante petites maisons habittées la pluspart par « gens qui gaignent leur vie du jour à la journée... »

(2) Nous avons publié cette enquête dans *l'Annuaire du Gers* (année 1882).

(3) A cette époque (1640), la recette d'Armagnac supportait 4,620 feux, répartis ainsi qu'il suit entre les sept collectes : 1º Auch, 506 feux ; 2º Jegun, 560 ; 3º Vic-Fezensac, 1,244 ; 4º Fezensaguet, 322 ; 5º Bas-Armagnac, 1,101 ; 6º Eauzan, 335 ; 7º Rivière-Basse, 552. (Archives de Nogaro, FF. 5.)

(4) *Dictionnaire* d'Expilly, art. Auch et Riscle.

Allivrement. — Voyons maintenant comment au xve siècle les tailles étaient réparties entre les contribuables de Riscle. Cette opération se faisait, comme aujourd'hui, au marc la livre des revenus imposables, mais ces revenus formaient deux catégories bien distinctes, dénommées dans les comptes : livres *grosses* et livres *primes*. Chaque livre grosse, dite aussi livre *première* ([1]) et plus tard *chef de livre* « cap de liura » ([2]), supportait une contribution sept ou huit fois plus forte que celle qui frappait chaque livre prime ; de là, sans doute, les dénominations *grossa* et *prima* (petite, mince) ([3]).

Mais que faut-il entendre au juste par cette expression *chef de livre* ? Le problème, pour nous du moins, n'est pas facile à résoudre, les renseignements fournis par les comptes étant trop vagues et trop peu nombreux. Voici l'explication qui nous paraît la plus plausible. Le chef de livre devait être, comme son nom l'indique, la première livre de revenu de chaque maison d'habitation et de chaque domaine rural ; le propriétaire de la maison ou du domaine payait pour

---

(1) « Fo enpausat a la prumera liura xii blanx, que son liuras grossas dus « cens e onze, e liuras primas que son quatre milhia setanta e oeyt, a quiscuna « d'aqueras hun blanc e mey. » (Comptes de 1442, recettes, art. i, p. 9.) — Voir les recettes des autres années.

(2) « Et fue enpausat per cap de lieura duz sos et per chascune aultre lieura « dus arditz ». (Comptes de 1507.)

(3) Cette différence était plus accentuée encore au commencement du xve siècle, comme l'indiquent ces extraits d'un vieux livre de comptes de Saint-Sauvy (Archives du Gers, E. 288) : «... Ita quod prima libra valet vii grossos, « et librarum consequentium qualibet [valet] medium grossum » (1398). — « Fecerunt talias seu collectas, ita quod prima libra valet xxviii solidos, et « aliarum librarum consequencium in valore ii solidos » (1401). — « Fen talha « e collecta en tau maneyra que la prumera liura bau miey florin, so es assabe « vii gros correns, e las autras liuras enconseguent, so es assabe quascua, « miey gros » (1405).

cette première livre une cotisation qui variait proportionnellement au montant de la taille, mais qui, nous le répétons, était toujours supérieure à celle qu'il devait pour chacune des autres livres (livres primes) composant son revenu ([1]).

Le total de livres grosses et des livres primes, si nous ne nous sommes pas mépris sur le sens de ces mots, représente le revenu imposable de toute la communauté. Par les comptes des dix premières années (1441-1450), les seules où le nombre des livres grosses et primes est indiqué, nous voyons que ce nombre variait d'une année à l'autre. Il y eut 211 livres grosses en 1441 et en 1442, 207 en 1444, 214 en 1445, 212 en 1446 et 206 en 1450 ([2]). Le chiffre des livres primes subit des variations plus considérables : après avoir été au nombre de 4,078

---

(1) Le document suivant, qui nous a été communiqué par M. J. Gardère, bibliothécaire de Condom, vient corroborer notre manière de voir et prouver que le système employé à Riscle, à Saint-Sauvy et probablement dans toute la sénéchaussée d'Armagnac, pendant le XVe siècle, se pratiquait également à Condom vers le milieu du XVIe. C'est une note relative à la levée d'une imposition de 200 livres par les consuls de Condom, en 1541 :

« Les consuls impouzarent comme s'ensuict : Pour chef de livre I sou sur
« chacun habitant dudit Condom et juridiction d'icelle, son bien montant
« jusques à une livre ou plus... Montent lesdits chefz de livre pour lever
« ladite somme, à I sou pour chef de livre: IIIIxx II livres. (Il y avait
« donc à Condom à cette époque 1640 chefs de livre.) Les aultres livres,
« [au nombre de] six mille sept cens sept livres 2 sous 6 deniers (ce
« sont les livres primes) montent, à IIII deniers pour livre : cent XI livres
« XV sous huict deniers. Qu'est en somme, avec lesdits chefz de livre, nefz
« vingtz XIII (193) livres 15 sous huict deniers. Par ainsi restent à lever
« VI livres IIII sous IIII deniers, laquelle [somme] se prendroyt sur ceulx de La
« Ressingle. » (Livre de raison de la famille Dudrot.)

(2) Deux articles des comptes mentionnent la remise des chefs de livre à plusieurs habitants : « Foc quittat a Berthomiu de Lacosta, per son cap de
« liura, perso que no then foec alucat, e per lo moble que a pagat entro au
« present, e non abe, que lo pergo ab lo foec; monta XIII sos IIII dines » (1495).
— « Foc apuntat que om ostassa a Purgueta deu Magent e Arnaut deu Cos los
« caps de liura de las segundas talhas, perso que no demoraban en la bila »
(1498).

d

en 1441, 1442 et 1444, elles s'abaissent à 4,061 en 1445, pour s'élever jusqu'à 4,444 en 1446 et retomber à 4,410 en 1450 ([1]).

Le registre de l'allivrement était donc un véritable livre terrier ou cadastre, annuellement révisable ([2]). Les mutations par suite de ventes ou d'échanges s'y portaient comme on les porte aujourd'hui sur la matrice cadastrale de chaque commune ([3]).

Tailles. — Le mot taille « talha » sert uniquement, dans les comptes de Riscle, à désigner la somme levée par les consuls sur les habitants. Ce nom ne fut donné que plus tard, du moins en Gascogne, à l'impôt royal sur les biens-fonds (la contribution foncière). Lorsqu'il fallait payer soit un fouage au comte, soit une taxe au roi, les consuls faisaient en sorte de lever une taille plus forte que l'impôt à payer. L'excédent venait s'ajouter aux émoluments communaux pour faire face aux dépenses locales, frais de voyages, de repas, de procès, etc. Prenons pour exemple les comptes de 1441. Trois tailles furent levées dans le courant de cette année, pour payer trois donations votées par les états d'Armagnac au comte Jean IV (guerre de Comminges)

---

(1) Le revenu imposable de Riscle était donc de 4,616 livres en 1450, après avoir atteint le chiffre de 4,656 livres en 1446. Le même revenu s'élève actuellement à 56,524 francs.

(2) En 1501, la révision fut faite avec un soin particulier et entraîna des frais plus élevés que d'habitude. Quatre notables furent chargés de corriger l'allivrement, « de rebaychar los manantz et habitantz qui fossan obs rebaychatz « e de puyar los qui fossan obs puyatz, segont Diu e los consiensas ». Nouvelles rectifications en 1507 ; six habitants furent désignés pour « adoubar et reparar « l'alieurament, pogar lous qui fossen besoing d'estre pogatz e de rebeysar lous « qui fossen besoing rebeysatz ». L'opération dura dix jours.

(3) En 1494, Jean Lafargue remontra en conseil qu'il faisait depuis six ans les mutations sans aucune récompense « premi ». On lui vota 3 écus d'honoraires.

et à son fils aîné, le vicomte de Lomagne (siège de Coudures); le montant de ces tailles, soit une somme de 380 écus (¹), fut porté en recette par les comptables. Sur ces 380 écus, 285 seulement furent versés entre les mains des receveurs du comte et de son fils (²).

Il n'en était pas toujours ainsi : en 1473, non seulement il n'y eut pas d'excédent, mais il fallut contracter plusieurs emprunts onéreux pour parfaire le paiement des impositions ordinaires et extraordinaires; les dépenses s'élevèrent dans cette désastreuse année à 1,550 écus, chiffre qui dépasse de beaucoup la moyenne des dépenses annuelles (³).

Droits seigneuriaux. — A Riscle, comme partout ailleurs (⁴), les habitants devaient acquitter, en outre des impositions, certaines redevances seigneuriales (agriers, devoirs, cens, quêtes, oublies, etc.), qu'on désignait dans ce pays sous le nom générique

---

(1) Il s'agit ici d'écus de Béarn, valant alors 16 sous. Voir plus loin le paragraphe 9, p. LXIV.

(2) Voici quelques autres paiements effectués pendant les années suivantes, entre les mains des trésoriers du comte et de ses deux fils : en 1442, 115 écus; en 1445, 186 écus; en 1447, 215 écus; en 1448, 240 écus; en 1449, 195 écus; en 1451, 193 écus. — Nous croyons devoir donner comme terme de comparaison les chiffres suivants qui concernent les taxes « quartaros » perçues au nom du roi : en 1475, 120 écus; en 1479, 220 écus; en 1484, 156 écus; en 1485, 168 écus; en 1486, 259 écus; en 1493, 230 écus; en 1503, 216 écus; en 1504, 247 écus; en 1505, 201 écus. Un article des comptes de 1504 explique la différence sensible qu'on remarque entre les quartiers de 1504 et ceux de 1505 : les états réunis à Nogaro, le 17 novembre, furent informés que le roi « per sa « gracia bole que per la present aneya i aguosa rebays de la quarta part per « respeyt de la pasada aneya ». — Les tailles de Riscle montèrent à 5,900 livres en 1635, et à 6,066 livres en 1759.

(3) Cette moyenne peut être fixée à 400 écus pour toute la période comprise dans les comptes, de 1441 à 1507.

(4) Les habitants de Nogaro étaient exempts de toutes ces redevances, en vertu de privilèges concédés, dit-on, par l'archevêque saint Austinde. Ce privilège constituait l'*allodialité* des terres et des maisons.

de *fiefs* (¹). Les comptes contiennent fort peu de renseignements sur ces redevances, dont la perception n'était pas confiée aux consuls; il n'y est guère fait mention que du fief de 6 écus, payé par la communauté pour la forêt de la Barthe.

Dîmes. — Les renseignements sont aussi vagues sur les dîmes que sur les droits seigneuriaux. Quelques mentions de baux à ferme, voilà tout. Ces baux concernent les revenus de la cure de Riscle (²), de l'église paroissiale Saint-Pierre (³), du couvent de la Merci (⁴) et de la commanderie ou hôpital Saint-Jean (⁵).

---

(1) On trouvera plus loin, p. 65, note 3, l'énumération des divers droits seigneuriaux perçus à Riscle en 1461, d'après un état de la recette générale des terres d'Armagnac conservé à la Bibliothèque nationale. — Un autre état de la « recette ordinaire du comté d'Armagnac faite en 1527 au nom d'Henri II, « roi de Navarre », est conservé aux Archives des Basses-Pyrénées (E. 256). Notre confrère M. Léon Flourac a eu l'obligeance de nous adresser copie de ce qui concerne Riscle; en voici quelques extraits : 1° « Los fius de Riscla : los « cossos, XL soos I diner morlaas; Monon d'Argelos, VIII s. XI d.; plus per « Bernad de Saint-Pot, VIII arditz... » (Le total des fiefs, en 25 articles, s'élève à 92 sous 6 deniers.) 2° « Lo blat de Riscla aperat paralotas : heretes de Johan « Burossa, una paralota; Johan deu Busquet, I conquet; Johan de Pandele « alias Marquezon, I conquet Ima paralota... »

(2) Le curé de Riscle (Mᵉ d'Azéma, en 1474) ne résidait pas dans sa paroisse. Le 29 juin 1473, le sacristain du chapitre de Tarbes vint affermer en son nom les revenus de sa cure aux consuls de Riscle, moyennant 90 écus (p. 119, art. 169).

(3) En 1477, les consuls affermèrent les revenus de l'église Saint-Pierre, moyennant 36 écus, et les sous-baillèrent au sieur de Maumusson pour 30 écus, argent comptant (p. 227, art. 21).

(4) Voir sur le couvent de la Merci la note 1 de la page 89. — La perception de la « Redempna » rencontrait, paraît-il, des difficultés; des menaces même avaient été proférées contre les fermiers (le curé de Villère et le frère Mathieu Duviau, religieux de Geaune) : « disen que los deran sus caps ». (Comptes de 1473, p. 115, art. 155.) — Le 26 septembre 1489, le général de l'ordre de la Merci, frère Antoine Maurel, se trouvait en visite au couvent de Riscle; les consuls lui firent un cadeau de vin et d'avoine.

(5) Il y a seulement dans les comptes : « arendament de Sent-Johan ». Nous ne sommes pas bien sûr qu'il s'agisse de la commanderie dont l'existence est constatée au XVIᵉ siècle dans l'*Histoire du Grand-Prieuré de Toulouse*, publiée par M. A. Dubourg, p. 357. (Voir plus loin la note 3 de la page 18.) Au XVᵉ siècle,

§ 5. — Travaux communaux.

Fortifications. — Riscle, ainsi que la plupart des villes et bourgs du moyen âge, possédait une enceinte fortifiée. Nous voyons par les comptes que vingt cannes de muraille furent construites en 1431 (¹). Le château « castet » formait un quartier séparé et avait une enceinte spéciale (²); on y fit dix-huit cannes de mur, en 1444 (³).

Chaque année, les consuls devaient, conformément aux coutumes, consacrer une bonne partie des revenus des émoluments municipaux à l'entretien des fortifications tant du château que de la ville. Des commissaires venaient de temps en temps, soit au nom du comte, soit au nom du roi, inspecter les travaux et s'assurer de leur état (⁴).

Les chemins de ronde « alleyas » (⁵), les fossés

Saint-Jean appartenait à l'archevêque d'Auch. (Comptes de 1473, art. 155, 159, 160, 233, 234, 250 et 299.)

(1) « On son assetiatz los hostaus de maeste Johan d'Argelos, de Bernadon « d'Argelos e de Arnauton de La Lane. » (Année 1454, p. 62.) — La canne avait environ 1 m. 80 c. de longueur.

(2) « La caserne de gendarmerie (1861) est dans l'emplacement du château « féodal ou comtal de la Roque, entouré de fossés qui se rattachaient à une « enceinte de fortifications, à en juger par les restes d'une muraille, où une « porte défendait l'entrée du côté de la Rivière, et par d'autres pans de murs qui « existent encore. Dans ce système de défense était comprise l'église, élevée sur « le même tertre que le fort, et où l'on aperçoit des traces de créneaux, et des « marches extrêmement usées d'une vieille tour qui flanquait l'extrémité nord-« est de l'édifice. » (Bourdeau, *Manuel de Géographie*, p. 241.)

(3) « Dedens lo castet d'Ariscla. » (Année 1454, p. 63.)

(4) La première mention de ces sortes d'inspections date de 1442 (p. 12, art. 8).

(5) Voir, pour les chemins de ronde, les comptes de 1442, p. 12, art. 8, et ceux de 1484, p. 314, note 1, avec un dessin d'après Viollet-Le-Duc. — Un article des comptes de 1485 mentionne la chute des planches du chemin de

« baratz », les ponts-levis (¹), les portes et contre-portes (²) étaient surtout l'objet de fréquentes réparations.

Le 21 février 1487, on apprit que les gens d'armes du sire d'Albret s'avançaient vers Riscle et qu'ils voulaient s'emparer de cette ville, ainsi que de Barcelonne. Les consuls, après avoir placé des gardes aux portes afin d'éviter une surprise (³), firent élever des *tapias* (murs de terre?) au quartier dit à l'*Aubada*, au *Curt*, à *Bartuca*, etc.

En 1490, on fit une muraille à la *Clota*. Huit ans plus tard, une portion de mur ayant été fortement endommagée par les eaux (⁴), on chargea un maître maçon, nommé Jean de Chartres (⁵), de la reconstruire.

Tour. — Un édifice, désigné seulement par ces mots « la tor », fut l'objet d'importantes réparations en 1483; la toiture fut refaite à neuf (⁶); on acheta du plomb pour couvrir la pomme de la flèche (⁷), puis l'on fit faire une croix en fer destinée à surmonter

---

ronde du château dans le fossé « fusta tombada de las aleyas deu castet en lo « barat ». Ce détail nous révèle l'existence d'une sorte de galerie extérieure, qui n'est pas marquée dans le dessin de la page 314. La reconstruction de ces « aleyas » fut confiée à un *christian* (capot) de Belloc et coûta 12 écus.

(1) Les comptes n'en mentionnent que deux : le pont de Cambadie et celui de Pontaste.

(2) D'après les comptes, il y avait six portes « portaus » : la porte de la *bila*, la porte du *castet*, la porte du *Cambadia*, la porte du *Bordalat*, la porte de *Coarada* (Coarraze) et la porte de la *Tasta*.

(3) « Affin que fossa fama que nos fasem bon goeyt. »

(4) « Au cap de la carrera de Laudenac enter Bascon Long e Berduc, a causa « que l'ayga la abe fort gastada ».

(5) Voir plus loin, page LVI, une note sur Jean de Chartres.

(6) Les travaux de la toiture furent adjugés, le 24 avril 1483, à Jean de Capbarry, maître charpentier de Belloc, pour la somme de 16 écus (p. 271, art. 11).

(7) « La poma de la agulheta » (p. 275, art. 24).

ladite pomme (¹). Des croisées furent ouvertes sur l'un des côtés de la tour (²). Les travaux se continuèrent en 1484 et en 1485 (³).

Ces divers détails nous portent à penser que cette « tor » n'était autre chose que le clocher de l'église Saint-Pierre (⁴), qui devait servir aussi de beffroi communal : les cloches « los seys » s'y trouvaient renfermées, et une horloge y fut établie en 1489.

Église Saint-Pierre. — Les consuls de Riscle inscrivent assez fréquemment dans leurs comptes des dépenses relatives à l'église de la paroisse (⁵). C'est

---

(1) « Sus la poma de la tor » (p. 275, art. 27).

(2) « Foc dit que l'estrem de ladita tor enta Sansonat part fossa feyt ab « crozeyas » (p. 285, art. 61).

(3) En 1485, on reconnut sans doute le danger qui pouvait résulter de trop nombreuses ouvertures, car le conseil fit boucher « clabe » avec de la brique et du mortier les fenêtres ouvertes sur trois côtés de la tour, « las crozeyas deus « tres strems ».

(4) S'agit-il du clocher actuel, construction carrée qui flanque l'extrémité nord-ouest de l'église, ou bien d'une ancienne tour affectant la forme d'un trapèze et située au nord-est, près du chevet, dont nous avons reconnu l'existence sur un plan de l'église, dressé en 1859 ? Consulté par nous sur ce point douteux, M. Géhé, maire de Riscle, a bien voulu nous fournir d'intéressants renseignements, que nous transcrivons textuellement : « ... Il existe, en effet, au nord-est « de l'église, une apparence de construction en forme de trapèze, avec une cage » d'escalier au milieu. C'était évidemment une tour, probablement celle des « cloches. Aujourd'hui cette tour est arasée au niveau des combles et fait « partie du corps de l'église. L'escalier rond, en pierre de taille, existe toujours. « Au nord-ouest existe une autre tour (le clocher actuel) qui domine la basse « plaine de l'Adour. Ses murs ont une épaisseur d'un mètre cinquante centimè- « tres environ ; elle doit être fort ancienne aussi, plus ancienne que l'église. « Elle n'a qu'une meurtrière au nord, du côté de la plaine, et semble avoir été « placée là comme un point de défense et d'observation. A l'époque des guerres « religieuses, l'église fut incendiée une ou deux fois. La violence de l'incendie « dut se porter plus particulièrement du côté de la tour du nord-est ; car, un peu « au delà, en faisant les fouilles de la cave de l'école des filles, bâtie sur ce « plateau, nous avons trouvé des tas de froment carbonisé. Ce froment n'aurait- « il pas été apporté là par les gens de la plaine, pour être mis sous la protection « du château, de l'église et des tours ? ... »

(5) Le compte-rendu de 1478 nous apprend que plusieurs consulats des environs contribuaient dans une certaine mesure aux frais de restauration de l'église Saint-Pierre « en la fabrica de Sent-Pey » (p. 233).

vers 1482 que les travaux de restauration paraissent avoir été poussés avec le plus d'activité : un four à chaux fut établi aux frais de la communauté « ab de « la obra de mossenh Sen-Pe » (¹). Ces travaux étaient terminés en 1490, puisque la cérémonie de la bénédiction eut lieu cette année : le conseil vota 3 écus à l'évêque d'Aire « per benasir la gleysa » (²). On s'occupa ensuite de la décoration de l'édifice; une statue de saint Sébastien fut achetée en 1493, et l'on fit peindre le « boot » de saint Antoine (³), ainsi que l'autel de saint Pierre. Dix ans plus tard, le portail et les statues « ymayas » qui le décoraient reçurent une nouvelle couche de peinture (⁴); en 1504, on fit changer la « cetina » de la statue de sainte Catherine (⁵).

Ponts. — Il y avait à Riscle, dès le xvᵉ siècle, un grand pont en bois sur l'Adour; mais les crues et les débordements continuels de ce fleuve capricieux obligeaient les pauvres consuls à faire audit pont d'incessantes réparations (⁶). Le lit de l'Adour était, à cette

---

(1) Page 261, art. 4.

(2) Une cérémonie semblable eut lieu, en septembre 1501, pour les églises de Mourès et de Balambits, situées dans la juridiction de Riscle. L'évêque reçut à cette occasion huit « terseras » de vin.

(3) On porta ces statues à Nogaro, puis à Tasque, pour les faire bénir.

(4) Cette besogne fut confiée au « beyraie » (vitrier) et coûta 3 écus 6 sous.

(5) La restauration de l'église de Riscle fut l'œuvre d'un architecte ou maître-maçon « peyre » nommé Jean de Chartres « Chartas » et probablement originaire du pays chartrain, comme son nom l'indique. Il s'était établi à Riscle où il fit d'autres travaux mentionnés dans les comptes; son fils, Gaillard de Chartres, aussi maître-maçon, s'y maria en octobre 1501. Les consuls furent invités à la « festa nupciala »; comme la cérémonie se fit un jour maigre « jorn de peys », au lieu d'un mouton qu'ils voulaient d'abord offrir aux nouveaux mariés, ils apportèrent du pain, du vin, du poisson et « autas cauzas », le tout d'une valeur de 8 sous 4 deniers.

(6) On trouvera, dans les comptes de 1479, p. 235, des détails assez complets sur la construction du pont de l'Adour.

époque, beaucoup plus rapproché de la ville qu'il ne l'est actuellement. Comme ce voisinage offrait de réels dangers, on essaya d'éloigner les eaux en pratiquant une sorte de tranchée dans le gravier (¹); trois cent cinquante hommes y travaillèrent par corvée « de besiau » (²) pendant le mois de février 1496 (³).

Un pont existait également sur l'Arros (⁴) et son entretien était presque aussi coûteux que celui du pont de l'Adour.

Citons pour mémoire de simples ponceaux « palan-« cas » établis sur les ruisseaux de l'Arrosset, de l'Arrieutort ou Rieutort, et du Bergons, et le pont du canal du moulin (⁵).

§ 6. — Affaires militaires.

Francs-archers. — Les francs-archers furent organisés, comme on sait, par une ordonnance de

---

(1) « Fene lo grauhe de l'Ador per lo mey, afin que l'ayga no se apresesa « tant de la vila ».

(2) Tous les travaux communaux se faisaient par corvée. Voir sur le droit seigneurial de corvée *(vezinal, beziau)* une savante étude de M. A. du Bourg : *Coutumes communales du Sud-Ouest de la France*; une excellente analyse critique en a été donnée par M. L. Couture dans la *Revue de Gascogne*, t. XXIV, 1883, p. 565.

(3) Durant plus de deux cents ans encore, l'Adour devait menacer d'emporter la ville de Riscle. Ce ne fut qu'au XVIII° siècle que l'on se décida à la protéger au moyen d'une forte digue. L'adjudication des travaux eut lieu le 25 mars 1734, en faveur d'un nommé Pierre Lafrance, pour une somme de 16,350 livres; le Conseil d'État approuva cette adjudication et ordonna, par arrêt du 27 août 1734, que les deux tiers des frais seraient supportés par la Généralité d'Auch, et le reste par la ville de Riscle. (Délibération du Conseil municipal de Riscle, du 4 avril 1830.)

(4) L'existence d'un pont sur l'Arros dans la commune de Riscle prouve qu'au XV° siècle cette rivière se jetait dans l'Adour bien en aval du confluent actuel.

(5) Le pont du moulin était couvert et probablement fortifié. On verra plus loin (comptes de 1474, p. 184, note 3) que les consuls y furent renfermés par ordre du collecteur, en plein mois de décembre.

Charles VII, du 28 avril 1448 (¹). Riscle devait en fournir deux pour son contingent. Les deux premiers archers dont les comptes fassent mention s'appelaient Perris Léon et Arnauton du Poy dit Beya; ils firent, en 1473, la campagne du Roussillon et prirent part au siège de Perpignan (²). L'année suivante, Perris Léon fut remplacé par Arnaud-Guilhem de Bilhera dit Mosquet (³). Mosquet étant devenu boîteux dans le courant de 1476, on lui donna pour successeur Arnauton de Monbet dit Mariné; ce *Mariné* n'en était pas à ses débuts : il avait fait la campagne de Guipuscoa, à telle enseigne qu'il avait perdu son arbalète et vendu son épée à Fontarabie (⁴).

On trouvera dans les comptes de plusieurs années (⁵) des détails nombreux et intéressants sur l'habillement et l'armement des francs-archers de Riscle. Les armes n'étaient pas toujours de premier choix; on visait surtout à l'économie (⁶). Cet équipement toutefois ne laissait pas que d'être une lourde charge pour le budget communal, les archers ayant pris la mauvaise habitude de vendre ou engager leurs armes après chaque campagne, sans doute pour se procurer les moyens de se rapatrier. C'est pourquoi

---

(1) Consulter l'*Histoire de l'Infanterie française*, par le général Susane, t. I, p. 36.

(2) Ils rentrèrent à Riscle, le 12 octobre 1473, et demandèrent la « benben- « guda »; on leur paya à dîner (p. 140, art. 235).

(3) Ledit Mosquet avait déjà servi, en 1473, en qualité d'arbalétrier (expédition dans la vallée d'Aran) (p. 108).

(4) Année 1476, p. 220, art. 45 et 46. — Ce trait de mœurs militaires a inspiré à notre collaborateur une note pleine d'humour (p. 220, note 2).

(5) 1473, art. 106-109; 1474, art. 139-152 et 184-190; 1475, art. 33-55; 1476, art. 17, 20, 24, etc.; 1477, art. 7-20; 1479, art. 17-22.

(6) C'est ainsi qu'on paya 13 sous, en 1473, deux salades « bielhas e ronhosas »; il fallut dépenser 3 autres sous pour les « robi » (p. 103).

l'on adjoignit à la ville de Riscle des aides qui contribuaient, dans une certaine mesure, aux frais d'équipement et d'entretien des francs-archers (¹).

Supprimés par Louis XI, après la bataille de Guinegatte (7 août 1479), où ils avaient fait preuve d'indiscipline (²), les francs-archers furent rétablis par son successeur sous le nom de « mortes-paies » (³), vers la fin de l'année 1485.

Ce fut seulement en mars 1487 qu'on fit la levée du contingent de la sénéchaussée d'Armagnac, contingent fixé à soixante-huit « homes a pees ». La collecte d'Armagnac dut en fournir treize et la ville de Riscle deux, comme auparavant. Arnauton Fontanhera et Guissarnaud d'Audirac, ex-francs-archers de Riscle, consentirent à servir de nouveau, moyennant une certaine quantité de blé et de millet; il fallut leur acheter de nouvelles armes, car les anciennes avaiens été vendues ou brisées. Ils partirent en campagne le 17 mars 1487 et rentrèrent à Riscle le 8 juin suivant, pour repartir le 26 du même mois (⁴).

En 1489, Riscle ne fournissait plus qu'un seul franc-archer. Le 17 février, on reçut un ordre du roi qui le mandait à Clisson (⁵); on l'y mena à cheval;

---

(1) En 1474, Riscle avait pour *aides* les quatre petites communes de Saint-Germé, de Lapujolle, de Labarthe-Cagnard et de Lacaussade (p. 164).

(2) Voir la note 1 de la page 240. — Voici en quels termes cette suppression des francs-archers est relatée par les consuls de Riscle : « ... qui en lo temps « deu rey Loys eran statz feytz e ordenatz, e ayxi metis per lodit senhor eran « statz abatutz ». (Comptes de 1487.)

(3) C'est ainsi qu'on désigna un corps de 12,000 fantassins mis sur pied en 1485. — Il est fait une vague allusion aux « mortes-paies » dans les *Archives de la ville de Lectoure*, pp. 142 et 145. (*Arch. hist. de la Gascogne*, fascicule IX).

(4) Sans doute pour la campagne de Bretagne.

(5) Il y a deux localités de ce nom, l'une chef-lieu de canton de la Loire-Inférieure, l'autre simple hameau, avec château, de la commune de Boisné (Deux-Sèvres).

le voyage dura cinq jours et quatre nuits (aller et retour) et coûta 1 écu 2 sous.

Une convocation générale de tous les francs-archers de la sénéchaussée d'Armagnac fut faite à Lectoure, en février 1497, pour prêter serment à M. de Blanquefort qui venait d'être nommé capitaine en remplacement de Jean du Maine, décédé. Le nouveau capitaine trouva l'archer de Riscle beaucoup trop vieux pour servir — c'était Guissarnaud d'Audirac — et déclara qu'il le refuserait. Guissarnaud mourut dans l'année, de chagrin peut-être; le conseil de Riscle décida qu'une « basaliqua » ([1]) lui serait élevée aux frais de la communauté, en souvenir des services qu'il avait rendus.

Arbalétriers. — Les comptes mentionnent plusieurs levées d'arbalétriers « balestes », sortes de miliciens irréguliers, qu'il ne faut pas confondre, croyons-nous, avec les francs-archers, un peu plus militairement organisés.

Vingt-cinq arbalétriers furent demandés à la ville de Riscle, au mois d'avril 1743, pour une expédition dans la vallée d'Aran ([2]). Après bien des démarches, et non sans bourse délier, les consuls obtinrent que ce nombre fût réduit à sept hommes, puis à quatre. L'expédition durait encore en janvier 1475; à cette date, le sénéchal fit une nouvelle levée d'arbalétriers; Riscle dut en équiper dix pour sa part ([3]).

Les villes de l'Armagnac furent de nouveau mises à contribution pour le siège de Monlezun en Pardiac,

---

(1) Nous croyons qu'il s'agit d'un tombeau.
(2) Page 108, art. 128.
(3) Page 200, art. 11 et 13.

le principal fait de guerre de l'année 1485. Riscle y envoya huit arbalétriers (¹); l'entretien de ces miliciens était à la charge de la communauté. Cela devint, à la longue, fort coûteux; les hommes réclamaient sans cesse des vivres, disant qu'ils mouraient « de « fami ». Par l'intermédiaire de M⁰ Guillaume Verdier, avocat à Marciac, lequel « gobernaba lo capi- « tayne Peyre-Bufeyre (²) », on obtint le renvoi des huit arbalétriers. On eut plus de mal à ravoir une pièce d'artillerie, appelée *lisarda* et *hisarda* (?), que les arbalétriers avaient emmenée avec eux au siège de Monlezun. Aux messagers qui vinrent la réclamer de la part des consuls, avec une bête de somme « saume » pour la remporter, il fut dit que le capitaine du château de Monlezun l'avait prise et qu'il refusait de s'en dessaisir. Il fallut user de ruse : l'avocat Verdier lui écrivit que la pièce d'artillerie en question appartenait à la ville de Marciac; le capitaine la rendit immédiatement.

L'habillement et l'armement des arbalétriers différaient peu, ce semble, de ceux des francs-archers (³).

Passages de troupes. — Le passage de gens de guerre était considéré, au moyen âge, comme une calamité publique. La ville de Riscle, se trouvant placée sur la route du Béarn, recevait trop souvent la visite de ces hôtes exigeants, incommodes et dangereux. Nous verrons les consuls faire toutes sortes de démarches et de sacrifices d'argent pour

---

(1) On avait d'abord exigé vingt-cinq arbalétriers, comme en 1473; c'était le chiffre normal.
(2) Fourcaud de Pierre-Buffière. (Voir les comptes de 1484, p. 323, art. 114.)
(3) Voir les comptes de 1473, p. 126, art. 195.

tâcher d'éviter le logement, ne fût-il que d'un jour, ou du moins pour obtenir le départ à bref délai des troupes qu'il avait fallu loger.

Voici un exemple emprunté aux comptes de 1507; nous ne faisons que traduire ou résumer le récit des consuls.

Le 6 septembre 1507, M. de Maumusson, venant de Sainte-Christie, apprit aux consuls de Riscle que le « bordilat de Casteras d'Ayra, deu Mas et de Bar-« salona » était plein de gens d'armes. Vite on réunit le conseil, qui décida d'envoyer deux messagers, dont un consul, au-devant du capitaine pour le supplier d'exempter Riscle du logement militaire. Les messagers le rencontrèrent, en compagnie de M. de Corneillan, entre Barcelonne et Saint-Germé. Il déclara qu'il ne pouvait changer sa route; toutefois, à la prière de M. de Corneillan, il consentit à loger ses soldats hors ville, pourvu qu'on leur fournît du pain et du vin. Ainsi fut fait; la dépense s'éleva à 2 écus 11 sous. Le capitaine logea en ville avec ses fourriers et dépensa 15 sous; de plus il se fit promettre une étrenne « estrena » d'un marc d'argent (6 écus). Le lendemain, 7 septembre, eut lieu le départ de la troupe; un guide conduisit les fourriers à Tasque, à Galiax, à Préchac et à Plaisance. Les consuls voulant s'acquitter envers le capitaine lui dépêchèrent, le jour même de son départ, un messager chargé de lui remettre le marc d'argent. Il y eut alors un véritable chassé-croisé. Pendant que le messager des consuls cherchait le capitaine à Tasque, à Galiax, à Plaisance, celui-ci revenait à Riscle réclamer son argent; il fut convenu que la somme lui serait remise le lendemain, 8 septembre, à Préchac. Berdot de Saint-Pot, l'un des consuls, se chargea de ce soin et partit avant le jour pour Préchac, mais là pas de capitaine; à Galiax il trouva les gens d'armes, qui le renvoyèrent à Plaisance; lorsqu'il arriva dans cette dernière ville, le capitaine avait déjà gagné Marciac. Découragé, le consul Saint-Pot s'en revint à Riscle. Le plus piquant de l'affaire, c'est que le susdit capitaine, soupçonnant les consuls de mauvaise foi, — bien à tort, comme on le voit, — leur écrivit une lettre de reproches ironiques, agrémentée d'un dicton populaire, « que ne bolossen poent far a la guise « deus Bascons : *Aygue passade, sancta Maria* « *cugnanada* » (¹). On s'empressa de remettre les 6 écus au porteur; mais celui-ci exigea de la monnaie royale; le change coûta 3 sous.

§ 8. — Instruction publique.

Riscle possédait une école dès le milieu du xvᵉ siècle; les comptes de 1449 enregistrent, en effet, une dépense de 2 écus pour la « pentio deu maeste de la « escola » (²). Puis, silence complet sur cet objet pendant près de quarante ans. C'est seulement à partir de 1487 que reparaît une dépense annuelle concernant, non les gages du régent, mais le loyer de la maison d'école, loyer qui varie de 1 à 3 écus. On finit par acheter ou faire bâtir une école, ainsi

---

(1) Ce dicton ne serait-il pas une traduction *libre* du proverbe italien : « *Passato il pericolo, gabbato il santo* ». (Brantôme, *Vies des grands Capitaines*, éd. Buchon, t. I, p. 43.)

(2) Page 39, art. 17, et page 45, art. 17 (année 1450).

que cela ressort de l'hommage rendu en 1634 (¹).

Notons l'achat d'une chaire « cadeyra » pour le « magister de la scola ». (Comptes de 1492.)

Dans l'état de 1741, les gages du régent de Riscle figurent parmi les frais municipaux pour une somme de 168 livres (²).

§ 9. — Agriculture, commerce et industrie.

Monnaies. — On se servait à Riscle et dans toute la Gascogne de la monnaie de Béarn, si connue sous le nom de monnaie de *Morlaas*.

Les monnaies Morlaas mentionnées et évaluées dans les comptes sont les suivantes : l'*écu*, qui valut 16 sous de 1441 à 1445, puis 18 sous à partir de 1446; le *sou*, d'une valeur de 12 deniers; le *blanc*, valant 3 deniers; l'*ardit* (liard), valant 2 deniers; le *denier* ou *jaques*, valant 4 « baquas »; la *baque* ou vache, qui se divisait elle-même en *baquettes*.

Louis XI ne voyait pas sans un vif déplaisir la concurrence faite à la monnaie royale par les diverses monnaies étrangères en usage dans plusieurs provinces du royaume; il rendit trois ordonnances qui, avaient pour but d'entraver et même d'interdire l'emploi de ces monnaies (³); mais ces ordonnances restèrent à peu près lettre morte pour la Gascogne, où l'on continua de donner la préférence à la monnaie béarnaise.

Dès 1473, il est question du « reffus de la

---

(1) Voir plus haut des extraits de cet hommage, note de la page XXXVII.
(2) Archives du Gers, C. 76.
(3) Ordonnances du 4 janvier 1470, du 20 décembre 1473 et du 8 mai 1479.

« moneda » (¹); l'année suivante, le collecteur exigea de la monnaie « de rey », refusant la « moneda « blanca du pais » (²). Un peu plus tard, c'est l'or de Béarn que nous trouvons décrié (³).

En 1470, les états d'Armagnac votèrent au collecteur 4 ardits par feu pour qu'il reçût toutes sortes de monnaies (⁴); une des clauses de l'acte passé le 3 avril 1484 entre les états et le collecteur Raymond du Bédat stipule qu'il acceptera « totas monedas « haben cortz en lo present pais sens diminucion « deguna de lor veraya valor » (⁵); mais deux ans après, l'ordre arriva de faire tous les paiements d'impôts avec de la monnaie royale.

Une nouvelle ordonnance de Charles VIII (24 avril 1488) n'eut pas plus de succès que celles de son prédécesseur; dans une lettre missive qu'il écrivit, le 28 septembre 1488, au sénéchal d'Armagnac, nous le voyons se plaindre de la désobéissance des populations de ce pays et les menacer de peines sévères. La lettre fut lue aux députés des états réunis à Vic, le 13 novembre 1489; mais ceux-ci protestèrent avec énergie et refusèrent de se soumettre aux volontés du roi (⁶). Cette résistance devait durer

(1) Voir la note 2 de la page 172.
(2) Page 194, art. 200.
(3) Comptes de 1477, p. 231, art. 48; il y eut une *tare* de « huna dopla de « rey » par écu sur une somme de 30 écus, « que eran scutz d'aur de Bearn ». En 1497, le collecteur refusa de prendre les pièces d'or, mais accepta la « moneda ». — La tare, appelée *cortessa* et *minga* dans les comptes de 1502 à 1507, fut énorme en 1489 (4 écus 11 sous pour 17 écus 13 sous 4 deniers); vers la fin du XVe siècle elle s'abaissa à 2 et 3 ardits par écu.
(4) Page 241, art. 32.
(5) Voir cet acte en note, p. 301.
(6) Archives du Séminaire d'Auch, reg. du notaire Chastenet. — Voir plus haut la note de la p. XXII.

longtemps encore, non toutefois sans occasionner des pertes assez sensibles aux communautés, obligées de faire le change des monnaies à chaque paiement d'impôts (¹).

Intérêt de l'argent. — Le taux de l'intérêt était de dix pour cent à la fin du xve siècle, ainsi qu'il appert de divers emprunts contractés par le conseil de Riscle. En 1497, on paya 15 écus au chapitre d'Auch pour l'intérêt d'un prêt de 150 écus; en 1500, le seigneur de Saint-Martin reçut 4 écus pour un prêt de 40 écus.

Mesures de capacité. — Les seules mesures indiquées pour le blé et autres céréales sont la conque et le quart (²).

---

(1) Par suite de cette obligation du change, diverses monnaies royales (livres tournois, écus, francs, etc.) se trouvent citées dans les comptes, avec leur évaluation par rapport à la valeur réelle des monnaies Morlaas. Voici quelques exemples :

10 livres tournois = 7 écus 7 sous 4 deniers morlaas (1477).
8 livres 4 deniers t. = 6 écus m. (1482).
62 livres t. = 55 écus 11 sous m. (1492).
4 livres 15 sous t. = 3 écus 9 sous m. (1496.).
1 écu de roi = 1 écu 7 sous m. (1489), et 1 écu 6 deniers m. (1498).
1 écu au soleil = 1 écu 9 sous m. (1493), et 1 écu 7 sous m. (1498).
9 francs 18 sous t. = 8 écus 1 sou 4 deniers m. (1476).
2 francs de roi = 1 écu 8 sous 8 deniers (1479).
1 franc de roi = 13 sous 4 deniers (1483).
25 sous t. = 1 écu 2 sous m. ou 20 sous m. (1493).
15 sous t. = 12 sous m. (1493).
5 sous t. = 4 sous m. (1493).

Ces calculs, que nous croyons exacts, tendraient à prouver qu'à la fin du xve siècle, en Armagnac, le sou Morlaas valait un cinquième environ de plus que le sou tournois, et non trois fois plus, comme le dit Marca. (*Hist. de Béarn*, p. 306). Des variations nombreuses ont dû se produire dans la relation des diverses monnaies. D'après un état des « fius de Plasensa apertenens a mon- « senhor lo comte (d'Armagnac) et a moss. l'abat de la Casa-Diu par indebis » (fin du xve siècle), la différence entre le sou tournois et le sou Morlaas était du quart, « e se pagan a d[ines] t., e val lo s. t. ix jaques. » (Archives du Gers, A. 2.)

(2) Voir sur ces mesures la note 2 de la page 4.

On employait pour le vin un plus grand nombre de mesures; voici leurs noms : la pipe, la barrique, le pipot, la conque, la bane « bana » (¹), le pichet et la tersère « tresera ». La pipe contenait 20 conques (²) ou 288 pichets (³); le pichet, expression encore usitée dans l'Armagnac, équivaut à notre double-litre.

Prix des grains, denrées, etc. — Nous croyons utile de donner ici un tableau du prix des grains, des denrées et de divers autres objets pendant la seconde moitié du xvᵉ siècle. Il est à peine nécessaire de faire observer que les chiffres ne doivent pas être pris au pied de la lettre; le pouvoir de l'argent était alors beaucoup plus grand que de nos jours, et pour avoir une idée à peu près exacte du prix réel des choses il faut faire une multiplication. Un exemple : une paire de poulets, qui se vend aujourd'hui 40 sous, coûtait 1 sou en 1473; donc 1 sou morlaas avait à cette époque la même valeur que 40 sous de notre monnaie. Le nombre 40 peut être adopté comme multiplicateur pour quelques-uns des prix qui vont suivre, mais non pour tous; le multiplicateur 30 nous

---

(1) On se sert encore dans le Bas-Armagnac du mot *bane* pour désigner la cruche de vin (15 litres); la barrique se compose de 20 ou 25 cruches, suivant les conventions. (Renseignement fourni par M. l'abbé Tallez, professeur au Petit Séminaire d'Auch.)

(2) En 1499, les consuls achetèrent 8 conques de vin pour les ajouter à 12 autres, afin de parfaire une pipe. — A Nogaro, d'après un acte de 1487, une pipe contenait 24 conques. (Archives du Sém. d'Auch.)

(3) Il est dit à l'article 6 des recettes de 1474 (p. 163) que le produit de la vente d'une pipe de vin, à 3 ardits le pichet, fut de 8 écus; le calcul indique bien 288 pichets. Observons néanmoins qu'en 1499 la vente d'une autre pipe de vin, à 1 ardit le pichet, produisit 2 écus 17 sous 2 ardits, ce qui donne à la pipe une contenance de 320 pichets (?). — Dans le Béarn, la pipe de vin équivalait à 6 hectolitres. (Lespy, *Honneurs d'Archambaud, comte de Foix*, dans la *Revue d'Aquitaine*, t. IV, p. 357.)

paraît convenir à la majeure partie de ces prix (¹) ; en somme, « il est difficile de déterminer la valeur « extrinsèque d'une monnaie à deux époques éloi- « gnées l'une de l'autre » (²).

Froment. — La conque : 9 sous (1450) ; 10 et 14 sous (1473) ; 26 sous (1474) ; 9 et 12 sous (1497). — Le quart : 5 sous (1451) ; 8 sous 6 deniers et 9 sous (1474) ; 14 sous 6 deniers (1482) ; 4 sous 6 deniers et 5 sous (1501).

Méteil (*mestura*). — La conque : 7 sous (1450) ; 8 et 12 sous (1473). — Le quart : 3 sous 6 deniers (1501).

Seigle. — Le quart : 3 sous 4 deniers (1501).

Avoine (*cibasa*). — La conque : 6 sous (1442). — Le quart : 2 sous (1473, 1484, 1490) ; 1 sou 6 deniers (1501).

Maïs (*milh*). — La conque : 5 sous 6 deniers (1451). — Le quart : 12 sous 8 deniers (1483) ; 3 sous 4 deniers et 4 sous (1497).

Vin. — La pipe : 3 écus (1441) ; 5 écus (1451) ; 2 écus 3 sous 10 deniers (1473) ; 5 et 8 écus (vin rouge) (1474) ; 6 écus 16 sous (vin rouge) (1484) ; 3 écus (1499) ; 4 écus (1500) ; 3 écus 6 sous (1504). — La barrique (vin blanc) : 3 écus 13 sous 4 deniers (1484) ; 1 écu 14 sous (1503). — La conque : 1 écu 8 sous 8 deniers (1499). — La bane : 2 sous (1500). — Le pichet : 3 et 4 deniers (1473) ; 4, 6 et 8 deniers (1474) ; 3 deniers (vin blanc), 2 deniers et demi (vin rouge) (1475) ; 5 deniers (1490) ; 2 deniers 2 « tozas » (³) (1499) ; 3 deniers (1500). — La tersère : 2 deniers (1501, 1502).

Bœuf. — La livre : 6 deniers (1474).

Mouton. — La livre : 8 deniers (1474) ; 9 deniers (1500). — Un gigot de mouton : 1 sou (1484). — Un mouton : 8 sous (1484) ; 6 sous (1501) ; 7 sous (1507).

Porc. — La livre : 4 deniers (1474).

---

(1) M. Edouard Forestié, au moyen d'indications fournies par les livres de comptes des frères Bonis, est arrivé à fixer à 20 centimes (48 deniers) le pouvoir du denier tournois à Montauban, dans le milieu du XIVᵉ siècle. (*Bulletin hist. et phil. du comité des Travaux historiques*, 1885, p. 94.) — M. Luchaire a adopté 30 pour les évaluations contenues dans sa remarquable étude sur *Alain le Grand, sire d'Albret*. — Cf. le beau livre de M. le baron Alph. de Ruble : *Le Mariage de Jeanne d'Albret*, p. 230.

(2) Tholin, *Essai sur les limites de la juridiction d'Agen*, etc., p. 247.

(3) *Alias tolozan*. Le denier tolzan (*tolosanus*) valait un cinquième de plus que le denier Morlaas. (Comptes de 1501.)

Chapons. — La pièce : 8 deniers (1490). — La paire : 1 sou 8 deniers (1473).

Poulets. — La pièce : 6 deniers (1474). — La paire : 1 sou (1473); 8 deniers (1484); 1 sou 4 deniers (1490); 1 sou (1507).

Oies. — La pièce (oies salées) : 1 sou (1473). — La paire : 1 sou 4 deniers (1484); 1 sou 8 deniers (1507).

Perdreaux et bécasses. — Une paire de perdreaux et une bécasse : 1 sou 4 deniers (1473).

Pigeons *(palomas)*. — La pièce : 3 deniers (1474).

Poissons. — Un hareng : 2 deniers. — Trois « merlus » et deux douzaines d'anguilles salées : 7 sous (1497). — Quatre « lus » et seize tanches : 1 écu 4 sous (1502).

Fromages. — Un fromage : 6 deniers (1473).

Huile. — La livre : 8 deniers (1490).

Foin. — Le char : 9 sous (1475). — Le quintal : 1 sou (1473) (1); 2 sous 3 deniers (1501).

Bois. — Le char : 1 sou 8 deniers (1502).

Chandelles. — La livre : 10 deniers (1473, 1490).

Cire. — La livre : 2 sous 6 deniers (1475); 4 sous (1488).

Verres. — La pièce : 4 deniers (1490).

Fer. — La livre : 3 deniers (1482).

Clous. — La livre : 2 sous 1 denier (1474).

Plume. — La livre : 6 deniers (1473).

Laine blanche. — La livre : 1 sou (1473).

Papier. — La main : 1 sou 4 deniers (1474).

Drap rouge. — La canne (2) : 2 écus (1473); 2 écus 12 sous (1489); 3 écus (1497). — Le pan : 3 sous 1 denier (1473); 7 sous 6 deniers (1500, 1507).

Drap rouge d'Angleterre. — La canne : 1 écu 9 sous (1479).

Drap « bruneta ». — La canne : 2 écus 12 sous (1489); 3 écus (1497). — Le pan : 7 sous 6 deniers (1500, 1507).

Drap « blanquet ». — La canne : 7 sous (1473); 6 sous 4 deniers (1475). — Le pan : 10 deniers (1473).

Drap « tanat ». — Le pan : 1 sou (1474).

Flanelle *(arnela)*. — Le pan : 3 sous 3 deniers (1477).

---

(1) A la page 84, art. 42, il faut lire « IIII quintaus » au lieu de « un quintaus ».

(2) La longueur de la canne était de 1 m. 80 c. environ; il y avait huit pans à la canne, donc le pan avait 0 m. 225 mill. (*Tables de comparaison entre les anciennes et les nouvelles mesures du Gers*, p. 44.)

Toile *(drap de lin)*. — Le pan : 2 deniers (1473).

Chemises de toile. — Une chemise : 5 sous (1475).

Souliers *(sabatos)*. — La paire : 3 sous (1473, 1475); 4 sous (1484); 5 sous (1507).

Épée. — 13 et 15 sous (1473); 13 sous (1474); 17 sous 2 deniers (1475).

Ceinture d'épée. — 1 sou (1473).

Dague. — 7 sous (1473); 10 sous (neuve) (1474).

« Dagot ». — 2 sous 6 deniers (1473).

Arbalète. — 1 écu (1473); 1 écu 6 sous (1475).

Baudrier. — 3 sous (1473, 1474).

Carquois *(boyrac)*. — 5 sous (1473).

Salaires. — 1° Charpentiers et maçons : 2 sous 6 deniers par jour, avec nourriture (1473); 2 sous (1489); 1 sou 4 deniers, sans nourriture (1507). — 2° Manœuvres : 1 sou et 1 sou 4 deniers (1473, 1489).

Louage de chevaux (1). — Une journée : 1 sou 3 deniers (1473-1505).

Industrie. — La seule industrie des habitants de Riscle au xv⁰ siècle consistait dans le foulage des draps. A cette époque, le moulin à foulon, « batan », appartenait au comte d'Armagnac (²); il fut concédé plus tard à la communauté, moyennant un fief annuel (³); son revenu était de 31 livres en 1741 (⁴).

Un acte curieux, conservé aux Archives du Séminaire d'Auch (⁵), nous révèle l'existence d'une papeterie sur l'Adour dans la juridiction de Cahuzac, village voisin de Riscle. Cette papeterie, qui était la

---

(1) Un cheval *(rossin)* fut payé 25 écus en 1451 (art. 12); un cheval de somme *(saume)* n'en coûta que 5 en 1475 (art. 83).

(2) Comptes de 1461, p. 65, note 2.

(3) Voir plus haut, p. xxxvii, note 1, les extraits de l'hommage de 1634.

(4) Cette industrie était assez prospère au xviii⁰ siècle, s'il faut en croire l'abbé Daignan du Sendat : « ... Il y a un beau moulin avec un foulon au « milieu de la ville; il y a beaucoup de facturiers qui travaillent des étoffes, « même des étoffes de soye... » (Bibl. d'Auch; ms. n⁰ 85, p. 871.)

(5) Reg. du notaire Chastenet.

propriété du comte d'Armagnac, fut emportée par la violence des eaux, en 1491. Le procureur d'Armagnac, Nicolas de Mediavilla ou Mègeville, reçut l'ordre de la faire rétablir, et déjà les ouvriers y travaillaient lorsque le seigneur de Cahuzac, Géraud de Saint-Lanne, s'opposa, comme propriétaire du sol, à cette reconstruction et fit défense aux maçons de continuer leur travail. (Acte du 9 mai 1492.)

Il nous reste à présenter quelques remarques sur le texte que nous publions.

Le dialecte dans lequel sont écrits les comptes de Riscle est le gascon proprement dit ou gascon d'Armagnac, fortement mélangé de béarnais (1); ce mélange constitue « le patois de l'Armagnac occi-« dental » (2).

Nous n'exposerons pas ici les règles caractéristiques du gascon, règles bien connues, grâce aux beaux travaux philologiques de maîtres tels que MM. Paul Meyer (3), Léonce Couture (4), Camille Chabaneau (5), Achille Luchaire (6), V. Lespy (7), etc.;

---

(1) C'est l'influence béarnaise qui a produit le redoublement des voyelles dans les mots suivants : *coop, soos, rossiis, Piis, biis, bees, cuarx*, etc.

(2) « Les patois de l'Armagnac occidental (Nogaro) et du Gabardan (Gabar-« ret) présentent un mélange très caractéristique des formes du type armagnac « et du type béarnais ». (Luchaire, *Études sur les idiomes pyrénéens*, p. 252).

(3) *Romania, passim.*

(4) *Revue de Gascogne, passim;* voir notamment les excellentes règles posées par M. Couture pour la prononciation du gascon, t. XIII, 1872, p. 37.

(5) *Revue des langues romanes*, livraison de septembre 1885, page 105. « Le gascon, dit M. Chabaneau, était non seulement la langue usuelle, mais « encore la langue administrative et officielle des pays où on le parlait... »

(6) Ouv. cité.

(7) *Grammaire béarnaise*, 2e édition.

nous nous bornerons à signaler les quelques traits ou particularités orthographiques et phonétiques qui nous ont le plus frappé.

Tous les mots féminins (noms, adjectifs, etc.) et la troisième personne de l'indicatif présent des verbes de la première conjugaison se terminent en *a*. Plus tard, on a remplacé cet *a* par un *o* en Armagnac, et par un *e* en Béarn; seul l'article féminin a conservé l'*a* final dans les divers pays du domaine gascon ([1]).

Au moyen âge il n'existait qu'une seule et même notation orthographique pour l'*o* ouvert, « larg » ([2]) « plenissonan » ([3]), et pour l'*o* fermé « estreit » « semissonan »; mais il paraît certain que le dernier se prononçait *ou*, « encore bien que l'écriture le « confondît avec le son *o* » ([4]) du premier. Cette notation *ou* ne fait son apparition que dans les comptes de l'année 1507 : les mots *los, nos, foc, jorn, recebedor, sabatos,* etc. des années précédentes (1441-1505) y sont orthographiés *lous, nous, fouc, jour, recebedour, sabatous,* etc. ([5]).

La suppression de *n* entre deux voyelles, l'un des caractères distinctifs du gascon moderne, a lieu rare-

---

(1) D'après M. Lespy (*Gram. béarn.*, p. 3), les noms et adjectifs féminins ont conservé l'*a* final dans quelques localités du Béarn. Il en est de même dans les communes suivantes qui faisaient jadis partie du pays de Rivière-Basse : Plaisance, Beaumarchès, Préchac, Galiax, Ju-Belloc, Tieste, Saint-Aunix, etc. On y prononce encore *liura, liuras, henna, candela, mustra,* etc. (Renseignement fourni par M. l'abbé Lamazouade, missionnaire à Auch.

(2) *Donat provençal* (*Grammaires provençales de Hugues Faidit,* etc., par Guessard.)

(3) *Leys d'amors.*

(4) P. Meyer, *Phonétique provençale, O,* p. 13.

(5) Est-ce là l'indice d'une révolution orthographique ? Peut-être ne faut-il y voir qu'une orthographe toute *phonétique* à l'usage d'un consul peu familiarisé avec les règles du gascon.

ment dans les comptes de Riscle; on en rencontre pourtant des exemples : *faria (farina), garia (gal-lina), dies (dines), gier (januarius), bie (veniebat)*, etc.

Notons les formes *fala, faut, fauquetos*, etc., pour *hala* (¹), *haut, hauquetos;* elles démontrent qu'à cette époque l'*f* avait le son de *h* (²).

A noter également le changement du groupe de consonnes *rs* en *ss* par un fait d'assimilation : *assa = arsa* (brûlée), *bossa = borsa, los = lors, cas = cars*, etc.

Le groupe *nh* (*nlh*, en 1479), qui se rencontre très fréquemment, doit se prononcer comme *gn* (³).

On remarquera les expressions *huns septz, unas bergantinas, unas camissas, unas caussas*, etc. Nous pensons que l'article *huns, unas*, imité du latin *uni, unæ*, donne aux mots qu'il précède le sens de *paire* : cela revient à dire une paire de ceps ou menottes, de brigandines, de chemises, de chausses (⁴).

Nous ne poursuivrons pas plus loin l'examen de notre texte, laissant aux souscripteurs des Archives le soin et le plaisir d'y découvrir beaucoup d'autres particularités dialectales.

En résumé, à part certaines notations orthographiques bizarres et par trop fantaisistes, les comptes

---

(1) *Hala*, avec un *h*, se trouve une fois (p. 65, art. 65).

(2) C'est l'opinion de M. L. Couture ; elle fait autorité en tout ce qui touche à l'idiome gascon.

(3) Le mot *mossenh* est toujours abrégé par les consuls de Riscle (*moss., mos.*); le mot *senh (signum*, cloche) qui est écrit en entier (1474, p. 185, art. 114) nous a décidé à choisir la forme *mossenh*, au lieu de *mossen* qu'on trouve dans plusieurs textes de la même époque.

(4) Voir à ce sujet un article intéressant de M. Révillout. (*Revue des Langues romanes*, livr. de mars 1886, p. 133.)

de Riscle offrent un texte gascon généralement correct, qui dénote chez les consuls du xv{{e}} siècle une réelle connaissance de leur langue. Nous croyons donc pouvoir affirmer que l'intérêt de ces comptes au point de vue philologique n'est pas moindre que leur importance au point de vue historique ([1]).

Paul PARFOURU.

---

(1) Au moment où nous corrigeons les épreuves de la fin de l'introduction, M. Alphonse Vignaux, membre de la Société historique de Gascogne, nous communique une ancienne traduction des coutumes et privilèges de Gimont qui nous permet de rectifier une opinion erronée par nous émise plus haut (note 3 de la page xii), au sujet du juge d'appeaux. D'un acte de 1312, relatif au sceau des consuls de Gimont, il ressort que le juge d'appeaux de Toulouse, qui se nommait alors Hugues Guiraud, n'était que le lieutenant du sénéchal de Toulouse et Albigeois; nous avions donc mal interprété l'article des coutumes de Fleurance en y voyant la preuve de l'existence de deux juridictions indépendantes l'une de l'autre.

COMPTES CONSULAIRES
DE LA
VILLE DE RISCLE

I.

COMPTES DE L'ANNÉE 1441.

L'an de Nostre Senhor mil IIII^c quaranta hun (1442, n. st.), a VII jorns de feure, fo conde redut per Manaud Palhera, maeste Johan d'Argelos, Pey-Bernad de Tesa e Arnaud deu Sobiran, cosselhs bielhs, a Bertran Sobiran, a Arnauton deu Cosso, a Sanson de Poges e a Bernadon de Poges, cosselhs nabetz; en presencia de las gens deu cosselh o de la mayor partida.

RECETTES.

SOMMAIRE : 1. Levée de deux tailles destinées au paiement de subsides accordés, l'un au vicomte de Lomagne pour le siège de Coudures, l'autre au comte d'Armagnac pour la guerre du comté de Comminges. — 2. Recettes diverses. — 3. Revenus de la taverne, de la boucherie, du fief de la Barthe; farine pour l'expédition de Comminges. — 4. Taille levée pour le comte d'Armagnac. — 5. Emprunt.

I. — *Recepta feyta per Manaud Palhera.*

1. Prumerament, mostra que abe recebut de dues talhas, en que fon feytas per pagar auguna donacio qui fo feyta a mossenh

de Lomanha (1) per anar enta Coturas (2), e per autre donacion qui foc feyta a nostre senhor lo comte (3) de blad e de bin per sostenir la guerra deu comtat de Comenge (4); effo composit lo blad e lo bin a argent. Effo enpausat per la una talha, a la prumera liura XII blanx e a quiscuna de las autres huu blanc e mey, que son liuras grossas dus cens e onze, e las primas que son IIII^m e setanta e oeyt (5); montan las dues talhas, que atau es la una cuma l'autre : dus cens setanta scutz (condans setze sols per scut) e XVIII blanx. De la soma susdita se rebat las talhas deu senhor de Camorteras (6), de la garda, deu torrer, deus forestes; e per la donacion qui fo feyta a mossenh Bernad de

---

(1) Jean, fils aîné de Jean IV, comte d'Armagnac, nommé le vicomte de Lomagne du vivant de son père, auquel il succéda sous le nom de Jean V.

(2) Coudures, dans les Landes, arrondissement de Saint-Sever. Voir une note aux dépenses de l'année 1441, article 4.

(3) Jean IV, fils du célèbre Bernard VII, connétable de France. Il mourut en 1450. On trouvera plus loin (comptes de l'année 1451) une note sur la date précise de la mort de Jean IV.

(4) Sur les prétentions de la maison d'Armagnac à la succession au comté de Comminges et sur les interminables querelles qui en furent la suite, consultez le fascicule II de nos *Archives Historiques*, l'*Histoire de Languedoc* de dom Vaissete, t. v (anc. édition), et l'*Histoire de Gascogne*, par Monlezun, t. IV.

(5) Cette distinction entre les livres *grosses* et les livres *primes* désigne deux degrés de cens. Les 211 livres grosses payant chacune 12 blancs représentaient-elles le *cens urbain* levé sur les places, casaux, ayriaux et maisons renfermés dans l'enceinte de la ville, ou la taille cabaliste, c'est-à-dire celle qui était établie sur les meubles et l'industrie? Nous ne saurions le dire. Les 4078 livres primes, payant chacune 1 blanc 1|2, devaient représenter les 4078 arpents de terres allivrables renfermés dans les limites de la juridiction de la ville, et former le *cens rural*. On retrouve très souvent dans les chartes de coutumes cette distinction entre la taille urbaine et la taille rurale et le fief payé par les contribuables de la première, de beaucoup supérieur à celui des contribuables de la seconde. Voir l'Introduction.

(6) Léberon du Lau, seigneur de Camortères, Camous et Tarsaguet, fut témoin, le 6 février 1442, du mariage de Géraud III de Benquet, seigneur d'Arblade-Brassal, avec Jeanne de Toujouse. (*Armorial des Landes*, par le baron de Cauna, t. II, p. 104.) Léberon du Lau était fils d'Auger du Lau, seigneur de Camortères, et de Géraude, dame de Camortères, dont la sœur, Claire de Camortères, avait épousé Géraud I de Benquet, seigneur d'Arblade. Nous lisons dans l'histoire de la maison de Benquet, que Géraud de Benquet et Claire de Camortères transigèrent, le 9 septembre 1378, avec Auger du Lau et Géraude de Camortères au sujet de « certains droits à Riscle », lesquels furent adjugés à Auger du Lau et à Géraude sa femme. (*Arm. des Landes, ibid.*) Ces droits consistaient dans l'obligation aux habitants de Riscle de porter au seigneur de Camortères son bois de chauffage ou de construction, dans

Poges, per lo servici qui fo de las tempestas (1), dus scutz quatorze sos e mey; e per la talha de Sansaner, que son vint e quatre blanx; e per la meytat de las talhas de Mariota e de Mengina, que son nau sos; e rebatut lo binte diner (2). Que monta au profeyt de la billa, rebatudas las causas susditas : dus cens sinquanta scutz e mey (3).

2. Item plus, recebo lodit Manaud de Pey de Sans, de mayor soma que debe per lo rendament deu mazet, hun scut XII sos; plus recebo de una pipa de bin que fo crompada de mossenh Domenges deu Sobiran, tres scutz; recebo de Arnaud deu Troyo, de Canet, per lo morlanau (4), XVII blanx hun jaques; plus recebo de auguns singlaus, ayssi cum mustra en hun rogle, a maneyra de prest, seys scutz seyssanta e dus blanx hun ardit. Mostra que abe recebut deus priors de Nostra-Dona (5), onze scutz; de Johan deu Magenc, sinq sos; de Pey Lana, sinq sos; de Pey de Sant, seys blanx; de Pey de Portet, VI blanx. Recebo de Berdot de Casanaba, losquals debe per la fin de son conde, tres scutz; recebo de Arnauton de Tucot, de Canet, per lo forestatge, hun scut; recebo de set quartz de faria, losquals fon benutz a Bertran Sobiran, a XVI blanx lo quart, monta hun scut XII sos. Que monta en una soma : vint e nau scutz e nau sos.

l'exemption de la taille pour ses biens ruraux, dans le droit de forestage et dans une redevance sur les moutons qui paissaient dans le bois de Riscle. Ces droits furent plus tard l'objet d'une contestation entre les consuls et le seigneur. — Voir les dépenses de l'année 1473, article 240. Dans le dénombrement fourni le 19 octobre 1540 devant le sénéchal d'Armagnac par Jean-Jacques du Lau, seigneur de Camortères, figurent « les fiefs que le dénombrant possède « à Riscle ». (Arch. de Tarbes, diction. de Larcher, art. Camortères.)

(1) Il s'agit évidemment d'un service religieux pour la conservation des fruits de la terre. *A fulgure et tempestate, libera nos Domine.* Bernard de Poges était un ecclésiastique. On retrouvera dans les comptes suivants une somme allouée annuellement à ce personnage pour le même motif.

(2) Le vingtième denier était retenu par le consul collecteur pour ses honoraires.

(3) Voir l'Introduction sur la valeur des diverses monnaies mentionnées dans ces comptes.

(4) Voir plus loin, année 1444, recettes, art. 6, les noms des habitants de Cannet qui payaient cette redevance aux consuls de Riscle. Ce nom de *Morlanau* vient évidemment de ce que cette redevance était évaluée en monnaie morlane dans le contrat primitif qui l'établissait.

(5) C'était sans doute une confrérie, comme l'indique le mot *priors.*

Soma tota la recepta : dus cens oeytanta scutz (condans XVI sos per scut) e quatre blanx.

II. — *Recepta de Pey-Bernad de Tesa.*

3. Prumerament, mostra que abe recebut de auguns singulaus, de la taberna que no era arrendada : de Bernad de Sent-Germer, XXV blanx; de Johan Trobat, oeyt blanx; de Peyron de Malessa, XVI blanx; de Bernadot de Cregut, XII blanx; de Peyronet Segun, XII blanx. Recebo de Johan deu Magenc, bint blanx. Recebo de Arnaud deu Sobiran, metaler, per IIII^{te} quartz de faria que era estada lebada per portar en Comenge, de que ne fec recepta e despensa, a XVIII blanx lo quart, monta hun scut dus sos. Recebo de Bernadon de Poges, de mayor soma que debe de l'arrendament de la taberna, VIII sos. Recebo de Pey de Sans, de mayor soma que debe de l'arendament deu mazet, set sos. Recebo per lo fiu de la Barta (1), deu nombre de II^c e oeyt, de quiscun, tres arditz; que monta en una soma : seys scutz e mey.

Soma so dessus : detz scutz hun blanc.

4. Item, mostra que abe recebut de una talha que fo talhada per la donacion darrerament feyta a nostre senhor lo comte de hun scut e de una conqua de blad (2) e de hun pipot de bin. Effo autreyada la talha per lebar los cent scutz; laqual fo lebada per Pey-Bernad. Effo enpausat a la prumera liura, que son II^c e XI liuras grossas, a quiscuna d'aquera XII blanx; e las primas, que son IIII^m setanta e oeyt, a quiscuna d'aquera tres morlaas. E desso

---

(1) L'inventaire des titres de la maison d'Armagnac, renfermés autrefois au château de Lectoure, fait mention d'une « Information sur les dommages « faits à la forêt du Blanez et à la Barthe de Riscle ». Sans date. (Arch. de Pau, E. 239.) La forêt de Riscle s'appelle encore aujourd'hui la forêt de la Barthe. Voir l'Introduction.

(2) Il y avait anciennement à Riscle trois étalons de mesures pour les grains : la *pugnère*, la *conque* ou *quart*, et le *sac*. D'après les *Tables de comparaison* entre les anciennes mesures du Gers et les nouvelles mesures établies par la loi du 18 germinal an III, la pugnère de Riscle valait 3 litres 0031; la conque ou quart, 2 décalitres 4025, et le sac, 9 décalitres 610, un peu moins d'un hectolitre. Il fallait 8 pugnères pour faire une conque ou quart, et quatre conques ou quarts pour faire un sac. On trouvera dans ces comptes les mots de conque et de quart pris indifféremment l'un pour l'autre. La conque de blé valait à Riscle, en 1450, 9 sous, ce qui faisait pour le sac 2 écus 4 sous, comptant 16 sous par écu; le quart de blé, en 1474, valut 8 et 9 sous; la conque

nosse rebat negun xx^es diners ni deu senhor de Camorteras ni degun autre, mas que las restas leyssadas per Pey-Bernad demoran ab la bila, ayssi cum appar per hun rogle scriut per parcelas. Que monta la talha en una soma : cent trenta scutz et nau blanx.

5. Item, mostra que abe recebut de alguns singulaus a maneyra de prest, ayssi cum leyssa en hun rogle scriut per parcelas : detz e set scutz quaranta e hun blanc e mey.

Soma la recepta : cent seyssanta e dus scutz sinquanta e dus blanx.

DÉPENSES.

SOMMAIRE : 1. Subside fourni au comte d'Armagnac pour la guerre de Comminges. — 2. Fief de la Barthe. — 3. Créance de l'archidiacre de Lomagne. — 4. Emprunt destiné à payer le subside promis au vicomte de Lomagne pour le siège de Coudures; séjour à Riscle du vicomte de Lomagne et du bâtard d'Armagnac, à leur retour de Coudures. — 5. Argent donné à ceux qui allèrent en Comminges et à Coudures. — 6. Frais d'excommunication du consul comptable. — 7. Prix de deux journées de chevaux. — 8. Dépenses faites à l'occasion de la reddition des comptes. — 9. Versement fait entre les mains de Jean de Saint-Aubin, chargé de la levée d'un subside fourni au comte d'Armagnac. — 10. Frais de voyages à l'Isle, à Auch et à Vic-Fezensac. — 11. Réparations à la chapelle de Notre-Dame. — 12. Fourniture d'avoine; journées de chevaux. — 13. Frais de reddition de comptes.

I. — *Despensa feyta par Manaud Palhera.*

1. Prumerament, mostra que abe pagat au recebedor, ayssi cum par per reconeycensas feytas per lodit recebedor, e asso per la donacion feyta a mossenhor lo comte per sostenir la guerra de Comenge. Que eran cent conques de blad e cent pipotz de bin; effon compositz lo blad e lo bin argent. Que monta : nabanta e hun scut[z] sinquanta e tres blanx.

2. Item, mostra que abe pagat au recebedor, per lo fiu de la

---

d'avoine, en 1442, 6 sous; la conque de maïs, en 1451, 5 sous 1|2, et celle de méteil (*mesture*), 7 sous. — On sait qu'autrefois ces étalons de mesures variaient à l'infini; chaque ville, chaque gros bourg avaient les siens, et tous différaient entre eux par la valeur et souvent même par le nom. Les étalons de Riscle différaient de ceux des villes voisines, Plaisance, Castelnau, Barcelonne, le Houga, Nogaro, et aucuns de ceux-ci ne se ressemblaient. Voir les *Tables* plus haut citées. Dans les stipulations de redevances en grain ou en liquide, les notaires spécifiaient toujours le nom de la ville dont la mesure serait employée. La loi de germinal an III a aboli cette variété de mesures.

Barta de l'an quaranta hun: seys scutz quaranta e dus blanx hun ardit.

3. Item, mostra que abe pagat a Pey deu Biau, de Canet, per nom de mossenh l'arcidiague de Lomanha; losquals (scutz) lo eran degutz per la bila : vint e set scutz.

4. Item, mostra que abe pagat a sertz singulaus; losquals (scutz) eran estatz lebatz a maneyra de prest per la donacion que era estada feyta a mossenhor de Lomanha, quant ana enta Coturas, que eron cent quartz de froment e cent de cibasa (1); e per las despensas que lo fon feytas a mossenhor de Lomanha, quant bengo de Coturas, e a mossenh lo bastart (2), ab tot lor ordenari, que demora dues neytz e tres jorns. Que monta tot en una soma : nabanta e oeyt scutz e hun blanc.

(1) Cette grande quantité de blé et d'avoine fournie au vicomte de Lomagne « quant ana enta Coturas » indique évidemment un approvisionnement de guerre. Il s'agit du siège et de la prise de Coudures en Chalosse, canton de Saint-Sever (Landes), septembre-octobre 1441, par le comte d'Albret et le vicomte de Lomagne. Cet événement, dont aucun historien n'a parlé, nous est connu par un curieux document rapporté de Londres (Arch. de l'Echiquier), par M. Jules Delpit, et imprimé à la page 258 de sa *Collection générale des documents français qui se trouvent en Angleterre*. Ce document est une requête adressée en février 1442 (n. st.), au roi Henri VI, par les députés des deux états de la sénéchaussée des Lannes, dans laquelle ils exposent au roi d'Angleterre les grands ravages que le comte d'Albret a faits dans le Bordelais et les Lannes « dus ans a passatz, ab grant companhe de roters, de qui au conde de « XIIII mili rossins, ab l'estandard deu rey franses »; et que non content de cela il a mis une forte garnison de gens d'armes dans Tartas « et d'aqui en fore « feyt guerre orrible et desresonable et grandement destruyt lo pays » : tellement que le sénéchal de Guyenne, Thomas de Rampston, avec 100 hommes d'armes et 400 archers « lo darer jorn deu mes d'ahost darren passat [31 août 1441], « meto et pauset lo seti dauan la plasse de Tartas ». Ce que voyant « lodeit « seignor de Labrit au prengut ensemps ab ley lo filh deu compte d'Armanhac, « vescompte de Lomanhe, ab gran cop de gens d'armes, es viencut en lo pays « de Shelosse, obedient au Rey nostre deit seignor, et a pris los locxs et « parropis, ars et destruyt, deu seignor deu Lescun, cum son *Cotures*, Audinhon, « Senta-Colome, Ayres et Coplut (?) et d'autres, cutan far lhevar lo deit seti « de Tartas ». On verra plus loin l'issue du siège de Tartas.

(2) Jean de Lescun, bâtard d'Armagnac. Les lettres de légitimation que Louis XI lui accorda à Muret, au mois de mai 1463, le disent fils d'Arnaud-Guillem de Lescun, et d'Anne d'Armagnac, dame Termes, fille libre. La brillante et trop courte carrière fournie par le bâtard d'Armagnac est assez connue pour qu'il soit inutile d'en parler ici. Favori de Louis XI, lieutenant-général en Guyenne, gouverneur du Dauphiné, maréchal de France et comte de Comminges, il mourut sans postérité mâle en 1472.

5. Item, mostra que abe despensat, ayssi cum mostra en hun rogle scriut per parcelas, tant en argent que fo balhat aus qui anan enta Comenge, enta Coturas, quant en autres despensas qui la bila fe per anas e per tornas (1), e per algunas reparacios feytas en la bila. Que monta en una soma : sinquanta scutz.

6. Item, que abe pagat a Sans Delort, que lo abe escomnyat per las coeytas de la bila (2), composit per las despensas : setze blanx.

7. Item, mostra que abe pagat a Arnauton deu Cosso, per dus jornaus d'arrosiis que lo eran degutz per anar a Nogarol : detz blanx.

8. Item, despensa lodit Manaud per los despens de dus jorns que fe quant se redon los condes soos; en que eran vint e sinq homes deus deu cosselh, en pan, bin, carn, specias, candelas, lenha; monta : dus scutz vint e hun blanx hun iaques.

Soma total la despensa : dus cens oeytanta e oeyt scutz sinquanta e dus blanx.

E ayssi, sere degut audit Manaud, perso que ha plus despensat que recebut : oeyt scutz sinquanta e dus blanx.

Mas que las talhas de mossenh l'arcidiague de Lomanha feytas per lodit Manaud dessus, e de Pey-Bernad, que son tres scutz XIIII blanx.

II. — *Despensa feyta per Pey-Bernad [de Tesa].*

9. Prumerament, mostra que abe pagat a Johano de Sent-Albin, cuma collector de lebar la donacion darrerament feyta a nostre senhor lo comte de hun scut per foc, ayssi cum appar per reconeycensas feyta[s] per lodit comissari e collector : nabanta e seys scutz dotze sos.

Mas que la bila deu pagar a Ramonet de Bidosa set scutz dus sos, losquals fon pres per pagar la causa susdita; quar Pey-Bernad los rebato dessa despensa.

10. Item, mostra que abe despensat, ayssi cum mostra en hun

---

(1) Allées et retours. Les infinitifs *anar* et *tornar* étaient plus usités.
(2) Sur cette excommunication, voir une note aux dépenses de l'année 1450, article 14.

libre scriut per parcelas, tant en biatges enta la Ylha (1), enta Aux, enta Bic (2), e en d'autras partz, on lo senhor mandaba; e enclus tres scutz detz sos e mey que balha a la Ylha aus cirbens e aus carrates, e per auguns despens que fe aus cirbens e aus carraters en la bila de la Ylha. Que monta en una soma : vint e hun scut[z] sinquanta e sinq blanx.

11. Item, mostra que abe pagat en obras aus obres de Sent-Pey, en far la reparacion e la cuberta de la capera de Nostra-Dona, ayssi cum appar en hun rogle scriut per parcelas, de mayor soma que la bila debe ausditz obres; monta : oeyt scutz trenta e set blanx I ardit.

12. Item, mostra que abe pagat a Ramon deu Fort, filh de Menicola, per tres quartz de cibasa que la bila debe : xxx blanx. Item plus, paga assi metis, per detz jornaus d'arrossins que lo eran degutz, que Manaud [Palhera] non fase nulh conde : seyssanta blanx. Monta tot : I scut bint e seys blanx.

13. Item, mostra que abe despensat, lo jorn que reno los condes (que eran entro au nombre de bint o xxv), en pan, bin, engelas (3), specias e autras conpanhatges; que monta : sinquanta e tres blanx.

Soma la despensa de Pey-Bernad [de Tesa] : cent e vint e dus scutz xix blanx I ardit.

E ayssi deure lodit Pey-Bernad perso que ha plus recebut que despensat : quaranta scutz e mey.

De que paga aqui metis per las restas qui leyssa a la bila, ayssi cum es contengut en hun rogle scriut per parcelas, e lodit Pey-Bernad que las deu berifiquar, enclus dus scutz xxx blanx per las restas deu fiu de l'an XLI : trenta oeyt scutz quinse sos.

E ayssi deure lodit Pey-Bernad, otra tot so dessus : vint e sinq sos.

(1) L'Isle-Jourdain (Gers), où le comte d'Armagnac résidait souvent. Le comté de l'Isle était du domaine du comte d'Armagnac. C'est à l'Isle-Jourdain que mourut Jean IV. (Voir une note aux comptes de 1451.)

(2) Vic-Fezensac (Gers).

(3) Anguille. « Una cargua d'angellas saladas » payait sur la frontière d'Espagne pour le droit de péage « sieys soz tournez ». (*Priviledges et reglamentz deu pays de Bearn*, p. 81.) Au péage d'Oloron en Béarn on payait « per cargua « de chardines, harencs ou angelles, VI soz morlaas ». (*Ibid.*, p. 94.)

II.

COMPTES DE L'ANNÉE 1442.

L'an de Nostre Senhor mil IIII^c quaranta e dus (1443), lo XXIII jorn de jener, fo conde redut per Sanson de Poges, Bernadon de Poges, Arnauton deu Cosso e Bertran Sobiran, cosselhs bielhs, a Ramonet de Tesa, Arnaud de Saint-Germer, Ramon de Poges e a Bernadot deu Sobiran, cosselhs nabetz; presens Pey de Casanaba, maeste Johan d'Argelos, Manaud Sobiran, Pey de Sans, Pey de Camicas, Bernadot de Casanaba, Guilhem d'Aurelhan, maeste Johan deu Baradat, Manaud Palhera, Johan Fitera, Johan de Sent-Pot, Bernad de Lafitan, Pey-Bernad de Tesa.

RECETTES.

SOMMAIRE : 1. Levée de deux tailles. — 2. Fermage de la taverne. — 3. Fermage de la boucherie. — 4. Emprunt de deux pipes de vin. — 5. Prêt fait à la ville par le recteur de Goux. — 6. Recette d'une somme d'argent pour le pain porté au siège de Dax.

Recepta [feyta per Sanson de Poges].

1. Prumerament, mostra que abe recebut de dues talhas; que fon enpausat a la prumera liura XII blanx, que son liuras grossas dus cens e onze; e liuras primas que son quatre milhia setanta e oeyt, effo enpausat a quiscuna d'aqueras hun blanx e mey. Que monta au profeyt de la bila (rebatut lo binte diner; e rebatut lo senhor de Camorteras, XXV blanx; Pey d'Arrugada, XXXVI blanx; Bernad d'Audirac, IX blanx; Pey deus Comps, IX sos; mossenh Johan de Tesa, XXXIII blanx; Sansaner, VI sos; Pabalhon, XXX blanx; Mariota de Bilar, XVIII blanx; Mengina deu Broqua, XII blanx; maeste Johan de Salanaba, XLV blanx; Guirautana, XII blanx; la garda, VI sos; Pey deu Cos, XII blanx; Arnaud de Monbet, XXXI blanx; Campbadia, XXX blanx); monta la recepta tota de las talhas au profeyt de la bila, rebatut so dessus : dus cens e sinquanta scutz condans, plus quaranta e set blanx.

2. Item, mostra lodit Sanson que abe recebut, per las mas de Ramonet de Tesa, senhor de Piis (1), per causa de l'arendament de la taberna de l'an present : XXII scutz e mey condans.

3. Item, mostra que abe recebut per las mas de Pey-Bernad de Tesa, e dessos conpans, per causa de l'arendament deu maset : XX scutz IIII^{te} sos condans.

4. Item, recebo de Arnauton deu Cosso, per prest de dues pipas de bin que fe a la bila, loqual l'es degut : nau scutz e mey.

5. Item, plus recebo deu rector de Gotz (2), per pretz que fe a la bila, loqual es degut audit rector : IIII^{te} scutz e mey condans.

6. Item, recebo per las mas de Bertran Sobiran, per lo pan que porta a Dacx per nom de la bila : XXVII scutz condans.

Monta la recepta tota feyta per Sanson : tres cens nauanta hun scut[z] sinquanta quatre blanx e mey.

DÉPENSES.

SOMMAIRE : 1. Blé porté à Dax. — 2. Blé porté à Barcelonne pour le vicomte de Lomagne. — 3. Dépenses pour les chevaux et les valets du vicomte de Lomagne. — 4. Prix de 8 moutons et de 18 conques et demie d'avoine. — 5. Fouage accordé au comte d'Armagnac pour la guerre de Comminges. — 6. Tare de l'or. — 7. Réparations aux chemins de ronde et fossés du château de Riscle. — 8. Venue à Riscle de commissaires députés par le comte d'Armagnac pour faire mettre la ville en état de défense. — 9. Venue du connétable et du vicomte de Lomagne devant Riscle, avec un gros corps de gens d'armes. — 10. On fait faire des contre-portes au château et à la ville, des portes aux barbacanes, avec palissades; réparations aux ponts sur l'Adour et sur l'Arros. — 11. Frais de voyage pour rendre visite au comte, et frais divers.

Despensa feyta par Sanson de Poges.

1. Item, mostra lodit Sanson que abe pagat per XLVII quartz e mey de blad que fo lebat d'auguns singulaus, effo portat a

---

(1) Raymond de Thèze, bourgeois de Riscle et seigneur de Pis, fut père de Déodat de Thèze, seigneur de Pis, dont le nom figurera plus d'une fois dans la suite de ces comptes. Il existe dans l'Armagnac plusieurs petits fiefs du nom de Pis, en latin *de Pinibus;* celui dont il s'agit ici est dans les environs de Riscle, près de Tarsaguet.

(2) Goux, arrondissement de Mirande, canton de Plaisance (Gers).

Dacx (1) per Bertran Sobiran, effo pagat per quiscun quart xxx blanx; que monta : xxii scutz xlvii blanx.

2. Item, mostra lodit Sanson que abe pagat per resta de xix quartz de blad que fon lebatz per balhar a mossenhor de Lomanha en pan, e portatz a Barsalona; deusquals ne paga lodit Sanson los oeyt quartz; que monta so que Sanson ne a pagat en argent : tres scutz xii sos.

3. Item, mostra lodit Sanson que abe pagat sus la prumera assignacion feyta per los rossiis de mossenhor de Lomanha per lo recebedor d'Armanhac e per los despens dessos bayletz : xiii scutz d'aur e quatre sos.

4. Item, mostra que abe lodit Sanson pagat sus la segonda assignacion feyta per la despensa de mossenhor de Lomanha, per oeyt motos a sinq sos moton e per xviii conquas e meya de cibasa a vi sos conque; monta : nau scutz condans, vint e oeyt blanx.

5. Item plus, mostra lodit Sanson que abe pagat per hun fogatge autreyat a mossenhor d'Armanhac per lo comtat de Comenge en blad e en bin, ayssi cum mustra per reconeycensas feytas per mossenh lo thesaurer generau; que monta en una soma : cent e xv scutz d'aur.

6. Item, mostra que abe pagat audit mossenh lo thesaurer per auguna tara que abe en l'aur; que lo fo pagat : dus scutz condans (2).

7. Item, mostra que abe despensat lodit Sanson en far besiaus sus las reparacios de las alleyas deu castet, effon feytas las

___

(1) Dax, assiégée par Charles VII après la délivrance de Tartas. Ces convois de blé, de pain, de moutons, d'avoine, dont il est fait mention dans les dépenses de cette année, étaient destinés aux approvisionnements de l'armée royale. Les Landes, théâtre de la guerre, et, en particulier, les environs de Dax, étaient tellement dévastés que l'armée n'y trouvait pas sa subsistance et que la famine commençait à se faire sentir. Voir de nombreux détails dans l'*Histoire d'Arthur de Richemont*. Le siège de Dax dura trois semaines « et y eut belles escarmou-« ches et bien petit à manger car il n'y avoit que des oignons et du pourpier « et bien petit de pain et de vin ». *(Ibid.)* Tout ce récit est à lire. (*Collect.*, etc., de Michaud et Poujoulat.)

(2) Les 115 écus d'or donnés au trésorier (art. 5) ayant été pris par lui au poids et au titre et non au cours, ces deux écus représentaient la différence, « la tare ».

murretas deus staus (1), terradas las alleyas, effon curatz los baratz e esbastatz (2) los deu castet : xii scutz x sos.

8. Item, mostra que abe despensat lodit Sanson, que bengon auguns comissaris deputatz per nostre senhor lo comte per far reparar lo castet e la bila, effen far certz gadafautz (3) e reparar portas et conportas e gran coop d'autres artilherias; monta ab la despensa que fen losditz comissaris : xvii scutz xiiii sos.

9. Item, bengon mossenhor lo conestable (4), mossenhor de Lomanha ab gran coops de gens d'armas debant la bila d'Ariscla; effem los plases e pareansa e euspeciau a mossenhor de Lomanha; que monta lo tot : xxi scut[z] xii sos.

10. Item, fem far contraportas au castet e en la bila et portas a las barbacanas e aqueras clauer de pau; effem adobar los pons de l'Ador, de l'Arosset, de l'Aros, e autres reparacios necessarias au loc : xiii scutz xiii sos.

11. Item, mostra que abe despensat per las coheytas de la bila tant en anar e en tornar enta mossenhor lo comte, quant en d'autres causas scriutas en hun libre per parcelas, ayssi cuma plus es contengut en son libre de la menuda; que monta : liiii^{te} scutz xxii bl.

Monta la despensa feyta par lodit Sanson : tres cens nauanta e seys scutz e xxii blanx.

(1) *Murretas deus staus*, les petits murs qui supportaient les *étais* du chemin de ronde. (Voir Viollet-le-Duc, *Dictionnaire d'Architecture*, t. i, p. 384, et t. iii, p. 195. — Voir plus loin les comptes de 1484, art. 84.)

(2) *Esbasta*, mot très usité en Armagnac et dans les Landes, signifie enlever la *baste*, nom patois de l'ajonc nain *(ulex nanus)*. Il est facile de comprendre l'utilité de cette mesure, toutes ces menues branches pouvant, en cas d'attaque, aider l'ennemi à gravir les talus des fossés.

(3) Garde-fous.

(4) Arthur de Bretagne, comte de Richemont. — Ce « gran corps de gens « d'armas », qui vint camper sous les murs de Riscle en juin 1442, allait au secours de la ville de Tartas assiégée par les Anglais. Nous avons dit dans une note, aux dépenses de 1441, art. 4, comment et quand les Anglais avaient mis le siège devant la ville; après six mois de siège, Charles d'Albret conclut une trêve avec les assiégeants, par laquelle il s'engageait à leur remettre la place si, au 24 juin, le roi de France ne l'avait pas secourue, février 1442. (Voir l'original du traité aux Arch. de Pau, E. 229.) Charles VII et le connétable réunirent un corps d'armée à Toulouse, et, dans les premiers jours de juin 1442, « se « partirent et tirèrent par deux chemins pour les vivres, le Roy par un et mon « dict seigneur par l'autre ». *(Histoire d'Arthur de Richemont.)* Tartas fut délivrée le 23 juin.

III.

COMPTES DE L'ANNÉE 1443.

L'an de Nostre Senhor mil IIII^c XLIII (1444), a XXI jorn deu mes de martz, foc redut conde per Arnaud de Sent-Germe, Ramonet de Teza, Mono de Poges, Bernad deu Sobiran, cosselhs de la bila d'Ariscla de l'an passat, a Pey de Casanaua, Johan Trobat, Guilhem Sala et a Johan Fitera, cosselhs de l'an present, aysi cum s'enseg; presens Manaud deu Sobiran, Pey-Bernad de Tesa et Peyron Trobat.

RECETTES.

SOMMAIRE : 1. Levée d'une taille pour payer un emprunt. — 2. Emprunt d'une somme promise au vicomte de Lomagne. — 3. Droit de forestage payé par les consuls de Cahuzac. — 4. Prix d'un *carnau*.

Recepta feyta per Arnaud de Sent-Germe.

1. Prumerament, mustra que abe recebut de huna talha que fo lebada per pagar auguns singulaus, losquals l'aben prestatz per pagar las restas a lor degudas, presas per los cosselhs passatz, et per deliurar las coeytas de l'an present. En que foc enpausat a la prumera liura setze blanx et ha cascuna de las autras dus blanx, ayssi cum apar per lo rogle de la talha; que monta (rebatut lo vinte diner et la talha deu senhor de Camorteras, deu torrer (1) et deu manader (2)), au profeyt de la bila, monta tot en una soma : cent scutz et seysanta et hoeyt scutz et mey, condant per scut setze sols.

2. Item plus, mustra que abe recebut lodit Arnaud de Sent-Germe de auguns singulaus en maneyra de prest, per pagar auguna soma que foc promessa a mossenhor de Lomanha : quaranta scutz et seys blanx, condant cum dessus.

3. Item plus, mostra que abe recebut lodit Arnaud deus cossos

---

(1) *Torrer*, le garde de la tour.
(2) *Manader*, le berger. *Manada*, troupeau de bêtes à laine (Esp.)

de Cahusac per lo dret deu bosc (1) : quatre scutz et mey, condant cum dessus.

4. Item plus, recebo de Johan de Monbet dit Long, en solucion de mayor soma que Manaud deu Sorber debe a la bila per augun carnau (2) que lodit Manaud abe pres deusditz cosselhs : dus scutz, condant cum dessus.

Soma tot atal tota la recepta metuda en una soma : dus cens et bint et dus scutz et quinse sols, condant cuma dessus.

DÉPENSES.

SOMMAIRE : 1. Subside d'un mouton par feu fourni au vicomte de Lomagne. — 2. Reste d'un subside de blé dû au même seigneur.

Despensa feyta per Arnaud de Sent-Germe.

1. Item plus, mustra que abe pagat a mossenhor de Lomanha, per auguna donacion a luy feyta en l'an dessus de hun moton per foec; que montan los cent motons : seyssanta et dus scutz et mey, condant cuma dessus.

2. Item plus, mustra que abe pagat per resta que era deguda a mossenhor de Lomanha, que era de resta de bint quartz de froment, losquals lo eran degutz; mostra lodit Arnaud que n'a pagatz quatorze; que monta en huna soma : dotze scutz et trenta blanx, condant cum dessus.

Soma la despensa tot atal : dus cens et bint et dus scutz et bint et nau blanx, condant cuma dessus.

(1) La forêt de Riscle arrive jusqu'aux portes de Cahuzac.
(2) Peut-être ce mot désigne-t-il un animal saisi et vendu par les consuls en vertu du droit de *carnau*. (Voir Du Cange, v° *carnale*.)

IV.

COMPTES DE L'ANNÉE 1444.

L'an de Nostre Senhor mil iiii^c xliiii (1445), a sinq jorns deu mes de feurer, fo conde redut per Pey de Casanaua, Guilhem Sala, Johan Trobat, Johan Fitera, cosselhs de l'an passat, a Manaud Sobiran, a Pey Sobiran, a Pey-Bernad de Teza, a Bernad de La Fontanhera, cosselhs nabetz, ayssi cum s'enseg; presens Arnaud de Sent-Germe, Bernad de Lafitan, Johan de Sent-Pot, Bertran Sobiran, Peyron Trobat.

RECETTES.

SOMMAIRE : 1. Levée d'un fouage pour le Dauphin et pour le vicomte de Lomagne, etc. — 2. Sommes à rabattre du montant du fouage précédent. — 3. Droit du bois payé par les consuls de Cahuzac. — 4. Vente du bois de la tuilerie. — 5. Vente d'un chêne au *christian* de Préchac. — 6. Droit dit *morlanau* payé à la ville de Riscle par les habitants de Cannet.

Recepta feyta per Guilhem Sala, per Pey de Cazanaua,
per Johan Trobat et per Johan Fitera.

1. Prumerament, mostran que aben recebut d'un fogatge que fo ordenat per pagar auguna finansa de mossenhor lo Dalphin (1), et per auguna donacion feyta a mossenhor de Lomanha, et per pagar auguns singulaus que aben prestatz aus cosselhs bielhs, et per supportar las coeytas de la bila. Et fo enpausat a la prumera liura nau sols, que son liuras grossas dus cens et set; que montan en una soma, cent et tres scutz et mey. Item, fo enpausat a

---

(1) Le futur Louis XI avait envahi, en février et mars 1444, les états du comte d'Armagnac sur le refus de celui-ci de contribuer aux subsides de guerre et de renoncer au titre de *comte par la grace de Dieu*. Assiégé dans son château de l'Isle-en-Jourdain et obligé de se rendre à discrétion, Jean IV fut amené prisonnier à Carcassonne, en attendant que le parlement de Paris instruisît son procès. Sa captivité dura jusqu'au mois d'août 1445.

quascuna de las autras, que son liuras primas quatre milia et setanta et hoeyt, a cascuna de queras quatre blanx et mey. Que montan en una soma tot: tres cens sinquanta et set scutz et set sos et tres blanx.

2. Item, se deu rebate del fogatge susdit: per lo senhor de Camorteras, setze sos tres blanx et mey; per lo torrer, onze sols hun blanc; per la garda, dus scutz sinq sos dus blanx et mey; per mossenh Bernad d'Audirac, tres sols et mey; per los heretes de Pey deus Comps, seys sols tres blanx; per mossenh Bernad de Poges, bint et dus sols et mey; per mossenh l'arcidiague de Lomanha (1), hun scut; per Pey de Fort Peu, de Canet, nau sols; per lo granger, sinq sos. Que monta en una soma: set scutz et hoeyt sos et mey. — Item plus, de la soma susdita se deu rebate: tres scutz et setze sols et dus arditz. — Item, se deu rebate de so desus, per lo binte diner: detz et set scutz et mey.

3. Item, mustra lodit Guilhonet que abe recebut deus cosselhs de Cahusac, per lo dret deu bosc: quatre scutz.

4. Item plus, mustra que abe recebut per la fusta de la teulera qui benduda foc a Michel: dus scutz.

5. Item plus, mustra que abe recebut de hun casso qui fo bendut au christian de Preysac (2): seys sols.

6. Item plus, mustra que abe recebut deu morlanau qui fen los de Canet a la bila, de Arnaud de Lamasoada, de Menyon de Berduc, de Johan deus Marias, de Johan de Camus, de Arnaud deu Castay, de Peyre de Thon; monta tot en una soma: bint et sinq sols et mey.

Soma tot atal tota la recepta au profeyt de la bila : tres cens sinquanta et seys scutz et detz sols.

(1) Nous n'avons pu retrouver le nom de cet archidiacre de Lomagne. Nous ne pensons pas qu'il soit ici question de Jean « de Albussone » qui figure avec ce titre dans le cartulaire de Lectoure, sous l'année 1485. (*Cart.*, fol. 21 et 45 r°.) Le diocèse de Lectoure était partagé en quatre archidiaconés, l'archidiaconé mage ou de Lectoure, l'archidiaconé de Lomagne, l'archidiaconé de Fimarcon et l'archidiaconé de Fezensaguet. Ces deux derniers furent supprimés en 1390 à cause de leurs minces revenus, et rétablis en 1492 « quia prestant « nomen et decorem ecclesiæ et possessoribus eorumdem ». (*Cart. du chapitre de Lectoure*, fol. 11 et 32, r°.)

(2) *Christian*, synonyme de *capot*. Préchac, près Plaisance.

ANNÉE 1444.

DÉPENSES.

Sommaire : 1. Subside d'un demi-écu par feu fourni au vicomte de Lomagne par les trois États de Gascogne. — 2. Subside fourni à Charles d'Armagnac, et versé entre les mains du receveur d'Eauze. — 3. Frais d'une ambassade députée vers le Roi par les trois États. — 4. Somme payée à Jean de Camicas, procureur d'Armagnac, pour l'audition des comptes de la ville des années 1437, 1438, 1439, 1440, 1441, 1442, 1443, 1444. — 5. Compte fait avec Jeannot de Saint-Mont, fourrier du vicomte de Lomagne, pour l'approvisionnement des serviteurs et des chevaux dudit seigneur. — 6. Lettres de licence pour la taverne et la boucherie. — 7. Don fait au seigneur de Camortères à l'occasion de la *fête* de ses filles, et paiement de la taille de sa terre de Malesse. — 8. Paiement de partie du prix d'un bœuf. — 9. Remboursement du prix d'une pièce de drap. — 10. Curage des fossés du château et de la ville. — 11. Travaux divers exécutés au château et à la ville. — 12. Frais de voyages faits par ordre du comte ; venues du sénéchal d'Armagnac à Riscle.

Despensa feyta per Guillem Sala.

1. Prumerament, mostra que abe pagat a maeste Johan d'Argelos, cuma collector de mossenhor de Lomanha, per auguna donation audit mossenhor feyta per los tres Statz de Gasconha (1) de mey scut per foc, ayssi cum mustra per reconeysensas autreyadas per mossenhor de Lomanha : sinquanta scutz (2).

2. Item plus, mustra que abe pagat au recebedor d'Euze, cuma collector de Charles monsenhor d'Armanhac (3), aysi cum mustra per reconeysensa deudit recebedor et collector : quaranta scutz.

3. Item plus, mustra que abe pagat, per auguna enbaysada que era stada feyta et ordenada per los tres Statz, per anar a nostre senhor lo Roy (4), a Arnauton de Marquau, collector de la causa

---

(1) On voit que la conquête du Dauphin et la mise sous séquestre des domaines de Jean IV n'avait pas ébranlé l'attachement des « tres Statz de « Gasconha » à leur seigneur, et qu'ils votèrent au vicomte de Lomagne la donation faite annuellement au comte. Le vicomte de Lomagne n'était pas d'ailleurs resté inactif ; avec les secours que lui donnèrent le roi d'Aragon et le comte de Foix, il tenta, inutilement il est vrai, de reprendre les domaines saisis.

(2) Il y avait donc cent feux à Riscle.

(3) Charles, vicomte de Fezensaguet, deuxième fils de Jean IV, comte d'Armagnac.

(4) Cette députation des trois États d'Armagnac vers le roi de France avait pour but de demander l'élargissement de Jean IV et d'appuyer les prières faites pour le même objet par les plus puissants seigneurs du royaume.

susdita, aysi cum mustra per reconeysensa : sinq scutz detz sols.

4. Item plus, mustra que abe pagat a maeste Johan de Camicas, procurayre d'Armanhac, per ausir los contes de la bila de tebernas et de mazets, de l'an mil IIII^c XXXVII, XXXVIII, XXXIX, XL, XLI, XLII, XLIII, XLIIII : seys scutz.

5. Item plus, mustra que abe pagat a Johanot Sent-Mont, forrer de mossenhor de Lomanha, per las prouesions deus servidors et deus rossins de mossenhor de Lomanha, tant en argent, en bin, en carn, en fen, en sibaza (1), conde feyt entre lodit Guilhonet et lodit Johanot; monta tot en una soma : onze scutz et detz sols sinq arditz.

6. Item plus, mustra que abe pagat a maeste Johan de Salanaua, de mandament de mossenhor senescauc d'Armanhac (2), par la letra de licensia de la teberna et deu maset de l'an mil IIII^c quaranta et sinq et quaranta et seys : tres scutz.

7. Item plus, mustra que abe pagat a mossenhor de Camorteras, en solucion de mayor soma que a luy era deguda per donacion a luy feyta per los cosselhs per la festa de sas filhas (3), et per la talha de l'eretatge de Malessa : dus scutz hoeyt sos.

8. Item plus, mustra que abe pagat a Pey d'Aurelhan, de mayor

---

(1) Ces fournitures faites par les consuls de Riscle au fourrier du vicomte de Lomagne étaient sans doute la contribution de guerre de la ville. Toutes les villes de l'Armagnac lui envoyèrent des secours pour l'aider à reconquérir ses domaines.

(2) Bernard de Rivière, vicomte de Labatut, sénéchal depuis 1432. Il prêta serment de fidélité aux consuls d'Auch, le 22 janvier 1432, v. st., en qualité de sénéchal « noviter creatus ». (Arch. d'Auch, Livre vert, AA. 1, f° 57 verso.)

(3) Pour le mariage de ses filles. Nous ne connaissons le nom que d'une fille du seigneur de Camortères, Condesse du Lau, mariée à Alain de Bernède, seigneur de Bernède, lequel donna quittance finale de la dot de sa femme, en 1458, en présence de Bernard du Lau, seigneur de Camortères, son beau-frère. Cette « donacion feyta per los cosselhs » ne rentre pas absolument dans ce que l'ancien droit féodal appelait les aides *(auxilia)* aux trois cas qui étaient dus par les vassaux : 1° quand le seigneur armait son fils aîné chevalier ; 2° *quand il mariait sa fille ainée* ; 3° quand il était fait prisonnier et qu'il avait promis une rançon. Il s'agit plutôt ici d'une aide gracieuse, d'une donation volontaire faite en reconnaissance de services rendus. Le seigneur de Camortères était *fief tenant* dans la juridiction de Riscle, mais non seigneur de la ville. C'est au même titre gracieux, probablement, que les consuls de Riscle payaient la taille de ses biens ruraux.

Outre les divers droits dont nous avons parlé aux recettes de 1441, art. 1, le seigneur de Camortères avait encore celui de *patronat* dans la commanderie

soma que lo es deguda de huñ boeu que abe prestat a la bila : vint et nau sols huñ blañc.

9. Item plus, mustra que abe pagat a Berdot deu Bedat, per resta de hun drap que lo era stat pres per deute de la bila a Nogaro : hun scut.

10. Item plus, mustra que abe despensat en far curar los baratz deu castet et de la bila per tot autorn, de barades logatz otra las besiaus, et per curar las canaus per plenar los baratz, et per far las payseras aus fons deusditz baratz per que l'ayga no s'en podos salhir ; monta tot en una soma : trenta et hun scutz.

11. Item plus, mustra que abe despensat en far portas, conportas, barbaquanas, et per araparar las aleyas deu castet et de la bila, et en autras reparacions de la bila ; monta tot en una soma : setze scutz.

12. Item plus, mustra que abe pagat en auguns biatges, segun las quoentas de la bila, en per anar aus mandamens deu senhor, et tant en bengudas de mossenhor lo senescauc quant d'autres officiers deu senhor (1), ayssi cum mustra en hun rogle partit per

---

des hospitaliers de Saint-Jean de Jérusalem, dite commanderie de Riscle, sous le vocable de Saint-Christophe. Ce droit fut la source de querelles incessantes entre les chevaliers de Saint-Jean et les seigneurs de Camortères, et provoqua même, en 1529, dans l'hôpital, une scène scandaleuse entre le chevalier Bertrand de Castelbajac, nommé par Auger du Lau, seigneur de Camortères, et Pierre de Gauthier, pourvu par le grand prieur de Toulouse. Gauthier « s'estant rendu « à Riscle le jour de saint Jehan-Baptiste pour recueillir les esmoluments qui « luy estoient dus et y dire la messe, le chevalier Bertrand de Castelbajac de « Rhoede (Arrouède, canton de Masseube) estoit arrivé qui furieusement se « geta sur luy en regnyant et blasphemant la mort et la teste de Dieu, à grosses « poussées le geta hors la dicte commanderie disant qu'il n'avoit que faire du « dict Gauthier et qu'il allast au diable et que la dicte commanderie luy « competoit et appartenoit ». (Arch. de la Haute-Garonne, fonds de Malte, comm. de Riscle. — *Hist. du grand prieuré de Toulouse*, par M. A. du Bourg, p. 358.)

L'ordre de Malte racheta ce droit de patronage, en 1680, pour la somme de 750 livres, à Jean de Lupé, baron d'Arblade, héritier des seigneurs de Camortères. *(Ibid.)*

(1) Ces allées et venues du sénéchal d'Armagnac, ces divers appels *(mandamens)* du vicomte de Lomagne, ces réparations aux fossés, aux portes, aux contre-portes *(conportas)*, aux barbacanes, tous ces mouvements, tous ces préparatifs, montrent l'animation que la prise d'armes du vicomte avait jetée dans l'Armagnac. — Il ne faut pas oublier que ces recettes et ces dépenses sont celles de l'année 1444, c'est-à-dire du 21 mars 1444 (n. st.), après la conquête du Dauphin, au 5 février 1445 (n. st).

parcelas; monta tot en una soma: trenta et hun scut[z] et seys sols.

Soma tot atal tota la despensa: tres cens et detz scutz et tres sols dus arditz.

V.
COMPTES DE L'ANNÉE 1445.

L'an mil de Nostre Senhor IIII^c XLV (1446), a nau deu mes de feurer, fo conde redut per Manaud deu Sobiran, Pey Sobiran, Pey-Bernad de Teza, Bernad de La Fontanhera, cosselhs bielhs, a Bertran Sobiran, a Guilhamo deu Cosso, a Bernadon de Poges et a Peyron de Poges, cosselhs nabetz; en presencia de las gens deu cosselh et de la mayor partida.

RECETTES.

SOMMAIRE : 1. Levée d'une taille et fouage pour payer un subside au vicomte de Lomagne. — 2 et 3. Redevance des consuls de Cahuzac. — 4. Somme versée par les prieurs de Notre-Dame.

Recepta feyta per Manaud Sobiran.

1. Prumerament, mostra que abe recebut de huna talha et fogatge (1) que fo enpausada per los cosselhs et cosselhers per pagar auguna donacion que era stada feyta a mossenhor de Lomanha, et per deliurar las quoentas de la bila. En que fo enpausat a la prumera liura, que son liuras grossas dus cens et quatorse, et ha quascuna quatre sols; que monta: sinquanta et tres scutz et quatre sols, condant setze sols per scut. Item, fo enpausat a las liuras primas, que son quatre milia et seysanta et una (2). Que monta tot en una soma : cent seysanta scutz feytz et seys sols et mey. De que monta (rebatut la talha deu senhor

---

(1) Le fouage *(focagium)* était un impôt réparti par *feux*, c'est-à-dire par groupes d'habitants ayant le même foyer.

(2) Le comptable a oublié d'indiquer le produit des livres primes.

de Camorteras, set sols; lo torre, sinq sols; lo manader, detz et hoeyt sols et mey; per Sans d'Audirac, hun sol et mey; per Arnauton Chicot, quatre sols; per Pey deus Comps, dus sols et mey; per mossenh Bernad de Poges, detz solz; fray Guilhem de Muanade (1), hun sol et mey; maeste Johan de Salanaua, set sols et mey; maeste Odet Palhera, bint et tres sols; que monta so desus dit : quatre scutz et mey), monta au profeyt de la bila, rebatut so desusdit et aysi metis rebatut lo binte diner : cent et quaranta et hoeyt scutz et onze sols et mey.

2. Item plus, mustra que abe recebut deus cosselhs de Cahusac de l'an IIII^c XLIIII : quatre scutz.

3. Item plus, mostra que abe recebut deus cossos de Cahusac, per lo dret deu bosc en l'an XLV : quatre scutz.

4. Item plus, mostra que abe recebut deus prios de Nostra-Dona : hoeyt scutz.

Soma tot atal tota la recepta : dus cens sinquanta et sinq scutz et set sols et quatre arditz.

DÉPENSES.

SOMMAIRE : 1 et 2. Sommes payées à Bernard de Galavert, receveur du vicomte de Lomagne. — 3. Voyages à l'Isle, à Auch, à Vic, à Nogaro et autres lieux par ordre du comte. — 4. Réparations à la ville; messagers; louage de chevaux. — 5. Venue du vicomte de Lomagne à Riscle; dépenses à cette occasion. — 6. Prix de deux pipes de vin rouge et d'une pipe de vin blanc. — 7. Argent porté à Auch pour la députation vers le Roi. — 8. Voyage à l'Isle pour obtenir du comte d'Armagnac la confirmation des coutumes de Riscle.

Despensa feyta per Manaud Sobiran.

1. Prumerament, mustra que abe pagat a Bernad de Galauert, recebedor de mossenhor de Lomanha, ayssi cum apar per reconeysensa retenguda per la man de maeste Jagmes, notari de Plasensa (2) : cent scutz.

2. Item plus, mostra que abe pagat, per auguna donacion feyta a mossenhor de Lomanha, a Bernad de Galauert, recebedor de

---

(1) De l'ordre de Notre-Dame de la Merci, dont un couvent se trouvait à Riscle, hors la ville. (Dom Brugèles, *Chroniques du diocèse d'Auch*, p. 410.)

(2) Plaisance, arrondissement de Mirande (Gers).

mossenhor de Lomanha, ayssi cum appar per reconeysensa scriuta per la man deudit Bernad de Galauert, recebedor desus dit : quaranta et hoeyt scutz et setze sols.

3. Item plus, mostra que abe despensat per anar aus mandamens deu senhor tant enta la Ylha quant enta Aux, tant enta Bic, enta Nogarol et tropas pars, en diversas demaneyras, aqui on mossenhor mandaua et sous officiers, ayssi cum mustra per hun rogle partit per parcelas; monta tot en una soma : quaranta et sinq scutz et seys sols.

4. Item plus, mostra que abe despensat tant en far reparacions per la bila, cum son besiaus, pontz, portas, conportas, barbaquanas, aleyas, quant per mesatges per anar defora et per logues d'arrossins (1); monta tot en una soma, ayssi cum mustra per hun rogle partit per parcelas : bint et nau scutz et onze sols.

5. Item plus, mostra que abe pagat en la benguda de mossenhor de Lomanha, per auguna donation a luy feyta per la bila, tant de pan, de bin, de carnalatyas cum es boeu, motons, poralhas, auquas, quant de fen, de sibaza et de luminaria et autras causas a luy necessarias; monta tot en una soma : trenta et hoeyt scutz et mey.

6. Item plus, mostra que abe pagat a Johanet deu Sobiran, de Maurricherra (2), per duas pipas de bin roge et huna de blanq, que la bila abe agudas deudit Johan, aysi cum mustra per hun rogle; montan en una soma : dotze scutz.

7. Item plus, mustra que abe pagat per la appellacion qui fo ordinada per los tres Statz per anar au Rey (3), enclus la despensa feyta par Pey-Bernad per portar l'argent a Aux; demora lodit Pey-Bernad de Teza seys jorns; monta la soma de l'argent qui

---

(1) Cet entretien de la ville de Riscle sur le pied de guerre était nécessité par la présence des troupes royales qui occupaient l'Armagnac et rançonnaient les villes. On verra aux comptes de l'année 1446, dans quelles alarmes et quelles préoccupations continuelles elles faisaient vivre les consuls de Riscle. La ville d'Auch fut obligée de payer 2,000 écus d'or au capitaine Martin Garsias, dont nous allons retrouver le nom plusieurs fois cité, « pour faire vuider les gens de « guere de la ville ». (Arch. de l'Hôtel de Ville. — *Hist. de la ville d'Auch*, par P. Lafforgue, t. I, p. 114.)

(2) Maulichères, canton de Riscle.

(3) Voir une note à l'article 1 des dépenses de l'année précédente. Les États députèrent plusieurs fois vers le Roi. (*Hist. de la Gascogne*, par Monlezun, t. IV, p. 281.)

lodit Pey-Bernad porta per la causas desus ditas, enclus sous despens ab son rossiu : setze scutz et dus sos I blanc.

8. Item plus, mostra que abe despensat tant per arnabir (1) las costumas et anar a la Ylha a mossenhor lo comte (2) per confermar lasditas costumas, quant en autras besonhas que aben far per la bila, et per areder los condes, ayssi cum mustra per hun rogle partid per parcelas; monta tot en una soma : hoeyt scutz et quatorse sols.

Soma tot atal tota la despensa : dus cens et nauanta et nau scutz et quatre sols et hun blanc.

VI.

COMPTES DE L'ANNÉE 1446.

L'an de Nostre Senhor mil IIII^c XLVII, a XXI deu mes d'abriu, fo redut conde per Bertran deu Sobiran, Guilhamo deu Cosso, Pey de Poges et Bernadon de Poges, cosselhs en l'an mil IIII^c XLV finit XLVI, a Peyron Trobat, Peyron de Camicas, a Arnaud de Sent-Germe et a Pey de Monbet, cosselhs de l'an desus dit de la bila d'Ariscla, aysi cum s'enseg; present[z] Berdot de Lafitan, Manaud Palhera, Manaud Sobiran, Berdot de Casanaua, Pey de Casanaua, Johan de Sent-Pot, Johan Trobat, Berdot deu Sobiran, Pey-Bernad de Teza, Manaud de Lacaza, Guillem Sala, Pey de Sans, Sans d'Argelos, Johan Fitera.

RECETTES.

SOMMAIRE : 1. Levée d'une taille destinée au paiement d'un subside demandé par le comte d'Armagnac pour envoyer le vicomte de Lomagne en France, Charles (vicomte de Fezensaguet) en Espagne, et le bâtard d'Armagnac en Allemagne.

(1) Ar[re]nabir, renouveler, retranscrire les coutumes. On trouve la forme arrenaoui dans d'Astros.
(2) Le comte d'Armagnac fut élargi vers la fin de l'année 1445 ; ses lettres de grâce sont datées du mois d'août 1445. Ce compte-rendu des dépenses étant du 9 février 1446 (n. st.), c'est entre ces deux dates qu'il se rendit à l'Isle-Jourdain et probablement en quittant Carcassonne où il était interné.

par ordre du roi de France, etc. — 2 et 3. Recette provenant de la taverne et de la boucherie.

Recepta [feyta per losditz cosselhs].

1. Prumerament, mustran que aben recebut per huna talha, laqual aben recebuda per pagar auguna donacion que fo feyta a mossenhor d'Armanhac per tremete mossenhor de Lomanha en Fransa (1) et mossenhor Charles en Spanha (2), et a mossenhor lo bastard per lo tremete en Alamanha (3), per mandament de nostre senhor sobiran lo rey de Fransa (4); et per auguna resta que era deguda a mossenhor lo Dalphin et autres singulaus. Et fo enpausat per la dita talha a la prumera liura hoeyt sols, et ha cascuna de las autres hun sos, que son liuras grossas II^c XII, et las primas quatre milia et quatre cens et XLIIII^{te}. Et monta la dita talha (rebatut lo binte diner, la talha deu senhor de Camorteras, la talha de Pey deus Comps, de mossenh Bernad d'Audirac, de mossenh Bernad de Poges, de maeste Olivier de Campbadia, la talha de la garda, deu torrer), montan totas aquestas causas, rebatut so desus dit, au profeyt de la bila : III^c et bint et tres scutz et sinq sols.

2. Item plus, mustran que aben recebut los suberditz cosselhs de las enposicions de la teberna, deu jorn de la festa de Totz-Sans entro a la festa de Nadau : setze sols.

3. Item plus, mustran que aben recebut de la enposicion deu

---

(1) A la guerre de Normandie contre les Anglais. Il y demeura jusqu'à la mort de son père. C'est sous les murs de Falaise qu'il en reçut la nouvelle.

(2) A la conquête de la Soule occupée par les Anglais. Glorieuse campagne conduite par le comte de Foix et qui se termina par l'expulsion complète des Anglais. Dupleix cite parmi les seigneurs qui prirent part à cette expédition « le vicomte de Lomagne ». C'est une erreur, à moins que sous ce titre il n'ait voulu désigner « mossenhor Charles », qui ne prit le titre de vicomte de Lomagne qu'à l'avènement de son frère au comté.

(3) Au siège que le Dauphin mit devant Metz à la prière du duc de Lorraine. L'armée que commandaient le Dauphin et le connétable de Richemont se composait en majeure partie des routiers dont le Roi voulait délivrer la France. C'est probablement dans le cours de cette campagne que le bâtard d'Armagnac noua avec le futur Louis XI cette amitié qui le conduisit si loin et si haut.

(4) Ce commandement du roi de France semblerait indiquer qu'une des conditions du pardon accordé par Charles VII à Jean IV d'Armagnac fut l'envoi de ses deux enfants et du bâtard sur les trois théâtres de la guerre.

maset, deu temps desus dit, de auguns singulaus, perso que no era arendat : hun scut et set sols.

Soma tot atal la recepta : tres cens et sinquanta e hoëyt scutz et sinq sols.

DÉPENSES.

Sommaire : 1. Voyage des consuls à Toulouse, par ordre du Roi, pour entendre les ordonnances des « maîtres du Parlement », et à Auch pour prêter serment de fidélité au Roi par-devant le seigneur de Fimarcon et Olive, huissier d'armes. — 2, 3, 4, 5. Voyages à Auch, à Vic, à Nogaro et à Condom, sur le refus d'un grand nombre de communautés de loger les gens d'armes du Roi ou de contribuer à leur entretien. — 6. Convocation des trois États de Gascogne à Vic, à Auch, à l'Isle et à Mauvezin, par le comte d'Armagnac, pour en obtenir une contribution. — 7. Finance payée à Martin Garsias, capitaine des gens d'armes du Roi en Gascogne, logé à Tasque; réparations aux ponts, contre-portes, portes, chemins, etc., de la ville.

[*Despensa feyta per losditz cosselhs.*]

(1). . . . .

1. Item plus, mustran que aben despensat, per mandament de nostre tresque sobiran senhor lo roy de Fransa, perso que los manda que anassan a Tholosa per ausir las ordenansas deus maestes de Parlament (2); et dequi en fora fon mandatz à Aux

(1) Manque le feuillet contenant le commencement des dépenses de cette année.

(2) Il s'agit évidemment des lettres de grâce accordées par Charles VII au comte d'Armagnac et à son fils, le vicomte de Lomagne, et données à Cerry-les-Chalons au mois d'août 1445. (Voir le texte de ces lettres aux Arch. du Parlement de Toulouse, registres des Édits, t. I, p. 14 v° et suiv.) L'entérinement de ces lettres au parlement de Toulouse offrit quelques difficultés. Les conditions qu'elles renfermaient étaient si humiliantes pour Jean IV qu'il refusa de se rendre au Parlement pour en entendre la lecture publique et délégua Jean Tudert, maître des requêtes de l'Hôtel. Le mercredi 9 mars 1445 v. st. (1446), Tudert se présenta devant la cour et demanda au nom du comte l'entérinement à huis-clos. La Cour délibéra sur cette demande contraire aux règlements et *non fuit conclusum.* (Arch. du Parl., reg. des audiences, t. I, p. 46 verso.) Le jeudi 10 mars, après une longue discussion, il fut décidé que, vu la qualité du personnage, le huis-clos serait accordé (*Ibid.*, p. 47 recto); et le lundi 14 mars, Jean IV et le vicomte de Lomagne se rendirent au parlement et entendirent la lecture des lettres, les portes closes (*Ibid.*, p. 47 recto et suiv.). Cet article des Comptes de Riscle semble indiquer que les députés des villes de l'Armagnac furent présents à l'entérinement des lettres de grâce. Aucun historien n'a parlé de ces députations convoquées à Toulouse par le

per far segrament au Roy; de que fon mandatz per debant los comissaris, losquals eran mossenh de Fiumarquon (1) et Olive (2), uche d'armas. Demoran, perso que no poden conclusir las causas susditas ni aber deguna deliuransa, en que eran quatre homes ab lors rossins, demoran hun mes; despensan enter totas causas : bint scutz et mey.

2. Item plus, mustran que aben despensat quant fon mandatz a Aux, a Bic, a Nogarol, sus la debesion de la partilha de las gens d'armas deu Roy, perso que no los gausabam reculhir ni alotyar, per doptansa d'ester agreuyatz et dampnatyatz, et refusam tant quant podom ni gausam (3). Demoran ab los rossins tres sempmanas; despensan : dotze scutz et mey III sols.

3. Item plus, mustran que aben despensat quant fon mandatz a Bic per debant los ditz comissaris, uches d'armas, per nom de

roi de France pour assister et ajouter à l'humiliation de leur seigneur; les registres du Parlement sont muets sur ce fait. Charles VII s'étant réservé les droits régaliens dans les domaines de Jean IV, et les lettres de grâce renfermant le détail des obligations nouvelles imposées aux villes de l'Armagnac, il est assez naturel qu'on ait convoqué leurs députés à Toulouse pour leur notifier ces obligations par la lecture de ces lettres.

(1) Odet de Lomagne, seigneur de Fimarcon, sénéchal d'Agenais, fit son testament le 17 septembre 1478. (*Abrégé de la généal. des vicomtes de Lomagne*, p. 18.) Le seigneur de Fimarcon et sa famille paraissent avoir été très dévoués au roi de France. A l'époque du dernier siège de Lectoure, en 1473, Louis XI recommandait au comte de Dammartin « d'exploiter le fils de M. de Fimarcon « pour prendre Lectoure ». (Voir le *Cabinet du roy Louis XI* dans les *Archives curieuses* de Cimber et Danjou, t. I.)

(2) Cet huissier d'armes serait-il Bernard Olive, conseiller lai au Parlement de Toulouse? (Voir du Mège, *Institutions de la ville de Toulouse*, t. III, p. 358.)

(3) Les compagnies royales traitaient l'Armagnac en pays conquis. Elles s'y répandirent sous prétexte de faire payer les subsides de guerre, y vécurent en routiers, pillant, saccageant et rançonnant les villes et les villages. (Voir une note, art. 3, dépenses de 1445.) Les habitants de Lectoure s'armèrent contre elles et le parlement de Toulouse prit à ce sujet la délibération suivante : « Jeudi « XXV jour du dit mois (février 1445, v. st.) (1446), au Conseil, sur les nouvelles « que messire Théode (de Valpergue), gouverneur de Gascoigne, a exposé à la « Cour que les habitants de la ville de Lestore c'estoient fortifiés et fortifioient « tous ceulx du chastel et leur vouloient faire guerre, sur quoy a esté deliberé « que la Cour escrira ces nouvelles à M. Taneguy du Chastel, au tresorier « de Sainct Hillaire, et aussi au seneschal de Tholose qu'il face que les nobles « de sa seneschaussée seront tous prest toutes les fois qu'il les aura à faire « d'eulx ». (Arch. du Parlement, regist. des audiences, fol. 16 verso. — Voir aussi dom Vaissete, *Hist. de Languedoc*, t. V, p. 8, et Monlezun, *Hist. de la Gascogne*, t. IV, p. 283.) Voir ci-dessous article 4.

la lansa qui nos era cometuda, quar no gausabam reculhir la (1) perso que no portaba las ordenansas deu Rey. Demoran dus jorns et dues neytz, et eran quatre homes et quatre rossins; despensan : dus scutz XIII sols et mey.

4. Item plus, mustran que aben despensat quant fon mandatz a Condom per debant los comissaris deu Roy, perso que en lo pays abe lox revelles que no bolen atribuir a las gens d'armas per lor cota, et hy falhyn los revelles a la prumera jornada (2), et hy agon a tornar per aber ordenansa. Despensan enter lor et los rossins, quar agon a demora hoeyt jorns, car no poden aber conclusion sus la causa susdita, enclus lo mandament qui agon aber sus la causa susdita : detz scutz onze sols.

5. Item plus, mustran que aben despensat quant fon mandatz a Bic, sus la partilha deus fox sus la provesion de las gens d'armas, et dequi fon remetutz a Nogarol a la recepta. En que eran dus homes ab los rossins; demoran seys jorns abans que agossan conclusion, perso que los qui eran mandatz no s'i podon atrobar eysemps; despensan : quatre scutz et mey.

6. Item plus, mustran que aben despensat per anar enta Bic, enta Aux, a la Ylha, a Malvesin, per anar aus mandamens deus officiers de mossenhor d'Armanhac, la que mandaua sous tres Statz de Gasconha per auer son cosselh tropas de betz, perso que abem a contribuir a mossenhor et a sous filhs. En que despensan, aysi cum apar per hun rogle per parcelas, que monta en huna soma : bint et tres scutz II sols.

7. Item plus, mustran que aben despensat per auguna finansa laqual fo balhada a mossenh Martin Garssie, capitayna de las gens d'armas deu Rey en Gasconha (3), en la terra de mossenhor

(1) La lance se composait de cinq hommes, trois archers, un écuyer et un page ou valet. (Daniel, *Hist. de la Milice française*.) Voir l'Introduction pour cette contribution de guerre, connue sous le nom d'*impôt des lances*.

(2) Il faut noter cette révolte des gens du Bas-Armagnac contre les gens de guerre. Nous en trouverons une autre aux dépenses de l'année 1461, article 2.

(3) Martin Garsias, capitaine espagnol, entra au service de Charles VII, gagna sa confiance, devint son chambellan et son conseiller et eut l'honneur d'être un des capitaines des premières compagnies d'ordonnance. Il avait été envoyé en Fezensac et Armagnac avec sa compagnie, pour obliger les habitants à payer l'impôt des lances que les États avaient voté, après plusieurs refus, et dont on avait beaucoup de peine à obtenir la levée. (Voir les notes de M. de

d'Armanhac, loqual era lotyat a Tasqua (1); et aqui metis fon mandatz per los comissaris de nostre tresque sobiran senhor lo rey de Fransa, losquals los feu far de reparacions de pons, de comportas, de portas, de camis et plus las causas que los eran necessarias per las gens d'armas qui demoraban a Riscla, que eran duas lansas garnidas (2). Costa la despensa, aysi cum apar per hun rogle : detz et sed scutz.

Soma tot atal la despensa : tres cens et sinquanta et hoeyt scutz d'aur, condant XVIII sols per scut, et detz sols d'argent.

VII.

COMPTES DE L'ANNÉE 1447.

L'an de Nostre Senhor mil IIII^c XLVIII, lo XXVIII iorn deu mes d'abriu, fo conde passat e redut per Arnaud de Sent-Germe, Peron Trobat, Peyron de Monbet e Peyron de Camicas, cosselhs bielhs, a Johan de Sent-Pot, Berdot deu Sobiran, Guilhem Sala e a Arnaud deu Sobiran, metaler, cosselhs nabetz, ayssi cum s'ensec.

RECETTES.

SOMMAIRE : 1. Fouage octroyé au comte d'Armagnac; subside accordé à son fils Charles. — 2. Redevance des consuls de Cahuzac. — 3. Droit de forestage payé

Beaucourt dans son édition des *Chroniques de Mathieu d'Escouchy*, t. II, p. 511. — Arch. nationales, registre JJ. 186, p. 50, JJ. 187, p. 187. — Bibliothèque nationale, collect. des pièces originales, art. Martin Garsias.)

Le capitaine Martin Garsias fut très humain aux malheureuses populations de la Gascogne, nous aurons occasion de le constater. On remarquera que les consuls de Riscle parlent toujours de lui avec respect. Nous n'en dirons pas autant de son collègue, Antoine de Tournemire, comme lui capitaine des compagnies, chambellan et conseiller du Roi, qui fut intraitable et sans pitié. Les consuls de Riscle ne l'appellent avec mépris que « lo Tornamire ».

(1) Tasque, canton de Plaisance, autrefois siège d'une abbaye de bénédictins.

(2) Nous avons dit que la lance se composait de cinq hommes; la lance garnie comprenait en outre tous les valets de pied; deux lances garnies pouvaient former une troupe de trente à quarante hommes.

par les consuls de Goux. — 4. Revenus de la boucherie. — 5. Somme versée par les consuls de Corneillan. — 6. Offrande pour le cierge pascal le jour des Rameaux.

Recepta [*feyta per losditz cosselhs.*]

1. Prumerament, mostran que aben recebut de hun fogatge que fo autreyat a mossenhor lo comte, et per pagar a Charles son filh, per auguna donation que l'era stada feyta de hun moton per foec; e per las provesios [de la lansa] alotyada a Riscla, e per autres carcx e restas que la vila debe. De que fo enpausat a la prumera liura grossa detz sos e miey, e per cascuna de las autras liuras primas hun sol e miey; en que monta tot en una soma au profeyt de la biela (rebatut lo xx^{te} dine, lo senhor de Camorteras, torre, manade e mossenh Bernad de Poges) : sinq centz LI scutz e set sos.

2. Item, mostran que aben recebut deus cosselhs de Cahusac, per lo fiu de la Barta de l'an mil IIII^c quaranta e sies e quaranta e set : hoeyt scutz.

3. Item plus, mustran que aben recebut deus cossos de Gotz per l'aforestament de la Barta : detz scutz.

4. Item plus, mostran que aben recebut de l'arrendament de la inposition deu maset de ladita vila de l'an mil IIII^c XLVII, que Michel de Oyarson l'abe arrendat : quatre scutz e XII sos.

5. Item plus, mostran que aben recebut deus cossos de Cornelhan : sinquanta arditz.

6. Item plus, mustran que aben recebut, lo iorn d'Aramis au semiteri, de la uferta per far lo ciri pasquau : III blanx (1).

Monta tota la recepta : sinq centz e hoeytanta e sieys scutz e detz sos miey.

DÉPENSES.

SOMMAIRE : 1, 2 et 3. Sommes versées entre les mains de Jacques Fresquet, trésorier général du comte d'Armagnac, et de Bertrand de La Favrerie, receveur d'Armagnac. — 4. Lettres de licence obtenues du comte d'Armagnac pour affermer la

---

(1) On sait que les communautés tenaient généralement leurs assemblées publiques dans le cimetière environnant l'église, à l'issue des offices religieux, l'orateur montant sur une tombe. Cette offrande faite le jour des Rameaux pour la confection du cierge pascal est un détail curieux pour qui voudra étudier la vie privée en Gascogne.

taverne et la boucherie. — 5. Créances de M. de Camortères et de l'archiprêtre de Corneillan. — 6. Entretien des gens d'armes pendant quinze mois. — 7, 8 et 9. Tailles de M. de Camortères, de l'archidiacre de Lomagne et de M⁰ Jean d'Argelos. — 10. Remboursement de douze sous, prix du pain fourni par le sénéchal au fils de Sans d'Argelos, à Dax.

Despensa [feyta per losditz cosselhs].

1. Prumerament, mostran que aben pagat a mossenh Jacmes Fresquet, thesaurer generau de mossenhor lo comte, e a Bertranon de La Fauraria, recebedor d'Armanhac per mossenhor lo comte d'Armanhac, ayssi cum mustran per reconeyssensa : cent seyssanta e sinq scutz e dotse sos.

2. Item plus, mustran que aben pagat audit recebedor, ayssi cum mustran per reconeyssensa scrita de la man deudit recebedor : sinquanta scutz.

3. Item plus, mustran que aben pagat au dessus dit recebedor, per lo fiu de la Barta de l'an mil IIII^c XLVI : sies scutz.

4. Item plus, mostran que aben pagat per una letra de leyssensa, que aben enpetrada de mossenhor lo comte, per que podossan arrendar la taberna e lo maset per detz ans : quatre scutz.

5. Item plus, mustran que aben pagat a auguns singulaus per augun prest que deben a mossenh de Camorteras e a mossenh l'arcipreste, mossenh Pey deu Casso (1), per nom de tota la biela : seyssanta e quatre scutz e IIII sos.

6. Item plus, mostran que aben pagat per las probesios de las gens d'armas per quinse mes, rebatut quatorse scutz que Guilhamolo e Bertran, cosselhs bielhs, aben pagat per probesir lasditas gens d'armas; que monta tot en una soma : cent e XXVIII scutz e mey.

7. Item plus, mostran que aben pagat e leyssat aus cosselhs nabetz la talha de mossenh de Camorteras per l'eretatge qui fo de Malessa; monta : tres scutz IX sos.

8. Item plus, mostran e leyssan la talha de mossenh l'arcidiague de Lomanha aus susditz cosselhs nabetz : quatre scutz v sos e mey.

---

(1) Archiprêtre de Corneillan. Riscle était une simple cure dépendant de l'archiprêtré de Corneillan. (Dom Brugèles, *Chroniques du diocèse d'Auch*, p. 409.)

9. Item plus, mustran e leyssan e per nom de paga balhan aus cosselhs susdits per la talha de maeste Iohan d'Argelos : I scut VII sos e mey.

10. Item plus, mustran que aben pagat a Sans d'Argelos, perso que l'era degut per son filh quant era a Dacx de pan que abe pres de mossenh lo senescauc, loquau pan lodit Sans d'Argelos abe pagat audit mossenh lo senescauc; monta : XII sos.

Monta tota la despensa : sinq centz hoeytanta e set scutz e I sol miey.

VIII.
COMPTES DE L'ANNÉE 1448.

L'an de Nostre Senhor mil IIII^c XLVIII (1449), a XII deu mes de gener, fo conde redut per Johan de Sent-Pot, Arnaud deu Sobiran, metaler, Berdot deu Sobiran e per Guilhem Sala, cosselhs bielhs, a Arnauton deu Cosso, Manaud deu Sobiran, Johan Trobat e a Peyroli Sobiran, cosselhs nabetz de l'an susdit, ayssi cum seq; presens Berdot de Lafitan, Pey de Camicas, Peyron Trobat, Bertran Sobiran, Bernadon de Poges, Pey-Bernad de Tesa, Berdot de Casanaba, Pey de Sans e Johan deu Poy, cosselhers de ladita vila.

RECETTES.

SOMMAIRE : 1 et 2. Fouages accordés au comte d'Armagnac. — 3. Fermage des droits sur l'huile, les chandelles, le poisson salé, etc. — 4. Droit du morlanau payé par les habitants de Cannet. — 5 et 6. Taille imposée pour la subsistance d'une lance logée à Riscle.

I. — *Recepta feyta per Guilhem Sala.*

1. Prumerament, mostra que abe recebut d'un fogatge autreyat a nostre senhor lo comte d'Armanhac. En que fo enpausat a la prumera liura grossa quatre sos, et per cascuna de las autras liuras primas dus blanx. De que monta lodit fogatge au profeyt

de la vila, rebatut greuges e lo xx^{te} die : cent sinquanta e hoeyt scutz e sieys sos.

2. Item plus, mustra que abe recebut de hun fogatge autreyat a mossenhor lo comte de xv sos per foc. En que fo enpausat a la prumera liura grossa sieys sos, e per cascuna de las autras liuras primas tres blancx. Que monta au profeyt de la vila tot en una soma, rebatut los greuges e lo xx^{te} die : ii^c xxxi scut[z] e xi sos e mey.

3. Item plus, mostra que abe recebut de l'arrendament de l'oli, de las candelas, deu peys salat, arenx, merlus e angelas : xi scutz.

4. Item plus, mostra que abe recebut deus de Canet per lo morlanau : sinq sos.

Soma la recepta recebuda per Guilhem Sala : quatre centz hoeytanta e quatre scutz e ii blancx.

II. — *Recepta feyta per Berdot deu Sobiran.*

5. Prumerament mostra que abe recebut per una talha enpausada per la vila per pagar la probesion d'una lansa alotyada en ladita vila d'Ariscla, tant que toqua a ladita vila per sa cota. En que fo enpausat a la prumera liura grossa hun sol, e per cascuna de las autras hun blanc. Que monta ladita talha tot en una soma au profeyt de la vila, rebatut greuges e lo xx^{te} die : lxi scut[z] xiii sos e mey.

III. — *Recepta feyta per Johan de Sen-Pot.*

6. Prumerament, mostra que abe recebut per una talha que era stada enpausada per probezir la lansa alotyada a Riscla. En que fo enpausat a la prumera liura grossa dus blancx, e per cascuna de las autras liuras primas hun jaques. Que monta ladita talha au profeyt de la vila tot en una soma, rebatut greuges e lo xx^{te} die : xxiii scutz e vi sos.

DÉPENSES.

SOMMAIRE : 1 Paiement de deux fouages au comte d'Armagnac. — 2. Paiement de 40 écus à Charles (vicomte de Fezensaguet). — 3. Subside accordé au vicomte de Lomagne. — 4. Subside fourni au capitaine Martin Garsias. — 5. Entretien d'une lance logée à Riscle. — 6 et 7. Sommes payées au sénéchal d'Aure et au procureur général d'Armagnac. — 8. Pour le padouen. — 9. Au collecteur Perris Maurin. — 10. Au seigneur de Labatut. — 11. Saisie faute de paiement d'un fouage. — 12. Venue à Riscle du sénéchal d'Armagnac. — 13. Venue à Riscle de l'archevêque d'Auch. — 14. Construction du pont de Rieutort. — 15 et 16. Voyage à Rodez. — 17. Procès à Condom contre les habitants de Cahuzac. — 18. Saisies opérées par ordre de Charles (vicomte de Fezensaguet). — 19 et 20. Voyages à Mauvezin, à Vic, à Auch et à l'Isle, par ordre du comte d'Armagnac, du vicomte de Lomagne, de Charles et des trois États. — 21 et 22. Paiements faits au commissaire Pierre de Cazenave pour l'entretien de la lance logée à Riscle.

I. — *Despensa feyta per lodit Guilhem Sala.*

1. Prumerament, mostra que abe pagat au recebedor d'Armanhac, per dus fogatges autreyatz a nostre senhor lo comte d'Armanhac, et per cascun deusditz fogatges quinse sos per foec, ayssi cum apar per reconeyssensas scritas de la man deudit recebedor : cent LXVI scutz e XII sos.

2. Item plus mustra que abe pagat a Charles mossenhor, en lo loc de Termis (1), ayssi cum apar per reconeyssensa scrita e senhada de sa man : quaranta scutz.

3. Item plus, mostra que abe pagat a mossenhor de Lomanha, per auguna donation a luy autreyada de sieys sos per foec, ayssi cum apar per reconeyssensa scrita per la man de maeste Johan deu Sobiran et de maeste Bernad deu Baradat, notaris de Nogaro e collectos de ladita donation : trenta e tres scutz e sieys sos.

4. Item plus, mustra que abe pagat a Vidalon d'Aremat, comessari per lebar tres sos per foec per pagar mossenh Martin Garssie : XVI scutz XII sos.

5. Item plus, mustra que abe pagat a Pey de Casanaba, comessari per probesir una lansa alotyada a Riscla, per nostra cota : XXII scutz.

6. Item plus, mustra que abe pagat a mossenh lo senescauc d'Aura (2) : XII scutz.

---

(1) Thermes-d'Armagnac, arrondissement de Mirande (Gers), appartenait à une branche illustre de la maison d'Armagnac dite Armagnac-Thermes, à laquelle se rattachait, ainsi que nous l'avons dit plus haut, le fameux bâtard d'Armagnac.

(2) Jean de Labarthe, seigneur de Morcorneil, Arné, Guiserix, sénéchal d'Aure. Son frère était prieur de Saint-Mont, près de Riscle. (Voir dom Brugèles, *Chroniques du diocèse d'Auch*, p. 357).

7. Item plus, mostra que abe pagat au procurayre geuerau de nostre senhor lo comte : sieys scutz.

8. Item plus, mostra que abe pagat a Johan Fitera, per lo padebent : sieys scutz.

9. Item plus, mostra que abe pagat a Perrys Maurin, collector deus quatre arditz per foec : tres scutz XII sos IIII arditz.

10. Item plus, mostra que abe pagat au senhor de Labatut per la festa (1) : tres scutz.

11. Item plus, mustra que abe pagat au recebedor d'Armanhac e au Biolac, per una exeqution que fen per lo fogatge qui era degut : III scutz IIII sos.

12. Item plus, mostra que abe pagat per duas bengudas de mossenh lo senescauc d'Armanhac (2), ayssi cum mostra per hun rocle partit per parcelas : sieys scutz X sos e mey.

13. Item plus, per la benguda de mossenh d'Aux (3) : tres scutz dus sos e mey.

14. Item plus, mostra que abe pagat pèr far lo pont de l'Ariutort : tres scutz VI sos.

15. Item plus, mostra que abe pagat a maeste Johan d'Argelos e a Pey-Bernard de Teza, per far lo biatge enta Rodes, per los despens : XI scutz.

16. Item plus, mostra que abe pagat a Peyron Trobat e a Bertran Sobiran, per lo biatge d'Arodes (4) : XII scutz e mey.

17. Item plus, mostra que abe pagat a Peyron Trobat, per lo pleyt qui mea a Condom ab los de Cahusac : I scut.

(1) Bernard II de Rivière, seigneur de Labatut, fils de Bernard I, sénéchal d'Armagnac, mort en 1447, et de Galiane de Lavedan. — *Per la festa* doit désigner ou la fête de son mariage avec Jeanne d'Armagnac-Thermes, ou les obsèques du sénéchal son père.

(2) Béraud de Faudoas, baron de Faudoas et de Barbazan, seigneur de Montégut, etc., chambellan du Roi, sénéchal d'Agenais depuis le 18 juillet 1435, fut nommé par le comte d'Armagnac sénéchal d'Armagnac par lettres données à l'Isle-Jourdain, le 20 juillet 1447. (*Hist. de la maison de Faudoas*, p. 84.) Il prêta serment de fidélité aux consuls d'Auch, le 12 octobre 1447. (Arch. d'Auch, Livre vert, AA. 1, fol. 59.) Il succédait à Bernard I de Rivière.

(3) Philippe II de Lévis.

(4) Le Rouergue appartenait au comte d'Armagnac. Ces deux voyages à Rodez font supposer que Jean IV passa une partie de l'année 1448 en Rouergue. On verra aux dépenses de l'année 1449, article 13, qu'il y était encore dans le cours de cette année.

18. Item plus, mustra que abe pagat a Guilhot de Sens, servant real, per las exequtions de Charles (1) : II scutz.

19. Item plus, mostra que abe pagat per los statges qui aben tengut Pey de Casanaba, Arnauton deu Cosso, Arnaud deu Sobiran e Guilhem Sala, a Maubesin, tant en anar tant en tornar, enta la Ylha et enta a Aux, una betz ho duas; que montan las despensas susditas en argent : XXVI scutz.

20. Item plus, mostra que abe pagat tant per auguns biatges que aben feytz enta Vic, enta Aux et enta la Ylha, per anar e per tornar aus mandamens de nostre senhor lo comte, de mossenhor de Lomanha e de Charles e deus tres Statz; e per autras despensas feytas per la vila, ayssi cum mostra per hun libre de menudas : sinquanta e hoeyt scutz e XIII sos e mey.

Soma tota la despensa : IIII^c e nabanta e siey scutz e XIIII sos.

II. — *Despensa feyta per Berdot deu Sobiran.*

21. Prumerament, mostra que abe pagat a Pey de Casanaba, comessari per probesir la lansa [alotyada a Riscla] : XLVIII scutz.

III. — *Despensa feyta per Johan de Sen-Pot.*

22. Prumerament, mostra que abe pagat a Pey de Casanaba, comissari per probesir ladita lansa : XX scutz e IIII sos.

IX.

COMPTES DE L'ANNÉE 1449.

L'an de Nostre Senhor mil CCCC L, lo XXIX jorn deu mes de jun, fo conde redut e passat per Manaud deu Sobiran, Arnauton deu Cosso, Johan Trobat e Peyrole deu Sobiran, cosselhs bielhs de l'an mil IIII^c XLVIII finit XLIX, a Pey de Casanaba, Berthomiu deu Faur, Bertran Sobiran e Pey-Bernad de Tesa, cosselhs nabetz de l'an sinquanta, ayssi cum s'enseq.

(1) Voir l'article 18 des dépenses de l'année 1449.

RECETTES.

Sommaire : Levée d'une taille destinée à parfaire le paiement d'un fouage accordé à Charles d'Armagnac. — 2. Revenus de l'église Saint-Pierre. — 3. Fermage du *may*. — 4. Vente de quatre pièces de drap d'Angleterre. — 5. Revenu de la baylie. — 6. Somme reçue pour le blé du moulin. — 7. Tasse d'argent prêtée par le recteur de Goux.

I. — *Recepta feyta per losditz cosselhs.*

1. Prumerament, mostran que aben recebut de una talha que fo autreyada per pagar auguna resta deguda per hun fogatge autreyat a Charles mossenhor, laquau resta era de dus centz scutz. De que fo enpausat a la prumera liura grossa sies sos, e [a] cascuna de las liuras primas tres blancx. Que monta en una soma (rebatut lo xx^{te} die; la talha deu senhor de Camorteras per l'ostau, xi sos i blanc; de Guilhot de Tort, sieys sos; de maeste Johan d'Argelos, sinq sos e mey; de Anthoni deu Busquet, torre, iii sos; de Berdot de Tursan, iii sos; de Arnaud-Guilhem deu Cosso, iii sos; e de Pey de Sobabera alias Duron, v sos e mey), que monta tot en una soma (tant lo vinte quant los greuges susdistz rebatutz) au profeyt de la vila : ii^c xxxvii scutz e i sol e mey.

2. Item, mostran que aben recebut de l'arrendament de Sent-Pe; monta : xxxvi scutz.

3. Item plus, mostran que aben recebut de l'arrendament deu may (1) : xi scutz e mey.

4. Item plus, mustran que aben recebut per quatre draps angles, losquaus fon benutz a Berthomiu deu Faur : lxxviii scutz.

5. Item plus, mustran que aben recebut de la baylia : xi scutz e ii sos.

II. — *Recepta feyta per Manaud de Sobiran.*

6. Item plus, recebo Manaud deu Sobiran de Johan Trobat, per lo b[l]ad deu molin que debe a la vila : iiii scutz.

7. Item plus, recebo de mossenh Sans deu Sobiran, rector de Gotz : una tassa d'argent, per sieys scutz.

Soma tota la recepta : iiii^c nabanta e set scutz e hoeyt sos e mey.

---

(1) On désignait sous le nom de *may* ou *mayade* le droit qu'avait le seigneur de vendre du vin dans le mois de mai, à l'exclusion de tout autre.

DÉPENSES.

SOMMAIRE : 1. Paiement fait à Bernard Molié, secrétaire de Charles d'Armagnac. — 2. Remboursement d'un emprunt au recteur de Viella. — 3 et 4. Sommes payées à Pierre de Casenave, commissaire des guerres; créance de M. de Sion. — 5. Paiement de 6 écus au curé de Goux, pour prêt d'une tasse d'argent. — 6. Traitement du juge d'Armagnac. — 7. Fouage payé au receveur d'Armagnac. — 8 et 9. Entretien des gens d'armes. — 10. Frais de saisies, faute de paiement des vivres des gens d'armes. — 11. Venue du sénéchal d'Armagnac, visitant le pays pour le faire fortifier. — 12. Venue du lieutenant du sénéchal et du procureur général d'Armagnac. — 13. Passage à Riscle des gens de M. d'Andouins, qui allait épouser la fille de M. de Fimarcon. — 14. Voyage à Rodez et à Gages pour les affaires de la ville avec le comte. — 15. Venue du juge ordinaire d'Armagnac et du procureur, pour examiner les procès des criminels détenus dans les prisons de Riscle. — 16. Travaux aux chemins de ronde et guérites. — 17. Gages du maître d'école. — 18. Cadeau au comte d'Armagnac qui se trouvait à Nogaro. — 19. Envoi de poisson à l'archevêque d'Auch. — 20. Frais de saisie faute de paiement de ce qui était dû à Charles d'Armagnac. — 21. Frais de reliure des livres de l'église Saint-Pierre.

Despensa feyta per Manaud deu Sobiran.

1. Prumerament, mostra que abe pagat a maeste Bernad Molie, segretari de Charles monsenhor, ayssi cum apar par reconeyssensa, la soma de c e nabanta e IIII scutz IX sos.

2. Item plus, mostra que abe pagat au rector de Vilar (1), per la malheuta qui los cossos e autres singulaus aben malhebada per pagar Charles mossenhor : sinquanta scutz.

3. Item, mostra que abe pagat a Pey de Casanaba, comissari de las gens d'armas, de resta de maior soma a luy deguda deu temps de Guilhem Sala e de sos conpans : XV scutz IIII sos.

4. Item plus, mostra que abe pagat audit Pey de Casanaba, en solution de maior soma sus sa talha, per lo deute que era degut a mossenh de Sion (2) : dus scutz e XII sos.

5. Item plus, mostra que abe pagat au rector de Gotz per una tassa que l'abe prestada : sieys scutz.

---

(1) Viella, canton de Riscle.
(2) Jean de Lavardac, coseigneur de Sion. La terre de Sion, près Nogaro en Armagnac, avait pour seigneurs Jean de Lavardac et Bertrand de Lupé. Le premier possédait et habitait le château de Sion, et c'est de lui qu'il est ici question, on ne peut en douter, puisque, à l'article 5 des dépenses de l'année 1451, il est question de son testament et de sa mort; et Bertrand de Lupé vivait encore à cette date, puisqu'il épousa, le 28 mai 1469, Marguerite, dame du

6. Item plus, mostra que abe pagat a mossenh lo judge d'Armanhac per la pensio de hun an : dus scutz.

7. Item plus, mostra que abe pagat au recebedor d'Armanhac, per dus sos per foec e per lo sagerat de Charles mossenhor : XI scutz dus sos.

8. Item plus, mostra que abe pagat a las gens d'armas, otra so qui Johan Trobat a pagat en solution deus biures degutz a las ditas gens d'armas, per nau mes, la soma de LX e sinq scutz XI sos.

9. Item es degut a Pey de Casanaba de quetz nau mes, perso que los cosselhs no an pagat sino lo tertz de la lansa per cascun mes ; que se monta : IIII scutz IIII sos.

10. Item, mostra que abe pagat a Ferrando de Dominguo e a Martin l'arche, per las exequtios que fen encontra la vila perso que no aben pagat los biures de las gens d'armas, enclus quatre scutz que lo loctenent n'aguo, e Chastelet que n'ago XII sos; monta tot en una soma : sinq scutz XII sos.

11. Item, mostra que abe pagat en una benguda de mossenh lo senescauc, que besitaba lo pays per far enfortir lo pays ; en que eran en sa conpanhia XXII arrossis; demoran dus jorns et duas neytz ; e los fo feyta la despensa; que monta tot en una soma : III scutz XVI sos.

12. Item, benguo lo loctenent de mossenh lo senescauc e lo

Garrané. (Courcelles, *Hist. généal. des pairs de France*, t. IV, généal. Lupé.) Jean de Lavardac, seigneur de Sion, reçut en garde, dans son château de Sion, Jean de Hiragoyen, dit le Basquinat, partisan anglais, fait prisonnier sous les murs de Bordeaux, en 1450, par Géraud III de Benquet, seigneur d'Arblade-Brassal. On avait traité avec ce capitaine du prix de sa rançon, lorsque Jean d'Avéron le fit évader. Géraud de Benquet se mit à sa poursuite, l'atteignit en Béarn et le ramena à Nogaro, où il le plaça sous la garde des officiers du comte d'Armagnac, Jean de Camicas, procureur, Vidalon de Laffargue, châtelain, et Bernard de Molié, receveur. Ceux-ci l'ayant laissé évader, furent condamnés par ordonnance de Poton de Xaintrailles, du 13 février 1454, à payer le prix de sa rançon à Géraud de Benquet. (*Armorial des Landes*, t. I, p. 105. — Arch. départ. du Gers, E. 19, nouveau, pièces originales de cette affaire.) Jean de Lavardac mourut en 1451 (comptes de Riscle). Il laissait une fille, Marie, mariée à Bernard de Lavardac, son cousin. Elle vendit à Bertrand de Lupé sa part de la seigneurie de Sion, ainsi qu'il résulte d'un acte d'accord fait au sujet du paiement du prix de la vente entre les enfants de l'acquéreur et du vendeur, le 1er septembre 1485. (Registres de Chastenet, notaire à Nogaro, étude de M. Vendryès.)

procurayre generau; en que eran sieys rossis; demoran dus iorns e una neyt; monta tot : I scut XVI sos IIII arditz.

13. Item, mostra que abe despensat per la benguda de las gens de mossenh d'Andoys, que anaba ste nobi de la filha de mossenh de Fiumarcon (1); los fo feyta la despensa; que monta : II scutz VIII sos e mey.

14. Item, anan Bernad de Laur e maeste Arnaud Trobat a Rodes e a Gaya (2), per far las quoentas de la vila ab lo senhor; fo los donat per las despensas : X scutz.

15. Item, benguo mossenh lo judge ordinari d'Armanhac e lo procurayre, per visitar los proces de las gens criminosas qui eran en las carces (3), e per autres negossis que la vila abe; fo los feyta la despensa; que demoran tres iorns; monta tot : dus scutz II sos.

16. Item, mostra que abe despensat en far far la[s] besiaus, aleyas e gachius (4) : XXVI scutz e mey.

17. Item, mostra que abe pagat au maeste de la escola, per sa pentio : II scutz.

18. Item, mostra que abe despensat per far plases a mossenhor lo comte, que era a Nogaro, en motos, poralha, luminaria e en peys; que monta tot : XII scutz sinq sos e mey.

19. Item plus, mostra que abe despensat en crompar peys per tramete a mossenh d'Aux; costa : II scutz III sos.

20. Item plus, mostra que abe pagat aus seryans reyaus, perso que nos accequtaban per lo deute degut a Charles mossenhor, la soma de sieys scutz.

(1) Louis, baron d'Andouins, seigneur de Castelvieil, Lafitole, Orignac, etc., allait épouser Catherine de Lomagne, fille de cet Odet de Lomagne, seigneur de Fimarcon, dont nous avons parlé dans une note précédente (dépenses de 1446, art. 1), et de Mathe-Rogère de Comminges. (*Abrégé de la généal. des vicomtes de Lomagne*, p. 18.)

(2) Château de Gages en Rouergue, résidence des comtes d'Armagnac. Géraud d'Armagnac, comte de Pardiac, donnait par dérision au connétable Bernard VII le surnom de « capellan de Gaya ». (Voir *Documents relatifs à la chute de la maison d'Armagnac-Fezensaguet*, p. 59, fascicule II de nos *Archives Historiques de la Gascogne*.)

(3) On remarquera ces justiciers ambulants qui allaient, à des époques fixes de l'année, tenir des plaids dans les principales villes de leur jugerie. Leurs assises ressemblaient, dans des bornes et une juridiction plus restreintes, aux *Grands-jours* du parlement de Toulouse.

(4) Guérite, échauguette; de *gachar*, faire le guet. (Du Cange, v° *guachile*.)

21. Item plus, mostra que abe pagat a mossenh Ramon de Ferros, per cordar los libres de Sent-Pey, en solution deu deute de mossenh Sent-Pey, de resta que la vila lo debe audit Sen-Pe : hoeyt scutz.

Monta la despensa : IIII^c nabanta e IIII^{te} scutz.

X.

COMPTES DE L'ANNÉE 1450.

L'an de Nostre Senhor mil IIII^c L (1451), lo XX iorn deu mes de mars, fo conde redut per Pey de Casanaba, Berthomiu deu Faur, Bertran Sobiran e Pey-Bernad de Tesa, cosselhs bielhs, a Guilhamo deu Cosso, Manaud Palhera, Bernadon de Poges et Pey Farga, cosselhs nabetz; present[z] Berdot de Lafitan, Arnaud Sobiran, Iohan Trobat, Iohan Fitera, Pey de Camicas, Guilhem Sala, maeste Ramon deu Poy, Pey de Sans, Arnaud de Sent-Germe, Berdot de Casanaba e gran cop d'autres cosselhers, ayssi cum s'enseq.

RECETTES.

SOMMAIRE : 1. Levée d'une taille destinée à l'entretien des gens d'armes. — 2. Vente de 49 conques de froment reçues du receveur d'Armagnac en vertu d'une « assignation » faite à la ville par le comte. — 3. Fermage de la taverne. — 4. Fermage de la boucherie. — 5. Prêt, par Me Pierre du Casse, de 25 conques de froment et de 25 conques de méteil. — 6. Revenus de la baylie. — 7. Levée d'une taille pour les gens d'armes. — 8. Levée d'une taille destinée au paiement de pièces de drap prêtées par Arnaud-Guilhem d'Armilh, marchand à Monguilhem, pour payer Charles d'Armagnac et pour faire divers voyages par ordre du comte. — 9. Fermage du moulin.

I. — *Recepta feyta per Pey de Casanaba.*

1. Prumerament, mustra que abe recebut d'una talha que fo autreyada per los cosselhs e cosselhes per pagar las gens d'armas. E fo enpausat a la prumera liura grossa, que son II^c e sieys, a cascuna de queras sieys arditz, e per las primas, que son quatre

milie IIII⁰ e detz, I ardit. Et fo trobat que las liuras grossas montan XI scutz e VIII sos; e las primas [XL scutz et XV sos. Que monta en una soma] (rebatut lo XX^te die; la talha deu senhor de Camorteras, que es XIII arditz; la talha de mossenh l'arcidiague, XLVI arditz; la talha de la garda, XXXV arditz; la talha de Ramonet de Teza, XXI arditz), monta au profeyt de la vila : XLIX scutz IIII arditz.

2. Item plus, recebo deu recebedor d'Armanhac, per una assignation que mossenhor lo comte abe feyt a la vila : quaranta e nau conquas de froment; lasquaus fon benudas per lodit Pey de Casanaba; monta au profeyt de la vila : XXV scutz IIII sos. — Plus, recebo de ladita assignation per los fius qui eran degutz en la vila, montan : XXX scutz VI sos. — Plus recebo de ladita assignation, de l'arrendament deu may : VIII scutz IIII sos.

3. Item plus, recebo de Berthomiu deu Faur e de Johano de Lafitan, per l'arrendament de la taberna de l'an susdit; que monta : XV scutz e mey.

4. Item plus, recebo de Guilhem Sala e de Pey Farga, per l'arendament deu maset de l'an susdit : XIII scutz.

5. Item plus, recebo de mossenh Pey deu Casso (1), per augun prest feyt a la vila : XXV conquas de forment e XXV conquas de mestura; lasquaus fon benudas, conqua de forment : IX sos, conqua de mestura : set sos; monta tot en una soma (rebatut set sos que se perguo en l'arremesura) : XXI scut[z] XV sos.

6. Item plus, recebo de Johan Beatritz, sabate, per nom de Pey de Sans, de resta de maior soma que debe de la baylia, enclus XVII arditz que lodit Pey de Sans debe audit Pey de Casanaba per la talha; monta : XIIII sos I ardit.

Soma tota la recepta : II^c VII scutz XV sos e sinq arditz.

II. — *Recepta feyta per Pey-Bernad de Tesa.*

7. Prumerament, recebo d'una talha que fo autreyada per los cosselhs e cosselhers, per pagar las gens d'armas; e fo enpausat a la prumera liura grossa I sol, e a cascuna de las liuras primas

---

(1) Archiprêtre de Corneillan. (Voir les comptes de l'année 1447, dépenses, art. 5.)

I ardit; en que se monta au profeyt de la vila (rebatut los greuges e lo xx^te die, los greuges que son lo senhor de Camorteras, lo torre, lo manade, mossenh l'arcidiague, Ramonet de Teza), en que fo trobat que montaba au profeyt de la vila, rebatut Canet : XLIX scutz IIII^te arditz.

Soma tota la recepta : LVIII scutz XII sos IIII arditz.

III. — *Recepta feyta per Berthomiu deu Faur.*

8. Prumerament, mustra que abe recebut, per una talha enpausada per la vila per pagar auguns draps que eran statz malhebatz de Arnaud-Guilhem d'Armilh, marchant de Montguilhem (1), per pagar a Charles mossenhor, e per autres que la vila abe feyt per anar e tornar aus mandamentz de mossenhor lo comte, e per pagar los seryans de Montauban deu saget de Beubays (2). En que fo enpausat a la prumera grossa quatre sos, e per cascuna de las autras primas II blanx; que monta au profeyt de la vila (rebatut greuges e lo xx^te die) : CLIII^te scutz XII sos e mey.

9. Item, mostra que abe recebut de Steben de Cregut, per sieys conquas de blad que debe de l'arrendament deu molin, au pretz de nau sos la conqua; monta au profeyt de la vila : III scutz.

Soma la recepta : cent LVII scutz XIII sos e mey.

DÉPENSES.

SOMMAIRE : 1, 2 et 3. Arrérages payés aux gens d'armes. — 4. Somme payée aux huissiers de Montpellier pour la plainte faite par le secrétaire de Charles d'Armagnac. — 5. Envoi d'argent à Charles d'Armagnac, à Vic. — 6. Créance du seigneur de Sion. — 7. Paiement, au seigneur de Montégut, d'une partie des frais d'ambassade dus au seigneur de Terraube. — 8. Acompte payé au receveur de l'impôt des gens d'armes. — 9. Acompte envoyé à Sansonnet d'Armilh, de Monguilhem. — 10. Venue à Riscle du chancelier d'Armagnac. — 11. Dépenses diverses. — 12. Somme payée à Jean du Pont pour les gens d'armes. — 13. Envoi d'argent à Arnaud-Guilhem d'Armilh, marchand à Monguilhem, pour le prêt de pièces de drap. — 14. Saisie opérée par les sergents du « sceau de Beauvais », à la réquisition d'Arnaud-Guilhem d'Armilh. — 15. Saisie faite par les huissiers de Toulouse. —

(1) Monguilhem, canton de Nogaro (Gers).
(2) Le sceau de Beauvais. Nous connaissions le grand et le petit sceau de Montpellier, seuls usités en Gascogne; mais nous ne comprenons pas l'emploi du sceau de Beauvais.

16. Services rendus à la ville par le commandeur de Manciet. — 17. Gages du maître d'école. — 18. Dépenses faites par les sergents royaux. — 19. Paiement, par la ville, de la taille de M. Odet de Paillère. — 20. Rente de la chapellenie de Saint-Clar. — 21. Frais d'un acte notarié. — 22. Créance de Mᵉ Bernard de Lafitan. — 23. Frais d'excommunication et d'absolution des quatre consuls.

I. — *Despensa feyta per Pey de Casanaba.*

1. Prumerament, mustra que abe pagat a las gens d'armas, per los darreratges a lor degutz deus temps passatz de Guilhem Sala e de Manaud deu Sobiran : xii scutz e xiiii sos.

2. Item plus, mostra que abe pagat de l'an passat a las gens d'armas, de tres mes que los era degut deu temps de Guilhem Sala e de Manaud Sobiran, deu mes d'octobre, nobembre e desembre; que monta : xxix scutz iii sos.

3. Item plus, mostra que abe pagat aus comessaris qui nos benguon exequtar per los susditz tres mes a lor degutz; que eran hoey[t] homes e hoeyt rossis; demoran aus despens de la vila xxii [jorns]; despensan, enclus lo salari deu comessari, monta tot en una soma : xxi scut[z].

4. Item plus, mostra que abe pagat aus clamates de Monpeyle, per la clamor feyta per lo segretari de Charles mossenhor, ayssi cum apar per reconeyssensa per las despensas que edz aben feytas e per lor salari; monta tot : viii scutz iiii sos e iiii arditz.

5. Item plus, mostra que abe pagat a Charles mossenhor; que Bertran Sobiran e Pey-Bernad de Tesa los y portan e que los balhan asson segretari a Bic, de resta que l'era deguda : iiii scutz xiiii sos.

6. Item plus, mostra que abe pagat a maeste Bernad de Lafitan, en solution de maior soma a luy deguda, per lo prest a nos feyt per lo senhor de Sion sa enrer, e per pagar la resta de la exeqution de Guilhot de Sens e sos companhos (que eran tres saryans deu Rey, e fon pres a Nogaro Pey de Casanaba, Arnauton deu Cosso e Guilhem Sala) : xi scutz ii sos.

7. Item plus, mostra que abe pagat a Menyotet deus Poyos, per nom deu senhor de Montagut (1), de maior soma a luy deguda

(1) Il existe en Gascogne tant de villages de ce nom qu'il est difficile d'identifier ce personnage. (Voir les comptes de l'année 1473, art. 2, note 3.)

per l'argent de la enbayssada qui era degut au senhor de Tarrauba (1), ayssi cum apar per reconeyssensa balhada per lodit Menyotet a Riscla : XII scutz.

8. Item plus, mostra que abe pagat a Arnauton de Marcau, en solution de maior soma a luy deguda cuma collector de las gens d'armas : XXII scutz e XIII sos.

9. Item, mostra que abe pagat a Sansonet d'Armilh, de Montguilhem, per los draps a lor degutz : trenta e III scutz I sol.

10. Item, mostra que abe pagat per la despensa de mossenh lo canceller (2), de duas betz que benguo a Riscla ; en que eran IX homes e IX rossis ; demoran XII jorns aus despens de la vila ; despensan : VIII scutz e XV sos.

11. Item, mostra que abe despensat, ayssi cum apar per hun libre de menudas partit per parcelas, per nom de la vila e tropas autras despensas tant anan deffora aus mandamentz de nostre senhor lo comte, reparatios e d'autras causas feytas aus despens de la vila ; monta tot : XXV scutz e V sos.

Soma tota la despensa : II^c e VIII scutz e XVII sos.

II. — *Despensa feyta per Pey-Bernad [de Tesa]*.

12. Prumerament, mostra que abe pagat a Johan deu Pont, per l'argent que era degut a las gens d'armas : XXI scut[z].

III. — *Despensa feyta per Berthomiu deu Faur*.

13. Prumerament, mustra que abe pagat a Arnaud-Guilhem d'Armilh, marchant de Montguilhem, per los draps qui abe prestatz a la vila per pagar Charles mossenhor : hoeytanta e IIII scutz.

---

(1) Archieu III de Galard, seigneur de Terraube. (Voir *Documents historiques sur la maison de Galard*, par M. Noulens, t. IV, p. 608.)

(2) Probablement l'évêque de Saint-Papoul, chancelier du comte d'Armagnac. Voir les dépenses de l'année 1452, art. 4. — On lit dans le Cartulaire de Lectoure, au bas de la concession faite aux membres du chapitre par le comte d'Armagnac, le 19 novembre 1443, d'introduire librement leur vin dans la ville, ces mots : « Per Dominum Comitem ad relationem domini Petri Corserii, « utriusque juris doctoris, ejus cancellarii ». (*Cart. de Lect*, p. 20 recto.) L'évêque de Saint-Papoul avait dû succéder à Pierre Corsier.

14. Item plus, mostra que abe pagat aus accequtos de Montauban, seryans deu saget de Beubays, per la acceqution de Arnaud-Guilhem d'Armilh, marchant de Montguilhem : xviii scutz.

15. Item plus, mostra que abe pagat aus clamates de Tholosa, que benguon accequtar la vila : ii scutz.

16. Item plus, mostra que abe pagat a mossenh lo comanday de Mansiet (1), per auguns servicis que abe feyt a la vila : sinq scutz.

17. Item plus, mostra que abe pagat au maeste de l'escola : i scut.

18. Item plus, mostra que abe pagat a Guilhem d'Aurelhan, per augunas despensas, que los saryans reaus aben feyt en son hostau : i scut iiii sos.

19. Item plus, mostra que abe pagat a Manaud Sobiran, de boler de tot lo cosselh, per resta a luy deguda per la talha de mossenh Odet de Palhera, deu temps que lodit Manaud era cosselh : i scut xvi sos e mey.

20. Item plus, mostra que abe pagat a mossenh Johan deu Poy, per l'enteresse de l'argent de la cappellania de Sent-Clar : i scut.

21. Item, mostra que abe pagat a maeste Iohan d'Argelos, per una carta que abe feyt ab de la vila : i scut.

22. Item, mostra que abe pagat a Guilhem Sala, per augun deute degut a maeste Bernad de Lafitan, loquau deute lodit Guilhem Sala abe pagat audit de Lafitan per nom de la vila : ii scutz.

23. Item, mostra que abe pagat a mossenh Pey de Lafitan, custos

---

(1) « Lo comanday de Mansiet » doit s'entendre du commandeur de l'ordre de Saint-Jacques de l'Épée rouge et non de celui de Saint-Jean de Jérusalem. Ce dernier ordre possédait, il est vrai, une partie de la terre de Manciet, mais n'y établit jamais le siège d'une commanderie, ses possessions relevaient de la commanderie de La Cavalerie (Ayguetinte). (Voir du Bourg, *Hist. du Grand prieuré de Toulouse.*) L'ordre de Saint-Jacques de l'Épée rouge avait fait de Manciet le siège d'une commanderie, de laquelle dépendait le membre de Taillac. Le commandeur de Manciet était en 1496 « frater Johannes de Gon- « salves de Font Grouhas, miles ordinis sancti Jacobi d'espata, doctor in « medicina, preceptor preceptorie de Mancieto et de Talhaco ». Il figure avec ces titres, en qualité de témoin, au testament de Jean de Pardaillan, seigneur de Gondrin, Justian, Gouts, etc., mars 1499. (Communiqué par M. Tamizey de Larroque.)

de Nogaro (1), per las despensas qui abe feytas per mossenh Sans de Lort, e abe scominyat a totz los quatre cosselhs (2); monta la despensa, enclus las quatre absolutios : II scutz set sos.

Soma la despensa : CLVI scutz sinq sos e mey.

XI.
COMPTES DE L'ANNÉE 1451.

L'an de Nostre Senhor mil IIII^c LII, a XXIX deu mes d'abriu, foc conde redut per Guilhamolo deu Cosso, Manaud Palhera, Bernadon de Poges e Pey Farga, cosselhs de l'an prosman passat contan LI, a Berdot Fontanhera, Berdot de Casanaba, cosselhs nabets, e Pey de Poges, absent, de l'an present LII; presens Pey de Casanaba, Pey-Bernad de Tesa, Manaud Sobiran, Johan Trobat, maeste Pey de La Fontanhera e Peyron Seguin, cosselhers, ayssi cum s'ensec.

RECETTES.

SOMMAIRE : 1. Levée de trois tailles et fouages pour payer le subside accordé au comte d'Armagnac lors de l'expédition de Guyenne. — 2. Fief de la Barthe payé par les consuls de Cahuzac. — 3. Droit de forestage payé par les consuls de Goux. — 4. Revenus de la taverne, etc. — 5. Vente de cent conques de millet prêtées par le seigneur de Camortères.

Recepta feyta per losditz cosselhs.

1. Prumerament, mostran que aben recebut per tres talhas e fogatges que fon talhatz per pagar a mossenhor lo comte (3)

---

(1) Le doyen, le sacristain et le custode étaient les trois dignitaires du chapitre de Nogaro. (Voir dom Brugèles, *Chroniques du diocèse d'Auch*, p. 484.)

(2) Quel crime avaient pu commettre les quatre consuls de Riscle pour encourir l'excommunication? Leur recettes et leurs dépenses n'ont aucune odeur de fagot. Nous pensons qu'il s'agit d'une de ces excommunications pour dettes, si fréquentes à cette époque. On a vu que les consuls avaient été obligés de contracter plusieurs emprunts pour faire face à leurs obligations. Un créancier peu accommodant leur valut sans doute cette sentence. Il leur en coûta deux écus et sept sols pour se faire absoudre. (Voir année 1475, art. 75.)

(3) Jean V. Voir ci-après la mort de Jean IV.

auguna donation que lo foc feyta per son pays, cant anet a la conquesta de Bordeu (1); que lo foc autreyat i scut i quart de forment, una conqua de bin per foc; et ayssi metis per pagar las gens d'armas que eran lotyadas en lo pays de mondit senhor. Que monta (rebatut los greuges seguens : deu senhor de Camorteras per son hostau, xxii sos e mey; per l'eretage que foc de Malessa, iii scutz iiii sos e mey; de Ramonet de Tesa, xxxi sos e mey; de Pey de Casanaba alias Negre e de Pey de Rigada, forestes, x sos e mey; losquaus demoran ab la vila; e lo xx dier), condan iiii sos per liura grossa, e per cascuna liura prima iii arditz; que montan au profeyt de la vila : iiii^c lxxii scutz ii sos iiii arditz.

2. Item, mostran que aben recebut deus cossos de Cahusac, per lo fiu que fen de la Barta a ladita vila d'Ariscla : iiii scutz.

3. Item, mostran que aben recebut deus cossos de Gotz, per l'aforestament de la Barta : xi scutz.

4. Item, mostran que aben recebut deus arrendaments de la taberna, maset, oli, candelas e peys salat : sinquanta e hun scut[z].

5. Item, mostran que aben recebut, per cent conquas de milh que lo senhor de Camorteras abe prestat a la vila, que fon benudas, per pagar lo fogatge a mossenhor lo comte e las gens d'armas, cascuna conqua au pretz de sinq sos e mey; que monta en una soma : xxxi scut[z] x sos.

Soma tota la recepta de la dita anneya : sinq centz hoeytanta ix scutz x sos i ardit.

DÉPENSES.

Sommaire : 1, 2, 3 et 4. Sommes versées entre les mains du receveur d'Armagnac. — 5. Créance de Bernard de Lafitan, notaire, subrogé au seigneur de Sion. — 6. Entretien des gens de guerre logés dans le pays. — 7. Levée d'une taille destinée à l'envoi d'une ambassade au Roi sur le fait des lances octroyées par les trois États du pays. — 8. Rente de la chapellenie de Notre-Dame. — 9. Rente de la chapellenie de Saint-Clar. — 10. Services rendus à la ville par Bernard de Poges. — 11. Achat de cinq pipes de vin. — 12. Achat d'un cheval. — 13. Frais de copie

(1) La conquête de la Guyenne eut lieu du 1er avril, jour de l'entrée en campagne des troupes royales, au 23 juin 1451, jour de leur entrée dans Bordeaux. Voir dans les *Chroniques de Monstrelet* les détails de cette glorieuse campagne.

d'une procédure. — 14. Taille des biens d'Odet de Paillère. — 15. Frais de rédaction d'un acte. — 16. Salaire des deux gardes forestiers. — 17. Honoraires payés à Gaillardet de Sansac, de Barcelonne, pour une obligation consentie par les consuls en faveur de Maurin de Viella; frais d'excommunication des consuls. — 18. Frais de divers voyages pour aller rendre hommage au comte d'Armagnac, etc. — 19. Frais de cinq voyages à Vic par ordre du sénéchal d'Armagnac, relativement à l'impôt des trois lances et demie. — 20. Armement de 25 sergents envoyés dans le Bordelais par ordre du comte. — 21. Logement à Riscle du capitaine Martin Garsias avec ses gens. — 22. Pierre de Camicas va à Saint-Macaire pour voir si les sergents susdits (art. 20) avaient besoin de quelque chose. — 23. Venue à Riscle du sénéchal d'Armagnac, chargé par le comte d'envoyer du blé et du vin à Bayonne. — 24. MM. de Comborn, de Lupé, de Corneillan, du Lau, etc., viennent à Riscle aussitôt après le départ des Anglais, pour empêcher les troupes royales d'entrer en Armagnac. — 25. Frais de construction des ponts de l'Adour, du Molia, de l'Arros, et autres dépenses pour l'utilité de la ville.

Despensa feyta per losditz cosselhs ayssi cum s'ensec.

1. Prumerament, mostran que aben pagat a Pey de Manher, recebedor d'Armanhac, deu fogatge que era stat autreyat audit mossenhor lo comte de hun scut, hun quart de forment e una conqua de bin per foc, ayssi cum apar per reconeyssensa scrita de la man deudit recebedor : cent scutz.

2. Item, mostran que aben pagat audit recebedor losditz cent quartz de forment afforat lodit blad cascun cart v sos; que monta en una soma, ayssi cum esta ferm per reconeyssensa feyta de la man deudit recebedor : xxvii scutz xiiii sos.

3. Item, mostran que aben pagat audit recebedor per hun fogatge que era estat autreyat a mossenhor lo comte, qui Dius absolva (1), de xii sos per foc, ayssi cum apar per reconeyssensa feyta per lodit recebedor; que monta en una soma : lxvi scutz xii sos.

(1) Jean IV était décédé à l'Isle-Jourdain, le 5 novembre 1450, et non le 5 septembre, comme l'ont affirmé MM. Monlezun (*Hist. de la Gascogne*, t. iv, p. 287), et Lafforgue (*Hist. de la ville d'Auch*, t. i, p. 370). Une autre erreur me paraît avoir été commise par ces deux historiens, lorsqu'ils disent que le corps de Jean IV fut transporté et inhumé à Auch. J'ai sous les yeux l'acte qui contient la relation de ces prétendues funérailles : je ne puis voir dans ces funérailles qu'un service solennel célébré à l'église Sainte-Marie pour le repos de l'âme du comte, aussitôt qu'on eut appris sa mort. Mais rien n'y trahit la présence de sa dépouille mortelle. Voir ci-après, à la suite du présent compte, le texte latin de cette relation écrite par un notaire contemporain.

4. Item, mostran que aben pagat audit recebedor per lo fiu que a vila fe audit mossenhor lo comte : sinq scutz XVII sos.

5. Item, mostran que aben pagat a maeste Bernad de Lafitan, notari, per hun deute que la vila era tenguda au senhor de Sion, loquau deute abe leyssat en son testament (1) audit de Lafitan, ayssi cum apar per reconeyssensa feyta de sa man : XX scutz.

6. Item, mostran que aben pagat a Arnauton de Marquau, de Nogaro, collector deus gatges de las gens d'armas lotyadas en lo pays deudit mossenhor lo comte, ayssi cum sta ferm meyansan reconeyssensas scritas de sa man en diversas betz : cent LVIII scutz XI sos II arditz.

7. Item, mustran que aben pagat audit Arnauton de Marquau, ayssi cuma collector de X arditz per foc talhatz per anar a la enbayssada entau Rey sus lo feyt de las lansas, autreyatz per los tres Statz deu pays (2), ayssi cum apar per reconeyssensa per sa man feyta : VIII scutz I sol.

8. Item, mostran que aben pagat a mossenh Pey deu Casso, per la pention de la cappelania de Nostra-Dona : IIII scutz.

9. Item, a mossenh Johan deu Poy, per la pention de la capelania de Sent-Clar : II scutz e mey.

10. Item, mostran que aben pagat a mossenh Bernad de Poges, en recompensation d'auguns servicis per lui feytz a ladita vila : II scutz.

11. Item, mostran que aben pagat a mossenh Ramon deu Faur, per augun deute a luy degut per crompa de sinq pipas de bin, que la bila abe crompat per lo pretz de XXV scutz e que la vila non ago sino XXII scutz X sos ; en que y ago de perda : III scutz.

12. Item, mostran que aben pagat a Iohan Trobat, per la tara d'un rossin que la vila n'abe crompat per lo pretz de XXV scutz, e que n'i perguon hun : I scut.

13. Item, mostran que aben pagat a maeste Johan deu Baradat, notari de Nogaro, per lo copia d'un proces per lo pleyt que la vila abe ab los de Sent-Mont : XX sos I blanc.

14. Item, mostran que aben pagat a Berdot de Casanaba, per

---

(1) Voir une note aux dépenses de 1449, art. 4.
(2) Voir l'Introduction.

las talhas qui l'eran degudas deus bes de mossenh Odet Palhera : III scutz III blanx.

15. Item, mostran que aben pagat a maeste Johan d'Argelos per lo salari d'un instrument per luy retengut enta ladita vila d'Ariscla e lo loc de Cahusac : II scutz.

16. Item, mustran que aben pagat a Pey de Casanaba e a Pey d'Arigada, forestes, per los salaris : II scutz.

17. Item, mostran que aben pagat a Gualhardet de Sansac, de Barsalona, per lo salari d'un instrument, en que losditz cosselhs eran obligat[z] enta mossenh Maurin de Vilar per deute que la vila lo debe; e ayssi metis per autras despensas feytas per escominyar e agreuyar losditz cosselhs : III scutz.

18. Item, mostran que aben despensat losditz cosselhs, Arnauton deu Cosso, Pey-Bernad de Teza, Pey de Camicas e d'autres de la vila aben feyt en anar far l'omenatge a mossenhor lo comte (1), en anar pagar l'argent de las lansas, e per los pleytz que la vila a ab lo senhor de Cahusac (2) e ab d'autres, et per autres biatges feytz en anar enta mossenhor lo comte quant en autras partz per los negossis que la vila abe ; monta tot en una soma : trenta scutz II sos.

19. Item, mostran que aben despensat, can Peyron de Camicas ana au cosselh a Vic, on losditz cosselhs eran mandatz per mossenh lo senescauc d'Armanhac, sus l'enpaus de las tres lansas e meya, e no fon d'acort de quera betz, abans losditz cosselhs y aguon a tornar quatre biatges tant per mandament deudit mossenh lo senescauc quant per adiornamens a lor feytz per Iohan deu Pont e per Pey Riquaut (3), comissaris per enpausar lasditas lansas ; que monta : VI scutz.

(1) C'est le 31 août 1451, que Jean V, comte d'Armagnac, reçut à l'Isle-Jourdain l'hommage de ses vassaux et qu'il jura de leur être bon et fidèle seigneur. Voir dans l'*Hist. de la Gascogne*, t. IV, p. 304, la description de cette cérémonie.

(2) Raymond-Bernard de Tusaguet, seigneur de Saint-Lane et de Cahuzac. Voir les dépenses de l'année 1452, art. 16.

(3) Jean Dupont, habitant de Toulouse, était receveur général des Lances. (Registre de Librario, notaire de Vic-Fezensac, fol. 57.) Pierre Riquaut do être le receveur de Riscle. Noble Bertrand de Montclar, seigneur de Bautian, était au 10 janvier 1451, receveur à Vic-Fezensac des lances de noble et puissant seigneur Martin Garsie, conseiller du Roi. (*Ibid.*, fol. 57.)

20. Item, fon elegitz xxv serventz, de mandament de mossenhor lo comte, per anar en Bordales (1); en que la vila los ago a probesir de balestes, d'argent e d'un saumier per portar lo bagatge e las provesios; monta tot en una soma : xxi scut[z] xiii sos.

21. Item, benguo mossenh Martin Gartie (2) alotyar a Riscla, e losditz cosselhs lo fen plazer de pan, bin, siuaza e luminaria, per tau que sas gens no gastassan los biures ne no dessan dampnatge; monta tot : iii scutz vii sos e mey.

22. Item, foc elegit Pey de Camicas per anar visitar losditz sirbentz, can eran a Sent-Maquari (3), e per bezer si los falhiba ren; estec enta anar e tornar viii iorns; despensa, inclus auguns plazers que fe ausditz serbentz : iii scutz iiii sos ii arditz.

23. Item plus, mustran que aben despensat, can mossenh lo senescauc d'Armanhac (4) benguo a Riscla, si xvi, de mandament de mossenhor lo comte, per far la probezion de portar bladz e bins a Bayona (5); fo lo feyt la despensa; que stec dus iorns e una neyt; monta tot : v scutz vii sos iiii arditz.

(1) Voir aux recettes, article 1.
(2) C'est dans le courant des trois premiers mois de 1451 que Martin Garsias se rendit à Riscle. Il avait rejoint au 1er avril l'armée expéditionnaire de Guyenne. Dupleix le cite parmi les capitaines qui figurèrent à l'entrée des troupes royales dans Bordeaux, le 23 juin. — Martin Garsias était à Vic-Fezensac, avec sa compagnie, le 10 janvier 1451; à cette date, il donna au couvent des Frères Mineurs de Vic, à frères Bertrand de Picono, gardien, et Vital Brunet, ouvrier, la somme de 25 écus d'or pour l'amour de Dieu et le repos de l'âme de feu Johanicot de Mières, l'un des hommes d'armes de sa compagnie « de sua comitiva », et permit que cette somme fût employée à la réparation de l'église du couvent. (Reg. de Librario, notaire à Vic, fol. 56.)
(3) Saint-Macaire (Gironde), arrondissement de la Réole. C'est entre le 12 et le 23 juin 1451 que les consuls de Riscle envoyèrent visiter à Saint-Macaire leurs vingt-cinq servants d'armes. Cette ville ne fut occupée qu'entre les deux dates que nous venons de donner, en vertu du traité conclu avec le comte de Dunois par les Bordelais, le 12 juin, par lequel ils s'engageaient à rendre la ville le 23 juin, si d'ici là elle n'était pas secourue, et donnaient en gage les places de Vayres, Rioms, Saint-Macaire, etc. (Voir Dom Devienne, *Hist. de Bordeaux*, t. ii, note viii, texte du traité.).
(4) Béraud de Faudoas-Barbazan avait été maintenu par Jean V dans sa charge de sénéchal d'Armagnac. Il prêta de nouveau serment aux consuls d'Auch, le 22 septembre 1451. (Arch. d'Auch, Livre vert, AA 1.)
(5) Assiégée par le comte de Foix et par Dunois. C'était la dernière place que les Anglais possédassent encore en Guyenne. Le siège y fut mis le 6 août 1451, après la reddition de Bordeaux.

24. Item, benguon a Riscla, can tot lo pays fo redut (1), hun comissari aperat lo senhor de Comborn (2), son fray (3), lo senhor de Leype, loctenent de mossenh lo senescauc (4), lo senhor de Cornelhan (5), Bernad de Laur (6), e d'autres ab lor dequi au nombre de xviii, per virar las gens d'armas deu Rey que no entrassan en lo pays d'Armanhac. Esten a Riscla xii iorns, e la vila los fec la despensa, que monta : xi scutz xi sos.

25. Item, mostran que aben despensat en far los pontz de l'Ador, deu Molia, de l'Aros, las palanquas de l'Arrosset, comportas, reparation de las aleges, la escala de la tor, colhe las fustas au bosc, agrabar losditz pontz (7) e autras besiaus per lor feytas, a utilita de la vila et de la causa publica ; que montan en una soma : li scut[z] ii sos.

Soma tota la despensa per losditz cosselhs feyta, ayssi cum dessus es contengut, en una soma : vi^c v scutz xvii sos iii arditz e mey.

(1) C'est-à-dire après la reddition de Bayonne, le 20 août 1451. Les troupes royales entrèrent dans la ville le 21, et le lundi 23, les capitaines « avecq leurs « gens s'en allèrent es pays à eulx assignés pour vivre. » (*Mém. de Jacques Clercq*, dans la Collect. Michaud et Poujoulat, t. i, p. 612.)

(2) Jean, vicomte de Comborn, en Limousin, conseiller et chambellan du roi Charles VII.

(3) D'après Moréri, le vicomte de Comborn n'avait qu'un frère, Jacques de Comborn, évêque de Clermont. Il ne peut être ici question de ce prélat, mais d'un autre frère inconnu aux généalogistes.

(4) Bernard, seigneur de Lupé, Lasserade et Cremens, en Armagnac, dont le fils aîné, Carbonel de Lupé, brave capitaine, eut de Catherine de Pensens un fils naturel, plus brave encore, appelé Noé-Michel, si intrépide, si valeureux, si habile dans les combats que sa bravoure est passée en proverbe et que l'on a dit de son temps et depuis « brave comme le bâtard de Lupé ». Il fut le compagnon et l'émule de Bayard. (Brantôme, *Vie des Capitaines illustres*, t. ii, p. 200, édit. Sambix. — Courcelles, *Hist. généal. des pairs de France*, t. iv, généal. Lupé.)

(5) Jean de Vernède, seigneur de Corneillan et de Saint-Germé, près Riscle, rendit hommage de ces deux seigneuries au comte d'Armagnac, le 20 février 1451. (Lachenaye des Bois, généal. Corneillan.)

(6) Bernard du Lau était fils de Leberon du Lau, seigneur de Camortéres. Nous le retrouverons cité plus bas.

(7) *Agrabar*, empierrer les ponts, les charger de gravier (*graba*).

NOTA DE MORTE DOMINI NOSTRI COMITIS ARMANIACI

[*cujus exequiæ factæ fuerunt Auxis die 5 novembris* 1450] (1).

Censuerunt enim jus et rationis equitas, propter hominum memorie labilitatem, ut ea que perpetuo memorie sunt comendanda scripturis validentur auctenticis, et ut presentium ac futurorum Auxis civitatensium sit memoria qualiter domini mei consules civitatis Auxis, dum contigit dominum nostrum comitem Armaniaci ab hoc seculo migrare, ibidem, scito ejus decessu, ad obsequias juxta solitum morem et luctus fiendos se habent et disponunt. Sit cunctis notum quod anno Domini millesimo quadringentesimo quinquagesimo, et die jovis que intitulabatur quinta mensis novembris, illustrissimus princeps et dominus noster comes Armaniaci, Fezenciaci, Ruthene et Insule Jordani, ac dominus terrarum Ripparie, Aure, Manhoaci et Monthanorum Ruthenensium, de mane circa horam septimam, apud Insulam Jordani, dies suos clausit extremos (cujus anima ac parentum nostrorum pace fruatur celesti), relictis sibi illustribus Johanne, primogenito et vicecomite Leomanie, domino Karolo, ejus filiis, ac tribus filiabus, quarum una et prima duci de Lansono nubta est, secunda principi de Aurenga, et alia, cum juvenis esset, ad maritandum existebat. Illis quoque anno et die sive tempore, dictus dominus vicecomes Leomanie absens erat et fuerat a patria per spatium seu circa IIII^{or} annorum, nam cum domino nostro Francie rege moram continuam fecerat et faciebat. Dicti autem dominus Karolus et filia junior Insule tempore dicte mortis intererant. Scita quoque morte ipsius domini nostri comitis, die dominica tunc proxime sequenti, de mane, venerabiles et discreti viri dominus Johannes de Berrio, in legibus licentiatus, magister Donatus de Montelongo, notarius, Bernardus de Antioca, Arnaldus de Anglada, Johannes de Anesias, Arnaldus de Avellaneto, Johannes de Monvila et... *(en blanc),* pro illa annata consules civitatis Auxis, defferentes vestes, clamides et capucia nigras, una cum pluribus aliis probis viris civitatis Auxis, indutis etiam vestibus ac clamidibus et capuciis nigris, ac tota plebe seu majori parte dicte civitatis, in domo comuni se in unum congre-

(1) Les mots entre crochets ont été ajoutés après coup, probablement au XVIIe siècle. Cette addition contient une erreur quant à la date. Ce fut le dimanche 8 novembre et les deux jours suivants qu'eut lieu, à Auch, la cérémonie funèbre.

garunt, et ipsis congregatis omnibus insimul, defferri ante eos faciendo per quemdam consulum unum penuncellum armis domus Armaniaci, videlicet uno leone depictum, et unam baneriam nigram in cuspide cujusdam lancee eam porrigendo per terram, clamantes et magnos planctus profferentes, et dicentes : Mossenhe, aye! Mossenhe, aye! versus castrum comitale ipsius civitatis gressus eorum dirixerunt, ubi, dum fuerunt, reperierunt venerabiles ac providos viros dominos Arnaldum Sabaterii, in legibus, Fezenciaci citra Baysiam, Johannem de Mansis, in decretis, Fezensaguelli judicem, Johannem Martini, in legibus licentiatum, magistrum Petrum Frise, in decretis baccalarium, pluresque alios burgenses, ipsius civitatis existentes et defferentes vestes, clamides et capucia veluti ipsi consules defferebant, necnon majorem partem honestarum feminarum, etiam vestibus similibus indutarum. Et ipsis repertis insimulque adjunctis, a dicto castro omnes dicesserunt et una per carreriam rectam (1) tam homines quam femine quam etiam pueri plangendo, dolendo, sepe premissa verba : Aye, Mossenhe! Mossenhe, aye! replicando et profferendo, descenderunt et, uti in processionibus est fieri consuetum, per circuitum ville modo prescripto accesserunt, et ad ecclesiam Beate Marie convenerunt, ubi domini canonici unam missam quam plurimum sollempnem de Requiem dixerunt, necnon honorabiles obsequias, quas ipsi etiam consules decantari fecerunt, et ipsas missam et obsequias iidem consules et alii civitatenses audierunt; et premissis auditis, ad dictum castrum redierunt, replicando semper et incessanter : Mossenhe, aie! et ibidem segregarunt. Similiterque, videlicet modo et forma quibus supra, aliis duobus diebus tunc sequentibus, scilicet lune et martis fecerunt. Et ipsis diebus porte civitatis ac operatoria, donec premissa facta et finita fuerunt, clausa omnino existebant. Et illa facta et dicta fuerunt bonis et diligentibus quamvis dolentibus cordibus. In quorum omnium et singulorum premissorum fidem et testimonium, ego Oddo de Blanhano, clericus, publicus auctoritate imperiali et dicte domus communis pro anno presenti predicto notarius, premissa omnia rectinui et scripsi, in memoriamque futurorum hic me subscripsi et signo meo auctentico signavi, quod est tale.

Oddo (2).

(1) La rue du Chemin-Droit, aujourd'hui rue Dessolles.
(2) Archives de la ville d'Auch, Livre vert, AA 1, f° 60. (Voir ci-dessus la note de la p. 48.)

XII.

COMPTES DE L'ANNÉE 1452.

L'an mil IIII^c LIII, a set deu mes de jun, foc redut conde per Guilhem Sala e per Berdot de Casanaba, estan cosselhs ab Berdot de La Fontanhera e ab Peyron de Poges, a Arnauton deu Cossoo, Berdot de Lafitan, Johan Trobat e a Peyron de Tesa, cosselhs nabetz, ab d'autres cosselhes aqui presens, Pey de Casanaba, Bernadon de Poges, Peyroli Sobiran, Pey-Bernad de Teza, Berthomiu deu Faur, Pey de Sans, Arnaud de Sent-Germe, Johan de Sen-Pot, Pey de Camicas, Manaud de La Caza, Arnaud Sobiran e Mono de Poges, ayssi cum s'ensec.

RECETTES.

SOMMAIRE : 1. Levée d'une taille pour l'entretien des gens d'armes pendant un mois. — 2. Levée d'une taille destinée au paiement du subside accordé au comte d'Armagnac pour l'expédition du Bordelais. — 3 et 4. Levée de deux tailles pour l'entretien des gens d'armes pendant trois mois. — 5. Prêt fait à la ville de Riscle par les habitants d'Armentieu.

I. — *Recepta feyta per Guilhem Sala.*

1. Prumerament, mostra que abe recebut d'una talha que fo talhada per pagar las gens d'armes per hun mes, deu temps deus cosselhs de l'an passat. En que fo enpausat a la prumera liura grossa I ardit, e a cascuna de las autras liuras primas 1ª baqua (1); que monta tota la talha : dotze scutz e hoeyt arditz.

2. Item plus, mostra que abe recebut, per una talha que fo talhada per pagar la donation feyta a mossenhor lo comte per lo biatge de Bordales, e per autres deutes que la vila debe. De

---

(1) Monnaie morlane, ainsi appelée parce qu'elle portait une vache sur le champ du revers. Elle avait pour divisionnaire la « baquetta » ou petite vache, dont la valeur était égale à celle du « pelat ». Au péage de Navarrens on payait « per moton, aouilhe ou crabe un pelat, val une baquette ». (*Priviledges et reglamens deu pays de Béarn*, p. 102.)

que fo enpausat a la prumera liura grossa IIII^te sos, e a cascuna de las autras liuras primas dus blanx ; que monta tota la talha en una soma : CLXVII scutz e XVI sos. — Et ayssi montan las duas talhas susditas (rebatut greuges e lo XX^te dine) au profeyt de la vila : CLXIII scutz XII sos e sinq arditz.

Soma tota la recepta : CLXXXIII scutz quatre sos II arditz, condan per scut XVIII sos.

II. — *Recepta feyta per Berdot de Casanaba.*

3. Prumerament, mustra que abe recebut per una talha feyta per pagar las gens d'armas per tres mes ; en que fo enpausat a la prumera liura grossa I sol, e a cascuna de las autras liuras primas hun ardit ; monta tot : LIII scutz e IIII sos.

4. Item plus, mustra que abe recebut per una autra talha feyta per pagar las gens d'armas e per autres deutes que la vila debe ; de que fo enpausat a la prumera liura grossa quatre sos, e a cascuna de las autras liuras primas dus blanx ; en que montan totas la[s] duas talhas susditas (rebatut hoeyt scutz e detz sos per lo binte dine), en una soma au profeyt de la vila : II^c XII scutz X sos.

5. Item mustra que abe recebut deus habitans d'Armentiu (1) per prest feyt a la vila : V scutz XII sos.

Soma tota la recepta : II^c XXXIX scutz e IIII sos, condan per scut XVIII sos.

DÉPENSES.

SOMMAIRE : 1. Sommes payées aux gens de guerre. — 2. Au receveur d'Armagnac. — 3. Au seigneur de Terraube. — 4. A l'évêque de Saint-Papoul. — 5. Au procureur général d'Armagnac. — 6. A Jean de Magnan. — 7. Pour la façon du cierge pascal. — 8. A M. Jean du Puy, pour la chapellenie de Saint-Clar. — 9. A un sergent de Toulouse pour saisie faite par ordre de Charles d'Armagnac. — 10. A M. Pierre du Casse, pour la chapellenie de Notre-Dame. — 11. Au juge ordinaire d'Armagnac. — 12. Au lieutenant du capitaine Martin Garsias, pour obtenir le délogement de sa troupe. — 13. Pour reste d'un bœuf du *carnau* de l'année précédente. — 14 et 15. Confection du livre de l'allivrement. — 16. Fief de la Barthe. — 17. Citation des consuls de Riscle à Nogaro par-devant l'évêque de Saint-Papoul, à la requête du seigneur de Saint-Lanne. — 18. Voyage à Jegun pour assister au conseil. —

(1) Armentieu, ancienne paroisse près Riscle.

19. Voyages entrepris par ordre du comte; travaux divers. — 20. Sommes payées à Bernard du Baradat, à Arnauton de Marcau et à Jean d'Aysieu, commissaires des guerres. — 21. Restes des tailles.

I. — *Despensa feyta per Guilhem Sala.*

1. Prumerament, mostra que abe pagat a Arnauton de Marcau, cuma collector de las gens d'armas : XIIII scutz XIIII sos.

2. Item plus, mostra que abe pagat au recebedor d'Armanhac : XXVIII scutz XII sos.

3. Item plus, mostra que abe pagat au senhor de Tarrauba, de maior soma a luy deguda, per la man de Berdot de Casanaba : II scutz.

4. Item plus, mustra que abe pagat a mossenh de Sant-Papol (1), per la donation que la vila l'abe feyt : III scutz VI sos.

5. Item plus, mustra que abe pagat au procurayre generau, per la donation que la vila l'abe feyt : VI scutz.

6. Item plus, mustra que abe pagat a maeste Johan de Camicas, per nom de maeste Johan de Manhan, per la letra deu maset e de la taberna : I scut.

7. Item plus, mustra que abe pagat a Bernadon de Poges, per far lo ciri pascau, enclus la cera e la faysson : I scut IIII sos e mey.

8. Item plus, mostra que abe pagat a mossenh Iohan deu Poy, per la capellania que la vila tien : II scutz e mey.

9. Item plus, mustra que abe pagat a Guilhot de Cens, saryant de Tholoza, de resta a luy deguda per la exeqution de Charles mossenhor : VI scutz VI sos.

10. Item plus, mustra que abe pagat a mossenh Pey deu Casso, per la pentio de la capelania que la vila tien de XL^{ta} scutz : IIII scutz.

11. Item plus, mustra que abe pagat a mossenh lo judge ordinari d'Armanhac (2), de boler de tot lo cosselh : dotze quartz de farina de froment, portatz a Nogaro; costan : II scutz V sos.

---

(1) Raymond de *Lupo-Alto*, ancien chancelier du comte d'Armagnac. (*Gallia christiana*, t. XIII, c. 306.) — Il y avait encore à Auch des *Lupaut* vers la fin du XVIe siècle.

(2) Jean du Barry, juge ordinaire d'Armagnac, fut témoin du serment que Jean V prêta aux États d'Armagnac, le 31 août 1451, de garder fidèlement les privilèges du comté. (*Hist. de la Gascogne*, t. VI, p. 332.)

58   COMPTES DE RISCLE.

12. Item plus, mustra que abe pagat, de voler de tot lo cosselh, au loctenent de mossenh Martin Gartie (1), per que deslotyas, per las mas de maeste Bernad de Lafitan : vi scutz.

13. Item, mustra que abe pagat a Peyron de Broqua, per resta d'un boeu deu carnau de l'an passat : iii scutz iii sos i ardit. — Item, a Bernadon deu Sere, de resta d'una baqua de carnau de l'an passat : i scut vi sos.

14. Item, mustra que abe despensat en far lo libe de l'aliurament : v scutz iiii sos e mey.

15. Item, mustra que abe pagat per far lo libe de l'aliurament e per scribe : ii scutz.

16. Item, mustra que abe pagat au recebedor d'Armanhac, per lo fiu de la Barta : vi scutz.

17. Item, mustra que abe pagat per la despensa qui fen a Nogaro, can eram citatz a la instantia deu senhor de Sent-Lana (2), par dabant mossenh de Sant-Papol; en que eram hoeyt homes e viii rossis; demoran dus jorns e una neyt; despensan

(1) Après la reddition de Bayonne et le renvoi des capitaines « es pays à « eulx assignés pour vivre » (voir dépenses de 1451, art. 24, note 1), la compagnie de Martin Garsias était rentrée dans l'Armagnac, conduite par son lieutenant. Martin Garsias était resté à Bayonne, dont il avait été nommé maire, avec Jean le Boursier, général des finances de France, « lesquels demou-« rèrent pour gouverner la ville ». (*Mém.* de Jacques du Clerq, *ibid.*) Il ne paraît pas que Martin Garsias soit revenu dans l'Armagnac. On le retrouve, en 1453, capitaine et maire de Bayonne, ayant sous ses ordres 300 Espagnols et 50 lances fournies. *Item* en 1454, il avait alors des difficultés avec les habitants de Saint-Jean-de-Luz. (*Chronique de Mathieu d'Escouchy*, édit. de M. de Beaucourt, t. ii, p. 511.) Sa compagnie vécut sur l'Armagnac tantôt à Riscle, tantôt à Vic, tantôt ailleurs. Au 17 mai 1453, elle tenait garnison à Vic; les registres de Librario, notaire à Vic, contiennent la vente aux enchères faite à cette date des chevaux et bagages de Alonzo Paulo, homme d'armes de la compagnie de noble et puissant Martin Garsias, chevalier, conseiller du Roi, absent pour le service du Roi à Bayonne, lequel Alonzo Paulo vient de quitter le service. Les chevaux sont achetés par les consuls du Castéra, Prénéron, Belmont, Cassagne, Betbeze, Ampels et Rozès pour le service de ces communautés.

(2) Raymond-Bernard de Tusaguet, seigneur de Saint-Lanne, Cahuzac, Mouledous, Sinzos, etc. (Voir les dép. de 1451, art. 18.) Il était fils d'Auger, seigneur de Saint-Lanne, Cahuzac, etc., et d'Agnès de Rivière-Labatut. Dans une enquête sur la coutume qui réglait l'ordre des successions dans les maisons des gentilshommes du comté de Bigorre, faite à l'occasion de la succession de Raymond-Seguin d'Astaing, seigneur d'Estampes, Ricourt, Casteljaloux, Artagnan, etc., en 1494, Géraud, seigneur de Saint-Lanne, l'un des déposants,

ab los rossis, enclus los jornaus deus rossis : III scutz VI sos II arditz.

18. Item, mustra que abe pagat, can Berdot de Casanaba e Pey-Bernad de Teza anan au cosselh a Jegun; que demoran quatre jorns; despensan, enclus lo jornau deu[s] rossis : II scutz II sos.

19. Item, mustra que abe despensat en despensas menudas, tant per anar aus mandamentz deu senhor, en beziaus e en autras besonhas, hon la vila abe necessari : XXVI scutz III sos.

Soma tota la despensa feyta per lodit Guilhem Sala : CLXXVIII scutz XII sos.

II. — *Despensa feyta per Berdot de Casanaba.*

20. Prumerament, mustra que abe pagat a maeste Bernad deu Baradat, a Arnauton de Marcau e a Johan d'Aysiu, comissaris de las gens d'armas, en tropas de betz : CV scutz X sos.

21. Item plus, mustra que abe balhat lodit Berdot a Johan Trobat, Arnauton de Cossoo, Berdot de Lafitan e Peyron de Teza, cosselhs nabetz, las restas de las talhas, ayssi cum era protestat e combent en lo cosselh can lodit Berdot prenco ladita talha; deque lodit Berdot de las restas susditas non [abe] lebat lo XX^{te} dine; que montan las restas : XLIX scutz.

XIII.

COMPTES DE L'ANNÉE 1454 (1).

L'an de Nostre Senhor mil IIII^c LIIII (1455), a X deu mes de feure, fo conde redut per Berthomiu deu Faur, Mono de Poges,

se dit âgé de 30 ans, fils de Raymond-Bernard, et raconte comment, depuis cent ans, on a succédé dans sa maison. (Arch. de M. le marquis de Castelbajac, château de Caumont, Gers.) Géraud fut seigneur de Saint-Lanne après la mort sans enfants de son frère aîné Bernard. *(Ibid.)* Il n'eut qu'une fille de sa seconde femme, Marie de Villepinte, nommée Catherine, qui épousa Aimeric de Léaumont et lui porta les terres de Saint-Lanne, Cahuzac, Tourdun, etc.

(1) Les comptes de 1453 manquent.

Peyroli Sobiran e Johan deu Magent, cosselhs bielhs, a Guilhamo deu Cosso, Peyron de Monbet, Manaud Palhera e a maeste Ramon deu Poy, cosselhs nabetz; presens Guilhem Sala, Pey de Casanaba, Johan Trobat, Nautet de Sent-Germe, Berdot de Casanaba, Pey de Camicas, Bernadon de Poges, Pey-Bernad de Teza, Bertran Sobiran e d'autres, ayssi cum s'enseq.

RECETTES.

SOMMAIRE : 1. Levée d'une taille destinée au paiement de la dette d'Aire et de plusieurs autres charges. — 2. Fief de la Barthe payé par les consuls de Cahuzac.

Recepta feyta per Berthomiu deu Faur.

1. Prumerament, mostra que abe recebut per una talha que fo talhada per pagar lo deute d'Ayra, e per autres carex que la bila a assupportar. En que fo enpausat a la prumera liura grossa IIII sos, e a cascuna liura prima, dus blanx; que monta tota la talha en una soma : CLXX scutz XI sos e II arditz. Et ayssi monta tota la talha au profeyt de la vila (rebatut greuges et lo xx^{te} die) : CLXI scutz IX sos e mey.

2. Item plus, mostra que abe recebut deus cosselhs de Cahusac, per lo fiu de la Barta : IIII scutz.

Soma tota la recepta : CLXV scutz IX sos e mey, condan XVIII sos per scut.

DÉPENSES.

SOMMAIRE : 1. Paiement d'une dette à Aire, à la décharge de Bernard du Lau, seigneur de Camortères, auquel le comte d'Armagnac avait fait don d'une somme de 100 écus sur la ville de Riscle. — 2. Autres acomptes payés à Bernard du Lau sur lesdits 100 écus. — 3. Somme payée aux serviteurs du lieutenant de Martin Garsias, qui avaient été chassés de la ville par M. de Viella.

Despensa feyta per lodit Berthomiu.

1. Prumerament, mostra que abe pagat a Ayra, per lo deute qui Camorteras y debe, loquau deute la bila debe au senhor de Camorteras, per una donation que mossenhor lo comte l'abe feyta de cent scutz (1), e lo fon assignatz sus esta bila, ayssi cum apar

---

(1) Ce don de cent écus était la récompense de l'attachement de Bernard du Lau, seigneur de Camortères, à la personne de Jean V, comte d'Armagnac.

per reconeyssensa; que montan tot en uua soma : LIIII scutz XVII sos.

2. Item plus, mostra que abe pagat a Bernad de Laur, per lo deute deus cent scutz qui la vila lo debe, en tropas de begadas, enclus la talha de l'eretatge de Malessa, ayssi cum apar per reconeyssensas, tant audit Bernad de Laur, tant a maeste Domenges de Manher, a Menyot, a mossenh Esteben de Labat, a la molhe deu nebot de Pey Costa e a la molhe d'Artigas de Peyrias; que monta tot : XXVI scutz V sos II arditz.

3. Item plus, mostra que abe pagat, de boler de tot lo cosselh, aus servidos deu loctenent de mossenh Martin Garsie, per lo brut qui fo, can mossenh de Vilar (1) los ne bengo getar; que monta : II scutz.

Soma tota la despensa : CLXI scutz VIIII sos VI dines.

Louis XI lui fit payer cher cet attachement. En 1473, pendant le dernier siège de Lectoure, un commissaire royal, accompagné de cinq archers, vint de la ville assiégée incendier Camortères et Tarsaguet et saisir tous les biens de Bernard du Lau. (Voir dépenses de 1473, art. 88.)

(1) Raymond, seigneur de Viella, près Riscle, de Gerderest, Doazit, etc., chambellan du Roi, sénéchal de Beaucaire, était fils de Maurin, seigneur de Viella, et de Rosette de Gramont. Il avait épousé Mondinotte de Gerderest, fille aînée de Darer, baron de Gerderest, en Béarn, et son héritière par testament du 23 juin 1421 (sauf la légitime à ses cinq autres filles : Brunissende, épouse du seigneur de Lavedan, Honorette, épouse de Bertrand de Baylens, baron de Poyanne, Claire, épouse du baron d'Arros, Marie, épouse du seigneur de Gayrosse, et Esclarmonde, épouse de Jean de Béon, fils d'Arnaud, seigneur de Béon). Raymond de Viella fit son testament, le 26 juin 1455, en faveur de Bertrand son fils, auquel il substitua son frère Odet et ses enfants. Il avait encore deux filles : Marguerite, mariée le 3 mai 1426 à Auger du Lau, fils d'Arnaud, et Catherine, à laquelle échut la terre de Gerderest et qui fut mariée le 3 février 1432 à Bernard de Béarn, fils naturel de Jean, comte de Foix, et auteur de ces seigneurs de Gerderest, célèbres dans nos guerres, dont le dernier fut massacré à Navarrens en 1569. (Inventaire des archives de la maison de Viella.) — Raymond de Viella mourut quelques jours après avoir fait son testament. Son fils Bertrand rendit hommage pour Viella et Doazit le 4 septembre 1455. *(Ibid.)* Le nom du sénéchal de Beaucaire est sans cesse cité dans les récits des guerres de Languedoc, Guyenne et Gascogne, pendant cette première moitié du XVᵉ siècle.

AUDITION ET CLOTURE DE COMPTES

PAR JEAN DE CAMICAS, PROCUREUR D'ARMAGNAC, POUR LES ANNÉES 1429-1453.

SOMMAIRE : Construction d'une maison communale à Riscle, en 1429; — construction de vingt cannes de muraille en 1431 ; — de dix-huit cannes de muraille dans le château de Riscle, en 1444 ; — on abandonne aux entrepreneurs desdits travaux les revenus des tavernes et des boucheries pendant plusieurs années.

L'an mil IIII^c LIIII^{te}, lo naben jorn deu mes de nobembre, en lo loc de Nogaro, fon redutz los condes per Ramon de Poges, Pey de Casanaba, maeste Ramon deu Poy, notari, cosselhs e cosselhes deu loc d'Arriscla, a mi Johan de Camicas, procurayre d'Armanhac per mossenhor lo comte e comissari per lodit mossenhor lo comte deputat a los recebe per tote la recepta d'Armanhac, eysems ab maeste Bernad deu Baradat, Johan de La Crotz e Johan de Bordes, estans presens losditz maeste Bernad e Johan de Bordes. E mustran ab carte retengude de quitansa feyta per maeste Bernad deu Baradat, notari strenier d'Arriscla, alsditz cosselhs feyta per mossenh Johan de Teza, per labetz procurayre d'Armanhac, en laquale mustran que dequi ad equet jorn montabe mes la despense que la recepta dus cens scutz e plus, de l'an mil IIII^c e sinq dequi a l'an mil IIII^c XXVIII ; loqual instrument fo feyt per lodit maeste Bernad lo XXI jorn d'abriu l'an mil IIII^c XXVIII. Item, mustran que els donan a pretz feyt hun hostau comuni en ladite bille a Sansaner de Sent-Pot, per loqual lo donan los arrendamens de tebernas e maset per los ans XXIX e XXX. Item, mustran que l'an mil IIII^c XXXI, a detz jorns deu mes de may, Johan de Sent-Pot, Pey-Bernad de Teza, Pey de Poges e Arnaut de Sobiran, per labetz cosselhs d'Arriscla, donan a pretz feyt a Pey de Casenabe XX canes de murailhe on son assetiatz los hostaus de maeste Johan d'Argelos, de Bernadon d'Argelos e de Arnauton de La Lane, per lasquals XX canes far fon donades las magencas (1) de tebernes e masetz per los ans XXXI, XXXII, XXXIII, XXXIIII, XXXV e XXXVI. Item, mustran hun rocle que aben redutz los condes, l'an mil IIII^c XLIIII a XIIII de julh, a maeste Johan de Camicas, procurayre d'Armanhac, dels ans mil IIII^c XXXVII, XXXVIII, XXXIX, XL, XLI, XLII e XLIII, en loqual es scriute la recepte e la despense de totz losditz ans; e en aquet

---

(1) *Magencas*. Ce mot paraît dériver de *may (maienc, majenc, mayenc)* et avoir un sens analogue à celui de *mayade*. (Voir la note de la p. 36.)

fo atrobat que monta mes la despense que la recepta CXXIX scutz, sens que no y eran condatz los pretz feytz que donaben losditz arrendamens per auguns temps. Item, mustran que l'an IIII^c XLIIII^{te}, lo ters jorn de nouembre, Peyron Sobiran, Pey-Bernad de Teza, Berdot de Fontanhere, Manaud Sobiran, per labetz cosselhs d'Arriscla, donan a pretz feyt a Michel de Ojarsun, teuler d'Arriscla, XVIII canes de murralhe dedens lo castet d'Arriscla, per lasquals XVIII canes far lo fon donatz las arrendamens de tebernes e masetz per los ans XLIIII^{te}, XLV, XLVI, XLVII, XLVIII, XLIX, L, LI e LII, que son VIII ans. Item, mustran que l'an mil IIII^c LIII, no fo punt arrendade la teberne, que no troban que la bolosse arrendar, e asso dixon que a lor segrament ere bertat; mas fo arrendat lo maset per la some de XII scutz, e lo subcidi de l'oli e de las candeles per IX scutz, e dixon que james plus lodit subcidi de oli e candeles no aben james plus arrendatz. Item, mustran que aben despenut delsditz arrendamens de l'an mil IIII^c LIII en arreche per crobir lo portau VI scutz IX blanx; plus per los maestes tres scutz e I sol; plus per far coble en lo pont de l'Ador tres scutz III sos; item plus, en los capspons II scutz e II sos. Plus, mustran que las letres de las licencies lasquales mustran que ne aben pagatz XII scutz. Et ayssi fo atrobat que de l'an LIII monta la despense mes que la recepta quatre scutz XVII sos IX dines. Item, mustran que, otre totes las despenses, aben despendut per talhe e pagatz e metutz en reparacion de la bille, cum mustran per menut, dus cens nabante e seys scutz IX sos III dines. Et ayssi appar que las despenses deus ans passatz montan mes que las receptes cum dessus fe mencion en la present fulhe. Et per so jo procurayre e comissari sus[dit], per bertut de ma comission, laquale es dejus inseride, eysemps ab losditz maeste Bernad deu Baradat e Johan de Bordes qui eren presens a rede lodit conde, cum dessus fe mencion, reconeysi e coffessi aber los-ditz condes de XXX ans, inclus los VI ans que a mi aben redutz, haber per redutz, e losditz cosselhs per nom de lor cossolat ne quiti e los tengui per quitis dequi au jorn susdit. E per mayor fermesse ey scriuta la present conclusion de ma propre man e senhade de mon senhau manuau, presens los dessus ditz.

J. DE CAMICAS.

XIV.

COMPTES DE L'ANNÉE 1461 (1).

L'an de la Nativitat de Nostre Senhor mil iiii^c lxi (1462), et en lo mes de feure, foc compte redut per mi Johan de Lafitau, stan cossol l'an lx, ab Pey deu Sobiran, Berdot de Sen-Pot et Steuen de Cregut, a l'ostau de mossenh Odet de Lapalhera (2), a Guilhem Sala, a Johan deu Magent, a Arnaud de Sent-Pot e a Peyron deu Casso, cossols seguens; eysems ab lor Pey de Tesa, Berdot Fontanhera, maeste Pey Fontanhera, Arnauto deu Cosso, Johano de Lafitan e Johano deu Pandeler e d'autres. Aqui fon besitatz per los desus e fon finitz en la mason comuna per losditz cossols e d'autres, aysi cum s'ensec.

RECETTES.

SOMMAIRE: 1. Levée d'une taille destinée au paiement de 4 sous et demi par feu. — 2, 3 et 4. Droits sur la vente de divers animaux. — 5. Vente d'une certaine quantité de vieux bois de frêne de la halle. — Fourniture de lattes.

Sec-ce la recepta presa per lodit Johan [*de Lafitan.*]

1. Prumerament, mostra que a receubut, per huna talha que la bila autreya per pagar los iiii^{te} sos e mey per foc e los affres e per pagar lo cartaron pergut deu recebedor e comportar-e suplir autras despensas e carx de la bila; monta, a ii sos per la prumera liura e i blanc per cadahuna de las autras : lxxxvii scutz xiii sos vi dines.

2. Item, mostra que abia receubut de Artigas de La Molera, per la inposition de hun porcet que benoc a cartes : viii dines.

(1) Manquent les comptes de 1455, 1456, 1457, 1458, 1459 et 1460.
(2) Doit être frère ou fils de Géraud, seigneur de La Palhère, compagnon de La Hire et de Xaintrailles sous l'étendard de la Pucelle. Géraud était fils de Jean, seigneur de La Palhère, et de Balérine du Lau, et petit-fils d'Odet de La Palhère. (Voir *Revue de Gascogne*, t. xvii, p. 49, et *Mém.* de Jean d'Antras, p. 99.)

ANNÉE 1461.

3. Item, mostra que abia receubut de Mono d'Argelos e de Tarsac, per la inposition de II porcetz e hun auhet : II sos II dines.

4. Item, mostra que abia receubut de Pey de Tesa, per la inposition de II boeus e mey : VII sos VI dines.

5. Item, mostra que abia recebut de Sansane de Sent-Pot, per huna cantitat d'arreche (1) que Peyroli lo benoc deu bielh de la hala, quant caperan las mesuras : I sol.

6. Item, mostra que abia recebut de Sanson deu Sobiran, per las mas de mossenh Manaud de Lacasa, a causa de huna cantitat de latas per caperar hostal, que lodit Sanso abia prestat a Manaud de Lacasa de CL que lodit Sanson ne debia a la bila ; monta : II sos.

Soma tota la recepta en huna soma : CXXIIII scutz VI sos VIII dines (2).

DÉPENSES.

SOMMAIRE : 1 et 2. Arrérages de divers impôts payés à Mᵉ Bernard du Baradat. — 3. Ordre du gouverneur de réparer la tour de Saint-Mont. — 4. Somme payée à Mᵉ Jean Taquenet, procureur d'Armagnac, en procès avec la ville pour un voyage à Lectoure. — 5. Voyages à Lectoure pour obtenir le renvoi devant le juge de Riscle du procès intenté par le procureur d'Armagnac. — 6. Frais d'obtention des lettres de renvoi du procès susdit. — 7. Frais de procédure payés à Mᵉ Aymeric. — 8. Honoraires du procureur d'Armagnac pour l'audition des comptes de 1458, 1459 et 1460. — 9. Don fait au seigneur de Camortères, à l'occasion de son mariage. — 10. Fouage de cent francs accordé par les trois États aux habitants de Sarront. — 11. Rente pour la chapellenie de Saint-Clar. — 12. Achat de

(1) *Arreche*, frêne, bois de frêne. Il s'agit ici de « latas per caperar hostal » (voir l'article suivant), c'est-à-dire de bardeaux de frêne. Voir année 1461, dépenses, article 15.

(2) Voici, pour la présente année 1461, l'état des sommes fournies par la ville de Riscle au trésor royal (le comté d'Armagnac était alors sous la main du Roi) :
« Estat de la recette generalle des terres d'Armagnac estant en Gascoigne
« pour ung an commençant à la Sainct Jehan Baptiste, l'an 1460, et finissant à
« la dite feste, un an revolu 1461 ». (Biblioth. nation., fonds français, 20,057)
« ... Recettes de Riscles : La baylie, inquants et notairie de Riscles, arrentées
« à Jehan de Villeres, 10 escus, 7 gros, 6 deniers. — Les agriers de Riscles,
« comis à Pierre de Thesa : froment 6 charges ; misture 6 charges ; orge une
« charge ; mil 9 charges. — Le molin et batan de Riscles, arrenté à Pierre de
« Thesa, 96 charges, 2 coupes. — La cire 4 escus, 9 gros 10 deniers arnaudins.
« — Les debvoirs de Riscles : froment 4 charges ». — Les cens, gélines, oblies, quêtes des capots sont compris sous un même article pour tout l'Armagnac, sans distinction de lieu. Le tout s'élève à la somme de 306 écus, 4 gros.

3,000 tuiles à canal pour couvrir le pont du moulin. — 13. Somme payée à un maître maçon pour la façon des mesures du blé. — 14. Honoraires payés à un notaire pour deux actes. — 15. Somme payée aux marguilliers de l'église Saint-Pierre. — 16. Traitement de M⁰ Jean Duberri, assesseur des consuls de Riscle. — 17. Dépenses diverses (ponts, mesures, voyage à Vic, etc.).

Sec-ce la despensa qui lodit Johan de Lafitau a feyta per las causas e coentas de la bila e per mandament deus concelhers de l'argent detras scriut, ut sequitur.

1. Prumerament, mostra que abe pagat a maeste Bernad deu Baradat, per resta deus IIII sos e mey per foc que l'era degut deu temps de Pey de Tesa e de sos companhos, cossols de l'an debant : VIII scutz.

2. Item, mostra que abe pagat a maeste Bernad deu Baradat, per los dus sos per foc, a causa deu cartaron pergut deu temps de Domenio de Cumenge, recebedor per labetz, e per tres sos que nos fen pagar per nostra part per los despens que auguns abian feytz a sercar nostre mal, e per los saryantz que arestaban las gens deu pays (1); monta nostra part : XI scutz V sos.

3. Item, per hun mandament que agoc a Bic de mossenh lo governado (2), per far mandar aus recebedors e aus secrestes de Sent-Mont, que agossan e fessan reparar la tor, aysi cum debin; maeste Johan d'Argelos es comissari en lodit mandament; costa : X sos.

4. Item, pague a maeste Johan Tacanet (3), percurayre d'Ar-

(1) L'absence des comptes précédents rend malheureusement ces quelques lignes inexplicables; elles laissent néanmoins entrevoir de grands maux, peut-être une révolte des habitants du Bas-Armagnac, puisque les sergents royaux « arestaban las gens deu pays ». L'Armagnac était en ce moment sous la main du roi et livré à ses officiers. Jean V, dépouillé par arrêt du Parlement, était en exil.

(2) Hélion le Groing, seigneur de la Mothe-le-Groing, d'abord capitaine du château de Lectoure en 1452, puis gouverneur du comté d'Armagnac et plus tard général de l'artilllerie de France, eut une grande part à la confiance de Louis XI et avait déjà un grand renom militaire quand il fut nommé gouverneur de l'Armagnac. Voir tous les historiens de Charles VII et de Louis XI. Il eut pour successeur Bernard de Rivière, vicomte de Labatut, qui exerçait la charge de gouverneur de l'Armagnac en 1467.

(3) Jean Taquenet, habitant de Garet en la Marche et seigneur de Saint-Lizier, procureur d'Armagnac, fut chargé plus tard, avec Gautier des Cars, de remettre Charles d'Armagnac en possession du comté. (Arch. de Pau, E. 248.)

manhac, a causa de hun mandament [que] abe agut de Leytora de mossenh lo governador e per las despensas que aue feytas en anar sercar lodit mandament, ab local nos abe feytz ajornar; jo lo pague lodit mandament e las despensas, per mandament de la bila; costa patz fasen : i scut.

5. Item, pague a maeste Johan d'Argelos, per mandament de la bila, per despensas que lodit maeste Johan fec en ii biatges a Leytora, per causa de la prosetta que fec per auer nostra remission part dessa deu pleyt qui menabam part dela ab mossenh lo percurayre : i scut xii sos ix dines.

6. Item, pague en las mas de maeste Johan d'Argelos, per mandament de la bila, per la letra de la remission sagerada, que nos aporta deu pleyt que abiam ab meste Johan Tacanet, percurayre; costa : i scut viii sos viii dines.

7. Item, pague en las mas deudit maeste Johan que abe pagat a maeste Hemeric, per lo prosses deudit pleyt, de qui nos aporta reconoyssensa scriuta deudit maeste Hemeric; costa : ii scutz.

8. Item, mostra que abe pagat a maeste Johan Tacanet, percurayre d'Armanhac, per lo dret son de ausir los comptes per l'an lviii e lviiii o per l'an lx, sien la reconoysensa qui maeste Pey a (no es lahun deus desus); de lacala me balha reconeysensa; costa : iii scutz.

9. Item, mostra que abe pagat per mandament de la bila, au senhor de Camorteras, per huna donation que ladita bila li fec, per man de Peret e de maeste Bernad de Lafitan, a Tarsaguet, lo jorn que foc nobi (1); jo l'e pagat, cum apar per reconeysensa : iiii scutz.

10. Item, mostra que abe pagat a maeste Bernad deu Baradat, per las mas de Mono deu Cos, per los iiii arditz per foc, a causa deus affres (2), per nostra part de c franx que fon autreyatz au

---

(1) Sur cette donation gracieuse faite à Bernard du Lau, seigneur de Camortères et Tarsaguet, fils et héritier de Léberon du Lau, à l'occasion de son mariage, voir une note à l'article 7 des dépenses de l'année 1444, p. 18.

(2) *Affres*, métathèse pour *affers*. Ces *affaires*, ne seraient-ce pas les embarras, résultat de la famine et de la peste sa compagne, qui firent tant de ravages dans l'Armagnac pendant cette année que, au dire de dom Vaissete, la population fut diminuée d'un tiers?

concelh a Bic per los III Statz per los de Serafront (1); monta : III scutz XII sos VIII dines.

11. Item, mostra que aue pagat a Arnauton deu Poy, per la pention que la bila fe de XXV scutz de capelania : II scutz VIIII sos.

12. Item, mostra que abe fornit a la bila III miles de teule cuput (2) per caperar lo pont deu molin, a II scutz XIII sos mile; monta : VIII scutz III sos.

13. Item, mostra que abe pagat a maeste Hemeric de Farabosc, peyre, per far ocabar *(sic)* las mesuras deu blad : II scutz.

14. Item, mostra que aue pagat a maeste Arnaud de Sen-Germe, per II cartas, lahuna de reconeysensa de Michel de Gorson, de XIII scutz VI sos, l'autra de hun biscambi que la bila fec ab Arramonet de Vidosa; costan taxadas : XIII sos X dines.

15. Item, mostra que abe pagat a Sen-Pe, en las mas de Bernadon de Poges e de Johan deu Magent, hobres de la gleysa de Sen-Pe (3) : X scutz VIIII sos XI dines.

16. Item, mostra que abe pagat a mossenh Johan deu Berri (4), nostre exessor, a causa de la pencion que la bila li fe : I scut IIII dines.

17. Item, mostra que abe despensat, cum aparic en lo compte

C'est encore cette même année que, par arrêt du 14 mai 1460, les biens du comte d'Armagnac furent saisis. Est-ce l'exécution de cette saisie par les sergents royaux qui fut cause de ces troubles ?

(1) Aujourd'hui Sarront, dans le département des Landes, canton d'Aire. Cette localité dépendait autrefois du diocèse d'Auch et de l'archiprêtré de Corneillan. (Voir dom Brugèles, *Chron. du diocèse d'Auch*, p. 410, *Saint-Rond.*) Sarrefront était une bastide fondée par le comte d'Armagnac en paréage avec le roi de France, l'entière seigneurie malgré le paréage appartenait au comte. (Voir *Revue de Gasc.*, t. XIV, p. 195 et t. XV, p. 432.) Cette allocation de cent f. faite par les États d'Armagnac semble indiquer que Sarrefront eut plus que les autres villes à souffrir des « *affres* » mentionnés dans cet article.

(2) Tuile à canal. Voir du Cange, *Glossarium*, aux mots *cappus, copus, cuppus, cupus*. Tous ces mots dérivent du latin *cupa*, coupe, et par extension tout objet concave, la tuile à canal par exemple *(tegula)*.

(3) L'église paroissiale de Riscle est sous le vocable de Saint-Pierre.

(4) Jean du Barri, assesseur des consuls de Riscle, doit être le même personnage que celui que nous avons signalé aux dépenses de l'année 1452, art. 18. Il appartenait à cette famille du Barri, si féconde en magistrats, qui a rempli l'Armagnac de ses nombreux rameaux, tous maintenus dans leur noblesse. Quelques-uns de ces rameaux existent encore ; celui auquel appartenait le mari de la trop célèbre comtesse du Barri s'est éteint au commencement de ce siècle.

que balha per menut, per far la fusta au bosc per lo pont deu Pontasta, de l'Ador, e per far las palancas a l'Arosset e per far losditz pontz e per far l'areche de las mesuras e las cuvertar (1), e far la lata deu pont deu molin e la far recobrir, e per anar enta Bic au concelh, e per autres negossis de la bila; monta tot in soma : XVII scutz V sos IX dines.

Soma tota la recepta de la despensa qui Johan de Lafitau a fornit e balhat per nom de la bila, cum apar desus en lo compte : CXXX scutz III sos VI dines.

Item, debin per lo XX die deus dus items de la recepta deus prumes que montan : XCII scutz VIII sos; monta lo XX die : IIII scutz XI sos II dines.

Item, debin per los greuges : I scut XV sos.

Soma so qui est degut audit Johan : CXXXVI scutz XI sos VIII dines.

Paga la bila, cum apar atras en la recepta qui lodit Johan a presa; que monta : CXXIIII scutz VI sos VIII dines.

Resta qu'es degut audit Johan, totas causas comptadas e rebatudas : XII scutz V sos.

Pagan en la inposition deu maset l'an LXI de Pascas seguent dequi au jorn de Nadal finit aquet : VII scutz.

Pagan, que lo passan en sas talhas e de mossenh Odet de La Palhera, per las mas de Arnaud de Sent-Pot e de Peyron deu Casso, aysi metis per Johan Lonc e per lo baque e per Nautet de Lamoret : V scutz V sos.

XV.
COMPTES DE L'ANNÉE 1462.

L'an de la Nativitat de Nostre Senhor mil IIII^c LXII (1463), e lo XXV iorn deu mes de gener, en la vila d'Arriscla, foc redut compte per Berthomiu deu Faur, Peyron de Poges, Berdot Fontanhera e

---

(1) Voir plus haut, recettes, art. 5.

Iohan d'Argelos, cosselhs de l'an LXI finit LXII de ladita vila, a Bernado de Poges, Peyron d'Argelos, Pey deu Poy e Berdot Olier, cosselhs moderns de l'an present susdit; present[z] Pey de Tesa, Pey de Camicas, Pey deu Sobiran, Peyro de Monbet, Arnauton deu Sobiran, Guilhem Sala, Iohan deu Magenc, Steben de Cregut, Iohan deu Cos, Guilhem d'Aurelhan e trops d'autres cosselhs, anxi com s'ensec.

RECETTES.

SOMMAIRE : 1. Levée d'un fouage de 3 écus par feu octroyé au comte d'Armagnac. — 2 et 3. Revenu de la taverne et de la boucherie. — 4. Fief de la Barthe.

Recepta de Berthomiu deu Faur.

1. Prumerament, mustran que haben recebut de hun fogatge autreyat a mossenhor lo comte (1) de tres scutz per foc. E foc enpausat a la prumera liura grossa VI sos, e a cascuna de las autras liuras primas VI arditz; e anxi monta tota la talha (rebatutz greuges e XX^{te} die) : III^c IX scutz II sos.

2. Item plus, mustran que haben recebut de l'arrendament de la taberna, de Mengon de Monbet : XVI scutz XIIII sos V arditz.

3. Item plus, mustran que haben recebut de Johan Vilhera, a causa de l'arrendament deu maset : II scutz V arditz.

4. Item plus, mustran que haben recebut deus cosselhs de Causac, a causa deu fiu de la Barta : IIII scutz.

Et anxi monta tota la recepta deusditz cosselhs : III^c XXXII scutz XVII sos II arditz.

DÉPENSES.

SOMMAIRE : 1. Sommes envoyées (au receveur d'Armagnac). — 2. Frais de séjour de deux commissaires, venus pour imposer les cent écus sur certains habitants de Riscle. — 3. Dépenses faites à Riscle par le trésorier. — 4. Dépenses faites par le juge et le procureur d'Armagnac. — 5. Dépenses faites par le lieutenant du sénéchal. — 6. Somme payée à un commissaire venu de Lectoure, au sujet du boulevard de ladite ville. — 7. Réparation des ponts, portes et chemins de ronde.

(1) La mort de Charles VII arrivée à Meun-sur-Yevre en Berry, le 22 juillet 1461, avait marqué la fin de l'exil du comte d'Armagnac. Louis XI accorda à Jean V des lettres d'abolition pour tout le passé et lui rendit ses états.

Despensa per los susditz cosselhs feyta.

1. Prumerament, mustran que haben pagat, anxi cum apar per reconexensas : II^c LXIII scutz IIII^te sos v arditz.

2. Item, mustran que haben pagat per las despensas deus comissaris que vengon per enpausar ad augus singulaus los sent scutz : XXIII sos II arditz.

3. Item, mustran que haben pagat per la despensa de mossenh lo thesaure, per fer nos obligar a hun marchant de Tholosa; costa la despensa : XX sos V arditz.

4. Item, mustran que haben pagat per la despensa de mossenh lo jutge d'Armanhac e lo procurayre, enclus la letra de la licensa de la taberna e deu maset : III scutz XV sos.

5. Item, mustran que haben pagat per la despensa deu loctenent de mossenh lo senescauc (1), lo procurayre d'Armanhac : II scutz XV sos IIII arditz.

6. Item, mustran que haben pagat au comissari qui vengo de Leytora, a causa deu boloard (2), feyta composition ab lu; costa V scutz XV sos.

7. Item, mustran que aben pagat en reparations de pontz, comportas, alleyas e portas de la vila : X scutz IIII sos e mey.

E anxi deure lodit Berthomiu deu Faur, perso que ha mes recebut que despensat : X scutz V arditz.

---

(1) Bernard, seigneur de Lupé, lieutenant du sénéchal. (Voir dép. de 1451, art. 24.) Le sénéchal était Béraud de Faudoas.

(2) Le boulevard ou bastion de Lectoure. Le motif de la venue à Riscle de ce commissaire royal semble indiquer qu'il s'agit de fortifier ou de réparer le bastion de Lectoure. Nous verrons plus loin aux comptes de 1474, art. 109, que toutes les villes de l'Armagnac furent encore mises à contribution pour rebâtir Lectoure, détruite par l'armée royale en 1473. On trouve mentionné dans un *Inventaire des Meubles de la Municipalité de Lectoure*, en 1502, les clefs « deu « baloard » et celle des portes de la ville. (*Notice hist. sur la ville de Lectoure*, par M. Cassassoles, preuves, p. 16.)

XVI.

COMPTES DE L'ANNÉE 1473 (1).

DÉPENSES.

30 DÉCEMBRE 1472-MOIS DE JANVIER 1473.

SOMMAIRE : 1 et 2. Vivres pour le siège de Lectoure. — 3. Le procureur d'Armagnac dîne à Riscle. — 4. Envoi au receveur de 45 écus d'or dus au sénéchal de Beaucaire. — 5. Habitants de Saint-Mont arrêtés par le procureur d'Armagnac. — 6. Le mauvais temps empêche l'envoi de la farine à Fleurance. — 7. Délai demandé au procureur pour l'envoi des vivres. — 8 et 9. Chargement et départ des mulets pour

(1) Ces comptes de Riscle touchent de si près aux événements qui se passaient dans la province, qu'on ne peut les comprendre sans les rapprocher de ces mêmes événements. Notre rôle d'annotateur nous paraît être celui de l'ouvrier qui conduit la trame entre les fils de la chaîne pour leur donner un corps. Il nous a donc paru nécessaire, pour faciliter l'étude de ces documents, de suppléer à l'absence des comptes précédents (1463-1472) par un court récit, un simple enregistrement des faits qui amenèrent les désastreux événements auxquels nous allons assister.

Le compte de 1462 nous a montré Jean V réintégré par l'amitié de Louis XI, dans ses possessions, à l'exception de Lectoure et des quatre châtellenies du Rouergue. Deux ans après il trahit le roi, prit parti dans la *ligue du bien public* et obtint au traité de Conflans (art. VII) la restitution de Lectoure et des quatre châtellenies du Rouergue (octobre 1465) ; mais il y perdit l'amitié de Louis XI et y gagna cette haine implacable qui devait lui être si fatale. Il continua, à dater de ce moment, ses sourdes menées contre le roi, noua des intrigues avec les Bourguignons et les Anglais, fit des levées de troupes, etc., jusqu'à ce qu'enfin il fut cité devant le parlement de Paris, déclaré criminel de lèse-majesté, condamné à mort et ses biens confisqués (7 septembre 1470). Le comte de Dammartin envahit l'Armagnac et assiège Lectoure. Jean V prend la fuite, se retire en Aragon, d'où il intrigue avec le duc de Guyenne, frère de Louis XI, et sous sa protection rentre dans ses états. La mort mystérieuse du duc le livre de nouveau au ressentiment de Louis XI. Le comte de Beaujeu à la tête de 40,000 hommes met le siège devant Lectoure. Après deux mois de siège, Jean V capitule, rend la ville et abandonne ses domaines au roi moyennant une pension (11 juin 1472). Mais cinq mois après, profitant des embarras de Louis XI, il se ressaisit de Lectoure par trahison et met en prison le sire de Beaujeu et les officiers du roi (octobre 1472). Cette fois la mesure était comble. Louis XI, décidé à en finir, appelle sous les armes la noblesse du Languedoc (30 octobre et 3 novembre 1472), met sur pied une armée formidable et en donne le commandement à Jean Jeoffroy, cardinal d'Arras. L'armée royale arrive sous les murs de Lectoure en décembre 1472, la ville est investie et le siège commence. C'est à ce moment que s'ouvre le présent compte consulaire de 1473.

Fleurance. — 10. Menaces du receveur. — 11. Envoi d'oies salées à Fleurance. — 12. Don de 2 écus d'or au procureur pour obtenir sa protection. — 13. Un notaire de Condom fait faire une saisie, à l'occasion d'un procès. — 14. Conseil convoqué à Auch, puis à Plieux; — de Plieux, le député de Riscle se rend au siège de Lectoure et paie un créancier de la ville. — 15. Ordre du procureur d'envoyer des bœufs et autres vivres à Fleurance. — 16. Les consuls parcourent la juridiction pour se procurer les bœufs demandés. — 17. Mise en vente du blé et du vin de la ville. — 18. Vente du blé de l'église Saint-Pierre. — 19. M. de Monbartier, prévôt de l'hôtel, vient à Riscle et y demeure trois jours. — 20. Il donne l'ordre de faire ferrer les chevaux de plusieurs archers. — 21. On va offrir du blé et du vin à des marchands de Tarbes. — 22. Don de 6 écus d'or au prévôt. — 23. Le capitaine Tournemire veut faire une saisie, faute de paiement des subsides accordés au duc de Guyenne, au comte et à la comtesse d'Armagnac; intervention du prévôt. — 24. Nouvel envoi de farine à Fleurance. — 25. On va prier le curé de Villères de prêter de l'argent ou du blé. — 26. Un commissaire du capitaine Tournemire fait enfermer les consuls dans le château de Riscle; saisie opérée sur les habitants. — 27. Voyage à Crouseilles. — 28. Le capitaine Tournemire vient dîner à Riscle avec sa suite. — 29. Il consent que les objets saisis (art. 26) restent en ville. — 30. On lui envoie à Maubourguet 100 écus, 4 calices et 1 encensoir. — 31. Un commissaire emporte 9 pans de drap rousset. — 32. Voyage à Morlaas à la recherche de marchands. — 33. On va à Nogaro pour avoir des nouvelles du siège de Lectoure. — 34. Pièces de drap offertes au capitaine Tournemire; paiement de 66 réaux d'or pour une imposition de 33 pipes de vin destinées à l'approvisionnement du siège. — 35. Conférence avec les sénéchaux au sujet des subsides du duc de Guienne, du comte et de la comtesse d'Armagnac; — M. de Saint-Sulpice menace de venir détruire la ville de Riscle; — dépenses de M. d'Estaing. — 36. Blé et vin vendus aux abbés de Mascaras et d'Anoye. — 37. On ramasse du blé destiné à l'approvisionnement du siège. — 38 et 39. Les abbés de Mascaras et d'Anoye viennent pour acheter du vin et du blé. — 40. On continue à ramasser du blé. — 41. Mesurage du blé de l'église Saint-Pierre. — 42. M. de Juzas vient réclamer les fiefs et autres redevances. — 43. Envoi d'une lettre au capitaine Tournenemire, à Marciac. — 44. Envoi de 8 charges de farine à Vic-Fezensac. — 45. Le capitaine Tournemire fait arrêter à Marciac plusieurs habitants de Riscle; — il en obtient 113 écus pour deux fouages. — 46. Somme payée à M. de Juzas. — 47. Quittance de cent écus. — 48. Saisie faite par le valet du procureur d'Armagnac.

Despensa feyta per Peyroton Farga, Johan Fontanhera, Peyrot Palhera e Berdot de Sent-Pot, sarto, cosselhs de la vila d'Ariscla en l'an mil IIII^c LXXII e finidors l'an LXXIII, cum dejus s'enseq.

1. Prumerament, a xxx de decembre (1472), ana Peyroton Fargua a Nogaro per saber si portaban los viures au ceti (1) o

---

(1) Au siège de Lectoure.

si saben si y abe degun tracte de patz (1); despensa per si e son rossin : IIII arditz. Plus, per lo logue deu rossin : v blanx (I sol III dines).

2. Item, lo jorn susdit, vengo Ramonet deu Claus, procurayre d'Armanhac (2), mandar los (3) que agossam a portar encontinent los viures a Florensa (4); e demora la neyt ab son baylet; que termeto sercar lo bayle Drulhet, Arnauton de Sen-Pot, Bernard de Peyroli e d'autres, eysems ab los cosselhs, a sopar; despensan en pan, bin, carn, guarias, species, candelas : IIII sos II dines.

3. Item, lo matin (31 décembre 1472), demora a disnar, on eran maeste Johan de Mostayou, Johan Fitau, Pey de Camicas, Peyrot deu Cos, Menyolet deu Faur, lo bayle e d'autres VIII o IX, que lodit procurayre abe feytz mandar a venir assi per anar sercar e prene Bontemps (5), de Gotz; despensan X sos e mey. Plus despensan per los rossis hun quart de sibaza; costa : II sos; plus en fen que Berdot forni : I sol.

4. Item, lo prumer jorn de gier (1473 n. st.), anan a Nogaro Peyron d'Argelos [e] Peyroton Farga portar a Johan de Marsan, a causa deus dus scutz e XX arditz per foec, qui abem a pagar

---

(1) Le comte d'Armagnac fondait tout son espoir sur ce traité de paix par lequel il comptait obtenir de bonnes conditions. Ce trompeur espoir lui fit mépriser les sages conseils de son cousin, le duc de Nemours, qui l'engageait à fuir en Aragon avant l'arrivée des troupes royales. Ce passage des comptes de Riscle prouve que déjà, dès le commencement du siège, il avait été question d'un accommodement. Ce fait est à noter, car on ne connaissait que les propositions de paix faites par le comte d'Armagnac à la fin de février 1473 et rejetées d'abord avec tant de hauteur par le cardinal d'Arras.

(2) « Magister Ramundus de Clavis (du Clau), procurator Armanihaci, habitator « loci de Sancto-Monte », est témoin, le 25 juin 1475, du mariage d'Archieu IV de Galard, seigneur de Terraube, avec Marie d'Aurensan, fille de Odon, seigneur d'Aurensan, en Armagnac. (*Docum. sur la maison de Galard*, t. II, p. 565.) Agnès d'Aurensan, sœur de Marie, avait précédemment épousé Antoine de Lavedan, seigneur de Montagut. *(Ibid.)* Peut-être ce seigneur de Montagut est-il le même qui figure avec le seigneur de Terraube aux dépenses de 1450, art. 6.

(3) Le consul comptable avait d'abord écrit *nos*, d'où la première personne *agossam*, immédiatement après. Même observation pour les articles 7, 10, 15, etc.

(4) Fleurance (Gers), à 10 kilomètres de Lectoure.

(5) Ce Bontemps était sans doute un archer récalcitrant.

au senescauc de Beaucayre (1), quaranta e sinq scutz d'aur; que agon a demorar la neyt la; despensan en aquetz dus jorns : tres sos I ardit.

5. Item, a IIII^{te} deudit mes de gier, bengo lodit procurayre, Johan Guarron, ab XIIII arches e v o VI homes de Sent-Mont, que menaban cuma presones; que despensam a dinar en pan, bin, carn, poralha, species, monta : XVI sos III arditz e mey. Plus en fen e en dus quartz e mey de sibaza : X sos II arditz. [Soma] : XXVI sos XI dines.

6. Item, lo jorn susdit, fen ensacar lo fariatge per lo porta a Florensa, e no podon partir deu jorn perso qui plabe e nebaba fort; despensan per lo sopar en pan, vin, carn : XIII arditz (II sos II dines).

7. Item, lo matin, ana Bernad de Sen-Pot au Castetnau parlar ab lodit procurayre que los (2) porrogues la jornada de portar losditz viures, vesen lo temps; despensa : tres arditz (VI dines).

8. Item, lo v^e jorn deu mes susdit, fen carcar lodit fariatge, e los mules anan beure a Bernad de Peyroli; despensan en pan, bin, carn : I sol e mey.

9. Item, lo jorn susdit, fo apuntat per lo coselh que Bernad de Sen-Pot e Barrusquet anessan en Bearn, per sercar qui nos crompes XXV o XXX pipas de bin; despensan au dinar, on era Johan deu Porte que anaba conduir losditz mules enta Florensa : IX arditz e mey (I sol VII dines). — E aqui metis, parti lodit Johan ab XXIIII^{te} carcas de faria, que montan tres quartz e mey per carca e a cascun mule XII pans; que monta tot : LXXIII quartz blad. —

***

(1) Ruffec de Balzac, sénéchal de Beaucaire et de Nimes depuis 1465, fidèle serviteur de Louis XI. C'est à lui et au sénéchal de Toulouse que fut confié le soin d'armer le Languedoc et la Guyenne pour courir sus au comte d'Armagnac, 3 novembre 1472. (*Arch. curieuses* de Cimber et Danjou, t. I. Le cabinet du roy Louis XI, lettre du Roi au Grand-Maître Dammartin.) Il avait eu, en 1470, sa part des domaines saisis du comte d'Armagnac, ainsi que la plupart des chefs de l'armée assiégeante, et c'est là ce qui explique ces deux écus et vingt ardits par feu que lui devait la ville de Riscle. Louis XI ne pouvait confier sa vengeance à des mains plus sûres. Le sénéchal de Beaucaire eut encore une nouvelle part dans la distribution qui suivit le meurtre de Jean V, mais il n'en jouit pas longtemps, car il mourut le 25 octobre 1473.

(2) Voir la note 3 de la p. 74.

Plus balha Peyroton Farga audit deu Porte, per far la despensa ausditz mules en ana e torna : xxv sos.

10. Item, lo vi jorn de gier, ana Peyroton Farga a Nogaro parlar ab Johan de Marsan, loqual los (1) abe termetut una letra que lo portessam la resta deus dus scutz e xx arditz o autrament que et los balbara en resta au senescauc de Beucayre (2), e que et los termetora c o dus c arches; despensa per et e per son rossin : IIII arditz e mey.

11. Item, lo jorn susdit, fo apuntat per lo cosselh que maeste Pey Fontanhera, Drulhet, Bernad de Peyroli, Arnauton Sala e d'autres sercasan aucas saladas, per termete a Florensa, per la vila e per lo bordalat, e lo bin desus dit; e aysi a fen; despensan eu pan, bin, carn : xx arditz (III sos IIII dines). — E aqui metis, partin losditz de Sen-Pot e Barrusquet per sercar qui nos crompes lo susdit bin e c quartz de blad e c de milh; que sten tres jorns, car no poden bie, a causa que las ayguas eran grossas; e loguan hun home per termete de Portet (3) dequi ha Argelos (4) sercar hun marchant per nos crompar lo blad e lo bin susditz; que lo donan dus sos; e aysi despensan per etz [e] per los rossis : VII sos VI dines e mey, plus II sos (IX sos VI dines e mey).

12. Item, lo susdit jorn, balha Peyroton Farga a Ramonet deu Claus, procurayre, dus scutz de seys que la vila lon abe prometut l'an debant, e per que nos susportas en las coeytas de la vila : II scutz d'aur.

13. Item, lo VII jorn de gier, paga Peyroton Farga a hun clerc termetut per maeste Pey Cheronis, notari de Condom, loqual los termete exequtar per lo pleyt qui la bila abe ab e contra Pey de Camicas : hun scut, e x arditz per sa despensa.

14. Item, lo jorn susdit, ana Peyroton Farga a Aux au cosselh, on eran statz mandatz las proprietatz e autres per los tres Estatz, e can fon a Aux, bengo maeste Bertran deu Pandele ab manda-

---

(1) Voir note 3 de la p. 74.
(2) Voir art. 4.
(3) Portet, arrondissement de Pau (Basses-Pyrénées).
(4) Argelos, arrondissement de Pau, canton de Thèze (Basses-Pyrénées).

ment deus senescaux (1) que anessam a Plius (2), e aqui no se fe
re; e dequi en fora s'en ana lodit Peyroton au ceti de Leytora per
sercar Frances de Montarnaud, auqual eram obliguatz en la soma
de xviii scutz d'aur, e nos abe termetutz executar; losquals lo
pagua, cum apar per bilheta de sa man scriuta. Que demora en
anar e en tornar set jorns; despensa per et e per son rossin :
xvii sos e mey.

15. Item, lo viii jorn deu mes susdit, bengo lo baylet deu
procurayre, que los (3) porta una letra que, vistas las presens,
portassam viures a Florensa e carnalatges; despensa ab son rossin :
iiii arditz.

16. Item, lo ix jorn deudit mes, anan sercar lodit carnalatge
boyn (4) per las bordas e per las riberas maeste Pey Fontanhera,
Peyron d'Argelos, Bernad de Peyroli, Drulhet e Barrusquet; que
despensan : ii sos iii dines.

17. Item, a x deudit mes, bengo Baradat, d'Arose (5), per
crompa los biis e los bladz; que lo donan a sopar; en que era[n]
maeste Pey Fontanhera, Bernadon de Bilhera, Pochet, e mossenh
Johan de Pardelhan; que despensan en pan, bin, carn e candelas :
xvii arditz (ii sos x dines).

18. Item, a xi deudit mes, benon una partida deu blad de
Sen-Pe los obres (6), Pochot, Bernad de Peyroli, Drulhet, maeste
Fontanhera; que despensan au sopar en pan, bin, carn e candelas :
xv arditz e mey. — E aqui metis, bengo Bernat Pudent, habitant
de Betloc (7), mesatge deu prebost, que lo aparelhesan de dinar
l'endoma; despensa : v arditz.

19. Item, a xii deudit mes, bengon lo prebost, mossenh de

---

(1) Les sénéchaux de Beaucaire et d'Agenais, les deux Balzac, voir articles
4 et 35.
(2) Plieux (Gers), canton de Miradoux, près Lectoure.
(3) Voir la note 3 de la p. 74.
(4) Du latin *bovinum*.
(5) Arrosès (Basses-Pyrénées), arrondissement de Pau, canton de Lembeye,
près Riscle.
(6) Les ouvriers, les marguilliers, les fabriciens de l'église Saint-Pierre de
Riscle.
(7) Belloc (Gers), commune de Jû-Belloc.

Monbartier (1), Johan Guarron, lo procurayre, ab xxi arches; que demoran tres jorns; despensan en pan, xxi sos e mey; en bin blanc, x sos iii dines; en bin roge, xxii sos; en carn de buun, moton, carn salada e candelas de Poges, hun scut xii sos; en xvi parelhs de guarias xvi sos; en iiii^te parelhs de capos, xl arditz; hun par de perditz e una becada, oeyt arditz; en species, fromatges, xxiii arditz; en lenha de Bernado de Bilhera, vi sols. Plus, per dus carx de fen, xvi sos, que fo lahun de Pey Costa e l'autre de Ramonet de Sen-Pot; en sibaza, xiiii quart e mey, xxix sos. Monta tot en una soma : nau scutz set dines.

Plus, anan au debant deudit prebost per lo far companhia e honor au Castetnau maeste Pey Fontanhera, Bernadon de Bilhera e Bernad de Sen-Pot; que monta lo logue deus rossis, cascun v blanx : xv blanx (iii sos iii blanx).

20. Item, los manda lodit prebost que fessan ferrar los rossis de augus arches, losquals fen ferrar a Arnauton Sala; que montan xi fers naus e iiii^te arreferratz; costan oeyt sos iiii dines, losquals son degutz audit Arnauton Sala. Plus los manda que paguessan son cosine; que lo donan : iiii^te sos.

21. Item, lodit jorn, ana Bernad de Peyroli a Tarba per nom de la vila per sercar marchans qui crompessan c quartz de blad e xx o xxx pipas de bin; que este en anar e en tornar tres jorns; despensa per si e son rossin, plus per lo logue deu rossin, cascun jorn : vii blans; monta : v sos iii dines.

22. Item, fo ordenat per lo cosselh que donessan audit prebost vi scutz, affin que los susportes deus viures e en las autras causas, losquals vi scutz no agon punt labetz, mas los hy termeton l'endoman a Nogaro per mossenh Johan Farga; que despensa per et e son rossin : iii dines.

23. Item, a xiii deudit mes, bengo hun comissari de Tornamire (2) ab vii arches per far exeqution contra los cosselhs tant

---

(1) Jean d'Astorg, seigneur de Montbartier (canton de Montech, Tarn), prévôt de l'hôtel. Il était capitoul d'épée à Toulouse, en 1462, lorsque Louis XI fit son entrée dans la ville (10 décembre), et fut chargé de lui présenter les clefs de la ville. Lafaille *(Annales de Toulouse)* rapporte que le roi les lui rendit en lui disant : « Nous vous les recommandons, gardez-les ».

(2) Antoine de Tournemire, chevalier, seigneur de Turpies, conseiller et chambellan du Roi, capitaine des francs-archers. Nous reparlerons de lui ci-après.

per las lanssas (1) quant per las donations de mossenh de Guiayne, [deu] Compte e de Madama (2); e lodit prebost que los pregua que no fessan, car etz feran lor degut. Que despensan en la ostalaria en pan, bin, carn, fen, cibaza, vɪ sos e mey. — E aqui metis, fo apuntat que maeste Pey Fontanhera e Bernad de Sen-Pot anesan a Nogaro parlar ab lodit capitayne Tornamire e que portassan las bilhetas per condar; e demoran dus jorns e una neyt; que despensan per etz e per los rossis : v sos e mey. Plus portan peys, que costa : ɪ sol.

24. Item, a xv deudit mes, termeton a Florensa Johan deu Porte per conduir vɪɪɪ carcas de faria per la probesion deu ceti, condan ɪɪɪ quartz e mey per carca cuma desus; que despensan : xɪɪɪɪ sos ɪɪɪ dines.

25. Item, a xvɪ deudit mes, fo ordenat per lo cosselh que maeste Pey Fontanhera, Bernad de Peyroli e Bernad de Sen-Pot anessan preguar au recto de Vilhera (3) que los prestas argent o blad per pagar audit Tornamire; que despensan a dinar ɪɪ sos. — E aqui metis, ne anan lo[s] susditz enta Vilhera e aqui no lo troban, e lodit de Peyroli s'en torna e lodit Fontanhera e de Sen-Pot lo anan sercar enta Conches (4) e enta Crosselha (5); que sten tres jorns; despensan : ɪɪɪɪ sos ɪɪɪɪ arditz.

26. Item, lo jorn susdit, bengo hun comissari, aperat maeste Jacobe, ab la trompeta e hun arche de Tornamire e meton en lo castet Bernadon de Bilhera, Bertomiu-Leberon de Poges, Johan deu Magenc, Menyolet deu Faur, Manauton de Sobabera e

---

(1) L'impôt des Lances. Voir l'Introduction.
(2) Il s'agit des donations votées par les États d'Armagnac en 1472, à Charles, duc de Guyenne, frère de Louis XI, au comte d'Armagnac Jean V, et à la comtesse sa femme, Jeanne de Foix. Le roi les faisait recueillir à son profit. Pour faire comprendre à quel titre le duc de Guyenne avait part aux donations des États, il est bon de rappeler qu'après la saisie des domaines de Jean V en 1470 (voir la note historique en tête de ce compte) Louis XI avait donné le comté d'Armagnac à son frère, qui le rendit en 1471 à Jean V (*ibid.*), probablement sous la réserve de certains droits, la donation des États en fait foi. Le duc de Guyenne était mort à Bordeaux, le 12 mai 1472.
(3) Villères, commune de Ségos, canton de Riscle.
(4) Conchez-de-Béarn (Basses-Pyrénées), arrondissement de Pau, canton de Garlin.
(5) Crouseilles (Basses-Pyrénées), arrondissement de Pau, canton de Lembeye.

d'autres ab los cosselhs; e penheran lo vespe ab la candela los habitans de la vila e dus jorns apres (1). Que demoran IIII jorns; despensan en pan, bin, carn, species, candelas, fen e cibaza, monta tot : XII sos II dines. — Plus, despensan los susditz de Vilhera, Bertomiu e los conpanhos stans en lo castet : IIII sos e mey.

27. Item, a XVII deudit mes, termeton Peyrot de Poges ab lo rossin de Bernat du Busquet sercar Bernad de Sen-Pot e maeste Pey Fontanhera enta Croselha; despensa : set arditz (I sol II dines).

28. Item, a XVIII deudit mes, bengo lo capitayne Tornamire, Johan Guarron, Johan Berget, Steben Petit, l'ausido, lo procurayre, ab XXII arches; que despensan en lo dinar en pan, bin blanc e roge, carn, poralha, species, fen e cibaza, que monta tot : dus scutz dus sos IX dines. — Plus, per la lenha a Bernadon de Bilhera e autres servicis : V sos.

29. Item, lo jorn susdit, termeton au Castetnau mossenh Johan Farga e de Sen-Pot preguar audit Tornamire que los gatyes pres per son comissari, maeste Jacobe susdit, losquals los abe mandat que agossan portar a Marciac, demorassan en la bila; e aysi apuntan ab lodit capitayne; e agon a demorar una neyt la; despensan per los rossis : IX arditz (I sol e mey).

30. Item, a XIX deudit mes, anan a Mauborguet mossenh Johan Farga, mossenh Johan de Sen-Pot e Bernadon de Bilhera portar C scutz e IIII^{te} calix e lo enceacer audit Tornamire; despensan : VII arditz (I sol III dines).

31. Item, lo jorn susdit, paguan aussusdit comissari, a causa de una carca de gatyes que s'en vole portar per lors gatyes :

---

(1) On voit que les prières du prévôt Montbartier (art. 23) furent impuissantes à préserver les habitants de Riscle du mauvais traitement dont les avait menacé le capitaine Tournemire. Ce soldat sans quartier exigea d'eux jusqu'au dernier *ardit*. On verra plus bas (art. 30) que les consuls furent même obligés de lui livrer leurs vases sacrés, quatre calices et un encensoir. — Ces comptes sont le tableau le plus triste et le plus navrant des misères et des souffrances qui s'abattirent sur l'Armagnac avec l'armée royale, en 1473. Le sort de Riscle fut, évidemment, celui des autres villes, et l'on peut dire sans exagération que, pendant cette année terrible, tout le pays fut en proie.

quatre scutz e sinq sos; e s'en portan ix paums de drap d'arrosset (1), que era de Sanson deu Sobiran, auqual es degut.

32. Item, lodit jorn, termeton Bernad de Peyroli e Pochot a Morlaas per sercar qui los crompas x pipas de bin e c quartz de blad; que esten en anar e tornar dus jorns; despensan per etz e per los rossis : xii sos.

33. Item, a xx deudit mes, anan maeste Pey Fontanhera e Bernad de Sen-Pot a Nogaro per condar ab lo recebedor, e per parlar ab Johan Guarron, a causa deu bin que nos era estat enpausat, e beser si maeste Nicholau e mossenh d'Arblada (2) eran bengut de Florensa; que despensan : i sol.

34. Item, a xxi deudit mes, fo apuntat per cosselh que maeste

---

(1) Voir art. 34.

(2) Il y a dans le Bas-Armagnac deux villages de ce nom : Arblade-Brassal et Arblade-Comtal. Le premier appartenait à la maison de Benquet et le second avait été donné par le comte d'Armagnac, le 17 octobre 1382, à Arnaud-Raymond de Bernède, cadet des seigneurs de Corneillan (Monlezun, *Hist. de la Gascogne*, t. iv, p. 435), et était possédé à ce moment par Bertrand de Bernède. Nous croyons qu'il est ici question de Géraud III de Benquet, seigneur d'Arblade-Brassal (canton de Riscle). Le rôle important donné à ce personnage par les comptes de Riscle répond à celui qu'a joué Géraud de Benquet. Il était l'aîné des enfants de Géraud II de Benquet et d'Audine de Caillau (de cette grande famille bourgeoise de Bordeaux alliée aux plus grands seigneurs de la Guyenne) et tenait par sa femme Jeanne de Toujouse au maréchal Poton de Xaintrailles, qui donna son nom à un de ses enfants, Poton de Benquet, et légua à son fils aîné 400 écus d'or. (*Arm. des Landes*, t. i, p. 107. — *Etude sur le château de Xaintrailles*, par M. Ph. Lauzun, p. 63.) Nous avons dit (comptes de 1449, recettes, art. 4) que Géraud de Benquet prit part, en 1450, à la guerre de Guyenne. En 1461, Louis XI le dépêcha en Catalogne vers le comte d'Armagnac pour lui annoncer sa grâce et son rappel en France. Celui-ci le nomma son écuyer, et, par lettres datées de Lectoure le 3 juin 1469, lui accorda une pension annuelle de cent conques de froment à prendre sur son moulin comtal de Barcelonne. (*Ibid.*) Par commission du 12 janvier 1474, il fut nommé gouverneur des villes de Manciet et d'Eauze (Arch. départ. du Gers, E. 19), et portait alors le titre de capitaine des lances. Charles VIII le confirma dans sa charge en 1485 et lui confia cette même année la mission d'aller délivrer Charles d'Armagnac, retenu prisonnier à Casteljaloux par Alain d'Albret. L'original de cette commission, conservé aux Arch. départ. du Gers, E. 19, répare un oubli des historiens de la Gascogne qui ont dit que la mise en liberté de l'infortuné frère du malheureux Jean V était due à Guinot de Lauzières, seigneur de La Chapelle; il faut lui adjoindre le seigneur d'Arblade. Géraud de Benquet mourut en 1486. Son frère Pierre et deux de ses fils, Jean et Poton, servirent dans les gardes de Louis XI. Jean, l'aîné, devint gentilhomme de l'hôtel du Roi, et Louis XI le nomma son échanson par lettres du 7 août 1479.

Pey Fontanhera, Bernadon de Bilhera, mossenh Johan Farga, Peyroton Farga anessan a Nogaro per parlar ab lodit Tornamire bese si nos volore prene rossetz, blanquetz, paumelas (1), e recruban (2) de l'argent qui lodit comissari abe agut; de que ne recruban dus scutz, e agon a demora la neyt, e paguan a Johan Guarron LXVI reaus d'aur (LXXIII scutz VI sos) per XXXIII pipas de bin, qui lo prebost nos abe enpausadas per la provesion deu ceti, aysi cum apar per bilheta general per lodit Guarron a nos balhada. Que despensan per etz e per los rossis : IX sos, V dines. — Plus, per rompe lo instrument on eran obligatz per lo bin susdit : II sos. — Plus, costa la bilheta feyta per maeste Johan Castanet deu pagament susdit : VI arditz (1 sol).

35. Item, lo jorn susdit, fo apuntat a Nogaro per los cossolatz d'Armanhac que maeste Domenges Manhe, de Barsalona, e lo susdit Peyroton Farga, loqual era aqui de present, anessan parlar ab los senhors senescaux sus lo feyt de las vilhetas de las donations de mossenh de Guiayne, deu Comte e de Madama, perso que Tornamire no las bole passar; e lodit Peyroton abe carga expressa de parlar ab lo senescauc d'Agenes (3), perso que mos-

---

(1) « *Rossetz, blanquetz, paumelas* ». On désignait sous ces noms des draps épais de laine grossière, tissés sur les lieux même. Ils empruntaient leurs noms à leurs couleurs. Le *rosset* ou *arrosset* était un drap roux, *pannus russetus*, fabriqué avec les toisons brunes, presque noires. Le *blanquet* se tissait avec les toisons blanches. La *paumelle* était une sorte de drap pointillé, comme parsemé de grains d'orge, « granis hordeacis, ut videtur, intertinctus. » (Du Cange, v° *pannus de paumela*). On le tissait avec des toisons blanches et brunes dont le mélange produisait ce *pommelé*. — Le 25 janvier 1472, Jean Cassagnard, habitant de Mirande, reconnaît devoir à Pierre de Catet « quatuor pannos, « videlicet duos burellos, unum *blanquetum* et unum *rossetum*, sortis Mirande, « ponderis triginta novem librarum, bone lane et marchantis. » (Reg. d'Anhely, notaire de Mirande, fol. 70, étude de M. Gouzène.) Le 6 juin 1466, Longue de l'Isle, femme de Jean de Galard, seigneur de Saint-Avit, lègue à Géralde de Borges, sa servante, « unam raupam panni *paumele* de Maseriis (Mazères au comté de Foix). » (*Doc. sur la maison de Galard*, t. II.) — La fille d'un marchand de Vic-Fezensac reçoit le jour de ses noces, en 1490 : « unam « cosnam lini, tramatam de paumeta (étoupe)... plus unam gonellam *paumelle*, « plus unam raupam *rosseti*, etc. » (Arch. du séminaire d'Auch, reg. de Odon Fabry, notaire à Vic.)

(2) Corr. *recrubar*.

(3) Robert de Balzac, sénéchal d'Agenais, appartenait corps et âme à Louis XI, comme son frère aîné le sénéchal de Beaucaire. Le Roi les appelait familièrement « mes deux sénéchaux ». Il fit de Robert le ministre de sa

senh de Sent-Suplici (1) nos abe termetut menassa de venir destruse la vila ab c lances, a causa deu brut qui fo feyt a Glaude de Sent-Vincens (2). E aysi lodit Peyroton ac dixo audit senescauc, loqual lo fe resposta que si vie que lo barrassam las portas. E aysi lodit de Lafarga s'en tornec e passa a Valensa (3) perso que abe carca de parlar ab Bertrano d'Aurenx, thesaurer, veser si podora aber bilheta de lu de las despensas qui mossenh de l'Estano (4) nos abe feytas; loqual thesaurer lo fe resposta que et no podora punt, car aquo era a l'ausido, mas que anessam aldit ausido, etc. E aysi lodit de Lafarga este en anar e en tornar seys jorns; despensa per et e per son rossin : XII sos III dines.

36. Item, lo jorn susdit, ana Pochot a Conches sercar los abatz de Mascaras (5) e de Noya (6), que portesan l'argent deus blatz,

---

vengeance contre le comte d'Armagnac; l'assassinat de Jean V a flétri la mémoire du sénéchal d'Agenais. Sur Ruffec et Robert de Balzac et les sentiments de Louis XI pour eux, voir dans les *Arch. curieuses* de Cimber et Danjou, t. I, le cabinet du roy Louis XI et ses lettres au grand maître Dammartin, leur oncle.

(1) Raymond d'Hébrard, seigneur de Saint-Sulpice en Quercy. Il fut l'aïeul de ce baron de Saint-Sulpice, Jean d'Hébrard, célèbre sous Henry III, successivement ambassadeur à Rome, en Espagne, en Portugal, en Angleterre, etc., mort le 5 novembre 1581. L'inscription qui fut placée sur sa tombe, dans l'église de Canhac, en Quercy, cite les noms de son père Antoine, de son grand-père Jean et de son aïeul Raymond, et dit qu'ils furent « grands capitaines « en leurs temps et très dignes conducteurs des gens de guerre pour la « couronne de France ». Raymond d'Hébrard avait épousé, en 1456, Agnès d'Estaing, fille de Bégon, vicomte d'Estaing, en Rouergue, et sœur de Jean d'Estaing, dont il est question ci-après. Rigal d'Hébrard de Saint-Sulpice, frère de Raymond, était prieur du prieuré de Madiran, près de Riscle. (Arch. de Mme la comtesse de Raymond, d'Agen, manuscrit du XVIIe siècle sur la maison d'Hébrard.)

(2) Ce personnage devait être un messager du seigneur de Saint-Sulpice, peut-être un homme d'armes de sa compagnie envoyé à Riscle et sans doute maltraité par les habitants. On va voir que le beau-frère de Saint-Sulpice était aussi venu à Riscle et avait occasionné de grandes dépenses aux consuls.

(3) Valence (Gers).

(4) Jean, vicomte d'Estaing *(de Stagno)* en Rouergue. Son cousin-germain Gaspard d'Estaing, seigneur de Lugarde et sénéchal de Rouergue, assistait au siège de Lectoure. (*Ann. du Rouergue*, par le baron de Gaujal.)

(5) Mascaras-Haron, arrondissement de Pau (Basses-Pyrénées). Il y avait à Mascaras une abbaye laïque vassale de la vicomté de Béarn. (*Dictionnaire topographique des Basses-Pyrénées*, par P. Raymond.)

(6) Anoye, arrondissement de Pau (Basses-Pyrénées).

deus bis que los aben venutz, perso que trop trigaban; despensa per et e son rossin : oeyt arditz (I sol IIII dines).

37. Item, a XXII deudit mes, anan Bernad de Peyroli, Manauton de Sobabera, ab los cosselhs e garda amassa lo blad ab deus viures; despensan en pan, bin : tres arditz (VI dines).

38. Item, lo jorn susdit, bengon l'abat de Mascaras e l'abat de Noya e Bernad de Berdolet, de Conches, ab hun baylet, per crompa XII pipas de bin e IIII caarx de froment; que los fen la despensa au sopa e l'endoma a dinar; despensan per etz e per los rossis en pan, bin, carn, garias, fen e cibaza : oeyt sos e mey.

39. Item, lo jorn susdit, despensan en sercan losditz blatz e biis los cosselhs ab la garda, Pochot, Bernad de Peyroli, en pan, e en bin, carn : I sol e mey.

40. Item, a XXIIII deudit mes, anan los cosselhs e la garda e Peyron d'Argelos amassa lo blad per los viures; despensan : VI arditz (I sol).

41. Item, a XXV deudit mes, anan mesura deu blad de Sen-Pe los cosselhs e los obres, Bernad de Peyroli, per lo bene ab de porta l'argent a Marciac : VI arditz (I sol).

42. Item, a XXVI deudit mes, bengo mossenh de Jusas (1), comissari per colhe los fius e los autres arrendament[z] per lo susdit Tornamire, ab VI arches; que demoran IIII jorns; despensan en pan, IX sos III arditz; en bin blanc, XII arditz III dines; en bin roge, V sos X dines; en carn de boen e de porc e de moton, IIII sos e mey; en garias VI parelhs, VI sos; en aucas saladas, perso qui no y abe saupres, tres, que montan tres sos; species, X arditz e mey; en candelas III liuras, II sos e mey; plus en lenha, X arditz; en fen un quintans, IIII sos; en sibaza VI quartz, XII sos; monta tot en una soma : dus scutz XVII sos II dines.

43. Item, lodit comissari los manda que agossan hun home per termete a Marciac au capitayne Tornamire, que portas una letra; que hy termeton la garda; despensa : oeyt arditz (I sol IIII dines).

44. Item, a XXVII deudit mes, termeton a Vic oeyt carcas de faria, condan III quartz e mey per carca, e una carca que n'abe

(1) Maître d'hôtel du capitaine Tournemire.

a Vic enpenhada a Bernat de Vic per IIII sos, losquals balhan ausditz mules per sobe ladita carca; que despensan losditz mules : VIII sos. — Plus fen cose hun quart de faria per losditz mules.

45. Item, a XXVIII de jener, anan a Marciac per debant Tornamyra que eran mandatz Bernad de Bilhera, maeste Pey Fontanhera, Pey d'Argelos e d'autres personatges; e quant fon part dela, fon arrestatz; que esten part dela IX jorns la una partida de lor. Auqual Tornamyra pagen deus fogatges degutz : CXIII scutz. Despensan per si e per los rossins : V scutz.

46. Item, pagen a mossenh de Juzas, comissari per colhe los frutz, cum apar per billieta : V scutz XVI sos IIII arditz II th[olsans].

47. Item, a XXIX de gier, ana Peyroton Farga a Marciac per porta la bilheta deus C scutz qui pagan a Mauborguet a Tornamire, e per porta resposta de so qui abe feyt ni trobat au ceti ni ab lo thesaurer a maeste Pey Fontanhera, Bernadon de Bilhera e autres arastatz part dela per lo susdit Tornamire, a causa de la resta susdita, ab son rossin. Que este una neyt, e apres s'en bengo ab Berthomiu deu Faur, Leberon de Poges ab los rossis, e Johan deu Magenc, Peyron d'Argelos, Menyolet deu Faur, Manauton de Sobabera e Pey Palhera a pes; ausquals lodit Peyroton fe la despensa dequi a Ariscla; despensan : V sos II dines.

48. Item, a XXX deudit mes, bengo lo baylet deu procurayre ab VII arches, e penheran augus habitantz de la vila perso que no aben pagatz los viures; que demoran V jorns; que despensan en pan, bin, carn en IIII^to jorns, IX sos e mey; plus, en duas aucas saladas, II sos; plus, en la vespra de Nostra Dona de feure (1), en peys, hoeus, oli, species e candelas, enclus ab so desus, monta tot hun scut XVII sos X dines; plus, en fen, en cibaza, seys quartz e mey, costa XIII sos; en lenha, I sol e mey. Monta tot en una soma : tres scutz set sos X dines.

(1) La Purification de la Sainte-Vierge, 2 février.

Mois de février 1473.

Sommaire : 49, 50, 51 et 52. Séjour du procureur d'Armagnac à Riscle. — 53. Vente de blé et de vin à un habitant d'Arrosès. — 54. Prêt de blé et de méteil par M. de Camortères. — 55. Envoi de blé, de vaches et de poules à Vic. — 56. Un commissaire vient saisir les biens de ceux qui sont dans Lectoure. — 57. Règlement de comptes avec un hôtelier de Riscle. — 58. Livraison du blé et du vin vendus à l'abbé de Mascaras. — 59. Les consuls et les conseillers de Riscle sont enfermés dans le château pour n'avoir pas fourni les vivres demandés. — 60. Le prévôt accorde une réduction. — 61. On cherche à affermer les revenus de N.-D. de la Merci. — 62. Cancellation d'un acte d'obligation. — 63. Envoi de 5 vaches à Vic. — 64. Le prévôt vient à Riscle et s'empare de tout le blé qu'il peut trouver. — 65. On lui paie une somme promise. — 66. Nouvelle promesse d'argent au prévôt; — voyage à Condom et à Cassaigne pour emprunter du blé; — M. de Grossoles en promet 50 conques; — refus du prévôt d'accorder un délai. — 67. Les consuls vont ramasser du blé pour payer le prévôt. — 68. Demande d'argent par le receveur. — 69. Offre de blé et de vin à un marchand de Morlaas. — 70. Emprisonnement des consuls par les archers du prévôt. — 71. Argent réclamé au recteur de Villères pour le quart de la Merci. — 72. On ramasse du blé. — 73. Délai demandé au prévôt. — 74. Offre de blé à un marchand de Conchez. — 75. Les consuls sont mandés à Barcelonne par le fils du prévôt. — 76. Ce dernier demande qu'on aille le chercher à Labatut. — 77. Les abbés de Mascaras et d'Anoye envoient chercher le blé et le vin qu'ils avaient achetés. — 78. Trois habitants de Riscle sont emmenés prisonniers à Nogaro. — 79. Paiement d'arrérages dus au sénéchal de Beaucaire. — 80. Les archers du prévôt veulent emmener les prisonniers à Vic. — 81. Envoi d'argent à Vic. — 82. Promesse de 7 quintaux de plume à M. de Montbartier. — 83. Envoi d'argent au receveur à Nogaro. — 84. Le fils du prévôt vient exiger la deuxième taxe des vivres. — 85. Le prévôt envoie chercher son fils. — 86. Envoi d'argent au receveur. — 87. On va chercher l'argent dû par le recteur de Villères pour le quart de la Merci; — frère Mathieu Duviau, du couvent de Geaune, donne 50 écus pour l'autre quart. — 88. Un commissaire vient pour brûler Tarsaguet et saisir les biens de M. de Camortères. — 89. Envoi d'argent pour la deuxième taxe des vivres. — 90. Le capitaine Tournemire se rend de Vic à Toulouse. — 91. Les commissaires de Juzas et Belzic dînent à Riscle. — 92. Réparation du pont sur l'Adour endommagé par les eaux.

49. Item, lo prume jorn de feure e can los susditz arches eran assi, bengo lo procurayre que ana alotya a la Caza (1), e era la vespra de Nostra Dona; que lo portan collation e cibaza per son rossin; monta la despensa, enclus candelas, on era maeste Johan de Mostayon e d'autres : ix arditz e mey.

50. Item, lo segont jorn de feure, aparelhan de dinar audit procurayre, e combida maeste Leberon, maeste Johan de Mostayo,

---

(1) La Case-Dieu, abbaye de Prémontrés.

lo bayle, Bernad deu Sobiran, Peyroli, Drulhet, los cosselhs e la garda ; que despensan en pan, bin, carn, guarias, species, bin blanc, bin roge : set sos I diner.

51. Item, lo jorn metis, au sopa combida lodit procurayre maeste Leberon, mossenh Manaud de La Caza, Arnauton Sala, Arnauton de Sen-Pot, Bernad de Cotros, los cosselhs, lo bayle e la garda e d'autres; despensan en pan, bin, carn, guarias, perditz, species, candelas : X sos III dines.

52. Item, lo tertz jorn deudit mes, au dinar deudit procurayre, bengo mossenh de Cornelhan (1) ab son baylet, mossenh de Piis (2), maeste Leberon, maeste Johan de Mostayo e los cosselhs de Sent-Mont, que lodit procurayre los combida a dinar ; despensan en bin, carn, poralha, species, que monta : seys sos X dines. — Plus fen cose hun quart de faria per la despensa susdita, que costa VI sos ; monta tot : XII sos X dines.

53. Item, lo jorn susdit, anan Bernad de Sen-Pot, Pochot e Barrusquet sercar l'argent de C quartz de froment e XII pipas de bin a Rose que aben benut ; e can fon part dela, no lo podon aber, mens de fremansas ; e dequi anan a Conches preguar a Bernat de Berdolet que los en tres fermanssa ; e aysi fo feyt. E dequi en fora lodit de Sen-Pot e Pochot s'en anan a Marciac portar lodit argent ; e lodit Barrusquet s'en torna ; e can fon la, maeste Pey Fontanhera e Bernadon de Bilhera los fen la despensa ; despensan, otra la despensa de Marciac : IIII sos IX dines.

54. Item, lo jorn susdit, prencon de mossenh de Camorteras (3) L^{ta} quartz de froment e L^{ta} de mestura ; que lo fen porta a Johan Fitau ; despensan au sopa : II sos.

55. Item, aqui metis, termeton a Vic XX carcas de blad, tres bacas, XXXIII parelhs de guarias ; despensan lositz mules : IX sos IIII dines ; que monta lodit blad, enclus lo qui fen cose per lositz mules : LXXI quartz e mey, e ladita poralha I sol per parelh ; que monta : XXXIII sos (I scut XV sos).

(1) Jean de Vernède, seigneur de Corneillan et Saint-Germé, près Riscle.
(2) Nous ne saurions dire s'il s'agit de Raymond de Thèze ou de Déodat son fils, seigneur de Pis. (Voir p. 10.) Raymond vivait encore en 1463. Il se porte caution, à cette date, pour Odon de Viella. (Reg. de Chastenet, not. à Nogaro.)
(3) Bernard du Lau, seigneur de Camortères.

56. Item, lo quart jorn de feure, bengo lo loctenent de Paga de Solas, aperat Norflo deu Peyret, per far ezeqution encontra deus qui eran desens Leytora e confiscar los bees de quetz (1), ab IX personatges [e] IIII^{te} rossis, que era[n] alotyatz a la ostalaria; ab loqual fen acordi a seys scutz e IIII sos que donan a hun de sa conpanhia per que fes l'acordi; que despensan a la ostalaria XXIII arditz e mey. E aqui metis, pagan losditz seys scutz e IIII^{te} sos, cum apar per bilheta; e aqui metis, fe far enformations contra lo[s] susditz, e demora dequi a l'endoma apres dina. Despensa lo vespe, au sopa, en pan oeyt arditz, en bin II sos, en dus parelhs de guarias II sos, en carn de moton X arditz, en candelas I^a liura V arditz; e l'endoman, au dinar, en pan I sol e mey, en bin VII arditz e mey, en oeus III arditz, oli VIII dines: monta tot: XI sos IX dines. — Plus, en sibaza I quart e mey: III sos. — Plus, agon copia deu mandament deudit Norflo; costa: IIII arditz. — Plus, despensan Pey de Camorteras, Demet de Pecosta e los autres en amassan l'argent susdit: dus sos e mey.

57. Item, lo V^e jorn de feure, conde fina Peyroton Farga ab Bernat d'Aurelhan, ostaler, per despensas feytas en son ostau, otra las despensas susditas, per augus comissaris, arches exequtors, e autres tocans las coentas de la bila feytas en diuersas begadas, tant per lheytz, fen, cibaza, lenha, species, candelas quant autrament; que lo fo degut hun scut V dines.

58. Item, lo jorn susdit, balhan a l'abat de Mascaras e a Berdolet de La Botigua IIII caartz de blad e IX pipas de bin que aben venut; despensan en pan, bin, oeus: oeyt arditz (I sol II dines).

59. Item, lo susdit jorn, bengo lo procurayre e meto en lo castet los cosselhs e los cosselhes que se troban, a causa qui no abem suplitz los viures, e los fe obliguar en la soma de LXV scutz e XIIII sos per L^{ta} motas e L^{ta} carcas de sibaza e X porx salatz e la resta de la poralha; e fen acordi ab lodit procurayre que los donas terme per anar parlar ab lo prebost; que lo donan dus scutz d'aur; e demora la neyt; despensan per et e son baylet ab los rossis: VI sos e mey.

(1) On verra un peu plus loin que l'on ne se contenta pas de saisir les biens de ceux qui défendaient Lectoure avec le comte d'Armagnac, mais qu'on brûla aussi leurs maisons.

ANNÉE 1473.

60. Item, lo vi jorn, termeton mossenh Johan Farga e Arnauton de Lafitan enta Vic per parlar ab lodit prebost, e aqui no lo troban, e dequi en fora s'en anan a Miranda, e aqui lo preguan que nos fes gracia de quo qui nos faze pagar deus viures susditz, loqual los balha quitansa per xii scutz e mey e v bacas; e ayssi demoran en anar e tornar tres jorns; que despensan per etz e per los rossis : xv sos ii dines.

61. Item, lo jorn susdit, ana Bernad de Sen-Pot a Nogaro parlar ab maeste Bernat de Lafitan, ab maeste Johan deu Baradat e ab lo recebedor, si voloran arrendar la Redempna (1); que despensa : iiii arditz.

62. Item, pagan a maeste Johan de Mostayon per rompe la obligansa deus lxv scutz e xiiii sos susditz : ii sos.

63. Item, a viii deudit mes, termeton v baccas a Vic, per la couposition feyta a Miranda per los susditz de Lafarga e de Lafitan, per Guisser-Arnaud d'Audirac e Johan de Labat joen ; lasquals s'en tornan lo jorn metis, e l'endoman las fen sercar per la ribera a v o vi homes, losquals despensan vii arditz. E la una s'en torna autra begada e no la podan menar, de laqual fen pagar ii scutz e mey d'aur. Despensan los susditz en menan las autras bacas : oeyt arditz e dus pans, losquals arditz susditz e pans forni Peyroton Farga; e aysi monta tot : xvi arditz (ii sos viii dines).

64. Item, a ix deudit mes, bengo lo prebost ab xl^{ta} o l^{ta} arches, que demoran dus jorns e fe sercar e prene tot lo blad qui se troba per portar au ceti, e aqui metis ne fe carcar xxx carcas e portar las a Vic; que montan sinquanta e sinq conquas. Despensan en pan, xii sos e mey; en bin blanc, ii sos iii dines ; en bin roge de Johan deu Magenc e de Campardon, xiiii sos ii arditz; en

---

(1) Les rentes du couvent de Notre-Dame de la Merci ou de la Rédemption « *redempna* » des captifs. Il y avait à Riscle, hors de l'enceinte de la ville, un couvent de la Merci, fondé par les seigneurs de Camortères : « On ignore le « temps de la fondation, tous les titres de cette maison aussi bien que la maison « même, ayant été réduits en cendre vers l'an 1570 par l'armée de Mongomery... « 25 religieux furent jettés dans un puits, où ils périrent, par l'ordre de ce « commandant. Ce n'est aujourd'huy qu'une très petite communauté. On dit « qu'il s'y étoit tenu des chapitres généraux de l'ordre de la Mercy : on pourroit « en trouver quelque chose dans les archives du couvent de Toulouse. » (Mss. Daignan du Sendat, Bibliothèque de la ville d'Auch, n° 83, p. 899.)

poralha oeyt parelhs, VIII sos; en capos dus parelhs, XX arditz; en carn de boeu e de moton, XX sos e mey; aucas saladas IIII^{te}, costan IIII^{te} sos; species, II sos e mey; fromatges dus que s'en portan, lahun que fo de Bruneta de Teza, costa cascun tres arditz (I sol); candelas II liuras, X arditz; en fen IIII quintaus, IIII sos. L'autre estat de dus caas que la vila n'abe crompat ab deudit prebost can bengo la prumera begada, cibaza XI quartz, XXII sos. Monta tot : sinq scutz VI sos I diner. — Plus en lenha e autres servicis feytz per Bernadon de Bilhera : VI sos.

65. Item, lo jorn susdit, pagan audit prebost los dotze scutz d'aur e mey susdits prometutz per los susditz de Lafarga e de Lafitan a Miranda, cum apar per bilheta general balhada de la man de Johan Guarron.

66. Item, a X deudit mes, fe obligar lodit prebost a Bernadon de Bilhera, Peyroton Farga e Leberon de Poges, per IIII^{xx} e hun scut[z] per la resta deu fariatge que era degut, e manda que lodit Peyroton e Leberon anessan ab lor, e aysi a fen, lodit de Poges ab lo rossin de Bernadon de Bilhera, per balhar fermanssas part dela; o que anessan a Condom malhebar lodit blad, car lo thesaurer de mosenhor de Condom (1) los hy prestere; e aysi s'en anan enta Condom, e lo thesaurer los dixo que et l'abe prestat en autra part, e dequi en fora s'en anan a Cassanha (2) preguar a mossenh Anthoni de Grossolis (3) que los prestes lodit blad, loqual los fe resposta que et los ne prestara L^{ta} conquas, mas que se bengossan obligar ab sindicat de la vila; e aysi s'en anan enta Vic parlar ab lodit prebost e Johan Guarron preguar lo que los dones terme entro agossan agut lodit blad per far lor argent, losquals dixon que non feran re; e aysi esten en anar e tornar IIII jorns; que despensan per etz e per los rosis : XVI sos II dines.

67. Item, lo jorn metis, anan los cosselhs e la garda prene blad per la vila deus singulaus, per far lo susdit pagament, e lo fen

---

(1) Guy de Montbrun, évêque de Condom.
(2) Cassaigne, arrondissement de Condom (Gers), résidence des évêques de Condom.
(3) Antoine de Grossoles, vicaire général de l'évêque de Condom, nommé à cette charge le 8 mai 1468. (*Gall. christ.*, t. II, animad. col. XLV.) Il était fils de Bernard de Grossoles, vicomte de Montgaillard, seigneur de Saint-Martin, et de Madeleine de Séguenville.

carreya a v o vi homes; que despensan en pan, bin, carn, tant a dinar quant a sopar, que monta : xvii arditz e mey (ii sos xi dines).

68. Item, lo jorn susdit, bengo Casteron de Nogaro que aporta una letra deu recebedor, que portassan encontinent las restas degudas, o sino et los termetora xxv arches; que despensa : iiii arditz.

69. Item, a xi de feure, termeton Pochot a Morlas per sercar marchant que nos crompas c quartz de blad e x o xii pipas de bin, per pagar los iiii^{xx} e hun scut[z] susditz; que despensan : iiii sos e mey.

70. Item, a xii de feure, bengon vi arches deu prebost a dinar e ix d'autres quen suberbengon au sopar, e demoran v jorns, e fen presones los cosselhs e Bernadon de Bilhera, e prencon Peyron de Camorteras e Esteben Granye; que despensan en pan viii sos c mey, en bin vii sos ii dines, en set parelhs de garias vii sos, ii^{as} aucas saladas ii sos, en carn de boeu e moton vi sos, en candelas i^a liura e meya i sol iiii dines, en fen vi sos, en cibaza iiii^{te} quartz viii sos; monta en una soma : dus scutz ix sos xi dines.

71. Item, a xiii deudit mes, ana Bernad de Sen-Pot a Geuna sercar l'argent de la quarta part de la Redempna au rector de Bilhera; que demora una neyt ab lo rossin de Peyroton Farga; despensa : x arditz.

72. Item, a xiiii deudit mes, amassan los cosselhs e la garda blad per la bila; que despensan : vi arditz (i sol).

73. Item, a xv deudit mes, ana Peyroton Farga a Nogaro per demandar jorn au prebost, loqual los bole termete arches perso qui no poden pagar los iiii^{xx} e hun scut[z] susditz; despensa : v arditz (x dines).

74. Item, lo jorn susdit, ana Bernad de Sen-Pot a Conches per sercar qui nos crompas lo blad susdit; que despensa : vi arditz (i sol).

75. Item, lo jorn susdit, los termeto lo filh deu prebost (1)

---

(1) Jean d'Astorg, seigneur de Montbartier, avait d'Anne de Montclar, fille d'Amalric, vicomte de Montclar, deux fils : Antoine, qui fut seigneur de Montbartier après son père et épousa Marguerite d'Espagne-Montespan, et Jean, seigneur de Segreville. (La Chenaye des Bois, Saint-Allais.)

una letra, que fossan ses fauta a Barsalona l'endoma; que despensa lo mesatge : III arditz.

76. Item, hy termeton la garda; loqual lo dixo que et demandaba a maeste Leberon que lo termetossam sercar a Labatut (1); despensa : III arditz.

77. Item, a xv deudit mes, bengon los mules e los carrates deus abatz de Mascaras e de Noya, per carcar e carreyar c quartz de froment e oeyt pipas de bin de x que n'aben crompadas, e las duas ne leysan, de losquals ne fen pagar oeyt scutz, cum s'ensec dejus; que despensan au sopar en pan, bin, carn e candelas : XI arditz.

78. Item, lo XVI deudit mes, ne menan los susditz VI arches e IX quen suberbengon enta Nogaro Bernadon de Bilhera, Peyroton Farga e Bernad de Sen-Pot presones, per resta deguda deus dus scutz e XX arditz au senescauc de Beucayre, que eran LXI scut[z] d'aur, losquals v prumes arches fen pagar cascun per son celari XX arditz, que montan c arditz, e los IX los fen pagar XVI sos II arditz, car aysi fo taxat per mosenh de Monbartier, loqual ne abe la carca de recebe ladita soma; que monta tot en una soma : hun scut xv sos.

79. Item, aqui metis, pagan ladita soma a Johan de Marsan, deuqual agon bilheta general de tota la soma, que monta II^c XVIII scutz d'aur IX sos IIII dines; costa ladita bilheta : I sol.

80. Item, despensan losusditz de Bilhera e de Lafarga; e lodit de Sen-Pot s'en torna lo jorn metis, e los dus fon arrastatz part dela, e los ne volen menar enta Vic presones entro que tot lo pays agossa pagat sa cota portion de ladita soma, car aysi aben carga; despensan a dinar e a sopar : III sos e mey.

81. Item, lo XVII jorn deudit mes, ana Bernad de Sen-Pot, alias de Cotros, a Nogaro porta XXV scutz audit de Lafarga deus de la Redempna, per los portar a Vic a Johan Guarron auqual eran obligatz en IIII^{xx} hun scut[z], cum es dit desus; que despensan a dinar : IX arditz.

---

(1) Labatut, près Maubourguet, siège de la vicomté de Rivière, possédée par l'illustre maison de Rivière-Labatut.

82. Item, a xviii deudit mes, parti de Nogaro lodit de Lafarga ab son rossin per anar enta Vic porta a Johan Guarron quaranta e oeyt scutz d'aur, loqual no los volo prene perso que no y era tota la soma; de que lodit Peyroton ne malheba dus, e aysi lon balha sinquanta, e de la resta fe apuntament de portar set quintaus de pluma (1) a Monbartier, en losquals se obliga, e fe rompe l'autre instrument deus iiii^{xx} et hun scut[z], que costa ii sos. — Plus, despensa per et e per son rossin en sinq jorns que este tant a Nogaro quant a Vic : x sos iii dines.

83. Item, a xix deudit mes, ana mossenh Johan de Sen-Pot a Nogaro porta xxix scutz xvi sos iiii dines a Johan de Marsan, per resta deus quartaros passatz, e no podo expedir de tot lo jorn ; demora una neyt ; on era Bernadon de Bilhera arrastat ; despensa per et e per lodit de Bilhera, ab los rossis : vi sos iii arditz e mey (vi sos vii dines).

84. Item, a xx deudit mes, bengo lo filh deu prebost, ab ix arches, a causa deu segont taus per nos far pagar ; que despensan lo disapte en pan iii sos, en peys, oli, candelas, oeus ii sos e mey, en bin blanc vii arditz e mey, en bin roge xx arditz ;

---

(1) Les ordonnances de Charles VII et de Louis XI sur la levée des nouvelles compagnies de francs archers, et, dans le cas présent, les lettres de Louis XI au sénéchal de Toulouse, datées de Niort, le 19 novembre 1472, pour mettre immédiatement sur pied tous les francs archers de la Guyenne afin de « resister à la mauvaise et dampnable entreprinse de Jehan comte d'Armagnac » (Arch. de M. le comte d'Antras, à Mirande) avaient donné une grande extension au commerce des plumes d'oies qui fut, d'ailleurs, de tout temps, une des branches importantes de l'industrie gasconne. Ces plumes servaient à garnir les flèches et les carreaux d'arbalètes, et l'on sait quelle était la vieille et grande renommée des arbalétriers gascons. Les guerres continuelles entretenues par l'occupation anglaise occasionnaient une telle consommation de plumes qu'elles manquèrent plus d'une fois malgré la grande quantité d'oies élevées dans le pays. On les remplaçait alors par du parchemin, ce qui devenait beaucoup plus dispendieux. Dans un *Memorandum* adressé le 16 octobre 1325 à Hugues le Despenser sur les moyens à employer pour mettre la Gascogne en état de défense, le roi d'Angleterre demande l'envoi de 100,000 livres de plumes d'oies : « *Item* soit manndé as divers visconntes pur faire purveance « de *pennes de ouues* a la montance de cent mile, ou la environ, pur penner « quarreux et setes pur esparnier parchemin. » (Arch. de l'Echiquier, Londres, impr. dans la *Collection des Documents français qui se trouvent en Angleterre*, recueillis par M. Jules Delpit, n° CXII.) On va voir quelle grande quantité de plumes le prévôt Monbartier fit amasser.

plus lo dimenge, en pan III sos e mey, en bin blanc IX arditz, en bin roge III sos e mey, en guarias IIII parelhs IIII sos, en species IIII arditz, en carn de moton e de boeu III sos, en candelas Iª liura V arditz, en fen IIII sos, en cibaza III quartz e mey VII sos ; monta tot en una soma : dus scutz II sos I diner.

85. Item, a XXI deudit mes, bengo hun arche deu prebost sercar son filh; que demora una neyt en la ostalaria, e los manda de part deudit prebost que paguessan l'oste de so que hy despensa; que monta : IX arditz (I sol e mey).

86. Item, a XXII, anan a Nogaro Peyrot deu Cos, Peyroton Farga, cum fo apuntat per lo cosselh per conde passar ab Johan de Marsan per augun mens conde que los fare deus oytanta e nau scutz d'aur que l'aben portat a Sent-Clar, a causa deus dus scutz e XX arditz; e ne portan XX audit de Marsan; despensan per etz e per los rossis : X arditz e mey (I sol IX dines).

87. Item, a XXIII deudit mes, anan a Geuna Bernad de Sen-Pot e Peyroton Farga per sercar XX scutz que lo rector de Vilhera debe per la resta de la quarta part de la Redempna e bese si trobaran qui fornis l'argent per l'autra quarta part de ladita Redempna, losquals troban fray Mathiu deu Biau (1), alias de Las Molas, loqual forni losditz Lᵗᵃ scutz, e fen obligar et e lodit rector de Villera audit de Sen-Pot e de Lafarga de far bon lodit rendament per lor part o de tornar losditz scutz l'endoman; e demoran tres jorns, a causa que las ayguas bason grossas, que no podon passar; despensan per etz e per los rossis : VI sos II dines.

88. Item, lo jorn susdit, bengo hun comissari aperat Belsic, ab V arches, per arde Tarsaguet e prene los bees de mossenh de

---

(1) *Alias* Duvignau. Ce religieux, dont le nom reviendra plus d'une fois, appartenait au couvent de Geaune (Hermites de Saint-Augustin), fondé en 1400 par Raymond-Bernard, baron de Castelnau-Tursan. On trouvera des détails intéressants et des documents nombreux sur la ville de Geaune et sur son couvent dans les deux gros volumes consacrés par le savant abbé J. Légé à l'*Histoire de la maison de Castelnau-Tursan,* le premier volume renferme le texte et le second les preuves. Voir aussi le *Pouillé du diocèse d'Aire* (p. 115), par M. l'abbé Cazauran, archiviste du Grand Séminaire d'Auch. Paris, Maisonneuve, 1886.

Camorteras (1); que demora vi jorns, a causa que l'aygat bengo, que no podo partir de si; e fe autras exequtions a Cahusac e a Sent-Lana (2), etc. Despensa en diversas begadas los jorns susditz, cum s'ensec, en pan hun scut III blanx, en bin, otra lo qui abe de Camorteras, VII sos, en carn XIIII sos V arditz, en poralha, otra la qui ago d'autra part, VIII sos, en oeus lo dives e lo dissapte III sos IIII arditz, en oli II sos I diner, en peys I sol e mey, en species XXV arditz, en candelas III sos II dines, en cibaza X quartz e mey XXI sos, en fen, otra lo qui ago de mossenh de Camorteras, IIII quartz IIII sols. — Plus, nos fe donar a mossenh de La Pradera, son cosine : XIII sos e mey. — Plus, a Johan Blanc, bayle, per augus servicis e per bin blanc que ne abe agut lodit comissari, e dequi no partira ni deslotyera entro que ly agoran donat; e aysi li donan en sa presentia : hun scut.

89. Item, lo XXV jorn susdit, ana Drulhet a Nogaro portar XX scutz a maeste Nicholau deu Baradat, per lo segont taus deus biures; despensa : I sol.

90. Item, a XXVI deudit mes, anan a Vic Bernad de Sen-Pot e Peyroton Farga porta a Tornamira sinquanta scutz o plus; e can fon la no lo troban punt, car fo partit lo matin sus l'auba enta Tholosa (3); e aysi demoran una neyt; despensan : IX sos II dines.

---

(1) On a vu aux dépenses de 1454, art. 1, que le seigneur de Camortères était très attaché à la personne du comte d'Armagnac. Il est probable qu'il était avec lui dans Lectoure. Déjà, le 4 février, un autre commissaire était venu à Riscle pour confisquer les biens de ceux qui « eran desens Leytora. » (Art. 56.)

(2) Nous avons parlé plus haut du seigneur de Saint-Lanne et Cahuzac. Nous ferons pour lui la même remarque que pour le seigneur de Camortères.

(3) Le voyage à Toulouse d'Antoine de Tournemire avait été sans doute nécessité par les nouvelles fonctions dont il venait d'être investi et auxquelles nous allons le voir se livrer avec la même humeur que celle qu'il avait mise à recueillir les tailles dans l'Armagnac. Par commission « donnée au siege « davant Lethoure, le XIXme jour de fevrier mil IIII^c LXXII (v. st.) », le sénéchal de Toulouse, Gaston du Lion, vicomte de l'Isle et de Cannet, l'avait subrogé à sa place pour « mander et creer et mettre sur les francs archers en et partout « les pays et duché de Guyenne. » Tournemire avait immédiatement nommé des commissaires pour faire ces levées et les conduire et faire courir sus au comte d'Armagnac rebelle. Nicolas d'Antras, seigneur de Samazan, fut chargé par lui de faire la levée dans la vicomté de Rivière, le comté de Pardiac, les baronnies de Biran, d'Ordan et de Peyrusse, et le comté de Bigorre. (Arch. de M. le comte d'Antras, à Mirande. — Orig. en parchemin.)

91. Item, lo jorn susdit, bengo mosenh de Jusas, maeste d'ostau de Tornamira, lo procurayre de Marciac, que eran XI rossis; despensan a sopar, ab lodit de Belsic, e lo matin a dinar, en pan III sos, en peys V arditz, en oeus XVI arditz, en oli II sos e mey, en candelas II liuras X ardits, en bin, otra lo qui agon de Camorteras, IIII sos, en eyshardinas X arditz, lasquals prencon debant l'ostau de Pochot de hun home que las portaba bene au seti, etc., en fen VI quintaus, en sibaza IIII^{te} quartz VIII sos. Monta tot en una soma : hun scut XV sos V dines.

92. Item, a XXVIII deudit mes, fen adobar lo pont de l'Ador a tres homes, car las ayguas l'aben afolat (1); que despensan : I sol.

Mois de mars 1473.

Sommaire : 93. On consolide le pont de l'Adour. — 94. Départ du commissaire Belzic; — on va brûler Arblade. — 95. Envoi d'argent à un commissaire du capitaine Tournemire. — 96. Nouvelle de la prise de Lectoure; — les gens d'armes se répandent dans le pays; — envoi de députés vers les sénéchaux. — 97. Les consuls sont mandés à Jegun. — 98. Voyage à Vic. — 99. M. de Saint-Sulpice menace la ville de Riscle. — 100. On ramasse de la plume pour M. de Montbartier. — 101, 102 et 103. Vote de 1,000 francs par les consulats du Bas-Armagnac, en faveur du sénéchal de Toulouse. — 104. Don de 8 écus d'or au procureur d'Armagnac. — 105. Choix des francs-archers de Riscle; — emprisonnement des consuls à Nogaro. — 106, 107, 108 et 109. Habillement, équipement et armement des francs-archers. — 110, 111 et 112. Les archers sont conduits à Nogaro et remis au commissaire. — 113 et 114. On pèse la plume qui avait été ramassée. — 115. Menaces du receveur. — 116. On lui envoie de l'argent. — 117. Passage de 300 archers à Riscle. — 118. Les consulats d'Armagnac sont convoqués à Vic par ordre du sénéchal d'Agenais.

93. Item, lo prumer jorn de mars, los manda lo susdit comissari Belsic que anessan melhor adobar lodit pont, car et s'en bole anar, e l'aben dit que era aule per passar; que hy fen metre tres platas; que despensan en pan, en bin : I sol IIII arditz (X arditz).

94. Item, lo segont jorn de mars, que era margras, apres dinar, parti lo susdit Belsic, e manda a Bernad de Sen-Pot e Peyroton Farga que lo fessan conpanhia; e aysi los fe anar ab lu dequi Arblada; e dequi s'en anan enta Nogaro lo vespe, e aqui demoran la neyt, e l'endoman dequi hapres dinar; que despensan per etz e

(1) *Afolar*, endommager.

per los rosis : tres sos II dines. — E pus fon mandatz a anar Arblada per la metre a foec (1); e de la en fora s'en bengon, etc.

95. Item, lo quart jorn deudit mes, ana Peyroton Farga a Nogaro porta XX scutz a maeste Nicolau deu Baradat, per lo segont taus deus viures, e XXXVII scutz a hun comissari de Tornamire aperat Marot de Labat; despensa : VII arditz (I sol II dines).

96. Item, lo VII jorn deudit mes los termeton los cosselhs de Nogaro una letra fasen mention que Leytora era pres (2), e que las gens d'armas se spartiban deya per lo pays, e sus aquo que fossan de bon matin la per abisar sus lor benguda; que donan au mesatge pan e bin, monta : V dines.

E aqui metis, bengon noelas que las gens d'armas eran deya a Vic e dessa; e fo apuntat per lo cosselh que encontinent hy termetossan dus homes; e hy termeton fray Arnaut de Camicas (3) e la garda, e los donan VI sos; e partin aqui metis, e can fon a Termes, los dixon que ya eran dessa Vic e volen metre tot lo pays a foec e a sanc e pilhar e raubar; e ayssi s'en tornan.

E aqui metis, fo apuntat per lo cosselh que Leberon de Poges e Peyroton Farga anessan a Nogaro per saber si era aysi cum es dit desus; e partin aqui metis, que era prim saun (4) can fon a

---

(1) Arblade-Comtal ou Le-Haut, à quatre kilomètres de Nogaro. L'itinéraire du commissaire semble désigner ce lieu plutôt qu'Arblade-Brassal ou Le-Bas, qui est à 12 kilomètres de Riscle, aux portes de Barcelonne, et à une trop grande distance de Nogaro, pour qu'en partant dans l'après-dîner de Riscle, et faisant étape en ce lieu pour l'incendier, on puisse arriver dans la soirée à Nogaro. Nous avons dit d'ailleurs qu'Arblade-Brassal appartenait à Géraud de Benquet, dévoué à Louis XI, et par conséquent à l'abri d'un pareil traitement. La seigneurie d'Arblade-le-Haut appartenait dans le principe au comte d'Armagnac, de là son surnom de *comtal*. Jean III d'Armagnac la céda, le 17 octobre 1382, à Arnaud-Raymond de Bernède en échange du domaine et du fort de Marens. (Monlezun, *Hist. de la Gascogne*, t. IV, p. 435.) Le possesseur de cette seigneurie était, en 1473, Bertrand de Vernède, marié à Clarmontine de Lupé.

(2) C'est le 4 mars que fut signée la capitulation de Lectoure. Les troupes royales y entrèrent le 6. On sait quel fut le sort de cette malheureuse ville et comment, par la plus vile et la plus lâche des trahisons, au mépris de la foi la plus solennellement jurée, le comte d'Armagnac fut assassiné, la comtesse outragée, les habitants massacrés et le feu mis aux quatre coins de la ville.

(3) Sans doute un frère du couvent de la Merci.

(4) *Prim saun*, premier sommeil.

Nogaro, e troban que Miqueu de Mosches e Bernad d'Espalla e d'autres eran bengutz de Leytora e los dixon que las gens d'armas no eran punt tant ensa; e lodit de Poges s'en bengo lo bon matin portar lasditas noelas, e lodit de Lafarga demorec per saber que apunteran; e apuntan que mossenh de Cornelhan e de Mormes (1), maeste Nicholau e maeste Domenges Manhe anessan parlar ab los senescaux; e ayssi fo feyt; despensan : XIII arditz (II sos II dines).

97. Item, a VIII deudit mes, bengo hun mesatge de Iegun que los porta una letra deu forre de mossenh de Lude (2), que fossan a Vic l'endoman de gran matin per far apuntament ab lu, car et abe mandament e comission de venir prene lotgis part dessa au departement de Vic, etc. Despensa a l'ostalaria au sopa e lo matin au veure : VII arditz (I sol II dines).

98. Item, lo jorn susdit, fo apuntat per lo cosselh que Leberon de Poges e Peyroton Farga partissan de bon matin enta Nogaro per anar a Vic ab los qui anaban aus senescaux; e ayssi a fen; e can fon a Nogaro, parlan de lor besonha deu susdit forre au[s] susditz, losquals los dixon que etz los hy ajuderan e que la hun anes ab lor e portas ladita letra; e lodit de Poges anec ab lor, e lodit Farga s'en tornec; despensan per etz e per los rossis aquet jorn : II sos I diner.

99. Item, a IX de mars, bengo Fortane deu Castay, de Lanapatz, ab una letra que mossenh de Lagarda (3) nos termete fasen mention que et abe ausit que mossenh de Sent-Suplici nos bie

---

(1) Carbonel de Latrau de Saint-Hilaire, seigneur de Mormès, avait épousé, avant le 25 mars 1475, Christine de Vernède. Sa fille Louise de Latrau, dame de Mormès, épousa Jean de Barbotan, seigneur de Barbotan. La terre de Mormès est demeurée jusqu'à nos jours dans la maison de Barbotan. Nous ne saurions dire si M. de Saint-Hilaire-Mormès, qui eut un bras emporté par le boulet de canon qui tua le maréchal de Turenne à Saltzbach, le 27 juillet 1675, était un Barbotan ou se rattachait de quelque manière au seigneur de Mormès qui a donné occasion à cette note.

(2) Jean de Daillon, seigneur de Lude, l'un des signataires de la capitulation de Lectoure, favori de Louis XI qui le poussa à une grande fortune. « Il faloit « bien qu'il fust quelque chose de poids car ce Roy se connoissoit bien en « gens. » C'est Brantôme qui fait cette remarque dans la vie de Jacques de Lude, son fils. (*Vie des capitaines illustres*, édit. Sambix, t. I, p. 125.)

(3) Vital de Bourrouillan, seigneur de Lagarde, près Vic-Fezensac, est témoin le 18 mars 1475 de la quittance dotale de Jeanne de Podenas, dame de Marambat. (Reg. de Librario, not. à Vic.)

destruse (1), que et nos preguaba que per nostre profeyt hy anessam; e aqui metis, de Berdusan non termeton una autra sus aquo metis, en preguan que encontinent hy anessam rossin rumpen (2), car autrament eram destrutz. Que fem la despensa audit mesatge; que despensa a Pey Farga au sopa e lo matin beure e dus pas que demanda per los s'en porta, car non troba bossin per lo camin : I sol I diner.

E aqui metis, fo apuntat per lo coselh que Peyroton Farga e Bauton partissan a meya neyt o debant per anar a Vic; e ayssi a fen; e s'en tornan lo jorn metis, car l'oste de Vic, lo barbe, los dixo que s'en tornassan, car si los vissan los feran finar o conposir, etc. Despensan : IIII sos III dines.

100. Item, a IX, a X e a XI de mars, amassan los cosselhs e la garda pluma per la pagar e termete a Monbartier; despensan : XIII arditz e mey (II sos III dines).

101. Item, a XI de mars, bengo Leberon de Poges d'Aux porta una letra aus cossolatz de Nogaro, de Barsalona e d'autres que om fes donation au senescauc o autre apuntament e que se asemlessan totz eysems, car aysi lo dixon a Aux, etc. Este IIII^{te} jorns tant a Nogaro quant a Aux anar e tornar; despensa en los tres jorns per et e son rossin : IX sos III dines.

102. Item, aqui metis, anec Peyroton Farga a Nogaro e porta ladita letra per far, cum dit es dessus, apuntament que la gent d'arma no bengos, etc; de que no podon far re perso qui totz los cossolatz no y eran, mas lo dixon que s'en tornas e que l'endoma y anessan tres o quatre personatges deus plus sabis per melhor abisar e apuntar sus lo feyt susdit, e que portassan peys ab deu maneschal deus lotgis, loqual abe fort tribalhat ab lo senescauc per nos sus lo feyt de Sent-Suplici, etc.; e ayssi s'en torna; despensa per son rossin : V dines.

103. Item, a XII deudit mes, fo apuntat per lo cosselh que Peyroton Farga e Leberon de Poges tornessan a Nogaro per

(1) Voir art. 35.
(2) *Rossin rumpen*. Expression pittoresque, toute gasconne, qui remet en mémoire ce billet si connu, si loué, si admiré du plus spirituel, du plus illustre des gascons, d'Henri IV à M. de Batz : Mon Faucheur, mets des ailes à ta « meilleure bête, j'ai dit à Montespan de *crever* la sienne, etc. »

apuntar ab los autres cossolatz, cum dit es; e ayssi a fen e portan VI sos de peys ab deu susdit maneschal, etc.; e apuntan que lo pays d'Armanhac dona M franx au susdit senescauc de Tholosa (1), e que la gent d'arma no bengos en Armanhac (2), etc. Despensan a dinar, a causa que suberbengon lo capdet Carboneu de Camorteras (3), Peyrot de Poges, Bernadot, son fray, e d'autres : II sos VII dines.

E aqui metis, fo mandat aus susditz que los IIII^{te} cosselhs anessan lo dilus apres a Nogaro per far la obligansa deus susditz mila franx, eysems ab los autres cossolatz d'Armanhac, e que menessan los arches franx a Nogaro, sus pena, etc.

104. Item, lo jorn susdit, pagan a maeste Beruat Fitan e Johan de Baradat (4), notaris a Nogaro, per nom de Ramonet deu Claus, procurayre, a causa de oeyt scutz d'aur que la vila l'abe prometutz per son nabet adveniment de sa procura et que los volos susportar deus viures etc., quatre scutz d'aur, cum apar per vilheta.

105. Item, a XV deudit mes, anan los IIII^{te} cosselhs a Nogaro per far la susdita obligansa, e menan los susditz franx arches, so

---

(1) Gaston du Lion, seigneur de Besaudun, vicomte de l'Isle et de Cannet, chambellan de Louis XI, capitaine de 50 lances, etc., fut successivement sénéchal de Saintes, des Lannes, du Bazadois et de Toulouse, et occupa cette dernière charge de 1469 à 1485, année de sa mort. (Du Mège, *Institutions de la ville de Toulouse*, t. III.) Le sénéchal de Toulouse fut un des personnages les plus marquants du règne de Louis XI ; il est désigné la plupart du temps dans les chroniques, sous le nom de sa charge. Il n'eut de Jeanne de Lavedan, héritière de Raymond-Garcie, vicomte de Lavedan, qu'une fille, Louise, mariée à Charles de Bourbon, fils naturel de Jean II, duc de Bourbon, et auteur des Bourbons de Gascogne. (Lavedan, Malauze, Bazian, etc.)

(2) Le recouvrement de ces mille francs, votés pour l'exemption du logement des gens de guerre, se fit avec beaucoup de peine et fut un sujet de tribulations pour les consuls de Riscle et des autres villes de l'Armagnac. Voir articles 138, 165, 167, 170, 208, 211, 212, 217, etc.

(3) Carbonel du Lau de Camortères, fils de Léberon du Lau, seigneur de Camortères et frère cadet de Bernard, seigneur de Camortères.

(4) Il faut certainement voir dans ce notaire de Nogaro, plusieurs fois nommé dans ces comptes, l'ancêtre de ce François de Baradat, ami de Puységur (voir ses Mém.), entré si avant dans la faveur de Louis XIII, qu'il donna de la jalousie au cardinal de Richelieu et fut exilé. Il avait deux frères, l'un fut évêque et comte de Noyon, et l'autre lieutenant général des armées du Roi ! Ces gascons ! Lachenaye des Bois leur donne pour auteur Jean de Baradat, habitant de l'Armagnac, sans autre titre. En 1538 on trouve Michel de Baradat, seigneur de Saint-Germé, près Riscle. Voir aussi art. 226.

es Perris Leo, Arnauton deu Poy alias Beya, Bernad de Camicas o lo filh de Sanson de Correyas, que se causisan los dus (1) qui bolossan, etc.; e eran los dus cosselhs, so es Bernad de Sen-Pot e Peyroton Farga ab los rossis, e los autres a pes; losquals de Sen-Pot e de Lafarga fon arastatz per lo prebost, a causa que demanda au pays d'Armanhac quatre vintz scutz perso que restaban deu pays d'Aura, de Barossa e de Manhoac (2), e los ne bole menar l'endoman presones, eysems ab los autres cossolatz d'Armanhac; e aysi conbengo que losditz cossolatz obligassan ladita soma a Tornamire, loqual los ac presta, laqual soma fo talhada a set arditz e tres bacas per foec. E aysi agon a demora una neyt e dus jorns losditz de Sen-Pot e de Lafarga ab los rosis, e los autres dus e losditz IIII^{te} arches s'en tornan lo jorn metis; despensan totz IIII^{te} cosselhs e IIII^{te} arches ab los rossis : VIII sos II dines.

106. Item, a XVI de mars, anan a Barsalona e a Ayra Johano Fontanhera e Peyrot deu Cos Serrabosset crompar X paums de roge per far los fauquetos (3) e las caussas ausditz franx arches; que costa lodit drap XXXVIII sos I ardit; despensan : I sol VII dines (II scutz III sos IX dines).

107. Item, a XVII deudit mes, ana lodit Johano Fontanhera au Castetnau per crompar fustane ab deus arches susditz far jupos, ab lo rossin de Bernad de Sen-Pot, e no n'i troba punt; despensa : tres arditz (VI dines).

108. Item, crompan V paums de blanquet per forrar las caussas deusditz arches; costan : IIII sos II arditz (IIII sos IIII dines).

---

(1) Riscle ne devait fournir que deux francs-archers. L'ordonnance royale et les lettres royaux, citées aux notes des art. 82 et 90, portaient que la levée des francs-archers devait se faire de un par cinquante feux, et nous avons établi, d'après l'article 1 des dépenses de 1444, qu'il n'y avait à Riscle que cent feux.

(2) Voir article 116.

(3) *Fauquetos*, hoquetons. — L'ordonnance de Charles VII de 1448 et celle de Louis XI en 1470 réglaient ainsi les détails du costume des francs-archers :
« *Item*, que tous les francs archiers que l'on mettra sus de nouvel, soient habillez
« de jacques (ou huques de brigandines, 1448), salades, gantcletz, espée, dague
« et voulge, et ceux qui sont desjà en habillement de brigandine à condition
« que quand elles seront rompues on les habillera de jacques. » (*Ordonn.
de* 1470, cit. par Daniel, *Mil. franç.*, t. I, p. 247.)

Plus, costa de tone lo susdit drap blanc e roge : VIII arditz (I sol IIII dines).

Plus, crompan de Johan Ymbreu alludas (1) per losditz arches far jaquetas e agulhetas; monta tot en una soma : XI sos.

Plus, una cinta de balesta (2) deudit Johan Ymbreu; costa : III sos.

Plus, crompan agulhetas de Carboneu ab deusditz arches; costan : I sol III dines.

Plus, per la fayson de las susditas jaquetas, fauquetos e caussas : VIII sos.

Plus, crompan fiu per far lodit obratge; costa : I sol I diner.

Plus, crompan una cinta de balesta de Pochot; costa : III sos.

Item, prencon de Arnauton Sala una balesta, poleya, scaleta (3) e hun boyrac (4) garnit de treytz, per lo pretz e soma de hun scut e mey.

Item, de Johan deu Magenc una autra balesta, poleya, scaleta e x treytz enganetas (5), per lo pretz e soma de XXVI sos e mey.

---

(1) *Alludas*, cuir doux, basane, bufle, pour doubler les jaques *(jaquetas)* et faire les courroies *(agulhetas)* pour les boucler. Cette doublure en cuir était prescrite. L'ordonnance du bailli de Mende, chargé par Louis XI de l'habillement des francs-archers, exigeait que les jaques fussent faits de 30 toiles cousues ensemble ou de 25 avec un cuir de cerf. On devait employer des toiles « usées et déliées moyennement » pour donner de la souplesse à l'habit... « Et faut que ledit jacques soit lassé devant *(agulhetas)*. » Ces trente doublures de toiles et celle en cuir préservaient le franc-archer d'être « oncques tué « de coups de mains ne de flèches. » Le hoqueton sans manches ni collet fait de deux doublures flottait sur le jaque et retenait les chausses.

(2) Baudrier d'arbalète. Il servait à accrocher la trousse et le bandage de l'arme tels que crochets, poulies ou moufle.

(3) *Balesta, poleya, scaleta*. C'est l'arbalète à moufle, prescrite par le règlement de 1469. « Seront leurs arbalestes de 18 carreaux ou environ et banderont à « 4 poulies (moufles) ou 2 s'ils sont bon bandeux. » Voir dans les glossaires archéologiques la description de l'arbalète à moufle.

(4) *Boyrac*. Trousse ou étui de cuir garni de courroies qui s'attachait au baudrier *(cinta)* et dans lequel on mettait les flèches *(treytz)*.

(5) *Enganetas* pour *encanetas*, petites cannes, petits roseaux, baguettes pour flèches. L'auteur de la nouvelle édition du *Glossarium* de du Cange (Léopold Favre, Niort, 1885) cite un texte de 1465, emprunté à un mandement de la chambre apostolique, dans lequel le mot *ganetta (canneta)* est cité à propos d'arbalète et déclare n'en pas connaître la signification : « Johanni Theotonico, « magistro balistarum, pro restaurandis balistis..., pro ganettis. » (Voir *Gloss*, v° Ganetta.)

Item, prencon hun boyrac de Guissarnaud d'Audirac ab IIII^{to} treytz; costa : II sos e mey.

Item, de maeste Johan de Mostayo v enganetas e una asta; costan : I sol IIII dines.

Item, de Peyron de Monbet una spasa; costa XII sos; e una cinta ab de ladita spasa; costa I sol; monta tot : XIII sos.

Item, de Bernadon de Cregut una spasa; costa : XV sos.

Item, prencon de mossenh Manaud de Lacaza duas celadas bielhas e ronhosas (1); costan : XIII sos.

Plus, costan de robi lasditas celadas : tres sos.

Plus, crompan de Mono Sala tres enganetas; costan : VIII dines.

Plus, crompan una daga de Barrusquet; costa : VII sos.

Plus, una autra daga de Bernat filh de Arnaud deu Sere, naba; costa : X sos.

Item, crompan hun par de camisas per losditz arches; costan : VIII sos.

Item, crompan dus parelhs de sabatos ab deusditz arches; costan : VI sos.

Item, despensan losditz arches, can agon feyt lo segrament a Nogaro en tres jorns que demoran en la vila per abilhar, en pan, bin, peys, oli, shardinas e autres causas : V sos IIII arditz (v sos VIII dines).

Item, crompan, can fon a Nogaro, au[s] susditz arches dus berretz per mete en las celadas e duas cintas per lor cinta; costa tot : I sol IIII dines.

109. Item, a XVII deudit mes, anan Leberon de Poges e Peyroton Farga a Vic per sercar berguantinas (2) ab deusditz arches, e aqui non troban punt, e s'en anan enta Condom, e aqui las crompan, e costan oeyt scutz X sos; e aysi esten en anar e tornar tres jorns; despensan : XV sos II dines.

110. Item, a XIX de mars, mena Johano Fontanhera losditz arches a Nogaro per los balhar au comissari, cum los era estat mandat per Tornamira; que demora una neyt la dequi a l'endoman apres dina, que los ago balhatz audit comissari; despensa per et

---

(1) Salades rouillées.
(2) Brigandine, pourpoint à écailles d'acier formant cuirasse.

e losditz arches per lo rossin, qui era de Bernad de Sen-Pot, a sopar e a dina : IIII^{te} sos x dines.

111. Item, paguam audit Tornamire per lo segrament deusditz arches : II scutz d'aur. Plus donan au clerc deu capitayne per regista losditz arches : II sos.

112. Item, donan aususditz arches per despensar, cum los era estat mandat per lodit Tornamire : dus scutz.

Plus, los donan per far los jupos a cascun hun scut; monta : II scutz.

Plus, crompan goryayretas (1) ausdits arches; costan : IX sos IIII dines.

113. Item, a XX de mars, boeytan losditz cosselhs los saptz e pesan la pluma qui aben amassada deus singulaus, on era Arnauton de Lafitan que los ajudaba; e no podon acabar de quet jorn; despensan : I sol.

114. Item, l'endoman, acaban de boeytar e de pesar ladita pluma, on era Clarmont Bauton e sa molhe; despensan : I sol VIII dines.

---

(1) Gorgerin, pièce d'armure qui protégeait la gorge. — Ces deux paysans de Riscle, habillés de blanquet et de futaine, coiffés de salades rogneuses, chaussés de savates, armés de vieilles arbalètes et de rapières à douze sols, soldats d'occasion arrachés à leur paroisse, assermentés, enrôlés, menés à la guerre sans plus de préparation (voir plus bas) et déjà terrifiés avant d'avoir vu l'ennemi, nous rappellent Pernet et Bon-Jean, les deux francs-archers dont Villon et Rabelais nous ont fait le portrait. Pernet, de Baignolet, peureux comme un lièvre, mais piaffant et jurant comme un diable : « Mort-bieu ! « charbieu ! corps-bieu ! » tombait en arrêt au cri de « coquerico » et demandait merci aux « espoventails de chenevières. » Il ne prit jamais la fuite, « car « de faire n'eut onc espace... meurdre ne fit onc qu'en poulailles... et « mourust l'an qu'il trepassa ». Bon-Jean, d'un naturel plus doux et, d'ailleurs, quelque peu dévot, apercevant l'ennemi au moment du combat, tirait ses heures de sa braguette pour l'exorciser, croyant avoir affaire au diable, et criait de toute la force de ses poumons : « *Agios o Theos.* » (*Gargantua*, ch. XXXV.) Les auteurs contemporains et ceux du XVIe siècle fourmillent de plaisanteries de ce genre sur les francs-archers. La Noue assure qu'à les voir « esquipés comme ils estoient », il n'est personne, « s'il n'avoit la mort entre « les dents, qui se peust garder de rire. » Brantôme les appelle « bélistres, « marauts, mal-armez, fainéants, pilleurs et mangeurs de peuple, etc. » En faisant la part de l'exagération, il faut reconnaître que le détail de leur équipement, tel que nous le fournissent les comptes consulaires de Riscle (voir aussi un peu plus loin), donna plus d'une fois raison aux rieurs. (Voir comptes de 1476, art. 9.)

115. Item, a XXIII, bengoc Ramonet, baylet de Johan de Marsan, que lo paguessan l'argent deu quartaron o autrament los fera exequtar; que lo dixon que au present no poden punt, car aben tantas coeytas, etc.; despensa : VIII arditz.

116. Item, a XXIX deudit mes, ana Peyroton Farga a Nogaro portar V scutz a Johan de Marsan per resta deus quartaros passatz, e VII scutz III sos II dines a maeste Nicholau deu Baradat, a causa deus IIII^{xx} scutz susditz qui lo prebost fe pagar au pays d'Armanhac perso qui lo pays d'Aura, Barossa e de Manhoac no aben podut pagar (1); e no podo punt expedir de tot lo jorn perso que lodit de Marsan no y era; demora una neyt e l'endoman dequi ha apres mes jorn lodit de Marsan fo bengut; despensa : II sos III dines.

117. Item, lo darre jorn de mars, bengo hun comissari aperat Marot de Labat e lo loctenent de Paga de Solas, aperat Norflo deu Peyret, ab tres o o plus arches franx; que demoran hun jorn e una neyt ab tota la conpanhia; e foc apuntat per lo cosselh que los cosselhs fessan la despensa audit loctenent e comissari e que sercassan bin per suplir aus qui no n'aben, per fugir brut e escandol; e l'endoman ne passan XX o XXX, que los donan una conqua de bin, aysi cum fo apuntat per lo coselh, per tau que no alotyessan assi. Que monta tota ladita despensa en una soma, en pan, bin, peys, oli, candelas, fen e cibaza : dus scutz XIII sos IIII dines.

118. Item, lo jorn susdit, fon mandat los cosselhs, eysems ab los autres cossolatz d'Armanhac, a Vic au coselh per maeste Johan Manhan, de las partz deu senescauc d'Agenes; e fo apuntat per lo coselh que Peyroton Farga anessa l'endoma de matin; e aysi fo feyt.

(1) Les Quatre-Vallées (Aure, Magnoac, Neste et Barousse) étaient du domaine des comtes d'Armagnac depuis la donation testamentaire faite le 5 septembre 1398 par Jean de Labarthe, vicomte des Quatre-Vallées, en faveur de Bernard VII, comte d'Armagnac, par lettres datées du château de Gage, en Rouergue, le 23 avril 1463. (Arch. de M. le duc de Fezensac, au château de Marsan, Gers.) Elles avaient été données par Jean V à sa malheureuse sœur Isabelle. Ces pays de montagnes, sans blé, sans moisson, étaient trop pauvres pour payer leur quote-part de la taxe de guerre imposée par le Roi sur tous les domaines du comte d'Armagnac. On voit que leurs charges furent rejetées sur l'Armagnac, qui dut ainsi payer double taxe.

106

Mois d'avril 1473.

SOMMAIRE : 119. Départ des archers ; — le commissaire Marot de Labat emmène prisonnier le consul Lafargue ; — celui-ci obtient sa liberté moyennant finance ; — envoi de plume à M. de Montbartier, à Vic. — 120. Conseil tenu à Vic. — 121. Sacs destinés à porter la plume à M. de Montbartier. — 122. Frais de transport de ladite plume. — 123. Menaces du receveur. — 124. Convocation des trois États à Vic, au sujet de 7,000 francs accordés au comte de Dammartin. — 125. Convocation des consulats et de la noblesse du pays à Nogaro, pour l'envoi d'un député vers le Roi. — 126. Cierge pascal. — 127. Envoi d'argent au receveur. — 128. Levée de 80 arbalétriers pour l'expédition de la vallée d'Aran. — 129. Excommunication des consuls pour dette ; — démarches pour obtenir l'absolution. — 130. Accord avec le créancier. — 131. M. de Laterrade est chargé de régler l'affaire des arbalétriers. — 132. Excuses envoyées au sénéchal d'Armagnac, à Marciac, au sujet des arbalétriers.

119. Item, lo prumer jorn d'abriu, partin losditz loctenent e comissari ab lor conpanhia, e lodit Peyroton ne anaba enta Vic ; e can fon defora la vila, lodit Marot manda audit de Lafarga que lo seguis de part lo Rey sus pena de confiscation de cos e de bees, e asso a causa de la resta que la vila debe au senescauc de Tholosa, etc., e a causa que lodit Marot dise que Bernadon de Bilhera l'abe prometut tres scutz a Nogaro. E la begada lodit de Lafarga termeto a dise a sos conpanhos que anessan a Vic affin que no fossan en deffauta, car et no y pode punt anar, car aysi Marot l'abe feyt presone de las partz deu Rey, etc., e lon mera entau senescauc a Tholosa o la on fora, e que et lo fera pagar lo principau e mes la despensa abans que l'escapara. E ayssi lon mena dequi ha Barran, e can fon part dela, lodit de Lafarga se enforma beser si lodit senescauc era a Tholosa, e lo dixon que et era ya en Rossilhon (1) ; e la begada lodit de Lafarga fe apuntament ab lodit Marot affin que no agos anar tant loy, perso que no abe guayre argent, e lo prometo de donar dus scutz deus tres qui Bernadon de Bilhera l'abe prometutz, segont que et dise ; e lon

(1) Après la prise de Lectoure, l'armée royale, conduite par le cardinal d'Arras, était allée au secours de Perpignan. Le roi d'Aragon, profitant du siège de Lectoure, s'était emparé de la ville, et assiégeait la citadelle que défendait un illustre gascon, Antoine de Castelnau-Tursan, baron du Lau (près Duhort-Aire, Landes), favori et chambellan de Louis XI. Sur ce personnage et sa famille, voir le beau travail de M. l'abbé Légé, *Les Castelnau-Tursan*, Aire, 1885, 2 vol. in-8°.

dona la hun, e l'autre lo prometo de pagar can foran part dessa, etc. E aysi s'en torna e troba sos conpans, so es Bernad de Sen-Pot e Johano Fontanhera e la garda, ab los saumes qui portaban la pluma a Monbartier a Tholosa, que eran lo de Bernadon de Bilhera, Bernad deu Payre e lo deudit de Lafarga, au camp; e lodit de Lafarga s'en torna enta Vic ab losditz mules per s'en descarcar audit Monbartier, loqual era a Vic, e losditz de Sen-Pot e de Fontanhera s'en tornan. E aysi despensa lodit de Lafarga en v jorns que este per et e son rossin : IX sos III dines.

120. Item, lo segont jorn d'abriu, can Marot ne ago menat lodit de Lafarga, termeton los autres cossos la garda a Vic au coselh, per tau que no fossan en defauta, e per saber lodit de Lafarga on era; que este dus jorns; despensa : XIII arditz (II sos II dines).

121. Item, crompan IIII^{te} linssos per far sacas per portar set quintaus e XLII liuras de pluma a Tholosa a mossenh de Monbartier, laqual pluma costa III arditz liura; que monta, enclus lasditas sacas : XXII scutz VI dines.

122. Item, despensan lo[s] susditz mules en oeyt jorns que esten per portar ladita pluma a Tholosa : dus scutz XI sos II dines.

123. Item, lo VI jorn d'abriu, bengo Ramonet, baylet de Johan de Marsan, per sercar l'argent deu quartaron, que li donassan o autrament et abe mandament de los far executar; auqual preguan que no fes, car etz hy tribalharan; despensa a l'ostalaria : X arditz.

124. Item, lo VIII jorn, fon mandatz a Vic, de mandament deus tres Estatz, sus lo feyt deus set milia franx qui eran estatz autreyatz au comte Domartin (1), e de mandament de mossenh

(1) Nous avons rappelé, en tête des comptes de cette année, qu'Antoine de Chabannes, comte de Dammartin, s'était emparé du comté d'Armagnac et de tous les domaines de Jean V, à la fin de 1470. Louis XI, à la suite de cette conquête, lui donna, par lettres royaux datées du 5 décembre 1470, les confiscations des terres du comte d'Armagnac. (Voir du Plessis, *Vie d'Antoine de Chabannes*. — Courcelles, *Hist. des Pairs de France*, t. v.) C'est à cette donation qu'il faut rapporter cette somme de 7,000 francs; et si elle n'était pas encore recouvrée, c'est que l'Armagnac avait changé quatre fois de maître depuis 1470 : le duc de Guyenne d'abord, puis Jean V, puis le comte de Beaujeu et puis encore Jean V. *Le Cabinet du roy Louis XI*, Arch. curieuses de Cimber et Danjou, t. I, renferme plusieurs lettres de Louis XI, des années 1471 et 1472, qui trahissent cette difficulté de recouvrer les sommes données à Dammartin. Il lui écrit qu'il fait son possible pour les assembler, qu'il lui envoie des acomptes, que tout lui sera payé, qu'il le prie de prendre patience, etc.

d'Arblada, sus augunas letras que portaba deu Rey per far asemlar los tres Estatz, cum lo Rey l'abe mandat, per anar deber luy per tot lo pays, etc. Auqual mandament ana Peyroton Farga, que este dus jorns; despensa : v sos III dines.

125. Item, a XI d'abriu, fon mandatz los cosselhs a Nogaro per mossenh d'Arblada, eysems ab los autres cossolatz e gentius de pays, per elegir qui anara au Rey (1); auqual mandament ana Peyroton Farga; e parla ab Johan de Marsan sus l'argent a lu degut deus quartaros, e aysi metis parla ab lo maeste Reverent sus los feyt de l'argent qui aben agut de la gleysa de Pardelhan, etc. Despensa per et e son rossin : IIII arditz (VIII dines).

126. Item, a XIII d'abriu, fen far lo ciri de Sen-Pe, que hy fornin v liuras e hun quartaron de cera; costa XVI arditz liura; monta : XIIII sos. — Plus, per la fayson : v sos, de que ne agon hun sol de offerta a Rams : IIII sos.

127. Item, a XVI deudit mes, ana Pey Palhera a Nogaro portar set scutz a Johan de Marsan, per lo quartaron; despensa : IIII arditz (VIII sos).

128. Item, a XX deudit mes, termeton la garda a Nogaro per saber cum deben far de IIII^{xx} balestes qui lo senescauc d'Armanhac (2)

(1) Il s'agissait d'envoyer un ambassadeur au Roi pour demander entre autres choses que le comté d'Armagnac fût dispensé de payer les mille francs votés par les États d'Armagnac au sénéchal de Toulouse pour l'exemption du logement des gens de guerre. Voir article 103. Géraud de Benquet, seigneur d'Arblade, fut élu ambassadeur. On verra aux articles 211, 212, 217 et suivants, le peu de succès de son ambassade.

(2) Le sénéchal d'Armagnac était Bernard, vicomte de Rivière, seigneur de Labatut, fils de Bernard de Rivière, vicomte de Rivière, sénéchal d'Armagnac, et de Galiane de Lavedan. Il avait succédé, en 1466, à Béraud de Faudoas, baron de Barbazan, et avait prêté serment de fidélité aux consuls d'Auch en sa qualité de nouveau sénéchal, le 4 mai de cette même année. (Arch. municip. d'Auch, Livre vert, AA 1). Après la chute de la maison d'Armagnac, il fut maintenu dans sa charge par Louis XI et l'exerça jusqu'en 1484, année de sa mort. Il est rappelé en ces termes dans le contrat de mariage de sa fille Galiane, veuve sans enfants de Bernard de Tuzaguet, seigneur de Saint-Lanne et Cahuzac, avec Bertrand de Galard, seigneur de l'Isle-Bouzon, 15 juillet 1488 : « Monsenhor Bernat d'Arribera, senhor de Labatut, stan en son bibant « seneschal de Tholosa et d'Armagnac. » (*Docum. sur la Maison de Galard*, t. IV, p. 227.) Ce titre de sénéchal de Toulouse nous surprend, attendu que Gaston du Lion ne mourut qu'en 1485 et eut pour successeur immédiat son gendre, Charles de Bourbon, seigneur de Malauze. (*Hist. des Institutions de la ville de Toulouse*, t. III, p. 322.) — Gaston du Lion ayant passé aux armées

los abe enpausatz per anar en Aran (1); auqual fen resposta que no saben ni per etz ni per nos. Despensa : IIII arditz e mey (IX dines).

129. Item, a XXII, termeton a Nogaro mossenh Johan Farga per parlar ab lo maeste Reverent deu feyt de l'argent de Pardelhan, perso que no poden este absotz sino que satisfessan partida e la gleysa; loqual lo dixo que et no pode punt, mes que l'oficiau d'Aux (2) abe donat carga au canonge Broquet (3), e que anas parlar ab luy; e aysi a fe, e ago lo remedi e licencia per los confessar e absolve, ab tant que paguessan a gleysa V liuras de cera, e a Nostra-Dona d'Aux autas V liuras, car autrament no lo donare licencia, etc., e que satisfessan partida o l'ac obligassan. Despensa per et e son rossin, a Johan Lebe, perso que no lo leyshan entrar desens : tres arditz (VI dines).

130. Item, a XXIIII d'abriu, fen los cosselhs apuntament ab lodit de Pardelhan e se obligan en la soma de CXXXII scutz XV sos IIII arditz, condan XVIII sos per scut, cum apar per ladita obligansa retenguda per maeste Johan de Mostayon, auqual pagan

la plus grande partie de son existence, il est probable que le sénéchal d'Armagnac eut plus d'une fois à le remplacer à Toulouse. C'est là ce qui expliquerait le titre de *sénéchal de Toulouse* qui lui est donné dans le contrat de mariage de sa fille. — Bernard de Rivière avait épousé Jeanne d'Armagnac-Termes, fille de Géraud d'Armagnac, baron de Termes.

(1) La vallée d'Aran est sur la frontière de l'Aragon. Cet envoi de troupes était évidemment destiné à faire une diversion de ce côté pour forcer le roi d'Aragon à lever le siège de Perpignan. (Voir art. 119.)

(2) L'official d'Auch était le vénérable Jean Marre, natif de Simorre, plus tard évêque de Condom. Il fut député, en 1470, par les trois États d'Armagnac vers le duc de Guyenne. Les gens des trois États réunis à Vic choisirent pour cette députation « inclitos viros dominum de Montesquivo, dominum de Monte « alto, barones patrie, nec non religiosum virum venerabilem dominum Johannem « Marre, licenciatum, officialem Auxis, et ceteros alios pro accedendo in abba« ciatam ad dominum nostrum ducem Aquitanie. » — Peu de jours après, quelques gentilshommes réunis à Lannepax nommèrent pour ambassadeurs, au mépris du choix précédent, Jean, baron de Pardaillan, Bernard, seigneur de Vergoignan, et Bernard du Lau, licencié. Cet acte illégal provoqua une seconde assemblée des députés du Tiers, à Vic, le 13 mars 1470, dans laquelle furent cassés et révoqués les ambassadeurs nommés à Lannepax et les précédents maintenus. (Regist. de Ponsan, not. à Vic, Arch. du Sémin. d'Auch.) Le motif de l'ambassade n'est pas indiqué. En 1474, l'official d'Auch était Pierre de Saint-Pierre. (*Hist. de la ville d'Auch*, par P. Lafforgue, t. I, p. 126.)

(3) Jean Broquet, chanoine de la collégiale de Saint-Nicolas de Nogaro, lieutenant de l'official d'Auch, en 1472. (*Docum. sur la maison de Galard*, t. II, p. 421.)

per la nota : VIII dines. — Plus, prenco lodit Mostayon per son celari de la garda deudit argent, perso qui ago a rumpe la serralha deu caychet on abe lodit argent e las tassas, e Peyroton Farga que ne abe portada la clau defora, etc. : x arditz.

131. Item, a XXVI, ana Peyroton Farga a Nogaro porta seys scutz e mey a Johan de Marsan, per lo quartaron; e can los ago, dixo que no los prencora sus lo quartaron, mas lo prene sus lo talh qui era estat feyt per termete la enbayshada au Rey, etc. E aysi metis lodit Peyroton abe carca de parlar ab lo senescauc per los balestes qui los abe mandatz que agossan, e no y podo entrar, mas can lodit senescauc s'en ana enta Manciet, lodit de Lafarga hy parla de loy, e lo dixo que et termetora part dessa mossenh de Laterrada (1), e que et ne tie feyt so que lodit de Laterrada ne fera; e aysi lodit de Lafarga s'en torna. Despensa per et e per son rossin : oeyt arditz (I sol IIII dines).

132. Item, a XXVIII d'abriu, fo apuntat per lo coselh que termetossan a Marciac au senescauc a causa deusditz balestes; perso que los deu pays partiban e los nostres no eran enquera elegitz, perso que lodit mossenh de Laterrada no era bengut, aysi cum debe; de que hy termeton la garda, per los desencusar audit senescauc, que no dixos que eram rebelles. Despensa : II sos.

Mois de mai 1473.

SOMMAIRE : 133. Conseil tenu à Vic. — 134. On demande copie des lettres de convocation dudit conseil. — 135. Envoi d'argent au receveur. — 136. Dépenses faites à l'occasion de la mort de la femme de Vital de Part. — 137. Saisie, faute de paiement des frais d'un procès. — 138. Autre saisie, par le trésorier du sénéchal de Toulouse. — 139. Salaire réclamé par le commissaire Marot de Labat. — 140. Accord avec le trésorier Jean Berget. — 141. Pourboire à des fossoyeurs. — 142. Voyage à Gimont pour emprunter de l'argent. — 143. Frais d'un acte de syndicat. — 144. Saisie, par ordre du receveur. — 145. Envoi d'argent audit receveur.

133. Item, lo quart jorn de may, fon mandatz au coselh a Vic de las partz de dus comissaris termetutz per lo Rey per augunas

(1) Jean de Latrau, seigneur de Laterrade-de-Mau (*de Terrata-mali*), près le Houga, et de Pouydraguin, paraît avoir eu la charge de lever et de conduire les francs-archers de l'Armagnac. Voir ces comptes, *passim*. Il devait avoir une commission semblable à celle de Nicolas d'Antras, seigneur de Samazan, pour le Pardiac. Voir la note de l'art. 90.

causas que volen carcar sus tot lo pays; que hy termeton Menyolet Palhera ab lo rossin de Peyroton Farga, que este tres jorns e mey; despensa per et e son rossin : IX sos I diner.

134. Item, lo VII jorn de may, termeton la garda a Nogaro per aber la copia de las letras deus susditz comissaris per saber cum se deben gobernar de so que los demandaba; e no la podo aber; despensa : IIII arditz (VIII dines).

135. Item, ana Peyroton Farga, a VIII deudit mes de may, a Nogaro, perso que Johan de Marssan abe termetut a dise que lo portessan la resta deus quartaros o autrament los termetora saryans, etc.; e lo porta quatre scutz, cum apar per vilheta balhada per lodit de Marssan; despensa per si e per son rossin : VI dines.

136. Despensa feyta per Bidau de Part, aysi cum fo apuntat au cosselh lo jorn de Pascas, can sa molhe, na Barrina deu Poy, moric:

Prumerament, fen la despensa audit Vidau e sa familia, deu XIXe jorn d'abriu dequia au seysen jorn de may, que despensa, otra so qui amassan per la bila, en pan : VII arditz. — Plus lo fen far hun quart de pan de mestura, costa : V sos e mey. — Plus, despensa en bin, IIII sos IIII arditz; en crabot, III sos. Monta tot en una soma : XIIII sos IIII dines.

137. Item, a IX de may, bengon dus notaris de Condon ab hun saryant que fen exeqntar los cosselhs per scripturas a lor degudas de hun pleyt que Bernadon de Poges abe en la cort deu senescauc d'Agenes X o XII ans ha passatz; que costa per lo celari deu saryant : XX arditz. — Plus, per la despensa qui fen : II sos II dines. — Plus, per la caption deu bayle : IX blanx (II sos III dines).

138. Item, a X de may, bengo Johan Berget, thesaurer deu senescauc de Tholosa, Marot de Labat, comissari, e dus autres saryans e hun baylet e VI homes a pees, que menaban, per prene e mena lo bestia, etc.; losquals fen exeqution per l'argent degut audit senescauc de Tholosa (1); que demoran IIII^{te} jorns e mey a l'ostalaria, e lodit thesaurer dus jorns; despensan en pan, bin, carn, species, oli, peys, candalas, fen e cibasa : dus scutz II sos XI dines.

(1) Voir art. 103.

139. Item, demanda lodit Marot per son celari tot jorn hun franc de Rey, e los saryans cascun XL arditz; de que fen acordi que los donan tres scutz.

140. Item, a XIII de may, anan a Nogaro Peyroton Farga, Johano Fontanhera e Peyron d'Argelos per far apuntament ab lodit Johan Berget perso que lodit Marot e los autres saryans tien gast e garnison perso que no poden pagar; ab loqual apuntan que fessan hun scindicat e quo s'en anessan a Gimont, car et pensaba que troberan part dela qui los prestara lodit argent, e que et los balhara los calitz e, etc. Despensan per etz e per los rossis VII arditz e mey. E portan lo[s] susditz audit thesaurer : XIIII scut[z], cum apar per bilheta, laqual costa : IIII arditz (VIII dines).

141. Item, a XIIII de may, fen far la fossa ab de la sor de Vidau de Part, que los donan per beure : III arditz (VI dines).

142. Item, a XVII de may, anan a Gimont Peyroton Farga e Peyron d'Argelos, aysi cum fo apuntat per lo cosselh, perso que Johan Berget los abe dit, e portan lo scindicat per se obligar part dela; e can fon la no troban re, e s'en tornan; que esten en anar e en tornar IIII jorns; despensan per etz e per los rossis : hun scut III sos V dines.

143. Item, fen far lo susdit cindicat a maeste Johan de Mostayo, no saben que costa, de que lon pagan : IIII sos VI dines (IIII sos e mey).

144. Item, a XXVI de may, bengon tres exequtos que Johan de Marsan termeto per los exequtar per los quartaros de l'an present, so es Guirauton de Camicas, lo Porrutat e Ramonet de Pergada, que los costa la despensa qui fen en pan, carn, fen e cibaza : II sos e mey.

145. Item, a XXVIII, porta Johan Fontanhera a Nogaro a Johan de Marsan V scutz per los quartarons, mas lodit de Marsan los prenco sus so que lo deben de la enbayshada; despensa per et e son rossin : VII arditz (I sol II dines).

Mois de juin 1473.

Sommaire : 146. Venue à Riscle du nouveau procureur d'Armagnac. — 147. Envoi de chapons et de poules au juge d'Armagnac. — 148. Travaux à la Menone. — 149. Voyage à Montréal et à Mezin ; — paiement d'une dette à M*e* Denis Maurisset.

— 150. Saisie, par ordre du receveur ; — il fait porter à Nogaro les objets saisis. — 151. Passage de M. de Panjas. — 152. Envoi d'argent au receveur. — 153. Travaux par corvée à la Menone, à un chemin et à divers ponts. — 154. On fait faire la contre-porte dite de Coarraze. — 155. On propose au recteur de Villères et au frère Mathieu Duviau de prendre la ferme des revenus de Saint-Jean et de la cure de Riscle, en échange de celle de la Merci. — 156. Venue du frère Mathieu pour régler cette affaire. — 157. Lettre écrite à Mᵉ Pellegrin, chanoine de Tarbes et procureur du recteur de Riscle, pour le prier d'affermer les revenus de la cure aux consuls. — 158. Envoi d'argent au receveur. — 159 et 160. Accord passé avec le trésorier de l'Archevêque d'Auch, touchant la ferme des revenus de Saint-Jean. — 161. Le lieutenant du sénéchal demande communication des coutumes de Riscle. — 162. Venue de M. de Laterrade, commissaire des arbalétriers destinés à l'expédition de la vallée d'Aran. — 163. On le supplie d'intercéder pour la ville auprès du sénéchal. — 164. Ajournement des consuls devant le sénéchal à Nogaro. — 165. Saisie, faute de paiement de la quote-part des 1,000 francs accordés au sénéchal de Toulouse, lors de la prise de Lectoure. — 166. On va trouver le lieutenant du sénéchal à Castelnau-Rivière-Basse. — 167. Assiette des 1,000 francs promis au sénéchal de Toulouse. — 168. Le lieutenant du sénéchal veut retenir prisonniers les députés de Riscle. — 169. Venue du chanoine Pellegrin pour affermer les revenus de la cure de Riscle aux consuls.

146. Item, lo prumer jorn de jun, bengo maeste Huguet Rolier, procurayre d'Armanhac, Johan de Marjan, per sercar la resta deusditz quartaros, e Huguet Maurin; que combida lodit procurayre maeste Peyron d'Argelos, maeste Leberon, maeste Johan de Mostayon a sopar, per sa noela benguda; que lo fen la despensa de pan, de bin, de carn, de fen e de cibaza; que monta tot: VI sos IIII arditz (VI sos VIII dines).

147. Item, lo segont jorn de jun, termeton a Nogaro dus parelhs de capos e tres de guarias a mossenh Johan Carmona, jutge d'Armanhac per mossenh de Beuju (1), per maeste Johan de Mostayon e la garda, losquals aben carca de parlar ab lodit jutge e ne aber mandament per far prene las baquetas e mete los molis en cuba e de exeqtutar los recusans la Redempna e per autras besonhas. Costan losditz capos e guarias V sos e mey. Despensan en anar e tornar tant assi quant a Nogaro : II sos.

148. Item, lo tertz jorn de jun, anan a la Menoa (2) los cosselhs, la garda, Arnauton Sala, loctenent de bayle, maeste

---

(1) Pierre de Bourbon, sire de Beaujeu, gendre de Louis XI. Il avait eu l'Armagnac dans le partage des dépouilles de Jean V. Voir art. 220.
(2) *La Menone*, nom d'un terrain communal de Riscle.

Pey Fontanhera, Bernad deu Sobiran, Arnauton deu Sobiran, Arnauton de Lalana e d'autres cosselhes, per debisar on fessan dar l'aygua de ladita Menoa. Despensan los susditz en pan, bin, carn : dus sos VII dines.

149. Item, lo quart jorn deudit mes, anan a Montreyau (1) e a Meysin (2) maeste Pey Fontanhera e Peyroton Farga, per beser e apuntar ab los dus notaris susditz de Condon qui los eran bengutz exequtar, cum dit es desus, car aysi ac aben prometut ausditz notaris; e can fon part dela, volon beser los proces e las rubricas per lasquals los fasen exequtar, e losditz notaris los dixon que etz no aben punt aqui los libres ni losditz proces, mas en prencon jorn auqual los agoran; e entertant pagan a maeste Danis Mauriset en deduction de so qui lo deben IX sos, e maeste Pey Cheyronis demorec cuma debant. Despensan per etz e per los rossis, otra so qui anaban en Condomes per los besonhas : oeyt sos IIII dines.

150. Item, lo v^e jorn deudit mes, bengoc hun saryant aperat Perris Ferant, ab IIII d'autres termetutz per Johan de Marsan per los exequtar per los quartaros, losquals penheran los cosselhs Bernadon de Bilhera, Berthomiu deu Faur, Johan deu Magenc e Johan Fitau; e fo apuntat per lo cosselh que lo fessan la despensa; e aysi a fen a Bernadon de Bilhera, que despensan en pan, bin, peys, species, oeus, fen e cibaza, que monta tot : v sos.

E aqui metis, mandan losditz saryans a Bernad de Sen-Pot, Pey Palhera e Arnauton de Poges ab son rossin que encontinent portessan losditz gatyes a Nogaro sus la pena de xxv marx d'argent; e aysi a fen, e agon a demora la neyt a Nogaro; que despensan : x arditz.

151. Item, a VI de jun, passa mossenh de Panyas (3) ab xxx o

---

(1) Montréal, arrondissement de Condom (Gers).
(2) Mézin, arrondissement de Nérac (Lot-et-Garonne).
(3) Bertrand d'Armagnac de Pardaillan, seigneur de Panjas, frère puîné de Jean, seigneur de Pardaillan, et fils de Jean d'Armagnac, seigneur de Pardaillan et vicomte de Juillac, et de Jeanne de Faudoas-Barbazan. Les seigneurs de Pardaillan et de Panjas descendaient de Roger d'Armagnac, vicomte de Fezensaguet et de Lavardens, qui épousa, le 15 décembre 1347, Esclarmonde, dame de Pardaillan et de Juillac, avec clause que ses successeurs porteraient les noms et armes de Pardaillan. Voir le P. Anselme, généal. Armagnac.

xxxx companhos, loqual portaba letra que los agossam donar pan e bin; e aysi fo apuntat per lo cosselh que a fessam; monta : x arditz.

152. Item, a x de jun, anan a Nogaro Bernad de Sen-Pot e Pey Palhera porta viii scutz a Johan de Marsan, auqual eran de segrament per los quartaros; despensan : x arditz.

153. Item, lo dimars de Pentacosta, fen besiau (1) a la Menoa e en la carrera de las Vinhas e au pont de l'Adorr e deu Batans e au pont Tasta; e fo apuntat per lo coselh que donessan bin aus besiales (2); e aysi a fen; que ne agon xxiiii piches a hun blanc lo piche; que monta : vi sos.

154. Item, lo xi jorn de jun, fen far la comporta de Coarrasa, e tornar xx homes a la besiau de la Menoa o plus per la acabar; que despensan en pan e en bin : vi sos iii dines.

Plus, prencon per far ladita conporta de maeste Leberon de Thesa duas taulas de corau; que costan : ix sos.

Plus, prencon de Peyrot de Poges duas taulas; costan : ix sos.

Plus, de Bernad deu Poy alias Ardon duas taulas; costan : v sos.

155. Item, a xv de jun, fo apuntat per lo cosselh que termetossam mossenh Johan deu Forc e Arnauton de Poges au rector de Bilhera e a fray Mathiu a Geuna (3) perso que aben arrendat la Redempna, e n'i abe d'augus recusans de la paguar e disen que los deran sus caps, etc., beser a causa de quo si lodsitz rector e fray Mathiu boloran l'arrendament de Sent-Johan e de la rectoria d'Ariscla en loc de ladita Redempna; losquals los fen resposta que etz hy abisaran e bengoran part dessa per ne parlar ab los autres los companhos. E aysi esten losditz deu Forc e de Poges una neyt; que despensan : ii sos v arditz (ii sos x dines).

156. Item, l'endoma que era vespra deu Cor de Diu, bengo lodit fray Mathiu a causa de so qui losditz deu Forc e de Poges l'aben dit part dela beser quene que bo disen deusditz arrendamens;

---

(1) *Besiau*. Ce mot, qui signifie l'assemblée des voisins, est pris ici dans le sens de corvée, ou mieux de prestation. C'est-à-dire que les voisins se réunissent pour faire en commun un travail gratuit auquel ils ont tous un intérêt égal.

(2) *Besiales*, les prestataires.

(3) Geaune, chef-lieu de canton (Landes). Voir une note précédente, p. 94.

auqual fen la despensa a Pochot au dinar, on era mossenh Johan deu Forc, maeste Pey Fontanhera, Arnauton de Poges, Bernadon de Bilhera, Tibbaud deu Pin, per tau que melhor apuntessan e la vila no fos en donges; que despensan en bin, peys, oli, oeus, species, fromatge : III sos e mey.

157. Item, a XVIII de jun, fo apuntat per lo cosselh que termetossan Sanson deu Sobiran a Tarba portar una letra de la vila a mossenh Pelegrin (1) en lo preguan que volos arrendar e balhar l'arendament de la rectoria aus cosselhs debant tot autre per la balhar en lo loc de la Redempna, eysems ab la de Sent-Johan, au[s] susdit[z] arendadors; loqual despensa en anar e tornar : III sos.

158. Item, lo jorn susdit, ana Peyroton Farga a Nogaro portar v scutz a Johan de Marsan per los quartaros e per far apuntament ab lu que los tornas los gatyes qui Perris Ferrant e los autres saryans susditz aben feytz portar la, auqual pregua que a fes cum dit es, etc.; e aysi s'en anan entaudit Perris Ferrant per far acordi, loqual los dixo que et ne agora IIII scutz e las despensas per son celari debant que los gatyes l'escaperan o autrament et los s'en fera porta encontinent enta Montreyau; e aysi fen acordi ab lodit Perris que lo dona lodit de Lafarga aqui metis dus scutz e que sobosan losditz gatyes, losquals eran enpenhatz per las despensas deusditz saryans a Ramonet Despalla, oste de l'Anyo (2), per XXII sos e dus arditz e mey, e lo pilhard que ne abe duas pintas per XL arditz per son celari; e aysi monta tota ladita despensa en una soma : tres scutz XI sos I diner.

E aysi ago a demora lodit de Lafarga una neyt e dus jorns per sobe e amassar lo[s] susditz gatyes, e termeto a dise que lo termetossan hun saume l'endoman de matin per porta losditz gatyes; e aysi fo feyt.

159. Item, a XX deudit mes que era ditmenge, anan los IIII^{te} cosselhs a Sent-Mont per obligar l'arendament de Sent-Johan au thesaurer de mossenhor d'Aux o a sos officiers, loqual aben arendat per lo balhar eu loc de la Redempna, aysi cum era

---

(1) Chanoine et sacristain de Tarbes. (Voir plus loin l'art. 169.)
(2) Nom d'une hôtellerie de Riscle.

estat apuntat per lo cosselh; e can fon part dela, dixon que no los prencoran punt sino que agossan scindicat de la vila; e aysi s'en tornan; que despensan : x arditz.

160. Item, a xxi de jun, tornan a Sent-Mont Johano Fontanhera, Pey Palhera, Bernad de Sen-Pot, maeste Pey Fontanhera cuma scindic, e maeste Johan de Mostayon per los far fe deu scindicat per far la obliganssa deudit arrendament de Sent-Johan; e aysi a fen, etc.; e lodit de Lafarga e la garda anan a Nogaro perso que eran ajornatz per debant lo senescauc o son loctenent per lo procurayre d'Armanhac; despensan totz eysems lo matin a dinar en pan, bin, carn : ii sols e mey. Plus lo vespe au sopar, can fon bengutz de Sent-Mont e la garda de Nogaro, despensan totz eysems : xix arditz (iii sos ii dines.)

161. Item, can lodit de Lafarga fo a Nogaro, lo loctenent deu senescauc, Tacanet (1), e maeste Johan Manhan, ausidor, e lo procurayre lo mandan que agos a mostrar quantes arpens de padebenc ni de boscz tie la bila ne quey fiu ne paga, e agos a mustrar las costumas e las autras causas de la bila, etc.; loqual de Lafarga no podu punt far resposta, mas los pregua que l'ac donessan per caps en scriut e que et ac portara mustrar au cosselh a Riscla, etc.; e aysi ago a demorar una neyt; que despensa per et e son rossin : ii sos e mey.

162. Item, a xxii de jun, bengo mossenh de Laterrada, commissari deus balestes (2), per ajornar los cosselhs, perso que no aben termetutz los balestes en Aran (3) ab los autres, per debant lo senescauc; loqual dise que abe mandament de mete los cosselhs en preson e confiscar lors bees e, etc.; auqual preguan maeste Leberon de Thesa, mossenh Johan Farga, Peyroton, son fray, e los autres cosselhs eran defora, que no fes deguna exeqution ni expleyt, mas que demoras dus o tres jorns que etz ac demostraran au cosselh e lo feran resposta a Manha (4) on et debe este; e aysi a fe; auqual fen despensa de pan, de bin, carn, fen, cibaza,

---

(1) Procureur d'Armagnac en 1461. (Voir une note à l'art. 4 des dépenses de 1461.)
(2) Voir art. 131.
(3) Voir art. 128.
(4) Magnan, canton de Nogaro (Gers).

e a so baylet; que monta tot en una soma, on eran lo susdit de Theza e Bernadon de Bilhera e d'autres : tres sos III dines.

163. Item, a XXV de jun, ana Peyroton Farga a Manhan per parlar ab lodit senhor de Laterrada, on et debe este, cum dit es desus, sus lo feyt deu defaut deus balestes, etc., e aqui no lo troba punt, e dequi en fora s'en ana a Laterrada e lo pregua de las partz e nom de tota [la] vila que et nos fos bon amic enver lodit senescauc, que la vila lo donara dus o tres scutz per sos tribalhs, cum era estat apuntat per lo cosselh, e la begada lodit de Laterrada los ajorna per debant lodit senescauc, mas lo dixo que aquo era lo melhor e que anessan a la jornada, car et agora parlat ab lodit senescauc e hy fera lo melhor qui et podora; e aysi lodit Peyroton s'en torna; despensa per et [e] per son rossin : v arditz e mey (XI dines).

164. Item, l'endoman, ana Peyroton Farga a Nogaro per lossusdit ajornament de mossenh de Laterrada, e can fo la, no y fo lodit senescauc ni son loctenent, mas porroguan la jornada dequia au dilus apres; e aysi s'en torna; que despensa per et e son rossin : x dines.

165. Item, lo jorn susdit que era XXVI, bengon IIII^{te} saryans per exequtar los cosselhs per la part deus mila franx qui lo pays d'Armanhac abe autreyatz au senescauc de Tholosa can Leytora fo pres e, etc.; que demoran dus jorns e duas neytz; despensan per etz e los rossis en pan, biu, carn, fen, cibaza, laqual despensa fen pagar ausditz cosselhs, monta tot en una soma : XVII sos v dines.

166. Item, a XXVII deudit mes, anan au Castetnau d'Aribera (1) Peyroton Farga e Johano Fontanhera, on era Tacanet, per parlar ab lu [e] beser si podoran far degun apuntament ni acordi de l'ajornament qui mossenh de Laterrada los abe feyt e de so que los manda a Nogaro que mustrassan quantes padobens ni boscz tien, etc., ni cum aben arrendatz los arrendamens de la bila e, etc.; deuqual no podon aber deguna bona resposta ni apuntament, mas los manda que anessan l'endoman a Nogaro a la jornada qui

---

(1) Castelnau-de-Rivière-Basse, chef-lieu du pays de Rivière, mouvant du comté d'Armagnac depuis la sentence arbitrale rendue en 1329 par Philippe, roi de Navarre, qui l'adjugea à Jean I, comte d'Armagnac.

mossenh de Laterrada los abe feyta; e aysi s'en tornan ses re far; que despensan per etz e per los rossis : VII arditz (I sol II dines.)

167. Item, lo jorn metis, ana Bernad de Sen-Pot a Nogaro a causa de una letra que los cosselhs de Nogaro los aben termetuda fasen mention que lodit jorn fossan la, car los autres cossolatz e proprietaris y eran per far la cieta deus susditz mila franx autreyatz au senescauc de Tholosa; despensa per et e son rossin : IIII arditz e mey (IX dines.)

168. Item, l'endoman, anan a Nogaro Peyroton Farga e Johano Fontanhera a la jornada susdita de mossenh de Laterrada, aysi cum lo loctenent los abe mandat au Castetnau; e can fon la, lodit loctenent los manda lo rest en lo castet deudit Nogaro, e la begada losditz de Lafarga e de Fontanhera anan preguar a maeste Bernat Fitan que preguas audit loctenent que los porrogas la jornada dequi au dives apres e que etz feran so qui far degoran; e aysi fo feyt, e losditz de Lafarga e de Fontanhera s'en tornan; que despensan per etz e per los rossis : X arditz.

169. Item, a XXIX de jun, bengo mossenh Pelegrin, canonge e segrestan de Tarba e procurayre deu rector d'Ariscla en partida, a causa de una letra que la vila l'abe termetuda sus lo feyt de la rectoria, en lo preguan que lo plagos de la arrenda aus cosselhs de la vila per la balha aus rendados de la Redempna; loqual fe resposta que et era content que la vila la agossa debant totz autres e, etc.; e aqui fon maeste Bernad Fitan e maeste Johan de Baradat, e dixon que ladita rectoria era lor per aquest an, car etz l'aben arrendada de l'arcipreste de Labrossot, loqual era procurayre deu rector cuma lodit mossenh Pelegrin; e lodit Pelegrin los demanda a quant era, e etz lo dixon que a nabanta scutz e dita, e aysi hy ago gran debat, car cascun la vole, etc.; en tant que a la fin fen acordi que losditz de Lafitan e de Baradat agossan detz scutz de lor dita, e que ladita renda demoras a la vila, a fugir e evitar los brutz e scandols qui se podoran enseguir de la Redempna e, etc.; e aysi lodit Pelegrin l'arenda a mossenh Johan deu Forc e de Sen-Pot per nom de la vila, e se obliguan audit Pelegrin cuma procurayre deu rector, eysems ab lor los cosselhs e maeste Leberon de Theza, cumha scindic

de la vila, e donan las abenturas aus susditz deu Forc e de Sen-Pot per que servissan la gleysa e los obligan e prometon de relevar de tot dampnatge e enteresse, etc. En que despensan losditz cosselhs en diversas begadas en fasen presens e plases audit Pelegrin e ausditz de Lafitan e de Baradat e autres qui minyaban e beben ab lu, cum es maeste Johan de Mostayon, maeste Leberon e los caperans susditz; que monta : v sos ii dines.

Mois de juillet 1473.

Sommaire : 170. Nouvelle entrevue avec le lieutenant du sénéchal, touchant l'affaire des padouens; — conseil tenu par les consuls de Nogaro, de Barcelonne et de Riscle, au sujet des 1,000 francs. — 171. Le sénéchal consent, moyennant finance, à pardonner le défaut d'envoi des arbalétriers. — 172. Envoi d'argent au receveur. — 173. Paiement de l'impôt des vivres. — 174. Voyage à Perchède, par ordre du sénéchal. — 175. M. de Laterrade ordonne aux consuls de Riscle de tenir prêts et équipés vingt-cinq arbalétriers. — 176. Les procureurs du Roi et du sire de Beaujeu font faire la montre des arbalétriers. — 177. Ceux-ci sont conduits à Saint-Griède, devant M. de Laterrade. — 178. Demande d'argent par le receveur. — 179. Marsau fait arrêter les consuls de Riscle, de Barcelonne et de Nogaro et veut les emmener prisonniers à Toulouse; il les relâche moyennant finance. — 180. Achat d'une brigandine à Morlaas. — 181. Achat de deux pièces de drap rousset. — 182. Réduction du nombre des arbalétriers à fournir, à la condition qu'ils seront promptement armés et équipés. — 183. Achat de drap rouge pour faire les hoquetons; — nouvelle réduction des arbalétriers, moyennant finance. — 184. M. de Laterrade vient choisir les arbalétriers. — 185. Le commissaire Jean Faur vient le rejoindre. — 186. Envoi d'argent au receveur. — 187. Achat de futaine et de paumelle à Castelnau pour habiller les arbalétriers. — 188. Un des consuls se rend à Nogaro pour savoir où il faut conduire les arbalétriers et avoir des nouvelles d'une ambassade; il ne trouve ni M. de Laterrade, ni le député Jean Barrère. — 189. Nouveau voyage à Nogaro, toujours sans résultat; — le garde de la ville de Riscle, chargé de porter une lettre aux commissaires, les trouve entre Galiax et Préchac; ceux-ci autorisent les notaires de Nogaro à recevoir la montre des arbalétriers. — 190. Poursuites exercées par les abbés de Mascaras et d'Anoye contre la caution des consuls de Riscle. — 191. Menaces du receveur. — 192. Ordre d'envoyer les deux arbalétriers à Lupiac; le commissaire réclame l'argent promis ou l'envoi de deux autres arbalétriers. — 193. Envoi d'argent au receveur. — 194. Réparation de la contre-porte de la ville; — gardes placés à la porte qui communique avec les lieux infectés par la peste. — 195. Dépenses relatives à l'habillement des arbalétriers (jaquettes, chausses, jupons, chemises, souliers, berrets, aiguillettes), et à leur équipement (arbalètes, épées, dagues, ceintures, carquois, etc.).

170. Item, lo segont jorn de julh, anan a Nogaro maeste Leberon de Thesa e Peyroton Farga per apuntar ab Tacanet

sus lo ajornament qui mossenh de Laterrada los abe feyt e deus documens qui lodit Tacanet bole que losditz cosselhs lo mustrassan deus padoens e, etc.; e can fon part dela, preguan a maeste Bernat Fitan e maeste Johan de Barada que los ajudessan; car lodit Tacanet fera per etz plus que per autres, losquals los dixon que etz feran so qui far hy podoran de bon cor; e aysi hy anan parlar ab lodit Tacanet, loqual remeto la causa ausditz de Lafitan e de Baradat; e lodit maeste Leberon s'en torna; e lodit de Lafarga fo amonestat per Johan Guarron e ago a demorar la neyt per apuntar de ladita monition; e l'endoma tengon cosselh los de Nogaro, Barsalona e lodit Farga d'Ariscla sus lo feyt deus mila franx perso que los gentius se volen aperar (1), e cascun prenco terme de far resposta dequi au dimars apres. Despensan per etz e per los rossis : II sos X dines.

171. Item, a VI de julh, ana Peyroton Farga a Nogaro, perso qui eran mandatz deu defalhiment deus balestes susditz e, etc., e a' causa de far resposta sus lo feyt deus mila franx, e aysi metis que lo senescauc los manda que agossan los balestes cum per debant los era estat mandat e enpausatz e, etc., e apunten la begada las proprietatz e los gentius ab lodit senescauc que lo defalhiment deus balestes e totz autres fos perdonat per lodit senescauc e que tot lo pays d'Armanhac dona audit senescauc per totz defautz e autras II^c scutz, e a Tacanet XX, e au procurayre XII; e aysi lodit de Lafarga ago a demora una neyt; despensa per et e per son rossin : II sos IX dines.

172. Item, lo jorn susdit, pagan a Johan de Marssan per los quartaros, cum aper per bilheta : sinq scutz tres sos.

173. Item, pagan lo jorn susdit a maeste Nycholau deu Baradat per resta deu segont inpaus deu[s] biures : I scut III sos VIII dines.

174. Item, a XI de julh, ana Peyroton Farga a Percheda (2), ab XXX o XL conpanhos, aysi cum los era estat mandat de mandament deudit senescauc lo jorn deban; e can fon part dela, lodit de Lafarga, Bernad de Sen-Pot, Guilhon de Sant, Peyron de Monbet,

---

(1) Les habitants de l'Armagnac en appelèrent en effet au Roi, mais sans succès; ils durent payer les mille francs. Voir art. 125; 211, 212, 277 et suivants.

(2) Perchède, canton de Nogaro (Gers).

Guilho de Trobat fon mandatz que agossan a garda la neyt lodit loc; e aysi a fen; e l'endoman fen augus apuntamens ab las partidas; que despensan en lo camin, can s'en [tornan] totz eysems : vi arditz e mey (1 sol 1 diner).

175. Item, aqui metis qui fon bengutz de Perchada, bengo mossenh de Laterrada ab son baylet e lo causete de Manciet, comissari ab lu, losquals mandan aus cosselhs que agossan lo dityaus apres xxv balestes abilhatz, sus pena de confiscation de cors e de bees e de esse traydos e rebelles a nostre senhor lo Rey; ausquals fen la despensa de pan, bin, carn, fen e cibaza, e d'autres de la vila qui lo tien conpanhia; que monta tot en una soma: xxII arditz (III sos VIII dines).

176. Item, a xiii de julh, bengon Ramonet deu Claus, procurayre deu Rey, e maeste Huguet Rolier, procurayre de mossenhor de Beuju, per augunas besonhas deus balestes e deu molin, e fen far las mustras ausditz balestes; que los donan lo sopa; losquals procurayres combidan maeste Pey Fontanhera, maeste Leberon de Thesa, maeste Glaude, Johan-Arnaud de Pri, de Barsalona, e son fray, Bernad deu Sobiran, Drulhet, bayles, e d'autres; que despensan en pan, bin, carn, species : v sos IIII dines.

177. Item, a XIIII, ana Peyroton Farga a Sent-Grieda (1) menar losditz balestes per far las mustras per debant mossenh de Laterrada; que paga la collation audit de Laterrada e aus autres; despensa : I sol VIII dines.

178. Item, a xv deudit mes, bengo Ramonet, [baylet] de Johan de Marsan, mandar aus cosselhs que portassan l'argent deus quartaros, car Marssau era a Nogaro ab los saryans en bole mena lodit de Marsan e los cossolatz de Nogaro e de Barsalona, o que hy anessan demandar jorn; despensa : IX dines.

179. Item, a xvi de julh, ana Peyroton Farga a Nogaro per beser si podora diminuir deu[s]ditz arches ab lo senescauc o son loctenent, e per demandar jorn audit de Marsan e Marssau; e can fo par dela, non podo aber degun terme, mas l'arasta, eysems ab los autres cossolatz de Barsalona e de Nogaro, e los ne bole totz menar enta Tholosa, mas fen acordi ab lodit Marssau que lo donan

---

(1) Saint-Griède, canton de Nogaro (Gers).

dus scutz los tres cossolatz susditz; que monta a Riscla : XII sos.
— Plus per la despensa de et e deus saryans qui fen en l'ostalaria; e lodit senescauc ni son loctenent no y fon; e aysi ago a demora una neyt; que despensa per et e per son rossin : II sos IIII dines.

180. Item, pagan los cosselhs a Guiraud de Camorteras per anar sercar unas berguantinas a Morlas; que Bernadon de Bilhera e Bauton hy anan per nom deudit Camorteras : oeyt scutz. — Item, per la despensa qui losditz de Bilhera e Bauton fen : XII sos.

181. Item, a XIX de julh, pagan a Peyrot de Poges per nom deudit Camorteras dus arrossetz, losquals fon la hun de Bernadon de Bilhera e l'autre de Peyroton Farga, losquals costan X scutz, e lodit de Poges no los bolo sino per oeyt, e aysi hy ago tara perda per la vila dus scutz, mas aysi fo apuntat per lo cosselh, perso que lodit de Camorteras los bole far exequtar per la paga de C quartz de blad que los abe prestatz e lo terme era passat e, etc.

182. Item, a XX deudit mes, anan a Plasenssa (1) maeste Leberon de Thesa e Peyroton Farga per parla ab lo loctenent Tacanet e ab mossenh de Laterrada e Johan Faur de Manciet per amermar lo nombre deus balestes; losquals amerman a set, mas los mandan que prestament fossan abilhatz de spasas, dagas, balestas, boyrax ab XII treytz cascun, sabatos, caussas la una blanca, l'autra persa (2), jupos de fustani blanc, fauquetos roges, chapeus e bonetz e bonetas (3); e agoran la ney[t] demorar part dela per far lodit amermament de XXV que los ne eran estatz enpausatz; que despensan per etz e per los rossis : III sos IIII dines.

183. Item, a XXI de julh, anan a Barsalona Bernad de Sen-Pot e Peyrot deu Cos crompar drap roge per far losusditz fauquetos per los susditz balestes, etc.; e maeste Leberon ana a Betloc (4) per plus amermar losditz balestes ab Johan Faur de Manciet,

---

(1) Plaisance, arrondissement de Mirande (Gers).

(2) « La una », « l'autra », s'appliquent aux jambes des chausses dont l'une devait être de couleur blanche et l'autre de couleur perse.

(3) Ces détails de l'armement et de l'habillement des arbalétriers sont en tout conformes à l'ordonnance déjà citée de Louis XI sur les francs-archers.

(4) Belloc, commune de Jû-Belloc, canton de Plaisance (Gers).

comisari per far losditz balestes, e apunta ab lodit comissari que los quita per dus, ab tant que lo donassan XII scutz; e aysi fo feyt, etc. E aqui metis, termeton la garda a Nogaro portar argent a Johan de Marsan, loqual no lo volo prene perso que no n'i abe tant cum lon deben, etc. Despensan totz los susdits : tres sos e mey.

184. Item, a XXII deudit mes, bengo mossenh de Laterrada per elegir los personatges deus balestes; que despensa per et e son baylet e rossis, ab d'autres quen combida a dinar, que monta : tres sos III dines.

185. Item, lo jorn metis bengo lo susdit [Johan Faur] de Manciet, car se deben trobar assi totz dus, de Laterrada e et; e fo tart can bengo; que lo fen la despensa au sopar e la neyt que demora; que despensa ab son rossin : XI arditz.

186. Item, a XXIII deudit mes, ana Pey Palhera a Nogaro portar IIII^{to} scutz e XII sos a Johan de Marsan per los quartaros, de que lodit de Marsan prenco los XII sos sus los dus scutz qui Barsalona, Nogaro e Riscla aben prometut a Marsan; que despensa : IIII arditz e mey (IX dines.)

187. Item, lo jorn metis, ana Johan Fontanhera au Castetnau sercar fustani e paumela per abilhar losusditz arches, ab lo rossin de Bernad de Sen-Pot; que despensa en anar e torna per et e per son rossin : I sol I diner.

188. Item, a XXIIII de julh, ana Johano Fontanhera a Nogaro per saber si los balestes deu pays fasen las mustras, perso que los éra estat mandat que lodit jorn los menassan a Sancta-Christina (1), e per saber mossenh Johan Barrera (2) que condaba de la enbayshada; e can fo part dela, no y troba mossenh de Laterrada ni lodit Barrera, mas parla ab los cosselhs e ab maeste Bernat Fitan e ab maeste Johan de Barada, losquals lo dixon que no n'aben ausit re, mas que etz bengoran l'endoma e los ne contaran cauque causa; e aysi s'en torna; que despensa lodit Fontanhera per et e son rossin : I sol IIII dines.

189. Item, a XXVI deudit mes, termeton la garda a Nogaro per saber si los balestes fasen las mustras, perso que eran estatz

---

(1) Sainte-Christie, canton de Nogaro (Gers).
(2) Jean Barrère, licencié en lois, habitant de Nogaro en 1472. (*Docum. sur la Maison de Galard*, t. II, p. 422.)

mandatz que aquet jorn los menassan part dela; e can fo part dela, parla ab los susditz notaris, que lo dixon que no hy era res per prene losditz balestes, mas que s'en tornes, car etz bien tantost mas que agossan dinat e saboran que deben far; e aysi s'en torna ladita garda; que despensa: IIII arditz (VIII dines.)

E tantost bengon los susditz notaris de Nogaro e dixon que no y era res, etc., mas que etz feran una letra ausditz comissaris, que los remetossan lasditas mustras, car etz las prencoran assi per nom de lor e gardaran lor honor e, etc., e que termetossan ladita letra per la garda ausditz comissaris a Sancta-Christina o la on foran; e aysi affen. E aqui metis, parti ladita garda e no los troba a Sancta-Christina, mas lo dixon que eran a Manciet, e can fo la, no y fon, mas lo dixon que eran a Fustaroau (1), e no los hy troba, mas lo dixon que eran a Poydraguin (2), e tant pauc no y fon, mas lo dixon que eran a Betloc; e aysi los segui enta Belloc e los troba enter Gualiax (3) e Preysac (4) que s'en anan a Poydraguin; e can fon la, la garda los balha la letra, losquals fen una letra de resposta que etz eran contens que losditz notaris fessan abilhar losditz balestes e prencossan lasditas mustras; e aysi despensa ladita garda en dus jorns que este en anar e tornar: dus sos.

190. Item, a XXVIII de julh, bengo Bernat de Berdolet, de Conches, loqual era fermansa per los cosselhs entaus abatz de Masquaras e de Noya per duas pipas de bin que los deben, e losditz abatz fasen exeqution audit Bernat; per so los bengo pregua ausditz cosselhs que anessan parlar ab losditz abatz e relebar ab lu; que lo fen la despensa, que monta per et e son rossin : I sol IIII dines.

191. Item, lo jorn susdit, bengo Ramonet, [baylet] de Johan de Marsan, per far exequtar los cosselhs per las restas deus quartaros, auqual preguan que los donas terme dequi au dives; e aysi a fe, que lo fen la despensa a la stalaria; que despensa per et e son rossin : XI arditz.

---

(1) Fustérouau, canton d'Aignan (Gers).
(2) Pouydraguin, canton d'Aignan (Gers).
(3) Galiax, canton de Plaisance (Gers).
(4) Préchac, canton de Plaisance (Gers).

192. Item, lo darre jorn de julh, bengo lodit Johan Faur, de Manciet, mandar aus cosselhs que agossan l'endoman los balestes a Lupiac e que lo donassan los XII scutz, cum era estat apuntat, o que lo abilhessan autres dus balestes e et los quitera los XII scutz (1); auqual fen la despensa a la ostalaria a et e son rossin, que monta tot : II sos XI dines.

193. Item, lo jorn susdit, porta Pey Palhera a Johan de Marsan a Nogaro set scutz; que despensa per et e son rossin : X dines.

194. Item, fen adobar la comporta ab de la feyra de Sen-Pe d'aost (2), que costa V arditz; plus aus portes qui gardaban la porta deus qui bien de las mortalhas (3), que los donan : II arditz de vin.

195. Despensa feyta per los balestes, qui partin lo prumer jorn d'aost, abans que partin, en abilhamens a lor necessaris e aus cosselhs enpausatz per balhar ausditz balestes, so es Bernat Beyria, Menyolet deu Sobiran, Arnaut-Guilhem de Bilhera e Bernat d'Aragon, aysi cum sec :

Prumerament, crompan losditz cosselhs una cana de roge a Barsalona, per far las jaquetas ausditz balestes; costa : II scutz.

Item, V paums de paumela e V de blanquet per far las caussas a Arnaut-Guilhem e a Bernat d'Ar[a]gon; costan : X sos e mey.

Plus, XVIII paums de fustani blanc per far los jupos aususditz d'Aragon e Arnaut-Guilhem alias Mosquet; costan : I scut.

Item, crompan VI paums de blanquet per forrar lasditas caussas e coletz deus jupos deus susditz e per far las crotz (4) en las susditas jaquetas, que son IIII^{te}; costan : V sos.

Item, costan de tone los susditz draps roge e blanquet : I sol e mey.

(1) Ce qui fut accepté. Les consuls équipèrent quatre arbalétriers.
(2) Qui se tenait le lendemain 1er août, fête de saint Pierre-aux-liens. Cette foire n'existe plus à Riscle; elle a été sans doute remplacée par celle qui se tient aujourd'hui le 20 août.
(3) *De las mortalhas*, des lieux infectés par la peste ou autres maladies contagieuses et *mortelles*.
(4) Les croix blanches sur la poitrine, c'est-à-dire cousues sur le devant du hoqueton, étaient prescrites par l'ordonnance de Charles VII. Il avait voulu, en outre, que les francs-archers marchassent sous le pennon royal marqué d'une croix blanche. Ces arbalétriers, imposés aux villes de l'Armagnac pour la guerre du Roussillon, paraissent avoir été levés sur le même pied que les francs-archers.

Item, crompan xviii paums de drap de lin per far losusditz dus jupos; costan : iii sos e mey.

Plus, unas camissas blasidas (1) per mete en losditz jupos; costan : i sol e mey.

Plus, duas liuras de lan blanca per los susditz jupos : ii sos.

Plus, crompan fiu blanc e roge per far los susditz obratges; costa : x arditz.

Plus, costa la fayson deus iiii^{te} fauquetos e de dus jupos e dus parelhs de caussas : i scut.

Item, balhan a Beyria unas caussas d'arnela blanca (2); costan : x sos e mey.

Item, crompan hun parelh de camisas ab de Beyria e Mosquet; costan : ix sos.

Item, crompan sabatos audit Mosquet e a Bernat d'Aragon; costan : vi sos.

Plus, una berreta blanca ab deudit d'Aragon; costa : i sol e mey.

Plus, una autra que fo deu filh de Casalhiu, costa : ii sos.

Plus, crompan agulhetas ab deusditz balestes : iii sos ii dines.

Item, paguan los susditz cosselhs a Bernat Beyria per son jupon, lansa, spasa, dagua e sa sotada : tres scutz e mey.

Item, a Menyolet deu Sobiran per son jupon, caussas, sabatos, camisas : i scut xiiii sos.

Item, maudan losditz comissaris aus susditz cosselhs que donessan a cascun baleste susdit dus scutz per despensa; e aysi affen; que monta oeyt scutz.

Seguinsen los arnes qui losditz balestes ne portan :

Prumeramens, agon una balesta de Berthomiu deu Faur ab de Arnaut-Guilhem de Bilhera alias Mosquet, que fo taxada : xvi sos.

Plus, crompan una colana (3) de Barrusquet ab de la dita balesta; costa : x sos.

Plus, crompan una spasa de Serrabosset ab deudit Mosquet; costa : xv sos.

---

(1) *Blasidas*, usées, vieilles.
(2) *Arnela*, étoffe de laine légère, flanelle.
(3) *Colana*, poutrelle au sens générique, désigne dans ce cas particulier le fût, l'arbrier de l'arbalète sans son arc. On employait pour faire les arbriers des bois légers et résistants, tels que l'ormeau, l'érable, l'if.

Plus, hun cotet de Leberon deu Barri; costa : II sos e mey.

Plus, una cinta e hun boyrac ab XIIII treytz de Ange de Bilhera; costa : IX sos.

Plus, una cinta per cintar; costa : II arditz (IIII dines).

Item, crompan una balesta de Peyron deu Casso ab de Bernat d'Aragon; costa : I scut.

Plus, duas madaychas (1) per far una corda de balesta; costan : V arditz (X dines).

Plus, una spasa e una daga de Johan de Lafitan ab deudit Bernat; costan : I scut.

Plus, una cinta, poleya, escaleta; costa : IIII sos e mey.

Plus, hun boyrac de Miqueu deu Sobiran; costa : V sos.

Item, Menyolet deu Sobiran ne porta una spasa e una lansa bigatana (2), que era sua propria; que fo taxada : I scut XII sos.

Plus, crompan hun dagot que fo de Guilho de Las Correyas ab deudit Menyolet; costa : II sos e mey.

Plus, paguan audit Menyolet (3) per sa sotada : XIII sos e mey.

Item, paguan a Arnaut-Guilhem de Bilhera susdit per sa sotada : XIII sos e mey.

Item, a Bernat d'Aragon per sa sotada : XIII sos e mey.

Plus, perso qui abe agut crompa la gayna en la spasa e en la dagua; que lo costan totas duas : XVII arditz.

Plus, manda lo susdit Johan Faur, comissari, que fessan la despensa au[s] susditz balestes tot lo jorn que era disapte e l'endoma dequi ha Lupiac; e aysi a fen; que despensan lo disapte en pan, bin, oeus, oli, e l'endoma dequi aprop dina en pan, bin de Johan Fitau XIX piches a dus arditz lo piche, carn e autras causas, que monta tot : XI sos II dines.

Mois d'aout 1473.

SOMMAIRE : 196. Les arbalétriers sont conduits à Lupiac; — M. de Pordéac refuse de les recevoir; — on les dirige sur Saint-Sauvy où ils sont reçus par le lieutenant du sénéchal et M. de Laterrade; ceux-ci exigent trois autres arbalétriers. —

(1) *Madaychas*, écheveau de chanvre pour faire les cordes de l'arc.
(2) *Lansa bigatana*, sorte de pique; dérive de *biga*, chevron, solive.
(3) Menyolet du Sobiran, Bernat Beyria, Arnaud-Guillem de Bilhères et Bernat d'Aragon, les quatre arbalétriers fournis, habillés et armés par la ville de Riscle.

197. Arrangement conclu avec les abbés de Mascaras et d'Anoye. — 198. On écrit au lieutenant du sénéchal de vouloir bien se contenter des quatre arbalétriers, la ville de Riscle ayant déjà fourni deux francs-archers. — 190. Voyage à Pouydraguin ; — on ne peut s'entendre avec M. de Laterrade sur l'affaire des arbalétriers. — 200. Le procureur d'Armagnac annonce son arrivée ; — on pêche à son intention. — 201. Envoi d'argent au receveur. — 202. Ordre d'envoyer trois autres arbalétriers à Barcelonne. — 203 et 204. On évite cette nouvelle charge moyennant 4 écus payés à M. de Laterrade. — 205. Envoi de 6 écus au lieutenant du sénéchal, touchant l'affaire des padouens. — 206. Passage de 40 ou 50 arbalétriers de la prévôté de Saint-Sever, commandés par M. de Panjas et se rendant à Perpignan ; — les consuls de Riscle invitent à dîner le fourrier et obtiennent de lui le départ immédiat de cette troupe. — 207. Réparation du pont de l'Adour. — 208. On apprend l'arrivée à Barcelonne de Jean Berget, trésorier du sénéchal de Toulouse, venant pour l'affaire des 1,000 francs promis audit sénéchal ; — visite rendue à M. d'Arblade, qui arrive de la cour, pour connaître le résultat de l'ambassade envoyée au Roi dans le but d'obtenir décharge des susdits 1,000 francs ; — convocation, à ce sujet, des consuls, des nobles et des propriétaires du Bas-Armagnac à Barcelonne. — 209. Trois consuls de Riscle sont conduits à Barcelonne par un sergent de Jean Berget ; — ils obtiennent leur mise en liberté. — 210: Réparations au pont de Rieutort. — 211. Assemblée des consuls à Barcelonne, touchant l'affaire des 1,000 francs ; — Jean Berget les fait arrêter et ne les relâche que le surlendemain. — 212. Jean Berget et le receveur viennent à Riscle pour faire une saisie. — 213. Un sergent de Toulouse vient apporter une *clameur de conciergerie*, relative à une réclamation de marchands de Limoges qui avaient prêté un équipement au feu comte d'Armagnac. — 214. Venue du commissaire Marot de Labat. — 215. La noblesse et les consulats du Bas-Armagnac viennent à Riscle pour tenir conseil touchant l'affaire des 1,000 francs ; — on leur offre la collation.

196. Item, lo prumer jorn d'aost, partin los susditz balestes enta Lupiac e Johan Fontanhera ab lor per los conduir e presentar a mossenh de Pordeac (1) e comissaris susditz ; e can fon part

(1) Bernard de Bassabat, seigneur de Pordéac près Tournecoupe (Gers), appartenait à une famille du Bas-Armagnac, qui possédait près de Montguillem la seigneurie de Castex. Il avait épousé l'héritière de Pordéac, Jeanne de Vicmont, issue d'une branche cadette des seigneurs de Tournecoupe. Leur fils Bernard, marié le 31 décembre 1502, avec Catherine de Roquelaure-Saint-Aubin, releva les noms et armes des Vicmont-Pordéac sous lesquels ses descendants se sont illustrés dans les armées. (Arch. de l'auteur, fonds Pordéac. *Cart. de l'ancien diocèse de Carcassonne*, article Capendu). Cette famille s'est éteinte à la fin du XVIIme siècle dans la personne de Louis-Alexandre de Vicmont, marquis de Bassabat-Pordéac, seigneur de Gachepouy, Castet-Arrouy (dans le Gers), baron de Capendu et de Fendeilles (dans l'Aude), etc., mort sans postérité. La force herculéenne de ce seigneur gascon était légendaire. On peut lire dans le *Mercure de France*, novembre 1710, p. 83, les récits de ses prodigieux tours de force.

dela, no los volon recebe, mas lo mandan que ne agossa autres IIII^{te} en lo metis abilhament o en melhor, e entertant menas aquetz a Sent-Saubi (1) on fora mossenh lo senescauc o comis per lu; e aysi a fe, e aqui los recebon, e lo fen mandament sus pena de esse faus e rebelles au Rey, etc., que lo dityaus ne agossa tres abilhatz a Barsalona; e aysi lodit de Fontanhera s'en torna ab mossenh de Laterrada, loqual lo manda que fos lo ditmenge a Poydraguin (2) per veser si podoran far degun apuntament deusditz balestes ni si agoran degunas autras noelas; e aysi lodit Johano este VI jorns en ana e torna; que despensa per et e los balestes e per son rossin : XI sos IIII arditz (XI sos VIII dines).

197. Item, lo tertz jorn d'aost, ana Pey Palhera a Conches per far apuntament ab los susditz abatz de duas pipas de bin per los cosselhs a lor degudas, losquals fatiguaban a Bernat de Berdolet, loqual era fremanssa per losditz cosselhs; e can fo part dela, losditz abatz s'en son anatz, e lo matin anan lodit Pey Palhera e lodit Bernat ausditz abatz, e fen marcat a oeyt scutz, losquals lodit Palhera los prometo a paguar a Nostra Dona de seteme; despensa per et e son rossin : II sos III dines.

198. Item, lo quart jorn d'aost, fo apuntat per lo cosselh que termetossan la garda a Sent-Saubi portar duas letras a Tacanet, la una de las partz de la vila, e l'autra de maeste Bernat Fitan e maeste Johan de Baradat, preguan lo que plagos de se tenir per content deus susditz IIII^{te} balestes, attenut que la vila n'i abe autres dus arches franx (3), e per saber Johano que fase tant, etc. E donan a ladita garda per despensar : VI sos e mey.

199. Item, lo VIII jorn deudit mes, anan a Poydraguin, aysi cum mosenh de Laterrada abe mandat, Johano Fontanhera e Bernad de Sen-Pot, per saber si podoran far degun apuntament deus balestes, car lo coselh los abe dit que si poden far a hun marc d'argent que a fessan, e no y podon far re; demoran tot lo jorn, etc.; e demoran la neyt a Cahusac; despensan en dus jorns susditz : XVII arditz (II sos X dines).

(1) Saint-Sauvy, canton de Gimont (Gers).
(2) Nous avons dit que la seigneurie de Pouydraguin appartenait à Jean de Latrau, seigneur de Laterrade.
(3) Voir plus haut, art. 105 et suiv.

200. Item, a ıx d'aost que era vespra de sent Laurens, manda Ramonet deu Claus, procurayre, aus cosselhs que l'aparelhesan de dina e que agossan pro peys, car et bengora dina ab lor; losquals fen pescar e donan' aus pescados pan e vin; que costa : vıı arditz (ı sol ıı dines).

201. Item, a xı d'aost, porta Bernad de Sen-Pot a Johan de Marsan a Nogaro per los dus prumes quartaros xı scutz, e ago anar a son bordiu; despensa per et e son rossin : vııı arditz e mey (ı sol v dines).

202. Item, lo jorn susdit, fon mandatz per lo susdit procurayre a Sent-Mont, e hy anan Bernad deu Sobiran, bayle, e Bernad de Sen-Pot, ausquals manda que agossan lo dityaus a Barsalona los tres balestes que los eran estatz enpausatz; despensan : ııı arditz.

203. Item, lo xııı jorn d'aost, anan a Barsalona maeste Bernat Fitan e Bernad de Sen-Pot, aysi cum lo procurayre los abe mandat a Sent-Mont, per far apuntament deusditz balestes, e apuntan que la vila los dona ıııı scutz e fossan descarcatz de tot en tot deususditz balestes; despensan lo matin au dinar on eran maeste Johan de Baradat e d'autres, e lo vespe au sopar on vengon maeste Leberon e Bernad de Peyroli e los cosselhs, ab so qui despensan a Barsalona, monta tot : vıı sos ı diner.

204. Item, a xvı d'aost, paguan a mossenh de Laterrada per la composition susdita : ıııı scutz.

205. Item, a xıx d'aost, paguan a maeste Bernat Fitan per portar a Tacanet de composition ab lu feyta per que no los bexas de so que demandaba cum tie la vila los padoens e, etc. : vı scutz.

206. Item, lo jorn susdit, bengon xL^{ta} o L^{ta} balestes deu perbostat de Sen-Seber per anar a Perpenhan (1), deusquals mossenh de Panyaus (2) era capitayne, loqual los abe mandat que demoressan assi per far las mustras, e lo forre alotya a Cadelhac e termeto a dise aus coselhs que lo termetossan dus o tres piches de bin; e aysi a fen; e l'endoman, lo conbidan a dinar per tau que plus leu fes deslotyar losditz balestes; e aysi a fe; que despensa tot en soma : ıı sos e mey.

---

(1) Assiégée par les troupes du Roi. Voir art. 119 et 128.
(2) M. de Panjas, voir art. 151.

207. Despensa per far adobar lo pout de l'Adorr :

Item, lo jorn susdit, fen marchat ab Johan Gran de far lo pont de l'Adorr e lo donan xv arditz tot jorn e la despensa, festa o non festa, e lheyt ; que monta la despensa de quet jorn tant en marcat a bin quant a sopar per et e son conpanhon : xi arditz (i sol x dines).

Item, fen ferrar v carretz (1) per ficar los estaus (2) deudit pont; costan : i sol.

Item, fen far fusta au Bernet per lodit pont aus jus scriutz :

Primo, Bernad deu Poy alias de Bartrica, oeyt jorns, monta : x sos viii dines; — Arnaud-Guillem d'Angles, xii jorns, montan : xvi sos; — Arnauton de Monbet Lonc, vi jorns : viii sos; — Johan de Monbet alias de Payteri, xi jorns : xiiii sos viii dines; — Steben Beyria, i jorn : i sol iiii dines.

Plus, a ficar losditz estaus en l'ayga los jus scriutz :

Guilhot de Cregut, ii jorns, costa : ii sos; — Nautet de Sobabera, ii jorns : ii sos; — Bernadot de Lalana Gotz, ii jorns : ii sos; — Peyrot 'Olier, i jorn : i sol; — Johano deu Pandele, ii jorns : ii sos; — Ramon deu Cosso, tres jorns : iii sos; — Peyrot deu Pont, i jorn : i sol; — Mono d'Arrocas, ii jorns : ii sos; — Ramonet de Sen-Pot Cata, tres jorns : iii sos; — Johano de Monbet alias de Berdotet, i jorn : i sol.

Item, paguan audit Johan Gran per vi jorns que obra audit pont: xv sos. — Plus, despensa en vi jorns susditz en pan : iii sos e mey; — en bin, ab lo qui losditz obres beben, xxx piches e mey, montan : x sos ii dines; — en carn : v sos iii dines; — en oli, oeus, peys, fromatges : ii sos e mey.

208. Item, a xx d'aost, bengo hun mesatge, que maeste Huguet Rolier termeto, que Johan Berget era a Barsalona e fase exeqwtar los cosselhs per los mila franx autreyatz au senescauc de Tholosa e, etc., e per las restas bielhas, etc.; e sus aquo fo apuntat per lo cosselh que maeste Leberon e Peyroton Farga hy anessan abans que bengossan part dessa per far exeqution e, etc., e que anessan

(1) *Carret*, gros carré de bois garni de fer, marteau-pilon (*lo malh-moton*, voir comptes de 1484, art. 106), destiné à enfoncer *(ficar)* les étais du pont.

(2) *Estaus*, étais, longues pièces de bois fichées profondément en terre et destinées à soutenir les planches du pont.

parlar ab mossenh d'Arblada qui bie deu Rey (1) beser si la enbayshada laqual abe carca de ne parlar au Rey que nos des quitansa de quetz, si agora deliure; e aysi a fen, e lodit d'Arblada los dixo que maeste Bertran deu Pandele era demorat per aber la conclusion e las letras, autra causa no sabe dessert (2); e dequi en fora s'en anan a Barsalona e troban que losditz saryans fon partitz e bengutz part dessa; e parlan ab los cosselhs de Barsalona beser cum feran totz si se aperaran o si pagaran, e dixon que totz los cossolatz nobles e proprietaris s'i asenlessan dequi ha VI jorns; e aysi s'en tornan e despensan per etz e per los rossis lo matin a dinar e can fon a Barsalona e lo vespe au sopar: tres sos VII dines.

209. Item, l'endoman, la hun deus saryans susditz aperat Maurici, comissari expres per Johan Berget, manda a Pey Palhera, Bernad de Sen-Pot e Peyroton Farga, cosselhs, que los mansaysissan e apres que los seguissan enta Barsalona, sus pena de XXV marx d'argent; e aysi affen, e can fon la, lo vespe metis, deu licensa a Pey Palhera que s'en tornes e los dus demoren part dela, e l'endoman fen acordi apres mey jorn ab lodit Maurici e s'en tornan; despensan per etz e per lo rossin deudit de Lafarga : V sos VII dines.

210. Item, a XXIII d'aost, fen adobar lo pont de l'Ariutort e hy fen mete tinhos (3); que despensan II piches de vin, costan : IIII arditz (VIII dines).

211. Item, a XXVI d'aost, ana Peyroton Farga a Barssalona, aysi cum era estat enpres, per beser que feran deus mila franx, etc.; e can fo part dela, troba que losditz saryans arrastaban totz los cossolatz qui trobaban, e lo arrastan cum los autres (4), e Serrabosset, Menyolet deu Faur, Johano son fray, Arnauton de Poges e Videt deu Magenc; e lodit Peyroton fe acordi que aquetz s'en anessan e et demores per totz, e lo dixon que no feran sino que hun autre ne demores ab lu; e fen demorar Serrabosset; e

---

(1) Voir art. 124.
(2) De certain.
(3) *Tinhos*, poutrelles, du latin *tignum*. Voir du Cange, *Gloss*.
(4) Peut-on faire un tableau plus navrant de l'Armagnac, livré à la merci des gens du Roi après le meurtre de Jean V, que celui que nous offre le détail de ces comptes. Voir au reste la note suivante.

aysi demoran dus jorns e duas neytz; que despensan : v sos
ix dines.

212. Item, a xxviii d'aost, bengo Johan Berget, l'ausido, ab oeyt o ix saryans e bayletz per far exequtar los cosselhs per los mila franx susditz o restas bielhas, e Johan de Marsan per los quartaros; ausquals fen la despensa; que despensan lo jorn metis que era disapte, en pan, bin, peys, oli, oeus, fromatges, specias, candelas, fen e cibaza, que monta tot en una soma : xvii sos ii dines.

213. Item, lo jorn susdit, bengo hun saryant de Tholosa ab una clamo de consurgeria feyta a causa deus marchans de Limotges qui aben prestatz los arnes a mossenhor lo comte, qui Dius perdone (1); que lo paguan per ladita clamor e per son celari : x sos; plus per sa despensa : x dines.

214. Item, a xix d'aost, bengo Marot de Labat, comissari, ab dus saryans e dus autres que ne suberbengon, e demoren tres jorns e tres neytz; despensan per etz e per los rossis : dus scutz xi sos, laqual despensa deben rebate sus los mila franx susditz deus senescauc de Tholosa.

215. Item, lo darre jorn d'aost, bengon los gentius e los cossolatz d'Armanhac per aber cosselh de que debem far deus mila

(1) Jean V, indignement massacré avec son entourage, au lendemain de la capitulation de Lectoure, le 6 mars 1473. Un scribe de l'époque a enregistré en ces termes la mort de Jean V, sur une des gardes du cartulaire de Mirande : « L'an m iv^c lxxiii e lo prumer disapte de caresme [6 mars] fo tuat et mort « Johan, comte d'Armanhac, dedens sa traiase (traîtrise), a Leytora, par las « gens deu Rey; e fo gran tribulatio en tot Gasconha. » — Cette dernière phrase n'est, hélas! que trop justifiée par les tristes détails qui précèdent. On peut dire que jamais tribulation pareille n'avait fondu sur les populations de l'Armagnac. Outre les subsides annuels votés au comte et saisis par le Roi avec la dernière rigueur, elles durent payer 7,000 livres au comte de Dammartin, 1,000 livres au sénéchal de Toulouse, les frais du siège de Lectoure, l'armement et l'habillement des francs-archers et des arbalétriers, l'entretien des capitaines et de leurs soldats, etc. Ces malheureuses populations, soumises à ces impôts écrasants, rançonnées par les gens de guerre et par les gens de justice, excommuniées par les gens d'église, emprisonnées par les officiers du Roi, obligées d'engager les vases sacrés de leurs églises pour payer leurs dettes, vivant dans des craintes continuelles, éprouvèrent toute la rigueur du sort réservé aux vaincus. Si l'on ajoute à tant de malheurs la peste qui décima l'Armagnac à la fin de l'année 1472 et au commencement de 1473, on comprendra tout ce qu'a de tristement éloquent dans sa concision cette phrase du scribe mirandais : « e fo gran tribulatio en tot Gasconha ».

franx susditz per losquals abem los saryans, beser si feram la cieta o si nos aperaran, etc.; que los donan collation, pan, bin e pesecx; monta : XVI arditz (II sos VIII dines).

Mois de septembre 1473.

SOMMAIRE : 216. Ajournement signifié aux consuls de Riscle par Monon du Bédat, créancier de la ville. — 217, 218. Jean Berget et l'auditeur d'Armagnac viennent à Riscle avec 5 ou 6 sergents; ils y vivent aux frais de la ville. — 219. Envoi d'une pièce de drap rousset et d'un quintal de plume à Jean Berget, à Vic-Fezensac, afin d'en obtenir du temps. — 220. Convocation des consuls du pays à Barcelonne par les commissaires de M. de Beaujeu qui leur montrent les lettres du Roi portant don de l'Armagnac en faveur dudit seigneur, réserve faite du titre de comte; ils ajoutent que leur nouveau seigneur est tout disposé à défendre leurs intérêts auprès du Roi. — 221. Marsau vient à Riscle et veut emmener avec lui le premier consul Lafargue. — 222. Celui-ci se rend à Lannepax; Marsau le fait prisonnier et l'emmène à Montréal puis à Bretagne, à la recherche de son oncle J. Carron, qu'il ne trouve nulle part. — 223. J. Berget vient chercher une somme due au capitaine Tournemire. — 224. On informe Jean de Marsan de la détention du consul Lafargue. — 225. Envoi à Jean Berget, à Vic-Fezensac, de 40 écus dus au capitaine Tournemire. — 226. Les consulats du pays, convoqués par une lettre de Mᵉ Nicolas de Baradat, juge d'Armagnac, se réunissent à Barcelonne pour députer vers M. de Beaujeu un ou deux personnages avec mission de le supplier d'obtenir du Roi décharge de divers impôts et subsides. On apprend que M. de Vergoignan vient d'arriver de la cour et l'on décide de l'envoyer chercher pour avoir des nouvelles. — 227. Nouvelle assemblée de tous les consulats à Luppé pour entendre M. de Vergoignan et pour envoyer des députés à M. de Beaujeu. — 228. Jean Berget vient exécuter les consuls pour les sommes encore dues au capitaine Tournemire.

216. Item, lo prume jorn de seteme, ana Peyroton Farga a Barsalona per hun ajornament feyt aus cosselhs per Monon deu Bedat, loqual demandaba x pipas de bin, etc., e can fo part dela, porroguan la jornada e no se tengo cort (1); despensa per et e son rossin e copia de ladita letra : VIII arditz e mey (I sol V dines).

217. Item, lo jorn susdit, bengon Johan Berget, l'ausido, ab lós baylet[z] e V o VI saryans, e demoran sus la vila per so que lo pays abe apuntat per los mila franx, e los donan en diversas begadas lo jorn collation e a maeste Nicolau de Baradat d'autres per tau que lodit Berget los dones terme de las autras restas bielhas; que monta la despensa : XVII arditz.

(1) Barcelonne était un des lieux où le juge d'Armagnac tenait ses assises.

218. Item, lo jorn metis, lodit Berget fe pagar la despensa aus cosselhs de quet jorn e dequi en abant per so que lo deben, e demoran la neyt IIII^te homes ab los rossis e l'endoman, e apres ne suberbengon dus autres; despensan totz per etz e per los rossis : XX sos IIII arditz (XX sos VIII dines.)

219. Item, a IIII^te de seteme, termeton a Vic a Johan Berget hun arrosset que fo de Johan deu Magenc, costa IIII^te scutz X sos, loqual lo dona la vila per tau que los dones terme, e aysi metis hun quintau de pluma, loqual costa tres scutz, loqual l'era degut, segont que et dise, depus que lo senescauc d'Agenes era bengut assi, etc. ; costa de portar audit Vic : VI sos ; e aysi monta tot : set scutz XVI sos.

220. Item, a V deudit mes, ana Peyroton Farga a Barsalona on eran estatz mandatz per los comissaris de mossenhor de Beuju, losquals demustran las letras sageradas deu Rey cum eram deudit de Beuju, reservat lo titre de esse comte, e los dixon que lodit mossenhor de Beuju nos termete a dise que si lo pays d'Armanhac abe re a besonhar ab lo Rey ni en autra part, que et fera per lodit pays tot quant que podora e, etc. ; e aysi ago a demora lodit Peyroton una neyt; despensa per et e per son rossin : XIII arditz e mey (II sos III dines).

221. Item, a VI deudit mes, bengo Marsau ab hun arche deu senescauc de Tholosa, per so que Johan de Marsan los dixo que nos debem XVIII scutz deus quartaros, e fen presone Peyroton Farga, e lo mandan que los seguis entro que agossan los detz e oeyt scutz; e labetz lodit Peyroton, maeste Leberon, Bernadon de Bilhera e mossenh Johan Farga preguan aussusdit Marsau que lo leysas, car et e sos companhos tribalharan per losditz scutz, mas que lo donas terme; e et lo dixo que et era content, mas que lo juras de esse lo tertz jorn a Lanapatz ; e aysi a fe; per losquals ago a pagar la despensa qui fen a la ostalaria, que monta en pan, bin, carn, fen e cibaza : II sos X dines.

222. Item, a VIII de seteme, ana Peyroton Farga a Lanapatz, perso que hy era de segrament au susdit Marsau, e la garda ab lu per saber que fera lodit Peyroton part dela; e can fo part dela, lodit Marsau lo fe presone entro que agossa pagada ladita resta deus quartaros qui lodit de Marsan dise que l'era deguda; e lodit

Marsau termeto sercar lodit de Marsan, loqual no podo trobar; e lodit Peyroton termeto ladita garda a sos conpanhos que no paguessan re audit de Marsan entro que et fos part desa, etc., car lodit Marsau lon mena enta Montreyau (1), on son oncle Johan Garron debe esse, e no y fo punt, e dequi en fora lon mena enta Bretanha, tant pauc no y fo; e aqui fe acordi ab lodit Marsau que lon leysas tornar per sercar ladita resta, car aqui no fase sino despensar e perde temps; e balha audit Marsau oeyt scutz, deusquals lo dixo que et ne prene lo mey per lor selari e despensa; e aysi monta la despensa deudit Peyroton per IIII.te jorns e de la garda ab los rossis : VII sos V dines.

223. Item, a X de seteme, bengo Johan Berget ab dus saryans e son baylet sercar una quantitat d'argent que lo deben pagar de so qui era degut a Tornamire; que lo paguan la despensa perso que no podon pagar lo principau; que demoran una neyt, que monta, ab lo celari deus saryans : XV sos III dines.

224. Item, lo jorn susdit, ana Bernad de Sen-Pot a Arblada parlar ab Johan de Marsan, perso que Marsau tie Peyroton presone, e dise lo que portas lo libre e la cieta audit Marsau per saber que deben e far conde enter etz ; loqual de Marsan lo dixo que et no y pode punt anar; e aysi lodit de Sen-Pot s'en torna; despensa per et e per son rossin : IIII arditz (VIII dines).

225. Item, a XVII de seteme, anan a Vic Peyroton Farga e Bernad de Sen-Pot portar quaranta scutz a Johan Berget de las restas degudas a Tornamire; que despensan en dus jorns per etz e per los rossis : V sos e mey.

226. Item, a XIX deudit mes, ana Bernad de Sen-Pot a Barsalona a causa de una letra que maeste Nicolau de Baradat, jutge d'Armanhac (2), abe termes fasen mention que los autres cossolatz hy deben esse per elegir hun personatge o dus per termete a mossenhor de Beuju e d'Armanhac beser si et nos podora relevar de augus enpaus e subsidis que lo Rey bole mete sus lo pays;

(1) Montréal (Gers).
(2) Nicolas de Baradat, juge d'Armagnac, seigneur du Bédat, canton de Nogaro, fils de ce Jean de Baradat, notaire de Nogaro, si souvent cité dans ces comptes et auquel nous avons consacré une note à l'article 104 des comptes de cette année.

e cau fo part dela, agon totz noelas que mossenh de Bergonha (1) era bengut deu Rey, e que porroguessan ladita jornada dequi au dityaus apres, e termetoran sercar lodit de Bergonhan bese que condaba, etc.; e aysi a fen; despensa lodit Bernad per et e son rossin : I sol.

227. Item, a xxIIII deudit mes, ana Bernad de Sen-Pot a Leypee, on totz los cossolatz fon mandatz per lo susdit de Baradat, jutye d'Armanhac, per saber mossenh de Bergonhan que nos condaba deu Rey e per elegir hun personatge o dus per termete a mossenhor de Beuju; que despensa per et e son rossin : I sol.

228. Item, a xxIx de seteme, bengo Johan Berget ab hun saryant e son baylet per exequtar los cosselhs per las restas degudas a Tornamire (2) per lo senescauc de Tholosa; ausquals fen la despensa, que monta per etz e los rossis a Drulhet hun scut v sos I diner per tres jorns que esten, enclus v sos que donan

(1) Bernard, seigneur de Vergoignan et de Ramouzens, canton de Riscle, épousa, le 4 juin 1477, Gabrielle de Foix-Rabat, fille de Jean de Foix, seigneur de Rabat, et de Eléonore de Comminges. Il était neveu d'Arnaud-Guillem de Vergoignan, que Charles VII nomma gouverneur de Dax après la prise de cette ville, en 1442. (Voir Moulezun, *Hist. de la Gascogne*, t. IV, p. 269, 270.) Bernard se remaria avec Thomase de Caupène, sœur de Pierre de Caupène.

(2) C'est pour la dernière fois que les consuls de Riscle font mention de ce capitaine. Antoine de Tournemire, seigneur de La Roque-Vieille et de Turpies, capitaine des francs-archers, panetier et chambellan du Roi, était un cadet des seigneurs de Tournemire en Auvergne. Son mariage avec Catherine de Pagèze, fille de Hugues de Pagèze, seigneur de Malvezy et d'Azos, contracté le 18 février 1471, l'avait fixé dans le pays toulousain. L'invasion de l'Armagnac par les troupes royales l'amena dans nos contrées, et nous avons vu quel zèle impitoyable il déploya contre les malheureux vaincus. Eut-il part aux largesses que Louis XI fit à ses capitaines aux dépens des sujets de l'infortuné Jean V et est-ce à ce titre qu'il possédait des terres dans la juridiction de la ville d'Auch? Nous ne saurions le dire. Il eut, en 1473, un procès avec les consuls d'Auch, au sujet des taxes mises par eux sur ses biens. Tournemire en appela d'abord au sénéchal qui le débouta, puis à l'official d'Auch, Pierre de Saint-Pierre, qui refusa de sévir, enfin au légat d'Avignon, qui excommunia les consuls et les habitants d'Auch. Ceux-ci en appelèrent au parlement de Toulouse, qui cassa la sentence et obligea Tournemire à les faire absoudre dans le délai d'un mois (1474). (*Hist. de la ville d'Auch*, par Lafforgue, t. I, p. 126.) Tournemire quitta Auch et revint se fixer à Toulouse où il avait été nommé capitoul en 1472 (Du Mège, *Institutions de la ville de Toulouse*, t. II, p. 165), charge qu'exercèrent successivement six de ses descendants. (*Ibid.*, passim.) Pour la descendance du capitaine Tournemire, voir l'*Armorial de la noblesse du Languedoc*, par Louis de Larroque, p. 313.

audit saryant e una conqua de sibaza que donan a hun son baylet que tie a hun son rossin audit Drulhet; que costa : IIII^{te} sos.

Mois d'octobre 1473.

Sommaire : 229. Demande d'argent par le receveur. — 230. Il vient à Riscle avec Marsau pour exécuter les consuls. — 231. L'un des arbalétriers équipés aux frais de la ville réclame les gages à lui dus pour avoir pris part à l'expédition de la vallée d'Aran. — 232. Guiraud de Camortères, fils de M. de Camortères, fait admonester les consuls à raison d'un prêt de blé. — 233. Envoi d'une lettre à l'archevêque d'Auch, à Saint-Mont, pour le prier de proroger le terme de l'arrentement des revenus de Saint-Jean, vu l'extrême pauvreté de la ville; l'archevêque dit qu'il réunira son conseil et donnera réponse le lendemain. — 234. L'archevêque répond que les susdits revenus sont affermés au frère Mathieu, qu'il a grand besoin d'argent, et qu'il lui est impossible d'accorder la prorogation demandée. — 235. Les deux francs-archers de la ville arrivent du siège de Perpignan; on leur donne à dîner. — 236. Me Nicolas du Baradat, juge d'Armagnac, et Me Jean du Faget, procureur d'Armagnac pour M. de Beaujeu, viennent à Riscle et invitent à dîner avec eux divers habitants aux frais de la ville. — 237. Envoi d'argent aux abbés de Mascaras et d'Anoye; ceux-ci arrêtent le porteur. — 238. Venue à Riscle de M. Jean de L'Isle, secrétaire de l'archevêque d'Auch; on lui porte deux pichets de vin, en le priant de vouloir bien parler en leur faveur à l'archevêque relativement à la prorogation demandée; il promet de s'en occuper. — 239. Demande d'argent par le receveur Marsan. — 240. Dîner offert, le jour de Saint-Luc, à divers notaires et habitants de la ville, à la suite d'une entrevue avec M. de Camortères touchant un différend avec ledit seigneur. — 241. Le maître d'hôtel du sénéchal d'Armagnac vient donner l'ordre d'envoyer immédiatement à son maître l'argent qui lui est dû; — on lui envoie aussitôt 4 écus, mais il les refuse et veut la somme entière. — 242. Don de deux pichets de vin à Jean Berget. — 243. Jean Carron réclame 12 écus qui restaient dus de la dernière taxe des vivres pour le siège de Lectoure. — 244. Envoi d'argent aux abbés de Mascaras et d'Anoye. — 245. Perception des 20 liards par feu accordés au sénéchal d'Armagnac. — 246. Les sergents de Jean Carron veulent emmener le consul Lafargue à Manciet; il promet de s'y rendre volontairement. Dîner offert au procureur d'Armagnac, R. du Claux. — 247. P. Lafargue va à Manciet pour porter de l'argent au receveur Marsan et pour tâcher d'obtenir absolution ou suspense de Jean Carron qui l'avait fait excommunier. Il se rend ensuite au Conseil réuni à Lapujolle pour connaître le résultat de la députation de Me Bertrand du Pandelé. — 248. Lettres obtenues du parlement par le syndic de la ville. — 249. Envoi d'argent aux abbés de Mascaras et d'Anoye.

229. Item, lo segont jorn de octobre, bengo Ramonet, [baylet] de Johan de Marsan, mandar que portassan l'argent deu quartaron, car autrament aqui era Marssau que los bengora exequtar; que lo pagan la despensa a la ostalaria, que monta : VII arditz e mey (I sol III dines).

230. Item, a vi deudit mes, bengon losditz Marssau e Johan de Marsan per exequtar losditz cosselhs, perso que no aben portat l'argent deu quartaron; ausquals preguan losditz cosselhs que no fessan exeqution, car etz hy tribalhaban tot jorn, mas que los donessan terme; e aysi a fen, mas pagan la despensa per etz, que monta : iii sos ii dines.

231. Item, a viii deudit mes, fon citatz totz los iiii^{te} cosselhs a la instancia de Arnaut-Guilhem de Bilhera alias Mosquet (1) per la sotada a lu deguda perso que era anat en Aran; que los costa per la letra e per lo citar : i sol.

232. Item, lo jorn susdit, anan parlar ab mossenh de Camorteras los susditz cosselhs e maeste Johan de Mostayon, perso que Guiraud de Camorteras los abe feytz amonesta per lo blad qui los abe prestat (2); que despensan can fon bengut de Tarsaguet en bin : vi dines.

233. Item, a ix de octobre, portan Bernad de Sen-Pot, maeste Johan de Mostayon a Sen-Mont una suplication a mossenhor d'Aux (3) per nom de la vila en lo preguan que los volos porrogar lo terme de l'arendament de Sent-Johan, attenut la gran paubreyra que la bila abe, etc.; ausquals fe resposta que et agora son cosselh e l'endoman los fera resposta; e aysi s'en tornan; que despensan : viii arditz (i sol iiii dines).

234. Item, l'endoman, tornan a Sent-Mont lodit Mostayo e Johano Fontanhera per aber la resposta deudit mossenhor d'Aux; loqual los dixo que fray Mathiu abe feyt lodit arrendament e que et l'abe dit que son argent era prest, loqual et abe gran besoy e no pode dar degun terme; e aysi s'en tornan; que despensan a dinar e a sopar : viii arditz e mey.

235. Item, a xii deudit mes, bengon Perris Leon e Arnauton deu Poy, arches franx, deu ceti de Perpinhan (4), que los deman-

---

(1) L'un des quatre arbalétriers fournis par la ville de Riscle. (Voir art. 195.)
(2) Voir art. 240.
(3) Jean IV de Lescun d'Armagnac, archevêque d'Auch et prieur de Saint-Mont.
(4) L'armée française qui assiégeait Perpignan (voir art. 119), affaiblie par les sorties et par les maladies, avait été obligée de lever le siège et de conclure une trêve ratifiée par Louis XI le 10 novembre suivant.

dan la benbenguda; que los donan a dinar pan, bin, carn, que monta : I sol e mey.

236. Item, lo jorn metis, bengon maeste Nicolau, jutge d'Armanhac, e maeste Johan deu Faget, procurayre d'Armanhac per mossenh de Beuju, losquals conbidan a dinar maeste Bernat Fitan, maeste Johan de Baradat, maeste Leberon, maeste Pey d'Audirac, Guirauton de Camicas e d'autres; que despensan en pan, bin, carn, specias, castanhas : VI sos VII dines.

237. Item, lo jorn susdit, ana Pey Palhera a Conches per porta IIII^{te} scutz aus abatz de Mascaras e de Noya de oeyt que los cosselhs los ne deben de duas pipas de bin, etc.; e can fo part dela, l'arastan; que demora oeyt jorns.

238. Item, a XIII deudit mes, bengo mossenh Johan de La Ylha, segretari de mossenhor d'Aux; que lo portan dus piches de bin en lo preguan que parles e pregues audit mossenhor d'Aux que los doues lo terme qui l'aben demandat a Sent-Mont; loqual los dixo que et hy fera per etz so qui podora e que hy termetossan una autra begada; e ayssi a fen; costa : IIII arditz (VIII dines).

239. Item, a XV deudit mes, bengo Ramonet, [baylet] de Johan de Marsan, dise aus cosselhs que encontinent termetossan o portessan l'argent deu quartaron e lo qui era estat autreyat au senescauc d'Armanhac, que monta per foec XX arditz; que pagan per lu a la ostalaria : IIII arditz (VIII dines).

240. Item, a XVIII de octobre que era Sent Luc, aparelhan de dinar a maestes Johan d'Argelos, de Baradat, de Mostayon, Bernad Fitan, Pey Fontanhera, Leberon de Teza, notaris, Pey de Camicas, Peyron d'Argelos Herete, e d'autres, ab los cosselhs, losquals aben parlat ab mossenh de Camorteras tant per lo feyt de l'amonition de son filh qui abe feyt amonestar losditz cosselhs (1) quant per augus greuyes que lodit de Camorteras fe a la bila, cum es de portatge de lenha, de prene motos, de forestage, e perso que no paga talhas e d'autres (2); losquals apuntan

---

(1) L'avertissement par monitoire (*amonition*) était une des procédures de l'excommunication pour dettes. Le seigneur de Camortères avait fait *amonestar* les consuls de Riscle de lui payer, dans un certain délai, le blé qu'il leur avait prêté, sous peine d'être excommuniés passé ce délai.

(2) Voir p. 2, note 6.

que cascun mustras sos documens e instrumens dequiha au tertz jorn apres Totz-Sans; e lodit de Camorteras dixo que et fera so qui degora e, etc.; que monta la despensa deudit dinar e lo vespe au sopar deudit de Argelos qui demora la neyt, en pan, bin, carn, specias : x sos ii dines.

241. Item, a xxi de octobre, bengo lo maeste d'ostau deu senescauc d'Armanhac e Ramonet de Pergada, que portassan l'argent audit senescauc autreyat a Sent-Mont au recebedor encontinent; e aqui metis hy ana Peyroton Farga que lon portaba iiii^{te} scutz; losquals no lo volo prene, mas que l'agos tot lo dissapte, e asso era lo dityaus; e ayssi s'en torna; despensa : iii arditz (vi dines).

242. Item, a xxii, fen present a Johan Berget, que era a Drulhet (1), de dus piches de bin; costan : iiii arditz (viii dines).

243. Item, a xxiii que era dissapte, ana Peyroton Farga a Sent-Mont, a causa de dus saryans que Johan Guarron abe termetutz per executar maeste Nicolau de Baradat, maeste Bernat Fitau e lodit Peyroton per xii scutz que lo eran degutz deu darre taux deus biures deu ceti; que despensa per et e susditz saryans tant assi quant a Sent Mont : ii sos.

244. Item, a xxv deudit mes, ana Pey Palhera a Conches porta aus abatz hun scut e mey per so que los deben deu bin susdit.

245. Item, lo jorn susdit, anan maeste Leberon e Bernad de Sen-Pot sercar l'argent deus xx arditz per foec deu senescauc; despensan : iiii arditz (viii dines).

246. Item, lo jorn susdit, ne bolen menar losusditz saryans audit Peyroton enta Manciet audit Johan Guarron, mas fe acordi que los prometo de esse lo dilus apres a Manciet on lodit Guarron debe esse; e no y podo anar dequi au dimartz; que despensa au dina ab lo procurayre, Ramonet deu Claus, que bengo, e anan totz dus a Manciet : ix arditz (i sol vi dines).

247. Item, a xxvii de octobre, ana Peyroton Farga a Manciet portar xiiii scutz a Johan de Marsan ab deudit senescauc d'Armanhac e per beser si podora aber absolution o sospens deudit Johan Guarron, loqual lo tie excominyat per los susditz xii scutz;

---

(1) A l'hôtellerie de Drulhet. (Voir plus loin art. 258.)

ANNÉE 1473. 143

e ago a demora la neyt part dela, e lo matin s'en ana a Lapuyola au cosselh per saber maeste Bertran deu Pandele que abe besonhat per lo pays au Rey; que despensa per et e son rossin en anar e tornar : IIII sos.

248. Item, donan a maeste Pey de Correyas per aber augunas letras que abe enpetradas en parlament per nom deu scindic de la vila : XX arditz (III sos IIII dines).

249. Item, lo darre jorn de octobre, ana Pey Palhera a Conches portar dus scutz XIIII sos a Bernat de Berdolet per nom deus abatz susditz per lo bin susdit, despensa per et e son rossin... (en blanc).

Mois de novembre 1473.

Sommaire : 250. Nouvelle supplique adressée à l'archevêque d'Auch, à Bassoues; les messagers apprennent qu'il vient de partir pour Sauveterre en Comminges. — 251. Nouveau conseil tenu à Lapujolle, relativement à la députation de B. du Pandelé. Décidé qu'on ira le samedi suivant à Saint-Mont pour savoir si le receveur a de l'argent à envoyer au Roi et à M. de Beaujeu. — 252. Le recteur de Vilhères consent à prêter aux consuls de Riscle les vins de la Merci. — 253. Le consul Lafargue se rend à Saint-Mont; — on décide de se réunir de nouveau à Lapujolle, le lundi suivant. — 254. Assemblée de Lapujolle; — il y est décidé que l'on convoquera à Lannepax les trois États d'Armagnac, de Fezensac, de Fezensaguet, de Lomagne, d'Aure, de Rivière et autres pays au nom desquels l'ambassade avait été envoyée au Roi. — 255. Dîner offert aux notaires chargés d'arranger le différend entre la ville et M. de Camortères. — 256. Envoi d'argent aux abbés de Mascaras et d'Anoye. — 257. Le receveur vient pour exécuter les consuls; — ils obtiennent un sursis. — 258. Le lendemain, jour de la foire Saint-Martin, Jean Berget vient à Riscle et fait fermer les portes de la ville pour prendre tous les consuls du pays qui s'y étaient rendus. — 259. Nouvelles menaces du receveur Marsan. — 260. Jean Berget revient à Riscle avec Jean de Marsan et fait mettre en prison les consuls et une trentaine d'habitants; — ceux-ci n'obtiennent leur liberté qu'en jurant qu'ils paieront le dimanche suivant toute leur quote-part des 1,000 francs dus au sénéchal de Toulouse. — 261. Les consuls prennent leurs mesures pour le paiement de la quote-part de la ville et de ses dépendances. — 262. Assemblée des trois États à Lannepax. — 263. Les consuls de Riscle veulent savoir au juste ce qu'ils doivent au receveur Marsan; — celui-ci déclare qu'il a caché les livres de comptes par crainte des sergents envoyés pour les 1,000 francs. — 264. Collation offerte à M. de Camortères et à Me Bertrand du Pandelé, venus pour l'affaire en litige.

250. Item, lo segont jorn de nouembre, fo apuntat per lo cosselh que fessan una autra supplication per la termete a mossenhor d'Aux, aysi cum mossenh Johan de La Ylha los abe dit,

veser si podoran aber terme de l'arrendament de Sent-Johan d'on eran ya amonestatz, etc.; e fen far ladita suplication a maeste Johan de Baradat e la termeton a Bassoa (1) audit mossenhor d'Aux per maeste Bernat Fitan e mossenh Johan Farga, caperan; e can fon prop dela, troban Fartane (*sic*) de Moreu que los dixo que et era partit lo gran matin enta Saubaterra en Comenge (2), e ayssi s'en tornan; que despensan los susditz notari e de Lafarga lo matin au disnar, e aqui metis bengon Ramonet de Pergada e

(1) Bassoues, canton de Montesquiou, arrondissement de Mirande (Gers). L'archevêque d'Auch en était seigneur et y possédait une superbe résidence. Le donjon du château archiépiscopal est un des plus beaux monuments de la Gascogne.

(2) Il s'agit non pas de Sauveterre en Comminges, mais de Sauveterre au diocèse de Lombez, baronnie appartenant au bâtard d'Armagnac, comte de Comminges; confusion facile à faire, surtout pour des gens qui en 1473 habitaient à plus de 100 kilomètres de Lombez et qui avaient connu dans leur jeunesse le célèbre bâtard. (Voir comptes de 1441 et suiv.) La baronnie de Sauveterre était primitivement un fief de la maison des comtes d'Astarac; elle devint au commencement du XIVme siècle l'apanage d'un cadet, Boémond d'Astarac, duquel sont descendus les seigneurs de Sauveterre et de Gaujac et les marquis de Fontrailles. Bertrand d'Astarac, seigneur de Sauveterre, de Gaujac et de Labarthe, (dont la fille unique Anne, mariée en 1479, à Jean d'Ornézan, seigneur de Saint-Blancard, fut la mère de l'amiral d'Ornézan), vendit la seigneurie de Sauveterre à Jean de Lescun, dit le bâtard d'Armagnac, maréchal de France, comte de Comminges, etc., frère de l'archevêque d'Auch. (Voir comptes de 1441, dép., art. 4). Le bâtard mourut au mois de juin 1473, ne laissant que trois filles, et par son testament du 26 avril précédent, légua à Marguerite de Saluces, sa femme, la propriété des baronnies de Sauveterre et de Serrières. (*Grands officiers de la Couronne*, généal. Armagnac. — Arch. du château de Saint-Blancard, fonds Ornézan). C'est donc chez sa belle-sœur, la comtesse de Comminges, à Sauveterre près Lombez, que se rendait Arnaud-Guillem de Lescun, archevêque d'Auch; il était d'ailleurs l'exécuteur testamentaire de son frère. *(Ibid.)* Les gens de l'archevêque durent dire aux consuls de Riscle que leur maître était parti « enta Saubaterra a madona de « Comenge », et ils écrivirent sur leur registre « enta Saubaterra en Comenge ». La baronnie de Sauveterre échut, avec les terres de Cazaubon et de Mauléon en Armagnac, à la seconde fille du bâtard, Madeleine de Lescun-Armagnac, mariée en 1494 à Hugues d'Amboise, comte d'Aubijoux, desquels descendait, au quatrième degré, ce comte d'Aubijoux, seigneur de Sauveterre et de Cazaubon, si gracieusement chanté par Chapelle et Bachaumont dans leur *Voyage*. Deux mariages successifs firent passer la baronnie de Sauveterre dans les maisons de Saint-Bonnet-Toyras en 1645, et de la Rochefoucauld, duc de la Roche-Guyon, en 1715. Elle fut acquise de cette dernière par Bertrand-Bernard de Boyer, baron de Drudas, dont la fille unique épousa, en 1744, Louis de Rességuier, marquis de Miremont, aïeul du châtelain actuel de Sauveterre. (Arch. des châteaux de Sauveterre et de Saint-Blancard.)

Bernat de Berdolet de Conches, en pan, bin, carn, specias, fromatge : III sos e mey.

251. Item, lo quart jorn de nouembre, ana Peyroton Farga a Lapuyola au cosselh per saber maeste Bertran deu Pandele que condaba ni que abe feyt ni deliurat au Rey per lo pays; e los qui eran aqui audit cosselh apuntan que hom fos lo dissapte apres a Sent-Mont per saber ab lo recebedor si et agora argent per termete au Rey e a mossenhor de Beuju e d'Armanhac; e aysi despensa lodit Peyroton per et e son rossin tant a dinar quant part dela : VII arditz (I sol II dines).

252. Item, lo v^e jorn deudit mes, termeton mossenh Johan de Sen-Pot parlar ab lo rector de Bilhera perso que fray Mathiu los abe dit que etz los prestaran los biis de la [Re]dempna, per beser si et fora content per sa part; loqual lo dixo que et era content; despensa per et e son rossin : VI dines.

253. Item, lo VI jorn, ana Peyroton Farga a Sent-Mont, ayssi cum era estat apuntat a la Puyola (1), on mossenhs de Laur (2), d'Arblada, de Cornelhan e d'autres deben esse, e los cosselhs de Barsalona e de Nogaro, per saber si lo recebedor agora argent per termete au Rey e a mossenhor de Beuju e d'Armanhac; e aqui apuntan que hom fos lo dilus apres a la Puyola, que aqui foran mossenhors de Termes (3), de Bergonha e de Sion (4); e aysi s'en torna; despensa per si e per son rossin : IIII arditz (VIII dines).

254. Item, lo dilus a VIII de nouembre, ana Peyroton Farga a la Puyola, aysi cum era stat apuntat a Sent-Mont, on los susditz senhors deben esse per apuntar cum deben far de termete au Rey;

---

(1) Lapujolle, section de Lelin, canton de Riscle.

(2) Auger, seigneur du Lau, annexe de Laujuzan, fils de Manaud, seigneur du Lau, Caumont, Tarsac, Estang, etc. Navarrine du Lau, sœur d'Auger, fut mariée, le 7 mai 1453, à Jean du Fourc, seigneur de Montestruc, près Auch ; par son testament du 9 avril 1455, elle substitua à son fils unique, Carbonel du Fourc, Auger, seigneur du Lau, son frère. (Arch. du château de Saint-Blancard, fonds du Fourc-Montastruc.)

(3) Bernard d'Armagnac, seigneur de Thermes. Nous reparlerons de lui plus loin.

(4) Bertrand de Lupé, seigneur de Sion (voir dép. de 1449, art. 4), frère de Bernard, seigneur de Lupé. (Voir dép. de 1451, art. 24.) Bertrand de Lupé fut chargé par Jean V, comte d'Armagnac, de porter à Louis XI une lettre datée de Lectoure, le 16 mars 1435. Voir cette lettre dans la *Revue d'Aquitaine*, t. III, p. 137.

e aqui apuntan que fessan assaber aus de Fesensac e de Fesensaguet, de Lomanha, d'Aura e d'Aribera e d'autres pays per que la enbayshada era anada au Rey, que totz los tres Estatz fossan a Lanapatz lo dissapte apres (1); despensa per si e son rossin : IIII arditz e mey (IX dines).

255. Item, a IX de nouembre, aparelhan de disnar a maestes Johan d'Argelos, de Baradat, de Mostayon, Bernat Fitan, Leberon de Teza, Pey Fontanhera, notaris, Peyron de Camicas e d'autres ab los cosselhs, perso qui deben apuntar sus lo feyt susdit de mossenh Camorteras; e no podon, mas porrogan dequi au dilus apres, perso car lodit de Camorteras no ago prest sos documens, etc.; monta ladita despensa de pan, bin, carn, specias, castanhas e autres causas : V sos VIII dines.

256. Item, lo jorn metis, anan Pey Palhera e Bernad deu Cosso

---

(1) On ne lira pas sans intérêt les noms des villes qui envoyaient des députés aux États d'Armagnac. Nous extrayons cette liste de la délibération qui fut prise dans la réunion du Tiers, tenue à Vic, le 13 mars 1470, au sujet d'une assemblée illégale de la noblesse à Lannepax (Voir l'art. 129) : — « Hinc
« est quod constituti, die predicta (13 mars 1470), in domo communi Vici,
« tenentes consilium proprietatum, uti consuetum est, ibidem congregati, vene-
« rabilis et circumspectus vir dom. Johannes Marre, licentiatus in decretis,
« officialis Auxis et vicarius in spiritualibus reverendissimi principis dom.
« nostri archiepiscopi Auxis, faciens pro parte sua unam partem gentium trium
« statum (celle du clergé); dominus Manaldus de Condomio, consul et accessor
« Auxis, Guilhelmus David et magister Petrus de Bilheriis, consules Lectore,
« dom. Johannes Baciperie, in legibus licentiatus, Nugarolii, nobilis Oddo de
« Golardo pro vicecomitatu Brulhesii, magister Johannes Magnam Elisane et
« pro tota receptoria Elisane, Andreas de Sancto Stephano Vici, Bernardus
« Desplous Altivillaris, Johannes de Miramonte Barsellone, magister Petrus
« de Fontanhera Riscle, Gaisser d'Antras de Maloburgeto, Bertrandus de
« Julhaco etiam de Maloburgeto, Odetus de Cacialta Castrinovi Manhoaci,
« Jacobus Deodauxis Anhani, Raimundus de Intris de Plasencia, Bernardus
« de Organo et Bernardus Clave de Aura et de Nestes, Petrus de Nabona Castri
« novi de Ripparie, Johannes de Stertiano de Miranda (il ne peut s'agir de
« Mirande en Astarac), Johannes de Narp de Pluma, Petrus de Malarta Barrani,
« Johannes de Jesederio Jeguni, Johannes de Fageto de Lupiac, Bernardus
« Despiau de Lavardenxis, Vital de Sangine de Casterario vivente, Johannes
« de Borde de Cavaleria, Arnaldus de Mencha de Sancto Paulo, Johannes
« Felholi de Sancto Salvino, Johannes de Castrario de Lanapace, Bernardus
« de Coerbo de Rupebruna, ibidem in predicta domo communi Vici personaliter
« constituti, omnes insimul facientes duas partes gentium trium statum. »
(Chartrier du Séminaire, registres de Ponsan, notaire à Vic-Fezensac).

a Conches pagar la resta qui era deguda aus abatz deu bin susdit; despensan per etz e los rossis : I sol III dines.

257. Item, a x de nouembre, bengo Johan de Marssan ab lo Porrutat e son baylet Ramonet per far executar los cosselhs tant per los mila franx quant per los quartaros; ab loqual fen acordi dequi a apres la feyra de Sent-Martin que era l'endoman; e ayssi fen la despensa ausditz e tres o quatre d'autres que suberbengon per parlar ab lodit de Marssan; que monta ladita despensa en pan, bin, carn, fen e cibaza : IIII sos x dines.

258. Item, a XI que era la feyra (1), bengo Johan Berget ab dus arches e son baylet e fe barrar las portas per prene e arrastar totz los cossolatz qui hy erau deu pays, etc.; loqual los dixo que lo paguessan la despensa a son oste Drulhet, can s'en ana; e ayssi affen; que monta per etz e los rossis : x sos IIII dines.

259. Item, a XIII de nouembre, termeto Johan de Marssan Ramonet, son baylet, ab dus saryans de Tholosa, per exequtar los cosselhs per las restas a lu degudas, mas losditz cosselhs los preguan que no fessan degun expleyt ni exeqution, que etz los feran contens; e demoran una neyt e hun jorn e mey a la ostalaria, e losditz cosselhs agon a pagar lor despensa, que monta : XI sos x dines.

260. Item, a XIIII deudit mes que era ditmenge, bengo Johan Berget ab los dus arches e son baylet, que demoran dequi au dimercles, e Johan de Marsan que bengo lo dilus ab son baylet de matin, que demoran dequi au dimars vespe, e lodit dimars meton en preson los cosselhs e xxv o xxx d'autres de la vila, e prumer no salhin de la preson, los fen jurar que pagueran lo ditmenge apres tot lor cota portion deus mila franx qui deben au senescauc de Tholosa; e ayssi losditz Berget, Marssan e saryans los dixon que per lor celari e pena paguessan las despenssas qui aben feytas a Drulhet; e ayssi affen, que montan per etz e los rossis, en pan VI sos e mey, en bin IX sos IIII dines, en specias e fromatge I sol, en carn de porc I sol e mey, en carn de buun v sos e mey, en dus parelhs de garias II sos II arditz, en perditz I sol, en candelas I sol, item en fen e en cibaza XXII sos IIII dines, plus per lo rosin

---

(1) Cette foire du 11 novembre se tient encore à Riscle.

deu recebedor II sos, plus per lenha e autres servicis II sos a Drulhet. E ayssi monta tot en una soma : tres scutz VI dines.

261. Item, a XVIII e a XIX, anan los cosselhs e garda seguir totas las pertinensas, cum es Armentiu, Balambitz (1), lo Bedat, etc., mandar a cascun que lo ditmenge agos cascun ses falha sa cota per pagar los susditz mila franx; que despensan : II sos X dines.

262. Item, a XXIII deudit mes, ana Bernad de Sen-Pot a Lanapatz on eran mandatz per los tres Estatz au cosselh per termete la enbayshada au Rey; que este tres jorns en anar e tornar; que despensa per et e son rossin : V sos I diner.

263. Item, a XXVII de nouembre, anan maeste Pey Fontanhera e mossenh Johan Farga a Sent-Mont per condar ab Johan de Marssan de tot so qui los cosselhs lo deben tant per quartaros quant per autras restas, e lo portaban seys scutz; e can fon part dela, lodit de Marssan los dixo que et abe estrematz e amagatz los libes per paor deus saryans deu feyt deus mila franx e que no poden punt condar de quet, mas que hy tornessan autre jorn e que hy anes Peyroton Farga e condaran, e no bolo prene losditz scutz perso que no abe losditz libes : e ayssi s'en tornan; que despensan lo matin a veure e maeste Leberon e los cosselhs : X arditz e mey (I sol IX dines).

264. Item, a XXIX deudit mes, bengon mossenh de Camorteras e maeste Bertran deu Pandele per balhar los artigles tocans a la vila e a lu; on eran los notaris susditz de Lafitan, de Baradat e los autres; que los balhan dus piches de bin per far collation, costan : IIII arditz (VIII dines).

Mois de décembre 1473.

Sommaire : 265, 266 et 267. Le consul Lafargue est arrêté à Condom par Jean Carron; — le fils de Jean de Marsan vient pour exécuter les consuls; — on envoie un sergent à Condom chercher le consul Lafargue. — 268. Il est question de députer vers le Roi le lieutenant du sénéchal Taquenet; assentiment des consuls de Riscle; — à la demande de ceux-ci, M. d'Arblade va prier M. de Serres,

(1) Sections de Riscle, anciennes paroisses. Balambitz avait été donnée au monastère de Saint-Mont par saint Austinde, archevêque d'Auch. (*Cart. de Saint-Mont; Gallia christiana*, t. I, art. Saint-Mont.)

ANNÉE 1473.

lieutenant du capitaine d'Aydie, de quitter Riscle avec sa troupe ; — ledit lieutenant leur conseille de s'adresser à M. d'Aydie. — 269. Le consul Lafargue se rend à Aydie et supplie M. d'Aydie de faire déloger de Riscle les gens d'armes commandés par son fils. — 270. Arrivée du capitaine d'Aydie à Riscle ; — on fait pêcher pour une partie de ses gens qui faisaient maigre (la veille de la Conception) ; le capitaine et le reste de sa troupe font gras. — 271, 272 et 273. Menaces du receveur Marsan ; — il fait arrêter les quatre consuls à Saint-Mont et ne les relâche que moyennant finance. — 274 et 275. Souper offert au nouveau procureur de M. de Beaujeu. — 276. Envoi d'une nouvelle supplique à l'archevêque d'Auch, à Bassoues ; même réponse qu'auparavant (art. 234). — 277. Venue de Jean Carron à Riscle. — 278. Il part le lendemain de Saint-Mont pour Manciet avec le receveur. — 279. Conseil tenu à Manciet pour l'envoi de députés au Roi ; — MM. Taquenet, du Pandelé et Claude sont désignés pour remplir cette mission ; — arrestation des consuls de Barcelonne, de Nogaro et de Riscle ; — Jean Carron refuse l'absolution au consul Lafargue, mais lui accorde une suspension de quinze jours. — 280 et 281. P. Lafargue envoie chercher ladite suspension ; — on va à Lannepax chercher l'absolution pour trois consuls excommuniés à la requête de Guiraud de Camortères. — 282. Garde placé à la porte de Cambadie, à cause de la contagion. — 283. Paiement d'une dette à M. Jean de Meyloc. — 284. Achat de souliers pour le garde de la ville et de blanquet pour lui faire une robe. — 285. Frais d'audition des comptes de l'année précédente. — 286. Examen des comptes par le procureur.

265. Item, lo prume jorn de decembre, fo pres e arrastat Peyroton Farga a Condon, sus la pena de L marx d'argent, per Johan Garron, per l'argent deus quartaros, loqual dise que lo eran degutz IX^c scutz per Johan de Marsan, etc., e lodit Peyroton termeto a dise a sos conpanhos que ayssi era arrastat, etc., que fessan de maneyra cum fos relaxat, etc.

E aqui metis, bengo hun saryant, ab lo filh de Johan de Marsan, per exequtar los cosselhs a causa deus quartaros, e losditz cosselhs los dixon que ayssi era pres Peyroton a Condom, cum dit es dessus, mas si volen argent que anessan sercar lo susdit Peyroton, car et abe lo qui hy era ; e demoran la neyt a la ostalaria e los cosselhs agon a pagar lor despensa, que monta : V sos VIII dines.

E lo matin s'en tornan a Johan de Marssan e lo dixon las causas susditas, e lodit de Marssan lo (1) dixo si lo bole et anar sercar que et lo fera una letra e los cosselhs que lo paguessan de sos tribalhs ; lodit saryant dixo que et era content ; e ayssi ac bengo dise aus susditz cosselhs, losquals apuntan ab lo cosselh

---

(1) *Lo* (au sergent).

que lo donassan hun scut tant per sos tribalhs que per sa despensa; e ayssi fo feyt.

266. Item, lo jorn susdit, demorec lodit saryant a la ostalaria per partir lo matin per anar sercar lodit Peyroton, auqual agon a pagar la despensa perso que fo tart e no trobaban l'escut per li donar; que monta : IIII sos II dines, ab la despensa que la garda fe en lo fasen conpanhia lo matin dequi a Manciet.

267. Item, a v deudit mes, can lo susdit saryant fo bengut de Condom, ana alotyar a Drulhet, e aqui demora dus jorns e una neyt; que fe pagar la despensa aus cosselhs, que monta per et e son rosin : IIII^{te} sos II dines.

268. Item, a VI de decembre, anan a Tarsac Peyroton Farga e Bernad deu Sobiran per mandament deu cosselh parlar ab mossenh d'Arblada e ab maeste Bertran deu Pandele, losquals los aben termetutz sercar per veser si volenetz que Tacanet anessa au Rey per lo pays; losquals los fen resposta que la vila ne tie per feyt so qui los d'Aux, Vic e los autres deu pays ne fessan, car ayssi ac aben acostumat e, etc.; plus preguan audit d'Arblada e asson filh (1), loqual era alotyat a Lanno (2), que los fes conpanhia a preguar a mossenh de Serras (3), loctenent deu capitayne, que fes deslotyar las gens d'armas lo matin ; e lodit d'Arblada hy ana bolentes, e pregua audit capitayne, etc.;

---

(1) Jean de Benquet, fils aîné de Géraud de Benquet, seigneur d'Arblade, et de Jeanne de Toujouse. (Voir une note à l'art. 33 des comptes de cette année.)

(2) Nom d'une hôtellerie de Riscle, tenue par Ramonet Despalla. (Voir art. 158.) Il est probable que ce nom lui venait d'un ancien hôtelier. On a vu plus haut, art. 267, qu'une autre hôtellerie s'appelait « a Drulhet », du nom de son propriétaire.

(3) « Mossenh de Serras » doit être Gérons de Serres, seigneur de Serres-Gaston, près Hagetmau, fils de Loys de Serres et petit-neveu de ce célèbre Bernadon de Serres, dont M. Paul Durrieu a si bien retracé les exploits dans la *Revue de Gascogne*, 1885, mai-juin, *Les Gascons en Italie*. Gérons avait épousé Marguerite de Saint-Julien et mourut en 1493, ne laissant qu'une fille, Sarransine de Serres, qui fut placée sous la tutelle de sa mère et mourut sans avoir été mariée. Étienne de Serres, frère cadet de Gérons, continua la descendance des seigneurs de Serres-Gaston ; il eut pour fils Arnaud et pour petit-fils autre Arnaud, seigneur de Serres-Gaston, qui épousa Marguerite de Saint-Julien et fut père d'Antoine de Serres, dernier de son nom, marié le 29 mars 1575 à Catherine de Luxe et mort sans enfants en 1578. (Arch. de l'auteur, fonds Serres-Gaston.)

loqual lo dixo que lo capitayne era Aydia e l'abe mandat que demoressan aqui entro que et hy fos, car et bole beser las gens en qual abilhament eran e et no y fera autra causa, mas que anessan parlar ab lodit capitayne, e et fera so que et lo mandara far, e que et fera per la vila so qui podora, reservada sa honor, e los pregua ausditz de Lafarga e deu Sobiran que lo termetosan de bon bin, e termeto hun mesatge ab etz; e lon termeton IIII^{te} piches, que costan : oeyt arditz (I sol IIII dines).

269. Item, a VII de desembre, ana Peyroto Farga a Aydia (1) per mandament deu cosselh parlar ab mossenh d'Aydia (2) que la vila lo preguaba cum fisaba de lu que lo plagos de dise a son filh (3) qui abe la carga de las gens d'armas qui eran alotyadas assi que las fes delotyar; loqual lo fe resposta que son filh era ensa, mas que s'en tornas e dixos a son filh que lo matin partissan ses mau far; e ayssi a fe; e ayssi s'en torna e despensa per et e son rossin : III arditz (VI dines).

270. Item, lo jorn metis, bengo lodit capitayne ab VII o VIII d'autres, e fo ordenat que fos alotyat en la vila; e ayssi fo feyt; e fen pescar perso que en sa conpanhia abe gens que no minyaban carn, car era vespra de la Conception (4); e donan aus pescados en pan e en bin IIII arditz, e fen sercar oeus, fromatges, engelas, oli; e lo vespe lodit capitayne volo minya carn e d'autres; e lo

(1) Aydie, canton de Garlin (Basses-Pyrénées), à peu de distance de Riscle.
(2) Bertrand, seigneur d'Aydie, fils aîné de autre Bertrand, seigneur d'Aydie, et de Miramonde de Béon-Armentieu, et frère d'Odet d'Aydie de Lescun, comte de Comminges. Bertrand Ier, seigneur d'Aydie, avait épousé, vers 1430, Miramonde de Béon, fille de Pierre de Béon, seigneur d'Armentieu-de-Rivière, et de Jeanne de Maumus. Il donna quittance à Odet de Béon, son beau-frère, de la dot de sa femme, le 11 décembre 1434, et fut père de : 1° Bertrand; 2° Odet de Lescun, comte de Comminges; 3° Odet dit le jeune, auteur des Aydie-Riberac et Guitinières; 4° Peyrot; 5° Marie, mariée à Bernard, seigneur de Sainte-Colomme en Béarn. Sur les deux Bertrand d'Aydie, père et fils, voir dans le *Nobiliaire de Guyenne et Gascogne*, t. III, la généalogie de la maison de Béon. Les diverses branches de l'illustre maison d'Aydie sont assez connues, à l'exception de la branche aînée dont aucun généalogiste n'a parlé.
(3) Voir aux comptes de 1474, art. 138, la mort de ce fils unique.
(4) La vigile de la fête de l'Immaculée Conception tombait cette année un mardi. Les soldats qui, ce jour-là, observaient l'abstinence, étaient des Espagnols. On sait que l'Espagne est la première nation chrétienne qui ait célébré la fête de l'Immaculée Conception. Jean Ier, roi d'Aragon, consacra son royaume à Marie conçue sans péché par une charte solennelle datée de 1257.

aparelhan en tost e en borit (1) garias dus parelhs e mey, moton, porc, buun, yranges; e lo matin au disnar parelhament; e aysi monta tota la despensa en pan, bin, carn, specias, oli, candeles, peys, oeus, fromatges, fen, sibaza e autres causas : hun scut oeyt sos VII dines.

271. Item, a VIII deudit mes, termeto Johan de Marsan, hun saryant per exequtar los cosselhs ; e lo dixon que etz hy anaran l'endoman per condar ab lu e lo portaran argent, que no los exequtas; e aysi fo content, mas que lo pagan la despensa, que monta : VI arditz e mey (I sol I diner).

272. Item, l'endoman, anan los IIII^{te} cosselhs e Drulhet a Sent-Mont per condar ab lo recebedor de totas causas qui aben agut affar ab lu de lor anneya, cum era de quartaros, affres, enbayshada c donatios e, etc.; e lo pagan tres scutz VI sos, e agon a pagar per lu a Drulhet VI scutz VI dines. E aqui metis, los fe arrastar per lodit saryant, e los demandaba lodit saryant, perso que los abe denunciat de debant gast (2) e garnison, XVIII franx per sos gatyes; e can fo tart, fen acordi ab lodit recebedor que los dona terme dequi au dimercles apres; e aysi despensan totz e lodit Farga ab son rossin : III sos II dines. — Item, donan au susdit saryant : hun franc de rey (XIII sos IIII dines).

273. Item, lo jorn metis, prenco lodit recebedor per las mas de mossenh Pey de Casanaba dus scutz, e de Peyroton Farga a Riscla autres dus, e ayssi son : IIII scutz.

274. Item, a XIII de desembre, fo apuntat per lo cosselh que conbidassan lo procurayre d'Armanhac per mossenhor de Beuju per sa noela benguda; e ayssi fo feyt, e lo convidan a sopar, e maeste Bernad Fitan, maeste Johan de Baradat, maeste Pey Fontanhera, Drulhet, los cosselhs e la garda ab lu; que monta la despensa en pan, bin, carn, specias, candelas, yranges e fromatge : IX sos e mey.

275. Item, lo vespe, fen aparelhar de sopar audit procurayre, a Drulhet; que aben pres hun tesson deus de Canet per lo morlanau, e I parelh de garias; e hy anan sopar maeste Pey Fontan-

(1) En rôti et en bouilli. *Tostar*, rôtir; *tost*, rôt.
(2) *Gast*, dégât, terme de guerre. Faire le dégât, ravager.

hera, fray Arnaut de Camicas, lo bayle e d'autres ab los dus cosselhs; que despensan en pan, bin, carn : vi sos iiii dines.

276. Item, a xv deudit mes, termeton una autra suplication a mossenhor d'Aux a Bassoa per mossenh Johan Farga e Bernad deu Sobiran; ausquals fe resposta que fray Mathiu l'abe dit lo jorn debant que son argent era prest, que et lo paguara; e ayssi s'en tornan ses deliure degun, perso que lodit fray los hy fe mal, e abe dit que et hy fera lo melhor qui podora per la bila; despensan per etz e per los rossis en dus jorns e una neyt, que monta : vi sos iii dines.

277. Item, lo jorn susdit, bengo Johan Garron, auqual fen portar dus piches de bin per far collation, e los dixo que fossan lo matin a Sent-Mont per condar ab Johan de Marsan sus lo feyt deus quartaros; costa lodit bin : viii dines.

278. Item, l'endoman, hy anan maeste Leberon e Peyroton Farga de matin; e can fon part dela, lodit Garron e recebedor fon partitz enta Manciet; e ayssi s'en tornan; despensan, can fon bengutz, a dinar : ix arditz (1 sol e mey).

279. Item, aqui metis que agon disnat, ana lodit Peyroton a Manciet au cosselh on eran los autres cossolatz per termete au Rey, etc.; e aqui apuntan que Tacanet, maeste Bertran deu Pandele e maeste Glaude (1) hy anessan e lodit Tacanet fornira l'argent qui fora besoy e, etc.; e ayssi metis lodit Peyroton porta argent a Johan de Marsan, etc.; e aqui metis Marssau, nebot deudit Garron, fe arrastar audit Marsan e aus cosselhs de Barsalona, de Nogaro e audit de Lafarga per Riscla; e lo vespe apuntan ab lodit Marssau que los relaxa, etc.; aqui metis lodit Peyroton ana pregua audit Johan Guarron, loqual lo tie excominyat e a vii o viii d'autres cosolats, etc., que lo donas absolution, atenut que et abe pagat sa cota portion per Riscla; e lodit Guarron no a bolo far perso que totz eran obligatz l'un per l'autre, mas

(1) Ce maître Claude, dont le nom est déjà revenu plusieurs fois, serait-il le même personnage que ce Claude de Saint-Vincent qui occasionna tant de bruit à Riscle, au mois de janvier de cette présente année? Claude de Saint-Vincent était, en 1475, lieutenant de la compagnie de 25 lances de Robert de Balzac. Il figure avec ce titre dans la revue de cette compagnie faite à Vezelay, le 15 juin 1475. (*Rev. des Basses-Pyrénées et des Landes*, juin 1886, p. 12.)

lo dona sospens per xv jorns; e ayssi ago a demora una neyt; que despensa per et [e] son rossiu en anar e torna, monta : IIII^{te} sos VIII dines.

280. Item, a XIX deudit mes, termeto lodit Peyroton sercar los susditz sospens, que costan ab so que dona au mesatge : v sos II dines.

281. Item, a XXIII de decembre, termeton a Lanapatz sercar absolution ab de Pey Palhera, Bernad de Sen-Pot e Peyroton Farga, perso que Guiraud de Camorteras los abe excominyatz; costa : XII sos e mey.

282. Item, pagan a Menyon de Sobabera per set jorns que garda la porta deu Cambadia que no lheysas entrar los qui bien de las mortalhas (1), que monta : IIII sos VIII dines.

283. Item, pagan a mossenh Johan de Meyloc, a causa de so que l'eran obligatz, per las mas de Bernad deu Sobiran : hun scut XVI sos e mey.

284. Item, crompan a la garda sabatos dus parelhs ab las subesolas; costan : IX sos. — Plus, una cana e meya de blanquet; costa : X sos e mey. — Plus, lo fen tintar per lon far rauba; costa : IIII sos. — Plus, per la faysson, tone e fiu : III sos X dines. Monta tot : XVIIII sos IIII dines.

285. Item, pagan a maeste Pey Fontanhera, Pey de Camicas, Bernadon de Bilhera, Peyron d'Argelos, Leberon de Poges, Arnauton de Lafitau, per ausir los condes deus cosselhs de l'an passat, a cascun VI sos; monta : dus scutz.

286. Item, a XXXI de decembre, pagan au procurayre, perso que lo coselh lo donaba per la visitation deus condes tres scutz, de que lon paga : hun scut X sos VIII dines.

Mois de janvier 1474.

Sommaire : 287. Envoi d'argent au receveur. — 288. Celui-ci réclame ce qui lui reste dû. — 289. Compte fait avec ledit receveur. — 290. Paiement d'un écu à à Bernard de Villère pour sa part de la *servitude* de l'église. — 291. Paiement

(1) Ceux qui venaient des villes ou des contrées infectées par la peste. Ce terrible fléau faisait presque tous les ans des ravages dans nos contrées. L'année précédente, 26 juin 1472, l'official d'Auch avait dû établir son tribunal à Nogaro, « propter pestis impedimentum. » (*Documents sur la Maison de Galard*, t. II, p. 221.) Voir aux comptes de 1482, art. 37.

d'une somme de 10 écus à la suite d'une enchère sur les revenus de la cure de Riscle. — 292. Le receveur refuse de prendre une somme d'argent et n'admet pas le compte fait par les consuls de Riscle. — 293. Paiements divers faits aux agents du receveur. — 294. Nouveau compte fait avec ledit receveur; il consent à prêter aux consuls 30 ou 40 pipes de vin. — 295. Indemnité accordée à M⁰ Léberon de Thèse, pour six voyages. — 296, 297 et 298. Sommes payées à M. de Camortères, aux bayles de la ville, etc.

287. Item, a tres de gier, ana Peyroton Farga a Sent-Mont porta IIII^te scutz a Johan de Marsan per los quartaros; despensa per si e son rossin *(en blanc)*.

288. Item, a x de gier, bengo Ramonet de Pergada ab hun saryant executar los cosselhs per las restas degudas a Johan de Marsan, e fen acordi ab lor que etz hy aneran l'endoman condar ab lu e lor portaran argent; e agon a pagar lor despensa, que monta : IX arditz e mey (I sol VII dines).

289. Item, l'endoman, fo apuntat per lo cosselh que Peyron d'Argelos anesa condar ab lo susdit de Marsan, e Peyroton Farga, loqual lo portas de l'argent qui abe colhut per pagar los mila franx, e las bilhetas; e aysi a fen; e can fon part déla, lo balhaban oeyt scutz de l'argent susdit; e lodit de Marssan los dixo que non prencora diner, mas los termetora los saryans; e la begada dixon que condassan ab las bilhetas beser que l'era degut; e aysi a fen, e troban que lo son degutz de totas causas XXXVIII scutz V sos e mey, e lodit de Marssan los dixo que gardassan si aben plus bilhetas, que et los estera en bon conde; e ayssi s'en tornan losditz d'Argelos e de Lafarga; que despensan per etz e per los rossis lo matin e can fon a Sent-Mont e lo vespe au sopa : II sos II dines.

290. Item, pagan a Bernadon de Bilhera per sa part de la servitut de la gleysa : I scut.

291. Item, pagan a maeste Bernat de Lafitan e maeste Johan de Baradat a causa de la dita qui aben en la rectoria : detz scutz.

292. Item, lo jorn de sent Anthoni que era a XVII deudit mes, anan a Sen-Mont maeste Pey Fontanhera, maeste Leberon de Teza, Guilhot Fitau e Peyroton Farga per condar ab lodit recebedor, e lo portaban oeyt scutz, e lodit recebedor no los ne bolo prene crotz, perso que lo condaban los x scutz qui Johan Fitau l'abe datz l'an passatz *(sic)* e sinq de sos gatyes e oeyt e mey per lo rossin deudit de Lafarga e d'autras causas que et abe

pres de la vila, mas los fe arrastar, e demoran la neyt la dequi a l'endoma au vespe; despensan per etz e per tres rossis, monta so qui lodit Peyroton forni : vi sos e mey.

293. Item, pagan a Ramonet de Pergada, per nom deudit de Marssan, en diversas begadas, e a la garda e a Johan Blanc, cum aper per bilhetas : tres scutz viii sos e mey.

294. Item, a xxix de gier que era dissapte, anan a Sent-Mont, on eran de segrament audit recebedor, Peyroton Farga e Guilhot Fitau, e per far acordi a losditz saryans, ab losquals acordan a vi franx de rey, e los ne pagan aqui metis los sinq e l'autre que aben agut de debant; e ayssi metis per pregar audit recebedor que los prestas de sos bees tant per pagar a lu metis quant per autres deutes que la vila debe, etc.; de que los dixo que et los prestara xxx o xl pipas de bin dequi a Nostra-Dona d'aost e, etc.; e pagan audit recebedor aqui metis sinq scutz e mey; e ayssi lo foc degut de totas restas xxxii scutz, de que los dona terme dequi a Nostra-Dona de feure; e ayssi s'en tornan; que despensan au sopa a maeste Johan de Mostayo : vi arditz.

295. Item, pagan a maeste Leberon de Teza per augus servicis que abe feytz a la vila, so es vi biatges que fe tant ab Johanon Fontanhera a Castennau d'Aribera per parlar ab maeste Johan Taquanet, quant ab Peyroton Farga a Plazensa, a Nogaro, a Barssalona, a cascun loc hun biatges, e a Sent-Mont per parlar ab Johan de Marsan dus biatges, ont eran maeste Pey Fontanhera e autres : ix sos.

296. Item, pagan a mossenh de Camorteras, per las mas de Pey de Poges, en deduction desso que era degut per la vila audit mossenh de Camorteras, et per los servicis feytz audit de Camorteras per lodit de Poges : ii scutz.

297. Item, pagan a Johan Blanc, bayle, otra so desus, per iiii^{te} exequtios feytas encontra losditz cosselhs : ix sos. — Item, a Bernad deu Sobiran, bayle, per iiii^{te} exequtios contra losditz cosselhs : ix sos.

298. Item, pagan a maeste Pey Fontanhera, per augus servicis que abe feyt a la vila en diversas begadas, cum son biatges e autres causas : ix sos.

Mois de février 1474.

SOMMAIRE : 299. Le consul Laffargue se rend à Bassoues puis à Mazères, pour tâcher d'obtenir du trésorier de l'archevêque d'Auch l'absolution (il avait été excommunié, ainsi que ses collègues, par le chanoine Pellegrin Bonelli, au sujet de la ferme des revenus de Saint-Jean) ; — le trésorier refuse de lever l'excommunication, à moins de paiement de la somme due, sans quoi les chanoines Jaymes et Pellegrin, fermiers de la claverie du Bas-Armagnac, pourraient s'en prendre à lui-même. — 300-312. Sommes payées à divers habitants de Riscle, qui avaient fourni du blé, de la farine, du bétail, etc., pour le siège de Lectoure.

299. Item, a VI de feure que era dissapte, ana Peyroton Farga a Bassoa per parlar ab lo thesaurer de mossenhor d'Aux, perso que mossenh Pelegrin Bonelli lo abe escominyat, eysems ab los autres cosselhs e a maeste Pey Fontanhera cuma scindic, a causa de l'arendament de Sent-Johan, beser si podora aber absolution, atenut que et no era en la obliganssa ni era estat amonestat (1), e per aber sospens per los autres, etc.; e aqui no lo troba, mas s'en ana a Maseras (2), e aqui lo troba e lo pregua que lo dones absolution besen que et no era obligat, etc.; loqual lo dixo que et non sabe re ni no lo balhara ni sospens ni absolution, ni autre apuntament ab lu no fera sino que paguessan, car mossenh Jacmes e mossenh Pelegrin aben aquera claberia (3), e can et los balhara absolution ni sospens, etz agoran occasion ab lu; e ayssi s'en torna; que este tres jorns en anar e en tornar; que despensa per si e per son rossin : VI sos IX dines.

300. Item, paguan a Johan den Porte suber sas talhas per dus biatges que ana a Florenssa per conduir los biures : IX sos.

301. Item, paguan a Peyron d'Argelos alias Herete, perso que abe feyt conpanhia a Peyrot den Cos, cosselh de l'an passat, u

---

(1) D'après les règles du droit canon, l'admonestation devait précéder de quelques jours la sentence d'excommunication pour dettes.

(2) Mazères, commune de Barran, canton d'Auch-sud (Gers). L'archevêque d'Auch y avait une magnifique résidence.

(3) Les revenus de l'archevêché d'Auch étaient divisés en un certain nombre de *claveries* ou *claveriats*. Au XVIIme siècle, il en existait treize : les claveries d'Auch, de Mazères, de Bassoues, de Vic, d'Aubiet, de Mirande, de Seissan, de Fleurance, d'Astarac, de Magnoac, de Nogaro, de Manciet et de Sos. (Arch. du Gers, G. 11, 12 et 13.)

portar argent a Sent-Clar, e a Peyroton Farga a Gimont e a Nogaro e en autas partz : hun scut.

302. Item, paguan a Bernad de Sen-Pot, sarto, per nau jornaus que ana per nom de la vila ab Frances de Mont-Arnaud l'an passat, que monta : xv sos ix dines.

303. Item, paguan a Tibbaut deu Pin, perso que ana ab lodit Frances v jorns : viii sos.

304. Item, paguan a Bernad deu Sobiran alias de Peyroli, perso que ana ab lodit Frances : i scut ii dines.

305. Item, paguan a Arnauton de Teza, per una balesta que los cosselhs bielhs n'aben aguda sus sas talhas : viii sos vii dines; la resta l'es deguda.

306. Item, paguan a augus singulaus, per restas a lor degudas, perso que aben suplit aus cosselhs bielhs, pagadas los (1) talhas, cum aper per rogles balhatz per Johan Fitau, tant per supliment de blad per portar a Florensa, argent, fen, cibaza, arnes, quant per autras causas; que monta : detz e oeyt scutz oeyt sos iii dines.

307. Item, paguan a augus singulaus, per restas a lor degudas, pagadas los talhas, per so que aben suplit a Johan Fitau e sos conpanhos en blad froment e mestura per portar a Florensa, que fo estimat froment a x sos conqua e mestura a viii, cum aper per hun autre rogle balhat per lodit Fitau; que monta : xii scutz iii sos viii dines.

308. Item, paguan a augus singulaus que aben suplit audit Fitau e a sos conpanhos, per so que aben colhut de l'enpaus ; que monta : cxxxviii scutz xv sos.

309. Item, paguan a augus singulaus, per xiii bestias boynas (2) que termeton au ceti; que monta : trenta e dus scutz v sos.

310. Item, paguan a augus singulaus per xxxiiii aucas saladas per portar audit ceti; que monta : hun scut xvi sos.

311. Item, paguan a augus singulaus, per ii^c xcvi quartz de blad e de faria per termete audit ceti a Florensa e a Vic en diversas begadas tant froment quant mestura, que fo estimat a

---

(1) *Los* pour *lors*.
(2) *Boynas*, de l'espèce du bœuf, mot à mot : treize bêtes bovines, c'est-à-dire bœuf, vache ou veau.

xiiii sos conqua de froment e xii mestura; que monta tot en una soma : cvi scutz xvi sos.

312. Item, pagan a auguns singulaus sober los talhas, ayxi cum apar en hun rogle, tant en bin, blad, poralha, arnes; que monta en una soma : nonanta hun scut[z] tretze sos tres dies e mey.

REDDITION DES COMPTES DE 1473.

L'an mil iiii^c lxxiii (1474) et lo vme jorn deu mes de mars, stans en l'ostau de maeste Leberon de Thesa Pey Farga, Bernadot de Sen-Pot, sarto, per nom d'els et de Johan de La Fontanhera et Pey Palhera, conselhs de la vila d'Ariscla en l'an darrer passat mil iiii^c lxxii, redon lo compte a maeste Johan de Mostayon, Ramon de Sobabera, per nom de Guilhot Fitau et de Pey de Camorteras, cosselhs de ladita vila; presens et ascistens a lor maestes Pey Fontanhera, Johan deu Baradat, notaris, Berthomiu deu Faur, Johan deu Magenc e d'autres habitans de ladita vila.

Recettes. — Losquals Farga, de Sent-Pot et autres lors conpanhons mostran que haben recebut en certanas talhas que a lor eran stadas balhadas, e deduzitz xx^e diner et greuges, que montan sinquanta hun scut[z] dus sos seys dies, et deduzitz ayxi methis quatre scutz, losquals es acostumat de balhar ausditz cosselhs per far los libres de la recepta et de la despensa, que montan lasditas talhas, deduzit so desus, la soma de vi^c xxvii scutz ix sos v dies. Item, mostran que haben recebut deus cosselhs de Cahusac iiii^{te} scutz, de Pey deu Cos et sous conpanhos xxiiii^{te} scutz ii sos viii dies. Item, de auguns particulaus de ladita vila per via de impaus, ayxi que plus a plen son nomentatz en hun rocgle, xlvi scutz xvii sos ix dies. Item, per las mas de Johan Fitau, xxxviii scutz, losquals ayxi metis haben colhutz per via de impaus de mandament de la vila. Item, de Johan de Lafitan e de Manauton de Sobabera, per lo arendament de la taberna, xvi scutz mey. Item, de mosenh Guilhem deu Sobiran e de sous conpanhos, per lo arrendament de la Redempna, loqual no fo balhat, mes au loc de quet lors fo balhat los arrendamens de Sent-Johan e de la rectoria d'Ariscla, ii^c scutz. Item, de maestes

Bernad Fitan et de Johan deu Baradat, notaris, per los arrendamens deu maset et oli, xl scutz. Item, per las mas de maeste Pey Fontanhera, vi scutz iiii^te sos iiii dies. Item, per las mas de mossenh Johan de Meylot, cxxxii scutz xv sos viii dies. Item, deus obres de Sent-Pey d'Ariscla, lv scutz xi sos de una part; item, d'autra part, xxviii scutz et mey; item, d'autra part, i scut xii sos; item, d'autra part, xxxi scut[z] et mey; et asso tant en certana quantitat de froment, mestura, sibaza et arendament de l'an lxxiii. Item, de mossenh de Camortera, xxxvi scutz ii sos, et asso en certana quantitat de blad que habe prestat a ladita vila. Item, de Bernad de Bilhera en certana quantitat de froment et mestura, xxxv scutz xvi sos. Item, de certans particulaus contengutz en hun rocg[l]e, per certana quantitatz *(sic)* de blad que haben prestat a la vila et vendut per losditz cosselhs, que monta clxvi scutz xv sos. Item, mostran que haben pres en xxiiii pipas de bin, xiiii bacas, certana quantitat de pluma, iiii^xx parelhs de poralha, xliii aucas saladas, una pessa d'arosset que agon de Bernad de Bilhera, que monta en una soma cxli scutz v sos vi dies. Item, mostran que haben recebut de Menyolet deu Faur iii scutz, de Berthomiu deu Faur, una balesta valen xvi sos, de Arnauton Sala, una balesta valen xxvi sos et mey; item, d'autra part, deudit deu Magent en argent, ii scutz iiii sos et mey; item, de Peyron deu Casso, una balesta valen i scut; item, de Johan de Lafitan, de Lana-Jusan, i scut et mey; que monta tot en una soma xi scutz xi sos. — Que montan totz las somas susditas en una soma mil v^c lxxxv scutz ix sos xi dies, ayxi que plus a plen es contengut per parcelas en ladita recepta.

Dépenses. — Et aqui metis, mostran que haben despensat per los negocis de ladita vila et expedition et tarip de quera, ayxi que plus a plen es contengut en lo libre de la despensa feyta en la susdita anneya, et deduzitz totz interesses, taras de bendas de bladz, bins, bacas et autres carnalatges et totz autres interesses plus a plen contengutz per menut en ladita despensa; que appari que agon despensat la soma de mil sinq centz quaranta nau scutz hoeyt [sos] dus dies morlas.

Et ayxi apari que losditz de Farga, Sent-Pot, Fontanhera, Palhera son tengutz de redde, restituar, donar et pagar aus susditz de Mostayon et autres sous conpanhos, conselhs susditz, deduzida la susdita soma de mil sinq centz quaranta nau scutz hoeyt sos dus dies morlas, per etz despensada au proffeyt et per los negocis de la causa publica, de la susdita soma de mil v^c lxxxv scutz ix sos xi dies, so es trenta seys scutz nau sos unze dies.

Et per maior fermessa nos Leberon de Thesa, notari, Arnaud de Lafitan et Pey d'Argelos alias Hereter, comis et deputatz a prene lo present compte, de voler de cascunas partidas, haben scriut la present conclusion per la man de my susdit de Thesa, et los totz assi subsignatz.

<blockquote>L. de Thesa, notari. — Arnauton de Lafitan.
Peyro d'Argelos, ita es.</blockquote>

De laqual soma deguda per lodit Farga [e] sous conpanhons se debin dedusir e se rebatin xxii scutz vi dies a causa que aben feyt resepta de alguna cantitat de pluma, laquala resepta no deben fer, atendut que ladita pluma aben aguda e presa en pagament de quetz qui los deben las talhas. E en fassen resepta de ladita pluma faren e fassen duas reseptas de ladita causa, e aysi deuren, feyt lodit rebatement, xiiii scutz ix sos ix dies.

Lo present conde foc palpat e corregit, de voler e cosentement de Ramonet deu Faur, Videt deu Magenc, Pey Palhera, Mono d'Angles, conselhs de ladita vila en l'an mil iiii^c lxxxii e lo ters jorn deu mes de martz, per Johan deu Baradat, notari, Pey d'Argelos, Arnauton de Lafitan. E per mayor fermesa aysi nos em subsignatz.

<blockquote>J. de Baradato. — Pey d'Argelos.
Arnauton de Lafitan.</blockquote>

XVII.

COMPTES DE L'ANNÉE 1474.

RECETTES.

SOMMAIRE : 1. Levée de deux tailles. — 2-6. Vente de blé, de méteil, de millet et de vin rouge prêtés par divers. — 7 et 8. Revenus de la taverne. — 9. Tailles de plusieurs forains. — 10-12. Recettes diverses. — 13. Fiefs des consuls de Cahuzac. — 14. Tailles de deux habitants d'Izotges. — 15-20. Contribution des consuls de Saint-Germé, de Lapujolle, de Labarthe-Cagnard et de Lacaussade, pour l'équipement des deux francs-archers fournis par Riscle. — 21 et 22. Taverne. — 23. Impôt des lances. — 24-26. Vente de vin.

I. — *Recepta feyta per maeste Johan de Mostayon, notari, Ramon de Sobabera, Pey de Camorteras e Guilhot Fitau, cosselhs de la vila d'Ariscla de l'an mil IIII^c LXXIII e finidors l'an revolut LXXIIII, tant de duas talhas que los fon autreyadas per pagar las gens d'armas e autres deutes que ladita vila debe, quant ayxi metis de autres emolumens de ladita vila, cum dejus s'enseq.*

1. Primo, recebon de lasditas duas talhas a lor autreyadas, cum apar per lors libres; que montan : II^c LXXXV scutz XVI sos II dines.

2. Item, recebon deu rector de Bilhera e de fray Matiu deu Viau (1) froment II^c XIII quartz; deusquals ne vendon LXXII quartz, so es LXIIII a VIII sos e mey cascun quart e VIII quartz a IX sos cascun quart; que monta tot en una soma : trenta quatre scutz IIII^{te} sos; e lo demorant prestat a d'augus particulaus, ayxi que mostran en hun rogle, losquals demoran debens a la vila en las somas apres los noms de hun cascun contengudas; e ayxi an

---

(1) Ce religieux augustin de Geaune, dont le nom revient sans cesse dans ces comptes, devait être un personnage important. Dans son testament du 21 juin 1469, Pierre, baron de Castelnau-Tursan, seigneur de Geaune, etc., nomme ce moine augustin pour son exécuteur testamentaire : « Fray Mathiu « deu Vihau, fray deu conbent deus Augustiis de Geno.» (Arch. de l'auteur, fonds Castelnau.) Il mourut prieur de l'hôpital de Saint-Antoine de Goloni, en Tursan. (Voir *Hist. de la Maison de Castelnau-Tursan*. par M. l'abbé Légé, t. I, p. 120.)

recebut deusditz lxxii quartz de blad : losditz xxxiiii scutz iiii sos.

3. Item, recebon mestura deusditz rector e fray Matiu cxxvii quartz ; deusquals ne fon vendutz xxv a xv sos concha e dus quartz a xxii sos, que monta tot : xi scutz xi sos vi dines ; et lo demorant demora prestat, ayxi cum en lo precedent item es contengut ; e ayxi an recebut : losditz xi scutz xi sos vi dines.

4. Item, recebon deus susditz milh e eyssia lxix quartz ; deusquals ne fon venutz xi quartz mey a seys sos quart e vi quartz a hoeyt sos quart ; que monta tot en una soma : seys scutz unze sos ; e la resta deudit milh restant demora sus la vila, cum en lo precedent item ; e ayxi an recebut : losditz vi scutz xi sos.

5. Item, recebon deus susditz bin roge seys pipas, que costan de prima crompa xxx scutz ; de lasquals fon vendudas las v pipas a dus arditz piche ; que montan : xxix scutz xi sos iiii dines. Item, l'autra pipa, la una partida deu bin s'en anet e l'autra partida foc balhada aus beziales que adobaban lo pont de l'Ador e autras obras, e per so non fen recepta ne despensa.

6. Item, recebon de Berthomiu deu Faur bin roge una pipa que costa hoeyt scutz ; laqual fo venduda a tres arditz cascun piche ; que monta : viii scutz.

7. Item, recebon de mossenh Johan de Pardelhan de la imposition de la taberna de ladita vila : xvi scutz.

8. Item, de auguns singulaus de la imposition de ladita taberna, otra so dessus : v scutz ix sos v dines.

9. Item, recebon de augus foras per las tallias que a lor fon impausadas per las terras que possedeyssin en las pertenensas de ladita vila, otra las talhas ausditz cosselhs autreyadas en lors libres ; que monta : ix sos viii dines.

10. Item, recebon de Pey Palhera, a causa de auguna resta que el e sous conpanhos degon a la vila per la conclusion de lors condes : xi scutz x sos.

11. Item, recebon, ayxi que appar en la una sequenta foelha, de vii personatges en aquera scriutz : la soma de ix scutz xvi sos x dines.

12. Item, recebon, que malheban deus obres de Sent-Pey per pagar fray Matiu : froment lxvii quartz.

II. — *Seguin se las causas qui jo Mono de Seubabera e recebudas de las causas e per nom de la bila per mon carte cuma cosso, aysi cum s'enseguin dejus per menut, stan cosso l'an LXIII finin l'an LXXIIII.*

13. Item, e recebut deus cossos de Causac, que monta: IIII scutz I sol IIII dines.

14. Item, e recebut de Ramon e d'Antoni de Sen-Lana, habitantz de Ysotge, a causa de las talhas per las terras que fen e tien part desa: II sos VIII dines.

15. Item, e recebut deus cossos de Sen-Germe, a causa deus francx arches, que son XX foex, VIIII arditz per foc: I scut XII sos.

16. Item, e recebut deus susditz, a causa deu segont arche per la respontion que nos fen a causa deudit arche, a XII arditz mey per foec: II scutz V sos VIII dines.

17. Item, e recebut deus cossos de la Puiola per VI foex per lo prume arche a VIIII arditz mey per foec; monta: VIIII sos.

18. Item, e recebut deusditz cossos, a causa deu segont arche, [a] XII arditz mey per foec: XII sos VI dines.

19. Item, e recebut deus de Labarta-de-Canhart per hun foec o a causa de quit en deduction de lor cota portion: II sos IIII dines.

20. Item, recebu deus de la Causada en deduction de tres foex: X sos.

21. Item, recebu de mossenh Johan de Milauc, a causa de la inposition e gabela de la teverna despus deu me[s] de... (*en blanc*) entro Nadau aprop seguien; que n'agom: XVI scutz.

22. Item, recebo lodit de Sobabera, a causa de la imposition de la taberna e bin vendut, de Manauton de Sobabera: XVII sos.

23. Item, e recebut per lo libre de la talha de las lansas, rebatut greuges e binte dine; que monta: (*en blanc*).

III. — *Seguin se las causas qui jo Guilhot de Lafitau e recebudas per nom de la bila e per mon carte, stan cosso ab maeste Johan Mostaio, Mono de Sobabera e Pe Castay, comensan l'an mil IIII^c LXXIII finin l'an mil IIII^c LXXIIII a Nadal.*

24. Prumerament, e recebut de Johan d'Arago deus deutes de

ANNÉE 1474.   165

la teverna deu bin que benom a l'ostau deu recto de Bilhera :
III sos II dines.

25. Item, e recebut deu bin de l'ostau deu recto de Bilhera en
duas concas deus esgotalhs que degun non bole bebe; que montan
au pretz que lo crompan, balin : VIIII sos.

26. Item, e recebut deu bin de l'ostau deudit recto, locau es
scriut en ma despensa en plusors items, locau es stat distribuit
aus hobres au pont de l'Ador, au Bernet e aus besiales, e per
aquitar la hun ab l'autre, e metut aso en recepta, car los autres
an pres deudit bin de l'ostau que non fen mentio perso que lo
concelh dissoc que meya pipa de bin que i abe que no se podo
bene que fessan dequi la despensa; lacala meya pipa es scriuta au
conte deu libre deu bin, e per so jo e asi metis en recepta per
trese lo qui jo e en despensa; que monta : I scut XII dines.

DÉPENSES.

SOMMAIRE : 1 et 2. Voyages des consuls à Saint-Mont; — ils sont arrêtés par le collecteur. — 3-5. Cité devant le lieutenant du juge d'appel, le collecteur fait défaut; — les consuls de Riscle sont mis en liberté. — 6. Le chanoine Pellegrin de Bonello vient pour poursuivre les anciens consuls qu'il avait fait excommunier. — 7. Les consuls sont mandés à Saint-Mont. — 8. Voyage à Geaune pour parler au Fr. Mathieu Duviau. — 9-12. Demande d'argent par le collecteur. — 13 et 14. Voyage à Marciac touchant le procès Camortères. — 15-18. Achat de harengs, de pommes, etc., pour divers personnages. — 19. Achat de papier et d'encre. — 20-23. Frais de divers actes. — 24-28. Me Marsau et deux sergents viennent pour exécuter les consuls. — 29. Don de blé à Me Aymeric du Châtelet, procureur d'Armagnac pour M. de Beaujeu. — 30. Paiement d'impôts. — 31. Reliure du missel de l'église Saint-Pierre. — 32. Cancellation de diverses obligations. — 33 et 34. Voyages à Toulouse pour le procès Camortères. — 35. Le chanoine Pellegrin de Lafontan, procureur du curé de Riscle, demande copie d'une obligation consentie en faveur dudit curé. — 36 et 37. Achat de poisson et de vin pour ledit chanoine. — 38. Emprunt de 5 écus pour payer les impôts. — 39. Obligation consentie en faveur de Me Jean de Pardeillan. — 40. Emprunt fait au bassin de la chapelle Notre-Dame. — 41 et 42. Envoi d'argent à Jean de Marsan. — 43. Des commissaires viennent pour l'affaire du refus de la monnaie. — 44. Venue du gouverneur de M. de Beaujeu. — 45. Procès avec les consuls de Saint-Mont, au sujet des limites des deux juridictions. — 46. Conseil tenu à Vic au sujet de francs-archers qu'on voulait mettre sur le pays. — 47. Envoi d'argent au collecteur. — 48. Obligation consentie en faveur de Me Jean de Meyloc. — 49. Achat fait par B. d'Azéma, frère du curé de Riscle. — 50. Le sénéchal de Toulouse envoie un commissaire réclamer le reste des tailles octroyées au duc de Guyenne, au comte et à la comtesse d'Armagnac. — 51. Me Pellegrin de Lafontan accorde une suspension aux consuls excommuniés. — 52. Voyage à Barran, au sujet d'archers demandés par M. de Lamothe, seigneur d'Auch. — 53. M. d'Arblade réclame ce qui lui a été assigné au conseil de Vic. — 54. Réception d'une lettre du gouverneur d'Armagnac. — 55. Paiement d'impôts. — 56-59. Emplettes diverses pour les deux archers de la ville, lors de leur départ pour Vic. — 60 et 61. Envoi d'argent au collecteur. — 62-66. Conseil tenu à Nogaro, au sujet du serment demandé par le Parlement de Bordeaux. — 67-70. Serment de fidélité prêté à M. de Beaujeu, à Nogaro, par les gentilshommes et les consuls de l'Armagnac. — 71 et 72. Conseil de Vic. — 73. Nomination d'un collecteur, en remplacement de Jean de Marsan, décédé. — 74. M⁰ Léberon de Thèze apporte de bonnes nouvelles du conseil de Vic. — 75-77. Les commissaires de M. de Beaujeu viennent à Riscle et font prêter serment à tous les habitants, sous la halle. — 78-80. Conseil tenu à Nogaro au sujet des impôts qui écrasent l'Armagnac. — 81. Paiement d'impôts. — 82-91. Fr. Mathieu Duviau vient réclamer l'argent et le blé qui lui sont dus; — dépenses faites à cette occasion. — 92. Blé prêté par Fr. Mathieu Berdolet et le curé de Villères. — 93 Honoraires des auditeurs des comptes consulaires. — 94-96. Compte du blé envoyé au fr. M. Duviau. — 97. Pichet de vin donné à M⁰ Léberon de Thèze, à son retour du conseil de Vic. — 98. On fait pêcher pour M. de Maumusson, lieutenant de M. de Lescun. — 99 et 100. Léberon de Thèze est arrêté à Nogaro par M⁰ Marsau. — 101. Achat d'avoine pour les chevaux de M. de Corneillan, commissaire des arbalétriers. — 102. Départ de Léberon de Thèze pour le conseil de Vic. — 103. Impôt des lances. — 104. La veuve de Jean V réclame une rente allouée par le Roi; — refus des consuls de l'Armagnac. — 105 et 106. On fait pêcher pour M. de Maumusson. — 107. Achat de papier pour écrire une lettre à M. de Viella. — 108. Archers et vivres réquisitionnés pour la guerre du Roussillon. — 109. Ouvriers et vivres demandés par M. de Flamarens, pour la reconstruction de Lectoure. — 110. Arbitrage fait entre la ville et M. de Camortères. — 111. Les consuls sont mis aux arrêts sur le pont du moulin, par M⁰ Jean Guizard, notaire de Mezin. — 112. Paiement d'impôts. — 113. Achat de brouettes pour porter le sable et les pierres destinées à la chaussée du chemin de l'église. — 114. Réparation du battant de la cloche. — 115 et 116. Construction de la chaussée du chemin de l'église. — 117. Frais d'actes relatifs au procès Camortères. — 118. Repas maigre, le jour de la reddition des comptes. — 119. Achat de vin pour M. de Maumusson. — 120. Location d'un cheval pour aller au conseil de Sainte-Christie. — 121. Honoraires donnés à un notaire de Nogaro pour diverses écritures. — 122. Dépenses faites chez un hôtelier par le receveur d'Armagnac. — 123. Conseil tenu à Caupenne, au sujet de la nomination d'un collecteur. — 124 et 125. Conseil tenu à Auch par les trois États. — 126. Achat de clous pour faire les cuves du moulin. — 127. Voyage à Marciac au sujet de procès. — 128-132. Venue du sénéchal et gouverneur d'Armagnac; — dépenses faites à cette occasion. — 133. Achat de cire pour le cierge pascal. — 134-136. Lettres de *pareatis* signifiées à M. de Camortères et au lieutenant du gouverneur d'Armagnac. — 137. Conseil tenu à Caupenne. — 138. Passage des gens de M. de Lescun, allant chercher le corps du fils de M. d'Aydic, décédé à Caupenne. — 139-151. Achat de vêtements et d'armes pour les deux archers de la ville. — 152. Somme payée à M⁰ Matelin Molinier, commissaire des francs-archers. — 153. Dépenses faites par le gouverneur et par le juge d'Armagnac. — 154. Conseil tenu à Nogaro, par ordre du gouverneur. — 155. Venue du gouverneur d'Armagnac pour M. de Beaujeu. — 156. Archers mis sur le pays. — 157. Chute d'un portail de la ville. — 158. Venue du fils du notaire Verdier. — 159. Dépenses pour M. de Maumusson. — 160. Arbalète prise par le châtelain de Nogaro, pour les sergents, lorsqu'ils allèrent à Lectoure. —161. Fief de la Barthe payé au fermier de M. de Beaujeu. — 162. Frais de sépulture d'un habitant qui s'était noyé en travaillant au pont de l'Adour. — 163. Don fait au juge d'Armagnac. — 164. Construction du chemin du château. — 165. Conseil tenu à Vic. — 166. Somme payée à M° du Châtelet, ancien procureur d'Armagnac. — 167. Arbalétriers envoyés à Betplan, par ordre du sénéchal. — 168. Paiement de deux paires de sandales. — 169. Façon d'une clef pour le grenier du curé de Villères. — 170. Emprunt demandé à M. de Maumusson. — 171. Coupe de bois au Bernet pour la construction du pont de l'Adour. — 172. Visite des greniers par MM. de Sion et d'Arblade. — 173. Paiement des quartiers. — 174. Crue de l'Adour. — 175. Argent donné aux archers lors de l'expédition de Perpignan. — 176 et 177. Dépenses pour le chemin du château. — 178. Curage du chenal de la halle. — 179. Prix d'une pipe de vin. — 180-182. Travaux aux moulins de la ville. — 183. Recherche de blé dans les greniers pour la subsistance des nécessiteux. — 184-190. L'archer Mousquet va passer la revue d'Auch; — dépenses diverses pour les archers. — 191. Achat de poisson frais pour le chanoine Pellegrin. — 192. Char de bois pour le juge d'Armagnac. — 193. Venue, à Riscle, du gouverneur de M. de Beaujeu, avec les divers officiers du comté. — 194. M. de Corneillan vient choisir les arbalétriers. — 195. Réparation de la clef d'une des portes de la ville. — 196. Dépenses du sénéchal d'Armagnac. — 197. Achat de vin, le jour de l'élection des consuls. — 198. Les gens de M. de Lescun ne logent pas à Riscle, grâce à l'intervention de M. de Maumusson. — 199 et 200. Pertes subies sur diverses monnaies. — 201. Le capitaine des francs-archers fait mettre en prison, dans la maison commune d'Auch, un clerc qui avait accompagné l'un des archers de Riscle. — 202. Chute des planches d'un pont. — 203. Salaire donné à une femme pour avoir lavé le linge et la vaisselle, lors de la venue du sénéchal d'Armagnac.

I. — *Despensa feyta per mi Johan de Mostayon, notari, conselh de la vila de Riscla de l'an de la Nativitat de Nostre Senhor que hom conda mil IIII^c LXXIIII^{te}, a causa deus negocis et besonhas de ladita vila, cum s'ensec.*

1. Prumerament, l'an susdit et lo jorn de Sent Anthoni, ane ab Guilhot Fitau, conselh, a Sent-Mon, a causa que maestes Pey Fontanhera, Leberon de Thesa, notaris, et Peyroto Farga eran arestatz a Sent-Mont dedens lo loc, qui Johan de Marsa los habe feytz arresta, losquals hi eran anatz per passar conde ab lodit de Marsa; despense quant la, en pan I ardit, en bin III jaques, et lo vespre, cant fu retornat a Riscla, en pan, bin et carn, tres arditz; monta tot : v arditz et mey.

2. Item, l'endoma, hi retornam io et lodit Fitau a Sent-Mon, a causa que losditz de Fontanhera, de Thesa et de Farga no eran

podutz salhir deudit rest en que eran; et quant fom totz dus la, lodit de Marsan nos fec aresta audit Fitau et a mi; deuqual rest nos totz ensemble nos aperam et lhebam letra de apel; costa me : VIII arditz.

3. Item, fem aiorna et hinebir lodit de Marsan e lo saryant audit bayle de Sent-Mont, et anam a la iornada per dabant maeste Johan de Mosches, notari et loctenent deu jutge d'apel d'Armanhac; costa l'espleyt et la iornada de totz : IX arditz.

4. Item, lodit Fitau et io agom a jurar de retornar a la iornada; a laqual retornam, et lodit de Marsa no hi fo ne res per lu; en que fom relaxatz; despense per mi en pan, bin : V iaques.

5. Item, lo vespre, quant fu retornat de Sent-Mont, despense au sopa en pan, bin et carn : tres arditz.

6. Item, a XXVI de gener, vengo mossenh Pelegrin de Bonello, capera, per demustrar lo escuminge et greuges deus cossos passatz; en que lo pregam que no los enregistras; et lodit de Bonello a nostras preguarias no sa fe punt; lo donem la collation a la ostalaria pan et bin; costam : III arditz.

7. Item, lo XXVII iorn deudit mes, vengo lo filh de Iohan de Marsa requerir nos que anassan tenir staeges a Sent-Mont; de que lo done la collation a la ostalaria, pan, bin, fen et cibada a son rosin; costa tot : VI arditz.

8. Item, quant mossenh Iohan de Sen-Pot, capera, et Pochot anan a Geuna per parlar ab fray Mathiu deu Biau sus lo feyt deu blad.

9. Item, vengo, lo XXVIII iorn deudit mes, lo filh de Iohan de Marsa, qui aporta una letra contient en effeyt que lo pagassam la resta deus cartaros; lo foc donada la collatio, fen et cibada asson rossin; monta : tres arditz mey.

10. Item, lo III iorn de febre, trameto lodit de Marsan hun vaylet per domanda argent deus cartaros; lo foc donada la collatio, fen et cibada a son rosin; costam : tres arditz.

11. Item, lo VIIIᵉ iorn deudit mes, vengo lo filh deudit de Marsa serca et domanda argent de las restas deus cartaros de l'an passat; lo donam la collation de pan, bin, carn, fen et cibada a son rosin; que monta : V arditz.

12. Item, lo XXVI iorn deu mes d'abriu, suppli a Mono de

Sobabera, conselh, per pagar los cartaros a Iohan de Marsa, collector : hun scut et mey.

13. Item, a XXVIII deudit mes d'abriu, foc trametut Manauto Trobat, garda de la vila, a Marciac portar una letra a maeste Pey Fontanhera sus lo feyt de mossenh de Camorteras ; lo done per sa despensa : XIII arditz.

14. Item, prume que no parti de Riscla a son disna lo done pan, bin et carn ; que monta : III arditz.

15. Item, hun dibes, quant Menyolet de Vidan et son conpanho, exsecutos reals, se disnan a Berdot deu Sobiran alias Peyroli, dus arenx ; costan : dus arditz.

16. Item, lo vespre, quan sopan losditz exsecutos a la ostalaria, crompe dus arrenxs et hun ardit de notz ab deusditz exsecutos ; costa tot : tres arditz.

17. Item, crompe, quant mossenhor lo gobernado (1) era a l'ostau deu recto de Vilhera alotyat, dus arditz de pomas ; las valhe a son coc (2) aperat Tastabin : II arditz.

18. Item, lo XXX iorn d'abriu, quant maeste Guilhem Berdie era a l'ostau de maeste Pey Fontanhera, notari, per las besonhas de la vila sus lo feyt de Camorteras, crompe una liura d'oli ; costa : V arditz.

19. Item, crompe de l'ahoelhe una ma de pape per scribe las

---

(1) Il y avait deux gouverneurs dans l'Armagnac, l'un, général, qui représentait le Roi et gouvernait toutes les terres de l'ancien domaine des comtes situées « desa Garona » (voir art. 196) ; l'autre, particulier, établi par le sire de Beaujeu et dont les pouvoirs ne dépassaient pas les limites du comté d'Armagnac. Le premier était le sénéchal Bernard, vicomte de Rivière : il est désigné dans ces comptes tantôt sous le nom de « *mossenhor lo gobernador* », tantôt sous celui de « *mossenhor lo senescauc e gobernador* ». Le second était Antoine de Monlezun, seigneur de Préchac et de Monbert ; son titre de gouverneur est toujours suivi de ces mots : « *per mossenhor de Beuju* », afin de le distinguer du premier. Nous ne saurions dire si ce personnage est le même que « Antoine de Monlezun, « seigneur de Préchac et de Monbert, fils de N. de Monlezun et de Louise de « Labarthe, qui épousa, en 1497, Miramonde du Boutet, fille de Fortaner du « Boutet, seigneur de Broquens, et de Annette de Lasseran, en présence de « Jean de Monlezun, coseigneur de Montastruc et de Baratnau, et de Bernard « de Maignaud, seigneur de Cézan. » (*Glanage* Larcher, bibliothèque de la ville de Tarbes.) Cette branche de Préchac était issue de celle des seigneurs de Baratnau et Montestruc.

(2) *Coc*, cuisinier.

vesonhas de la vila; me costa : VIII arditz. — Item, crompe dus arditz de tinta (1) ab d'aquo metix; monta tot : X arditz.

20. Item, pague per hun scindicat scriut en pargam au notari, quant Peyro d'Argelos et Peyroton Farga anan a Gimont serca loc *(sic)* calicz : IX sos.

21. Item, pague per autre scindicat scriut en pargam, qui maeste Guilhem Berdie fec scriure au notari a causa que het vacaba a las vesonhas de la vila sus lo feyt de mossenh de Camorteras, perso que het no hi pode vaca : VI sos.

22. Item, pague per autre sindicat scriut en pape senhat et tabellionat per tramete a Marciac a la cort sus lo pleyt de mossenh de Camorteras; costa : VII sos.

23. Item, per la copia de la apellation de mossenh de Camorteras contra la vila; costa : tres sos.

24. Item, a XI de may, vengon Ramoned de Pargada et Naudi per exsecutar los cossos per las restas deus cartaros; de que per lor sopa pague à l'oste : VIII arditz.

25. Item, l'endoma, despensan en pan VI arditz, en bin X arditz, en hoeus et peys IIII^{te} arditz, en oli dus arditz; item, per lors rosins, XVII arditz; monta tot : V sos II arditz.

26. Item, a XVII de may, vengo maeste Marsau, si ters (2), per fer exsecution contra los cossos et d'autres; de que fo ordenat que dessam la collation; de que lo donem a l'obrade de maeste Lebero, en que hi eran nos autres IIII^{te} cossos et trops d'autres; despense en pan et bin : VI arditz.

27. Item, a XXI de may, vengo Ramoned de Pargada [et] Naudi per exsecutar los cossos per los cartaros; lo foc donada la reffectio a la auranoa; en que hi eran Naudi, Guilhot Fitau, Peyro de Camorteras e io; despensam en pa VII arditz, en hoeus dus arditz, en oli dus arditz, en bin VI arditz, en herba ab de son rossin hun ardit : III sos.

28. Item, lo preste VIII sos, cum apar per vilheta scriuta de sa man.

29. Item, lo susdit iorn, foc ordenat per lo conselh que hom

---

(1) *Tinta,* teinture, encre.
(2) *Si ters,* lui troisième.

donassa duas conchas de froment a Meric deu Chastelet, procurayre d'Armanhac per mossenh de Beauiu, a causa que het abe metutz los molis de la vila en cuba (1); de que io lon valhe la una concha; me costa : XXVI sos.

30. Item, a XXI de may, suppli a Guilhot Fitau, per pagar auguna quantitat deus dus prumes cartaros de l'an : dus scutz.

31. Item, pague a maeste Pey Fontanhera, notari, et Johan Fitau, obres de Sen-Pe de Riscla, a causa que haben feyt reliar et aparelha lo missau de la gleysa : hun scut.

32. Item, he pagat per cancellar XI instrumentz on los cossos passatz son obligatz a divers cresedos, cum apar en las cedas, aysi cuma pagatz, per cascun X arditz; monta : hun scut.

33. Item, he supplit a maeste Pey Fontanhera per tramete a Tholosa au pleyt qui la vila ha contra de mossenh de Camorteras en Parlament : hun scut.

34. Item, he pagat per lo scindicat qui la vila ha termetut a Tholosa, a causa deu pleyt deudit de Camorteras, au notari qui l'a grossat : XII sos.

35. Item, he pagat au notari qui ha grossat l'esturment on los cossos, mossenhs Iohan deu Forc, Johan de Sen-Pot, caperas, et maeste Leberon de Thesa son obligatz entau recto de Riscla, loqual instrument ha requerit mossenh Pelegrin de Lafonta, cuma procurayre deudit recto tropas de vegadas, cum appar per letras scriutas de sa ma; et asso de son mandament : hun scut.

36. Item, he crompat, quant lodit de Fonta era en la vila a l'ostau de Sanson deu Sobiran hun dimercles que no minyaba carn, de vole deu conselh, tres arditz de pexs menut et quatre arditz de pexs gros, a causa que no nos fessa maior despensa per la obligansa : VII arditz.

37. Item, de mandament deu conselh, he crompat ab deudit de Lafontan lo susdit iorn bin de Nautet deu Drulhet tres piches; vale cascun IIII^{te} arditz; monta tot : XII arditz.

38. Item, lo VIII iorn de may, he malhebat de Mondina de Vilhera, per pagar los cartaros a Iohan de Marsa, collecto, sinc scutz; losquals li he pagatz.

(1) Voir plus loin, art. 180.

39. Item, he pagat au notari qui ha grossat l'estrument on los cossos passatz son obligatz enta mossenh Johan de Pardelhan, capera : XIIII sos.

40. Item, lo XIIII iorn de jun, malhebo de la copa de Nostra-Dama (1) de l'argent qui hi era, per pagar los cartaros, en duas vegadas, quatre scutz; losquals li he pagatz aus prios qui ara son.

41. Item, lo XV iorn deu mes de julh, porte argent a Iohan de Marsan a Nogaro; despense per tot lo iorn : VI arditz.

42. Item, pague lo susdit iorn a Iohan de Marsan, collecto, per los cartaros a lu degutz, en argent et aur tres scutz X sos VIII dines, cum apar per vilheta scriuta de sa man.

43. Item, l'agu appagar et finar per cascun scut VI arditz per la despensa deus comissaris qui eran vengutz sus lo pays per appuntar deu feyt deu reffus de la moneda (2); mouta : XXII arditz.

44. Item, lo XXVIIIe iorn de julh, vengo mossenhor lo gobernado de mossenhor de Beauiu a l'ostau de Mono de Sobabera, acompanhat de son page et Huget Rolle, procurayre d'Armanhac per mossenh de Beauiu et d'Armanhac; de voler deus deu conselh lo foc donada la reffectio a son sopa; en que hi eran ab lu maestes Pey Fontanhera, Lebero de Thesa, notaris, los tres conselhs et los dus bayles de la bila et d'autres; dementre que lo sopa s'aparelhaba, aus qui l'aparelhaban crompe tres arditz et hun iaques de bin; item, crompe per lo sopa de na Barrina de La Casa pan X arditz; monta tot : XIII arditz et mey.

45. Item, he pagat de la copia de la appellation deus cossos de Sent-Mont qui nos fen citar et inhibir, sus la pena de XXV marcz d'argent, que nos autres cossos no agossam ennobar

---

(1) *Copa*, la coupe, le bassin, le tronc où étaient déposées les aumônes faites à la chapelle de Notre-Dame.

(2) On trouvera l'explication de ce refus de la monnaie dans cet extrait des *Chroniques* de Jean de Troyes, dites *La Chronique scandaleuse :* « Audit « temps [1473] le Roy fist ordonnance sur le faict de ses monnoyes, et ordonna « ses grans blancs courir pour unze deniers tournois qui paravant n'en valoient « que dix, les targes unze deniers tournois qui en valoient douze, l'escu trente « sols trois deniers tournois, et ainsi de toutes les autres espèces de monnoyes, « tout fut changé. » Plus tard, Charles VIII rendit une ordonnance confirmative de celles de Louis XI qui défendait l'usage des monnaies gasconnes. Les trois États d'Armagnac, réunis à Vic en 1496, protestèrent énergiquement. Nous reviendrons sur ce fait dans la suite de ces comptes. Voir art. 200.

ren contra lor a causa que nos autres abem feyt banir certa quantitat de garbes en las marchas (1) perso que no volen pagar las talhas a la vila de Riscla; costa ladita copia : III arditz.

46. Item, a VIII deu mes d'aost, suppli a Guilhot Fitau, quan trametom Manauton Trobat a Vic au cosselh sus lo feyt deus franx arches qui los comissaris deu Rey volen mete sus lo pays : sinc arditz.

47. Item, a XII d'aost, suppli a Mono de Sobabera, consellh, quant ana porta VI scutz a Nogaro a Iohan de Marsan, collecto, a causa deu ters cartaron : hun scut.

48. Item, he pagat au notari per so salari de la carta on los cossos passatz son obligatz a mossenh Johan de Meloc, capera, enta lo noble Guiraud de Camortes : XII sos.

49. Item, de mandament de mossenh Pelegri de Lafontan, canonge de Tarba, sus so que la vila l'es tengut a causa de l'arendament de la rectoria, he pagat per una carta que Berdot de Azema, fray deu recto de Riscla, fec retie au notari, de la binha que crompa de Berdot deu Sobiran : VII sos. — Item, per la carta deu lausimi, III sos; monta tot : X sos.

50. Item, a XVIII d'aost, trameto maeste Nicholau deu Barada, jutge d'Armanhac, una letra a nos autres cossos contien que Steben Petit habe carga de mossenhor lo seneschal de Tolosa ab comission real que het lhebas las restas de las talhas autreyadas en lo temps passat tant a mossenhor de Guiayna que a mossenhor d'Armanhac, qui diu absolva, que a madama d'Armanhac (2); en que fo ordenat per lo conselh que maeste Leberon de Thesa, notari, anas a Nogaro per nom de la vila; et lo done son disna de pan, bin et carn; en que hi eran maeste Pey Fontanhera, notari, Berdot de Peyroli, Peyro de Camorteras et io; me costa de ma bossa : XI arditz et mey.

51. Item, lo XXVe iorn d'aost, vengo mossenh Pelegri de Lafonta, canonge et segresta de Tarba, qui tie scominyatz los cossos passatz et d'autres a la instantia deu recto de Riscla; foc

---

(1) *Banir... garbes en las marchas,* saisir les gerbes sur les limites des deux communes.

(2) Voir plus haut, comptes de 1473, art. 23, p. 79.

passat et ordenat per conselh que hom lo pregas qui li plagos de donar [sospens ausditz scominyatz ; e a pregarias deus qui hi anan he sa fe; et foc ordenat que hom lo dones dus piches de bin; losquals crompe de Johan Fitau; me costan : VIII arditz.

52. Item, a XII de seteme, trametom nos autres conselhs Manauton Trobat, garda de la vila, a Barran ab una letra dirigida a maeste Guilhem Berdie, notari, sus lo feyt de set arches qui mossenhor de Lamotha, senhor d'Aux (1), vole forni sus nos; de que done audit Manauton Trobat per sa despensa : VI arditz.

53. Item, lo iorn de Sancta Crotz de seteme (2), trameto lo noble Guiraud d'Arblada, senhor d'Arblada, una letra a nos autres cossos per hun home de Cornelhan, de que fase mention que hom lo pagues sa assignation feyta en lo conselh a Vic; de que lo done sa reffection de pan, bin et carn, que monta : tres arditz.

54. Item, lo XVI iorn de seteme, trameto mossenhor lo gobernado d'Armanhac una letra per lo baylet de mossenhor lo procurayre d'Armanhac; de que lo done la reffection asson disna; que monta : tres arditz.

55. Item, lo XVIIIe iorn de seteme, anam io et Manauton Trobat, garda de la vila, a Nogarol portar argent deu ters cartaron; et quant fom la, no trobam qui lo nos prencos, que no hi habe nulh recebedo; despensam en anar et retornar per nostra despensa per tot lo iorn totz dus, en pan, bin et carn, et candelas lo vespre : XII arditz.

56. Item, lo jorn susdit, crompe a Nogarol, per abilhar l'arche nabet, Arnaud deu Poy alias Veya, nau paums de fustani; costan me : IX sos.

57. Item, a XX de seteme, per abilhar lodit arche, aperat Mosquet suppli una polleya, una scaleta et lo cordo de valesta; costa tot : VI sos.

58. Item, a XXI deudit mes, suppli a la despensa deudit arche en argent : VI sos. — Item, en despensa de pan, bin et carn audit arche et l'autre sequent arche en diversas de vegadas on hera vesouhi : V sos V arditz.

---

(1) Pharamond de Lamothe avait eu la seigneurie d'Auch pour sa part des dépouilles de Jean V d'Armagnac.

(2) 14 septembre.

ANNÉE 1474.

59. Item, lo iorn susdit, quant los dus arches aperatz Veya et Mosquet partin de la vila et Berdot de Peyroli per anar enta Vic au capitayne deus arches, lodit Berdot los hi mena; lo donam totz catre conselhs argent, com appar per vilheta, de que n'i forni io : xi sos et mey.

.60. Item, a xxiii de seteme, suppli io a Guilhot Fitau, conselh, per pagar auguna partida deu ters cartaro au filh de Iohan de Marsa, cum appar per vilheta senhada de sa man, hun scut, et Guilhot la resta.

61. Item, lodit iorn, en anar a Nogaro portar lodit argent et retorna despense per tot lo iorn : vi arditz.

62. Item, lo iii iorn deu mes de octobre, fo ordenat en lo conselh per los conselhs et conselhers que maeste Lebero de Thesa, notari, et io anassam a Nogaro au conselh perso que heram mandatz a causa de hun president de parlament de Bordeu (1) qui era aribat per prene lo segrament deu pays ab letras reals, cum appar per letra; despensam lodit de Thesa, Mono de Sobabera et io prume que no partim de Riscla, en pan, bin et carn : viii arditz.

63. Item, quant lodit de Thesa et io fom a Nogarol a la collation sus lo mic iorn, despensan pan et bin : dus arditz.

64. Item, lo vespre, quant fom retornatz de Nogarol au sopa despensam totz dus en pan, bin et carn vi arditz et hun iaques de candelas : vi arditz et mey.

65. Item, lo vii^e jorn deudit mes de octobre, done la collation aus valestes qui demoraban ab mossenhor lo gobernador a Nogaro prume que no partin de Riscla, pan i ardit et bin dus arditz a la taberna.

66. Item, lo iorn susdit, suppli audit maeste Leberon de Thesa, notari, perso que habe demorat a Nogaro au conselh per nom de la vila, en argent : tres arditz.

67. Item, lo viiie iorn deudit mes de octobre, anam lodit de Thesa, Mono de Sobabera, conselh, e io a Nogaro, de volu[n]tat et mandament de tot lo conselh et conselhes de la vila, per far

---

(1) L'Armagnac avait été détaché du ressort du parlement de Toulouse lors de l'établissement du parlement de Bordeaux, en 1462.

lo segrament a mossenhor de Beauiu, perso que lo[s] comissaris nos hi aben mandatz; prume que no partim de Riscla, despensam, en que hi eran ab nos Peyro de Camorteras et Mono de Saut, en pan, bin et hoeus : vi arditz et mey.

68. Item, quant fom totz tres a Nogaro no podom sobtamentz far lodit segrament de fidelitat ausditz comissaris perso que los gentius deu pays repugnaban perso que no haben conget deu rey; hi stem tot lo iorn et la neyt d'aqui a l'endoma qui era lo ix^e iorn deudit mes; despensam en pan, bin et hoeus : xv arditz.

69. Item, lo ix^e iorn deudit mes de octobre, estem en ladita vila de Nogaro entro que agom feyt et prestat ausditz presidentz de mossenhor de Beauiu et comissaris ad aquo; empero, haguda deliberation de aquo de quada part, losditz comissaris et mossenhor lo gobernador d'Armanhac per mossenhor de Beuiu et d'Armanhac deputatz fen lodit segrament de fidelitat sus lo libre missau, la crotz et *te igitur*, prumerament aus nobles gentius et proprietatz deudit pays d'Armanhac; et aqui metixs losditz gentius et proprietatz, en l'ostau deus heretes de maeste Johan de Camicas, sa enrer (1) notari de Nogarol, la hun aprop l'autre; et desso retengo carta maeste Huguet Rotler, notari de Nogarol. Despensam totz tres per tot lo iorn, en pan, bin et hoeus : x arditz et mey, et lheyt de la neyt passada : dus arditz.

70. Item, lodit iorn, fey[t] lo segrament per totz los qui aqui eran, prumer que d'aqui no partim nos autres tres hora de vesperas, fem collation; despensam en pan et bin : tres arditz.

71. Item, lo dilus dabant hi eram statz anatz a Nogaro lodit de Thesa et io, de mandament deus cossos et conselhers de Riscla, per vese que feran los gentius et proprietatz deu pays au conselh deusditz comissaris; en que despensam a Nogaro het et io en pan et bin iiii^{te} arditz; et atenut que lodit jorn no se concludi, ste lodit maeste Leberon demorant que se fera desso que losditz comissaris demandaban lo dilus, lo dimartz entro au dimercles mati qui parti de Nogaro per anar enta Vic au conselh, de mandament et voler de la vila de Riscla, ab son rosin ; despensa

---

(1) *Sa enrer*, mot à mot d'ici en arrière. Locution qui répond à l'adjectif français *feu*.

per si et per son rosin a Nogaro quatre sos et dus arditz ; los pague de la borssa.

72. Item, preste aqui metix audit Mono de Sobabera, conselh, per suppli audit maeste Leberon de Thesa per anar enta Vic au conselh, de mandament deus cossos de Riscla, tres sos et d'autra part VIII arditz, per sobe hun rosin qui lo bayle de Nogaro habe pres a Anthoni de Mayner.

73. Item, lo x^e jorn deudit mes de octobre, stem quasi en rest, de mandament deusditz comissaris de mossenhor de Beauiu et d'Armanhac, perso que losditz comissaris volen crear hun nabet collecto a causa de la mort de Johan de Marsan, sa enre collecto d'Armanhac; de que hi stem tot lo dimenge d'aqui a vespras; et otra asso nos mandan losditz comissaris que demorrassam aqui per redde compte aus heretes de Iohan de Marsan; en que doramam (1) lodit Mono et io tot lo iorn d'aqui a hora de vespras; despensan en pan hun ardit, en bin dus arditz ; et quant fom retornatz a Riscla a nostre sopar despensam en pan tres iaques, en carn tres arditz, en bin tres arditz, en candelas I ardit, monta tot : XI arditz et mey:

74. Item, aprop, quant lodit maeste Leberon foc vengut deu conselh de Vic me domanda la collation perso que portaba bonas nobelas deu conselh de Vic ; de que despense asson hostau en bin tres arditz hun piche, en pan I iaques, en castanhas II iaques.

75. Item, a XVI deu mes de octobre, suppli a la despensa deus comissaris de mossenhor de Beauiu et d'Armanhac qui eran vengutz en la vila d'Arriscla per prene lo segrament de fidelitat deus singulaus de Riscla, attenut que los cossos l'aben feyt a Nogaro; de que lo fen los singulaus o la maior partida d'aquedz en la fala (2) de Riscla per dabant losditz comissaris, et losditz comissaris prometon au segrament qui aben prestat a Nogaro, cum sus es dit, que libertatz, fos, usatges, constumas et priviletges de la vila tengoran en tot et per tot, et que degun non romporan en part ni en partida, per nom deudit mossenhor de Beauiu et d'Armanhac, ans a lor podor los sostengoran en aquets, aysi cum

---

(1) Métathèse pour *damoram*.
(2) *Fala*, hala, halle, place publique.

de dret et de rason se deu fer; de que ne volon et requirin publici instrument a mi Iohan de Mostayo, notari, en presentia de maestes Pey Fontanhera, Leberon de Thesa, Johan deu Baradat, notaris de Riscla; et aqui metix losditz singulars qui aqui eran presentz la plus maior part de la vila juran en leban lors mas dextras faut (1) ental cel, demostran la hun dit de la ma, so es lo index (2), en disen que bons et feals foran audit senhor (3). Despense hun cart de cibada, costan : xiiii arditz.

76. Item, lo dibes ser, quant losditz comissaris fon aribatz a Riscla de Nogaro en fora, a lor sopa suppli a la despensa, perso

---

(1) *Faut ental cel*, haut vers le ciel.

(2) Il faut noter cette cérémonie du serment. Huit jours avant le 9 octobre, les gentilshommes et les consuls de l'Armagnac, assemblés dans la maison de feu Jean de Camicas, jurent sur le missel, la croix et le *te igitur;* à Riscle, tout le peuple assemblé en plein air sur la place publique prend le ciel à témoin de son serment.

(3) Nous avons vu, p. 113, art. 147 et p. 136, art. 220, que Louis XI avait donné l'Armagnac au sire de Beaujeu, à la réserve du titre de comte. Cette donation emportait avec elle tous les droits seigneuriaux et particulièrement celui d'exiger l'hommage des possesseurs de fiefs et des communautés. Voici les termes de cette donation : « Loys, par la grace de Dieu etc., savoir faisons etc.,
« que comme puis aucun temps en ça, pour les grands et enormes cas, delicts
« et malefices commis et perpetrés par feu Jehan Darmignac, tous les biens,
« heritages, terres et seigneuries d'icelluy Darmignac aient esté par arrest du
« Parlement declarés à nous parfais et confisqués, et par ce moien nous loise
« d'iceulx en disposer à nostre plaisir et volonté, pour laquelle cause et par
« consideration des grans et louables services que nostre très chier et amé cousin
« Pierre de Bourbon, seigneur de Beaujeu, nous a faits etc., voulans recon-
« gnoistre ses dits services et d'iceulx l'en remunerer etc., avons... donné et
« cedé, transporté... par ces presentes, pour lui, ses hoirs, successeurs et aians
« cause tout le droit, nom, raison et action, proprieté, saisine et possession que
« nous avons... tant en la terre, seigneurie et recepte de Nogaro que es autres
« terres et seigneuries estans des appartenances, appendances et dependances de
« la comté d'Armignac, *excepté le nom et titre de comte*, avecque toute la justice
« et jurisdiction haulte, moyenne et basse, hommes, hommages, vassaulx et
« subjects, cens, rentes, vignes, prés, bois, forests, rivières, paiage, ports,
« passages, estangs, fours, moulins, garennes, fiefs, arrière-fiefs, dismes et aultres
« droits, noblesse et prerogatives des dittes terre et seigneurie de Nogaro et
« autres terres... estans des appartenances de ladite comté d'Armignac..., sans
« aucune chose y reserver ny retenir pour nous ou nos successeurs fors les
« foy et hommage lige, et le resort et souveraineté, et les chastel et chastellenie,
« terre et seigneurie de Mansiet, et autres terres et seigneuries d'icelle comté
« dont aurions ailleurs disposé, etc... Donné à Amboise, au mois de juing, l'an de
« grace mil quatre cent soixante treize, et de nostre regne le dousiesme. Loys ».
(Collect. Doat.)

que no s'i troba oli ne pexs, en hoeus vii arditz. Item, crompe una torcha de sera de mossenh Johan Farga, capera, per far luminaria ausditz comissaris la neyt et aus autres, costa xvi arditz. Item, he pagat audit Farga perso que era anat a Nogaro de voler de la vila per passa conde ab Stenne Petit et porta las reconexensas; despensa per het et per son rosin et salari : ix arditz.

77. Item, l'endoma que era digmenge, suppli a ladita despensa deusditz comissaris dus parelhs de poralha, costan : xi arditz.

78. Item, a xvii de octobre, de mandament de tot lo conselh, anam maeste Leberon de Thesa, notari, et io au conselh a Nogaro, qui los gentius deu pays haben feyt mandar et asso per tramete au Rey sus los greuges qui lo pays d'Armanhac passaba; despensam per tot lo iorn : xii arditz.

79. Item, valhe audit maeste Lebero de Thesa, perso que ago a demora a Nogarol la neyt a causa que enquaras no era appuntat per lodit conselh que se debe fer, et io que m'en vengu; lo done per sa despensa et rosin : xii arditz.

80. Item, a xviii deudit mes, vengo lodit de Thesa de Nogaro hora tarda; lo done son sopa; despensam het e io en pan tres iaques, en carn tres arditz, en bin tres arditz et candelas hun ardit; monta tot : viii arditz et mey.

81. Item, a xxi de octobre, suppli per pagar los cartaros, so es hun scut, Mono de Sobabera hun scut et Guilhot Fitau hun scut, losquals ne porta maeste Lebero per far lo pac.

82. Item, a xxiii de octobre, vengo fray Mathiu deu Viau, augusti de Geuna, demandar la paga on la vila l'es tenguda en certana soma d'argent; en que foc ordenat per lo conselh per evita maiors despensas que podora far a causa deu retardament de la paga; lo donem a l'ostau de Pochot la despensa a son sopar pan dus arditz, palomas et carn x arditz et bin vi arditz, candelas dus arditz; item, mey cart de cibada ab de son rosin, costa de mossenh Iohan de Sen-Pot, capera : vii arditz.

83. Item, l'endoma, lo foc donat son disna, en que hi eram Guilhot Fitau, Peyro de Camorteras et io et d'autres, en tres palomas costan iiii arditz et mey, meya liura de carn de porc dus arditz, tres piches de bin vi arditz, et en pan dus arditz, losquals pague de ma bossa.

84. Item, a xxi de nouembre, vengo lodit fray Mathiu per recebe auguna quantitat deu blad qui la vila lo debe et per far portar a Sen-Mont aquet: lo foc donat lo sopa a l'ostau de Pochot; en que hi eram Berdot de Sen-Pot, sarto, Berdot deu Cosso, la garda et d'autres et io; foc despensat en bin tres piches, vale cascun piche III ardits, au sopa; a la collation apro[p] sopa II arditz, en pan dus arditz; los pague de ma bossa; que monta tot : XIII arditz.

85. Item, otra so dessus, despensa Pochot audit sopa en candelas I ardit, en specias et d'autras causas apertiens audit sopa dus arditz; los pague io de la bossa.

86. Item, l'endoma au vespre, au sopa deudit fray Mathiu, crompe hun parelh de poras costan VI arditz, bin VIII arditz, pan dus arditz, cibada de mossenh Iohan de Sen-Pot, capera, a grans pregarias, perso que no s'en trobaba, III arditz, candelas I ardit, specias I ardit, carn salada tres arditz, que no s'en troba d'autra; los pague et forni de la bossa; monta tot : IIII^{te} sos.

87. Item, lo dimercles aprop, au sopa deudit fray Mathiu, despense en pan dus arditz, bin XI arditz, candelas I ardit, specias I ardit.

88. Item, suppli Berdot deu Cossol a la despensa deudit fray Mathiu una vegada a son hostau en pan, bin, carn, specias et candelas : x arditz.

89. Item, suppli lodit deu Cossol en autra vegada a la despensa deudit fray Mathiu : XII arditz.

90. Item, suppli lodit deu Cossol en autra vegada a la despensa deudit fray Mathiu IIII^{te} piches et mey de bin; lo costan de Leberon de Poges au pretz piche de tres arditz; monta : XIII arditz et mey.

91. Item, en autra vegada, suppli lodit deu Cossol a la despensa deudit fray Mathiu en hun parelh de galinas VII arditz, en bin, pan, cibada, carn salada, specias, candelas, XV arditz; monta : XXII arditz.

92. Item, he pagat a Berdot de Sen-Pot, sarto, a causa de la despensa de fray Mathiu Berdolet, son fray, et deu rector de Vilhera et d'autres fem a son hostau, quant se fe la acordi deu blad qui la vila prenco de lor : VII sos.

93. Item, he pagat a maeste Lehero de Thesa, notari, Pey

d'Argelos et Arnauton de Lafitan, per los gatges qui los eran statz autreyatz per ausir los condes deus cossos de l'an passat: I scut.

94. Item, lo III jorn de decembre, vengo lodit fray Mathiu per saber et contar ab nos autres cossos quant de blad l'abem trames a Sent-Mont; et feyt lo conde de tot lo blad, monta lo froment CLXI cartz, mestura LXV cartz et lo milh XIX cartz; lo done la collation a lu et a Guilhot Fitau dus arditz de bin, qui crompe de Lebero de Poges.

95. Item, l'endoma qui era lo quart jorn deudit mes, foc donat lo disna audit fray Mathiu a mon hostau, en que hi eran maeste Pey Fontanhera, notari, Guilhot Fitau, conselh, Manauton Trobat, garda de la vila, et d'autres sobervientz; crompe huna liura de moton, costa IIII arditz, una poralha III arditz, pan IIII arditz et mey, bin tres piches et mey valen X arditz et mey, specias I ardit, carn salada II arditz; monta tot : XXV arditz.

96. Item, lo VIIIe iorn deudit mes de decembre, foc donat lo disna audit fray Mathieu; crompe tres arditz de bin, una galina III arditz, pan dus arditz, carn sala[da] dus arditz; en que hi era Peyro de Camorteras et d'autres sobrevientz; monta tot : X arditz.

97. Item, lo prume jorn de nouembre, vengo maeste Lebero de Thesa, notari, deu conselh de Vic-Fezensac; de que me domanda la collatio per sa nouera venguda et per honor de la festa de Totz-Santz; li done et crompe hun piche de bin de Berdot deu Busquet; costa me : dus arditz.

98. Item, lo V^e iorn deudit mes, foc ordenat per lo conselh que hom fes pesca a causa de la venguda de mossenh de Maumusso (1), loctenent de capitayne de mossenhor de Lascun (2), perso que no minyaba carn (3); de que fon causatz per pesca en lo baniu (4)

―――――

(1) Jean de Viella, seigneur de Maumusson.
(2) Odet d'Aydie, second fils de Bertrand, seigneur d'Aydie, et de Miramonde de Béon-Armentieu, épousa, en 1457, Marie de Lescun, héritière de la baronnie de Lescun, dont il prit le surnom. Il fut comte de Comminges, après le bâtard d'Armagnac, et amiral de Guyenne. La vie de ce personnage est assez connue pour qu'il soit inutile d'en parler.
(3) C'était le samedi cinq novembre, jour d'abstinence.
(4) *Baniu*, réservoir d'eau, désigne ici le canal du moulin, le biez. *Bana, vana*, vivier. Voir le *Glossarium* de Ducange. Voir plus bas, art. 105.

Berthomiu, Johan deu Cosso, Iohano de Poges et Vintcent de *(en blanc)*; los done pan tres arditz, bin vIII arditz; de que prencon asses de draugoentz; et no vengo aquet iorn.

99. Item, lo metix vespre, vengo maeste Lebero de Thesa, notari, qui abe stat arrestat a Nogaro per maeste Marsau per las restas deus cartaros degudas au collecto; lo done lo sopa a mon hostau, et era ab lu Arnauton de Lafitan, loctenent de bayle; crompe v iaques de pan, dus arditz de oli, bin dus piches VIII arditz, et candelas I ardit.

100. Item, lo vI⁰ iorn de nouembre, crompe de Leberon de Poges tres liuras de carn de boeu ab deudit de Thesa, lasquals li balhe sus son salari qui abe metut en besonhan per la vila; me costan : IX arditz

101. Item, lo iorn susdit, crompe mey cart de cibada de mossenh Johan de Sen-Pot, capera, ab deus rosins de mossenhor de Cornelhan, comissari deputat per elegir XXV balestes de la vila; costa : VII arditz.

102. Item, lo vII⁰ iorn de nouembre, suppli a la despensa de maeste Leberon de Thesa, notari, quant ana a Vic au conselh : dus sos.

103. Item, lo xvI⁰ iorn de nouembre, suppli au pac deus cartaros de l'argent qui maeste Leberon me porta a Monon deu Bedat, collector de las lansas (1), dus scutz, et Mono de Sobabera, conselh, quatre scutz.

104. Item, lo xx⁰ iorn deudit mes de nouembre, ana maeste Leberon de Thesa, notari, a Vic-Fezensac, de voler et mandament de tot lo conselh et conselhers et per nom de tota la vila, cuma scindic de la vila, per se aserir a la appellation de tot lo pays a l'encontra de madama d'Armanhac, que era en lo temps passat (2), sus so que demandaba au pais d'Armanhac certa quantitat d'argent ab letras reals (3); e aysi metix per d'autras causas plus

---

(1) Raymond du Bedat, collecteur des Lances de la recette de Nogaro. Il y avait un collecteur dans chacune des recettes d'Armagnac et de Fezensac. Voir *Introduction.*

(2) Jeanne de Foix, veuve de l'infortuné Jean V, comte d'Armagnac.

(3) Louis XI lui avait alloué six mille livres de rente annuelle à prendre sur les domaines du comte d'Armagnac, confisqués et réunis à la couronne, 11 mai 1473. (Arch. de Pau, E. 248.)

expedientz segon que foc dit; lo donam Mono de Sobabera et io, conselhs, per sa despensa cascun sinc sos, que monta : x sos.

105. Item, a xxiii de nouembre, fem pescar per lo baniu d'Arriscla dessus lo moli et debat per provisio de mossenhor de Maumusson, so es a Iohan deu Cossol, a Augero de Sobabera e a Peyron Trobat, filh de Manauton, ab lo Sarrabet; los done dus arditz de pan et dus arditz de bin.

106. Item, lo dibes aprop, fem pescar ab deudit mossenhor de Maumusson audit Iohan deu Cosso, a Iohano Sala et Peyron Trobat; done audit deu Cosso : ii arditz.

107. Item, crompe de mossenh Johan Farga, capera, per scriure una letra a mossenhor de Vilar (1), que maeste Leberon de Thesa n'abe la carga de la scriure, per nom de mossenhor de Laur (2), sus l'apuntament que se debe fer a Senta-Cristia per los gentius homes et proprietatz deu pays d'Armanhac sus so que las gens d'armas meten hun gran carc en lo pay[s], a causa que no se trobaba pape en la bila; costam : i ardit.

108. Item, lo ix jorn deudit mes, vengo maeste Johan Manha (3), notari et comissari deputat per mossenhor lo seneschal d'Armanhac et gobernador, et asso per impausar los valestes et viures en la vila per anar a la guerra deu rey d'Aragon (4); de que lodit comissari fec gran proces et protestations contra los qui aqui eran (5); on eran totz los cossolatz deu pays; lo foc domandada copia de totz son proces; costa : xii arditz.

(1) Roger, seigneur de Viella, fils de feu Bertrand, et petit-fils de Raymond de Viella (voir dép. de 1451, art. 3), épousa, le 6 août 1470, Marguerite Henriquès de Lacarre, demoiselle d'honneur de la très redoutable Léonore, princesse de Navarre, comtesse de Foix et de Bigorre, seigneuresse du Béarn. (Inventaire des titres de la maison de Viella, arch. de l'auteur.)

(2) Auger, seigneur du Lau, avait épousé Marguerite de Viella, tante du précédent, fille de Raymond de Viella, sénéchal de Beaucaire. Voir dép. de 1451, art. 3. Il épousa en secondes noces, le 2 août 1485, Agnès d'Armagnac-Termes, et mourut sans enfants, instituant son héritier Bertrand du Lau, fils aîné de son frère Carbon du Lau, seigneur de Cazeneuve.

(3) Jean Magnan, seigneur de Bernède, bachelier en droit, était aussi conservateur du domaine pour le comte de Beaujeu. Nous le verrons en 1484 exercer les fonctions de juge d'Armagnac. (Regist. de Chastenet, notaire à Nogaro.)

(4) En Roussillon, à l'expiration de la trêve conclue l'année précédente.

(5) Cette phrase semble indiquer que les populations de l'Armagnac mirent peu de bonne volonté à envoyer des soldats « a la guerra deu rey d'Aragon ». L'armée française avait été décimée l'année précédente sous les murs de

109. Item, aqui metix, vengo hun autre comissari aperat lo senhor de Flamarenxs (1), ab letras de comissio per impausar obres et viures aus de la vila per anar a Leytora rehedifficar (2); lo foc domandada copia de son spleyt; costa: vi arditz.

110. Item, lo xviiie jorn deudit mes, vengo maeste Guilhem Verdie, notari, a Riscla; de que lo pregam que nos fes los articles sus lo arbitratge de la vila a l'encontra de mossenhor de Camorteras; de que lo done per son tribalh, losquals lo trametu au Castet-d'Arribera : nau sos.

111. Item, a xxi deu mes de decembre, vengo maeste Johan Gisardi, notari, habitant de Mezin, comissari per exsecutar los cossos de Riscla per las restas degudas deus cartaros au collecto, per l'enpaus deus xi sos qui eran statz impausatz per los tres Statz sus lo pays; de que lo vespre meto en rest personal a mi et a Guilhot Fitau, conselhs, sus lo pont deu moli (3), entro per tant que fora pagat o mansaysit de bens per la soma de cent scutz; et aqui demoram Guilhot et io entro per tant que, a pregarias de maeste Johan deu Baradat, notari, gessim (4) deu rest; e l'endoma, fem acort ab lodit exsecutor a la ostalaria; en que hi eran maestes Bernad de Fitan, Johan deu Baradat,

---

Perpignan; les francs-archers, rentrés à Riscle après la trêve (voir année 1473, art. 235), avaient dû donner une mauvaise opinion de cette campagne. Cette opinion, du reste, était celle de toute la France, et Jean de Troye s'en est fait l'écho dans ce passage de ses *Chroniques* : « Au dit an [1474] le Roy envoya « grand nombre des gens d'armes de son ordonnance, des francs-archers et « aultres et de son artillerie pour reconquerir le royaume d'Arragon, dont on « disoit que Dieu leur donnast grâce de y bien besongner et de retourner « joyeusement, car on dit communément que c'est le cymetière aux François ».

(1) Jean de Grossolles, seigneur de Flamarens, Mauroux, La Chapelle en Lomagne, baron de Montastruc en Agenais, fils de Bernard de Grossolles, vicomte de Montgaillard, et de Madeleine de Séguenville, sa seconde femme.

(2) Nous avons dit aux comptes de l'année précédente, art. 96, que la ville de Lectoure avait été incendiée et ruinée de fond en comble par les troupes royales. On ignorait qu'on eût fait contribuer les villes de l'Armagnac à sa reconstruction. Voir aussi comptes de 1462, dép., art. 5.

(3) Voit-on ces deux pauvres consuls mis aux arrêts sur le pont du moulin de Riscle, en plein hiver, au 21 décembre! Il est vrai que le pont était couvert. Nous avons vu aux comptes de l'année 1461, art. 12, les consuls de Riscle faire l'achat de « iii miles de teule cuput per caperar lo pont deu molin ».

(4) *Gessim* pour yessim, sortimes. *Ies*, exitus. Répond au verbe français *issir*.

Leberou de Thesa, notaris, Guilhot Fitau, Bernad d'Aureilhan, hostale; en que fo ordenat, per evita maiors despensas, que lo donassam per son salari et despensa xix sos ii arditz; deusquals ne paga Guilhot Fitau, xi arditz, Peyro de Camorteras, tres sos; la resta pague io de ma bo[ssa], que es xiiii sos.

112. Item, lo xv jorn deu susdit mes, suppli au pac deu darre cartaron; que maeste Johan deu Baradat, notari, los me fe passa au collecto, Mono de Bedat, et io que li he passatz sus sa talha deus cartaros, com apar per vilheta scriuta dessa ma: xxi sos.

113. Item, lo iii jorn de Nadau aprop, crompe duas carriolas per carreya lo sable et peyras per fer la causada en lo cami de la gleysa; me costan, losquals forni de la bossa: xii arditz.

114. Item, lo darre jorn de decembre, fi adobar lo batalh deu senh (1), qui era podat, a Arnauton Sala, faur; costa: iiii^{to} arditz.

115. Item, lo quart jorn de gener, valhe a Pey deu Prat, peyre, qui fase la causada deu cami deu castet, per son tribalh, en argent: xii arditz.

116. Item, lo viii^e jorn de gener, valhe audit peyre et forni sus son salari de ladita obra en argent et en solutio de son salari: xii arditz.

117. Item, a xxvii deudit mes de gener, he valhat au clerc qui ha feytas las deffensas sus la resposta que mossenhor de Camorteras ha feyta contra lo libeu qui lo scindic et cossos haben valhat aus arbitres sus lo pleyt qui la bila ha contra lodit de Camorteras: ix sos.

118. Item, a maestes Bernad de Lafitan et Johan deu Baradat, notaris, merlus viii arditz, arrenx vii arditz, pan que crompe de Peyroneta d'Argelos, xiiii arditz, oli v arditz, quant se redon lo condes deus cossos passatz a l'ostau de maeste Leberon de Thesa, notari; en que hi eran maestes Johan deu Baradat, Pey Fontanhera, Leberon de Thesa, notaris, Berthomiu deu Faur, Guilhot Fitau, Peyro de Camorteras, conselhs moderns, Peyroton Farga, Berdot de Sen-Pot, la garda et lo torre et d'autres et io; que monta tot: v sos iiii^{to} arditz.

119. Item, crompe de Peyron d'Argelos Herete vi piches de

---

(1) *Deu senh*, le battant de la cloche, *signum*.

bin roye a III arditz piche, per supplir a la despensa de mossenhor de Maumusson, quant foc arribat; costan : tres sos.

120. Item, he pagat audit de Argelos per hun jornau et miey de son rosin, que ana ab maeste Leberon de Thesa, notari, au conselh a Senta-Cristia, de mandament de tot lo conselh : II sos et miey.

121. Item, he pagat a maeste Johan de Mosches, notari de Nogaro, cum apar per vilheta scriuta de sa man propria et senhada, a causa de las scripturas et proces per lu feytz per las besonhas de la vila en son obrade : nau sos.

122. Item, he pagat a Bernad de Aurelhan, hostale, per la despensa que mossenh lo recebedo d'Armanhac fe a son hostau, ab IIII^{te} rosins; que monta : X sos IIII^{te} arditz.

123. Item, he pagat a Peyroton Farga per lo viatge de son rosin qui fe a Caupena, de voler deus cossos et cosselhes, en anan au conselh a Caupena sus lo feyt de la election deu collector : I sol III dines.

II. — *Sec ce la despensa feyta per mi Mono de Seubabera, stan cosso de la bila d'Arriscla, l'an mil IIII^c LXXIII finin l'an mil IIII^c LXXIIII, cum apar dejus.*

124. Prumerament, a V deu mes de abrieu, asempren meste Johan de Baradat e apuntat per lo consselh per lo tramete au concelh deus tres Statz Aux sus augunas causas que mossenh lo senescau e governado per lo Rey nos manda a remostrar; aucau balhe per fer sa despensa : I scut.

125. Item, e pagat a Johan de Fitau, per lo logue de l'arossin, local tengoc lodit meste V jorns, a VII blanx per jorn, monta : VIII sos IX dines.

126. Item, e pagat audit Johan Fitau, per II liuras claus de IIII hunclas (1) e de III hunclas, que nos presta ab de far las cubas (2) deus molis : IIII sos II dines.

---

(1) *Hunclas*, ongle, ancienne mesure linéaire. Le pouce, le demi-pouce et l'ongle. Des clous longs de quatre ongles.

(2) Voir plus loin une note à l'art. 180.

127. Item, e pagat audit Johan Fitau, per III jornaus e mey de son rossin, que lo balhem a meste Pey Fontanhera per anar a Marciac per sercar las letras e los prosses de mossenh de Camorteras, e per mossenh Johan de Meyloc, VII blanx per jorn : IIII sos IIII dines e mey.

128. Item, e pagat audit Johan per II beyros gros, que nos presta ab de mossenh lo senescauc e governador, a XII de abriu : III arditz.

129. Item, e pagat audit Johan per huous (1) qui nos presta ab de mossenh de Maumussun : II arditz.

130. Item, e pagat audit Johan per XLII piches de bin que nos presta ab de suplir a la despensa de mossenh lo senescauc e governador; montan : I scut III sos.

131. Item, e fornit e pagat a la despensa de mossenh lo senescauc e governador, que demora asi. II jorns ab XIIII rossis e autantz personages o beucop deus homes de Causac, aysi metix de sta vila; despensan en pan : I scut VIIII sos.

132. Item, e fornit a ladita despensa en VI parelhs de poralha, e per carn de moton, e per fen e siuasa per los arossis, e ab d'autres gentius homes deu pais que bengon asi, begon e mynyan ab lor; despensan en las causas de desus : III scutz.

133. Item, e pagat per VII liuras II onsas de cera ab de arefer lo ciri pascau; montan : XVII sos.

134. Item, e pagat a meste Johan de Baradat per dus *pareatis* (2), que fem metre en las letras de Parlament contra mossenh de Camorteras ; que costan totz dus : III sos IIII dines.

135. Item, a XXIIII de abriel, trameton Pussiu ab lasditas letras a Nogaro, per far enebir mossenh Johan Barrera, loctenent de mosssenh lo governador de Armanbac.

136. Item, e pagat a Trolhe e a Menyolico que auan enebir a mossenh de Camorteras a Tarsaguet : XIII sos VI dines.

137. Item, a XIII de may, trametom Pussiu a Caupena, au conselh deus tres Statz.

(1) *Huous*, œufs.
(2) *Obéissez*. Terme juridique. Permission qu'on obtenait en chancellerie afin de pouvoir mettre un arrêt ou un jugement en exécution dans le ressort de quelque parlement que ce fût.

138. Item, a xiii deu mes de may, las gens de mossenh de Lescun passan per asi per anar sercar lo filh de mossenh d'Aydia qui era mort dela l'Ador, a Caupena (1); on que eran dequi au nombre de xxv companhos. Plus foc ordenat per lo concelh que los donassam la refection de pan e bin; que despensan anar e tornar: vi sos iii dines.

139. Item, e despensat per Mosquet per hun parelh de sabatos sobresolatz e hun autre parelh simplos, per anar fer las mostras Aux, e per no anar enta Perpinha (2); que me costan : vii sos iiii dines.

140. Item, e pagat a Johano de Part per agulhetos que lodit Mosquet ne prenco ab de las causas e ab de jupon : vi arditz.

141. Item, balhe audit Mosquet per crompar hun parelh de camisas : iiii sos.

142. Item, balhe audit Mosquet per crompar hun capet : i sol iiii dines.

143. Item, e pagat per huna jaqueta de aluda (3), que nos caloc fer audit Mosquet : vi sos.

144. Item, per huna balesta que crompe e huna polheya, scaleta e sinta e huna trossa de flegas ab huna bossa d'aluda; costa tot : ii scutz ii sos x dines.

145. Item, audit Mosquet en huna spaza que crompo de Berdot de Sent-Pot; que costa xiii sos, de que jo forni a ladita spaza : v sos vi dines. — Item, pague a Guissot de Cama reyta, per bin que lodit Mosquet abe pres en lo may (4) : v sos x dines.

146. Item, balhe audit Mosquet per far lo mandament deu capitayne que cada hun debe portar : i scut.

147. Item, balhe a Berdot deu Sobiran per ne menar los dus arches entro Bic; que monta : iii scutz x sos.

---

(1) Nous ne saurions dire quel était le nom de ce fils unique de Bertrand, seigneur d'Aydie, mort au-delà de l'Adour, à Caupenne, près Nogaro. Il commandait les gens d'armes de « mossenh de Lescun », son oncle. (Voir les comptes de 1473, art. 269.) Sa sœur Bertrande épousa, le 12 novembre 1474, Lubat d'Aydie, baron d'Ognoas.

(2) Sur ce refus d'aller au siège de Perpignan, voir une note plus haut, art. 108.

(3) Jaquette de cuir.

(4) Voir année 1449, recettes, art. 3, une note sur le droit du *may*.

148. Item, e suplit a la despensa de Beya en huña spaza que foc de Johan Trobat : XIII sos.

149. Item, per huna daga que crompe de Bernad de Drulhet; que me costa : X sos.

150. Item, per huna sinta de balesta naba, que crompe a la botiga ab deudit Beya : III sos.

151. Item, per huna jaqueta que fem fer audit Beya de dra aurio (1); que costa ab la fayso : VIII sos.

152. Item, e pagat a meste Matelin Moline, comissari e loctenent per labetz de recebre los francx arches, tant per lo anquito tant per los gatges e sos dretz e per lo capitayne, cant per la intrada deu servent o franc archer, cum apar per reconeysensa, lacala es en la man de meste Johan Mostaio; que monta : III scutz I sol VIIII dines.

153. Item, supli a la despensa de mossenh lo governado d'Armanhac e de mossenh Johan de Carmona e deus autres, en dus parelhs de poralha, e carn de moton, oli, peys fresc e huous e sau : I scut I ardit.

154. Item, a XXVIII de jun, fom mandatz au concelh a Nogaro, a instantia de mossenh lo governador, a causa deu brut qui foc entre Aramonet de Pargada e d'autres. Jo hi ane; despense tot lo jorn : VI arditz e mey.

155. Item, a XII de julh, bengoc en sta vila mossenh lo governador d'Armanhac per mossenh de Beuju, si seyzen; en que foc ordenad per lo concelh que li fessam la despensa, a lacala jo supli per duas sopadas e huna disnada que demora asi, en pan V sos VII jaques, en bin XI sos, en carn de moton V sos VI dines, en poralha XX arditz, en specias VI arditz, en candelas V arditz, en fruta dus arditz, en hun formatge I blanc, en siuasa per los arossis IIII sos; monta tot en huna soma : I scut XIII sos X dines.

156. Item, a VI de ceteme, ane a Nogaro per parlar ab los cossos de Nogaro e de Barsalona sus los arches qui nos an metutz darerament; despense : V arditz.

157. Item, e pagat a causa d'estremar la fusta de desus la

---

(1) Voir plus loin comptes de 1477, art. 11.

comporta e deu barat e de la carrera, a xxiiii de septembre, cant lo portau foc tombat; que monta : viii arditz.

158. Item, a xxii de nobembre, bengoc lo filh de meste Guilhem Berdier, [notari], en sta vila, aucau balhe per sa despensa : iii sos.

159. Item, a xxii de nobembre, e suplit a la despensa qui fem a mossenh de Maumussun, en pan; que monta : vi sos iiii dines.

160. Item, a xviii de dezembre, pague Arnauton de Teza en deduction de huna balesta que lo castela de Nogaro lo prenco ab de balhar au[s] serventz cant anan a Leytora; monta : vi sos viii dines.

161. Item, e pagat a Johan deu Pere, arendado de la recepta d'Armanhac apartenta a mossenh de Beuju, en deduction deus fius qui la bila deu audit mossenh de Beuju per los fius de la Barta; que monta : v scutz iii sos viii dines.

162. Item, e pagat per far sepelir Manauton Castay, local naga en l'Ador hun jorn qui [e]ra de besiau (1) a hobrar au pont de l'Ador, lacala sepultura fen fer per comandament deu conselh; monta : i scut. — Plus, balhe aus qui fen la fossa : iiii arditz.

163. Item, abem pagat a mossenh lo jutge d'Armanhac, per comandament deu concelh, tant per la leysensa d'arendar la teverna e lo maset cant per amigabla donation que la bila li fec, e aso deu temps deus cossos qui eran debant nos; que monta : vi scutz.

164. Item, balhe au massone qui fe la carrera deu castet, biro de Nadau : iiii sos.

165. Item, e balhat a meste Leberon de Teza, local es stat elegit per anar au concelh a Bic; que lo balhe, a xiiii de septembre : vi sos.

166. Item, e pagat a Emeric Chastelet, procuraire qui era per labetz, per resta de mieh marc d'argent qui los autres cossos lo prometon, resta que lo degon, loscaus jo e pagatz : xi sos.

167. Item, supli aus balestes qui trametom a Betplan, per comandament de mossenh lo senescauc d'Armanhac, en las mas de Mono Sala e de Johano deu Magenc, argent contant : iiii sos.

168. Item, pague a Arnauton de Sen-Pot, savate, per dus

---

(1) *Besiau*, qui était de corvée.

parelhs d'escafinhos (1) que prencou meste Guilhem Berdier e lo Trolhe, loscaus nos fen pagar sus so qui fazen per la bila: XVI arditz.

169. Item, e pagat au sarralhe de Nogaro per huna clau que fem fer en lo grae deu recto de Bilhera, cant lo procuraire s'en agoc portada l'autra enta Sent-Mont; costa: III arditz.

170. Item, balhe audit Peyroton, cant se parti desi per s'en anar a Montreiau, e cant fossa part dela que se informassa beze on era lo senhor de Maumusson, a causa que la bila bole tramete augun per parlar dab lui beser si nos bolora prestar argent per pagar los cartaros; aucau balhe per huna disnada: I sol.

III. — *Seg se la despensa feyta per Peyron de Camorteras, cosso de la villa d'Ariscla en l'an mil IIII^c e LXXIIII, ayssi cum dejus s'ensec.*

171. Item, ane au Bernet far la fusta deu pont de l'Ador cant terrar (2) lo malh moton, onze jorns; que bau cascun jorn set arditz; monta tot: XI sos.

172. Item, a XV de feure, iencon mossenh de Sion (3) e mossenhor d'Arblada, comissaris de far lo resserc deu blat per los graes (4); en que demoran huna neyt; despensan tant que toqua l'oste: X arditz.

173. Item, a XXI jorn de may que era la brespa de senta Quiteura, ienco Aramonet de Perguada sercar l'argent deus quartaros; en que auranoan lo bayle, meste Johan de Mostaho e Pey de Camorteras.

174. Item, fem tresse las stacas e la fusta au pont de l'Ador a dus omes, perso que l'ayga que creysse que n'ag agor[a] menat; despensan: II arditz.

175. Item, forni aus arges, cant anan a Perpia, tant en argent tant en despenssas tant en camissas; que se monta tot: I scut XII sos.

(1) Sandales, escarpins.
(2) Lisez *tirar*. Tant pour aller couper le bois pour faire le pont de l'Adour que pour tirer « lo malh moton ». Voir comptes de 1473, art. 207 et 1475, art. 10.
(3) Bertrand de Lupé, voir p. 37, 38.
(4) Voir plus loin l'art. 183, relatif à la même affaire.

176. Item, pague a Sausso deu Sobiran per dus jornaus que son filh hana serbir lo peyre a far la carrera de la porta deu castet : II sos.

177. Item, pague au peyre de far la carrera qui ba au castet, en diversas de begadas : III scutz.

178. Item, pague alla garda hun piye de bin per currar lo gote (1) de la fala; costa lodit piye de bin : V dines.

179. Item, pague a Bertomiu deu Faur, de huna pipa de bin que abem malhebada ab de pagar los quartaros de la gendarmas, au pretz de VIII scutz pipa : IIII scutz VI sos II dines.

IV. — *Lo libre de la despensa feyta per la part de Guilhot Fitau, stan cosso ab lui maeste Johan Mostaio, Mono de Sobabera e Pe Castay, comensan a Nadau l'an mil IIII^c LXXIII, finin l'an mil IIII^c LXXIIII.*

180. Item, e pagat a Johanet de Lacosta per IIII sercles de cuba que ne crompe ab de far las cubas (2) deus molis; costan : VI sos.

181. Item, e pagat a Berdot deu Sobiran, a causa de XII homes que a agutz en tres jorns a far las cubas e metre en los molis, o per adobar lo taulat e las barras per metre lo corbelh (3); que montan a VIIII arditz per home : IX sos.

182. Item, e pagat a Peyrot de Sans, per II taulas de corau (4), que lodit Berdot ne prenco ab de far lo taulat de lasditas cubas; monta : IIII sos.

183. Item, a XVI de feure, bengon en sta bila mossenh de Sion

---

(1) Le chenal.
(2) *Cubas*, les cuves, c'est-à-dire les *boites* ou *archures* des moulins, sorte de coffre de bois dans lequel sont enfermées les deux meules. Ce pluriel indique qu'il y avait à Riscle plusieurs moulins et plusieurs *tournants* ou paires de meules, deux au moins dans chaque moulin.
(3) *Taulat... barras... corbelh.* L'archure qui enferme les meules est recouverte par un plancher « *taulat* » sur lequel sont fichées quatre tiges de bois « *barras* » qui supportent la trémie « *corbelh* », sorte de grande auge carrée, fort large par le haut et fort étroite par le bas, munie d'une ouverture à sa partie inférieure et dans laquelle on verse le grain à moudre.
(4) *Corau*, cœur de chêne.

e mossenh d'Arblada e lo bayle d'Armanhac e lo procuraire, per fer lo reserc deu blad per far probesir a las gens qui n'agoran nessecitat (1); loscals eran vi personatges e autans arossis.

184. Item, a xviiii de abriel, mene Mosquet Anha (2) per anar Aux far la mostra.

185. Item, a xx de abriel, partic Mosquet de Anha per anar a lasditas mostras, e Guilhem de Peyrague, de Biela, comissari deus arches, ensems ab lodit Mosquet.

186. Item, a xxv de abriel, torna Mosquet d'Aux; que lo fi la despensa en pan, bin e carn; que monta : iiii arditz e mey.

187. Item, a xxvi de may, balhe a Mosquet, cant foc bengut de Bilhera de sercar los fers de las enganetas (3) : iiii arditz.

188. Item, e balhat a Mosquet per sobe huna berreta e huna jaqueta de mossenh Johan deu Forc : iiii arditz.

189. Item, pague per la forradura de las causas de Mosquet : i sol.

190. Item, e pagat a Perris deu Magenc per v pams de drap tanat, ab de fer causas a Beya; que costan : v sos.

191. Item, a xv de jun, e crompat peys fresc ab de mossenh Pelegrin, cant era a Sansonet, que no mynjaba carn : i blanc.

192. Item, e pagat per hun car de lenha ab de mossenh Johan Carmona e per los autres officiers; que costa : viiii arditz.

193. Item, a xiiii d'octobre, bengoc en sta vila mossenh lo governador de mossenhor de Beujeu (4) e mossenh Johan de Carmona e lo tezaure e lo recebedor e lo procurayre e vi servidos ab lor e los rossis. Foc ordenat que li fessam la despensa; en

---

(1) Une réquisition semblable fut faite en 1472 dans les terres d'Armagnac, et les blés ainsi réquisitionnés furent enfermés dans les greniers de la maison claustrale de Vic, sous la garde de Gayo de Bosqueto, official d'Auch. Le comte de Comminges (Jean de Lescun, bâtard d'Armagnac), commissaire du Roi, ordonna qu'ils seraient distribués aux pays les plus pauvres et chargea noble Bertrand de Lasseran, seigneur de Casaux, et Me Jean de Crestio, procureur du Roi en la sénéchaussée d'Armagnac, de faire cette distribution. — Le 23 avril 1472, les habitants de la baronnie de Mauléon, canton de Cazaubon, en reçurent cent conques et s'engagèrent envers l'official à payer 88 écus 16 sols. (Registres de Ponsan, notaire à Vic, reg. 4, fol. 102, Arch. du Séminaire d'Auch.)
(2) A Aignan.
(3) Voir comptes de 1473, art. 107, p. 102.
(4) Antoine de Monlezun, voir art. 17.

lacala despensa jo e fornit, cum aparit per menut en hun pape; que monta : III scutz VII sos XI dines.

194. Item, e suplit a la despensa qui fem a mossenh de Cornelha, cant bengoc en sta vila per elegir los balestes.

195. Item, pague au sarralhe qui staba en l'ostau de Johan Brun, per adobar la clau de la porta de la bila deu Cambadia : VIII arditz.

196. Item, e suplit a la despensa qui fem a mossenh lo senescauc d'Armanhac e governador de las terras d'Armanhac desa Garona (1), en bin : XII piches balin VI sos.

197. Item, supli lo jorn de Nadau, a la gleysa, cant los cossos nobetz elegin, en IIII piches de bin : II sos.

198. Item, e despensat per Berdot deu Sobiran e per mossenh Johan Sala, cant la bila los trametoc parlar a mossenh de Maumussun per que nos gardassa de lotgis de las gens d'armas de mossenh de Lescun; etz apuntan ab lodit de Maumussun que non agom. Despense per los susditz : X arditz.

199. Item, per perda que fi ab Johan de Marsan en III scutz de Toloza, e aso sus lo montament deusditz scutz; jo los abi pres per XX sos cada hun; despus qu'et los tengoc, no los podu aber per los ne retornar o sercar moneda, aysi cum jo los abi pres; en loscaus pergu : III sos VI dines.

200. Item, per perda que fi ab lodit de Marsan en VIII scutz de moneda, a Nogaro, que no me bolo prene moneda blanca deu pais, e m'en calo retornar per sercar moneda deu Rey; apres m'en torne a Nogaro per lo portar lodit argent; cant fu part dela e lo balhe ladita moneda, lacala et metix conda, no bolo prene lasditas doblas deu Rey, sino per X arditz (2); despus qu'et ac tengoc, no podu recobrar lodit argent, en local pergu : IIII sos.

201. Item, e pagat a Johan Fitau, clerc, que lo trametom Aux per fer companhia a Mosquet, cant ana au capitayne, on eram mandatz de menar lodit Mosquet cum archer de la bila; e cant fon de part dela, lodit Johan presenta lodit archer au capitayne; encontinent lodit capitayne fec prene lodit Johan e lo fec metre dedens la

---

(1) Bernard, vicomte de Rivière, voir art. 17.
(2) Sur ce refus de la monnaie, voir une note art. 43.

mason comuna d'Aux, perso que lodit arche no era stat au jorn qui eram statz mandatz a Aux; e lo fec demorar dedens ladita mason huna neyt. Demoran anar e tornar IIII jorns; en que lodit Johan despensa : XX sos.

202. Item, e pagat a Berdot de Sen-Pot alias Cotros e a tres autres que eran ab lui que leban las palancas deu Pontasta qui qui eran tombadas; balhe los ab de bin : II arditz.

203. Item, e pagat a la Tarsaga que a labadas las tolhas e la baysera (1) de Nostra-Dona duas betz e los metaus, cant mossenh lo senescauc bengoc e mossenh Johan de Carmona; monta : I sol VI dines.

XVIII.
COMPTES DE L'ANNÉE 1475.

DÉPENSES.

SOMMAIRE : 1 et 2. Conseil tenu à Caupenne au sujet d'une demande d'arbalétriers et de vivres faite par le sénéchal d'Armagnac pour l'expédition de la vallée d'Aran; — M. de Panjas, commissaire du sénéchal, propose de remplacer les vivres par une somme d'argent. — 3. Achat de papier pour l'allivrement. — 4 et 5. Venue du gouverneur de M. de Beaujeu. — 6. Venue du procureur, du juge et du receveur d'Armagnac. — 7. Envoi de poisson au fourrier du capitaine Odet d'Aydie. — 8. A la prière de M. de Maumusson, le capitaine d'Aydie consent à ne pas loger à Riscle. — 9 et 10. Reconstruction du pont de l'Adour. — 11. Démarches pour obtenir décharge de dix arbalétriers imposés à la ville. — 12. Le commandeur de Maubourguet vient à Riscle. — 13. M. de Panjas ordonne de tenir prêts les dix arbalétriers. — 14. Conseil tenu à Nogaro. — 15. Voyage à Manciet par ordre du capitaine des francs-archers. — 16. Conseil tenu à Vic. — 17. On envoie un messager à Plaisance où est logé le capitaine d'Aydie. — 18. Mort du fils du sénéchal d'Armagnac. — 19. M. d'Arblade-Brassal vient à Riscle, au retour de son ambassade. — 20 et 21. Envoi de poisson à M. de Buzet, capitaine général pour le roi de France; — il traverse Riscle avec ses gens d'armes. — 22. Demande de 50 écus à M. d'Aydie. — 23. Conseil tenu à Nogaro touchant l'ambassade de M. d'Arblade. — 24-26. M. d'Aydie consent à prêter aux consuls 30 écus moyennant caution. — 27-31. M. de Buzet exempte la ville de Riscle de tout logement de gens de guerre; — son billet est présenté au capitaine de Pordéac; — celui-ci insiste

(1) *Tolhas... baysera*, les linges et la vaisselle.

pour loger à Riscle — 32. Ordre d'envoyer les deux archers de Riscle à Vic-Fezensac. — 33-55. Habillement et équipement desdits archers. — 56. Envoi d'une députation à M. de Beaujeu, à Bordeaux. — 57. M. de Maumusson fait dire que la ville n'a pas à craindre de loger les gens d'armes qui reviennent de Bayonne. — 58. Envoi d'oies et de poules à la sœur de M. de Maumusson. — 59. On fait fabriquer une paire de menottes par ordre du juge d'Armagnac. — 60. Celui-ci vient dîner à Riscle. — 61. Salaire donné au messager envoyé de Bayonne par M. de Maumusson. — 62. Les quatre députés de Nogaro, de Barcelonne, d'Aignan et de Riscle se rendent à Bordeaux auprès de M. de Beaujeu. — 63. Retour du député de Riscle. — 64. Les consuls sont mandés à Plaisance par le capitaine des francs-archers. — 65. Conseil tenu à Nogaro pour entendre la réponse du gouverneur d'Armagnac touchant l'ambassade envoyée à M. de Beaujeu. — 66-68. Arrestation et emprisonnement des consuls, faute de paiement de diverses impositions. — 69. Ordre d'envoyer les archers à Auch. — 70. On paie le dîner d'un ancien procureur d'Armagnac venu de Bordeaux, afin d'obtenir sa protection auprès de M. de Beaujeu. — 71. Délai demandé à M. d'Aydie pour le remboursement des 30 écus. — 72. Voyages à Nogaro et à Vic-Fezensac. — 73 et 74. Antoine de Carlat, lieutenant d'Yves du Fou, capitaine des francs-archers, exige une brigandine pour chaque archer; — il condamne les consuls de Riscle à donner 40 sous aux deux archers de la ville qui se plaignent de n'avoir point reçu de vivres. — 75. Somme payée par les anciens consuls excommuniés, pour obtenir l'absolution. — 76 et 77. M. d'Aydie demande qu'on fasse mettre en billots les arbres qui lui ont été promis. — 78 et 79. Passage du capitaine Briant. — 80. Fourniture de foin, paille, etc., pour les chevaux de M. de Maumusson. — 81. Celui-ci fait exécuter les consuls au sujet d'une créance. — 82 et 83. Don de 12 conques d'avoine et d'une bête de somme à M. de Maumusson, en reconnaissance de services rendus à la ville. — 84. Saisie des vaches de la ville par le fils du collecteur. — 85 et 86. Le sénéchal d'Armagnac vient à Riscle le jour de la foire Saint-Martin et fait fermer les portes de la ville, pensant y trouver certains malfaiteurs; — il enjoint aux consuls de bien administrer la justice, de lui faire connaître les malfaiteurs et de faire réparer les murs de la ville. — 87. On fait faire une mangeoire pour les chevaux de M. de Maumusson. — 88. Conseil tenu à Nogaro en présence d'un conseiller du parlement de Bordeaux, commissaire de M. de Beaujeu. — 89. Citation des consuls devant l'official d'Auch. — 90. Cent arbalétriers pénètrent clandestinement dans la ville et se font servir à manger et à boire. — 91. Ordre d'envoyer les deux archers bien équipés à Vic-Fezensac.

Despensa feyta per Johan deu Magenc, Ramonet deu Fau, Pey deu Casso, Berdot Olie, conselhs de la vila d'Ariscla de l'an mil CCCC LXXIIII finidors l'an mil CCCC LXXV, cum·dejus s'ensec.

1. Primo, en lo mes de gener, fon mandatz au cosselh a Caupena, de mandament de mossenhor lo senescal d'Armanhac, local enpauzec sus lo pais sert nombre de balestres e bires per

portar a Galan (1), so es per casque hun balestre huna carca de blat, auta carca de bin, e que x foex fesan hun balestre; aucal cosselh termeton Manauton Trobat; lo fo donat per sa despensa, que stec la ney[t] part dela : ɪ sol x dines.

2. Item, a xxvɪ de gener, ana maeste Leberon de Tessa au cosselh a Caupena, de mandament deus cosselhs e cosselhes ; que parti de la bila lo ditgaus maytin ; e cant fo a Caupena, aqui bengo enmiron de brespas mossenh de Panyas, comissari deputat per mossenhor lo senescal d'Armanhac, local remustra cum lodit mossenhor lo senescal lo abe mandat e donada carga que et enpauses sus lo pais que x foex fesan hun arcbalestre e balhasan a quasque hun balestre huna carca de blat, autra carca de bin, per portar a Galan, e dequi en fora en Aran (2) ; e perso que aqui fo dit que los noples e propietatz doptaban que lodit mossenhor lo senescal se bolossa apropiar losditz biures, lodit de Panyas disso ausditz noples e propietatz que per tau que degun no pensasa sus aquo, que el se contentara, per nom deudit mossenhor lo senescal, que fossa balhat a casque hun arcbalestre dus scutz, e de quo et donaba la lection ausditz cossolatz, e que lo fessan resposta. Aucal losditz cossolatz responon que no poden punt far resposta, mas que los dones hun termi competent ; local no lon bolo donar lodit termi sino entro disapte apres ; e fo neyt tengut lodit cosselh ; e aqui lodit de Tessa stec la neyt, e lo dibes faze dibers tepms de ploya, e lo combie d'anar passar a Sent-Mont a causa que lo pont de l'Ador era romput, e perso que lo disapte abe a tornar a Spanet (3) audit cosselh, se demora part dela entro lo ditmenye que arpeyra a Riscla. Despensa en losditz ɪɪɪɪ jorns que ste per si e per son rossin : vɪɪɪ sos vɪɪɪ dines.

3. Item, lo jorn susdit crompan huna man de pape per far lo aliurament de la bila, que costa : ɪ sol ɪɪ dines.

4. Item, lo prumer jorn de feurer, mossenhor lo gobernador d'Armanhac per mossenhor de Beuju e d'Armanhac termeto huna

---

(1) Chef-lieu de canton des Hautes-Pyrénées.
(2) Par la route de Galan, Lannemezan, Montréjeau et la vallée de la Garonne. Sur cet envoi de troupes dans la vallée d'Aran, voir comptes de 1473, art. 128.
(3) Espagnet, ancienne paroisse près Nogaro.

letre de Sent-Mont en fora ausditz cosselhs que l'aprestasan de disnar; local bengo, eysems ab lu en sa companhia hun son baylet e maeste Huguet Rolie, procurayre d'Armanhac, e maste Guilhem Gobeti e maste Pey d'Audirac, notaris; loscals sten en la bila dus jorns huna neyt; e s'en anec lo dibes maytin. Local mossenhor lo gobernador, cant fo arpayrat en ladita bila, mandec aus cosselhs que l'agossan a mustrar de cal lecsencia ne actoritat losditz cosselhs aben arendatz los arendamentz de la bila, autrametz et los metora a la man deudit senhor. Despensan per si, eysems ab lodit mossenhor lo gobernador e autres que los tenen companhia, so es assaber losditz cosselhs e garda, maeste Leberon de Tessa, mossenh Johan deu Forc, Arnauton de Lafitan, bayle, tant en peys, la bespra de Nosta Dama de feurer e lo ditgaus, pan, bin, carn, spessias, candelas, lenha : I scut XIIII sos VIII dines.

5. Item, fo donat audit mossenhor lo gobernador per ladita leysensa obtenir deusditz arendament[z] hun scut, e per sa nobela benguda sinc scutz, per tal que tengossa per recomandada la bila; que monta en huna soma : VI scutz.

6. Item, l'an susdit, lo XXme jorn de feurer, lo procurayre, jutye, reseber d'Armanhac termeton a dise per Johan Fitau, de Anhan en fora, ausditz cosselhs que los aprestesan de disnar lo dimars apres; deuscals bengon losditz mossenhs lo jutye, procurayre, resebebor *(sic)*; en que fo ordenat que pagassam la despensa; que disnan a l'ostau de maeste Leberon de Thessa maeste Johan de Joc e maeste Bernat Fitan, Bernat deu Drulhet, Arnauton de Lafitan, Guirauton de Camicas; despensan en pan, bin, peys fresc e salat, oli, spessias, e collation lodit bespre que demoran la neyt, fen, sibaza per los rossis; que monta en huna soma : XI sos VI dines.

7. Item, a tres de mars, cant las gendarmas eran alotyadas a Sen-Mont, lo forre del capitayne Odet d'Aydia (1) termeto a dise ausditz cosselhs que termetossam peys, pan, sibaza ab deudit

---

(1) Odet d'Aydie, dit le jeune, frère de Lescun et de Bertrand, seigneur d'Aydie. Il devint plus tard sénéchal de Carcassonne et fournit une brillante carrière militaire. Il épousa, en 1483, Anne de Pons, vicomtesse de Ribérac, et fut l'auteur des seigneurs de Ribérac, Guittinière et Rions. Les chroniques le

capitayne; e fo demustrat en cosselh, que fo apuntat que fessam pescar; e aysi a fem.

8. Item, lo jorn susdit, losditz cosselhs pregan a mossenh de Maumuson, de mandament de la bila, que lo plagos de anar trectar e apuntar ab lo capitayne, Odet d'Aydia, local era a Beumarches, que lo plagos que no bengossa alotyar ne sas gendarmas en la present bila; local mossenh de Maumuson, a pregarias deusditz cosselhs, hy anec parlar ab lodit capitayne; que stec en anar e tornar en condusir lasditas gendarmas, que anan alotyar a Sent-Mont, que ste en anar en tornar oyt jorns; e per tau que lodit de Maumuson fosa de bon boler de far diligensa en las caussas susditas, per apuntament de tot lo cosselh, cum los bayletz de mossenh de Maumuson no fossan probezitz de bitualhas per etz ne los rossins, que losditz cosselhs fessan la despensa aquestz oyt jorns; e aysi a fem; que despensan en pan, bin, peys, oli, fen, sibaza per losditz rossins, que monta en huna soma : I scut VII sos I diner.

9. Item, l'an e mes susdit, balham a pretz feyt lo pont de l'Ador per lo ficar e plantar a Arnauton, filh de Johan, molie de Sen-Mont; aucal losditz cosselhs balhan per sous tribalhs e despensa : detz scutz.

10. Item, pormeton losditz cosselhs de balhar audit maste per far lodit pont tot jorn seys homis per obrar ab lodit maste en lodit pont, e no obstant losditz seys homis losditz cosselhs lo balhan tot jorn dus homis otra los de desus, a causa que losditz seys homis no podon tirar lo malh-monton (1); que gesten en crostuir e bastir lo pont mot e lo pont nau, a causa deus ployatz, que no poden tribalhar, que gesten XV jorns; que montan en huna soma sent e bint homes; despensan en pan, bin e autres companhatges, que monta en huna soma : IIII scutz III sos VIII dines.

11. Item, lo prumer jorn deu mes d'abril, termetom Leberon de Poges Anhan, per parlar ab mossenh de Panyas, loctenent

désignent sous le nom de *capitaine Odet*. Il commandait en 1473 la compagnie de 100 lances de son frère, le seigneur de Lescun. (Courcelles, *Hist. généal. des Pairs de France*, t. IV, généal. de Pons, p. 44.)

(1) Voir les comptes de 1473, art. 207.

de mossenhor lo senescal d'Armanhac, per apuntar ab lodit de Panyas que lo plagos descarcar la bila de detz arcbalestres que abe enpaussat a ladita bila.

12. Item, a II d'abril, bengo Guilhamet deu Pihat, eysems ab lu lo comanday de Mauborguet (1), que eran IIII^{te} personatges, per apuntar ab losditz cosselhs del deute que la bila debe audit deu Pihat.

13. Item, a ters deudit mes, fom mandatz per mossenh de Panyas que agossam prest detz balestres, casque hun que aya en sa bossa hun scut; termetom Guilhon de Trobat ab huna letre audit de Panyas.

14. Item, a IIII deudit mes, fom mandatz au cosselh a Nogaro; en que hi termetom Leberon de Poges, Berdot de Sen-Pot, sarto, audit cosselh, e aysi metix per parlar ab mossenh d'Arblada que bie deu Rey noste senhor.

15. Item, a x deudit mes, fom mandatz per debant huns comissaris deu capitayne deus franx arches a Mansiet; aucal mandament termeton la garda.

16. Item, a XVII deudit mes, fom mandatz au cosselh a Vic, de mandament deus tres Statz.

17. Item, a XIX deudit mes, era alotyat Odet d'Aydia, capitayne per nostre senhor lo Rey a Plassensa, ab sas gens d'armas de part dela; termetom Manauton Trobat per saber las gens d'armas on bolen alotyar dequi en fora.

18. Item, a XXI deudit mes, fom mandatz au cosselh a Caupena; aucal ana maste Leberon de Tessa; e cant fo part dela, los gentius homes termeton de Lana-Sobiran en fora huna letre que contene que lodit cosselh se porogues entro al jorn segont, a caussa de la mort del filh de mossenhor lo senescal d'Armanhac (2). Local de Thessa demorec la neyt a Nogaro; e lo jorn segont se tengo lo cosselh a Caupena; e fo neyt can lodit cosselh fo tengut, a caussa que los gentius homis bengon tarda ora.

(1) Dominique de Prunet, commandeur de Maubourguet, de 1459 à 1505. (*Hist. du Grand Prieuré de Toulouse*, par M. A. du Bourg, p. 374, 380.)

(2) Le nom de cet enfant mort en bas âge n'est pas connu. Le sénéchal d'Armagnac eut pour successeur son autre fils, Bertrand de Rivière, vicomte de Rivière et de Labatut, qui épousa, le 18 septembre 1485, Isabeau d'Antin, fille de Arnaud, baron d'Antin et de Bonnefond.

19. Item, lo ters jorn deu mes de may, bengo mossenh d'Arblada-la-Brasau, locau bie de la cort de nostre senhor lo Rey; e fo ordenat que lo fossa balhat la refection; e aysi a fem la disnada e la sopada, eysems ab lu maste Bernat Fitan, etc.

20. Item, lodit jorn, fem pescar a IIII^{te} personatges ab de mossenh de Maumuson per far present a mossenh de Buset (1), que era alotyat a Berneda.

21. Item, lo v^e jorn deuditz *(sic)* mes, lodit de Busset passa per la present bila ab sas gens d'armas; que fo ordenat per lo cosselh que si deguns de las gens d'armas bolian beure ne mynjar, que los fossa donat pan e bin; e lo forre que bengo debant per partir los lotgis de lasditas gens d'armas, e prengo refection per son disnar en la present bila ab d'autas gens d'armas; que despensan en pan, bin blanc, peys, que monta en huna soma : I scut XIIII sos.

22. Item, a VIII deudit mes, termetom maste Leberon de Thesa a mossenh d'Aydia pregar audit d'Aydia que lo plagos de prestar a la bila L scutz; local fe areposta audit de Thesa que el s'en anaba a Fagetmau (2) e cant fora retornat, alabetz fera resposta.

23. Item, a IX deudit mes, termetom maste Leberon de Thesa a Nogaro au cosselh per apuntar ab los autres cossolatz de las propietatz cum mossenh d'Arblada agossa l'argent qui lo pais lo donaba per anar en Fransa.

24. Item, a XI deudit mes, termetom maste Leberon de Thesa Aydia per saber la resposta deudit mossenh d'Aydia; local fe resposta que prestara dap fremansas XXX scutz.

25. Item, lo XII jorn deudit mes, lodit de Thesa retornec Aydia per asemprar a Pey Curon e Guilhem deu Trey, si los plagora entrar fremansas a ladita bila; loscals dison que no n'entraran punt.

---

(1) Louis de Noailhan, seigneur de Buzet et de Fresse, dans le diocèse de Condom, aujourd'hui canton de Damazan (Lot-et-Garonne). Le 24 octobre 1476, étant dans son château de Buzet, il consentit une donation en faveur d'Hélène d'Esclamal de Pujol, sa femme. (*Dictionnaire géogr., hist. et polit. de l'arrondissement de Nérac*, par M. Samazeuilh, édit. Faugère-Dubourg, p. 61, art. *Buzet*.) Sa petite-fille Béatrix de Noailhan épousa, en 1506, Antoine de Grossolles-Flamarens et lui apporta la terre de Buzet. (Voir ci-dessous l'art. 27.)

(2) Chez son frère Odet d'Aydie, baron de Lescun et de Hagetmau, du chef de sa femme Marie de Lescun.

26. Item, a XIII deudit mes, anan Aydia Aramonet deu Faur [e] mossenh Johan Sala, per pregar a Pe Curon e a Guilhem Fau, d'Arosse (1), que los plagos d'entrar fremausas enta mossenh d'Aydia per nom de la bila; e lodit Pe Curon e deu Fau dison que etz eran contentz; no despensan are.

27. Item, a XX deudit mes, termeton Berdot deu Sobiran [e] Bernat deu Drulhet a Garlin (2) au debant de las gens d'armas e per mustra los huna tiqueta que abem de mossenh de Buset; lacau tiqueta faze mension e comandament, de mandament deudit Buset, capitayne generau per nostre senhor lo rey de Fransa (3), que degunas gens d'armas no fossan si ausardas d'alotyar en ladita bila ne pertiensas. E cant fon a Garlin, troban que lasditas gens d'armas fon partidas enta Sent-Germe.

28. Item, a XXI deudit mes, fo ordenat que losditz deu Sobiran e deu Drulhet tornassan a Sent-Germe parlar ab lodit capitayne aperat mossenh de Pordeac per mustra lo ladita tiqueta; e cant fon de part dela, mustran ladita tiqueta audit mossenh de Pordeac; e los fe resposta que no era a lu, mas que anassan l'endoma a Nogaro hon foran d'autes qui aben ladita carca, e per et no pergoram re.

29. Item, a XXIII deudit mes, bengo Nicolau de Clarenc de Bayona; aucal donam refection en disnar e sopar en la present bila, eysemps ab lu Bernat deu Drulhet; e cant agon sopat totz dus s'en anan a Nogaro per trectar ab mossenh de Pordeac e ab lo loctenent de mossenh de Buset que en la present bila no agossa lotgis de gens d'armas. E aqui bengon los payas de mossenh de Maumuson, e la garda, que abe hunas letres per anar a Bajona a .mossenh de Maumuson (4) cum las gens d'armas ne bolon star per la tiqueta de mossenh de Buset de prene lo lotgis en la present bila. Lacal garda agora pres cami aqui metix enta Bayona, sino fos la benguda deudit de Clarenc.

---

(1) Rozès, près d'Aydie.
(2) Chef-lieu de canton des Basses-Pyrénées.
(3) Voir plus haut, art. 20.
(4) Odet d'Aydie, seigneur de Lescun, était gouverneur de Bayonne, et on a vu, art. 98 des comptes de 1474, que Jean de Viella, seigneur de Maumusson, était son lieutenant.

30. Item, aqui metix, partin lodit Nicolau e Drulhet totz eysemps, s'en anen a Nogaro per parlar ab losditz loctenetz e Pordeac, so es lodit Nicolau que abe expres mandament de boca de mossenh de Buset que no agossan a donar lotgis en la present bila. Aucal Nicolau losditz cosselhs balhan hun rossin per cagualbar (1) e perso que lo son rossin no pode plus caminar.

31. Item, l'an susdit a xxv deudit mes, bengo Nicolau de Clarenc de Nogaro, ab resposta deusditz capitaynes que si no mustrasam lo quit de mossenh de Buset que autrametz et non fera re autramentz. — Lo jorn susdit fo apuntat que anassa Nicolau a Bajona sercar lo quit de mossenh de Buset; e aysi a fe.

32. Item, a xxix deudit mes, fom mandatz per debant lo capitayne deus franx arches a Bic que agossam a menar losditz arches lo quart jorn deu mes de jun; e aysi a fem; e agom a sober la balestra a Arnauton deu Poy alias Beya, arche franc, que hera enpenhada a Pochet de Sent-Mont per la soma de xii sos, loscaus pagam.

33. Item, lo jorn susdit, ana Aramonet deu Fau au Castetnau crompar duas canas de fustani, v paums d'arnela, tres paums de blanquet per abilhar losditz arches; que costa tot en huna soma: i scut viii sos vi dines.

34. Item, a xxx deudit mes, crompan duas canas de blanquet per far las yaquetas deus susditz arches; que costan: xii sos viii dines.

35. Item, crompam lo jorn susdit duas canas e dus paumps de drap de lin per forar los jupos deusditz arches; que costan: iii sos viii dines.

36. Item, lo jorn susdit, crompam hun parelh de camisas blasidas ab de telas simples deusditz jupos; que costan: ii sos.

37. Item, lo darrer jorn deudit mes, crompam tres camisas de drap de lin ab deusditz arches; que costan en huna soma: xv sos.

38. Item plus, crompam hunas camisas nabas au (2) deusditz arches; que costan: v sos.

(1) *Cagualbar*, lisez *cabalguar*, chevaucher.
(2) Lisez *ab*.

39. Item, lodit jorn, crompam huna spasa de Peyroton Farga ab de Arnauton deu Poy, arche; que costa : xvii sos ii dines.

40. Item, lo jorn susdit, crompam huna balestra de Johan deu Magenc, ab de Mosquet, arche; que costa : i scut vi sos.

41. Item, lo jorn susdit, crompam xiiii treytz ab deusditz arches; que costan : iii sos viii dines.

42. Item, lo jorn susdit, crompam huna sinta, huna poleya, ix treytz; que costa tot en huna soma : vii sos.

43. Item, lo jorn susdit, crompam tres canas e vii paumps d'arosset per far las capas-mantos (1) ab deus susditz arches; que costan : i scut v sos.

44. Item, lodit jorn, crompam duas moletas de capnep (2) per far la corda en la balestra de Arnauton de Poy, arche; que costan : viii dines.

45. Item, lo jorn susdit, fem far hun parelh de jupos per losditz arches e duas jaquetas; que costa lo tot de la fayson : xi sos vi dines.

46. Item, costan de far las capas-ma[n]tos de la fayson deu maste qui las fe : iii sos ii dines.

47. Item, crompan hun parelh de sabatos ab de Arnauton deu Poy, arche; que costan : iii sos.

48. Item, crompam duas sintas ab de las trossas deus boyrax deusditz arches; costan : i sol.

49. Item, costan de tone las capamantos, jaquetas e caussas; que monta en huna soma : ii sos.

50. Item, crompam dus parelhs de causas ab deusditz arches de drap d'angles; que costan : i scut vii sos.

51. Item, pagam per la fayson de las causas de Beya, arche, e per huna dotzena d'aguletas; que monta : ii sos vi dines. — Plus, per huna autra dotzena d'aguletas ab de Mosquet, e dus cordades; que costan : viii dines.

---

(1) Manteau à larges manches et à capuchon encore en usage dans les campagnes. Les capes-mantes du Béarn étaient particulièrement recherchées. Leur fabrication formait une des principales industries béarnaises et leur commerce était frappé d'un impôt : ainsi « une cargua de cappes » payait une livre pour le droit de péage. *Priviledges et reglamenz deu païs de Bearn*, p. 82.

(2) Deux pelotons de chanvre; *capnep, cannabinum*, chanvre.

52. Item, crompam hun parelh de sabatos ab de Mosquet, arche, quant bolo partir per anar au mandament de son capitayne; costan : III sos.

53. Item, lo maytin, cant bolon partir, agon a sobe las balestras que losditz arches aben enpenhadas a maste Bernat Fitan, si bolem que partisan; que costan de sobe deudit Lafitan : XVI sos.

54. Item, lo prumer jorn de jun, termetom Peyroton Farga conduar losditz arches a Bic per far las mustras; que sten tres jorns e dus neytz; despensan, enclus dus beretz que crompa ab deusditz arches, e enclus duas sintas de suac (1) ab de las spasas deusditz arches; que monta en huna soma : I scut IIII sos V dines.

55. Item, a XXIX de jun, fom mandatz per debant lo loctenent deu capitayne deus franx arches, Anthoni de Carlat; que pagam per los fauquetos que per lo dret deu capitayne : VI liuras.

56. Item, a VII de jun, ana maste Leberon de Tessa a Nogaro per apuntar qui anara a la enbaysada de mossenhor de Benju a Bordeu.

57. Item, a IX de jun, bengo Nicolau de Clarenc de Bayona, que mossenh de Maumusson lo termete que [no] doptasam d'aber lotgis de las gens d'armas qui tornaban de Bayona.

58. Item, a XII deudit mes, termeton Manauton Trobat a Caumont porta los aucatz e gariatz a la sor de mossenh de Maumusson (2).

59. Item, lo jorn susdit, fom mandatz per mossenh lo jutgue ordenari que agossam a far huns septz; en que los fem far a Guilhot Fitau; que lo donam per son jornau : oeyt arditz.

60. Item, lo jorn susdit, bengo mossenh jotgue d'Armanhac; que lo balham IIII^{te} piches de bin per son disnar; costan : II sos.

61. Item, a XIII de jun, s'en torna Nicolau de Clarenc enta Bayona; e fo apuntat que lo donasam per sa despensa, a causa que spresament era bengut de Bayona per portar nos sertificansa que no doptasam d'aber lotgis; e aysi metis que era anat duas begadas

---

(1) *Suac*, suiffé, « cuer suat », cuir suiffé, enduit de suif.
(2) La terre de Caumont, près Riscle, appartenait à la maison du Lau. Plusieurs cadets de cette maison ont porté le nom de cette terre. L'un d'eux avait-il épousé la sœur de « mossenh de Maumusson » ?, ou bien cette sœur était-elle Marguerite de Viella, femme d'Auger du Lau, dont nous avons parlé plus haut, page 61 ?

parlar ab mossenh de Pordeac sus lo lotgis qui nos balhaba; e lo fo donat per sa despensa : vi sos.

62. Item, a xiiii de jun, fo ordenat per las propietatz que termetossam a Bordeu (1) a mossenh de Beuju e d'Armanhac; e fo apuntat que y anasa hun personatye de Nogaro, autre de Barsalona, autre d'Anhan, autre d'Ariscla; en que hy termetom maeste Leberon de Thesa, notari; e cant fo bengut, nos fe resposta que no aben are apuntat, mas que lo darre jorn deu mes de jun mossenhor lo gobernador d'Armanhac nos fera resposta a Bordeu o a Liborna.

63. Item, a xxi deudit mes, bengo maeste Leberon de Thesa de Bordeu.

64. Item, a xxix de jun, fo ordenat per lo cosselh que termetosam la garda a Plasensa parlar ab lo capitayne deus franx arches, que i eram mandatz per debant lu; e cant fo de part dela, lo fe resposta que nos trobasam l'endoman.

65. Item, a xxx deudit mes, fom mandatz a Nogaro au cosselh per auzir la resposta qui mossenhor lo gobernador d'Armanhac nos aportaba de mossenhor de Beju e d'Armanhac; aucal ana Bernat deu Drulhet.

66. Item, lo v^e jorn de julh, bengo hun comisari ab vi arches, e fom mandatz per debant lu, que nos demandaba las restas deus cartarons e cruas; nos balha lo rest en la fala; e aqui stem entro que fo neytz scura; que termetom maeste Leberon de Thesa parlar ab lodit comisari que lo plagos de nos donar termi per anar dormi; e ayssi a fe de pregarias deudit de Thesa; que lo portan la collation a la ostaleria iiii piches e mey de bin e hun parelh de gariatz; que monta en huna soma : ii sos xi dines.

67. Item, a xi deudit mes, bengo Marsau e lo filh deu collecto, Guirauton de Camicas, lo filh de Peyron deu Baste e d'autres ab lor; que nos fen presones en la fala e non bolen menar enta Nogaro; apuntan que lo dibes apres los portaram argent a Nogaro.

68. Item, lo jorn susdit, termetom Peyrot de Poges a Nogaro ab huna letre a mossenh jutye d'ordenari d'Armanhac perso qui

---

(1) Pierre de Bourbon, comte de Beaujeu, avait été nommé par Louis XI gouverneur de Guyenne, après la prise de Lectoure, 1473.

eran mandatz, sus pena de L marchs d'argent, que nos agossam a re[de] presones en lo castet de Nogaro per nom de Marsau; en que lodit mossenh lo jutge nos fe reposta que no eram tengutz d'anar, atenut que son mandament no ac contene sino de boca.

69. Item, a XXIX deudit mes, fom mandatz per lo capitayne deus franx arches que agossam a menar los arches Aux; mustram lodit mandament a Arnauton deu Poy e a Mosquet, franx arches; en que nos fen resposta que etz eran totz prestz d'anar audit mandament ab tant que om los fessa so qui lo mandament contene e que agossan sabatos, que etz los aben romputz; e lo mandament contene que agossan cara XIX sos en la bossa; e aysi a fem; e parti lodit Mosquet per anar enta Aux audit mandament, a causa que Menyolet deu Sobiran e hun aperat Sentoret eran mesatyes per lodit capitayne que no y cale anar sino Mosquet, e que Arnauton deu Poy demores entro que fossa mandat; que lo fo balhat tant per sous gatyes e sabatos : I scut IIII sos.

70. Item, lo darrer jorn deudit mes, bengo Michen Sastelet de la cort de mossenh de Beuju; fo ordenat per lo cosselh que lo pagassam la disnada, perso que anaba e tornaba entau dit mossenhor de Beuju e d'Armanhac, per tau que fessa bon report de ladita bila audit mossenhor, e perso que cant era procurayre d'Armanhac nos mustraba que et fera per la bila.

71. Item, lo jorn susdit, anam Peyron d'Argelos e Ramonet deu Fau, de mandament deu cosselh, Aydia per demandar jorn a mossenh d'Aydia deus XXX scutz que la bila lo debe; e lo fem present de dus parelhs de garias, costan : oyt arditz.

72. Item, lo darer jorn de julh, fom mandatz au cosselh a Nogaro; en que termetom audit cosselh Peyroton Farga; e dequi en fora que abe anar a Bic, que geram mandatz per lo capitayne deus franx arches; que lo fo balhat per sa despensa e per ausir la resposta qui mossenh l'oficiau d'Aux aportaba de mossenh de Beuju : V sos.

73. Item, a XIII d'aost, fom mandatz a Bic per debant Antoni de Calart (1), loctenent deu capitayne deus franx arches, que demandaba bergantinas ab deusditz arches.

---

(1) *Alias* Carlat (plus haut, art. 55).

74. Item, a xx deudit mes, fom mandatz au cosselh a Balensa per debant lo loctenent deu capitayne deux franx arches; que termetom maeste Leberon de Thesa; e cant fo part dela, lodit loctenent los demustra que mossenh Hybon deu Fo (1), son mastre, l'abe balhat carga spressa que los arches franx fossan en feyt d'armas casque hun ab sa[s] bergantinas; aqui fo debatut lo cas talament que on abe dus balestres que fossan quites per hunas bergantinas. Tengut lodit cosselh, aqui fo Arnauton deu Poy, arche nostre, que fe gran conplanta audit loctenent que la bila no lo bole contentar deus biures qui los eran statz autreyatz per lor capitayne, so es hun pipot de bin, huna conqua de froment, hun carte de carn sala[da] per arche franc; cant lodit loctenent auzi ladita conplanta, si pris e si mis, fe prende l'arossin deudit de Thesa; e dequi no podo partir entro que ago apuntat de ladita soma; e apunta que per balestre que agossa xx sos per losditz biures; e aqui metis paga audit de Beya e Mosquet losditz xL sos, loscals maleba de Stremalon d'Aribera entro que fossa a Riscla.

75. Item, fo ordenat per lo cosselh que aquetz qui eran scominyatz per los milla franx deu senescal de Tollosa que balhasan casque hun seys sos per salir deudit scominye (2), e los fossa

---

(1) Yven, seigneur du Fou en Bretagne, de l'évêché de Cornouailles, conseiller et chambellan du Roi, grand veneur en 1472, capitaine de 100 lances, général de l'armée de Roussillon, etc. (Voir les *Grands Officiers de la Couronne*, t. VIII, p. 703.) Ce fut lui qui négocia à Lectoure, au mois de février 1473, de la part de Louis XI, la capitulation accordée au comte d'Armagnac et si traîtreusement violée. Louis XI l'avait dépêché tout exprès.

(2) Nous avons déjà parlé de ces excommunications pour dettes (comptes de 1450, dép., art. 14.) L'usage en était si général à cette époque que les créanciers obligeaient leurs débiteurs par contrat à se soumettre à ces censures de l'Église; et dans ces années de guerre, de passages continuels de troupes, de peste et de misère, les communautés ne pouvant vivre que d'emprunts, on peut dire qu'il n'y avait ni villes ni villages dont les consuls ne fussent excommuniés d'un bout d'année à l'autre. A Toulouse, les prêtres lançaient leurs foudres, chaque semaine, dans les églises, contre les capitouls qui n'avaient pas payé à l'échéance les dettes contractées au nom de la ville. L'abus engendra le mépris; on eut même si peu de soucis des absolutions que les gentilshommes, dans les actes publics, ajoutaient à leurs qualités le titre d'excommunié. — Bernard de Béon, seigneur du Massès, déclare qu'il est excommunié pour dettes, mais que son honneur n'en est pas atteint. (Arch. du château de Saint-Blancard, procès au sujet de la terre d'Orbessan, fonds Ornézan.) Tout le monde cependant ne riait pas des foudres de l'Église comme le seigneur du Massès; quelques gentilshommes plus dévôts courbaient humblement la tête. En voici

passatz sus los talhas; e aysi passam a Peyroton Farga, Johano Fontanhera, Pey Palhera, Berdot de Sen-Pot, a casque hun losditz seys sos; que monta en huna soma : I scut VI sos.

76. Item, lo jorn susdit, bengo hun mesatye de mossenh d'Aydia que fesam obrar los cassos qui la bila l'abe promes en la fayson qui los autres qui de debant abe agut eran statz obratz.

77. Item, a XXIII deudit mes, bengo Guilhem deu Trey de las pars de mossenh d'Aydia, local nos termete a dize que la fusta qui lo debem far fossa metuda en bilhous per aresegar; e hun maeste eysems ab lu, que portaba la merca deusditz bilhous.

78. Item, a XXVI deudit mes, bengo hun capitayne Briant Grabi (1) alotyar en la bila a l'ostau de mossenh Johan de Meyloc; e cant fon alotyatz, nos mandec que agossam hun mesatye per portar huna letre a Monguilhem.

79. Item, despensa lodit capitayne en hun jorn e huna neyt que demora en la present bila, tant en pan, bin, carn : XV sos VIII dines.

80. Item, fo ordenat per lo cosselh que probezisam los rossins de mossenh de Maumuson de fen, palha, e lenha d'ostau, leytz,

---

un trait assez curieux : Agnès d'Armagnac, dame de Termes, veuve de Jean de Bilhères-Camicas, chambellan du Roi, devait à Guinot de Faudoas, seigneur d'Avensac, 1585 livres tournoises et dix sous : poursuivie par son créancier et excommuniée par sentence de l'official de Lectoure, elle mourut en cet état et fut inhumée en terre profane, sans les prières de l'Église. Ses deux fils, Jean de Bilhères, seigneur de Termes, et autre Jean, demandèrent en vain à Guinot de Faudoas son consentement à la levée de l'excommunication, pour faire inhumer leur mère en terre sainte. Le seigneur d'Avensac réclamait le paiement intégral de la somme ou un engagement avec caution. Dans cette extrémité, Jean de Pardaillan, seigneur de Panjas, se porta caution, par acte du 12 juin 1534, et le seigneur de Termes put faire porter le corps de sa mère au tombeau de ses ancêtres, dans l'église Saint-Pierre de Termes. (Registre de Bonamore, notaire à Vic-Fezensac.) La justice finit par s'en mêler; les registres du Parlement de Toulouse sont remplis d'arrêts rendus contre les prêtres, pour les obliger, à peine de saisie du temporel, d'absoudre les excommuniés. (*Hist. du Parlement de Toulouse*, par M. Dubédat, t. I, p. 188. — *Hist. de la ville d'Auch*, t. I, p. 126. — *Hist. de Languedoc* et *Annales de Toulouse*, par Laffaille, *passim*. — Tous les recueils d'arrêts du Parlement de Toulouse.) François Ier abolit cette coutume, par son ordonnance de Villers-Cotterets, du mois d'août 1539.

(1) Briant était un gentilhomme breton et très probablement de la compagnie d'Yves du Fou, aussi bien que Bouteville que nous trouvons plus bas. *Grabi* est une métathèze gasconne pour Gabri[el].

ordelhas per dormi lodit de Maumuson e sous bayletz; e aysi a fem.

81. Item, fom executatz a la stancia de mossenh de Maumuson per Johan de Sent-Mont alias Porutat, exsecutor d'Armanhac, per los L scutz qui la bila debe audit de Maumuson.

82. Item, fo ordenat per lo cosselh que balhasam a mossenh de Maumuson, a causa d'auguns serbises que abe feytz per nom de la bila, tant cant mossenh de Buset pasa tant autres capitaynes (1), cum no agossam lotgis en ladita bila; que lo fo balhat XII conquas de sibaza, que costan en huna soma : II scutz.

83. Item, a XV d'octobre, fo ordenat per lo cosselh que crompassam lo saumer de mossenh Johan deu Casso per donar lo a mossenh de Maumuson, a causa deus plazes qui abe feyt a la bila; e aysi a fem : costa lodit rossin : V scutz.

84. Item, a VI deu mes de nobembre, bengo lo filh deu collecto ab hun comisari aperat Johannes, e Guiraton de Camicas; pre[n]gon las bacas de la bila, que los tengon en rest en ladita bila per l'espazi de dus jorns huna neyt; que no y podem are far ne apuntar; en que termetom la garda a Nogaro parlar ab maeste Johan deu Baradat que lo plagos d'anar apuntar ab lo collecto que lo plagos de nos relapsar lasditas bacas e de getar nos losditz executos desus dequi a hun jorn; aporta resposta deudit collecto que las bacas fosan relapsadas ab fremansas de representa las totas oras qui fossam request.

85. Item, a XI deudit mes, bengo mossenhor lo senescal d'Armanhac ab XVIII rossins e plus e ab XXIIII balestres; e cant fo desens la bila, que era lo jorn de la fera de Sent-Martin, fe barar las portas de ladita bila, a causa que se pensaba troba alguns malsfaytos; encontenent nos manda per debant lu, e cant fom per debant lu, nos demustra que era aqui bengut per augunas conplantas feytas a lu tocan lo feyt de justicia, que justicia no era aministra[da] en lo pais d'Armanhac, e que et n'abe mandament spres de nostre senhor lo rey que cum ques fossa ne cum que no, que justicia fossa aministrada; en que nos manda, sus pena de XXV marchs d'argent, que nos agossam a rebellar totz los malsfaytos de

(1) Les troupes qui revenaient de Bayonne. Voir art. 57.

la bila; e agossam a mustrar l'aliurament de la bila, que et era enformat que calque hun abe tocat en lodit aliurament a gran enteressi de nostre senhor lo rey e deus abitans de ladita bila; e agossam a reparar enfortir ladita bila, sus la pena desus scriuta. En que sten losditz balestres lodit jorn entro que agon sopat; los manda que anassan en autra part, e demora dequi a l'endoman apres disnar, ab XV o XVI presonatges ab lu. Despensan en peys frex II sos VI dines, en oli I sol, hoeus I sol V dines, pan V sos V dines, bin blanc set piches costan I sol IX dines, XLII piches de bin rogue costan VIII sos IX dines, carn de boeu II sos IIII dines, carn salada II dines, sebas II dines, sau II dines, candelas I sol IIII dines, specias I sol II dines, huna torcha I sol, mostarda I diner, guarias II sos, fromatgue IIII dines, sibaza VI quartz costan IX sos, e fen hun car costa IX sos; monta en huna soma : II scutz XI sos VII dines.

86. Item, despensan, otra so de desus, hun moton, locau fo de mossenh Johan den Casso, que costa : seys sos; a lu es degut.

87. Item, pagam a Sanson deu Sobiran per duas taulhas d'abet (1) que agom ab de far minyadera (2) aus rossins de mossenh de Maumuson; e dequi en fora las portam au pont de l'Ador per far lo pount mot, e aqui se pergon; costau : II sos.

88. Item, a XII de desembre, fom mandatz au cosselh a Nogaro per debant hun maeste de Parlament de Bordeu, comis per mossenh de Beuju e d'Armanhac, e aysi metis per Antoni de Carlat, loctenent deu capitayne deus franx arches; e fo apuntat que i anassa Berdot Sobiran.

89. Item, lodit jorn, fom citatz, a la stancia de maeste Bertran deu Pandele, per debant la cort de mossenh l'oficiau d'Aux (3), que nos demandaba argent per hun biatge que abe feyt en Fransa per nom de tot lo pais d'Armanhac; e aysi metis, lodit jorn, fom amonestatz a la stancia de mossenh Johan Barera, que nos demandaba hun scut que l'era degut per hun biatye que abe feyt a Liborna per nom deu pais d'Armanhac.

(1) Deux planches de sapin, *abies*, sapin.
(2) Auge pour faire manger les chevaux.
(3) Nous avons déjà dit que l'official d'Auch était Pierre de Saint-Pierre. Voir plus haut, comptes de 1474, art. 129.

90. Item, a xv deudit mes, bengon sent balestres de Percheda en fora, que fon desens la bila prumer que hom no los bi; e cant fon desens la bila, demandan que om los dones collation, que etz bolen tirar abant; e fo dit, a fugir brut e scando, que los fossa donat huna bana de bin, huna dotzena de pas; que costat tot en huna soma : II sos IIII dines.

91. Item, a xvI deudit mes, fom mandatz per debant Antoni de Carlat, loctenent deu capitayne deus franx arches, a Bic, e agossam a menar los franx arches en feyt d'armas, sus pena de xxv marchs d'argent; fo apuntat ab losditz comisaris, atenut que la jornada era braca, que no podoram aber pres losditz arches, que los plagos de nos perlongar ladita jornada; aysi aben feyt a Nogaro e a Barsalona; que nos costa lodit perlongament : IX sos.

XIX.

COMPTES DE L'ANNÉE 1476.

DÉPENSES.

SOMMAIRE : 1. Lettre écrite au juge de Condom pour demander la mise en liberté de l'un des archers de Riscle qui avait été retenu en prison. — 2. Députés envoyés à Auch par les consulats d'Armagnac par ordre du capitaine des francs-archers. — 3. Les consuls de Riscle sont dans l'impossibilité d'envoyer leurs archers à Auch, l'un étant prisonnier à Condom et l'autre boiteux. — 4. Envoi d'argent à M⁰ Jean Barrère, pour frais d'ambassade. — 5. Citation des consuls devant le juge à la requête du procureur. — 6. Ordre de conduire les archers à Nogaro. — 7. Réquisition de vivres pour Bayonne. — 8 et 9. Un sergent de Riscle est fait prisonnier par le juge d'Armagnac ; — on fait présent à ce dernier d'une épaule de mouton, de poules et de vin. — 10-12. Menaces de saisie par le collecteur ; — on lui porte de l'argent. — 13 et 14. Citation des consuls devant le sénéchal d'Armagnac et l'évêque de Dax, à Nogaro. — 15. Lettre écrite à M. de Maumusson, à Bayonne, pour obtenir sa protection contre les gens de guerre. — 16. Nouvel ordre de conduire les archers à Nogaro. — 17. Achat d'armes diverses à Morlaas. — 18. Conseil tenu à Nogaro au sujet de l'imposition des lances. — 19. Logement de six lances à Riscle. — 20. Achat de fers de flèches pour les archers. — 21. On s'informe si le capitaine des francs-archers est à Nogaro. — 22. M. de Sainte-Christie fait connaître la réponse de M. de Beaujeu. — 23. Revue des archers à Nogaro. — 24 et 25. Achat d'armes pour les archers. — 26. Sommes payées au capitaine des francs-archers et à son neveu Bouteville. — 27. Quote-part des consuls de Saint-Germé pour l'équipement des archers. — 28. Collation offerte à M. de Maumusson à son départ pour Bayonne. — 29. Envoi de blé à Bayonne. — 30. M. de Pardaillan rend compte de sa mission auprès de M. d'Albret touchant les gages des francs-archers. — 31 et 32. Procès avec le collecteur au sujet d'une imposition de 9 liards par feu. — 33. Affaire des 1,000 francs dus au sénéchal de Toulouse. — 34. Achat de pièces de drap pour le garde de la ville. — 35. Conseil tenu à Vic. — 36. Réparations au pont de l'Adour. — 37. Ordre de conduire les archers à Nogaro. — 38. Le receveur Pierre de La Porterie fait exécuter les consuls. — 39. Demande de vivres pour Bayonne. — 40. Revue des archers à Nogaro. — 41. Dégagement de diverses armes engagées par les archers. — 42. Emprunt de vin; on le fait déguster. — 43. Nouvelle exécution des consuls par P. de La Porterie. — 44. Ordre de conduire les archers à Nogaro. — 45 et 46. Achat d'armes pour les archers qui avaient perdu ou vendu les leurs à Fontarabie. — 47. Arrangement conclu avec le capitaine des francs-archers pour l'habillement de ceux de Riscle. — 48. Menaces de saisie par le juge, le procureur et le receveur; — on leur fait présent de poules et d'un gigot de mouton. — 49. Citation des consuls devant le sénéchal, faute d'envoi de vivres à Bayonne. — 50 et 51. Le garde va à Geaune, puis à Pimbo parler au capitaine des Picards. — 52. Citation des consuls par-devant le sénéchal, à Aignan, pour l'affaire des vivres de Bayonne. — 53. Nomination de députés auprès du Roi. — 54. Emprisonnement des consuls au sujet de la donation de M. Beaujeu. — 55. Assemblée de tous les consulats d'Armagnac à Nogaro au sujet des 1,000 francs du sénéchal de Toulouse. — 56 et 57. Revue des archers à Vic; — somme exigée par le capitaine. — 58. Sommes payées à Mathieu de Laleugue, commissaire de P. de La Porterie. — 59. Ajournement des consuls devant le capitaine des francs-archers, à Miradoux; — réduction sur la crue et le nombre des charrettes des francs-archers demandée au Roi et à M. de Beaujeu par le juge d'Armagnac. — 60. Prédication faite à Riscle par un frère prêcheur du couvent de Bayonne. — 61. Emprisonnement de deux consuls, faute d'envoi de vivres à Bayonne. — 62. Maison louée par les consuls pour M. de Maumusson. — 63. Paiement d'une créance de Mᵉ Guillem du Soubiran, curé de Villères.

Seguinsen las despensas feytas per Berdot deu Cosso, Peyron d'Argelos, Leberon de Poges e Bernad d'Aurelhan, cosselhs de la vila d'Ariscla, l'an mil IIII^c LXXVI, tant en pagamens per los susditz feytz per pagar quartaros, cruas, donation de mossenhor de Beauju, mossenh de Maumusson e autres singulaus, quant en autres despensas, ayssi cum s'enseg.

1. Prumerament, a IX de gener, termeton Manauton Trobat a Condom, ab una letra feyta per maeste Pey Fontanhera e maeste Leberon de Teza, dirigida a mossenh lo jutge de Condom, perso que aben pres a Beya, arche, ab son arnes, que lo plagos deu

relaxar, car et era arche franc nostre (1), e que aben agut mandament deu capitayne deus franx arches que los agossan a menar a Aux lo XIII jorn deudit mes.

2. Item, a XII deudit mes, fon mandatz los cossolatz d'Armanhac a Nogaro per apuntar sus lo mandament que lo capitayne deus franx arches abe feyt aus susditz cossolatz; que foc apuntat per mossenhor lo gobernador e mossenh lo jutge e autres que Bernat de Castetz e Miqueu de Mosches anessan a Aux a la jornada deudit mandament per nom de totz los susditz cossolatz.

3. Item, pagan a Menyolet deu Sobiran e Arnaud d'Audirac, arches, can anan a Aux per mandament deu capitayne deus franx arches, on losditz cosselhs eran mandatz a menar los nostres franx arches, e los nostres no eran assi, car Beya era pres a Condom e Mosquet era boytos deu pee (2), e los preguan abans que lo pays agos apuntat de hy termete cum deben far, que los desencusassan audit capitayne.

4. Item, lo prumer jorn de feurer, termeton Manauton Trobat a Aux portar hun scut a mossenh Johan Barrera, que demandaba per lo biatge que fe per lo pays enta mossenh de Beauju, perso que los abe feytz amonestar.

5. Item, lo X jorn deudit mes, fon mandatz e adjornatz los quatre cosselhs a Nogaro per debant mossenh lo jutge a la instancia deu procurayre d'Armanhac; a laqual jornada ana Peyron d'Argelos e parla ab lo jutge; loqual lo dixo que et parlera ab lo procurayre que se sesses de so que los vole demanda.

6. Item, a XV deudit mes, fon mandatz losditz cosselhs a

---

(1) L'ordonnance de Charles VII du 28 avril 1448 accordait l'immunité aux francs-archers : « Ordonnons qu'ils et chacun d'eux soient francs et quittes, « et iceux exemptons de toutes tailles et autres charges quelconques... » C'est de cette immunité que leur était venu le nom de *franc* archer.

(2) Encore Pernet et Bon-Jean, l'un en prison, l'autre boiteux. Voir aux comptes de 1473 la note de l'art. 112. Le Duchat a placé dans ses notes sur Rabelais une vieille chanson du franc-archer qui commence ainsi :

> Un franc taupin un si bel homme estoit,
> Borgne et boiteux, pour mieux prendre visée ;
> Et si avoit un fourreau sans espée ;
> Mais il avoit les mulles au talon.
> Sa flèche estoit de papier empennée,
> Ferrée au bout d'un argot de chapon.

Nogaro per debant lo capitayne deus franx arches que menassan losditz arches en abilhament de guerra; auqual ajornament ana maeste Leberon de Teza; e lodit capitayne no hy fo; e ayssi lodit de Teza s'en tornec.

7. Item, a xvi deudit mes, bengo Ramonet deu Claus, comissari per prene e enpausar blatz e biis per portar a Bayona (1).

8. Item, a xx deudit mes, bengon mossenh lo jutge, procurayre e recebedor d'Armanhac, e preucon hun saryant aperat Trolhe; e foc ordenat que lo fessan present; que lo donan hun parelh de garias e una spalla de moton e dus piches de bin; que monta tot: xv arditz.

9. Item, a xxi deudit mes, bengo mossenh de Termis per preguar a mossenh lo jutge que volos relaxar lo susdit Trolhe, etc.

10. Item, a xxvii deudit mes, termeto maeste Johan de Baradat una letra fasen mention que lo collector era pres e totz sos bees; loqual vole termete xii saryantz per nos executar, mas lodit de Baradat lo pregua que no fes per aquet jorn.

11. Item, lodit jorn, foc ordenat que Drulhet anessa a Nogaro per preguar a mossenh lo recebedor que nos prestes xx scutz per fugir a la susdita execution e despensa; loqual recebedor lo fe resposta que no pode, car lo falhe termete a mossenh de Beauju tot so que abe.

12. Item, a xxviii deudit mes, termeton xi scutz au collector; deusquals xi scutz hy ago tara e perda de xv arditz, e xv que s'en torna de aula moneda.

13. Item, lo darre jorn deudit mes, fon ajornatz los susditz cosselhs per debant lo senescauc d'Armanhac e l'avesque d'Ax (2) a Nogaro per hun saryant aperat Casteron.

14. Item, lo prumer jorn de mars, anan Leberon de Poges e Peyron d'Argelos a ladita jornada; ausquals foc enpausat, can fon part dela, que agossan a portar per nom de la vila a Bayona seys caas de blad; e aso sus la pena deu doble e de dus scutz per carr desens xv jorns.

---

(1) Pour l'approvisionnement de l'armée envoyée en Biscaye au secours d'Alphonse, roi de Portugal, qui cherchait à s'emparer de la Castille.
(2) Bertrand de Boirie, évêque de Dax depuis 1471.

15. Item, a v deudit mes, termeton Manauton Trobat a Bayona portar una letra a mossenh de Maumusson, fasen mention que preguas au capitayne Brian Grabi que no agossan garnison en aquesta vila de gens d'armas ni los franx arches no hy alotyessan.

16. Item, a ix deudit mes, bengo hun comissari per nom deu capitayne deus franx arches mandar los, sus pena de confiscation de cos e de bees, que menasan los franx arches lo xx jorn deudit mes a Nogaro.

17. Item, a xiii de mars, anan Leberon de Poges e Peyron d'Argelos a Morlas crompar duas bergantinas e duas celadas e duas goryayretas per abilhar nostres franx arches.

18. Item, a xvii deudit mes, fon mandatz au cosselh a Nogaro per ausir la resposta que mossenh de Cornelhan porta de mossenh de Labrit (1) sus enpausar las lanssas.

19. Item, a xix deudit mes, bengo lo comissari de Briant Gabri, per alotyar seys lanssas; e mossenh de Maumusson lo prega que las alotges en autra part; auqual donan collation, que costa : ii arditz (iiii dines).

20. Item, a xxi de mars, termeton Manauton Trobat a Bilhera per sercar e crompar xxiiii ferrs de enganetas (2) ab deus franx arches; e no n'i troba, mas lo maeste lo dixo que n'i tornes dequi a iiii jorns, que et los agora feytz.

21. Item, a xxii deudit mes, termeton lodit Manauton Trobat a Nogaro per saber ab Peyron d'Argelos, qui era part dela, si lo capitayne deus franx arches bie prene ni fer las mustras part dessa.

22. Item, lo jorn susdit, fon mandatz au cosselh a Nogaro per ausir la resposta qui mossenh de Sancta-Christina (3) abe portada

---

(1) Alain, sire d'Albret, dit Alain le Grand. Louis XI l'avait nommé son lieutenant général pour conduire les troupes françaises au secours du roi de Portugal. (Arch. de Pau, fonds Albret, E. 76.) M. Paul Raymond a inséré dans l'Inventaire des Arch. de Pau, E. 78, une longue lettre d'Alain d'Albret à Louis XI sur les opérations de cette campagne dans la Biscaye, 1476, et a coté le rôle des gentilshommes de la sénéchaussée d'Albret qui y prirent part.

(2) *Enganetas*. Voir sur ce mot une note aux comptes de 1473, art. 108.

(3) Jean d'Armagnac, seigneur de Sainte-Christie, près Nogaro. — Bernard VII d'Armagnac avait donné la terre de Sainte-Christie à Bernard d'Armagnac, sous la condition qu'il la rendrait à la volonté du comte d'Ar-

de mossenh de Benju, e per esser a la jornada deudit capitayne ; e aqui bengo l'autre nostre arche aperat Beya de Condom en fora.

23. Item, a XXIII deudit mes, mena Peyron d'Argelos losditz franx arches a Nogaro per far las mustras, e Johan de Meyagela, per portar las bergantinas de Mosquet, perso que et no pode.

24. Item, termeton Manauton Trobat a Bilhera sercar los ferrs deus treytz ab deusditz arches; costan : VIII sos.

25. Item, lo jorn susdit que era XXIII de mars, crompa lodit d'Argelos a Nogaro una alluda de Johan Imbreu, per far la trossa de Beya; costa : oeyt arditz. — Plus crompa duas cintas ab de las trossas deusditz arches; costan : oeyt arditz.

26. Item, pagua lodit d'Argelos au capitayne, per recebe losditz arches, dus franx, cum apar per bilheta. — Plus, costa la bilheta deu nebot deudit capitayne aperat Botabila (1), IIII arditz. — Plus, sobo la dagua de Mosquet, que era enpenhada a Johan de Lafitan per IIII^{te} arditz mey (IX dines).

27. Item, a XXV deudit mes, ana Peyron d'Argelos ab los arches a Sent-Germe per las far pagar los gatyes de lor cotaportion; los dixon que no aben punt per lo present, mas que etz feran diligentia de ne aber en breu.

28. Item, a XXVI de mars, anan parlar losditz cosselhs ab mossenh de Maumusson, loqual ne anaba enta Bayona, en lo preguan que nos agos per recomandatz; que lo portan collation : IIII dines.

29. Item, lo prumer jorn d'abriu, ana Leberon de Poges conduar los mules qui portan lo blad dequia au Mont-de-Marssan, per lo portar a Bayona.

30. Item, a XX deudit mes, fon mandatz au cosselh a Vic, eyssems ab los tres Estatz deu pays, per ausir la resposta de

---

magnac. Cette clause et un article des coutumes de Sainte-Christie, dans lequel il était dit que cette terre ne pouvait être aliénée du domaine des comtes, furent l'occasion d'un long procès entre Alain d'Albret, comte d'Armagnac, et Jean d'Armagnac de Sainte-Christie, procès continué par Jeanne d'Armagnac, sa fille, mariée à Jean d'Antras, seigneur de Samazan. Gain de cause fut donné à Jeanne d'Armagnac. Voir les pièces de ce procès aux Arch. de Pau, E. 284, fonds Armagnac. Voir aussi *Mém. de Jean d'Antras*, généalogie, p. 195.

(1) Bouteville, neveu d'Yven du Fou, capitaine des francs-archers (voir année 1475, art. 74), pourrait être Jean de Bouteville, vicomte de Coetquen. (Voir les *Grands officiers de la couronne*, t. VIII, p. 360, 363.)

mossenh de Pardelhan (1), loqual era anat a mossenhor de Labrit sus so que bolen que paguessam autra begada aus franx arches lors gatyes qui eran una begada estatz pagatz a lor collector.

31. Item, a xxv de may, fon mandatz per mossenh lo gobernador au cosselh a Nogaro sus lo pleyt que aben ab Mono deu Bedat per los ix arditz per foec que nos fase pagar; e aysi metis, per portar argent a Peyronet de La Portaria (2) ab deus franx arches.

32. Item, a xiiii de jun, fon mandatz au cosselh a Nogaro per mossenh lo gobernador per apuntar ab Mono deu Bedat deu pleyt qui aben per los ix arditz per foec, e que portassan lo instrument on lodit deu Bedat era obligat au pays de relevar de tota despensa.

33. Item, a xxi deudit mes, termeton Peyroton Farga a Nogaro ab lo susdit instrument, loqual fe taxar per nom deus cosselhs a mossenh lo jutge, e lo taxa a hun scut. E ayssi metis hy eran mandatz, eyssems ab los autres cossolatz, perso que eran excominyatz per los mila franx deu senescauc de Tholosa; e assi era bengut Johan Berget per los far pagar o apuntar cum agossan absolutios e paguassan losditz franx; e no podon apuntar, mas prencon hun autre jorn per far obligansa de nabet e que totz losditz cossolatz hy fossan ab cosselh deliberat. E ayssi metis, apuntan que lodit deu Bedat redos conde lo dilhus apres a augs personatges deputatz per los tres Estatz.

34. Item, a xxv de jun, crompan seys paums de bert d'aroca (3) e seys paums de paumela per far rauba a Manauton Trobat, garda

---

(1) Jean d'Armagnac-Pardaillan, baron de Pardaillan, vicomte de Juillac, frère du seigneur de Panjas.

(2) Pierre de La Porterie, receveur royal des tailles et des Lances en Fezensac et Armagnac. Voir l'Introduction sur l'*Impôt des Lances*.

(3) *Bert d'aroca*. Ce dernier mot désigne en espagnol une espèce de toile de lin. Le *vert* et le *pers* étaient les couleurs de la tenue officielle du sergent ou garde de ville, du moins en Gascogne. Nous avons rencontré sans cesse dans les comptes des municipalités la mention de la robe verte et perse avec le bonnet noir votés à cet agent municipal. Le pers est une couleur bleu foncé tirant sur le noir. La couleur de l'étoffe appelée *paumela*, dont le nom suit, se rapprochait un peu du pers. Voir comptes de 1473, art. 182 et 191, la même étoffe employée pour faire les chausses de couleur perse prescrites aux arbalétriers. Voir les mêmes comptes, art. 34.

de la bila; que costa lodit drap, enclus tone, fiu e costuras : 1 scut.

35. Item, a VII deu mes de julh, fon mandatz au cosselh a Vic; auqual termeton mossenh Johan Sala.

36. Item, lo prumer jorn d'aost, fen far lo cap deu pont de l'Ador per que hom ne podos passar.

37. Item, lo tertz jorn d'aost, bengo hun saryant aperat Casteron, ab hun mandament deu capitayne deus franx arches que agossan a menar los franx arches a Nogaro lo XI jorn deudit mes, e ayssi metis portessan per cascun arche XXX sos tornes.

38. Item, a VII deudit mes, termeto Peyronet de La Portaria dus saryans per executar losditz cosselhs per las restas deus quartaros, a causa que Mono deu Bedat abe metut sus los IX arditz per foec so qui cutaban aber pagat ausditz quartaros.

39. Item, lo jorn susdit, bengo Ramonet deu Claus, comissari, mandar aus cosselhs e autres, sus grandas penas, que encontinent agossan a tirar los viures enta Bayona.

40. Item, a XII deudit mes, fon mandatz a Nogaro per debant lo capitayne deus franx arches, que menassan losditz arches per far las mustras.

41. Item, a XIII deudit mes, anam a Barssalona Peyron d'Argelos e Arnauton de Monbet alias Marine, per sobe las bergantinas e celada qui lodit Marine abe enpenhadas a Bernat de Lofficiau per la soma de vint e oeyt sos (I scut X sos).

42. Item, lo jorn susdit, termeto maeste Sans de Bordis alias Passabet, de Marciac en fora, una letra que los cosselhs anessan o termetossan a Termes on et fora per parlar ab lu, e asso sus so que l'aben preguat que los prestes oeyt pipas de bin e que dequi en fora anessan tastar losditz viis; e ayssi hy termeton Berdot deu Sobiran; e can agon tastatz losditz viis, s'en bengon assi per far lo marcat, e no podon este d'acordi.

43. Item, a XXI d'aost, termeto lo collector de l'argent de las gendarmas, so es Peyronet de La Portaria, tres saryans executar losditz cosselhs per las restas deus quartaros.

44. Item, a XXIIII deudit mes, fon mandatz per lo comissari que prene las mustras deus franx arches a Nogaro que agossan a menar losditz arches en abilhament d'armas, ayssi cum los era stat enpausat.

45. Item, a xxv d'aost, crompan a Berdot Fitau una balesta ab sinta, poleya e escaleta ab deu Marine, perso que l'abe perguda a Fontarrabia (1); que costa : xxiiii sos (i scut vi sos).

46. Item, plus sobon de Miqueu deu Sobiran la spasa deudit Marine, perso que la abe venuda a Fontarrabia (2); que costa : iii sos.

47. Item, composin ab lodit capitayne que no los qualos abilhar Beya per hun an, mas que fossan quitis per lodit Marine, e ayssi fasen los de Nogaro e autres cossolatz d'Armanhac, a la soma de detz scutz d'aur, que montan xx sos hun ardit per scut.

48. Item, lo jorn susdit, bengo mossenh lo jutge, procurayre e lo recebedor, loqual los bole far executar ab dus clamates de

---

(1) Au siège mis devant Fontarabie par Alain d'Albret. Voir sa lettre à Louis XI, dans l'*Inventaire des Arch. de Pau*, E. 78.

(2) O le gentil compagnon que cet Arnauton Mariné « que abe venuda sa « spasa a Fontarrabia »! Vive le vin et le brelan! mais la guerre... *proh! pudor!*

> Le cinquième commandement
> Deffend-t-il pas expressément
> Que nul cy ne soit point meurdrier ?
> Las! Monseigneur l'arbalestrier
> Gardez bien ce commandement. (Villon, *Franc.-Arch. de Bagnolet.*)

C'est au moins pour la dixième fois en deux ans que les deux francs-archers de Riscle engagent ou vendent leurs armes; et chose surprenante, les consuls n'ont pas l'air de s'en émouvoir; ils mentionnent le rachat de ces armes sans une parole de blâme.

Beya et Mariné feraient avec Gatie-Arnaud, le gascon de Saint-Sever dont parle Rabelais, un fort joli trio de bravaches à la gasconne. Gatie-Arnaud ayant perdu au brelan tout son argent, vingt-quatre baquettes, et de ce grandement fâché *quia pecunia est alter sanguis*, s'avança soudain vers ses compagnons, et, les invitant gaillardement au combat, avec force gambades gasconniques, leur disait à haute voix : « Pao cap de bious, hillots, que mau de pipe bous tresbire : « ares que pergudes sont les mies bintg et quouatre baquettes, ta pla donnerien « pics, trucs et patacs. Sei degun de bous aulx qui boille truquar ambe iou à « bel embis » ? Ne répondant personne, Gatie-Arnaud fut se coucher. Sur l'heure, un aventurier sortit avec son épée en ferme délibération de combattre avec le gascon, et l'ayant cherché, finalement le trouva endormi. « Adoncques « lui dit : « Sus ho, hillot de tous les diables, lève-toi. Allons nous battre, « et bien à poinct frotter nostre lard. » Le gascon tout esbloui lui respondit : « Cap de Sant-Arnaud, quau seys tu, qui me rebeilles ? que mau de taberne te « gyre. Ho San-Siobé cap de Gascogne, ta pla dormie jou quand aquoest taquain « mes bingut ester. Hé paouret jou t'esquinerie ares que son pla reposat. Vayne « un pauque te posar com jou, puesse truqueren »... Au lieu de se battre ils allèrent boire ensemble.

Montpeyle per la donation de mossenhor de Beuju, perso que no aben pagat; auqual preguan que no fes, car etz hy metoran tal diligensa que et s'en tengora per content, mas que los dones terme competent; e ayssi a fec; e suber so foc apuntat au cosselh que los fessan augun present, losquals los donan hun parelh de guarias e hun coeyssot de moton; que costa tot : II sos.

49. Item, a VIII de seteme, bengo Ramonet deu Claus per losditz cosselhs ajornar per debant mossenh lo senescauc a declarar las penas a lor enpausadas perso que no aben portatz los viures a Bayona.

50. Item, a X de setema, foc ordelhat per lo cosselh que termetossan Manauton Trobat dequi a Geuna per saber las gens d'armas on eran; que hy bolen termete mossenh de Maumusson au debant per gardar la vila de lor lotgis.

51. Item, a XIII deudit mes, foc apuntat que termetossan Manauton Trobat e Peyroton deu Sere, baste, a Pimbo (1) au capitayne deus Picartz (2), ab una letra de las partz de mossenh de Maumusson.

52. Item, a XIIII deudit mes, fon mandatz Anhan per debant mossenh lo senescauc; auqual mandament ana Berdot deu Sobiran; e lodit senescauc lo manda que encontinent fessan tirar los viures a Bayona.

53. Item, a XIX deudit mes, termeto mossenh lo jutge d'Armanhac de Nogaro en fora una letra, laqual fase mention que anessan l'endoma a Nogaro au cosselh per elegir que anara en enbaysada au Rey.

54. Item, lo prumer jorn de octobre, fon metutz en preson en lo castet d'Ariscla per lo recebedor, perso que no aben pagat l'argent de la donation de mossenhor de Beuju, Peyron d'Argelos e Bernat de Aurelhan, cosselhs; en laqual preson esten IX jorns e IX neytz.

55. Item, a VI deudit mes, termeton Peyroton Fargua a Nogaro, on eran estatz mandatz totz los cossolatz d'Armanhac per far

---

(1) Pimbo, canton de Geaune (Landes), siège d'une ancienne abbaye. *Sancta-Maria de Pendulo.*

(2) Sans doute des compagnies venant de Picardie pour porter secours au roi de Portugal.

apuntament deus mila franx qui eran estatz autreyatz au senescauc de Tholosa (1), per losquals fon escominyatz losditz cossolatz; e demoran en tracte de apuntar dequi au dimercles apres. E ayssi metis, perso que Johan Berget era bengut assi per los far executar per set arditz e tres bacas que eran estatz talhatz l'an LXXIII, deusquals lo porta la bilheta per nostra costa portion. E ayssi no podo expedir de tot lo jorn.

56. Item, a XXV deudit mes, fon mandatz per lo capitayne deus franx arches que menassan losditz arches a Vic per far las mustras; en que termeton aqui metis Menyolet deu Sobiran enta Molasun (2) sercar Beya qui era part dela; auqual manda de las partz deu capitayne e deus cosselhs que fossa l'endoma a Vic.

57. Item, a XXVI deudit mes, ana Peyron d'Argelos a Vic menar losditz arches; que esten dus jorns. — Item, fe pagar lodit capitayne per lo defaut aus de Nogaro, d'Anhan, de Panjas, d'Ariscla e d'autres per sa despensa a cascun tres sos. E aqui metis, los ajorna au VIII jorn a Mirados, o que agossan a pagar quaranta e sinq scutz per carreta e per XV arches una carreta e, etc.

58. Item, a XXVIII deudit mes, bengo Mathiu de La Legua, comissari per nom de Peyronet de La Portaria, sercar los franx deus susditz franx arches. — Plus paguan au susdit Mathiu losditz nau franx e XVIII sos tornes, que montan en una soma : VIII scutz I sol IIII dines.

59. Item, lo prumer jorn de nouembre, termeton Manauton Trobat a Nogaro a maeste Bernat Fitan, ab una letra en lo preguan que pregues aus cosselhs de Nogaro que fossan per etz a Mirados a la jornada que los era estada mandada per lo capitayne deus franx arches.

Plus, lo jorn susdit, paguan a mossenh lo jutge d'Armanhac, per far lo biatge per nom deu pays entau Rey e enta mossenhor de Beuju, per abate la crua e las carretas deus franx arches, ayssi cum era estat apuntat a Nogaro au cosselh : IIII scutz.

60. Item, lo prumer jorn de desembre, bengo hun presicado deu

---

(1) Voir pages 100, 108, 121.
(2) Monlezun, canton de Nogaro.

conbent de Bayona (1), segont que et dise, que presica vi o viii jorns; que foc ordenat que lo donassan hun scut; e ayssi affen.

61. Item, a xi de decembre, bengo Ramonet deu Claus ab Uguet Maurin et Tastabin (2), saryans, per los executar perso que no aben portatz los viures a Bayona; e meto Peyron d'Argelos e Berdot deu Cosso en lo castet.

62. Item, paguan per lo logue de l'ostau deus heretes de Peret, loqual aben logat ab de mossenh de Maumusson per hun an, so es de Sent-Miqueu de seteme dequi a l'autre seteme, per lo pretz de tres scutz l'an; deusquals an paguat aus maestes qui an reparat lodit ostau : i scut x sos.

63. Item, paguan a mossenh Guilhem deu Sobiran, rector de Vilhera, sus so que la villa lo debe : ii scutz xii sos.

REDDITION DE COMPTES PAR LES CONSULS DE 1476.

SOMMAIRE : I. *Recettes* : 1. Levée de deux tailles. — 2. Prix de chênes vendus à M. d'Aydie. — 3, 4, 5 et 6. Recette de la quote-part due par les consuls de Saint-Germé, de Labarthe-Cagnard, de Lapujolle et de Lacaussade, pour l'équipement des francs-archers. — II. *Dépenses* : 1. Sommes payées pour les quartiers et pour la crue des gens d'armes. — 2. Total des frais d'habillement et d'équipement des francs-archers. — 3. Créance de M. de Maumusson. — 4. Imposition de 9 liards par feu pour les affaires du pays. — 5. Réparations aux ponts, portes et chemins de ronde.

L'an mil iiii^c lxxvii, e lo xxix jorn d'abriu, fo redut compte en la vila d'Ariscla per Pey d'Argelos, Leberon de Poges, Berdot deu Cosso e Bernad d'Aurelhan, conselhs de ladita vila de l'an passat lxxvi, a maeste Leberon de Thesa, notari, Berdot deu Poy, Menyolet deu Faur e Manaud de Sobabera, conselhs moderns de l'an susdit lxxvii, de duas talhas en ladita anneya talhadas per

---

(1) Un frère prêcheur du couvent de Bayonne. Voir dans les *Frères Prêcheurs en Gascogne*, par M. Douais, iime partie, l'histoire de la fondation du couvent de Bayonne.

(2) Ce sergent Tastabin était en 1474 cuisinier du gouverneur d'Armagnac. Voir comptes de 1474, art. 17.

losditz cosselhs levadas, e de autras causas per losditz cosselhs recebudas e en las necessitatz de ladita vila metudas, despensadas e destribuidas, ayxi que dejus s'enseq.

Recettes. — 1. Prumerament, mustran losditz cosselhs que haben recebut de duas talhas per losditz cosselhs e conselhers talhadas ; que montaba la prumera liura x sos e cascuna de las autras primas x arditz; lasquals talhas montan au proffeyt de la vila, rebatutz greuges, xx dine e viii scutz que a lor fon balhatz per los tribalhs, que montan lasditas talhas : iiii^c xci scutz ii sos vi dines. — 2. Item, mostran que haben recebut de mosenh d'Aydia de certana quantitat de cassos que lo haben venut : tretz scutz setze sos. — 3. Item, mostran que haben recebut deus cosselhs de Sent-Germen (1) per lor quota part e portion per los abilhamens deus franx arches, en diversas begadas : nau scutz seys sos tres dies. — 4. Item, deus cosselhs de Labarta-de-Canhard (2), a causa que desus : vint dus arditz mey. — 5. Item, deus cosselhs de Lapuyola, a causa que dessus : hun scut hoeyt sos. — 6. Item, deus cosselhs de Lacausada, per rason que desus : hun scut seys sos.

Soma ladita recepta : vi^c xliii scutz xi sos x dines.

Dépenses. — 1. Prumerament, mostran que haben pagat tant per los cartarons quant per la crua, a causa de las gens d'armas : cent sinquanta sinq scutz, cum aper per lo libre de la menuda. — 2. Item, mostran que haben despensat tant en far los abilhamens deus franx arches quant en crompar bregantinas e pagar los gatges que autrament, cum apar en la menuda, la soma de sinquanta seys scutz. — 3. Item, mostran que haben pagat a mossenh de Maumusson, en losquals la vila lo era tenguda e obligada : vint sinq scutz d'aur (xxix scutz x sos). — 4. Item, mostran que haben pagat per ix arditz autreyatz per foc per los affers (3) deu pays : hoeyt scutz vi sos. — 5. Item, mostran que haben pagat per la donation feyta a mossenhor de Beuju, que

---

(1) Saint-Germé, canton de Riscle.
(2) Ancienne paroisse située entre Tarsac et Saint-Germé.
(3) *Affers, alias affres,* voir page 67, note 2.

monta hun scut d'aur per foc, la soma de cent scutz. — 6. Item, mostran que haben despensat en far las reparations deus ponts, comportas e aleyas : vint sinq scutz.

Et feyta vertadera calculation de la recepta ab la despensa, apari que losditz cossos agon plus despensat que recebut la soma de quatre scutz hoeyt sos set dines.

XX.
COMPTES DE L'ANNÉE 1477.

DÉPENSES.

SOMMAIRE : 1. Fief de la Barthe. — 2-4. Présent offert au capitaine Briant. — 5 et 6. Ordre d'envoyer cent hommes à Pavie ; — ce chiffre est réduit à huit. — 7-20. Habillement et équipement des francs-archers de la ville, mandés à Vic. — 21. Les consuls afferment les revenus de l'église Saint-Pierre. — 22. Travaux au pont de l'Arros. — 23. Saisie faite par les huissiers du petit sceau de Montpellier. — 24-26. Réparations à une porte et au pont de l'Adour. — 27. Citation des consuls devant le juge d'Armagnac. — 28. Frais d'écritures faites par Me Bernard de Ferris, notaire à Auch. — 29. Appel des consuls au sénéchal de Lectoure, contre le procureur d'Armagnac. — 30. Frais d'écritures faites par Me Guillem Besombe, notaire à Toulouse. — 31-33. Procès contre les officiers d'Armagnac. — 34. Brigands signalés dans le bois de Lapujolle. — 35. Ordre de conduire les archers à Vic. — 36. Envoi d'argent pour les francs-archers. — 37. Les archers sont conduits à Vic. — 38. Paiement de l'impôt des charrettes. — 39. Paiement de 30 écus à l'un des archers de la ville. — 40. Emprisonnement des consuls sous la halle. — 41. Procès de la *banastre*. — 42-44. Procès contre le procureur, à Lectoure. — 45. Réparations à une porte de la ville. — 46. Dégagement de l'épée d'un des archers. — 47. Paiement du fermage de Saint-Pierre. — 48. Tare d'écus d'or de Béarn. — 49. Créance de Me Jean de Meyloc. — 50. Saisie d'animaux charriant la vendange. — 51. Vin offert à des dames allant à N.-D. de Sarrance. — 52. Prêt demandé au fils cadet de M. d'Aydie. — 53. Vin bu le jour de l'élection consulaire.

Despensa feyta per Menyolet deu Faur, Berdot deu Poy, Manauton de Sobabera, cosselhs de la bila d'Ariscla en l'an de la Nativitat de Nostre Senhor mil CCCC LXXVII, aysi cum dejus s'enseg.

1. Primo, pagam au recebedor d'Armanhac per lo fiu de la Varta e deus autres padebetz : hun scut e mey.

2. Item, termetom Manauton Trobat a Beubeste (1) parlar ab mosenh de Maumuson que nos fessa asaber cant fora ora de far lo present au capitayne.

3. Item, a xviii de gener, torna lodit Manauton a Mansiet porta lo present a B[r]ian Grabi, huna grua, dus parelhs de perditz, dotze parelhs de capontz, xii aucas saladas; en que lodit capitayne fe present a mosenh de Maumuson deusditz capontz e aucas; que costa tot en huna soma : dus scutz set arditz.

4. Item, l'endoman, bengo mosenh de Maumuson de far lo present audit capitayne Brian Grabi; e fo dit que lo fesam aprestar de sopa per saber que nos condaba deudit capitayne; e aysi a fem, e nos autres sopam dap lu; que despensam tant en pan, bin, hun merlus, oli, arenx, candelas, que monta en huna soma : tres sos nau dines.

5. Item, lodit jorn, termetom Bernat deu Cos a Nogaro a mosenhor lo jutgue a causa que eram statz mandatz que agossam a menar sent homes dessar lo loc de Pabi (2); e porta descarc deudit jutge ab huna que intermetossam oyt homes, e lo supliment dequi aus cens que anasan a la paysera deu molin de ladita bila.

6. Item, termetom losditz oyt homis audit loc de Pabia; que sten tres jorns tres neyt[z] prumer que no podon aber conget deu capitayne qui fase abisar lodit loc; que los costa lodit conget hun scut; e ayssi fassen los autres qui eran mandatz.

7. Item, a xix de gener, termetom Beya, arche, sercar las bergantinas qui abe enpenhadas a Bayona per iiii^{te} scutz : vii sos iiii^{te} dines.

8. Item, agom a canbia la balestra de Arnauton de Monbet, arche franc, a causa que hi abe arota la collana, ab huna de Sanson Sobiran; e lo fo feyt tornas audit deu Sobiran, perso que balhe mes que l'autra : detz sos.

9. Item, pagam a Arnauton deu Poy, arche, duas canas d'a-

---

(1) Betbezer, canton de Gabarret (Landes), siège de la vicomté de Juillac et habitation de Jean, baron de Pardaillan et de Betbezer, vicomte de Juillac, frère du seigneur de Panjas.

(2) Pavie, près Auch. Dom Brugèles dit dans ses *Chroniques* que la ville de Pavie fut presque toute démolie lors de l'invasion de l'Armagnac par les troupes de Charles VIII, en 1444. (*Chron.*, p. 377.)

rosset per far lo la pelhe e dus paums de blanquet per forar las causas; que costa tot : XIIII sos.

10. Item, pague audit arche XII paums d'arnela ab de far lo jupon e causas audit arche; que costan : XV sos.

11. Item, fem tintar ladita arnela ab deudit jupon en aurio (1); que costa : seys arditz.

12. Item, a VIII d'abriu, fom mandatz per debant lo capitayne deus franx arches, que agossam a menar losditz franx arches a Bic; en que i ana Berdot deu Poy ab hun rossin portar las bergantinas; en que lodit capitayne lo fe mandament, sus pena de tant cum podem menfallir a nostre senhor lo rey, que desens IIII^{te} jorns agossam a tornar ab losditz franx arches en ladita vila de Bic en abilament d'armas.

13. Item, a X deudit mes, termetom Manauton Trobat a Caumont sercar la balestra qui lo Marine abe enpenlhada a hun home de part dela.

14. Item, crompam una goryayreta de Peris Leon ab de Beya; costa : IIII^{te} sos.

15. Item, crompam seys molletas de fiu per far las cordas de las balestras; que costan : II sos.

16. Item, pagam a l'armure de Bic, per far garni e robir la spasa e dagua de Beya : sinc sos.

17. Item, pagam au capitayne deusditz franx arches per son selari : XVI arditz.

18. Item, pagam a son clerc, per prene las mustras : oyt arditz.

19. Item, crompam huna collana de balestra de Peris deu Magenc, ab de la balestra de Beya; que costa : VII sos.

20. Item, pagam a Peris deu Magenc, per tintar la pelha de Beya en merda d'auqua (2) : II sos.

21. Item, a nau d'abriu, fo ordenat per lo cosselh que termetosam Manauton Trobat a Nogaro sercar Antoni lo peyre que bengossa part desa, e asso a causa que fo ordenat per lo cosselh que arendasam l'arendament de Sen-Pe deudit Antoni, e asso a

---

(1) En jaune ; *aurio*, couleur d'or, ou mieux couleur de loriot, en patois *aurio*. Tout le monde connaît le beau plumage jaune de cet oiseau.

(2) Merde d'oie. Nom d'une couleur ressemblant à celle des excréments de l'oie, entre le vert et le jaune.

causa d'auguns negosis que la bila abe per pagar los cartarons e per fugir a majors despensas que s'en fassen tot jorn, a causa que los abitantz no poden pagar; en aysi bengo lodit Antoni, e fem lodit arendament a xxxvi scutz, aysi cum apar per strument retengut per meste Johan de Mostayon; e cant agom feyt lodit strument, ac demustram en lo cosselh, e fo apuntat que lo botassam au corn (1) a pagua debant man (2); e aysi a fem; fo liurat a mossenh de Maumuson per lo prestz e soma de xxx scutz; e aysi hi a de perda a la bila : seys scutz.

22. Item, fem far huna arca au cap deu pont de l'Aros a tres homes e nos autres ab lor.

23. Item, a x de may, nos bengon executar sinc clamates deu petit sayet de Monpeyle per huna clamor que los era stada spausade per los milla franx.

24. Item, a xvii deudit mes, fem adobar la comporta de la Tasta.

25. Item, a xix deudit mes, fem far tenlhos ab deu pont de l'Ador e las palancas qui son aus bocaus debant Peret, au Bernet.

26. Item, a xxi deudit mes, agom Pey Monbet, Johan de Payteri, Johan de Meyabiela, Nautet de Lacosta per botar losditz tenlhos au pont de l'Ador e per mete stacas au cap deu pont de l'Aros e mete las pallacas ausditz bocaus; que trese casque hun per jornau : seys arditz.

27. Item, fom ajornatz totz iiii^{te}, a la stancia deu procurayre d'Armanhac, que mosenh jutge metis nos fe lodit ajornament, perso que abem alargit Monon Fontanhera ab fremansas de las presons; en que nos aperam deudit ajornament per debant la cort de mosenhor lo senescal d'Armanhac; termetom Johan de Meyabiela a Leytora serca ladita apellation.

28. Item, a vii de jun, pagam a meste Bernat de Ferris, notari d'Aux, per hun pleyt que la bila abe agut ab Ramonet deus Claus en la cort de mosenhor l'officiau d'Aux, per scripturas : i scut.

29. Item, fo ordenat per lo cosselh que termetossam mosenh

---

(1) Il fut décidé qu'on le mettrait à son de trompe « *au corn* », c'est-à-dire aux enchères, à la criée, qui devait se faire alors avec le cornet à bouquin, comme aujourd'hui avec le tambour.

(2) Payé devant main, c'est-à-dire argent comptant.

Johan Farga Anha parla ab lo notari de la cort de mosenhor lo senescal d'Armanhac per sabe si podoram aqui deliurar la letra de l'apelh a l'encontra deu procurayre d'Armanhac.

30. Item, a xvi deudit mes, pagam a meste Guilhem Besomba, notari de la cort deu senescal de Tollosa, a causa de augunas scripturas que l'eran degudas de hun pleyt que la bila abe en ladita cort ab mosenh Johan de Meyloc : vi franx.

31. Item, termetom Carboneu de Serbue a Leytora sercar huna letra de la cort deu senescal a causa que los officies de mosenhor de Beju no bollen obesir la letra de l'apelh qui abem agut de ladita cort ne no bollen trese meste Leberon de preson.

32. Item, fem enhibi a Johan Blanc cuma bayle, que nous agossa a tocar sus cos ne sus bens.

33. Item, a xvii deudit mes, termetom Manauton Trobat a Sent-Mont ab huna letra d'apelh far enhibi mosenhor lo gobernador e mossenh jutge e lo procurayre e d'autres officies d'Armanhac, a causa que nos aben ajornatz persouaument a Nogaro fora de nostra juridiction (1), e per trop d'autes greuges que nos fassen tot jorn ; e cant fo part dela no n'i troba degun.

34. Item, fom mandatz, de mandament de mosenhor lo gobernador e jutge d'Armanhac, que agossam a menar xxv balestres au bosc de la Puyola, que disen que hi abe brigantz; e que termetom Arnauton de Lafitan ab losditz balestres.

35. Item, a xxi deudit mes, bengo hun comisari deu capitayne deus franx arches que nos manda, sus pena de confiscation de cos e bes, que agossam a menar los franx arches a Bic en abillament d'armas.

---

(1) Personne ne pouvait sans son consentement être ajourné en dehors de sa juridiction. Ce droit est très souvent mentionné dans les renonciations légales que les notaires du xiiie, du xive et du xv[o] siècle inséraient dans les actes de transaction. En voici un exemple, extrait de l'acte de vente de 100 francs bordelais de fiefs à prendre sur la baronnie de Gamarde, en Auribat (Landes), faite par Alain d'Albret à Charles de Poyanne, le 13 janvier 1484 (v. st.) : « Et « qu'en renuncia de son bon grat lodit tres redobtable senhor venedor monsen- « hor Alan senhor de Labrit..., ad aquet dret que ditz que degun no deu esser « convocat en judici plus lonh de une jornade de la fin de sa diocese ; au dret « que ditz que qui se sobsmet a d'autre juridicion que de son senhor o judge « ordinari dauant comensacion de pleyt, que apres s'en pot rependir sis vol et « pot revocar le dite sobsmission. » (Arch. de l'auteur, fonds Poyanne.)

36. Item, a xxvii deudit mes, termetom Arnauton de Lafitan a Nogaro portar l'argent deus franx arches; e cant fo part dela, aqui troba hun comis per recebe lodit argent, mas que no mustraba potestat deu thesaure sino de boca; e bist aquo, lodit Arnauton n'ana parlar a mosenhor lo gobernador e au jutge beser que los ne semlaba, si donara lodit argent audit comisari o no; e lo donan per coselh que, atenut que no mustraba potestat, que no lu desi entro que mustrasa potestat; ausit aquo, lodit Arnauton leysa l'argent en la man de la molhe de meste Bernat Fitan; e aysi metis a fen los de Barsalona.

37. Item, a v de julh, anam a Bic menar los franx arches far las mustras; e aqui nos fo mandatz sus sertas penas que agossam a pagar iiii^{te} franx e mey per arche ab de crompar las caretas desens tres jorns.

38. Item, a ix deudit mes, ana Berdot deu Poy a Bic portar los nau franx de las caretas audit capitayne deus franx arches; e cant fo part dela, lodit capitayne lo fe finar hun franc a causa que abe falhit au termi qui lo pais abe enpres; e aysi monta en huna soma : x franx.

39. Item, fe complanta Beya audit capitayne que nos no l'abem pagat los xxx scutz sino en pan, bin per las tebernas, e no abe dine ne mealha (1); en que lodit capitayne me dona lo rest per bila entro que l'agossi pagat losditz xxx scutz; e aysi agui a far abantz que podosi parti; que lo pague : xix sos.

40. Item, a vi d'aost, nos bengo hun saryant executar per los milla franx; en que nos dona lo rest debat la falha; que i estem tot lo jorn, que no podem aber termi.

41. Item, pagam a meste Nicolau de Dabit, notari de la cort de l'apelh a Nogaro, per augunas scripturas que abe feyt per lo pleyt de la banastra (2).

---

(1) Ni sou ni maille.
(2) Le mot *banastra* est encore usité dans le dialecte du Bas-Armagnac. Il désigne un panier placé en forme de bât sur un âne. Le *leudaire* de Manciet, publié dans *l'Histoire de Bourrouillan* par M. l'abbé Cazauran, contient cette expression avec ce même sens : « Item de arencs e de eysserdinas que se portan « ab saumes, mas que balhan xii dines morlans, paguan 1ª punhan plen, so es « tant cum hom ne poyra tirar ab la man de la *banastra*, o de la on seran. »

ANNÉE 1477.

42. Item, pagam a meste Johan de Mostayon per lo sendicat qui termeto la bila a Leytora sus lo pleyt qui a ab lo procurayre fiscau de mosenhor de Beuju : ix sos.

43. Item, anam meste Leberon e Berdot deu Poy Aux far fa los greuges deu pleyt qui abem ab lo procurayre d'Armanhac; e dequi en fora, anam a la jornada a Leytora.

44. Item, a iiii^{te} de setema, anam totz iiii^{te} cosselhs a Leytora a la jornada, on eram ajornatz personaumentz a la stancia de procurayre d'Armanhac, a causa que no podem ste acmetut procurayre; que stem Manauton e Menjolet en anar e tornar tres jorns; e Berdot e meste Leberon que tiran Aux saber las opinions deus clerx d'Aux.

45. Item, fem adobar lo pau de la porta de la bila; que costa : i sol.

46. Item, sobom la spasa de Beya, que l'abe enpenhada a Menjolet deu Sobiran per iiii^{te} sos.

47. Item, pagam Antoni lo peyre, per l'arendament qui abem arendat de lu per lo prestz e soma de xxxvi scutz; e fo apuntat que lodit arendament fossa metut au corn a pagua debant man; e ayxi foc feyt, e fo liurat a mosenh de Maumuson per lo prestz e soma de xxx scutz; e aysi i a de tara la bila de seys scutz. Deuscaus xxxvi scutz nos n'abem pagat audit Antoni : xxvii scutz x sos.

48. Item, ago tara en losditz xxx scutz qui agom deudit arendament de mosenh de Maumuson, que eran scutz d'aur de Bearn, per scut huna dopla de rey ; que montan : hun scut iiii dines.

49. Item, pagam a mosenh Johan de Meyloc, caperan, en deduction de major soma : oyt scutz.

50. Item, lo prumer jorn d'octobre, nos bengon executar Pey de

(*Hist. de Bourrouillan*, p. 153.) Nous ne comprenons pas comment la *banastra* a pu être l'occasion d'un procès entre le procureur fiscal du comte de Beaujeu et les consuls de Riscle. S'agit-il d'un droit de péage pour les objets portés dans une *banastra*, ou bien ce mot, pris dans un sens générique, désigne-t-il une mesure de capacité ? On s'explique alors l'intervention du procureur fiscal. Voir art. 42, et comptes de 1482, art. 21, 22 et 24. Les recettes de l'année 1504 font mention de ce mot avec un sens qui semble différent : « Item plus mustran « que aben recebut per benda de huna pipa de bin... e fo benut tan a *banastra* « que a teberna. »

Sent-Aubin, Galhardet; en que prengon totz los bestias qui troban qui careyaban la berenha.

51. Item, a XXIX deudit mes, bengon las molhes de mosenh canselle e de l'auzido, de Peyronet de La Porteria, que n'anaban entau pardon a Nostra-Dona a Saransa (1); que fo apuntat que om los fessa present de bin; e aysi a fem; que los ne termetom IX piches, costan : XIII arditz e mey.

52. Item, termetom la garda Aydia au Capdet (2) pregar audit Capdet si nos podora far plaser que nos presta XL scutz; aucal fe resposta que no pode per lo present.

53. Item, pagam lo jorn de Nadau, cant fem la creation deus cosselhs a la gleysa, aysi cum es acostumat, IIII^{te} piches de bin; costan : IIII^{te} arditz.

---

(1) Notre-Dame-de-Sarrance, dans la vallée d'Aspe, au diocèse d'Oléron et non de Lescar, comme le dit à tort la *Gallia christiana*. Ce célèbre lieu de pèlerinage dépendait de l'abbaye de la Castelle, au diocèse d'Aire; on s'y rendait en foule de très loin, tant de France que d'Espagne. — Souhaitons à nos trois pèlerines un bon voyage, la route était longue, peu sûre, et les chemins difficiles; quelques années plus tard, la reine de Navarre, Marguerite d'Angoulême, y courra les plus grands dangers. Voir dans le *Prologue* de *l'Heptaméron* le dramatique et charmant récit de son pèlerinage à Notre-Dame de Sarrance. C'est dans le pré de Sarrance, où l'herbe est « si noble et délicate qu'il n'y faudroit « carreau ne tappis », « le long de la rivière du Gave, où les arbres sont si « feuilluz que le soleil ne sçauroit percer l'ombre ny eschauffer la frescheur », qu'assise à son aise « sur le bureau de l'herbe verte » la Marguerite des Marguerites, la mère de Jeanne d'Albret, devisa si joyeusement, si gracieusement que les moines de Sarrance en oublièrent l'heure des vêpres : « cachés dedans une « fosse, le ventre contre terre, derrière une haye fort espesse, ils avoient si bien « escouté les beaulx comptes, qu'ils n'avoient point ouy sonner la cloche de « leur monastère. » — Le baron d'Arros, au mois de septembre 1569, « desnicha « l'idole de Sarrance », et ruina de fond en comble l'église et le monastère. (*Les Huguenots dans le Béarn et la Navarre*, fasc. VI de nos *Archives*, p. 71.)

(2) Il s'agit ou du capitaine Odet (voir comptes de 1475, art. 7), ou de Peyrot d'Aydie, son frère (voir comptes de 1473, art. 269), qui épousa, en 1460, Agnès du Lion, sœur du sénéchal de Toulouse. (Arch. du Séminaire d'Auch.)

XXI.
COMPTES DE L'ANNÉE 1478.

REDDITION DE COMPTES (1).

SOMMAIRE : I. *Recettes* : 1. Levée de plusieurs tailles. — 2. Contribution de divers consulats pour les francs-archers et la fabrique de l'église Saint-Pierre de Riscle. — 3. Vente de vin. — II. *Dépenses* : 1. Total des dépenses de l'année.

L'an mil IIII^c LXXIX, a XVI deu mes de septembre, en l'ostau deus heretes de Bernad de Bilhera, maeste Pey de Fontanhera, notari, Johan Fontanhera, Arnauton Sala, per nom d'els et de Pey deu Cos, absent, conselhs de la vila d'Ariscla en l'an darrer mil IIII^c LXXVIII, redon lor compte a Ramon deu Faur, Ramon de Sobabera, Johan deu Porte et Videt deu Magent, conselhs moderns en l'an present, de las causas que haben administradas deus bens de ladita vila et despensadas a utilitat de quera.

Recettes. — 1. Losquals mostran que haben recebut en certanas talhas a lor balhadas et autreyadas per la expedition deus negocis de ladita vila, lasqualas montan, deduzitz XX diner acostumat de balhar per leuar talhas et dus scutz per los gatges acostumatz balhar a hun cascun, so es la soma de CCC XLIII scutz XIII sos VII dines ; et ayxi ben deduzitz totz greuges e nichils. — 2. Et mostran aqui metis que haben recebut de auguns cossolatz contribuens a la carga deus francx arches cum ayxi ben en la fabrica de Sent-Pey, et alguna resta, plus laryament contenguda en hun rocgle scriut de la man deudit Fontanhera, de auguns debens a ladita vila ; que monta ladita recepta, exclusa la precedent, CIII scutz XVII sos VII dines. — 3. Et ayxi ben mostran que haben recebut de algun bin vendut en lo temps deu may per ladita vila arendat deu recebedor d'Armanhac, la soma de IX scutz

---

(1) Il n'existe pas pour cette année de livre de détail des dépenses.

XIII sos XI dines. — Et ayxi monta tota la recepta universal la soma de quatre centz sinquanta set scutz hoeyt sos unze dines.

Dépenses. — 1. Et aqui metis, mostran que haben despendut en los negocis toquan ladita vila e a proffeyt de quera, tant en la contribuission de las lansas, franx arches e autras cargas, que mostran per menuda, que monta ladita despensa la soma de quatre cens quaranta e set scutz hoeyt sos hun diner.

Et ayxi appari que losditz de Fontanhera, de Sala et deu Cos agon mes recebut que despendut la soma de detz scutz et detz dines et en aquetz demoran debens a ladita vila.

Et fouc redut lo present compte ausditz cosselhs, en presentia de Arnauton Fitan, Menyolet deu Faur, Manauton Trobat, Pey d'Argelos et d'autres, et de nos Leberon de Thesa et Johan deu Baradat, notaris, qui, de voler de lasditas partidas, habem scriut lo present compte, et assi nos subsignatz l'an et jorn que dessus.

L. DE THESA, notari. — J. DE BARADATO.

XXII.
COMPTES DE L'ANNÉE 1479.

DÉPENSES.

SOMMAIRE : 1, 2 et 3. Travaux au pont de l'Adour, emporté par une crue, etc. — 4-6. Ordre de conduire les francs-archers à Vic ; — dégagement de diverses armes. — 7. Ordre d'envoyer quatre arbalétriers avec les archers. — 8. Arrangement fait avec le capitaine des francs-archers sur l'avis de M. de Cazaux. — 9. Assemblée des consuls de Rivière-Basse et de Pardiac, à Belloc, au sujet de la charrette et du cheval à fournir pour les francs-archers. — 10. Achat de trois carreaux d'acier pour une arbalète. — 11-14. Les francs-archers sont conduits à Lectoure. — 15. Nouvelle assemblée touchant l'affaire de la charrette. — 16. Départ des archers pour Condom. — 17-22. Équipement et armement des francs-archers. — 23 et 24. Leur retour à Riscle après la campagne. — 25-28. Affaire de la charrette ; — achat d'un cheval pour la traîner. — 29 et 30. Revue des francs-archers à Lectoure ; — ordre de remplacer les archers morts ou malades. — 31. Misère de la femme d'un des archers. — 32. Donation votée au collecteur pour qu'il accepte toutes sortes de monnaies. — 33-39. Voyages à Saint-Mont, à Vic, à Lectoure, à Condom et à Nogaro pour obtenir du lieutenant du sénéchal et du procureur du Roi réduction des frais d'un procès. — 40-45. Levée d'arbalétriers pour le service du Roi ; — le sénéchal exempte Riscle de son contingent moyennant le don de 6 cannes de drap rouge d'Angleterre. — 46 et 47. Examen des comptes par le procureur d'Armagnac. — 48. Saisie à la requête de M⁰ Jean de Meyloc ; — on lui cède la jouissance de l'impôt de la taverne. — 49. M. de Camortères fait saisir la barque et les filets d'un pêcheur sur l'Adour. — 50-52. Des commissaires de M. de Beaujeu viennent pour faire prêter serment de fidélité. — 53. Conseil tenu à Vic par les trois États, sous la présidence du sénéchal ; — celui-ci propose de demander au Roi une réduction des impôts à cause des malheurs éprouvés par le pays. — 54 et 55. Conseil tenu à Nogaro au sujet du serment de fidélité ; — la noblesse et le tiers-état, après avoir délibéré séparément, se réunissent dans le cloître de l'église Saint-Nicolas et décident de prêter ledit serment au comte de Beaujeu. — 56-58. Nouveau conseil tenu à Nogaro au sujet d'un subside demandé par le comte et la comtesse de Beaujeu ; — la noblesse et le tiers-état ne peuvent s'entendre et délibèrent séparément ; — discours du prieur d'Eauze (Jean Marre) pour ramener l'union ; — offres faites par la noblesse et par les consuls ; — arrestation de ceux-ci par les officiers de M. de Beaujeu. — 59. Prédicateur prêchant les indulgences de saint Bernard. — 60. Créance du curé de Villères. — 61. Enregistrement d'une excommunication à Condom. — 62. Jongleurs engagés par les compagnons de la ville pour carême-prenant. — 63. Différend avec les consuls de Cahuzac au sujet du montant d'une redevance de ces derniers.

Despensa feyta per Mono de Sobabera, Johan deu Porte, Videt deu Magenc, Ramonet deu Faur, conselhs de la bila d'Ariscla en l'an mil IIII⁰ LXXVIII, finidors l'an LXXIX, en nom de la universitat de ladita bila, aysi con dejus s'enseg.

[Ponts.]

1. Prumerament, a xxx de desembre (1478), logam IIII^te homes ab deu pont de l'Ador, que l'aygua ne menaba lo cap deu pont de dela.

2. Item, a xii de gener, agom Guilhot Fitau, Berdot deu Poy e d'autres vesiales, per vastir lodit pont. — Item, crompam huna liura de seu ab de huntar gruvelas e caretz, que costa : vi dines. — Item, fem far seys calibas de fer e los claus per complir lo mal moton ; costan : x dines. — Item, crompam duas cordas ab de tirar lo malh moton, costan : ii sos viii dines. — Item, a xv de mars, logam Johan de Payteri per mete feretz au cap deu pont de l'Ador, que eran scapadas las platas. — Item, a x de jun, anam mete hun feret au cap deu pont de l'Ador, que scapaba. — Item, a xviii de seteme, logam Monet de Cramalh per terar

lo pont de l'Ador, que s'i eran feytz foratz. — Item, lodit jorn, fem carreyar IIII^{te} cas de broc e brana ab de far las alas a desus lo pont de l'Ador.

3. Item, a XVI de julh, fem terar lo pont deu Pontasta e adobar la comporta de Quoarada.

Arches.

4. Item, a III deu mes d'abriu (1), vengo hun comisari, aperat Amaniu, de las pars deu capitayne deus franx arches, ab hun mandament que contene que agossam a menar los nostres franx arches lo VI jorn deudit mes en la bila de Bic en feyt d'armas; e portaba en son mandament que l'agossam a balhar II sos tornes per arche.

5. Item, lodit jorn, termetom la garda e Mosquet sercar las bergantinas au Castetnau, que lodit Mosquet hy abe enpenlhadas per XV arditz.

6. Item, lodit jorn, valham au Marine, arche, per anar sobe la valestre que abe enpenlhada per XII sos a Sartas de Maruchera, e la garda eysems dab lu, que ana a causa que lodit Sartas no vole rede ladita valestre; e y agon anar dus viatyes prumer no la podon aber. — Item, a VI deudit mes, menam losditz arches

---

(1) Les dépenses et les armements dont le détail suit sont faits en vue de la guerre de Bourgogne. Louis XI venait de rompre la trève conclue avec Maximilien d'Autriche et avait donné ordre de lever 14,000 francs-archers. — Le ban et l'arrière-ban des gentilshommes de l'Armagnac fut aussi convoqué pour prendre part à cette guerre, et en des termes d'une telle rigueur que les moins aventureux durent, bon gré mal gré, quitter leurs châteaux. Jean de Pardaillan, seigneur de Castillon, Justian, Gouts, Bruchs, coseigneur de Gondrin et de Roques fut de ce nombre. Le pauvre gentilhomme en porta ses plaintes à maître Mathei, notaire de Gondrin, et les fit consigner en ces termes dans le testament qu'il fit avant son départ, le 10 mai 1478 : « Qui dixit quod necessario et per vim
« habebat ire ad guerram ad mandatum domini nostri regis Francie ad patriam
« Borgondie contra hostes et inimicos dicti regis : et hoc sub pena confiscationis
« bonorum et corporis, nam ita fuerat sibi injunctum tam verbo quam in scriptis
« et alias palam publice et in generale ad sonum tube. Quod videns, suum
« recessum ignorans et dubitans regressum, timens decedere sive mori in dicto
« viatgio ab intestato, considerans quod quilibet christianus antequam accedat
« in more hostili tenetur saluti anime sue providere, etc. » (Chartrier du Sémin. d'Auch, registres de Mathei). Voir plus loin, art. 53, le sénéchal d'Armagnac signifiant cet appel aux trois États.

a Bic per debant lor capitayne. — Item, fem mete las trosas en las seladas deusditz franx arches, e las robi hun petit.

7. Item, a VIII deudit mes, agom hun mandament deu capitayne deus franx arches que contene que agossam a mandar e elegir IIII^te valestres e los menar en la bila de Bic, eysems ab los arches, sus sertanas e grandas penas; en que fo apuntat que n'agossam dus d'Ariscla, hun de Sen-Germe e autre de Lapuyola; on termetom la garda e lo Marine mandar Arnauton de La Fontanhera, Ramonet de Monbet; e aysi metis anan a Sen-Germe e a Lapuyola aus cosselhs que agossan elegir e mandar losditz balestres.

8. Item, a XIX deudit mes, ana Videt a Bic menar losditz balestres que eran Arnauton Fontanlhera, Ramonet de Monbet, e lo Marine, arche, per devant lo capitayne deusditz franx arches; e cant fon la, lo fon demustratz losditz personatyes; e demanda ont eran los autres dus valestres, que et nos abe mandat que n'agossam a menar IIII^te; aqui lo fo dit que Sen-Germe e Lapuyola contribuen ausditz franx arches e eran statz mandatz que agossan a menar los autres dus balestres; e atenut que no y fon, fon metut en contumasia, e veucop d'autres; on lodit capitayne autreya mandament ausditz cossolatz que agossan a mandar e menar losditz defautatz sus sertas e grandas penas en la bila de Bic lo XXVI jorn deudit mes; e aqui prengom lodit mandament, que costa tres sos dus dines. E cant agom recebut lodit mandament, aqui fo mosenh de Casaus (1) e ba dise taus palauras que si om

(1) Bertrand de Lasseran, seigneur de la salle de Beauvoir, autrement dite de Cazaux, dans les appartenances de Lussan. (Voir une note à l'art. 183 des comptes de 1474.) Jean V, comte d'Armagnac, l'avait chargé, en 1469, d'approvisionner Lectoure en vue des événements qui se préparaient. Voici un extrait de la commission qu'il reçut à cette occasion : « De par le conte d'Armanhac. — A noz
« amez et feaulx les seigneurs de Cazaux et de La Garde (voir comp. de 1473,
« art. 99), procureur general, maistre Guilhem Nepotis, procureur fiscal de Vic,
« maistre Dieuxaide, Bernard de Barthavilla, Bernard du Moulin, Manaud du
« Faget, Anthoni de La Fita et Johan du Camyn e à ung chascun, salut. —
« Nous vous mandons et commandons bien expressement que incontinent et
« bistas las presentes, bous ayez à bous transporter en et par tous les lieux
« et places de nostre contat de Fezensac delà riviere de Bayse, tant en nostres
« propres lieux que des gentieulx et des gens d'Esglise, et toutz les blatz, faves,
« seigles, civades, porcs, bestial gros et menut et sal que y trouverez bous les
« ayez à prendre de par Nous pour la provision de Nous et de Nos gens de
« guerre. Lesquels blatz, etc. par bous prins les Nous faictes incontinent e à

pode apuntar ab lodit capitayne que recebosa losditz valestres qui om abe aqui per arches e que om lo donasa cauque causa per que a fesa, a fugir las despensas de tant anar e tornar ; e a la begada tengom conselh, e aqui fo dit que fora bon, a fugir tant anar e tornar ; e fo apuntat que om lo donasa hun franx per arche deus qui eran statz en defaut, e que recebosa deusditz valestres per arches. E lo fo feyta hubertura audit capitayne beser si fera aquo ; tallament que lodit capitayne fo content deusditz valestes prene per arches en pagan lo per arche lodit franx ; e prengo deus nostres balestres per arche Arnauton Fontanlhera ; e aqui nos manda sus pena de confiscation de cos e de bes que losditz franx arches agossam a mena lo prumer jorn deu mes de may en la siutat de Leytora, e alabetz pagar lo lodit franc per arche.

9. Item, a xxiiii deu mes d'abriu, no[s] termeton a dise lo[s] cosselhs deu Castetnau-d'Aribera que nos bolosam trobar a Betloc d'Aribera, que etz e autres cossolatz de Pardiac s'i trobaran, e aso per apuntar sus la carreta e arosis de ladita carreta (1) ; e fo ordenat que y anasa Johan Faur ; e aysi a fe ; e cant fo de part dela, aqui se troban losditz cossolatz, e fo apuntat que la nostra careta fossa menada au Castetnau per la abilhar ; e aysi foc feyt ; e dequi en fora ana lodit Johan a La Debeza crompa huna collana de balestra ab de la balestra deu Marine, que costa : v sos iii dines.

« toute diligence charroyer et amener en nostre cité de Lectore pour nostre
« dicte provision. En contraignans à ce faire toutz et chascuns nos subjects, etc...
« Et pareilhement toutes arbalestres de passe que trouverez les nous amenez et
« prenez de par Nous... Donné en Nostre cité de Lectore le viii[e] jour de
« novembre l'an mil iiii[c] lxix. — Par commandement de par Monseigneur le
« conte, JOHAN BACHEREAU. » (Arch. du Sémin. d'Auch, registre Librario, notaire à Vic.) Bertrand de Lasseran avait épousé Domenge de Laroquan, sœur de Jean de Laroquan, chanoine de La Roumieu et curé de Saint-Caprais, de Arnaud-Guillem de Laroquan, coseigneur d'Arné, et de Bernard-Guillem de Laroquan, aussi coseigneur d'Arné et seigneur de Thous. La salle noble de Cazeaux passa successivement par mariage des Lasseran aux du Gout (Bertrand du Gout épousa la fille de Bertrand de Lasseran avant 1500), des du Gout aux d'Orbessan et de ceux-ci aux Labarthe-Giscaro, le 6 juillet 1642, par le mariage de Jean de Labarthe-Giscaro avec Catherine d'Orbessan, dame de Cazeaux, fille de François d'Orbessan, seigneur de Montadet, et de Jacquette du Gout, dame de Cazeaux.

(1) Les charrettes destinées à transporter les bagages et les provisions des francs-archers. (Voir la suite des dépenses.)

10. Item, crompam tres cayrets d'ase (1) per far la balestra (2) de Arnauton Fontanlhera, e dus madaysas per far la corda; que costa tot en huna soma : III sos II dines.

11. Item, a XXIX deudit mes, ana Johan deu Porte menar losditz franx arches a Leytora per far las mustras per debant lor capitayne, aysi cum era stat ordenat a Bic.

12. Item, a XXX deudit mes, logam hun saume a Bic per portar las bergantinas dequi en fora entro Leytora.

13. Item, lo jorn metis, balham aus comisaris qui collen l'argent per la despensa qui mosenh de Casau abe feyta, e aso de mandament deudit capitayne deus franx arches; e aysi fen los autres cossolatz : II sos.

14. Item, lo segont jorn de may, logam a Leytora hun saume per portar las vergantinas dequi en fora a Condom.

15. Item, a V de may, fo ordenat per lo cosselh que anasam au Castelnau e menasam nostre rosin de la quareta, que los de Pardiac e d'Aribera hy aben los los, e aso per beser losditz rosis si eran prenedes; en que i ana Johan Fau, Mon de Sobabera e dus autres de Sent-Mont; e cant fom au Castelnau, trobam que totz eran a Betloc, e non tiram la, e aqui apuntam que ladita carreta tirasa a lebant, e logam hun home per menar ladita carreta deu Castelnau en fora dequi a Condom, aus despens deus totz; que monta a nostra cota portion : IIII sos.

16. Item, a VI deudit, a Johan deu Porte a menar losditz franx arches a Condom per far las mustras e dequi en fora partin.

17. Item, pagam audit capitayne per las tendas deusditz franx arches dus franx; monta : I scut VIII sos VIII dines.

18. Item, pagam audit capitayne per las seladas deusditz arches,

---

(1) *Cayrets d'use*, carreaux d'acier. On trouve dans les vieux auteurs les formes *cariaux*, *quarriax*, du bas latin *quarellus*. Le carreau était une espèce de gros trait d'arbalète. En 1412, les consuls de Lectoure font une distribution d'arbalètes « a las personas dejus scriutas : Pey de Castants reconegoc auer agut « en comanda un arc d'asse de detz cayretz e una colana. Hugueton Roquas « *idem* un arc d'asse de XII cayrets. L'arc fo restituit e jurec sus los euangelis « que no abia punt de colana. Pey de Moliera *idem* un arc d'asse de XII cayrets. « Foc restituit l'arc e la colana sens corda. » (Cassassoles, *Notice hist. sur la ville de Lectoure*, preuves, p. 6 et 7.)

(2) *Per far la balestra*, c'est-à-dire l'arbalète avec tout son fourniment, arbrier, arc, carreaux, etc.

que no volo prene las qui nos abem e ne a betcop d'autres, ans agom a pagar audit capitayne per selada dus franx de rey, que monta dus scutz XVII sos IIII dines, e las autres qui nos abem non agom a torna, lasquals seladas valham aus cosselhs Verdot de Sen-Pot, sarto, Johano de Monbet e a los conpanlhons, cosselhs de l'an present.

19. Item, pagam au deputat deudit capitayne, perso que lodit capitayne lo valha la carqua de crompa lasditas seladas, que l'agossam a balhar per selada IIII^{te} arditz; que monta en huna soma : I sol IIII dines.

20. Item, crompam IIII^{te} polleyons ab deudit Arnauton, costan : IX sos.

21. Item, agom a finar los d'Aribera e Pardiac e nos audit capitayne per que prengosa la carreta, que no la vole recebe, ans nos abe ajornatz a Bilanaba d'Agenes; en que composim per que la recebosa seys franx; monta a nostra part : X sos.

22. Item, crompam XII fers d'enganeta, costan : III sos; e XVIII astas d'enganeta, costan : III sos.

23. Item, a XI de seteme, bengon losditz franx arches de Laguia, de Bergonha; en que los fo balhat la disna per lor venguda (1).

24. Item, menan losditz arches hun rosin de ladita guera que era de la careta.

25. Item, fo ordenat per lo coselh que Monon de Sobabera e lo Marine e Arnauton Fontanhera anasan au Castetnau d'Aribera per apuntar qui prengora los rossis de ladita carreta, e per sobe las bergantinas qui lo Marine abe enpenlhadas; e cant fon de part de la, no y fon los de Pardiac, mas apuntan que lo dityaus apres nos trobasam a Betloc.

26. Item, fo ordenat que sobosam lasditas vergantinas; en que las anam sobe a Plasensa, que eran enpenlhadas per XX sos.

(1) Ces francs-archers de Laguian et de Vergoignan revenaient sans doute de la bataille de Guinegatte (7 août 1479), où l'infanterie de Maximilien d'Autriche avait culbuté en un clin d'œil et mis dans la plus déplorable déroute le corps des francs-archers. A le voir ainsi recruté et armé, pouvait-il en être autrement ? Cette défaite ruina pour toujours les francs-archers dans l'esprit de Louis XI. Voir *Hist. de l'Infanterie française*, par le général Susane, t. I, p. 49 et suiv.

27. Item, a xxiii deudit mes, anam a Betloc Moño de So[ba]-bera e lo Marine, que menaba l'arosin de la carreta, per apuntar qui prengora losditz rossis de la carreta, e aysi metis per apuntar la despensa deu carate qui menaba ladita careta; on fo apuntat que casque hun s'en menasa lo son rosin; e aysi a fem; e cant fom au Castenau, los nostre rosin no podo plus anar abant, que era malau; e l'agom aqui a leysar; que geste v jorns, despensa seys arditz; e aysi metis fo hapuntat sus lo quarate que pagasam audit carrate per arche nau blanx; que monta en huna soma : vi sos vi dines.

28. Item, crompam los coselhs de Sent-Mont e nos, ab de ladita carreta, hun rosin que fo de mosenh Pelegrin; que costa : vii scutz.

29. Item, a xii d'octobre, vengon dus comisaris depuntatz per capitayne deus franx [arches], que portaban hun mandament que contene que agossam a menar losditz franx arches lo darer jorn de queste mes en punt d'armas, sus pena de confiscation de cos e de bes.

30. Item, a xxviii d'octobre, ana Johan deu Porte ab losditz arches enta Leytora far las mustras; e cant fom part dela, no y fo lodit capitayne; en que hy aribam lo disapte vespre, que agom a demora entro lo dimars que lodit capitayne vengo environ de mey jorn; e aqui prengo las mustras, e apunta lodit capitayne que en lo loc deus arches qui fossan mortz ne malaus, que en lo loc de questz nos manda sus sertas e grandas penas a totz los cossolatz que totas horas qui fossam mandatz agossam metutz en lo loc deus qui fossan mortz ne malaus d'autres que fossan suficiens a de quetz; on lodit de Lafontanlhera vaso malau en lo cami e s'en torna, e lodit Marine e jo anam audit mandament; que stem set jorns.

31. Item, la molhe deu Marine nos fe conplanta que son marit era enta la guera per la bila e que era moria de faim e de set; e fo metut en cosselh que lo fossa donat iiii sos.

[AFFAIRES DIVERSES.]

32. Item, fo apuntat au cosselh a Bic que fosa donat au collecto, per que prengossa tota moneda, iiii arditz per foc; en que n'abem pagat audit collecto : iii scutz xii sos viii dines.

33. Item, a IIII^{te} de gener, vengo hun comisari per nom de maste Guilhem Valde, loctenent deu senescauc, per nos mandar que pagassam per hun defaut que era stat valhat contra de la bila en favor de mosenh de Camorteras; on lodit comisari nos diso que si bolem apuntar ladita causa, que nos trovaram lodit maste Guilhem Valde era a Sent-Mont e que per abentura apuntar[a] aqui; en que fo apuntat per lo conselh que maste Pes Fontanhera anasa parlar ab lodit maste Guilhem Valle a Sen-Mont; e aysi a fe. — Item, ana lodit maste Pes a Sent-Mont, aysi cum desus es dit, parlar ab lodit maste Guilhem Valle; e cant fo part dela, aqui troba lodit maste Guilhem e apunta dab et que la causa demorasa entro Nosta-Dona de feure (1), que agossam hapuntat ab lo procurayre de nostre senhor lo rey.

34. Item, a v de feure, fo ordenat per lo conselh que anasa maste Leberon de Tesa a Vic per apuntar ab lodit loctenent de mossenh lo senescal d'Armanhac sus las xxx liuras t. qui demandaba a causa deu defaut desus script e exsecution; loqual de Thesa parti de la present vila lo disapte maytin, e cant fo a Nogaro, per cas d'auentera aqui trova lodit Jammet que vene part desa per continuar ladita exeqution contra la bila; auqual lodit de Thesa mostrac las letras de parlament de Tholosa cum la causa era en apel en cort de parlament a Tholosa, e dixo audit Jammet que no tirasa plus abant car et s'en anaba a Condom parlar ab lodit loctenent sus la present mateyra; loqual Jammet fo content de demorar e diso audit de Thesa que el trobara lodit loctenent a Bic-Fezensac, que faze huna comision; loqual de Thesa s'en anec a Bic, e cant fo part dela, troba que lodit loctenent foc partit lodit jorn enta Condom, segont que aqui lo fo dit; loqual de Thesa s'en anec apres; e perso que fo neyt, demora a Balensa, e dequi en fora s'en anec a Condom; e cant fo part dela, s'en anec a l'ostau deudit loctenent, e aqui demanda a madona sa molhe (2) si aqui era lodit loctenent; auqual fe resposta que et l'abe termetut a dise de Bic en fora que et vengora lo ditmenge a Condom; loqual de Thesa

(1) La Purification, 2 février.
(2) La femme de Guillaume Valde, lieutenant du sénéchal d'Armagnac. Il résulte de ce passage des comptes que ce personnage était des environs de Condom.

demora aqui. E cant vengo lo ditmenge bespre, vengo lo baylet deudit loctenent e diso audit de Tesa que lodit loctenent s'en era anat a Leytora e lo abe mandat que lo dilus se trobasa audit Leytora; loqual de These lo dilus s'en anec enta Leytora entau dit mosenh loctenent, e lo mustra lasditas letras deu parlament; loqual lodit loctenent, vistas aqueras, diso audit de Thesa que et volora far per la bila, mas et no podora far ne apuntar re ab lodit de Thesa sino que maste Johan de Cresio, procurayre de nostre senhor lo rey, hy fossa, loqual deve venir lo dilus o lo dimars a la cort, e lo diso que lodit de Thesa demorasa que fossa vengut; en que lodit procurayre termeto audit loctenent huna letra que et no pode venir; loqual loctenent fe resposta audit de Thesa que, atenut que lodit procurayre no era aqui, no apuntara dab lu res, mas lo valha huna letra de sas pars, laqual portasa audit procurayre tocan a ladita mateyra cum ladita causa sesasa entro que etz se fossan vistz. Loqual de Theza s'en anec a Bic a l'ostau deudit procurayre, e aqui lo fo dit que era entau vordiu pres d'Aroquabrunà; e s'en anec part dela; e aqui lo diso sa molhe que lodit procurayre era enta Aux; e leysa ladita letra que lodit loctenent lo termete en las mas de sa molhe, laqual lo diso que no vengora entro dibes de marchat de Vic, e alavetz l'i trobara. En que ste lodit de Thesa en anar e tornar v jorns; que despensa ab lo rosin: xvi sos ii dines.

35. Item, fo ordenat per lo conselh que lodit Thesa portasa hun scut audit loctenent per tau que nos fossa vou amatigar lasditas liuras; en que lodit de Thesa l'ac valha.

36. Item, a xi deudit mes, torna lodit de Thesa a Bic per apuntar ab lodit procurayre e per saber la resposta de la letra que lodit loctenent l'abe termetuda; e cant fo part dela, mustra lasditas letras de parlament; loqual fo ocupat lodit jorn que era jorn de marcat, mas me diso que l'endoman et las vesitara; e lo disapte, cant las ago vesitadas, diso audit de Thesa que s'en tornasa e vengosa a la fera de Leytora ab conselh deliberat deu conselh per apuntar de totas causas.

37. Item, a xxix deudit mes, torna lodit de Thesa a Leytora, aysi cum abe enterpres ab lodit procurayre; e cant fo part dela, hana parlar ab lodit loctenent, e lodit loctenent lo ba dise que

onquera lo procurayre no era vengut mas que sperasa que et deve venir; en que ste deu disapte entro dityaus; e cant lodit de Thesa vi que lodit procurayre no vie, va s'en anar audit loctenent veser que fera; on lodit loctenent lo ba scribe huna autra letra que la portasa audit procurayre; e cant lodit de Thesa ago ladita letra parti de Leytora e s'en va enta Bic, e aysi metis, que era ob l'endoman que era dibes, audit loc de Bic, au cosselh deus tres Statz, auqual conselh losditz cosselhs eran statz mandatz; en que lodit conselh no se tengo entro l'endoman que era disapte, e no se balha conclusion entro lo ditmenge aprop disnar; e apres disnar lodit de Thesa parti en s'en torna.

38. Item, a XII de mars, ana lodit de Thesa a Bic-Fezensac per conclusir ab lodit procurayre a causa que mosenh loctenent deu senescal d'Armanhac l'abe remetut audit procurayre per apuntar lasditas XXX liuras t.; e cant fo a Bic, fo partit lodit procurayre enta Leytero ab lo canonge deu vote, e deveu tornar lo disapte vespre, segont que lo fo dit a sa may; e cant bengo lo disapte vespre, bengo lodit canonge qui n'era anat dab lodit procurayre, e que et s'en anaba enta la cort de nostre senhor lo rey; e cant lodit de Thesa ac ausi, lo ditmenge maytin s'en torna.

39. Item, a XXIIII deudit mes, termeto a dise lodit loctenent que et era a Nogaro per Antoni de Veuvin, saryant, que et faze de part dela huna enquesta, en que hy anasa lodit de Thesa per apuntar sur lasditas XXX liuras t.; auqual lodit de Thesa anec; e cant foc part dela, lodit loctenent lo dixo que lodit procurayre demandaba per totas autres despensas x liuras t.; en que fo apuntat enter lodit loctenent e de Thesa a x liuras t. deu pricipau e a tres per autras despensas; que monta tot en huna soma : trese liuras.

40. Item, vengo Ramonet deu Claus, comisari deputat per mosenh lo senescal enpausar sertans valestres per anar au serbisi de nostre senhor lo rey (1).

41. Item, a XXV deudit mes, vengo mosenh d'Aribera (2) e

---

(1) (Mars 1479). Pour la guerre de Bourgogne, voir plus haut, art. 2.
(2) Le seigneur de Rivière, près Riscle, aujourd'hui Gée-Rivière. Guiraud, seigneur de Rivière, fut témoin du mariage de Bernard d'Armagnac, seigneur de Termes, avec Blanche de Rivière-Labatut, avant 1455. (Voir plus loin comptes

Ramonet deus Claus e dus autres dab lor comisaris deputatz per mosenhor lo senescal per recebe losditz valestres; en que s'en gausin de IIII^{te} deus dotze.

42. Item, foc apuntat que termetosam a mosenh senescal per veser si podoram apuntar sus las valestres qui sos comisaris nos aben enpausat, e fo apuntat que termetossam sercar maste Ramon d'Argelos per veser si fora sa plasensa de nos acompanlha audit senescal, a causa que et hi abe notisia; en que bengo lodit maste Ramon; e cant foc vengut, lo disom per que l'abem termes sercar; e cant et ac ausi et diso que et era content e mage causa si far pode per la bila.

43. Item, lodit jorn, ana lodit maste Ramon e Pey d'Argelos Auriabat a mosenh senescal (1) per veser si podoran apuntar sus los valestres qui nos eran statz enpausatz per sous comisaris; e cant fon part dela, aqui trovan lodit mosenhor lo senescal e lo parlan de ladita mateyra talament que apuntan e conposin per que non anasan degun deus nostres balestres (2) qui nos eran statz enpausatz; acordam a VI canas d'angles roge (3), lasquals lo pagam.

44. Item, termetom Monon d'Arocas Arzac (4) crompa VI canas de drap de roge d'Anglaterra, que costa en huna soma : nau scutz; lasquals pagam ha mosenh lo senescal per la composision deus balestres.

45. Item, l'endoman, termetom lodit drap Auriabat a mosenh senescal.

46. Item, pagam a maste Huguet Rolie, procurayre d'Armanhac, per la[s] besitasions deus condes.

47. Item, vengo mosenh lo procurayre d'Armanhac per veser

---

de 1481, art. 2.) Son fils, Archambaud de Rivière, seigneur de Rivière, épousa, en 1494, Alix d'Armagnac, fille de Bernard, seigneur de Termes. (Chartrier du Sém. d'Auch, n° 21136.)

(1) La terre d'Auriabat au pays de Rivière-Basse avait été donnée, le 21 octobre 1398, à Bernard de Rivière, sénéchal d'Armagnac, grand-père du sénéchal actuel Bernard, par le comte d'Armagnac. (Monlezun, *Hist. de la Gascogne*, t. IV, p. 436.)

(2) On a vu plus haut, art. 8, que ces arbalétriers furent pris à la place des francs-archers et qu'ils partirent pour la guerre.

(3) Drap rouge d'Angleterre.

(4) Arzacq, arrondissement d'Orthez (Basses-Pyrénées).

los contes, eysems da lu Peyron de Camicas e lo baylet de mosenh jutge; en que nos manda sus sertanas penas que agossam a far las conportas e lo portau e a reparar las muralhas de ladita vila.

48. Item, a xx d'aost, mosenh Johan de Meyloc nos fe executar per lo petit saguet de Monpeyle (1); e cant fom executatz, fem amasar lo conselh e aqui ac demustram; on fo apuntat que fossa apariat lo melhor qui om podosa e lo fossa presentat la gabela de la teberna; on anam parlar ab lodit mosenh Johan, auqual pregam que lo plagos que no nos fera de despensa plus, car nos abem von voler de lu pagar, e que lo conselh lo pregaba que prengosa la gabela de la taberna e se contentasa per lo present de quero; e aqui debatom talament que et fo content de se contentar ab ladita teberna, ab huna que contentasam losditz clamates; e cant agom dab lu feyt, anam parlar ab losditz clamates per apuntar ladita clamor; on nos demandan tant per la clamor tant per lor despensa xii scutz ix doblas; aqui fo debatut que lodit mosenh Johan no abe pas spausada ladita clamor sino dab si, so es que sino no eram d'acort dab lu per tot lo jorn que et spausaba ladita clamor e si lo cas era que fossam d'acort bos donaba dus franx; dison que no n'i abe mot ans pagaram tota ladita clamo; e cant be agom debatut, bam acordar tant per ladita clamo e despensa a iiii^{te} scutz xvi sos.

49. Item, a v de seteme, vengo hun pescador de Sent-Maurisy (2), que pescaba per l'Ador; en que los serbidos de mosenh de Camorteras streman audit pescador la nau (3) e

---

(1) On connaît le grand et le petit sceau de Montpellier. Nous avons avoué, p. 49, note 2, notre ignorance au sujet du sceau de Beauvais. Depuis cet humble aveu nous avons trouvé dans l'*Hist. de Languedoc* de dom Vaissette (édit. Privat, t. x, p. 541) une notice sur la cour de ce sceau, moins étranger à la Gascogne que nous ne l'avions d'abord pensé. Il s'agit non pas de Beauvais en Beauvoisis, mais de la bastide de Beauvais, dans le diocèse de Saint-Papoul, fondée en 1342 par Jean de Marigny, évêque-comte de Beauvais, lieutenant du Roi en Languedoc, et dans laquelle il établit un sceau rigoureux ayant la même force et la même vigueur que celui de Montpellier, avec des privilèges exorbitants qui enlevaient à la connaissance de tous les autres tribunaux les causes de ceux qui réclamaient sa juridiction.

(2) Saint-Maurice, village sur l'Adour, près Grenade, arrondissement de Saint-Sever (Landes).

(3) *Nau*, nef, ou mieux en vieux français *nave*, bateau, barque.

vertos (1); en que s'en vengo arencurar a nos autres cuma cosselhs de la vila (2); e ac metom en conselh; fo apuntat que fossan feytas las informations contra aquestz qui l'aben stremat ladita nau e vertos; e aysi foc feyt.

50. Item, fom mandatz per devant mosenh d'Archiac (3) e maste Johan Tacanet, comisaris deputatz per nostre senhor mosenhor de Veuju que lo v^e jorn deu mes de nobembre nos trovasam en la bila de Nogaro; auqual mandament ana maste Leberon de Thesa e Videt deu Magenc; e cant fon part dela, los fo demustrat que om fessa lo segrament de fizilitat audit mosenhor de Veuju, e que et eran aqui per recebe lodit segrament deus gentius homes e propietatz; e cant agom ausit so qui demandaben, losditz gentius homes e propietatz s'en anan tenir conselh per veser cum feran; on fo apuntat que om los demandasa spleyt per XII jorns, e fon content.

51. Item, a IX deudit mes, fem carreyar lenlha a IIII^{te} carates ab deus comisaris de mosenh de Veuju, que eran alotyatz a l'ostau de Meylau.

52. Item, lodit jorn, vengon los susditz officies ab XIIII rossis, e maste Johan deu Baradat e Guirauton de Camicas eysems ab lor; en que fo apuntat que los fossa pagada la despensa; que sten huna disnada e huna sopa[da].

53. Item, a XII deudit mes, fom mandatz a conselh a Vic per nom de mosenh lo senescal d'Armanhac; auqual conselh ana Johan deu Porte; e cant fo part dela, aqui fo mosenh lo senescal

---

(1) *Vertos*, verveux, filet soutenu en rond par quelques cercles qui, diminuant par degrés, donnent entrée au poisson jusqu'à l'extrémité, où il est retenu par des pointes qui l'empêchent de repasser. Qui n'a lu *Mirèio!* Qui n'a chanté la gracieuse chanson de cette *Magali* « qu'a l'amour — escapava per milo escampo » et voulait se faire poisson pour fuir le poursuivant qui lui chantait : « O Magali!
« se tu te fas — lou peis de l'oundo. — ieu, lou pescaire me farai, — te pesca-
« rarai! » La jeune fille répondait : « Oh! mai, se tu fas pescaire, — ti *vertoulet*
« quand jitaras, — ieu me farai l'auceu voulaire, — m'envoularai dins li
« campas (landes). » (*Mirèio*, cant III.)

(2) Le seigneur de Camortères possédait une pêcherie sur l'Adour, entre Riscle et Cahuzac. Au mois de juin 1491, Carbonel du Lau, seigneur de Camortères, poursuivait en justice certains particuliers de Cahuzac qui avaient jeté leurs filets dans ses pêcheries. (Chartrier du Séminaire d'Auch, n° 20510.)

(3) Charles d'Archiac, chambellan du sire de Beaujeu, fils de Jacques, seigneur d'Archiac, en Saintonge.

e los tres Statz, ausquals lodit senescal demustrec que et los abe feyt ajustar aqui per tres causas, la prumera si era que cum lo pays fossa minyat e gastat tant per la guera de Leytora cant per mortalitatz e peyra (1) que en aquest an Dius nos a cosiratz, que vistas lasditas tribulations fora von que om ne fessa conplanta a nostre senhor lo rey que fossa sa plasensa de nos descarquar de qualque causa deus quars qui lo pais portaba, vistas las tribulations qui lo pais agut; l'autre punt si era que cum et abe mandament de part nostre senhor lo rey que et mandasa los gentius homes de sa senescaucia que totas horas qui fossa mandat fossa prest en abilament d'armas ab lo[s] gentius homes de sa senescaucia (2); l'autre que lo dilus apres nos trobasam tos a Nogaro per apuntar veser si fera hom lo segrament a mosenhor de Beuju ho no.

54. Item, anan a xv deudit mes au conselh a Nogaro, aysi cum era stat apuntat a Bic, Mono de Sobabera, cosselh, maste Leberon de Thesa; e cant fon de part dela, aqui [fon] mosenh lo senescal e los tres Statz; en que tengon conselh los consolatz per etz metis a causa que los gentius homes s'en tien per etz metis, e fon valhadas las opinios de quara hun consollat, e fo devatut fort si feram lodit segrament ho no, e fo apuntat aqui que demorasam l'endoman de far resposta; e cant vengo a l'endoman [mardi 16] que era enmiron de vespras, anam en la crausta de Sent-Nicolau (3) ont eren los gentius homes; e aqui fon valhadas las opinios deus gentius homes e consolatz, on fon en devision que huns volen que om fessa lodit segrament e d'autres no; on la opinion deusditz tres Statz e d'autres gentius homes fo que om fessa lodit segrament; e ay l'endoman [mercredi 17] que era vespres, hana mosenh de Vomvardon (4) e

---

(1) Le siège de Lectoure en 1473, la peste et la grêle, *peyra*, pierre, grêle.
(2) Voir plus haut art. 4.
(3) Le cloître de l'église Saint-Nicolas de Nogaro, ou la maison claustrale attenante à l'église.
(4) Bertrand de Manas, seigneur de Monbardon en Astarac et de Sabazan en Armagnac, fils de Bernard de Manas, seigneur de Monbardon et Dufort, et de Clariane de Bazillac, qu'il avait épousée en 1413. (Arch. de feu Mme la comtesse Marie de Raymond, d'Agen, inventaire Bazillac.) Charles VII accorde, par lettres du 2 juin 1453, à Bertrand de Manas, seigneur de Monbardon, « lequel

mosenh de Santa-Crestia (1) e d'autres gentius per prestar lodit segrament de fisalitat audit mosenhor de Beuju; e cant etz l'agon feyt, aqui fo Nogaro e Barsalona que fen lodit segrament e nos autres hapres (2); e cant agom feyt lodit segrament, lo maytin [jeudi 18] lodit Monon s'en vengo e leysa audit de Thesa a Nogaro, a causa que om abe valha huna requesta ausditz officies, que contene que plagossa a lor de nos far rason deu recebedor, que fatigaba augus abitantz de la bila.

55. Item, eran mandatz sertana cantitat de personatyes per devant messenhors de officies; en que lodit Monon e de Thesa apuntan ab losditz officies que no los callosa anar part dela; en que termetom hun mesatge part desa que los qui eran ajornatz no se maosan, car aysi ac aben apuntat.

56. Item, a XIX de nobembre, anan Johan deu Porte, maste Leberon de Thesa a Nogaro per apuntar ab los autres consolatz e gentius homes sus lo feyt de la donation qui era stada demandada per nom de mosenh de Veuju e de Madama (3), que demandaban II scutz per foc; e aqui los fo dit auditz officies que lo pais no podora portar ladita carca, e van prene huna autra jornada per demustrar autra betz au poble; en que los donan jornada au sinque jorn aprop que tornasam ab conselh deliberat.

57. Item, a XXIIII deudit mes, tornan lodit Johan e de Thesa a Nogaro au conselh, per autreyar ladita donation; e cant fon par dela, aqui fon los nobles e autres conssollatz, e s'en anan tenir conselh sus ladita mateyra; en que dison losditz nobles que las propietatz autreyasan dus e etz hun; dison [las propietatz] que

---

« est présentement occupé à nostre service au pays de Guienne » suspens de de tous procès. (Arch. du Parlement de Toulouse, registres des édits, t. I, p. 54, *verso*.)

(1) Jean d'Armagnac, seigneur de Sainte-Christie. Voir année 1476, art. 22. Nous le retrouverons plus tard gouverneur de l'Armagnac.

(2) D'après les comptes de Riscle, c'est le mercredi 17 novembre que les gentilshommes et les communautés de l'Armagnac prêtèrent serment de fidélité au sire de Beaujeu. Monlezun (*Hist. de la Gascogne*, t. v, p. 14) donne à ce serment la date du dimanche 20 novembre. Il doit y avoir une erreur, le 20 novembre 1479 était un samedi. Voir dans Monlezun, *ibid.*, la liste des seigneurs de l'Armagnac qui prêtèrent serment de fidélité.

(3) Anne de France, fille de Louis XI, mariée, en 1474, au comte de Beaujeu. La célèbre régente Anne de Beaujeu.

non feran re; e aqui fo fort debatut, talament que las propietatz dison que etz autreyasan so qui etz volosan autreyar, e etz a feran auta be per etz metis; e aysi deudit jorn no se conclusi re. L'endoman [jeudi 25] nos ajustam las propietatz de maytin en l'estudi de mosenh jutge ordenari; e aqui fo maguda ladita mateyra, e fo hapuntat que los nobles donasan so qui dar volosan e nos deram so qui dar bolosam. E cant la misa de santa Quatalina foc dita, nos asemlam autra vegada en la crausta de Sent-Nicolau, on fon losditz nobles que tenen conselh; en que los termetom a dise si bolen que anasan parlar dab lor, on nos fen resposta que etz eran content de venir a nos o que nos anasam a lor; e aysi nos ajustam totz eysems; aqui fo mosenh lo prior d'Eusa (1) e fe la lenga per lo[s]ditz nobles en disen aysi : « Mes-« senhors de propietatz, messenhors de nobles son enmeribilatz « vos autres cum vos voletz deseparar de lor; que en lo temps qui « mosenhor lo conte (qui Dius pardon) (2) era en vita, totz eratz « hunitz ». E cant et agon parlat a son plaser, lo [fo] feyta resposta que alabetz era autre temps, e que etz eran los prumes qui aben comensat, car cant mosenh de Gayna (qui Dius pardon) (3) los abe feyt mandar a Sen-Sebe (4), etz se deseparan de nos. E aysi nos espartim la hun de l'autre e nom anam disnar; e e cant fom disnatz, nos amasam en l'estudi de mosenh jutge, e fom enformatz que los nobles aben autreyat xii sos per foc; en que fo apuntat que nos autres n'autreyasam nau sos, e termetom sercar lo prior d'Eusa que lo plagos de nostas pars d'anar presentar

---

(1) Le vénérable Jean Marre, prieur d'Eauze, depuis 1463 jusqu'en 1496, date de sa promotion à l'évêché de Condom. Voir sa biographie dans les *Chroniques d'Auch*, de dom Brugèles, art. des prieurs d'Eauze.

(2) Jean V, tué à Lectoure, en 1473. Voir les comptes de cette année.

(3) Charles de France, frère de Louis XI, d'abord duc de Normandie, puis duc de Guyenne, en 1469, mort en 1472.

(4) Saint-Sever-Cap, dans les Lannes. L'absence des comptes de 1469, 1470, 1471, 1472, nous prive probablement d'un récit non moins précieux que celui-ci. Il est à croire que cette assemblée des gentilshommes et des communautés de l'Armagnac à Saint-Sever dut avoir lieu dans les derniers mois de 1469. Le duché de Guyenne fut donné à Charles de France, le 29 avril 1469; au mois d'octobre suivant il visita les principales villes de son duché, dans lequel Louis XI avait incorporé l'Armagnac confisqué à Jean V. C'est sans doute dans le cours de cette visite qu'il réunit à Saint-Sever les États d'Armagnac.

losditz nau sos per foc ausditz officies e los pregar que ac prengossan en grat; en que lodit prior foc content e ana presentar losditz nau sos per foc ausditz officies, en que nos torna resposta que etz no l'ac aben presat re, ne tapauc nos a fen, ans encontenent nos fen venir arastar a totz los consollatz; e cant fom arastatz, enter nos autres foc dit que demandasam spleyt (1) per tres jorns que ac fossam anatz demustrar au poble (2); e no podem aber respleyt entro que fo neyt de tot. En que stem dus jorns huna neyt.

58. Item, a xxviii deudit mes, torna Johan deu Porte a Nogaro per autreyar lodit fogatye; en que, cant foc part de[la], aqui fon los cosselhs de Varsalona e las autras propietatz; en que fo apuntat que fessam e autreyasam xii sos per foc e iiii^{te} sos per las autras donations qui eran stadas autre[yadas] per lo conselh (3).

---

(1) *Spleyt, respleyt,* répit.

(2) Les députés du Tiers étaient nommés par les communautés, et cette phrase semble indiquer que leur mandat était impératif, leurs électeurs leur fixant ce qu'ils devaient ou ne devaient pas voter. Les gentilshommes qui représentaient l'ordre de la noblesse étaient de droit membres des États comme possesseurs des fiefs qui donnaient droit d'*entrée*.

(3) On remarquera la différence des sommes votées par la Noblesse et par le Tiers. Le premier ordre vote 12 sous, le second vote d'abord 9 sous, et sous les menaces d'emprisonnement 16 sous (12 s. par feu et 4 etc.). Cette inégalité et les mesures de rigueur employées contre le Tiers surprendront peut-être. Rien cependant n'était plus juste. La différence entre les sommes imposées sur les biens ruraux et les biens nobles était motivée par la nature et le caractère de la taille. On sait que cette contribution fut convenue vers le xiie siècle, comme un rachat du service militaire universel. Les roturiers qui jouissaient de cette exemption *devaient* donc la taille. Les possesseurs de biens nobles qui restaient soumis à la *semonce* ou appel sous les armes *ne devaient pas* la taille; quand ils votaient 12 sous par feu, ils faisaient au sire de Beaujeu, comte d'Armagnac, un présent, un don gratuit, ils contribuaient volontairement aux charges du gouvernement comtal. Les officiers du comte de Beaujeu devaient donc se tenir satisfaits de leur vote, n'eût-il été que d'un sou par feu. Lorsque les rois de France eurent supprimé les Trois-États, il n'y eut plus de don gratuit de la noblesse, et les biens nobles furent entièrement exempts d'impôts. C'est l'état où la Révolution les trouva, et où ils étaient depuis près de trois cents ans. Dans le pays des Quatre-Vallées, Aure, Magnoac, Nestes et Barousse, [qui, par suite des conditions particulières de son annexion à la couronne, continua à tenir ses États jusqu'en 1793], la noblesse cessa de prendre part aux États à dater du jour de l'annexion, 1475. Le Tiers seul continua à se réunir et à répartir les sommes que *seul* il payait. On peut consulter aux Archives de Tarbes les curieux procès-verbaux de ces réunions du Tiers.

59. Item, vengo hun presicador que presicaba las endulgensas de sent Vernat (1); que fo ordenat per lo conselh que lo donasam huna conqua de sibaza, costa : II sos VIII dines

60. Item, pagam a mosenh Guilhem deu Sobiran, ructo de Vilhera, lo deute que la vila lo deu.

61. Item, pagam a Nautet de Drulhet per anar enregistrar l'escominye de Matiu de Lalegua a Condom : IX sos.

62. Item, fo ordenat per lo conselh que pagasam los joglas qui los conpanlhos de la bila aben afremat l'entrat deu Caresme (2), que monta : I scut VI sos.

63. Item, fo apuntat per lo conselh que maste Pes Fontanhera anasa Aux per aber las hupunihos (3) deus clers sus lo debat que aben ab los de Cahusac sus los scutz qui nos pagan lo ters jorn de Nadau, que ditz en l'esturment scut deu pes de tres dines o la balor, e etz disen que son quitis per sent e X arditz, e nos disem que no, ans debin aysi cum ara bau l'escut deu pes de tres dines; en que lodit maste Pes aporta las hupunhos de mosenh Arnaud-Guilhem de Laube, de mosenh Vertrand deu Beri e de mosenh Johan Varera, e fon de hupunihos que losditz scutz no balhen sino sent e X arditz; en que fo valhat aus clerx per lor pena : I scut V sos IIII dines.

(1) Les indulgences de la croisade que Sixte IV préparait contre les Turcs. On les appelaient indulgences de saint Bernard, en souvenir de celles qui avaient été accordées lors de la croisade prêchée par le saint abbé de Clairvaux.

(2) *Joglas*, jongleurs. Ce mot, dans son acception primitive, désignait les menestrels ambulants qui composaient et jouaient des poèmes, des drames, des fabliaux. Peut-être faut-il l'entendre ici dans le sens péjoratif de bateleurs, sauteurs de cordes, joueurs de tours de passe-passe, etc.; il s'agit en effet des divertissements du mardi-gras, du carême-prenant « *l'intrat deu caresme* ». Le droit sur les jeux s'appelait, dans le langage féodal, la juglerie. — *Conpanlhos*, les compagnons de la ville, probablement les jeunes gens qui alors sans doute, comme aujourd'hui, prenaient l'initiative des divertissements publics. On donne encore de nos jours, dans les campagnes, le nom de *compagnons* à ces groupes de jeunes gens qui, aux environs de Noël, vont chanter de porte en porte l'*aguillouné* :

> Gentiou seignou.
> L'aguillounè il faut donner
> Aous coumpagnous.

(3) Opinion, avis.

XXIII.

COMPTES DE L'ANNÉE 1480.

REDDITION DE COMPTES (1).

SOMMAIRE : I. *Recettes :* 1. Levée de deux tailles. — 2. Revenus de la taverne et de la boucherie. — 3. Contribution de plusieurs communautés voisines pour les francs-archers. — II. *Dépenses :* 1. Total des dépenses de l'année.

L'an mil IIII^c. LXXX, et lo darrer-jorn deu mes de jener, foc redut compte per Berdot de Sent-Pot, Berdot de Monbet, Pey deu Pandeler et Johan de Monbet, conselhs de l'an passat de la present vila d'Ariscla, a Berdot Olier, Anthoni de Mayne, Bernad d'Aurelhan, per nom d'els et de Arnauton Palhera, absent a causa de sa malautia, cosselhs de l'an susdit.

Recettes. — 1. Losquals mostran que haben recebut en duas talhas per pagar las gens d'armas et autres cargas, lasqualas montan en una soma, deduzitz greuges, XX diner et dus scutz per cascun per los gatges acostumatz, tres centz nauanta set scutz quatre dines et mealha. — 2. Item, mostran que haben recebut de l'arendament de la taberna et deu mazet, sinquanta et sinq scutz. — 3. Item, mostran que haben recebut deus cosselhs de Sent-Germen per la contribuition deus franx arches, hoeyt scutz IIII^{te} sos II dines ; — item, deus cosselhs de Lapuyola, dus scutz IIII dines ; — item, deus cosselhs de Lacaussada, hun scut II sos X dines ; — item, deus cosselhs de Labarta-de-Canhard, seys sos ; — item, deus cosselhs de Cahusac, per la despensa deu rossin de la carreta, IIII sos VIII dines ; — Et ayxi monta tota ladita recepta en una soma, so es assaber quatre centz seyxanta hoeyt scutz sinq dines mealha.

Dépenses. — 1. Et aqui metis, mostran que haben despendut per parcelas et per los negociis toquan ladita vila, tant au collector

(1) Il n'existe pas de compte détaillé des dépenses pour l'année 1480.

de l'argent de las gens d'armas, donation feyta a mossenhor d'Armanhac, cum en autra despensa particular en lors comptes es contenguda, que monta tota ladita despensa la soma de quatre centz seyxanta et set scutz quinze sos I diner.

Et ayxi appari que losditz de Sent-Pot et sous conpanhos haben mes recebut que despendut la soma de tres sos quatre dines mealha.

Et per maior fermessa, jo Leberon de Thesa, notari, ey scriut lo present conde e subsignat de mon signet.

L. DE THESA, notari.

XXIV.
COMPTES DE L'ANNÉE 1481.

DÉPENSES.

SOMMAIRE : 1. Le receveur d'Armagnac, Jacques Briant, vient à Riscle. — 2. Conseil tenu à Vic au sujet de l'assiette des impôts. — 3. Saisie de brebis appartenant à M. de Violles ; — celui-ci s'empare d'un cheval sur le chemin de Sainte-Quitterie. — 4 et 5. Recherche de blé et de vin dans les greniers et dans les celliers de la ville par ordre du sénéchal ; — répartition du blé et du vin entre les nécessiteux par M. de Corneillan. — 6. Les consuls sont admonestés puis excommuniés à la requête de Mᵉ Bertrand du Berry. — 7. Don d'un écu au prédicateur du Carême. — 8. Chemin endommagé par les pluies. — 9-11. Conseil tenu à Nogaro au sujet des impositions. — 12. Réparations au pont de l'Adour. — 13. Demande d'argent par le fr. Mathieu Duvignau. — 14. Nomination du collecteur d'Armagnac. — 15. Le sénéchal demande communication des coutumes. — 16. Achat de tuile pour couvrir la tour. — 17. Avaries causées au pont de l'Adour par une crue. — 18. Ambassade envoyée à M. de Beaujeu. — 19 et 20. Achat de bois pour couvrir la tour. — 21. Réparations à une porte de la ville. — 22. Travaux au moulin et à la halle. — 23. Construction d'un pont sur le Bergons. — 24. Créance du collecteur du bassin du Purgatoire.

*Despensa feyta per Bernat d'Aurelhan, Berdot Olie, Antoni Mayne e Arnauton Palhera, conselhs de la bila d'Ariscla, l'an mil IIII*ᶜ *LXXX, [finit l'an LXXXI], tant aus quartarons, cruas, donation de mossenhor de Beuju e autres singulaus e despensas, aysi cum dejus s'enseg.*

1. Item, lo prumer jorn de mars, bengo Jaques Briant, rece-

ANNÉE 1481.

bedor d'Armanhac, demandar la resta qui era deguda de la donation qui los tres Statz d'Armanhac aben feyta a mosenhor de Beuju.

2. Item, a xvii de martz, mosenh lo senescal d'Armanhac termeto huna letre que lo xv jorn deudit mes se trobasan en la bila de Bic per far la sieta ne qui fora collecto; en que fo ordenat que i anasa Antoni Mayne; e aysi a fe.

3. Item, a iiii^{te} d'abriu, mosenh de Biolas (1) strema lo rosin a Bernat deu Busquet sus lo cami de Sancta-Quiteyra (2), a causa que la bila abe feyt prene sertana cantitat d'ahollas perso qui apeysaban en las pertiensas de ladita bila (3); foc ordenat per lo conselh que termetosan huna letre de las partz de ladita bila a mosenh de Termis (4), que contie ladita letre que fesa tornar

---

(1) Jean d'Armagnac, seigneur de Violes (annexe de Luppé, cant. de Nogaro), fils de Bernard d'Armagnac, seigneur de Termes, avait la tête chaude et la main prompte. En 1487, le 3 mai, fête de l'invention de la Sainte-Croix, jour de foire à Nogaro, il se prit de querelle dans l'auberge de Guillaume Bera avec un clerc de Nogaro, Raymond de Baradat, fils de Jean de Baradat, notaire de la ville, l'injuria, le frappa et le refrappa si bien que discret homme, maître Bernard Fitan, notaire, lieutenant du juge ordinaire d'Armagnac, assisté de Hugues Rolie, de Nicolas de Amito, notaires, et de Jean de Montastruc, consuls de Nogaro, informa contre lui. (Registres de Chastanet, notaire à Nogaro, étude de M. Vendryès.)

(2) Un des chemins *romius* allant de N.-D.-du-Puy à Saint-Jacques-de-Compostelle, en passant à Aire et au monastère du Mas où les pèlerins vénéraient le tombeau de sainte Quitterie. Au midi de la ville d'Aire, cette voie perdait son nom de *chemin de Saint-Jacques* pour prendre celui de *chemin de Sainte-Quitterie*, ainsi que l'attestent la tradition, les manuscrits de Lahitère et les vestiges très importants que l'on peut voir encore dans les communes de Latrille et de Miramont. (On peut consulter là-dessus un très important article publié par M. l'abbé Départ dans la *Petite Revue catholique du diocèse d'Aire et de Dax*, 1872, p. 228.) Nous voyons par ce passage des comptes de Riscle que ce chemin *romiu* changeait aussi de nom aux environs de Violes et qu'ainsi, au nord comme au midi du tombeau de la sainte si populaire dans notre région et en Espagne, la voie des pèlerins prenait le nom de *chemin de Sainte-Quitterie*.

(3) Cette saisie était faite en vertu de ce droit de carnalage « *carnau* » fréquemment mentionné dans ces comptes.

(4) Bernard d'Armagnac, baron de Termes, fils de Géraud d'Armagnac, baron de Termes et neveu du célèbre Thibaut d'Armagnac-Termes, bailli de Chartres, avait épousé, avant 1455, et probablement en 1448, Blanche de Rivière-Labatut, fille de feu Bernard de Rivière, vicomte de Labatut, sénéchal d'Armagnac, et de Galiane de Lavedan. Par le même contrat, Bernard de Rivière, vicomte de Labatut, frère de Blanche, épousait Jeanne d'Armagnac, sœur de Bernard. Les témoins des deux parties furent, du côté de Rivière : Monseigneur Jean de

lodit rosin audit de Violas. — Item, foc ordenat que fossa tornat hun maro, que era stat pres de las susditas ahollas e era enpenhat.

4. Item, a vi d'abriu, bengon Pochon de Sent-Martin, Ramonet deus Claus e hun autre comisari, ab hun mandament de mosenh lo senescal d'Armanhac, en que nos mandan sus sertanas e grandas penas que agossan a mete se debant a far ubertura per los graes e seres de ladita bila, aysi que lodit mandament qui portaban contene; e aysi a fen; que sten en far lodit reserc hun jorn.

5. Item, a xvii deudit, bengo mosenh de Cornelhan coma comisari de partir los blat[z], biis, qui eran statz pres per los susditz comisaris.

6. Item, mosenh Bertran deu Beri termeto amonestar losusditz conselhs a causa de sertanas abocasions que abe abocat per la bila en hun pleyt que ladita bila abe agut en lo temps passat en la cort de mosenh l'officau d'Aux ab maste Pes Fontanhera; e cant

Ben (?), abbé de Tasque, Odet, vicomte de Lavedan, Auger, seigneur de Saint-Lanne, Antoine de Pomarède, archidiacre de Rivière, Guiraud, seigneur de Rivière, Bernard, seigneur de Baulat; — du côté d'Armagnac, Monseigneur Thibaut d'Armagnac, bailli de Chartres, Raymond, seigneur de Viella, sénéchal de Beaucaire, Odet de Viella, son frère, Jehan, seigneur de La Palhère. — Monseigneur le bailli de Chartres fait donation à Bernard d'Armagnac, son neveu, futur époux, de tous et chacuns ses biens et s'engage à obtenir de l'archevêque d'Auch la dispense du lien de consanguinité spirituelle qui existe entre son dit neveu et Blanche de Rivière, Bernard d'Armagnac étant filleul du feu seigneur de Labatut « et de la dona Galiane sa molhe ». Une des clauses du contrat porte que Bernard d'Armagnac et Blanche de Rivière étant encore trop jeunes, les témoins d'Armagnac prendront l'engagement de faire consommer le mariage quand l'heure sera venue; que si à ce moment Blanche ne vit plus, Bernard épousera Marie de Rivière, sa sœur; si c'est Bernard qui prédécède, ce sera son frère Jean d'Armagnac qui épousera Blanche ou Marie à son défaut. Fait au château de Termes en présence de Séguinot d'Astain, seigneur d'Estampes, Bertrand de Pardaillan, seigneur de Panjas, Raymond-Garcie de Lavedan, fils du vicomte de Lavedan, Bertrand, seigneur de Sédirac, Bertrand de Lavedan, seigneur de Sauveterre, et Jehan, seigneur d'Aumensan. — Ce contrat passé sous seing privé ne porte pas de date; il fut retranscrit en forme le 16 avril 1470 par Jean de Camicas, notaire de Nogaro. (Chartrier du Séminaire d'Auch, n° 16213.) Raymond de Viella, sénéchal de Beaucaire, un des témoins d'Armagnac, étant mort en 1455 (voir p. 61), le mariage eut lieu avant cette date : peut-être en 1448. Nous avons vu, p. 61, art. 10, que les consuls de Riscle firent cette année une donation de trois écus « au senhor de Labatut per la festa ». Ce mot *festa* pourrait désigner la fête de son mariage. — Bernard d'Armagnac mourut en septembre 1498; les consuls de Riscle envoyèrent six torches à sa sépulture. (Voir année 1498.)

fon amonestatz, ne fen hamasar lo conselh, e aqui foc apuntat que maste Pes Fontanhera anasa Aux parlar ab lodit mosenh Bertran beser que era aquo; en que lodit maste Pes no hana Aux au jorn qui era stat apuntat; e a cause de quo lo susdit mosenh Bertran, lo dimercles sant, termeto l'escominge contra Berdot Olie [e] Antoni Mayne.

7. Item, a vi deudit mes, foc ordenat per lo conselh que donasan a fray Johan de Bedat, presicador de l'ordi deu conbent d'Ortes (1), a causa que abe sermonat lo Caresme, hun scut; e aysi a fen.

8. Item, a xxiiii de julh, fen far stacas au Bernet, ab deu clot qui l'ayga abe feyt en lo cami qui ba entau Pelam, a Tuquet de Berduc; e lodit jorn las fen carreyar au masip de Labat ab lo car e voeus.

9. Item, a x d'ahost, foc ordenat per lo conselh que Peyron d'Argelos e Bernat d'Aurelhan anasan au conselh a Nogaro que se deben trobar los tres Statz d'Armanhac; e cant fon part dela, aqui foc mosenh lo gobernador e mosenh jutye e beucop de gentius homes e cosolatz; e foc parlat cum podora om obbiar e fugir a tan gran despensas que Peyronet de La Portaria (2) fase

(1) Frère prêcheur du couvent d'Orthez. Voir dans le fascicule ix de nos Archives les *Frères Prêcheurs en Gascogne*, iiᵉ partie, l'histoire de la fondation du couvent d'Orthez, 1250.

(2) Ce trésorier des guerres, dont le nom revient presque à chaque page dans ces comptes, appartenait vraisemblablement à une famille de La Porterie, d'origine espagnole, qui possédait près de Cologne le fief de Puyminet, en vertu d'une donation de Jean IV, comte d'Armagnac. L'acte de cette donation, conservé aux Archives départementales du Gers, série E, renferme un curieux historique de cette famille et des faits militaires qu'on nous saura gré de rappeler. Voici cet acte dans ses parties principales :

« Johannes, Dei gratia comes Armaniaci, Fezensiaci, Ruthenarum et Insulæ,
« vicecomesque Fezensagueli, Brullesii, Crecellii et Gimoesii, dominus Ripariæ,
« Auræ, Magnoaci et aliarum terrarum, universis et singulis præsentes litteras
« impecturis, salutem. Quibus omnibus notum facimus et eos scire volumus, quod
« nos contra Anglos bello contendentes et cum illis armis certantes, epistolas
« a nobilissimo domino Alphonso Deil-y-Porteria, natione Hyspano et a natalis
« Ville France, de licentia et venia illustrissimi Alphonsi Aragoniæ regis
« scriptas, hinc a tribus annis accepimus, quarum tenore dictus dominus Alphon-
« sus Deilh-y-Porteria, filius illustrissimi ac bellicosissimi viri nobilis. domini
« Ferdinandi Deilh, qui tam gloriose cæsis et perfugatis Sarracenis castrum
« de Medina-Cœli incolumen custodivit, ut certiorati sumus per consobrinum
« clarissimum nostrum Johannem Castiliæ regem, qui facti memoria illum
« scuto tisserario regni decoravit et illius nomine *y Porteria* addidit, præfatus

au pays, a causa deu retardament deus cartarons e autas cargas que lo pais portaba.

10. Item, a xxi d'ahost, bengo Johanot deu Bedat, filh deu collecto, ab huna letre de mosenh jutye d'Armanhac, que contene que lo disapte aprop se trobasa om en la bila de Nogaro, que

« dominus Alphonsus Delh-y-Porteria se in adjutorium nostrum et juvamen
« bellandi causa venturum, ordinantem et ducentem centum alios consocios
« milites ad belli gerandum strenuissimos nobis promisit, modo per nos omnia
« ad bellum illis necessaria suppeditarentur et victum. Que quidem omnia
« gratissima habuimus et accepta ; subitoque præfatus nobilis dominus Alphonsus
« Deilh-y-Porteria circa patriam Burdegalensem in juvamen et obsequium nos-
« trum cucurrit et volavit, et prædictus per duos annos, una cum domino de
« Montealto, quam plures hostium turbas gloriosè pugnavit, bellavit, vicit et
« profugavit, castrumque de Ameliano obsedit et cœpit illiusque capitaneum
« diu prisonatum fecit una cum cohorte, in quibus fiduciam habebant inimici.
« Tandem, inita pace, ad recompensationem et satisfactionem gratorum et
« laudabilium obsequiorum et servitiorum nobis impensorum nostra prosequendi
« bella et negotia per præfatum nobilem Alphonsum Deilh-y-Porteria, ex nostra
« certa scientia et autoritate comitali, ut fas est et rationi consonum, dictum
« nobilem dominum Alphonsum Deilh-y-Porteria nostrum equitem et domicellum
« sub titulo de Pomineto creavimus et per presentes creamus ; et ut frui valeat
« et gaudeat, notum fieri volumus universis presentibus et futuris quod nos
« comes prædictus eidem nobili domino Deilh-y-Porteria territorium loci de
« Pomineto ad nos pertinens cum omnibus terris, pratis, vineis, nemoribus et
« aliis possessionibus cultis et incultis, agreriis, feudis, obliis et omnibus aliis
« juribus ad dictum territorium de Pomineto pertinentibus et pertinere deben-
« tibus, cum bastimento juxta rivum de Sarampione constructum dedimus,
« concessimus et donavimus, damusque, concedimus et donamus, donatione
« pura, vera et simplici et nullatenus revocanda etc. Quod quidem dictum
« territorium de Pomineto confrontatur ex una parte cum territoriis de Ciriaco,
« Sto Germano, et ex altera cum jurisdictione villæ Coloniensis et cum Sancto
« Cricquo; devestientes nos comes prædictus etc. *(le reste est relatif à la mise*
« *en possession)*.

« Datum in castro nostro Malivicini, pridie kalendas octobris M. CCCC. XXXII ;
« presentibus J. de Labarthe Auræ, Dominique de Baragno. — De mandato
« domini comitis : De Bayonna, scriba. »

Alphonse Deilh-y-Porteria, seigneur de Puyminet, eut de Marie de Cardenhaut Jean-Antoine, et probablement *Pierre de La Porterie, trésorier des guerres*. Jean-Antoine Deilh-y-Porteria, appelé de La Porterie, cap. comm. sur l'Adour, en Bigorre, Pardiac et Chalosse, habitant de Lavardens, épousa Isabeau de Susmia (contrat de 1499, rédigé en basque, Arch. du Gers) et en eut Arnaud et Philippe ; ce dernier partagea avec son frère les biens paternels, le 14 janvier 1550, lui céda les terres de Gascogne et garda celles d'Espagne *(ibid.)*. Arnaud de La Porterie, sieur du Cardenaut, habitant de Lavardens, capitaine de 100 hommes d'armes, épousa Marthe de Bérail de Lonce, fille du seigneur de Saint-Orens (contrat du 3 septembre 1549, *ibid.*), et en eut Jean de La Porterie, sieur du Cardenaut, cap. au régiment de Navarre, habitant de Lavardens en 1594. *(Ibid.)*

audit jorn se trobaran los gentius homes e propietatz deu pays per saber que fera om deus cartarons e autres negosis que lo pais abe.

11. Item, a III de seteme, ana Bernat d'Aurelhan a Nogaro, que se deben trobar los gentius homes e propietatz, per apuntar qui anara a mosenh de Beuju per nom deu pays.

12. Item, a XXIIII de seteme, anan far arama ab de claber foratz (1) que s'eran feyt au pont de l'Ador.

13. Item, lo prumer jorn d'octobre, bengo fray Mathiu deu Binhau demandar l'argent qui la bila lo debe; e ontqueras no abe om bist que era so qui l'era degut; mas apuntan ab lodit fray Mathiu que donasa termi entro Totz-Sans, que alabetz agora om bist que montaba so qui om lo debe, e alabetz lo feran content.

14. Item, a XII deudit mes, anan a Nogaro Berdot Olie e Arnauton Palhera, que s'i deben trobar las propietatz per apuntar qui fora collecto.

15. Item, a XIII deudit mes, bengo hun mesatye dab huna letre de mosenh lo senescal d'Armanhac, que contie que l'endoman se trobasan dus deus cosselhs de l'aneya passada e dus de nos autres Anha, e portasan las costumas de la bila.

16. Item, crompan de Meyon de La Claberia, abitan de Lana-Sobiran, marcat feyt dab lu, teule per caperar la tor, que lodit Meyon deu balhar tot lo chabiment deu teule qui es besoy per crobir ladita tor, per lo prest e soma de quatre scutz e mey, condan XVIII sos per scutz.

17. Item, la brespa de Sancta Quatalina, anan ab la garda amasar los tenhos deu pont de l'Ador, que l'aygua las n'abe menatz.

18. Item, a VII de desemere, ana Anthoni Mayne a Nogaro portar argent au collecto los nau arditz e mey per foc, per anar a la enbaysada de mosenhor de Beuju : VIII scutz XIIII sos IIII dines.

19. Item, fo ordenat per lo conselh que fesan reparar e crubir la tor, que fen marcat a bin ab Meyon deus Sous de XXXVI todelhas d'areche per crobir ladita tor; que foc feyt marcat a quatre scutz lasditas todelhas, e que las anasan sercar a Sent-Martin.

(1) Couper des branches, *far arama*, pour fermer, *claber*, les trous, *foratz*.

20. Item, a xviii de gener, bengo maste Johan de Bidos, crestian, per beser e abisar quena fusta fasse besoy en ladita tor.

21. Item, fen adobar lo portanet de la comporta de la bila a Mono Sala; que lo foc donat per son tribalh : vii dines.

22. Item, fen adobar e baysar lo terer qui era debant la porta deu molin e curar entermey la eysala de la fala e l'ostau de maste Leberon de Thesa.

23. Item, fo ordenat que anasan debisar ont fora lo melhor per bastir las palancas deu Bergons; e cant fon part dela, abisan au melhor per las bastir; ont crompan hun trensot de terra de Guilhamon deu Pont per en dresar lo cami; que costa : hun scut.

24. Item, pagan a mosenh Johan Sala, collecto deu basin d'espurgatori, cum hereter deu ructo de Bilhera : iii scutz vii sos ii dines.

XXV.
COMPTES DE L'ANNÉE 1482.

DÉPENSES.

SOMMAIRE : 1. Fief payé au receveur d'Armagnac. — 2. Saisie de deux chevaux chargés de marchandise, conduits au marché de Nogaro par l'un des consuls de Riscle. — 3. Rétablissement d'un petit pont au gué de Sainte-Marie. — 4. Établissement d'un four à chaux pour la fabrique de l'église Saint-Pierre. — 5. Emprisonnement des consuls à Nogaro. — 6. Conseil tenu à Nogaro pour connaître le résultat d'une députation. — 7. Convocation des consuls du pays pour la nomination d'un collecteur; — procès au sujet d'une croix fournie par un orfèvre de Nogaro. — 8. Dommage causé par un troupeau de moutons appartenant à M. de Thermes. — 9. Un charpentier basque vient pour entreprendre la réparation de la tour. — 10. Choix du collecteur. — 11 et 12. Crue de l'Adour; l'eau pénètre en ville. — 13. Un habitant de Viella offre de se charger des travaux de la tour. — 14 et 15. Nouvelle crue de l'Adour. — 16. Présent fait à M. de Maumusson pour en obtenir un prêt de blé et de vin. — 17 et 18. Armes mises en gage à Gondrin et à Agen par les francs-archers de la ville. — 19. Copie d'une concession faite à la ville par le comte d'Armagnac. — 20. Frais d'enterrement d'un pauvre décédé à l'hôpital. — 21, 22 et 23. Procès de la *banastre*. — 24. Façon de quatre torches pour la Fête-Dieu. — 25. Bail à ferme des revenus de la cure de Riscle. — 26 et 27. Envoi de six hommes d'armes à Mazères; — M. de Laguian vient donner l'ordre de faire de nouveau partir en campagne lesdits hommes d'armes. — 28. Venue du juge d'appel et du juge ordinaire d'Armagnac; — ils reprochent aux consuls de Riscle de ne point administrer la justice avec le zèle convenable. — 29. Conseil tenu à Caupenne, touchant les impositions. — 30 et 31. Prêt de blé et de vin, consenti par M. de Maumusson. — 32. Recherche de blé et de vin pour les nécessiteux. — 33. Restes d'un subside accordé au sénéchal d'Armagnac. — 34. Le juge-mage d'Armagnac est désigné pour se rendre à la cour de France et demander réduction des charges qui pèsent sur le pays. — 35. Achat de fer pour le battant de la cloche. — 36. Vente de vin à un habitant de Saint-Pé-de-Génerez. — 37. Peste à Nogaro; — un habitant de cette ville veut venir habiter Riscle; on lui impose une quarantaine de quinze jours. — 38, 39 et 40. Démarches faites auprès de M. de Maumusson, qui avait fait excommunier les consuls, pour obtenir l'absolution. — 41. Réunion convoquée à Caupenne, au sujet de la députation du juge-mage à la Cour.

Despensa feyta per Johan Farga, Arnauton de Poges, Berdot deu Poy e Berdot d'Argelos, conselhs de la bila d'Ariscla en l'an mil IIII^c LXXXI finit l'an LXXXII, e aso tant aus quartarons, arches franx e autres deutes ont la bila era tenguda, aysi cum dejus s'ensec.

1. Prumerament, lo prumer jor de gener, pagan au recebedor d'Armanhac per lo fiu qui la bila fe a mossenhor lo conte : hoeyt liuras quatre dines tornes, balin VI scutz.

2. Item, a VI de gener, ana Johan Farga au marcat a Nogaro, ab dus saumes carcatz de marchandisa; e cant foc part dela, aqui foc Matiu e Loys, comisaris per Peyronet de La Portaria; e aqui prengon losditz rossis e marchandisa e arastan Johan deu Magenc e lodit de Lafarga.

3. Item, fen mete huna palanqua au gua aperat de Senta-Maria, que s'en era anada.

4. Item, foc ordenat que fessan far hun forn de causea ab de la obra de mosenh Sen-Pe (1); e que foc balhat a far a hun peyre aperat Anthoni, e foc feyt marcat ab lodit Anthoni de far lodit forn e de far sent e detz pipas de causea, acordi feyt ha hoeyt scutz e quatre sos, e otra aquo lo balhaban totz carreys de peyra e de lenha e far lenha aus despens de la bila; e es bertat que cant lodit marcat foc feyt lo susdit Antoni, peyre, bengo dise audit

---

(1) Ce four à chaux, *causea*, pour la fabrique, *obra*, de l'église de Saint-Pierre de Riscle, et les 110 pipes de chaux que l'on devait y faire, étaient sans doute destinées à la réparation de l'église.

coselh que et no la podora ne sabora far ladita causea per ladita soma; e foc mustrat en coselh so qui lodit peyre dise; e aqui foc dit que lo Gie era content de far ladita causea per lo susdit pretz; e foc apuntat que lo fossa balhat; e aysi fen marcat ab lodit Gie; que costa lo marcat a bin : I sol.

5. Item, a XVII deu mes de gener, bengon a Riscla Berdot de Camicas e hun autre saryant aperat Galaubet, e mandan a Johan Farga, Ramonet deu Faur, Johano deu Faur, Bernadon de Lafitan e Johano de Monbet que agossan anar tenir lo rest a Nogaro entro per tant que lo pays d'Armanhac agossa pagat IIII° XLVII liuras que disen que lo pays debe; e es bertat que ladita bila per labetz non debe diner ne mealha; mas aqui foc apuntat que mustrasan obbesiensa e anasan audit mandament; e aysi a fen; e etz sten en lodit rest seys jorns.

6. Item, a VIII de feure, mosenh lo gobernador e l'ausidor termeton huna letra que l'endoman se trobasan a Nogaro per ausir lo report qui fassen deu biatge qui aben feyt enta la cort; ont l'endoman foc ordenat per lo conselh que Johan Farga hi anasa; e aysi a fe; ago demorar la neyt part dela a causa que audit jorn no eran totas las propietatz ne nobles dequi a l'endoman; e l'endoman tengon lodit conselh, ont aqui foc demustrat per losditz mosenh lo gobernador e l'ausidor que etz mustraban e portaban descarc per loc enmiron de III sos.

7. Item, a XVIII deudit mes, anan [a Nogaro], que aben agut letra que s'i trobasan per far e mete collecto, e aysi metis per condar ab Arnauton de La Claberia, argente de Nogaro, sus l'argent de la crotz qui nos ten, e despensa qui nos abe feyta far en pleyteyar ladita crotz. E lodit jorn, foc apuntat que dus personatyes de Nogaro, dus de Barsalona e dus d'Ariscla anasan Aux per far la cieta; e foc apuntat que Johano de Sent-Aubin, abitant de Panyas (1), fessa la despensa, que bole ste collecto;

(1) Jean de Saint-Aubin, coseigneur de Panjas, est au nombre des gentils-hommes du Bas-Armagnac qui prêtèrent serment au comte de Beaujeu, à Nogaro, le 17 novembre 1479. (Monlezun, *Hist. de la Gascogne*, t. v, p. 14.) Le 1er juillet 1438, Jean de Saint-Aubin, bourgeois de Nogaro, promit à noble et puissant homme Manaud, seigneur du Lau, de lui revendre dans le délai de six années certains fiefs, lods et ventes, au lieu de Panjas, pour le prix de 66 écus d'or du poids de 3 deniers. (Courcelles, *Hist. généal. et hérald. des pairs*

loqual de Sent-Aubin fec la despensa per totz, sino per nos autres d'Ariscla.

8. Item, lo darer jorn de feure, foc feyta conplanta aus susditz cosselhs que hun aholle abe en l'Aribera de ladita bila ab sertana cantitat d'aholas, e fasse gran dapnatge au pastenc; e aqui foc dit que se nomentaba de mosenh de Termis; ont aqui foc ordenat que termetossan la garda audit senhor de Termis de part la bila saber si lodit bestiar era son, e si dise que ho, que lo bolossa far partir de ladita Aribera, car era dapnatye deu bestiar de ladita bila (1).

9. Item, a VI de martz, bengo hun basco que era fuste, en disen que et abe ausit dise que la bila bole far la tor, e que si om bole, et la fera; e aqui foc ordenat que puyasa (2) sus ladita tor abisar cum se fera e canta fusta hi abe nesesaria; e aysi a fe, e aqui parlan deu marcat per cant la fera; ont demanda gran soma, ont no fou punt d'acort.

10. Item, a XII de martz, termeto mosenh jutye huna letra que l'endoman se trobasa om a Nogaro per apuntar qui fora collecto; auqual jorn anan Johan Farga e Arnauton de Poges; he cant fon part dela, aqui foc Johano de Sent-Aubin, que bole prene ladita collecta, e aysi metis Johanet deu Barbe, ont fo om en dibision quey feran collecto; e demoran de apuntar dequi a l'endoman; e l'endoman apuntan que lodit Johanet fossa collecto.

11. Item, a XII d'abriu, cresco l'ayga e entra en la bila, e aqui sosleba lo pont deu molin, ont lo fen carcar afin que no lou menasa.

12. Item, a XIIII deudit mes, fen anar sercar los tenhos e platas que l'ayga n'abe menat deu pont de l'Ador.

13. Item, bengo lo mastron de Bilar, que si om bole far la tor, que et la fera a ta bon marcat cum hun autre; fo hapuntat que puyasa sus ladita tor beser que lon semla; ont hi puya dab et Berdot deu Poy, e aqui abisan quena fusta hi fasse mestir (3); e

---

de France, t. IV, généal. Lupé, p. 12.) Ce devait être le père du collecteur qui a donné occasion à cette note. Les descendants de « Johano » de Saint-Aubin ont possédé des fiefs dans le Bas-Armagnac, et formé souche noble.

(1) Voir comptes de 1481, art. 3.
(2) *Puyar, pujar*, monter.
(3) *Mestir*, nécessité, besoin.

cant fon debarat, ac demustran en conselh; e aqui foc dit que om hi abisara.

14. Item, a XXVI de may, cresco l'ayga e fec hun forat en l'enbarat deu Cambadia enta la part deus Pelams; foc ordenat que fossa donat a clabe, e foc balhat a far duas arcas la huna contra de l'auta; aysi metis, fessan totas las stacas qui fessan mestir en lasditas arcas.

15. Item, foc ordenat que fessan lebar l'enbarat deu Cambadia au cap deu pont enta la part de Peyrot de Gotz, que s'era baysat, e lo fen lebar de gason.

16. Item, foc ordenat per lo conselh que anasan parlar ab mosenh de Maumuson de las pars de la bila, si nos bolora prestar blat o bin per pagar lo collecto, atenut que las gens no poden pagar las talhas; crompan seys arditz de pey[s] per far present audit de Maumuson; e cant fon part dela, parlan ab lodit de Maumuson per que eran aqui; ont lodit de Maumuson los diso que au present nos los sabora far resposta, mas que lo dibes aprop et bengora a Riscla, e alabetz fera resposta si podora ho no.

17. Item, sobon huna spasa que lo Marine e Guisarnaut d'Audirac, franx arches, aben enpenhada ha hun oste a Gondrin per XV arditz, laqual spasa es de la bila; e la gahina que era arota, e la y fen far; que costa ladita gayna e de sobe : IIII sos VI dines.

18. Item, sobon las bergantinas qui losditz franx arches aben enpenhadas Agen a Tapia per IIII^{te} scutz II sos II dines ; lasqual[s] bergantinas aporta Berdot d'Aros, e lo foc pagat per son tribalh e despensa: IIII^{te} sos.

19. Item, a XXIX deudit mes, fen copia hunas conbenensas que mosenhor lo conte abe autreyat a ladita bila; e eran en lo libre de mosenh l'auditor, en que las fen copia; que costan d'escribe, pape, candelas : II sos VI dines.

20. Item, ana de bita a trespassament hun praubet a l'espitau; que costa de far la fossa e supelir : I sol.

21. Item, a XXIIII de jun, fon ajornatz a la stancia deu procurayre fiscau de mossenhor de Beuju per debant la cort de mosenh jutge ordenari d'Armanhac, a Nogaro, per la banastra (1).

---

(1) Voir comptes de 1478, art. 41.

22. Item, foc ordenat que maste Johan deu Baradat anasa a Nogaro a ladita jornada; e aysi a fe, que cant fo part dela, ana parlar ab lodit procurayre, e apuntan que la causa demorasa entro per tant que mosenh lo gobernador e ausidor fossan part desa.

23. Item, foc ordenat que maste Johan deu Baradat, Leberon de Poges, Arnauton de Lafitan, Berdot deu Poy e Mono Sala anasan a Nogaro a causa de augus parlas que eran statz magutz enter los officies de mossenhor de Beuju e la bila sus lo debat de la banastra; e cant fon part dela, aqui anan parlar ab mosenh jutge ordenari de la susdita materia; e aqui foc debatut talament que lodit mosenh jutge los diso que aquero no se pode pas conclusir au present, atenut que no y abe autres officies per lodit mosenhor, mas que desi a hoyt jorns mosenh lo gobernador e ausidor foran part dela e parlaran de la susdita materia.

24. Item, foc ordenat que fessan far IIII^{te} torchas ab deu jorn deu cos de Diu far luminayria; que costan las ditas torchas e fayson : VI sos.

25. Item, a XXIX deudit mes, bengo mosenh Joannes deu Poy (1) per arendar la ructoria de ladita bila; auqual pregan que lo plagos de arendar ladita ructoria e mete le en mas ont lo pople fossa honestament servit, aysi cum lo cas requer.

26. Item, a XXIIII de julh, fon mandatz per lo loctenent de mosenh senescal d'Armanhac que agossan a termete seys homis en feyt d'armas a Maseras (2), e aso sus sertanas e grandas penas; ont elegin losditz seys presonatyes per anar audit mandament; ont Berdot deu Poy mena losditz seys homes a Maseras; que sten VII jorns prume no podon aber conget.

27. Item, lo hoyte jorn aprop que fon bengutz, mosenh de Laguian (3) bengo a Riscla, e aqui parla ab losditz cosselhs e

---

(1) Jean de Pouy, seigneur de Pouy, dans les appartenances d'Arblade-Comtal, donne procuration en 1486 au seigneur dudit lieu d'Arblade. (Chart. du Sém. d'Auch, registre de Chastenet, notaire à Nogaro.)

(2) Mazères, près Castelnau-de-Rivière.

(3) Bernard de Caunet, seigneur de Laguian-de-Rivière, près Riscle, fit son testament dans le lieu de Cahuzac, le 25 juillet 1492. Il demanda à être enseveli dans l'église de Saint-Jean de Laguian, au tombeau de ses ancêtres; laissa à sa femme Rose de Ferragut l'usufruit de ses biens; fit un legs à Raymond son fils pour poursuivre ses études et arriver aux ordres sacrés; *item* à Jeanne de

los diso que falhe que termetosan los homis qui eran bengutz de Maseras part dela, car aysi n'abe agut mandament; auqual pregan, cuma besin que lo tenen, que et los bolosa descarcar de quet costage, que et pode, si far a bole; loqual respono que et bolora far per la bila so qui lo fossa possiple, e si et pode, et nos descargara bolentes de quet carsc; en que pagan la sopada per et e mosenh de Maumuson a Ramonet de Thesa; que despensan en pan, bin, carn, specias, que monta en huna soma : v sos.

28. Item, a xxviii d'ahost, bengon messenhors de jutges d'apelhs e ordenari d'Armanhac, e aqui termeton sercar losditz cosselhs que anasan parlar dab lor a l'ostau de Johan de Lafitan; ont anan audit mandament; e cant fon part dela, mosenh jutge d'apelhs los diso que etz eran aqui spresament per conplanta que aben agut contra de lor tocan lo renc de justicia, que cum etz agossan la justicia e pollicia de ladita bila, que etz non husaban segont aquera, car degun que fessa mal en ladita bila non era castigat; ont losdits cosselhs responon que no saben aquo que era, mas aquo era au bayle qui abe la ministration de part mosenhor, e que aquetz qui conbocaba per debant lor etz fassen segont renc de justicia; ont aqui los manda lodit mosenh jutge, sus pena de perde lor perbiletge, que agossan a ministra justicia contra los delinquens; auqual responon que etz eran pretz de obesir au mandament (1).

29. Item, termeton letra au coselh de bila d'Aurensa e de Cornelhan, que se bolosan trobar au conselh a Caupena ont foran d'autres nobles e propietatz per apuntar si om termetora en Fransa si podoram aber degun debaysament de la gran carqua qui lo pays portaba.

Moret, fille et héritière universelle de Amorette de Cannet, sa fille défunte; *item* à Jeanne, Marguerite et Blanche de Cannet ses filles; institua pour son héritier universel Bernard de Cannet, son fils aîné, et nomma pour ses exécuteurs testamentaires Géraud de Saint-Lanne, seigneur de Saint-Lanne et Cahuzac, Jean de Viella, seigneur de Maumusson, et Bertrand de Cannet, seigneur de Cannet. (Chartrier du Séminaire d'Auch, n° 5384.) Son fils Bernard épousa, le 26 juillet 1496, Antonia de Léaumont, fille d'Aymeric de Léaumont, seigneur de Sainte-Christie en Fezensac. (*Ibid.*, n° 5383.)

(1) Voir l'Introduction pour ce qui concerne la justice.

30. Item, bengo lodit de Maumuson lo dibes, aysi cum habe dit, e aqui los fe resposta que et era content de prestar a la bila LX quartz de froment, hoyt pipas de bin, e costara cascun quart XIIII sos e mey, e pipa de bin hoyt scutz.

31. Item, termeton Bernat deu Cos a mosenh de Maumuson, que termetosa la clau deu serre ont los biis qui de lu aben malhebatz eran; que los bolen bene.

32. Item, a xv de martz, bengo mosenh de Sancta-Crestia e son baylet, comisari de prene blatz e biis aqui on ne trobasa per prestar a la praube gent; en que ste dus jorns duas neytz en far lo reserc en ladita bila.

33. Item, pagan a Menyolet de La Claberia, bayle de Lana-Sobiran, loqual abe carga de Lana e Fausagara, comis per mosenhor lo senescal d'Armanhac per colhe las restas qui l'eran degudas de la donation qui lo pays darerament l'abe feyt : II scutz xv sos VIII dines.

34. Item, foc ordenat que maste Johan deu Baradat e Johan Farga anasan au conselh a Caupena, ont aqui deben star los nobles e propietatz, per apuntar si termetoran a la cort en Fransa per beser si podora om star debaysat de la gran carga qui lo pays susporta; e cant fon part dela, [a]qui foc apuntat per los nobles e propietatz qui haqui eran e foc donat la carga a mosenh jutgue mage d'Armanhac, e lo fo dit que lo pays d'Armanhac lo donara per son tribalh e despensa sinquanta franx, e que tengossa nostra causa per recomandada.

35. Item, cronpan de Bernadon de Lafitan IIII^{te} liuras de fer per far lo batalh deu sey; que costan : I sol.

36. Item, foc apuntat que Berdot deu Poy hanasa a Sen-Pe-de-Gieres (1) a Bertranet, beser si crompara lo bin qui aben malhebat de mosenh de Maumuson; e cant foc part dela, aqui parla ab lodit Bertranet, ont lodit Bertranet respono que no abe pas argent sino per II^{as} pipas; e aqui fon de marcat a sinc scutz pipa.

37. Item, foc ordenat que termetosan huna letra ha Huguet Maurin que s'en bole benir part desa ab tot son maynatye, a

---

(1) Saint-Pé-de-Générès, aujourd'hui Saint-Pé-de-Bigorre (Hautes-Pyrénées).

causa de la mortalitat de Nogaro (1); que contene ladita letra que entro pertant que agossa demorat part defora xv jorns o tres semmanas que om no lo [pode] reculir per l'enconbenient qui pode benir.

38. Item, foc ordenat que maste Bernad Fitan, maste Johan de Baradat, Berdot d'Argelos e Berdot deu Poy anasan parlar ab mosenh de Maumuson que tie en sentencia d'escominge audit cosselh; e aysi hi anan; e cant fon part dela, lodit de Maumuson fo enta Bilar; termeton hy hun mesatye que lo plagos de benir, que etz aben mestir de parlar dab et; ont cant lodit mesatge foc a Bilar, aqui lo foc dit que lodit de Maumuson erat anat cassa; e aysi torna la resposta; ausit aquo, s'en tornan sens parlar ab lodit de Maumuson.

39. Item, torna lodit maste Johan audit de Maumuson per apuntar dap et cum losditz cosselhs agossan absolution; e apunta que agossan sospens entro cap d'an, e si dequi ha labetz eran d'acort, que balosa absolution; e pendent lodit termi fon d'acort ab huna que pagan tota la despensa qui lodit de Maumuson abe feyta que los abe scominyatz e agreuyatz.

40. Item, termeton Arnauton de Lafitan Aux sercar lasditas absolutions, que costan : I scut.

41. Item, a XII de nobenbre, bengo mosenh jutye mage d'Armanhac, ont aqui se deben trobar los gentius homes d'Armanhac e propietatz, per apuntar si om termetora a la cort en Fransa per beser si om podora aber deguna descarca, cant la sieta se fessa; ont aqui no fon deguns gentius homes ne propietatz sino tant solament los cosselhs de Nogaro e de Barsalona; e aqui foc apuntat, atenut que losditz gentius homes no y eran, que om los fessa asaber que lo dimars aprop se bolosan trobar a Caupena per apuntar de la susdita mateyria. E foc ordenat que pagassan la despensa qui lodit mosenh jutge abe feyt per sa nobela benguda; e aysi a fen; que despensa a l'ostau de Druhet : XII sos III dines.

(1) Sans doute la peste noire, qui ne cessa de régner pendant cette dernière moitié du XVe siècle et qui tantôt ici tantôt là dépeupla les villes.

ANNÉE 1483.   269

XXVI.
COMPTES DE L'ANNÉE 1483.

DÉPENSES.

SOMMAIRE : 1, 2 et 3. Lettre de M. de Sabazan au sujet des calices donnés en nantissement au sénéchal de Toulouse, et dont celui-ci exige le dégagement ; — voyages à Andrest pour voir le sénéchal ; — on ne peut le rencontrer. — 4. Procès avec les commissaires des chemins. — 5. Convocation des consuls à Caupenne pour entendre une relation du juge-mage. — 6. Achat de papier pour faire l'allivrement. — 7, 8 et 9. Achat d'un coffre pour les archives ; — monitoire contre les détenteurs de titres communaux. — 10. Prêt de blé et de vin aux pauvres. — 11, 12 et 13. La réparation de la tour est confiée à un *christian* (capot) de Belloc ; — façon d'une corde destinée à monter le bois sur la tour. — 14. Les consuls sont mandés à Jegun, puis à Lectoure. — 15-22. Prêt de 80 sacs de millet par le barbier d'Aydie ; — différence entre la mesure de Riscle et celle de Nay, d'où provient le millet ; — procès avec ledit barbier. — 23. Conseil tenu à Launepax, au sujet de l'impôt des lances. — 24. Achat de plomb pour couvrir la pomme de la tour. — 25 et 26. Demande d'un prêt d'argent au barbier d'Aydie et à M. de Maumusson. — 27. On fait faire une croix de fer pour la placer sur le haut de la tour. — 28-35. Procès avec les consuls de Saint-Mont, touchant les limites des deux juridictions. — 36 et 37. Peste à Barcelonne ; — gardes placés aux portes de Riscle les jours de marchés. — 38 et 39. Conseil tenu à Nogaro pour envoyer une députation au Roi. — 40. Ordre de conduire vingt-cinq hommes d'armes à Saint-Martin. — 41. Conseil tenu à Jegun ; — le lieutenant du sénéchal annonce le rétablissement de la santé du Roi, qui avait été aux portes de la mort ; — il demande un nouveau serment de fidélité. — 42 et 43. Sentence arbitrale sur le différend entre les consuls de Riscle et de Saint-Mont. — 44-46. Envoi de députés au Roi par la noblesse et les propriétaires du pays ; conseil tenu à Eauze ; on y proclame une réduction accordée par le Roi sur les impôts. — 47. Conseil tenu à Lectoure pour nommer les députés des trois ordres aux États généraux convoqués à Tours ; — M. de Montaut est choisi par la noblesse, l'abbé de Flaran par le clergé, et Me Jean de Job, juge d'appel d'Armagnac, par le tiers-état. — 48. Réparations au portail de la Taste. — 49-52. Procès avec Antoine de Lafargue, seigneur d'Armentieu, au sujet de droits féodaux refusés par les habitants de Riscle. — 53. Indemnité payée au juge d'Armagnac pour son voyage en France. — 54. Réparation des talus du château de la ville. — 55. Réception d'une lettre du juge d'appel. — 56. Règlement de comptes avec le collecteur. — 57. Excommunication de deux consuls. — 58. Façon d'une grosse corde pour les travaux de la tour. — 59. Coupe de bois pour cuire la chaux destinée aux travaux de l'église. — 60. Honoraires payés aux divers prêtres de la ville. — 61. Entreprise de la réparation de la tour ; — conditions ; — établissement de croisées sur l'une des faces de ladite tour. — 62 et 63. Réparations aux cloches. — 64. Loyer d'une maison pour servir d'école. — 65. Célébration de 15 messes pour la conservation des biens de la terre.

Despensa feyta per Johan deu Magenc, Peyrot Palhera, Ramonet deu Faur e Monon d'Angles, conselhs de la bila d'Ariscla en l'an mil IIII^c LXXXII, quomensan lo jorn de la Natibitat, entro l'an LXXXIII l'an rebolut; e asso en los negossis de ladita bila, aysi que dejus s'ensec.

1. Item, a XII de jener, bengo hun mesatye ab 1ª letra de las partz de mosenh de Sabasan (1), que contene ladita letra que mossenhor lo senescal de Tolosa (2) l'abe script que et nos fessa asaber que los qualitz qui la bila l'abe enpenhat om los bolosa sobe, autrament que et los despachara; laqual letra foc remustrada en conselh, e aqui foc apuntat que om scriscosa audit senhor de Sabasan que lo plagos d'espera per hoyt jorns, que en aquet entermey om fora anat parlar dap lu; e aysy l'escriscon.

2. Item, foc apuntat que om termetosa mosenh Pes de Casanaba e mosenh Johan Farga, caperans, Andres (3) parlar ab lodit mosenhor lo senescal de Tolosa, que lo plagos de far qualque gracia a redeme los susditz qualitz; e cant fon a Endres, aqui los foc dit que lodit senescal no y hiera ne fora aqui entro lo dilus ho dimartz; e per aysy s'en tornan sens parlar ab lo susdit senescal.

3. Item, a XXII deudit mes, foc ordenat que lodit mosenh Pes de Casanaba e mosenh Johan Sala tornasan ha Endres beser si lodit mosenhor lo senescal fora bengut, e lo pregar de las partz de la bila que lo plagos de far remision de la soma deus susditz

---

(1) Le scribe écrit Sabazan et Samazan, art. 3. Le contexte indique que cette dernière forme est la vraie, et qu'il s'agit non point de Sabazan près d'Aignan, mais de Samazan près de Marciac. « Mosenh de Samazan » est Nicolas d'Antras, seigneur de Samazan, de Pallane et du Litges, que nous avons vu, en 1473, chargé de lever et de conduire les francs-archers du comté de Pardiac et de la vicomté de Rivière. (Voir p. 95, note 3.) De Nicolas d'Antras descendait au quatrième degré le célèbre « capdet de Gascougne », Jean d'Antras de Samazan, seigneur de Cornac, dont les curieux mémoires ont été publiés par MM. J. de Carsalade du Pont et Tamizey de Larroque.

(2) Gaston du Lion, vicomte de Canet et de l'Isle, seigneur de Bezaudun, sénéchal de Toulouse depuis 1469, mourut en 1485.

(3) Andrest, canton de Vic-Bigorre. Le sénéchal de Toulouse était seigneur d'Andrest, du chef de sa femme Jeanne, vicomtesse de Lavedan, dame d'Andrest et de Siarrouy. C'est au château d'Andrest que furent signés leurs pactes de mariage, le 17 août 1467.

qualitz (1); e cant fon part dela, aqui troban que lodit mossenhor lo senescal no foc bengut, ne a la mayson no saben cant bengora; ausit aquo, s'en tornan e passan a Marciac parlar ab lo senhor de Sabasan que no bolosa far despensa; e cant fon a Marciac, aqui no fo lodit senhor de Samasan; e per aysi s'en tornan sens aber resposta.

4. Item, a VI de feure, vengo hun saryant de Leytora per nos exsecutar a la instancia de hun grafie de la cort de mossenh lo senescal d'Armanhac, a causa de hun pleyt que la bila abe agut ab los comisaris aperatz los comisaris deus camis (2).

5. Item, a XV de feure, mossenhor lo gobernado termeto letra que l'endoma om se trobassa a Caupena, ont aqui foran los tres Statz d'Armanhac per ausir lo report qui mossenh lo jutye mage fasse.

6. Item, crompam duas mas e meya de pape per far los aliuramens, costan : III sos.

7. Item, foc ordenat que om crompassa huna caysa per tenir los documens de la bila; ont aqui foc dit que Leveron de Poges l'abe; e per ansi crompan ladita caysa deudit de Poges, costa : hun scut.

8. Item, foc ordenat que om agossa huna monition generau (3) de mossenh l'oficiau d'Aux contra aquetz o aqueras qui tenin deus documens de ladita vila; que costa ladita monition : seys arditz.

9. Item, foc publicada ladita monition per lo vicari de ladita vila, costa : VI dines.

10. Item, a XXI d'abriu, foc ordenat que fossa feyt lo recerc per ladita vila veser out se trobaran blatz, biis per prestar a la praube gent qui pasaban donge.

11. Item, foc apuntat que om donasa a pretz feyt la tor a Johan de Capbarri, per la far; en que donan ladita tor audit Johanet, crestian, a pretz feyt per lo pretz e soma de setze scutz (4).

(1) Les consuls de Riscle avaient dû engager leurs calices au sénéchal, pour le paiement de leur quote-part de ces mille francs votés audit sénéchal en 1473, et dont le recouvrement fut pour les communautés de l'Armagnac un sujet de si grandes tribulations.
(2) Les agents voyers.
(3) Un monitoire.
(4) Voir plus loin, à l'article 61, les détails de cette entreprise.

12. Item, termeton Johanet de Capbarri au Bernet per abisar cassos per far cabirons ab de la tor.

13. Item, foc ordenat que om serquasa huna corda per puyar la fusta de la tor; ont aqui foc dit qua los Carmes de Marciac n'aben huna; foc ordenat que Ramonet deu Faur, Berdot Sobiran anasan part dela beser si ladita corda hy era e si la boloran logar ne bene; e cant fon part dela, anan parlar ab lo gardia beser si agoran ladita corda; ont lodit gardia fec resposta que non hy abe deguna, mas los foc dit que en la bila abe hun baster que era suficient per far ladita corda; ont los susditz hanan a la mayson deudit baster, e aqui parlan dab lu per beser si bolora far ladita corda; de que los respono que ho, si se bolen; e lo dison per cant la fera; ont los respono que et la fera per set scutz; losquals responon que no agora rason, mas si et la bole far, om lo donara quatre scutz; loqual respono que no fera mentz deusditz set scutz; e aysi s'en tornan.

14. Item, fom mandatz au conselh a Jegun; e aysi a fen, e cant fon part dela, agon a tirar a Leytora.

15. Item, foc ordenat que om anasa parlar ab mosenh de Maumuson si nos bolora prestar cent quartz de blat; de que aqui diso Bernat deu Drulhet que aqui era lo barbe d'Aydia, auqual et l'abe ausit dise que et abe ausit que la bila bole malhebar blat, e si et ac agossa sabut hoyt jorn[s] ha et agora prestat a ladita bila sent saxs de blat, mas au present lon abe enbiat, mas abe en torn de sent saxs de milh a Nay en Bearn, que si la bila los bole, que et ne fera plaser; e ausit aquo, aqui foc dit que lodit Drulhet, Leberon de Poges e Arnauton de Lafitan anasan parlar ab lodit barbe, que era a l'ostau deudit Drulhet, beser sy n'i abe mot de so qui lodit Drulhet condaba; e aysi i anan parlar; loqual los respono que bertat era que et agabe dit, e que si la bila abe ob lodit milh que et li prestara; e aguda ladita resposta, ac tornan referic en conselh; e aqui foc dit que los cosselhs hi anasan parlar cum lo prestara ne a quey pretz; e aysi a fen; loqual los diso que si bolen setanta ho quate-bint saxs de milh, que et abe a Nay, que et los prestara a la bila, so es que et no fera pas que mesura de Nay, era content de prestar lo quart a x sos, ab huna que la bila los anasa sercar part dela a lor despens, e lo prestar dequi ha

Nostra-Dona de seteme prosman vient; laqual resposta foc metuda en conselh, e foc apuntat que om prengosa lo susdit milh per lo pretz e soma que desus es dit; e agut lodit conselh, losditz cosselhs tornan resposta audit barbe en lo disen que etz eran contentz de resebe lodit milh a pretz desusdit e de lo obligar los cosselhs de lo pagar au termi desusdit; e aysi foc content.

E aqui foc dit audit barbe que et nos desa recapte de far benir lo susdit milh, car et ac trobara melhor que nos; loqual diso que nos fera portar lo susdit milh per lo pretz e soma de IIII^{te} scutz en la bila d'Ariscla; e foc apuntat que atau fos a sous despens, e cant lodit milh fora aqui, om lo recebos e aportas mesura de Nay per lo recebe; e aysi a fe; e cant lodit milh foc aribat, losditz cosselhs l'anan recebe ab la susdita mesura de Nay; ont ne recebon cent e LXVIII quartz; e cant l'agon recebut, anan far la susdita obligansa au susdit barbe.

16. Item, foc apuntat que lo susdit milh fossa mesurat ab la mesura d'Ariscla, e aso per saber cant abe de tara en lo susdit milh recebut ab la mesura de Nay; e aysi foc mesurat, e foc trobat que los cent LXVIII quarts mesura de Nay no montan sino cent e XL quartz de la nostra mesura; e aysi a la mesura nostra ago de tara a la mesura de Nay XXVIII quartz.

17. Item, foc apuntat que fossa lodit milh mesurat gardar a cant respone cascun quart, e foc bist que ha XII sos IIII^{te} arditz balhe cascun quart, mesura nostra.

18. Item, foc apuntat que lodit milh fossa benut per pagar lo collecto; ont ne benon en dibersas begas e a dibers pretz.

19. Item, foc ordenat, atenut que losditz cosselhs dison que no poden bene lo susdit milh, que lodit milh fossa prestat aus abitans de ladita bila en la forma e mayneyra qui ladita bila era obligada, e qui lodit milh prengosa se obligasa a la bila.

20. Item, foc metut en conselh cum fora pagat lodit barbe, car om era a termi, e que et era bengut requeri lo notari qui abe ladita obligansa que la tregosa, e que om era enformat que lodit barbe abe dit que encontenent que agora ladita obligansa et fera tota despensa qui podora far a ladita bila tant per lo temporau qui per l'esperituau; e ausit aquo, foc ordenat que om agossa hun mandament de la cort de mosenh jutye ordenari d'Armanhac per

far hinibir lodit notari qui abe retengut lodit sturment que no l'agossa a grossar sus sertanas penas contengudas en lodit mandament, e noarement a far sitar partida a beser cansellar lodit sturment tant cumha pagat, e aso a fugir a mayors despensas; e aysi foc feyt; que costa lodit mandament : II sos.

21. Item, costa deu bayle per far hinibir lo susdit notari, e que ana a Bilar, que era jorn de marcat, que foc dit que aqui fora lodit barbe; e cant foc part dela, no l'i troba, e per aysi s'en torna sens far degun spleyt, mas hun jorn en ladita semmana lodit barbe passaba per la bila, ont lodit bayle lo fec lo susdit ajornament; en que lo foc pagat per son tribalh : II sos VI dines.

22. Item, lodit jorn, lo susdit barbe bengo parlar ab los susditz cosselhs en los disen que et era ajornat a lor stancia a beser cansellar l'esturment ont l'eran obligatz, e que et no sabe pas que etz l'agossan pagat, per que lodit sturment fossa cansellat, mas et entene per que se fasse, mas et no era pas aquet qui om los abe donat a entene, e que et no era pas tant mau content de la bila que si la bila no lo poden pagar que et era content de prestar per hun an ab huna que om lo pagassa de la soma qui l'era deguda de x scutz hun; laqual resposta foc metuda en conselh, e aqui foc apuntat que, atenut que om no lo pode pagar, que et fora lo melhor que om prengosa lo susdit tracte; e agut lodit conselh, anan tornar resposta audit barbe en lo disen que la bila era contenta de prene lo tracte qui et abe dit; loqual respono que et tengora so qui abe dit, ab huna que debant totas causas la bila lo pagara l'enteresy de la so[ma] qui debe, aysi cum era stat dit, so es de detz scutz hun; de que lo fen resposta que la bila era contenta, car aysi era stat apuntat en conselh; e dequi en fora anan far l'esturment, en loqual se obligan en la soma de nabanta tres scutz VI sos.

23. Item, II de feurer, fom mandatz a Lanapatz per debant los comisaris qui eran per enpausar las lansas e autras quargas per nostre senhor lo rey; en que foc ordenat que Leberon de Poges, Johan Farga hi anasan; e cant fon part dela, aqui no fon losditz comisaris e no bengon dequi a l'endoman que era mey jorn, e foc porogat lodit conselh dequi a l'endoman, e l'endoman se tengo lodit conselh, e mustran los statz qui portaban.

24. Item, foc ordenat que om crompassa plom per crobir la poma de la agulheta de la tor; de que crompan XXVI liuras, loqual plom es en la man de Berdot Sobiran, metale, per lo abilhar de mete en la susdita poma; costa lodit plom, enclus lo marchat a bin : onze sos detz dines.

25. Item, foc ordenat que anassan Aydia parlar ab lo barbe que nos volossa far plazer de dezahoeyt o bint scutz per pagar lo collecto, e asso a causa que de la praube gent non pode om colhe dine; ont lodit barbe fec resposta que per hoeyt jorns et prestara ladita soma; ont aqui foc apuntat, atenut ta brac termi, que no nos balora re.

26. Item, foc ordenat que anassan pregar a mossenhor de Maumuson que lo plagos de nos prestar vint e sinc scutz; loqual los fe resposta que no abe punt d'argent, mas et los prestara huna tassa, huna ayguera d'argent, que la enpenhasan e desens hoeyt jorns que lo restituissan ladita tassa e ayguera; foc apuntat, atenut lo brac termi, que om ac leyses.

27. Item, foc ordenat que om fessa far Iª crotz de ferr ab de mete sus la poma de la tor, e foc dit que a Barsalona d'Armanhac n'abe hun que la fera tresque be; auqual termeton a dise que bengossa part desa; loqual bengo, e fen marcat de far ladita crotz en la forma qui s'enseg : prumerament que om lo balhara la farga e martetz per fargar ladita crotz, item lo carbon qui fera mestir, e la garda per lo ajudar a trucar; que costa ladita farga de logue, que era deus heretes de Mono Sala, e martetz, que foc acordat ha dus sos; item carbon, I sol VIII dines. — Item, crompan ferr per far ladita crotz, XV liuras e meya, costan : III sos X dines; — item, costa de la man deudit maste : hun scut e mey.

28. Item, a VII de julh, fon ajornatz totz IIIIte conselhs, a la stancia deus conselhs de Sent-Mont, a beser executar hun *restum querele* sur lo loc deu debat, ont abem penherat los de Sent-Mont en sertana cantitat de garba, au loc aperat a las Marcas (1).

29. Item, foc ordenat que om anasa a la jornada sus lo loc deu debat de las Marcas; ont dequi en fora anan ont ladita jornada

(1) Aux marches, aux limites. Voici enfin la solution de ces longues querelles qui divisaient depuis si longtemps les communes de Riscle et de Saint-Mont, et dont nous avons retrouvé de si nombreuses mentions dans ces comptes.

era asignada, que fon de nombre de xxxv o xl; e aqui apayran per conpari enta l'ora de tercia; e aqui demoran entro huna hora o plus apres mey jorn e no vin res ne comisari ne auta partida; e vist aquo, los susditz conselhs e sendic protestan per debant lo loctenent deu jutye d'Armanhac, que era mosenh Johan Sala, contra los susditz cosselhs de Sent-Mont.

30. Item, lo xii jorn deudit mes, fon mandatz tot naberament a beser executar lo susdit *restum querele;* auqual loc e ora se troban; ont aqui foc mosenh jutye d'apelhs d'Armanhac, comisari en haquera causa, loqual diso que la cort mosenh senescal d'Armanhac l'abe donat carga de benir part desa per executar, etc. e se enformar segont forma de dret qui eran possesidors deudit terrador a lebar las talhas, ho etz o nos, e que per ausir totas partidas et era aqui. Ont aqui fon los cosselhs de Sent-Mont, e dison que aqui etz eran per compari e aben aqui maste Pes d'Audirac, sendic deudit loc de Sent-Mont, loqual abe potestat de dise tot so qui etz entenen a dise, e lausaban, reteficaban tot so qui et disora; loqual d'Audirac compari en disen que cum etz eran en possesion e sazina de talhar e lebar las talhas deu susdit terrador, e que los conselhs d'Ariscla de bia e de feyt n'aben portat sertana cantitat de garba ab man arucada, e per aysi demandaban star tornatz en lor possecion. Ont aqui comparin los cosselhs e maste Johan deu Baradat cuma sendic, loqual replica so qui lodit d'Audirac abe alegat e dit, en disen (parlan ab tota correction) que lo contrari era bertat, ont no es memoria d'omi bibent que no stonqua ferm que lodit terrador es en las pertiensas d'Ariscla e es talhaple e contribuables a ladita bila, aysi cum apar per sturmentz antixs e liura[mens] de ladita bila, e noarement cum en lo temps passat es stat magut pleyt en la cort deu jutye d'apelhs d'Armanhac, loqual ontquera depen en ladita cort; e aqui balha huna sertificatori en script de *litis pendente,* en disen au susdit comisari que et no debe tirar a lebant a sa comision. Loqual comisari respono que et no era aqui sino per se enformar qui era possesidor deudit terrador ho no, e que et tirara a lebant a sa comision; loqual de Baradat respono que etz no eran aqui per compari ne comparaban; de que lodit comisari no ste de tirar abant a sa comision. Ont aqui foc dit per cauque

hun deus de Sent-Mont que no pleyteyasa om, car aus totz staba malh; e aqui lodit de Baradat respono que etz n'eran en causa e que nos no bolem re deu lor, mas nos leysasan so deu nostre. E dequi en fora anan prene conget deudit comisari, s'aperan d'et e de sa comision, e s'en tornan totz eysemps enta la bila; e fasse gran caut, hanan totz bebe a la gleysa, a causa deu gran caut.

31. Item, foc ordenat que anasan a Nogaro consultar lodit apelh ne cum abem a gobernar si nos fora melhor de relebar a Tolosa ho a Leytora ladita apellation; e consultan lo cas ab mosenh jutye ordenari d'Armanhac; e foc d'opinion que om relebasa a Leytor[a] (1).

32. Item, foc ordenat que om termetosa maste Johan de Sant-Guilhem a Nogaro a mosenh jutye ordenari d'Armanhac que nos fessa hunas structions per termete relebar l'apelh en cort de Parlament a Tolosa, no obstant lo de Leytora; e ago per conselh que onqueras om no anasa relebar a Tolosa.

33. Item, foc dit per l'arcipreste de la Basot que lodit mosenh jutye d'apelhs era partit de Sent-Mont e s'en tiraba a Nogaro; e foc apuntat que om termetossa la garda ab ladita apellation mustra la audit mosenh jutye d'apelhs.

34. Item, foc ordenat que maste Johan deu Baradat e Arnauton de Lafitan anasan a Leytora a la jornada deu pleyt qui la bila abe en la cort de mosenh lo senescal d'Armanhac ab los de Sent-Mont, e dequi en fora s'en tirasan a Jegun consultar lo cas ab mosenh Arnaud-Guilhem de Lauberio; e cant fon a Jegun, anan consultar lor cas ab lodit mosenh Arnaud-Guilhem; loqual los diso que a son abis la bila abe bon dret e acsion de perseguir lodit apelh e abem justa causa e rasonaple.

35. Item, los cosselhs de Sent-Mont termeton 1ª letra que contie que etz no bolen abe pleyt dap nos, mas que enterprencosa om hun jorn que etz e nos nos trobasam sus lo loc deu debat a

---

(1) Et fut d'avis qu'on relevât appel à la cour du sénéchal d'Armagnac à Lectoure. Après la prise de Lectoure, Louis XI, par une ordonnance du 27 décembre 1473, avait transporté à Auch le siège du sénéchal d'Armagnac. Quelque temps après, la peste ayant obligé les officiers de se retirer à Lectoure, ils y fixèrent de nouveau le siège du sénéchal. (*Hist. d'Auch*, par Lafforgue, t. II, p. 78.)

las Marcas e biram si enter nos podoram star d'acort e que tot pley sesasa; laqual letra foc metuda en conselh e foc apuntat que om los fessa resposta que a nos nos desplase cant abem pleyt dap lor, mas etz n'eran en causa, e eram contentz de nos trobar audit loc deu debat lo dimercles aprop. Auqual jorn foc ordenat que anasan maste Johan deu Baradat, Berdot Sobiran, Johan de Lafitan, Pey deu Cos e losditz cosselhs e d'autres; que disnan prumer no partin; e cant fon part dela, aqui fon losditz cosselhs de Sen-Mont e d'autres dequi au nombre de xx ho xxv; e aqui los mustram los aliuramentz antix de la bila cum eran talaples lasditas terras e contribuables aus carxs qui la bila ha, e aysi metis sturmentz antixs; losquals cosselhs de Sent-Mont parelhament mustran los aliuramentz en disen que lasditas terras eran talaples a Sent-Mont e no a Riscla, talament que om no podo star d'acort, mas foc remetut per nostra part a maste Johan deu Baradat, e per la part de Sent-Mont a maste Pes d'Audirac; e foc apuntat que mosenh jutye ordenari hi fossa medium; e foc enterpres jorn que sus lo loc deudit debat om se trobasa, e a fessam asaber a mosenh jutye que s'i bolosa trobar.

36. Item, lo dimars aprop que era jorn de marcat, foc ordenat que, atenut que a Barsalona e en d'autas partz abe mortalitat, om donasa gardas a las portas de la bila, que aquestz qui vien d'ont om moriba que no entrasan desens la bila; ont foc donat a cascuna porta de ladita bila dus presonatyes, e los foc donat per los tribalhs e despensa : ii sos.

37. Item, foc ordenat que tot jorn de marcat agossa gardas a las portas de la bila, que degun que bengossa d'ont agossa infirmitat no entrasan en ladita bila, per los enconbenientz que s'en pode seguir; en que donan gardas a lasditas portas v marcatz.

38. Item, a xiii de seteme, termeton maste Johan deu Baradat a Nogaro au conselh, que i eram mandatz; e cant foc part dela, lodit conselh foc porogat dequi a l'endoman; ont aqui fon los gentius homes e propietatz d'Armanhac per apuntar qui termeron en Fransa, e aso per trectar deus negossis deu pais; e perso que no fon d'acort suber algun punt deuqual autra begada era stat parlat; e aysi foc porogat dequi lo disapte apres.

39. Item, termeton audit conselh a Nogaro Berdot Sobiran lo

disapte apres; ont aqui fon losditz gentius homes e propietatz; e no apuntan re.

40. Item, lo jorn metis, mosenh jutye maye nos termeto mandar de las pars de mosenhor lo senescal que l'endoman agossam xxv homes en abilhament d'armas a Sent-Martin per anar a Senta-Crestia; ont fen anar mandar los susditz homes.

41. Item, foc ordenat que termetosan Arnauton de Lafitan au conselh a Jegun, que i eram mandatz per debant lo loctenent de mosenh lo senescal d'Armanhac; e cant foc part dela, aqui fon gran nombre de gentius homes e propietatz e aysi metis lo loctenent de mosenh lo senescal, loqual remustra que lodit mosenhor lo senescal no pode star aqui per los notificar per que los abe feyt ajustar, mas hi termete a lu per nos notificar; loqual notifiqua cum brut fossa stat que nostre senhor lo rey era anat de bita a trespassament; de que dise que non i abe mout, mas era bertat que era anat dequi a las portas, mas a present era reconbalut per la gracia de Diu (1), e que de las partz de nostre senhor lo rey et nos fasse comandament sus pene d'este faus e traytis audit nostre senhor que nos ayam a prestar segrament de fisalitat audit nostre senhor. Ont aqui lo foc dit que nos eram de segrament audit nostre senhor lo rey enbert totz e contra tos, e atenut aquo no nos quale far autre segrament; loqual loctenent respono que no obstant aquo et nos fasse comandament cuma desus que nos agossam ha prestar segrament tot nabet; he aysi foc feyt.

42. Item, a ix d'octobre, bengo mosenh jutye ordenari d'Armanhac, que l'abem termetut sercar per anar sus lo debat qui abem ab los de Sent-Mont; ont bengo en sa companhia Nadau, notari de Nogaro; ont aprestan de sisnar, e disnan prumer no hanan sus lodit loc.

43. Item, cant fon disnat, anan sus lo loc deu debat; e cant fon part dela, aqui fon los cosselhs de Sent-Mont; e aqui cascun

---

(1) La nouvelle n'était point prématurée. Louis XI était mort à Montil-lez-Tours, le samedi 30 août, entre six et sept heures du soir. Mais le sénéchal n'avait pu être encore averti de cet événement. Déjà, dès le lundi 25 août, le Roi avait été si mal que le bruit de sa mort s'était répandu à Paris et dans les provinces. C'est à cette fausse nouvelle que fait allusion le sénéchal. (Voir *Chroniques* de Jehan de Troyes.)

mustra son dret, talament que cascun entene aber bon dret; e per aysi no foran d'acort; e bist aquo, lodit mosenh jutye diso taus parlas : « Messenhors, enter bos autres no ha ob pley ne debat, « e bos bulh pregar aus totz que per petita causa non fassatz « pleyt, aya y dus homes de cascuna partida que sapian dequi on « ba so qui cascuna partida demanda ». E aysi foc feyt; e bist lodit debat, et parla ab cascuna partida e los diso que totas partidas ne feran so qui et ne fessa; de que los totz ne fon contentz; ont aqui ne fe retenir sturment au susdit Nadau; e feyt aquo, et n'ana ab dus homes de cascuna part e ana mete los choys e ne fe retene sturment au susdit Nadau, en disen aysi : « Bos autres d'Ariscla, « talheratz e meteratz en bostres talhas dequi asy, e bos autres « de Sent-Mont desi a lebant; e desi en abant siatz amix e « besis, cum star debetz ». E aysi foc feyt; e feyt tot aquo, los cosselhs de Sent-Mont e nos autres nos ajustam e parlam que staba en rason que om donasa per son tribalh e pena audit mosenh jutye quauque causa; e aqui foc apuntat que nos lo donasam hun franc de Rey, e los de Sent-Mont hun autre; e per aysi anan totz eysemps parlar ab lodit mosenh jutye en lo disen que nos lo donaram hun franc e Sent-Mont hun autre per la pena qui per nos abe presa e nos perdonasa; loqual nos remercia; e feyt aquo, lodit mosenh jutye s'en ana lo bespe enta Sent-Mont, e nos autres en sa, e anam bespereya totz eysemps; despensam : VIII sos IX dines. — Item, pagan audit mosenh jutye lodit franc : XIII sos IIII dines.

44. Item, lo XI jorn deudit mes, fom mandatz au conselh a Nogaro; e cant fon part dela, aqui fon los gentius homes e propietatz en remustran lo biatye qui desus es feyta d'anar en Fransa, e perso que los gentius homes bolen que nos tengossam a lor despensa, losquals eran IIII[te] en nonbre per far lo biatye, loqual biatye semla aus propietaris que no fossa hutil per alguns encombenientz que eran statz remostratz; e aysi la causa demora en sospentz per dus jorns.

45. Item, a XXIIII[te] d'octobre, termeton maste Johan deu Baradat a Nogaro, a causa que foc dit que los gentius homes termeton en Fransa per trectar cum los proprietaris paguesan dus cant los lors subgex hun, e suber aquo aben feyt los instructions;

e aysi era de bertat; foc debisat enter losditz propietaris que si lo cas era que losditz gentius homes hi termotosan, que aysi ben losditz proprietaris agossan hun personatye, loqual fossa pretz per anar aysi ben en Fransa per obbiar au cas susdit; e aysi foc debisat e apuntat que anesa per losditz proprietaris mossenhor lo jutye ordenari d'Armanhac.

E perso que aysi ben fom mandatz de anar au conselh ha Eusa per ausir lo rebays que lo Rey fasse au pays de las quarquas qui portaba, lo xxv jorn deudit mes lodit de Baradat anet a Eusa, cum lodit jorn se degosa tenir lo conselh; e perso que los gentius homes e propitaris de Fesenśac no y fon, la causa foc alongada a remostrar per los comisaris, e mayormens a causa que Peyronet de La Portaria no y era cum hy fossa besoy per ausir lo rebays; ont bengo lo xxvi jorn, aysi que abe script aus comisaris; loqual rebays foc feyt e balhat audit Peyronet deu ters diner ho enmiron.

46. Item, lo darrer jorn deudit mes, foc ordenat que maste Johan deu Baradat anesa a Nogaro, ont los nobles e proprietaris deben star per apuntar eysemps ab los autres los presonatyes qui aneran en Fransa; e foc apuntat que anesan per nobles messenhors de Bergonha (1) e de Leype (2), e per propietaris mossenhor jutge ordenari.

47. Item, fom mandatz per mossenhor lo senescal que anesam au conselh ha Leytora per beser e apuntar los presonatyes qui anesan en Fransa, aysi cum lo Rey mandaba per sas letras; e foc apuntat que i anasa lodit maste Johan deu Baradat; loqual partic disapte lo segont jorn de desembre, e aribet ha Leytora lo dilus bespre, eysemp ab autres consolatz, a causa que no poden passar obstans las aygas; e perso que las gens mandadas no eran part dela per l'enpachament de las aygas, lo conselh foc porogat beser si las gens podoran passar entro lo dimercles apres; e aysi se comensa tenir lo dimercles e finit lo dityaus; ont foc apuntat que per nobles no y quale termete autre personatye que mossenhor de

---

(1) Bernard, seigneur de Vergoignan. Voir p. 138.
(2) Jean, seigneur de Lupé par cession de son frère aîné Carbonel de Lupé, vicomte d'Alençon, tous les deux fils de Bernard, seigneur de Lupé, Lasserrade, Crémens, etc. Voir p. 52.

Montaut (1), per home de gleysa mossenhor l'abat de Flaran (2), e per proprietaris maste Johan de Job, jutye d'apelhs d'Armanhac (3).

48. Item, foc ordenat que om donasa a pretz feyt lo portau de la Tasta; en que fen marcat a bin ab Johanet de Capbari, crestian de Betloc, en la maneyre que s'ensec; prumerament que om lo donera tota la fusta qui sera nesesaria; item, quant lebe lodit portau, lo doneran ajuda per lebar ladita fusta; item, per sa pena e tribalh seys scutz e hun quart de froment; e ab la susdita soma deu leysar quaperat lo susdit portau.

49. Item, lo XIII jorn de desembre, fon ajornatz a las querelhas de Antoni de Lafarga, abitant de Lupiac a beser executar hun *restum querele* enpetrat per la part deudit Antoni en cort de Parlament a Tolosa (4).

(1) Philippe de Voisins, baron de Montaut.
(2) Jean de Monlezun, abbé de Flaran en 1484. Voir dom Brugèles, *Chroniques du diocèse d'Auch*, p. 329.
(3) Ce sont les trois députés que les États d'Armagnac envoyèrent aux États généraux tenus à Tours en janvier 1484. (Voir année 1484, art. 10.) Outre ces trois personnages, la noblesse du Bas-Armagnac eut sa députation particulière. Ce fait nous est révélé par un acte du 8 avril 1484, retenu par Chastenet, notaire de Nogaro, dans lequel il est dit que Jean de Barthe, collecteur des deniers royaux de l'Armagnac, avait livré à Bertrand de Bernède, seigneur d'Arblade-Comtal, la somme de 18 écus 13 sols; à Jean d'Armagnac, seigneur de Violes, fils du seigneur de Termes, la somme de 20 écus; à Jean de Viella, seigneur de Maumusson, la somme de 10 écus, « ad fines accedendi in amba« xiata pro nobilibus comitatus Armaniaci apud dominum nostrum regem et « consilium generale trium statum regni Francie nuper tentum in villa « Turonensis. » Les trois gentilshommes s'étaient engagés à indemniser le collecteur dans le cas où les États d'Armagnac ne lui rembourseraient pas ces sommes. Or, n'étant pas allés en ambassade comme ils l'avaient promis, « saltem « tempore debito », le collecteur leur réclama son argent et céda aux gentilshommes des États d'Armagnac les créances qu'il avait sur eux. Bernard d'Armagnac, seigneur de Termes; Auger, seigneur du Lau; Bernard, seigneur de Bergoignan; Bernard, seigneur de Saint-Lane; Bertrand de Lupé, seigneur de Sion; Pierre de Bourrouillan, fils du seigneur de Bourrouillan; Nicolas de Lupé, seigneur de Crémens; Manaud, seigneur de Saint-Martin; Carbonel de Lau, seigneur de Camortères; Jean, seigneur de Verlus; Carbonel du Fourc, seigneur de Montastruc, et Jean de Latrau, seigneur de Laterrade-de-Mau, agissant en leur nom et au nom des autres nobles de l'Armagnac, acceptèrent les créances et donnèrent ordre à Raymond du Bedat, collecteur de la présente année, de rembourser audit Jean de Barthe les sommes par lui prêtées. (Regist. de Chastenet, Arch. du Séminaire.)
(4) Ici commence un interminable procès des consuls de Riscle avec

50. Item, lodit jorn, lo loctenent de mosenh jutge d'Aribera tengo la jornada, ont aqui compari lodit Antoni de Lafarga per la boca de maste Guilhem deu Sans, notari d'Anhan, loqual dyso que bertat causa era que lodit Anthoni de Lafita (1) era senhor direc deu teratori aperat d'Armentiu, e cum hi a hacostumat de aber cosselhs e bayle e noarement cum et sia en possecion e sazina de lebar de cascun abitant d'Ariscla annuaument so es de quetz qui laboran ab bus, de cascun de quetz hun conquet de froment deus tres lo quart, e parelhament de cascun deus autz tres baquetas, e noarement de cascun car e carqua de lenha qui entra en la bila, deu jorn de sent Tomas entro Nadau, 1ª lenha, de cascuna pipa de bin qui entra en lodita bila despes que om a berenhat dequi a Sent Martin, de cascuna pipa 1ª bana de bin; e cum sos predesesors tota lo[r] bita sian statz en possetion e sazina de lebar las causas desus ditas, que no es memoria de home deu contrari; e cum sia bertat que de pauc temps ensa los conselhs e abitans de ladita bila refusan de pagar las causas desus ditas, lodit Antoni agut requos a la cort sobirana de parlament de Tolosa, e a lu probesit de remedi de justicia, lasquals letras son deseridas a mosenh jutye d'Aribera e a bos cuma son loctenent; lasquals letras bos presenti ab tota honor e reberensia, en vos requerin justa intimata. E feyt aquo, aqui comparin los conselhs per la boca de maste Johan deu Baradat, loqual diso e repliqua tot so qui lodit maste Guilhem abe dit, en disen que lo contrari era bertat, e cum fossa bertat que en lo temps passat agut pleyt e questihon sus la metisa materia enter lo senhor de Camorteras sanre (2) e ladita bila, aysi cum apar per letras de cort de parlament e deseridas a maste Sans de Bordas cuma loctenent de mosenh jutge d'Aribera, aysi cum apar per proses e sentencia per lu ordenada; e bist aquo, dise que no debe tirar abant a sa comision; lodit maste Guilhem diso lo contrari. Foc continuada dequi ha l'ora de bespras a ordenar si tirara abant ho no.

Antoine de Lafargue, bourgeois de Lupiac, acquéreur de la seigneurie d'Armentieu dans les appartenances de Riscle; procès qui se termina en 1488 par une transaction que nous citerons à sa date.
(1) Lisez *Lafarga*.
(2) *Sa enrer*, feu le seigneur de Camortères. Sur cette locution, voir p. 176.

51. Item, a l'ora de bespras comparin, ont lodit maste Johan prodisi lasditas letras e proses; foc continuat dequi a l'endoman a l'ora de prima.

52. Item, l'endoman, comparin cuma desus, ont lodit loctenent asigna jornada au vi jorn de mes de gener a totas partidas, en la bila de Marsiac, en disen que desi a labetz et agora consultat si debe tirar a lebant a sa comision ho no.

53. Item, fo ordenat que maste Johan deu Baradat anasa a Nogaro, ont aqui deben star los cosselhs de Barsalona, d'Anhau e autas proprietatz per apuntar e talhar cant montara per foc so qui donaban a mosenh jutye ordenari per anar en Fransa; ont aqui foc apuntat que om pagasa hoy[t] arditz per foc; que monta a nosta part set scutz vii sos iiii dines; laqual soma pagan audit mosenh jutye.

54. Item, foc ordenat per lo conselh que om fessa far las tapias qui eran casudas en lo castet e en la bila.

55. Item, lo jorn de cap d'an, termeton los cosselhs de Nogaro 1ª letra que contie que l'endoman om se trobasa a Nogaro per ausir 1ª letra que lo jutye d'apelhs abe termetuda; e foc ordenat que maste Johan deu Baradat hi anasa; e aysi a fe; e cant foc part dela, aqui no fon los de Barsalona e d'Anhau.

56. Item, lo vᵉ jorn de jener, foc ordenat que Pey d'Argelos, Berdot de Sen-Pot, etc. [anasan] a Barsalona condar ab lo collecto; e cant fon part dela, aqui condan ab lodit collecto, loqual mustra huna cieta generau de tot so qui la bila lo debe; e bist aquo, lo demandan que mustrasa las cietas qui l'auditor habe feyta[s]; loqual respono que no l'abe ontquera per aysi de mon, que a hun jorn l'agora e la mustrara.

57. Item, lo xxix deu mes de desembre, maste Bernad de Feris, notari Aux, termeto l'escominge contra Berdot Palhera, Mono d'Angles, cuma conselhs de la bila, a causa que demandaba sertanas scripturas que la bila lo debe de hun pleyt que abe agut enter ladita bila e Arnauton deu Cosso.

58. Item, fen far huna corda grossa per puyar la fusta sus la tor; en que amasan lo lin deus huns e deus autz, e no costa re lodit lin, sino la man, que la fe lo baste de Sent-Mont; que lo foc donat per son tribalh: ix sos.

59. Item, foc ordenat que om fessa far la lenha ab de coze la causea ab de la gleysa; que la faze lo Gie.

60. Item, pagan a mosenh Johan Farga, a mosenh Arnaud deu Sobiran, ha mosenh Johan de Sala, a mosenh Johan e a mosenh Bernad de Sen-Pot, a mosenh Johan de Sen-Pot, a mosenh Johan de Meyloc, a mosenh Johan deu Forc e a mosenh Manaud de Lacasa, caperas, a cascun de lor mey scut, ha causa deu serbisi qui fen en la gleysa.

61. Item, a XXIIII d'abriu (1483), foc ordenat que om fessa far la tor; en que foc dit que Johanet de Capbari, crestian de Betloc, lo bole far, e era suficient de la far; e aqui foc dit que om fessa marcat dab lu; e aysi a fen, e fen marcat a bin en la maneyra qui s'enseg :

Prumerament, foc pacte e conbenensas que losditz cosselhs balheran tota fusta qui sera nesesaria en ladita tor, e otra aquo lo doneran ajuda a puyar tota la fusta sus ladita tor e lo teule per la crobi a la man, e otra aquo donan audit Johanet per son tribalh e despensas la soma de setze scutz.

Item, despus que lodit marcat foc feyt foc dit que l'estrem de ladita tor enta Sansonat part fossa feyt ab crozeyas; e foc apuntat que om fessa marcat ab lodit Johanet de far lasditas crozeyas; e foc marcat feyt dab lu a la soma de hun scut e mey.

62. Item, fen far los campanes deus seys e squretas (1).

63. Item, pagan Arnauton Sala per far los coychis per pausar los caps deus tumos deus seys.

64. Item, foc ordenat per lo conselh que om logasa hun ostau per tenir las scolas; en que logan l'ostau deus heretes de maste Leberon de Thesa, que costa per hun an complit : II scutz IIII^{te} sos.

65. Item, foc ordenat que om fessa selebrar sertanas missas a lausor de Diu e de la Verges Maria e de tota la cort de paradis, per tau que Dius nos conserbasa los cos e los frutz de la tera; que fon ordenadas XV missas, de que ne pagan : I scut II sos.

(1) Des cloches et clochettes.

L'an mil iiii^c LXXXIIII e lo XI jorn deu mees de jung, en lo loc de Riscla, los honorables Ramonet deu Faur, Johan deu Magenc, Pey Palhera et Monon d'Angles, cosselhs de ladita villa de Riscla en l'an mil IIII^c LXXXIII, monstran a my Huguet Rolier, procurayre d'Armanhac per tres hault et tres puissant prince et mon tres redoubtable senhor monsenhor lo comte d'Armanhac, que els habian feytz arrendamens de la taberna, maset, oly et candelas et peys salatz per lo prest de sexanta scutz, ayssi que apart en lo present conte; laqual soma losditz cosselhs monstran que habian despenuda ayssi que apart per menut en reparation deu pont de l'Ador, en dus portaus deudit loc, e parelhament en las aleyas de ladita villa; laqual despensa se monta plus que la recepta, ayssi que monstran per menut, la soma XXVII scutz III dines. E per maior fermessa ey scriut et signat lo present conde, l'an et jorn susditz.

ROLERII, procur. Armaniaci.

XXVII.
COMPTES DE L'ANNÉE 1484.

DÉPENSES.

SOMMAIRE : 1. Redevance des consuls de Cahuzac. — 2 et 3. Conseil tenu à Nogaro; — lettre du juge d'appel, député du tiers-état. — 4. Crue de l'Adour. — 5. Impôt de 6 liards par feu. — 6-10. Ajournement des consuls du pays devant le sénéchal, à Lectoure; — le procureur du Roi leur reproche de n'avoir pas voté l'argent promis au juge d'appel et d'avoir ainsi retardé le départ de la députation; — les villes de Nogaro, de Riscle, de Barcelonne et d'Aignan votent chacune 5 francs à cet effet. — 11 et 12. Citation des consuls de Riscle devant un commissaire, à Marciac, à la requête du seigneur d'Armentieu; — impossibilité de se rendre à Marciac, les chemins étant pleins de soldats. — 13-16. Répartition d'un impôt de 100 lances sur le Condomois et l'Armagnac. — 17. Paiement du fief de la Barthe. — 18. Frais du procès contre les consuls de Saint-Mont. — 19-26. Réparations aux portes de la ville et du château et à la tour. — 27-30. Les consuls sont avertis que les gens de guerre de M. de Narbonne doivent venir surprendre la ville; — le procureur d'Armagnac, les consuls de Nogaro, MM. de Thermes et de Saint-Lanne viennent leur faire leurs offres de service ; — on reçoit une lettre de M. de Sauveterre, commandant desdites troupes, démentant les bruits de course. — 31 et 32. Réparations au portail de la Taste. — 33-35. Ordre du sénéchal de Carcassonne de tenir prêts et équipés un certain nombre d'archers. — 36-38. Travaux aux portes et à la tour. — 39 et 40. Ordre de conduire les archers à Aignan. — 41. MM. de Vergoignan, de Lûpé et le juge ordinaire rendent compte de leur députation. — 42. Impôt des lances ; — réduction accordée par le Roi à cause de son nouvel avènement. — 43. Nomination d'un collecteur. — 44 et 45. Indemnité demandée par les députés (art. 41). — 46-48. Don Jean, bâtard d'Armagnac, demande vingt-cinq archers pour s'emparer de Maubourguet ; — on refuse par crainte de la colère du Roi. — 49-51. Conseil tenu à Nogaro touchant la demande de don Jean ; — les États font une réponse semblable à celle des consuls de Riscle ; — menaces dudit don Jean. — 52. On fait faire deux échelles pour monter sur la porte de Coarraze. — 53-58. Procès avec le seigneur d'Armentieu. — 59. Travaux au canal du moulin. 60-63. Demande de deux chevaux par don Jean ; — nouveau refus des consuls. — 64. Procès Armentieu. — 65. Don de vin à un prédicateur de Mirande. — 66. Venue de M. de Saint-Lanne ; on lui paie sa dépense, sachant qu'il est dévoué à don Jean d'Armagnac. — 67-69. Celui-ci vient à Riscle le soir ; — on ne lui ouvre les portes que le lendemain, à son grand mécontentement. — 70 et 71. Procès Armentieu. — 72. Les consuls sont mandés à Auch pour assister à la levée de la mainmise du comté d'Armagnac. — 73. Procès Armentieu. — 74-78. Don Jean se rend à Nogaro ; — il revient à Riscle et menace de son épée le portier de la ville ; — il essaie d'emmener à Castelnau les bestiaux qu'il trouve dans le bois de Riscle ; — on se met à sa poursuite. — 79 et 80. Impôt pour l'équipement des gens de guerre. — 81 et 82. On fait combler un trou près de l'église. — 83. Prestation de serment de fidélité au comte d'Armagnac par-devant le sénéchal et le juge d'appel à Nogaro. — 84. Réparation des deux chemins de ronde. — 85-87. Les consuls sont convoqués pour prêter serment au sire d'Albret ; — ils demandent un délai pour connaître les intentions du comte d'Armagnac. — 88 et 89. Gardes placés sur une hauteur en prévision d'une course des gens de Castelnau, et aux portes de la ville un jour de marché. — 90. Conseil tenu à Auch. — 91. Articles envoyés au comte par les trois États. — 92. Procès Armentieu. — 93. Conseil tenu à Nogaro ; — M. de Sainte-Christie annonce que le comté d'Armagnac a été engagé au sire d'Albret ; — les consuls prêtent serment à leur nouveau seigneur par-devant M. de Lamothe et le juge de Nérac. — 94. Garde des portes un jour de marché. — 95-100. Procès Armentieu. — 101 et 102. Emprunt de 10 écus au bayle de Goux. — 103. Examen des comptes par le procureur d'Armagnac. — 104. Ordre d'équiper quinze arbalétriers. — 105. Siège de Maubourguet. — 106. Réparations au pont du Pontaste. — 107. Annonce de la venue du sire d'Albret. — 108-111. Envoi de huit arbalétriers à Ladevèze pour le siège de Maubourguet. — 112 et 113. On apprend l'arrivée prochaine du sire d'Albret. — 114-119. Échange de lettres entre MM. de Forcès, de Pierre-Buffière et de Salignac ; — don de vin et d'avoine au capitaine Pierre-Buffière, à un fourrier du comte d'Armagnac. — 120. On fait pêcher à l'intention du sire d'Albret. — 121. On décide au conseil la composition du présent qu'on doit lui offrir. — 122. Un héraut d'armes du comte d'Armagnac vient parler au sire d'Albret. — 123. Don Jean d'Armagnac vient trouver le sire d'Albret ; — on paie sa dépense. — 124 et 125. Envoi de vivres au siège de

Maubourguet. — 126. Envoi de vin à M. de Salignac. — 127 et 128. Subside accordé au comte d'Armagnac pour racheter son comté. — 129 et 130. Vivres pour le siège de Maubourguet. — 131. Saisie par deux sergents de Condom. — 132. Tuile pour couvrir la tour. — 133. Ordre du comte de tenir prêts pour le 1er août le plus grand nombre possible d'arbalétriers. — 134. Vivres pour le siège de Maubourguet — 135. Façon de fers de flèches. — 136. Honoraires payés aux prêtres du purgatoire. — 137-139. Travaux à la tour. — 140. Affaire des arbalétriers. — 141. Collation donnée à un maître d'hôtel du Roi. — 142. Venue du procureur d'Armagnac. — 143. Allivrement. — 144. Le bayle de Goux réclame son argent. — 145. Procès Armentieu. — 146. Ordre du comte de fortifier les places du pays et de faire le guet jour et nuit. — 147. Tuiles pour la tour. — 148. Réparations au pont de l'Adour. — 149. Travaux aux fossés de la ville. — 150. Conseil tenu à Vic ; — le sénéchal ordonne de réparer et fortifier les places et d'équiper les hommes d'armes ; — subside de 500 francs demandé par le bâtard Pierre d'Armagnac. — 151. Députation des trois États au comte d'Armagnac pour le supplier de tenir les promesses faites à Auch ; — les députés le trouvent à Monfort ; — il leur promet une réponse. — 152. Venue à Riscle d'Arnaud-Guillem de Lanne, nouveau juge ordinaire d'Armagnac. — 153. Réponse du comte d'Armagnac : il fera tout ce que voudront les États. — 154-156. Conseil tenu à Auch ; — le comte ne s'y rend pas et se fait excuser par l'évêque de Lectoure sous prétexte d'indisposition. — 157-159. Créance du barbier d'Aydie. — 160. Arrestation des consuls. — 161. Les consuls demandent le changement du bayle. — 162 et 163. Prêt de vin par le barbier d'Aydie. — 164. Le procureur fiscal se fait remettre toutes les quittances des sommes payées au sénéchal de Toulouse depuis la destruction de Lectoure. — 165. Protestation d'anciens consuls au sujet d'une exécution. — 166. Conseil tenu à Vic ; — l'abbé de Bouillas et MM. de Pardaillan et d'Arblade font connaître la réponse du comte d'Armagnac. — 167. Exécution des consuls. — 168. Lettre du bâtard Pierre d'Armagnac invitant les *compagnons* de Riscle à l'aller rejoindre. — 169. Réparations au pont de la porte de Coarraze. — 170. Paiements faits au collecteur. — 171. Réparations au pont de l'Adour. — 172 et 173. Procès Armentieu. — 174. Réparation de la clef d'une des portes de la ville. — 175. Conseil tenu à Barran ; — le sénéchal déclare mensongère l'accusation portée contre le comte d'Armagnac d'avoir commis toutes sortes d'excès depuis que ses domaines lui ont été rendus, accusation qui lui aurait attiré la colère du Roi ; — les États décident d'en écrire au sire d'Albret. — 176-184. Procès Armentieu porté devant le parlement de Toulouse. — 185 et 186. Conseils tenus à Lectoure et à Vic. — 187. Prix d'un bœuf mort en portant des vivres au siège de Maubourguet. — 188. Achat de clous pour la tour. — 189. Procès contre les commissaires des chemins. — 190-193. Travaux à la tour. — 194 et 195. Loyer et réparation de la maison d'école. — 196. Réparations à une porte de la ville. — 197. Prix d'une brouette. — 198. Achat de traits pour les archers. — 199. Sac perdu en portant du pain au siège de Maubourguet.

Despensa feyta per Berdot de Sen-Pot, Peyron de Lafitan, Johano de Monbet e Guilhamon deu Pont, conselhs de la bila d'Ariscla en l'an mil IIII^c LXXIII, finit l'an LXXXIIII, en los negosis de ladita bila, aysi que dejus s'enseg.

1. Prumerament, despensan, lo ters jorn de Nadau, ab los cosselhs de Cahusac, cant agon feyt lo pagament qui annuaument ant acostumat de far per lo fiu de la Barta a ladita bila : IIII dines.

2. Item, a xxviii de gener, termeton messenhors de conselhs de Nogaro huna letra que contie que l'endejorn nos bolosam trobar en ladita bila, la ont se trobaran las autras proprietat[z] per ausir lo contengut de 1ª letra que mossenh jutye d'apelhs abe termetuda; e foc ordenat per lo consell que Berdot de Sen-Pot hi anasa; e aysi a fe; e cant foc part dela, aqui ana parlar ab messenhors de conselhs de Nogaro, en los referin cum etz agosan termetuda letra que audit jorn se bolosan trobar per ausir auguns reporst de 1ª letra que mossenh jutge d'apelhs (1) abe termetuda; auqual fen resposta que bertat era, mas que aqui no eran messenhors de conselhs de Barsalona ne de Anhan per comunicar la causa, mas que om sperasa hun petit si bengoran; e aysi a fe; e cant abengo a brespas, ontquera los susditz conselhs no fon bengutz, mas losditz conselhs de Nogaro referin que la letra qui lodit mosenh jutge d'apelhs terme contie cum de part los Statz d'Armanhac et abe presa carga de anar en la compa[n]hia de mosenh l'abat de Flaran e de mossenh de Montaut en enbaysada debert nostre senhor lo rey (2), e que a susportar los carx de sa despensa l'era stat autreyat sertana soma d'argent, e per aysi notificaba cum lodit mosenh l'abat de Flaran abe deliberat de partir, e per aysi que om lo termetosa sous dines e de so agosa resposta; ont aqui foc apuntat enter lor, atenut que aqui no eran los cosselhs de Barsalona ne d'A[n]han, que om no lo pode far resposta, mas que lodit de Sen-Pot s'en tornasa e que l'endejorn fesa benir maste Johan deu Baradat, loqual era stat au conselh a Leytora, ont la

(1) Jean de Job.
(2) Voir le compte précédent, art. 47, p. 282.

susdita materia s'apunta, per referir cum era ne cum no. E aysi s'en torna.

3. Item, l'endejorn, ana lodit maste Johan a Nogaro; e cant foc part dela, aqui foc apuntat que audit mosenh jutge per lo present om no lo fessa deguna resposta.

4. Item, a causa de hun aygat que mena hun gran casso entermey deus staus deu pont de l'Ador e d'autres arbes, losquals eran per far dapnatge audit pont; e foc apuntat que fossa donat a pretz feyt ana stremar.

5. Item, foc ordenat que om termetosa la garda a messenhors de cosselhs de Nogaro per saber si pagaban los seys arditz per foc; e cant fo part dela, lo fen resposta que au present no entenen de pagar entro beser que fora.

6. Item, a xxx deu susdit mes, fom mandatz a Leytora, a la stancia de mosenh le percurayre de nostre senhor lo rey (1), personaument per debant la cort de mossenh lo senescal d'Armanhac; ont foc apuntat per lo conselh que om agosa copia deudit ajornament, que costa : ix dines.

7. Item, l'endejorn, termeton los conselhs de Nogaro 1ª letra que contene que lo ditmenge prosman benent om se trobasa a Nogaro, ont aqui se deben trobar messenhors de gentiushomes e proprietatz per abisar e apuntar sus lo feyt deu susdit ajornament, cum om s'abe a gobernar; e foc ordenat per lo conselh que Berdot de Sen-Pot e Peyron de Lafitan hi anasan; e aysi a fen; e cant fon part dela, ago hun nombre deus susditz gentius e proprietatz, e comunican la causa, ont aqui foc apuntat que cascun propietari n'i termetosa hun; e cant aso foc apuntat, foc basa ora, e demoran la neyt.

8. Item, l'endoman n'ana lodit de Sen-Pot enta Leytora, aysi cum era stat apuntat; e cant fon part dela au jorn de la susdita jornada, lo susdit percurayre no bolo que audit jorn se tengosa la susdita jornada, atenut que totz los ajornatz no y hi eran, mas foc porogada entro l'endoman; auqual jorn comparin; ont aqui lo susdit procurayre diso cum etz eran rebelles e desaubezientz a nostre senhor lo rey, car lodit nostre senhor abe feyt mandament

---

(1) Jean de Cressio.

aus tres Statz d'Armanhac que a Noel prosman benent se agosan a trobar en la bila de Tos (1), e aso per lo ben public, e noarement era stat apuntat au conselh a Leytora (2) que los susditz de Flaran, de Montaut e d'apelhs, e noarement en lor companhia maste Matalin (3), cuma clerc, anasan e fossan enbaysadors enbert lo susdit nostre senhor lo rey, e a causa de la soma qui aben prometuda audit mosenh d'apelhs e au susdit Matalin e per retardament de quera soma ladita enbaysada retardaba de anar au mandament deudit nostre senhor. Ont aqui responon audit procurayre que no era lor la colpa e aso per la meyyan que los susditz envaysados no aben feyt far la sieta, aysi cum era stat apuntat, per colle lo susdit argent. Ont aqui respono audit procurayre que om abe defendut au clerc qui [a] acostumat de far la susdita sieta que no la fessa. Aqui lo fo replicat que aco no saben que s'era. Feyta ladita resposta, lo susdit procurayre balha lo rest per la bila entro pertant que agossan respost. Ont l'endoman fon ausitz e fon entorogatz sus IIII^{te} captz : lo prumer, beser si eram statz ajornatz au conselh a Leytora; responon que ho; fon entorogatz qui hi aben termetut; responon que maste Johan de Baradat, loqual referi, cant foc bengut, que en lodit conselh era stat apuntat e elegitz per anar a la susdita enbaysada, so es per la Gleysa mosenh l'abat de Flaran, e per messenhors de gentiushomes mosenh de Montaut, e per las proprietatz mosenh jutge d'apelhs, e maste Matalin per clerc (4). Lo segont cap contie si om abe

---

(1) Dans la ville de Tours, à l'assemblée des États généraux qui allaient s'ouvrir le 15 janvier et où devait être prononcée la réintégration de Charles d'Armagnac dans les domaines de ses ancêtres.

(2) C'est à Lectoure et non à Muret, comme l'a écrit Monlezun dans son *Hist. de la Gascogne*, t. v, p. 18, que les États d'Armagnac se réunirent pour nommer les députés aux États généraux.

(3) Mathurin Moulineau, ou mieux Molinier, « un des légistes les plus habiles « et les plus renommés de cette époque ». (Monlezun, *Hist. de la Gascogne*, t. v, p. 19.)

(4) Jean Masselin a donné dans son *Journal des États de Blois en* 1484 (publ. par M. Bernier dans la *Collection des Documents pour servir à l'Histoire de France*), les noms des députés des sénéchaussées et bailliages qui se firent représenter aux États de Tours. A l'article de la sénéchaussée d'Armagnac, il dit : « Un prévôt et d'autres députés dont je n'ai pu connoitre les noms » ; et plus loin il ajoute sous la rubrique « *Pays de Fezensac* : *clergé* : N. ; *noblesse* : le « seigneur de Montaut ; *Tiers-État* : M° Mathurin Mollively (Molinerii) ». Il y

termetut au conselh a Jegun a no tene per feyt so que era stat apuntat au conselh a Leytora; responon que non saben re. Lo ters cap contie si aben defendut au clerc qui [a] acostumat de far las sietas audit pays; losqual[s] responon que non saben re. Lo quart cap, beser si pagaban la susdita sieta au collecto d'Armanhac; losquals dison que no au present, mas aben ausit dise que cant om portaba argent audit collecto sus los quartes, et s'ac retene susdita sieta. Respost aus susditz captz foc bespes, e l'endejorn las susditas proprietatz se asemlan que aben a defar outra qui; foc apuntat que lo susdit argent qui era stat autreyat aus susditz enbaysados que fossa talhat e pagat executat Armanhac, entro pertant que agossan demustrat au poble; obtengam jorn a remustrar. Demora en anar e tornar seys jorn[s]; despensa per et e son rosin : I scut II sos II dines.

9. Item, l'endejorn, lodit de Sen-Pot remustrec en conselh so qui era stat apuntat en lo susdit conselh de Leytora; ont aqui foc apuntat que lodit de Sen-Pot e maste Johan deu Baradat anasan a Nogaro, ont aqui se deben trobar las autras proprietatz, per apuntar si om bole tenir l'apuntament qui era stat feyt a Leytora ho no; ont aqui foc apuntat que l'apuntament qui era stat feyt a

---

a là une confusion. La sénéchaussée d'Armagnac comprenait à cette époque : l'Armagnac, le Fezensac, le Fezensaguet, la Lomagne, le Bruilhois, l'Elusan, le pays de Rivière-Basse, le Pardiac et les Quatre-Vallées (Aure, Magnoac, Neste et Barousse). Chacun de ces huit pays envoya ses députés à l'assemblée de Lectoure, et ceux-ci choisirent pour les représenter aux États de Tours un membre de chacun des trois ordres, savoir : le *clergé* : Jean de Montlezun, abbé de Flaran ; la *noblesse* : Philippe de Voisins, baron de Montaut ; le *Tiers-État* : Jean de Job, juge d'appel d'Armagnac, auquel on adjoignit dans la seconde réunion tenue à Lectoure M° Mathurin Molinier. L'abbé Monlezun, qui a suivi le journal de Masselin, a commis la même confusion ; après avoir cité les deux députés du pays de Fezensac, il ajoute : « On ignore qui représenta la séné- « chaussée d'Armagnac ». (*Hist. de la Gascogne*, t. v, p. 21.) Voir une excellente brochure de M. Philippe Lauzun, intitulée : *Les députés du Lot-et-Garonne* [lisez : des sénéchaussées de Gascogne] *aux anciens États généraux.* — Grâce aux *Comptes consulaires de Riscle*, nous connaissons aujourd'hui les noms des députés envoyés par la sénéchaussée d'Armagnac aux États généraux de Tours. (Voir comptes de 1483, p. 282.) Les graves questions débattues dans cette assemblée, celle surtout de la restauration de la maison d'Armagnac, donnent à ces quatre personnages une grande importance. On peut supposer que c'est en prévision des questions de droit que devait soulever cette restauration que les États d'Armagnac adjoignirent à leurs trois députés le savant légiste Mathurin.

Leytora tengosa; e aysi deliberan, e foc apuntat que Nogaro, Ariscla, Barsalona, Anhan fornisan cascun sinc francx per partir lo susdit jutge d'apelhs, e a la prumera sieta qui se fesa fossa talhat; e feyt aquo, foc bespe; demoran la neyt part dela; despensan tant per etz e per los rosis en la disnada e sopada, que monta : v sos x dines.

10. Item, pagan audit mosenh jutge d'apelhs a causa de la susdita asignation, aysi cum apar per bilheta scrita de la man de maste Arnaud Metye, de Nogaro (1) : v franx de rey.

11. Item, a IIII de feurer, foc ordenat per lo conselh que maste Johan deu Baradat e Peyron de Lafitan anasan a Marciac, auqual loc eram ajornatz a beser executar augunas letras enpetradas per Anthoni de Lafita (2) contra ladita bila; partin lo susdit jorn apres dinar; e cant fon a Cahusac, aqui los foc dit que en lo cami era tot plen de gens d'armas e fassen beucop de malh (3), e que folia fassen de tirar a lebant. Ausit aquo, los susditz s'en anen parlar ab mosenh de Sent-Lana e lo referin so qui aben ausit dise; loqual senhor de Sent-Lana los diso que et era bertat que aysi ac abe ausit dise, e a son abis, atenut que om no sabe quenhas gens eran, que feran folia de tirar abant; ausit aquo, los susditz s'en tornan, e aqui metis qui fon aribatz, fen amasar lo conselh e referin so qui aben trobat; e ausit aquo, foc apuntat que om termetosa la garda ab hun autre portar 1ª letra de desencusa au susdit comisari, atenut l'encombenient e lo dange qui era en lo cami.

12. Item, aqui metis partin la susdita garda e Carboneu de Serbue, ab 1ª letra que anaba au susdit comisari e huna autre a nostre abocat, maste Guilhem Berdie, contenen que nos bolosa porogar la susdita jornada, atenut l'enconbenient deu cami, cum part desus ne fe mention; e cant fon part dela, remustran las susditas letras audit comisari e Berdie; loqual comisari, atenut l'encombenient qui era deu cami, poroga la susdita jornada dequi au heyte jorn.

---

(1) Peut-être faut-il lire : *maste Arnaud, metye* (médecin) *de Nogaro ?*
(2) Lisez *Lafargua*.
(3) Voir plus bas une note à l'article 28.

13. Item, nos termeto 1ª letra de Condom en fora Berdot de Camicas que cum part desa bie hun aperat mosenh de Bilabruna, loqual abe la comision de mete en garnison las gens d'armas de mosenh de Labrit en lo pays d'Armanhac, e que lodit comisari tiraba a Barsalona; ausit aquo, foc apuntat que om termetosa la garda aus conselhs de Barsalona sin saben re; e aysi a fen; que era basa ora, ste la neyt part dela.

14. Item, l'endejorn, bengo lo susdit comisari ab hun mandament de nostre senhor lo rey, que contene que agosa a departir sent lansas en lo pays de Condomes e d'Armanhac; loqual mandament foc remustrat en conselh, e foc apuntat que om fessa resposta au susdit comisari que om era pretz de obesir au susdit mandament. Lo manda que lo ters jorn s'agosan a trobar en la bila de Vic, la on foran d'autres per departir las susditas lansas.

15. Item, lo segont jorn aprop, torna lo susdit comisari, e foc apuntat que om hi anasa parlar si om podora far que nos qualosa anar a Bic; e aysi a fen; ont respono que si nos no y anabam, a l'abentura podoram star quarquatz, car aqui foran totz los mandatz e cascun se desencusara lo melhor qui podoran, e a son abis per nos fora melhor que nos hi anasam e que et fera per nos tant que lo fora posible; e foc ordenat que om pagasa so qui abe despensat, car et nos ac pode gasardonar en autra part; monta la despensa: v sos.

16. Item, foc apuntat que Pey d'Argelos e Berdot de Sen-Pot anasan au susdit mandament a Bic; e aysi a fen; e cant fon part dela, aqui fo lo susdit comisari e betcop de gentiushomes e proprietatz, e aqui foc remustrat lo susdit mandament, e foc apuntat que fossan partidas las susditas lansas, aysi que lo mandament contene; e foc apuntat que lo pays d'Armanhac portasa lo quarc de hoyt lansas, e Ariscla n'agosa II^{as}.

17. Item, a XVII de feure, pagan a Bernad deu Drulhet, cum arendador deus amolument[z] qui mosenhor lo conte ha en ladita bila, e aso per lo fiu qui la bila fe de la Barta e d'autres padebentz: v scutz XVI sos IX dines e mey.

18. Item, pagan a hun grafie de la cort de mosenh lo senescal de Leytora, aperat Jaqueti, a causa de hun proses magut en ladita cort contra los conselhs de Sen-Mont: XVI sos.

19. Item, foc ordenat que fesan far las claus de las portas de la bila e deu castet, que eran pergudas sino huna, e reparar los pantz e haloncar las cadenas de lasditas portas e comportas; en que termeton sercar a Nogaro hun saralhe per las far, e fen marcat dap lu, que lo donan tot prumerament la farga, martetz, ferr, carbon e leyt·per et e son baylet tant que trigasa de far lo susdit obratye, e noarement per son tribalh e despensa : I scut IIII sos. — Item, costa ladita farga e martetz de loguer : II sos; item, costa lodit carbon : III sos IIII dines; item, costa lo ferr : IIII^{to} sos VI dines; item, costa lo leyt de loguer : II sos; item, costa lo marcat a bin : I sol II dines.

20. Item, foc ordenat per lo conselh que fessan far las comportas de la bila e capmatras.

21. Item, fen adobar los captz de la muralha, ont los captz matras se pausan, a Charles; e lodit jorn, fen far los comps e los arastetz ab de las gens d'armas qui deben venir en garnison.

22. Item, foc ordenat que fessan clabe lo forat de la muralha deu pe de la tor, e aysi metis clabe lo forat qui era entermey la capera deu ructo de Bilhe e la muralha de la gleysa; en que los qui ac clabon no tresen sino la despensa, que monta : IIII sos.

23. Item, fen adobar la porta deu castet a Guilhot Fitau.

24. Item, lodit jorn, agon de besiau tres boes per carreyar teule de la teulera en fora, ab de la tor.

25. Item, fen far II^{as} dotzenas de claus gros e huna dotzena mes petitz a Arnauton Sala ab de lasditas comportas e porta deu castet; costan : I sol IIII dines.

26. Item, fen achicar los captz matras de las susditas comportas, que eran trop greus per las lebar.

27. Item, mosenh de Termis termeto I^a letra que contene cum et abe ausit dise que las gens d'armas qui eran en Aribera aben deliberat de corre sus nos, en que stesam abisatz enter si e dilus; e aqui metis, mosenh de Sent-Lana termeto hun autre mesatye tocan la susdita materia, que nos gardasam be; lasquals letras fon remustradas en conselh, e foc apuntat que om ne scriscosa a messenhors d'oficies a Nogaro, en los ne sertifican cum eram menasatz de star corutz, e noarement scribe a messenhors de conselhs de Nogaro tot lo cas, en los pregan que en la susdita

materia bolosan entene aysi cum lo cas requir e cuma nostres bons vesis. En que hi termeton la garda ab las susditas letras; auqual fen resposta que etz hi bolen entene e y entenoran, aysi que far deben, e que audit jorn etz se trobaran per nos donar secos, fabor e ayde a tot lor poder, car aysi boloran si etz ag aben omque nos fessam per lor.

28. Item, lo dilus prosman venent, vengon mosenh lo procurayre d'Armanhac, dus de messenhors de conselhs de Nogaro, eysemps ab lor dequi au nombre de LXII presonatyes armatz de balestras, spasas, lansas e d'autre arnes; e cant fon desens, aqui parla mosenh lo percurayre, en disen que nos agossam abertitz los oficies de monsenhor e noarement a messenhors de conselhs de Nogaro, cum nos eram sertificatz que las gens d'armas qui eran en lo pays d'Aribera per mosenh de Narbona deben e aben deliberat de corre sus nos (1), e per aysi nos notificabatz en nos disen e pregan e, si era nesesitat, requerin nos que audit cas, aysi que requer, volosam entene, e per aysi et cum officie de mondit senhor et era aqui per nos prestar fabor, secos e ayda, aysi que lo cas requeriba, e parelhament aqui eran messenhors de conselhs de Nogaro ab nombre de LX presonatyes o plus, per

(1) La présence de ces gens de guerre dans le pays de Rivière et dans le comté de Pardiac (voir art. 11) et les événements qui vont suivre demandent, pour être éclaircis, un retour en arrière. — Jean de Foix, vicomte de Narbonne, frère de Gaston, comte de Foix et de Bigorre, vicomte de Béarn, etc., avait eu pour sa part des dépouilles de Jean V, comte d'Armagnac, la vicomté de Rivière et la ville de Maubourguet (1473); et, plus tard (1477), après la mort tragique du *pauvre Jacques* d'Armagnac, duc de Nemours, le comté de Pardiac. Son neveu François-Phœbus de Foix, roi de Navarre, comte de Foix et Bigorre, etc., mourut à Pau, sans postérité, le 29 janvier 1482, instituant sa sœur Catherine héritière de tous ses domaines. Cette mort éveilla l'ambition du vicomte de Narbonne. Il prétendit que la succession de la maison de Foix était dévolue aux mâles, la revendiqua à main armée, assembla un corps de troupes, se rendit à Maubourguet, sur la frontière des domaines de Foix, et de là fit la guerre à sa nièce Catherine. Ses troupes se répandirent aux environs et commirent des dégâts et des désordres inouis (voir art. 11). La ville de Riscle fut plus d'une fois menacée et visitée par ces dangereux voisins. On va voir comment ils furent assiégés dans Maubourguet et obligés de quitter le pays. (Voir Davezac-Macaya, *Essais historiques sur le Bigorre*, t. II, p. 138. — Castillon d'Aspet *Hist. du comté de Foix*, t. II, p. 159 et suiv. — Dom Vaissette, *Hist. de Languedoc*.) Tous les mouvements de troupes qui se firent dans l'Armagnac pendant les premiers mois de cette année et les préparatifs de défense de la ville de Riscle ont trait à la guerre du vicomte de Narbonne.

nom de tota ladita bila, a nos prestar confort, secos e ayde a tot lor pode, e que etz entenen que qui nos fessa desaunor ne dapnatye ne fassen a lor, e per aysi presentaban cors e bens a la bila. Dit tot so desus, aqui fon los conselhs e maste Johan deu Baradat e d'autres ab lor, en los disen que, aysi cum los aben scriptz, etz eran sertificatz per gent de ben e nostres bos amix cum la susdita gendarmas aben deliberat de corre sus nos, e per aysi cuma besis que los tenem los ag abem demustrat, e besem e coneysem que etz eran nostres bons besis, e aysi ac mustraban, e que etz fossan los tresque bebengutz, e om los remersiaba de lor bon bole, en los pregan, cuma desus, que si atau causa abie, que hi bolosan entene, aysi que lo cas requere. E dit aso, foc apuntat per lo conselh que om los fessa apresta de disnar; e aysi a fen. En aprestan lo susdit disnar, bengon mosenh de Termis e mosenh de Sent-Lana ab beucop d'autres, ont aqui dison aus conselhs e a d'autres que eran dap lor, que etz eran enformatz que la bila era en desor a causa que om dise que las gens d'armas qui eran en lo pays d'Aribera deben corre sus nos, e que etz eran aqui cuma nostres besis, en referin que de tot lor poder, de cors e de bes nos secororan; ont aqui los foc feyta resposta que etz fossan tres bebengutz, e om los remerciaba de lor bon bole e non pensabam pas mentz. Dit aquo, lo disnar foc prest e disnam; despensan totz eysemps tant en pan, bin, carn, fen, sibasa: II scutz x sos x dines.

29. Item, lodit jorn, cant om sopaba, mosenh de Termis termeto hun mesatye en nos disen que, aysi cum foc aribat ha sa mayson, aqui lo foc dit que gens d'armas abe enta Fustaroau e que om dise que mosenh de Saubaterra las conduaba, e que stesam abisatz, e que et ne termete hun mesatye de part dela per saber quenhas gens eran, e que om termetosa hun mesatyer a lu, que encontenent que son mesatye fora aribat et nos fera asaber qui eran. E aqui metis, lodit mosenh de Sent-Lana nos termeto hun autre mesatye en nos sertifican que las susditas gens d'armas eran a Fustaroau. E ausit aquo, termeton Guilhamet de Sant-Guilhem e la garda a mosenh de Termis; e cant fon part dela, lo mesatye qui mosenh de Termis n'abe enbiat no era ontquera aribat; demoran que fossa aribat; e cant bengo, referi que no eran de queras gens.

30. Item, l'endoman, termeto mosenh de Saubaterra (1) Iª letra de sas partz contenen cum et era stat enformat que nos abem metuda garnison en la bila e aso per meyyan de faus reportz que om abe dit de lu, en disen que et abe deliberat de corre sus nos ab las gens de mosenh de Narbona; ont nos sertificaba que james et no foc en aquet loc ne james no y enmagina, e que et no sabe pas causa per que et degossa corre sus nos; mas que qui aquestz reportz nos abe dit no abe dit bertat. Ont ladita letra foc mustrada en conselh e foc apuntat que om lo fessa resposta per script; aysi foc feyt.

31. Item, l'endejorn, logan Peyron d'Angles, Peyrot Sobiran e Peyron de Monbet per puyar la fusta deu portau de la Tasta; que trese cascun per jornau detz arditz; montan : v sos.

32. Item, agon sinc homes per carreyar lassusdita fusta de la fala en fora entaudit portau, e aysi metis Charles, peyre, per adobar sus lo portau las peyras qui eran desotas, per far los clotz ont las susditas fustas se pausaban.

33. Item, a vii de martz, termeto mosenh de Sent-Lana hun son serbidor ab hun mandament, que contene cum lodit de Sent-Lana'era comisari per nom de mosenh lo senescal de Carquasona (2); e contene lodit mandament de las partz de nostre senhor lo rey que om agossa donar audit mosenh lo senescal secos, confort e aydie totas oras qui om fossa request; e que per aysi et nos fasse comandament cuma comis deu susdit mosenh lo senescal que totas horas que fosan requet de las partz deu susdit senescal que om fosa prest en abilhament de guera, sus

---

(1) Jean de Lavedan, seigneur de Sauveterre, près Maubourguet, commandant des troupes du vicomte de Narbonne, était fils héritier de Bertrand de Lavedan et de Jacquette de Rivière, dame de Sauveterre, et petit-fils d'Arnaud, vicomte de Lavedan, et de Brunissende de Gerderest. Jean avait succédé à son père dans la seigneurie de Sauveterre, avant 1465. (*Hist. manuscrite de la maison de Lavedan*, in-4°, Arch. de M. le baron d'Agos, château de Tibiran.)

(2) Odet d'Aydie (appelé dans ces comptes tantôt « lo capdet d'Aydia » tantôt « mosenh Odet »), seigneur de Guittinières et de Saint-Romain, frère du seigneur de Lescun, avait succédé, en 1479, dans la charge de sénéchal de Carcassonne, à Étienne de Talauresse, seigneur de Mimbaste, Poyartin, Estibeaux. Il commandait les compagnies de son frère Odet d'Aydie de Lescun, comte de Comminges, chargé avec Alain d'Albret de chasser de Maubourguet le vicomte de Narbonne.

pena de confiscation de cors e de bens. Loqual mandament foc remustrat en conselh, e foc apuntat que om agosa copia deu susdit mandament; que costa ladita copia : 1 sol.

34. Item, foc apuntat per lo conselh que, atenut que se dise que lo manesclalh deu perbost era a Marciac, que om termetosa la susdita copia a maste Sans de Bordas audit loc de Marciac, per nos enformar cum non abem a gobernar; ont termeton ladita copia e huna letra misoria audit maste Sans per la garda, en lo pregan que nos bolos sertificar deu cas; ont lodit maste Sans nos termeto per resposta que et abe mustrada ladita copia au susdit mossenh lo senescal, loqual l'abe donat per resposta que et nos scricosa que encontenent que agossam mandament que encontenent fossam pret en abilhament de guera; e aysi nos scrisco.

35. Item, foc ordenat per lo conselh que om termetosa lo bayle mandar sertanas gens que fossan pret en abilhament de guera totas horas qui fossan mandatz, aysi cum lo susdit mandament contene e afin que la bila fossa desencusada.

36. Item, foc ordenat que om fessa far hoyt pessas de fustas que falhen en lo portau.

37. Item, foc ordenat que om fessa aresegar IIIes fustas ab de far taulat ab de la tor.

38. Item, foc ordenat que om termetosa la garda a Lana-Sobiran a Menyon de Lalana per saber si abe trobat teule per crobi la tor; loqual fec resposta que no.

39. Item, a XVIII deudit mes, termeton mosenh de Casaus e mosenh de Mosencoma (1) hun mandament de las partz de nostre senhor lo rey e de mossenhor lo conte (2) que lo dibes prosman venent om se trobasa ab sertans balestres en la bila d'A[n]han, sus pena de confiscation de cors e de bes, en abilhament de guera,

---

(1) Jean de Lasseran, seigneur de Manssencome, près Valence, avait épousé, le 6 novembre 1455, Catherine d'Astarac, fille et héritière de Jean d'Astarac, seigneur de Monclar, Saint-Yors, Valentées, etc. Il n'eut de ce mariage qu'une fille, Isabelle, qui fut mariée à Charles de Poyanne, seigneur de Nousse et de Gamarde, dans la sénéchaussée des Lannes, chambellan de Charles VIII et de Louis XII et gouverneur de Dax, à charge de relever les noms et armes de Lasseran-Manssencome.

(2) Charles d'Armagnac, dont la réintégration dans les domaines de la maison d'Armagnac avait été prononcée aux États de Tours, avait pris fait et cause pour la princesse de Viane contre le vicomte de Narbonne.

per anar la ont mosenh lo senescal de Carcasona mande; laqual letra foc remustrada au conselh, e foc apuntat que om termetosa la garda mandar sertans balestres.

40. Item, lo XXIII deudit mes, parti Johano de Monbet ab los susditz balestres per los menar Anhan, aysi cum eran statz mandatz; que eran detz balestres; e cant fon part dela, aqui troban los cosselhs de Nogaro, de Barsalona, de Caupena e de Sancta-Crestia; e los susditz comisaris no fon bengutz; e foc enter lor apuntat que demorasan per lo jorn si bengoran, afin que no fossan repres; e aysi a fen; ont losditz comisaris no bengon punt; e bist aquo, totz los susditz cosolatz protestan contra los susditz comisaris ab sturment de tot daun e dapnatye qui los ne pode benir; costa ha cascun cossolat deu notari : I sol.

41. Item, a XXVI deudit mes, termeto mosenh jutge ordenari huna letra que contie que lo disapte prosman venent nos trobasam a Nogaro per ausir lo report qui mosenh de Bergohan, de Leype e et fassen deu conselh de Fransa (1); e foc apuntat que Berdot de Sen-Pot hi anasa, e aysi a fe; e cant foc part dela, aqui se tengo lo susdit conselh; ont aqui foc remustrat per los susditz cum et era stat apuntat per lo conselh de nostre senhor lo rey que de sinc que abem hacostumat de pagar pagaram tant solament dus. E feyta ladita resposta, los susditz enbaysadors demandan star recompensatz, car disen que etz aben beucop plus despensat que om no los abe donatz; aqui foc ordenat que cascun cossolat ac remustrara a son pople, e que lo disapte aprop om se trobara en ladita bila de Nogaro e alabetz los feran resposta.

42. Item, a XXIX deudit mes, fom mandatz a Lanapatz per debant los comisaris deu rey a beser enpausar las lansas; e foc ordenat que Arnauton de Lafitan hi anasa; e aysi a fe; e cant fo part dela, aqui fon los susditz comisaris, losquals referin que nostre senhor lo rey de Fransa per son nobel adveniment son conselh abe apuntat que ont abem acostumat de pagar sinc

---

(1) Du conseil de régence de Charles VIII. Les procès-verbaux des séances de ce conseil ont été publiés par M. Bernier dans la *Collection des Documents pour servir à l'Histoire de France*. La querelle du vicomte de Narbonne avec la princesse de Viane et la reine de Navarre y est relatée avec beaucoup de détails.

pagaram tant solament tres e a l'an prosman benent tornaram, a l'estat deu temps deu rey Chales.

43. Item, termeto mosenh jutge 1ª letra que contene cum enter Johanet Barta, collecto de l'an passat, e nos abe eror sus los pagamentz a lu feytz; ont nos pregaba que lo disapte prosman venent nos bolosam trobar a Nogaro e portar nostras bilhetas, e aysi metis sertana despensa que lodit de La Barta nos abe feyta. Foc ordenat per lo conselh que Berdot de Sen-Pot, Bidet deu Magenc e Arnauton de Lafitan hi anasan; e aysi metis que i eran mandatz per far lo collecto. E aysi hi anan; e cant fon part dela, aqui los diso maste Johan deu Baradat que lodit de La Barta l'abe dit que et se contentara d'arason e que non volosam contentar; auqual foc dit que nos no demandabam autra causa; e foc apuntat que lo dimartz apres lodit de La Barta bengora a Riscla e apuntaram lo tot. E feyt aquo, s'en an[an] a la gleysa de Sent-Nicolau, ont aqui eran messenhors de nobles e proprietatz per apuntar qui fora collecto; e foc apuntat que per ladita anheya Mono deu Bedat ne fossa (1). E feyt aquo, aqui mosenh jutge

(1) C'est le 3 avril, dans la chapelle de Saint-Sébastien, en l'église de Nogaro, que fut élu le collecteur des deniers royaux et particuliers. Les candidats étaient nombreux... « Fueruntque plures qui dictam collectam levare et colligere « se obtulerunt sub certis modis et formis per eos dictis et deductis ». Les conditions offertes par Raymond du Bedat, bourgeois de Nogaro, ayant plu aux deux États, il fut élu collecteur, et les parties passèrent immédiatement l'acte suivant :

« Seguen se los pactes, promissios et conbenensas feytas entre mess[rs] los nobles
« et cossos de las villas proprietaris deu comtat d'Armanhac d'unna part, et
« Ramon deu Bedat, borges et habitant de la villa de Nogaro d'autra part, sus
« la collecta particulara deus dines deu Rey impausatz en lodit pays et comtat
« d'Armanhac per l'an present commensat lo preme jorn de gener derre passat
« 1483 et finidor lo darrer jorn de decembre prochan vient 1484.
« Premierament, fo pacte et conbent entre las ditas partidas que lodit Ramon
« deu Bedat, collector, fara diligensia de su metis o autrament ab l'ajuda de sos
« amics de appunctar ab lo thesaurer de nostre senhor lo Rey en lodit païs
« d'Armanhac deu preumer quarter d'aquest an present gener, febre et mars
« darrer passat en forma et maneyra que losditz nobles, cossos et autres
« particulars deudit pays d'Armanhac no ayan a suffertar augus destrigs,
« despensas ne dampnatges; autrament, que passat lodit quarter losd. nobles et
« cossos proprietaris los posquan gectar de lad. collecta et y deputar ung autre
« collector.
« Item, foc pacte et conbent entre lasd. partidas que lo dit R. deu Bedat,
« collector, colhera totz los dines deu Rey impauzats per aquet an dessus

ordenari, mosenh de Bergonha e de Leype demandan, cum desus ne fe mention, recompensa deu biatye qui aben feyt en Fransa, e demandaban de recompensa cent e sinquanta scutz; ausquals fen resposta que no aben potestat, mas ac demustraran cascun a lor poble; e aso feyt, foc bespes.

44. Item, foc ordenat que Berdot de Sen-Pot e Arnauton de Lafitan tornasan a Nogaro per far resposta aus susditz enbaysadors de la reconpensa qui demandaban; e cant fon part dela, aqui no fon los conselhs de Barsalona ne d'Anhan; demoran tot lo jorn entro foc bespres; e bist que no bien, fen resposta aus susditz enbaysadors que aqui no eran los conselhs de Barsalona ne de Ahan, no saboran far resposta; ont ne fon mal contentz; la causa demora per atau.

« specifficat et lo doneran losd. nobles et proprietatz... per sa pena de colhe
« losd. dines la soma de cent scutz condan XVIII sos de Jaques per cascun scut
« et per cascun sol sieys arditz.

« Item, que lod. R. deu Bedat relevera losd. nobles, cossos et habitans deud.
« païs d'Armanhac enbers lo thesaurer o recebedor general de las terras et
« senhorias d'Armanhac per nostre s^r lo Rey deus dines reals et de totz damps,
« damnatges, greuges, interesses et despensas, losquals poyren endebenir ausd.
« païs et habitans d'aquel a causa de retardacion de pagua no feyta au temps
« degut. Deusquals dampnatges so es tant de la deshonor, destryg de marchan-
« desas se n'y habe de presas et arrestadas, jornals et autras despensas n'estera
« a l'ordonansa, cogneysansa et taxa de M. lo jutge ordinari d'Armanhac.

« Item, que lodit Ramond deu Bedat, collector, prenera totas monedas haben
« cortz en lo present païs sens diminucion deguna de lor vraya valor.

« Item, que lodit collector no fara degunas assegucios per lo deute d'auguna
« villa o loc deud. païs se no sus los cossos et autres plus apparents de la dita
« villa o loc, ne no compellera ne asequtara autres habitans d'autra villa o
« loc se no cascun per sa quota et rata de las susd. villas o locs dont seran
« habitans et no print l'un loc per l'autre.

« Item, que lod. collector ne fera degunas acegucios contra los habitans
« deudit païs al mens que en fassa pagar degunas despensas so no que apres
« lo mey quarter passat; et apres lod. mey quarter passat en deffaut de paga
« no feyta lod. collector poyra far una asequcion tant solament contra los cossos
« et autres plus apparents de lasd. villas o locs, qui deuren los dines, ab lo bayle
« de la dita villa o loc et ung sergent que lod. collector poyra menar. De la-
« qual aseqution stara lod. collector a la cogneyssansa et taxa de Mons. lo jutge
« ordinari d'Armanhac. Sy lo cas que autrament ne podos ster d'accordi ab los
« cossos deudit loc, et no prenera lod. collector los buos ne autres bestials
« laürados deus habitans deudit païs tant cum y trobera d'autres benx.

« Item no prenera ne fera prene lod. collector en deguna feyra o mercat
« deudit païs degun habitant deud. païs fors solamen los cossos deusdits locs
« per faulta de paga no feyta a temps degut.

ANNÉE 1484.

45. Item, a x d'abriu, termeton los conselhs de Nogaro huna letra que contie que l'endoman nos trobasam ha Nogaro; foc apuntat que Berdot de Sen-Pot hi anasa; e aysi a fe; e cant foc part dela, ana parlar ab los susditz conselhs, losquals lo dison que aqui eran messenhors qui eran anatz en enbaysada per nom deu pays en Fransa, que tot lo jorn los requeriban que fesan asemlar lo conselh sus la recompensa qui demandaban deudit biatge, e per aysi nos aben feyt asaber que audit jorn e loc nos bolosam trobar, e parelhament a las autras propietatz, mas aqui no eran ontquera Barsalona ne Anhan per deliberay, mas que om sperasa si bengoran; ont losditz conselhs no bengon; ne s'apunta re.

46. Item, a xiiii d'abriu, termeto mosenh jutge ordenari de Nogaro Iª letra, laqual letra termetosam a mosenh lo bastart au Castelnau (1), e ay foc apunta[t] per lo conselh que om la y terme-

« Item, lodit collector balhera bonas et sufficientas caucios et fermansas de
« tener, observar et complir lo contengut en los presens articles et de no y
« contrebiene en deguna maneyra, et en asso se obligaran a totas rigos et
« autrament cum es acostumat por los propis dines de monsenhor lo Rey.

« Item, que lodit collector sera tengut de colhe los dines de lad. collecta en
« la villa de Nogaro et no compellera los cossolatz deud. païs d'Armanhaac
« tenir rest se no que en lad. villa de Nogaro.

« Et son feytz, passats et accordatz losd. articles, promessas et conbenensas
« en lad. villa de Nogaro en la capella de Sent Sebastian desens la claustra de
« la gleysa collegial de Sent-Nicolas de Nogaro, entre messenhors los nobles
« Bernard d'Armanhac, senhor de Termes, Auger de Laur, senhor de Laur,
« Bernard de Bergognan, Bernard de Sent-Lana, senhor de Saint-Lana, Bertrand
« de Luppe, senhor de Luppe, Peyrot de Borrolhan, filh deu senhor de Borrol-
« han, Miqueu de Luppe, senhor de Cremen, Manault de Sent-Martin, senhor de
« Sent-Martin, Carboneu de Laur, filh deu senhor de Camorteras, Johan de
« Berglus, senhor de Berglus, Carbonneu deu Forc, senhor de Montastruc, et
« Johan de Latrau, senhor de la Terrada-de-Mau, per nom de los et de totz los
« autes nobles deudit comtat d'Armanhac; — Bernard deu Soto, coss. de
« Nogaro, Bernard Sen-Pot et Pey de La Fitan, coss. de Riscla, Manault Destoet,
« coss. de Barsalona, Vidau de Lanagran, coss. d'Anhan, et Ramond deu
« Campo alias deu Ranc, coss. de Caupena, tant per nom de lor que per los
« autres cossolatz de las villas proprietaris deudit païs et comtat d'Armanhac,
« los tres jorn d'abriu l'an M IIIIᶜ LXXXIIIIº.

« Hinc siquidem fuit et est quod anno et die suprascriptis, dictus R. de Bedato
« necnon nobiles Bernardus de Armaniaco, etc. *(suit la formule d'obligation.)*
(Registres de Chastenet, notaire à Nogaro, Arch. du Séminaire d'Auch.)

(1) Jean V avait eu trois enfants naturels, dotés par Louis XI après la mort de leur père. Jean, l'aîné, eut la terre de Montrozier, Antoine, la capitainerie de Ségur, et Rose, les revenus de la seigneurie de Bosouls au comté de Rhodez. Monlezun rapporte dans son *Hist. de Gascogne*, t. IV, p. 377, que Jean, l'aîné

tosa per la garda; e aysi foc feyt; laqual letra dona au susdit bastart; e cant l'ago legida diso a ladita garda que demorasa, que et vole scribe; e aysi a fe; scrisco 1ª letra audit mosenh lo jutge e autra a nos; que contene la nostra que om lo termetosa xxv balestres per anar getar las gens qui eran desens Maborguet; laqual letra foc remustrada en conselh, e foc apunta[t] que Arnauton de Lafitan anasa portar la letra a mosenh jutge, e portasa la nosta cum non abem a gobernar.

47. Item, ana lodit de Lafitan a Nogaro portar las susditas letras, cum part desus ne fe mention; e cant foc part dela, dona las susditas letras audit mosenh lo jutge; e cant las ago legidas, termeto sercar los conselhs de Nogaro e los remustra la causa; e parelhament lodit de Lafitan los prega per nom de la bila que etz nos hi bolosan donar conselh cum non abem a gobernar; auqual fen resposta que en so qui saboran ne podoran a feran bolentes, mas que au present era tarda hora per amasar lor conselh, mas que demorasa dequi au maytin, que etz amasaran lo conselh; e per aysi demora la neyt; e lo maytin amasan lo susdit conselh e consultan la susdita letra; e tengut lo susdit conselh, fen lo resposta en disen que etz eran d'opinion que la bila termetosa dus presonatges parlar ab lo susdit bastart que cant nos asempraba que lo termetosam xxv balestres per anar getar las gens qui eran a Mauborguet, que au regart de nos nos hi abem von bole, mas doptabam de encore la indignation de nostre senhor lo rey, que abe feyt anar la crida sus pena de confiscation de cors et de bes aus susditz de Mauborguet, ne parelhament a degun autre a l'encontra de lor. E aysi s'en torna ab la susdita resposta.

---

des bâtards, tenta, au mois d'octobre 1482, de prendre quelques places dans les Quatre-Vallées; que repoussé successivement devant Saint-Bertrand et Saint-Béat, il se présenta devant Montoussé, où il fut complètement battu avec ses partisans. Il ajoute que le sénéchal de Toulouse leur fit le procès, les condamna à mort, et fit exécuter la sentence sans aucune miséricorde. Tout cela est vrai sauf la conclusion. Jean fut jeté en prison, mais eut la vie sauve. Il bénéficia de la réhabilitation de la mémoire de Jean V son père, et de la restauration de son oncle Charles d'Armagnac, aux États de Tours. Il sortit de prison dans le plus grand dénûment (voir plus loin, art. 60), et se rendit à Castelnau-de-Rivière-Basse. C'est là que nous le trouvons en ce moment cherchant à se mêler à la guerre qui agitait ce coin de la Gascogne. On va voir que ce bâtard avait du bon sang d'Armagnac dans les veines.

48. Item, aqui metis qui lo susdit de Lafitan foc bengut ab la susdita resposta, foc remustrat en conselh so qui abe trobat per conselh; e aqui foc apuntat que lodit de Lafitan e Johan Farga anasan au Castetnau portar la susdita resposta audit mosenh bastart; e aysi a fen, e disnan prumer que no partin; e cant fon part dela, parlan ab lo susdit bastart, en lo referin la resposta desus dita; auqual no plago pas la susdita resposta, e respono que si nos amasam la mayson dont et era filh que tot home se debe lebar e anar casar aquetz malbatz raubadors qui pilaban la terra, e au temps abiedor lo menbrara qui abe feyt per lu (1).

49. Item, termeto lo susdit bastart 1ª letra que la termetosam a mosenh jutye a Nogaro; eu que la y termetom per la garda.

50. Item, a XXVI deudit mes, termeto mosenh jutge ordenari 1ª letra que l'endejorn om se trobasa a Nogaro, ont haqui se trobaran messenhors de gentiushomes e propietatz per debisar sus la requesta qui lo susdit bastart fasse au pays; foc ordenat per lo conselh que Arnauton de Lafitan hi anasa; e aysi a fe; e cant foc part dela, aqui fon messenhors de gentiushomes e proprietatz; anan tene lo susdit conselh; ont foc apuntat que, atenut que lo susdit bastart no abe mandament de nostre senhor lo rey ne de mossenhor lo comte, que nos no lo dem hobesir, car nos podoram encore magne indignation; mas foc apuntat que mosenh jutge

_____

(1) « Si vous aimez la maison dont je suis fils... » Cet appel, fait en de si nobles termes, n'était que trop justifié par les actes de brigandage que les troupes du vicomte de Narbonne commettaient dans les terres d'Armagnac. Voici le récit qui en fut fait au conseil de régence de Charles VIII : «... Pour
« ce que plusieurs grans plaintes et doleances nous ont esté faits des grans
« maux et oppressions qui font chacun jour aucuns gens de guerre et autres
« qui sans le congé et licence de nous ne d'autres ayant à ce pouvoir de par
« nous, se sont mis sus en armes soubz couleur de la question et different qui
« est entre noz très amées tante et cousine la princesse de Vianne et la royne
« de Navarre sa filhe d'une part et nostre très cher et amé cousin le vicomte
« de Narbonne d'autre part, tiennent les champs vivant sur le peuple sans
« aucune chose paier, pillent, destroussent, desrobent, tuent et murtrissent les
« habitans des lieux et les allans et passans, prennent, ravissent et forcent
« femmes et jeunes filles... destruisent le pauvre peuple, assaillent les villes,
« les prennent par force et font plus de pilleries que jamais... et autres grans
« et innombrables maux ». (*Procès-verbaux des séances du conseil de régence de Charles VIII*, publ. par M. Bernier, conseil du 9 août 1484.)

ordenari scriscosa huna letra audit vastart de las partz deusditz Statz, en nos desencusan que, atenut que eram hinibitz per nostre senhor lo rey que a deguna partida no agossam a donar secos ne fabor ne ayde, que nos no lo gausaram obesir de so que demandaba; e foc donada la susdita letra audit de Lafitan per la far portar au susdit bastart au Castelnau o la on fosa.

51. Item, foc ordenat per lodit conselh que la garda portasa ladita letra au susdit bastart; e aysi a fec; e cant foc au Castetnau, lodit bastart foc enta la Debesa, e per aysi s'en tira en la e lo dona ladita letra; e cant l'ago legida, lo diso : — « Aqueras gens « me volin apagar ab tinta e pape, cauque jorn no sera pas haysi » (1). — E aguda ladita resposta, s'en torna et demora la neyt a Betloc, que lo foc neyt.

52. Item, foc ordenat per lo conselh que om fessa far II^{as} scalas per puyar sus lo portau de Coarada; en que las fen Peyron de Mombet e Lanque; que los foc pagat tant solament la despensa, que monta : I sol.

53. Item, foc ordenat per lo conselh que om termetosa a Nogaro dise a maste Johan deu Baradat que lo plagos de benir part desa, e aso per anar a la jornada de Marciac; en que hi termeton la garda; auqual lodit maste Johan fec resposta que et bengora bolentes, mas que no abe punt de rosin, mas que l'endejorn lon termetosan hun e que et bengora.

54. Item, l'endejorn, termetom hun rosin audit maste Johan per benir part desa; ont bengo lo susdit bespre; e lo maytin foc tengut conselh, ont hi fo maste Ramon d'Argelos; e aqui foc apuntat que, atenut que nos eram sitatz a beser jurar sert[z] testimoniis, que om termetosa I^a letra part dela a nostre abocat que tengosa la susdita jornada; e apuntat aquo, que era jorn de dejune, anan disnar losditz maste Johan e lodit maste Ramon amasa eysemps ab nos; despensam totz : II sos.

55. Item, l'endejorn, termetom ladita garda a Marciac ab I^a letra a maste Guilhem Berdie, nostre abocat, que contene cum lo susdit comisari abe claus son proses a Riscla e que per aysi no y abe

---

(1) Payer avec de l'encre et du papier... On aime à trouver cette saillie bien gasconne dans la bouche de ce brave bâtard d'Armagnac.

loc de ausir noberament testimonis, e aque *ante omnia* alegasa, e per aysi lo susdit comisari no debe tirar plus abant a sa comision. Auqual jorn se tengo la susdita jornada, e per nostre abocat replicat cum desus dit; foc asignada jornada ordenar a hora de bespras; e a l'ora de brespres lo susdit comisari ordena que et tirara abant ausir los susditz testimonis; e agoda la susdita ordenansa, lo susdit nostre habocat s'apera de quera ordenansa, e lo susdit nostre abocat nos termeto a dise que a son abis debem seguir ladita apellation. Dona ladita garda audit maste Guilhem, nostre abocat : III sos.

56. Item, cant la susdita garda foc benguda, sa resposta foc metuda en conselh, ont aqui foc apuntat que om termetosa la susdita garda audit maste Guilhem, que et nos bolosa termete la copia de la sedula qui per nos abe produsida au susdit comisari, e aso per nos aconselhar sus ladita sedula cum nos abem a gobernar; ont lodit maste Guilhem nos termeto la susdita copia e noarement la copia de l'apellation.

57. Item, torna la susdita garda a Marciac ab 1^a letra, que contene que et fessa en gisa cum nos agosam copia de la enquesta qui lodit comisari abe feyta a Riscla sus l'audiensa deus testimoniis; ont lodit maste Guilhem fec resposta que per lo present no la podoram aber.

58. Item, crompan 1^a pet de pergam ab de maste Johan de Sant-Guilhem per copia huna copia de apellation; costa: x dines (1).

59. Item, foc ordenat per lo conselh que om fessa far hun arastet au vocau deu baniu de debat (2); e foc donat a pretz feyt a Peyron de Mombet; que lo foc donat per son tribalh e despensa : IIII sos.

60. Item, termeto 1^a letra don Johan bastart d'Armanhac; laqual letra foc metuda en conselh, e contene que dus deus conselhs de ladita bila o dus d'autres l'endejorn se trobasan au Castetnau d'Aribera, que et nos bole remustrar cauques causas tocan lo ben public; e foc apuntat per lo conselh que Berdot de

---

(1) Tous les détails qui précèdent ont trait au procès des consuls de Riscle avec Antoine de Lafargue, au sujet de la terre d'Armentieux. On trouvera plus loin la suite de ce procès et l'acte d'accord qui le termina.

(2) *Arastet.* Un râteau, une vanne, au *boucau* du bassin en deçà du moulin.

Sen-Pot e Pey d'Argelos hi anasau; e aysi ha fen; e cant fon part dela, aqui lo susdit don Johan los remustra cum et salhiba de preson (1) e era aqui per lo ben public e no abe re e per so los pregaba que la bila lo bolosa ajudar de dus rosis dequi a sent scutz; auqual fen resposta que etz no aben potestat, mas ac remustraran au poble e lo feran resposta.

61. Item, foc ordenat per lo conselh que om termetos aus conselhs de Nogaro beser cum deliberaban sus la demanda que lo susdit don Johan abe feyta; ont hi ana Johan de Lafitan; que l'endejorn om se trobasa part dela e que los totz consultaran la causa.

62. Item, ladita resposta foc remustrada en conselh, e foc ordenat que Berdot de Sen-Pot hi anasa; e aysi a fe; e cant fo part dela, comunican la causa, e foc apuntat que om lo fessa resposta per letra, so es cascuna proprietat la soa, e que cascuna disosa la huna cum l'autra, en se desencusan que au present part de conguet deu rey no gausaram far donasion; e aysi prengo copia de la lor letra.

63. Item, termeton la garda ab la susdita letra au susdit don Johan au Castelnau; auqual dona ladita letra; e cant l'ago legida, foc mal content de ladita resposta.

64. Item, termeton la garda a Nogaro ab 1ª letra e hunas copias que maste Guilhem Berdie abe termetudas sus lo pleyt qui la bila ha ab Anthoni de Lafita, a maste Johan deu Baradat, que las consultosa part dela cum nos abem a gobernar.

65. Item, bengo lo maste rebellent de Miranda e sermona hun ditmenge a la gleysa (2); foc ordenat per lo conselh que om lo termetosa present de bin blanc e roge per nom de la bila; e aysi a fen; que costa: I sol II dines.

66. Item, a IIII de may, bengo mosenh de Sent-Lana de Nogaro en fora, loqual bie de parlar ab mosenh jutge e ab los conselhs de Nogaro per nom deu susdit don Johan, a causa de la resposta qui om l'abe feyta, e aysi metis ne bie parlar dap nos; ont ste deu dilus entro lo dimartz neyt; que eran sinc rossis e x preso-

(1) Voir plus haut, art. 48, note 1.
(2) Ce « maste rebellent » (*alias* « reverent ») serait-il le gardien du couvent des Cordeliers de Mirande?

natges. E foc ordenat per lo conselh que, atenut que et gobernaba lo susdit don Johan e que et era aquet qui lo pode endusir a far ben e mal e per tau que fessa von report de nos, que nos pagasam so qui abe despensat; e aysi a fen, que monta en pan, vin, spesias, candelas, fen e sibasa, tant a l'ostau de Drulhet qu'a Bernat d'Aurelhan, que monta en Iª soma : I scut VI sos. — Item, lo susdit jorn, lodit senhor de Sent-Lana prega ausditz conselhs que lo prestasan la garda per anar dequi a Nogaro sercar huna pelha que et abe au sarto part dela; e aysi a fen.

67. Item, lo dimartz neyt, bengo lo susdit don Johan a la porta de la bila, en disen que om lo fessa hubertura; ont en ladita neyt tengon II^{as} begadas conselh bezer si fera om hubertura ho no; ont foc apuntat que entro pertant que fossa jorn clar que om no fera hubertura, car om no bese quenhas gens abe dap lu; ont argon huna torcha en anar e tornar, costa : II sos.

68. Item, lo maytin, bengo a la porta lo susdit don Johan ab set rossis e XIIII o XV d'a pes; e foc ordenat que om l'obrisa; e aysi foc feyt; ont disna ab totas sas gens e eysemps ab lu mosenh de Camorteras (1), mosenh de Maumuson; e foc ordenat per lo conselh que om pagasa ladita despensa, que monta pan, vin, carn, fen e sibasa, spesias : I scut III sos V dines.

69. Item, lo jorn susdit, cant foc partit, que et s'en anaba malh content de la bila, a causa de las portas baradas, e foc ordenat que om agossa dus homes sus la tor, que gardasan veser qui vengora; e aysi foc feyt; que los donan pan e vin, que monta : VII dines.

70. Item, lo VIe jorn deudit mes, foc ordenat per lo conselh que om termetosa hun rosin a maste Johan deu Baradat a Nogaro per benir part desa per anar a la jornada a Marciac; ont lo mena lodit rosin Peyrot de Poges, e lodit de Baradat bengo l'endoman; e cant foc bengut, foc tengut conselh de anar a ladita jornada, e foc legit l'ajornament qui nos era stat feyt, loqual contene cum nos eram citatz a beser jurar auguns testimonis produisitz per la part de Anthoni de Lafita; e aquet legit, lodit maste Johan diso que si los era abis que et anasa a ladita jornada et era prest,

---

(1) Carbonel du Lau, seigneur de Camortéres.

que atenut que nos eram citatz a beser jurar testimonis que om termetosa 1ª letra a maste Guilhem Berdie, nostre abocat, e la copia deu susdit ajornament, que tengosa ladita jornada e a fugir a mayor despensa; e aysi foc feyt.

71. Item, scrisco lodit maste Johan au susdit maste Guilhem Berdie la susdita letra, que contene que aysi cum part debant et abe script cum et s'era aperat de huna ordenansa balhada per maste Sans de Bordas, loctenent de mosenh jutge d'Aribera, en fabor de Anthoni de Lafita contra de nos, que et bolosa seguir ladita apellation e la termete sercar la ont s'era aperat en parlament a Tholosa; en que lo termeton, ab de ladita apellation per letras e sagetz, xxx sos, e per l'esturment de l'apellation xii sos, e per lo mesatger hun scut; monta tot : tres scutz vi sos.

72. Item, a vii deudit mes, fom mandatz de las pars de nostre senhor lo rey que lo viii jorn deudit mes a s'agossan a trobar en la ciutat d'Aux per debant sertans comisaris deputatz per lodit nostre senhor a beser lebar la man missa de las terras senhorias de nostre senhor lo conte (1), e foc apuntat per lo conselh que Berdot de Sen-Pot, Peyron de Lafitan hi anasan; e aysi a fen; que sten en anar e tornar seys jorns; despensan per etz e los rossis : ii scutz iiii sos iiii dines.

73. Item, a xi deudit mes, foc ordenat per lo conselh que

---

(1) Lorsque la restauration de Charles d'Armagnac fut décidée aux États de Tours, le sénéchal de Toulouse, Gaston du Lyon, eut ordre de mettre sous la main du Roi les domaines de la maison d'Armagnac donnés par Louis XI à divers personnages. Ce passage de nos comptes nous apprend que la cérémonie de la mainlevée eut lieu à Auch, le 8 mai 1484. Les charges énormes qui pesaient sur le nouveau souverain rendaient cette mainlevée illusoire. Il avait engagé son comté avant même d'y être entré, et sa prise de possession se réduisait presque aux simples droits honorifiques, tandis que le domaine utile appartenait au sire d'Albret. Voici l'énoncé des divers actes qui précédèrent cette mainlevée, leur connaissance est nécessaire pour expliquer une partie des événements qui vont suivre :

Lettres du roi Charles VIII par lesquelles il réduit la dépense faite à la Bastille par Charles, comte d'Armagnac, à 2,000 livres, et ordonne au capitaine de le mettre en liberté, 16 novembre 1483. (Collect. Doat, vol. 223, fol. 265.)

Acte par lequel Alain d'Albret et Antoine de Salignac s'obligent à payer 50,000 livres au capitaine de la Bastille pour la dépense faite par Charles d'Armagnac, détenu prisonnier pendant douze années, du 5 décembre 1483. (*Ibid.*, f° 268.)

Vente faite par Charles d'Armagnac de la comté d'Armagnac à Alain d'Albret,

Arnauton de Lafitan eysemps ab lu la garda anasan a Marciac parlar ab maste Guilhem Berdie, nostre abocat, e ab lo notari qui ten lo proses qui abem contra Antoni de Lafita, per saber si lodit maste Guilhem abe termetut relebar nostra apellation en cort de parlament a Tholosa, e aysi metis per trectar ab lodit notari cum agossam la enquesta feyta per la part deudit Anthoni; e cant fon part dela, aqui parlan au lo susdit nostre abocat; loqual los fec resposta que abe termetut relebar ladita apellation, mas que onquera lo mesatge no era bengut, mas speraba tot jorn cant aribara; e aysi metis anan parlar ab lo susdit notari beser si agoran la copia de la susdita enquesta; loqual los respono que ho, satifeyt de sous tribalhs.

74. Item, a XII deudit mes, bengo lo susdit don Johan d'Armanhac, eysemps ab lu XVIII presonatges qui a pes qui a cabatz; ont anan bespereyar a l'ostau de Drulhet e de Johan de Lafitan, e dequi en fora s'en anan enta Nogaro; foc ordenat que om pagassa so qui aben despensat, que monta : VIII sos.

75. Item, lo jorn susdit, lo susdit Johan d'Armanhac dona I^a letra, laqual agossam a termete de sas partz a Maseras pres deu Castetnau a hun son serbidor aperat Johanot; en que hi termeton Bernadon Brun.

76. Item, lo susdit jorn, cant lo susdit don Johan partic enta Nogaro, foc ordenat per lo conselh que om termetosa Guilhamon deu Pont a Nogaro per saber los de Nogaro quenha contenensa

pour la somme de 15,000 écus, en laquelle il s'était obligé envers Pierre de Bourbon, seigneur de Beaujeu, pour la réparation des dommages et préjudices à lui faits par le comte d'Armagnac à la prise de Lectoure, 12 mars 1483, v. st. (1484.) (Coll. Doat, vol. 223, fol. 276.)

Lettres sur la réquisition faite par Charles, comte d'Armagnac, audit seigneur de Beaujeu, de lui délaisser pour la somme de 15,000 écus d'or la comté d'Armagnac et autres terres qu'il tenait en don du Roi pour les pertes par lui faites à la prise de Lectoure, 14 mars 1483, v. st. (1484.) (*Ibid.*, fol. 281.)

Procuration dudit seigneur de Beaujeu pour bailler la possession de la comté d'Armagnac et des villes de Nogaro, Riscle, Barcelonne, Aignan, etc., à Charles, comte d'Armagnac, 15 mars 1483, v. st. (1484.) (*Ibid.*, fol. 288.)

Cession et transport faits par Pierre de Bourbon, seigneur de Beaujeu, à Charles d'Armagnac, desdites villes et autres dépendantes de la comté d'Armagnac, 15 mars 1483, v. s. (1484.) (*Ibid.*, fol. 323.)

Acte par lequel Alain d'Albret donne deux ans à Charles d'Armagnac pour racheter, si bon lui semble, la comté d'Armagnac, 19 mars 1483, v. st. (1484.) (*Ibid.*, fol. 327.)

fassen au susdit Johan d'Armanhac; e cant foc part dela, foc bespes, e aqui ausi dise que lodit don Johan d'Armanhac abe crompadas sertanas serras (1) per sous rossis e que los conselhs de Nogaro las hi fassen deliurar.

77. Item, l'endejorn, bengo de Nogaro en fora lo susdit don Johan d'Armanhac e totz sous serbitos; e cant foc a la porta de la bila, la porta foc barada; de que ne foc mal content; e cant fo desens, ana debarar a l'ostau de Drulhet, e aqui bespereyan; e foc ordenat que la bila ac pagassa; e aysi a fen; e cant agon bespereyat, s'en volon partir, e cant fon sus la salhida de la porta, lo susdit don Johan trego sa spasa contra lo porte, en disen que no anara tot jorn aysi; despensan per etz e los rossis : v sos IIII dines.

78. Item, aqui metis que lo susdit don Johan foc en lo bosc, plen de furor, et e sous serbidors hamasan lo bestias qui trobaban en lodit bosc per n'ac menar au Castetnau d'Aribera; ont aqui vengo lo baque de la bila referi ac; ont aqui foc dit que om hi anasa au debant per far leysar so deu nostre; e aysi foc feyt; ont anan sertanas gens per recrubar nostre bestiar; ont cant fon au salhit de nostre bosc que los desus ditz ne menaban de nostre bestia; ont los hi fen leysar. E cant agon recrubat nostre bestiar, totz los desus ditz qui hi eran per recrubau, que eran en nombre no sabin lo conde, e noarement mosenh de Maumuson e de Sen-Pot que ben a l'estric qui ausin, e s'en tornan totz eysemps enta la bila; e foc apuntat que agossan pan e vin totz aquetz qui eran statz a recrubar so deu nostre; e aysi metis foc dit audit de Maumuson e de Sen-Pot, atenut que nos aben mustrat bon voler cuma nostres besis, que fossa lor plasensa de demorar la neyt en la bila, e om los fera part deus bens de la bila; losquals responon que etz eran aqui per far per la bila a tot lor pode en tot ven en tota honor e que etz eran contentz de demorar lo bespre beser que fora. Despensan totz lo[s] desus ditz tant en pan, vin e peys, oli e candelas per los desusditz de Maumuson [e] de Sen-Pot, e fen e sibaza per los rossis, que monta en I^a soma : XVI sos IIII dines.

(1) *Serras*, selles.

79. Item, a xiii deudit mes, fon mandatz de las partz de mossenhor lo senescal, per nom de nostre senhor lo rey, e aysi metis de las partz deus officies de nostre senhor lo conte, que agossam a far las mustras e enpausar arnes, aysi que fora de rason, aus abitantz de ladita bila; loqual mandament foc mustrat en conselh, e foc apuntat que om fessa hun rogle d'enpaus per enpausar lo susdit arnes, e fossan ajornatz cascun ha hun jorn per mustrar los mustras; e aysi fen far lo susdit rogle; que despensan cant agon feyt : i sol iii dines.

80. Item, foc balhat lo susdit mandament e rogle au bayle e a son loctenent per los anar ajornar au jorn susdit; losquals bayle e loctenent fen lo contengut; despensan : i sol i diner.

81. Item, foc ordenat per lo conselh que om fe clabe lo forat costa la gleysa enta la part de Sancta Quatalina, e aysi metis puyar la tapia qui es costa l'ostau deu ructo de Bilhera, e aysi metis la tapia costa l'ostau de Guilhot Fitau.

82. Item, fen carreyar dus cars de brana per mete en la tapia deu forat de la gleysa, a dus boes de besiau.

83. Item, a xiiii deudit mes, fon mandatz per mossenhor jutge d'apelhs d'Armanhac, cum officie de nostre senhor lo conte, que l'endejorn om se trobasa en la bila de Nogaro totz los cosselhs e lo bayle o la mayor partida; loqual mandament foc mustrat en conselh, e aqui foc apuntat que Berdot de Sen-Pot, Peyron de Lafitan e Arnauton de Lafitan anasan audit mandament; e aysi a fen; e cant fon part dela, aqui foc mossenhor lo senescal e mosenh jutge d'apelhs e d'autres officies; ont aqui demandan segrament per nom de mossenhor lo conte, aysi cum Aux era stat apuntat, de tenir vona pollysa de justicia (1). E feyt aquo, los susditz fen complanta aus susditz officies cum lo susdit don Johan d'Armanhac fossa mal content de nos, a causa que om l'abe barada la

(1) Notons cette seconde cérémonie de prise de possession, le 14 mai, à Nogaro. Trois jours après, le 17 mai, maître Chastenet, notaire de Nogaro, écrivait en grosses lettres dans son registre : « Nota quod ab ista die citra fuit
« restitutus dominus noster Karolus Dei gracia comes Armaniaci, Fezensiaci,
« Ruthene et Insule. Ideo advertas ponere in instrumentis, post regnacionem
« domini nostri regis, dominacionem dicti domini nostri Comitis, sic dicendo:
« Et domino nostro domino Karolo eadem gracia comite Armaniaci, Fezensiaci,
« Ruthene et Insule dominante. » (Reg. de Chastenet, Arch. du Sémin. d'Auch.)

porta, e cum de questes jorns non volosa menar sertan bestiar entau Castetnau; que los plagos de abisar au cas; losquals fen resposta que etz l'escricoran; e aysi a fen, e lo termeton letra per mosenh de Maumuson.

84. Item, foc ordenat que om donasa a pretz feyt de far l'aleya qui era tombada, e aysi metis reparar l'autra; e foc donada a Johanet de Capbari, crestian de Betloc d'Aribera, en la forma e maneyra qui s'ensec :

Item, foc pactes e conbenensas que los susditz conselhs doneran los cassos e autras fustas qui seran nesesarias ab de ladita aleya; — item, que lodit crestian las pichera e bastira a sous despentz de tota obra entro pertant que la leysera latada de la sala de mosenh Manaud entro a la saleta de mosenh Johan de Sen-Pot, e la terra ab caliba sino tant solament IIII^{te} latas per lo pe de cara strem; e losditz conselhs lo doneran lo clau qui sera nesesari (1);

(1) La figure ci-jointe fera comprendre de quelle manière se construisaient ces chemins de ronde « *aleya* ». C'était un plancher de bois recouvert de terre « *alleyas terradas* », voir page 12, dont les solives entraient dans des trous

ménagés de distance en distance dans les remparts et étaient supportés par des poteaux « *staus* », isolés de terre par des cubes de pierre ou un petit mur « *murreta* ». Voir page 12. Le soldat pouvait à l'aide de ce plancher circuler le long des remparts, à hauteur des archères.

— item, doneran au susditz crestian per son tribalh e despensa xiii scutz condan xviii sos per scut, e noarement froment iiii^te quarts, bin iiii^te concas; e aysi metis lo faran carreyar lasditas fustas.

85. Item, lodit jorn termeto i^a letra mosenh lo percurayre d'Armanhac que contene que l'endejorn nos bolosam trobar a Nogaro, ont foran las autras proprietatz, per ausir augunas nobellas de nostre senhor lo conte.

86. Item, foc ordenat que Berdot de Sen-Pot anasa audit mandament; e aysi a fe; e cant fo part dela, aqui los manda lo susdit procurayre que etz fessan lo segrament a mossenhor de Labrit, car aysi ac bole nostre senhor lo conte (1); ont aqui lo responon que no feran entro pertant que fossan statz a mossenhor lo conte; e agon jorn a deliberar.

87. Item, foc ordenat per lo conselh que Berdot de Sen-Pot e Peyron de Lafitan anasan a Nogaro, ont se deben trobar las proprietatz sus lo feyt deu segrament qui mossenh de Labrit demandaba; e cant fon part dela, aqui troban que eran los comisaris per nom de mosenh de Labrit per recebe lo susdit segrament; ausquals fen resposta cuma desus que ontquera no aben termetut a mosenh lo conte; ont aqui los susditz comisaris protestan ab sturment de nos; en loqual protestament om no se cosentiba (2).

88. Item, fom abertitz que las gens qui eran au Castetnau d'Aribera deben corre a nostre bestiar en lo bosc; foc ordenat que om termetosa dus homes star sus lo tucor deu Casterar per beser ares si bengora; e aysi a fen; que los foc donat pan e vin lo maytin, e lo bespe, cant tornan.

89. Item, a xix de martz (3) que era jorn de marcatz, foc ordenat que, atenut que no sabem de qui nos abem a gardar, que om metosa a cascuna porta x homes per las gardar; e aysi a fen; que los foc donat hoyt piches de bin, que costan : ii sos viii dines.

(1) Alain d'Albret était seigneur engagiste du comté d'Armagnac. Voir les actes inventoriés à la note de l'article 72.
(2) Voir plus bas art. 93.
(3) Lisez *may*.

90. Item, a xx deudit mes, fon mandatz au conselh Aux; que ste ix jorns en anar e tornar (1).

91. Item, agon copia deus articles qui fon balhatz per los tres Statz d'Armanhac a mosenh lo conte (2), e aysi metis l'abolision

---

(1) Cette convocation et ce séjour à Auch se rapportent à l'entrée solennelle de Charles d'Armagnac dans la capitale de son comté, le 21 mai 1484. Cette entrée eut lieu avec une pompe extraordinaire « et in immensa multitudine « copiosa prelatorum et nobilium ». Nous avons sous les yeux l'acte de cette entrée; sa longueur nous empêche de l'insérer ici; Monlezun, d'ailleurs, l'a résumé dans son *Histoire de Gascogne*, t. v, p. 27.

(2) Voici ces articles : « Aquestas son las causas que las gens deus Estats
« de las terras d'Armanhac remostran a nostre tres redoubtable senhor mon-
« senhor lo comte, en luy supplican tres humblement que aqueras lor vulha
« accordar.

« Et permearement luy remostren la tre singulara consolation que an agut
« et an de son advenement a sa senhoria, et son deliberatz de far pregarias
« a Diu nostre senhor que longhament lui vulha conservar et entretenir et
« prosperar tots jorns de ben en melhor. Et feyta la dita remonstrance, lui
« supplican que sia son bon plaser de haber memoria las grans deffortunas qui
« son advengudas en sa maison, affin que dassi en abant se vulha toutjour
« entretenir en la bona gracia deu Rey, per evitar touts inconbenients que
« poyren subvenir.

« Item enter las autras causas lui supplican de ben gardar sa persona et en
« bona segurtat, en se servient de gens de son païs qui naturalament son inclins
« a lo gardar de mau et de perilh.

« Item que sia son bon plaser eslegir gens sages et de discretion et que ayan
« conscienssa, tant de nobles, clers et autres estat, et aquests ordenar per son
« conselh affin que totas causas de importansa que sobrebendran se fassen ab
« madura deliberation et se determenen segond dret et razon, et no commu-
« nicar ses affers a gens estranges sino que los conega ben fisables.

« Item lui supplican que las justicias ordinarias de sons pais, tant d'Arman-
« hac, Fezensac, Eusan et autras, vulha provesir de jutges que sian gens de
« bona consciensa et literats et que no sian exatios sino a la razon. — Et
« prometa que ung chascun deus ditz jutges fassa et administra justicia tant
« au petit que au grand, sens soffrir en aquo estre expedits en aucuna maneyra;
« et en chacuna senhoria et comtat aya son jutge expres affin que plus facil-
« lament justicia sia administrada.

« Item lui supplican que, lo plus que possible lo sera, sia son plaser de far sa
« demoranssa au pais part deça, quar so sera aus paubres subjets tres especiau
« confort. Et la que aissi nos regardas a gens saiges et de bona confienssa que
« aian auctoritat de lui de gardar lo paubre poble de totas oppresions, vias de
« feyt, pilharias et raubarias.

« Item que lo placia de no permetre que degun habitant et a sosditz pais sia
« pres en cors ne en bees sens informations legitimamens decretades per son
« jutge competent, et que chascun sia ausit en sas deffensas segont ordre de
« dret.

« Item lui supplican que sia son bon plaser de metre tau ordre et politia que
« totas pilharias et raubarias feites per avant vostre avenement cessen en totas

qui mosenh lo conte fasse a Madama e a mosenh bastart (1); que costa tot : III sos II dines.

92. Item, a XXVIII deudit mes, foc ordenat que om termetosa a Nogaro a maste Johan deu Baradat hun rosin per benir part desa per apuntar de anar a la jornada a Tholosa au pleyt qui la bila a ab Anthoni de Lafita; ont termeton la garda ab lodit rosin; e cant fo part dela, aqui troba que lodit maste Johan era malau, que per lo present no pode benir, mas que om termetosa a Marciac a maste Guilhem Berdie saber si lo mesatye era ontquera bengut qui era [anat] sercar l'apellation a Tholosa.

93. Item, a XXX deudit mes, termeto mosenh lo percurayre d'Armanhac huna letra que contene que l'endejorn om se trobasa a Nogaro, ont aqui fora mosenh de Sent-Papo (2) per nos remustrar de part mosenhor lo conte augunas nobelas; e foc apuntat que Berdot de Sen-Pot e Peyron de Lafitan hi anasan; e aysi a fen; e cant fon part dela, aqui no fo mosenh de Sen-Papo, aysi cum era stat dit, mas hi fo mosenh de Sancta-Crestia, loqual los diso que mossenhor lo conte lo termete aqui per nos notificar cum et abe enpenlhat lo contat d'Armanhac a mosenh de Labrit e que et bole que lodit mosenh de Labrit se gauzisa de las rendas e rebenuas deu contat d'Armanhac, e per aysi et nos mandaba

« sas senhorias, et que degun de sos subgets no sia constret de donar ne prestar
« sino que venga de sa pura liberalitat, affin que lo paubre poble pusca vivre
« pacifficament en tranquillitat et tribalhar per gasanhar sa paubra vita.
« Item lui supplican que sia son bon plaser de cometre la garda de sas plassas
« fortes a gens fisables et responsables per evitar touts inconvenientz.
« Item lui supplican que sia son plaser de metre ordre en sa maison et eslegir
« et committre taus officiers que a lui et au pais sian profeytables tant per lo
« servici de sa persona que per la administration de sas rebenuas et despenssas,
« so es assaber de gens que aian razon en lor et bonas consiensias, affin que lo
« paubre poble en sia melhor supportat, et de nombre razonnable que son
« rebenu y pusca abastar et fornir aux autres affers et cargas.
« Item que lo placia de nous confermar et jurar nostres priviletges, franchisas,
« libertats et costumas en la forme et maneyra que an feyt per si debant
« Messeignours sos predecessors. Et asso fassen entertendra estat de prince
« et sos subjets en amor, qui pregaran Diu continuallament per son bon estament
« et longa vita. — CHRESTIO. » (Bibl. Nat., Collect. Doat, t. 194, p. 38).

(1) Nous avons vainement recherché quels purent être les motifs de cette *absolution* accordée par Charles d'Armagnac à sa femme Catherine de Foix et à son fils naturel Pierre. Nous verrons plus loin les trois États d'Armagnac le supplier de recevoir sa femme et d'avoir des égards pour son fils bâtard.

(2) Clément de Brillac, évêque de Saint-Papoul.

de las partz de mon dit senhor que om presta segrament a mosenh de Labrit, tant que tocaba a la justicia e rendas. E feyt lodit mandament, demandan spleyt per consultar lo cas, e los ne foc donat dequi a la huna hora hapres mey jorn; e dequi en fora s'en anan consultar lo cas, eysemps ab lor mosenh jutge ordenari e lo percurayre; ont aqui foc debatut lo cas, e agon la copia deu mandament e letras qui portaban de partz mon dit senhor, e bist lodit mandament e letra de cresensa, que om obedisa audit mandament, que autrament foram en indignation deudit mossenhor, e om fessa lo susdit segrament ab protestation que om no entene a far lodit segrament en prejudisi de nostre senhor lo rey, e en haquesta maneyra fessan lo susdit segrament. E aysi a fen, e prestan lo segrament a mosenh de La Mota e au jutge de Nerac, comisaris deputatz a recebe lo susdit segrament per mosenh de Labrit (1).

(1) Les commissaires d'Alain d'Albret négociaient à Nogaro depuis le 19 mai la prise de possession du comté d'Armagnac. Les consuls des communautés, que l'on venait de convoquer à Auch pour assister à l'entrée solennelle de Charles d'Armagnac et à sa prise de possession des domaines d'Armagnac, refusèrent de rien entendre avant d'avoir vu le comte. Voici, d'après un témoin, le récit de ce qui se passa à cette première assemblée de Nogaro :

« L'an 1484 et le mercredi XIX° jour du moys de may, en la ville de Nogaro,
« en la presence de moy notaire et des tesmoings cy-dessoubs nommés, noble
« homme Bernard de La Motte, escuier, seigneur la Mote, procureur de hault et
« puissant seigneur monseigneur d'Albret, après requeste par luy faicte à messire
« Pons de Baynac, doyen commandataire et seigneur temporel de Moyras, aussi
« procureur de hault et puissant seigneur monseigneur le comte d'Armagnac,
« requist audit Mons. le doyen de Moiras qu'il le feist joyr et user et luy
« bailler la possession et joyssance de ladite comté d'Armagnac, des fruits,
« proficts, revenus et esmolumens d'icelle et aussi le sacrement de fidelité des
« bayles et consuls des villes et lieux proprietaires de la dite comté, selon la
« teneur des appoinctemens faicts entre mondit seigneur le comte d'Armagnac
« et mondit s. d'Albret. Lequel instrument de vente fut illec leu de mot à mot
« par moy notaire susdit à haulte voix du commandement desd. s^{rs} procureurs.
« Lequel doyen de Moirax, procureur, incontinent fit commandement de par
« mons^r le comte d'Armagnac à Guiraulton de Camicas, bayle de Nogaro,
« Bernard de Cadroy, bayle de Barsalonne, Bernard de Sobiran, baile de Riscle,
« Pey de la Marcha, d'Aignan, et Menaulton deu Barry, bayle du Fogar; et aussi
« à maistre Jehan du Baradat et Berdot de La Faurie, consuls de la ville de
« Nogaro, Berdot de Sent-Po et Peyron de La Fitan, consuls de Riscles, Ramon
« de Mormes et Arnauld Dauban, consuls d'Aignan, Manault d'Estaet et Peyrot
« de Rius, consuls de Barsalone, Jehan de Sarraute et Bernard d'Estallens,
« consuls de Fogar, Berdot du Faget et Peyrot Dufaur, consuls de Caupene,

94. Item, lo prumer jorn de jun, que era jorn de marcat, foc ordenat que a cascuna porta hagosa seys homes ab lor arnes; e aysi foc feyt.

« Jehan de La Lane, consul de Fustoroau, Barthelemy du Castanh et Vidot du
« Castanh, consuls de la Puyolle, sur la peine de tant qu'ils pouroyent meffaillir
« envers mondit s. le comte ne encourir son indignacion, que incontinent et sans
« delay ils obeissent à mondit s. d'Albret et luy paiassent les droiz, cens, rentes,
« revenus et autres droitz appartenans à la dite comté; et avec ce luy feissent
« ou à son dit procureur pour luy, sacrement de fidélité selon la teneur et contenu
« de l'instrument de la vente faicte par mondit s. le conte d'Armagnac audit
« Mons. d'Albret dont dessus est faicte mencion. Lesquels bayles et consuls
« respondirent par la bouche dudit maistre Jean de Baradat qu'ils estoient contens
« de obeir aux mandemens de mondit s. d'Armagnac, mais ils estoient mandés
« à Aux pardevant mondit seigneur le conte d'Armagnac, requerant audit
« Mons. le doyen de Moeyras qu'il leur donnast delay competent jusques à ce
« qu'ils feussent revenus de mondit sg^r le comte; et qu'ils avoient commande-
« ment et deliberation des habitans dont ils estoyent consuls de ne faire point
« ledit sacrement jusques à ce qu'ils ayent veu et parlé à mondit s^r le conte; et
« que tout à ceste heure ils se veullent mettre en chemin pour aller devers luy »
(à l'entrée solennelle qu'il fit à Auch le 21 mai). — (Voir plus haut, art. 90.)
« Et pour ce ledit Mons. le doyen de Moeyras voyant le reffus desdits bayles
« et consuls dessus nommés protesta contre eux et chacun d'eulx de tous despens,
« domaiges et interets qui pour ce et à l'occasion dudit reffuz pourroyent advenir
« à mond. s. le comte d'Armagnac et à luy comme son procureur, demandant de
« ce acte et instrument. Et à ceste cause ledit Bernard de La Mote, procureur
« de mondit s. d'Albret, requist nobles homes Anthoyne de Monlezun, seigneur
« de Preyssac, et maistre Jehan Taquenet, s^r de St Legier en la Marche, procureurs
« de monsg^r de Beaujeu, qu'ils ne laissassent point possession et joyssance de
« ladite comté d'Armagnac jusques à ce que mondit s^r de Lebret ou ledit de
« La Mote, son procureur, pour luy et au nom de luy en eust la possession et
« joyssance. Et protesta ledit de La Mote au nom etc... à l'encontre de mond.
« s^r d'Armagnac de tous despens et dommaiges et interests qui à cause dudit
« reffuz pourroyent advenir. Demandant de ce acte et instrument.
« Et lesdits bayles et consuls dessus nommés respondirent comme dessus,
« disant qu'ils ne consentoient point aux protestations desdits procureurs en tant
« qu'elles leur pourroyent nuyre et prejudicier; dont aussi demandèrent acte et
« instrument. Tesmoings à ce appelés Ramonet du Claus, de Saint-Mont, maistre
« Glaude Molhart, notaire de Barselone; et Jehan Lapleigne, escuyer de cuysine
« de mondit s^r de Beaujeu. »
(Plus loin on lit la note suivante :)
« Sachent tous presens et advenir que ledit instrument de reception du
« sacrement et possession prinse par les officiers de monsg^r d'Albret de la conté
« d'Armagnac est ordonné tout au long au livre de mes instrumens ordonnés au
« long, du lundi dernier jour du moys de may mil IIII^c IIII^{xx} et quatre, f^o v^e XVI.
« Tesmoings nobles hommes Peyrot de Toyosa, sg^r de Toyosa, Michel de Luppé,
« sg^r de Cremen, Bertrand de Clarenx, escuyer, maitre Jehan Tauquenet, esleu en
« la Marche, et maistre Guillaume Cobet, notaire habitant Nogaro. » (Registre de Chastenet, notaire à Nogaro, Arch. du Séminaire d'Auch.)

95. Item, lo segont jorn, foc ordenat que om termetosa la garda a Marciac ab 1ª letra a maste Guilhem Berdie beser si nostre apellation era onquera benguda; e cant foc partz dela, lo fe resposta que no onquera, mas si no era bengut enter si e ditmenge, que om lo termetosa lo sendicat a Marciac e argent per anar a la jornada; e per aysi s'en torna.

96. Item, lo v^e jorn deudit mes, foc ordenat que Arnauton de Lafitan anasa a Marciac a maste Guilhem Berdie, atenut que son mesatye qui abe termetut a Tholosa sercar nostre apellation no bie, que era de far; e cant foc part dela, ontquera no foc bengut lo susdit mesatye, mas lo susdit maste Guilhem lo diso que et n'abe agut nobellas que part dela era malau; e dit aquo, lodit de Lafitan lo diso que nos abem per conselh que nos termetosan a la jornada actoria e no sendicat; auqual respono que et no era de quera opinion e se doptaba que actoria no balos re; ausit aquo, lo susdit de Lafitan [.....] et formasa lo susdit sendicat e et lo portara part desa per lo grosar; e aysi foc feyt.

97. Item, foc ordenat que lodit Arnauton anasa a Nogaro consultar lodit sendicat; e cant foc partz dela, troba per conselh que lodit sendicat fossa grosat, e grosat que fossa lo termetosan au susdit maste Guilhem a Marciac; e aysi foc feyt.

98. Item, fen grossar lo susdit sendicat a maste Johan de Mostayon, costa : VIII sos.

99. Item, a VII deudit mes, termeton la garda a Marciac portar lo susdit sendicat a maste Guilhem per anar a la jornada a Tholosa; e aysi metis portaba audit maste Guilhem, per la presentation de las letras e per donar a nostre procurayre partz dela, XX sos; otra aquo, lo portaba, per anar a ladita jornada per sa despensa, XX sos; e cant foc part dela, balha lo susdit sendicat audit maste Guilhem e lo susdit argent; loqual maste Guilhem diso que au regart de l'argent no n'i abe pro, mas si om vole que et hi anasa, que om lo termetosa hun scut mes, car per petit argent no se deliuraban taus besonhas (1).

100. Item, l'endoman, cant lo susdit mesatye foc bengut, foc mustrat en conselh so qui lodit maste Guilhem termete a dise;

---

(1) Il faut noter ce trait satirique contre la rapacité des gens de justice.

e aqui foc apuntat que om lo termetosa lo susdit scut qui demandaba mes, e que anasa a ladita jornada; e aysi a fen.

101. Item, a x de jun, anan Berdot de Sen-Pot e Peyron de Lafitan parlar ab lo bayle de Gotz a Gotz, en lo pregan que los bolosa prestar per pagar lo collecto xx scutz dequi a hun jorn, a causa que no poden lebar los dines de la talha; loqual los fec resposta que et bolora far per la bila, mas au present ne pode far lo susdit plaser, mas et se proforsara de prestar x scutz per hun mes o dus, e que audit termi fossa segur de sous dines, e que l'endoman intermetosan, que foran pret; portan hun coysot de moton, costa: i sol.

102. Item, l'endejorn, termeton la garda ab Iª letra au susdit bayle de Gotz sercar losditz x scutz.

103. Item, lodit jorn, bengo mosenh lo percurayre d'Armanhac besitar los condes deus amolumentz de la bila; en que despensa per et e sous rossis que eran dus : II sos VIII dines.

104. Item, a xii de jun, bengo mosenh de Sent-Martin (1) ab hun mandament de las partz de mosenh lo senescal, en nos mandan, sus pena de confiscation de cortz e de bens, que, bistas las presens, agossam abilhar xv balestres per anar la ont nostre senhor lo rey mandara; e foc apuntat per lo conselh que om pregas au susdit de Sent-Martin que se bolosa contentar de mentz, car nos eram sus routera e totz jorn menasatz, e per aysi la bila no demoras deprobesida; loqual fec resposta que et hi fera tot so qui en et fora posible; e dit aquo, anan bespereyar, eysemps ab lu mosenh d'Estalenx.

105. Item, termeto mosenh de Termis huna letra que contene cum nos fossam mandatz per anar au seti a Mauborguet (2), en nos pregan que lasditas gens qui hi termetem bolosan anar en sa crampada, que ét los entertengora aysi cum los sous; auqual fen resposta que au present no sabem cantes n'i abem a termete, mas cant hi agoram anar, nos plagora de star en sa crampada.

---

(1) Manaud de Saint-Martin, seigneur de Saint-Martin, près Riscle.
(2) A la suite des plaintes portées au conseil du Roi sur les ravages commis par les troupes du vicomte de Narbonne (voir art. 48), Charles VIII avait chargé le sire d'Albret et le vicomte de Lautrec de les chasser du pays et de mettre le siège devant Maubourguet. C'est en juin que les troupes royales, renforcées de celles du comte d'Armagnac, investirent Maubourguet.

106. Item, a xv deudit mes, s'arompon las platas deu pont deu Pontasta e los capitetz ont eran pausadas; e lo fen adobar de la fusta qui aben feyt carreyar deu Bernet en fora; en que no tresen los qui l'adoban sino la despensa.

107. Item, foc ordenat que, atenut que mosenh de Labrit bie, que om termetosa la garda per los bordales ad equestz qui aben fen ne sibaza, que ne volosan portar per ne bene a las gens de mosenh de Labrit ab los dines.

108. Item, foc apuntat per lo conselh que Berdot de Sent-Pot anasa a Nogaro parlar ab mosenh lo percurayre, loqual abe la carga de elegir los balestres qui anaban au seti de Mauborguet, que lo plagos de nos debaysar deus susditz balestres, que n'i abem ob xii; ont lodit procurayre foc content que fossan hoyt, mas que fossan ben abilhatz.

109. Item, foc ordenat que Berdot de Sen-Pot anasa a Nogaro parlar ab los comisaris qui aben la carca de resebe los balestres qui anaban au seti de Mauvorguet, qui eram statz mandatz que n'agossam a termete xii, e que mosenh lo procurayre cuma comisari abe feyt que nos pasaram per hoyt, e aquo se rompe; e cant fon partz dela, ana parlar ab lodit procurayre en lo disen que nos eram mandatz de menar xii balestres au susdit seti e cum et abe apuntat ab lu que nos pasaram ab hoyt, que ac bolosa tenir; loqual lo fec resposta que bertat era, mas n'i abe de mals contentz, mas que l'endoman agossan losditz hoyt balestres a la Debesa.

110. Item, a xxiii deudit mes, ana Johano de Mombet menar los susditz balestres a la Debesa a mosenh lo senescal d'Armanhac, aysi cum eran statz mandatz; e cant foc part dela, los mena debant lodit senescal; loqual lo fec mandament que demorasa dequi au maytin; e cant bengo lo maytin, lodit mosenh lo senescal ne ana enta Cahuzac [ab] sertans deusditz balestres e los autres demoran part°dela; e l'endoman mosenh lo senescal dona conget a totz los consolatz que s'en tornasan e losditz balestres demorasan part dela e que cascun cossolat leysasa biures o argent per set ho heyt jorns entro pertant que autrament fossa apuntat.

111. Item, dona aus susditz arches, so es a Berdot Palhera, iiii sos; item au filh de Peyron de Marqueson, iiii sos; item au filh de Peyron Olie, iiii sos; item au filh de Sanso deu Baque,

IIII sos; item au filh de Johan deu Magenc, v sos; item au filh de Peyrot deu Cos, IIII sos; item ou filh deu bordale de Pogesas, II sos; item au filh de Monan, II sos II dines.

112. Item, foc apuntat que om termetosa 1ª letra a maste Johan deu Baradat a Nogaro, a causa que part desa se dise que mossenhor lo conte bie a Nogaro e de Nogaro a Riscla, que nos bolosa termete a dise que s'en dise part dela; ont nos fec resposta que lodit mossenhor lo conte s'en bie a Nogaro, e que part dela se dise que mosenh de Labrit s'en anaba a Riscla.

113. Item, foc apuntat que om termetosa hun home enta Maruchera e Caumont e per ladita serra, que bolosan portar fen he sibasa qui n'agosa a bene ab de las gens de mosenh de Labrit; en que hi termeton Auge Dasta.

114. Item, lodit jorn, termeto de Nogaro en fora hun capitayne de mosenh de Labrit, aperat mosenh de Forces. (1), 1ª letra a hun autre capitayne que se pensaba que fossa a Riscla, aperat Peyre Bufeyre (2).

115. Item, termeton los conselhs de Nogaro 1ª letra que la donasan au capitayne Peyre Bufeyre.

116. Item, l'endejorn, agom a termete 1ª letra de las partz deu susdit capitayne a hun autre capitayne que abe a Nogaro; en que termeton la garda.

117. Item, aqui metis qui ladita garda foc partida, lo susdit capitayne termeto sercar losditz conselhs; e cant fon partz dela, aqui los diso que despus que ladita garda era partida et abe agut nobelas que lo capitayne deus arches era aribat a Nogaro, e aysi metis mosenh de Salinac (3), ausquals scribe huna letra, e que los plagos de balhar mesatyer per la portar; en que hi termeton.

118. Item, foc ordenat que au susdit capitayne lo fessan present de bin blanc e roge e sibasa; en que lo foc donat tant a lu que a

---

(1) Amanieu, seigneur de Fourcès, épousa, par contrat du 3 avril 1467 et du consentement de Hugues de Fourcès, seigneur de Fourcès, son père, qui lui fit donation de tous ses biens, Agnès de Montesquiou, fille de Bertrand, baron de Montesquiou, et de Gaussionde de Castelbajac. (Arch. de M. le duc de Fezensac, au château de Marsan, orig. en parchemin, fonds Montesquiou branche aînée.)

(2) Fourcaud de Pierre-Buffière.

(3) Antoine, baron de Salignac.

hun fore que y abe de mosenhor lo conte d'Armanhac sibasa v quartz, bin blanc e rogc seys piches, e aso per que fessa tirar las gens d'armas qui tot jorn haribaban a lebant.

119. Item, lo prumer bespre qui lo susdit fore ariba, tostemps aribaban gens d'armas; ont l'anan pregar que los bolosa donar conduta fora de nostras pertiensas; e aysi a fe, e pagon lo sopar per lu; monta : I sol x dines.

120. Item, a xxv deudit mes, nos diso lo susdit capitayne que mosenh de Labrit fora aqui lo bespre, ont bolosam termete per los bilatyes ont pey[s] se prene que l'endoman ne volosan aportar; ont termeton hun mesatye enta Hisotye, enta Lacausada e Tarsac.

121. Item, foc apuntat que om termetosa sercar a Nogaro maste Johan deu Baradat per presentar deus bens de la bila a mosenh de Labrit; ont hi termeton la garda; ont lodit maste Johan bengo lo bespre; e lo maytin foc tengut conselh beser la bila que lo donara, e foc apuntat que om lo donasa huna pipa de bon bin roge, huna barica de bin blanc, xx quartz de sibasa, seys parelhs d'auquatz, xII parelhs de gariatz, seys motons, luminayre hoyt liuras; costa ladita pipa de bin roge, vI scutz xvI sos; item lodit bin blanc, IIIes scutz xIII sos IIII dines; item los motons, II scutz xII sos; item los aucatz, vIII sos; item los gariatz, vIII sos; item la sibasa, II scutz IIII sos; item lo luminayre, I scut xIIII sos IIII dines; item la fayson de ladita luminayre, II sos vI dines.

122. Item, l'endoman, bengo hun faraut de mossenhor lo conte, e lo maytin termeto sercar los cosselhs, e aqui los diso cum et bie a mosenh de Labrit de las partz de mon dit senhor e que et abe cauque petit despensat en la ostaleria, que etz ac bolosan pagar; foc apuntat que a fessan; e aysi a fen, que monta: II sos vIII dines.

123. Item, lo darrer jorn deudit mes, don Johan d'Armanhac termeto sercar los conselhs a l'ostau de Manauton de Peret, e aqui los diso cum et era aqui vengut a mosenh de Labrit, e aso per lo ben e honor deu pays, e cum nos era notori que au present et era praube, e per aysi nos pregaba que nos lo bolosam ajudar, que au temps abiedor et ac conegora, e per aysi et abe aqui demorat tres jorns, ont debe a son oste xIII sos, que nos plagos de los pagar, que ab l'ayda de Diu au temps abiedor et ac conegora;

dequi en fora ac anan mete en conselh, ont foc apuntat que om ac pagas, que si bibe cauque vegada lo membrara; e ayssi a fen : xiii sos (1).

124. Item, lo jorn susdit, termeton la garda mandar sertans boes per portar biis au seti.

125. Item, bengo Bernat deu Magenc deu seti en fora sercar biures ab deus arches qui la bila hi abe termetut; ont foc ordenat que los ne termetosan; ont ne termeton dus saxs; en que ne crompan tant solament dus sos set dines, e l'autre fo amasat per las portas.

126. Item, foc apuntat que om termetosa bin blanc e roge per nom de la bila a mosenh de Salinac, que era demorat a l'ostau de Leberon; e aysi a fen; costa lodit bin : i sol ii dines.

127. Item, lo prumer jorn de julh, termeto lo tesaure de mosenh lo conte i^a letra que contie que l'endejorn totz los iiii^{te} cosselhs eysemps ab d'autres de la bila se trobasan a Nogaro, e aso per ausir cauques nobellas que nos portaba de part lodit monsenhor; foc apuntat que totz iiii^{te} hi anasan e Johan deu Magenc ab lor; e cant fon partz dela, anan parlar ab lo susdit tesaure; loqual los diso de part mon dit senhor que mon dit senhor nos pregaba que la donation qui l'era stada autreya[da] falhe que se pagasa entegrament a Nadau prosman benent, e aso per redeme lo contat d'Armanhac de la man de mosenh de Labrit (2), o autrament om se obligasa a sertans marchantz que prestaran la susdita pecunia; ont aqui lo fen resposta que au present no aben potestat, mas agossan spleyt de remustrac au poble.

128. Item, cant fon bengutz, foc remustrat en conselh so qui lodit tesaure abe dit, ont aqui foc apuntat que om no s'obligasa, mas nos nos sperforsaram de pagar nostra cota part e porsion a Nadau prosman benent; e foc apuntat que lodit de Sen-Pot e

---

(1) *Si bibe*, etc. S'il vit il s'en souviendra un jour. Dieu prêta vie à ce pauvre bâtard, et, pour si deshérité qu'il fût au moment où il implorait la pitié des consuls de Riscle, il eut plus tard quelque chose à laisser à son fils Antoine. (Voir collect. Doat, vol. 225, p. 233. Donation faite par Jean, bâtard d'Armagnac, en faveur d'Antoine d'Armagnac, son fils, de tous et chacuns ses biens, 10 juin 1500.)

(2) Voir les documents analysés plus haut, art. 72. Alain d'Albret avait donné deux ans au comte d'Armagnac pour racheter son comté.

de Lafitan anasan a Noguro tornar ladita resposta audit tesaure; e aysi tornan l'endoman.

129. Item, termeton dus saxs de pan au seti aus arches, plus los termeton sau, costa : IIII dines.

130. Item, a VIII deudit mes, bengon Bernat deu Magenc, Peyron de Monan e lo filh de Saraboset deu seti en fora sercar biures; en que ne portan pan, e los donan argent tres sos.

131. Item, lo jorn susdit, bengon dus saryantz de Condom, per nom de Peyronet de La Porteria, tesaure, per nos executar per restas que lo pays debe deus quartes passatz; ausquals foc dit que la bila no debe au collecto dequi au present re.

132. Item, lo jorn susdit, anan dus deus conselhs e la garda au bosc mustrar au Gie ont fessa lenha per cose lo teule de la tor.

133. Item, l'endoman, termeto mosenh lo conte 1ª letra que lo prumer jorn d'ahost lo plus gran nombre de balestres fosan pres tota ora qui fossan mandatz; e foc ordenat per lo conselh que termetosan las gardas mandar las gens per far las mustras l'endoman.

134. Item, a XI de julh, bengo Bernat deu Magenc deu seti en fora sercar biures ab deus susditz arches e porta hun mandament deu perbost, que contene que om los agosa a termete biures (1); e foc ordenat que om los termetosa pan e que om los fessa part dela deliurar bin a Leberon o a Bernadon de Lafitan; crompan pan IIII sos VI dines, e prengon bin de Leberon hun scut e de Bernadon de Lafitan seys sos.

---

(1) Le siège touchait à sa fin. Les troupes du vicomte de Narbonne avaient déjà demandé à capituler et à sortir avec armes et bagages. Charles d'Armagnac, alors à La Caze-Dieu, leur octroya le sauf-conduit suivant :

« Charles par la grace de Dieu comte d'Armagnac, de Fezensac, etc. Comme
« il soit ainsi que en l'an dernier passé (1483) jusques au temps present
« plusieurs gens de guerre tant à pied que à cheval se soient transportez en
« la compagnie de nostre tres chere et tres honorée dame et cousine madame
« de Foix et de Narbonne en nostre ville de Maubourguet et en nos terres de
« Riviere, esquelles villes et terres lesdites gens de guerre aient fait plusieurs
« maux et pilleries, de quoy les plaintes soient venues au Roy nostre souverain
« seigneur, et pour chasser dehors telles manieres de gens aient esté commis
« par le Roy mon souverain seigneur monseigneur d'Albret et le seigneur de
« Lautrec et plusieurs autres capitaines accompagnez de gens de guerre en
« grand nombre, lesquels en ensuivant leur charge se soient transportez et mis
« le siege devant nostre dite ville de Maubourguet pour faire vuider lesdites

135. Item, foc ordenat per lo conselh que om termetosa hun mesatye au faur de Berglus, d'Espyan e de Bilhera, que fessan fers de enganetas; en que termeton Mosquet.

136. Item, pagan aus caperans de spurgatori a cascun mey scut, monta : v scutz.

137. Item, fen far sertanas callibas de ferr per callibar los caulatz de la tor e ab de las lucanas, que costan que eran LIIII calibas, costan de la man : VIII sos IIII dines.

138. Item, crompan IIII^{te} milles de claus ab de latar la tor, que costan qui gros qui petitz : I scut XIIII sos VIII dines.

139. Item, costa lo ferr per far lasditas callibas : x sos.

140. Item, foc ordenat que Johano de Mombet hanasa a Nogaro parlar ab los conselh[s] de la si termeten los balestres qui eran statz mandatz per nom de mosenh; auqual fen resposta que etz los aben elegitz, mas no partiran entro que autrament sapian ont

« gens de guerre estans dedans, jouxte leur commission. Item et que par les
« commissaires du Roy mon souverain seigneur ait esté fait commandement à
« ma dite tres chere et honnorée cousine et tous ceux qui tiennent nostre dite
« place, de nous bailler et delivrer nostre dite place selon la forme et teneur de
« la delivrance de nos terres et seigneuries à nous faite par mon dit seigneur
« le Roy en la presence de trois Estats de son Royaume et des seigneurs de son
« sang nagueres assemblez à Tours; et comme ma dite dame de Foix et de
« Narbonne, de ce bien advertie par ses lettres et articles en ensuivant lesdits
« commandemens, nous ait offert bailler et livrer nostre dite place et faire
« vuider tous gens de guerre estans leans dedans en baillant bonne et seure
« conduite à ses gens de guerre estans de par elle en nostre dite place sans ce
« que on leur sache riens demander à eux ne à leurs bagues mais eux en aller
« seurement hors de nos terres. Pourquoy sçavoir faisons que nous, ces choses
« considerées et nonobstant les grands maux et pilleries qui ont esté faites en
« nostre dit pays, et en faveur de mon tres honnoré seigneur et cousin monsei-
« gneur d'Orleans, de ma dite dame de Foix de Narbonne, sa sœur, et pour
« eviter les dangers et inconveniens qui s'en pourroient ensuir contre les gens
« de ma dite dame par ses parties adverses; nous avons permis et permettons
« par ces presentes que tous lesdites gens de guerre estans soubs ma dite dame
« de Foix et de Narbonne en nostre dite ville de Maubourguet tant à pied
« comme à cheval, de quelque estat qu'ils soient, s'en puissent en aller et passer
« par toutes nos terres sans ce que nul ne leur puisse aucune chose demander
« nonobstant lesdits maux et pilleries faites en nos dites terres. Si donnons en
« mandement à tous nos justiciers, officiers et subgets que ausdites gens de
« guerre facent donner bons et seurs passages et les gardent de par nous de
« toute violence et arrest, car tel est nostre plaisir. Donné à Lacasadieu, le
« dixiesme jour de juillet l'an mil quatre cens quatre vingts et quatre : CHARLES. »
(Collect. Doat, vol. 224, p. 67.) — Voir aussi les *Procès-verbaux des séances du Conseil de régence de Charles VI*, séance du 9 août 1484.

an a tirar, e si etz ac saben prumer que nos etz nos a feran asaber.

141. Item, lodit jorn, bengo hun maste d'ostau de nostre senhor lo rey que n'anaba enta la princesa (1); e foc ordenat que om lo donasa la collation; e aysi a fen, que monta : I sol.

142. Item, lodit jorn, bengo lo percurayre d'Armanhac e lo collecto; en que fen collation, que monta : VI dines.

143. Item, a III de ahost, termeton la garda enta Bilar mandar los qui an terra en nostras pertenensas, que bengosan aliurar.

144. Item, lodit jorn, bengo lo bayle de Gotz demandar nos los X scutz qui nos abe prestat ab deu collecto; e cant l'agon pagat, lo donan ha disnar, a causa que nos abe feyt lo susdit plaser.

145. Item, foc ordenat que Arnauton de Lafitan anasa a Marciac a maste Guilhem Berdie e ab lo notari qui abe retengut lo proses deu pleyt qui la bila a ab Anthoni de Lafita; ana au susdit maste Guilhem, loqual lo diso que et abe termetut a Tholosa nostre sendicat e las autras pessas a nostre abocat e que jornada no se tengora desa la Sent Martin; e pus ana parlar ab lodit notari que nos grosasa lo proses; loqual lo diso que et era content, e enter si e XV jorns et l'agora grosat.

146. Item, a XVIII d'ahost, bengo mosenh lo percurayre d'Ar-

___

(1) Ce maître d'hôtel du Roi se rendait à Maubourguet vers la princesse Marie d'Orléans, femme du vicomte de Narbonne. Il était chargé de lui signifier les décisions prises dans le conseil de régence, tenu le 9 juillet 1484. Le procès-verbal de cette séance manque dans le recueil publié par M. Bernier, mais la décision qui y fut prise est rappelée en ces termes dans la séance du 9 août : « Et quant à la place de Mamburguet, où l'on disoit le siege estre lors, nous « avions ordonné que ledit siege se leveroit et que las gens d'armes estans tant « à ladite place que audit siege vuyderoient, et que en icelle place ne demou- « reroit que notre très chiere et très amée cousine la vicomtesse de Narbonne, « avec le simple train de sa maison seulement pour illec faire sa demeure « jusques à ce que nous luy eussions faict bailler et delivrer de bref quelque « autre logeiz, et que à cette cause nous envoierions par devers notre très chier « et amé cousin le comte d'Armignac luy requerir, sur tout le plaisir et service « qu'il desiroit nous faire, que ainsi feust faict. » L'envoyé du Roi était le sieur de La Barde. Il avait encore mission de veiller à ce que « tous gens de « guerre non estans de noz ordenances vuydassent incontinent et s'en retour- « nassent en leurs maisons sur peine d'estre repputez à nous rebelles et « desobeissans et de confiscation de corps et de bien : et semblablement ceulx « qui ne seroient de notre royaulme ausquels seroit baillé gens et conducte « pour les guyder et conduire hors de notre royaume à tels quartiers qu'ils « voudroient prendre et aller. » (*Procès-verbaux des séances*, etc.)

manhac, eysemps ab lu Huguet Maurin, ab hun mandament de mosenh lo conte, que contene que et agosa anar per la bilas e aqui far far las mustras e enpausar arnes e far enfortir las plasas e goytz neyt e jorn; ont nos manda, su pena de sertanas penas, que agosam a enfortir ladita bila e far goyt neyt e jorn; loqual mandament foc mustrat en conselh, e foc apuntat que l'endoman se fessan las mustras, e l'arnes qui trobasan fossa metut per script e de qui era, e qui non agosa lon fossa enpausat; e foc ordenat que om pagasa so qui lodit percurayre abe despensat ne Huguet Maurin a la ostaleria; e aysi a fen, que monta : VI sos VIII dines.

147. Item, agon de besiau IIII^{te} boes per carreyar lenha enta la teulera per cose lo teule ab de la tor.

148. Item, agon de besiau hun boe per carreyar fusta au pont de l'Ador, e aysi metis agom IIII^{te} homes per mete lasditas fustas audit pont.

149. Item, termeton cote homes a la Menoa sercar stacas ab deu barat de la bila.

150. Item, a XXIII deudit mes, fom mandat[z] au conselh a Bic, e foc ordenat que Berdot de Sen-Pot hi anasa, e aysi a fe; e cant fo part dela, aqui fo mosenh lo senescal d'Armanhac, loqual fec mandament a totz los consolatz, sus sertanas penas, que om agossa a reparar las plasas e ha enforti las, e aysi metis agossan a far las mustras cascun a lor pople, e a enpausar arnes a qui no n'a; e feyt aquo, aqui diso mosenh de Pardelhan e de Casaus que aqui era mosenh lo bastart d'Armanhac Peris, loqual era bengut de Fransa per la honor e hutilitat deu pay[s], e fora rason que lo pays lo donasa cauque causa per se enterteni (1); e foc aqui debatut e apuntat que tot lo pays desa Garona lo donasa sinc centz franx. Ont aqui responon las propietatz que etz no aben

---

(1) Pierre d'Armagnac, baron de Caussade, fils naturel de Charles, comte d'Armagnac, et de Marguerite de Clam, légitimé le 31 mars 1486 (Arch. de Pau, E. 274. Voir aux mêmes Archives et dans le même carton son testament.) On trouvera un peu plus bas, dans une note de l'art. 152, l'expression de l'estime singulière en laquelle les trois États d'Armagnac avaient ce bâtard. Les historiens ont varié sur l'orthographe du nom de sa mère, les uns ont écrit *du Claux*, les autres d'Esclaux, celle que nous donnons est la véritable : c'est ainsi qu'il est écrit dans l'acte original de 1486. Les historiens n'ont pas été plus heureux sur le nom de la femme dont il eut le célèbre cardinal Georges

pas aquera comision ne no permetoran re entro pertant que ac agossan demustrat a lor poble. E foc apuntat que lo dibes haprop se trobasan dus conselhs de cascuna bila, e aysi metis totz los gentiushomes en la bila de Bic, e dequi en fora partir totz eysemps enta nostre senhor lo conte aqui on fossa, e aso en lo anar pregar e suplicar audit nostre senhor que nos bolosa tenir fos e costumas, aysi cum nos abe promes.

151. Item, a xxix deudit mes, fo ordenat per lo conselh que Berdot de Sen-Pot e Johano de Mombet anasan au conselh a Bic, aysi cum era stat apuntat; e aysi a fen; e cant fon part dela, haqui tengon conselh cum feran de anar audit mossenhor, e foc apuntat que om tirasa la ont lodit senhor fossa totz eysemps, e lo anar pregar e suplica que fossa sa plasensa de nos tenir los articles qui nos abe promeüt Aux, e aysi metis que se bolosa descarcar de tanta gent cum menaba. E en tenen lo susdit conselh, aqui foc dit que lodit mosenh lo conte s'en anaba sopar a mosenh de Monsencoma; e foc apuntat que om termetosa dus homes per saber si era bertat; e tornan resposta que no y anaba, mas lo maytin s'i anaba disnar. E atenut aquo, demoran la neyt a Bic, e lo maytin s'en tiran a Balensa, e aqui los foc dit que Mosenh bie; e foc apuntat que om l'anasa au debant; e cant fon au Mas de Fiumarcon, los foc dit que et tie autre cami; e dequi en fora s'en anan disnar a la Saubetat, e dequi en fora s'en tiran a Florensa; e cant fon la, aqui los foc dit que Mosenh era tirat abant; e aqui troban mosenh de Sent-Papo, e aqui parlan dab lu e apuntan que om termetosa iiii^{te} presonatyes parlar ab mossenhor lo conte, que era a Monfort, en lo referin cum aqui eran los tres Statz d'Armanhac, que si era sa plasensa, etz bolen parlar dab lu. E cant

---

d'Armagnac. Elle se nommait Fleurette de Lupé, fille de Jean de Lupé, seigneur de Maravat, et de Fleurette de Biran-Verduzan (*Hist. généal. des pairs de France*, par Courcelles, t. IV, généal. Lupé). Outre le cardinal d'Armagnac, il en eut encore un fils nommé Pierre comme lui, comme lui aussi baron de Caussade, et père d'une fille unique appelée Fleurette du nom de sa grand-mère, mariée, le 13 septembre 1565, à Blaise de Villemur, baron de Pailhès. (*Ibid.*, t. I, généal. Villemur.) C'est du chef de cette Fleurette que le baron de Pailhès prétendait des droits sur la baronnie de Caussade. (Voir *Lettres inédites de Henry IV à M. de Pailhès*, fascicule X° de nos *Arch. Hist.*, p. 86.) Nous verrons plus loin Gaspard de Villemur, aïeul du précédent, épouser « Madama « Rosa », fille naturelle de Jean V d'Armagnac.

fon part dela, aqui parlan ab Mosenh, loqual los fec resposta que au present no abe ayzina, mas et fasse amasar lo conselh lo disapte apres en la ciutat d'Aux, e aqui se biran. E aguda resposta, s'en tornan e apuntan a Florensa que hun de cascuna bila tirasa Aux e los autz s'en tornasan. E per aysi s'en torna lodit Johano, e lodit Berdot s'en tira Aux ab los autres. E cant bengo lo disapte, aqui bengo lo fray de mosenh lo senescal (1) de las partz de mossenhor lo conte, e aqui referi que Mosenh lo termete aqui per referir ausditz tres Statz que et abe ob sent homes d'armas e XII sens balestres; e ausit ladita demanda, aqui foc apuntat que om termetosa IIII^{to} presonatyes en enbaysada audit mosenh lo conte tant sus aquera demanda tant sus autras causa[s]; e foc apuntat que hun presonatye de cascun pays demorasa Aux entro pertant que la susdita envaysada fossa tornada deudit mosenh lo conte, e que totz autres s'en tornasan e ad equest qui demorasan los autres agoran regart a la despensa; ont hi demora per Armanhac maste Johan deu Baradat. E aquo apuntat, aqui fen la demanda qui aben feyta a Vic per mosenh bastart; e foc apuntat que lo pays desa Garona lo donasa sinc centz franx tant los gentiushomes cum las propietatz (2). E aysi ste lodit

(1) Bernard de Rivière, sénéchal d'Armagnac, avait trois frères : Odon, abbé de Tasque, Poncet, bailli de Montferran, et Jean, bailli de Rivière-Basse. Odon ne vivait plus en 1484, Poncet était seigneur de Château-Larcher en Poitou ; nous pensons que c'est du bailli de Rivière-Basse qu'il s'agit ici.

(2) Voici les remontrances que les ambassadeurs étaient chargés de faire au comte. Elles renferment un bel éloge du bâtard :

« Aquestas son las instructions et memorias feytas per los tres Estats de las
« terres et senhorias d'Armanhac per aqueras demonstrar a nostre tres redou-
« table senhor monsenhor lo comte d'Armagnac.

« Et prumerament lor demonstraran que cum a sa nouvela benguda a Aux
« li sian estat balhats certans articles (voir art. 91), losquals ha promes et
« jurat tenir et gardar, per que lo son estats accordats dus escuts per foc, que
« sia son bon plaser los susdits articles tenir et servar en la forma et maneyra
« que son, et fara son degut et la promessa sera tenguda.

« Item lo supplican que sia sa bona plasensa de donar melhor ordie en sa
« mayson et que se volha servir de gens de bien et de gentiushomes de son
« pais et se descargar de si grand nombre que son a son grand damnatge et
« deshonor et destruction deu pais, ayssi que es estat remonstrat.

« Item lo supplican que sia son plaser de haber regart a monsenhor lo bastard
« qui tot expres es estat trames per vostres parens, amix et servidos que son en
« cort (voir art. 150) vos remonstrar aucunas causas reportadas a la cort que
« tocan vostre deshonor et damnatge deu tot; et perso que nos es advis que

Berdot en anar e tornar hoyt jorns, e lodit Johano seys jorns; despensan per etz e los rosis : ii scutz vi sos.

152. Item, a vii de seteme, bengo mosenh Arnaut-Guilhem de Lauverio, jutge ordinari d'Armanhac, eysemps ab lu lo procurayre, que eran iiii^{te} rosis; ont aqui termeto sercar los conselhs e aqui los diso cum a mosenh lo conte habe plagut de lo donar la carga de la jutgeria d'Armanhac, e et era aqui per se enformar deus malhs-faytos e per los punir segont justicia; e aysi metis manda que agossan a portar las costumas de la bila, e aus notaris que agossan a portar las informatios qui agosan; en que sten tres jorns; foc apuntat per lo couselh que om pagasa la despensa qui aben feyta, a causa de son nobel adbeniment; e aysi a fen; que monta tant de pan, bin blanc e roge, spesias e oes, fromatyes, oli, candelas,

« aya bon voler a vos et a tot lo pays et que es home per pervenir a grands
« vees et honors et que poyre au temps advenir vos servir et a tot lo pays
« subvenir en una necessitat, vos supplican derrechef l'ayats per recomandat
« en vostra bona gracia, car un chacun de nous a grand voler et affection a luy
« per sas maneyras et vertuts.

« Item lo remostrara cum los susdits Estats son mervilhats per los grans
« exces qui se fan soubs color dels mandamens que dona tant contra las gens
« de gleysa que autres en prenen sens tot ordre de dreyt mas per via de feyt
« lors biens, ço que es causa de mal exemple, que no volha suffrir tals excez
« estre feyts, et que el es senhor et prince per gardar un chacun de mau et de
« damnatge et de far las causas sens dret et rason.

« Item supplican humblement los susdits Estats que per son honor, ben et
« proffieyt et de tot son pays vole recebre Madame et la tractar ayssi que
« s'apertien et donar ordre que comma Dama sia servida de gentiushomes et
« de gens de ben ; et a tot lo pays sere tres grand ben et honor si Diu los fase
« la gracia que agossan succession de vos, ayssi que nau cens ha n'y a tot jorn
« agut de vostra nacion.

« Item lo supplican que sia son plaser de contentar mestre Loys Mareschal
« certana somma que dits luy estre deguda aysi que a remonstrat, afin que can
« vos, Monsenhor, aurets obs et vos sera necessary trobets credit, et aussi afin
« que no aya occasion de remonstrar a la cort ne autre part son cas et mal-
« tractament.

« Et aysso fasen, mon tres redobtable senhor et prince, seran tenguts de
« pregar Diu per vostre estament et que vos volha tenir en prosperitat, et
« conneyssiats lo bon voler que un chacun a de vos servir et leaument;
« autrament los darets occasion de se conplanher, so que no voleren far, en
« vos resupplicar si vos placia haber remembrance de las adversitats passadas.

« Fait a Aux lo ters jorn deu mes de septembre mil quatre cens oeytante
« quate.

« Per commandement de messenhors los tres Estats d'Armanhac, signat:
« R. de Berduno, notari » (Coll. Doat, vol. 224, p. 102.)

moton, poralha, aucatz, monta en Iª soma : I scut X sos IX dines.

153. Item, a XVI deudit mes, bengo maste Johan deu Baradat d'Aux en fora, en nos notifican cum bie d'Aux, ont aqui abe demorat de mandament de las proprietatz d'Armanhac per demorar la resposta qui mosenh lo conte fera a la envaysada qui era enta lu per nom deus tres Statz d'Armanhac, aysi cum era stat apuntat Aux, en los referin cum la susdita enbaysada era benguda deudit mosenh lo conte e referiban cum etz aben parlatz ab mosenh lo conte, loqual los abe feyt bona chera e tota vona resposta, en los referin que et fera e vole far tot so qui losditz Statz volosan, e en los mandan que lo XX jorn deudit mes losditz Statz se trobasan en la ciutatz d'Aux, la ont et fora en presona; e aysi n'abe signada ausditz envaysadors letra de cresensa de sa sa man propria. Ont combidan a sopar audit maste Johan; que despensan : I sol VIII dines.

154. Item, foc apuntat per lo conselh que om termetosa la garda ab Iª letra a Nogaro Arnauton de Lafitan que era part dela, en lo pregan que et bolosa anar per nom de la bila au conselh Aux per ausir la resposta qui mosenhor lo conte debe far e s'i debe trobar en presona; e aysi lo termeton ladita letra, e foc resposta a ladita garda que et era part dela per amasar e recaptar sertans biis de son oncle, mas et si despausara de hi anar e que om lo termetosa rosin e argent per despene.

155. Item, l'endoman, termeton ladita garda ab lo rosin audit de Lafitan per anar au susdit conselh.

156. Item, lodit jorn, parti de Nogaro lodit de Lafitan per anar Aux au susdit conselh (1); e cant foc part dela, lo susdit mosenhor lo conte no y fo, mas foc per nom de lu l'endoman mosenh l'abesque de Leytora (2), loqual referi que lo susdit mossenhor no y pode star, aysi cum abe promes, e aso a causa que era hun petit malau, e a causa de sa malautia om lo tengosa per desencusat (3);

---

(1) Le 17 pour être le 20 aux États d'Auch. Voir art. 153.
(2) Hugues d'Espagne.
(3) Il y a tout lieu de croire que cette indisposition était feinte et que le vrai motif qui empêchait le comte d'Armagnac de se rendre à l'assemblée d'Auch était son irritation contre les trois États, dont les sages remontrances gênaient ses folles prodigalités. Il était d'ailleurs en ce moment sous le coup d'une affaire judiciaire pour un meurtre qu'il avait commis sur un de ses

e bist aquo, tot lo mon foc esbayt e aqui foc debatut que om hi tornasa autra betz, e n'i abe de quera opinion e d'autres no. Foc porogat lo susdit conselh dequi a l'endoman, e l'endoman a brespas, foc apuntat que tres presonatyes (1) hanasan au susdit mosenh lo conte ab sertans articles que aqui fon feytz. Despensa per et e son rosis, que ste VI jorns en anar e tornar : I scut I sol VIII dines.

157. Item, a XXII deudit mes, foc ordenatz per lo conselh que Leberon de Poges e Vernadon de Lafitan anasan de las partz de la bila Aydia parlar ab lo barbe tocan hun sertan deute que la bila lo debe, que fossa sa plasensa de nos aloncar lo termi dequi a hun jorn ; e cant fon part dela, lodit varbe los diso que et no podora, mas si la bila abe ob blat ne viis per far lo susdit argent, que et ne prestara ab I^a que om l'ac obligasa aysi cum balora Pentacosta. E demoran que lodit barbe bengora lo dimartz part desa e hapuntaran huna causa o autra.

158. Item, lo dimartz, cum desus ditz, bengo lo susdit barbe, e aqui anan parlar los susditz conselhs eysemps ab d'autres tocan la susdita materia ab lodit barbe ; loqual disoc que per nom de la bila eran bengutz a lu Leberon de Poges e Bernadon de Lafitan tocan a ladita materia, ont et los abe feyt resposta e pensaba que l'agossan referida ; lo foc dit que bertat era e etz ac aben referit, mas sino et bolosa donar pretz ab bin e au blat om no s'en gausara enterpachar ; loqual respono que no donara pretz sino aysi cum abe dit ; auqual dison que no ac gausaran prene ; e dit

---

serviteurs, et en instance auprès du Conseil de régence pour en obtenir des lettres de rémission. (*Procès-verbaux des séances du conseil de régence de Charles VIII*, conseil du 30 septembre 1484. Lettre de rémission accordée.) Mais dans l'incertitude de ce qui pouvait lui arriver, il s'apprêtait à fuir en secret de Lectoure pour se réfugier au château de Tournon. On comprend que dans une pareille situation il n'ait aucunement tenu à se rendre à l'assemblée de ses États à Auch ; mais on comprend aussi le mécontentement des députés. *Tot lo mon foc esbayt !*

(1) Ces trois personnages furent l'abbé de Bouilhas, le baron de Pardaillan et le seigneur d'Arblade. Mais Charles avait déjà quitté Lectoure et s'était enfermé dans Tournon, où peu de jours après son arrivée, le 29 septembre, il poignarda dans un accès de fureur un autre de ses serviteurs, Jean du Cernai. Il obtint en octobre d'autres lettres de rémission pour ce second crime. (Collect. Doat, t. XXIV, fol. 123.) Les députés mirent quinze jours à faire leur voyage. Voir plus bas, art. 166.

aquo, lodit barbe los diso que si la bila lo bole donar la enposicion de la teberna per hun an et prestara dus scutz ab huna que om la y fessa balle per lodit an XXXII scutz. Demoran per oyt jorns que cascun agosa son conselh; ont lo combidan a disnar, despensan : I sol VIII dines.

159. Item, foc ordenat per lo conselh que mosenh Johan Sala, mosenh Johan de Sen-Pot anasan a Bilar e Bernat deu Drulhet, que era jorn de marcat, ont aqui debe star lo susdit barbe d'Aydia per nos donar resposta si nos fera lo susdit plaser; e cant fon part dela, aqui parlan dab lu; loqual los diso cuma desus que et fora content de prestar blat e viis per far lo susdit argent, aysi cum abe dit. Demoran per hoyt jorns que lodit barbe bengora ha Riscla, e desa que fossa bengut no fera deguna despensa.

160. Item, a XXVIII deudit mes, Matiu de Lalegua, comis per Peyrot de Laportaria, arastat ha Nogaro Bidet deu Magenc, Arnauton de Poges e Bernadon de Lafitan; ont no podon aber conget dequi au disapte bespe.

161. Item, a XXIX deudit mes, foc apuntat que om termetosa la garda a Nogaro, ab sertans articles que om abe balhat contra Drulhet cum no debe star abmetut per bayle de ladita bila, cum sus losditz articles nos abem a gobernar; e troba per conselh que no y abe loc que no fossa abmetut.

162. Item, lo XXX jorn deudit mes, foc ordenat que Bernat deu Drulhet e Peyron de Lafitan tornasan au barbe Aydia si bole prestar los susditz viis qui abe dit, e que los tastasan; e cant fon part dela, [a]qui parlan ab lo susdit barbe; loqual los respono que et era content ab I^a que los cosselhs e XV o XVI d'autres presonatyes s'obligaran cuma pribadas presonas; aqui lo responon que no aben conget de presentar degus presonatyes sino los cosselhs, mas que fossa sa plasensa de benir part desa, que etz agoran mustrat en conselh e feran tot bon apunt; loqual diso que et era content de benir lo dibes apres.

163. Item, a IIII^{te} d'octobre, bengo lo susdit barbe, aysy cum abe promes, e foc apuntat que om no s'obligara sino tant solament los cosselhs cuma cosselhs, e foc apuntat que mosenh Johan de Sen-Pot, mosenh Johan Sala, Leberon de Poges l'Erete anasan apuntar ab lodit barbe; e aysi i anan e apuntan que et prestara

xxxvi pipas de bin per lo pretz cascuna pipa de tres scutz e ab 1ª que om lo pagar[a] l'esturment de debant e aysi metis sertana despensa que abe feyta a causa deu susdit deute; e aysi foc trectat e acordat; que monta lo susdit bin cent e hoyt scutz; en laqual soma s'obligan los susditz cosselhs, aysi cum apar per sturment rétengut per maste Johan de Mostayon.

164. Item, lodit jorn, fon mandatz e sertans d'autres habitantz de ladita bila, a la stancia deu percurayre fiscau d'Armanhac, a portar totas bilhetas e autres pagamentz feytz despus la destruction de Leytora au senescal de Tholosa ho a sous comis (1); foc apuntat que Johano de Lafontanhera, Peyron deu Casso e Arnauton de Lafitan anasan a ladita jornada e portasan totas las bilhetas qui la bila abe tocan la susdita materia; e aysi a fen; e cant fon part dela, fon ausitz per via de information.

165. Item, Ramonet deu Faur e sous companhos dison en conselh que etz eran executatz per mes soma que no deben; e foc apuntat que fossa bist so qui deben e las pagas qui aben feytas.

166. Item, lo vi jorn deudit mes, fon mandatz au conselh a Bic ausir la resposta qui mosenh l'abat de Volhas (2), mosenh de Pardelhan (3) e mosenh de Arblada (4) portaban de mossenhor lo conte; e foc apuntat que Berdot de Sen-Pot hi anasa; e aysi a fe; e cant foc part dela, aqui fon lo[s] desus ditz e referin que lodit mosenh lo conte fera e bole far tot so qui los Stats fessan.

167. Item, a ix deudit mes, bengo Berdot de Camicas, comis per Peyronet de Laportaria, per nos executar; ont apuntan que l'endoman om portara argent au collecto.

168. Item, a xiiii d'octobre, termeto huna letra mossenh Pierre bastart d'Armanhac, que contene que sy james los companhos bolen far per lu que encontenent anassan ab lodit mesatger; e foc apuntat per lo conselh que per nom de la bila no y anassa res, mas sy negun de lor bona y bole anar que s'i agossan lo cor.

---

(1) Les mille francs votés au sénéchal de Toulouse en 1473. (Voir comptes de cette année, art. 125, 170, 211, 277 et suivants.)

(2) Arnaud de Roquelaure, abbé de Bouilhas de 1477 à 1503. (Voir *Archives de la ville de Lectoure*, p. 120, fascicule IXᵉ de nos *Archives historiques*.)

(3) Jean d'Armagnac, baron de Pardaillan.

(4) Géraud de Benquet, seigneur d'Arblade, gouverneur d'Eauze. (Voir plus haut, art. 156, la nomination et le départ de ces trois députés.)

E foc apuntat que donessan audit mesatger collation; en que lo termeton duas terseras de biu e dus boeysetz de sibaza per son rosin; costa tot : VIII dines.

169. Item, fen adobar lo pont de la porta de Coarraza que era gabanhada.

170. Item, a XXVI de octobre, termeto Peyronet de Laporteria, tezaure, hun mesatger que l'endoman hom se trobasa a Nogaro ab las bilhetas qui avem de las pagas qui avem feytas a Monon deu Bedat, collector en l'an susdit; foc apuntat que Berdot de Sen-Pot, Peyron de Lafitan y anasan; e ayxi a fen.

171. Item, a XXVIII deudit mes, fen adobar lo pont de l'Ador, que s'y eran foratz feytz.

172. Item, a XXIX deudit mes, foc ordenat per lo conselh que hom termetosa hun rossin a maste Johan deu Baradat a Nogaro, que lo plagossa de benir part dessa per anar a Marsiac; ont termeton lodit rossin per la garda.

173. Item, bengo l'endoman lo susdit maste Johan, e foc tengut conselh de anar a Marciac; foc apuntat que Pey d'Argelos e Arnauton de Lafitan anasan a Marsiac a maste Guilhem Berdier, e noarremens au notari qui abe retengut lo proces e la enquesta per la part deudit Anthoni de Lafargua; e quant fon part dela, anan parlar ab lodit maste Guilhem, loqual los disso que era necessari de anar a la jornada a Tholosa, e que et abe termetut part dela a nostre advocat nostre scindicat e autras instructios; e dequi en fora anan parlar ab lo susdit notari, en lo disen sy ave treyt lo proces e enquesta, ayxi que ave promes; loqual respono que despus que et ac ave promes et era stat inibit que entro pertant que fossa reportat no l'agossa a balhar a neguna partida, mas aqui era mossenh lo loctenent, que sy et bole autreyar ladita copia, et lo grosara; ont los susditz d'Argelos et de Lafitan anan parlar per preguar de part la bila au susdit loctenent que nos bolos autreyar ladita copia; loqual fec resposta que si de dret ac debe far et ac fera, e que dequi a lo bespe et agora son conselh e nos fera resposta; auzit aquo, lo susdit d'Argelos s'en torna e lodit de Lafitan demora la neyt part dela; ont lo susdit loctenent lo fec resposta que et no debe autreyar la susdita copia sino que clausa; e per ayxi s'en torna.

174. Item, l'endoman, se rompo la clau de la porta de la Tasta; ont la fen adobar, costa : vi dines.

175. Item, a ii de nobembre, fom mandatz per debant mossenhor lo seneschal d'Armanhac a Barran per ausir nobelas que bien de la cort de nostre senhor lo rey (1); e foc ordenat per lo conselh que Johanno de Mombet y anassa; e aysi affe; e quant foc part dela, aqui fon lodit mossenh lo seneschal, mossenh lo jutge ordinari; ont aqui refferin de las partz de mossenhor lo comte cum et se recomandaba a tot lo pays; e otra aquo disson que etz aven cargua de part lodit mossenhor de notiffiquar ausditz Estatz cum per aules reportz lodit mossenhor era en la indignation de nostre senhor lo rey, en lo meten desus que despus ensa que ago pres possecion en las terras e senhorias d'Armanhac et ave amurtit gentz e feytz metre fox e beucop d'autres exces; e a causa deusditz reportz et era en ladita indignation deudit nostre senhor lo rey, e que per ayxi et ac fasse remustrar ausditz Statz que las causas qui lo son desus metudas no se trobaran per bertat (2). Auzit aquo, aqui foc la cauza maguda; foc apuntat per losditz Statz que hom termetossa audit mossenhor ab certz

---

(1) Ce sénéchal d'Armagnac qui arrivait de la cour du roi de France n'était pas Bernard de Rivière. Le brave gentilhomme, sénéchal d'Armagnac dans la bonne et dans la mauvaise fortune depuis le 4 mai 1466, était mort au mois de septembre de cette année 1484. Les *Procès-verbaux des séances du conseil de régence de Charles VIII* nous apprennent qu'il eut pour successeur un maître d'hôtel du Roi, nommé Jean-François de Cardonne. Conseil du 16 octobre 1484 : « Plus a esté ordonné que Jehan François de Cardonne, maistre d'ostel du Roy, « sera doresnavant paié de ses gaiges de seneschal d'Armignac que le Roy luy « a puis naguières donné, actendu que le siege de la dite seneschaussée se tient « et exerce ordinairement pour le Roy et par ordonnance de la cour du Parle- « ment de Thoulouse. — *Item* que ensuyvant ladite ordonnance lesdits gaiges « seroint de iiic lxvi l. tournois par an, comme aucuns autres baillifs et senes- « chaux de ce royaume et que lesdits gaiges se prendront sur les revenus des « greffes de ladite seneschaussée. — *Item*. Lettres missives a Monsr d'Armignac « qu'il ne vueille donner empeschement audit Jehan Francois en la jouissance « dudit office. » (*Procès-verbaux*, etc., p. 136.)

(2) Déjà, dès le 30 septembre, le conseil de régence, informé de la conduite de Charles d'Armagnac, avait adressé au Parlement de Toulouse des lettres patentes portant « que si par informacion il leur appert des excès et bateries « qu'on dit que faict faire chacun jour ledit conte d'Armignac, qu'il soit « debilité de son entendement, qu'il dicippe et gaste les biens de sa maison « et qu'il ne soit capable à regir et gouverner ses terres et seigneuries et biens, « que à ce cas on luy pourvoye de curateurs de la personne de Monsr d'Albret,

articles que lo plagos de far lo contengut de quetz; e ayxi metis foc apuntat que om termetossa a mossenh de Labrit en lo advertin cum eram enformatz que mossenhor lo comte era en indignation de nostre senhor lo rey a cauza de aules reportz, en lo preguan e suppliquan cuma prosman de la mayson de Armanhac que et bolossa entene en lo cas ayxi cum losditz Statz confisaban de luy (1).

176. Item, a tres deudit mes, anan a Nogaro Berdot de Sem-Pot, Peyron de Lafitan e Manauton du Pont, per far huna actoria, en que la retengo maste Huguet Rolier, per la termete a Tholosa au pleyt en cort de parlament qui avem ab Anthoni de Lafargua; costa ladita actoria : VIII sos.

177. Item, foc ordenat per lo conselh que hom termetossa huna letra a maste Johan deu Baradat a Nogaro que bengossa part

« lequel sera tenu de luy entretenir son estat honorablement ainsi qu'il appar-
« tient à ung tel personnage et de bailler à regir et gouverner son cas à gens
« de bien, souffisans et solvables qui en saichent rendre compte là ou ainsi qu'il
« appartiendra. » (*Procès-verbaux des séances*, etc., conseil du 30 septembre. —
Voir aussi *Alain le Grand, sire d'Albret*, par A. Luchaire, p. 27.)

(1) Les États d'Armagnac se trompaient grandement en réclamant l'intervention du sire d'Albret. Alain le Grand, qui voulait à tout prix rester maître de l'Armagnac et rendre définitive la cession du 12 mars 1484, était l'instigateur des mesures de rigueur prises par le conseil de régence contre le comte Charles. (Voir *Alain le Grand, sire d'Albret*, par A. Luchaire, p. 27.) Les États durent reconnaître leur erreur, car ils envoyèrent des députés vers la Régente. Nous lisons en effet ce qui suit dans le procès-verbal de la séance du 27 novembre 1484 du conseil de régence : « Sur ce que les gens et depputez de messire Charles
« d'Armignac, envoyez de par luy devers le Roy et devers les gens de son
« conseil, ont requis pour estre ouis sur l'innocence et justification dudit
« s[r] d'Armignac des faulx rapports qu'ilz die avoir esté faictz au Roy par les
« hayneulx dudit s[r] d'Armignac, et requerant que on leur baille un commissaire,
« notable homme du conseil du Roy, non suspect aux parties, pour se informer
« desdites justifications aux despens dudit s[r] d'Armignac, pour informer le Roy
« de la verité des dites choses » conclut que, attendu que le Parlement de Toulouse a déjà été chargé d'informer, on donnera commission à M. d'Albret pour s'adjoindre audit Parlement, informer et avertir le Roi. « Et au surplus sera
« envoyé par le Roy quelque bon commissaire pour punir plusieurs mauvais
« garsons estans vivans soubz l'adveu dudit d'Armignac, qui pillent et robent
« le pais et y font plusieurs autres excez. » (*Procès-verbaux*, etc., p. 189.) Ce même jour, 27 novembre, le Parlement de Toulouse reconnaissait que Charles était « débilité de sens et d'entendement » et donnait par arrêt l'administration de ses États à son cousin le sire d'Albret. (Arch. du Parlement de Toulouse, B 6.)

dessa per apuntar de anar a la jornada a Tholosa e lo plagos que et y bolossa anar; loqual fe resposta que non era aysit, mas si no y abe autre remedi et y anara.

178. Item, cant la garda foc benguda, sa resposta foc metuda en conselh, e aqui foc apuntat que om termetos audit maste Johan que no y abe remedi de y anar sino que et; e ayxi a fen; loqual fec resposta que et y anara, mas que om lo termetossa rossin e argent per despene.

179. Item, a xii deudit mes, ana lo susdit deu Baradat a ladita jornada a Tholosa, e quant foc part dela, ana au grafye que lo bolos mustrar lo proces, de que lo dona per son tribalh : iii sos iiii dines.

180. Item, fec far hunas istructions a nostre procurayre; ont lo dona : xi doblas.

181. Item, ago a tornar a hun autre grafye per vezer sy en lo registre de la cort se trobera negun apunctament de nostras letras; ont lodit grafye no l'y bagaba anar bezer, mas balha son clerc; ont totz dus ac anan sercar e troban que la presentation era stada feyta lo x^e jorn de jun per Sancto-Petro; en que balha audit clerc : iii sos iiii dines.

182. Item, ana audit Sancto-Petro e garden son registre e atroban que lo jorn susdit era stada feyta ladita presentation e balhat augunas istructions; e aqui prega a son filh que lo bolos mustrar lo tot; e ayxi ac anan sercar e troban lasditas istructions feytas per maste Guilhem Berdier, hun scindicat e hun sturment de appellation; ont balha audit clerc per son tribalh : iii sos iiii dines.

183. Item, fec far huna presentation, costa : i sol viii dines.

184. Item, balha a nostre procurayre e a nostre advocat, jutge d'apels : ii scutz.

185. Item, a xviii deudit mes, fon mandatz au conselh a Leytora per debant mosenh lo senescal d'Armanhac; e foc apuntat que Johano de Monbet hy anasa; e aysi parti, tira a Nogaro per anar ab lo qui de part dela i anasa; e cant foc partz dela, aqui troba que los de Nogaro hi termeton Mono deu Bedat, e aqui lo foc dit que aysi metis et lo donasa la carga per nos a fugir a mayor despensa; e apuntan que Nogaro lo donasa hun scut,

Arisc[l]a autre; e ayxi foc feyt; e s'en torna de la en fora; dona lo susdit scut audit Mono.

186. Item, a xxv deudit mes, fon mandatz au conselh a Vic; foc ordenat que Berdot de Sen-Pot hi anasa; e aysi a fe; e cant foc par dela, aqui no fon sino petitas gens de gentiushomes e proprietatz; e aqui foc dit que Nepotis bie de mosenh lo conte e que om anasa saber que nos condaba; e aysi a fen loqual los diso que et se pensaba que aqui agosa plus de gent que no abe per apuntar de las besonhas de mon dit senhor; ont aqui lo foc dit que audit jorn eran statz mandatz, ayxi que apare per letra e per ayxi compariban et protestaban si dan e dapnatye ne bie contra aquestz qui los aben feyt amasar.

187. Item, foc ordenat per lo conselh que om passasa a Sanso de Mombet dus scutz sus sas talhas, e aso a causa que hun boeu lo sera mort en anar au mandament de la bila portar biures au seti de Mauborguet.

188. Item, ana Manauton deu Pont a Nogaro crompa hun mille de clau que falhiba ab de la tor; que costa : vi sos viii dines.

189. Item, foc ordenat que om termetosa la garda a Nogaro a maste Bernat Fitan e a maste Johan deu Baradat iª letra que contene cum hun grafie de Leytora era bengut part desa que demandaba a causa de hun proses que los conselh[s] de Nogaro e d'Ariscla aben agut ab los mastes deus camis, e que lodit grafie se debe trobar part dela per apuntar, en los pregan que fessan per nos cum per lor.

190. Item, logan Puchiu iiiite jorns per far los cornales de la tor e enmortera los; que trese per cascun jornau set arditz, montan : iiii sos viii dines.

191. Item, pagan lo bin au crestian cant ago acabada la tor; monta : ix dines.

192. Item, a xxii de desembre, foc referit que lo Gie se bene lo teule; e foc apuntat que los cosselhs ab lo bayle anasan prene lo susdit teule; ont hi anan totz iiiite e las gardas, e mandan sertans boes per carreyar lo susdit teule.

193. Item, foc dit que a la teulere abe teule trencat e fora bon que om lo crompasa per mete en la croseya de la tor; e foc apuntat que Johano de Monbet e la garda l'anasan beser e crompa lo; e

aysi a fen; que ne crompan hun mille e lo meton permey bon; costa : XI sos.

194. Item, foc apuntat que om logasan (*sic*) l'ostau de Johan de Lafita per tenir las scolas; e ayxi fen lo marcat ab lodit Johan a hun scut e mey per hun an; en que fen que so qui metoran en reparation deudit ostau fora en rebatement deudit logue; ont fen arteytar lodit ostau a Puchiu; ont lon pagan per son tribalh e despensa : IIII sos.

195. Item, agon II quartz de causea ab de enmorterar los cornales deudit ostau; laqual causea foc de la de mosenh Sen-Pe, laqual l'es deguda.

196. Item, agon de Arnauton deu Forc hun sola ab deu portau; ont foc ordenat que om lo donasa hun casso.

197. Item, prengon de Bernad d'Aurelhan huna cariola per carreyar tera a las besiaus e aysi metis lo teule; laqual se rompo; es deguda audit d'Aurelhan.

198. Item, prengon de Johan Farga VIII treytz ab deus arches qui termeton au seti a Mauborguet; losquals treytz pergon losditz arches e d'autres, aysi que dejus s'ensec; losquals son degutz audit Farga e a d'autres, II sos; item a Pey Castay, VI treytz, IX arditz; item a Bernat deu Cosso, V treytz, VII arditz e mey; item a Cornau, XII treytz, III sos.

199. Item, portan losditz arches en hun sac pan audit seti; loqual pergon; costa : I sol.

Monta total recepta : quatre cens trenta et seys scutz nau sos hoeyt dines. — Monta la despensa : tres cens seyxanta et hun scut quatorse sos tres dines et mey.

FIN DU TOME PREMIER.

CORRECTIONS.

Page 6, art. 4, ligne 4 : au lieu de *eron* lire *eran*.
— 12, note 3 : au lieu de *garde-fous* lire *échafauds, machines de guerre*.
— 29, art. 26 : au lieu de *Aramis* lire *Arams*.
— 48, art. 24 (sommaire) : au lieu de *départ* lire *expulsion*.
— 50, note 3 : au lieu de *do* lire *doit*.
— 66, note 3 : au lieu de *Garet* et de *Saint-Lizier* lire *Guéret* et *Saint-Léger*.
— 67, note 2 : remplacer cette note par la suivante : *Affres*, frais. « Dans les pays d'États on comprenait sous le nom « de *frais*, outre les sommes nécessaires à la levée « des impositions, toutes celles qui pouvaient servir « aux besoins de la province. » (Léon Cadier, *La Sénéchaussée des Lannes sous Charles VII*, p. 58.)
— 68, note 1 : au lieu de *Sarront* lire *Sarron*.
— 68, note 4 : au lieu de *art.* 18 lire *art.* 11, *page* 57.
— 72, art. 4 (sommaire) : au lieu de *receveur* lire *collecteur* (même correction aux articles suivants du sommaire pour toute l'année 1473.)
— 133, ligne 9 : mettre une virgule entre *cossolatz* et *nobles*.
— 146, note 1, ligne 4 : après *art.* 129 ajouter *note* 2, *page* 109.
— 150, art. 268, ligne 4 : au lieu de *volenetz* lire *volen etz*.
— 168, art. 6, ligne 4 : au lieu de *no sa fe* lire *nos a fe*.
— 174, ligne 3 : au lieu de *he sa fe* lire *hes (eus) a fe*.
— 288, art. 152 : au lieu de *Lanne* lire *Lauberio*.
— 292, ligne 11 : au lieu de *executat* lire *exeptat*.

ARCHIVES HISTORIQUES DE LA GASCOGNE
9ᵐᵉ ANNÉE (1891). — 1ᵉʳ & 2ᵐᵉ TRIMESTRES.

FASCICULE TREIZIÈME

COMPTES CONSULAIRES

DE LA

VILLE DE RISCLE

DE 1441 A 1507

(TEXTE GASCON)

PUBLIÉS POUR LA SOCIÉTÉ HISTORIQUE DE GASCOGNE

PAR

PAUL PARFOURU

ET

J. DE CARSALADE DU PONT

TOME DEUXIÈME
1485-1507

PARIS
HONORÉ CHAMPION
ÉDITEUR
Quai Voltaire, 9

AUCH
COCHARAUX FRÈRES
IMPRIMEURS
11, rue de Lorraine, 11

M DCCC XCII

ARCHIVES HISTORIQUES
DE LA GASCOGNE

FASCICULE TREIZIÈME

COMPTES CONSULAIRES DE LA VILLE DE RISCLE

PAR

P. PARFOURU ET J. DE CARSALADE DU PONT

VUE DE L'ÉGLISE DE RISCLE

dessinée par M. Pujol,
d'après une photographie de M. Goutal, conducteur des Ponts et Chaussées

COMPTES CONSULAIRES

DE LA

VILLE DE RISCLE

DE 1441 A 1507

(TEXTE GASCON)

PUBLIÉS POUR LA SOCIÉTÉ HISTORIQUE DE GASCOGNE

PAR

PAUL PARFOURU

ET

J. DE CARSALADE DU PONT

TOME DEUXIÈME
1485-1507

PARIS	AUCH
HONORÉ CHAMPION	COCHARAUX FRÈRES
ÉDITEUR	IMPRIMEURS
9, quai Voltaire, 9	11, rue de Lorraine, 11

M DCCC XCII

COMPTES CONSULAIRES

DE LA

VILLE DE RISCLE

XXVIII.

COMPTES DE L'ANNÉE 1485.

DÉPENSES.

SOMMAIRE : 1. Conseil tenu à Vic-Fezensac pour l'impôt des lances; la comtesse d'Armagnac y assiste. — 2. Venue à Riscle du nouveau juge ordinaire d'Armagnac. — 3 et 4. Nomination du collecteur d'Armagnac. — 5. Droit d'entrée sur le vin étranger. — 6. Arrérages d'impôts réclamés par le trésorier d'Armagnac. — 7 et 8. Conseil tenu à Auch; le sire d'Albret fait annoncer son arrivée par l'évêque de Saint-Papoul; les États se séparent après l'avoir attendu pendant neuf jours. — 9. Crue de l'Adour. — 10. Procès au sujet de l'entrée du vin. — 11. Travaux au pont de l'Adour. — 12. Examen des comptes par le procureur d'Armagnac. — 13. Envoi d'une lettre aux consuls de Viella. - 14. Poisson pour le dîner du procureur. — 15. Enlèvement d'un arbre qui menaçait de détruire le pont de l'Adour. — 16. Réparations à la porte de la Taste. — 17. Venue à Riscle de Jean de Pigion, commissaire chargé du logement de cent lances du sire d'Albret. — 18. Conseil tenu à Vic pour l'assiette des impôts. — 19 et 20. Le commissaire J. de Pigion, à la prière de M. de Maumusson, réduit à 2 lances et 3 archers la part de la ville de Riscle. — 21. Cadeau des consuls à M. de Termes, à l'occasion du mariage de son fils. — 22-24. On fait boucher les croisées de trois côtés de la tour. — 25. Paiement du fief annuel au receveur du comte d'Armagnac. — 26. Réparations au pont de Pontaste. — 27. Les consuls sont convoqués à Caumont par M. d'Arblade-Brassal, au sujet de l'emprisonnement du comte d'Armagnac. —

28 et 29. Procès contre le seigneur d'Armentieu. — 30. Bois tombé des allées ou hourds du château dans le fossé. — 31-33. Procès Armentieu; voyage à Toulouse. — 34. Travaux aux fossés de la ville. — 35 et 36. Emprisonnement des consuls, faute de paiement d'arrérages d'impôts. — 37. Examen des comptes par le procureur. — 38. Cierge pascal. — 39 et 40. Procès Armentieu. — 41. Ordre d'envoyer 25 arbalétriers au siège de Monlezun. — 42 et 43. Procès Armentieu. — — 44. Le capitaine Pierre-Buffière consent à une réduction sur le chiffre des arbalétriers. — 45. Procès Armentieu. — 46 et 47. Envoi de 8 arbalétriers et d'une pièce d'artillerie au siège de Monlezun. — 48. Cadeau fait à M⁰ Guillem Verdier, avocat de Marciac, pour services rendus dans l'affaire des arbalétriers. — 49. Licence pour l'arrentement des revenus communaux. — 50. Envoi d'argent aux arbalétriers, à Monlezun. — 51. Achat de 40 pierres pour servir de bases aux piliers des allées. — 52. Procès Armentieu. — 53. Visite annuelle du juge ordinaire d'Armagnac; audiences; examen des coutumes municipales. — 54 et 55. Les arbalétriers du siège de Monlezun réclament des vivres et de l'argent. — 56. Procès Armentieu. — 57 et 58. Envoi d'argent aux arbalétriers; on obtient leur retour par l'intermédiaire de Guillem Verdier. — 59. Travaux aux allées. — 60-64. Travaux au pont de l'Adour. — 65. Refus de rendre la pièce d'artillerie envoyée au siège de Monlezun. — 66. Travaux au pont. — 67. Travaux aux allées. — 68 et 69. Procès Armentieu. — 70 et 71. On rentre en possession de la pièce d'artillerie, grâce à un stratagème indiqué par l'avocat Verdier. — 72. Assemblée des députés du pays à Auch, pour l'impôt de la crue. — 73-75. Conseil tenu à Nogaro, au sujet de la crue; envoi d'une ambassade au Roi. — 76. Procès Armentieu. — 77. Ambassade relative à la détention du comte d'Armagnac. — 78. On va chercher, à Plaisance, la pièce d'artillerie de Riscle. — 79. Venue à Riscle du procureur général d'Armagnac, Raymond Duclaux. — 80. Envoi de 3 écus à l'avocat Verdier de Marciac, pour services rendus lors du siège de Monlezun. — 81. Procès Armentieu. — 82. Crue de l'Adour. — 83. Tuiles pour le portail. — 84. Clous et chevilles pour les allées, le portail et la tour. — 85-87. Différend entre les consuls de Nogaro et M. d'Arblade; intervention de MM. de Saint-Lanne, de Lau et de Termes. — 88-93. Travaux au pont de l'Adour. — 94. Envoi d'une pièce de drap à Guillem Verdier. — 95. Conseil tenu à Jegun. — 96 et 97. Convocation des États à Vic par la comtesse d'Armagnac; mise en liberté du comte d'Armagnac. — 98. Ordre d'envoyer 25 arbalétriers à Éauze. — 99-104. Emprisonnement des consuls, au sujet de l'impôt de la crue, par trois sergents de Condom. — 105. Demande d'argent par le collecteur. — 106. Construction des piles du pont de l'Adour. — 107. Travaux au pont du Rieutort. — 108. La présence de don Jean d'Armagnac est signalée à Saint-Mont. — 109. Réparations à l'une des portes de la ville. — 110. Don d'un écu au procureur du Roi pour obtenir ses bonnes grâces. — 112 et 112. Procès Armentieu. — 113. Le sénéchal d'Armagnac donne l'ordre de faire des réparations nécessaires à la sûreté de la ville et d'armer les habitants. — 114 et 115. Procès Armentieu. — 116. Demande d'argent par le collecteur. — 117-120. Excommunication des consuls, à la requête de M. de Maumusson; ils obtiennent l'absolution. — 121. Procès Armentieu. — 122. Élection consulaire, le jour de Noël. — 123. Achat de drap pour le garde. — 124. Règlement de compte avec le collecteur, à Barcelonne. — 115. Dépenses relatives au guet, à cause de la maladie contagieuse. — 126. Frais de construction des allées des remparts. — 127. Indemnité de 3 sous à un arbalétrier qui avait rompu son arme au siège de Monlezun.

Despensa feyta per maste Johan de Mostayon, Johano deu Faur, Peyron deu Pandele e Sanso de Lacasa, conselhs de la bila d'Ariscla en l'an mil IIII^c LXXXIIII.

1. Item, a vii de gener, fon mandats au conselh a Bic, per debant los comisaris de nostre senhor lo Rey, a beser enpausar las lansas, e aysi metis que aben agut 1ª letra de las partz de madama d'Armanhac (1), que en ladita bila au jorn susdit nos bolosam trobar; foc ordenat per lo conselh que Johano deu Faur hi anasa; e aysi a fe; e cant foc part dela, aqui no fon bengutz losditz comisaris e no bengon entro l'endoman que era brespas; e aqui remustran la potestat e mandameut qui aben de nostre senhor lo Rey per enpausar las susditas lansas sus lo pays; e bista ladita comision, foc apuntat per Madama e los tres Statz deu pais (2) que om termetosa a mosenh de Labrit beser que non acoselhaba; e remustran causas tocan las besonhas de mosenhor lo Conte (3); e

(1) Catherine de Foix, fille de Jean de Foix, comte de Candalle et de Benauge, captal de Buch, avait été mariée à Charles d'Armagnac, le 26 novembre 1468.

(2) « Per Madama e los tres Statz ». Il faut noter cette formule. Elle témoigne que malgré la prise de possession du comte d'Armagnac par Alain d'Albret « mosenh de Labrit », les États d'Armagnac n'en considéraient pas moins la comtesse comme la seule régente en l'absence du comte, prisonnier à Casteljaloux.

(3) Charles d'Armagnac était alors enfermé au château de Casteljaloux, sous la garde d'Alain d'Albret, qui était allé lui-même s'emparer de sa personne au château de Tournon. (Voir le compte de 1484, t. Ier, pages 338, 339.) — Le malheureux prince était traité avec une extrême dureté. On lui refusait même l'assistance aux offices de l'Église. On l'avait séparé de ses serviteurs et privé de la compagnie de sa femme. Il était tenu au secret, comme un vulgaire criminel. Ceux qui, fidèles à son malheur, avaient voulu lui apporter le témoignage de leur courageuse sympathie avaient été jetés en prison. Son âge avancé, sa complexion débile, rendaient sa captivité plus cruelle, et le lieu où on le détenait était si humide, si malsain, que, pour peu que son supplice se prolongeât, il courait danger de mort.

A la faveur de la captivité du comte d'Armagnac, le sire d'Albret palpait tranquillement tous les revenus des terres de sa victime et refusait toute assistance à Catherine de Foix, qui, réduite en quelque sorte à la misère, avait été obligée de vendre ses bagues et ses bijoux.

Ému de tant de malheurs, Charles VIII, sur la demande des États d'Armagnac, avait ordonné la mise en liberté du prisonnier. Alain d'Albret refusa d'obéir aux lettres royaux. Charles VIII le fit ajourner à comparaître à Agen, le 8 décembre 1484, devant Jean Raphaël, conseiller au Parlement de Bordeaux. Au jour convenu, Catherine de Foix comparut devant le commissaire royal

foc apuntat que mosenh de Casans, mosenh d'Arblada (1) e maste Johan de Job hi anasan.

2. Item, a xiii deudit mes, bengon mosenh jutge ordenari d'Armanhac e mosenh lo percurayre ab hun baylet; e aqui nos mustra las letras cum et era jutge ordenari d'Armanhac; e foc hapuntat per lo conselh que om pagasa la despensa; que gesten huna ney[t]; despensan : iiii sos.

3. Item, fom mandatz au conselh a Nogaro per apuntar qui fora collecto; en que y ana Johano deu Faur; e cant fo part dela, aqui fon en petit nombre, a causa que no y abe gentius-homes; e foc apuntat que lo dibes aprop tornasan totz e fossa feyt asabut aus gentius-homes qui no y geran.

4. Item, a xxi de gener, foc ordenat per lo conselh que Berdot de Sen-Pot e Johano deu Faur anassan au conselh a Nogaro, cum

---

entourée de plusieurs nobles personnages, tels que Géraud de Benquet, seigneur d'Arblade, Jean de Rivière, bailli de Brulhois, Jean de Mondenard, seigneur d'Estillac, Bertrand de Mondenard, seigneur de Sainte-Colombe, Carbon de Luppé, Jean de Montesquiou, seigneur de Marsac. Le sire d'Albret fit défaut.

Le commissaire royal, accompagné de la comtesse d'Armagnac et de ses chevaliers, se rendit alors à Casteljaloux, le 18 décembre, pour signifier aux gouverneur et jurats le jugement relatif à la mise en liberté du comte d'Armagnac. Mais les seigneurs du Sendat et du Fréchou « avoient estably « artillerye audit lieu pour festoyer ceux qui viendroient ». Raphaël fut reçu au milieu d'un vacarme infernal, au bruit des cornets, des tambourins et des rebecs. Certains, plus audacieux, injurièrent la comtesse d'Armagnac, criant au commissaire d'aller se promener avec elle et les dames de sa compagnie.

Raphaël étant revenu à Casteljaloux, le jeudi 22 décembre, pour renouveler sa tentative, rencontra la même résistance et les mêmes injures. Il fit alors jeter la masse du Roi par dessus le portail, dans la cour du château, en signe de désobéissance, et se retira.

Il faut lire les détails curieux et inédits de l'expédition de Jean Raphaël dans une charmante plaquette de M. Tamizey de Larroque, intitulée *Les infortunes d'un commissaire au XVe siècle*, Agen, 1887. Le document analysé dans cette plaquette par le spirituel et savant auteur est extrait de la collection Doat, registre 224, f° 207, et a pour titre *Extrait du procès-verbal de Jean Raphaël, conseiller au Parlement de Bordeaux, commissaire député pour l'exécution des lettres du roi Charles VIII, par lesquelles il ordonne de mettre en liberté Charles, comte d'Armagnac, détenu prisonnier par le sire Alain d'Albret, et de le rétublir en la jouissance de ses biens*.

Nous avons cru devoir entrer dans ces détails pour expliquer les préoccupations des États d'Armagnac « tocan las besonhas de mosenhor lo Conte », préoccupations dont nous allons trouver de nombreux et généreux témoignages.

(1) Ces deux gentilshommes ne se rendirent pas auprès du sire d'Albret, qui était à Saint-Palais. Voir les articles 7 et 8.

era stat apuntat, per far lo collecto ; e aysi a fen, e ne fen Johanet Barta.

5. Item, a xxvii de gener, fon requeritz per los arendadors de la entrada deus biis de defora que anassan penhera los qui n'i aben metut; e aysi a fen ab lo bayle porta per porta.

6. Item, lo prumer jorn de feure, bengo Berdot de Camicas, comis par Peyronet de Laporteria, demandar nos sertana resta que lo pais lo debe de l'aneya darrera qui Mono deu Bedat era stat collecto, en que manda sus sertas e grandas [penas] a Johano deu Faur que l'agossa a seguir enta Nogaro ; e foc ordenat que anasa audit mandament; e aysi a fe ; en que ste la neyt part dela, e lo maytin apuntan.

7. Item, a xxi de feure, fom mandatz de las pars de mossenh de Labrit au conselh Aux ; en que foc ordenat per lo conselh que Arnauton de Lafitan hi anasa ; e aysi a fe ; e cant fo part dela, aqui fon los Statz d'Armanhac, ont speraban a mosenh de Labrit ; ont l'endoman lodit mosenh de Labrit termeto 1ª letra que contie que no pode star part dela dequi au dityaus e home no se botyasa ; e cant bengo lo dityaus, bengo mosenh de Sen-Papo (1) en referin cum lodit mosenh de Labrit debe audit jorn star aqui ; mas et era ocupat per autras besonhas, e per aysi no y pode star entro lo dilus prosman benent, e per aysi homi no se botyasa ; ont aqui lo foc dit per los tres Statz que om no fasse aqui sino despene e om l'i abe ja demorat ix jorns en disen que de hoy en doman bengora ; en que era gran despensa au pais. E foc apuntat per los Statz que qui s'en bolosa anar s'en anasa, mas que audit dilus se trobasa om part dela. E aysi ste en anar e tornar xi jorns ; despensa per et e lo rosin : ii scutz v sos.

8. Item, foc apuntat per lo conselh que lodit Arnauton de Lafitan tornasa au conselh, aysi cum era stat apuntat Aux ; ont que tira a Nogaro ; e cant foc part dela, aqui lo foc dit que mosenh de Labrit era onquera a Sent-Palays (2) ; e ausit aquo, s'en tornec de Nogaro en fora.

9. Item, bengo gran aygat, talament que mena hun gran arbe

---

(1) Clément de Brillac, évêque de Saint-Papoul.
(2) Saint-Palais, chef-lieu de canton des Basses-Pyrénées.

de trebes aus stans deu pont de l'Ador ; ont foc dit que si om no l'on trese ne menara hun cople o dus deudit pont ; e ausit aquo, menan xv o xvi personatges ab cordas audit pont de l'Ador per ne trese lodit arbe ; en que no y podon far re, ans hi trencan las cordas ; e aysi l'agon a leysar.

10. Item, fon ajornatz totz IIII^{te} a Nogaro per debant mosenh jutye d'apelhs, a la stancia de Johan Farga que s'era aperat de la ordenansa de la entrada deus biis ; en que demandan copia ; costa : IIII arditz (VIII dines).

11. Item, fen mete tenhos e rama e graba a tres personatyes au pont de l'Ador.

12. Item, lo segont jorn de martz, bengo mosenh lo percurayre d'Armanhac beser los condes, ont abem metutz los amolumentz de la bila ; e per aysi los besita ; lo foc pagada la despensa per et e son rosin ; monta : II sos IIII dines.

13. Item, nos dona I^a letra que l'agossam a termete per la garda aus conselh de Bila ; e aysi a fem.

14. Item, lo jorn susdit, fen pescar a tres presonatyes en lo baniu per lo disnar deudit procurayre.

15. Item, donan a pretz feyt a trese l'arbe qui s'era metut sus dus coples au pont de l'Ador, a Johan de Meyabiela e a Crotas.

16. Item, a v deudit mes, fen adobar lo pan de la porta de la Tasta, que no la pode om obri ne varrar, ha hun saralhe ; costa : I sol.

17. Item, lodit jorn, bengo hun aperat Johan de Pigion, comisari per alotyar cent lansas de mosenh de Labrit, que era si sinque, e aqui nos fe comandament que agossam sercar maysos e far far las staplas ; foc metut en conselh e foc ordenat que om pagasa so qui abe despensat a la ostaleria per etz e los rosis ; que monta : XII sos VIII dines.

18. Item, lo VIII jorn deudit mes, fon mandatz a Bic a far la cieta, e foc apuntat per lo conselh que Arnauton de Lafitau hi anasa e portasa sertana despensa que la bila abe pagada e era ob metuda en cieta ; e aysi a fe ; e cant foc part dela, parla ab lo clerc qui fasse ladita cieta e lo mustra ladita despensa ; au[qual] respono que au present no abe loc, car aquera cieta se fasse generau a tot lo pays, e per aysi no y abe loc.

ANNÉE 1485.

19. Item, fo ordenat per lo conselh que maste Johan de Mostayon et Peyron deu Pandele anasan parlar a mosenh de Maumuson a Maumuson e lo referi e pregar de las partz de la bila cum lo susdit comisari qui abe la carga de mete las lansas en garnison era bengut part desa per n'i alotyar IIII^{te} lansas, e que nos eram advertitz que et era gran son amic, e per aysi la bila lo pregaba que et volosa far tant per la bila que lo plagos de pregar audit comisari que no agosam haquera carga; e aysi i anan, e aqui troban lo susdit de Maumuson, lo referin per que eran aqui; loqual los fec resposta que et volora far per la bila e era content de l'on pregar e de l'on scribe; e aysi a fec; los dona ladita letra, que de sas partz om la y portasa; en que portan audit de Maumuson dromilhs; costan : I sol.

20. Item, l'endoman, foc ordenat per lo conselh que Johano deu Faur anasa portar ladita letra qui mosenh de Maumuson termete audit comisari a Nogaro, e aysi metis que si lo cas era que per meyyan de ladita letra lodit comisari nos demunihisa lasditas lansas, que portasa hun scut per lo donar d'estrea audit comisari, car aysi ac abe dit mosenh de Maumuson ausditz conselhs; e aysi a fe; e cant foc a Nogaro, aqui dona ladita letra audit comisari, e cant l'ago leguda, lo diso que fera per mosenh de Maumuson e era content de ne stremar ne dus lansas e tres arches per amor de mosenh de Maumuson; e feyt aquo, lodit deu Faur balha lodit scut d'estrena audit comisari.

21. Item, a x de martz, termeto mosenh de Termis I^a letra que contie que et abe deliberat de far las meansas de son filh Johanot (1), per que nos pregaba que audit jorn lo bolosan donar

---

(1) Il s'agit du mariage de Jean d'Armagnac avec Catherine d'Armagnac, fille naturelle de ce bâtard d'Armagnac, comte de Comminges et maréchal de France, dont il a été si souvent question dans ces comptes. A défaut du contrat de mariage, voici la procuration donnée par le seigneur de Termes pour se faire représenter à la passation de l'acte :
Dans la ville de Vic-Fezensac, le 9 janvier 1484 (v. st.) « dictum fuit quod
« matrimonium tractatum fuerit inter nobilem Johannem de Armaniaco, filium
« nobilis Bernardi de Armaniaco, domini de Termis, ex una; et nobilem
« Catharinam de Armaniaco, filiam vita functi domini Johannis de Armaniaco,
« quondam comitis Convenarum, ex parte altera. Pro quo quidem matrimonio
« contrahendo plures notabiles personæ pluribus et iteratis vicibus se congre-
« gaverunt, et finaliter pro parte ipsius domini de Termis fuerint certi compositi

honor, aysi que lo cas requer; foc apuntat per lo conselh que lo donasa[n] xvi quartz de sibaza; e aysi a fen e l'ac termeton; costa ladita sibaza : xxxii sos (i scut xiiii sos).

22. Item, foc ordenat per lo conselh que fessan clabe las crozeyas deus tres strems de la tor de teulo e morte; en que foc donat a pretz feyt a Charles, peyre; e lo foc donat a la man lodit teule e morte, e a lu per son tribalh e despensa : xii sos (1).

23. Item, logan Caubet per puyar lodit teulon e morte sus ladita tor hun jornau; lo foc donat per son tribalh e despensa : vii arditz (i sol ii dines).

24. Item, logan Menyolet e Peyron de Mombet per metre x collanas sus la tor enta l'estrem deu mey-jorn, e los foc donat per lor tribalh et despensa : ii sos.

25. Item, pagan a Berthomiu de La Faureria, recevedor d'Armanhac, e aso a causa deu fiu qui la bila ha costumat de pagar a mossenhor lo conte o a son recebedor, per los padebentz de ladita bila : v scutz xvi sos xi dines.

26. Item, fen mete teulhos, basta e graba au pont deu Pontasta, que era romput.

27: Item, lo viii jorn d'abriu, termeto mosenh d'Arblada-la-Brassau (2) i^a letra, que contie que hun o los dus conselhs se bolosan trobar l'endoman a Caumont (3), la ont et fora; fo

---

« articuli convencionales super dicto matrimonio tractando. Qui quidem articuli
« sunt signati manu ipsius domini de Termis. Sed quia ipse dominus de Termis
« ad presens, occupatus pluribus arduis negociis, non potuit nec potest accedere
« personaliter apud locum de Castronovo de Levis, in patria Albiensi, pro
« concludendo dicto matrimonio cum nobilibus et egregiis personis domina
« Margarita de Saluces, comitissa Convenarum, Hugone d'Amboyse, domino de
« Albijosio (Aubijoux), habentibus onus et curam ipsius nobilis Catharine de
« Armaniaco; eo propter dictus dominus de Termis, confidens ad plenum de
« probitate, discretione et diligentia honorabilis viri Jacobi de Podio, pres-
« byteri, archipresbyteri loci de Sabazano, canonicique ecclesie collegiate Beati
« Nicholay de Nugarolio, gratis fecit et constituit suum procuratorem generalem
« et specialem dictum Jacobum de Podio, ibidem presentem... etc. » (Suivent les formules ordinaires). Témoins, nobles et honorables Jean de Magnan, seigneur de Bernède, Jean de Artigia, « dominus de Artigia », et Arnaud de Saint-Lane, de Plaisance. (Reg. de Chastanet, not. à Nogaro, p. 85 ; Arch. du Sém. d'Auch.)

(1) On peut voir encore aujourd'hui, dans l'intérieur du clocher, ces trois fenêtres aveuglées avec de la brique.

(2) Jean de Benquet, seigneur d'Arblade-Brassal.

(3) Caumont, canton de Riscle.

apuntat per lo conselh que maste Johan de Mostayon e Peyron deu Pandele hi anasan; e aysi a fen; e cant fon part dela, aqui troban lodit mossenh d'Arblada, auqual dison que etz eran aqui a causa que etz aben aguda letra de sas pars, que contie que lodit jorn se bolosan aqui trobar; loqual respono bertat era, e aqui los referi que cum mossenhor lo Conte era en preson, aysi cum om sabe, e que et nos bole pregar que nos bolossam entene a las besonhas deudit monsenhor (1); e aguda ladita resposta s'en tornan.

28. Item, a XIIII deudit mes, bengo Anthoni de Lafarga ab hunas letras enpetradas de la cort de mossenhor lo Conte a la stancia deudit de Lafarga, endresadas a maste Johan Chastanet, notari de Nogaro, comisari en aquera causa; contie ladita comision cum lo procurayre general, Ramonet deus Claus, fossa ajornat per debant lodit comisari a beser interinar lasditas letras per la part deu senhor; auqual jorn lodit procurayre compari, e comparit que ago, lodit de Lafarga produsi sertans testimonis en sa fabor contra lo susdit procurayre e la bila. En que ste lodit procurayre dus jorns, e nos diso que et era aqui per lo ven public de la bila e per se aserir ab lo sendic, e per aysi lo semlaba que nos degossam pagar sa despensa qui aqui abe feyta; e foc metut metut en conselh e foc apuntat que om la pagassam *(sic)*; e aysi a fen; que monta en Iª soma : IIII sos VI dines.

29. Item, lo jorn [susdit], foc ordenat per lo conselh que om termetosa la garda ab hun rosin a maste Johan de Baradat, en lo pregan que et bolosa benir part desa, e aso per compari per debant lodit comisari per la bila; e aysi a fen; e cant foc part dela, aqui troba que lodit maste Johan era defora, mas lo foc dit a sa mayson que lo bespre o lo maytin fora part dela; e aysi s'en torna; e lo maytin foc ordenat que hi tornasa; e aysi a fec; e cant foc part dela, no foc bengut, e per aysi s'en torna.

30. Item, a XV deudit mes, agom VI presonatges per recaptar la fusta qui era tomba[da] de las aleyas deu castet en lo barat; e los foc donat pan e vin; que monta : I sol.

31. Item, lo XVII jorn deudit mes, foc ordenat per lo conselh

---

(1) Voir plus haut, page 345, art. 1, note 2.

que om termetosa hun rosin a maste Johan deu Varadat a Nogaro e lo pregar que lo plagos de benir partz desa, e aso per consultar 1ª copia que abem demandada de huna comision que Anthoni de Lafita (1) faze far contra nos a causa deu pleyt qui enter la bila e et es sus lo feyt d'Armentiu; e aysi bengo, e aqui foc apuntat per lo consellh que om termetosa relebar 1ª letra en cort de parlament a Tholosa *ne lite pendente;* e aysi foc feyt.

32. Item, costa ladita copia de las ditas letras e comision deudit maste Johan Castanhet : x sos.

33. Item, foc ordenat que om termetosa hun mesatge en cort de parlament a Tholosa relebar *ne lite pendente* contra lodit de Lafarga; e foc apuntat que Guilhon Sobiran hy anasa ab ladita copia; e aysi a fec, e porta las copias de la susdita letra e comision; que costa ladita letra e saget, enclus la despensa deudit mesatge : I scut xII sos vI dines.

34. Item, fen lebar lo fons deu barat de la bila darer l'ostau de Ramonet de Thesa, afin que lodit barat tengossa ayga; eran mandatz de enfortir ladita bila; en que donen au qui a fe : IIII dines.

35. Item, a xx deudit mes, bengo Huguet Mauri per nos executar per Peyronet de La Porteria, a causa de xx liuras que demandaba per resta a lu deguda deu temps qui Mono deu Bedat era stat collecto; en que nos executa en hoyt pipas de bin, e aqui metis las meto au corn public, e otra aquo nos dona lo rest en lo castet; en que ste dus jorns prumer no y podom apuntar. Despensa per et e son rosin : v sos II dines.

36. Item, a xxII deudit mes, foc ordenat per lo consellh que Peyron deu Pandele e Arnauton de Lafitan anasan a Nogaro, e aso per apuntar de las susditas xx liuras qui le tesaure demandaba per resta a lu deguda deu temps qui dareramen Mono deu Bedat era stat collecto, e aysi metis que las autras propietatz s'i deben trobar per apuntar que n'era de far; e cant fon part dela, [a]qui fon las autres proprietatz, e comunican la causa, e aqui foc apuntat que si Mono no nos bo descarcar de ladita soma nos feram trese l'esturment deu releu contra las fremansas; ont respono son filh Peyrot que no nos qualora aquo far, car etz aben deliberat de nos

(1) *Sic* pour *Lafarga*.

descarcar e que et apuntaba ab lodit tesaure cum fossam descarcatz.

37. Item, pagan a mosenh percurayre d'Armanhac per la bisitation de sous comdes : II scutz.

38. Item, fen far lo siri pascau, en que crompam per lo arerfar VI liuras e meya II^ns onsas de sera; costan : I scut VI sos. Costa la fayson deudit siri : VI sos.

39. Item, a XXIIII deudit mes, termeton la garda a Nogaro portar la letra qui Guilhon Sobiran abe aportada de cort de parlament de Tholosa *ne lite pendente* contra Anthoni de Lafarga, a maste Johan deu Baradat per la consulta.

40. Item, lo XXV jorn deudit mes, foc ordenat que termetossan la garda ab hun rossin a maste Johan deu Baradat a Nogaro que bengossa e portassa ladita letra per la portar a Marciac; e cant foc a Nogaro aqui troba lodit maste Johan, e lo diso que au present no pode benir, mas et scricora huna letra a Marciac a mosenh loctenent, maste Sans de Bordas, e que om la y portasa ab ladita letra; e aysi a fe.

41. Item, lo jorn susdit, bengo mosenh d'Arblada-la-Condau (1), comisari a mandar las gens deu pais en abilhament de guera per anar au seti de Molasun de Pardiac (2); en que nos manda sus sertas e gra[n]das penas que agom abilhar XXV balestres per los mena audit seti, e la tene los a nostres despentz. Fo ordenat per lo conselh que om pagasa la despensa qui abe feyta ab IIIes rosis en la ostaleria; e aysi a fen; que monta : XXIIIes arditz (IIIes sos V dines).

42. Item, a XXVI deudit mes, fom ajornatz a Nogaro per debant maste Johan Castalhet, notari, comisari a exsecutar las susditas letras enpetradas de la cort de mossenhor lo Conte en fabor de Anthoni de Lafarga, aysi cum part desus ne fe mention; fo ordenat per lo conselh que maste Johan de Sant-Guilhem anasa a ladita jornada; e aysi a fe.

---

(1) Bernard de Vernède, seigneur d'Arblade-Comtal, près Nogaro.

(2) Le château de Monlezun, près Marciac, principale forteresse du comté de Pardiac, était probablement occupé par les gens du vicomte de Narbonne. (Voir le compte de l'année précédente, p. 296, note 1.) L'armée des assiégeants était commandée par Philippe de Voisins, baron de Montaut, sénéchal d'Armagnac, et Foucaud, seigneur de Pierre-Buffière.

43. Item, lo jorn susdit, foc ordenat per lo conselh que Berdot Sobiran anasa a Marciac portar las copias de las letras de Antoni de Lafarga per consulta las ab maste Guilhem Berdie, e aysi metis per aber la copia deu proses qui era part dela.

44. Item, lo darer jorn deudit mes, foc ordenat per lo conselh que lodit Berdot tornasa a Marciac beser si po[do]ra apuntar ab maste Guillem Berdie, que gobernaba lo capitayne Peyre Bufeyre (1), cum no agossam a menar tant gran nombre de balestres cum mosenh d'Arblada nos abe enpausat que agossam a menar au seti de Molasun; e cant foc part dela, aqui parla ab lodit maste Guilhem Berdie, e apunta ab et que de xxv balestres que om abe a menar audit seti que no n'i menasam sino hoyt, ab i^{a} que om lo donasa iii^{es} scutz e tres canas d'aroset. E foc metut en conselh e foc apuntat que mes bale que om pregosa aquet partit que si menabam lo nombre de xxv balestres; e aysi foc apuntat. Despensa per et e son rosin, que ste dus jorns e i^{a} neyt, en que aporta i^{a} letra que om la portasa a mosenh d'Arblada : viii sos iiii dines.

45. Item, foc apuntat per lo conselh que om termetosa autre biatye Guilhon deu Sobiran en parlament a Tholosa per sercar huna letra de inibition contra Antoni de Lafarga; e aysi a fem ; que ste en anar e tornar hoyt jorns; en que costa ladita letra e saget, enclus la despensa deudit mesatye : ii scutz xii sos.

46. Item, le iii^{es} jorn deu mes de may, termeton hoyt balestres e i^{a} pessa d'artilheria au seti de Molasun; en que despensan prumer no partin totz eysemps : ii sos.

47. Item, los fo balhat per despene cant fossan part dela : xvi sos.

48. Item, lo jorn susdit, termeton a maste Guilhem Berdie a Marciac xviii paums d'aroset, e aso a causa de augunas letras que abe scritas per nom de la bila en cort de parlament a Tholosa a nostre abocat par dela per las consultar; que costa lodit drap : xv sos viii dines.

49. Item, pagan a mosenh jutye d'Armanhac, mosenh Arnaud-Guilhem de Lauberio, per la leysensa de arendar los amoluments de la bila : ii scutz.

(1) Foucaud, seigneur de Pierre-Buffière.

50. Item, a VIII deudit mes, termeton aus balestres qui abem au seti de Molasun, per despene, e aso per las mas de Bernat deu Drulhet : XII sos.

51. Item, crompam XL peyras deu filh de Fartas, de Maruchera (1), per mete debat los stans de las aleyas ; que costan : I scut II sos.

52. Item, a XI deudit mes, termeton Caubet a Marciac portar e mustrar las letras qui Guilhon Sobiran abe aportadas de cort de parlament de Tholosa contra Anthoni de Lafarga, a maste Guilhem Berdie, beser si staban be.

53. Item, a XIII deudit mes, bengo mosenh jutye ordinari d'Armanhac, eysemps dab et mosenh lo percurayre, per besitar la pollisia de la bila, ont aqui tengo per IIIes begadas cort, e nos diso que et bole beser las costumas de la bila e las hi agosam a mustrar ; en que sten dus jorns, que eran IIII^{te} rosis. E foc ordenat per lo conselh que om pagasa la despensa ; e aysi a fen ; que monta : XIII sos e mey.

54. Item, a XIIII deudit mes, termeton los balestres qui eran au seti de Monlasun (2) a dise que om los termetosa biures o argent, car etz no aben que despene ; en que termeton Johan de Meyabiela, e los porta : hun scut.

55. Item, termeton a dise los susditz balestres qui abem au seti de Molasun que etz moriban de fami, e en lo cas que om no los termetosa biures ho argent etz s'en bengoran e ac abenturaran tot ; en que hi termeton la garda, e los porta : XIII sos.

56. Item, termeton Manauton Trobat, saryant real, a Nogaro ab hunas letras de cort de parlament de Tholosa far inibir maste

---

(1) Maulichères, canton de Riscle.
(2) Dom Villevieille rapporte, dans son *Trésor généalogique*, l'ordonnance suivante rendue ce même jour sous les murs de Monlezun : « Philippe de « Voisins, seigneur de Montaut, sénéchal d'Armagnac, Foucaud, seigneur de « Pierre-Buffière, commissaires du Roi en cette partie, donnèrent ordre à Jean « de Preyssac, seigneur de Cadeillan, et à Jean de Puyguyon, écuyer, prévost « de l'ost du siège mis devant Monlezun en la comté de Pardiac, de prendre « Jean Le Masian, seigneur de Clermont, marchand et habitant de Mirande en « Astarac, et ses complices, et de les amener prisonniers pour en faire justice. » Par lettres données devant Monlezun, le 13 mai 1485. Archives du château de Maravat. (Dom Villevieille, *Trésor généalogique*, t. XIII, p. 96.)

Johan Castanhet cum a comisari de huna comisio a lu endresa[da] per la part de Anthoni de Lafarga.

57. Item, termeton, a xxiiii de may, aus balestres qui abem au seti de Molasun : ix sos.

58. Item, lo prumer jorn de jun, foc ordenat per lo consell que Berdot deu Sobiran e Johan deu Porte anasan a Marciac beser si podoran apuntar cum los balestres qui abem a Molasun au seti s'en tornasan, atenut que gran despensa se non seguiba; e cant fon part dela, parlan ab maste Guilhem Berdie que lo plagos de de far ab lo capitayne cum nostres balestres s'en tornasan qui eran au seti de Molasun; et diso que et fera per la bila so qui podora e que om le tengossa so qui om l'abe promes. En que ana parlar ab lo susdit capitayne, talament que et apunta que nostres balestres s'en tornasan; e aysi los fen benir a Marciac e sten aqui 1ª neyt, dequi en fora s'en bengon totz eysemps; despensan, que sten dus jorns, per etz, los rosis, eysemps ab lor los susditz balestres : i scut ii sos ii dines.

59. Item, lo vᵉ jorn deudit mes, agom vi homes per ajudar aus mastes a puyar la fusta sus las aleyas; e cant los agon ajudat, los donan pan e bin; que monta : i sol.

60. Item, termeton iiiᵉˢ boes que eran de besiau sercar hun stant e autas fustas ab deu pont de l'Ador, que era romput.

61. Item, lo viiᵉ jorn deudit mes, logan Peyron de Angles e Peyron de Mombet per metre hun capitet desus los stans deudit pont de l'Ador; que trese cascun per jornau : ii sos.

62. Item, l'endejorn, agon de besiau xii homes per descar[car] dus coples e per los reparar deudit pont de l'Ador.

63. Item, agon de besiau vi homes per terra lodit pont.

64. Item, lo jorn susdit, agon dus [homes] per carreyar arama per metre sus lodit pont.

65. Item, lo ix jorn deudit mes, foc apuntat per lo consell que termetosam Caubet et Guilhet de Lacosta anasan ab hun saume a Marciac per sercar la Lisarda (1), qui abem termetuda au seti de Molasun; e cant fon part dela, aqui parlan ab maste Guilhem

---

(1) « La Lisarda. » C'est le nom de la pièce d'artillerie que les consuls de Riscle avaient envoyée au siège de Monlezun. (Voir art. 46.)

Berdie que aqui los termete la bila sercar la susdita Hysarda; loqual fec resposta que au present om no la pode aber, car ladita Lisarda abe metuda lo capitayne deu castet de Molasun desens lodit castet, mas et fera so qui en lu fora cum nos la crubasam; e per aysi s'en tornan.

66. Item, a x deudit mes, foc apuntat que om fessa descarcar los stans deu pont de l'Ador, que eran quarcatz de gran fustas.

67. Item, a xi deudit mes, agon xi boes per carreyar la peyra qui meton debat los stans de las aleyas.

68. Item, pagan a maste Guilhem Berdie, a causa deu pleyt qui la bila ha a Marciac contra Anthoni de Lafarga, que Canbet l'ac porta, hun scut e tres canas d'aroset; que costa lodit drap xxi sos, aysi monta tot : ii scutz iii^{es} sos.

69. Item, a xx deudit mes, termeto maste Guilhem Berdie hun mesatge dab i^a letra que contene que no fossa per re que los conselhs no se trobasan a Marciac per compari en la causa qui ab Antoni de Lafita (1) abem per debant mosenh jutye ordinari d'Aribera; e lo foc donat per resposta que om hi anara.

70. Item, l'endejorn, anan a ladita cort a Marciac Johano deu Faur, Peyron de Mostayon; e cant fon part dela, aqui parlan ab maste Guillem Berdie, nostre abocat, e lo dison cum et los agossa termetuda i^a letra que contie que lodit jorn om se trobasa part dela; diso que bertat era; e dequi en fora anan a la cort; e cant la cort foc tenguda, anan disnar a l'ostau deudit maste Guilhem; en disnan lo dison cum deques jorns aben termetut sercar la Hisarda e no l'aben poduda habe; diso que bertat era e que ladita Lisarda abe lo capitayne, mas pus aqui eran que fessan en guisa cum la recrubasan e que et los hi ajudara; e apuntan que lodit maste Guilhem scriscora i^a letra per son filh audit capitayne de Molasun (2) de sas partz, en lo pregan que aque Hisarda qui era en lodit castet era de la bila de Marciac e que aqui la termeten

---

(1) *Sic* pour Lafarga ; cette méprise se reproduira plusieurs fois.

(2) Le capitaine du château de Monlezun était, en 1480, Pierre de Labordère. Il avait payé neuf écus de son bien pour la dépense faite par Alain d'Astain, dit le *bort d'Estampes* ; les habitants de Monlezun s'engagèrent à lui rembourser ces neuf écus, par acte du 22 février 1481 (n. st.). (Archives du château de La Plagne.)

sercar e lo plagos de la rede. E aysi foc feyt; e s'en anan a Molasun parlar ab lodit capitayne en lo demandan la Lisarda; loqual los diso que pus era lor que la prengosan; e per aysi logan hun home ab hun saume per portar ladita Hisarda dequi a Plasensa; en que los costa : xv arditz (II sos VI dines).

71. Item, aqui metis, prumer no partin de Marciac donan per maneyre de paga de sous patrocinis que abe feyt per la bila audit maste Guilhem Berdie : I scut.

72. Item, lo ters jorn de julh, fom mandatz Aux per debant los comisaris de nostre senhor lo Rey, e foc apuntat per lo consell que Johano deu Faur hi anasa; e aysi a fec; e cant foc part dela, qui fon los susditz comisaris, e remustran cum etz eran aqui de las partz de nostre senhor lo Rey, en nos referin que cum nostre senhor lo Rey abe beucop de cargas e besonhas, e que per aysi sous subgex hi aben a entene, e que per l'an present falhe que nos portasam la cargua de la crua, aysi que part debant era acostumada de la porta; los foc dit que los plagos de donar spleyt que enter nos agossam cuminicat la causa. E aysi foc feyt, e los foc balhat per resposta que lo pais era de von bole, mas que au present no pode prene ladita carga; e demoran de termete a nostre senhor lo Rey.

73. Item, noarement, foc dit que Armanhac se trobasa a Nogaro per apuntar que n'era de far; e agut lodit apuntat que hun personatye ana Aux per nom de tot Armanhac.

74. Item, lo IX jorn deudit mes, hana lodit deu Faur au conselh a Nogaro, aysi cum Aux era stat apuntat; e cant foc part dela, qui fon las autras proprietatz; e apuntan que maste Johan deu Bara[dat] tornasa Aux per nom de totas las proprietatz d'Armanhac; e lo donan botz que per nom de lasditas proprietatz nos eram de botz que mosenhor d'Arblada-la-Brasau e maste Johan de Job hanasan en enbaysada de nostre senhor lo Rey (1).

75. Item, aqui metis, pagan per nostra quota part audit maste

---

(1) Jean de Benquet, seigneur d'Arblade-Brassal, et Jean de Job, allaient de nouveau porter au pied du trône les doléances des États d'Armagnac au sujet de la détention du comte Charles à Casteljaloux. On verra plus loin, art. 97, le résultat de leur ambassade.

Johan deu Baradat qui anaba au conselh Aux per non de las propietatz d'Armanhac : VII sos.

76. Item, lo jorn susdit, termeto maste Guilhem Berdie huna letra que contie que om lo termetosa lo proses qui era part desa sus lo feyt deu pleyt qui la bila ha ab Anthoni de Lafarga; en que lo termeton lodit proses per la garda Caubet. Cant foc tornat, nos diso que si plus abe anar defora, que et abe sous sabatous ob subesolatz; en que li fen subesolar; que costan : IX arditz (I sol VI dines (1).

77. Item, termeton los conselhs de Nogaro 1ª letra que contie que portassan nostra quota part de l'argent qui abem a forni per donar aus qui eran elegitz de anar a la cort de nostre senhor lo Rey per las besonhas de mossenhor lo Conte, car etz aben deliberat encontenent de parti, aysi cum au darrer conselh Aux era stat apuntat; en que termeton Caubet a Nogaro ab hun scut XV sos VIII dines per nostra quota part e portion ; en que ac dona en las mas deus conselhs de Nogaro, aysi que apar per vilheta de lor man scrita.

78. Item, lo XII jorn deudit mes, termeton Peyron de Mostayon ab son rosin a Plasensa sercar la Hisarda qui aben termetuda au seti de Molasun, que l'aben a Plasensa feyta porta.

79. Item, lo darer jorn deudit mes, bengo mosenh lo procurayre general d'Armanhac, Ramonet deus Claus; e cant foc a la ostaleria, nos termeto sercar; ont hi anam, e aqui nos remustra las letras de sa procura, en nos referin que si i abe degun malfaytos en ladita bila, que om lu disos, car per justicia et lo punira ; e foc orde[na]t per lo conselh que per sa nobela benguda de sa procura om pagas la despensa qui abe feyta per et e son baylet e rosiis; que monta : XX arditz (tres sos IIII dines).

80. Item, pagan a maste Guilhem Berdie, a causa que abe trectat que agossam la diminution XXV balestres que debem menar au seti de Molasun, e nos fe ab lo capitayne, ay[si] cum part desus ne fe mention, que fossam quites per hoyt balestres, ab

(1) A noter comme trait de mœurs, cette réponse du garde Caubet aux consuls de Riscle : « Je ne puis plus sortir, mes savates n'ont pas de semelles. » Les bons consuls dépensent neuf ardits pour faire ressemeler la chaussure de Caubet.

1ª que lo foc prometut de pagar IIIes scutz IIIes canas d'aroset, losquals tres scutz an pagan audit maste Guilhem Berdie.

81. Item, a xv deudit mes (ahost), foc ordenat que om termetosa maste Johan de Sant-Guilhem a Marciac per besitar lo prosses qui la bila a contra Anthoni de Lafita; e aysi hi ana.

82. Item, bengó gran aygat; en que mena grand cop de arbes, autras fustas aus stans deu pont de l'Ador; e foc ordenat que om los fessa descarcar e trese losditz arbes e fustas; en que l'endejorn agon xxIIII homes de besian a descarcar lodit pont.

83. Item, foc apuntat que om fessa far teule dus milles ab deu portau; que foc feyt marchat ab lo Gie ha hun scut e mey; e aysi montan los dus milles: IIIes scutz.

84. Item, crompan vi cens claus qui petitz qui gros e xII liuras de fer per far callibas ab de las aleyas, portau e tor; que costan: xIII sos v dines e mey.

85. Item, lo xxv^e jorn deudit mes, bengo hun conselh de Barsalona, aperat Lanina, ab 1ª letra que contie cum los conselhs de Nogaro los aben feyt asaber cum etz eran en gran debat ab mosenh d'Arblada, (1) e que om los bolosa donar conselh, confort, ayde, e per sabe nos autres cum n'abem deliberat; e foc apuntat que om lo pagassa sa disnada; e aysi a fen; que monta: I sol I diner.

86. Item, le prumer jorn de sete[me], bengo mosenh de Sent Lana (2), ont aqui nos referi que et era aqui a causa que abe ausit

---

(1) Il s'agit ici du seigneur d'Arblade-Comtal, Bernard de Vernède, commissaire des guerres (voir art. 41). Le seigneur d'Arblade-Brassal n'était pas en Gascogne à cette date; nous avons vu (art. 74 et 77) qu'il était parti pour la Cour du roi de France, envoyé par les États d'Armagnac.

(2) Raymond-Bernard de Tuzaguet de Saint-Lane, seigneur de Saint-Lane, Cahuzac, etc. Nous avons déjà parlé de lui, page 58. Ajoutons ici que ce nom de Tuzaguet qu'il portait lui venait d'une aïeule, Audine de Tuzaguet, femme de Thibaut, seigneur de Saint-Lane. Dans son testament, fait le jour de la lune après la fête de Saint-André 1354, Guillaume-Garcie de Tuzaguet, seigneur de Tuzaguet, de Monledous et de Sinzos, avait substitué à son fils, Bozon de Tuzaguet, Audine sa fille, femme du seigneur de Saint-Lane, à charge de porter les nom et armes de Tuzaguet. La substitution s'était ouverte en faveur des enfants d'Audine (Arch. du sém. d'Auch). Raymond-Bernard, fils d'Auger et d'Agnès de Rivière-Labatut, avait épousé Agnès de Larée, fille et héritière de Bernard, seigneur de Larée. Il avait eu de ce mariage dix enfants, cinq garçons et cinq filles. L'aîné, Bernard, mourut sans postérité en 1484; le second, Géraud, jouera

dise que enter mosenh d'Arblada e la bila de Nogaro abe debat, de que lo desplase per son endret, e per nos referi cum a besin que nos non bolosam entermete, aysi que lo cas requeriba e a fugir a mage scando; et aysi non pregaba. Foc ordenat que om lo pagues la collation; que monta so qui despensa : VIII arditz e mey (I sol v dines).

87. Item, foc ordenat per lo conselh que, atenut que lodit mosenh de Sent-Lana nos era be[n]gut parlar deû debat e noysa qui era enter mosenh de Arblada e la bila de Nogaro, que et fora von e fugir mayor scando que nos scriscosam a mosenh de Laur (1) e a mosenh de Termis tocan lo susdit debat, en los referin cum a besis de cascuna partida que etz s'en bolosan enterpachar e mete patz, e que nos per nostre endret a feram; e aysi los scriscom; en que porta lasditas letras Caubet (2).

---

un rôle à la fin de ces comptes; Bertrand, le troisième, est également cité dans ces comptes; les deux autres garçons furent d'église. Les cinq filles se marièrent : Annette, avec Raymond de Sadirac, et en secondes noces avec Bernard de Lavedan, seigneur de Horgues; Marie épousa Arnaud-Raymond de Villepinte, seigneur de Lescurry; Mondette fut mariée, le 27 novembre 1477, avec Arnaud, seigneur de Baudéan; Catherine épousa, après la mort de Gaillard de Bilhères, seigneur de Lagraulas, son premier mari, Pierre de Galard, seigneur de Castelnau-d'Arbieu; Jeanne épousa, en 1483, Antoine de Vernède, seigneur de Corneillan. — Raymond-Bernard vivait encore en 1489. Il transigea, le 3 décembre de cette année, avec Géraud de Larée, seigneur de Bétous, au sujet des droits que celui-ci prétendait avoir sur la terre de Larée. (Arch. du Sém. d'Auch.)

(1) Auger, seigneur du Lau.

(2) Le motif de la querelle des habitants de Nogaro contre le seigneur d'Arblade ne nous est pas connu. Mais, à considérer la qualité des personnages qui s'entremettent et l'appel que les consuls de Nogaro adressent à leurs collègues des villes voisines, il devait être grave. Déjà, au mois d'août, le sénéchal avait dû intervenir pour faire poser les armes aux parties. Voici la trêve qui fut conclue :

« Anno 1485, va die mensis augusti, apud Nugarolium, cum prout fuit dictum
« quod lis, quæstio et debatum ortæ essent et in futuris magis oriri sperarentur
« inter nobiles Bertrandum de Berneda, dominum de Arblata-Comitali, Michae-
« lem de Berglus, scutifer, Bertrandum et Bernardum de Sancto-Guirieda, alias
« de Clarenco, et eorum consortes, servitores et complices ex una parte; et
« Johannem de Sancto-Albino, Petrum de Camicanis, Johannem de Porta,
« Monetum de Fauria, Petrum de Fauria, Johannicotum de Baradato, Guill. de
« Prato, Raymundum de Baradato, Johanem de Monasteriis, Peyrotum de
« Thesa, Johan. Foretz et nonnullos alios habitatores ejusdem ville de Nugarolio,
« eorum complices et consortes ex parte altera; dubitareturque quod per viam

88. Item, fen carreyar hun stant e 1ª plata deu bernet en fora ab deu pont de l'Ador.

89. Item, agon de besiau, per fiquar los stans ab lo malh-moton au pont de l'Ador, XXII presonatyes.

« facti et per arma dictæ partes procedere vellent, ob quod aliquod magnum
« scandallum evenire posset in futurum.

« Hinc quidem fuit et est quod anno et die predictis, nobilis et potens vir
« dominus Philippus de Montealto, miles, senescalus Armaniaci, pro domino
« Comite Armaniaci, pro bono pacis et justicie inhibuit et deffendit nobilibus
« Johanni de Benqueto et Manaldo de Vallibus, ibidem presentibus et compa-
« rentibus pro vice et nomine dicti nobilis Bertrandi de Berneda, domino de
« Arblata-Comitali, ac etiam vice et nomine omnium aliorum suorum servito-
« rum et complicum ; necnon et nobili Johanni de Berglussio, domino de
« Berglussio, presenti et comparenti pro vice et nomine Michælis de Berglussio,
« ejus fratris, et aliorum servitorum et complicum ; necnon et nobili Garsie-
« Arnaldo de Sanguirieda, domino de Clarenco, ibidem presenti et comparanti
« pro vice et nomine Bertrandi et Bernardi de Sanguirieda, fratrum suorum
« et aliorum suorum servitorum et complicum ; ac etiam supranominatis Johanni
« de Sancto-Albino, Petro de Camicanis, Johani de Porta, Moneto de Fauraria,
« Petro de Fauraria, Johannicoto de Baradato, Guillelmo de Prato, Ramundo
« de Baradato, Johanni de Monasteriis, Petro de Thesa, Johanni Foreti, ibidem
« presentibus pro se et nomine ipsorum et aliorum suorum in hac parte
« consortium et complicum, sub pena confiscationis corporis et bonorum, ne a
« cetero in antea per viam facti haberent procedere, nec procedere facere per
« se nec per alias personas interpositas. — De quibus dictus dominus senescallus
« mandavit retineri et conficeri publicum instrumentum. Testes nobilis dominus
« Bertrandus de Pardeilhano, miles, dominus de Panyanis, Petrus de Toyosa,
« dominus de Toyosa, magister Bernardus de Fitano et magister Hugo Rolerii,
« notarii, ville Nugarolii habitatores.

« Ibidem supranominati nobiles Johannes de Benqueto et Manaldus de Vallibus,
« pro vice et nomine dictorumn obilis Bertrandi de Berneda, domini de Arblata-
« Comitali, et suorum servitorum et complicum ; et Johannes de Berglussio,
« dominus de Berglussio, pro vice et nomine nobilis Michaelis de Berglussio,
« ejus fratris, et suorum servitorum et complicum, et etiam Garssias-Arnaldus
« de Sanguirieda, dominus de Clarenco, vice et nomine Bertrandi et Bernardi
« de Sanguirieda, fratrum suorum ; necnon supranominati Johannes de Sancto-
« Albino, Petrus de Camicanis, Johannes de Porta, Monetus de Fauria ; Petrus
« de Fauria, Johannicotus de Baradato, Johannes de Monasteriis, Petrus de
« Thesa et Johannes Foerti, pro se et nomine suorum in hac parte consortium
« et complicum, promiserunt se representare personaliter in presenti villa
« de Nugarolio die lunæ xv^{ta} proxima post hujusmodi diem, et ibidem de
« eorum debatis et questionibus compromictere ; quo pendente termino promi-
« serunt et ad sancta quatuor Dei evangelia juraverunt non innovare seu
« atemptare aliquid par viam facti unus contra alium per se nec per aliquas
« alias personas interpositas.

« De quibus dicte partes petierunt singula instrumenta.

« Testes qui supra. » (Archives du Séminaire d'Auch, Registre de Chastenet, notaire à Nogaro.)

90. Item, l'endoman, agon x homes de besiau per tenhoa e terra lodit pont.

91. Item, a xviii deudit mes, agon dus boes per carreyar arama ab deudit pont.

92. Item, ledit jorn, agon hoyt homes per metre ladita harama en lodit pont e lo carqua de graba.

93. Item, despensan los mastes qui fican losditz stans, que eran Peyron de Mombet e Peyron d'Angles, que gesten cascun tres jorns, que trese cascun per jorn dus sos.

94. Item, termeton, de consentment deu conselh, a maste Guilhem Berdie a Marciac xviii paums d'aroset; que costan : xv sos ix dines.

95. Item, termeton los conselhs de Nogaro hun mesatye dab 1ª letra, que contie que nos bolosam trobar au conselh a Gegun; donan lo disnar audit mesatye : vi dines.

96. Item, a x de nobembre, agon 1ª letra de las partz de madama d'Armanhac, que contie que l'endejorn nos bolosam trobar en la bila de Bic, e aso per nos remustrar que los enbaysadors qui eran a la cort de nostre senhor per las besonhas de mossenhor lo Conte aportaban (1); e foc apuntat per lo conselh que Peyron deu Pandele hi anasa; e aysi a fe; e cant fo part dela, aqui fon las autras proprietatz e s'ajustan, e dequi en fora anan parlar ab la susdita dama, laquala los diso que mosenh d'Arblada e maste Johan de Job eran bengutz de la cort e que audit jorn se deben aqui trobar per remustrar so qui aben proesit tocan las besonhas de Mossenhor, e que a causa de las besonhas de mon dit senhor no poden aqui star, mas pregaba aus Statz que lo dimercles prosman benut bolosan retornar en ladita bila de Bic, ont audit jorn se trobaran losditz mosenhs d'Arblada e de Job e nos remustraran so qui aben proesit. E aysi apuntan que audit jorn om tornara en ladita bila de Bic.

97. Item, a xii deudit mes, fo ordenat per lo conselh que Arnauton de Lafitan anasa au conselh a Bic, aysi cum era stat apuntat; e aysi a fec; e cant foc part dela, troba que maste Johan deu Baradat hi era per Nogaro e abe comparit tabe per nos; ont

---

(1) Voir la nomination et le départ de ces ambassadeurs, art. 74 et 77.

aqui los foc dit per mosenhs d'Arblada e de Job cum lo couselh de nostre senhor lo Rey abe apuntat que mosenhor lo Conte salhis de qui ont era, e per lo trese de qui bie hun comisari de Paris (1) e hun maste de parlament de Bordeu (2) per l'on trese, e noarement termeten mosenh de Lanso (3) e mosenh de Castetguion (4) cascun hun percurayre (5).

98. Item, a XVI deudit, agon 1ª letra de las partz de mosenhs de Pordeac (6) e de Balambitz (7), com a comisaris deputatz per mosenh lo senescal d'Armanhac, que contene ladita letra que agossam a mandar, sus sertanas e grandas penas, XXV balestres e los menar en la bila de Euza. Foc apuntat per lo conselh que Arnauton hi anasa e no menasa pas los susdits balestres, mas anasa saber que disen ne que contie lor comision, e bista aquera, om fera so qui far debe. E aysi i ana; e cant foc part dela, aqui troba de las autras proprietatz, ont haqui trobau que los susditz comisaris aben termetuda huna letra a lasditas proprietatz que contie que om ne se mahos entro pertant que autra betz fossan mandatz; e aysi s'en torna.

99. Item, lo jorn susdit, bengon tres saryans de Condom, eysemps ab lor Guirauton de Camicas e Huguet Maurin, per nos exsecutar per la crua; en que que nos exsecutan en LX concas de froment e sertana cantitat de draps e d'autres gatyes; e aqui metis los meton au corn public, e aqui los se feu liurar. Ont anan parlar losditz conselhs e d'autres de la bila ab losditz saryans e los pregar que ladita exsecution demorasa en l'estat qui era, car

---

(1) Albert La Viste, conseiller au grand conseil du Roi et rapporteur ordinaire de la chancellerie de France, reçut mission du Roi de se transporter d'abord à Rodez pour délivrer maître Jean Raphaël, emprisonné par le sire d'Albret à la suite des événements racontés plus haut, et de procéder ensuite, de concert avec lui, à la mise en liberté du comte d'Armagnac. (Voir la chronique de Bonal, *Comté et comtes de Rodez*, libvre quatriesme, chap. x.)

(2) Jean Raphaël, conseiller au parlement de Bordeaux.

(3) René, duc d'Alençon, neveu du comte d'Armagnac, par sa mère, Marie d'Armagnac, fille de Jean IV.

(4) Hugues de Châlon, seigneur de Châteauguyon, neveu du comte d'Armagnac, par sa mère, Éléonore d'Armagnac, deuxième fille du comte Jean IV.

(5) La résistance du sire d'Albret rendit encore une fois inutiles les mesures prises par le conseil du Roi pour la mise en liberté de Charles Ier.

(6) Bernard de Bassabat de Vicmont, seigneur de Pordéac.

(7) Thibaut de Bassabat, seigneur de Balambits, près Riscle.

nos fassem en guisa de aber nostre argent per pagar ladita crua; ausquals responon que non feran re, mas los mandan sus sertanas e grandas penas que encontenent los agossan a seguir pe per pe enta Sent-Mont. Foc ordenat per lo conselh que om anasa audit mandament; e foc apuntat que om pagasa la despensa qui aben feyta, que eran sinc homes e sinc rossis, que sten dus jorns e huna neyt; despensan : I scut VII sos.

100. Item, seguien darrer enta Sent-Mont^c los IIIes conselhs a lor mandament; e cant fon part dela, aqui troban que losditz saryans aben pres sur lo cami, cant n'anaban a Lanajusan, sertana cantitat de bacas e menadas a Sent-Mont; e aqui anan parlar ab losditz saryans que los plagos de relaxsar lasditas bacas, car etz aben pres d'autres gatyes que balen plus que nos no debem; e foc apuntat que las bacas s'en tornasan ab I^a que l'endoman los dus deus conselhs se redosan presones a Nogaro, sus sertanas e grandas penas; e aysi foc feyt.

101. Item, l'endoman, foc ordenat per lo conselh que Peyron deu Pandele e Peyan anasan au mandament a Nogaro, aysi cum a Sent-Mont los era stat mandat; e aysi ha fen; e cant fon part dela, troban que losditz saryans no eran part dela, e bist aquo anan parlar ab maste Bernad Fitan e ab maste Johan deu Baradat cum los saryans los agossan mandatz que audit jorn s'agosan a rede presones a causa de l'argent de la crua; e aqui los dison que los sperasan. E cant bengo l'endejorn enta hora de brespas, anan parlar ab los susditz de Lafitan e de Baradat, en los referin cum losditz saryans no eran bengutz; e los dison que, atenut que no eran bengutz, etz no fassen sino despensa e que s'en tornasan e encontenent que losditz saryans fossan bengutz etz los anaran referi cum etz eran aqui bengutz a lor mandament e que etz los n'aben feyt tornar atenut que etz no y eran, ab huna que encontenent que etz foran aribatz om los fera asabut e que etz bengoran. E per aysi sten dus jorns I^a neyt; despensan : V sos V dines.

102. Item, l'endejorn qui fon aribatz, maste Johan deu Baradat termeto I^a letra que contie que losditz saryans eran haribat[z] a Nogara e los aben demandatz, e per aysi que encontenent hi anasan e portasan l'argent de ladita crua.

103. Item, l'endoman, fo ordenat per lo conselh que Johano deu

Faur hi anasa a Nogaro e portasa l'argent de ladita crua; e aysi a fe; e cant fo part dela, haqui troba que losditz saryans hi eran e lo dison si portaba l'argent de ladita crua, e los respono que ho; e aqui disnan; e cant agon disnat, losditz saryans prengon l'arosin deudit deu Faur e a lu fen presone e l'on menaban entau castet; e qui los prega que lo donasan spleyt per huna hora, que et abe a besonhar hun petit per bila; fon contentz, e dequi en fora ana parlar ab maste Bernad Fitan e ab maste Johan deu Baradat beser cum ne fassen los de Nogaro; e lo dison que etz aben presentat lor part de l'argent, mas no ac aben bolut prene, e bist aquo etz aben protestat contra etz en totz dan e dapnatye qui de quera hora en abant los ne bengossa, e a lor abis los semlaba que nos degosan seguir aquet trahy, atenut que nos abem nostra quota part; e dequi en fora s'en ana, eysemps ab etz maste Johan deu Baradat e maste Sans de Lafita per retenir ladita protestation; e cant fon ab losditz saryans, los presenta nostre argent, e responon que etz eran content[z] de lo prene en deduction de mayor soma; e lodit deu Faur lo respono que si etz lo bolen donar bilheta, que et los ac balhara; responon que no feran; e bist aquo lodit deu Faur protesta contra lor, aysi cum Nogaro abe feyt, en requeri audit maste Sans sturment; ont ne salhi grant brut ha causa que lodit maste Sans captie nostra querelha, que sere lonc a parlan *(sic)*. En que ste lodit deu Faur presone tant a Nogaro. qui anar e tornar a Condom XII jorns; que despensa per et e son rosin : I scut VI sos IIII dines.

104. Item, fo ordenat per lo conselh que Peyan anasa ha Nogaro beser Johano deu Faur que fasse; e cant foc part dela, aqui lo foc dit per maste Johan deu Baradat que no se mustrasa, car a causa de nos etz eran malhs contens e si se mustraba fora presone cum los autres; e demora la neyt part dela e no podo parlar ab lodit Johano dequi au maytin; e cant agon parlat, lo diso que s'en tornasa, car si los saryans l'i saben lo feran presone cum a etz, e que trop n'i abe de lu per far despensa.

105 Item, a XXIII deudit mes, bengo lo nebot de Johanet Barta, collecto, ab hun saryant comis per Peyronet de Laporteria; en que exsecutan per la[s] restas deu quarte en sertana cantitat de blat, draps et autres gatyes; e aqui metis los meton au corn public, e

otra aquo nos fe presones en lo castet; ont aqui bengo Arnauton de Lafitan parlar dab nos; e parlat que agom, ana parlar de nostras partz ab losditz saryantz, en lo pregan que nos salhisam de preson, car stan aqui no poden star pagatz; apunta que nos anassam parlar dap etz au Feste; e aysi a fen, e aqui ajuntan que l'endoman anaran au collecto portar argent.

106. Item, fen far cordas ab deu malh-moton per bastir las stans deu pont de l'Ador; que costan : I sol IIII dines.

107. Item, fen terrar lo pont de l'Ariutort à Johano de Caupena; lo foc donat : IIII dines.

108. Item, lodit jorn, bengon nobelas que don Johan (1) e Labartera eran a Sent-Mont, om no sabe que bolen far; foc ordenat que om termetosa part dela saber que era; en que termeton Mosquet.

109. Item, fen adobar lo pan de la porta de la bila a Loys, saralhe; en que l'on foc pagat : II sos.

110. Item, de mandament deu conselh, pagan au percurayre de nostre senhor lo Rey, Ramonet deus Claus, a causa de son nobel adbeniment de son offici de percurayre, e afin que nos tengossa per recomandatz : I scut.

111. Item, foc ordenat per lo conselh que maste Johan deu Baradat e maste Ramon d'Argelos anasan a Marciac, e asso a causa de hun pleyt que la bila ha contra Anthoni de Lafarga, marchant de Lupiac, e aso ha causa que nostre abocat, maste Guilhem Berdie, tot jorn demandaba tostemps argent a causa deudit pleyt; e aysi i anan.

112. Item, a XXVIII deudit mes, termeton Johan de Meyabila, garda, a Marciac, ab Iª letra a maste Guilhem Berdie, que contie que nos bolosa termete le libeu qui abe feyt contra Anthoni de Lafarga, marchant de Lupiac, aysi cum era stat apuntat enter et e maste Johan deu Baradat e maste Ramon d'Argelos; e foc apuntat que termetosan audit maste Guilhem X sos e ha hun aperat maste Domenges, notari, a causa que abe feyt companhia ausditz de Baradat et d'Argelos a beser lo susdit proses, IIII^{te} sos e mey,

---

(1) Don Jean d'Armagnac, fils naturel de Jean V. (Voir le compte de l'année précédente, articles 46, 48, 50, 51, 60 et suiv., 123.)

e au notari de ladita causa IIII^{te} sos e mey, e aysi monta tot en
I^a soma : I scut I sol.

113. Item, lo darer jorn deudit mes, bengo mosenh lo percurayre d'Armanhac e Girauton de Camicas, ab I^a letra de cresensa de las partz de mossenhor lo senescal d'Armanhac, que contie cum desam fe cresensa aus parlas deudit mossenh lo procurayre ; e nos referi cum lodit mossenh lo senescal l'abe feyt comandament que nos fessa mandament, sus sertanas e grandas penas, que nos agossam ha enfortir he reparar la bila, e noarement de enpausar aus abitans de aber sertan arnes ; e aysi nos mandec que agossam ha reparar la susdita bila e far nostre reserc de l'arnes. Foc apuntat per lo conselh que om pagassa lor despensa ; aysi a fen ; que monta per etz e los rossis : IIII^{te} sos VI dines.

114. Item, fo ordenat per lo conselh que termetosam hun rosin e lo proses qui abem contra Anthoni de Lafarga a Nogaro a maste Johan deu Baradat, que lo plagos que anasa far lo libeu contra audit Anthoni ; en que lo termeton lo rosin de maste Johan de Mostayon e tres scutz per far lodit libeu e per sa despensa ; en que ne fe tornar lodit rosin e que l'on termetosa hun autra e et anara far far lodit libeu ; e aysi ne retorna lodit rosin.

115. Item, l'endoman, termeton lo rosin de Ramonet deu Faur audit maste Johan per anar far lodit libeu ; en que ste prumer no torna IX jorns ; costa lodit libeu, enclusa sa despensa d'et e de son rosin : IIIes scutz.

116. Item, a XV de desembre, termeto lo collecto hun saryant per nos exsecutar per las restas deus quartes ; en que hapuntan que lo dibes prosman benent etz lo portaran argent.

117. Item, termeto mosenh de Maumuson l'escominye e greuges contra totz IIII^{te} conselhs, a causa que la bila l'es tenguda en sertana soma d'argent, aysi cum apar per sturment ; en que ana Peyron de Mostayon a Bic sercar sospens, e no n'aporta que per la familia deudit de Mostayon.

118. Item, l'endoman, termeton Arnauton de Lafitan a Bic sercar los sospens per la familia deus autres tres conselhs ; costan losditz sospens : IIII sos.

119. Item, termeton I^a letra a mosenh de Maumuson, que contie que lo plagos de nos balhar absolution, que la bila fera so qui far

debe; ont nos termeto a dise que debant totas causas et bole conde e que l'endoman et bengora part desa per condar.

120. Item, l'endoman, aysi cum abe dit, bengo mosenh de Maumuson, e aqui auan parlar dab lu en lo pregam que lo plagosa de balhar absolution; ont fec resposta que debant totas causas et bole saber que abe pres de la bila ne que era so qui la bila lo debe; e apres que agossa ausit misa, et era content que om ac bisa; e ausit aquo fen aprestar lo disnar au Feste ab deudit de Maumuson; ont disnan en sa compahia totz IIII^{te} los conselhs, mosenh Johan Sala, Leberon de Poges, lo Feste, Arnauton de Lafitan e d'autres que geran statz aperat[z] per far lodit acort; ont condan, que apari que mosenh de Maumuson ago resebut en deduction de cent e tres scutz que la bila lo debe LXXIX scutz XIII sos II dines; e feyt lo susdit conde, mosenh de Maumuson foc content que losditz conselhs fossan absotz a sous despens tocan las absolutions; e aysi foc feyt lodit acort; despensan totz aysemps en pan, bin, carn e sibasa per los rosis deudit de Maumuson : IIII^{te} sos VIII dines.

121. Item, bengo hun grafie de la cort de mosenh jutye d'Aribera, aperat maste Johan Sareti, a causa de hun pleyt que la bila ha contra Anthoni de Lafarga, marchant de Lupiac, e aso per prene la persion deu libeu per nostra part balhat en ladita cort.

122. Item, despensan lo jorn de Nadau, cant los conselhs fon creatz a la gleysa, aysi que es de costuma : I sol IIII dines.

123. Item, crompan XII paums d'aroset ab de Caubet, losquals lo fon prometutz per que prengossa la carga de la tor, que no la bole prene; que costan : XI sos III dines.

124. Item, lo darer jorn de desembre, foc ordenat per lo conselh que Johano deu Faur, Peyron de Mostayon hanasan a Barsalona, condan ab lo collecto beser que l'era degut de lor anheya; e aysi a fen; e cant fon part dela, condan ab lodit collecto, e apari que la bila dego audit collecto la soma de seys scutz onze sos dus dines.

125. Item, fo apuntat per lo conselh que om agossa hun home a cascuna porta de la bila per la gardar, a causa que abem agut mandament de part lo senescal que agossam a far gueytz neyt e jo, e aysi metis a causa de las mortalitatz; e foc ordenat que Peris Leon gardasa la porta de la Tasta; en que la garda hoyt jorn[s];

lo ne foc pagat per son tribalh e despensa : XXII arditz (IIIes sos VIII dines).

126. Item, pagan a Johan de Capbari, crestian de Betloc, a causa que la bila l'era tengut en la soma de XII scutz IIIes sos IIII dines, a causa deu pretz feyt qui abe pres de far las aleyas deu castet; que monta so qui lo n'an pagat per las mas de maste Johan de Mostayon, dus scutz, per las mas de Peyron deu Pandele, IIIes scutz V sos V dines, per las mas de Johano deu Faur, dus scutz IIII dines, per las mas de Sans de Lacasa, IIII^{te} scutz VI sos IX dines.

127. Item, foc apuntat que om passasa sus sas talhas a Sanso de Mombet, a causa que son filh abe arota la balestre au seti de Molasun : IIIes sos.

REDDITION DES COMPTES DE 1485.

L'an mil IIII^c IIII^{xx} e sinq (1486) e lo XXe jorn deu mes de jener, stantz en l'ostau de Johanon deu Faur, lodit Johanon, maeste Johan de Mostayon, notari, Peyron deu Pandele e Sans de Lacaza, conselhs en l'an darrer passat, redon lor comde de las causas que aven recebudas de la vila de Riscla, a Monon de Sobauera, Peyron de Poges, Johanon de Mombet e Johan Fargua, cosselhs en l'an present.

Recettes. — Losquals mustran que aven recebut en duas talhas a lor autreyadas, que montan, dedusitz XXe dine e VIII scutz per los gatges e greuges, so es la soma de CLXXXXIIII^{te} scutz; — de l'arendament deu maset, XX scutz; — de la intrada e benda de bin, XXXII scutz; etc. — Que monta ladita recepta en una soma : tres centz seysanta e tres scutz XII sos VI dines.

Dépenses. — E aqui metis, mustran que aven despendut per los negocis de ladita vila la soma de tres cens seysanta hoeyt scutz e onze sos, etc.

E per mayor fermessa nos Arnaut de Lafitan e Johan deu Baradat aven scriut lo present conde, e assi nos subsignatz.

J. DE BARADATO. — ARNAUTON DE LAFITAN.

ANNÉE 1486. 371

XXIX.

COMPTES DE L'ANNÉE 1486.

DÉPENSES.

Sommaire : 1. Afferme de l'huile, chandelles et poisson salé. — 2. Serment prêté par le garde des consuls et le gardien de la tour. — 3-7. Berdot de Camicas vient avec des sergents et archers du comte de Comminges réclamer l'argent de la crue. — 8. Les consuls de Nogaro, menacés par les gens d'armes du sire d'Albret, réclament l'assistance des consuls de Riscle. — 9. Convocation des États à Vic par M. de Montaut, sénéchal d'Armagnac. — 10-12. Envoi de cavaliers et de fantassins à la revue à Nogaro ; ils engagent leurs armes. — 13. Assemblée des États à Vic ; le juge ordinaire d'Armagnac fait arrêter le député de Riscle. — 14. Conseil tenu à Nogaro ; envoi d'une lettre au juge d'appeaux à Lectoure, pour lui recommander les intérêts du comte d'Armagnac et du pays. — 15. Promesse de 6 écus au juge d'appeaux, qui désire obtenir ses degrés de licence. — 16. Demande d'argent par le collecteur. — 17. Prêt aux consuls de Nogaro de deux brigandines appartenant à la ville de Riscle. — 18. Envoi des 6 écus promis au juge d'appeaux. — 19. Établissement d'une passerelle au gué de Bergons. — 20. Réparations à la porte de Cambadie. — 21. Nouvelles du comte d'Armagnac apportées par M. d'Arblade père. — 22. Crimes et forfaits commis dans l'Armagnac. — 23. Travaux au pont de l'Adour. — 24. Assemblée tenue à Vic pour l'impôt des lances. — 25. Examen des comptes. — 26. Procès Armentieu. — 27. Lettres du trésorier d'Armagnac à Me Raymond d'Argelos, à Cahuzac. — 28. Demande du premier quartier par le collecteur. — 29 et 30. Nomination du collecteur au conseil de Nogaro. — 31. Le trésorier d'Armagnac n'accepte que de la monnaie royale. — 32-34. Convocation des consuls du pays à la Bernède, près Éauze, pour l'assiette des impôts. — 35. Le capitaine Pierre-Buffière vient à Riscle avec 50 ou 60 chevaux. — 36. Réduction de 20 feux demandée par les consuls de Barcelonne. — 37. Vin offert à madame de Maumusson. — 38. Menaces du collecteur au sujet des impôts. — 39. Cierge pascal. — 40. Assiette des impôts à Nogaro. — 41. Demande d'argent par le collecteur. — 42. Prédicateur de Toulouse. — 43. Achat de souliers pour le garde des consuls. — 44. On fait couvrir le portail de Cambadie. — 45. Visite du pays par le juge et le procureur d'Armagnac. — 46. Assemblée des États à Jegun ; la comtesse d'Armagnac y assiste ; mise en liberté du comte d'Armagnac. — 47 et 48. Assemblée des États à Lectoure ; demande d'un subside par la comtesse d'Armagnac ; affaire du dénombrement des feux. — 49 et 50. Travaux au portail de Cambadie et aux fortifications. — 51. Demande d'argent par le collecteur. — 52-54. Conseil tenu à Jegun ; octroi d'un subside à la comtesse d'Armagnac. — 55. Renvoi des brigandines par les consuls de Nogaro. — 56 et 57. Le trésorier de la comtesse d'Armagnac vient lever le subside octroyé par les États. — 58 et 59. Convocation des États à Lectoure par le sénéchal ; serment prêté au Roi par les nobles et les consuls ; affaire des feux. — 60 et 61. Saisie de biens meubles par un sergent de

Condom. — 62. Vin offert au capitaine Pierre-Buffière. — 63. Achat d'une trompette. — 64. Réparations au pont du Rieutort. — 65. Allivrement des forains. — 66. Subside de la comtesse d'Armagnac ; nouvelle demande d'argent. — 67. Réparations au pont de l'Adour. — 68. Les consuls demandent du temps pour payer le subside de la comtesse d'Armagnac. — 69. Assemblée des États à Vic ; don d'un sou par feu au sénéchal; dénombrement des feux. — 70 et 71. Venue à Riscle du sénéchal d'Armagnac avec sa suite. — 72. Conseil tenu à Nogaro. — 73. Procès Armentieu. — 74. Lettre du sire d'Albret au sujet d'une demande d'anciens comptes par le sénéchal. — 75. Procès Armentieu. — 76. Défense, de par le Roi, de payer le subside à la comtesse d'Armagnac. — 77. Affaire des anciens comptes. — 78 et 79. Impôt de la crue. — 80. Emprunt au baile de Goutx ; perte sur la monnaie espagnole. — 81 et 82. Affaire des anciens comptes ; syndicat des consulats du pays ; appel à Lectoure. — 83. Réparations à la porte de Cambadie. — 84. Don d'une pièce de drap à Mᵉ Dominique Escrivant, avocat à Lectoure. — 85. Subside de la comtesse d'Armagnac ; levée de l'interdiction royale. — 86. Lettre du sénéchal au sire d'Albret, alors en résidence à Pau. — 87. Procès des anciens comptes ; appel à Toulouse. — 88. Subside de la comtesse d'Armagnac ; demande d'argent. — 89. Loyer de l'école. — 90. Procès Armentieu. — 91 et 92. Arrestation d'un des consuls de Riscle, à Nogaro, par le juge ordinaire. — 93 et 94. Procès des anciens comptes. — 95. Collation offerte au procureur du sire d'Albret. — 96. Subside de la comtesse d'Armagnac. — 97. Loyer de l'école. — 98. Convocation des consuls du pays à Auch par-devant le bailli de Mâcon. — 99-101. Subside de la comtesse d'Armagnac ; le sénéchal défend de le payer. — 102. Procès Armentieu. — 103. Procès des anciens comptes. — 104-107. Saisie de marchandises à la foire de Barcelonne, le jour de Sainte-Catherine, faute de paiement du subside de la comtesse et du don fait au sénéchal d'Armagnac. — 108. Perte sur une vente de vin. — 109. Justaucorps de cuir pour le garde des consuls. — 110. Réparations aux murs de la ville.

Despensa feyta per Monon de Sobavera, Johano de Monbet, Peyrot de Poges et Johan Farga, cosselhs de la bila de Riscla, en l'an mil IIII^c IIII^{xx} e sinq, comensan a la festa de Nadau darrer passada en l'an susdit, entro a la festa de Nadau prosman benenta en l'an mil IIII^c IIII^{xx} e seys.

1. Item, a xxix de decembre (1485), foc apuntat per lo coselh que termetossam a Nogaro saver cum fassem ne cals articles aven etz en lor arrendament de oli, candelas e peys salat ; ayxi que Peyrot de Poges y ana e porta la resposta qui los senhors de cosselhs de Nogaro nos fasen per scriut, laqual resposta sere longa a scribe e enserir.

2. Item, lo jorn susdit, agon Peyron deu Pandele alias Caubet e Johan de Meyabila alias Pelana, e los fen far lo segrament

acostumat de far a la garda e torre per lor dita aneya; que costa lo marcat a bin : vii dines.

3. Item, lo jorn susdit, Berdot de Camicans nos termeto huna letra de Nogaro en fora, que contene que et era a Nogaro ab iiii o v saryans e ab xii archees de mossenhor de Comenge (1), e asso per lebar lo darrer pac de la crua de l'an passat, e que l'endoman per tot lo jorn lo termetossan lodit argent a Nogaro, o au cas que no nos agoram despensa; laqual letra foc metuda en conselh, e foc balhat collatio au mesatge qui abe portada ladita letra; costa : v dines.

4. Item, aqui metis, foc apuntat per lo conselh que termetosam huna letra au collector que lo plagos de demora deudit pagament de la crua entro pertant que om agossa feytz los arrendamentz de la bila; loqual fec resposta au mesatge que et no pode punt ne aquo no era en lu.

5. Item, lo xxx^e jorn deudit mees, bengo lo susdit Berdot de Camicans ab vii o viii archees qui saryans, e s'en ana a l'ostaleria; e can foc aqui, nos termeto sercar e nos manda, per vertut de huna comision reala que ave, que nos lo masasisam de bens mobles per ladita crua e nos denuncia gast e garnison per xii homes e per xii rosiis; laqual causa foc messa en conselh, e foc apuntat que encontenent fessam liurar los arrendamentz a paga debant man per pagar ladita crua; e aysi a fem, e termetom audit de Camicas collation de bin blanc e roge; que costa : viii dines.

6. Item, aqui metis, foc apuntat per lo conselh que Johanon de Mombet e Johan Farga anessan a Barsalona portar lodit pagament au collector, car lodit de Camicas non bole prene dine sino que sus tot so qui tot lo pays debe, no pas sus nostra cota porsion; ayxi que los susditz de Mombet e Farga anan far lodit pagament a Barsalona; e can fon part dela, los foc neytz; demoran la neyt part dela.

7. Item, can agom feyt lo pagament, lo collector nos balha huna letra que se adresaba aus archees, que et los pregaba que s'en anessan, que nos lo abem pagat; ayxi que foc apuntat per lo

(1) Odet d'Aydie, comte de Comminges, dont il a été déjà parlé plusieurs fois.

conselh que om los paguossa la despensa qui aben feyta a l'ostaleria ; e ayxi a fem ; que monta : ɪ scut ɪɪɪɪ sos ᴠɪ dines.

8. Item, lo jorn susdit, los cosselhs de Nogaro nos termeton huna letra, que contene que las gentz d'armas de mossenh de Labrit los bolen fer cauques desplasers e que etz nos pregaban que encontenent nos anessam donar secos, confort e ayda; ayxi que ladita letra foc messa en conselh, e foc apuntat que om los fessa resposta per scriut que om s'i trobera ; e foc donat a minyar e a beure aus mesatges, que eran la hun lo Gabaxs e l'autre hun petit garson ; que despensan : ɪ sol ɪɪ dines.

9. Item, lo darre jorn de decembre, mossenh de Montaut, senescal d'Armanhac (1) per la begada, nos termeto huna letra, laqual contene que per lo ben e honor de mossenhor lo Compte e deu pays era stat abisat de asemblar los Statz a Bic lo dimercles aprop ; laqual letra foc messa en conselh, e foc apuntat que om y anessa ; ayxi que Johan Farga y ana ; demora en anar e tornar e part dela, a causa que las gentz deus Statz no y fon entro l'endoman aprop mey-jorn, ɪɪɪɪ jorns e tres neytz.

10. Item, lo prume jorn de gener (1486), ana Johan Farga a Nogaro, ayxi que era stat apuntat au conselh, e y mena ɪɪɪɪ homes acabatz armatz de bergantinas e xx homes a pee ; losquals despensan debant que partin dessy en collation ; monta : ɪ sol.

11. Item, despensan a Nogaro hun matin que anan beure totz amassa, enclus la collation deu mey-jorn e deu bespe; que monta : ᴠɪɪ sos ɪx dines.

12. Item, can fon bengutz a Riscla, engatyan los arnes qui avem malhebatz per despensa que fen totz amassa; que foc apuntat en conselh que om los sobessa ; e aysi a fen ; que costa : ᴠɪɪɪ sos ɪɪɪɪ dines.

13. Item, can Johan Farga ana a Bic au conselh, ayxi que debant es stat dit, troba mossenh jutge d'Armanhac, mossenh Arnaud-Guilhem de Lauverio ; loqual lo demanda los ɪɪ scutz de la licensa de arrendar, e fec arrastar lodit de Lafarga ; loqual de Lafarga lo balha hun scut de cent e x arditz e jura de lo termetre

---

(1) Philippe de Voisins, baron de Montaut.

l'autre scut Aux entro vııı jorns aprop; e ayxi a fec; que balha au mesatge qui lo porta lo darre scut : ı sol.

14. Item, lo ıııı jorn deudit mes, los cosselhs de Nogaro nos termeton huna letra que contene cum los Statz d'Armanhac se deben trobar a Nogaro per termete a nostre sobiran senhor lo Rey per so deu Compte; ayxi que foc apuntat per lo conselh que Johan Farga y anassa; e ayxi a fe; e cant foc part dela, foc acordat ab los proprietaris de las bilas que om fessa huna letra de part las bilas a mossenh jutge d'apels que tot jorn agosa las besonhas de mossenhor e de nos per recomandadas, e d'autras causas que seren longas a scribe; e aqui metis cascun deus proprietaris paga per termete ladita letra a Leytora : ııı sos ıııı dines.

15. Item, lo v^e jorn deudit mees, bengo Ramonet deus Claus ab huna letra que mossenh lo jutge d'apelhs nos termetre *(sic)*, laquala contene que d'autras begadas et ave demandat cauque don a las bilas e que l'era stat autreyat e que et nos pregaba que om donesa crezensa en so que lodit Ramoned deus Claus nos dissora de part luy; loqual Ramoned disso que cauque begada om l'abe autreyat e prometut hun marc d'argent per se fer licenciat e que au present el bole prene lo gran e que nos plagossa de lo termete ladita soma; ayxi que la letra foc messa en conselh, e foc apuntat que om lo donassa vı scutz dequi a hun jorn; e ayxi foc feyt, e lodit deus Claus s'en torna ab aquera resposta; dont lo foc balhada collation e pan e fromatge; que monta : ıx dines.

16. Item, lo vı^e jorn deudit mes, Johanet Barta, collector, nos termeto hun home aperat lo Bastart ab huna letra que contene que l'endoman om lo agossa la resta deus quartes de l'an passat o sino agoram despensa; dont lo foc feyta resposta que dequi a ıııı jorns om lo anera pagar.

17. Item, lo vıı jorn deudit mees, termetom sercar las bergantinas de la bila e las de Johan Farga a Nogaro, car los cosselhs de Nogaro nos aven pregat que los ac leysesam per vııı jorns; ayxi que can lo mesatge foc part dela no podo aver sino que las deudit de Lafarga, car lo qui ave las de la bila no y era.

18. Item, a xv deudit mes, termetom a Nogaro a maste Bernad de Lafitan los vı scutz qui avem prometutz a mossenh jutge de apels.

19. Item, a xxvi deudit mes, ana Johan de Meyagela au goa deu Bergons, a Mores, mete 1ª palanca.

20. Item, a xxvii deudit mees, fem adobar la sarralha e clau de la porta deu Campbadia a Berdot Sala, que era gabanhada; que costa : i sol vi dines.

21. Item, a xxviii deudit mees, bengo mossenhor de Arblada lo bielh (1), e nos conda de noelas de mossenhor lo Compte; e foc aqui abisat e dit per vii o viii coselhers que om lo termetossa deu bin de la bila; e ayxi a fem; que monta : i sol.

22. Item, a xiii de feure, mossenh lo procurayre deu Rey, maste Johan de Cresio, nos termeto huna letra, laquala contene que per aucunas causas que toquaban la honor de nostre senhor lo Rey e de ssa justicia el nos mandaba de part lo Rey e de sas partz nos pregaba que lo dimercles aprop nos trobasam a Nogaro, ont et fora en persona; ayxi que ladita letra foc messa en conselh, e foc apuntat per lo conselh que Johanon de Mombet e Johan Farga y anessan; e ayxi a fen; e cant fon part dela, lodit mosenh procurayre los informa de auguns forfeyt[z] que eran statz feytz en lo pays, losquals seren trop lonx a scribe (2).

(1) Géraud de Benquet, seigneur d'Arblade-Brassal, qui figure dans la première partie de ces comptes, mourut cette même année 1486. Son fils aîné, Jean, fit faire l'inventaire de son hérédité. (*Armorial des Landes*, t. I, p. 106.)

(2) Les « forfeyts », que le scribe de Riscle trouvait trop longs à écrire, nous sont connus par le procès-verbal de la réunion tenue à cette occasion à Nogaro. Nous donnons la pièce en entier :

« Apud Nugarolium anno quo supra (1485) (1486 n. st.) dieque xvª mensis
« februarii, cum de mandato venerabilis viri magistri Johannis de Crescio, in
« legibus baccalaureo, procuratoris generalis domini nostri Regis in senescallia
« Armaniaçi, fuerint evocati, tam per litteras missivas quam alias, consules
« villarum et locorum de Nugarolio, de Barsalona, de Sancto-Monte, de Riscla,
« de Anhano, de Elizona, de Mancieto, comparituri in presenti villa de Nogarolio
« die hodierna infrascripta, audituri nonnullas causas tangentes bonum et
« honorem dicti domini nostri Regis et sue justicie. De quibus comparantes
« Johannes de Bordis et Petrus de Sancto Albino, consules de Nugarolio,
« Johannes de Barreria, consul ville Barsalone, Johannes de Montbet et Johannes
« de Fargua, consules ville de Riscla, Petrus de Caupena, consul de Sancto-
« Monte, Petrus de Prato, consul loci de Maurieto, Bernardus de Sahuguet,
« consul, et Johannes de Fratre, habitator ville Elizone.

« Quibus comparantibus dictus dominus procurator dixit et exposuit quod,
« propter multas querimonias quas dominus noster Rex habuerat de multis
« violenciis, excessibus, homicidiis, rapinis, aggressionibus, verberibus, plagis
« letalibus et aliis multis excessibus factis et perpetratis per nonnullos tam

23. Item, a xvi deudit meés, agom xxiiii homes de besiau per adobar la carrera deu pont de l'Ador e mes lo pont.

24. Item, lo xviii jorn deudit mes, lo[s] comisaris per nostre senhor lo Rey a enpausar las lansas nos termeton huna letra, que contene que lo dimercles aprop nos trobessam a Vic, la ont etz foran per enpausar las lansas de la present aneya; laqual letra foc messa en consein, e foc apuntat que y anessam; en que trobam Arnauton de Lafitan que y anaba, e lo plago prene la carga per nos, e lo foc balhat per huna sopada e dinada : iiii sos.

25. Item, a xix deudit mees, maste Huguet Rolier, notari e percurayre de Nogaro, nos termeto hun home ab huna letra, que contene que et nos pregaba que nos lo termetosam los ii scutz de la bisita deus condes; auqual fem resposta que au present no avem punt d'argent, mas que entro paux de jorns nos lo pagueram.

26. Item, lo susdit jorn, bengo hun notari de Marciac, aperat

« nobiles quam alios ribaldos et pravas personas habitantes hujus patrie
« Armaniaci, ipse miserat dominum Baylinum d'Antini, magistrum hospicii dicti
« domini Regis, ad has partes pro inquirendo et pugnicionem faciendo de dictis
« excessibus. Qui quidem dominus Baylinus d'Antini se transportaverat apud
« civitatem Lectore, et erat intentionis prestoque et paratus veniendi ad has
« partes causa qua supra, tamen repente supervenerat quidam nuncius regius
« qui portaverat dicto domino Baylino quasdam litteras missivas ob causa
« quarum fuerat motus eundi apud Tholosam, et erat regressurus apud Lectoram
« in fine hujusmodi hebdomade. Et hoc pendente dederat in mandatis eidem
« domino procuratori de notificando premissa eisdem consulibus. Et quia
« correctio et pugnicio predictorum excessuum non poterat fieri nisi cum
« societate gencium, ob quod, cum dictus Baylinus haberet commissionem,
« posse et mandatum a domino nostro Rege de mandando ad suum juvamen et
« sucursum dominum comitem Convenarum et ejus gentes, et eciam gentes
« domini de Lebreto et nobiles banni et retrobanni hujusmodi patrie Vasconie,
« et propterea volebat informari ab eisdem consulibus si vollebant subvenire
« et furnire victualibus et expensis dictarum gentium armorum vel vollebant
« se exponere ad præbendum auxilium, consilium, favorem et juvamen in
« armis et alias dicto domino commissario, in modum quo honor et forcia
« dicto domino Regi remanerent; et quod declarent eorum animos, vel irent
« declaratum dicto domino commissario in civitate Lectore per totam presentem
« ebdomadam.

« Qui quidem consules, habito prius adpartem inter eos consilio et tractatu,
« per organum magistri Johannis de Baradato, notarii, dixerunt et responderunt :
« quod respectu domini procuratoris regii ac etiam dicti domini commissarii
« ipsi erant sapientes et discreti et posteaquam ipsi habebant commissionem
« puniendi et corrigendi dictos exessus, ipsi sciebant modum procedendi in
« dicta materia. Et quod respectu ipsorum consulum et populorum sibi commis-

maste Johan Sacrati, per nos ausir sus cauques articles que Anthoni de Lafita ave balhatz, e nos balha hunas copias, lasqualas termetom a Nogaro a maste Johan deu Baradat.

27. Item, a XXI deudit mees, Johanet Barta, collector d'Armanhac, termeto 1ª letra, laqual contene cum mossenh lo tezaure Peyronet de Laporteria l'abe scriut que nos termetossa XX o XXV letras miserias, lasqualas avem a termetre a maste Ramon d'Argelos a Causac; e ayxi a fem; dont lo mesatge no troba punt lodit d'Argelos a Causac, ans ago a anar a Poydraguii ont lodit d'Argelos era.

28. Item, a XXV deudit mees, bengon lo collector e Matiu de Lalegua per nos exequtar per lo prumer quarte; en que nos requerin, per vertut de huna comission reala que portaban, que om los masasissa de la soma de XL scutz o pres que lo quarte monta; dont apuntem ab lor que nos demora per X o XII jorns; e foc apuntat per lo conselh que om los paguessa la despensa; que

« sorum seu de quibus ipsi habebant regimen et administrationem, ipsi fuerant
« semper boni viri et fideles subditi et obedientes domino nostro Regi et suis
« officiariis, erantque presto et parati et offerebant se obedire dicto domino
« nostro Regi dictoque domino Baylino et commissario et aliis officiariis tam de
« corpore quam de bonis usque ad mortem inclusive. Requirentes eumdem
« dominum procuratorem regium necnon et Ramondum Marquesii, judicem
« ordinarium Armaniaci pro domino de Lebreto, ac magistrum Nicolaum de
« Mediavilla pro justicia de dictis exessibus et offensis. Alioquin protestabantur
« et de facto protestati fuerunt contra ipsos de habendo recursum ad dominum
« nostrum Regem et alibi ubi expediens fuerit. De quibus requisierunt instru-
« mentum. Qui quidem procurator ut et tanquam locumtenens domini mei
« senescalli Armaniaci inhibuit mihi, notario, ne dictum instrumentum traderem
« nec expedire haberem dictis consulibus nisi prius communicato cum magistro
« Petro Guerini, notario, et habito certo responso ab eodem domino procuratore
« quid intendebat facere seu tradere. Dictus vero dominus Ramundus Marquesii,
« judex Armaniaci, respondit pro se et dicto procuratore Armaniaci quod ipsi
« erant presto et parati facere et administrare justiciam juxta sui possibilitatem.
« In rebus vero in quibus non habebant potenciam nec essent potentes pro
« faciendo correctionem dictorum exessuum requirebant et de facto requisierunt
« dictum dominum procuratorem regium et locumtenentem domini senescalli
« Armaniaci quathenus eisdem subsidium et juvamen in premissis faceret et
« prestaret, qui obtulit ita facturum.

« De quibus dicti consules, organo cujus supra, requisierunt instrumentum
« ut supra. Testes honorabilis vir magister Sanctius de Bordis, in legibus
« baccalaureus ville Marciaci, Bartholomeus Premault, Petrus de Bancos et
« Theobaldus de Sancta Lana, ville Nugarolii habitatores. (Registre de Chastenet, notaire à Nogaro; Archives du Séminaire d'Auch.)

monta, enclus duas terseras de bin que om los termeto : v sos
III dines.

29. Item, lo darrer jorn deudit mes, foc apuntat per lo conselh
que Arnauton de Lafitan e Johan Farga anassan a Nogaro, ont
eran mandatz lo[s] nobles e proprietatz per far la collector (1), e
nos d'autra part per far metre en la sieta nostras despensas; dont,
can fon part dela, los nobles no y fon punt, e foc aqui apuntat
que cascun s'en tornessa e que dequi a dus jorns aprop cascun s'i
trobassa, e los nobles y foran; e aysi foc feyt.

30. Item, lo segund jorn de mars, torna Johan Farga au con-
selh a Nogaro, ayxi que de debant eran demoratz; en que, can fo
part dela, parlan en conselh de far lo collector que debaton vezer
qui ne fora; dont debant que conclusin foc pres que de neytz; e
ago demora la neyt part dela, e l'endoman entro mey-jorn; e la
begada lodit Johan Farga bole anar a la Berneda (2) vezer fer la
sieta per far cochar augunas despensas que nos eran degudas, e la
begada Johanet Barta, collector, los disso que au present et no y
pode anar, mas que lo dilus aprop fossa a la Berneda, e et y fora;
e ayxi foc feyt.

31. Item, a v deudit mees, lo susdit Johanet Barta, collecto,
termeto huna letra que contene que et nos pregaba que lo portas-
sam tot l'argent qui fossa possible, car mossenh lo thezaure Pey-
ronet l'abe enbiadas II[as] letras la huna aprop l'autra que fessa la
plus gran diligensa d'argent que podossa, e que no prencora sino
que moneda de Rey, e que et nos pregaba que au jorn que promotut
l'abem no lo falhissam pas.

32. Item, a VI deudit mees, los cosselhs de Sent-Mont nos ter-
meton hun mesatge ab una letra que etz bolen esse a far la sieta
e que los demoressam a Nogaro o etz a nos si prumer y eran.

33. Item, a VII deudit mees, anan a Nogaro Arnauton de Lafitan
e Johan Farga, ont deben esser los cosselhs de Sen-Mont e lo
collector per anar a la Berneda veser far la sieta tant per los
XX foex qui los de Barsalona bolen esser debayshatz que per far

---

(1) Pour élire le collecteur des impôts. Nous avons donné au compte de
1484, page 301, un procès-verbal d'élection du collecteur.

(2) Bernède, près Eauze. Jean de Magnan, juge d'Armagnac, en était
seigneur.

cochar nostras despensas; e can fom a Nogaro totz, termetom hun mesatge entro Manciet saber si l'auditor era a la Berneda o no; dont lo mesatge nos fec resposta que no y era punt; e per ayxi non tornam e enterprencom de y tornar lo dibes aprop.

34. Item, lo jorn susdit, maste Ramon d'Argelos nos termeto huna letra sus lo feyt deus foex de Barsalona; laquau letra aqui metis foc termessa aus susdits Arnauton e Johan que eran a Nogaro.

35. Item, a VIII deudit mees, bengo lo capitayne Peyra Bufier ab L^{ta} o LX homes e rosins; ayxi que foc apuntat per X o XII homes deu conselh que om lo donessa collation; e ayxi foc feyt; que costa en pan, bin blanc, roge e claret : III sols IIII dines.

36. Item, a X deudit mees, ana Johan Farga a Nogaro, ayxi cum debant fe mention que eram demoratz de anar a la Berneda sus los XX foex de Barsalona, e ayxi metis per far cochar nostras despensas; dont, cant fom part dela, mossenh l'auditor nos disso que et se trobera a Nogaro X jorns aprop e que la begada om se trobessa a Nogaro, e sy las gentz deus Statz bolen asetiar aqueras despensas, et a fera tresque bolentes; ausit aquo, lodit Farga s'en torna.

37. Item, termetom deu bin de la bila a la donà de Maumusson (1) hun jorn que bengo en la bila, e l'on termeto IIII pintas; que costan : I sol.

38. Item, a XV deudit mees, lo collector nos termete huna letra per un garson de Barsalona, que contene cum Matiu e d'autres saryans de Condom eran a Nogaro e dequi no partiran entro que agoran la darrera mealha deu quarte e no prencoran sino que moneda de Rey, e que si entro dibes le bon matin no portaban nostra part, et los nos termetora; dont lo fem per scriut resposta que lo dibes aprop nos lo porteram la plus gran paga que podoram.

39. Item, crompam V liuras e meya de cira per far lo ciri pasquau; que costan, enclus VI sos per la fayson : I scut IIII sos VI dines.

40. Item, a XVII deudit mees, foc apuntat per lo conselh que

---

(1) Louise du Lin, fille de Thibaut du Lau et de Jeanne du Lin, dame d'Avéron et du Lin, avait épousé Jean de Viella, seigneur de Maumusson. Les enfants de Thibaut relevèrent les nom et armes de leur mère.

Arnauton de Lafitan et Johan Farga tornessan a Nogaro, ont se deben trobar los nobles e proprietatz e mossenh l'auditor per fer la sieta e per los foex de Barsalona; e ayxi y anan, e fen cochar XIIII scutz de despensa.

41. Item, a XXIII deudit mes, bengo lo collector perso que au jorn qui l'abem promes no l'abem portat pro argent, e nos bole fer absequtar ab hun saryant que menaba; en que apuntem ab et entro lo dibes a Nogaro.

42. Item, a XXVI deudit mes, foc apuntat per lo conselh que om paguessa X sos que hun presicador de Tholosa ave despensatz a l'oste, loquau presicador ave sermonat V o VI betz e puys apres s'en ana.

43. Item, lo ters jorn de abriu, crompam hun parelh de sabatos de baqua subersolatz per la garda; que costan : IIII sos VI dines.

44. Item, a IX deudit mes, agom los chrestians per caperar lo portau deu Cambadia; en que los pagam per despene affin que caperassan lodit portau en IIII jorns; que despensan au Feste: V sos.

45. Item, a XVI deudit mes, bengon messenhors de jutge e procurayre d'Armanhac, cant bisitaban lo pays; en que los termetom VI terseras de bin, de blanc, roge e claret; que costan : II sos.

46. Item, a XVII deudit mees, madama d'Armanahac nos termeto huna letra que contene que los enbaysadors qui lo pays ave termes dever nostre senhor lo Rey eran arribatz (1) e que era nos mandaba que lo XXIIII jorn de abriu nos nos trobessam a Jegun, ont era e los Statz de tot lo pays foran; ayxi que la dita letra foc messa en conselh, e foc apuntat que om y anessa, e atenut que los cosselhs eran en gran coenta de aver argent per lo collector e per spariar la despensa e jornaus de rosin, loguam Berdot deu Sobiran que y anessa e lo donam per despene VI sos. La reposta que lodit deu Sobiran torna foc dita en conselh, e la begada mossenhor d'Armanhac salhic de Castetgelos (2).

---

(1) Le seigneur d'Arblade et Jean de Job. Voir le compte précédent : art. 74, 77, 96.

(2) C'est le 25 avril que le comte d'Armagnac fut délivré de sa prison de Casteljaloux. Le Roi confia cette mission libératrice à Guinot de Lauzière,

47. Item, a xxvi deudit mees, mossenhor lo senescal d'Armanhac nos termeto huna letra que contene que per augunas causas que tocaban la honor e utilitat deu Rey e de mossenhor lo Compte e deu pays et nos mandaba, sus pena de confiscation de cors e de bens, que nos agossam a trobar a Leytora lo viiie jorn deu mees de may; ayxi que ladita letra foc messa en conselh, e foc apuntat que om y anessa; e ayxi a fem; dont Johanon de Mombet y ana; e cant foc tornat, reporta en conselh cum los nobles e gentz de

sénéchal du Quercy. Le mandement royal porte la date du 31 mars 1486. Le voici :
« Charles par la grace de Dieu, etc. A nostre amé et feal conseiller et mais-
« tre d'ostel Guinot de Losieres, seneschal de Quercy, salut. Comme par aul-
« cunes causes qui à ce nous ont meu, nous avons par l'advis des seigneurs de
« nostre sang et gens de nostre conseil ordonné et conclud faire amener devers
« nous nostre tres cher et amé cousin Charles d'Armanhac, estant de present,
« comme l'on dit, au lieu de Casteljaloux sous la tutelle et garde de nostre
« tres cher et amé cousin le sire d'Albret. Parquoy, en regard de la personne
« d'iceluy nostre cousin d'Armanhac, soit besoing commettre aulcune notable
« personne qui ayt la principale charge de l'aler querir et conduire devers nous.
« Pour laquelle cause..... vous mandons et commettons par ses presentes que
« à toute diligence vous vous transportiez audit lieu de Casteljaloux et ail-
« leurs où pourra estre nostre dit cousin Charles d'Armanhac, et icelluy vous
« faictes bailler et delivrer raulment et de faict par celuy ou ceulx que trou-
« verez en avoir la charge et garde, soit de par nostre dit cousin d'Albret ou
« autres quelconques, et l'amener devers nous, bien et honestement, ainsi que
« à son estat appartient, quelque part que soyons. Et pour ce faire contraignez
« et faictes contraindre tous ceulx qu'il appartiendra par toutes voies et manie-
« res dues et raisonnables, en y procedant sy besoing est à main forte et
« armée par maniere que l'auctorité et force nous en demeure. Et pour ce faire
« mandez et assemblez devers vous les nobles gens de nostre ban et arriere ban
« et autres gens de guerre de nos ordonnances, en tel nombre que verrez estre
« à faire, etc. Donné au bois de Vincennes le dernier jour de mars l'an de grace
« mil quatre cent quatre vingt et six, après Pasque, de nostre regne le troi-
« siesme. » (Original aux Archives départ. du Gers.)
Un article de l'inventaire des archives du comté d'Armagnac conservées au Trésor de Nérac fait mention du procès-verbal de la délivrance du comte d'Armagnac par Guinot de Lauzières, « auquel procès verbal est inserée la
« commission du roy Charles audit Guinot de Lauzieres, pour venir chercher
« Charles d'Armagnac qui estoit en guarde à Casteljeloux soubz la guarde du
« sire d'Albret, avec l'acquist et descharge des sieurs du Sendat et du Freichou
« quy en avoient la guarde audict Casteljeloux, ladicte commission de l'an
« mil IIIIᶜ LXXXVI au mois de mars et ladicte descharge du mois d'avril audit
« an. » (Arch. de Pau, E 239). Des lettres royaux de la même date, 31 mars, adressées au comte, lui enjoignaient d'aller trouver le Roi et déchargeaient le sire d'Albret de la garde de sa personne et de l'administration de ses biens. (*Ibid.*)

Gleysa se eran quasi consentitz de autreyar cauque donation que madama d'Armanhac ave feyta demandar per ne anar aprop mossenhor lo Compte (1); e ayxi metis mossenhor lo senescal demandaba lo abolugament deu pays; dont aqui lo pregan que lo plagossa de demora per v e vi jorns entro pertant que ac agosan remustrat au poble; dont lodit mossenh lo senescal foc content que om se trobessa a Jegun lo dimartz aprop.

48. Item, lo costa la copia deu mandament de las bolugas : II sos.

49. Item, crompam vi^c claus gros e vii^c L^{ta} de petitz per latar e per los cornales deu portau de Cambadia; que costan : xvii sos vi dines.

50. Item, foc apuntat que om fessa barrar la tapia que era casuda costa l'ostau de maste Ramon d'Argelos e de Bauton; e ayxi a fem; que costa : i scut ii sos. — Pagam hun piche de bin de marcat a bin; monta : iiii dines.

51. Item, lo segund jorn de may, bengo lo collector per sercar argent; dont lo prometom e juram de lo portar a Barsalona lo dityaus la plus gran partida de so que lo debem.

52. Item, a xiiii deudit mees, foc apuntat que Peyrot de Poges anassa a Nogaro saver si los cosselhs de Nogaro anaban a Jegun, ont eran statz mandatz de part mossenh lo senescal per las bolugas e de part Madama per la donation; dont, cant foc part dela a Nogaro, troba que Tibbaud de Sent Lana, cosso de Nogaro, ne bole anar enta Jegun; e lodit de Poges lo prega que prencossa la carca per nos; e ayxi a fe; e lodit de Poges s'en torna.

53. Item, a xviii deudit mes, termetom la garda a Nogaro can sabem que Tibbaud era bengut, per saver que ave besonhat ne que condaba; dont lodit de Sent Lana nos termeto huna letra que contene que l'endoman anassam a Nogaro per saver que ave besonhat.

54. Item, foc apuntat en conselh que l'endoman Johan Farga anessa a Nogaro saver so qui lodit de Sent Lana bole dise; e troba que lodit de Sent Lana lo disso que totz los pays aben autreyada la donation a Madama, ayxi que en la letra ne fase mention; e

(1) Pour aller au devant de monseigneur le Comte.

parelhament lo disso d'autras noelas, lasqualas lodit Fargua reporta en conselh, cant foc tornat.

55. Item, a xxii deudit mes, termetom hun home e hun saume a Nogaro per sercar las bergantinas de la bila, lasquals aven leysadas los balestes part dela; dont, can foc part dela, non podo trobar que las hunas, car las autras eran a Berdot Despalla en hun grae, que negun no sabe de qui eran, e puys se troban, e au present fon a Arnauton ·de Johan Lebe; ayxi que lodit mesatge s'en porta las hunas bergantinas.

56. Item, a xxv deudit mes, bengo lo tezaure de Madama per demandar e lhebar la donation de Madama; loqual nos demanda paga, e lo foc feyta resposta que nos no sabem punt que fossa stat autreyat ne au present no avem punt d'argent, mas que si los autres pagaban nos pagueram; e la begada disso lodit thezaure que a Nogaro l'aben pagat; e encontenent termetom la garda a Nogaro saver si era ayxi, e troba que no aven punt tot pagat, mas aven comensat de pagar.

57. Item, a la fin deudit mees, que era lo jorn de marcat, bengo lo collector disse cum lo thezaure lo soptaba (1) de far pagar, e que nos pregaba que lo fornisam tot so qui poscosam; ayxi que lo prometom de anar a Nogaro lo dives e de lo portar so que podoram.

58. Item, lo jorn susdit, mossenhor lo senescal d'Armanhac nos termeto huna letra que contene que et nos mandaba, sus pena de confiscation de cors [e] de bens, que nos agossam a trobar a Leytora lo iiii jorn de jun, e asso per aucunas causas que toquaban la honor e utilitat de nostre senhor lo Rey, e ayxi metis que portessam lo nombre de las bolugas, ayxi que per debant era stat mandat; laqual letra fo messa en conselh, e foc apuntat que om anessa a Nogaro saver los cosselhs de Nogaro si y anaban; en que Johan Farga y ana e parla ab los cosselhs de Nogaro, losquals lo disson que etz y aneran; per ayxi lodit Farga s'en torna.

59. Item, lo segund jorn de jun, ana Peyrot de Poges a Leytora, ayxi que mandat era stat; e cant foc part dela, aqui fen far segrament au Rey aus nobles e cossolatz de tot lo pays (2); e la

---

(1) *Soptaba*, pressait, harcelait.
(2) On a vu plus haut que le Roi en rendant à Charles Ier les terres d'Armagnac ne lui en avait concédé que la jouissance et le domaine.

begada mossenhor lo senescal demanda si aven portat lo nombre de las bolugas, ayxi que mandat los ave; dont lo fen resposta que no, car aqui no eran totz los deu pays ne om ne ave punt podut far lo denombrament de lasditas bolugas en ta petit de temps; ayxi que lodit mossenh senescal los manda sus grans penas que lo XII jorn aprop om se trobessa a Bic e portessa lasditas bolugas.

60. Item, a IIII deudit mees, bengo hun saryant de Condom, aperat Galaubet, per nos exequtar per tot lo pays per los quartes; de que lo massasim de bens mobles, e lodit saryant s'en torna; e pagam sa despensa.

61. Item, l'endoman, de bon matin, scriscom huna letra au collector cum lodit Galaubet era bengut part dessa e nos ave exequtatz, e que lo plagos que no fessa plus despensa, que per nostre costat nos feram deligensa.

62. Item, a VI deudit mees, bengo lo vespe lo capitayne Peyra-Bufier a l'ostaleria; dont foc apuntat per X o XII coselhes que om lo termetossa bin de present per la collation; e ayxi foc feyt; costa lo bin : II sos.

63. Item, foc apuntat per lo conselh que crompessam la trompeta au filh de Bernadon d'Argelos, per lo servici de la bila; e ayxi a fem; que costa : I scut XV sos.

64. Item, balham lo pont de l'Ariutort a Monon d'Arroques per lo adobar; que lo foc donat per sa pena : I sol VI dines.

65. Item, lo VIII jorn deudit mes, foc apuntat per lo conselh que om fessa hun rocle deus forans per los aliurar; e foc balhada carga a IIII o sinq presonatges, losquals despensan en pan e bin e carn : II sos IX dines.

66. Item, a IX deudit mees, bengo lo collector per saver si bolem pagar la donation de Madama o no; en que demorem ab luy que lo dimenge aprop om ac metora en conselh e lo dilus om lo fera resposta.

67. Item, a XIII deudit mees, balham a pretz feyt lo pont de l'Ador a terrar a Monon de Roquas; que costa marcat feyt : VI sos.

68. Item, a XIIII deudit mees, termetom la garda a Barsalona au collecto per far resposta de la donation de Madama, ayxi cum prometut l'abem, e los scriscom que si los autres pagaban que nos

pagueram, mas que nos donessa terme competent; loqual fec resposta que el no pode punt, car lo thezaure de Madama l'abe scriut que no a fessa.

69. Item, a XVI deudit mees, foc apuntat per lo conselh que Johan Farga anessa a Bic au conselh, ont eram statz mandatz, ayxi que par debant es stat dit; dont, can foc part dela, aqui fon las gentz deus Statz, gentz de Gleysa, nobles e proprietatz; e apunten enter etz que om fessa cauque donation a mossenh lo senescal; e ayxi a fen, que montaba I sol per foc, afin que lodit mossenh lo senescal agosa lo pays melhor per recomandat (1), e lo pregan que lo plagos donar hun terme de balhar l'abolugament entro que om fossa statz en las autras senescausias saver si balhaban lo abolugament; loqual foc content per VIII jorns. Dont lodit Farga reporta aquo en conselh, can foc bengut, e d'autras causas que seren longas a scribe. Despensa per et e per son rosin, que ste VI jorns e V neytz, e se tengo conselh XIIII o XV betz : I scut II sos.

70. Item, lo V jorn de julh, mossenh jutge mage (2) nos termeto huna letra que contene cum mossenhor lo senescal fora lo vespe en sta bila e menaba XXV rosins, e ayxi metis que cresosam lo portador de ladita letra de quo qui nos disora.

(1) Jean de Bosredon, baron de Larroque et d'Herman, avait succédé à Philippe de Voisins, baron de Montaut, dans la charge de sénéchal d'Armagnac. Les pouvoirs de ce dernier avaient expiré avec la sortie de prison de Charles d'Armagnac, au mois d'avril. La nomination de Jean de Bosredon est du commencement de mai 1486. Le 24 mai, les consuls de Lectoure lui font un présent en l'honneur de sa nouvelle arrivée « a mossenhe senescal nouelament trametut ». Le 28, il reçoit le serment de fidélité au Roi des consuls. (*Archives de la ville de Lectoure*, par M. P. Druilhet, p. 151, 152.) A l'exemple des consuls de Lectoure, les consuls de Riscle font au sénéchal un don de joyeux avènement. Il meurt à Lectoure. (Voir *Archives de Lectoure*, par P. Druilhet.)

(2) Le juge mage se nommait Jean du Tastet. Il était originaire de Valence en Fezensac ou des environs. L'inventaire des Archives du Trésor d'Armagnac au château de Lectoure, fait en 1612, porte la mention suivante : « Vendition « faicte par Jean du Tastet d'une maison bastie dans Valence à ung nommé « Bertrand, pour le prix de dix huit escus, l'année mil quatre cens soixante six. » (Arch. de Pau, E. 239.) C'est la première fois que nous trouvons dans ces comptes le juge d'appeaux désigné par le nom de *juge mage*, nom qui devait prévaloir dans la suite. Voici, d'après « l'Estat des receptes et des depenses des « terres d'Armaignac estans en Gascougne » pour l'année 1486, la liste des officiers de justice dans leur rang juridictionnel : le sénéchal, le juge d'appeaux,

71. Item, la vespe metis, ariba lodit mossenh senescal, e ab et xxv o xxx rosins e autantz homes, ont era mossenh jutge mage, lo procurayre deu Rey; en que sten duas sopadas e 1ª disnada; que foc apuntat per lo conselh que om los paguessa la despensa; que despensan en pan, bin blanc, roge et claret, motons, poralha, tesons, aucatz, fromatges, carn salada, oeus, oli, candelas, lenha, specias, fen, siuaza, luminaria, e colomatz, pastus, fromatyadas, crabotz e autras causas que seren trop longas a scribe; que montan : xi scutz vii sos iiii dines. — Plus, pagan a Miramunda de Daunasans per sa pena, que fec los pastus e fromatyadas : i sol.

72. Item, can mossenh senescal parti, nos manda que iiii^{te} jorns aprop fossam a Nogaro, ont foran totz los cossolatz, nobles e autras, e deja eran statz mandatz, e asso cant enpausan la crua de iii sos per foec e leysen las bolugas e arches qui demandaban; ayxi que Johan Farga e Johanon de Mombet y anan, e reportan en conselh so qui aven trobat.

73. Item, lo jorn de la Magdalena, termetom Caubet a Marciac a maste Guilhem Berdie saver cum anaba de nostre pleyt; e ladita garda portaba 1ª letra, ayxi que lodit maste Guilhem fec resposta au mesatge que et fora a Riscla en breu per abisar au cas e parleram e consulteram melhor nostre cas.

74. Item, a xiiii deudit mes, bengo maste Johan Chastanet, notari e cosso de Nogaro, loqual bie de Pau de parlar ab mossenhor de Labrit per nom de las proprietatz d'Armanhac sus los condes qui mossenh senescal nos demandaba de xiiii aus en sa deus arrendamentz de las vilas; loqual maste Johan disso que hun deus cosselhs de sta bila anessa l'endoman a Nogaro ausir la resposta que mossenh de Labrit l'abe feyta; ayxi que Peyrot de Poges y ana; e cant foc part dela, lodit Chastanet lo disso que mossenh de Labrit termeto huna letra a mossenh senescal, laquala letra et ave, mas que falhe que los cosselhs de Barsalona e de Anhan y fossan;

---

le juge d'Armagnac et de Fezensac deçà la Baïse, le juge de Lomagne, le bailli de Bruillois, le juge de Fezensaguet, le sénéchal d'Aure, le juge d'Aure, le procureur général, le procureur d'Armagnac et de Rivière-Basse, le procureur d'Eauzan, le procureur de Fezensac deçà la Baïse, le procureur de Fezensac delà la Baïse, le procureur de Lomagne et Bruillois, le procureur de Fezensaguet, le procureur d'Aure et Magnoac. (Archives départementales de Tarn-et-Garonne, fonds Armagnac.)

e enterprenco que lo dimenge aprop lodit de Poges y tornassa, e los de Barsalona e de Anhan y foran.

75. Item, a XVII deudit mes, bengo maste Guilhem Berdie, loqual conda en conselh cum anaba de nostre pleyt e cum Antoni de Lafita ave empetrat hun remboys en parlament per remboyar nostre pleyt a Leytora debant mossenh senescal; e aqui conda beucop de causas en conselh que seren longas a scribe.

76. Item, a XVIII deudit mees, bengo lo collector serca la resta deus II quartes e demandar la donation de Madama; auqual fem resposta que hun home de sta bila era lo dibes darre passat a Bic, ont era anada la trompa sus graus penas que om no paguessa aquera donation a Madama, e que nos no gauseram punt pagar e que podosam, mas au regard deus quartees nos y tribalheram lo melhor et le plus breu qui podoram.

77. Item, ana Peyrot de Poges a Nogaro, lo dimenge, ayxi que debant fe mention que eran demoratz que s'i deben trobar los cosselhs de Anhan et de Barsalona; dont, can foc part dela, no y troba sino que los cosselhs de Nogaro, e per ayxi no besonhan res, mas apuntan que lo dima[r]tz aprop y tornessan, car lo procurayre per mossenh de Labrit y debe esser, e per aventura et prencora la carga de portar la letra a mossenh senescal.

78. Item, lo susdit jorn, lo collector nos termeto huna letra que contene cum Jacmet e lo Menuze e Galaubet eran a Nogaro per lhebar l'argent de la crua darrerament enpausada, e que nos portessam l'argent lo vespe metis a Nogaro o sino agoram despensa; en que l'endoman bengon losditz saryans e nos exequtan en bens mobles, blatz e biis.

79. Item, a XXI deudit mes, termetom XVII scutz au collector sus lo pac de la crua.

80. Item, avem malhebatz e pagatz deu bayle de Gotz X o XII scutz per pagar ladita crua e la resta deus quartees, dont i ago de perda en V ducatz I leon I reau d'aur; que monta: III sos IIII dines.

81. Item, ana Peyrot de Poges a Nogaro lo dimartz, ayxi que era stat apuntat part dela; e can foc a Nogaro, troba los cossolatz e lo procurayre, e apunten que lodit procurayre anassa portar ladita letra audit mossenh senescal deus greuges qui nos fasse sus

so que demandaba los condes de xiiii ans en sa; mas atenut que no y ave sino que hun cosso de cada bila per far hun scindicat, apunten que lo dityaus aprop ii cosselhs de cada bila s'i trobesan per far hun scindicat.

82. Item, lo dityaus aprop, anan maste Johan de Baradat, scindic de sta bila, e Peyrot de Poges a Nogaro per far lodit scindicat; e feyt lodit scindicat, apunten (ont eran los cossolatz e lo procurayre) que lodit procurayre anessa a Leytora intimar ladita appellation debant mossenh senescal; e fo apuntat que cascuna de las bilas lo donessa mey scut per despene.

83. Item, a xxv deudit mes, fem adobar la comporta deu Cambadia que era rompuda, e y fem metre huna taula naba de corau; que costa, enclus la taula : vi sos iiii dines.

84. Item, foc apuntat que termetossam ii^{as} canas de arrosset a maste Domenges de Scriban, lasqualas maste Ramon Argelos e maste Johan de San-Guilhem l'aben promesas afin que agossa nostra causa recomandada; e ayxi a fem; que costa lodit drap : xv sos.

85. Item, a xxviii deudit mees, bengon Guion et lo Menuse per nos exeqütar per la donation de Madama; en que los fem resposta que eram inibitz de part lo Rey, e etz fen resposta que la man era lhebada.

86. Item, a vi de aost, los cosselhs de Nogaro nos termeton huna letra que contene que lo procurayre d'Armanhac era bengut de Leytora e que etz lo fasen demorar a Nogaro entro lo dimercles aprop afin que om se trobessa part dela totz amassa, e que mossenh senescal scribe huna letra a mossenh de Labrit, laqual nos portessam audit mossenh de Labrit a Pau. Laqual letra fo messa en conselh, e foc apuntat que Peyrot de Poges anassa a Nogaro saver si los cosselhs de Nogaro eran de oppinion que si mossenh de Labrit no era a Pau que om tiresa plus abant; e ayxi lodit de Poges y ana e remustra aquo aus cosselhs de Nogaro; losquals lo dison que entro que om sabossa si mossenh de Labrit y era o no que om no se botgesa punt.

87. Item, lo x jorn deudit mees, lo[s] cosselhs de Nogaro nos termeton huna letra que contene que nous cale punt anar a Nogaro entro lo dimenge aprop, mas que la begada om s'i trobessa; dont

ladita letra foc messa en conselh e foc apuntat que Johano de Mombet e Peyrot de Poges y anassan; e ayxi a feu; e cant fon part dela, troban lodit procurayre e la plus gran partida de totz los cossolatz; en que lodit procurayre mustra per sturment cum et ave intimada ladita apellation; e foc apuntat aqui metis que lodit procurayre anassa a Tholosa relevar l'apel; e aqui apunten que Nogaro, Ariscla e Barsalona e Auhan cascun de lor fornisa III scutz, compres mey scut que cascun ave fornit; e demoran que lo dimercles aprop cascun portassa ladita soma a Nogaro.

88. Item, l'endoman de Sent Berthomiu, bengon Jacmet e hun saryant e anaban en Arribera entau Castetnau per la donation de Madama lhebar; en que nos demandan si bolem pagar o no, que lo Rey ave lhebada la man misa (1); dont los fem resposta que en breu nos los agoram prest l'argent.

89. Item, a XII deudit mees, foc apuntat que om paguessa lo logue de l'ostau a Johan de Lafita ont las scolas se thenen, que l'era degut de II ans, exeptat que ne ave prees deus cosselhs passatz l'on aven pagatz V sos IIII dines, e ayxi restaba que l'era degut conde finat ab et metis; que monta: I scut XV sos IIII dines.

90. Item, a XXIII deudit mes, Peyrot de Sent-Aubin, de Nogaro, nos aporta huna letra miseria (2) de Leytora en fora, laqual nostre advocat nos termete, laqual contene nostre pleyt en que era, e ayxi metis nos termeto la copia de la demanda qui Anthoni de Lafita ave feyta a Leytora.

91. Item, a XXVIII deudit mees, mossenh jutge d'Armanhac Puntos troba Johan Farga a Nogaro au marcat; en que lo fec arrastar e puys lo demanda II scutz per la licensa deus arrendamentz; en que lodit Farga lo fec resposta que etz aven agut licensa de mossenh Arnaud-Guilhem de Lauverio qui era jutge per la begada. En que maste Johan deu Baradat apunta que lodit Farga s'en bengossa lo matin ab tant que jurassa de termetre

---

(1) La main mise par le Roi sur les domaines d'Armagnac le 12 octobre 1485. — L'Inventaire des Archives de la maison d'Albret fait ainsi mention de cette main-mise : « Lettres du roi Charles VIII par laquelle il est ordonné de « saisir et mettre sous sa main toutes les terres et seigneuries du comte d'Ar- « magnac desquelles le sire d'Albret avait l'administration, du 12 octobre 1485. » (Arch. de Pau.)

(2) Lettre missive.

mustrar la letra de la licensa audit mossenh jutge lo ters jorn aprop.

92. Item, lo segund jorn deu mes de seteme, termeton la garda a Nogaro portar la letra de la licensa per la mustrar a mossenh jutge.

93. Item, a xxviii deudit mes, los cosselhs de Nogaro nos scriscon huna letra, [que] contene cum lo procurayre era stat a Tholosa relebar a l'encontra de mossenhor lo senescal e era stat a Leytora e ave feyt inibir mossenh senescal e sa cort, e que la jornada era asignada au prume jorn juridic aprop Sent Martin, e que nos trobassam a Nogaro lo dimercles aprop per donar ordre a proseguir la causa.

94. Item, lo dimercles aprop, foc apuntat que Johan Farga anessa a Nogaro, on eran los autres cossolatz qui aven part en las letras de l'apel; en que aqui no fo punt lodit procurayre, mas foc apuntat que las bilas fornisan cada ii scutz per pagar audit procurayre sa despensa, e los lox deben fornir per lor quota per termete a Tholosa a la jornada.

95. Item, a xiiii de octobre, bengo lo procurayre per mossenhor de Labrit a l'ostaleria; en que foc apuntat per vii o viii homes deu conselh que om lo termetossa collation: e ayxi a fen; que costa : viii dines.

96. Item, a xxii deudit mes, termetom la garda Anhan saver si etz pagaban la donation de Madama.

97. Item, pagan de marcat a bin, cant logan l'ostau de Berdot de Meyloc per la scola; que monta : x dines.

98. Item, lo segund jorn de novembre, foc apuntat que om termetossa Aux ont eram mandatz de part lo Rey per debant lo baliu de Macon (1); en que pregan a maste Johan deu Baradat que lo plagos de y anar. E aysi a fec e reporta en conselh, can foc

---

(1) Jean de La Roche, seigneur de Chabanes, bailli de Mâcon. Après la sortie de prison du comte d'Armagnac, et pour prévenir l'abus que l'on pourrait faire de sa faiblesse d'esprit, le Roi, par lettres du 22 octobre 1486, chargea le bailli de Mâcon, Jean de la Gardete, seigneur de Fontenalhes, bailli de Viennois, et Guinot de Lauzière, sénéchal du Quercy, de régir et d'administrer les biens de la maison d'Armagnac. (Chronique de Bonal, *comté et comtes de Rodez*, libvre quatriesme, chap. x.)

tornat, so qui part dela ave auzit ne trobat; e lo foc balhat per despene : XII sos.

99. Item, a IIII deudit mes, termeton hun rosin a maste Johan de Baradat per benir part dessa, e asso sus lo feyt de la donation de Madama e per so de Marciac taben; en que lodit maste Johan no y foc punt.

100. Item, a VI deudit mees, bengo lo collector ab Uguet Maurin per nos exequtar per la donation de Madama; en que apunten ab lu entro a Nogaro lo dives.

101. Item, lo dives aprop, ana Johan Farga a Nogaro saver si los de Nogaro pagaban aquera donation o no, atenut que hun servidor de mossenh senescal era bengut sta bila far cridar a bot de trompa que om no fosa si ausart de ne pagar I dine sus grans penas; en que los de Nogaro lo dison que etz pagaban. E cant lo tezaure de Madama sabo que eran aqui gentz de Riscla, fec arastar lodit Farga e Arnauton de Lafitan e d'autres; en que losditz de Lafitan e Farga, afin que totz los arrastaz s'en anessan, juran e se obligan de benir respone de paga au collector dequi a IIII jorns o de tenir lo rest a Nogaro; e ayxi s'en torna.

102. Item, a IX deudit mees, foc apuntat que maste Johan de San-Guilhem anassa a Marciac per balhar carga e argent a maste Guilhem Berdie per empetrar letras a Tolosa per remboyar nostre pleyt de Leytora en fora a Marciac; ayxi que lodit de San-Guilhem porta audit maste Guilhem Berdie la soma de I scut IX sos.

103. Item, a X deudit mees, foc apuntat que om termetosa Aux a maste Guilhem Boelhio far far huna cedula; e ayxi foc feyt, e foc balhat audit Boelhio : VI sos : — Item, ana lodit mesatge de Aux en fora a Leytora portar ladita cedula a nostre advocat e lo balha IIII sos. Despensa lodit mesatge en anar e tornar : XI sos.

104. Item, agom la copia de hun mandament que mossenh senescal nos termeto que no agossam a pagar la donation a Madama; que costa ladita copia : VIII dines.

105. Item, a XVII deudit mes, bengo le thesaure de Madama ab IIII saryans e nos exequta en bens mobles; en que apuntam ab et que nos dona terme per VIII jorns.

106. Item, lo jorn de Sancta Katerina, fon arrastatz a Barsalona Johan Farga, Bernadon de Lafitan e beucop d'autres, e los foc

prees draps, marchandissa; e asso tant per la donation de mossenh senescal que per so de Madama; en que sten la neyt a Barsalona arrastatz. Despensa lodit de Lafarga, a causa deudit arrastament; que monta: VIII sos.

107. Item, lo VIII jorn de decembre, termetom hun mesatge ab huna letra a la molhe deu collector, laqual letra lo collector lo termete, que contene que balhessa au portado de ladita letra los draps qui eran statz prees, per las donations de Madama et de mossenh senescal.

108. Item, agon de perda en VI pipas de bin que malhebam e parelhament las benom; ayxi que en las v pipas se pergon en cascuna IX sos; monta ladita perda : II scutz IX sos.

109. Item, de conscentement de la plus gran partida de las gentz deu conselh, fem far huna pelha de coe a Vidau; en que costa ladita pelha, enclus hun piche de bin que pagam aus qui la y bestin : IX sos.

110. Item, fem barrar e adobar la tapia darrer l'ostau de Leberon de Poges au Castet; que costa de far adobar : X sos.

REDDITION DES COMPTES DE 1486.

L'an mil IIII^c LXXXVI (1487) e lo ters jorn deu mes de marts, stantz en l'ostau de Johan Farga, lodit Johan, Ramon de Sobauera, Johanon de Mombet e Peyrot de Poges, cosselhs en l'an darrer passat mil IIII^c LXXXV e finit l'an susdit en la festa de la Natibitat de Nostre Senhor, reddon lor comde deus bens e causas que aven aministrat de la bila e per los negocis de quera.

Recettes. — Mostran que aven recebut en tres talhas balhadas per ladita bila, que montan en huna soma, deduzitz totz greuges, XXe diner e gatges, la soma de tres centz XXXXIIII scutz sinq sos tres dines. — Item, mostran que aven recebut per lo fiu qui an acostumat pagar los cosselhs de Cahuzac, sinq scutz seys sos; — en lo rendament de l'oli, candelas, peys salat, detz scutz; — en lo rendament deu mazet e teberna, quaranta scutz; etc. — que montan totas lasditas somas en huna soma : quatre centz hoeytanta e sinq scutz quatre sos e dus dines.

Dépenses. — E aqui metis, mostran que aven despensat a profeyt e utilitat de ladita vila la soma de quatre centz seysanta e tres scutz seys sos e onze dines.

E foc reddut lo present conde en presencia de Leberon de Poges, etc., e de mi Johan de Baradat qui ey senhat lo present comde d'autra man scriut.

J. DE BARADATO.

XXX.

COMPTES DE L'ANNÉE 1487.

DÉPENSES.

SOMMAIRE : 1. Paiement du fief de la Barthe par les consuls de Cahuzac. — 2. Convocation des consuls à Auch pour l'impôt des lances. — 3. Assemblée des États à Auch; demande d'un subside pour le comte d'Armagnac. — 4. Nomination du collecteur. — 5-9. Procès Armentieu. — 10. Achat de poutres pour le pont de l'Adour. — 11 et 12. Réparations aux portes de la ville. — 13-15. Annonce du prochain passage des gens d'armes du sire d'Albret. — 16-17. Travaux aux fossés de la ville et au pont Taste. — 18. Les gens du sire d'Albret veulent s'emparer de Barcelonne et de Riscle. — 19-21. Visite annuelle du juge et du procureur d'Armagnac. — 22. Passage des gens du sire d'Albret; gardes placés aux portes de Riscle. — 23. Barrage du pont du Rieutort. — 24. Les consuls de Riscle vont rendre visite au sénéchal d'Aure à Saint-Mont. — 25. Procès Armentieu. — 26. Cierge pascal. — 27-29. Travaux aux fortifications. — 30. Serment prêté aux consuls et au baile de Riscle par les chefs de maison. — 31 et 32. Continuation des travaux de défense. — 33. Assemblée des États à Lectoure; le captal de Buch demande 1,200 livres au pays d'Armagnac; refus des États. — 34. Travaux aux murs de Riscle. — 35. Conseil tenu à Nogaro, au sujet de la demande du captal. — 36. Le juge, le procureur et le trésorier d'Armagnac viennent à Riscle et veulent emmener le baile. — 37. Procès Armentieu. — 38. Enquête faite par deux commissaires royaux contre ceux qui auraient accepté de l'argent des archers et arbalétriers. — 39. Passage des troupes du sire d'Albret; M. de Violes empêche les soldats d'entrer dans Riscle. — 40 et 41. Décri des monnaies du pays. — 42. Assemblée à Auch, pour l'assiette des archers. — 43. Réparations aux chemins, ponts et portes. — 44 et 45. Procès Camortères. — 46. Conseil tenu à Nogaro; M. de Vergoignan demande un subside pour le sénéchal d'Armagnac. — 47. Procès Camortères. —

ANNÉE 1487.

48. Réponse à M. de Vergoignan. — 49. Procès Camortères. — 50. On fait recouvrir la halle et le pont du moulin. — 51. Loyer de l'école. — 52. Réparations au pont de la porte de Cambadie. — 53-56. Convocation des États à Lanne-Soubiran par M. de Termes, chargé de demander un subside pour le comte d'Armagnac; on envoie un message à Vic et à Auch pour savoir la décision prise à ce sujet. — 57 et 58. Procès Armentieu. — 59. Assemblée tenue à Auch; il y est question de l'envoi d'une ambassade à la cour, de la demande d'un subside par le sénéchal et d'un projet de mariage d'une demoiselle de la maison d'Armagnac. — 60. Réception d'une lettre d'Alain d'Albret, convoquant les consuls du pays à Nogaro; les consuls de Nogaro, Barcelonne, Riscle, Aignan, etc., décident de ne point s'y rendre. — 61 et 62. Demande d'un subside de 2 écus par feu pour le sire d'Albret. — 63. Conseil tenu à Auch. — 64-89. Dépenses relatives à l'habillement et armement des francs-archers, en vertu d'une ordonnance de Charles VIII. — 90-95. Dépenses faites pour l'envoi de dix arbalétriers à Marmande.

Despensa feyta per Johan deu Porte, Videt deu Magenc, Berdot d'Argelos e Peyron d'Angles, cosselhs de la present billa de Riscla en l'an mil IIII^c IIII^{xx} e seys, comensan a la festa de Nadau en l'an susdit e finidors en l'an mil IIII^c IIII^{xx} e set a la festa de Nadau.

1. Despensam lo ters jorn de Nadau, cant los cosselhs de Cahusac bengon pagar lo fiu qui fen a la vila annuaument per la Barta, que los donam collation; que costa: XI dines.

2. Item, l'endoman apres, los comissaris per nostre senhor lo Rey a enpausar los dines de las lansas nos mandan per huna letra que nos agossam a trobar lo segund jorn de gener Aux; laqual letra foc messa e remustrada en conselh, e foc apuntat que termetossam a Nogaro a maste Johan de Baradat que y fossa per nom de nos; e foc apuntat que lo donessam per sa despensa XII sos: e ayxi los y termetom per la garda, e lodit maste Johan ana a Aux per nom de nos; e cant foc tornat refferi e remostra en conselh so qui ave bist e ausit.

3. Item, a XII de gener, fom mandatz Aux au conselh ont se deben trobar los tres Statz deu pays; en que lodit mandament foc mes en conselh e foc apuntat que om termetossa a Nogaro saver ab maste Johan de Baradat si los de Nogaro y anaban; loqual fec resposta que etz y bolen anar; en que foc apuntat que Videt deu Magenc y anessa; e ayxi a fec; e cant foc tornat remustra en conselh cum y ave agutz auguns per nom de mossenhor lo Comte

que demandaban auguna donation; e ayxi metis lodit Videt disso la resposta qui los era stada feyta e d'autras causas, lasqualas ave part dela vistas e ausidas. Despensa per et e per son rosin, que monta : xv sos x dines.

4. Item, a xxii deudit mees, fom mandatz a Nogaro au conselh ont se deben trobar los nobles e los [cosso]latz deu pays per far lo collector; en que foc apuntat que Videt deu Magenc y anessa; e ayxi a fec; e cant foc tornat remustra e disso so qui ave bist ne ausit part dela.

5. Item, a xxv deudit mees, Arnauton de Lafitan nos porta huna letra de Leytora en fora de nostre advocat, laquala contie cum auguna ordenansa era stada balhada a Leytora que reponossam part dela sus lo pleyt de la bila e de Anthoni de Lafarga; dont ladita letra foc messa en conselh e foc apuntat que nos termetossam ladita letra a maste Guilhem Berdie a Marciac; e ayxi y termetom la garda; e cant ladita garda bengo, aporta huna letra de la cort de mossenh lo jutge d'Arribera per adjornar auguns testimonis a Marciac sus lo susdit pleyt e per far nostra inquesta. Costa ladita letra e saget : i sol.

6. Item, foc aqui metis apuntat que termetosam la letra susdita a maste Johan deu Baradat per saver cum nos y debem gobernar; e ayxi a fem; dont lodit maste Johan nos fec resposta que nos no y podem ren far sino que agossam la copia de la resposta qui lodit Anthoni ave feyta a nostres articles.

7. Item, a xxvii deudit mees, termetom la garda a Marciac ab huna letra de part tot lo conselh que nos termetossa la resposta susdita, e ayxi metis que nos bolosse alongar la jornada deus testimonis, per[so que] lo terme era hun petit cort e los camis eran [pl]oyos e fangos. Dont lodit maste Guilhem nos termeto ladita copia e alonga ladita jornada.

8. Item, a xxix deudit, logam Manauton Trobat, saryant, per adjornar auguns testimonis de Sent-Mont, de Bielaa, de Lagrua, de Maumusson, de Serag[achies] e de Riscla, e asso per far nostra inquesta toquan lo pleyt deudit de Lafarga; en que foc apuntat que donessam ausdits testimonis a disna; e ayxi a fem; despensan en pan e bin, que eran xxiii o xxiiii homes; que monta : iii sos v dines.

9. Item, a xxx deudit mees, foc apuntat que Peyron d'Angles anassa a Marciac parlar ab maste Guilhem Berdie per saver la maneyra cum los susditz testimonis eran ops interrogatz; dont lodit maste Guilhem lo fec resposta que entro que et fossa stat part dessa o termetut no nos cale punt botyar.

10. Item, a xi de feure, crompam vi arrassas (1) e meya de tenhos de Menyon deus Sous, de Sent-Martin, per far adobar lo pont de l'Arros; que costan lasditas arrassas e meya garnidas, enclus lo carrey, que monta : vi sos viii dines.

11. Item, a xvii deudit mees, fem adobar la comporta e y fem de nau mete hun capmatras e los trebesees au trebes.

12. Item, a xix deudit mees, fem metre huna bota e peyras e mortee a la porta deu castet, laqual no se pode punt barra.

13. Item, a xxi deudit mees, agom noelas que las gens d'armas de mossenh de Labrit deben passa; en que foc apuntat que termetossam Manauton Trobat per las bordas far saber aus bordales que recaptassan lors bens dezens la bila.

14. Item, lo jorn susdit, crompam huna pessa de fusta per far huna palanca au goa Lesce per pasar las susditas gentz d'armas; costa ladita palanca : vi sos.

15. Item, a xxiii deudit mees, hun caperan de Sent-Mont nos termeto huna letra, que contie cum hun gentilhome l'abe dit que nos fessa assaver que stesam en nostra garda per aqueras gentz qui deben passar; en que foc apuntat que termetossam la garda a Sent-Mont saver qui era lodit caperan; e ayxi a fem.

16. Item, a xxvi deudit mees, agom iiii^{te} homes de besiau per far carreyar broc e staquas per far barrar e adobar los costons deus baratz.

17. Item, a xxviii deudit mees, agom de beziau vi carrates per carreyar broc per clabe lo cap deu Pontasta, e ayxi metis au Sesquet e debant lo Sansaneron.

18. Item, lo prumer jorn de mars, bengo mossenh de Piis (2), loqual nos disso cum hun home l'abe dit que las gentz de mosenh

(1) Rase, mesure de longueur évaluée à 46 centimètres.
(2) Déodat de Thèze, seigneur de Pis, aux environs de Riscle, donna procuration à son fils Jean de Thèze et à Bernard de Thèze, seigneur de Cadeillon, le 4 février 1484, pour poursuivre judiciairement Bertrand de Viella, seigneur

de Labrit bolen prene Barsalona e Ariscla; dont foc apuntat que om fessa saber a Nogaro aus de Barsalona; e ayxi a fem.

19. Item, a IIII deudit mees, mosenh lo jutge nos termeto huna letra que contie cum et e lo procurayre deben esser aneyt assi, e que lo serquasam lotgis en la bila.

20. Item, cant messenhors de jutge e procurayre fon bengutz per bisitar, ayxi que es acostumat, foc apuntat que los paguessam la despensa.

21. Item, cant lo susdit mossenh procurayre s'en ana, et metis nos adjorna a Nogaro, perso que no lo bolem balhar III scutz que nos demandaba per la bisita, e d'autra part II scutz que lo debem deu biatge qui ave feyt per lo pays a Toloza sus lo pleyt qui lo pays ave ab mossenh lo senescal.

22. Item, hun jorn de marcat, foc apuntat que, atenut que las gentz d'armas de mossenh de Labrit passaban totjorn, que om agossa gardas a las portas ab arnes, affin que fama fossa autorn que nos fasem bon goeyt; en que agom lo susdit jorn XXVI homes ; que foc apuntat que los donassam sengles ardit per beue; monta : V sos II dines.

23. Item, l'endoman, agom dus homes de besiau per far II cars de staquas e de paus per barrar lo cap deu pont de l'Ariutort e lo coston deu barat.

24. Item, a IX deudit mees, foc apuntat que la hun deus cosselhs anassa a Sent-Mont parlar ab mossenh senescal d'Aura, que era la begada a Sent-Mont, e lo pregar de part los cosselhs e habitantz de ladita villa que lo plagos de tenir la bila per recomandada e que si a luy era possible que nos gardessa de lotgis; loqual fec resposta que lo ben e honor qui et podora far per la vila a fera tres bolentes.

de Rosès. (Min. de Chastenet, notaire à Nogaro ; Arch. du Séminaire, fonds des notaires.)

Noble et discret Jean de Thèze, prêtre, habitant de Sarragachies, héritier bénéficiaire de noble Bernard de Thèze, seigneur de Cadeillon, mort récemment à Toulouse, fit payer les dettes de la succession, pour l'honneur du décédé, à Oddinet Le Mercier, bourgeois de Toulouse et trésorier des lances du Roi, à noble de Montastruc, maître d'hôtel du sénéchal de Toulouse, et à Jean de Verdusan, prêtre, recteur de « Cambiato », 1487. (*Ibid.*)

Sans-Aner de Thèze, seigneur de Pis, donne à fief une pièce de terre, 4 août 1492. (*Ibid.*)

25. Item, a xv deudit mees, bengo hun grafie de Leytora, loqual nos fec exequtar per xxxiiii sos tornes que demandaba per scripturas que ave feytas per lo pleyt de Anthoni de Lafarga; en que foc apuntat per lo conselh que nos autres anessam parlar ab lodit grafie e apuntessam au melhor marcat qui podosam; e ayxi apuntam que lo donessam hun franc de Rey e lo tregossam de la ostaleria a et e a sson saryant; e ayxi a fem.

26. Item, fem far lo ciri pasquau a Peyrot de Poges e y metom vii liuras de cera mes que no y ave, losquals vii liuras costan cascuna iii sos e monta: i scut iii sos. — Plus, pagam de minga deudit ciri per xxv liuras que pesaba tot, que monta ladita minga i liura e meya e i once, e enclus ii petitz ciris que fem far ab deu Dityaus Sant; monta: viii sos e mey. — Plus, pagam audit de Poges per la fayson deudit ciri: vi sos.

27. Item, a xxvi deudit mees, foc ordenat que agossam set o viii carrates e xxx o xxxx homes de besiau, e asso per darrigar, carcar, carreyar, bardeyar terra (1) per far las tapias de la bila a Laubada e ayxi metis pres de l'ostau de maste Pey Fontanhera e au Curt; en que los donam pan e bin; que costa: iiii sos iii dines.

28. Item, lo segund jorn de abriu, agom xx homes de besiau per far lo bart e las tapias au susdit loc.

29. Item, a xi deudit mees, foc ordenat que fessam carreyar terra a la plassa de maste Johan de Mostayon e au portau; e ayxi a fem; que agom de besiau xvi homes; e fem mete en lodit portau ii platas, hun enchees e v colanas.

30. Item, lo jorn metis, foc apuntat que termetossam la garda Armentiu, a Balambitz, a Lana-Jusan, a Lana-Blanqua e au Bedat aus bordales a cascun cap de ostau que bengossan far las mustras per debant los cosselhs e bayle, e ayxi metis far segrament de esser bons e leyaus a nostre sobiran senhor lo Rey e a la bila.

31. Item, a xiii deudit mees, agom de besiau viii homes per far lo bart e terrar lo portau debat part.

32. Item, a xiiii deudit mees, agom xv homes de besiau e iiii homes per gardar las portas, e asso per puyar las tapias de

---

(1) *Bardeyar*, gâcher la terre.

Bartuca e de Guilhot de Beret, e per terrar lo sole de desus deu portau.

33. Item, a xvi deudit mees, mossenh lo senescal nos termeto huna letra, per laquala nos mandaba de part lo Rey, e sus pena de confiscation de cors e de bens, que nos agossam a trobar en la ciutat de Leytora, e asso per ausir augunas causas, lasqualas nos foran remustradas part dela; laqual letra foc messa en conselh e foc apuntat que Videt deu Magenc y anessa; e aysi a fec; e cant foc part dela, aqui foc mossenh lo Capdaur (1) o home per luy, loqual bole [co]lhe xii^c liuras en lo pays; e ayxi metis y fon remustradas d'autras causas, lascalas lodit deu Magenc refferi can foc tornat en conselh; e la begada los Statz de tot lo pays se aperan de la comission o mandament deudit Capdaur, e foc aqui apuntat que l'endoman de la Ascention dus homes de cada recepta se trobessan a Leytora per intimar l'apel.

34. Item, a xvii deudit mees, foc ordenat que fessam anar las gardas tortissar lo portau e puyar las tapias hun petit plus fautas au Curt.

35. Item, a xx deudit mees, fom mandatz au conselh a Nogaro, out se deben trobar los nobles e proprietatz, e asso sus lo biatge qui aven affar l'endoman de la Ascention a Leytora; e foc apuntat que Videt deu Magenc y anessa; e cant foc a Nogaro, aqui foc remustrat so qui mossenh lo Capdau demandaba, e foc apuntat que hun cosselh de Nogaro e autre de Barsalona y anessan e continuessan l'apel; e foc ayxi metis apuntat que cascuna proprietat portessa ix sos en la man deus cosselhs de Nogaro per seguir lodit apel. — Item, cant foc part dessa, remustra so desus en conselh, e foc apuntat que termetossam losditz ix sos audit cosselh de Nogaro.

36. Item, a xxviii deudit mees, bengon messenhors de jutge, procurayre e tezaure, e asso cant ne bolen menar lo bayle; en que nos e d'autres de la bila lo pregam que no nos fessan rompe nostres prebiletges ne costumas.

37. Item, nos termeto maste Guilhem Berdie hun mesatge ab

---

(1) « Capdaur », captal. — Gaston II de Foix, comte de Candalle et de Benauges, *captal de Buch*, lieutenant général au gouvernement de Guyenne, en 1487.

huna letra, laqual contie cum mossenh lo jutge de Ribera era bengut de Tolosa e ave deliberat de benir far nostra inquesta part desa, ayxi que Anthoni lo requeriba; foc ordenat que mossenh Johan Farga e Johan deu Porte anessan a Marciac per obbiar que lodit mossenh lo jutge no bengossa.

38. Item, lo darrer jorn deudit mees, bengon II comisaris per lo Rey et de part mossenh senescal per far augunas enquestas e informations contra auguns que om dise que aven presa ranson e finansa deus arches e balestes qui eran statz mandatz e eligitz.

39. Item, cant las gentz d'armas de mossenh de Labrit passaban, mossenhor de Biolas (1) nos termeto hun son servidor a cabat tot batent; loqual nos disso que gran nombre de gentz, qui Castilhanos qui autres, deben passar assi encontenent, e fessam bona garda (2). E tantost lodit mossenh de Biolas s'en bengo ab lasditas gentz d'armas e los dona conduta per defora, e lodit mossenh de Biolas ana debarar a l'ostaleria; e foc apuntat que om lo paguessa la despensa.

40. Item, a XVII de may, bengo Uguet Maurin de part lo

(1) Jean d'Armagnac, seigneur de Violes, fils du seigneur de Termes. On a vu son mariage au compte de 1485, art. 21.

(2) Ces mouvements de troupes et la levée des francs-archers que l'on trouvera plus loin nécessitent une explication. Nous sommes au moment de la guerre de Bretagne. Le roi de France, Maximilien d'Autriche et Alain d'Albret se disputaient le duché et la main d'Anne de Bretagne. Obligé une première fois de traiter avec le roi de France, Alain avait d'abord renoncé à ses prétentions et était rentré dans ses États. Mais la guerre s'étant rallumée entre les régents de Bretagne et Charles VIII, Alain, lié par son traité, reprit les armes au commencement de 1487 et se mit en route pour aller rejoindre le Roi. Il était en Périgord lorsqu'il reçut un envoyé des régents de Bretagne lui promettant la main d'Anne s'il voulait se joindre à eux, pour repousser les troupes royales. Alain se laissa séduire. Au lieu de continuer sa marche vers Charles VIII, il se dirigea avec plusieurs milliers de soldats du côté des régents, mais, en traversant le Limousin, il trouva l'armée du Roi qui l'empêcha de passer. Il revint alors en Gascogne, se rendit de là en Navarre, puis en Castille pour augmenter son armée, et à la tête de quatre mille hommes et de mille chevaux de la Gascogne il prit la mer à Saint-Sébastien et débarqua en Bretagne dans les premiers jours de 1488 — Voir sur cette guerre de Bretagne, le travail de M. Clément Simon : *Alain d'Albret et la succession de Bretagne*, Pau, 1874.

L'Armagnac, engagé au sire d'Albret depuis la sortie de prison du comte Charles en 1484, entouré d'ailleurs par les terres du domaine d'Albret, ressentit les contre-coups de cette expédition de Bretagne. Nous en trouverons plus d'une trace dans ce compte et dans le suivant.

collector, loqual nos disso que lo tezaure no bole punt prene totas monedas, e que l'aur era debaysat, e que besonhesam en fayson que lo dityaus aprop et agossa son argent a Barsalona.

41. Item, a xxi deudit mees, bengo Ramoned, servidor deu collecto, ab huna letra que foc mustrada e legida en conselh, laquala contie cum et no prencora punt aur ne moneda sino que per aquet mees sino que a la crida que lo Rey ave feyta.

42. Item, a iiii de jun, mossenhor senescal nos termeto huna letra per laquala nos mandaba de part lo Rey, sus grans penas, que nos agossam a trobar Aux vi jorns aprop, e asso per ausir hun mandament e comission reala, e ayxi metis per vezer far la assieta deus archees e d'autras causas que dise que foran a profeyt de la causa publica; laqual letra foc messa en conselh, e foc apuntat que Johan deu Porte e Johan Farga y anessan; e ayxi a fen; e cant fon retornatz remustran en conselh so que part dela aven trobat ne ausit.

43. Item, a xi deudit mees, bengo hun comisari per far adobar los camis e pontz e comportas; dont foc apuntat que termetossam saver a Nogaro e vezer los cosselhs de Nogaro cum ne fasen; e ayxi a fem; e l'endoman lo mesatge aporta per scriut la fayson cum etz ne aven feyt.

44. Item, a xxvii deudit mees, foc apuntat que om termetosa hun rosin a maste Johan de[u] Baradat a Nogaro per bie part dessa per nos acosselhar sus huna letra que maste Guilhem Berdie nos ave termesa sus huns articles que avem besoy anar far Aux. E cant lodit maste Johan foc bengut, foc apuntat que et metis anassa Aux, loqual foc content.

45. Item, cant maste Johan deu Baradat foc bengut de Aux, nos disso cum et no ave punt podut besonhar Aux a causa que era jorn de fera Aux e a causa que no ave portadas totas las pessas, mas que tormctossam a Marciac sercar la copia deus prumes articles que eran statz feytz e produsitz en lo pleyt qui la bila ave ab lo senhor de Camorteras.

46. Item, a iii de julh, mossenh senescal nos manda per huna letra que lo viime jorn deudit mees, nos trobessam a Nogaro, ont el se debe trobar e d'autra part se deben trobar los nobles e proprietatz deu pays; la susdita letra foc messa en conselh, e foc apuntat

que Johan deu Porte y anessa ; e ayxi a fec ; e cant foc part dela, aqui fon la huna partida deus nobles e proprietatz deu pays, e y foc mossenh de Bergonhan (1), comis e deputat per mossenh senescal ad aquetz actes; loqual remustra en conselh augunas causas que seren longas a scribe ; lasqualas lodit deu Porte remustra en conselh, cant foc tornat. E en aquet biatge no conclusin re, mas foc ordenat que lo x jorn deudit mees cascun tornassa far.... (2) e resposta a so que lodit de Bergonhaa ave remustrat.

47. Item, foc apuntat que maste Johan de San-Guilhem anessa Aux portar la copia deus prumes articles qui eran statz producitz en lo pleyt qui la bila ave ab mossenhor de Camorteras (3), e ayxi metis portar las autras pessas qui maste Johan deu Baradat ave refferit que y falhiban, e que parlassa a mossenh de Lauverio, ayxi cum lodit de Baradat ave enterprees ab lodit de Lauverio a l'autre biatge. Dont lodit de San-Guilhem y ana ; e can foc part dela, parla ab lodit Lauverio ; loqual lo fec resposta que au present no era punt aysit de y besonhar a causa de huna inquesta que ave a far per lo capitol, mas lo disso que hun jorn en breu maste Johan de Baradat y anessa e que el y besonhera la begada. Dont lodit de San-Guilhem, ausit aquo, balha audit de Lauverio per visitar lasditas pessas : XVI sos.

48. Item, lo x jorn deudit mees, foc apuntat que Johan deu Porte tornassa a Nogaro far la resposta a mossenh de Bergonhan, ayxi que desus era stat enterpres, so es de las causas qui eran stadas ubertas e demandadas tant per lo biatge qui bolen far a la cort que de auguna donation que mossenh senescal demandaba ; laqual resposta foc comunicada a Nogaro ab los autres conselhs ; que disson que per lo present no y poden entene, atenut las grans cargas e despensas qui lo pays ave totjorn.

49. Item, a XVI deudit mees, maste Guilhem Berdie nos termeto huna letra que contie que nostra inquesta retardaba de esser feyta; foc apuntat que termetossam a Nogaro portar ladita letra a maste

---

(1) Bernard, seigneur de Bergoignan, canton de Riscle.
(2) Lacune d'un mot dans le manuscrit.
(3) Carbonel du Lau, seigneur de Camortères. Nous avons parlé ailleurs de ce procès.

Johan deu Baradat per nos acosselhar, e ayxi metis per anar Aux per far losditz articles, ayxi que darrerament maste Johan de San-Guilhem ave enterprees ab mossenh Arnaut-Guilhem de Lauverio. Dont lodit Baradat fec resposta que toquan a la letra de maste Guilhem Berdie que termetossam a dise que demandassa ferias, e entertant om fora stat Aux per far losditz articles; e toquan lodit biatge d'Aux lodit de Baradat fec resposta que lo dimartz aprop el se trobera part dessa per y abisar e per y anar.

50. Item, fem recrobi la fala e la eyshala e lo pont deu molin, a Manautou Trobat; que lo donam per v jornaus per cascun jorn x arditz, e que se fessa la despensa.

51. Item, foc apuntat que logassam l'ostau de Miramunda de maste Leberon per tenir la scola; e ayxi a fem; que foc feyt marcat a II scutz IIII sos; deusquals avem pagat a ladita Miramunda : I scut IIII sos. Plus, costa lo marcat a bin deudit ostau : VI dines.

52. Item, malhebam XVII taulas de abet de mossenh Johan Farga per far los enpontamentz deu portau deu Cambadia; dont lodit mossenh Johan ditz que etz l'an rompudas III o IIII taulas e pergudas II; que demanda la esmenda; laqual enqueras no lo aven pagada ne mes taxada.

53. Item, a XXVI de aost, mossenh de Termes nos termeto huna letra, laquala contie que mossenh lo Compte l'abe scriut o trames a dise que per lo profeyt deus tos et parlesa ab los nobles e proprietatz d'Armanhac, e que lodit senhor de Termes nos pregaba que nos trobassam II jorns aprop a Lana-Sobiran, la ont foran los nobles e proprietatz; laqual letra foc messa en conselh, e foc apuntat que Johan deu Porte y anessa; e ayxi a fec; e foc apuntat, atenut que los cosselhs d'Anhau e d'autres no y eran, que lo ters jorn aprop om y tornessa.

54. Item, cant lodit deu Porte foc tornat de Lana-Sobiran, remustra en conselh so qui ave ausit, e foc apuntat que, atenut que los cosselhs de Nogaro no y eran statz, que nos termetossam huna letra a maste Johan deu Baradat per saver cum no y eran anatz; loqual fec resposta que no ac saben punt ne no aven aguda letra.

55. Item, fo apunta[t] que Johan deu Porte anassa a Lana-Sobiran au conselh, ayxi que desus es stat dit; e ayxi a fec; e cant

foc part dela, aqui troba lo susdit senhor de Termes e d'autres nobles e proprietatz; e lodit de Termes fec la remustransa de la charya que ave; e aqui foc dit per los cosselhs de Nogaro que et[z] no feran punt neguna resposta au present, que etz no aven punt parlat ab lor poble; e foc enterprees enter los cossellis de Nogaro, de Barsalona et de Anhau que se trobessan totz e nos autres taben lo dibes aprop a Nogaro, e comunicaran la causa totz eyxemps ab las autras proprietatz per far auguna resposta audit mossenh de Termes; e ayxi foc feyt.

56. Item, foc ordenat que Videt deu Magenc anessa a Nogaro, ayxi cum era stat enpres, per parlar ab los cosselhs de Nogaro e autres proprietatz; dont foc apuntat enter etz a Nogaro que termetossam hun mesatge aus despens deus totz saver a Bic ne Aux cum fasen de quera demanda de mossenh lo Compte.

57. Item, a 11 de seteme, bengon los habitantz deu territori de Armentiu en los pertiensas de sta bila e nos disson que hun procurayre per Anthoni de Lafarga los ave totz adjornatz que anessan parlar ab luy a la borda de Guilhamon deu Pont, e que losditz de Armentiu y eran anatz, e cant fon part dela, aqui bengo mossenh de Maumusson e maste Pey de Audirac e lodit procurayre; loqual los disso que lodit de Lafarga los termete a dise e a pregar que etz se estremassan de nostre juridiction e se aperassan e fessan hun scindicat; losquals de Armentiu se reserban conselh entro lo dimartz aprop. E cant fon bengutz refferi e demustrar so desus, foc apuntat per lo consell que termetossam la garda a Nogaro ab huna letra sus aquesta materia a maste Johan deu Baradat que bengossa part dessa per y abisar; e ayxi a fem.

58. Item, lo susdit maste Johan deu Baradat nos termeto huna letra, laquala contie que termetossam la garda a Marciac sercar huna letra per far inibir los habitantz deu susdit Armentiu, sus la pena de xxv marx de argent, que ne se agossan plus asemblar en deguna part; e ayxi a fem. — Item, e cant la susdita garda ago portada la susdita letra, foc apuntat que fessam anar lo bayle de sta bila a Armentiu inibir losditz habitantz juxta la tenor de las letras; loqual y ana e los inibi (1).

(1) C'est une suite de cet interminable procès entre Riscle et Armentieu. Le seigneur et les habitants de ce dernier village prétendaient ne point

59. Item, mossenh senescal nos manda per huna letra que nos agossam a trobar Aux lo xviiie jorn de desembre per nos remustrar augunas causas de part nostre senhor lo Rey; laqual letra foc messa en conselh, e foc apuntat que Peyron d'Argelos y anessa; e ayxi a fec; e cant foc tornat, remustra tres o iiii causas que eran stadas remustradas tant per lo biatge de termete en Fransa e per auguna donation que lodit mossenh senescal demandaba, e d'autra part hun..... (1) que madama la princessa nos termete sus lo maridatge de huna damicela d'Armanhac (2), e d'autras causas que seren longas a scribe.

60. Item, a xix deudit mees, mossenh de Labrit nos termeto huna letra, laquala contie que et nos mandaba que nos agossam a trobar lo xxii de octobre en la bila de Nogaro, ont et fora (3) en persona; laqual letra foc messa en conselh, e foc apuntat que encontenent termetossam a Nogaro per vezer si etz eran de oppinion que om se asemblessa, atenut que eram totz inibitz que sens conget fessam asemblada (4). Losquals de Nogaro fen resposta que audit jorn nos y bolosam trobar per comunicar la causa enter los de Nogaro, Barsalona, Anhan e autres. En que foc apuntat que Johan deu Porte y anesa; e ayxi a fec; e cant foc part dela, parla ab los cosselhs de Nogaro, Barsalona e autres, e fon de oppinion que, atenut que los gentiushomes no y eran ne mossenh de Labrit tapauc sino que hun son comis, que om no se asemblasa punt.

61. Item, cant lo susdit comis per mossenh de Labrit bic que las gentz no se eran boludas asemblar a Nogaro, bengon sta bila

dépendre de la commune de Riscle et voulaient s'administrer et avoir leurs consuls. La ville de Riscle faisait opposition à cette prétention. On verra au compte de l'année suivante comment ce procès fut enfin vidé.

(1) Mot illisible par suite de l'humidité, qui a produit d'assez nombreuses lacunes dans ce cahier.

(2) Le mariage de Rose d'Armagnac avec le seigneur de Pailhès. On trouvera plus loin la mention de ce mariage avec la donation que les États firent à cette occasion à la « damicela d'Armanhac ».

(3) Nous avons dit, dans une note de l'article 39, que Alain d'Albret, arrêté en Limousin par les troupes royales, était rentré en Gascogne pour compléter ses armements.

(4) Les revenus d'Alain ayant été saisis par le Roi, on comprend cette défense faite aux consuls des villes d'Armagnac de s'assembler pour délibérer sur les demandes du sire d'Albret.

messenhors de gobernador (1), jutge e procurayre per remustrar augunas nescesitatz que lodit senhor ave, en nos pregan que y bo[lo]ssam entene e lo far huna donation de II scutz per foec, per s'en anar servir lo Rey (2) e ayxi metis per anar far las besonhas de la mayson d'Armanhac; ausquals fem resposta que au present no los podem punt far resposta, mas que au dilus aprop a Nogaro om los fera resposta; dont etz fon contentz; e fem pesquar IIII homes, que los fem portar lo peys qui prencon; plus los termetom IIII terseras de bin.

62. Item, foc apuntat que Peyron d'Angles anassa a Nogaro a la susdita jornada per far ladita resposta e parlar ab los cosselhs de Nogaro, de Barsalona e autres; e ayxi a fec; e los fen tan resposta que, atenut que los gentiushomes ne totas las proprietatz no y eran, que etz no gauseran autreyar arre, mas que au dilus aprop tot lo monde s'i trobessa.

63. Item, l'endoman de Nadau, foc apuntat que, atenut que los cosselhs nabetz no aven feyt lo segrament, que Peyron d'Angles anessa a Nogaro au conselh, ont se deben trobar los nobles e proprietatz per abisar a termete Aux au conselh far la resposta a mossenh senescal dequo qui era stat ubert e magut Aux a l'autre conselh. Dont lodit d'Angles remustra en conselh, can fo tornat, so qui ave ausit part dela.

Secce la despensa qui es stada feyta per los archees a pees per los susditz cosselhs de Riscla en l'an susdit (3).

64. A IX de feure, mossenh senescal nos termeto huna letra per laquala nos mandaba que, per vertut de huna comission que nostre senhor lo Rey lo ave tramessa toquan lo profeyt e honor deudit senhor e deu pays, que sus pena de esser repputatz revelles e desobediens audit senhor que nos agossam a trobar en la ciutat de Leytora lo XVIII jorn de feure. Laqual letra foc messa en conselh,

---

(1) Le sénéchal d'Aure était gouverneur de l'Armagnac.
(2) Pour aller servir le Roi! Il faut noter ce mensonge officiel d'Alain d'Albret. Nous avons dit quels étaient ses projets (v. art. 39.) Depuis qu'il s'était jeté dans cette aventure de Bretagne, il y mettait le meilleur de son bien.
(3) Cette levée de francs-archers était faite par le Roi pour renforcer l'armée qui allait envahir la Bretagne.

e foc apuntat que Johan deu Porte y anessa; e ayxi a fec; e cant fo part dela, aqui foc mossenh senescal e mossenh jutge mage e quasi totz los cossolatz de la senescausia; ausquals losdits senescal e jutge mage mustran huna comission, laqual se adressaba audit mossenh senescal e contie que lo Rey lo mandaba que et agossa a far presentar e reconoyse audit senhor totz e sengletz los arnes deus franx archees qui en lo temps deu rey Loys eran statz feytz e ordenatz, e ayxi metis per lodit senhor eran statz abatuts (1). Dont los susditz cossolatz demandan hun jorn per remustrar au poble de las bilas; loqual los foc autreyat, so es au XXVI jorn dendit mees.

65. Item, a XIIII dendit mees, termetom la garda a mossenh de Maumusson sercar las celadas de la bila qui nostres predesessors l'aben prestadas.

66. Item, l'endoman, termetom la garda a Lapuyola e a Sent-Germe per los denunciar la carga qui mossenh senescal nos bole metre sus toquan la materia deus susditz arnes (2).

67. Item, foc apuntat que Johan deu Porte tornassa a Leytora, ayxi que desus es stat dit; e cant foc part dela, aqui fon totz los cossolatz qui a l'autre biatge y eran statz; e falhi que fe obligansa cascun cosso de las bilas de aver los susditz arnees totas horas e quantas que foran mandatz per lo Rey o mossenh senescal.

68. Item, nos manda mossenh senescal que prumer no partissam de Leytora que paguessam per cada arche qui era stat obligat en cada bila, VIII arditz, e asso a causa que lo mesatge qui ave portada la susdita comission ave retardat de s'en tornar perso que los cossolatz no aven punt obedi[t] au prume biatge; monta nostra part: II sos VIII dines.

69. Item, termetom la garda a Sent-Germe e a Lapuyola, que

---

(1) Nous avons déjà eu plusieurs occasions de parler de la nullité militaire de ces francs-archers, arrachés de leurs villages et conduits à la guerre sans aucune préparation. Louis XI, qui les avait créés, avait été victime de leur insuffisance. Après la défaite de Guinegatte, le 7 août 1479, il les supprima et les remplaça par des bandes Suisses. C'est le fait que rappelle ce passage de ces comptes.

(2) Il n'était pas facile, après dix ans, de retrouver les « harnais » de ces francs-archers. On verra que les salades, les lances, les arbalètes, qui n'avaient pas encore été vendues, étaient rouillées et rompues. Il fallut en acheter ou en louer d'autres et ce fut un lourd impôt pour l'Armagnac.

bengossan parlar ab nos e que sabossan si part dela se trobora ne balesta ne spaza per abilhar los archees deus abilhamentz reconegutz cant besoy fossa, ayxi cum jurat aven cascun a Leytora de far.

70. Item, a VIII de mars, mossenh senescal nos termeto huna letra, laquala contie cum el ave presentement recebut hun mandament deu Rey per metre e enpausar en sa senescausia LXVIII homes a pees, e autras causas que seren longas a scribe, deusquals LXVIII homes ne apartenen a la recepta d'Armanhac XIII, e que nos mandaba sus grans penas que lo XIII jorn deudit mees nos agossam a trobar a Leytora. Laqual letra foc messa en conselh, e foc apuntat que Johan deu Porte y anessa; e ayxi a fec; e cant foc part dela, mossenh senescal nos manda e nos enpausa que nos agossam en la recepta d'Armanhac XIII homes a pees armatz de las bergantinas, spasas, celadas e autres arnes nessesaris, qui a l'autre biatge de darre eran statz reconegutz, e que cascun agossa huna causa blanqua e autra roge e los jupoos ayxi metis mey-partitz e abilhatz de sabatos e autres abilhaments nessesaris, e que..... balhessam V sos per despene e hun franc per lo fauqueton, e d'autra part que los agossam a menar a Leytora lo XVII jorn deudit mees.

71. Item, a XV deudit mees, Ramoned deus Cl[aus, comisaris] per mossenh senescal a elegir los homes per (1).... nos manda per huna letra que encontinent lo [agos]am a menar IIII homes a Nogaro per s..... de quetz, car falhe que lo XVII jorn deudit mees losditz archees fossan a Leytora. Laqual letra foc messa en conselh, e foc apuntat que Johan deu Porte e Johan Farga y anessan; e cant fon part dela, lo susdit comisari los arrasta perso que no aven menatz losditz homes.

72. Item, lo jorn susdit, ana Peyron d'Anglés a Serragaysias e a Poydraguin dise aus cosselhs deusditz lox que l'endoman se bolossan trobar a Nogaro per debant lo comisari, cascun ab son arche.

73. Item, foc apuntat que termetossam sercar Arnauton Fontanhera e Guisarnaud d'Audirac per saver si boloran esser franx archees; losquals fen resposta que si la bila los bole pagar rasonablement que etz boloran servir ladita vila; e foc apuntat en conselh que sabossam de que se contentaran; dont Arnauton Fon-

(1) Le cahier de 1487 a beaucoup souffert de l'humidité; il en résulte de nombreuses et regrettables lacunes indiquées par des points.

tanhera disso que et se contentara de huna conqua de froment per sa molher e de hunas camisas per et e hun parelh de sabatous ; e que balhessam audit Guisarnaut tres quartz de milh e hun quart de froment, e d'autra part que lo fem adobar son jupon. Que costa tot lo susdit blad e milh : I scut III sos.

74. Item, crompam huna balesta e sinta e boyrac e XII treytz de Johan Farga; que costa : II scutz VIII sos. — Plus, crompam huns poleyos de Johan deu Cos; costan : X sos. — Plus, crompam de Bernat deu Sere huna balesta e los poleyos; que costa, enclus lo marcat a bin : I scut XIII sos IIII dines. — Plus, crompam de Johan deu Magenc I^a sinta; costa : II sos VI dines. — Plus, crompam IX astas e IX fers d'enganetas; que costan, enclus tres treytz que crompam : VI sos. — Plus, crompam huna fiera e I^a bocla per las bergantinas; costan : VIII dines.

75. Item, crompam de Peyrot deu Sobiran huna spaza ab deudit Guisarnaut; que costa : XV [sos]. — Plus, crompam de Bernadon de Lafitan I^a spaza; costa : XV [sos]. — Plus, crompan huna daga de Perris Leon ab deudit Guisarnaut; que costa : V [.....].

76. Item, lo jorn metis, foc apuntat que hun cosso e la garda anassan a mossenh de Maumusson per lo pregar que lo plagos de nos prestar hunas bergantinas, perso que las nostras eran mau garnidas; loqual fec resposta que el non ave punt.

77. Item, l'endoman, ana Videt deu Magenc a Nogaro portar las bergantinas e celadas de Poydraguin e de Serragaysias e las nostras ; e encontenent que lodit Videt foc part dela, lo comisari lo fec arrastar entro atant que los archees fossan bengutz.

78. Item, cant lodit Videt foc arrastat a Nogaro, termeto a dise a Johan deu Porte que portassa argent per crompar las susditas bergantinas, car lo comisari no bole prene las hunas de nostras ; e foc apuntat que lodit deu Porte y anassa e fessan au melhor qui podossan, e la begada crompan las susditas bergantinas.

79. Item, cant losditz archees bolon partir, los fem obligar de tornar l'arnes cant agossan feyt lor biatge (1) ; e la begada los balham a cascun un franc per lo fauqueton.

(1) De véritables traités intervenaient entre les communautés et les francs-archers qu'elles étaient obligées de fournir. Nous donnons à titre de spécimen le traité conclu en 1488 par les consuls de Callian, canton de Vic-Fezensac :

80. Item, a xxvi deudit mees, los cosselhs de Nogaro nos termeton a dise que anessam a Nogaro e que los autres cossolatz s'i deben trobar, e asso per far la assieta deus xiii archees qui eran statz elegitz, e asso deus arnes, abilhamentz e autras despensas per losditz arches feytas e a causa de lor; en que y ana Johan deu Porte; e cant foc part dela, aqui troba lo.... deu Cosso, de Barsalona, e los cosselhs de Nogaro e autres; loqual de Barsalona remustra cum mossenh senescal l'abe feyt malhebar a Leytora lo blanquet e la paumela deus susditz fauquetons e tabartz. E foc aqui apuntat que om fessa huna asieta de quo qui los susditz archees aven costat de armar e abilhar de totas causas, e ayxi metis de seys scutz que donam a Ramoned deus Claus, etc. Foc apuntat que tres jorns aprop om y tornessa.

81. Item, a xxviii deudit mees, foc apuntat que Johan deu Porte anassa a Nogaro per vezer far la asieta e per y far metre nostras despensas e costatges deusditz archees; en que, cant foc part dela, troba la mayor partida deus cossolatz, e cascun balha sas despensas e costatges en scriut; e aqui foc feyta ladita asieta, que monta per cascun arche c e sinq foexs, e per foec foc talhat e asietat xx arditz e i dine tornes; e foc aqui apuntat, perso que nos avem dus archees, que maste Bernat de Lafitan qui fase la assieta nos balhessa contribuables sus los nostres c foexs de sta bila... de

« In Dei nomine, amen. Noverint etc., quod anno etc., (8 avril 1488) ibidem
« dictum fuit et assertum per presentes infrascriptos et veritas sic se habeat, per
« dominum nostrum Regem Francorum ordinatum et edictum fuit facere ordi-
« nare cunctos archerios sive balestarios in senescallia Armaniaci et alibi, pro
« faciendo, dicto anno, in exercitu Vicdami (du Vidame) et ubi eosdem placebit
« conducendum; fueruntque ordinati consules loci de Calliano, cum cunctis
« consulatibus sibi complexis, facere unum tantum modo archerium. Et pro
« suo archerio sive balestario eligerunt Geraldum deu Guasquil, habitator loci de
« Peyrussa-Magna; cui quidem Geraldo solvere et pagare promiserunt talia
« vadia et stipendia que et qualia dominus noster Rex aut consules ville Vici
« (Vic-Fezensac) solverent suis archeriis seu balistariis. Qui quidem Guasquil
« consulibus pro isto viagio servire promisit et restituere omnia arnesia que dicti
« consules eidem traderent, que in suo posse in adventu et regressu haberetur.
« Qui quidem consules eidem tradiderunt sequentia : videlicet quasdam loricas
« seu bergantinas sui corporis, unam saladam, unam balistam munitam de
« duobus pollegiis, unam trosam munitam de una duodecima rettzoneriis et
« unam dagam sive pugionem.... etc. » *Suivent les signatures.* (Arch. du Sémi-
naire d'Auch ; fonds des notaires, reg. de Ponsan, not. à Vic, reg. 10, fol. 99.)

c e x foex e foran II e x foexs; e ayxi.... que fessa aus autres. Loqual disso que per aquest.... no podora punt, mas que lo dissapte aprop om se trobessa per recebe sous contribuables; e lodit deu Porte prega audit de Lafitan que lo plagos de nos balhar bons contribuables, loqual.... que si fera.

82. Item, a VI de abriu, termetom la garda a Lana-Sobiran, a Berneda, a Cornelhan e aus autres contribuables per los dise que nos aportessan l'argent qui cascuns y deben.

83. Item, lo darrer jorn deudit mees, hun comis per lo capitayne deus archees bengo a Nogaro e de la en fora nos termeto huna letra que contie que et nos mandaba que encontenent agossam a portar a Nogaro per nostres dus archees per cascun XXX sos tornenses e V sos tornenses per arche per sa despensa, e asso per los gatges deusditz archees. Laqual letra foc messa en conselh, e foc apuntat que Johan deu Porte y anessa e que portessa lodit argent; e que si los autres cossolatz.... que pagassa; dont, cant foc part dela, comunica ab los cosselhs de Nogaro, de Barsalona e autres, e fon de oppinion, a fugir mayor despensa, que om ac [paga]ssa per aquest biatge; e ayxi a fen; que monta: II scutz X sos VIII dines.

84. Item, a VIII de julh (1), bengon les susditz archecs de serbir lo Rey de la ont eran statz mandatz; en que foc apuntat que los donassam pan e bin.

La despensa feyta per losditz archees au segund biatge.

85. Item, a XXVI deudit mees (juin), lo capitayne deus susditz archees nos termeto huna letra per hun aperat Meniolinas, laqual letra contie que et nos mandaba que nos agossam a menar losditz archees a Leytora lo XXIX jorn deudit mees; laqual letra foc messa en conselh, e foc apuntat que Videt deu Magenc anessa a [Nogaro] vezer cum fazen deus archees; e cant foc a Nogaro, troba huna letra de mossenh senescal que nos nos trobassam a Leytora a ladita jornada.

86. Item, lo jorn de Sent Pee, ana Videt deu Magenc enta

(1) Lisez *jun*.

Leytora menar losditz archees, ayxi que era stat enterprees, e no podo punt menar losditz archees, que no eran punt prestz, mas los disso que et s'en tiraba a Nogaro e que et los demorera part dela, mas que bengossan aprop disna; en que prumer que losditz archees no bolon partir falhi que fossan disnatz; e apres que fon disnatz, s'en tiran a Nogaro audit Videt, e de Nogaro en la partin totz eyxemps; e cant fon a Leytora, lodit Videt presenta losditz archees a mossenh senescal; loqual lo manda que los agossa a abilhar de nau, e ayxi metis los agossa anar sobe las hunas bergantinas qui eran enpenhadas a Agen, e que cambiassa las autras bergantinas. E ayxi lodit Videt s'en torna ab losditz archees.

87. Item, crompam los draps per far los jupons e causas ausditz archees; que costan losditz draps, enclus lo blanquet de la forradura : III scutz VI sos. — Plus, crompam duas canas de drap de lin per forrar los jupons; que costan : IIII sos VI dines. — Plus, crompan a cascun arche II d[outzenas] d'agulhetas e II cordades; que montan IIII doutzenas e IIII cordades : II sos III dines. — Plus, fem far la gayna de la spaza....

88. Item, a VI de julh, foc apuntat que Videt deu Magenc anessa a Agen per sobe las bergantinas de Arnauton Fontanhera, que eran enpenhadas per XXII sos, e que anessa far relhebar las autras bergantinas o cambiar las; lasqualas lo costan de cambiar XXXIIII sos. — E dequi en fora, lodit Videt s'en tira a Leytora e loga hun saume per portar lasditas bergantinas. Cant lodit Videt foc a Leytora, aqui troba losditz Guisarnaut e Arnauton; dont mossenh senescal lo manda que los agossa a far a cascun autres sencles parelhs de causas, car las que aven portadas de si en fora eran fort cortas, e ayxi metis lo manda que los fessa far sencles fauquetons mey-partitz, etc.; e ayxi a fec.

89. Item, can lodit Bidet foc tornat, remustra en conselh tot so desus e aporta las causas qui no eran stadas bonas aus arches; de lasquals causas los contribuables ne agon lahun parelh e las autres son en las mas de Videt deu Magenc. E aqui foc dit e abizat que om termetossa la garda aus contribuables per los remustrar las despensas e per far la asieta deu tot.

Secce la despensa feyta per los balestees qui anan a Marmanda.

90. Lo prumer jorn de abriu, bengo mossenh de Castetz (1) e Ramoned deus Claus, comis per mossenh senescal a recebe las mustras e a enpausar arnes aus habitantz de la bila; losquals enpausan e fen jurar aus habitantz de ladita bila que entro hun jorn en breu etz agoran los arnes qui etz los aven enpausatz. E foc apuntat que, per amor que nos susportassan en aquera causa, que om los pagassa la despensa a l'oste; e ayxi a fem.

91. Item, a VI deudit mees, foc apuntat que Arnauton de Lafitan anessa a Nogaro per saver de queras mustras.... ne deus arnes qui eran statz.... e ayxi metis de l'artilheria e.... enpausadas a la vila..... la maior partida de totz los cossolatz..... no y fon punt. Losditz comisaris mandan ausditz [cossolatz que au..... jorn deudit] mees se trobassan a Sent-Mont.

92. Item, lo X jorn aprop, foc apuntat que Johan deu Porte e Berdot d'Argelos anessan a Sent-Mont au jorn asignat; e can fon part dela, pregan ausditz comisaris que los bolossan alongar la jornada e relaxar lo segrament deus habitantz; losquals fen resposta que entro pertant que nos scricosan etz nos relaxaban lo susdit segrament.

93. Item, a XIII deudit mees, los susditz comisaris nos termeton huna letra, laquala contie que etz nos mandaban que lo XVI jorn deudit mees nos trobessam a Euza ab XVI homes [armatz] e abilhatz de balestas, boyrax, spazas, dagas..... cada II franx de Rey en la bosa per comprar..... fauquetons e per despensar; e aqui metis nos [termeton] huna autra letra que contie que encontenent agosam [a menar] X homes a Nogaro abilhatz cum desus. Lasquals letras fon messas en conselh, e foc apuntat que Arnauton de Lafitan anessa [a Nogaro parlar ab] losditz comisaris e vezer lor comission, etc.

---

(1) Carbonel de Bassabat, seigneur de Castet et de Saint-Julien, en Armagnac. Il avait épousé, le 24 octobre 1476, Catherine de Lupé, veuve de Carbonel de La Palhère et fille du seigneur de Lupé. Son fils, Géraud de Bassabat, épousa, le 16 janvier 1498, Cécile de Roquelaure. (Courcelles, *Histoire des pairs de France*, t. IV, généal. Lupé.)

94. Item, a xiiii deudit mees, foc apuntat que Arnauton de Lafitan tornessa a Nogaro per vezer si podora far diminuir lo nombre deus balestes e per dezencusar nos perso que no podem termete losditz balestees tant expresament cum lor mandament contie, e asso a causa que era lo jorn de Pasquas o la vespra, e cascun o la plus gran partida deusditz balestees bolen recebre lo cor de Diu; e cant losditz balestees agon recebut lo cor de Diu e fon disnatz deya foc passat mey-jorn, e la begada Johan deu Porte los mena a Nogaro; e cant foc part dela, foc quasi neytz; dont troba que mossenh de Castetz s'en foc deja anat e ago prezas las mustras deus autres balestees deu pays, e la begada lodit deu Porte ana presentar nostres balestees a Ramoned deus Claus; loqual nos disso que... matin no nos expedira punt, mas en.... ajorna lodit deu Porte que l'endoman..... se agossa a trobar a Euza per debant [lodit mossenh de Castetz], ont se deben trobar los cossolatz..... e de la baronia. E la begada [lodit deu Porte...] a maste Johan deu Baradat que pregassa audit deus Claus que lo plagos de nos..... metis que et nos ave enpausatz x balestees... aver que sinq; loqual fec resposta que per amor deudit maste de Baradat el era content que dus s'en tornasan [deudit Nogaro] en fora e que de Euza en la el nos..... dus, e foran iiii^{te}, e que au regard de..... falhe que y anessan.

95. Item, despensa Arnauton de Lafitan per et e son rosin e lodit deu Porte e los susditz x balestes a Nogaro e a Euza, loqual de Lafitan ste i jorn e i^a neyt, e lodit deu Porte e balestes sten iiii jorns e trés neytz; que monta tot en huna soma : i scut xiiii sos viii dines.

REDDITION DES COMPTES DE 1487.

L'an de Nostre Senhor mil iiii^c lxxxvii (1488) et lo xiii jorn de feurer, en la bila d'Ariscla, estans en la mayson de Johan Fargua, Johan deu Porte, Peyron d'Angles, Berdot d'Argelos et Videt deu Mayenc, cosselhs de l'an darre passat, redon lor comde de las causas qui aben recebudas de ladita vila tant en talhas cum arrendamens.

Recettes. — Que appari que montan lasditas talhas, dedusitz greuges et xx⁰ diner, iii° xviii scutz iii sos; e losditz arrendamens lxxxxi scutz. E ayxi appari que monta tota ladita recepta universal : quatre cens nau scutz et tres sos.

Dépenses. — Et aqui metix, mostran que aben despendut per los negocis de la bila la soma de quatre cens detz scutz seys sos tres dines mealha.

Loqual comde foc redut en presencia de maste Johan deu Baradat, etc., et de mi Ramon d'Argelos, notari, qui lo present comde scriscu et senhe de mon senhal manual.

R. DE ARGELOSSIO, not.

XXXI.

COMPTES DE L'ANNÉE 1489 (1).

DÉPENSES.

SOMMAIRE : 1. Demande d'argent par le collecteur. — 2. Travaux aux ponts et à l'église paroissiale. — 3 et 4. Corvée; prix d'une journée d'homme. — 5. Dégâts commis dans le bois communal. — 6. Fin du procès Armentieu. — 7. Paiement du fief annuel au comte d'Armagnac. — 8 et 9. Ordre de conduire le franc-archer de la ville à Lectoure, puis à Clisson. — 10. Équipement dudit franc-archer. — 11. Première messe de frère Guillem de Labarthe. — 12. Départ du franc-archer; on lui paye ses gages. — 13. Voyage à Auch au sujet de l'accord avec le seigneur d'Armentieu. — 14. On fait *scogosar* (?) les rognons d'un porc. — 15. Ordre de conduire le franc-archer à Agen. — 16. Venue de M. d'Artiguefont, commissaire chargé de faire réparer les fortifications de la ville. — 17. Contrat d'accord avec le seigneur d'Armentieu. — 18. Bois de l'allée tombés dans le fossé du château. — 19-21. Réparations à l'horloge de la ville. — 22. Travaux aux fortifications. — 23. Cierge pascal. — 24. Prédicateur du carême. — 25. Réparations au pont de l'Adour. — 26. Clef de porte. — 27. Conseil tenu à Nogaro. — 28. Emprunt de 40 écus à M. d'Armentieu, pour payer le collecteur. — 29-32. Conseils tenus à Lectoure et à Nogaro, au sujet d'une levée d'arbalétriers; revue desdits arba-

(1) Le compte des dépenses de 1488 manque.

létriers par M. de Lagraulet. — 33-38. Procès intenté devant l'official de Lombez à plusieurs habitants de Riscle par le prieur de Saint-Mont, au sujet d'un padouen; lettres d'incompétence obtenues contre l'official de Lombez. — 39. Don d'une paire de lapins au procureur du Roi. — 40. Conseil tenu à Lanne-Soubiran. — 41. Envoi d'une ambassade à la cour du roi de France. — 42. Procès du prieur de Saint-Mont. — 43-45. Équipement du franc-archer. — 46. Réparations à l'une des portes de la ville. — 47. Projet d'envoi d'une autre ambassade à la cour. — 48. Réparation de l'échelle de l'une des portes de la ville. — 49. Proclamation des ordonnances de police. — 50. Travaux au pont de l'Adour. — 51. Vin offert au frère Maurel, général de l'ordre de la Merci. — 52. Mariage de la fille de M. de Termes : cadeau des consuls de Riscle. — 53. Incendie du couvent de Valcabrère. — 54. Procès du prieur de Saint-Mont. — 55. Conseil tenu à Vic. — 56 et 57. Nomination du collecteur. — 58. Réparations aux portes de la ville. — 59. Convocation des consuls à Lectoure par le sénéchal d'Armagnac. — 60. Achat de tuiles pour couvrir le portail de Cambadie. — 61. Procès du prieur de Saint-Mont. — 62. Saisie d'objets divers par le collecteur. — 63. Accident survenu en tirant le mail-mouton. — 64. Paiement des quartiers au collecteur.

Despensa feyta per Leveron de Poges, Arnauton deu Forc, Johannon de Mombet, Ramonet deu Faur, en l'an $M^r IIII^c LXXXVIII$, finit l'an LXXXIX, e asso en los negosis de ladita vila, ayxi que dejus s'enseg.

1. Primo, a IIII^{te} de gener, vengo Uguet Maurin, saryant, de mandament deu collecto de Barsalona, en fora, que, vistas las presens, anassam aportar la resta deu quarte gener, feure, martz; e en lo cas que no l'i portasam, nos termetora quatre saryans. E per aysi nos malhebam l'argent e lo termetom per Arnauton de Poges-Feste a Nogaro.

2. Item, foc ordenat per lo cosselh que fesam lo reserc en aquetz qui agossam mes feyt dapnatye au bosc e que ne prencossam aqui on ne trobasam de bona per far los pontz e ab de la gleysa; e aysi a fem.

3. Item, a VIII deudit mes, agom IIIes homes de vesiau e hun a jornau; que despensam totz eysemps en pan, en bin : XVII arditz. — Item, per lo jornau deudit home : I sol.

4. Item, a IX deudit mes, agom IIII^{te} homes a logue au pont de l'Ariutort; de que balhabam aus tres per jornau a cascun dotze arditz, e a l'autre dus sos e la despensa; e aysi montan losditz jornaus en huna soma : VIII sos.

5. Item, foc ordenat per lo cosselh que agossam lo bayle o son

loctenent per far lo reserc dequetz qui plus agossan feyt dapnatye e que hom lo pagassa de sa pena e tribalh ; en que agom Ramonet de Theza, loctenent de bayle ; en que anam per las bordas de Balambitz, Lanablanca, lo Bedat, Lanajuzan ; en que stem dotze jorns ; que lo balham audit loctenent per sa pena e tribalh en huna soma : hun scut seys sos.

6. Item, lo x^e jorn deudit mes, vengo maeste Johan deu Baradat, maeste Ramon d'Argelos, mossenh d'Armentiu, Arnaud de Termes, per apuntar lo pleyt que abem ab lodit d'Armentiu ; en que y stem dus jorns ; que foc apuntat per set o per hoeyt personatyes que hi eran, can agom apuntat lodit pleyt, que lo pagassam la despensa per los susditz e per mossenhs Johan Sala e Fargua e per sos servidos ; que monta en tot, tant pan, bin, peys, oli, oeus, specias, porc, boeu, poralha, fen e sibaza : i scut ix dines (1).

(1) Enfin ! ce long procès était terminé. Voici l'accord qui fut fait ce jour-là entre les gens de Riscle et le seigneur d'Armentieu. Ce procès a tenu une si grande place dans ces comptes que nous donnons cet accord, malgré sa longueur :

« Seguencen los pactes et conbenensas feytz et initz enter lo noble Anthony
« de Lafarga, senhor de Armentiu, de huna part, lo scindic, cosselhs, manantz
« et habitans de la bila de Riscla, d'autra part, et asso a causa que lodit de
« Lafarga dise et afermaba que a luy cum assenhor deu territory susdit
« d'Armentiu en las pertenensas d'Ariscla era permes de tota ancianetat formar
« et crear en aquet bayle et cossos abentz regimen en lodit territori de la causa
« publica, ayxi cum en los autres circumbesins es acostumat et permetut crear
« et formar bayle, cossos abentz carga de causa publica.

« Item, otra aquo, dize e afermaba aber dreyt et causa de lhebar, prene et
« recebre en ladita villa, de totz et sencles habitantz dequera, fazens labor ab
« hun par de boeus e de rossins, de cascun, hun conquet de milh fazens los tres
« hun quart, e de no fazentz laboransa, habitants de ladita vila e pertinenses
« dequera, hun dine morlan balen tres baquetas de la moneda corren. E ayxi
« ben de prene et recebre de cascun habitant dequera, o autre foran, meten bin
« dezens ladita vila, de berenhas entro Sent Martin, cascun an, huna bana de
« bin per pipa dequet qui fora excrescut fora las pertiuensas de ladita vila. E
« ayxi ben dize et asseriba que cascun habitant, fora las pertinenses de ladita
« vila, meten o crompan serc o sercx en huna pipa can fora necesari de n'i
« mete per carreyar bin, fora ladita vila comprat, debe donar et pagar audit de
« Lafarga per lo forestatge, so es per lo serc o sercx qui metera en tals pipas
« penas (?) rontz, doas o broquetz, per cascuna pipa tres arditz.

« E d'autre part dise que a luy apartene e era en possexion, per se et per
« sous predecessors, de prene et recebe de la festa de Sent Thomas entro a la
« festa de la Nativitat de Nostre Senhor, de cascun car o carga de lenha huna
« lenha o tisson qui fora metut dezens ladita vila dezens aquet terme.

« Et cum per lossditz scindix et cossols lo contrari sia stat diit et metut,

ANNÉE 1489.   419

7. Item, pagam a Johan de Lafitan, arendador deus emolumens de mossenhor lo Compte, per lo fiu qui la vila fe audit senhor : v scutz xvii sos. — Item, agom a supli per la tara de la moneda en far lodit pagament : x sos e mey.

« disentz que ladita vila, sens negun meyan, es de la taula et senhoria imme-
« diada deu senhor comte d'Armanhac en laquala es hauer mere et mixte imperi
« et no son tengutz los habitants dequera audit de Lafarga en tal subcidi cum
« non aya titol juridic ni concession de superior.
   « Et sus aquo sia stat mogut pleyt, question et debat enter lo noble Bernat
« de Laur, sa enrer, e lodit de Lafarga, au present pendent endeciis en la cort
« de mossen lo jutge d'Arribere, a dequo comis per la supreme cort de par-
« lament de Tholose, cum ayxi ben en ladita cort de parlament et cort des
« mossenh lo senescal d'Armanhac, en lasquals los dreytz de cascunas partidas
« son amplement plus dedusitz.
   « Et per ayxi lodit de Lafarga per si, M⁰ Johan deu Baradat, Arnauton de
« Lafitan, Peyron Dargelos, scindicx, Leueron de Poges, Ramoned deu Faur,
« Arnauton deu Forc et Johano de Monbet, cossels de ladita vila, ab boler e
« consentiment de tota la universitat, volentz evittar despens et fatigas de totz
« debatz et questions a causa de las demandas e deffensas susditas et autrament
« plus contengudas en los proces sus aquo moguts et dependensas dequetz, pac-
« tizan et acordan en la forma et maneyra que s'enseg.
   « Prumer, que cum lodit de Lafarga, cum dit es, diga et asseresqua que el a
« bayle et cossols en lodit terratori, losdits scindix, coselhs et habitans bolin et
« consentin que lodit de Lafarga, en tant que a lor toqua, pusque et a luy
« sia permes en aquet crear et formar bayle et cossolhs exercentz justicia bassa
« entro a la soma de xxxta blanx, ayxi cum los autres gentius homes circum-
« besiis dequet an acostumat formar, crear et justicia exercer.
   « Item, cum lodit de Lafarga, senhor direct deudit territori, entene fundar
« et fer molin sus lo riu aperat lo Bergons, losdits scindix, cossels, manantz et
« habitantz, en tant que a lor et a lor interesse toqua e pot toquar, bolen et
« consenten que aquet pusqua fer et fundar a tota sa plazensa, satisfazen a
« aquetz qui auran terras aupres de qui ne aqui toquere interesse particular,
« ab tant que lodit de Lafarga fara o fer fara si toqua sus lo camin public
« hun pont de fuste o de peyra aysit a passar totz caas et saumatees, ayxi
« cum si impachament no y era boltat per la fundation deudit molin.
   « Item, cum lodit de Lafarga de present tenga et pocedesca augunas terras
« tant messas a agricultura, que a luy sia permes tenir en lodit territori inclusas
« lasusditas entro a la quantitat o nombre tant en binhas, lanas, boscx, terras,
« pratz, cultas et incultas dequi a bint et sinq arpentz de terra per losquals
« no paguera et ny sous successors ne contribuyra a deguns carx reaus ne
« personaus en ladita vila, tant que demoreran en sos mans ne de sous
« hereters senhors de Armentiu. E noerament, aura et tendra cum a desus en
« las pertenences de ladita vila hun arpent de terra per fer binha, cazau o
« prat, la et quant lo acquisire per crompa o autrament, et noerament huna
« plassa o hostau contigua a l'ostau deudit de Lafarga aperat de Camos, franc
« que non paguera talha, aben xii arrasses de ample et de long cum lodit son
« ostau.
   « Item, foc pacte que lodit de Lafarga no sera tengut ne paguera degunas

8. Item, a xvii de feure, vengo hun mesatye aperat Faqueta, ab hun mandament de mossenhor lo senescal que agossam a menar l'arche a Leytora lo xxi jorn deudit mes.

9. Item, a xvii de feure, mossenh lo senescal nos termeto hun mandament de part lo Rey, que contene que sus pena de confiscation de cos e de bees nos agossam a menar nostre franc arche lo disapte aprop avilhat de tot, per anar a Clison (1); loqual mandament foc metut en conselh, e foc apuntat que lo fessam abilhar e que l'i menassam; e aysi a fem, e Johano de Mombet l'i mena a cabat; que ste en anar en tornar part dela sinc jorns iiii^{te} neytz. Despensan totz dus ab lo rossin : i scut ii sos.

10. Item, crompam xix paumps e mey de mescla per far lo tabart e lo fauqueton deudit arche; que costan : i scut xiiii sos. — Item, crompam drap de roye per far las causas deudit arche;

« talhas per ladita plassa ne arpent, mes demorera franc et sa persona de totz
« carx reaus et personaus et no paguera ren deus fruytz partz de terras et
« laborassa et quintz et borias de bestiars, el ne sa posteritat, et biura ayxi cum
« tot gentil home es acostumat biure et demorar stan besin de ladita vila o
« autrament.

« Item, foc convent inter lasditas partidas que los homis deudit territori
« d'Armentiu et lors successors, per ara et per totz temps, demoreran et contri-
« buyran et seran tengutz de contribuyr en ladita vila d'Ariscla a totz carx
« reaus et personaus, so es de pagar talhas per ladita vila a lor impausadoras,
« anar aus goeytz, manaobras et servir lo senhor la et quant sera necessari,
« ayxi et per la forma e maneyra que los autres habitants d'Ariscla an acos-
« tumat faran, et pagueran ; et seran exceptat de prene carg de cossolat. Mes en
« las autras cargas contribuiran tot au plen, ayxi et per la forma et maneyra que
« los habitants dequera faran et cum si eran habitantz de ladita vila, provesit
« que lodit senhor d'Armentiu et los habitantz en lodit terrador padoyran et
« useran et gauziran en las pertenensas de ladita vila et los habitantz de ladita
« vila en lodit terrador de Armentiu, ayxi que an acostumat.

« Item, que los cossols totz et sencles habitants de ladita vila demoreran
« quittes per els et per lors successors de totas demandas per lodit de Lafarga
« a lor feytas desus contengudas et totas autras en losusdit proces expesificadas
« et declaradas, tant per cedules que per articles demandadas. Et ayxi pro-
« meton et juren tenir et observar. (*Suivent les formules légales, renonciations
« et autres.*)

« Feyt a Riscla, l'an m iiii^c lxxx viii a vi de jener. Presentz, Arnaut de Sent
« Lane, senhor deu Tilhet, de Plazensa, mossenh Johan Sala, mossenh Johan
« Farga, caperans, Bernard Dargelos, Me Johan de Sanguillem, Johan Fargua, de
« Riscla, et de mi Ramon Argelos, qui las presentz scriscu de boluntat de totas
« partidas. » (Archives du séminaire d'Auch.)

(1) Clisson (Loire-Inférieure). — A la guerre de Bretagne. Voir année 1487, art. 39, note.

que costa : xv sos. — Item plus, crompam lo jupon, las camisas e los sabatos ab deudit arche; que costan : i scut ii sos. — Item plus, pagam audit arche huna sinta e agulhetas; que montan : i sol ii dines. — Item plus, lo balham huna trossa garnida de xvi treytz ; que costa : xvi sos. — Item, pagam per lo fauqueton deudit franc arche : i scut iiii dines.

11. Item, lo prume jorn de martz, fom combidatz a la missa nabera de fray Guilhem de La Barta ; e foc ordenat per lo cosselh que lo donassam hun motou, huna conqua de bin; que costa tot : xiiii sos.

12. Item, a iiii^{te} de martz, parti lodit franc arche, aysi cum lo capitayne lo abe mandat; en que lo donam per far robi la celada : iiii^{te} sos viii dines. — Item plus, per lo capet e per lo bonet : iiii^{te} sos viii dines. — Item plus, balham audit arche, prume no parti, sos gatyes, froment dus quartz, mestura dus quartz; montan : xv sos. — Item plus, prenco sa molhe suber los gatyes deudit arche, froment dus quartz, milh dus quartz; montan : xiiii sos.

13. Item, a viii de martz, nos termeto maeste Johan deu Baradat huna letra, en que contene que lo termetossam hun rossin e argent per anar Aux per consultar cum se debe far lo insturment de l'acort que fassem ab Anthoni de Lafarga; que despensa en anar en tornar, que ste seys jorns e sinc neytz, per et e per lo rossin : ii scutz.

14. Item, foc ordenat per lo cosselh que fessam scogosar lo lom; e aysi a fem ; que logam hun home; que lo donam : vi arditz.

15. Item, a xxviii deudit mes, agom mandament deu capitayne deus frans arches que termetossam lo franc arche Agen e que hi fossa a xxx jorns deudit; en que lo balham quan parti : i scut xvii sos ii dines.

16. Item, lo darer jorn de martz, vengo mossenh d'Artigafonte (1), comisari per mossenhor lo senescal, e maeste Johan Chastanet, procurayre d'Armanhac, per far reparar la vila e per far far mustras e cridas de part lo Rey; que los pagam la despensa.

(1) Arnaud-Guillem de Massas, seigneur d'Artiguefont, près Aignan, avait épousé Jeanne de Bétous; l'un et l'autre soutenaient un procès contre les consuls d'Aignan, le 28 décembre 1486. (Arch. du Séminaire, n° 20,669.)

17. Item, lo prume jorn d'abriu, termetom hun rossin a maeste Johan deu Baradat per vie far lo insturment de mossenh d'Armentiu.

18. Item, a XIII d'abriu, agom seys homes de vesiau per trese la fusta de la aleya qui era casuda eu barat deu castet e per far la tapia; despensan : III arditz Iª baqua.

19. Item, a XV deudit mes, agom Peyron d'Angles alias de Monan, per far l'avilhament per pausar lo relotye; en que ste dus jorns en far lodit abilhament; montan los jornaus deudit Peyron : IIII^{te} sos.

20. Item, lodit jorn, fem marchat ab hun maeste aperat Robiner per adobar lo relotye; en que lo donam per sa pena e tribalh : IIII^{te} scutz. — Item, lo donam per demora seys o set jorns per mete a punt lo relotye e per lo ferr de la coa deu martet; que monta : V sos. — Item, per lo marcat a bin : II arditz. — Item plus, oli per huntar lo re[lo]tye : II arditz. — Item plus, per lo clau per far la crampa deu relotye : VI arditz. — Item, crompam duas cordas per los contra-pes; costan : XX arditz.

21. Item, a XVII deudit mes, fem puyar lo relotye sus la tor.

22. Item, logam Manauton per far la tapia au castet darer mossenh Bernad de Sent-Pot ; que trese per son jornau : VIII arditz. — Item, agom IIII^{te} homes de vesiau per balhar la terra e per far lo bart.

23. Item, a XXI deudit mes, crompam VII liuras de cera per far lo ciri; que costaba IIII^{te} sos liura; monta : I scut X sos. — Item, per la fayson deudit ciri : VI sos.

24. Item, a XXIIII deudit mes, foc ordenat per lo conselh que donassam au maeste revelent qui abe presicat lo caresme passat : III scutz.

25. Item, a VII de may, agom per ficar dus stans au pont de l'Ador Peyron d'Angles, Peyron de Monbet, etc. — Item, agom a logue per tirar lo malh-moton Johan de Monbet, Johano deu Pandele, etc. — Item, crompam sinc cordas per tirar lo malh-moton; costan : VIII sos IIII dines.

26. Item, fem far huna clau ab de la porta deu pont tort; costa : VI arditz.

27. Item, a IIII^{te} de jun, anam au cosselh a Nogaro per ausir

augun report que maeste Johan de Chastanet fasse, que bie de la cort per lo ben deu pays.

28. Item, a xix deudit mes, fem amassar lo conselh e remustram cum no abem de que pagar lo collecto ne lodit argent no podora ste lhebat ta spresament (*pour le lendemain*); don foc apuntat que Leueron de Poges et Ramonet deu Faur anassan a Lupiac asempra mossenhor de Armentiu (1) que vossa far plaser a la vila de quaranta scutz entro hun jorn; loqual disso que si fera e los nos balha reaument e de feyt; en que non tornam lo vespe star la neyt a Anhan e lo matin non anam a Nogaro porta lodit argent au collecto.

29. Item, a xx de jun, fom mandatz per mossenhor lo senescal que anassam a Leytora au cosselh per enpausar auguns balestes; en que hi ana Johanon deu Faur, arche.

30. Item, a xxv deudit mes, fom mandatz au cosselh a Nogaro per apuntar cum feram de las gens qui mossenhor lo senescal nos demandaba; en que hi ana lo susdit Johanon.

31. Item, a xvi de julh, fom mandatz au cosselh a Nogaro per debant hun comisari aperat Amador, senhor de Lagraulet (2), per prene las mustras de lasditas gens de pee; en que lodit mandament vengo tart; en que hi termetom Johanon deu Fau, arche, que no fossam en contumatia e que disos que lo endoma hi menaram nostras gens.

32. Item, a xvii deudit mes, torna lo susdit Johano ab quatorze balestes qui lanses, per far las mustras a Nogaro per debant lo susdit comisari.

33. Item, foc ordenat per lo cosselh que hom termetossa a

---

(1) Les archives du Séminaire d'Auch renferment le contrat de mariage de Jeanne de Laffargue, fille de noble Antoine de Laffargue, habitant de Lupiac, seigneur d'Armentieu, près Riscle, avec Pierre-Raymond de Laffargue, marchand de Riscle et neveu de Jean de Laffargue, prêtre de Riscle. Cette famille de Laffargue a vécu noblement à Lupiac et dans les environs possédant des terres nobles, en particulier la seigneurie de Labarthe, près de Dému. L'héritière de cette maison, Amade de Laffargue, épousa au commencement du seizième siècle un cadet des seigneurs de Bats et Castillon, Pierre de Bats, qui fut l'auteur des Batz, seigneurs de Labarthe.

(2) Amador de Montesquiou, seigneur de Lagraulet, canton de Valence, fils de Bertrand, baron de Montesquiou, et de Marguerite de Montaut-Bénac, auteur de la branche des Montesquiou-Campanès.

Lombes a causa que mossenh lo prio de Sent-Mont (1) abe feyt citar Guilhamo deu Pont, Berdot de Sonabera-Rectorat, Pey Barta, Berdot de Sonabera, Guilhon de Bidoza, a causa de hun padoent de la vila, en que lodit prio bole dise que eran son e que losditz personatyes hi aben feyt toya, e per so los abe feytz citar.

34. Item, a VIII jorns deu mes de julhet, termetom Sanson de Poges a Lombes a ladita jornada per losditz personatyes; en que sustitui hun abocat de la cort de mossenhor lo officiau de Lombes per afin que no fossam en contumatia; costec ladita sustitution : VIII arditz.

35. Item, foc ordenat per lo conselh que hom termetossa a Leytora relevar huna saubagarda aperada hurbana de la cort de mossenhor lo senescal d'Armanhac dirigida a mossenhor lo senescal de Tholoza per mete la staqua : e aysi a fem.

36. Item, lo darrer jorn deudit mes, termetom lodit de Poges a Leytora relevar ladita hurbana per fer enhibir lodit officiau de Lombes e mossenh lo prio de Sent-Mont e d'autres que s'apartene; en que costec ladita urbana, enclus la minga de la moneda : VI sos VIII dines.

37. Item, en apres, lodit de Poges s'en anec a Toloza per fer mete la staca de mossenhor lo senescal de Tholoza en lasditas letras; costa : VI sos VIII dines.

38. Item, en apres, s'en anec lodit de Poges a Lombes ab lo loctenent deu bayle de ladita bila de Lombes per fer enhibir lodit officiau o son loctenent o lo notari; costec tant per la copia que enhibitions : VIII sos.

39. Item, dona lodit de Poges hun parelh de conilhs au procurayre deu Rey per afin que tengossa la causa per recomandada; costan : II sos.

40. Item, a IIII^{te} d'aost, anan Leveron de Poges e Johan Farga au cosselh a Lana-Sobiran, a causa que eran statz mandatz per huna letra per lo jutge-maye balhada.

41. Item, a IX d'aost, pagan per la enbaysada qui lo pays ter-

---

(1) Roger de Labarthe, ouvrier de Simorre et de la Case-Dieu, et prieur de Sainte-Dode, fut pourvu du prieuré de Saint-Mont en 1483. (Dom Brugèles, p. 358.)

meto en Fransa, en eran mossenh de Pordeac (1) e maeste Johan de Cresio; en que nos apariba a la nostra part tres arditz per foc; que monta : II scutz XIIII sos.

42. Item, a x d'aost, fem enhibir mossenh lo prio de Sent-Mont per Manauton Trobat, saryant real, ab la urbana que abem relebada de mossenh lo senescal d'Armanhac.

43. Item, a xv d'aost, balham a Guisarnaut, arche, per sobe la balesta : I sol.

44. Item, a XXI deudit mes, balham au susdit arche, quant parti, hun scut de Rey, aysi que lo capitayne abe mandat; que monta lodit scut : I scut VII sos. — Item plus, crompam hunas causas ab deudit arche; que costan ab las agulhetas : I scut II sos. — Item plus, crompam hun parelh de sabatos; costan : III sos IIII dines. — Item plus, pagam per la gahina de la spasa deudit arche; que costa : II sos VI dines.

45. Item, afocam lodit arche entro Nogaro per far lodit viatye; en que los cossos de Nogaro e de Barsalona prencon la carca de menar lo entro au capitayne; que los balham per fer la despensa per lodit viatye : I scut x sos.

46. Item, fem agraba la comporta; costa la despensa : IIII^{te} arditz.

47. Item, a xx d'aost, nos termeton los cossos de Nogaro huna letra per vese si volem entene per termete huna enbaysada au Rey, e que los termetossam resposta; e aysi a fem.

48. Item, a XXVI d'aost, fem adoba la scala deu portau a Bernad de Sanguilhem; de que lo donam per sa pena e despensa : seys arditz. Deusquals seys arditz hun home d'Arose, aperat Johan de Pe-de-Galhat, [qui] abe feyt rompe ladita scala a son rossin o egua, ne paga dus arditz e prometo de star a tota esmenda.

49. Item, fem publica las ordenansas, e quant fon publicadas, pagam la collation au bayle e au notari e a d'autres personatyes.

50. Item, a XXIIII de setema, agom hun boe per careyar fusta deu bosc per adobar lo pont de l'Ador. — Item, a xxv deudit mes, fem terrar lodit pont a dus homes.

51. Item, foc ordenat per lo cosselh que hom fessa present a **fray**

(1) Bernard de Bassabat, seigneur de Pordéac, en Lomagne.

Anthoni Maurel, generau de la ordia de Nostra-Dama de la Merce (1); e aysi a fem; en que lo balham seys terseras de bin blanc, roye e claret, e hun sac sibaza; costa tot en huna soma : VI sos.

52. Item, nos fe combidar mossenhor de Termes que lo bolossam fer honor lo jorn de Sent Micheu a ausir missa nuptial d'una sa filha ab mossenh de Marambat (2); en que foc ordenat per lo conselh que anasam e lo fessam present que fossa onest; e aysi a fem; e lo portam IX liuras de cera en luminaria; de que costan dus scutz; plus lo portam seys motos; costan tres scutz; plus dotze quartz de sibaza; costan hun scut sinc sos; monta tot en huna soma : VI scutz V sos.

53. Item, a VIII de nobembre, foc ordenat per lo conselh, que vengo lo gordia deu cumbent de Batcrabera demanda aumoyna a causa que lo combent se era cremat, foc ordenat que hom lo donassa tres scutz; e aysi a fem (3).

54. Item, a X de nobembre, termetom Sanson de Poges a Leytora, a causa que mossenh lo prio de Sent-Mont abe feyt citar auguns personatyes de Armentiu per debant lo officiau de Lombes; en que agom relaxe de la cort de mossenhor lo senescal, aysi cum apar per lasditas letras; costan lasditas letras : VI sos VIII dines.

55. Item, lodit jorn, balham a maeste Johan deu Baradat, a causa que eram mandatz au cosselh a Bic saber augunas causas que huns comisaris termetutz per nostre senhor lo Rey nos volen remostrar; en que pregam a maeste Johan de Baradat que hi fossa per nos; que lo donam per sa despensa : IX sos (4).

---

(1) Nous avons vu ailleurs qu'il y avait à Riscle un couvent de Notre-Dame de La Merci. Il faut noter le nom de ce général de l'ordre de la Merci. On appelait encore les religieux de cet ordre, les Trinitaires.

(2) Les pactes de mariage de Clarmontine d'Armagnac avec Jean de Podenas, seigneur de Marambat, sont du 4 septembre. La cérémonie nuptiale eut lieu le 29 du même mois, « lo jorn de Sent Micheu ».

(3) *Lo gordia*, pour *gardia*, le gardien du couvent des Cordeliers de Valcabrère, près Saint-Bertrand de Comminges. Le supérieur d'un couvent de frères mineurs porte le nom de gardien.

(4) Les commissaires envoyés par le Roi étaient : Jean Magnan, Philippe de Villedard et Jacques Pirot. Le but de leur mission était la tenue des États d'Armagnac, l'imposition des deniers royaux et la publication des ordonnances royales sur le cours des monnaies. L'assemblée se tint à Vic, le 13 novembre,

56. Item, nos termeto lo collecto huna letra que nos trobasam a Nogaro au cosselh ; en que hi termetom Caubet ab huna letra a maeste Johan deu Baradat que tengossa nostre loc, car no hi podem ste.

sous la présidence de Jean de Bosredon, sénéchal d'Armagnac, assisté des susdits commissaires et de Jean de Testet, juge-mage de la sénéchaussée. Étaient présents : M⁰ Raimond de Marquès, juge de la temporalité de l'archevêque d'Auch et son délégué, Philippe de Voisins, baron de Montaut, Jean de Monlezun, seigneur de Montastruc, Jean de Montesquiou, seigneur de Montesquiou, Amador de Montesquiou, seigneur de Lagraulet, Bernard de Bergougnan, seigneur de Bergougnan, Thibaut de Bassabat, seigneur de Malembits, Carbonel de Lau, seigneur de Noulens, « et plures alios nobiles dicte senescallie « Armanhaci ». Les villes y avaient également envoyé leurs députés. Les commissaires royaux demandèrent aux États de voter pour l'année 1490 une imposition de 16,168 livres tournois. Les députés votèrent cette somme en protestant que leur vote ne tirerait pas à conséquence pour les années suivantes.

La question des monnaies fut ensuite traitée ; nous devons en parler, car il en est souvent question dans ces comptes. Voici d'ailleurs le passage du procès-verbal de la tenue des États qui s'y rapporte :

« Supranominati domini senescallus et judex major, rigore litterarum regiarum
« missarum a dicto domino Rege emanatarum et manu sua propria signatarum,
« ibidem exhibitarum, lectarum et ostensatarum, quarum tenor talis est :

« De par le Roy. — A notre amé et feal conseiller et chambellan le senechal
« d'Armagnac, et à notre cher et bien amé le juge mage dudit pays d'Armanhac
« notre amé et feal et chier et bien amé. Nous avons esté advertis que, ja soit
« que les ordonnances par nous derrenierement faictes sur le fait de nos
« monnoyes ayent esté deuement publiées en et partout les lieux et limites de
« ladite seneschaussée et païs d'Armagnac, neanmoins vous avez souffert,
« souffrez et tollerez chascun jour toutes monnoyes estrangeres qui sont
« abatues et n'ont aucun cours par lesdites ordonnances, estre prinses et
« qu'elles ayent cours esdits seneschaussée et païs d'Armagnac, ainsi qu'elles
« avoient auparavant lesdites ordonnances, et les contempnant, mesprisant, dont
« ne sommes pas contents. Et pour ce gardez, en tant que doubtez nous desobeir
« et mesprandre envers nous, que vous faictes entretenir de point en point le
« contenu desdites ordonnances, sans souffrir ne permettre que aucune infraction
« y soit plus faicte ; en faisant des transgressions telle et si bonne pugnicion et
« justice que soit en exemple à tous autres. Vous advertissons que si par vos
« deffaultes et dissimulacions la provision n'y est donnée, telle qu'il appartient,
« nous nous en prendrons sur vous. Donné au Plessis du Parc, le XXVIII jour
« de septembre.

« CHARLES.

« ROBINEAU ;

« inhibuerunt et deffenderunt, per organum dicti domini judicis majoris,
« dictis gentibus trium statuum senescallie predicte Armanihaci, tam presen-
« tibus quam absentibus, in personas dictorum presentium, sub pena in ordina-
« cionibus regiis super hoc factis contenta, quod est confiscacionis corporis et
« bonorum, ne a cetero in antea haberent uti nec dare cursum monetis extraneis,

57. Item, a xviii deudit mes, fom mandatz au cosselh a Nogaro a causa de far lo collecto.

58. Item, a xv de nobembre, fem far huna clau de la porta de Cambadia ab deu pan deu visquet, e per adoba lo pan de la porta deu Bordalat; que costa lodit obratye : ii sos.

59 Item, a xv de decembre, agom letra de mossenhor lo senescal que nos agossam a trobar a Leytora lo xix deudit mes ; en que hi ana Sanson de Poges ; que stec sinc jorns iiii^{te} neytz.

60. Item, crompam de Ramonet deu Forc iii^c lxxx teules deu crochet per cubertar lo portau de Cambadia; en que costan : xi sos.

61. Item, pagam a maeste Johan de Mostayon, per dus *pateatz de actoria*, la hun per termete a Lombes a causa que lo prio de Sent-Mont abe feytz citar anguns homes de Armentiu, e l'autre *pateat* per portar a Leytora ; en que abem feyt cita lo prio de Sent-Mont per acsecuta huna urbana que abem relevada de la cort de mossenhor lo senescal; costan lasditas letras deu susdit notari : vi sos.

62. Item, a xxii de decembre, fom acsecutatz per nom deu collecto per Huguet Maurin, saryant; en que fom acsecutatz en hun parelh de rossis, en metaus, en baysera d'astay ; en que la vespra de Nadau s'enmena losditz rosis enta Nogaro e los botan a la hostalaria; en que hi sten setze jorns ; en que los cossos qui son au present nos dison que los anassam sobe e que ne fessan

---

« tam auri quam argenti, nisi prout et quemadmodum continetur in dictis « ordinacionibus regiis super hoc factis et editis. De quibus dictus judex major « mandavit fieri et retineri publicum instrumentum per me notarium publicum « infrascriptum. Testes magister Johannes de Baradato, notarius de Nogaro, « Johannes Barta, de Barsalona, et Petrus de Marcha, de Bethonibus. »

Les députés protestèrent contre cette mesure par l'organe du baron de Montaut. Ils déclarèrent que de temps immémorial on avait usé dans les terres d'Armagnac des monnaies de Navarre, de Béarn et d'Espagne, que d'ailleurs les villes de Toulouse, de Bordeaux, d'Agen, de Périgueux, de Condom, de Lectoure, et généralement tout le duché d'Aquitaine, avaient usé et usaient constamment des mêmes monnaies, que cette défense violait tous leurs droits anciens et allait jeter le trouble dans le pays. C'est pourquoi ils en appelaient au Roi, à son grand conseil, aux Parlements de Toulouse et de Paris et à tous les sénéchaux. Les commissaires déclarèrent qu'ils n'avaient pas mission pour recevoir cet appel. (Archives du Séminaire d'Auch, registre de Chastenet, notaire de Nogaro.)

despensa; e aysi a fem; costan de treze los de la hostalaria : II scutz IIII sos, enclus la minga de la moneda.

63. Item, pagam a Bernadon deu Sobiran alias de Peyroli, per huna lansa que Caubet ne abe malhebada per sustini lo martinet per tirar lo malh-moton; en que se rompo lo fer de ladita lansa; en que ne fe citar lodit Caubet e fe acort en lodit Bernadon que lo balhassam dus sos.

[*Paiements faits au collecteur.*]

64. Item, a v de gener, pagam au collecto, de la resta deu prume carte : XVII scutz XIII sos IIII dines. — Item, agom a supli per la tara de la moneda per far lodit pagament : IIII^{te} scutz XI sos.

Item, a VI de martz : XI scutz VII sos. — Item, per la tara : II scutz VIII sos.

Item, a XIII deudit mes : XI scutz X dines. — Item, per la tara : I scut XVII sos II dines.

Item, a XXVI de martz : XVII scutz IX sos. — Item, per la tara : III scutz XII sos IIII dines.

Item, a IIIes d'abriu : XXII scutz. — Item, per la tara : IIII^{te} scutz XI sos X dines.

Item, a X de may : I scut VIII sos. — Item, per la tara : IIII sos X dines.

Item, a XII de jun, per lo tertz quarte : XXXI scutz IX sos VIII dines. — Item, per la tara : VI scutz XV sos IIII dines.

Item, a XX de jun, per la resta deu tertz quarte : XXXIII scutz IIII^{te} sos VIII dines. — Item, per la tara : VI scutz XIII sos IIII dines.

Item, a XV de seteme, per lo quart quarte : XXIII scutz XV sos. — Item, per la tara : IIII^{te} scutz XIIII sos.

Item, a XXIII deudit mes, per lo quart quarte : XVII scutz XVI sos. — Item, per la tara : III scutz XIII sos IIII dines.

Item, a XXVI de octobre : IX scutz VIII dines. — Item, per la tara : I scut XV sos.

Item, a XXIX deudit mes : III scutz XV sos IIII dines. — Item, per la tara : XII sos.

Item, a XXIII de nobembre : VII scutz XI sos VI dines. — Item, per la tara : II scutz III sos X dines.

Item, a x de decembre : ii scutz vii sos. — Item, per la tara : xi sos.

Item, aqui metis : iii scutz ix sos x dines. — Item, per la tara : xii sos x dines.

REDDITION DES COMPTES DE 1489.

L'an m. iiii^c lxxxix (1490) e lo xxi deu mes de jener, en l'ostau de Ramonet deu Faur, lodit Ramonet, Leberon deu Poges, Johano de Mombet, perchador, e Arnauton deu Forc, cosselhs de la bila de Riscla de l'an darrer passat comensan a la festa de Nadau en l'an lxxxviii e finit en la festa de l'an lxxxix, redon lor comde a Mono de Sobabera, Berdot de San-Pot, Bernadon de Lafitan e Arnauton de Poges, cosselhs de l'an present.

Recettes. — Loscals mustran que aben recebut en tres talhas de ladita villa, que montan lasditas talhas, dedusitz greuyes, gatyes e xx^e diner acostumatz, la soma de tres cens e nabanta e dus scutz quatorze sos. — Plus, mustran que aben recebut de l'arendament de la enposition de la taberna la soma de trenta e hun scut. — Plus, mustran que aben recebut deus cossos de Causac, per lo fiu acostumat que paguan per la Barta cascun an, la soma de sinc scutz tres sos iiii dines. — Plus, mustran que aben recebut deus cossos de Lacausada, per so que contribuiban au franc arche, que monta quatorze sos. — Plus, mustran que aben recebut de Pey-Ramon de Lafita, per darratyes que debe per la plassa deu castet, que monta hoeyt arditz. E aysi monta tota la recepta la soma de quatre cens bint e nau scutz quatorze sos hoeyt dines.

Dépenses. — E aqui metis, mustran per menuda que aben despensat a profeyt e a utilitat e per los negocis de la villa, tant en paguar los quartes que en autras besonhas, la soma de quatre cens bint e nau scutz tretze sos e seys dines mealha.

E aysi apari, feyta bertadera calculation, que monta mes la recepta que la despensa la soma de seys arditz e hun diner mealha. Lo susdit comde foc redut, stans aqui presens mosenh Johan

Sala Gelh, Peyron de Argelos, maeste Johan de Sans-Guilhem, etc, e jo Johan deu Casso, caperan, qui ey scriut lo present conde l'an e lo jorn susdit, e assi dejus me souc subsignat.

JOHAN DEU CASSO.

XXXII.

COMPTES DE L'ANNÉE 1490.

DÉPENSES.

SOMMAIRE : 1 et 2. Assemblées à Nogaro et à Lectoure au sujet d'un subside demandé pour le comte d'Armagnac. — 3 et 4. Voyage à Toulouse, puis à Bordeaux pour relever appel en parlement, au sujet dudit subside; nouveaux acquêts. — 5. Travaux au pont de l'Adour. — 6. Main-levée, en faveur du sire d'Albret, de la saisie des revenus du comté d'Armagnac. — 7. Réparations au moulin de Riscle. — 8. Emprunt pour payer le collecteur. — 9. Opposition à l'établissement d'un marché à Saint-Mont. — 10. Venue du sénéchal à Riscle; son départ pour Lupiac. — 11. Convocation des consuls à Vic pour l'assiette des impôts. — 12-15. Affaire du marché de Saint-Mont; les consuls de Geaune s'unissent à ceux de Nogaro, Riscle et Barcelone pour empêcher l'établissement de ce marché; syndicats. — 16. Travaux aux fossés de la ville. — 17 et 18. Réparations aux serrures des portes. — 19 Entretien de l'horloge. — 20. Assemblée à Nogaro, au sujet des francs-fiefs et nouveaux acquêts. — 21-26. Travaux de maçonnerie à un abreuvoir. — 27. Bénédiction de l'église de Riscle par l'évêque de Philadelphie. — 28. Loyer de l'école. — 29. Travaux à l'horloge de la tour. — 30. Location d'un cheval pour aller au conseil à Vic. — 31 et 32. Affaire du subside du comte d'Armagnac. — 33. Proclamation des ordonnances consulaires sur la police. — 34. Conseil tenu à Vic au sujet du subside du comte d'Armagnac. — 35. Un messager envoyé par le sénéchal est détroussé en chemin. — 36. Assemblée tenue à Auch par ordre du sénéchal d'Armagnac. — 37. Assemblée des États à Vic. — 38 et 39. Le sénéchal veut forcer le pays à payer le subside accordé au comte d'Armagnac. — 40. Prise de possession de l'Armagnac par le roi de Navarre, fils d'Alain d'Albret. — 41. Procès à Toulouse contre le procureur Taquenet. — 42. Les consuls de Nogaro veulent aller à Bordeaux pour l'affaire des franc-fiefs et nouveaux acquêts. — 43. Conseil tenu à Vic pour l'imposition de la crue. — 44. Chemins usurpés. — 45. Achat de souliers pour le garde. — 46. Honoraires d'un notaire de Marciac. — 47. Conseil tenu à Vic pour l'impôt des lances. — 48-50. Difficulté de trouver un collecteur; on va à Condom prier le trésorier d'Armagnac de confier cet office à l'un de ses serviteurs.

I. — *Despensa feyta per mi Bernadon de Lafitan, stan conselh de la bila d'Ariscla ab Monon de Sobauera, Berdot de Sen-Pot e Arnauton de Poges, en l'an mil IIII^c LXXXIX, comensan l'endejorn de la Natibitat, finit l'an XC, lo jorn de la Natibitat; e so en los negossis de ladita bila, tant en los quartes, crua e autras despensas per mi tant solament feytas e paga[da]s per nom de la susdita bila, aysi que dejus s'ensec.*

1. Item, a IIIes de gener, termeton los conselhs de Nogaro huna letra que contene que om se trobassa a Nogaro ont aqui se deben trobar messenhors de gentiushomes e propietatz d'Armanhac per abisar sus la donation que demandaban en disen qu'era stada autreya[da] a mossenhor d'Armanhac; ont foc apuntat per lo conselh que Berdot de Sen-Pot e jo hi anesam; e aysi a fem; e cant fom part dela, aqui non fon sino en petit de nombre de gentiushomes; e foc apuntat que om anasa a Leytora e om partisa lo IIIes jorn apres.

2. Item, a VI de gener, foc apuntat per lo conselh que Berdot de Sen-Pot e jo anassam a Leytora, aysi cum a Nogaro era stat apuntat; ont non tiram a Nogaro e aqui parlam ab los conselhs de Nogaro, e fon d'oppinion que l'un s'en tornasa e l'autre tirassa a lebent; e aysi a fem; que jo m'en torne e lodit de Sen-Pot ana a Leytora.

3. Item, a XX deudit mes, anam Berdot de Sen-Pot e jo a Nogaro per saber lo mesatye qui lo pays abe termetut a Tholosa per relebar en cort de parlament sus los dus scutz qui demandaban sus la donation de mosenhor lo Comte, e aysi metis sus los nabetz equis (1); e cant fom part dela, lodit mesatyer no fo aribat.

4. Item, a XXV deudit mes, termeton los conselhs de Nogaro a dise que lo mesatyer de Leytora era bengut, que om anassa part dela; e foc apuntat que Berdot de Sen-Pot e jo hi anasam, e aysi a fem; ont aqui lodit mesatye fe resposta que no abe podut relebar a Tholosa; ont aqui foc apuntat que om termetosa a Bordeu si om podora la relebar; e aysi a fen.

---

(1) Nouveaux acquêts.

5. Item, fo ordenat per lo conselh, a VIII deu mes de martz, que om fessa far lo cople deu cap deu pont de l'Ador. — Item, foc apuntat que fessam far 1ª arca au cap deu pont de l'Ador de part desa; e aysi agom besiales per la far e terrar.

6. Item, a XXV de martz, bengon mosenhor l'auditor e mosenhor lo percurayre d'Armanhac e d'autres en lor conpanhia, per lebar la manmissa de las rebenhuas d'Armanhac e per las mete a la man deu filh de mossenhor de Labrit (1); que foc apuntat que om los termetossam *(sic)* bin blanc, bin roge e de clar, que jo forni : XIII arditz (II sos II dines).

7. Item, foc apuntat per lo conselh que om trectasa ab Peyrot deu Bedat, cum arendador deu molin, que et consentissa que lo molin fossa metut en cuba; e aysi a fem, e aqui metis qui agom feyt lodit acort fem mete lodit molin en cuba a Peyron de Monan; que lo fo balhat per son tribalh dus sos e la despensa. — Item, meto claus en ladita cuba; que costan CL : II sos VI dines.

8. Item, a XIIII de jun, anam Berdot de Sen-Pot e jo a Bielanaba (2) parlar ab Anthoni de Lafarga per lo pregar que nos bolosa prestar argent ab de pagar lo collecto, per fugir a mages despensas; e aysi a fe.

9. Item, a XX d'ahost, ane a Nogaro portar argent au collecto, e aysi metis que era stat apuntat que om anasa parlar ab los conselhs de Nogaro, Barsalona e d'Anhan si se bolen aserir ab nos per lo marcat de Sen-Mont; ont los de Nogaro fen resposta que o.

10. Sex so qui jo ey fornit a la despensa de mosenhor lo senescal, aysi que s'ensec : prumerament XXI piche[s] de bin blanc a sinc yaques lo piche; montan : VIII sos IX dines; plus sau : IIII dines;

---

(1) Les revenus des terres de la maison d'Albret et par conséquent ceux de l'Armagnac, engagés à Alain d'Albret par le comte Charles, avaient été saisis par le Roi à l'occasion de la guerre de Bretagne dans laquelle Alain avait pris parti contre le Roi. — Ainsi que nous l'avons dit, année 1487, art. 69, la main-levée fut donnée à Nantes, au mois de mars 1490, après Pâques. M. Clément-Simon a publié cette pièce dans son travail sur *Alain d'Albret et la succession de Bretagne* (Pau, 1874). Alain était alors à Nantes, les revenus de ses terres furent remis entre les mains de son fils Jean d'Albret, roi de Navarre. Voir plus loin, art. 40.

(2) Gellenave.

— plus, candelas II^as liuras e meya : II sos I diner ; — plus oli I^a liura : VIII dines ; — plus, dus beyres que s'arompon ; costan : VIII dines ; — plus, dus piches que se podan : IIII dines ; — plus, per la carn qui prengon deus maseres : XIIII sos ; — plus, dus parelhs de garias, costan : II sos IIII dines ; — plus, sibaza IIII^te quartz, costan : VIII sos ; — plus, hun car de lenha, costa : I sol VIII dines ; — plus, balhe a Bernad de Drulhet l'arosin per conduar audit mossenhor lo senescal lo brespe cant parti enta Lupiac ; que demora dus jorns I^a neyt ; monta lo logue : IIIes sos.

11. Item, a XX de nobembre, foc apuntat per lo conselh que anasi a Nogaro parlar ab los conselhs per debisar qui anara a Bic a la sieta, e aysi metis que geram mandatz per mossenhor lo senescal.

12. Item, a XXII deu mes d'octobre, bengon dus conselhs de Genua a causa de la enpetration deu marcat de Sent-Mont, per se azerir ab nos ; que bengon de neytz ab I^a guisa (1) que menaban, e l'endoman ac remustran au conselh per que eran aqui ; e feyt aquo, foc dit que om los pagasa la despensa qui fessan aqui ; que monta : IX sos.

13. Item, foc apuntat per lo conselh que Berdot de Sen-Pot e jo anasam a Genua parlar ab los conselhs per saber si se bolen azerir ab nos, Nogaro e ab Barsalona sus la enpetration qui los conselhs de Sent-Mont aben enpetrat de aber marcat ; e aysi a fen ; e cant fon part dela, remustran aus conselhs per que etz eran aqui, que etz bien per nom de la bila d'Ariscla e conselhs de l'an present de quera, per los remustrar cum los conselhs e manantz e abitans de Sent-Mont ayan enpetradas de nostre sobiran sira lo Rey sertanas letras cum etz agossan a gausir de aber marcat en lodit loc de Sent-Mont per bene e crompa ; loqual marcat portaba enteresi a las susditas bilas e noarement a lor marcat, atenut que etz lo tenen en lo jorn deu lo marcat. Losquals fen resposta que si atau era que las susditas bilas s'azerisan dab nos, que etz eran contentz, e que enter si e dus jorns etz bengoran a nos ab tota potestat de se aseri.

14. Item, a XII deu mes de nobembre, foc ordenat per lo conselh

---

(1) Un guide.

que termetossam maeste Sans de Poges a Nogaro sercar la copia de la enpetration de las letras qui los conselhs de Sent-Mont, aben enpetradas sus lor marcat; e aysi a fe.

15. Item, a XXI de decembre, foc ordenat per lo conselh que Berdot de Sen-Pot e jo anasam a Nogaro per far e aber lo sendicat deus conselhs de Nogaro sus lo pleyt deu marcat de Sent-Mont; e cant fon part dela, losdits conselhs fen lo sendicat; e dequi en fora s'en anan a Barsalona aus conselhs que fessan lor sendicat, aysi cum aben dit que Nogaro l'abe feyt; ausquals fen resposta que etz eran totz pres mas que au present no aben leser a causa que era jorn de lor marcat; ausquals dison que etz dequi en fora s'en tiraben a Genua per aber lo lor, aysi que dit aben; ont los conselhs dison que etz scriscoran aus conselhs de Genua 1ª letra de cresensa cum etz aben feyt lodit sendicat; e aysi a fen; e dequi en fora s'en anan a Genua aus susditz conselhs e remustrar lo cas; ausquals dison que etz aben pribilletye; losquals nos termetoran per consultar ab clerx lo cas.

II. — *Despensa feyta per Monon de Sobauera, stan cosso de la bila de Riscla en l'an mil CCCC LXXXX; laqual despensa lodit de Sobauera a pagada de l'argent de la talha de sous libres.*

16. Prumerament, a VIII de feure, agom tres homes de besiau e la garda per adobar e barrar lo coston deu barat deu Campbadia; que despensan : V arditz.

17. Item, l'endoman, fem adobar las sarralhas de la porta deu castet e de las portas de la bila, que eran gastadas; que foc donat au sarralher : I sol IIII dines.

18. Item, fem adobar autra begada la clau e la sarralha de la porta deu Bordalat, e ne agom a treze lo pan; que costa deu sarralhe, enclus hunas bartaberas que y fec de nau : III sos.

19. Item, foc apuntat per lo conselh que donassam a maeste Anthoni Carpente, sarralhee, per que tengossa lo relotge per hun an, la soma de III scutz.

20. Item, a VI de may, ana lodit de Sobauera a Nogaro, ont eram mandatz los autres cossolatz per far un scindicat sus los franx fius e nobeus acquis.

21. Item, a XXIX deudit mes, agom de besiau XXI carrate[s] e

VIII o IX d'autres personatges per carreyar broc a la clota debant Gratet.

22. Item, l'endoman, agom VII carrates per careyar peyra a ladita clota per far la muralha, ayxi que lo conselh abe apuntat, e abem crompatz XXXV caas de peyra; que costa ladita peyra en huna soma : II scutz IX sos.

23. Item, logam dus peyrees, per picar ladita peyra, que y sten XIIII jorns en picar e masonar; que treze cascun per jorn VIII arditz e la despensa; que monta en huna soma : I scut XII sos VIII dines.

24. Item, crompan huna fusta per mete a ladita clota per que lo bestiar no agossa paor de ne passar; que costa ladita fusta : III sos.

25. Item, logam hun peyre aperat Petit-Johan, eyxemps ab l'autre peyre, per acabar l'obra de ladita clota; que y sten en acabar cada tres jorns; que cascun gasanhaba per jorn IX arditz e la despensa.

26. Item, crompam XX cargas d'arrebot (1) per far ladita muralha; que costan : II sos VI dines.

27. Item, foc apuntat en conselh que paguessam a l'abesque de Gra (2) per benasir la gleysa la soma de III scutz.

28. Item, foc apuntat en conselh que paguessam lo logue de la scola de l'an passat, que costaba la soma de III scutz.

29. Item, logam Johan de Meyabila per curar lo fons de la tor per que los contrapees deu relotge debarressan plus bas.

30. Item, paga lodit de Sobauera a Johan Farga per lo logue de son rosin, can anan, a XV de decembre, a Vic au conselh : VIII sos III dines.

III. — *Despensa feyta per Berdot de Sempot, stan cosso de la bila de Riscla en l'an mil CCCC et LXXXX.*

31. Primo, a tres de gener, anan lodit de Sempot e Bernadon

---

(1) *Arrebot*, galet.
(2) *Gra*, avec un signe d'abréviation ; lisez : l'évêque de Grèce (?), Guilhem du Gabarra, seigneur de Castelpugon, près Riscle, évêque *in partibus* de Philadelphie. Voir sur cet évêque une excellente note de feu M. Léon Cadier à la page 64 du *Livre des Syndics des Etats de Béarn*. Voir aussi *Bulletin de la Société des sciences, lettres et arts de Pau*, IIe série, t. XVIII, 1889.

de Lafitan a Nogaro, ont eran mandatz los nobles e cossolatz sus la donation qui bolen demandar de mossenhor d'Armanhac.

32. Item, a VI deudit mees, ana lodit de Sempot a Leytora sus la susdita donation; e can foc tornat, remustra en conselh so que abe trobat.

33. Item, a XVI deudit mees, fem cridar las ordenansas de la bila; de que, can las agon cridadas, fem far collation au notari e au cridador.

34. Item, a XXIX deudit mees, fom mandatz au conselh a Vic sus la donation de mossenhor d'Armanhac; en que balhem la carga a maeste Johan deu Baradat que y fossa per nos.

35. Item, a IIII de feure, ana lodit de Sempot menar x balestes, ayxi que en conselh era stat apuntat; dont cant fo part dela, aqui bengo lo mesatge qui lo pays ave trametut a mossenh senescal sus aquetz balestes qui demandaba; e disso lodit mesatge que era stat destrosat en lo camin e no era punt anat parlar ab mossenh senescal; e foc aqui apuntat que maeste Glaude de Barsalona e hun cosso de Nogaro anessan a Leytora.

36. Item, a XX deudit mees, ana Arnauton de Poges a Nogaro portar argent au collector, et cant torna, aporta huna letra de mossenh senescal, que contie que nos mandaba sus grans penas que lo segund jorn de Caresme nos trobessam Aux; laqual letra foc messa en conselh, e foc apuntat que lodit de Sempot y anessa; e ayxi a fec; e can foc tornat, refferi en conselh so qui ave trobat ne bist e ausit.

37. Item, a XXVII de mars, mossenh senescal nos manda per huna letra que lo dityaus aprop Pasquas nos trobassam a Vic au conselh, ont los Statz eran mandatz; foc apuntat que lodit de Sempot y anessa; e ayxi a fec, e cant foc tornat refferi so que ave trobat.

38. Item, a XXIIII de abriu, foc apuntat que lodit de Sempot anessa a Nogaro au conselh per debisar si om se aperara per debant lo Rey a causa que mossenh senescal nos bole compellir de pagar la donation de mossenhor d'Armanhac, e sus aquo debem far resposta a Vic aus nobles e cossolatz deus autres pays.

39. Item, foc ordenat que lodit de Sempot anessa audit jorn a Vic per far ladita resposta; e aysi a fec, e cant foc part dela, no

troba mossenh senescal ne home per luy ne cossolatz ne autras gentz; e aysi s'en torna.

40. Item, paga lodit de Sempot a maeste Guillem Cobeti, notari de Nogaro, per la copia deu mandament de quant lo rey de Nabarra o home per luy prenco possetion en Armagnac (1); monta : vi sos.

41. Item, lo darre jorn de may, ana lodit de Sempot a Nogaro per conclusir qui anera a Tholosa a la jornada per lo pleyt qui comensabam aver ab Taquanet; e foc apuntat a Nogaro que mossenh Jacmes deu Poy e maeste Johan Castanet y anessan.

42. Item, a xx de jun, ana lodit de Sempot a Nogaro au conselh sus huna letra que los de Nogaro aven tramessa sus lo biatge qui bolen far enta Bordeu sus los franx fius, nobeus acquis.

43. Item, a xxiii de julh, fom mandatz au conselh a Vic a veser enpausar la crua; en que i ana lodit de Sempot.

44. Item, foc apuntat que hun grant tast de gentz anassan bezer la coma e las carreras barradas per las far obrir; ayxi que a fen; e cant fon tornatz, los menan far collation; despensan : ii sos.

45. Item, paga lodit de Sempot a la garda los sabatous acostumatz de balhar, e aysi metis las subersolas; que costan : v sos vi dines.

46. Item, a xv d'octobre, bengo maeste Guilhem Reynelli, notari de Marciac, per nos demandar argent per las inquestas qui ave feytas cant pleyteyabam ab mossenh d'Armentiu; de que prencon terme entro Tossans.

47. Item, a xv de nobembre, fom mandatz au conselh a Vic a bezer enpauzar las lansas, e foc apuntat en conselh que lodit de Sempot e Johan Farga y anessan; e aysi a fen.

48. Item, a xxvii de nobembre, anan lodit de Sempot et Johan Farga a Nogaro au jorn que era stat asignat que om s'y trobessa per far lo collector; e cant fon part dela, Johanet Barta no bolo punt esse collector; e foc aqui apuntat en conselh que los cosselhs de Nogaro, de Barsalona e lodit de Sempot anessan a Condom saber sy mossenh tezaure nos bolora balhar hun de sos servidors per collector; e aysi foc feyt.

(1) Jean d'Albret, roi de Navarre, voir art. 6.

49. Item, paga lodit de Sempot per la copia de l'esturment e articles ont lo collector es obligat: VIII dines.

50. Item, ana Arnauton de Poges a Nogaro portar argent a Jacmet de Lusia, collector, sus lo prumer quarte de quest an.

REDDITION DES COMPTES DE 1490.

L'an mil IIII^c XC (1491) e XXV de feurer, foc redut conde per Mono de Sobabera, Berdot de Sempot, sarto, Arnauton de Poges e Bernadon de Lafitan, cosselhs de l'an passat, ayxi cum s'enseg.

I. — Prumeramen, mustran que lodit de Sobabera ago recebut per duas talhas, rebatut gatyes, greuyes e XXe diner, au net a la part de la vila, la soma de hoeytanta e oeyt scutz detz e set sos VI dines mealha. — E aqui metis mustra que ago pagat la soma de hoeytanta e set scutz III dines.

II. — Item, aqui metis, mustra lo susdit de Sempot que abe recebut en duas talhas, rebatutz greuyes, etc., la soma de setanta e oeyt scutz e tres sos. — E aqui metis, mustra que abe fornit per los negocis de la vila la soma de oeytanta e hun scut[z] hun sol II dines.

III. — Item, aqui metis, mustra lo susdit de Lafitan que abe recebut en duas talhas la soma de hoeytanta e sinq scutz XI sos III dines. — E aqui metis, mustra que abe fornit en los negocis de la vila la soma de oeytanta scutz III sos IIII dines.

IV. — Item, aqui metis, mustra lo susdit de Poges que abe recebut en duas talhas la soma de oeytanta e hun scut[z] onze sos VIII dines; — plus recebo deus arrendamens de dus ans de la teberna e deu maset: prumerament, de la hun an deudit maset, que era a huna man: seytanta e sinq scutz, e de la imposition de la teberna deudit an: trenta e quatre scutz; plus, deu segont an, de las impositios de la teberna e maset: trenta e seys scutz e mey; — plus, recebo, lo jorn d'Arrams, de la offerta de la crotz: I sol IIII dines e mey; etc. — E aqui metis, mustra que habe pagat au collector per quatre cartes e huna crua e huna donation au senescal: tres cens bint e hun scut[z] hun sol mealha; — plus, mustra que abe pagat a Jacmet de Lucia, collector, sus lo prumer carte de l'an xc hun, la soma de sheysanta scutz e nau sos; etc.

Foc feyt lo present conde en presentia de maeste Johan de Sant-Guilhem, etc., e de mi Johan Farga, capera, qui las presens ey scriutas e signadas de ma man propria.

J. DE FARGUA.

XXXIII.

COMPTES DE L'ANNÉE 1491.

REDDITION DE COMPTES (1).

L'an mil cccc LXXXXI (1492) e lo xxvie jorn deu mees de jener, en l'ostau de Leveron de Poges, Johanon deu Faur, Peyron deu Pandele, Peris deu Magenc e Johan Farga, cosselhs de l'an passat, reddon lor comde a Johan deu Porte, Johanon de Mombet, Arnauton de Theza e Ramonon deu Forc, cosselhs de l'an present.

Recettes. — Losquals mustran que aben recebut en tres talhas, que montaban, rebatutz greuges, gatges e xx diner acostumatz, a la part de la bila au net, la soma de quatre centz bint e nau scutz tretze sos. — Plus, aben recebut deus cosselhs de Cahuzac v scutz III sos IIII dines; etc. — Que monta tota la susdita recepta en huna soma: quatre centz LX scutz VI sos VI dines.

Dépenses. — E aqui metis, mustran que aben despensat a profeyt e utilitat e aus negocis de ladita vila, qui au collector, jutges, procurayre, pleytz, notaris, advocatz e autras despensas menudas, que montan en huna soma: quatre centz setanta e dus scutz onze sos VI dines.

E aysy apari, feyta vertadera calculation, que monta mes ladita despensa que la recepta la soma de dotze scutz e sinq sos de moneda de Rey.

(1) Il n'y a pas de compte détaillé des dépenses pour l'année 1491.

ANNÉE 1492. 441

Foc feyt lo present comde, presentz mossenh Johan deu Casso, mossenh Johan Farga, mossenh Johan Sala, caperans, etc.

Ego Johannes de Quercu, presbyter, in præmissis presens fui.
De Fargua, presbyter.

XXXIV.

COMPTES DE L'ANNÉE 1492.

DÉPENSES.

SOMMAIRE : 1. Fief annuel des consuls de Cahuzac. — 2. Réparations du pont de l'Adour. — 3. Le capitaine de Poyanne a charge et mission de loger un grand nombre de gens d'armes dans la sénéchaussée d'Armagnac. — 4. Réparations à la cloche. — 5. Bruit prématuré de la mort du comte d'Armagnac. — 6. Visite de l'évêque d'Aire. — 7. Carême prêché par un religieux de la Merci. — 8 et 9. Licence pour l'arrentement des revenus communaux; examen des comptes par le procureur. — 10. Paiement du fief annuel au comte d'Armagnac. — 11. Conseil tenu à Auch. — 12. Jongleurs du mardi-gras. — 13 et 14. Travaux au pont de l'Adour et au canal du moulin. — 15. On signale la présence de gens d'armes dans la juridiction. — 16. Bernard du Tastet, frère du juge-mage d'Armagnac, vient à Riscle pour y loger les gens de M. de Champaros, par ordre du capitaine Poyanne. — 17-20. Serment prêté au sire d'Albret, à Nogaro, par les gentilshommes et les consuls du comté d'Armagnac. — 21. Convocation des consuls à Auch pour l'impôt de la crue. — 22. Armure du cadet de Saint-Lanne. — 23. Venue du juge et du procureur d'Armagnac avec une lettre de créance d'Alain d'Albret. — 24. Voyage à Nogaro au sujet d'une ambassade et de la crue. — 25. Convocation des consuls à Nogaro par le capitaine des francs-archers. — 26. Torche pour le vendredi-saint et cierge pascal. — 27. Voyage à Vic au sujet du logement des gens de M. de Champaros. — 28. Monitoire contre les détenteurs de biens et de titres communaux. — 29 et 30. Le franc-archer de Riscle est conduit à Vic, puis à Nogaro, par ordre de M. du Bosc. — 31. Envoi d'une lettre au sire d'Albret pour le prier de nommer un gouverneur de l'Armagnac. — 32. Armurier chargé de fournir les armes du franc-archer. — 33. Ordre du capitaine Jean du Maine de mener le franc-archer à Vic. — 34. Émeute à Riscle ; on envoie chercher le procureur. — 35. Venue à Riscle de maîtres d'école et clercs. — 36. Visite des chemins. — 37. Vin offert au sénéchal d'Albret. — 38 et 39. Le sénéchal d'Aure vient à Riscle et fait prêter serment de fidélité au sire d'Albret par tous les chefs de maison de la communauté. — 40. Achat de bois pour le pilori. — 41. On descend les tuiles qui formaient la toiture des allées. — 42. Voyage à Toulouse pour racheter les calices et l'encensoir de l'église de Riscle, autrefois engagés au sénéchal de Toulouse. — 43. Bardeaux pour la toiture de la halle. — 44. On fait recouvrir le pont du moulin. — 45. Affaire des calices; le trésorier du sénéchal de Toulouse réclame de la plume. — 46. Contribution de la ville de Riscle à diverses dépenses générales. — 47. Honoraires de M° Antoine, greffier de Lectoure. — 48. Nouveau voyage à Toulouse pour l'affaire des calices et de l'encensoir; ils sont rachetés moyennant 72 livres tournois. — 49. Ordre du capitaine des francs-archers de tenir prêt à toute réquisition l'archer de la ville. — 50. Feu de joie à l'occasion de la naissance du Dauphin. — 51. Conseil tenu à Vic pour l'impôt des lances. — 52 et 53. Conseil à Nogaro; nomination du collecteur et assiette des impôts. — 54. Don de perdrix au fils de l'auditeur d'Armagnac. — 55. MM. de Vergoignan et de Crastes sont chargés de conduire à Vic tous les francs-archers du pays. — 56-58. Armement et gages du franc-archer de Riscle Guissarnaut. — 59. Achat d'une chaire pour le maître d'école. — 60. Services rendus à la ville par M° Jean de Baradat.

Despensa feyta per Johan deu Porte, Johanon de Mombet, Arnauton de Teza e Ramonon deu Forc, cosselhs en l'an darrer passat mil CCCC XCI e finit l'an XCII en la festa de Nadau, en descharya de las besonhas de la bila de Riscla fornida e per lor pagada, aysi que s'ensegueys.

1. Primo, a xxvii de decembre (1491), bengon los cosselhs de Cahusac per pagar lo fiu acostumat que fen a ladita vila cascun an; en que los donam collation de pan e de bin; que costa: xi dines.

2. Item, a ii de jener (1492), anam au pont de l'Ador far amassar los tenhoos qui l'ayga n'abe menatz, e logam Menjolet deu Casso per terrar lo cap deu pont de dessa.

3. Item, a x deudit mes, lo procurayre deu Rey nos termeto huna letra que contene cum lo capitayne Puyana (1) abe charya e comission deu Rey de lotyar gran nombre de gentz d'armas en la

(1) Ce capitaine « Puyana » doit être Charles de Poyanne, seigneur de Nousse et Gamarde, chambellan de Charles VIII, gouverneur des ville et château de Dax. Si nous opinons pour lui c'est que nous l'avons vu désigné ailleurs sous ce même titre de « capitaine Poyane ». Il était cadet de la maison de Baylenx, représentée à cette époque par Bertrand de Baylenx, seigneur baron de Poyanne (canton de Montfort, Landes). Charles de Poyanne avait épousé Isabeau de Lasseran, fille et héritière de Jean de Lasseran, seigneur de Manssencôme en Fezensac, de Moncla, Valentès, Saint-Yors, etc., dans la baronnie de Montesquiou, et de Catherine d'Astarac. Le mariage avait été conclu à condition que les enfants qui en naîtraient porteraient les nom et armes de Lasseran. C'est de Charles de Poyanne que sont descendus les Lasseran Manssencôme qui relevèrent au xvii° siècle le titre de marquis de Monluc, après l'extinction de la descendance du maréchal.

seneschaucia d'Armanhac; laqual letra foc remustrade en conselh, e aqui foc apuntat que anessam a Nogaro parlar ab lodit procurayre si podoram fer en fayson que no y bengossan punt; e aysy Johan deu Porte y ana; e quant foc tornat, remustra en conselh so qui ave trobat.

4. Item, l'endoman, fem cheyar lo cey per adobar la calhiba deu fer deudit cey que era goastada, e per abilhar las calhibas petitas; en que logam lo prior per cheyar lodit cey e d'autres; que monta la despensa, enclus so qui dem audit prior : II sos IX dines. — Item plus, per la fayson de lasditas calhibas : I sol V dines.

5. Item, a XIIII deudit mes, los cosselhs de Nogaro nos termeton huna letra que contene cum los era stat dit que mossenhor d'Armanhac era mort (1) e que fessam bon goeyt e gardassam ben la bila.

6. Item, a XXVII deudit mes, bengo mossenh d'Ayra (2) ab sas gens; que foc apuntat que lo termetossam deus bins de la bila; e aysy a fem; costan XII pintas de bin blanc e roge e claret : III sos VI dines.

7. Item, bengo un presentat de l'ordre de la Mercee que. nos demanda la cadeyra per sermonar lo caresme; e fem amassar lo conselh, e aqui foc apuntat que l'y donessam.

8. Item, pagam a mossenh judge per la licencia deus arrendamentz de la bila de l'an passat : II scutz

9. Item, pagam au procurayre per la visita deus condes deus arrendamentz de la vila e de las reparations feytas : II scutz.

10. Item, pagam a Leueron de Poges, arrendador deus emolumentz de mossenhor d'Armanhac, per lo fiu qui la bila fe audit mossenhor d'Armanhac : V scutz XVI sos XI dines. — Item, se pergo en lodit pagament a far moneda deu Rey : I scut III sos IIII dines.

---

(1) C'était une fausse nouvelle, qu'expliquait d'ailleurs l'état de santé déplorable du comte d'Armagnac. Le malheureux prince s'était retiré au château de Montmirail en Albigeois. Le roi venait de lui donner pour curateurs le comte de Nevers, le seigneur d'Orval, Philippe de Voisins, seigneur de Montaut, et Géraud, seigneur de Marestang (1491).

(2) Pierre de Foix, évêque d'Aire, succède, en 1487, à son oncle le cardinal de Foix, mort en 1490. (*Gall. christ*).

11. Item, a viii de feure, mossenh senescal (1) nos termeto huna letra per laquala nos mandaba que nos trobessam au xime jorn deudit mes Aux au conselh; laquala letra foc messa en conselh, e foc apuntat que Johanon de Mombet y anessa; e aysi a fec; e quant foc retornat, remustra so que ave bist ne ausit audit conselh.

12. Item, foc apuntat en conselh que paguessam los joclas a entrat caresme, afin que no y agossa brut ne debat; e aysi a fem; costan : ii scutz.

13. Item, lo prumer jorn de mars, agom v homes au pont de l'Ador per fiquar las staquas feytas e per clabe de broc las alas qui eran stadas debisadas affin que l'ayga no bengossa en sa; e foc balhat a cascun home per jornau : ix arditz.

14. Item, fem claue los bocaus deu baniu de broc, que om no y podossa entrar de neytz ne de jorns.

15. Item, l'endoman, anan los companhos de la vila enta Faget e enta Guilhamon deu Pont, que y ave gentz d'armas.

16. Item, a ix de mars, bengo Bernad deu Tastet, fray de mossenh judge mage, e portaba huna letra deu capitayne Puyana per lotyar las gentz de mossenh de Champaros, e nos manda sus certans penas que agossam a far los lotgis.

17. Item, lo jorn metis, mossenhor de Labrit nos termeto huna letra per laquala nos mandaba que nos trobessam a Nogaro a hun jorn; laqual letra foc remustrada en conselh, e foc apuntat que y anessam; e aysi y anan los tres cosselhs audit jorn, e lodit mossenhor de Labrit no y fo punt aquet jorn; e aysi s'en tornan.

18. Item, a xii deudit mes, Johan Farga nos termeto huna letra conteneu cum messenhors de judge e procurayre lo aven balhat

---

(1) Le sénéchal d'Armagnac était alors Guinot de Lauzières, seigneur de La Chapelle et de Montesquieu. Jean de Bosredon était mort à Lectoure dans le courant de l'année 1491. (Voir *Archives de la ville de Lectoure*, p. 186.) Guinot de Lauzières était alors sénéchal du Quercy depuis 1483, et curateur des biens et de la personne du comte d'Armagnac. Charles VIII venait cette même année de remanier le conseil de tutelle qu'il avait donné en 1486 au comte Charles. Il avait remplacé les premiers curateurs par le comte d'Orval et les barons de Montaut et de Marestang. Guinot de Lauzières quitta alors la sénéchaussée du Quercy pour prendre celle d'Armagnac. Il fut remplacé en 1491 dans le Quercy par Raymond, seigneur de Cardaillac. (Voir *Histoire du Quercy*, par Cathala-Coture, t. III, p. 230; *Idem*, par Lacoste, t. IV, p. 8.)

carga de los scribe que bengossam, que mossenhor de Labrit era bengut; en que y anau losditz tres cosselhs; e quant fon part dela, no podon ren besonhar a causa que los gentiushomes no y eran, que eran d'auguns enta Molasun a la sepultura de mossenh de Camorteras (1); e losditz officiers nos feu jurar que l'endoman torneran.

19. Item, l'endoman, tornan los II cosselhs a Nogaro e troban que los gentiushomes eran enter etz en dibision sus los homenatges; e no podon besonhar ren, mas los asignan a l'endoman sus lo metis segrament.

20. Item, lo XV jorn deudit mes, tornan los tres cosselhs a Nogaro e fen lo segrament a mossenhor de Labrit, cum fasen los autres cossolatz e los nobles.

21. Item, a XX deudit mes, Peyronet de Laporteria nos termeto huna letra per laquala nos mandaba que nos trobessam Aux a beser e ausir lo bon boler deu Rey, e asso per impausar la crua; e aqui metis foc apuntat que termetossam la garda a Nogaro saver si los cosselhs de Nogaro y anaban; e aysi a fem.

22. Item, a XXVII deudit mes, foc apuntat que Johanon de Mombet anasa a Nogaro per parlar ab lo capdet de Sent-Lana (2) e per lo tornar son arnes qui ave leysat part dessa; e aysi a fec.

23. Item, lo darrer jorn deudit mes, bengon messenhors de judge e procurayre e portaban huna letra de cresensa de mossenhor de Labrit, e demoran etz e los servidors a la ostaleria II o tres jorns e autantas neytz per aber la resposta, e per los molins e paysera; e foc apuntat en consell, afin que reportesan ben de la bila e deus habitantz a mondit senhor de Labrit, que los paguessam lor despensa; e aysi a fem; que monta ab lo bin qui los termetom: I scut III sos VIII dines.

24. Item, a XVII de abriu, ana Johanon de Mombet a Nogaro per auguna letra que los cosselhs de Nogaro nos aven tramessa sus lo biatge de Fransa e per las despensas de la crua.

(1) Carbonel du Lau, seigneur de Camortères, était fils de Bernard du Lau, dont il a été parlé au commencement de ces comptes. Il laissait de Galiane de Lavedan, sa femme, un fils, Auger du Lau, et une fille, Blanche, mariée à Jourdain d'Averaëde, seigneur de Talazac.

(2) Bertrand de Saint-Lane, frère de Géraud, seigneur de Saint-Lane, assista en 1491 au mariage de son frère.

25. Item, a xx deudit mes, lo capitayne deus franx arches nos termeto huna letra que l'endoman nos trobessam a Nogaro; en que i ana Johan deu Porte.

26. Item, fe far huna torcha ab de la neyt deus dibes sant au monument a la gleysa, e fem metre vi liuras de cera en los ciris; que costa tot tant de la cera que de la man : i scut xii sos. — Item, pagam au sarralher per bayshar las gabias deus ciris (1) : viii dines.

27. Item, a xxvii deudit mes, foc apuntat que Johan deu Porte anessa a Bic sus huna letra que abem aguda de lotyar las gentz d'armas de mossenh de Champarros; e aysi y ana; e quant foc retornat, remustra so qui ave trobat.

28. Item, a v de may, foc apuntat que agossam huna monition generau contra los qui thenen so de la bila; e aysi l'agom e s'en cruban beucop de papes e autras causas de la vila; costa en tot : iii sos vi dines.

29. Item, a xvi deudit mes, foc apuntat que Johanon de Mombet anasa a Vic menar lo franc arche, aysi que nos era stat mandat per son capitayne; e aysi l'y mena.

30. Item, a xxix deudit mes, foc apuntat que Johan deu Porte menassa l'arche franc a Nogaro, au mandament de mossenh deu Bosq ; e aysi l'y mena.

31. Item, a ii de jun, foc apuntat enter los cosselhs de Nogaro e los de Riscla que om termetossa huna letra a mossenhor de Labrit per saver si agoram gobernador o no en Armanhac, e lo pregassam que fossa home de justicia (2).

32. Item, fem relebar las bergantinas e frobir la celada de la vila a hun armure; costa tot : ii scutz iiii sos.

33. Item, a xiiii deudit mes, lo capitayne Johan du Mayne nos termeto hun mandament que menassam l'arche franc a Vic, ont totz los autres deben esse; e foc apuntat que Johan deu Porte l'y menassa, e aysi a fe.

(1) *Baishar las gabias.* Baisser les cages des cierges.
(2) Le sire d'Albret fit droit à la requête des consuls de Riscle et de Nogaro. Il choisit pour gouverneur de l'Armagnac, Arnaud-Guilhem de Labarthe, sénéchal d'Aure. (Voir compte de 1493, art. 4.) On sait que le sénéchal était un officier de justice, les consuls avaient demandé que le gouverneur « fossa home « de justicia ».

34. Item, termetom sercar lo procurayre a Nogaro per cauque brut que ave en la bila que bengossa. — Item, lo termetom sercar a Sent-Mont perso que no era a Nogaro.

35. Item, a XXI deudit mes, bengo hun magister de Nogaro e hun autre de Castelnau e d'autres clerx; que los donam collation.

36. Item, a VI de julh, anam bisitar las carreras ab autras gentz, aysi que mossenh judge nos ave mandat e en conselh era stat apuntat.

37. Item, foc apuntat enter VI o VII conselhs que termetossam IIII^{te} pintas de bin au senescal de Labrit (1), que era au Feste; costan : I sol VIII dines.

38. Item, a XIII deudit mes, mossenh senescal d'Aura (2) nos termeto huna letra fasen mention cum el debe benir per prene lo segrament de la comuna per mossenhor de Labrit. — Item, foc apuntat que paguessam la despensa audit mossenh senescal e judge e procurayre, Chastanet, Baradat e autres que eran XIX o XX personatges; e aysi a fem.

39. Item, balham a las gardas que anan mandar tot cap d'ostau a venir far lo segrament.

40. Item, foc apuntat que paguessam huna fusta que los cosselhs passatz aven presa de Anthoni deu Cos per far lo pillauret, que ave XI arrasas de long; costa : XI sos.

41. Item, fem debarar lo teule de la aleya, que no se romposa.

42. Item, a XI de aost, Johan Berget, de Gimont, nos termeto huna letra que contene que si bolem crubar nostres calitz e enseaser, que anassam parlar ab et a Gimont e que los nos fera crubar per LXII liuras tornenses e que si no eran sootz per tot lo mes de aost que seran benutz per lo pretz; laqual letra foc messa en conselh e foc apuntat que Johan Farga y anessa, e aysi a fec; e quant foc tornat, refferi en conselh so qui ave trobat. Despensa per et e son rosin en X jorns e IX neytz que ste en anar e tornar e

---

(1) Ce sénéchal d'Albret doit être Jean de Lur, seigneur de Callen (voir l'*Inventaire des Archives des Basses-Pyrénées*, E 201 et 204), ou Jean de Mellet, seigneur de La Salle, chambellan du roi de Navarre, gouverneur de Tartas, qui exerçait la charge de sénéchal d'Albret, en 1508.

(2) Arnaud-Guillem de Labarthe, seigneur d'Arné et de Moncorneil, sénéchal d'Aure. Son frère Roger était prieur de Saint-Mont, près Riscle.

a Tholosa en sercar lo testament deu senescal de Tholosa, mort, e en sercar losditz gatges e los far abilhar; que monta : II scutz IX sos III dines. — Item, costa audit de Lafarga a Tholosa de far adobar los calitz e l'ensease frobir, que monta : XII sos (1).

43. Item, fem carreyar los arreches (2) qui Menjon deus Sous debe a la vila. — Item, costan de foradar e calhibar e enclus las calhibas, e caperar deudit arreche la eyshala de la fala : IIII sos X dines.

44. Item, a XXIX deudit mes, fem arteytar lo pont deu molin a Manauton Trobat; que lo donam per son tribalh e despensa : III sos VI dines.

45. Item, lo segund jorn de setema Johan Berget nos termeto autra letra sus lo feyt deus calitz e que demandaba I quart de pluma.

46. Item, pagam a Bernadon de Faget, de Vic, per nostra part de cauques despensas que eran stadas metudas sus lo pays en sieta : I scut VIII sos VIII dines. — Se pergo en lodit pagament : V sos IIII dines.

47. Item, pagam a maeste Anthoni, grafie de Leytora, per lo pleyt que avem ab los de Sent-Mont : I scut VIII sos VIII dines.

48. Item, foc apuntat en conselh que termetossam Johan Farga a Tholosa sobe los gatges d'argent; e ayxi a fe, que costan :

---

(1) Il est besoin pour comprendre les faits rapportés dans cet article de remonter à vingt ans. On a vu qu'en 1473, après la prise de Lectoure et le meurtre du comte Jean V, les communautés de l'Armagnac votèrent 1,000 francs à Gaston du Lyon, sénéchal de Toulouse, à condition qu'il les exonérerait du logement des gens de guerre. (Voir compte de 1473, art. 103.) Ce vote, arraché par la terreur qu'inspirait cette armée de pillards et de routiers, fut pour l'Armagnac, et en particulier pour les consuls de Riscle, un sujet de grandes tribulations. Jean Berget, trésorier du sénéchal de Toulouse, vint à plusieurs reprises à Riscle pour exécuter les consuls, saisir leurs biens, les jeter en prison, etc. (Voir les comptes précédents à partir du mois de mars 1473, art. 103.) Enfin la nécessité fut si grande que les consuls engagèrent au sénéchal les calices de l'église et l'encensoir. (Voir compte de 1483, art. 1 et 3.) On voit qu'ils n'avaient pu les retirer, puisqu'ils étaient encore entre les mains de Jean Berget. Le sénéchal était mort en 1485; il avait eu pour successeur son gendre, Charles de Baurbon, seigneur de Malauze. J'ignore quel intérêt avaient les consuls de Riscle à retirer une expédition de son testament. Peut-être, le sénéchal avait-il fait rémission aux communautés de l'Armagnac des sommes qui lui étaient encore dues sur les 1,000 francs votés en 1473.

(2) *Arreches*, bardeaux.

LXII liuras t., que montan en scutz de moneda deu pays: LV scutz II sos. Se pergo en lodit pagament en aur que era cort, e enclus so que costa de sodar l'enseaser e de crobir los calitz : I scut IX sos.

49. Item, a IIII^{te} de octobre, lo capitayne deus franx arches nos termeto huna letra que nos mandaba que agossam aver prest nostre arche de hora en hora, e nos termeto lo doble de la comission que lo Rey lo ave trames.

50. Item, a XV deudit mes, los officiers de nostre senhor lo Rey nos termeton huna letra que fessam prosecions a causa deu Dauphin que era nascut e fessam foex de joya (1); e aysi a fem, e donam collation a las gentz e aysi metis au mesatge; monta: II sos II dines.

51. Item, a XIIII de nobembre, foc apuntat que Johan Farga anassa a Vic au conselh ont eram mandatz a vezer impauzar las lansas; e aysi y ana; e quant foc retornat, remustra so que ave bist ne ausit, e aysi metis cum ave conegut a la sieta de l'an passat so que portabam mes que no debem portar.

52. Item, lo dimercles aprop, anan Johan deu Porte e Johanon de Mombet e Johan Farga a Nogaro, aysi que a Vic era stat interpres, ab los gentiushomes e proprietatz per far lo collector a la sieta e per remustrar la carga qui portabam mes que no debem; en que los gentiushomes no s'i troban punt sino petit nombre, e demoran lo dilus aprop cascun s'i trobessan.

53. Item, lo dilus aprop, tornan a Nogaro losditz deu Porte, Johan Farga e Ramonon deu Forc a far la cieta, e no podon punt tornar lo vespre a causa que la cieta no se fec entro que fon aprop sopar e perso que y bolen esse per remustrar nostras cargas; lasqualas remustran e fen en fayson que de XXVIII liuras tornesas nos sosportam per aquest an.

54. Item, balham au filh de mossenh l'auditor hun parelh de perditz; costan : II sos.

55. Item, foc apuntat que Johanon de Mombet menassa l'arche a Nogaro per partir dequi en fora enta Vic ont eran statz adjornatz los dus cosselhs e dus conselhers de cada vila e loc ont aven arches; e era stat apuntat a Nogaro que mossenh de Ber-

(1) Charles-Orland, dauphin de Viennois, né au château de Montils-lez-Tours, le 10 octobre 1492, mort au château d'Amboise, le 6 décembre 1495.

gonhan e mossenh de Castras (1) los menassan a Vic per nom de tot lo pays; e aysi a fen.

56. Item, costa de adobar las bergantinas a Nogaro e y mete boclas : VIII dines. — Item, costan las bergantinas de portar a Vic e de Bic en fora assy : II sos VIII dines.

57. Item, pagam per la despensa deu capitayne a nostra part; monta : III sos. — Plus, pagam per la despensa qui l'arche fe a Vic e en lo camin : IIII sos.

58. Item, pagam a l'arche Guisarnaut sus sous gatges : XVI sos.

59. Item, foc apuntat que crompassam la cadeyra de mossenh Pey de Casanaba ab deu magister de la scola; costa : I scut II sos.

60. Item, foc apuntat que fessam ab maeste Johan deu Baradat que prencosa la carga de esse a hun conselh Aux per nos e que om lo fera content de sa pena, e ayxi metix que nos ajuda fort quant la sieta se fe quant agom lo sosport de XXVIII liuras tornen., e el fec tot so desus; demanda que lo relevetz per aquet tribalh e despensa de sa talha de hun scut e mey : I scut IX sos.

REDDITION DES COMPTES DE 1492.

L'an mil IIII^c LXXXXII (1493) e lo XXIIII^{te} jorn deu mes de jener, en la mayson de Leveron de Poges, Johan deu Porte, Johanon de Mombet, Arnauton de Teza e Ramonon deu Forc, cosselhs de la bila de Riscla en l'an darrer passat, reddon lor conde a Bernad d'Aurelhan, Peyron d'Angles, Johanon deu Magenc e Johanon deu Faur, arche, cosselhs de l'an susdit.

---

(1) Nous ne pensons pas qu'il soit ici question du comte de Castres, Boffile de Juge, gendre d'Alain d'Albret, depuis l'année 1480. Un aussi grand personnage n'aurait pas accepté la modeste charge de capitaine de francs-archers; les consuls de Riscle l'auraient d'ailleurs qualifié de *mossenhor*. Peut-être s'agit-il du seigneur de Castres, près Auch (aujourd'hui *Crastes*, en vertu d'une métathèse familière à la langue gasconne); ce serait alors Arnaud de Bezolles, seigneur de Crastes.

Il est fait mention dans le testament de Pierre, bâtard d'Armagnac, seigneur de Caussade, fils naturel du comte Charles (1514), d'un Bernard d'Armagnac, dit le « bâtard de Castres ». Peut-être ce bâtard est-il le capitaine des francs-archers dont il est ici question. (Arch. de Pau, E. 274.)

Recettes. — Aysi que mustran que aven recebut deus bens de ladita bila en tres talhas que los eran stadas autreyadas per los conselhers de ladita vila, lasqualas talhas montan, dedusit greuges, gatges e bintee dine, au net a la part de la vila, la soma de quatre centz cinquanta e tres scutz sinq sos tres dines. — Plus, mustran que aven recebut de l'arrendament de las impositions de la teberna de l'an XCI : quaranta e set scutz ; — plus, de l'arendament de las impositions deu maset de l'an susdit : bint et set scutz ; — plus de l'arendament de la teberna de l'an present XCII : bint e seys scutz ; — plus, de l'arendament deu maset deudit an XCII : bint scutz. — Plus, mustran que aven recebut deus cosselhs de Lacausada sus so qui deben contribuir per l'arche : set sos ; etc. — Laqual recepta montaba en huna soma : sinq centz nabanta e dus scutz hoeyt sos set dines.

Dépenses. — E aqui metis, mustran per parcelas e per menuda que aven despensat en las vezonhas de ladita vila e a profeyt de quera, lo soma de sinq centz setanta e dus scutz hoeyt sos nau dines.

Foc feyt lo susdit conde, presentz mossenh Johan deu Cosso, etc., e jo Johan Farga, qui ey scriut lo present comde e assi m'e signat.

J. DE FARGUA, presbyter, assero premissa fore vera.

XXXV.

COMPTES DE L'ANNÉE 1493.

DÉPENSES.

SOMMAIRE : 1. Honoraires payés à un commissaire des chemins. — 2. Visite du château et de la ville de Riscle par le gouverneur d'Armagnac. — 3. Frais du procès des 2 écus par feu demandés par le sénéchal. — 4. Venue à Riscle du sénéchal d'Aure, gouverneur d'Armagnac pour le sire d'Albret. — 5. Alain d'Albret vient à Riscle avec 60 chevaux ; les consuls paient son dîner. — 6. Prédications faites par un frère-mineur. — 7. Réparations à la porte du Cambadie. — 8. Convocation des consuls à Nogaro pour prêter serment au Roi. — 9 et 10. Statues de saint Antoine et de saint Sébastien ; on les fait bénir à Tasque. — 11. Main-levée de la saisie des terres d'Armagnac. — 12. Les consuls de Riscle sont cités en justice par le procureur du Roi, faute d'avoir réparé les murs de la ville. —

13. Gages du trompette à la procession de la Fête-Dieu. — 14. Voyage à Nérac pour demander au prieur de Saint-Nicolas de prendre la défense des villes de Nogaro, Barcelonne et Riscle, dans l'affaire des murailles. — 15. Travaux à l'une des portes de la ville. — 16-18. Le franc-archer de Riscle est conduit à Lectoure ; dépenses pour son habillement et équipement. — 19. Construction d'une petite halle. — 20. Enlèvement du lin mis dans le canal du moulin. — 21. Achat de chaux pour l'église de Riscle. — 22. Messager envoyé au gouverneur d'Armagnac, à Saint-Mont, puis à Termes. — 23. Assemblée convoquée à Lectoure par les officiers du Roi. — 24. Loyer de l'école. — 25. Conseil tenu à Vic pour l'impôt des lances. — 26. Assiette des impôts à Nogaro ; la ville de Riscle obtient une réduction de 5 feux. — 27-32. Accord entre les consuls de Saint-Mont et ceux de Nogaro, Barcelonne et Riscle, au sujet du procès du marché. — 33. Assemblée convoquée à Nogaro par ordre du Roi ; revue des habitants. — 34. Excommunication des consuls ; ils sont absous. — 35. Honoraires à M. Pierre Cazenave pour un sermon destiné à l'instruction du peuple.

Despensa feyta per Bernat d'Aurelhan, Johanon deu Faur, Peyron d'Angles e Johanon deu Magenc, cosselhs de l'an mil IIII^c XCII comensan a la festa de Nadau e finit en l'an mil IIII^c XCIII.

1. Prumerament, lo vi^e jorn de jener, foc apuntat en conselh que pagassam a hun comissari deus camis que ave au Feste sous jornaus e la despensa, e que s'en anessa ; e aysi a fem ; que ago per sous jornaus : xi sos ; plus, per ladita despensa audit Festee : vi sos.

2. Item, a xii deudit mes, bengon messenhors lo gobernador, lo loctenent de mossenh judge, los procurayres e lo recebedor e autres que eran xxi arrosin[s] e plus, e asso per visitar lo castet e la vila, e steu tres repeys ; que foc apuntat en conselh que om los paguessa la despensa ; que monta tot : viii scutz iii sos.

3. Item, lo xvi deudit mes, bengo Bernadon deu Faget de Vic-Fezensac per nos demandar nostra cota part de las despensas feytas en seguir lo pleyt deus ii scutz per foec ; e prencom terme ab et per hun terme.

4. Item, a vi de feure, bengo mossenhor senescal d'Aura, gobernador d'Armanhac (1) per mossenhor de Labrit, e ana lotyar au Feste ; en que lo termetom collation de bin blanc e de claret ; que costa : i sol.

---

(1) Arnaud-Guillem de Labarthe, sénéchal d'Aure, était gouverneur de l'Armagnac pour le sire d'Albret. (Voir le compte précédent, art. 37.)

5. Item, a xi deudit mes, bengo mossenhor de Labrit ab lx rosins o plus; que foc lotyat a Johan Farga; e foc apuntat que lo paguessam la disnada; que monta tot en huna soma : iiii scutz xi sos ii dines.

6. Item, foc apuntat que paguessam la despensa a hun fray menor que ave sermonat iiii^{te} o v jorns; monta : v sos.

7. Item, a xx de feure fem adobar la comporta deu Campbadia e y fem lo cap-matras de nau e adobar lo timo e las ligas (1), e fem adobar la muralha per mete lo timoo; que y sten dus maestes dus jorns; despensen : ii sos iii dines ; — plus, los jornaus de totz dus : viii sos.

8. Item, lo darre jorn de mars, fom adjornatz a Nogaro a far le segrament a nostre senhor lo Rey; en que i ana Johanon deu Faur.

9. Item, foc apuntat que fesam pinhar lo boot de sent Anthoni (2) e crompassam hun sent Sebastian; e ayxi a fem; que costan totz dus : iiii scutz ix sos. — E asso es enclus la pintura qui fen far a l'autaa de Sent-Pe.

10. Item, termetom hun rosin a Nogaro dus biatges per portar lasditas ymages a Nogaro e tornar par dessa e i jorn a Tasqua, per los benasir.

11. Item, a xvi d'abriu, fom adjornatz a Nogaro per vezer lhebar la man de las terras d'Armanhac per mossenhor de Labrit; en que i ana Johanon deu Magenc en la companhia de Ramonet de Teza, bayle de la bila; e quant [foc] retornat, refferi en conselh so que ave bist e ausit.

(1) Il s'agit évidemment de la réparation du pont-levis, les mots *capmatras*, *timo*, *ligas* ne permettent pas d'en douter. Nous ne saurions donner au juste la véritable signification du mot *capmatras*, mais voici un texte qui aidera à en préciser le sens, nous le prenons dans l'inventaire des biens de feu Jean de Lary, seigneur de Latour, fait en 1629 : « De là en hors sommes entrés dans « ledit chasteau [de Latour] et à l'entrée d'iceluy avons trouvé un pont levis « de tables de boys de chesne, garny de guimbelles, et deux chaines de fer « que supportent ledit pont, et sur le *capmatras*, sur le dedans, une autre chaine « de fer pour lever ledit pont. » (Archives de M. J. de C. du P.)

(2) *Boot*, de *votum*, vœu, image votive. Peindre la statue de saint Antoine. Ce saint ermite, auquel on attribuait le pouvoir de préserver de la peste, appelée le *feu de Saint-Antoine*, était en grand honneur en Gascogne. On retrouve son image presque dans toutes les églises, à côté de celle de saint Roch, invoqué également contre la peste.

12. Item, a xxiiii deudit mes, lo procurayre deu Rey nos termeto hun adjornament perso que no avem reparadas las muralhas de la vila; que costa deu dret deu bayle : viii dines. E fon adjornatz a vezer lhebar las penas encorrudas.

13. Item, pagam a Manauton Trobat que toquaba la trompeta lo jorn deu cor de Diu a la procesion : iiii dines (1).

14. Item, ana Johanon deu Magenc a Nogaro a la jornada ont eran adjornatz los de Nogaro, de Barsalona e nos autres; e aqui foc apuntat que Johanet de Bonasias, de Barsalona, anessa a Nerac parlar ab lo prior (2), que prencossa la causa per nom de mossenhor de Labrit.

15. Item, a x de jun, logam dus maestes per latar lo portau e acabar de caperar. — Item, crompam cent claus gros per latar; que costan : ii sos. — Item, crompam mey millee de teule crochet per lodit portau; que costa : xii sos.

16. Item, a xxi deudit mes, bengo lo loctenent deu capitayne deus franx arches, que nos manda, sus pena de confiscation de cors e de bens, que agossam a menar nostre archee a Leytora a hun cert jorn.

17. Item, lo darrer jorn de jun, ana Peyron d'Angles a Leytora au jorn asignat menar l'arche ; que ste iiii jorns e tres neytz.

18. Item, pagam audit arche a Leytora per mandament deu capitayne per sa despensa; que monta : x sos, moneda deu Rey, balen moneda corrable : xii sos. — Plus, fornim audit arche per far los cordoos deus poleyos; monta : viii dines, — plus, lo crompam hun chapeu nau; que costa : iii sos iiii dines. — Plus, balham au capitayne per lo fauqueton deudit archee : xxv sos tornes, moneda de Rey, que monta moneda corrable : i scut ii sos. — Plus, balham au capitayne per crompar la trossa audit archee : xv sos tornes, moneda deu Rey, que montan moneda corrable : xii sos. — Plus, pagam per nostra cota part de la despensa qui lodit capitayne ave feyta a l'ostaleria : v sos tornes, moneda de

---

(1) On voit que la coutume, officiellement supprimée aujourd'hui, de sonner les trompettes ou de battre les tambours à la procession de la Fête-Dieu, remonte haut.

(2) Le prieur de Saint-Nicolas. Ce prieuré avait été fondé par l'abbaye de Condom et relevait de l'abbé, qui nommait le prieur.

Rey, monta moneda corrable : IIII sos. — Plus, crompam hun parelh de sabatous e hun fauqueton audit arche; costa : IX sos. — Plus, crompam XVII paums de mescla (1) per far la pelha audit archee et hun parelh de causas; que costa tot : II scutz XVI sos. — Plus, crompam IX paums de fustane negre per far lo jupon audit arche; que costan : IX sos. — Plus, crompam canebas per forrar e fiu; que costa : VI sos VI dines. — Plus, crompam hun bonet roge per lodit archee e agulhetas; que costa : IIII sos.

19. Item, a IX de julh, logam Peyron d'Angles e Peyron de Mombet per portar la fusta de la faleta que era en la gleysa, e per la bastir ont au present es bastida; que y ste cascun sencles jornaus.

20. Item, a XIII deudit mes, nos foc denunciat que en lo baniu deu molin ave linen a segader e l'on anan getar (2).

21. Item, a XIX deudit mes, agom XVI caas de besiau per carreyar XVI pipas de causea que aven crompadas deu Gie per reparation de la gleysa. — Costan lasditas de causea las XII pipas : VIII scutz; — las autras IIII^{te} pipas lodit Gie balha per la lenha de ladita causea.

22. Item, foc apuntat en conselh que anessam parlar ab mossenhor lo gobernador a Sen-Mont (3) sus so que demandaba aus qui no eran statz a Beumarches; e aysy Johanou deu Magenc y ana e lo troba partit e lo segui, que lo atenco a Termes e lo remustra la carga qui ave; loqual lo fec resposta que et se trobera a Vic-Fezensac aus Statz e aqui apuntera tot.

23. Item, a II de setembre, messenhors de officiers d'Armanhac per nostre senhor lo Rey nos termeton huna letra que contene que lo XV jorn deudit mes nos trobessam a Leytora ausir augunas causas de part lo Rey; e foc apuntat que Johanon deu Faur y

(1) Drap mêlé, fait avec de la laine blanche et noire.
(2) C'est par mesure sanitaire que les consuls font jeter le lin que l'on avait mis à rouir dans le bassin du moulin. On sait quels graves inconvénients présente le rouissage à l'eau; les émanations pernicieuses qu'il produit sont nuisibles aux hommes, corrompent les eaux, détruisent le poisson et altèrent la santé des bestiaux. On retrouve constamment dans les anciens règlements de police des défenses faites à ce sujet.
(3) Nous avons dit que son frère, Roger de Labarthe, était prieur de Saint-Mont. (Voir compte précédent, art. 38.)

anessa, e aysi a fec; e quant foc tornat, refferi so qui ave ausit ne bist part dela.

24. Item, pagam a Monon de Sobavera per lo logue de la scola de l'an present : III scutz.

25. Item, a XI de octobre, mossenh thezaure Peyronet de Laporteria nos termeto huna letra que nos trobessam a Vic-Fezensac lo XXe jorn deudit mes, e asso per ausir lo bon plaser deu Rey a impausar las lansas; e foc apuntat que Johanon deu Faur e Johan Farga y anessan, e aysi a fen; e quant fon tornatz, refferin so que part dela era stat remustrat.

26. Item, a XXIIII deudit mes, foc apuntat que Johanon deu Faur, Johan deu Porte, Arnauton de Lafitan, Ramonet de Teza e Johan Farga anessan a Nogaro a veser far la sieta; e aysi a fen, e tant debaton que per aquest an nos em statz debaysatz de sinq foux, e beucop d'autras causas fen e dison que fon remustradas en conselh quant fon bengutz.

27. Item, a III de nobembre, anan Johanon deu Faur, Berdot Sala, Ramonet de Theza e Johan Farga a Stremalon, ont se deben trobar los de Barsalona et de Sent-Mont per bezer sy om poscora apuntar deu pleyt de Sent-Mont; e aqui parlan deus apuntamentz et disnan, et s'en tornan aprop.

28. Item, a VI deudit mes, termetom hun mesatge a Genua, ab huna letra aus cossos de Genua per vezer si podoram aber lor scindicat; que foc balhat audit mesatge per son triballh e despensa : V sos.

29. Item, l'endoman, nos termeton los cossos de Barsalona hun mesatge, ab huna letra que om apuntessa, aysi que era stat dit a Stremalon.

30. Item, foc apuntat en conselh que om paguessa XX sos a Johanot de Bonasias, de Barsalona, losquals demandaba per nostra part de la pena qui ave presa enta Tholosa e Leytora per lo pleyt de Sent-Mont; e aysi lo paguam : I scut II sos.

31. Item, termetom a Barsalona Peyron d'Angles per saver lo boler deusdits de Barsalona; que despensa per et e son rosin : VIII dines; — plus, per lo logue deudit rosin : I sol III dines.

32. Item, a VIII de nobembre, ana Johano deu Faur a Stremalon per conclusir de l'acordi deus de Sent-Mont, de Nogaro e de

Barsalona e de nos; e aysi conclusi, e remustra, quant foc bengut, so que ave besonhat.

33. Item, lo prumer jorn de decembre, mossenh loctenent de mossenh judge nos termeto huna letra contenen que per lo ben deu Rey e deu pays nos trobessam a Nogaro; e foc apuntat que Peyron d'Angles y anessa; e aysi a fec; e quant foc tornat, remustra so que ave trobat. — Item, lo costa la copia de hun mandament que remustran per far mustras : VIII dines. — Item, a IIII deudit mes, termetom la garda per lo bordalat mandar los habitantz a far las mustras, aysi que lo susdit mandament contene.

34. Item, termetom Berdot de Sobiran enta Aux sercar la absolution e hun *citantes* per far citar maeste Bernad de Moschees que nos ave excominyatz; e balhan audit Berdot per deppositar part dela e per la absolution e despensa; que monta tot en huna soma : VI scutz IX sos IIII dines.

35. Item, pagam a mossenh Pey de Casanaba perso que ave sermonat a la gleysa per endoctrinar lo poble; monta : II scutz XI sos.

REDDITION DES COMPTES DE 1493.

L'an mil IIII^c LXXXXIII (1494) e lo VIe jorn deu mes de feure, en l'ostau de Leneron de Poges, Bernat d'Aurelhan, Johanon deu Faur, arche, Peyron d'Angles e Johanon deu Magenc, cosselhs en l'an darre passat, reddon lors comdes a Arnauton de Poges, Berdot d'Argelos, Berdot de Sempot e Monon d'Angles, alias Faget, cosselhs de l'an present mil IIII^c LXXXXIII comensan a Nadau darrer passat e finin a l'autra festa de Nadau prosman benenta en l'an mil IIII^c LXXXXIIII^{te}.

Recettes. — Aysi que mustran que aben recebut deus dines de ladita vila en tres talhas a lor balhadas, dedusitz greuges, gatges e XXIe dine, que monta en huna soma: quatre centz sinquanta e tres scutz quinse sos. — Plus, mustran que aven recebut deus cosselhs de Cahuzac per lo fiu qui fen cascun an a la vila per la

Barta, que monta : sinq scutz e xx arditz; etc. — E aysi monta tota la susdita recepta en huna soma : quatre centz seysanta e nau scutz onze sos detz dines.

Dépenses. — E aqui metis, mustran per parcelas que monta tota la despensa la soma de quatre centz quaranta scutz e hun sol hun dine.

Foc feyt lo present conde, presentz aqui metis messenhors Johan Sala, Johan Farga, caperans, etc., e jo Johan Farga qui ey scriut lo present comde.

J. DE FARGA.

XXXVI.

COMPTES DE L'ANNÉE 1494.

DÉPENSES.

SOMMAIRE : 1. Procès à Auch contre un notaire de Nogaro. — 2. Copie par un notaire de Lectoure d'une ordonnance sur les monnaies. — 3. Paiement du fief annuel au comte d'Armagnac. — 4. Gratification pour la tenue du livre des allivrements et des mutations. — 5. Don d'un écu à un clerc qui désire aller à Rome se faire légitimer. — 6. Vivres envoyés à Tarsac, à un capitaine de gens d'armes du comte de Foix. — 7. Changement de jour du marché de Riscle. — 8. Procès des francs-fiefs et nouveaux acquêts. — 9. Venue à Riscle du gouverneur du comte d'Armagnac. — 10 et 11. Passage du comte d'Armagnac à Riscle; il ne s'y arrête pas et les consuls revendent le poisson frais acheté à son intention. — 12. Visite de la ville par le juge ordinaire. — 13. On annonce un nouveau passage du comte d'Armagnac; provision de volailles. — 14 et 15. Convocation des consuls du pays à Nogaro par Alain d'Albret; il demande 2 ducats par feu. — 16. Assemblée à Auch pour l'impôt de la crue. — 17. Débordement de l'Adour; travaux au pont. — 18. Construction d'un boulevard sur la porte de l'Église. — 19. Emprunt de 30 ducats pour payer les impôts. — 20. Descente de justice à Riscle. — 21. Ajournement des consuls de Riscle à Auch, faute du paiement du fief annuel au comte d'Armagnac. — 22. Convocation des consuls à Vic par le trésorier d'Armagnac. — 23 et 24. Ordre de mener 25 arbalétriers à Manciet, sous la conduite de M. de Saint-Lanne. — 25. Venue à Riscle de Pierre, bâtard d'Armagnac, avec vingt hommes et vingt chevaux. — 26. Venue du lieutenant du sénéchal, avec le juge-mage, un commissaire royal et une nombreuse suite. — 27. Ajournement des consuls de Riscle à Auch à la requête du procureur de l'Archevêque. — 28. Assemblée à Éauze pour l'impôt des lances. — 29. Paiement fait au collecteur; perte sur l'or. — 30. Procès des francs-fiefs et nouveaux acquêts. — 31. Ordre du gouverneur de lui envoyer un grand nombre d'arbalétriers. — 32. Supplique adressée au gouverneur, à Nérac, pour lui exposer la misère du pays, et le prier de ne plus tant vexer les habitants. — 33. Nouvel ordre du gouverneur de conduire les arbalétriers à Nogaro. — 34. Convocation des consuls à Auch pour la crue; le député de Riscle est arrêté à Nogaro et mis en prison. — 35. Loyer de l'école. — 36. Gratification accordée aux dix prêtres du collège, pour services rendus l'année précédente.

Despensa feyta per Arnauton de Poges, Berdot d'Argelos, Berdot de Sempot e Monon d'Angles-Faget, cosselhs de la present vila de Riscla en l'an mil IIII^c LXXXXIII comensan a la festa de Nadau e finit en ladita festa en l'an mil IIII^c LXXXXIIII^{tc} l'an revolut.

1. Prumerament, lo vi jorn de gener, foc apuntat en conselh que Berdot de Sempot auessa a Aux a la jornada que los cosselhs pasatz aben feyt citar maeste Bernat de Mosches, notari de Nogaro, per augun pleyt que la vila ave ab lodit de Mosches; e aysi lodit de Sempot y ana, e aqui foc ordenat que lodit de Mosches lebassa lo deposit, e lodit de Sempot y ago a supplir per lodret de sagerayre, en moneda de Rey; que monta tornat a moneda corrable : vi sos iii dines.

2. Item, pagam a maeste Gabriel Miqueu, notari de Leytora, per la copia de la crida de las monedas (1), aysi que apar per bilheta; que monta : xiii sos iiii dines, moneda de Rey; que monta a moneda corrable : xvi sos.

3. Item, pagam a Johan de Lafitau, arrendador deus emolumentz de mossenhor lo comte, per lo fiu que la vila lo fe anualment; que monta : v scutz xvi sos x dines. — Item, se pergo en lodit pagament : i scut iiii sos.

4. Item, lo jorn qui la prumera talha nos foc autreyada, Johan Farga remustra en conselh cum el ave tengut lo aliurament de la vila enbiron seys ans, e que a cascun habitant de la vila, quant aveu benut o crompat, a sous despens e sens negun premi, el ave mudat de la hun a l'autre, en presencia deus cosselhs e de las partidas, cada biatge que losditz cosselhs ne partida l'on requeriban, e plagos a la vila que om bolossa aver sgart a sa pena; e foc aqui

(1) Voir plus haut (compte de 1489, art. 55) l'ordonnance royale sur les monnaies et les remontrances que firent à son sujet les États d'Armagnac.

apuntat que lo balhe per so desus, ab tant que lo tengossa e fessa lo susdit servici per l'an ont eram : III scutz.

5. Item, lo segund jorn de feurer, Johanot Brun, clerc, remostret en conselh cum s'en bole anar en Roma per se legitimar per esser home de Gleysa (1), pregan los cosselhs e conselhers de ladita vila que lo bolossan ajudar de cauque causa per sosportar la la despensa; e foc apuntat que lo donassam : I scut. — Se pergo en lodit pagament : III sos.

6. Item, a IIII^{te} deudit mees, foc apuntat que portessan bin, poralha e siuaza a hun capitayne de gentz d'armas que y ave a Tarsac per mossenhor de Foys, (2) e asso affin que no bengossan far lotgis par dessa; e aysi lo porta pan, bin, siuaza, capons e garias e perditz; que costa tot en I^a soma : XVII sos.

7. Item, fem anar cridar lo marcat qui foc mudat, de consentiment deus conselhers, debant Nostra-Dama, a Nogaro, a Barsalona e au Castetnau d'Arribera.

8. Item, pagam a maeste Guilhem Cobet, notari de Nogaro, per anar a Toloza sus lo pleyt deus franx fius, nobeus acquis : I scut.

9. Item, a VIII de abriu, bengo mossenhor lo gobernador d'Armanhac per mossenhor lo Comte (3); que despensa en pan, bin, carn, fen et ciuaza, specias et autras causas : II scutz V sos II dines.

10. Item, a XVIII deudit mees, messenhors de oficiers per mondit senhor lo Comte nos scriscon que Mossenhor debe passar per sta bila e que lo fessam provesions de biures; en que debe arribar lo dives assi, e lo avem crompat peys fresc que ave costat VII sos. E

---

(1) Nul bâtard ne peut entrer dans les ordres sacrés, sans une dispense pontificale.

(2) Jean de Foix, vicomte de Narbonne, avait pris le titre de comte de Foix à la mort de son neveu François-Phœbus. Il disputait la possession des terres de la maison de Foix à Catherine, sa nièce, sœur de Gaston-Phœbus et femme de Jean d'Albret. Le pays de Rivière-Basse, dont Tarsac faisait partie, avait été le théâtre des hostilités. Nous en avons parlé à plusieurs reprises, notamment au compte de l'année 1484.

(3) Ce gouverneur d'Armagnac pour monseigneur le Comte serait-il un personnage différent du sénéchal d'Aure, qui était gouverneur pour le sire d'Albret (voir comptes de 1492 et 1493, art. 31 et 4), et le comte d'Armagnac aurait-il eu aussi un gouverneur dans ce comté dont il avait aliéné le domaine utile à Alain d'Albret? Nous serions porté à le croire. L'article suivant semble confirmer notre croyance.

no bolo punt demorar assi, mas lodit peys foc benut los qui eran bons, e s'y pergoc : III sos (1).

11. Item, despensa mondit senhor e sas gentz e autres deus de la bila e de alhor qui eran aqui prezentz a far collation, tant en pan, bin blanc, roge e claret; que monta : XV sos.

12. Item, a XXVIIII deudit mees, bengo mossenhor lo judge ordinari per visitar la vila; que demora dus jorns e II^{as} neytz; e foc apuntat que lo pagassam la despensa per sa novela benguda.

13. Item, mossenh lo judge nos disso que fessam provesion de poralha; que Mossenhor debe passar assi; e trametom las gardas per las bordas saver si s'en troberan ab argent, si besoy era.

14. Item, a dus de may, mossenhor de Labrit nos trametoc huna letra, que contene que lo VIIe jorn deudit mes nos trobessam a Nogaro ont el fora; e aysi foc apuntat que Arnauton de Poges, Berdot de Sempot e Johan Farga y anessan; e aysi a feu, e demoran la neyt part dela; e quant fon tornatz, referin en conselh so que aven trobat part dela. E los foc mandat que l'endoman tornesan audit Nogaro la resposta de la donation qui mondit senhor demandaba.

15. Item, l'endoman, quant losditz de Poges, de Sempot e Farga fon bengutz, remostren cum mossenhor demandaba dus ducatz per foec, e que lo pays lo ave presentat II franx de Rey per foec, e no ac ave bolut; e aqui foc dit ausditz de Poges, de Sempot e Farga que tornessan audit Nogaro e que se gobernessan e donessan cum las autras bilas feran.

16. Item, a X deudit mees, mossenh lo tezaure de Condom nos

(1) Cette visite du comte d'Armagnac à Riscle est un fait étrange, dans l'état de quasi-démence où il se trouvait. Tous les auteurs affirment que depuis sa sortie de Casteljaloux Charles d'Armagnac s'était retiré à Montmirail, qu'il ne quitta plus jusqu'à sa mort. Il est sûr cependant que les consuls de Riscle désignent ici la personne du comte Charles ; le titre de « mossenhor lo Comte » n'est donné par eux qu'au comte d'Armagnac. Quand ils veulent parler d'Alain d'Albret, ils l'appellent constamment « mossenhor de Labrit », et souvent, avec moins de respect, « mossenh de Labrit »; pas une seule fois ils ne lui donnent le titre de comte, qui appartenait à Charles d'Armagnac. Celui-ci était alors, depuis 1491, sous la tutelle du comte d'Orval, de Philippe de Voisins, baron de Montaut, et de Géraud, baron de Marestang. L'article des comptes semble dénoter une certaine inquiétude d'esprit chez le visiteur; il annonce sa visite, refuse ensuite de s'arrêter, puis repasse à Riscle quelques jours plus tard (art. 13).

trameto huna letra que nos trobessam a Aux per la crua; e foc apuntat que Berdot de Sempot y anessa; e aysi a fec, e quant foc retornat, referi en consell so que ave trobat.

17. Item, a xxv deudit mes, las aygas bason grossas, en que ne mena l'Ador viii cobles deu pont de l'Ador e las platas e tenhos; e foc appuntat que lo fessam far, e lo balham a far a Peyrolet de Lubisi, fuste, e sous companhos; que costa lodit pont, tant de fustas, cordas, calhibas de fer, carretz e ferraduras de stantz, e de jornaus de maestes e autras causas, la soma de xxxvi scutz ix sos.
— Otra la susdita despensa, es degut a Johan de Lafitan 1ª calhiba de fer e hun carret o poleya.

18. Item, aysi metis, foc apuntat que balhessam a pretz feyt a maeste Johan de Chartas, peyree, a far lo boloart sus la porta de la gleysa; e aysi a fem per lo pretz de lx scutz.

19. Item, a xii de jun, foc apuntat en consell que, atenut que no podem aver argent de las talhas de la gent per pagar los quartes ne la crua, que malhebassam aur o argent de cauque part per pagar lo collector e per fugir a despensas; e aysy malhebam xxx ducatz bielhs de hun marchant entro Tossantz, e lo donam per que fessa lodit plasser : ii scutz.

20. Item, a xvii deudit mes, bengo mossenh judge ordenari e lo procurayre e autres personatges e servidos, e asso per lo ben de justicia, aysi que dise que mossenhor lo ave mandat; e demoran v jorns e v neytz part dessa a l'ostaleria, quant lo garson deudit procurayre cuta negar.

21. Item, a xviii deudit mes, maeste Johan deu Baradat e Johan de Lafitan, arrendadors per mossenhor lo Comte, nos fen citar enta Aux per lo fiu, perso que no lo avem podut pagar a causa de las autras grans coentas que nos eran suberbengudas; en que termetom Aux demandar ferias afin que pendent las ferias agossam amassat lor argent.

22. Item, a xxix deudit mes, mossenh tezaure Peyronet nos termeto huna letra que contene que a hun cort jorn nos trobassam a Bic-Fesensac per ausir cauques comissios que y ave.

23. Item, lo segund jorn de julh, mossenh de Sent-Lana (1)

(1) Géraud de Saint-Lane, seigneur de Saint-Lane et de Cahuzac. (Voir le compte de 1505, art. 35.)

nos termeto huna letra que contene cum los officiers deu Rey lo aben balhat carga e mandament per mandar e menar gentz en abilhament de guerra per anar a Manciet; e aysi los mandam e los menam a Cahusac audit mossenh de Sent-Lana.

24. Item, a xvi deudit mes, los comisaris deu Rey nos termeton 1ª letra per laquala nos mandaban que menassam xxv balestes a Manciet; e aysi a fem.

25. Item, a xviii deudit mes, bengo mossenh Pieris, bastard d'Armanhac (1), ab xx homes e ab xx rosins e dus homes a pee, e demoran la neyt assi e sopan, e l'endoman matin que begon prumer no partin; e foc apuntat que la bila ac pagassa; e aysi a fem; monta : iii scutz ii dines.

26. Item, a xx deudit mes, bengon mossenh lo loctenent de mossenhor senescal, mossenh de Cardelhac (2), mossenh judge mage e lo comisary que era stat a Bic per lo Rey, e d'autras gentz que eran ben xxxx^{ta} homes e xxxx^{ta} rosins; que despensan en fen (que lo demorant be pagan) : ix sos ix dines.

27. Item, a xxviii de aost, fom adjornatz a Aux a la instancia deu procurayre de mossenhor d'Aux; e foc apuntat que y termetossam maeste Sans; e aysi a fem; e quant foc retornat, refferi en conselh so qui abe besonhat; e despensa per et e lo rosin, enclus iiii^{te} doblas, que balha d'estrena au segretari de mondit senhor : viii sos iiii dines.

(1) Pierre, bâtard d'Armagnac, fils de Charles 1er, comte d'Armagnac, et de Marguerite de Clam. Il fut reconnu par son père, le 21 mai 1486. L'acte de reconnaissance, conservé aux Archives de Pau (E 274), commence ainsi : « Charles, par la grâce de Dieu, comte d'Armagnac.... savoir faisons, pour le « bon et louable rapport que fait nous a été de la personne de Pierre, fils de « Marguerite de Clam, laquelle, par avant et aussi après la génération et « naissance dudit Pierre, avons plusieurs fois connue charnellement; pareille- « ment pour ce que depuis ladite Marguerite nous a souventes fois dit et « déclaré qu'elle l'avoit conçu de nous naturellement, et aussi pour les bonnes « mœurs, vertus, sens, suffisance, vaillance et expérience dont l'on a dit que « icelui Pierre est pourvu et garni; pour ces causes avouons icelui Pierre « notre fils bâtard. »
Ce bâtard d'Armagnac eut en apanage la seigneurie de Caussade en Quercy. Il fut père du célèbre cardinal Georges d'Armagnac. (Voir compte de 1484, art. 150.)
(2) Guillaume de Cardaillac, coseigneur de Cardaillac, baron de Varayre, avait été chargé, en 1484, au moment de la sortie de prison du comte Charles, de régler les affaires de la maison d'Armagnac. (*Documents historiques sur le Rouergue*, par M. de Barrau, t. II, p. 7.)

28. Item, a xxii de octobre, mossenh lo tezaure Peyronet nos termeto huna letra que nos trobessam a Euza per ausir e beser lo bon plaser deu Rey, so era a las lansas enpausar; e foc apuntat que Berdot de Sempot e Johan Farga y anessan; e aysi a fen; despensan en vi jorns e v neytz que sten, ab la tara de la moneda : i scut xiii sos.

29. Item, a xix de nobembre, anan Berdot de Sempot e Johan Farga a Barsalona portar argent au collector sus lo prumer quarte e lo pagan, aysi que apar per bilheta, que monta : L^{ta} scutz iii sos. — Item, se pergo en lodit pagament iii arditz per scut suber la moneda, e suber l'aur mes; monta tot : i scut xv sos. — En lo susdit aur se pergo mes que en la moneda perso que no era de miza.

30. Item, a ii de decembre, bengo Guilhemes lo Menuse, de Condom, saryant reau, ab hunas letras deu parlament per nos adjornar a procedir en lo apel sus los franx fius, nobeus acquis; e lo demandam lectura e copia de sas letras ; costa ladita copia : iii sos viii dines.

31. Item, a vi deudit mes, agom huna letra de mossenh gobernador, que nos mandaba que lo agossam a menar hun grant nombre de balestes; e foc apuntat que termetossam Bernat de Drulhet entro Nogaro saver si los de Nogaro ne balhaban ; e quant foc tornat, refferi so qui abe trobat.

32. Item, aqui metis, foc apuntat que termetossan a Nerac (1) mostrar la praubetat deu pays, e que no nos bolossa tant vexar; e foc feyta huna supplication a mondit senhor e li termeton ; de que lodit de Drulhet ne paga per nostra cota part : ii sos iiii dines.

33. Item, a ix deudit mes, agom huna letra de mossenh gobernador que menassam los balestes a Nogaro ; e aqui metis foc apuntat que anessan a Nogaro saver cum ne fasen part dela. — Item, l'endoman, termetom Caubet per las bordas mandar los balestes.

34. Item, a xiii deudit mes, mossenh tezaure Peyronet nos manda per huna letra que nos trobessam a Aux a hun jorn expres, e asso sus la crua; e foc apuntat que y termetossam maeste Sans

(1) Capitale de l'Albret, résidence d'Alain.

de Poges; e quant foc a Nogaro, lo meton en presou per la donation, e y demora VIII jorns; et e lo rosin despensan : I scut XVI sos VI dines. — Plus, forni lodit de Poges a Leytora a l'apel; costa : XV sos.

35. Item, pagam aus heretes de Monou de Sobavera per lo logue de la scola : III scutz.

36. Item, foc apuntat en consell que balhessam IX sos a cascun caperan de X que n'i a de presentz deu collegi, e asso a causa de beucop de servicis que aben feytz l'an passat; monta : V scutz.

REDDITION DES COMPTES DE 1494.

L'an mil CCCC LXXXXIIII^{te} (1495) e lo Vme jorn deu mes de feure, en l'ostau de Leberon de Poges, Arnauton de Poges, Berdot d'Argelos, Berdot de Sempot e Mono d'Angles Faget, cossos de la present bila de Riscla en l'an darrer passat, redon lors comdes a Johano deu Fau, Perris deu Magent, Guilheumes Maberelh e Johan de Mayne, cossos de l'an present.

Recettes. — Ayxi que mustran que abian recebut deus dines de ladita bila en duas talhas a lor autreyadas, que montan en huna soma, dedusitz greuges, gatyes e XX^{te} dine, la soma de III^c LXXXXVI scutz XII sos V dines. — Plus, mustran que aben recebut de las impositions de la teberna : quaranta e dus scutz; — plus, de las inpositions deu maset : XXV scutz; — plus, de l'arrendament deus taules : seys scutz; etc. — En que se troba que monta tota la susdita recepta la soma de sinc cens sinquanta e seys scutz I dine.

Dépenses. — E aqui mustran per parcelas e per menuda que se troba que agon despensa la soma de sinc cens quaranta e sinc scutz XIIII sos I dine.

E fog feyt lodit comde, presens maeste Ramon d'Argelos, etc., e de mi Pey de Saut, caperan, qui ey scriut las present.

P. DE SALTU.

XXXVII.

COMPTES DE L'ANNÉE 1495.

DÉPENSES.

Sommaire : 1. Menaces de saisie par le collecteur, faute de paiement de la crue et du subside octroyé au sire d'Albret, comte d'Armagnac. — 2. Les consuls de Riscle sont admonestés et ajournés devant l'archevêque d'Auch, au sujet du bassin du purgatoire; appel interjeté à Lectoure. — 3. Ordre de M. du Bosc, lieutenant du capitaine des francs-archers, de tenir prêt l'archer de Riscle. — 4. Crue de l'Adour. — 5. Nouvelle admonition au sujet du purgatoire. — 6. Convocation de tous les chefs de maison pour assister au conseil de la communauté. — 7. Afferme de la boucherie; valeur du franc de Roi. — 8. Jongleurs du mardi-gras. — 9. Paire de chaussures payée au serviteur de M. du Bosc; départ du franc-archer. — 10. Venue à Riscle de MM. de Termes, de Laur et de Lagraulet; on leur offre du vin. — 11. Feu de joie à l'occasion d'une victoire. — 12. Revue passée par le baile et les consuls. — 13 et 14. Emprunt de cent écus au cadet d'Arblade pour payer le subside du sire d'Albret. — 15. Prédication de carême. — 16. Première messe d'un nouveau prêtre au couvent de la Merci. — 17. Le gouverneur d'Armagnac vient faire faire la montre aux nobles et aux villes. — 18. Ordre du capitaine des francs-archers de tenir prêt celui de la ville. — 19. Réparations au pont de l'Adour. — 20 et 21. Habillement et armement du franc-archer; on le conduit au Castéra-Lectourois. — 22. Le gouverneur demande l'envoi d'un grand nombre d'arbalétriers. — 23. Lettre du gouverneur à M. de Lupé, seigneur de Lasserrade. — 24 et 25. Arrivée d'un capitaine de gens d'armes avec une centaine de chevaux; on l'invite à souper, avec le commissaire du comte d'Angoulême, gouverneur de Guyenne. — 26-28. Arrivée d'une nouvelle troupe, forte de trois ou quatre cents chevaux; on essaie en vain de les détourner de Riscle; logement de deux capitaines et d'un commissaire. — 29. Ordre du comte d'Angoulême de conduire le franc-archer de Riscle à Saint-Michel-de-la-Corneille, près Auvillars; frais d'habillement et d'équipement. — 30. Travaux au pont de l'Adour. — 31-35. Le juge ordinaire et le capitaine Caussens emmènent à Nogaro plusieurs individus détenus dans la prison de Riscle; convocation des chefs de maison pour délibérer sur cet attentat aux coutumes municipales; appel relevé devant le sénéchal de Lectoure. — 36. Loyer de l'école. — 37. Impôt des lances et nomination d'un collecteur. — 38. Affaire de la digue du moulin. — 39. Prix d'une croupière. — 40. Envoi d'un député au sire d'Albret, à Narbonne, touchant l'obligation imposée au pays de porter des vivres à Bayonne. — 41. Vin offert au vicaire général de l'archevêque d'Auch. — 42. On décide de faire payer les tailles à M. de Camortères. — 43. Le franc-archer de la ville est exempt de la taille. — 44. Remise du *chef-de-livre* à un habitant, par la raison qu'il ne possède pas de feu allumant. — 45. Dépenses faites lors de la reddition des comptes.

ANNÉE 1495.

Despensa feyta per Johanon deu Faur, Peris deu Magenc, Johan de Mayne e Guilheumes Maberelh, cosselhs de la present vila de Riscla en l'an mil IIII^c LXXXXIIII, commensan a la festa de Nadau e finin en l'autra festa de Nadau l'an revolut mil IIII^c LXXXXV.

1. Prumerament, a xxx^{ta} de dezembre (1494), bengo Johanet Barta, collector d'Armanhac, ab hun saryant, per nos exequtar per la crua e per la donation de mossenhor de Labrit, comte d'Armanhac; e pregam a maeste Johan de Baradat que lo plagossa de convidar lodit collector e son saryant a disnar deus bens de la vila e lo pregar de las partz de la vila que no nos exequtassa part aquest biatge, que nos feram diligensa de son argent en breu; loqual per amor deus totz foc content.

2. Item, a xi de jener (1495), fom amonestatz enta Aux per so de purgatori; e foc apuntat en conselh que termetossam maeste Sans de Poges a Leytora relebar hunas letras per far inibir mossenhor d'Aux (1), si lo cas fossa que no nos bolosa alongar la jornada; e aysi lodit maeste Sans ana audit Leytora e releba lasditas letras, e s'en ana a mondit senhor de Aux per far lo contengut de sa charya; ste en anar e tornar a Leytora e Aux e besonhar IIII jorns e tres neytz; despensa per et e son rosin : XVIII sos VI dines (I scut VI dines).

3. Item, a xix deudit mes, mossenh deu Bosq, loctenent deu capitayne deus franx arches, nos trameto hun mandament que incontinent agossam prest nostre franc arche per partir : e foc apuntat que Johanon deu Faur y anessa ; e aysi a fec. E foc avisat a Nogaro au conselh que trametossam hun home per nom de tot lo pays aus officiers a Leytora per so deus franx arches ; e aysi y trametom ; que costa a nostra part : v sos.

4. Item, a xii de feure, bengon las aygas grossas e ne menan hun coble deu cap deu pont de l'Ador; e foc apuntat que serquassam fustas per la bila; e aysi a fem.

5. Item, a vi de mars, fom amonestatz per so de purgatori, e

---

(1) Jean de La Trémoille, archevêque d'Auch.

e foc apuntat que mossenh Pey Sauto e Guilheumes Maberelh anessan Aux per apuntar entro hun jorn; e aysi a fen.

6. Item, a xviii deudit mes, foc apuntat en conselh que tot cap d'ostau fossa mandat au conselh sus lo bastiment de l'ostau de Bernadon de Lafitan; termetom las gardas per las bordas e alhor mandar las gentz.

7. Item, foc apuntat en conselh que, affin que l'arrendament deu maset tengossa, que Johanon deu Lin y agossa part ab Guirand, perso que Berthomiu Perrinaut no bole fornir l'argent audit Guiraud solet, que om donassa audit Johanon deu Lin dus franx de Rey: e aysy affem; monta: i scut viii sos viii dines.

8. Item, a xxv deudit mes, foc apuntat en conselh que paguessam los joclaas de entrat-caresme: que costan: ii scutz.

9. Item, pagam hunas subessolas au servidor de mossenh deu Bosq, quant bengo en la bila per l'arche franc; costan: ii sos. — Item, nos manda lodit mossenh deu Bosq que agossam nostre arche tot prest, e aqui metis lo termetom sercar e lo fem beure quant foc bengut. — Item, l'endoman torna lodit arche per partir, e lo fem la despensa a son disnaa; que monta: ix dines — Item, lo balham per sobe las bergantinas: ii sos iii dines. — Plus, lo pagam a sa ben aleya bin; costa: viii dines.

10. Item, a ii d'abriu, bengon messenhors de Termes, de Laur, de Lagraulet e d'autras gentz en lor companhia; e foc apuntat que los trametossam deu bin de la bila, e aysy affem; que costa lodit bin: iii sos iiii dines.

11. Item, a iiii deudit mes, nos foc mandat per los officies que fessam far lo foec de joya per nostre senhor lo Rey; (1) e aysy a fem, e balham pan e bin aus qui cridaban: biba lo Rey! e aus qui y eran presentz; costa: vi sos.

12. Item, termetom las gardas per las bordas per mandar las gentz affar las mustras per debant lo bayle e cosselhs, aysi que nos era stat mandat.

13. Item, foc apuntat que serquassam si troberam qui nos pres-

---

(1) Ce feu de joie était allumé pour célébrer l'entrée triomphale de Charles VIII dans la ville de Naples, conquise avec tout le royaume (21 février 1495).

tessa argent per pagar la donation de mossenhor de Labrit; e anan a Arblada parlar ab lo capdet d'Arblada (1) si nos bolora prestar cent scutz per hun an, en pagan lo interesse; loqual disso que entro petitz de jorns nos fera resposta.

14. Item, a cap de tres o IIII^{te} jorns, bengon mossenh de Biolas e lo capdet de Arblada, quant nos presta l'argent; que despensan tant etz que lors servidors e autras gentz : XIIII sos. — Se pergo en duas pessas d'aur cortas : VI sos. — Item, lo pagam aqui metis lo interesse per hun an; monta: X scutz.

15. Item, foc apuntat que balhessam a fray Johan lo presentat, qui ave sermonat lo caresme, per sa pena la soma de tres scutz ; e aysy a fem.

16. Item, fom comvidatz a huna missa nabera au combent de la Merce ; e foc apuntat que y anessam e offerissam e fessam canque don au fray qui bole cantar ladita missa nabera; e aysi affem; que nos costa tant de la offerenta e present de bin : I scut X sos VI dines.

17. Item, a XI de may, bengo mossenh lo gobernador d'Armanhac per far far las mustras aus gentiushomes e a las vilas.

18. Item, a XIIII deudit mes, agom huna letra de mossenh deu Bosq, loctenent deu capitayne Johan du Mayne, capitayne deus franx arches, que incontinent agossam prest nostre arche en bon abilhament de guerra. — Item, trametom sercar lodit arche. — Item, trametom la garda a Nogaro saver cum ne fasen deudit arche, si saben negunas novelas.

19. Item, fem metre tres platas au pont de l'Ador, que bole cage.

20. Item, crompam duas canas de mescla per far huna pelha a l'arche franc; que costa lodit drap XVI sos cana, monta: I scut XIIII sos. — Plus, crompam hun treyt ab deudit arche; costa : VIII dines. — Plus, crompam IX paums de fustane negre per far hun jupo audit arche; que costan ab lo drap de lin : XII sos. —

---

(1) Géraud de Benquet, seigneur d'Arblade-Brassal, que nous avons vu mourir en 1486 (voir compte de 1486, art. 21), laissait, outre Jean l'aîné, dont il a été parlé, Bernard, Poton, Jeanet. Ce cadet d'Arblade est l'un de ces trois derniers. (*Armorial des Landes*, t. I, p. 106.)

Plus, crompam v paums de tanat per far hun fauqueton audit arche; que costa : x sos. — Plus, crompam hun parelh de causas roges per lodit arche totas feytas; que costan : i scut. — Plus, lo balham duas dotzenas d'agulhetas; costan : i sol. — Plus, crompam huna spaza per lodit arche; que costa : xiiii sos.

21. Item, foc apuntat que Guilheumes Maberelh anassa menar lodit arche au Castera Leytores, ont eran statz mandatz; e aysi a fec; despensan lodit Guilheumes e l'arche e lo rosin en hoeytz jorns que ste en anar e en tornar e part dela la soma de i scut ii sos. — Plus, crompa lodit Guilheumes huna sinta audit arche; que costa : ii sos. — Plus, balha au capitayne e au grafie per hun deffaut que demandaban de l'an passat e lo aben feyt arrastar; que monta : ix sos. — Plus, costa de frobir la celada deudit arche a Nogáro : viii dines.

22. Item, a xviii de may, mossenh gobernador nos termeto huna letra que contene que lo agossam a menar grant nombre de balestes; e foc apuntat a Nogaro parlar ab lodit mossenh gobernador per los balestes cum ne feran.

23. Item, nos termetoc mossenh lo gobernador huna letra que la termetossam a mossenh de Luppee a Laserrada (1).

24. Item, a xxiii deudit mes, bengo hun capitayne de gentz d'armas ab c rosins e plus; loqual foc lotyat a Bartuca. — Item, foc lotyat lo forre de lasditas gentz d'armas en la bila a Johan Farga; que despensa per et e son servidor e rosins : vi sos.

25. Item, l'endoman bespe, foc apuntat que convidessam lo susdit capitayne en la vila a sopar, afin que fessa en breu deslotyar las gentz; e aysi a fem; e bengon de sas gentz ab luy e ab lo comisari de mossenhor d'Angoleme (2), e anan lotyar e sopar au Feste; que despensan en tot : ii scutz iiii sos.

26. Item, a vii de jun, ausin novelas que bien gentz d'armas enbiron tres o iiii[te] centz rosins; e foc apuntat que Guilheumes Maberelh e Johanon deu Faur anessan au debant, ab i[a] letra que lo prumer capitayne scribe au segund capitayne, lo pregar que bolossan tirar autre cami; e aysi a feu.

(1) Jean de Lupé, seigneur de Lupé, de Lasserade, Tieste, etc., testa le 8 décembre 1499.
(2) Charles d'Orléans-Valois, comte d'Angoulême, gouverneur de Guyenne.

27. Item, quan fom tornatz, ausim dise que eran a Sent-Aunis; e foc autra begada apuntat que Bernat d'Aragon e lodit Guilheumes anessan a Sent-Aunis parlar ab etz; e aysi a fen.

28. Item, foc apuntat en conselh que atenut que no podem scappar que no lotgessan assi, que om lotgessa dus capitaynes e hun comisary que y abe e lo forre dezens la vila e d'autres deus plus gent de ben en lo Bordalat au plus prop de la vila; e aysi foc feyt; e fon lotyatz losditz capitaynes e comisary a Johan Farga, e lo forre a Leveron de Poges; losquals despensan, tant de pan, carn salada e poralha, candelas, beyres, specias, oli, fruta, pape, siuaza, torcha, lenha e fromatges; monta: II scutz X sos.

29. Item, a XXVIII deudit mes, bengo mossenh deu Bosq en esta vila e nos manda, per vertut de hun mandament que portaba de mossenh d'Engoleme, gobernador de Guiayna, que agossam a menar nostre franc arche a Sent-Miqueu de la Cornelha (1), per far las mustras; foc apuntat que Guilheumes Maberelh menassa lodit franc archee a Aubilaa (2), au mandament deudit capitayne; e aysi a fec; e despensa aysy que s'enseg: a Nogaro, per adobar las boclas de las bergantinas: I sol VI dines; — plus, per duas dotzenas d'agulhetas de crabotin: I sol II dines; — plus, crompa hun punhau per lodit arche; costa: V sos; — plus, crompa huna sinta de balesta per lodit arche; costa: III sos; — plus, paga per nostra part de la despensa deu capitayne: I sol IIII dines; — plus, paga per la livreya e trosa deudit arche au capitayne: XLV sos tornes balen I scut XII sos; — plus, balha audit arche quant se spartin argent: V sos.

30. Item, a II de julh, se rompon au pont de l'Ador dus cobles; e foc apuntat que lo fessam repparar. — Logam XII homes a jornau per tirar las gimbilas e ficar stacas e ferretz, banx, e far las alas e terrar lodit pont.

31. Item, a XII deudit mes, bengon mossenh judge ordinari d'Armanhac e lo capitayne Causenx (3); e ne menen auguns pre-

---

(1) Saint-Michel-de-la-Corneille, canton d'Auvilar (Tarn-et-Garonne).

(2) Auvilar, ancienne vicomté, dépendant du pays de Lomagne.

(3) Ce capitaine Caussens est un de nos plus célèbres gascons. Il se nommait Odet du Boutet, seigneur de Caussens, près Condom. C'est lui que l'auteur de l'*Histoire du bon chevalier sans peur et sans reproche* appelle « le capitaine

sones de la vila enta Nogaro; e foc apuntat en conselh anessan mosenh Johan de Sempot, maeste Ramon d'Argelos, Berdot Sala, Bernadon de Lafitan, mossenh Bernat de Mombet e autres saver si lodit mossenh judge los bolora remetre part dessa; loqual refusa.

32. Item, foc apuntat en conselh que tot cap d'ostau fossa mandat per saver si bolen que anessan a Leytora relebar letras per esse remboyatz losditz presones part dessa, e aysy metis per far hun scindicat.

33. Item, fem far lodit scindicat a maeste Johan de San-Guilhem e lo grossar, e nos aperem deusditz officies a la cort de mossenh senescal d'Armanhac; e costa lodit scindicat, eyxemps ab l'article de nostras costumas, en huna soma : I scut VIII sos.

34. Item, foc apuntat que tremetossam maeste Sans de Poges a Leytora relevar nostre apel; e aysi a fec.

35. Item, a XVI deudit mes, ana Peris deu Magenc a Nogaro per far adjornar mossenh judge e lo procurayre ab l'apel enta Leytora; e costa deu saryant per son celari : III sos IIII dines.

36. Item, pagam per lo logue de la scola de l'an passat la soma de III scutz.

37. Item, a XVI de seteme, mossenh judge ordenari d'Armanhac nos termetoc huna letra que contene que nos trobessam a Nogaro dus jorns aprop per impausar las lansas e per far lo collector.

38. Item, foc apuntat, quand mossenh judge bengo per anar a la paysera e per apuntar ab auguns de la vila losquals bole captionar, que om lo paguessa sa despensa; e aysi a fen.

39. Item, pagam a Peyrot deu Sobiran huna corpera, que lo abem perguda quant anam a Nogaro au conselh; costa : I sol.

40. Item, a XXI decembre, foc apuntat que Johan de Mayne e Johan Farga anessan a Nogaro au conselh ont eran mandatz totz

---

Odet. » A la bataille d'Aignadel, le 14 avril 1509, il fit prisonnier le généralissime de l'armée vénitienne, Barthélemy d'Alviane. Le roi rendit la liberté sans rançon à d'Alviane, et en échange donna à Odet du Boutet la haute justice de Caussens, avec une pension de 2,000 livres. Sa fille unique, Claire, épousa, le 1er juin 1517, Bertrand de Preissac, baron d'Esclignac.

Odet avait un frère, nommé François, qui, lui aussi, fit quelque bruit dans les camps. Il était vice-amiral de Guyenne. Par son testament du 12 avril 1529, il institua Claire, sa nièce, son héritière. (Arch. du Séminaire d'Auch.)

los cossolatz de las proprietatz, e asso per termete a Narbona a mossenhor de Labrit per los biures qui eram mandatz de portar a Bayona (1) ; e aysi affen. — L'endoman, torna lodit Magenc a Nogaro per conclusir deu biatge de mossenh judge enta Narbona.

41. Item, foc apuntat que termetossam deu bin de la vila de present a mossenh lo vicari d'Aux, (2) que era en la vila; costa : II sos VI dines.

(1) Ces approvisionnements, faits à Bayonne, devaient servir à l'entretien des troupes que le roi et la reine de Navarre avaient massées dans cette ville pour s'opposer aux attaques des Espagnols. Cette même année (août 1495), toute la frontière avait été mise en émoi par l'invasion subite des troupes de Ferdinand d'Espagne dans le comté de Foix. En décembre, l'alarme durait encore et les craintes qu'inspirait l'ennemi étaient assez grandes pour que les sénéchaux donnassent l'ordre de fortifier les places frontières et de renforcer leurs garnisons. (*Hist. du comté de Foix*, par Castillon d'Aspet, t. II, p. 171.)

(2) Pierre d'Armagnac, vicaire général de Jean de la Trémouille, archevêque d'Auch, était fils de Jean de Lescun, dit le bâtard d'Armagnac, comte de Comminges et maréchal de France, et de Marguerite de Saluces. C'est un fait que nous sommes heureux de signaler, parce qu'il a échappé à tous les historiens et qu'il intéresse particulièrement l'Église d'Auch. Dans son testament du 26 avril 1473, le bâtard d'Armagnac, disposant de ses biens, fait des legs à Marguerite de Saluces, sa femme, et à ses trois filles : Catherine, femme de Gaston de Montferrand ; Marguerite, épouse de Hugues d'Amboise, seigneur d'Aubijoux, et Antoinette ; puis à ses trois bâtards : Jean, Catherine et Jeanne, dont nous aurons occasion de parler (compte de 1504. art. 16), et ne nomme pas d'autre enfant. Il institue l'archevêque d'Auch, son frère, son exécuteur testamentaire. Or le maréchal avait encore un fils, nommé Pierre, élevé près de son oncle Jean d'Armagnac Lescun, archevêque d'Auch, et destiné à l'Église, motif pour lequel il ne figure pas dans la distribution testamentaire des biens de son père. Pierre fut successivement chanoine d'Auch, protonotaire apostolique, archidiacre d'Angles, abbé de Faget et grand vicaire de monseigneur de La Trémouille, dont le frère aîné, Louis de La Trémouille, avait épousé sa mère, Marguerite de Saluces, après la mort du maréchal, en 1473.

Pierre d'Armagnac fut mêlé pendant vingt ans à l'administration de l'Église d'Auch. Ce fut lui qui posa, le 4 juillet 1489, la première pierre de la cathédrale d'Auch. (Dom Brugelles, *Chroniques du diocèse d'Auch*, p. 146 ; — Monlezun, *Hist. de Gascogne*, t. V, p. 72.) Il fonda dans l'église métropolitaine d'Auch, le 7 novembre 1494, une messe chantée, avec diacre et sous-diacre, quotidienne et perpétuelle, pour le repos de l'âme de « Révérend père en Dieu Jean d'Ar- « magnac, archevêque d'Auch, son oncle », et pour le repos de celle de « tres « illustre prince Jean d'Armagnac, autrefois comte de Comminges, son père », et pour cette fondation donna au chapitre d'Auch la somme de 1,000 écus. (Arch. départementales du Gers, G. 30.) Il mourut en 1497. (*Hist. de Gascogne*, t. VI, p. 447.) C'est à tort que dom Brugelles (*Chroniques*, liste des abbés de Faget, p. 267) fixe sa mort à 1490. Il eut pour successeur dans la charge de vicaire général de Jean de La Trémouille Jean Marre, prieur d'Eauze. (*Ibid.*, p. 147.)

42. Item, foc apuntat que tremetossam maeste Sans de Poges a Tholosa per relebar hunas letras per far pagar las talhas passadas e presentas a mossenh de Camorteras; e aysi a fen; que costan lasditas, saget, etc. : II scutz. — *(En marge)*: Es stat dit que, atenut que no an bolut metre lasditas letras a exeqution, que etz paguen metis losditz II scutz a lors propris despentz.

43. Item, per la talha de Guisarnaud d'Audirac, arche, laquala lo es quittada perso que es arche; monta : XVI sos.

44. Item, foc quittat a Berthomiu de Lacosta per son cap de liura (1), perso que no then foec alucat, e per lo moble que a pagat entro au present, e non ave, que lo pergo ab lo foec; monta : XIII sos IIII dines.

45. Item, a Bernadon de Lafitan, per la despensa qui forni a la reddition deus comdes, tant en pan, bin blanc, roge, arens, merlus, oli, peys frex, castanhas, armotas e autras causas; que monta tot : V scutz VIII sos II arditz e I tholzan.

REDDITION DES COMPTES DE 1495

L'an mil IIII^c LXXXXV (1496) e lo XIXe jorn de feure, en l'ostau de Bernadon de Lafitan, Johanon deu Faur, Peris deu Magenc, Johan de Mayne e Guilheumes Maberelh, cosselhs de Riscla en l'an susdit, reddon lor comde a Bernadon de Lafitan, Monon d'Angles, Berdot Sala e a Berthomiu de Sempot, cosselhs de l'an present.

Recettes. — Mustran per parcelas e per menuda que aven recebut de ladita vila en duas talhas lasquals los fon autreyadas per expedir los negocis de ladita vila, lasqualas montan, dedusitz greuges e gatges e binten diner, la soma de quatre centz sinquanta e set scutz nau sos detz dines; etc. — Laqual recepta monta en huna soma : set centz set scutz e seys sos.

Dépenses. — E aqui metis, mustran que aben despensat tant

(1) Sur ce *cap de liura*, ou première livre, voir l'Introduction.

per lo pagament de gent d'armas e per lo dine deu Rey, tant a la donation de mossenhor de Labric, franc arche e autras charyas, que monta la soma de set centz deza hoeyt scutz quinze sos detz dines.

Foc feyt lo susdit comde, presentz mossenh Johan Farga, etc., e augus de lor assi se subsignatz.

De Argelossio, not. — J. de Farga, presbyter.

XXXVIII.

COMPTES DE L'ANNÉE 1496.

DÉPENSES.

Sommaire : 1. On fait dresser les bois de justice sur une place publique ; démolition d'un pont au Bernet. — 2. Conseil tenu à Vic par ordre des officiers royaux. — 3. Réponse d'Alain d'Albret. — 4. Passage de troupes ; gardes mis aux portes de Riscle. — 5-7. Enquête par un commissaire de Lectoure, au sujet d'un différend entre les officiers d'Armagnac et les consuls de Riscle. — 8. Achat de 16 *sauvegardes* pour protéger le bois communal. — 9. Madame de Caumont prie les consuls de venir lui parler. — 10 et 11. Convocation des consuls à Vic, puis à Auch ; commission du comte d'Astarac. — 12. Assiette des impôts à Nogaro ; Riscle obtient une réduction de 5 livres tournois. — 13. Voyage à Jegun, au sujet du subside demandé par le sénéchal d'Armagnac. — 14. Demande d'un prêt de 200 écus aux chanoines d'Auch ; un messager est envoyé à Lectoure pour retirer le livre des coutumes de Riscle. — 15. Travaux au gravier de l'Adour, dans le but d'éloigner l'eau de la ville. — 16 et 17. Démarches pour trouver de l'argent à emprunter. — 18. Frais d'un voyage en France ; quote-part de la ville de Riscle. — 19. Loyer de l'école. — 20 et 21. Envoi du franc-archer à Auvillars ; frais d'habillement et d'équipement. — 22-24. Prêt de 150 écus par le chapitre d'Auch. — 25. Un évêque vient réconcilier le cimetière de Riscle qui avait été profané. — 26. Cimetière des *christians* ou capots. — 27. Ordre du juge ordinaire de lui envoyer un certain nombre d'arbalétriers. — 28. On fait publier à Plaisance le changement de jour du marché de Riscle. — 29. Don de 4 sous à un pauvre religieux, qui avait prêché et chanté dans l'église de Riscle. — 30. Conseil tenu à Nogaro, pour envoyer une députation à la cour de France, touchant le projet de péréquation de l'impôt entre les divers pays. — 31. Gages de l'assesseur des consuls. — 32. Conseil convoqué à Vic, pour avoir des nouvelles de l'ambassade envoyée à la cour. — 33. Gages du franc-archer de Riscle. — 34. Construction de la digue du moulin comtal. — 35. Conseil tenu à Lectoure. — 36 et 37. Ordre de mener le franc-archer à Saint-Michel-de-la-Corneille ; frais d'habillement et d'équipement. — 38. Rupture du pont de l'Adour par suite d'une crue. — 39. Erreur de compte du collecteur. — 40. Sentence du sénéchal de Lectoure dans le procès des consuls de Riscle contre les officiers de justice.

Despensa feyta per Bernadon de Lafitan, Berdot Sala, Monon d'Angles e Berthomiu de Sempot, cosselhs de Riscla en l'an mil IIII^c LXXXXV, comensan a la festa de Nadau e finin a ladita festa de Nadau l'an mil IIII^c LXXXXVI l'an revolut.

1. Prumerament, a xxviii de decembre (1495), foc apuntat en conselh que om anessa dressar las justicias au plassot de Montanhau, e aysi metis romper hun pont que aven feyt cauques personatges au Bernet sens conget de la vila; e aysi y anam ab gran nombre de personatges per nos ajudar.

2. Item, a vi de gener (1496), messenhors de officiers d'Armanhac per nostre senhor lo Rey nos termeton huna letra, per laquala nos mandaban que nos trobessam a Vic-Fezensac lo xi^e jorn deudit mes; e foc apuntat que Berdot Sala y anessa, e aysi a fec, e quant foc tornat refferi en conselh so que audit Vic era stat feyt ne dit. — Foc enterprees a Vic enter los cosselhs de Nogaro, de Barsalona e nos que fessam demorar mossenh lo judge ordinari au conselh audit Bic per lo profeyt deu pays, e que om paguessa sa despensa.

3. Item, a xv deudit mes, mossenh lo judge ordinari nos scrisco que anessam a Nogaro per ausir la resposta que nos portaba de mossenhor de Labrit.

4. Item, lo endoman, foc apuntat que Berdot Sala e Bernad d'Aragon anessan au debant de las gentz d'armas, per que no passessan part dessa; e aysi y anan duas begadas e los portan bin de present. — Foc apuntat que agossam goeyta-porta entro que lasditas gentz d'armas fossan passatz, e fem gardar lasditas portas per iiii^{te} jorns.

5. Item, quant lo comissari de Leytora, foc bengut per far nostra inquesta contra los officiers d'Armanhac, trametom Manauton Trobat citar testimonis a Sent-Mont, Bielaa, Laguian, Cahuzac e Seragaysias per far ladita inquesta.

6. Item, pagam per la despensa deu comisari de Leytora en fasen la inquesta, enclus la despensa de son rosin e la despensa

de mossenh de Laguian (1), mossenh de Piis (2), Ramoned deus Claus e autres de deffora e de la vila que éran enbiron XVIII personatges ; que monta ladita despensa : II scutz XI sos.

7. Item, pagam audit comisari per son dret e jornadas a far ladita inquesta : sinq liuras tornezas, que balen scutz : III scutz XII sos VIII dines. — Item, pagam a mossenh judge mage per son dret de ladita inquesta : II scutz.

8. Item, foc apuntat que crompesam XVI saubagardas per metre au bosq, afin que om no y gausesa tocar ; costan : V sos. — Plus, crompam claus gros per mete las saubagardas deu bosq ; que costan : II dines.

9. Item, madona de Caumont (3) nos termetoc hun mesatge per nos dise que era bole parlar ab nos, e los dissom que en breu nos y aneram.

10. Item, a XXIII deudit mes de gener, agom huna letra de

---

(1) Bernard de Canet, seigneur de Laguian-de-Rivière. Nous avons parlé de son père, Bernard (compte de 1482, art. 27). — Le seigneur de Laguian épousa cette même année, 26 juillet 1496, au lieu de Labernède, près Éauze, Antonia de Léaumont, fille de noble Aymeric de Léaumont, seigneur de Sainte-Christie en Fezensac, et d'Esclarmonde de Fourcès, sa deuxième femme, et nièce de Bertrand, seigneur de Fourcès, en présence de Géraud, seigneur de Saint-Lane, de M⁰ Aymeric Magnan, archidiacre de Vic, chanoine d'Auch, Jean de Fourcès, chanoine d'Auch, Huguet Magnan, seigneur de Labernède. (Arch. du Séminaire d'Auch, n° 5383.)

(2) Sans-Aner de Thèze, seigneur de Pis.

(3) La dame de Caumont était Agnès d'Armagnac, fille de Bernard, seigneur de Termes, et femme de Auger de Benquet, fils aîné de Jean, seigneur d'Arblade-Brassal. — La terre de Caumont, canton de Riscle, était précédemment un fief des seigneurs du Lau. Elle avait changé de propriétaire à la suite d'un règlement d'affaire. Agnès d'Armagnac avait été mariée en premières noces, le 27 août 1485, à Auger du Lau, seigneur de Caumont et Tarsac, fils d'Amanieu, seigneur du Lau. Elle avait reçu en dot 1,000 écus reconnus sur les terres de Caumont et Tarsac. Étant veuve et sans enfants, elle actionna le seigneur du Lau, son beau-père, pour être remboursée de sa dot. Celui-ci lui céda la terre de Caumont pour la somme de 500 écus et s'engagea à payer le reste par annuité. Ces faits sont rapportés dans l'acte de mariage d'Agnès avec Auger de Benquet, le 13 février 1491, retenu par J. Chastenet, notaire à Nogaro. (Arch. du Séminaire d'Auch.) Ce règlement d'affaire avait eu lieu en 1489. Aussitôt après, Agnès d'Armagnac fit signifier aux consuls de Caumont l'acte par lequel elle devenait propriétaire de la seigneurie et les somma de lui prêter serment de fidélité. Les consuls refusèrent ce serment, prétextant que par accord conclu entre eux et Amanieu, seigneur du Lau, ce dernier les avait relevés du serment de fidélité. (*Ibid.*, registre de Chastenet, notaire à Nogaro.)

messenhors de officiers de Leytora que nos trobessam a Vic-Fezensac per ausir augunas novelas toquan lo ben deu pays.

11. Item, a xxviii deudit mes, agom huna letra deus officiers de Leytora que nos trobessam a Aux au conselh per cauque comission que mossenh d'Estarac (1) ave; e foc apuntat que Bernadon de Lafitan e Johan Farga y anessan; e aysi a fen; e quant fon retornatz, refferin so que aben trobat eu conselh; despensan en viii jorns e vii neytz que sten en anar e tornar, a causa de las aygas; monta: iii scutz v sos.

12. Item, foc apuntat que Johan deu Porte, Bernadon de Lafitan e Johan Farga anessan a Nogaro a far la sieta; e aysi a fen per far debaysar cauque causa, e [la] begada fom debaysatz de v liuras tornezas.

13. Item, aqui foc apuntat en conselh enter los cosselhs de Nogaro, de Barsalona, Anhan e nos que maeste Johan deu Baradat per nom deus totz anessa a Jegun per la donation de mossenh senescal; e quant foc bengut nos fec saber que anessam audit Nogaro per saber so que ave besonhat; e aysi Bernadon de Lafitan y ana.

14. Item, foc apuntat que trametossam maeste Sans a Aux parlar ab mossenh l'abat de Ydrac (2) saber si nos podora tenir loc cum messenhors de canonges nos prestesan ii^c scutz per las besonhas de la bila; loqual mossenh l'abat fec resposta que aqui no eran que tres o iiii^{te} canonges, mas el nos ne scriscora e que viii o x jorns aprop om y tornessa e agoram resposta. E quant

---

(1) Jean III, comte d'Astarac, conseiller et chambellan du Roi.

(2) Arnaud de Baradat, chanoine d'Auch, abbé d'Idrac, était présent le 10 juin 1484 à l'entrée solennelle de Charles Ier, comte d'Armagnac, dans la ville d'Auch. (*Hist. de Gascogne*, t. V, p. 27.) Il est encore présent le 7 novembre 1494 à la fondation faite par Pierre d'Armagnac au chapitre d'Auch. (Voir plus haut, page 473, note 2.)

Arnaud de Baradat devait être frère de ce bon notaire de Nogaro que nous voyons, en toutes circonstances, si secourable aux gens de Riscle. Voir compte de 1497, art. 18.

L'abbaye d'Idrac dépendait du chapitre métropolitain d'Auch; l'abbé était un des dignitaires du chapitre. Arnaud de Baradat ne vivait plus à la date du 4 juillet 1500. Nous trouvons dans une délibération du chapitre d'Auch que le titulaire de l'abbaye d'Idrac était à cette date Jacques de Magnan. (Archives départementales du Gers, livre de *Forcesio*, G. 22.)

lodit maeste Sans foc bengut, foc apuntat que Berdot Sala e Johan Farga anessan audit Aux per far far hun intendit ab d'autres deu pays sus los franx fius, e que dequi en fora anessan a Leytora recrubar nostras costumas e saber cun anaba de nostre pleyt e deus officiers; e aysi a fen. — Costan lasditas costumas de recrubar de la cort: I scut VIII sos VIII dines.

15. Item, foc apuntat que fessam fene lo grauhe de l'Ador per lo mey, afin que l'ayga no se apresesa tant de la vila; e aysi a fem; que y agom enbiron III^c L^{ta} homes de besiau.

16. Item, foc apuntat que maeste Ramon d'Argelos e Bernadon de Lafitan anessan a Daunian (1) parlar ab mossenh de Castetz (2) per malhebar argent; e no l'y troban, mas anan a Monguilhem, a Castetz, a Cremen, a Nogaro sercar lo; e no podon ren deliura.

17. Item, foc apuntat que maeste Johan de Sanguilhem e Berthomiu de Sempot anessan entro Euza parlar ab lo capdet de Casanhet saber si nos bolora prestar de l'argent; e aysi y anan.

18. Item, a XXII de feure, pagam au collector per nostra cota part deu biatge en Fransa; que monta: IIII liuras XV sos tornes balen III scutz IX sos.

19. Item, pagam a Guilhon Fitau e Anthoni de Sobavera e a Johan Farga per lo logue de la scola de l'an passat: III scutz.

20. Item, a IIII de mars, agom huna letra deu capitayne deus franx arches, que nos mandaba sus grandas penas que nos agossam a menar lo franc arche en abilhament de guerra incontinent a Abbilaa (3); e foc apuntat que Berdot Sala l'y menassa, e aysi lo mena entro prop de Florensa e aqui lo leysa en la companhia d'autres franx arches e lo balha argent per sa despensa; que monta ab la perda de la moneda: I scut X sos.

21. Item, crompam VI paums de paumela scura per far hun fauqueto; que costan: IX sos; — plus, hun bonet roge simple; costa: V sos; — plus, hun parelh de sabatous subessolatz; costan:

---

(1) Daunian, ancienne paroisse, annexe de Lupé, canton de Nogaro (Gers).

(2) Carbonel de Bassabat, seigneur de Castet et de Daunian. Il tenait cette dernière terre du chef de sa femme Catherine de Lupé, veuve de Carbonel de La Palhère, seigneur de La Palhère, Gée et Daunian. Le seigneur de la Palhère avait par testament légué Daunian à sa femme.

(3) Auvillars.

v sos; — plus, tres paums de roge e tres paums de blanquet per far causas audit arche; costan : xv sos; — plus, hun capet negre tot nau; costa : v sos vi dines.

22. Item, a xxiiii deudit mes, foc apuntat que trametosam autra begada maeste Sanx a Aux per saber la resposta clara de mossenh l'abat de Ydrac e deus autres messenhors de canonges saber si podoram aver l'argent o no; e lodit mossenh l'abat lo disso que om hy anessa x o xii jorns aprop ab poder de obligar lodit argent e ab scindicat; loqual maeste Sans aporta la forma cum lo scindicat era ops feyt; lo costa : iiii sos.

23. Item, fem mandar au bayle e a son loctenent e a las gardas [que fessan amassar] tot cap d'ostau au conselh saber si bolen que prencossam lodit argent, e per far lo scindicat.

24. Item, a vii de may, foc apuntat que maeste Sans, Berdot Sala e Johan Farga anessam a Aux per sercar l'argent; e aysi a fen, e aportan cl^{la} scutz. — Pagam a maeste Bernat de Ferris, notari, qui retengo lo insturment ont nos obligam per la retention : ii sos.

25. Item, foc apuntat que trametossam à cascun repeys biu blanc, roge e claret a mossenhor l'abesque qui bengo reconciliar lo cimiteri; que costa tot : ix sos viii dines.

26. Item, foc apuntat que paguessam a Berdot d'Arros hun scut per que bolossa que las christians agossan lor cimiteri prop l'autre de la vila.

27. Item, a xix deudit mes, mossenh judge ordinari d'Armanhac nos trametoc huna letra contenen que lo menassam certan nombre de balestes; e n'i anan auguns.

28. Item, fem cridar nostre marcat a Plasensa, quant foc mudat : viii dines.

29. Item, foc apuntat que paguessam a hun paubre religios que ave sermonat e cantat a la gleysa, per que preguesa Dius per la bila e per los habitantz; e aysi a fem; monta : iiii sos.

30. Item, a xxvii deudit mes, fom mandatz a Nogaro au conselh ont eran las autras vilas d'Armanhac per tramete en cort sus lo engalhament deus pays; e foc apuntat que Berdot Sala y anessa; e aysi a fec.

31. Item, pagam a maeste Johan deu Baradat per los gatges

qui la vila lo dona per esse accessor; que montan : II liuras tornezas balen : I scut VIII sos VIII dines.

32. Item, fom mandatz a Vic au consell per ausir so que mossenh judge ave deliurat en cort; e foc apuntat que Bernadon de Lafitan y anessa; e aysi a fec; e quant foc tornat, refferi en conselh so que ave trobat; despensa en tres jorns e II^{as} neytz : IX sos IIII dines.

33. Item, pagam a Guisarnaud, arche franc, sous gatges, que lo cran degutz; que montan: set liuras tornezas balen : V scutz III sos IIII dines.

34. Item, foc apuntat que balhessam XII banx e XXX^{ta} ferretz e II^c stacas e tres caas de fagot a messenhors de officiers per bastir la paysera deus molins; e aysi a fem.

35. Item, a VIII de aost, foc apuntat que Bernadon de Lafitan e Johan Farga anessan a Leytora au conselh, ont eram mandatz per los officiers deu Rey, e aysi metis per lo pleyt qui y avem consultar; e aysi a fen.

36. Item, a IX de setema, agom huna letra deu capitayne deus franx arches que menassam incontinent lo franc arche a Sent-Miqueu de la Cornelha; e aysi a fem.

37. Item, lo crompam aluda de leton e agulhetas; costa tot : II sos; — plus, fustane IX paums e mey per far lo jupon; costan : IX sos VI dines; — plus, forradura per lodit jupon; costa : II sos VI dines; — plus, costan de adobar las bergantinas cauques boclas : VIII dines; — plus, fem adobar la celada a Bernat d'Aragon; costa : IIII dines; — plus, fem robii ladita celada a Berdoli Sala; costa : VI dines.

38. Item, se rompo lo pont de l'Ador per forsa de las grans aygas; e y ago gentz de besiau en gran nombre tant a carreyar, bastir e obrar qui audit pont e au Bernet; que monta tot : II scutz I sol I diner.

39. Item, a VIII de octobre, anan Bernadon de Lafitan e Johan Farga a Nogaro, quant lo collector nos mescondaba de XLI scutz, per condar ab et; e y demoran dus jorns e I^a neyt per afinar lodit comde e las bilhetas.

40. Item, a X de decembre, foc apuntat que Bernadon de Lafitan e Johan Farga anessan au conselh a Leytora ont eram mandatz

per los officiers deu Rey, e aysi metis per far diligensa a balhar sentencia deu pleyt que avem a Leytora ab los officiers; e aysi y anan, e quan fon tornatz, refferin so qui aven trobat audit conselh e cum aven agut sentencia, e ne portan la copia. Despensan en v jorns e IIII^{te} neytz que sten : I scut XVI sos X dines. — Plus, pagan a mossenh judge mage per lo report deu proces per far balhar ladita sentencia : II scutz XII sos IIII dines.

REDDITION DES COMPTES DE 1496.

L'an mil IIII^c nabanta e set et lo ters jorn deu mes d'abriu, en l'ostau de Bernadon de Lafitau, lodit Bernadon, Berdot Sala, Mono d'Angles et Berthomiu de Sempot, cossos en l'an darre passat de la villa d'Ariscla, redon los comdes a Peyron d'Angles, Mono d'Argelos, Bernadon de Miucens e a Johan Farga, cossos en l'an susdit.

Recettes. — Mustran que agon recebut deus dines de ladita villa en duas talhas, dedussitz greuyes, gatges et binte dine acostumatz, la soma de tres centz trenta hoeyt scutz hoeyt sos ; etc. — Lacal recepta montaba en huna soma sinc centz setanta scutz dotze sos seys dines.

Dépenses. — Et aqui metis, mustran que agon despensat la soma de sinc centz setanta e tres scutz hoet sos et hoeyt dines.

Et foc feyt lo present conde presens aqui metis et assy dejus signatz maeste Johan de Sant-Guilhem, etc., et jo Arnaud-Guilhem de Mostayon, caperan, qui ey scriut et signat.

DE MOSTAYONO.

ANNÉE 1497.

XXXIX.

COMPTES DE L'ANNÉE 1497.

DÉPENSES.

Sommaire : 1. Emprunt de 25 écus pour payer les impôts. — 2. Afferme des émoluments de la ville. — 3. Réparations au pont de l'Adour, pour le passage des piétons. — 4. Conseil tenu à Vic. — 5. Nouveaux dégâts causés par les eaux au pont de l'Adour. — 6. Vin offert au trésorier de l'archevêque d'Auch, qui accompagnait la femme du cadet de Laguian. — 7. Collation offerte à madame de Viella. — 8. Enquête au sujet du moulin. — 9. Loyer de l'école. — 10. Sermons de M. de Cazenave. — 11. Travaux au pont de l'Adour. — 12. Conseil tenu à Vic pour l'impôt des lances. — 13. Assiette des impôts à Nogaro. — 14. On fait réparer la brigandine du franc-archer. — 15. Emprunt de 50 écus aux chanoines d'Auch. — 16. Montre des francs-archers à Lectoure ; serment prêté au nouveau capitaine, M. de Blanquefort. — 17. Procès contre les officiers de justice ; le capitaine des francs-archers refuse celui de Riscle, comme trop âgé. — 18. Jongleurs du mardi-gras. — 19. Les consuls assistent à l'enterrement de Mᵉ Jean de Baradat à Nogaro, et lui font faire une basilique. — 20. Visite à madame de Camortères. — 21. Réception d'une lettre de M. de Gondrin. — 22. Passage de l'archevêque de Toulouse ; on lui offre du vin. — 23. Convocation des nobles et des consulats à Nogaro par le juge d'Armagnac. — 24. Procès contre les officiers de justice. — 25. Alain d'Albret permet le port du chaperon aux consuls de Riscle. — 26. Arrestation d'un voleur. — 27. Achat de drap à Éauze pour faire les chaperons consulaires. — 28. Vin offert à l'évêque d'Aire. — 29. Prêt de blé et de millet demandé à M. Castillon, chanoine d'Auch et recteur de Riscle. — 30. Procès contre les officiers de justice ; ajournement devant le parlement de Toulouse. — 31. Lettre du sire d'Albret convoquant les consuls à Nogaro. — 32. Lettre de M. d'Avesnes, fils d'Alain d'Albret, sur le même sujet. — 33. Conseil tenu à Nogaro ; demande d'un subside par le seigneur d'Avesnes. — 34. On prépare des gâteaux pour M. d'Avesnes, dont la venue à Riscle est annoncée. — 35 et 36. Voyages à Manciet, à Auch, à Lectoure, puis à Sos, pour tâcher d'obtenir un prêt de blé et de millet de M. Lavardac, procureur de l'archevêque d'Auch. — 37. Ordre de M. de Pordéac de conduire le franc-archer à Lectoure. — 38. Emprunt contracté en Béarn, à cause de la grande misère du peuple. — 39. Nouveau voyage à Sos auprès de M. Lavardac. — 40 et 41. Paiement de 4 livres tournois au capitaine des francs-archers, pour la livrée de celui de Riscle ; frais d'habillement. — 42. Prêt de cent quarts de millet par un prêtre de Sion. — 43. Intérêt de l'argent prêté par le chapitre d'Auch. — 44. Envoi d'argent au collecteur ; il refuse l'or. — 45. Copie d'une prière pour conjurer les tempêtes. — 46. Passage de M. d'Orval à Riscle ; on lui offre la collation. — 47. Conseil tenu à Nogaro ; M. d'Avesnes fait demande d'un cheval au pays. — 48. Venue du trésorier d'Armagnac à Riscle. — 49. Mort du comte d'Armagnac. — 50. Refus d'un acompte par le collecteur. —

51. Procès au sujet de l'entrée du vin. — 52. Procès contre les officiers de justice. 53. Assemblée des États à Vic. — 54. Achat d'une brouette. — 55. Travaux aux ponts de l'Adour et de l'Arros. — 56. Envoi de poisson, de vin et de pain blanc au capitaine Jasses, à Sarragachies. — 57 et 58. Soins donnés à un soldat blessé· — 59. Mort de l'archer Guissarnaud; on lui fait une basilique. — 60. Venue à Riscle de M. d'Avesnes, avec son frère, le protonotaire. — 61. Travaux aux fortifications de la ville à cause du voisinage des gens d'armes. — 62. Construction d'une digue dans l'Adour, pour détourner l'eau du pont. — 63. Passage d'un héraut du Roi à Riscle. — 64. Arrestation d'un habitant de Riscle à Vic-Fezensac par les sergents de Condom. — 65. M. de Sainte-Christie est prié d'obtenir un délai du collecteur. — 66. Réparations aux battants de la cloche et de la clochette. — 67. Ordre de mener le franc-archer à Lavardens. — 68. Montre des francs-archers à Jegun ; États convoqués à Auch par M. d'Aubijoux. — 69 et 70. La ville de Riscle est sans archer; transaction avec le capitaine des francs-archers. — 71 et 72. Choix d'un franc-archer; frais d'habillement et d'équipement; il est envoyé à Jegun. — 73. Emprisonnement des consuls et saisie des vaches de la ville. — 74. Achat de drap pour le manteau du garde. — 75. Lettre des officiers de Lectoure aux consuls de Plaisance. — 76. Venue à Riscle du baron de Montesquiou. — 77. Conseil général convoqué à Riscle au sujet de la donation d'un écu à Alain d'Albret. — 78. Don de 3 écus au juge d'appeaux de Nogaro pour aller prendre ses grades de licence. — 79. Gratification au baile de Riscle pour services rendus à la ville. — 80. Lettre du juge ordinaire enjoignant aux consuls de Riscle d'aller porter secours à ceux de Barcelonne (contre les habitants d'Aire).

Despensa feyta per Peyron d'Angles, Monon d'Argelos, Bernadon de Miucentz e Johan Farga, cossos de la present vila de Riscla en l'an mil IIII^c XCVI, comensan a la festa de Nadau e finen a l'autra festa de Nadau l'an revolut mil IIII^c XCVII.

1. Prumerament, lo jorn de Sent Johan aprop Nadau (27 décembre 1496), foc apuntat en conselh, perso que eram a terme de pagar au collector hun quarte au darre jorn de decembre e no avem enquaras de que pagar que malhebessam xxv scutz de cauque part e donessam gasay au qui los nos prestessa; e aysi Monon d'Argelos ana a Ayra malhebar lodit argent per hun mees; que dona de gasay au qui nos fe lo plasee la soma de I scut VI sos II dines.

2. Item, pagam lo marcat a bin quant agon liuratz los arrendamentz tant au cornador (1) que autres que y eran ; monta : II sos.

(1) Le sonneur de cor. On dirait aujourd'hui le crieur public. Nous avons déjà vu l'expression *au cor*, c'est-à-dire mettre aux enchères.

ANNÉE 1497.   485

3. Item, la vigilia de Prohina (1), anam los IIII^te cossos e II^ns gardas e d'autres au pont de l'Ador per adobar lo pont que los a pees podossan passar au marcat, e y fen portar VI cabirons d'abet.

4. Item, lo VIIIe jorn de gener, foc apuntat que Johan Farga anessa a Vic au conselh deus Statz, ont eram statz mandatz; e aysi y ana; e quant foc tornat refferit en conselh so que [ave] bist e ausit audit conselh: despensa en IIII^te jorns e tres neyts que ste en anar e tornar e part dela a causa de las aygas e fangas; monta: XII sos II dines.

5. Item, au cap de VIII jorns que agom adobat lo pont de l'Ador per passar los a pees, cum desus es dit, bengo l'ayga e ne mena so que avem feyt; e aqui metis y anam totz IIII^te cossos e lo bayle e las gardas et d'autres personatges; que y sten quasi tot lo jorn.

6. Item, foc apuntat que trametossam bin de present au thezaure de mossenhor d'Aux quant menaba la molhe au capdet de Laguian (2); e aysi a fem, que l'on trametom de blanc, roge e claret VI terseras; costan: I sol VI dines.

7. Item, foc apuntat que donessam collatiou a madona de Bielaar e au capdet e lor companhia (3), quant bien de Campanha; que costan las fogasetas e lo bin tot condat amassa: III sos X dines.

8. Item, a IIII^te de feure, foc apuntat que trametossam maeste Sans a Nogaro a la jornada sus huna inquesta que mossenh judge fase per mossenh d'Armentiu deu molin; e y ana.

9. Item, pagam per la logue de la scola, de Sent-Johan entro Nadau e de Nadau entro l'autra Nadau darrer passat, que es hun

(1) *Prohina* : Epiphanie.
(2) Raimond de Canet de Laguian, frère cadet de Bernard de Canet, seigneur de Laguian, dont nous avons cité le mariage au compte précédent, art. 6. Voir le testament de leur père, compte de 1482, art. 27.
(3) Marguerite Henriquès de Carras, fille d'honneur de Léonore, princesse de Navarre, comtesse de Foix, etc., épousa, le 6 août 1470, Roger, seigneur de Viella. De cette union vinrent : Marie, épouse de Géraud, seigneur de Saint-Lane ; Agnès, mariée à Hébrard de Monlezun, seigneur de Campagne ; Marie, femme de Barthélemy de Baudéan, seigneur de Parabère ; Quitterie ; un fils cadet dont nous ne connaissons pas le nom et qui est désigné dans cet article *au capdet*, et Charles, seigneur de Viella, marié en 1491 à Catherine de Montpezat. De ce dernier mariage naquirent un fils, Louis, mort jeune, et une fille, Françoise, qui porta la terre de Viella dans la maison de Gondrin. (Inventaire des titres de la maison de Viella, dans nos archives.)

an e mey, que monta tres scutz per an; montat tot : IIII scutz IX sos.

10. Item, pagam a mossenh Pey de Cazanaba per auguns servicis que ave feytz l'an passat en sermonar, sus sas talhas; monta: IIII scutz XII sos.

11. Item, prencom de Johan Farga hun cheytadau de XXII arrasas, e hun autre de XIX arrasas e sencles arrasas de cada coayra o plus, per metre au pont de l'Ador; que costan VI arditz l'arasa; monta : II scutz V sos.

12. Item, a VII de feure, foc apuntat que Monon d'Argelos e Johan Farga anessan a Vic au conselh deus Statz, ont eran statz mandatz per los officiers deu Rey per impausar las lansas; e aysi y anen; e quant fon bengutz refferin en conselh so que aven bist e ausit; despensen en tres jorns e duas neytz que sten, per etz e per los rosins, monta : XVI sos VI dines; — plus, per los logues deusditz rosins : IX sos VI dines.

13. Item, a X deudit mes, foc apuntat que Arnauton de Lafitan, Johan deu Porte, etc., e dus cossos anessan a Nogaro a far la sieta; e fom debaysatz de XXV liuras per aquet an.

14. Item, fem adobar audit Nogaro las bergantinas deu franc arche a hun sinture, que y falhiban boclas e coe; que costa tot : I sol IIII dines.

15. Item, foc apuntat que trametossam huna letra a mossenhor l'abad de Ydrac a Aux per saber si podoram aver L^{ta} scutz de messenhors de canonges; e aysi y trametom ladita letra per Berdot deu Sobiran, e nos porta resposta que deliureram. — Foc apuntat que fessam far hun scindicat e que maeste Sans de Poges e Johan Farga y anessan per prene lodit argent e per obligar la pension; e aysi a fen; costa lodit scindicat grossat : I scut VI sos.

16. Item, d'Aux en fora anam losditz de Poges e Farga a Leytora per esse a las mustras ab lo franc arche, aysi que eram statz mandatz de part lo Rey de anar cascun cossolat menar lor franc arche per far lo segrament en las mans de mossenh de Blanchafort (1), capitayne nabet, perso que Johan du Mayne era mort;

---

(1) Peut-être s'agit-il ici d'Antoine de Bonneval, seigneur de Blanchefort, qui figure un peu plus loin avec le titre de sénéchal de Limousin ; ou bien de Jean de Montlezun, seigneur de Blanquefort, Ansan et Meilhan, en Fezensac.

sten audit Leytora dus jorns e duas neytz. Pagan au capitayne per la intrada soa cada franc arche I scut d'aur; que monta : I scut v sos IIII dines; — plus, pagam per sa part de la despensa deu capitayne per arche : v sos tornes (IIII sos IIII dines); — plus, pagam a hun aperat lo Capdet per cada arche franc : III sos tornes (II sos); — plus, pagam a hun aperat lo Clerc, qui roclaba los arches, per arche : I sol IIII dines; — plus, pagam au page deu capitayne, qui colhe los treytz, per arche : VIII dines. — Se pergo en dus scutz de doblas de Bearn, que aben, que las donan per IX arditz e mey los tres; monta la perda : I sol X dines.

17. Item, foc apuntat que trametossam a Leytora hun mesatge mustrar la copia de las letras deus officiers a nostre advocat per saber cum non avem a gobernar, e parelhament per far resposta a hun aperat Briquet, que bole esse nostre franc arche, perso que lo capitayne ave dit que no prencora punt Guisarnaut d'Audirac perso que era deya bielh; e aysi y trametom; e quant lo mesatge foc foc tornat, que era Berdot deu Sobiran, refferit so que ave feyt.

18. Item, aysi metis, foc apuntat que paguessam los joclaas a margras, affin que no y agossa brut; costan : X sos.

19. Item, quant bengon las novelas que maeste Johan deu Baradat era mort (1), foc apuntat que maeste Johan de San-Guilhem, maeste Sans de Poges, Johan de Lafitan, Bernadon de Lafitan e dus cossos anessan a Nogaro per far honor a la sepultura deudit Baradat e per lo fer huna basaliqua (2) aus despens de la vila per la honor de la vila e en recompensa de beucop de servicis que ave feytz a ladita vila; e aysi y anen totz los susditz; despensan en ladita basaliqua e ab los rosins : II scutz VII sos.

20. Item, lo endoman, foc apuntat que maeste Johan de San-

---

(1) Jean de Baradat paraît avoir été un des personnages importants du comté d'Armagnac durant cette fin du XVe siècle. — Nous l'avons vu mêlé à toutes les affaires de Riscle, plusieurs fois député vers le Roi, représentant aux États d'Armagnac la ville de Nogaro, lieutenant du juge, etc. Il était l'aîné des enfants de Bernard de Baradat, notaire à Nogaro. Il avait trois frères : Nicolas, juge ordinaire d'Armagnac, Arnaud, abbé d'Idrac, et Johanicon, mort avant le 10 mai 1487, laissant deux enfants, Jean et Nicolas.

(2) C'est le nom que l'on donnait aux prières et à l'offrande qui se font après la messe des morts devant le corps du défunt, ou devant le chevalet de bois recouvert du drap mortuaire qui représente le tombeau ou basilique.

Guilhem et Ramonet de Teza anessan parlar ab madona de Camorteras (1) sus cauques letras que era ave tramessas e la vila parelhament a era; e aysi y anen; e quant [fon] tornatz, refferin so que aven trobat ne debatut.

21. Item, trametom la garda a Nogaro saver sy los cossos de Nogaro aven aguda letra de mossenh de Gondrin (2) cum nos avem, ne si saben que demandaba; e agom resposta que oy e que hun cosso anessa audit Nogaro.

22. Item, quant l'arcevesque de Tholosa passa a Riscla (3), foc apuntat que lo trametossam deu bin; e l'on trametom de blanc, roge e claret : I sol VI dines.

23. Item, quant Peyron d'Angles bengo de Nogaro, porta huna letra que mossenh judge nos tramete que nos trobessam a Nogaro lo divendres aprop per ausir augune charge que ave de dise au pays; e foc apuntat que Monon d'Argelos e Johan Farga y anessan; e aysi a fen, e quant fon part dela, lodit mossenh judge los fec demorar la neyt part dela, a causa que los gentiushomes non eran arribatz, e dise que lo disapte matin bengoran, e no n'y bengo negun que dus o tres e los cossos de Barsalona; e aysi mossenh judge diso que el nos mandera amassar a hun autre jorn de nabet; e aysi om s'en torna.

24. Item, nos fen inhibir los officiers de mossenhor lo comte ab hunas letras d'apel que aben relevadas a Tholosa, perso que eran appelantz de la sentencia que avem aguda a Leytora contra etz; que nos costa la copia de lasditas letras e deu proces feyt per lo saryant : III sos IIII dines.

25. Item, pagam au servidor de mossenh judge Serra, que nos presta la letra deu conget qui mossenhor de Labrit nos ave donat de portar los capayrons cossolaus (4), per que la nos prestessa per

---

(1) Il s'agit probablement de Jeanne de Castelnau-Laloubère, femme d'Auger du Lau, seigneur de Camortères. Carbonnel du Lau, père d'Auger, dont il a été plusieurs fois parlé, avait épousé Galiane de Lavedan.

(2) Jean de Pardaillan, seigneur de Gondrin.

(3) Hector de Bourbon, fils naturel de Jean, duc de Bourbon, avait été promu à l'archevêché de Toulouse, en 1491.

(4) Le port du chaperon consulaire n'était pas seulement une marque distinctive, il emportait généralement avec lui des privilèges spéciaux, juridictionnels. Aussi n'y avait-il guère que les consuls des grandes villes qui eussent

la mustrar aus conselhers en conselh, e non tregom la copia; monta : III sos IIII dines.

26. Item, a XXIIII deudit mees, foc apuntat que trametossam lo bayle e Berthomiu de Sen-Pot a Nogaro per parlar ab messenhors de officiers demandar conselh que debem far de hun presone que ave panat drap a Bernadon de Lafitan, que era prees; e aysi los y trametom.

27. Item, a XXVI deudit mes, trametom la garda a Nogaro portar huna letra a mossenh judge ordinari toquan la licencia deus capetz; e nos termeto resposta que no stessam de los aver, que el nos fera metre la licencia en pargam. — Item, trametom Monon d'Argelos a Eusa (1) per anar crompar los draps per far losditz capetz, e malheba tres canas qui roge qui bruneta (2) per

---

le droit de le porter. Il est à remarquer que dans la dernière moitié du XV⁰ siècle une foule de villes des terres d'Armagnac demandèrent le port du chaperon. Il semble qu'à mesure que le pouvoir comtal s'amoindrissait sous les coups que lui portait l'autorité royale, celui des communes tendait à s'agrandir ou du moins à se donner les apparences de cet agrandissement, non cependant sans éveiller les susceptibilités jalouses de l'autorité seigneuriale. Nous avons eu sous les yeux plusieurs de ces concessions de chaperon, certaines portent cette clause que le chaperon sera simplement un insigne distinctif et que les consuls ne pourront en aucun cas s'en prévaloir pour exercer des droits qu'ils n'ont pas eu jusque-là, telle par exemple la concession faite aux consuls de Cézan par le seigneur du lieu, en 1504. — L'autorisation du chaperon donnée aux consuls de Nogaro est du 26 avril 1440. (Arch. de Pau, E 280.) En 1499, le 12 juillet, Arsieu de Galard, seigneur de Terraube, accorde une semblable permission aux consuls de Terraube. Les motifs allégués par ces derniers sont à noter : la justice, disent-ils, est une chose si noble, si recommandable, qu'il importe que ceux qui sont revêtus du pouvoir judiciaire soient distingués du commun des hommes par des insignes particuliers et même des armes, afin d'inspirer le respect et la crainte.

A la fin de l'année consulaire le chaperon était acquis au consul, on le renouvelait chaque année.

(1) Éauze devait avoir à cette époque une certaine renommée pour la fabrication des draps, c'est là du moins que les consuls de Riscle vont les acheter. Voir les comptes suivants.

(2) Les chaperons consulaires étaient ordinairement *partis*, c'est-à-dire d'une couleur à droite et d'une couleur à gauche. Les consuls d'Auch les portaient rouges et noirs. La couleur désignée par le mot *bruneta* paraît être une teinte foncée, noire. Ces deux couleurs, *roge et bruneta*, sont marquées dans presque toutes les concessions de chaperon faites dans nos contrées, notamment dans celle de Nogaro. La concession du seigneur de Terraube, en 1499, est très explicite à ce sujet, elle affirme que la coutume était en Gascogne que les chaperons consulaires fussent *roges et brunets* : « Quatuor capucia bipartita

IIII^{te} mees; costaba III scutz cana. — Item, fem toue losditz draps a Bernat d'Aragon; que costan VIII arditz per cana e hun piche e mey de bin e hun pan d'abantage; monta tot : IIII sos VIII dines. — Item, fem far losditz capetz a Berdot de Sempot, ab hun capet deus cossos de Nogaro que trametom sercar. — Item, costan de la fayson deudit de Sempot : XIII sos IIII dines. — Item, crompam fiu per coze losditz capetz; costa : VIII dines.

28. Item, foc apuntat que trametossam bin de present a mossenhor d'Ayra (1), que era en la vila; e aysi lo trameton bin blanc, roge e claret VI pintas; que costan : I sol VI dines.

29. Item, foc apuntat que scriscossam huna letra a mossenh lo canonge Castillon, nostre rector, a Aux, de part la vila, que lo plagos nos prestar lo blad e milh qui ave part dessa, e que lo mesatger anessa d'Aux en fora enta Leytora relebar hun mandament de la cort de mossenh senescal per prene biures ont s'en trobessan; e aysi y trametom; e lo mesatge torna resposta deu tot.

30. Item, foc apuntat que trametossam maeste Sans a Tholosa a la jornada, quant fom adjornatz per lo pleyt de la vila contra los officiers de mossenhor de Labrit; e aysi l'y trametom; que ste en anar e tornar e part dela IX jorns e VIII neytz; despensa per et e lo rosin : I scut XIII sos VIII dines. — Item, balha au procurayre a Tholoza : IX sos; — plus, per lo logue deu rosin : XV sos III dines.

31. Item, fom mandatz per huna letra de mossenhor de Labrit que nos trobessam a hun cert jorn a Nogaro, e quant bengo la vespra deudit jorn, trametom la garda a Nogaro saber si mondit senhor bengora o no.

32. Item, l'endoman, bengo hun mesatge ab huna letra, que mossenhor de Banas (2) nos tramete, que nos trobessam l'endoman aprop a Nogaro.

« videlicet de bruneto et rubeo panni de borgès, *juxta patrie consuetudinem* »; les consuls de Riscle affirment aussi cette coutume dans le compte de l'année 1500, art. 16. Le bailli de Bruillois faisant une concession semblable aux consuls de Sérignac, le 12 janvier 1503, déclare en français que les chaperons seront « entaylhés la moitié de drap rouge et l'autre moytié de drap brunet. » (Arch. de Pau, E 286.) Les consuls de Casteljaloux portaient également la livrée rouge et noire. (*Hist. de l'Agenais*, t. II, p. 21.)

(1) Bernard d'Abadie, successeur de Pierre de Foix.

(2) *Banas* est mis pour *Vanas*, suivant l'habitude gasconne de changer le B en V, et réciproquement. On connaît à ce sujet le trait satirique de Scaliger :

33. Item, l'endoman foc apuntat que Johanon deu Faur, archee, Johan deu Porte, Johan Farga e Peyron d'Angles anessan a Nogaro au conselh ausir la demanda qui mossenhe de Banas bole far au pays; e aysi y anan, e se reservan lo conselh deu poble si bolen donar o no. — Foc advisat enter totz a Nogaro que Johan Farga demoressa part dela la neyt per saber los de Nogaro e Anhan e autres sy donaran, e que los autres s'en tornessan remustrar ac au poble, e que de bon matin Peyron d'Angles fossa a Nogaro ab la deliveration deu poble; e aysi foc feyt (1).

34. Item, trametom hun mesatge ab huna letra aus autres cossos que fesan aprestar la collation a mossenhe de Banas, que bole anar a Riscla e a la paysera. — Fem far fogassetas (2) per balhar a mossenhe de Banas e assa companhia; que costan de falina e oeus : III sos VI dines.

35. Item, foc apuntat que Johan Farga anessa a Nogaro ou a Manciet per azemprar lo clauari de Manciet si nos bolora prestar blad ne milh per pagar las coentas de la vila; e aysi y ana, e lodit clauari lo disso que el non ave punt, mas que lo procurayre de mossenhor d'Aux aperat Lavardac n'abe, e que el lo scriscora huna letra en nostra favor per l'y portar a Aux ; e aysi foc feyt.

36. Item, quant lodit Johan Farga foc retornat, remustra en conselh so qui abe trobat e legic la letra deudit clauari, e aqui conclusin que et s'en anessa a Aux portar ladita letra audit Lavardac, e que de Aux en fora tiressa a Leytora relevar huna appellation contra les officiers de mossenhor de Labrit, qui nos aven prees e metutz los arrendamentz de la vila a la man de mossenhor e nos proibitz de ne usar plus, e asso a causa que no avem bolut autreyar hun scut per foec. E aysi foc feyt; e quant lodit Johan foc a Aux, troba que lodit Lavardac era partit enta Sos; e aysi lodit Johan ana audit Leytora e releva lodit appel, e dequi en fora s'en tira a Sos portar ladita letra e parla ab lodit Lavardac; loqual

« Beati populi quibus vivere est bibere ». Sur ce personnage, qui n'est autre que le seigneur d'Avesnes, un des fils d'Alain d'Albret, voir une note plus loin, art. 60.

(1) La donation fut accordée, voir compte de 1500, art. 6.

(2) *Fogassetas*, gâteaux cuits sous la cendre du foyer, *focus*, d'où leur vient le nom de fouasses, fouaches, fouées, fougasses. On dit aujourd'hui *galette*.

lo disso que en breu el nos trametera resposta per son fray a Manciet au cert.

37. Item, nos trameto mossenhe de Pordeac huna letra que mandaba que ben x jorns aprop agossam a menar lo franc arche tot abilhat a Leytora.

38. Item, trametom la garda a Aydia dise a Barreyat que nos lo pregabam que bengossa part dessa per parlar ab nos vezer si podora trobar partit que om nos prestessa argent en Bearn; en que lodit Barreyat bengo e lo fem disnar. — Item, foc apuntat que trametossam lodit Barreyat en Bearn sercar cauque partit qui nos prestessa, atenut que no podem esse en neguna fayson pagatz de la paubre gent qui no aven que minyar (1); e aysi a fem, e lodit Barreyat ne ana e lo balham argent per despene. — Item, anan Monon d'Argelos, Bernadon de Miucentz e Johan Farga Aydia parlar ab Barreyat vezer quey partit ave trobat, aysi que nos ave scriut que y anessam e que portessam peys per disnaa ab Baradat; aysi troban ab lodit Baradat lo tracte de cent conquas de blad a ix sos conqua pagament de Bearn en aur; e quant foc disnatz, nos en tornam a Riscla per remustrar lodit tracte en conselh.

39. Item, trobam que maeste Sans anaba enta Euza, et lo balham carga que de Euza en fora el anessa a Sos parlar ab lo susdit Lavardac, que agossam blad e milh, e lo disso que lo dimercles de marcat de Manciet prumer nos fera resposta clara.

40. Item, fom mandatz per huna letra deu capitayne deus franx arches que nos trobessam a Leytora lo prume jorn de may per la liureya deu franc arche; e aysi y ana Peyron d'Angles; paga de la liureya deu franc arche IIII liuras tornesas; que montan a moneda de Rey, compres lo cambi e aur qui no era de misa: III scutz III sos.

41. Item, au prumer biatge qui menam lo franc arche a Leytora lo fem far hun parelh de causas de biolet; que costa lodit biolet: xv sos; — plus, crompam III paums de blanquet per forradura; costan: III sos; — plus, crompam IIII^{te} paums et mey

---

(1) Il y avait eu cette année dans toute la Gascogne une grande disette de blé, la famine avait fait de grands ravages. (Voir *Annales de Toulouse*, t. I, p. 276.)

de bert scur (1) per far hun fauqueton; costan : IX sos ; — plus, crompan hun bonet simple roge; costa : V sos; — plus, crompam hun parelh de sabatous subessolatz e los casinos (2); costan : VI sos.

42. Item, foc apuntat que Peyron d'Angles e Monon d'Argelos anessan a Manciet per saber la resposta de Lavardac au jorn asignat; e quant fon part dela, troban lo fray deudit Lavardac, que los disso que no y ave remedi que nos podossam aber aren de luy per lo present. E dequi en fora tiran a Sion a hun caperan aperat mossenh Bernat de Las Batz, qui nos presta cent quartz de milh a IIII^{te} sos quart. — Costan losditz cent quartz de milh de carreyar de Sion assi : I scut XV sos XIII dines. — Item, se pergo en lodit milh, qui foc benut a XXII arditz quart, II arditz per cascun quart; que monta en huna soma : I scut XV sos IIII dines.

43. Item, a X de may, trametom a Aux au clauari de capito l'argent deu fiu de CL^{ta} scutz; que monta : XV scutz.

44. Item, a XIX de may, trametom Pey-Ramon Farga a Nogaro portar XI scutz au collecto en aur e moneda, e no bole prene l'aur, mas prenco la soma de III scutz.

45. Item, parelhament foc apuntat que agossam la copia de hun esconjurament de tempesta que hun chapeler de Dax ave (3), e que ne agossam ta bon marcat cum podossam; que ne demanda I scut; e aysi a fem; que nos costa : X sos.

46. Item, quant mossenh d'Orbal (4) passa, foc apuntat que lo donassam collation; e aysi a fem; que costa de pan, peras, bin blanc, roge e claret, enclus dus boyshetz de siuaza que donam a son heraut : IIII sos X dines.

47. Item, foc apuntat que Peyron d'Angles anessa a Nogaro au conselh, ont eram mandatz per mossenhe de Banas per hun

---

(1) *Bert scur*, vert obscur, sombre.
(2) *Casinos*, chaussons.
(3) Copie d'une conjuration de tempête, c'est-à-dire d'une de ces prières accompagnées de rites superstitieux, auxquelles la crédulité populaire attachait le pouvoir de conjurer les orages. Ce chapelier de Dax a laissé des disciples, car on trouve encore aujourd'hui dans nos campagnes de prétendus voyants qui s'attribuent le pouvoir de chasser la grêle. Voir aux Archives de Pau, E. 359, dans un registre du XVe siècle, des formules de sorcellerie pour conjurer tous les maux.
(4) Jean d'Albret, sire d'Orval, baron de Lesparre, seigneur de Châteaumeillan.

rosin que demandaba au pays ; e aysi y ana, e quant foc tornat, referi en conselh so que ave trobat.

48. Item, a ix de jun, bengo Bernat Berge, saryant de Condom, per nos exequtar, e lo pregam que no fessa; loqual fec resposta que anessan parlar ab mossenh thezaure Peyronet e ab lo collector, que eran a Nogaro; e aysi foc feyt.

49. Item, quant las novelas fon bengudas que mossenhor lo comte d'Armanhac era mort (1), foc apuntat que fessam far las portas deu castet; e aysy a fem; que crompam de Berdot Sala duas taulas de corau; costan : i scut vi sos; — plus, y ste Peyron d'Angles iiii jorns a far lasditas portas, que cascun jorn gasanhaba x arditz e la despensa; — costan las claus de lasditas portas de ferr e de la man : vi sos.

50. Item, a xiii deudit mes, trametom la garda a Nogaro portar xii scutz au collector e nou bolo prene crotz, perso que non y ave pro.

51. Item, quant agom feyta la beda (2) de no metre bin dezens la vila, auguns de ladita vila se apelan e releven lor appellation e nos fen inhibir e adjornar a Leytora a proseguir la causa per

---

(1) Charles Ier, comte d'Armagnac, dernier comte régnant de sa race, mourut en mai 1497, au château de Montmirail en Albigeois. Il fut enseveli dans l'église paroissiale. Une simple pierre tombale sans épitaphe recouvre la fosse dans laquelle repose ses cendres, devant le maître-autel.

Il existe à Rodez, place de l'Olmet, un grand hôtel de la Renaissance dit *Maison d'Armagnac*, bâti par Hélion Jouffroy, chanoine de Rodez et neveu du cardinal d'Arras, Jean Jouffroy, qui prit Lectoure en 1473 et laissa, par le plus horrible parjure, assassiner misérablement le comte Jean V. Le chanoine Hélion éleva cette maison à la mémoire des comtes d'Armagnac dont la dépouille avait enrichi son oncle. Il en voulut faire un monument expiatoire et y fit sculpter dans de riches médaillons les portraits des comtes et comtesses d'Armagnac. Ces médaillons sont au nombre de trente-deux. Ils sont disposés dans deux panneaux dont chacun contient quatre médaillons. Ces médaillons sont placés deux à deux, un homme faisant face à une femme. Le médaillon du comte Charles, qui est naturellement le dernier, le représente casqué et sans barbe. Il a le cou long et incliné en avant. On remarque sur ses lèvres un sourire triste et presque niais. La comtesse, fille du comte de Foix de Candalle et de Marguerite d'Albret, a la figure et l'allure d'une jeune et chaste personne. Elle porte le costume de la Renaissance : guimpe montante, bonnet bordé de perles et couvrant entièrement les cheveux. Voir dans le tome XIII des *Mémoires de la Société des sciences, lettres et arts de l'Aveyron*, année 1886, un intéressant travail de M. B. Lunet sur la *Maison d'Armagnac*.

(2) *Beda*, défense ; du verbe *bedar*, défendre.

debant la cort de mossenh senescal d'Armanhac ; e foc apuntat que Bernadon de Lafitan e Johan Farga anessan a Aux e fessan far hun factum e agossan las oppinios de clerx ; e aysi foc feyt; costa lodit factum de far : III sos IIII dines.

52. Item, parelhament foc apuntat que lodit Johan Farga s'en anessa a Tholosa d'Aux en fora portar lo scindicat per lo pleyt de la vila, e que sabossa lodit pleyt cum anaba; aysi que troba que falhe lhebar dus appunctamentz que eran statz balhatz en la cort a nostre abantatge ; e aysi los lheba; costan : VI sos VIII dines.

53. Item, a x de julh, foc apuntat que Monou d'Argelos anessa a Vic aus Statz, ont eran statz mandatz per lo loctenent de mossenhe senescal d'Armanhac, per ausir cauques causas que y ave de nabet.

54. Item, crompam huna carriola per terrar lo pont de l'Ador; costa : I sol IIII dines.

55. Item, trametom tres homes au pont de l'Aros e de l'Ador per adobar beucop de forats que y ave, per amor deu marcat.

56. Item, trametom Bernadon de Lafitan e Ramoned de Teza parlar ab Jassas (1), lo capitayne, e pregar lo que no nos trametossa punt de gentz d'armas, que om lo fera cauque plaser; e aysi foc feyt. — Item, trametom audit capitayne tres merlus a Seragaysias (2); costan : VII sos, enclus duas dotzenas de angelas saladas que lo trametom; — plus, crompam duas truquetas (3) de terra per los y tramete pleas de bin blanc e claret; que costan : VI dines ; — plus, trametom audit capitayne II dotzenas e meya de pan blanc; costan : III sos IIII dines; — plus, huna man de pape : I sol.

57. Item, quant losditz de Lafitan e de Teza bolon partir de Seragaysias, lo capitayne los pregua que remustresan au poble si per amor de luy om bolora tie hun home deus sous que era plagat per hun petit de temps entro que fossa garit e que autra begada el fera autant o plus per la vila, e que om lo fessa resposta ; dont

---

(1) Le capitaine Jasses doit être Arnaud, seigneur de Jasses en Béarn, qui était capitaine de Navarrenx en 1488. — Voir *le Livre des syndics des États de Béarn*, p. 52.

(2) Sarragachies (canton d'Aignan, Gers).

(3) *Truquetas*, petit vase de terre pour conténir du vin. (V. Honnorat.)

foc apuntat que lo trametosam a dise que lo trametossa, que om lo recaptera lo melhor que podoran; e aysi lo menan, que eran enbiron vii o viii lacays (1). — Item, fem menar lodit plagat a Barrusquet per lo medicinar e per lo pensar; que demora a sa mayson enbiron de vi semmanas; que foc apuntat que paguessam audit Barrusquet per lo lheyt, tribalh e despensa la soma de ii scutz.

58. Item, trametom a Nogaro hun mesatge sercar auguuas medicinas que abem besoy per lo christian per garir lo plagat que era fort malau, e disen que morira; costan lasditas medicinas de l'ypoticari de Nogaro: viii sos. — Item, foc apuntat que paguessam a maeste Johan, lo metge, per la pena que ave presa en servir e garir lodit plagat; monta: i scut.

59. Item, foc apuntat, cant Guisarnaud, l'arche franc, foc mort, que om lo fessa huna basaliqua per la honor de la vila e per recompensa deus servicis qui ave feytz a la vila; e aysi a fem; costa: i scut vii sos.

60. Item, mossenhe de Sancta Christina nos trameto huna letra contenent que mossenhe de Banas e mossenh lo protonotari (2) deben esser lo vespe a Riscla a sopar, e que el nos pregaba que per nos acquitar de luy e ausi per la honor de mossenhor son pay nos lo bolossam far bona cara e lo tractar ben e lo desfrear; e ladita letra foc messa en conselh, que foc apuntat que om lo lotgessa a Bernadon de Lafitan, las gentz e los rosins fossan partitz en augunas maysons; e aysi foc feyt; despensan en pan,

---

(1) *Lacays*, laquais ou valets d'armée; il y avait aussi les *goujats*.
(2) Deux des fils d'Alain d'Albret, Gabriel, seigneur d'Avesnes (Avanes ou Abanes dans la forme gasconne), et Amanieu, le futur cardinal d'Albret, qui n'était encore que protonotaire. Marguerite d'Angoulême a raconté dans une de ses charmantes *Nouvelles* comment « par le conseil et affection fraternelle d'une « saige dame, le seigneur d'Avannes se retira de la folle amour qu'il portoit à « une gentille femme demeurant à Pampelune. » Marguerite commence cette XXVIme Nouvelle par ce gracieux portrait de son beau-frère : « Il y avoit au « temps du roy Loys douziesme, ung jeune seigneur, nommé monsieur d'Avan-« nes, fils du sire d'Albret, frère du roy Jehan de Navarre, avec lequel le dict « seigneur d'Avannes demoroit ordinairement. Or estoit le jeune seigneur, de « l'aage de quinze ans, tant beau et tant plain de toutes bonnes graces, qu'il « sembloit n'estre faict que pour estre aimé et regardé; ce qu'il estoit de tous « ceulx qui le voyoient. » (*L'Heptameron des Nouvelles*, etc.)

bin blanc, roge claret, carns, poralhas, specias, candelas, torchas, fen, siuaza e autras causas, que monta tot: vi scutz xvi sos iiii dines. — Plus, per lo logue deu rosin que Johan Farga l'acompanha huna lega; monta: i sol iii dines.

61. Item, foc apuntat que fessam adobar las comportas e las tapias, quant la gent d'arma eran per assi autorn; que crompam duas taulas de corau per las adobar; costan: v sos. — Plus, despensan los qui adoban las fustas en la muralha e meton l'ayga en barat, en pan, bin e angelas: ii sos ii dines; — plus, despensan los qui fen las oyas: iiii sos vi dines; — plus, crompam ceu per mete en lo timo de la comporta; costa: viii dines; — plus, prencom huna fusta de Johan Farga per metre au cantet deu barat, que l'ayga no salhissa dendit barat, que (fusta) ave de long enbiron xiii o xiii arrasas; que costa: iiii sos vi dines.

62. Item, foc apuntat que fessam far huna paysera a l'Ador, afin de birar l'ayga que non menessa lo cap deu pont; e aysi a fem, que fem obrar hun casso au Bernet per far banx e stacas e ferretz, e los fem far de besiau. — Plus, agom dus jorns la hun aprop l'autre enbiron cascun jorn de xxv homes per ficar ladita peyrera; que eran de besiau.

63. Item, pagam a Rotge per que acompanhessa lo heraut deu Rey (1) entro Guotz, que era en esta vila e ac prega aus cossos; costa: viii dines.

64. Item, Pe-Ramon Farga bie de Aux en fora, e quant foc a Vis, troba los saryantz de Condom que lo arrastan per so que lo pays d'Armanhac debe, e lo tengon hun jorn e iª neyt.

65. Item, foc apuntat que Bernadon de Lafitan e Johan Farga anessan a Sancta-Christina parlar a mossenhe de Sancta-Christina sus la donation qui lo collector nos demandaba, per que nos fessa alongar lo terme; e aysi y anen, e dequi en fora tiran a Barsalona, ont eran Johan deu Porte e Peyron d'Angles per condar ab lo collector de cauque mesconde que y ave, e no podon punt condar a causa que lo collector fase huna serventa sposa, mas demoram a hun autre jorn.

---

(1) Le héraut d'armes envoyé par le Roi pour mettre sous sa main les terres d'Armagnac. — Voir article 68, la note Aubijoux.

66. Item, fem adobar los batalhs deu ceu e de la squireta; costan : II sos.

67. Item, bengo hun mesatge deu capitayne deus franx arches ab huna letra que mandaba que menassam lodit arche a Labardenx, e que balhessam XII arditz au portador; e aysi a fem; costa: II sos.

68. Item, foc apuntat que Johan Farga anessa a Jegun per esse a las mustras deus franx arches, que eran mandatz a bot de trompa de part lo Rey e mossenhor de Labrit, comisari, per comparir a causa que nostre franc arche era mort, e que dequi en fora s'en anassa a Aux aus Statz, ont eram mandatz per mossenhe d'Aubiyon (1); e aysi lodit Johan s'en ana audit Jegun e parla ab mossenh de Pordeac e ab lo procurayre deu Rey deu franc arche si podoram composir ab etz perso que non avem negun, e los dona hun coble de conilhs que ave crompatz en lo camin. Losquals lo feu resposta que aquo no era punt en etz, que aquo era au capi-

---

(1) Voici à quel titre Hugues d'Amboise, seigneur d'Aubijoux, convoquait à Auch les États d'Armagnac : Charles VIII était à Lyon lorsqu'il apprit la mort du comte d'Armagnac, immédiatement il envoya une commission aux sénéchaux d'Armagnac et du Rouergue pour faire ressaisir les biens de la maison d'Armagnac, dont le comte ne jouissait que par provision et sous la main du Roi, et interdit aux curateurs tout acte administratif desdits biens. Cette commission fut donnée à Lyon le 9 juin 1497. Il nomma le même jour Louis d'Amboise, archevêque d'Albi, gouverneur des terres d'Armagnac, et lui donna des pouvoirs illimités pour les régir. L'archevêque d'Albi délégua son frère Hugues d'Amboise pour le remplacer au gouvernement des terres de Gascogne. Ce choix justifié d'ailleurs par les liens du sang l'était encore par la situation que le seigneur d'Aubijoux occupait en Armagnac. Il avait épousé, le 13 novembre 1484, Madeleine de Lescun Armagnac, dame de Sauveterre, près Lombez, et des baronnies de Mauléon et Cazaubon en Armagnac, fille de Jean de Lescun dit le bâtard d'Armagnac, maréchal de France et comte de Comminges, et de Marguerite de Saluces.

Hugues d'Amboise gouverna les terres d'Armagnac au nom de l'archevêque d'Albi jusqu'au mois d'août de l'année suivante. Louis XII ayant besoin de confier à l'archevêque de plus graves affaires le déchargea de ses fonctions et les donna au seigneur d'Aubijoux, 17 août 1493. (Voir la chronique de Bonal, *Comté et comtes de Rodez*, Libvre quatriesme, chap. XI.) — Hugues d'Amboise, seigneur d'Aubijoux, périt à la bataille de Marignan en 1515. Sa postérité a possédé jusqu'à la fin du XVIIe siècle la baronnie de Sauveterre et les baronnies de Cazaubon et de Mauléon en Armagnac avec leurs dépendances, Monclar, La Bastide, Marguestaud, Saint-Christophe et Sainte-Fauste, que Jean V comte d'Armagnac avait cédées, le 18 janvier 1454, au bâtard d'Armagnac. (Voir compte de 1499, art. 14.)

tayne, mas que lo capitayne debe esse l'endoman a Leytora e que
s'en anessa audit Leytora apuntar ab luy prumer que no bengossa
audit Jegun. E aysi lodit Johan s'en ana a Leytora, e lo capitayne
no y foc punt sino que hun son servidor que dise que l'endoman
debe esse aqui e que lodit Johan lo demoressa; e aysi lo demora,
e quant lodit capitayne foc arribat, disso audit Johan Farga que el
no ave punt de aysina de apuntar aqui perso que ave a prene las
mustras de totz los arches de la senescaucia, mas que se trobessa
tres jorns aprop a Jegun e que el y fora e aqui apuntera, si
d'acordi eran. E aysi lodit Johan s'en ana enta Aux aus Statz;
que ste en anar a Jegun e a Leytora e part dela e Aux, entro que
torna audit Jegun au jorn asignat, l'espasi de hoeyt jorns; que des-
pensa ab lo rosin : I scut XIIII sos ; — plus, costan los conilhs :
I sol VIII dines.

69. Item, quant lodit Johan foc a Jegun, apunta ab lodit capi-
tayne, que lo quitta lo deffaut e los XXXV sos tornes qui cascun
arche ave besoy en la bossa, e asso a causa de augunas causas e
servicis que lodit Johan lo fe stan part dela, tant de scripturas
que d'autres causas, e lo disso que se tengossa aupres de luy entro
pertant que de so de Labardenx om sabossa que fora e que puys
aprop el apuntera deudit arche en fayson que conegora que el bole
far per et; e aysi lodit Johan demora l'espassi de IIII jorns audit
Jegun et Labardenx; que despensa ab lo rosin, compres hun
parelh de perditz e I capon que dona au capitayne : XVII sos.

70. Item, apunta lodit Johan ab lo capitayne, quant bic que
negun de Riscla no abe audit Jegun ne novelas, en la fayson que
es contengut en hun cartel senhat de la man deu capitayne, loqual
foc legit en conselh, eysemps ab tot so que lodit Johan ave beson-
hat ausditz Aux, Leytora, Jegun e Labardenx, e paga au capitayne
par la intrada de l'arche qui nouerament y mete hun scut d'au[r]
que bale I scut VI sos II dines. — Plus, balha au servidor deu
capitayne qui scrisco lo cartel per lo bin e per que lo entrassa far
senhar au capitayne que era dezens Labardenx : III sos IIII dines.

71. Item, en tant que lodit Johan era audit Jegun, foc apuntat
assy en conselh que fessan franc arche a Peyron Farga; e aysi
foc feyt, e lo fen far lo segrament e pagan de marcat a bin aqui
metis : IIII sos VI dines. — Plus, crompam hun parelh de sabatous

per lodit arche; costan : IIII sos VI dines. — Plus, crompam hun parelh de causas per lodit arche; costa : I scut VII sos. — Plus, lo fem adobar la pelha e crompam hun sint de balesta; costa : III sos. — Plus, crompam IIII^{te} madechas per far los cordos de balesta; costan : I sol IIII dines; — plus, crompam lo sint de la trossa; costa : I sol I diner; — plus, crompam huna grapa per l'espaza; costa : VIII dines; — plus, crompam huna daga per lodit arche; costa : III sos IIII dines.

72. Item, foc apuntat que Bernadon de Miucentz menassa a Jegun lodit arche franc; e aysi lo mena a Nogaro, e quant fon a Nogaro foc abisat·enter etz e Bernadon de Lafitan e hun cosso de Nogaro que lodit de Miucentz s'en tornessa e que lodit arche ne anessa enta Jegun.

73. Item, bengo Guion per nos exequtar e prenco los tres cossos e los arrasta dezens lo castet, e aysi metis prenco totas las baquas de la bila e las meto en lo castet e las ne bole menar enta Condom; e la begada lo pregam que no nos fessa si grantz despensas, que nos aneram pagar au collector so que debem e que om paguera son biatge e despensa; e foc content, mas que hun cosso anessa ab et per apuntar ab lo collector; e aysi foc feyt, que lo collector los dona terme per tres jorns.

74. Item, crompam drap per far la pelha a la garda so es huna cana de bert e huna cana de paumela; que costa XII sos la cana, monta : I scut VI sos. — Item, costa de tone lodit drap : I sol. — Item, costa lo fiu : IIII dines. — Item, costa la fayson de far ladita pelha : II sos.

75. Item, nos trameton los officiers de Leytora huna letra per so de Lavardenx, que la trametossam quant l'agossam bista aus de Plasensa; balham au mesatge qui porta ladita letra a Plasensa : VIII dines.

76. Item, bengo lo baron de Montesquiu (1) au Feste, quant la gent d'arma eran autorn de la vila; e foc apuntat que lo trametossam deu bin de la vila; e aysi a fem; costa : I sol IIII dines; — plus, despensa qui et qui sas gentz audit Feste, que foc dit en conselh que nos paguessam tot; monta : II sos.

(1) Jean, baron de Montesquiou, mort sans enfants, en 1502, de Marguerite de Lomagne, sa femme. Il eut pour successeur Amanieu, son frère.

77. Item, fem mandar quasi tot cap d'ostau au conselh per saber cum se paguera la donation de mossenhor de Labrit de I scut per foec; e foc apuntat en conselh que auguns presonatges de la vila fesan hun impaus; e aysi foc feyt; que despensan los qui lo fen en bin e pan : I sol II dines.

78. Item, foc apuntat que donassam a mossenh judge d'apels de Nogaro per se anar far licenciat a Tholosa la soma de tres scutz; e aysy a fem.

79. Item, foc apuntat que per auguns servicis que Ramoned de Teza, bayle, abe feytz a la bila tant en acompanhar los cossos per colhe los impaus (1) que per mandar los caps d'ostaus au conselh, que lo passessam sas talhas; e ayxi a fem, que montan : III scutz VIII dines.

80. Item, nos trameto mossenh judge ordinari huna letra que contene que anessam donar secors aus de Barsalona.

REDDITION DES COMPTES DE 1497.

L'an mil IIII^c XCVII (1498), a XXIIII deu mes de martz, stan en l'ostau de Leberon de Poges, Johan Fargua, Peyron d'Angles, Monon d'Argelos e Johanet de Miucens, conselhs en l'an XCVI finit l'an XCVII a la festa de la Natibitat de Nostre Senhor, redon conde a Johan deu Porte, Johano de Mombet dit Perchador, Johano de Mombet alias de Berdotet, e Arnaud deu Sobiran, conselhs en l'an XCVII.

(1) La perception de l'impôt était faite par les consuls, au domicile des contribuables. A certaines époques de l'année, suivant les exigences du collecteur général ou du trésorier, les consuls se transportaient dans les divers quartiers de la ville et de la juridiction de Riscle pour réclamer les termes échus. Chacun des comptes fait mention de ce déplacement pour cueillir (*penhera*) l'impôt. Il est constamment noté ainsi : *Item anam penhera en tau Bedat e Lana blanca e Armentieu e Balambits*. Les noms changent suivant les quartiers que visitent les consuls, *a la bila, au castet, au Cambadia, au Bordalat, a Lanajusan*. Nous n'avons pas reproduit cette formule à chaque compte pour éviter les longueurs.

Recettes. — Mustran que aben resebut de tres talhas, rebatut gatyes, greuges e binte diner acostumat de passar, que montan en 1ª soma quatre sens seysanta e dus scutz seys sos seys dines; etc. — E ayxin monta tota la susdita recepta en 1ª soma : set sens xxxxix scutz seys sos.

Dépenses. — Aqui metis mustran que aben despensat set cens dotze scutz desaset sos oyt dines.

Lo present comde foc redut en·presencia de maeste Johan de Sant-Guilhem, etc., e de mi Arnauton de Lafitan, qui lo present comde ey script; e augns deusditz testimonis e jo au pe signatz.

Arnauton de Lafitan.

XL.

COMPTES DE L'ANNÉE 1498.

DÉPENSES.

Sommaire : 1. Corvée pour arracher des arbres au Bernet. — 2. Les sergents de Condom arrêtent toutes les personnes qui se rendent à Nogaro. — 3. Nouvelle lettre du juge ordinaire pour aller au secours de Barcelonne. — 4. Première messe d'un religieux du couvent de Riscle ; cadeau des consuls. — 5. Achat de drap pour les chaperons. — 6. Attaque de la ville de Barcelonne par les habitants d'Aire. — 7. Réduction de quinze feux demandée par la ville de Riscle ; les consuls de Nogaro n'y veulent pas consentir. — 8 et 9. Voyage à Condom, au sujet de l'impôt des lances. — 10. Paiement du fief annuel au receveur d'Armagnac. — 11. Assemblée à Vic pour l'impôt des lances. — 12-15. Procès contre Nogaro et Barcelonne, au sujet des feux. — 16. Gages du franc-archer. — 17. Travaux aux murs de la ville. — 18 et 19. Envoi de quarante hommes pour garder la ville de Barcelonne. — 20 et 21. Inondation ; travaux aux ponts de l'Adour et de l'Arros. — 22. Montre des francs-archers à Vic ; on y fait porter la brigandine et la salade de celui de Riscle. — 23. Séjour à Riscle du général de l'ordre de la Merci. — 24. Nouvel emprunt de cent écus du chapitre d'Auch, à dix pour cent d'intérêt. — 25. Paiement fait au collecteur en ducats. — 26 et 27. Livre d'offices, sanctoral et dominical, pour l'église de Riscle. — 28. Prédicateur du Carême. — 29. Honneurs funèbres rendus à Manauton Trobat. — 30. Réparations à une partie de la muraille, endommagée par les eaux. — 31. Arrestation d'un habitant de Riscle sur les terres de M. d'Aydie. — 32. Vin offert au nouveau recteur de Riscle, official de Sos. — 33. Venue à Riscle de l'évêque de Philadelphie. — 34. Profanation et interdiction de l'église de Riscle. — 35. Différend entre les consuls et les ouvriers de l'église paroissiale. — 36. L'église est réconciliée par l'évêque de Philadelphie. — 37. Venue à Riscle du sénéchal de Toulouse. — 38. Arrestations par les sergents de Condom, faute de paiement des quartiers. — 39. Convocation d'un conseil à Nogaro; renvoyé par suite de l'absence d'un grand nombre de gentilshommes. — 40. Ordre du juge ordinaire de mener le franc-archer à Nogaro. — 41. Loyer de l'école. — 42. Passage du juge-mage à Riscle. — 43. Ordre de conduire le franc-archer à Vic. — 44. Lettres de *debitis* contre les débiteurs de la ville. — 45. Le franc-archer est mené à Vic; argent donné au capitaine, à son neveu et au fourrier. — 46. Reliure des livres de l'église. — 47. Gardes mis aux portes de Riscle, à cause de la contagion. — 48. Processions et messes contre la peste. — 49. Achat de drap pour une pauvre femme et un enfant. — 50. L'un des consuls est emmené à Nogaro par des sergents de Condom; ils le relaxent moyennant finance. — 51. Funérailles de M. de Termes. — 52. Remise des *chefs-de-livres* à deux habitants ne résidant pas dans la ville.

Despensa feyta per Johan deu Porte, Johanon de Mombet Perchador, Johanon de Mombet, Berdotet e Arnaut deu Sobiran, cossos de la vila de Riscla en l'an darre passat mil IIII^c XCVII e finit a la festa de Nadau darre passada mil IIII^c XCVIII, l'an revolut.

1. Prumerament, lo ters jorn de gener, agom XV o XVI homes au Bernet de besiau per darrocar los arbres per far stantz e platas.

2. Item, foc apuntat en conselh, lo jorn metis (4 janvier), que Johanon de Mombet e Johan Farga anessan a Nogaro per condar ab lo collector deus XX scutz que nos mescondaba, e ausi per saber la resposta deus cossos de Nogaro toquan lo rebays deus XV foexs; e quant fon a la Ric, ausin cum los saryantz de Condom eran a Nogaro que arrestaban tot so que trobaban; e aysi s'en tornan.

3. Item, aqui metis, mossenhe lo judge ordinari nos scrisco huna letra contenen que bolossam anar secorre aus de Barsalona.

4. Item, a VII deudit mes, fom convidatz a huna missa nabera au couvent, que fray Danis cantaba ladita missa nabera; e foc apuntat que lo donassam hun moton, tres banas de bin e VI liuras de carn de boeu; e aysi a fem; que costa enter tot la soma de XVI sos.

5. Item, crompam roge de Bernardon de Lafitan per far los capetz e trametom la garda a Condom sercar la bruneta; que costan losditz draps en huna soma: IX scutz VII sos VI dines. — Plus, ana Arnaut deu Sobiran a Euza per pagar ladita bruneta au terme; que despensa ab lo rosin: II sos.

6. Item, a ɪɪ de feure, foc apuntat que Arnaut deu Sobiran anessa a Nogaro per saber ab los cossos de Nogaro sy etz trameten balestes a Barsalona contra los d'Ayra (1); losquals de Nogaro lo disson que sino que y agossa mandament reau que els no y aneran punt.

7. Item, trametom Johan Farga a Barsalona saber segretament ab los cossos si boloran consentir que nos fossam bayshatz de xv foex; de que disson que non. — Item, foc apuntat que scriscossam huna letra a maeste Bernat de Lafitan que lo plagossa parlar ab los cossos de Nogaro que bolossan consentir a nostre rebays deus xv foex; dus jorns aprop, ana Johan deu Porte audit Nogaro saber la resposta qui los cossos aven feyta audit de Lafitan, e lo porta huna lebe; e ago per resposta que no y conscentiran punt; costa ladita lebe: ɪ sol ɪɪɪɪ dines.

8. Item, a vɪɪ deudit mes, foc apuntat que Johanon de Mombet e Johan Farga anessan a Nogaro per parlar ab los cossos de Nogaro, aysi que eran demoratz au conselh que om trametossa a Condom parlar ab mossenhe thezaurer e balhar huna suplication a messenhors de comissaris a enpausar las lansas: e foc apuntat

---

(1) Aire et Barcelonne, deux villes frontières, l'une capitale du Tursan, l'autre une bastide de l'Armagnac, placée par conséquent sous le régime des villes libres, situées en face l'une de l'autre, sur les deux rives de l'Adour, ont eu de tous les temps des inimitiés qui souvent ont dégénéré en de véritables guerres. Ces inimitiés légendaires ont survécu aux divers bouleversements politiques, et aujourd'hui encore les deux villes se tiennent sur la défensive. Il s'agissait, à l'époque qui nous occupe, d'un procès dont le motif nous échappe, mais qui était si bien envenimé qu'il menaçait, on le verra, de se vider par le sort des armes. L'existence de ce procès nous est révélée par un acte dont voici le résumé : « Le 13 septembre 1489, les consuls et les habitants de « Barcelonne, réunis en assemblée communale dans l'église du lieu, nomment « leurs syndics et procureurs, honorables hommes, maîtres Guillaume de Vitrac, « Raymond de Saint-Paul, licenciés en décrets et en lois, Jean de Job, Déodat « de Vaurcio, Henri de Mauriac, Jean de Crescio, Jacques Abousty, bacheliers « en décrets et en lois, Pierre de Vilhères, Aymeric Jaquet, notaires, et Vital « Jordain, Étienne de Suyppe, Jean Thomacin, Jacques Bertrandi, Bernard « Bertrandi, Pierre Lancefoc, procureurs au Parlement de Toulouse, pour « comparaître en leurs noms devant la cour du sénéchal d'Armagnac et du « Parlement de Toulouse, dans le procès qu'ils ont avec les consuls, manants « et habitants des villes d'Aire et du Mas d'Aire, et pour poursuivre leur cause « et la défendre, promettant de les relever de tous dépens et dommages. » (Arch. du Séminaire d'Auch, registre de Chastenet, notaire à Nogaro.)

audit Nogaro que Bernat deu Bedat e Johan Farga anessan audit Condom.

9. Item, ana lodit Johan Farga en la companhia deudit Bernat deu Bedat a Condom, aysi que desus es dit, e per saber quey rebays y ave e per balhar la supplication a messenhors de comissaris ; e aysi foc feyt; en que demora lodit Johan en anar e tornar e a Condom vi jorns e sinq neytz.

10. Item, a vii deudit mes, ana Johanon de Mombet a Barsalona portar l'argent deu fiu au recebedor e lo paga la soma de v scutz xvii sos ii dines ; se pergo en lodit pagament iii arditz per scutz ; monta : iii sos.

11. Item, a viii deudit mes, foc apuntat que Johanon de Mombet e Johan Farga anessan a Vic-Fezensac, ont eran statz mandatz per los officiers deu Rey per impausar los dines de las lansas ; e aysi a fen, e quant fon tornatz refferin en conselh so que aven bist e ausit.

12. Item, a xvi deudit mes, foc apuntat que anessam a Nogaro a mossenhe judge que nos fessa hun factum per tramete a Tholosa relebar letras en parlament contra los de Nogaro e de Barsalona, perso que nos pagabam per xv foex mes que etz; e aysi y anan Johan deu Porte, Johan Farga, e fen far lodit *factum* e donan a mossenhe lo judge per sa pena : x sos.

13. Item, foc apuntat que trametossam Johan Farga a Tholosa impetrar letras per nos engalhar ab los de Nogaro e de Barsalona; e quant lodit Farga foc a Tholosa, no podo relebar perso que toquaba aus dines deu Rey, mas lo remeton au conselh deu Rey e a messenhors de finances; mas ab amix e ab presentz que fec releba lasditas letras (1), lasqualas costan tant de far que de reffar e deus sagetz e de presentz, que monta en huna soma, enclus la susrogation e saget de la cort de mossenhe senescal d'Armanhac : vi scutz xi sos.

14. Item, trametom Bernat deu Drulhet adjornar testimonis per debant mossenh judge ordinari, nostre comissari, a hun cert

(1) Est-ce un trait satirique ou une naïveté du bon notaire rédacteur de ce compte (Ramon de Argelosio) ? Il faut dans tous les cas noter cette phrase. Elle prouve qu'on a cru de tout temps qu'une chose aussi rare que la justice « ne se doit pas donner pour rien ».

jorn. — Au jorn asignat, bengo mossenh judge, lo procurayre, maeste Johan de Planis, lo grafie, lo collector, maeste Glaude de Barsalona, mossenh de Laguian, mossenh de Piis, maeste Ramou de Argelos, lo bayle de Gotz, lo de Lacausada e autres testimonis. — Quant mossenhe de Laguian s'en ana, s'en mena hun rosin de la vila que ly prestem, e lo trametom sercar par hun mesatge.

15. Item, paguem a mestre Huguet Molhard, grafie, sus las scripturas : I scut; — item, pagam a mossenh lo judge sus sas jornadas de far la inquesta : II scutz VII sos; plus, balham audit mossenh lo judge VI aucas saladas, que costan : XII sos.

16. Item, pagam a Peyron Farga, arche franc, en diversas begadas sus sous gatges per tot hun an : XX liuras (XIIII scutz XIIII sos VIII dines).

17. Item, foc apuntat que fessam barrar los foratz de las tapias de la vila, e agom per cap-maeste Ramonet de Laburta, tres jornaus ; montan : IIII sos. — Item, agom XII homes de besiau per lo ajudar a far lo bart e lo balhar la terra a la man.

18. Item, lo prumer jorn de martz, mossenhe lo judge nos trameto huna letra contenen que bolossam tramete XL homes a Barsalona per gardar la bila; e lo mesatge era hun cosso de Barsalona, auqual donam a mingar e a beure; que monta : X dines.

19. Item, l'endoman, ana Arnaut deu Sobiran a Nogaro per se aconselhar si om debe anar audit Barsalona o no; losquals fen resposta que els no y aneran punt sens mandament.

20. Item, a XVIII deudit mes, bengo huna granda inundation d'ayga que ne bole menar lo cap deu pont de dessa, e trametom Guilhem de Marrenx e la garda stacar los tenhos que no se pergossan; — l'endoman, trametom dus homes audit pont, e troban que l'ayga n'ago menat hun tenho, e los y fem metre tot nau.

21. Item, a XX deudit mes, agom Peyron de Mombet a jornau e VI homes de besiau per adobar lo pont de l'Aros que era quasi tot romput.

22. Item, balham carga a Johan Farga, que anaba a Leytora, que nos fessa aportar las bergantinas deu franc arche e la celada a Vic-Fezensac, ont deben esse lo capitayne e los archees per far las mustras; e aysi foc feyt.

23. Item, foc apuntat que trametossam bin de present au generau de la Merce (1) totz los repeys qui demoressa; e aysi a fem de blanc, roge e clarat; que monta tot : III sos IIII dines.

24. Item, foc apuntat que Bernadon de Lafitan e Johanon de Mombet anessan a Aux pregar a mossenh l'abat d'Ydrac que fessa ab messenhors de canonges d'Aux que nos bolossan prestar cent scutz mes que no los debem, e asso per pagar lo collector, a causa que las gentz eran tant paubres que non podem aber hun dine; e aysi y anen, e quant fon part dela, crompan peys frex per balhar a mossenh l'abat d'Ydrac e au rector nostre (2) e ausi au clauari de capito, afin que nos tengossan loc que deliuressam; e aysi costa lodit peys frex : XV sos. — E aprop que agon tengut lor capito, nos feñ resposta que els bolen far tot lo plaser e servici que podoran a la vila e que en pagan lo fiu e pention de X scutz per cent per an els los balheran; e aysi foc feyt.

25. Item, a IIII^{te} d'abriu, pagam au nebot deu collector, aperat Peyrot de San-Guilhem, de l'argent qui avem aportat d'Aux, que era au Feste, so es XVII ducatz, que eran cortz de XII grans; que montan la soma de XXIII scutz VI sos.

26. Item, foc apuntat que la bila paguessa la tersa part de hun officier (3) que fasen far los caperans per lo servici de la gleysa, e foc feyt marcat ab lo scriban a XXXVIII scutz; que monta la tersa part que nos pagam : XII scutz XII sos.

(1) Frère Antoine Maurel. Voir compte de 1489, art. 51.
(2) Le chanoine Castillon, curé de Riscle. Voir compte de 1497, art. 29.
(3) *Officiarium*, le livre des offices divins, particulièrement usités dans l'église de Riscle, car chaque église avait ses usages et ses dévotions propres, et c'est pour ce motif que, malgré l'invention de l'imprimerie, les écrivains publics et les enlumineurs continuèrent jusqu'au XVIIme siècle à composer ces livres manuscrits avec le chant noté. Voici, d'après un traité conclu en 1553 par les consuls de Saint-Sauvy (Gers) avec M° Garnier, écrivain de Sarrant, quels offices composaient généralement l'*officiarium* : « Sequntur vesperæ : Vigilia Nativitatis
« Domini et die. Circumcisio Domini. Vigilia Epiphaniæ et die. Sancti Antonii
« et vigilia ipsius. Vigilia purificationis Beatæ Mariæ et die. Vigilia Paschæ,
« die et diebus sequentibus. Vigilia Ascentionis et die. Vigilia Penthecostes,
« die et diebus sequentibus. Vigilia Trinitatis et die. Vigilia Corporis Christi et
« die. Vigilia Sancti Johannis Baptiste et die. Vigilia Assumptionis et die·
« Vigilia Sancti Antonini et die. Vigilia Nativitatis Beatæ Mariæ et die·
« Vigilia Sancti Salvii et die. Vigilia omnium Sanctorum et die et die sequenti·
« Vigilia Annuntiationis Beate Marie et die.
« Sequntur missæ : Conceptio Beate Mariæ. Rorate. Vultum. De quinque

27. Item, parelhament foc apuntat que fessam reliar e encolar e scribe e partir lo sentorau e dominicau en dus libres (1); e foc marcat feyt de far tot so desus a IIII scutz, losquals losditz cossos an pagat ausditz scribans.

28. Item, foc apuntat que paguessam a hun sermonador deu Tremolat, que ave sermonat hun arramat de jorns (2) a la gleysa, so que ave despensat a l'ostaleria; que monta ladita despensa : I scut V sos VI dines.

29. Item, parelhament foc apuntat que om fessa far las honors (3) a Manauton Trobat, quant foc anat de vità a trespas, per los servicis qui d'autras begadas ave feytz a la vila; costa : I scut.

30. Item, foc apuntat que fessam far la murralha au cap de la carrera de Landenac enter Bascou Long e Berduc, a causa que l'ayga la ave fort gastada; e y agom maeste Johan de Chartas, peyre, e son filh en diversas begadas v jornaus; que los foc balhat per jorn a totz dus III sos; montan : XV sos.

31. Item, foc apuntat que trametossam la garda a Aydia, parlar ab mossenh d'Aydia (4), perso que a fisansa, e en sa terra aven prees Leveron de Poges, que lo plagossa lo fer relaxar; loqual d'Aydia disso que no era pas en et; e dequi en fora ana la garda a Conches parlar ab lodit Leveron.

32. Item, trametom bin de present a mossenh l'oficiau de Sos quant bengo prene pocession de la rectoria (5); que costa : I sol.

« plagis. De nomine Jesu. De Sancto Anthonio. De Sancto Salvio. De Sancto
« Rocho. Prosa Corporis Christi. Tractatus de quinque plagis. De Nostra Domina
« et de nomine Jesu corporis casti. Completorum tempore quadragesimale. »
(Minutes de B. de Leuca, notaire à Saint-Sauvy; étude de M° Barailhé.)

(1) Relier, encoler, écrire et diviser en deux livres le propre des saints (*sentorau*), et celui des dimanches (*dominicau*). Voir art. 46.

(2) *Arramat de jorns*, mot à mot, une ramée de jours. Expression pittoresque prise dans le sens de quelques jours.

(3) On appelait anciennement le jour des honneurs, le neuvième jour après celui de la sépulture. On célébrait avec solennité ce jour-là un service funèbre pour le repos de l'âme du défunt et cela s'appelait faire les honneurs, *far las honors*.

(4) Bertrand, seigneur d'Aydie, dont le fils mourut en 1474 (voir page 188). Bertrand, seigneur d'Aydie, baille à fief une pièce de terre, le 13 janvier 1493. (Arch. du Séminaire d'Auch, n° 1790.)

(5) Il y avait à Sos un chapitre collégial de l'ordre de Saint-Augustin,

33. Item, trametom deu bin de la vila de present a l'avesque de *Gra* (1) quant bengo en sta vila; que costa : I sol IIII dines.

34. Item, foc apuntat que mossenh Sans de Poges anessa a Nogaro e menessa Arnaut de Lafarga per dise e notificar lo exces qui era stat feyt per los qui tien garnison en la gleysa (2) de saber sy era entredita o no; e aysi agon resposta que ladita gleysa era enterdita, e aysi metis y anaban per aver conselh sus cauque letra que Berdot de Sempot e Johanon deu Faur, obres de Sent-Pe, aben lhebada toquan lor offici; e aysi s'en tornan, agut resposta deu tot.

35. Item, parelhament foc apuntat que Arnauton de Lafitan anessa a Nogaro se conselhar ab mossenh judge ordinari cum debem far toquan las letras qui los susditz de Sempot e deu Faur aven impetradas contra los obres nabetz; e ago per conselh que no stessan de exercer lor offici per home ne per letra deu monde. — Ausida la resposta que lodit de Lafitan aporta deudit mossenh judge, foc apuntat que om fessa mandar tot cap d'ostau au conselh per saber lors oppinions.

36. Item, foc apuntat que fessam reconsiliar la gleysa, a causa

---

membre du chapitre de Sainte-Marie d'Auch. Il fut sécularisé avec celui d'Auch, en 1548. Le chapitre de Sos avait six chanoines. L'official était un des dignitaires du chapitre. Nous voyons, par ces comptes, que le chanoine qui exerçait cette charge en 1499 venait de succéder au chanoine Castillon dans la charge de curé de Riscle. Nous n'avons pu découvrir son nom, les consuls ne le désignant pas autrement que *mosenh l'official de Sos*. Voici toutefois les noms de cinq des chanoines de Sos en 1504. Nous les trouvons dans l'acte de fondation d'un *obit* à Sos par Jean de Forcès, chanoine d'Auch : Jean de Filartigue, Guillaume de Territe, Pierre de Losse, François de Lavardac, Bertrand de La Roche. (Archives départementales du Gers, livre de *Forcesio*, G 22.)

(1) Voir plus haut, comptes de 1490, art. 27, une note sur ce nom.

(2) L'église de Riscle, comme d'ailleurs la plupart des églises des places fortes, était fortifiée. C'était certainement un abus, mais les guerres continuelles au milieu desquelles on vivait l'avaient tellement favorisé que les populations ne s'étonnaient point qu'un seigneur ecclésiastique ou laïque tint garnison dans l'église. Les conciles luttèrent en vain contre cet abus, la nécessité de se défendre fut plus forte que les saints canons. Le 8 juillet 1585, les consuls de Riscle traitent avec un charpentier de Viella pour fortifier la tour de l'église, « y construire et bastir les plattes, servans de platteforme avec les machicoulis « tout à l'entour de ladite tour ou cloucher garny de embantz ouvertz honnes- « tement. » (Arch. du Séminaire d'Auch, n° 17335, fragment d'un registre de Dumas, notaire de Riscle.)

de l'exes qui y era stat feyt (1); que nos costa de l'avesque de *Gra* argent condant : II scutz XIII sos II dines ; — plus, foc apuntat que paguessam la despensa qui lodit avesque de *Gra* ave feyta a Bernadon de Lafitan; monta : I scut IIII sos.

37. Item, trametom bin de present a mossenh senescal de Tholosa, quant era en sta vila ; que costa : I sol (2).

38. Item, bengon sinq saryantz de Condom per nos exequtar per los quartes, e fon lotyatz a Arnauton de Poges, e arrastan beucop de gentz en la fala e au Feste; en que apuntan ab etz que s'en anessan, que nos feram diligensa de amassar argent; losquals fon contentz, mas que om los paguessa lors jornadas e la despensa; e aysi a fem, que los donam per los jornadas cada XL arditz; monta : II liuras e meya, balen I scut XV sos IIII dines ; — plus, per carn e pinganadas (3) que fornim per losditz saryantz : X dines.

39. Item, a XVI de julh, mossenh judge ordinari nos trameto huna letra que nos trobessam a Nogaro au conselh per lo ben public ; e aysi y ana Arnaut deu Sobiran; e quant foc part dela, foc apuntat enter mossenh judge e los cossos de Nogaro e autres que a causa que no y ave gayres gentiushomes que om alonguessa lodit conselh per IIII^{te} o V jorns ; e aysi foc feyt.

40. Item, a XXIII deudit nes, mossenh judge ordinari nos trameto huna letra, que nos mandaba que incontinent agossam a menar lo franc arche en abilhament de guerra audit Nogaro ; e foc apuntat que Arnaut deu Sobiran y anessa; loqual Arnaut ana saber ab lodit mossenh judge per que bole lodit franc arche; e lodit mossenh judge manda audit Arnaut sus grantz penas que totas horas foram mandatz nos agossam prest lodit franc arche per partir la ont lo fora mandat, e en bon abilhament de guerra.

41. Item, pagam per lo logue de la scola de l'an passat entro Nadau l'an mil IIII^c LXXXXVIII; monta : III scutz.

42. Item, trametom bin de present a mossenhe judge mage,

---

(1) Il est probable que les soldats qui tenaient garnison dans l'église de Riscle (voir art. 34) l'avaient transformée en mauvais lieu. C'est, d'après le droit canon, un des cas qui implique *ipso facto* l'interdit de l'église.
(2) Charles de Bourbon-Malauze, sénéchal de Toulouse depuis 1485.
(3) *Pinganadas*, amandes de pin, pignons.

quant bie de Ribera en fora, que passa en sta bila; monta : I sol.
IIII dines.

43. Item, a XII d'aost, foc apuntat que Johan deu Porte anessa
a Nogaro per saber cum feram deu franc arche, a causa que avem
agut mandament que lo agossam a menar a Vic en abilhament de
guerra; e aysi ago lodit deu Porte per conselh que om y anessa e
menessa lodit arche.

44. Item, crompa, lo jorn metis, lodit deu Porte hun debitis de
la cort de mossenh judge ordinari, per exequtar los qui deben a la
vila; quant lodit debitis foc part dessa, foc advisat que la opposi-
tion era a Nogaro e fora melhor que fossa en sta vila; e trametom
la garda a Nogaro au grafie que nos adobassa lodit debitis.

45. Item, foc apuntat que Johanon de Mombet menassa lo
franc arche a Vic au jorn que nos era stat mandat per lo capi-
tayne; e aysi a fec, e foc en gran debat ab lo capitayne, a causa
que lo capitayne dise que el ave apuntat a soma d'argent ab Johan
Farga, cosso de l'an passat, e que no preucora punt lodit arche,
en effeyt que ab amix que lodit de Mombet ago, per amor de la
vila lodit capitayne foc content de se contentar de rason, e aysi
lodit de Mombet paga per la intrada deudit franc arche II scutz
au sorelh que balen cascun XXV sos de moneda de Bearn; monta :
II scutz XIII sos; — plus, paga per la despensa deu capitayne :
II sos VIII dines; — plus, au nebot deu capitayne : I sol IIII dines;
— plus, au forre : VIII dines.

46. Item, pagam de marcat a bin, quant balhem los libres de la
gleysa a religar aus scribans : VIII dines (1).

47. Item, foc apuntat que agossam goeyta-porta per IIII^{te} o
V jorns, a causa de la mortalha. — Trametom la garda a Ar-
mentiu saber huna fenna que y ave morta si era sepelida. —
Pagam a Mombert per que fessa la fossa ab sepelir la molhe e
lo filh de Guisarnaut : VI dines.

48. Item, foc apuntat que fessam far tres procesions generaus e
dise tres missas per tau que Nostre Senhor nos bolosa gardar de
mortalitat; e donam aus bicaris per lor pena e per lo celari de las
missas : IIII sos.

(1) Voir art. 27.

49. Item, foc apuntat que balhessam a Audina de Trobat alias la Grassa e a l'enfant aperat Guiraud, per amor de Diu, arrosset per los bestir; e aysi a fem, que costan tres canas que los ne balhan : I scut II sos. — Plus, per las toneduras deudit drap e per la fayson de la pelha deudit Guiraud; monta : I sol VI dines.

50. Item, a XV de setema, bengon seys saryantz de Condom e nos exequtan e ne menan Arnaut deu Sobiran presone enta Nogaro; quant lodit Arnaut foc a Nogaro, no podo james apuntar aren ab lor que no los paguessa tres liuras per lor celari e I^a liura que aven despensada au Feste; monta : IIII liuras; e trameto par dessa saber si bolen que ac paguessa, e foc dit en conselh que oy, atenut que no y pode fer autra causa; e aysi a fec; monta : II scutz XVII sos IIII dines.

51. Item, foc apuntat que trametossam VI torchas e VI quartz de siuaza a mossenhe de Termes, quant mossenhe son pay foc mort; e aysi a fem; costan lasditas torchas e siuaza : II scutz I sol.

— Foc apuntat que Johanon de Mombet e Arnaut deu Sobiran anessan a Nogaro a la sepultura deudit mossenhe deu Termes; e aysi y anan. — Trametom la garda a Termes sercar los capayrons, que avem leysatz part dela quant ne anam enta Nogaro (1).

52. Item, foc apuntat que om ostassa a Purgueta deu Magenc e Arnaut deu Cos los caps de liura de las segundas talhas, perso que no demoraban en la bila.

(1) Il s'agit des funérailles de ce seigneur de Termes, Bernard d'Armagnac, dont il a été tant de fois question dans ces comptes, et que nous avons vu, en tant de circonstances, se montrer si secourable aux gens de Riscle. Il avait épousé en 1448 (v. page 255) Blanche de Rivière-Labatut. Il laissait sept enfants : 1° Jean, qui s'appellera désormais dans ces comptes « mossenhor de « Termes »; 2° Bernard, abbé de Tasque; 3° Agnès, mariée en 1res noces, le 27 août 1485, à Auger du Lau, seigneur de Caumont et de Tarsac, et en 2mes noces, le 13 février 1491, à Auger de Benquet, seigneur d'Arblade-Brassal, 4° Jeanne, mariée, en 1485, à Carbonel de Lupé, seigneur de Sion; 5° Alix, femme en 1res noces, 1494, d'Archambaud, seigneur de Rivière, en 2mes noces, de Thibaut de Bassabat, seigneur de Balambits, et en 3mes noces, de Bertrand du Lau, seigneur du Lau ; 6° Clarmontine, mariée, le 4 septembre 1489, à Jean de Podenas, seigneur de Marambat (voir compte de 1489, art. 52); 7° Marie, femme de Pierre, seigneur de Toujouse. — Il résulte de cet article des comptes que le seigneur de Termes mourut à Nogaro et que son corps fut transporté à Termes; les consuls de Riscle vont d'abord à Nogaro, puis à Termes où ils oublient leurs chaperons.

REDDITION DES COMPTES DE 1498.

L'an mil IIIIe LXXXXVIII (1499) et lo XVI jorn deu mes de mars, en la mayson de Arnauton de Poges, conselh de l'an present, Johan deu Porte, Johano de Mombet, Johano de Mombet Perchador et Arnaud deu Sobiran, conselhs de la vila d'Ariscla de l'an passat, redon los condes de la administration, recepta et despensa qui an feyta, a Berdot deu Poy dit Bartuca, Arnauton de Poges dit Feste, Johan de Casanaba et Johan de Mayne, cosselhs de l'an present.

Recettes. — Mostran que agon recebut deus dines de ladita vila en duas talhas, dedusitz greuyes, gatyes et XX dine acostumatz, tres cens nabanta et seys scutz tretze sos unze dines; etc. — Et ayxi monta ladita recepta sinq centz seyxanta et quatre scutz tretze sos tres dines.

Dépenses. — Et aqui metis mostran que aben despenut per los negocis et afferes de ladita vila sinq centz vint et dus scuts tretze sos hun dine.

Et per major fermessa jo Ramon Argelos, notari, ey scriut las presens; presens mosenh Bernad de Mombet, mosenh Pey de Sant, caperas, maeste Johan de Sant-Guilhem, notari, etc.

       RAMON DE ARGELOSSIO, not.

XLI.

COMPTES DE L'ANNÉE 1499.

RECETTES.

SOMMAIRE : 1 et 2. Levée de deux tailles. — 3. Fief payé par les consuls de Cahuzac. — 4-6. Revenus de la taverne, de la boucherie et des tables du marché. — 7. Recette du bassin du purgatoire. — 8. Offrandes du jour des Rameaux. — 9. Vente de dix pipes de vin. — 10. Contribution des consuls de Lacaussade pour l'entretien du franc-archer de Riscle. — 11. Vente en détail d'une pipe de vin.

Recepta feyta per Verdot deu Poy, Arnauton de Poges, Johan de Mayne e Johan de Casanaba, conselhs de la bila d'Ariscla en l'an mil IIII^c IIII^{xx} e XVIII, comensan a la festa de Nadau, finit en l'an IIII^{xx} e XIX a la susdita festa, aysi que dejus s'enseg.

1. Prumerament, mustran que aben resebut en huna talha a lor autreyada per lo conselh de la susdita bila de cent sincanta scutz; que bale la prumera liura tres sos, cascuna de las autras tres arditz; que monta : CLXXXIIII scutz IX sos VI dines.

2. Plus, mustran que aben resebut en huna autra talha a lor autreyada per lo conselh susdit; que bale la prumera liura quatre sos, e cascuna de las autras quatre arditz; que monta : II^c XLIII scutz VIII sos VIII dines.

3. Plus, mustran que aben resebut deus conselhs de Causac per lo fiu qui annuaument fen a ladita bila per la Barta; monta : sinc scutz tres sos quatre dines.

4. Plus, mustran que aben resebut de l'arrendament de la teberna, per las mas de Peyron de Lafitan e de mosenh Arnaud deu Poy, cum arendados de quera; que monta : XXXII scutz.

5. Plus, mustran que aben resebut de l'arendament deu maset, per las mas de Bernadon de Lafitan, cum ha rendador de quet; que monta : XVIII scutz.

6. Plus, mustran que aben resebut de Peyron Farga de l'arendament deus taules de la bila : sinc scutz.

ANNÉE 1499.   515

7. Plus, mustran que aben resebut per las mas de mosenh Pey de Sant, cum ha collecto de spurgatori : bint e hun scutz dus sos quatre dines.

8. Plus, mustran que aben resebut de la huferta qui foc lo jorn d'Aramps a la crotz : I sol VI dines.

9. Plus, mustran que agon resebut de detz pipas de bin que aben malhebadas de Menyolet de Baganos, marchant de Biella, las duas pipas a hun ardit piche e seys pipas a dus tozas piche; monta l'argent qui ne salhi : XXIX scutz V sos VI dines.

10. Plus, mustran que agon resebut deus cossos de Lacausada perso que contribuiban a l'arche ; que monta : nau sos.

11. Plus, mustran que agon resebut de Peyron de Angles per huna pipa de bin a dus scutz e mey pipa. Benon la susdita pipa a hun ardit piche, lo mes de may, que ne salhi dus scutz detz e set sos dus arditz; ayxi ago de profeyt en ladita pipa de bin : hoeyt sos dus arditz.

DÉPENSES.

SOMMAIRE : 1. Demande d'argent par lé collecteur. — 2. Assemblée des États à Lectoure pour l'impôt des lances ; les commissaires royaux demandent le chiffre des feux de chaque consulat. — 3. Adjudication de la boucherie et de la taverne. — 4 et 5. Assemblée des nobles et des consuls à Vic, au sujet des feux ; on décide, sur l'avis des consuls d'Auch, de ne point fournir les renseignements demandés par les commissaires royaux. — 6. Messe nuptiale d'un notaire. — 7-23. Procès contre Nogaro et Barcelonne, au sujet de l'inégale répartition des feux ; enquête à ce sujet ; M. de Termes, l'un des témoins assignés, s'excuse à cause de la maladie de son beau-frère, M. de Bascous; on va recevoir sa déposition à Termes; sentence rendue en faveur de Riscle; elle est signifiée au clerc du pays d'Armagnac. — 24 et 25. Venue à Riscle du sire d'Albret avec 60 ou 70 chevaux ; on fait porter son dressoir à Morlàas. — 26. Nouveau passage d'Alain d'Albret, venant de Pau ; il fait collation sans descendre de cheval. — 27. Passage du maître d'hôtel du duc de Valentinois, gendre d'Alain d'Albret. — 28. Fausse nouvelle de la mort de Me Bernard de Lafitan, à Nogaro. — 29. Convocation des consuls à Nogaro pour l'assiette des impôts. — 30 et 31. Cadeaux au clerc du pays d'Armagnac et à madame de Sainte-Christie, femme du gouverneur. — 32. Riscle obtient une réduction de 17 livres sur les impôts de l'année. — 33. Lettre du trésorier d'Armagnac. — 34. Funérailles de Me Bernard de Lafitan ; basilique. — 35. On sollicite de nouveau un prêt de l'official de Sos, recteur de Riscle. — 36. Assemblée des États à Vic; le sénéchal mande les députés à Lectoure; il se plaint des crimes nombreux commis dans le pays et restés impunis; serment de fidélité prêté à Louis XII à son nouvel avènement. — 37. Assemblée tenue à

Auch au sujet des feux; les parlements de Toulouse et de Bordeaux refusent de recevoir l'appel des consuls de l'Armagnac; envoi de députés à la cour. — 38 et 39. Réunion des États à Nogaro, touchant le différend des villes de Bordeaux et d'Agen, au sujet de la descente des blés et vins de la haute Guyenne; la ville de Riscle refuse de s'associer à la réclamation des Agenais. — 40. Achat de drap pour les chaperons consulaires. — 41. Honoraires du prédicateur du carême. — 42. Passage du neveu du trésorier d'Armagnac, venant de Sarrance. — 43. Première messe de frère Jean de Lascourrèges. — 44. Arrestation et emprisonnement des consuls de Riscle par le procureur et le baile d'Armagnac, qui viennent réclamer le reste du subside accordé au sire d'Albret. — 45. Sièges placés dans l'église paroissiale. — 46. Passage du sénéchal de Limouzin. — 47-49. Poursuites du collecteur au sujet du subside d'Alain d'Albret; plaintes adressées à ce dernier, qui s'arrête à Riscle pour régler le différend; le collecteur fait défaut; nouvelle supplique envoyée au sire d'Albret, à Nérac; il nomme des commissaires, devant lesquels les parties comparaissent à Nogaro. — 50. Visite annuelle de la ville par le gouverneur et autres officiers d'Armagnac; exercice de la justice. — 51. Première messe du frère Jean Daste. — 52 et 53. Logement à Riscle du capitaine d'Amou, lieutenant du baron d'Andouins, avec une troupe d'arbalétriers; gardes placés aux portes de la ville. — 54. Les soldats restés dehors veulent entrer de force dans Riscle; on envoie chercher le gouverneur, M. de Sainte-Christie; le capitaine d'Amou promet de hâter son départ pour Maubourguet. — 55. Procès avec le collecteur. — 56. Profanation du cimetière de Riscle par des femmes. — 57. On prévient les consuls qu'un homme atteint de la peste et venant de Condom se dirige vers Riscle. — 58. Levée du subside accordé à Rose d'Armagnac, à l'occasion de son mariage. — 59 et 60. Les consuls de Nogaro font appel de la sentence rendue en faveur de Riscle dans l'affaire des feux; voyage à Toulouse à ce sujet. — 61. Ajournement des consuls de Riscle devant le gouverneur d'Armagnac et M. de Boisse. — 62. Subside de Rose d'Armagnac. — 63. Portes neuves à la ville. — 64. Admission d'une pauvre femme dans l'hôpital de Riscle. — 65. Procès de la ville. — 66. Gages du franc-archer. — 67. Saisie, faute de paiement du subside du sire d'Albret. — 68. Convocation des États à Lectoure pour entendre lecture de diverses ordonnances royales. — 69. Assemblée à Auch pour l'impôt des lances. — 70. Assiette des impôts à Nogaro; réduction de feux accordée temporairement à la ville de Riscle. — 71. Poisson offert à M. de Sainte-Christie et à Rigaud Magnan, clerc du pays d'Armagnac. — 72. Vente de vin à deux habitants d'Argelès. — 73. Mᵉ Jean de Pomadère, nouveau juge ordinaire d'Armagnac, vient prendre possession et tient trois audiences à Riscle. — 74. Honoraires donnés aux prêtres du purgatoire. — 75. Procès à Lectoure; lettre missive envoyée à Mᵉ Pierre Fraxino, avocat des consuls de Riscle. — 76. La peste est dans le pays; gardes placés aux portes de Riscle. — 77. Achat de vin. — 78. Examen des comptes par le procureur d'Armagnac.

Despensa feyta per Berdot deu Poy alias Bartuca, Arnauton de Poges alias Feste, Johan de Mayne e Johan de Casanaba, conselhs de la bila d'Ariscla en l'an mil CCCC IIII^{xx} XVIII a la festa de Nadau comensan, finit en l'an IIII^{xx} XIX a la susdita festa, e asso en los negossis de ladita bila, tant de dines reaus e autres affes e despensas, ayxi que dejus s'enseg.

1. Primo, l'endejorn de Nadau, bengo lo collector demandar sertana[s] restas a lu degudas ; e lo foc dit que losditz cossos eran nabetz e no saben que sera ue que no, mas parlaran ab los predesesos.

2. Item, lo prume jorn de jener, fom mandatz au conselh a Leytora a beser empausar las lansas de nostre senhor lo Rey; foc apuntat per lo conselh que Johan de Mayne e Johan de Casanaba hy anessan; e ayxi a fen; e quan fon par dela, aqui troban messenhors de finansa, maeste Johan Laroer, Johan Garon e hun aperat Pisonet; losquals remustran aus tres Statz lor potestat qui aben de impausar las susditas lansas, e noaremens mustran mandament expres de nostra senhor lo Rey de mandar a quasque hun cosolat que agossan a mustrar totas lors bolugas qui aben de lors fox; cascun per si demandan expleyt dequi ha l'ora de brespas, e aqui los susditz Statz s'amasan, e foc apuntat enter lor que donassan per resposta aus susditz messenhors de finansa que etz eran prestz e obediens de aubesir au mandament deu Rey, mas toquan lodit abolugament a lor no era posible de lo balhar; e presa ladita resposta per los susditz comisaris, los foc feyt mandament sus sertas e grandas penas que agossan a balhar, cum ha dessus es dit, lo susdit abolugament; dont los susditz Statz s'en aperan. Demoran tot l'endoman per consultar lor cas; e ayxi foc apuntat que los conselhs d'Aux agossan conselh de mosenh Arnaud-Guilhem de Lauberio e ab autres clerx agossan lor opinion cum non abem a gobernar, e los autres cosolatz agossan mustrat e communicat la causa enter lor, e que lo x^e jorn deu susdit mes se agossan a trobar en la bila de Bic totz los susditz cossslatz per aber conselh que n'era de far. Sten en anar en tornar seys jorns ; despensan per etz e per los rosis : hun scut quinze sos. — Item, per lo[s] jornaus deus rosins : hun scut dus sos.

3. Item, a ix deudit mes, fem la obligansa deu maset e teberna a Bernadon de Lafitan cum ha au plus auferent a la liurada.

4. Item, lo jorn susdit, anam a Nogaro, ayxi que era stat apuntat a Leytora, cum part debant ne fe mension, per comunicar

sus lo feyt de l'abolugament qui messenhors de finanza demandaban au pays, si eram de opinion de seguir la apellation qui era stada intimada a Leytora; e ayxi hy ana Johan Farga, Johano de Mombet e Johan de Mayne, e foc apuntat que l'endoman hom se trobassa en la bila de Bic, ayxi que era stat apuntat a Leytora, per saber los conselhs d'Aux quey conselh aben trobat sus ladita materia.

5. Item, lo x^e jorn deudit mes, ana au susdit conselh ha Bic Johan de Casanaba, per saber los autres pays de quey bole eran de perseguir lo susdit apel ho no; e quan foc part dela, aqui fon sertans gentiushomes deu pays e propietatz; hont messenhors de conselhs d'Aux disson que etz aben feyt amassar lo conselh de mossenhor de Aux per aber lor opinion, dont etz eran d'opinion que om perseguissa lo susdit apel, car aquo fora hun gran interessi deu pays e aquo aben per conselh. Hont demoran l'endoman per tot lo jorn, a causa que aqui no eran totas las propietatz ne gentiushomes qui hy eran besoy; e l'endoman bengon, e foc comunicada la causa, e foc apuntat que hom anassa interina lodit apel a messenhors de finansa e trametossan mesatye relebar a Tholoza, e si aqui no pode relebar s'en tirassa a Bordeu; ayxi foc feyt; ste en anar en tornar quatre jorns.

6. Item, fom combidatz a la missa nubsiau de maeste Julian, notari; foc apuntat per lo conselh que hom lo donassa I scut II sos.

Sexe la despensa feyta per los susdits conselhs per donar fin e conclusion ha huna inquesta comensada per los predessesors encontra los conselhs de Nogaro e de Barsalona, comesari en aquera causa mossenh jutye ordenari, mossenh Ramon Tasqueti (1).

7. Item, a XVI de jener, foc apuntat que Johan de Mayne e Bernat deu Drulhet anassan a Nogaro parlar ab mossenh jutye ordenari, comessari en la causa susdita, que lo plagos de sustituy en son loc hun comesari, atenut que et era mau dispost dessa persona, per acabar la susdita inquesta, dont era nostre gran interesse, e asso a causa que la sieta deu pays se bole far e la

---

(1) Raymond Tasquet fut remplacé cette même année dans sa charge de juge ordinaire par Jean de Pomadère. Voir art. 71.

feran ayxi cum aben acostumat si no y abem probesion; dont lo susdit comisari balha huna probision de huna letra *ne lite pendente* per far inibir lo clerc qui fase la susdita sieta e ayxi metis lo collector que no agossan a talha ne inpausa los dines reaus sino que a l'engualhament de Nogaro e de Barsalona; ayxi metis sustitui en son loc maeste Guilhem deus Sans, notari d'Anha, acabar la susdita inquesta, atenut que et no hy pode baca a causa de sa malautia. Costa ladita letra *ne lite pendente* : i sol iiii dines.

8. Item, l'endoman, ana lodit deu Drulhet ab ladita letra *ne lite pendente* a la Berneda per enibir lo susdit clerc que nous agossa a botar en sieta sino cum Nogaro e Barsalona; e quant fo a la Berneda, lodit clerc fo enta Euza; hont aqui s'en ana lodit Drulhet e fe lo contengut de ladita letra e demora la neyt part dela, e dequi en fora s'en ana a Barsalona per enibir Johan Barta, collecto, que no nos agossa a vexar ne demandar sino ayxi cum Barsalona e Nogaro.

9. Item, tremetom huna letra au susdit maeste Guilhem deus Sans ab la susdita comission, en lo preguan que bolossa prene la susdita comission; ont dona per resposta que et la exeptaba e prest e aparelhat de far per la bila, mas hom lo fessa asabut dus jorns debant que agossa a benir, entertant fessam ajornar los testimonis qui bolem produsir per acabar nostra enquesta.

10. Item, foc apuntat que hom tremetossa ha Euza far ajornar per testimoniatye mossenh de Laberneda (1), clerc deu pays, per produsir en ladita enquesta ab letras realas ; e ayxi affem ; e aqui troba lo mesatye mossenh de Termis, loqual ayxi metis fec ajornar per testimoniatye; que costa deu sargant e deu proses de lasditas letras : iii sos viii dines.

11. Item, a xviii deudit mes, ana Bernat deu Drulhet a Barsalona per ajornar los conselhs a beser jurar los testimonis au jorn asignat.

12. Item, tremetom a Nogaro huna letra au grafie que bengossa per ausir la deposition deus testimonis sus ladita inquesta au jorn qui era asignat.

13. Item, a xxvi deudit mes, bengon lo susdit maeste Guilhem,

---

(1) Jean de Magnan, seigneur de Bernède, près Éauze.

comisari, e lo grafie de Nogaro, per ausir los susditz testimonis per nos produsitz e d'autres que eran a produsir que no eran enquera sitatz; que son los qui son statz ausitz en la bila d'Ariscla, primo mossenh de Laberneda, Guirauton de Camicas, de Sent-Mont, Peron de Vila, Johan de Laborda, Peyrague Barabet, lo bayle, habitans de Tarsac, Sanso de Pebarta, de Caumont, Peguilhem Anhon, Peyron deu Sobiran, habitans de Maruchera (1), e lo sarto de Saraguaysias; que sten los susditz comisari e grafie en ausir los susditz testimonis sinc jorns. Despensan totz eysemps ab los testimonis tant en pan, vin, peys fresc e salat, oly, candelas, specias, mostarda, squilhotz, auras (2), meu; fen, siuaza per los rosis; que monta en huna soma : sinc scutz quate sos quatre dines.

14. Item, tremetom huna letra a mossenh de Termis, loquau era stat ajornat [e] era metut en contumasia, que lo plagos de benir per ste ausit, car lo comisari staba de acabar ladita enquesta a causa dessa deposition; loqual fec resposta que per lo present no pode benir a causa que mosenh de Basquos, son culhat, tien en mori (3), mas que encontenent et agossa leser et vengora volentes.

---

(1) Maulichère.

(2) *Squilhotz* ou *esquilhots*, noix ; *auras*, noisettes.

(3) « *Mosenh de Basquos, son culhat, tien en mori* », le seigneur de Bascous, son beau-frère (*culhat* pour *cunhat*), est sur le point de mourir. Ce seigneur de Bascous était Jean d'Armagnac Lescun, fils naturel légitimé de Jean de Lescun dit le bâtard d'Armagnac, comte de Comminges et maréchal de France, et de Marie Sohter. Il reçut au testament de son père 2,000 francs et la substitution aux baronnies de Mauléon et de Cazaubon. Le père Anselme (*Grands officiers de la couronne*, tome VII, p. 94) n'en dit pas davantage. Voici quel fut son sort. Il épousa, le 3 février 1498, Anthonie de Bascous, fille de Jean de Bascous, seigneur de Bascous, en Fezensac. Les clauses du contrat de mariage sont à noter : 1º Le seigneur de Bascous donne à sa fille tout son bien de Bascous, tout ce qu'il possède à Sarraute, Bouyt et La Hillette ; 2º le seigneur de Monclar fera ratifier par M. d'Aubijoux et par sa femme la donation qu'ils lui ont précédemment faite des lieux de Monclar et de Marguestaud ; 3º il apportera, en outre, au seigneur de Bascous, la somme de mille écus au soleil, pour être employée au profit de la maison de Bascous ; 4º le seigneur de Bascous aura l'usufruit des terres de Monclar et de Marguestaud pour subvenir aux dépenses de la maison, sans être tenu de rendre aucuns comptes ; 5º enfin, Jean d'Armagnac fera à ses frais toutes les démarches pour obtenir, du Pape et du roi de France, le pardon et la grâce de Jean de Bascous, fils dudit seigneur de Bascous, qui a été condamné pour le meurtre qu'il a commis sur la personne de Johannot de

15. Item, a v de mars, tremetom lo prio de Baulenx (1) ha Termis, ayxi que era stat demorat ab lo susdit loctenent e grafie que au jorn susdit se trobaran a Termis per ausir lo susdit senhor; e quan foc a Termis, aqui fo[n] lodit senhor e lo susdit loctenent, e lo grafie no hy fo, ayxi que promes abe; bist que lodit grafie no hy fo, apuntau que hom tremetossa a dise au grafie que lo x^e jorn apres et se trobassa part dessa per ausir lo susdit mosenh de Termis.

16. Item, tremetom a dise audit loctenent que lodit grafie debe benir lo xv^e jorn deudit mes, auqual jorn se bolossa troba per ausir lo susdit mossenh de Termis.

17. Item, au jorn susdit, bengon a Riscla los susditz loctenent e grafie; e foc apuntat que anassan a Termis ausir lo susdit senhor, e lo prio de Baulenx anassa en lor companhia per lo produsir per testimoni.

18. Item, paguam au susdit loctenent per son triballh de las susditas dietas (2) d'ausir los susditz testimonis : tres scutz. — Item, abem paguat audit grafie de la susdita enquesta : hun scut XIII sos.

19. Item, lo quart jorn de may, foc ordenat que Johan Farga e Johan de Mayne anassan a Nogaro a mosenh jutye ordinari sus lo feyt de la inquesta qui abem feyta far enclaber contra los conselhs de Nogaro e de Barsalona, que lo plagos de nos balhar ordonansa ; dont los fec resposta que et fera reportar lo proses au grafie e que en breu nos agoram sentencia.

20. Item, nos tremeto a dise mossenh jutye que la sentencia era presta, que anassam lebar letra per far ajornar los susditz cossos a beser balhar sentencia; e foc ordenat que Bernat deu Drulhet hy anassa; ayxi affe, e releba ladita letra e ajorna losdit cossos de Nogaro, e dequi en fora ana ajorna los cossos de Barsalona; costa ladita letra : I sol.

Bascous, son frère. Présents : Jean d'Armagnac, seigneur de Termes, Jean de Moncaup dit de Guerre, écuyer (Arch. du Séminaire d'Auch).

La destinée de ce bâtard fut courte. Ce passage des comptes de Riscle nous apprend qu'il mourut l'année suivante. Nous avons vu que sa sœur, Catherine, avait épousé le seigneur de Termes.

(1) Sans de Poges, prieur de Baulens. Voir compte de 1502, art. 11.

(2) *Dietas*, vacations.

21. Item, foc ordenat que lo prio de Bauleux, Johan Farga, Johan de Mayne e Bernat deu Drulhet anassan a Nogaro auqual jorn se debe balhar sentencia; ayxi affen; hont lo jorn susdit foc balhada sentencia en nostra fabor contra losditz conselhs de Nogaro e de Barsalona; hont losditz de Nogaro se aperan de ladita sentencia, e las de Barsalona no. — Item, paguam au susdit mossenh jutye per son tribalh de la susdita comission : quatre scutz; — item, pagam au grafie de las dietas dudit proces : hun scut.

22. Item, foc apuntat que Johan Farga e Johan de Mayne anessan a Nogaro per lebar letras de mossenh jutye ordinari cum ha comissari, e asso per enibir lo clerc deu pays e los collectos que no agossan a impausar mage carca de dines a la billa d'Ariscla que de Nogaro e de Barsalona, atenut que la sentencia proferida per lodit mosenh jutye cum ha comisari en la susdita causa era stada balhada encontra de lor; e los susditz no podon punt expedir de tot lo jorn, a causa que mosenh jutye e lo grafie eran occupatz per autras besonhas, e agom a demorar la neyt part dela.

23. Item, lo jorn apres, termetom Bernat deu Drulhet a Laberneda per enibir lo clerc deu pays e dequi en fora s'en tira enta Barsalona per enibir lo collecto.

24. Item, a XXII deu mes d'abriu, bengo mosenhor de Labrit, eysemps ab lu LX o LXX arosis; hon sten la neyt; foc apuntat per lo conselh que hom paguassa la despensa qui aben feyta; ayxi affen, que foc feyt lo reserc aqui hont eran alotyatz; que monta ladita despensa en pan, vin blanc, roge e claret, peys fresc e salat, oly, hoeus, candelas, fen e sinaza, que monta en huna soma : VII scutz XIIII sos VI dines.

25. Item, fem portar lo dressado (1) deudit mossenhor de Labrit a hun mule dequi ha Morlas; que lo foc balhat per son tribalh : tres sos.

26. Item, lodit mossenhor de Labrit s'en retorna de Pau en fora e passa per la billa, e lo foc balhat collation totz a cabatz; que monta ladita despensa en pan, vin blanc, roge e claret : V sos X dines.

(1) *Lo dressado*, le dressoir, c'est-à-dire la vaisselle et le matériel de voyage du sire d'Albret.

27. Item, a x deu mes de seteme, nos trameto 1ª letra mossenhor de Labrit, que contene que per la bila debe passar lo maeste d'ostal deu duc de Balentinoys, gendre deudit mosenhor (1), auqual bolossam tractar cum si et hy era en persona ho melhor si podem; e foc apuntat que hom lo fessa bona chera lo melho qui hom podossa; dont vengo ab x rosis; ste la neyt en la bila; de que paguam la despensa; que despensan tant en pan, vin, carn, candelas, fen, siuaza, que monta en huna soma : hun scut dotze sos seys dines.

28. Item, a xxvIII deu mes de jener, foc dit que maeste Bernat de Lafitan era anat de bita ha trespassament a Nogaro; foc apuntat que Johan Faur e Johan de Casanaba hy anassan per far honor e ayxi metis basalica, a causa que era filh de la bila, en lo temps passat abe feyt servissi a ladita bila; ayxi affen, e quan fon part dela troban que lodit maeste Bernat era en bita, e suberbisco entorn de hun mes.

29. Item, lo darer jorn deudit mes, anan a Nogaro per far la sieta; foc ordenat per lo conselh que Johan de Mayne, Arnauton de Lafitan, Bernat deu Drulhet, Johan Farga e Johan de Casanaba hy anasan; ayxi affen, e ayxi metis per parlar ab mosenh de Senta-Crestia e ab autres gentius homes que los plagos d'entene au cas deu rebays qui nos demandabam; losquals ne fen petita mension; dont aquet jorn no se fe la sieta a causa que nos autres hy fazem enpediment; foc demorat d'enclabe ladita sieta dequi au oyte jorn de feurer.

30. Item, foc ordenat que hom anessa parlar ab mosenh de Laberneda, clerc deu pays, que lo plagos que no nos fossa contra sus los rebays [e] engualhament que demandabam star engualhatz cum Nogaro e Barsalona; e foc apuntat que hom lo donassa detz paums de roset e lo portessa tres auquas saladas de present; ayxi foc feyt; costan lodit aroset e auquatz : setze sos.

31. Item, foc apuntat que hom tremetossa dromilhs (2) a madona

---

(1) César Borgia, duc de Valentinois, fils naturel d'Alexandre VI, avait épousé Charlotte d'Albret, le 10 mai 1499.

(2) *Dromilhs*, écrevisses. Nous n'avons trouvé ce mot dans aucuns glossaires. Plus loin (compte de 1502, art. 6), les consuls renouvellent ce présent, ils l'offrent dans un panier de jonc, *junquera*, et le qualifient de poissons, *peys*.

de Senta-Crestia, per que volosa far ab mosenh son marit que no nos fossa contra a la sieta toquan lo rebays qui demandabam; costan losditz dromilhs : I sol.

32. Item, lo VIIIe jorn deu mes de feure, foc apuntat que Johan de Pefarga, Arnauton de Lafitan, Bernat deu Drulhet e Johan de Mayne tornassan a Nogaro, loqual jorn se debe enclabe la sieta; ayxi affen, e quan fon part dela, aqui fon los Statz e lo clerc per far la susdita sieta, ausquals foc dit que nos nous hy consentibam sino que nos fossam engualhatz e no portassam plus de carc que Nogaro e de Barsalona, e aqui foc debatut, dont no hy podom re far que per aquera aneya no portassam la carca de LXXXXV fox, mas apuntam que per ladita aneya a susportar ladita aneya nos fora balhat de rebay XVII liuras.

33. Item, foc apuntat per los tres Statz, feyta la susdita sieta, bist que sus lo pays era Jacmet ab detz ho dotze saryans per nom deu thezaurer a causa deu retardament deus cartes, que hom termetossa huna letra de pregarias a Peyronet de Laportaria, thezaurer, per nom deus susditz Statz, que fossa sa plasensa de far boytar los susditz saryans deu pays que hom fasse tota diligencia de lu contentar e que entersi e VIII ho X jorns et agora la plus part de l'argent; dont foc apuntat per los tres Statz que mosenh de Borolha e hun conselh de Nogaro e Johan Farga anassan portar la susdita letra au susdit thezaurer que era a Berenx; e ayxi affen; loquau thezaurer foc content.

34. Item, foc dit que maeste Bernat de Lafitan era anat de bita a trespassament; foc ordenat que maeste Pey de Mostayo e Johan de Casanaba hy anessan, que portessan de l'argent per lo far huna basalica; ayxi affen; que despensan en ladita basalica : dus scutz dus sos.

35. Item, foc apuntat que lo prio de Baulenx e Johan de Mayne anassan de las partz de la bila a mosenh l'official de Sos, ructor de sta bila, a causa que lo poble no poden paga los cartes, dont

La nature du présent est donc bien déterminée par ces deux mots; il s'agit de menus poissons. *Dromo* est le nom que Pline l'ancien donne au cancer, au crabe, ce nom a été étendu à tous les crustacés. Les naturalistes en ont fait le genre *Dromia* qui est une écrevisse de mer. *Dromo, dromia* ont évidemment produit le diminutif *dromilium*, d'où le roman *dromil*, petit crabe, écrevisse.

s'en sequiba huna gran despensa, en lo preguan que fossa sa
plasensa de nos prestar bint ho bint sinc scutz; e ayxi affem,
refferin lo la gran nessessitat qui lo poble abe; dont lo susdit fec
resposta que ha et lo desplase can no pode far lodit plase a ladita
vila, car no era a lu possible, mas que et abe en ladita vila sertana
quantitat de milh, que si l'abem besoy, que et non fera plase,
escriscora a sos vicaris que lous deliuressam; e aysi affe.

36. Item, lo darer jorn deudit mes, agom huna letra de las
partz deu senescal d'Armanhac (1), que contine que lo segont jorn
de mars hom se agossa a trobar en la bila de Bic hont et fora, e
asso sus sertanas e grans penas; foc apuntat que Johan Farga y
anassa; e ayxi affe; e quant foc part dela, aqui fon sertan nombre
de gentiushomes, de propietatz, que demoraban la benguda deudit
senescal; hont l'endoman vespre, bengo hun messatye deudit
senescal los referiu cum mosenh senescal no pode aqui benir, mas
que encontenent s'en tirassan a Leytora. E ayxi partin l'endejorn
enta Leytora; cant fou part dela, lodit senescal refferi eus remustra
huna comission real de part de Rey, que contene que et se agossa
a enquerir a causa que et era stat enformat que en aquesta
proensa se fassen fort exes entollerables per deffaut de justicia, e
aquetz ataus fossan punitz talamens que autres hy prencossan
exemple; noaremens mustra cum lo Rey nostre senhor per son
nobel adveniment (2) los susditz Statz agossan a prestar segrament
de fiselitat; e remustra d'autres artigles que seren lonx
a scribe, ayxi que apar per copia de quet pres. Demoren dequi a
l'endejorn de far lo segrament de fiselitat; que costa ladita copia:
tres sos quatre dines.

(1) Jacques Galliot de Genouillac était depuis 1493 sénéchal d'Armagnac. Il
avait succédé à Guinot de Lauzières, nommé grand-maître de l'artillerie de
France. Galliot posséda aussi dans la suite cette grande maîtrise, mais il n'en
garda pas moins sa charge de sénéchal d'Armagnac, et c'est sous ce dernier
nom qu'il est désigné généralement par les auteurs du temps et notamment par
Fleurange dans ses *Mémoires*. A son avènement au trône, François Ier le
confirma dans sa charge de sénéchal d'Armagnac et de gouverneur de Lectoure
et de la vicomté de Lomagne. (*Histoire du Quercy*, par Lacoste, t. IV, p. 39.)
Voir la notice que lui a consacré l'auteur que nous venons de citer (*ibid.*), et
celle que le père Anselme a donnée dans les *Grands Officiers de la Couronne*.

(2) Charles VIII était mort le 7 avril 1498, laissant la couronne au duc
d'Orléans, qui prit le nom de Louis XII.

37. Item, a xi deu mes de mars, agon huna letra de messenhors de conselhs d'Aux que nos agossam a trobar en la siuta d'Aux lo xiiie jorn deudit mes, e asso que lo mesatyer qui lo pays abe tremetut per relebar la apellation per l'abolugament qui las comisaris demandaban bese cum abe expesit; foc apuntat que Johan de Casanaba hy anassa; ayxi affe; e quan foc part dela, aqui ago sertan nombre deus Statz, ausquals lo susdit mesatye referi cum et era stat a Tholoza per relebar ladita apellation e no abe podut, e bist aquo, dequi en fora s'en ana a Bordeu per la relebar, e no podo. Per ayxi aqui foc apuntat per los Statz qui aqui eran que hom tremetossa en cort relebar ladita apellation, e foc apuntat que mosenh de Pardelhan (1) e hun gentilome d'Armanhac e hun notari d'Aux aperat Bordaly e maeste Bernat Fitau y anassan.

38. Item, messenhors de conselhs de Nogaro nos termeton huna letra que lo xvii jorn deudit mes per augus affes nos agossam a trobar a Nogaro; foc apuntat que Johan deu Mayne e Johan de Casanaba hy anassan; ayxi affen, e quan fon part dela, aqui fon sertanas de las autras propietatz e gentiushomes, hont aqui los foc remustrat cum los messenhors de conselhs d'Aux aben tremetut huna letra ausditz Statz que contene cum la siutat de Bordeu agossan impetradas hunas letras reaus contra totz manans e abitans deu faut pays (2) que no agossan a debarar ne far debarar blatz ne biis a l'enbat que no fossa lo prume jorn de may, e asso sus sertanas e grans penas (3); dont lo pays d'Agenes s'era aperat per etz e per los aserens, e bolen saber si nos nos bolem aserir dab lor en ladita apellation (4). Ont aqui foc dit que

---

(1) Bernard d'Armagnac-Pardaillan, baron de Pardaillan, vicomte de Juillac et Mauvezin.

(2) Du haut pays, en amont de la Garonne.

(3) Il s'agit des lettres de Louis XII, du mois de juillet 1498, confirmant le privilège de la ville de Bordeaux « à ce que les vins du creu des Haulx Pays, « depuis Saint-Macaire et au dessus, ne puissent estre amenez et descenduz au « dessoubz de la dicte ville de Sainct-Macaire jusques après le jour de la feste « de Nol, ne aussi venduz en ladicte ville de Bourdeaulx. » (*Livre des privilèges de la ville de Bordeaux*, p. 266.)

(4) Déjà le Languedoc et la Provence avaient attaqué en Parlement ce privilège ultra-protectionniste et le Roi avait évoqué la cause devant son Grand-Conseil (*ibid.*). On voit que ce mouvement de protestation s'accentuait aussi dans l'Agenais et dans l'Armagnac.

aqui no eran sino petit nombre de gentius homes e de propietatz, que no podoran far resposta, mas que oyte jorn fossa feyt asabut a messenhors de gentiushomes e de propietatz qui no geran que audit jorn se bolossan trobar per dar ordia e conclusion au cas.

39. Item, lo VIIIᵉ jorn d'abriu, foc apuntat que Johan Farga tornassa a Nogaro, ayxi que era apuntat; e hy ana per balhar nostra opinion, laqual era que nos no bolem punt per nostre costat star aserens en la susdita apellation.

40. Item, crompam dotze paums de roge e dotze de bruneta per far los capayros deus susdits cossos; que costa lo susdit drap : hoeyt scutz sinc sos. — Item, tremetom sercar losditz drap a Euza d'un marchant de Condom.

41. Item, foc apuntat per lo conselh que hon donassa au presicador qui abe sermonat lo caresme en la villa tres scutz; ayxi a fem.

42. Item, passa sta bila Jacmet de Lucia, nebot de mosenh thezaurer (1), que bie de Saransa (2) ab sa molhe, que eran sinc presonatyes; que foc ordonat que lo paguessam la despensa qui agora feyta en la hostaleria; que agon despensat tant per etz e los rosis : sinc sos quatre dines.

43. Item, fom combidatz a la missa nabera de fray Johan de Las Correyas; e foc apuntat que hom lo donassa per strena hun scut; e ayxi affen.

44. Item, bengon lo procurayre d'Armanhac, lo bayle d'Armanhac e Mascaro per nos executar per la resta de la donation de mosenhor de Labrit : e nos executan e nos balhan lo rest debat la plassa comunau, e nos menassan de nos mena enta Barbasta (3); de que apuntem que nos aneram parlar ab lo collecto a Barsalona.

45. Item, fem adobar augunas fustas a la gleysa per sese las gens.

46. Item, a VIII de may, passa sta bila mosenh seneschal de

---

(1) Le trésorier du roi, Peyronet de Laporterie.
(2) Nous avons parlé ailleurs, p. 232, du sanctuaire célèbre de Sarrance.
(3) Barbaste, canton de Lavardac, Lot-et-Garonne.

Lamosin (1); foc apuntat que lo fessam present de bin; ayxin affem.

47. Item, foc ordenat que hom donassa 1ª suplication a mossenhor de Labrit toquant los greuges e despensa que Johan Barta nos fasse a causa de la donation autreyada audit mosenhor en lo temps passat per nostres predessesors, laqual donation abem pagada audit collector, ont lodit collector no nos bole tenir bon conde, en preguan e suplican au susdit mosenhor que fossa sa bona plasensa de nos far fa bon e liau conde audit Johan Barta; laqual suplication lo foc balhada audit mosenhor; ont lodit mosenhor dona per resposta que et s'en anaba enta Pau e que et fera mandar lodit Johan Barta que a sa retornada et se trobasa esta bila per far far rason a cascun. Ont au jorn asignat lodit Johan Barta bengo en ladita bila environ de las detz horas, e lodit mosenhor bengo a la huna hora apres mey-jorn; e quant lodit collector ausi que vie, monta a cabat e s'en ana; e lodit mosenhor, cant foc aribat, demanda si era aqui lodit Barta; e lo foc dit que ho, que era bengut, mas cant abe ausit de sa vengudá encontinent et era montat a cabat e ne era anat; e bist que lodit Barta no hy era, lodit mosenhor s'en tira a Nogaro. Foc apuntat per lo conselh que, atenut que lodit mosenhor no ab[e] apuntat re de la susdita suplication, que hom fessa huna autra suplication au susdit mossenhor e aquera lo portar aqui hont et era a Nerac; e foc ordenat que mosenh Sans de Poges hy anassa; ayxi affe, e quan foc part dela, balha ladita suplication au susdit mosenhor; loqual apunta e fe metre en lodit apuntament sus lo dos de la susdita suplication que nos remete ladita causa per debant mosenh jutye ordinari e mosenh de Senta-Crestia part dessa, que se agossan a enquerir de quasque hun costat e ne apuntar ayxi que se debe far per dret e per rason.

---

(1) Antoine de Bonneval, seigneur de Bonneval et de Blanchefort, successivement chambellan de Gaston de Foix, roi de Navarre, en 1470, conseiller et chambellan des rois Louis XI, Charles VIII, et Louis XII, gouverneur et sénéchal du Limousin, mourut dans son château de Bonneval, le 18 septembre 1505. Il avait épousé Marguerite de Foix, fille de Mathieu, comte de Comminges, et de Catherine de Coaraze, dame de Coaraze et de Navailles, vicomtesse de Carmain.

48. Item, foc apuntat que lodit de Poges e Johan de Casanaba anasan portar la susdita comission audit mosenh jutye e Senta-Crestia, e foc dit que hom portassa de present tres parelh de gariatz; ayxi affem; costan : dotze arditz. Dont de Nogaro en fora anan a Senta-Crestia audit mosenh remustrar ladita comission, e lo referin que ladita comission aben remustrada au susdit mosenh jutye, e que los abe dit que etz aben a lebar huna letra de lor cum a comisaris en aquera causa; e aqui lodit de Senta-Crestia los disso que affesan e que au jorn que la jornada tombara et s'i trobara a Nogaro; ayxi s'en retornan a Nogaro e releban la susdita letra, que costa eysemps ab lo saget : oyt arditz.

49. Item, fem ajornar Johan Barta per debant mosenh jutye e Senta-Crestia a Nogaro; a laqual jornada ana mosenh Sans de Poges, Johano de Mombet; hont aqui comparin per debant los susditz comisaris, e per lo susdit Barta maeste Johan Planis, e produsin las bilhetas a nos feytas per lo susdit Barta a causa de ladita donation; ont lodit maeste Johan Planis demanda quinzena ha far fe dessa procuration; lo foc autreyada.

50. Item, a xvii de jun, bengon mosenh de Senta-Crestia, lo loctenent de mosenh jutye ordinari, son gendre (1), lo procurayre e lo grafie, per beser e vesitar la bila quenha pollicia abe de justicia, ayxi que annuaument es acostumat de vesitar per los officies de mosenhor; e quant fon aqui, tremeton sercar los conselhs e bayle, ausquals referin cum mosenh jutye ordinari era mau dispost dessa persona, mas que et tremete aqui son loctenent e gendre en la companhia de mosenh gobernador, mosenh de Sent-Crestia (2), e procurayre, per se enquerir en forma la justicia cum era regida ne gobernada, e si n'y abe degus que fossan rebelles a ladita justi[ci]a, e si degus autres n'i abe, nos volossar causas que nos degossan far de dret ne de rason, per ne far segont cos de justicia, ayxi que lo cas requer; en que sten dus jorns huna neyt.

51. Item, a xxv deudit mes, fom combidatz a la missa nabera de fray Johan Daste; foc apuntat que hom hy fessa honor e lo

---

(1) Gendre du juge ordinaire.
(2) Jean d'Armagnac, seigneur de Sainte-Christie, était gouverneur, pour le sire d'Albret, du comté d'Armagnac. Nous avons raconté ailleurs (*Revue de Gascogne*, 1890) la vie si mouvementée de ce personnage.

fossa balhat de strena hun franc de Rey ; ayxi affem, monta : XIII sos IIII dines.

52. Item, lo jorn metis, bengo hun capitayne aperat mosenh d'Amos (1), loctenent de mosenh d'Andoys (2), ab sertana quantitat de balestres, loqual portaba mandament real de poder alotyar sus lo pays, e lo mustran ; e bist aquo, foc amasat lo conselh que ne era de fa, e foc apuntat que, bist, segont que lo fore dise, etz no eran plus de quatre bintz, que lo capitayle (*sic*) ab son ordenari fossa recaptat en la bila e los autres departitz deffora la bila, e asso a causa de affugir scando, que si los de part deffora ne bolen far, que lo susdit capitane fora en la bila per far rason, e que si fossa part defora, los chams foran los, hon podora star gran interessi e dapnatye deus cos e deus bes deus abitans de la bila. E ayxi foc recolhit lodit capitayne ab sertanas gens en ladita vila ; que fen de despensa, que sten deu divers dequo lo dilus apres bebe, que monta ladita despensa : sinc scutz nau sos.

53. Item, foc apuntat que, atenut que lo susdit capitayne era en la bila e sertan nombre de sas gens deffora per las circumsbesis, que hom fessa guoeyt la neyt e lo jorn per la billa en mandan bint ho bint e sinc personatyes de goeyt la neyt e jorn a las portas.

54. Item, l'endejorn, de las sertanas gens qui eran alotyatz de part deffora bengon a la porta de ladita bila, ont aqui troban los portes e gardas, e bolon entrar en ladita vila ; losquals portes e garda los disson que no feran que no agossan conget deus conselhs de la bila ; dont aqui se comensa de far un gran insult ; e e bist aquo, foc apuntat que hom tremetossa sercar mossenh gobernado d'Armanhac, senhor de Senta-Crestia, a fugir mage scando, en lo refferin cum taus gens eran en ladita bila e cum hy abe comensat aber augun acses, en lo pregan que fossa sa plasensa de benir part dessa per parlar ab lo susdit capitayne, a fugir mayor

---

(1) Jean de Caupenne, baron d'Amou, dans la sénéchaussée des Lannes. (Voir l'*Armorial des Landes*, par le baron de Cauna, t. II, généal. Caupenne.)

(2) Jean, baron d'Andouins, en Béarn, fils de Louis d'Andouins, que nous avons vu épouser, en 1449, Catherine de Lomagne-Fimarcon (voir comptes de 1449, art. 13). Son fils Gaston d'Andouins eut un fils Paul, qui épousa, en 1549, Marguerite de Cauna et fut père de la célèbre comtesse de Gramont, Corisandre d'Andouins.

despensas enconbenient que s'en pode seguir. Ayxi affem, hont hy tremetom ab letra missoria Peyron de Sent-Pot a Senta-Crestia; hont lodit gobernador no hy fo e foc enta Anha, e dequi en fora s'en tira Anha e aqui lo balha ladita letra; loqual gobernado bengo l'endejorn que era dimenye, eysemps ab lu lo procurayre d'Armanhac : e quant fo en la bila, ana parlar ab lo susdit capitayne, loqual lo mustra lo mandament qui et abe ; hont lodit gobernado lo respono cum et era stat avertit que sas gens bolen entrar en ladita vila, laqual era mosenhor de Labrit, per forsa e aben bolut otratya las gardas de ladita porta, dont sa comision no portaba aquo; dont lo capitayne fec resposta que et no era aqui per far desplase a negun manant ne abitant de la bila, mas cum et agossa carca e comisio de menar las gens qui ab lu eran a mosenh de Andoys a Mauborguet e cum era dimenge que no era jorn de partir, mas lo dilus de matin et e sas gens partiran de ladita vila.

55. Item, a xxvii deudit mes, foc apuntat que mosenh Sans de Poges, Johano de Mombet, Johan de Mayne anassan a la jornada a Nogaro per debant los susditz comisaris ; ayxi affen ; can fon part dessa, produsin las susditas bilhetas ; hont lo procurayre deudit Barta respono la huna vilheta que era de xxxv scutz, en disen que aquera vilheta nos era stada collocada e tie loc en bos dines reaus e no a ladita donation, e aquo se auferi a proha.

56. Item, a viii deu mes de julh, bengo lo loctenent de mosenh jutye e lo procurayre e lo grafie, a causa de l'ensul qui es stat feyt en lo semiteri (1); hont aqui fon ausidas Audina de Toja e la Pegulha ; lasquals eran cosenas deu susdit ensult ; e fe mete a la ma deu senhor lors bes, e ayxi metis que decreta sertanas informatios per debant nos festas. Que sten dus jorns ; hont aqui lodit loctenent, cum era bengut d'autres viatyes part debant e abe deliberat de far per la bila ara e per lo temps qui es a benir, e

(1) La violation du cimetière. D'après le droit canon, les causes qui entraînent la violation du cimetière et l'*interdit ipso facto* sont le meurtre, les relations criminelles publiques accomplies dans l'enceinte du cimetière, la sépulture d'un hérétique ou d'un enfant mort sans baptême. Lequel de ces trois cas doit être imputé aux deux femmes accusées d'avoir violé le cimetière ? Le scribe ne le dit pas, mais il est probable qu'il s'agit de la sépulture dans le cimetière d'un enfant mort sans baptême à la suite de manœuvres abortives.

que hom agossa regart a sa pena e boluntat; laqual causa foc remustrada en conselh, e foc apuntat que atenut que et era gendres e loctenent de mosenh jutye ordinari e que nos aben a besonhar ab lodit mosenh jutye toquant lo different qui era enter los conselhs de Nogaro e de Barsalona e nos, que lo fossa balhat de strena II liuras; ayxi affem; montan : hun scut oyt sos VIII dines.

57. Item, los cossos de Nogaro nos termeton huna letra, laqual contie que hun homi passaba sta bila, loqual bie de Condom, e disen que abe dus vossas (1) e que nos volossam gardar.

58. Item, lo xv⁰ jorn d'ahost, bengon dus comisaris per nos executar per la donation autreyada a madamisela d'Armanhac (2); foc apuntat que nos feram cum las autras proprieta[t]s e hy abem lo bon boler.

59. Item, los conselhs de Nogaro se aperan de la sentencia balhada per lo comisari, mosenh jutye ordinari d'Armanhac, e anan relebar a Tholoza lor apel, e per vertut de quet nos fen enibir, sus sertanas e granas penas, que pendent ladita apellation no agossam atemptar ne innobar, ans a reparar los innobatz; dont demandam copia de los (3) letras e deu mandament, e nos assigna jornada au prume jorn juridic apres la festa de Nostra-Dama d'ahost prosma venent.

60. Item, lo xvi⁰ jorn deu mes d'ahost, foc apuntat que mosenh Sans de Poges anassa a la jornada a Tholoza portar la copia qui abem aguda de la apellation hont los conselhs de Nogaro eran aperans; dont, can foc part dela, ana remustrar la susdita copia a nostre abocat maeste Bernat Teralh; dont lo de per resposta que se parlara de la materia ne hy agora audiensa dessa lo prume jorn juridic apres Sent Martin, mas si bole huna letra *le* (sic) *lite pendente* la podora aber, mas no servira de guayre, mas a ladita jornada portassan lo proses, e la begada hy agora apuntament nonostant lor apellation; que ste en anar e tornar VIII jorns.

(1) *Vossa*, bosse, tumeur. C'est la peste connue sous le nom de peste à bubons.

(2) Rose d'Armagnac, fille naturelle de Jean V. Nous avons déjà dit (p. 303) que Jean V avait laissé trois enfants naturels, Jean, Antoine et Rose. Nous reparlons plus bas de la donation faite à Rose.

(3) *Los* (pour *lors*), leurs.

61. Item, fom ajornatz a la instancia deu resebedor de mosenhor de Labrit per debant mosenh gobernado e mosenh de Boysa; que foc apuntat que mosenh Sans de Poges, Johan de Mayne anessan a ladita jornada; ayxi affen, e quant fon part dela, anan compari per debant lodit gobernado, e lodit de Boysa no hy fo punt, e ladita jornada foc perlongada dequi au vııı^e jorn apres.

62. Item, a x de seteme, paguam a Rigalh [Magnan], comis per los tres Statz d'Armanhac a resebe la donation per lor feyta a madamisela Rosa d'Armanhac a causa de son maridatye (1); de laquala donation n'abem paguat en deduxion de mayor soma seys (vıı) scutz quinze sos quatre dines.

63. Item, fem far hun vilho (2) au Bernet per far taulas ab de las comportas; foc botat a pretz feyt lodit vilho a reseguar lasditas taulas a Johan, crestian de Maruchera, e a hun autre son conpanhon. Item, fem adobar las susditas comportas a Peyron de Johan Lonc e a hun autre; que sten sinc jorns; que los foc donat per jorn casque nau arditz. — Item, fem far seys pessas de fusta ab deus bareus de las susditas comportas; que costan tant de man que de carey, enclus la despensa, que monta : vı sos.

64. Item, paguem a maeste Johan deu Fort, barbe, a causa que abe huna femna abilhada, aperada Mariola, laqual era stada batuda (3) en l'espitau; que foc apuntat que fossa passat sus sa talha : hun scut.

65. Item, ana Johan de Mayne a Nogaro a la jornada, ont era

---

(1) Rose d'Armagnac avait épousé, dans le courant de cette année 1499, Gaspard de Villemur, baron de Pailhès, seigneur de Saint-Paul et de Monbrun au comté de Foix. Les États d'Armagnac avaient fait à l'occasion de ce mariage une dot à la fille de Jean V. Chacune des villes de l'Armagnac et du Fezensac contribua à cette dotation. La ville d'Auch comme celle de Riscle apporta son offrande. Les archives municipales nous fournissent le reçu d'une partie de cette offrande : « Ey recebut, jo, Rigal Manhan, habitant d'Euza, comis per « messenhors de Tres Estatz d'Armanhac a recebe la donasion feyta a madamy- « sela Roza d'Armanhac, per son mariatge, de mossenh Me Guill. Boelhio, « conselh de la siutat d'Aux, la soma de set scutz vıı arditz e mey, condan per « escut cent bin arditz, en deduction de mayor soma en que ladita siutat d'Aux « es tenguda per sa cota part de ladita donasion. Escrit a Aux a xııı de mars « l'an m cccc ıııı^{xx} xvııı (v. st.). — Rigal Manhan. » (Archives municipales d'Auch, CC 25.)

(2) *Bilho*, grande pièce de bois équarrie, à faire des planches.

(3) *Sic*, pour *botada*, mise [à l'hôpital].

demorat a ordena sus lo proses fora exclus ho no; e foc ordenat que tremetossam peys a mosenh jutye, e lo tremetom huna carpa e huna angela; costa dus sos quatre arditz; e lodit jorn no se tengo cort.

66. Item, pagam a Peyron Farga, arche franc de ladita bila, per los gatyes a lu autreyatz per star franc arche de ladita vila per hun an continuat e complit, que foc a lui acordat a xx franx de Rey, que montan quatorze scutz quatorze sos quatre arditz. — Item, pagam au susdit arche, hotra so de dessus, sus sas talhas, dus scutz onze sos detz dines.

67. Item, a xiii de octobre, tornan lo collecto, lo procurayre Mediabilla, lo bayle de Nogaro Mascaron, e hun autre sargant; en que nos executan per la donation de mossenhor de Labrit en sertana quantitat de blatz e de biis, draps e autres gatyes; hont foc dit audit collecto que no bolem collogat sus ladita donation huna bilheta en laqual et nos era tengut en sertana soma de xxxv scutz; loqual respono que la susdita bilheta et la prene sus los dines reaus; lo foc donat per resposta que no los bolem aqui collogatz sino sus ladita donation; demorem en suspens si a debe far ho no per viii jorns.

68. Item, a xxviii de octobre, fom ajornatz a bot de trompa a Leytora per debant hun comissari deputat per nostre senhor lo Rey; a laqual jornada foc apuntat que mossenh Sans de Poges hy anassa; ayxi affe; e quant foc part dela, aqui foc remustrat per lo susdit comissari cum et abe carca e comission e mandament de los remustrar las ordenansas naberament feytas per nostre senhor lo Rey (1), ayxi que apare per son mandament; loqual mandament foc remustrat e legit aus susditz Statz; hont contene lodit mandament plus de beucops de caps, enter aquetz per se enformar de la pollicia de la justicia, ayxi metis si n'y abe en ladita senescaucia que per forsa volossan fer negus exes; loqual mandament e comissio ne foc pressa copia e hucada a bot de trompa en ladita senescauchia per las bilas, ayxi que contene en ladita comissio.

---

(1) L'ordonnance du mois de mars 1498 sur la réformation et l'exercice de la justice. Voir Néron, *Édits et Ordonnances*, II, p. 75; — Joly, *Traité des Offices*, t. I. additions, p. 72.

69. Item, lo quart jorn de nobembre, foc apuntat que lo prio de Baulenx e Johan de Casanaba anessan Aux, on eram statz mandatz per los officiers de nostre senhor lo Rey per empausar los dines de las lansas; ayxi affen.

70. Item, lo XIIII jorn deudit mes, fom mandatz a Nogaro a la sieta far; hon foc apuntat que hy anassa mosenh Sans de Poges, Bernadon de Lafitan, Johan deu Porte e Johan de Casanaba; hont aqui affar la susdita sieta, per nos foc remustrat la carca qui nos portabam plus que Nogaro e Barsalona, e aqui foc fort debatut la materia susdita, e foc apuntat que de LXXXXV fox que nos portabam que per aquesta aneya present no portaram la carca sino per LXXXX fox.

71. Item, foc apuntat que hom portassa de present peys a mosenh de Senta-Crestia e a Rigalh Manhan, clerc deu pays, a causa que agossan per recomandada nostra besonha qui demandabam de rebays; ayxi affem.

72. Item, a XXVIII deudit mes, foc remustrat en conselh la gran carca e despensa que la bila abe a causa de retardament de paga tant deus quartes que deus autres affes, hont los abitans no poden pagar lors talhas; e bist aquo, affugir de mayor despensa, foc apuntat que fossa feyt hun reserc aus manans e abitans de la bila hont se trobaran biis per ne prene es lor satisfar; hont fen lo reserc, e feyt lodit reserc, foc apuntat que Johan de Casanaba e Leberon de Poges anassan a Lorda per sercar marchans qui bolossan crompar bint pipas de bin; ayxi foc feyt, hont aqui troban hus aperatz Bernat Casau e Pelegrin, havitans de Argeles, auquals benon vint pipas de bin per lo pretz cascuna pipa de tres scutz, condan XVIII sos per scut, e noaremens en lasditas bint pipas balhan delaus per pipa huna bana; e ayxi metis que can los susditz marchans bieran sercar los susditz biis, si lo [cas] era que etz agossan pipas que tengossan plus deu conde e noaremens los barius que losditz de Casanaba e de Poges l'offeran, deliuran lo supliment que los pipas fossan pleas e losditz baraus au pretz pipa que desus, en paguan lo qui prenera otra vint pipas e bana per pipa.

73. Item, lo segont jorn de desembre, bengon mosenh de Senta-Crestia, gobernado d'Armanhac, e mosenh Johan de Pomadera,

jutye ordinari d'Armanhac (1), e lo procurayre, eysemps ab lor lo grafier, lo bay[l]e d'Armanhac e sinc d'autres servidos a cabatz, losquals tremeton sercar los conselhs e los remustran huna comission que mosenh gobernador abe de mete en possession e sayzina au susdit mosenh jutye; e dequi en fora lodit mossenh jutye s'en ana tenir cort e aqui remustra las letras dessa jutyeria en se refferin de far bona e breba justicia a cascun qui fora en proses en sa cort; e l'endoman lodit mosenh jutye tengo audiensa a sertanas gens que eran ajornatz per debant sa cort e aqui, tenguda ladita audiensa, manda au bayle que l'endejorn agossa a portar totas informatios feytas e comensadas tant per debant sos predessesos ne bayle ne cossos de la bila; e per ayxi lo ters jorn tengo la tersa audiensa aus nomenatz en la rubica. Noaremens bengo Johan Barta ab dus saryans per nos executar per resta deus quartes e de donation de mossenhor de Labrit; ont nos fe executar e far los encans e liurar los gatyes; hont aqui nos fe sitar per debant lodit mosenh jutye a veser far la benda a Nogaro; hont fo dit a mosenh jutye que nos abem assi sa gratye que cant la benda se agora affar se debe far aqui, cum nos eram en proces per aquera causa per debant bostre predessesor (2). Sten los susditz gobernado, jutye e procurayre e totz los autres dessus nomentatz tres jorns. Foc apuntat per lo conselh que per sa nobera benguda (3) deu susdit mosenh jutye fossa pagada totas despensas qui fossan feytas; que montan en 1ª soma : v scutz ii sos ii dines.

74. Item, foc apuntat que hom balhassa a cascun caperan deus de spurgatori, a causa de sertan servisi que feu de pregarias de la bila, de Sancta Crotz de may dequi a Sancta Crotz de berenhas (4), cascun jorn, apres que an selebrat la missa de spurgatori

---

(1) Voir art. 54. Jean de Pomadère appartenait à une famille de robe; un Barnabé de Pomadère, bayle majeur de Rivière-Basse, figure dans un procès-verbal d'une audience de la cour majour de Rivière-Basse, le 26 mars 1500. (Arch. du Sém. d'Auch, *verbo* Baulat.)

(2) Raymond Tasquet, prédécesseur de Jean de Pomadère, dans la charge de juge ordinaire. Voir le présent compte, art. 6.

(3) Il venait d'être nommé juge ordinaire.

(4) Du 3 mai, fête de l'Invention de la Sainte-Croix, au 14 septembre, fête de l'Exaltation de la Sainte-Croix (Sainte-Croix des vendanges).

que an carca de dise la missa de Nadau ab la pasio e los IIII[te] Abangelis; stat apuntat que cascun de quetz los sia balhat nau sos; monta : sinc scutz (1).

75. Item, foc apuntat que hom tremetossa a la jornada assignada a Leytora per Johanet Barta; hont y tremetom Berdot deu Crabot ab huna letra missoria a maeste Pey Fracsino, nostre abocat, que comparissa per nos; ayxi affe.

76. Item, foc apuntat que, atenut per lo pays se moriban de bossa, fossa feyt goeytas-portas, e foc dit que agossa hom hun homi a la porta deu Cambadia debant Pe de Gotz; logam lo filh deudit Pe de Gotz per sert termi.

77. Item, crompam hoeyt quonquas de bin a causa que Berdot de Launo ne debe forni huna pipa e non forni que dotze conquas, e ayxi crompam las susditas hoeyt concas de bin per far lo supliment ausditz marchans; que foc crompada pipa a bint arditz conqua; que monta : I scut VIII sos VIII dines.

78. Item, pagan a Huguet Rolie, procurayre d'Armanhac, per la besitation deus condes : II scutz.

REDDITION DES COMPTES DE 1499.

L'an mil CCCC LXXXXIX (1500), a XVIII deu mes de mars, en la mayso de Berdot de Sant-Pot, consell de l'an present, Berdot deu Poy, Arnauto de Poges, Johan de Mayne e Johan de Casanaba, conselhs de l'an passat, redon los condes de la amministrasion, recepta e despensa qui haben feyta stan cossos per lor aneya, a Bernad d'Aurelha, Berdot de Sant-Pot, Ramoned d'Argelos e a Johanot Fontanhera, conselhs de l'an present.

---

(1) On voit par cet article combien les règles liturgiques étaient mal définies à cette époque. Les documents antérieurs et contemporains, et en particulier les testaments et les fondations pieuses, le démontrent encore surabondamment. La liturgie n'avait d'autres règles que la dévotion de chacun. Les messes de Pâques, de Noël, du Saint-Esprit, de la Vierge et des saints se disaient en tout temps plusieurs fois par semaine et par jour, souvent par le même prêtre, et pour toutes les nécessités, pour les vivants comme pour les morts. Voir le compte suivant, art. 45.

Recettes. — Mustran que haben recebut deus dines de la vila en duas talhas, dedusit greuges, gatges e vinte dine acostumat de lhebar, que montan lasditas talhas III^c LXXXXI scutz X dines; etc.

Dépenses. — Aqui metis mustran que haben despenut per los negocis e afers de la bila VI^c XXXVII scutz X sos III dines. — E anxi feyta bertadera calculasion, monta mes la despensa que la recepta sinq scutz XI sos III dines.

E per mayor fermessa, jo Johanot Fontanhera ey scriut lo present conde, presens : Bernadon de Lafitan, mossenh Sans de Poges, etc.

JOHANOT FONTANHERA.

XLII.

COMPTES DE L'ANNÉE 1500.

RECETTES.

SOMMAIRE. — 1-3. Levée de trois tailles. — 4. Arrentement des revenus de l'église de Saint-Pierre de Riscle. — 5. Vente à l'encan d'une certaine quantité de tan fait au bois communal de la Barthe.

Recepta feyta per Bernad d'Aurelhan, Berdot de Sant-Pot, Ramoned d'Argelos e Johanot Fontanhera, conselhs de la bila d'Ariscla en l'an mil IIII IIII^{xx} e XIX, comensan a la festa de Nadau, finit en l'an V^c a la susdita festa, anxi que dejus s'ensec.

1. Mustran que haben recebut en huna talha a lor autreyada per lo conselh de la bila de sent syncanta scutz, que vale la prumera liura tres sos, cascuna de las autas tres arditz; que monta... (*en blanc*).

2. Plus, mustran que aben recebut en huna autra talha a lor autreyada per lo conselh susdit, que vale la prumera liura dus sos, quada huna de las autas dus arditz; que monta.... (*en blanc*).

3. Plus, mustran que haben recebut en huna autra talha a lor autreyada per lo conselh susdit, que vale la prumera liura dus sos, quada huna de las autas dus arditz; que monta... (*en blanc*).

ANNÉE 1500.

4. Plus, mustran que aben recebut de l'arendament de Sant-Pee, per las mas de Mono d'Argelos, cum arrendado de quet; que monta : trenta e tres scutz.

5. Item, fo reportat en coselh que a Johan de Pardelha habe huna gran piela de tan (1), loquau era stat feyt en la Barta per cauques presonatges de la vila (2), e que fo apuntat que hom agossa carrates per lo anar sercar, e anxi fo feyt; de que lodit tan fo venud a l'encant public, de que hy dixo Arnaud deu Sobiran a XII sos; deus caus XII sos despensan los boes e las gardas eysems ab los cossos quoate sos, e anxi restaren : VIII sos.

Montan las susditas tres talhas en huna soma universal : IIII^c XCI scutz IX sos V dines. — Monta la recepta, otra las talhas, en huna soma : CXIII scutz VI dines.

DÉPENSES.

SOMMAIRE : 1. Vin offert au juge ordinaire. — 2 et 3. Procès des feux contre Nogaro et Barcelonne; M. de Saint-Lanne est pris pour arbitre. — 4. Paiement du fief annuel au receveur du comte d'Armagnac. — 5. Demande d'argent par le collecteur. — 6. Levée du subside accordé à M. d'Avesnes. — 7. On ferme les portes du château de Riscle. — 8. Assemblée des États à Nogaro. — 9. Lettre de M. de Termes. — 10 et 11. On fait la montre des habitants en armes, par ordre du sire d'Albret. — 12. Convocation aux États d'Armagnac. — 13. Emprunt de 40 écus pour payer les impôts; concession du droit de *magenque* au prêteur. — 14 et 15. Procès des feux; convocation des arbitres; renvoi à la mi-carême. — 16. Chaperons consulaires. — 17. Procès des feux; renvoi à *Pâquettes*. — 18. Le prieur de Saint-Mont est tenu de payer une partie des gages du gardien de la tour de Riscle. — 19. Achat d'une torche pour le Vendredi-Saint. — 20. Subside de M. d'Avesnes. — 21 et 22. Jugement des arbitres dans l'affaire des feux. — 23. Épidémie à Goutx; gardes mis aux portes de Riscle. — 24. Poisson offert au clavaire du chapitre d'Auch. — 25. Assiette des impôts. — 26. Gages annuels du franc-archer fixés à 5 écus. — 27. Passage des *Boeys* (Bohémiens?); on met des gardes aux portes de la ville. — 28. Les habitants de Cahuzac arrachent des arbres dans le bois de Riscle. — 29. Prix de la viande de mouton à Marciac. — 30 et 31. Ordre de mener le franc-archer à Auvillars; achat de drap pour lui faire un hoqueton. — 32. Emprunt de 40 écus à M. de Saint-Martin. — 33 et 34. Louage d'un cheval pour porter les brigandines et salades des francs-archers du pays; M. du Bosc réclame une somme prêtée par lui à l'ancien archer de Riscle. — 35. Subside de Rose d'Armagnac; les consuls de Riscle s'engagent à fournir trois quintaux de plume et à les porter à la foire Saint-Sernin, à Toulouse. — 36. Passage

(1) Écorce de chêne pour tanner le cuir.
(2) Le bois de la Barthe appartenait à la ville de Riscle, voilà pourquoi les consuls font saisir le tan et le font vendre à l'encan.

à Riscle du sénéchal de Toulouse. — 37. Honoraires de l'assesseur des consuls. — 38. Cadeau à une nouvelle mariée. — 39. Les jongleurs de Lambeye viennent jouer à Riscle le jour du mardi-gras. — 40. Loyer de l'école. — 41. Réparations à deux portes de la ville. — 42. Arrentement des revenus communaux; adjudication de la levée d'un impôt de 40 pipes de vin. — 43. Travaux faits à l'église Saint-Pierre de Riscle par Jean de Chartres, maître maçon. — 44. Élection consulaire, le jour de Noël. — 45. Honoraires des prêtres du purgatoire.

Despensa feyta per Bernad d'Aurelhan, Berdot de Sant-Pot, Ramoned d'Argelos e Johanot Fontanhera, conselhs de la vila d'Ariscla en l'an mil IIII^c IIII^{xx} e XIX, anxi que dejus s'ensec.

1. Item, lo segond jorn de gener, bengo mossenh jutge per auguns negocis que abe a besonha en la vila; que fo apuntat per lo coselh que lo trametossam deu bin, e anxi a fem, que l'on trametom quatre terseras; costan : VIII dines.

2. Item, lo susdit jorn, trametom Berdot Sala a La Area parlar ab mossenhor de Sant-Lana (1) si fora sa plasensa de star noste arbitre, eysems ab maeste Ramon d'Argelos, en la causa qui habem a l'encontra deus conselhs de Nogaro e de Barsalona; de que fe resposta que et era content e que et se trobara a Nogaro audit asignat.

3. Item, lo ters jorn deudit mes, bengo maeste Ramon d'Argelos per anar a Nogaro sus lo feyt deudit arbitratge, ont lo susdit de Sant-Lana se debe trobar; que foc apuntat que mossenh Sans de Poges, Ramoned d'Argelos, Peyrot de Sobira anassan a Nogaro en la companhia deudit maeste Ramon; que disnan prume no partin, que despensan, eysems ab la garda, que ana en lor companhia per podar la torelha (2) dabant a causa que habe torrat; que monta : III sos IIII dines.

4. Item, a VIII de gener, pagam a Johaned Barta, recebedo d'Armanhac, per lo fiu qui fem a mossenhor lo conte, de la Barta, monta : sinc scutz XVI sos X dines I t.

---

(1) Larée, canton de Cazaubon (Gers), appartenait à Géraud seigneur de Saint-Lane, du chef de sa mère Agnès de Larée, épouse de Raymond-Bernard seigneur de Saint-Lane et de Cahuzac.

(2) *Podar la torelha*, couper la glace. Le garde de la ville allait devant pour briser la glace, parce qu'il avait gelé (*torrat*).

ANNÉE 1500.

5. Item, a xvii deudit mes, bengo lo collecto, Johan de Geuna, eysems ab lo laquay, saryant, per demandar argent per lo quarte.

6. Item, bengo hun servidor de mosenhor de Sancta-Crestia per demanda la donasion de mosenhor de Vanas.

7. Item, a dus de feure, fem barrar las portas deu castet, a causa que no podem haber argent deu poble, e lo collecto nos fase despensas.

8. Item, a vii deudit mes, fo apuntat que Berdot de Sant-Pot anessa a Nogaro aus Statz; e anxi a fe.

9. Item, a xii deudit mes, mossenhor de Termes (1) nos trameto huna letra, laqual fase mensio de huna donasio que mossenhor lo tesaure demandaba au pays.

10. Item, a xxvi deudit mes, mossenhor de Sancta-Crestia nos trameto hun mesatge per nom de mossenhor de Labrit, a causa de augunas gens que habe sus lo pays, e nos mandaba que fessam las mustras e nos trobar en punt e en armas, si besoy era.

11. Item, a xxix deudit mes, fem manda los havitans per far las mustras, auxi que nos era stat manda.

12. Item, a iiii^{te} de mars, mossenhor lo jutge nos trameto huna letra, que nos volossam troba aus Statz, ont debent star los gentius homes d'Armanhac; de que hy ana Berdot de Sant-Po, e no hy ago degun gentilhome part dela.

13. Item, lo sinque jorn deudit mes, fem amassar lo cosellr, a causa que no podem haber argent deu poble, e lo collecto nos fase despensas, a causa que lo eram debens de segont quarte; de que foc dit que Mono d'Argelos nos prestara la soma de quoaranta scutz de quo a Sent-Myqueu de setema, si lo volem balhar magenca (2) per vene iiii^{te} pipas de bin a dus arditz piche; de que fo apuntat que prengossam losditz quaranta scutz e que lodit d'Argelos agossa ladita magenca; e aqui foc Berdo de Lafitan disen que et no hy consentiba, car a lu fora enteresse cum a arendado de las ympositios de la taberna; don fo apuntat que lodit de Lafitan agossa la ymposition doble de lasditas iiii^{te} pipas de bin;

---

(1) Jean d'Armagnac, seigneur de Termes, venait de succéder à son père, mort à la fin de l'année 1498. Voir le compte de 1498, art. 50.

(2) Nous avons indiqué, page 62, la provenance de ce mot par lequel on désignait la licence de vendre le vin au mois de mai. Voir aussi page 36.

e anxi fo feyt; que montan las ympositios dobles : dus scutz XVII sos IIII dines

14. Item, a VI deudit mes, fo apuntat que trametossam hun mesatge a La Area a mossenhor de Sant-Lana, que fossa sa plasensa de se troba a Nogaro sus lo feyt de l'arbitratge au jorn asignat.

15. Item, a IX deudit mes, fo apuntat que mossenh Sans de Poges, Berdot de Sant-Pot, Ramoned d'Argelos anassan a Nogaro ont mossenhor de Sant-Lana se debe troba, sus lo feyt de l'arbitratge; de que, quant ban star part dela, lodit de Sant Lana s'i troba, e no podon apuntar re, mas prolongan lodit arbitratge dequi a mey caresme.

16. Item, crompam dotze panms de roge e dotze de bruneta, per far los capayros, anxi que es acostumat (1); que costa lodit drap : X scutz.

17. Item, a XXVI deudit mes, fo apuntat que Ramoned d'Argelos, Johanot Fontanhera anassan a Nogaro, hont se debe troba mossenhor de Sant-Lana; e quant foran part dela, lodit de Sant Lana no hy fo punt, mas no trameto a dise per mossenhor de Borolha que prolongassam lodit arbitratge dequo a Pasquetas (2), e anxi a fem.

18. Item, a VIII d'abriu, fo apuntat que Johanot Fontanhera e la garda anessan a Nogaro parlar ab maeste Ramon de Baradat, que volossa sercar lo instrument hont lo prio de Semont (3) es obligat a contribui cascun an au torre de sta bila en la soma de quoate florins e mey.

19. Item, la bespra de dibes sant, crompam huna torcha de Berdo de Lafitan per far lumynaria au *Corpus Domini* au monyment (4); que costa la soma de IIII sos.

---

(1) Voir compte de 1497 art. 27.
(2) *Pasquetas*, terme encore usité pour désigner le premier dimanche après Pâques, dit de *Quasimodo*.
(3) Le Prieur de Saint-Mont, Roger de Labarthe.
(4) Au monument sur lequel on expose, au Jeudi-Saint, le *Corpus Domini*. Ce passage est curieux pour l'histoire de la liturgie. Aujourd'hui l'exposition du *Corpus Domini* cesse le Vendredi-Saint, au matin, à la messe des présanctifiés. A Riscle, en 1500, le soir du Vendredi-Saint, l'exposition durait encore. Il est probable qu'elle se continuait jusqu'aux premières vêpres de la Résurrection.

20. Item, lo xv⁰ deudit mes, ana a Nogaro Berdot de Sant-Pot portar l'argent de la donation de mossenhor de Banas au procurayre per luy deputat; que lo paga per nosta quota part e portion la soma de bint e nau liuras e meya, que montan lasditas liuras bint e hun scut[z] quinse sos quoate dines.

21. Item, a xxii deudit mes, fo apuntat que Berdot de Sant-Pot anassa parlar ab maeste Ramon d'Argelos, e aso sus lo feyt de l'arbitratge deu rebays deus foex; e lo porta hunas ancas de crabot (1) de present; costan : 1 sol.

22. Item, a xxviii deudit mes, fo apuntat que mossenh Sans de Poges, maeste Ramon d'Argelos, Berdot de Sant-Pot, Johan de Mayne anassan a Nogaro, hont se debe troba mossenhor de Sant-Lana, noste arbitre, per diffinir e declarar sus lo feyt deu rebays deus foex qui eram en desacort ab Nogaro e Barsalona, e losditz de Nogaro e de Barsalona deben haber lodit jorn los arbitres; e anxi ac agon, e definin e declaran los arbitres eysems ab los nostes que losditz de Nogaro portaran hun foec per l'espasi de nau ans, passat losditz nau ans nos autes l'auram a portar lodit foec, anxi cum apart debant; au regart de las despensas ne la huna ne l'auta partida no es stada condempnada.

23. Item, lodit jorn, agom goeyta-portas a causa que se moriban a Gotz de ympudymya (2); que agom tres homes per goayta, que era jorn de marcat.

24. Item, balham de present au clabari de capito dus barbeus e huna endoca d'aseyas (3) per tau que nos donasa terme; que costa lodit peys : tres sos.

25. Item, lo prume jorn de jun, fo apuntat que Johanot Fontanhera anassa a Nogaro, per beser las combenensas que se eran feytas enter lo collecto et lo pays a la cieta, a causa que lodit collecto nos vole far pagar debant lo terme.

26. Item, a xiii deudit mes, fo apuntat que apuntassam ab lo

---

(1) Des hanches (*ancas*) de chevreau, c'est-à-dire deux cuissots de chevreau.
(2) Epidémie.
(3) *Aseya*, siège, nom vulgaire d'une espèce d'able, appelé aussi poisson blanc, très commune dans nos rivières. Le sens du mot *endoca* nous échappe, mais il doit désigner un récipient quelconque. Les consuls offrent au trésorier du chapitre deux barbeaux et un plat ? ou un panier ? de sièges.

franc arche au melho qui podossam de la pensio qui la bila lo era obligada cum ha franc arche ; de que apuntam ab lodit franc arche a la soma de sinc scutz, e franc e quiti per la present aneya de sas talhas e que lo instrument hont nos lo eram obligatz fossa romput, que nos lo requitabam e et nos requitaba.

27. Item, a xv deudit mes, bengon los Boeys (1) ; que fo apuntat que botossam goeytas-portas ; e anxi a fem : de que despensan en dus jorns que hy demoran : ii sos.

28. Item, a xxvi deudit mes, bengo Nautet, filh de Guilhem, baque, disen que au bosc habe bint e sinc ho trenta personatges que darocaban lodit bosc e l'on portaban enta Causac ; de que foc apuntat que fessam mandar gens per anar part dela ; e anxi a fem ; e hy ana lo bayle e los cossos, eysems ab d'autres ; de [que] quant ban star part dela, troban que losditz de Causac ban star ja partitz.

29. Item, trametom la garda a Marsiac per veser la carn deu moto cum se bene ; de que troba que la benen la liura deudit moto a quoate arditz e mey. — Item, a xxix deudit mes, trametom la garda aus conselhs de Marsiac de nos tramete sertificansa sayerada de lor saget, contien a quant se bene liura de moto part dela, atenut que los maseres de sta bila no la volen debaysar ausditz quoate arditz e mey a la relatio de la garda (2).

30. Item, a xv d'aost, agom hun mandament de las pars deu

---

(1) Ce mot avec une abréviation désigne peut-être les *Bohémiens* ?

(2) Le prix de la viande était généralement réglé par un article des Coutumes. Lorsque les Coutumes se taisent sur ce point, l'usage ou l'autorité consulaire y pourvoyait. Pour la viande de mouton, base de la nourriture du peuple, dans ces pays de pâturages, le prix variait à certaines époques fixes de l'année, suivant que l'herbe abondait ou diminuait.

Le 25 juin 1488, les habitants de Nogaro se plaignirent à leurs consuls que les bouchers vendaient toute l'année la viande de mouton à cinq ardits la livre. Les consuls mandèrent les bouchers et leur rappelèrent « quod consuetudo erat « in dicta villa, quod carnes mutonum vendebantur, a festo Pasche Domini « usque ad festum Pentecostes ad quinque arditos ; et a festo Pentecostes « Domini usque ad festum beati Barnabei apostoli (11 juin), ad quatuor arditos « cum dimidio ; et a dicto festo beati Barnabei in antea ad quatuor arditos « quelibet libra ».

En conséquence, ils enjoignirent aux bouchers, « sub pena legis baiuli et « confiscationis carnium, » d'avoir à se conformer à la Coutume. On voit que le même usage était en vigueur à Riscle : l'herbe devenant plus rare en juin, le prix de la viande devait diminuer.

capitayne deus franx arches, que nos mandaba que agossam a menar nostre franc arche a Hautvila (1).

31. Item, a XVIII deudit mes, crompam detz paums de mescla per far fauqueton au franc arche; que costan : detz e set sos sey dines.

32. Item, a XXI deudit mes, fo apuntat que totz quoate cossos anassam a mossenh de Sant-Martin (2), en lo pregan que nos volossa far plaser de quoaranta scutz; de que nos fe resposta que et nos los prestara per hun an complit, en lo pagan lo enteresse; de que lo portam de present hun carte de moto, que costa : II sos. — Item, pagam audit de Sant-Martin per lodit enteresse deusditz quaranta scutz : IIII scutz.

33. Item, lodit jorn, parti Berdot de Sant-Pot ab lo franc arche, per lo menar a Hautvila; de que, quant fo a Nogaro, lo fe far lo fauqueton; costa de la fayson : II sos. — Item, lodit jorn, lodit de Sant-Pot fe adobar las bergantinas a Nogaro de coreyas e de fieras; que costa : III sos. — Item, lodit jorn, partin de Nogaro per anar audit Hautbila; de que los cossolatz logan hun rossin per portar las bergantinas e las celadas deus franx arches; de que ne pagam per nosta quota part : II sos VI dines. — Item, quant foran audit Hautvila, aqui fo lo capitayne deusditz franx arches; de que lheba per cada franc arche : quinse sos hun tolosa.

34. Item, lodit capitayne manda que las mustras fossan feytas; e aqui fo mossenhor deu Bosc, que fe arrastar audit de Sant-Pot, a cause que Guysarnaud d'Audirac, arche de sta bila en lo temps passat, n'abe malhebat hun franc de Rey; de que l'on paga lodit

(1) Auvillars.
(2) Manaud, seigneur de Saint-Martin, près Riscle. Il avait épousé Jeanne de Pardaillan, qui testa, étant veuve, le 9 janvier 1532, en faveur de Gabriel et de Charles, ses fils, et d'Isabelle et Madeleine de Saint-Martin, ses filles, et institua héritier universel Jeannot de Saint-Martin, fils naturel de Gabriel dit le capitaine, son fils. (Arch. du Gers, couverture d'un registre du sénéchal d'Armagnac, année 1568). En 1555, la seigneurie de Saint-Martin appartenait par acquisition à Nicolas Danger, évêque de Mende, chancelier du roi de Navarre. A la fin du siècle dernier, cette terre, qui avait passé de l'évêque de Mende à la maison d'Ornano, était encore à vendre. Il est dit dans le placard de la vente qu'elle consistait en un grand et entier château, flanqué de deux beaux pavillons, avec cours autrefois fermées en grilles, construit sur une petite éminence et sur de vastes souterrains, le tout voûté et construit en brique ou pierre de taille.

de Sant-Pot: quoate sos seys dines. — Item, paga lodit de Sant-Pot a l'enroclado deus franx arches : hoeyt dines. — Item, despensan lodit de Sant-Pot e lo franc arche tant en ana que en torna et part dela; que sten seys jorns et sinc neytz; monta : I scut v sos.

35. Item, a XX d'octobre, bengo hun comisari eysems ab lo bayle d'Armanhac, e aso per nos excequtar per la donasio autreyada en lo temps passat a madamysele Rosa d'Armanhac (1); de que apuntam ab lodit comissari de ladita donasio a dus scutz e a tres quyntaus de pluma; lo prometom de porta ladita pluma a la fera de Sant-Sesarni a Toloza (2), e los dus scutz lo pagam aqui metis.

36. Item, a VI de nobembre, passa sta bila lo sen[es]chal de Tolosa (3); que fo apuntat que lo tremetossam present de bin; anxi a fem.

37. Item, a X de desembre, pagam a mossenhor lo jutge cum a accesso de la vila : II scutz.

38. Item, pagam a Peyro de Las Coreyas duas canas d'aroset, lasquaus eran stadas prometudas a Johaneta deu Sans, sa molhe, quant fo nobia; e lo balham per lodit drap : quatorse sos. — Item, anxi metis, pagam a ladita Johaneta, quant fo nobia, huna bana de bin, que costa : II sos.

39. Item, fo apuntat que pagassam aus joclas de La Embeya (4), a causa deu servici qui haben feyt a l'entrat caresma : dus scutz.

40. Item, pagam aus heretes de Auge Dasta, en solutio de paga deu logue de la scola de la aneya present : IIII sos X dines.

41. Item, fem adoba la comporta deu Bordalat e lo bareu deu bisquet de la porta deu Cambadia; que lo fem far nau a Johan de Mombet, menuse.

42. Item, a XIII de desembre, fo apuntat que arrendassam las ympositios deu maset e de la taberna e los taules, e anxi metis

---

(1) Voir le compte précédent, article 60.
(2) La foire de Saint-Sernin, 29 novembre.
(3) Charles, bâtard de Bourbon, baron de Malauze, avait succédé, dans la charge de sénéchal de Toulouse, à son beau-père Gaston du Lyon, mort en 1485. Il exerça cette charge jusqu'en 1509.
(4) *La Embeya*, Lembeye, chef-lieu de canton des Basses-Pyrénées, à peu de distance de Riscle.

que fessam hun empaus de quaranta pipas de bin, e que lasditas impositios fossan botadas a la candela (1) e fosan liuradas au plus oferent; de que Leberon de Poges hy fe dize a sent sincanta scutz a paga dabant man, e Berdo de Lafitan hy fe suberdisse a sent sincanta e dus scutz; e lasditas impositios se liuran audit de Lafitan cum a au plus auferent.

43. Item, pagam a maeste Johan de Chartas, peyre, en deduxio de mayor soma a lu deguda per los obres de la fabrica de Sant-Pee d'Ariscla, e aso a causa de l'obratge que lodit de Chartas a feyt en la gleysa deudit Sant-Pe de Riscla; que monta : XVI scutz I sol IIII dines (2).

44. Item, a XXV deudit mes, que era lo jorn de Nadau, quant agom elegitz los cossos, agom dus piches de bin per far collatio a la gleysa; que costan : VI dines.

45. Item, fo apuntat que balhassam a cascun deus caperas de purgatori per augun servici que fen a la requesta de la bila, de Sancta Crotz de may de quo a Sancta Crotz de setema, so es cascun jorn apres que an celebrat la missa maytiau de purgatori que disen la missa de Nadau eysems ab la Passio, e los quoate Eubangelis; que fo apuntat que cascun agossa mey scut, e anxi los hy abien pagat; que monta : V scutz (3).

REDDITION DES COMPTES DE 1500.

L'an mil sincq centz (1501) et lo XVIII jorn deu mes de feure, en la mayson de Berdot de Sent-Pot, scituada en lo castet, lodit

---

(1) La ferme des impôts fut mise à la chandelle. Cette manière de mettre aux enchères est encore usitée dans nos campagnes. On allume un bout de chandelle et tant que la mêche brûle les enchères sont ouvertes. Nous avons vu ailleurs l'expression *mete au corn*, mettre à la trompette, c'est-à-dire à la criée.

(2) Maître Johan de Chartas, maçon, paraît un personnage. Cette qualification de *peyre* doit aussi s'entendre d'architecte. C'est lui qui est chargé de la restauration de l'église de Riscle. Nous verrons plus loin (1501, art. 99) les consuls assister au mariage de son fils et contribuer à la dépense du festin nuptial.

(3) Voir le compte précédent, art. 74.

Berdot, Bernad d'Aurelhan, Ramonet d'Argelos et Johanot Fontanhera, conselhs de l'an LXXXXIX e finitz l'an v°, redon lors condes a Berdot Sala, Bernadon de Lafitan, Besin deu Pandele e Menyon deu Magent, conselhs de l'an present.

Recettes. — Mustran que aben recebut en tres talhas tres centz LXXXXI scut[z] IX sos V dines; etc.

Dépenses. — Et aqui metis, mustran que agon despensat la soma de sincq centz quatre scutz tres dines. Et ayxi, feyta vertadera calculation, monta mes la despensa que la recepta hun sol oeyt dines.

Et per major fermessa, jo Bernad de Teza, notari habitant de ladita vila de Riscla, ey scriuta la present conclusion, presentz lo discret home maeste Johan de Sant-Guilhem, notari, mossenh Sans de Poges, caperan, mossenh Arnaud deu Poy, etc.

B. DE TEZA, not.

XLIII.

COMPTES DE L'ANNÉE 1501.

RECETTES.

SOMMAIRE: 1 et 2. Levée de trois tailles. — 3. Vente de cinq grosses cordes, achetées pour le pont de l'Adour. — 4. Vente de blé, de méteil et de seigle. — 5. Prêt de 22 écus par les ouvriers de la fabrique de Saint-Pierre. — 6. Arrentement des revenus communaux.

Recepta feyta per Berdot Sala, Bernadon de Lafitan, Menyon deu Magenc e Besin deu Pandele, conselhs de la bila d'Ariscla en l'an mil V° comensan a la Natibitat de Nostre Senhor Diu Jhesu Christ, e finin a la susdita festa l'an rebolut sinc sens et hun.

1. Prumeramens, mustran que aben recebut en duas talhas a lor autreyadas per lo conselh de la susdita bila, la huna de dus cens scutz e l'autra de sent sincanta, lascaus son stadas metudas

en huna; de que foc impauzat per liura grossa set sos e per liura prima hun so dus dines.

2. Plus, mustran que aben recebut en huna autra talha a lor autreyada per lo conselh susdit de la soma de sinquanta scutz; vale liura grossa hun so, e per liura prima dus dines.

3. Plus, mustran que aben recebut per benda de sinc bagas vulgaument aperat cordas, de las qui aben crompadas per lo pont de l'Ador; que fon beuudas a hun so pessa; que montan : sinc sos.

4. Plus, mustran que aben recebut per benda de bint e nau quartz de froment, quaranta e dus de mestura e seys de secle; que fo benut quart de froment a sinc sos, quart de mestura a tres sos seys dines, quart de secle a tres sos quatre dines; locau blat foc malhebat de Arnaut d'Armau, bayle de Gotz; que monta l'argent qui s'es agut deudit blat : detz e set scutz e seys sos.

5. Plus, mustran que, cum fossa apuntat per lo conselh que om parlessa ab Arnauton de Poges e Bernadon de Lafitan, obres de la fabrica de mosenhe Sent-Pe, que atenut que Menyolet de Baganos, marchant de Vilar, tie en sentencia Berdot deu Poy e sous companhos, a causa que la bila l'era debenta en la soma de quaranta e tres scutz seys sos, e nos menassaba de far mayors despensas, que los susditz obres nos bolossan far plaze de bint o bint e sinc scutz; don fen resposta que etz non aben punt deu de l'obra per ne suplir a la bila, mas etz eran contentz de presta a la bila cada onza scutz deu lor propi, afin qus lodit de Baganos fossa contentat e que lodit de Poy e sous companhos agossan absolution ab huna que fossan pagatz a la colhuda deu blat de Sent-Pe e que la bila paguessa lo blat a Sent-Pe; don fo apuntat que ayxi fossa afin de ebitar e fugir mayors despensas; per so fen assi recepta de la susdita soma de bint e dus scutz.

6. Plus, mustran que, cum fossa apuntat per lo conselh que atenut que la tersa part de la present aneya abem a pagar a nostre senhor lo Rey lo prume jorn deu mes de dessembre de la present aneya condan v^c e hun, que l'arendament deu maset e teberna e taules fossan arendatz; e ayxi fo feyt; don Guiraut de Sant-Guilhem dixo en l'arendament deu maset a huna man a la soma de sincanta scutz, paguan losditz cinquanta scutz debantman o aportar descarc de ladita soma deu collector d'Armanhac;

e ayxi s'aliura audit de Sant-Guilhem cum au plus auferent, e per so lodit de Sant-Guilhem a aportat descharga deu collector de ladita soma per huna letra scriuta de la ma deudit collector; per so ne fem recepta : sincanta scutz (1).

DÉPENSES.

Sommaire : 1. Proclamation des ordonnances des consuls. — 2 et 3. Lettre de l'archevêque d'Auch, priant l'évêque d'Aire de réconcilier le cimetière de Riscle; dépenses occasionnées par cette cérémonie religieuse. — 4-6. Inondations; impossibilité de passer l'Adour à Riscle; il faut aller à Saint-Mont. — 7. Gages de deux sonneurs, à l'entrée du carême. — 8 et 9. Travaux divers au pont de l'Adour. — 10. Chaperons consulaires. — 11. Achat de 19 quintaux de foin. — 12-14. Mutations à l'allivrement de la ville; le seigneur d'Armentieu assiste à cette opération. — 15. Cierge pascal. — 16. Torche pour le vendredi-saint. — 17. Don de trois écus au juge d'appeaux pour aller prendre ses grades de licence à Toulouse. — 18. Manteau du garde. — 19. Excommunication des consuls pour dette. — 20. Honoraires dus au juge-mage d'Armagnac pour un rapport. — 21 et 22. Travaux à la tour pour la suspension des cloches. — 23 et 24. Rupture d'une poutre au pont du moulin; on en met une autre. — 25. Vingt hommes de Riscle accompagnent le juge d'Armagnac à Plaisance. — 26. Prêt de 18 florins d'Aragon par un habitant de Viella. — 27. Installation du juge d'Armagnac à Riscle pour un mois ou deux; on lui donne une pipe de vin. — 28. Mariage du seigneur de Cannet; une collation lui est offerte lors de son passage à Riscle avec sa jeune femme. — 29. Demande d'argent par le collecteur. — 30. Réparation de la trompette de la ville. — 31. Examen des comptes par le procureur d'Armagnac. — 32. Refus du seigneur de Camortères de payer la taille; saisie. — 33. Funérailles de M. de Termes, frère de l'abbé de Tasque; les consuls y assistent et offrent quatre torches. — 34. Service anniversaire pour madame de Viella. — 35. Bénédiction des églises de Mourès et de Balambits par l'évêque (d'Aire). — 36. Maladie contagieuse. — 37. Assemblée des États à Auch pour l'impôt des lances. — 38. Don de douze douzaines d'anguilles à Rigaud et Huguet Magnan, clercs du pays d'Armagnac. — 39. Mariage du fils de Jean de Chartres, maître maçon. — 40. Prisonnier réclamé par le baile majour de Rivière-Basse. — 41 et 42. Assiette des impôts à Nogaro; gratification de 200 francs accordée au trésorier d'Armagnac; refus des consuls d'Aignan et de Riscle de contribuer à cette donation. — 43. L'un des consuls va à la foire de Lourdes pour vendre du vin; les marchands de Lourdes et d'Argelès n'en veulent donner que 40 sous de la pipe. — 44 et 45. Procès intenté par M. de Camortères au sujet de la saisie faite chez lui; dires des avocats des parties. — 46. Loyer de l'école. — 47 et 48. Construction d'un pont pour monter à la tour. — 49. Honoraires des prêtres du purgatoire.

(1) La recette de cette année, y compris les revenus de la taverne et de la boucherie, 152 écus, et autres articles dont nous n'avons pas tenu compte, s'éleva à la somme de 779 écus 13 sols 6 deniers.

ANNÉE 1501.

Despensa feyta per Berdot Sala, Bernadon de Lafitan, Menyon deu Magenc e Besin deu Pandele, coselhs de la bila d'Ariscla en l'an mil V^c, etc.

1. Prumeramens, lo ters jorn de Nadau (28 décembre 1500), fon cridadas las ordenansas de ladita vila, e los conselhs de Causac que bengon e aportan lo fiu qui fen de la Barta annuaument; de que anam beue eychemps.

2. Item, foc apuntat per lo conselh que Berdot Sala anassa Ayra portar huna letra que mossenhor d'Aux (1) abe termetuda, lacau anaba a mossenhor d'Ayra, on contie que se bolossa transportar part desa per reconciliar lo semiteri, a causa que era enterdit (2).

3. Item, lo xxx^e jorn de dessembre, bengo mossenhor d'Ayra per reconciliar lodit semiteri; on abe en sa companhia dotze personatyes e detz rosins; que agon la sopada e disnada, can agon reconsiliat lodit semiteri, despensan tant pan, bin, carn, fen, sibaza, luminaria e autras cauzas, que monta tot : quatre scutz tres dines.

4. Item, bengo huna inhondation d'ayga; que termetom las gardas au pont de l'Ador per stacar las platas que non anassan.

5. Item, a xii de feure, bengo huna inhondation d'ayga; que fem anar las gardas stacar las platas au pont de l'Ador.

6. Item, termetom la garda beze lo cap deu pont de l'Ado de dela si n'era anat; e ago ana passa a Sent-Mont, a causa que asi no podo passa.

7. Item, foc apuntat que pagassam a Coeychot e a son companhon, que aben tocat a l'entra caresme cascun quatre jorns, que los donam : viii sos iiii dines.

8. Item, crompam onze liuras e meya de fe per ferrar los carretz (3) per lo malh-moton e per far hun anet per lo cap deus

---

(1) Jean de la Trémouille, archevêque d'Auch, 1490-1507.
(2) Voir le compte de 1499, art. 54..
(3) *Carretz*, poulies. Aujourd'hui ces petites roues se font généralement en métal, autrefois elles étaient en bois, garnies de ferrures. Nous avons donné à ce mot, page 132, une fausse signification qu'il faut rectifier avec la présente note.

stans; que costa lodit fe : dus sos detz dines. — Item, pagam per fa far las ferraduras e l'anet a Berdot Sala : dus sos oeyt dines. — Item, seu e segin (1), duas liuras e meya per untar las cordas e carretz; que costan lodit seu e segin : hun so oeyt dines.

9. Item, despensan los dessus nomentatz e autres cum eran carrates e autras gens de besiau, tant au pont de l'Ador a bastir los cobles (2) e terrar e far los tenhos e tenhoar (3) e pichar las fustas, en pan, bin, peys, oli e autras causas; que monta lo tot en huna soma : sinc scutz nau sos quatre dines.

10. Item, a XIII de mars, de mandament deu conselh, crompam dotze paums de bruneta e dotze de roge per nos fa far los capayros, ayxi que es acostumat; que costa lodit drap : nau scutz. — Item, termetoù serca losditz draps a Euza, que donam au mesatye : oeyt dines. — Item, pagam per far tone lodit drap deus capayros; que costa : quatre sos. — Item, pagam per la fayson deusditz capetz a Berdot de Sempot, sarto : oeyt sos.

11. Item, crompam detz e nau quintaus de fen e mey a tretze arditz hun tolozan lo quintau; que monta : dus scutz oeyt sos sinc dines.

12. Item, pagam a Leberon de Poges, Berdot d'Argelos-Auno, Peyron de Lafitan, Arnauton de Poges, a casqun de lor dus scutz, e asso a causa que los era stada balhada quarga de rebaychar los manantz e habitans de sta bila qui fossan obs rebaychatz e de puyar los qui fossan obs puyatz, segont Diu e los consiensas.

13. Item, foc apuntat que pagassam la despensa a las gardas, can mandessan la gent a anar a l'aliurament.

14. Item, bengo mossenhor d'Armentiu a l'aliurament, e maste Pey d'Argelos aporta la seda de las conbenensas qui son enter lodit d'Armentiu e la bila (4); de que fem mandar detz o dotze conselhes per auzir lasditas conbenensas e la resposta que lodit d'Armentiu fera.

(1) *Seu e segin*, suif et saindoux.
(2) *Cobles*, poutres. Voir Ducange, *Glossaire*.
(3) *Tenhos*, soliveaux, a formé le verbe *tenhoar*, qui exprime l'action de placer les soliveaux, *tenhoar lo pont*.
(4) Nous avons donné en note au compte de 1489, art. 6, la cède « *seda* » de l'accord fait entre Antoine de Laffargue, seigneur d'Armentieu, et les consuls de Riscle.

15. Item, fem abilhar los ciris au prio de Baulenx; de que crompam tretze liuras set onsas de sera a bint e dus arditz liura; que monta : II scutz XIII sos V dines. — Item, crompam verdet ab deusditz ciris, que costa : IIII dines.

16. Item, de mandament deu conselh, crompam huna torcha per la botar la neyt deu dives sant au monument; que costa : quatre sos.

17. Item, pagam a mossenhor lo jutge d'apels, a causa de una donation que la bila l'abe feyta, cau s'en ana far licenciat a Toloza; que monta la soma de tres scutz.

18. Item, crompam set paums de paumela et set de bert per fa far la pelha a la garda; costa lodit drap : hun scut oeyt sos.

19. Item, Berdot Sala, Bernadon de Lafitan anau a Bilar parlar ab Menyolet de Baganos, en lo pregan que fossa sa plasensa que Berdot deu Poy e sous companhos agossan absolution clara, que en breu et agora la melhor part de l'argent qui l'era degut; e fo content.

20. Item, a XVI de jun, bengo hun servidor de mossenhor lo jutge maye per nos far executar per lo report de hun proces que abe reportat en la causa qui abem ab mossenhe d'Armentin en la cort de mossenhor lo senechal d'Armanhac; e fo apuntat que lo pagassam, e ayxi a fem : XIII sos VI dines.

21. Item, botam a pretz feyt a far la casa deus ceys (1) a Anthoni, fuste; de que lodit fuste se deu darocar los cassos e picar

---

(1) La chambre des cloches. Sorte de cage en bois, comme on en voit encore dans beaucoup de vieilles églises, placée sur les dernières assises de la tour du clocher et toujours terminée en flèche ou en pignon. Ces cages à cloches, particulièrement favorables à la diffusion des ondes sonores, étaient autrefois d'un usage très répandu. Le 8 juillet 1585, les consuls de Riscle firent encore réparer la cage des cloches et passèrent, pour cette réparation, un traité avec Arnaud Laben, dit lo Gay, charpentier de Viella, lequel « a prins de bastir et construire
« la maison sur la tour ou cloucher de ladite ville comme s'en suyt : c'est assavoir
« les plattes servant de platteforme avec les machecoulis tout à l'entour de
« ladite tour, garny des embantz ouvers honnestement, et les quatre caratges,
« fenestres et crosilhons à deux parties, de la haulteur de onze pans, et los
« estautz campanès et saulmiers campanès de la haulteur, les estautz, de vingt
« pamps et les saulmiers, comme sera besoing, et mettre les cabirons, lattes,
« cloups, tuiles crochets à quatre canes, en luy rendant le fustage sur le lieu, le
« tout pour le prix de 105 livres tournois et dix quartz de froment. » (Dumas, not. à Riscle. Arch. du Séminaire d'Auch, numéro 47335.)

las fustas qui seran besoy en lodit obratye a sous despens, e nos de pagar la soma de seys scutz oeyt banas de bin; e ayxi abem feyt; que monta lo tot : vi scutz x sos viii dines.

22. Item, crompam cegin per untar las cordas, can poyaban ladita fusta a la tor; costa : hun so. — Item, crompam duas cordas e hun liam per pogar ladita fusta a la tor; lascaus puys apres fon metudas en las squiretas; que costan : i so ii dines.

23. Item, se rompo hun peytadau (1) en lo pont deu molin; de que fem mete duas colanas debat part, que fo donat au qui los hy bota : seys dines.

24. Item, pagam au maeste qui adoba la caza deus ceys de la tor, per botar hun peytadau en lo pont deu molin, tant de jornaus que despensa : tretz sos quatre dines.

25. Item, bengo mossenhor lo jutge sta bila e nos prega que lo prestessam dezaoeyt o vint companhos per anar entro a Plazensa; e ayxi fo feyt.

26. Item, fo apuntat que, atenut las despensas qui lo collector nos faze e la indigensia de la praube gent que no poden pagar lors talhas, que om anessa malhebar en cauque part dezaoeyt o vint scutz per contentar lo collector; don Berdot Sala, Bernadon de Lafitan e Menyolet deu Magenc anan a Vilar pregar a Menyolet de Baganos que nos volossa far plaser de ladita soma, car ab l'ayde de Diu et fora contentat au plus breu qui podoram; don lo susdit de Baganos fe resposta que et nos prestera dezaoeyt florins d'Argon; e ayxi affe.

27. Item, de part de mossenhor lo jutge bengon au conselh Bernad de Drulhet e Peyrot deu Sobiran en dizen que lodit mossenhor lo jutge abe deliberat de s'en vie demora sta bila per hun mes o dus per metre en ordia beucops de besonhas de la bila, e mes que mes tocant lo feyt de justicia, e que et pregaba a tot lo conselh que lo bolossam donar huna pipa de bin; de que aqui fo apuntat que l'agossa, e la crompam de Johanot Fontanhera; que costa : tres scutz.

---

(1) *Peytadau*, grande poutre maîtresse, supportant le plancher du pont, équivalant au cintre. La forme latine *pectadalum* dérivée de *pectus*, poitrine, a produit *peytadau*. Sur les deux *peytadaus* parallèles étaient placés les *tinhos*, recouverts par les *platas*, planches.

ANNÉE 1501.

28. Item, anam a la festa nupciala de mossenhor de Canet (1); de que lo portam de present quatre motos; que costan : hun scut seys sos. — Plus, lo portam duas torchas que pessaban sencles liuras; que costan : oeyt sos. — Plus, quatre quartz de sibaza; que costan : v sos. — Parelhament fo apuntat que, can lodit de Canet passessa ab sa molhe, que lo fossa balhada collation e a tota la companhia; e ayxi affen; costa tant bin blanc, roge e claret e las fogassinas, monta lo tot : dus sos oeyt dines.

29. Item, lo segont jorn d'aost, venguo Johan de Geuna, comis per Bernad deu Bedat, collector d'Armanhac, per demandar argent deu ters quarte; e no podo punt aber; e lo prometom que lo dives aprop, que fora la fera de Euza, que et agora argent.

30. Item, fem adobar la trompeta, que era rompuda; que fo donat au maeste per sa pena : tres sos.

31. Item, a xx d'aost, pagam a maeste Pey Barta, procurayre d'Armanhac, per la visita deus condes de l'aneya passada : i scut viii sos iiii dines.

32. Item, a xxviii deudit mes, anam penhera a mossenhor de Camorteras (2), a causa que no vole paga la talha; de que y anam ab vint coselhes o plus.

33. Item, lo segont jorn de seteme, mossenhor l'abat de Tasqua (3) nos tremeto huna letra, lacau contie que mossenhor son fray, mossenhe de Termis era anat a Diu (4), de que et nos pregaba que lo

---

(1) Je ne sais s'il s'agit ici de Géraud de Canet, seigneur de Canet, et de Jeanne de Fosseries, sa femme, dont il est parlé dans une déclaration des revenus de la terre de Canet. Cette déclaration fut faite devant le commissaire du Roi, le 3 juin 1540, «... en l'absence de noble Guyraud de Canet, seigneur « de Canet, en Rivière-Basse, qui est en Espagne depuis trois ans en ça ou « environ ; par Jehanne de Fossarias, femme dudit de Canet, et Mᵉ Fortanier du « Forc, curéde l'église paroissiale de Canet, comme procureur dudit seigneur. » (*Glanage*, Larcher, t. XX, p. 197.)

(2) Auger du Lau, seigneur de Camortères.

(3) Bernard d'Armagnac, frère du seigneur de Termes, était abbé de Tasque depuis 1499. Il avait succédé à son oncle Pierre d'Armagnac (*Revue de Gascogne*, t. X, p. 363).

(4) Jean d'Armagnac suivait de près dans la tombe son père, mort à la fin de 1498 (art. 50). Il était le dernier mâle de sa maison. De son mariage contracté en 1485 (art. 21) avec Catherine d'Armagnac, fille naturelle légitimée du célèbre bâtard d'Armagnac, il ne laissait qu'une fille dont nous parlerons plus bas. En lui s'éteignit cette race vaillante, illustre des seigneurs de

bolossam anar fer honor; de que foc apuntat que y anassam e que portassam quatre torchas; e ayxi affem; que pesan quatre liuras e quart; que costan : dezaset sos.

34. Item, mossenhor de Vilar nos trameto huna letra, on nos pregaba que bolossam anar fer honor au cap d'an de sa molhe (1); de que foc apuntat que y anassam ; e ayxi a fem.

35. Item, trametom oeyt terseras de bin a mossenhor l'abesque, can bengo per benezir la gleysa de Mores e de Balambitz (2); que costan : hun so quatre dines.

36. Item, agom goeyt a las portas de la bila, a causa que se moriban per lo pays.

37. Item, a xIIII de nobembre, parti enta Aux Berdot Sala au coselh deus Statz, per auzir lo bon voler deu Rey; de que, can fo part dela, aqui fon messenhos de finansas, on remustran los comissions per inpauzar los dines de las lansas, ayxi que es acostumat; de que ago a demora lodit Sala part dela tres jorns, a causa que no y abe expedition, perso que los gentiushomis deu pays no geram.

38. Item, a xx deudit mes, termetom Arnaud, la garda, portar dotze dotzenas angelas a Rigalh Manlhan e a Uguet Manlhan (3), clerc deu pays; que costan lasditas angelas: dotze sos. — Item, portam au clerc deu pays hun parelh de perditz de present; que costan : hun so quatre dines.

39. Item, maeste Johan de Chartes, peyre, nos fe conbida a la festa nupciala de son filh Galhart; de que fo apuntat que y anessan totz quatre nos autres, e que agossa present de hun moton e de

---

Termes, dernier débris de la maison d'Armagnac. Avec le comte Charles et le seigneur de Termes, la race de nos comtes disparaissait pour toujours des contrées où elle avait si glorieusement régné pendant plusieurs siècles.

(1) S'agit-il de Marguerite Henriquès de Carras, femme de Roger, seigneur de Viella (voir compte de 1497, art. 6), ou de Catherine de Montpezat, épouse de Charles, seigneur de Viella, fils des précédents ? Nous pensons que c'est cette dernière qui est visée dans cet article. Roger de Viella était tombé en démence, il était pourvu de curateurs au 21 novembre 1500, il ne lui était donc pas possible de convier par lettre les consuls de Riscle au bout d'an de sa femme.

(2) Morès et Balambitz, deux anciennes églises, dans la juridiction de Riscle.

(3) Rigault et Hugues Magnan étaient fils de Jean de Magnan, seigneur de Bernède, près Éauze. Ils avaient pour frères, Aymeric Magnan, chanoine d'Auch, archidiacre d'Angles, prieur de La Réole et vicaire général de l'archevêque d'Auch, et Jacques Magnan, chanoine d'Auch, abbé d'Idrac, en 1506.

huna conqua de bin ; don no ago punt lodit moton, a causa que fe sa festa en jorn de peys (1), mas lo fem present tant de pan, bin, peys e autas cauzas, que monta lo tot : oeyt sos quatre dines.

40. Item, trametom Johan de Cassanaba a Nogaro parlar a mossenhor lo jutge d'apels, e aso per lo demandar conselh sus lo feyt deu presone qui era stat pres e metut en carssa, instigant Perramon Farga, de que lo bayle mayo d'Aribera nos requeriba *in juris subcidium* que lo agossam a balhar lodit presone; don lodit mossenhor jutge lo dixo que no balhessam punt lodit presone desa que mustressan autras cargas a l'encontra de et.

41. Item, a xxv deudit mes, fo apuntat que Berdot Sala, Bernadon de Lafitau, Menyon deu Magenc, Peyrot de Sobiran e Johan de Casanaba anessan a Nogaro a la sieta; e ayxi affen ; don can fon part dela, aqui compari mossenhe lo tezaure Peyronet de Laporteria; de que demandaba recompensa a causa que lo pays d'Armanhac no l'abe pagat aus termes asingnatz, don n'abe agut beucop de dapnatges e despensas tant de retardament de pagas que de enminga de monedas, que montaba plus de dus mila franx; mas que au dives aprop la cieta se enclaora e que et agora cauque bona resposta.

42. Item, lo dives aprop, tornam a Nogaro a la cieta; de que lodit jorn la cieta se conclusi, e fo feyta resposta au susdit Peyronet de Laporteria, tezaure deu Rey, tocan la recompensa qui demandaba, los nobles e propietatz d'Armanhac l'autreyan dus cens franx, exeptat los d'Anha e los de esta bila; don nos dixom au clerc deu pays que no nos cotissessa punt arre deus dus cens franx qui lo pays donaba audit Peyronet, car si affase, nos nos aperabam; don nos fe resposta que no fera punt seys de nostre boler e conget.

43. Item, fo apuntat que, atenut que lo prume jorn deu mes de desembre abem a pagar la tersa part de tot l'an, que om fessa hun enpaus de biis e que Berdot Sala anessa a la fera a Lorda per bezer sy trobera degun marchant part dela que nos crompessa bint o bint e sinc pipas de bin; e ayxi affe; don lodit Sala parti. la vespra de mossenh Sent Andriu (2); enta ladita feyra; don can

---

(1) *Jorn de peys*, jour de poisson, c'est-à-dire jour d'abstinence.
(2) Le 30 novembre.

fo part dela, parla ab los marchantz de Lorda e d'Argeles sy boloram crompar losditz biis; don no troba degun que l'on bolossan donar passat quaranta sos de la pipa, e lodit Sala, bezen que y agora gran perda, s'en torna seys bene losditz biis.

44. Item, ana Berdot Sala a Nogaro a la jornada, a causa que mossenhe de Camorteras nos abe feytz inhibir que no agossam a fer la benda deu blat qui l'abem pres e era apellant en la cort de mossenhor lo jutge deus apels; don can lodit Sala ba este part dela, se adressa a mossenhor lo procurayre d'Armanhac en lo pregan que bolossa compari per nos; don lo fe resposta que et era aparelha[t] de servir la bila d'Ariscla de neytz e de jorns a son poder; e ayxi lodit procurayre compari per nos.

45. Item, a xviii de decembre, Bernad deu Drulhet, Johan de Casanaba anan a Nogaro a la jornada en la causa de mossenhe de Camorteras a l'encontra deu sendic e cossos de sta bila; don l'abocat per lodit de Camorteras dixo que debe aber lo blat qui l'era stat penherat, ab fremanssas, e nostre abocat dixo lo contrari, a causa que ladita execution era stada feyta per los dines deu Rey; don tocan a ladita recresenssa damora a ordena au prume jorn juridic, e tocan a la principalitat, a balhar per casquna partida audit jorn.

46. Item, fo apuntat que paguessam hun scut e mey a maeste Pey d'Argelos, a causa deu logue de son hostau per tie la scola la present aneya.

47. Item, pagam a Johan de Mombet, menuse, per far lo pont enta la tor sus lo cautade, marcat feyt a dotze sos, huna bana de bin; monta lo tot: tretze sos quatre dines.

48. Item, pagam a maeste Johan de Chartes, peyre, a causa que adoba las peyras en la porta de la tor on lodit pont es pausat, enclus morte, despensa e jornau per et e per lo qui lo serbiba; que monta: hun so detz dines.

49. Item, pagam a casqun deus caperas de purgatori, per augun serbici que fen a la requesta de la bila de Sancta Crotz de may de quo a Sancta Crotz de seteme, so es casqun jorn apres que an celebrat la missa matiau de purgatori, que disen la missa de Nadau eycemps ab la Passion e los quatre Evangelis; que es estat balhat a casqun de lor nau sos; monta: sinc scutz.

REDDITION DES COMPTES DE 1501.

L'an mil v° e hun (1502), a x deu mes de feure, en la mayson de Berdot de Sempot, Berdot Sala, Bernadon de Lafitan, Menyon deu Magenc, Besin deu Pandele, conselhs en l'an dare pasat mil v° e hun, redon lor conde a Berdot d'Argelos e Arnaud deu Sobiran e a maeste Pey de Mostayon e a Johan de Sobauera, conselhs en l'an present.

Recettes. — Mustran que agon [recebut] en tres talhas, rebatut gages, greuges e xx dine acostumatz de pasar, que montan en huna soma quatre centz seysanta e quatre scutz sinc sos dus dines; etc. — E aysy montan totas las receptas en huna soma enhubersau cet centz oeytanta scutz set sos oeyt dines.

Dépenses. — E aqui metis mustran que agon despensat en huna soma oeyt centz e oeyt scutz onse sos onze dines.

Lo present conde foc redut en presencia de maeste Johan de Sant-Guilhem, etc., e de my Pey-Ramon Farga, qui lo present conde ey scriut.

Pey-Ramon Farga, *ita est.*

XLIV.

COMPTES DE L'ANNÉE 1502.

RECETTES.

Sommaire : 1. Fief annuel payé par les consuls de Cahuzac. — 2. Vente du droit de souquet sur la boucherie et la taverne de Riscle au chapitre de Nogaro. — 3 et 4. Levée de deux tailles.

*Recepta feyta per Berdot d'Argellos Auno, Arnaut deu Sobiran, maste Pey de Mostayon, notari, Johano de Sobabera, conselhs de la bila d'Ariscla en l'an mil V*ᶜ *e hun comensan a la festa de la*

Natibitat de Nostre Senhor Diu Jhesu Christ, e finin en l'an V^c e dus a la susdita festa l'an rebolut, ayxi que dejus s'ensec.

1. Prumeramens, mustran que aben recebut deus conselhs de Chausac, per lo fiu qui annuaument fen a ladita bila per la Barta; monta : sinc escutz tres sos quatre dines.

2. Item, mustran que aben recebut deus canonges de capito de Nogaro, per benda deu soquet deu maset e de la teberna; que monta : sincanta escutz.

3. Item, mustran que aben recebut en huna talha a lor autreyada l'an v^c e hun e lo viii^e jorn deu mes de jener per lo conselh de ladita bila, de la soma de cent sincanta escutz; e bale liura grossa tres sos, e cascuna de las autras tres arditz ; e assendeys ladita talha en huna soma universau a la soma de sent hoeytanta e hoeyt scutz seys sos seys dines.

4. Item, mustran que aben recebut en huna autra talha a lor autreyada l'an v^c e dus e lo xiie jorn deu mes de jun per lo conselh, de la soma de cent sincanta escutz, e bale liura grossa tres sos, et cascuna de las autras tres arditz; e assendeys ladita talha a la soma de cent e hoeytanta e hoeyt scutz seys sos seys dines.

DÉPENSES.

SOMMAIRE : 1. Réparations aux ponts de la ville. — 2. Créance du chapitre d'Auch; envoi des intérêts. — 3. Consultation d'un avocat au sujet d'un paréage passé entre la ville de Riscle et M. de Camortères. — 4. On réclame à Jean d'Armilh, de Geaune, les clefs d'un coffre contenant des documents intéressant la ville de Riscle. — 5 et 6. Procès Camortères; le procureur d'Armagnac accepte d'être l'avocat des consuls de Riscle. — 7. Venue à Riscle du roi de Navarre, avec 127 cavaliers ; dépenses faites à cette occasion. — 8. Paiement du fief annuel au receveur d'Armagnac. — 9 et 10. Achat de brochets et de tanches au Lin, pour les offrir à M. de Termes. — 11. Procès Camortères. — 12. Venue à Riscle du provincial de l'ordre de la Merci. — 13. Procès Camortères. — 14. Prêt de 60 quartaux de froment par le baile de Goutx. — 15. Venue du juge-suppléant d'Armagnac. — 16. Cierge pascal et torche du jeudi-saint. — 17. Procès Camortères. — 18 et 19. Chaperons consulaires et manteau du garde. — 20. Procès Camortères; la sentence est retardée par suite de l'absence du juge qui est à Notre-Dame du Puy. — 21. Processions et messes pour la conservation des fruits de la terre. — 22 et 23. Jubilé ; les consuls de Riscle obtiennent du vicaire général de l'archevêque d'Auch la faveur d'y participer. — 24. Le juge d'appeaux refuse les fonctions d'assesseur de Riscle. — 25. M. de Termes est envoyé comme ambassadeur auprès du Roi ; la ville de Riscle refuse de contribuer aux frais de cette ambassade. —

26. Prêt de 12 écus par Dominique de Baganos, de Viella. — 27. Change de la monnaie. — 28. Processions et messes. — 29. Cierge pascal. — 30 et 31. Prêt de 50 écus par les chanoines de Nogaro. — 32. Vente des foins appartenant aux forains de Viella, faute de paiement des tailles. — 33. Procès Camortères. — 34. Vin offert au juge d'appeaux. — 35. Venue à Riscle du nouveau juge ordinaire d'Armagnac, M° Nicolas de Mègeville. — 36. Service anniversaire pour M. de Termes. — 37. On bouche une mare dans le cimetière avec de la thuie. — 38. Procès Camortères. — 39. On fait planter quatre croix de bois dans quatre quartiers de la juridiction. — 40. Procès contre des femmes détenues dans la prison de Riscle. — 41 Réparations au pont de l'Adour. — 42. Procès des femmes. — 43. Conseil tenu à Vic. — 44. Curage du trou de la tour où descend le contrepoids de l'horloge. — 45. Dégâts causés au pont de l'Adour par une inondation. — 46. Assiette des impôts à Nogaro. — 47. Nouveau débordement de l'Adour. — 48. Convocation au conseil de ville de tous les chefs de maison. — 49 et 50. Enquête au sujet des pertes éprouvées pendant l'année. — 51. Élection consulaire.

Despensa feyta per Berdot d'Argellos, alias de l'Auno, Arnaut deu Sobiran, maste Pey de Mostayon, notari, Johano de Sobabera, conselhs de la bila d'Ariscla en l'an mil V^c e hun, finin l'an V^c e dus.

1. Primo, lo dare jorn deu mes de desembre (1501), fo apuntat per lo conselh que lo bayle e cossos anessan per las bordas per prene de las fustas qui se trobassan que agossan feytas en la Barta, e asso per reparar los pons de la bila ; e ayxi a feu.

2. Item, lo IXe jorn de jener (1502), parti maste Pey de Mostayon enta Aux, per pagar l'enteresse qui fem a capito deus sincanta escutz, e paga au clabari deudit capito, ayxi que apar per bilheta, que monta sinc escutz. — Despensa lodit de Mostayon en quatre jorns que demora a causa que las ayguas eran grossas, que monta : tretze sos quatre dines.

3. Item, a XV deudit mes, trametom Johan de Casanaba a Nogaro per consultar ab nostre abocat l'esturment deu pariatge qui es enter lo senhor de Camorteras e la bila ; e ayxi a fe.

4. Item, a XXIII deudit mes, trametom Bernad deu Sere a Jeuna porta huna letra a Johan d'Armilh, lacau contie que la bila lo pregaba que fossa son bon plaser de tramete la clau deu cofre deus heretes de Johan Farga, e asso per aber aucuns documens que abe en lodit cofre apartenens a la bila.

5. Item, a IIII de feure, ana maste Péy de Mostayon a Nogaro

per parlar dab mosenhor lo procurayre d'Armanhac, nostre abocat sus lo pleyt qui abem ab lo senhor de Camorteras, e porta lodit de Mostayon a mosenhor lo jutge huna junquera de dromiltz (1); que costan : hun so quatre dines.

6. Item, lodit de Mostayon consulta ab mosenhor lo jutge l'esturment deu pariatge qui es enter la bila e lo senhor de Camorteras, e ayxi metis deus aliuramens, la on se trobaba que Johan de Camorteras, alias de Malhessa, pagaba de augunas pessas de terra ; de lascaus lodit senhor de Camorteras ditz lo contrari.

7. Item, a XII deudit mes, venguo lo rey de Nabarra (2) esta bila, aben en sa companhia cent e bint e set personatges a chibal o plus ; de que fo apuntat que la bila lo donassa fen e cibasa, bin blanc, roge e claret; e ayxi foc feyt; que monta lo tot en huna soma : set escutz sinc sos set dines.

8. Item, a XVI deudit mes, pagam a Arnaut deu Poy, recebedor d'Armanhac, per lo fiu qui annuaument fem a mossenhor lo compte, de la Barta, la soma de sinc escutz setze sos. detz dines.

9. Item, a XIX deudit mes, fo apuntat que Arnaut deu Sobiran e maste Pey de Mostayon anassan au pesque deu Lin per crompa deu peys per ne far present a mosenhor de Termes a sa nabera venguda (3); e crompan quatre lus et setze tenquas (4), que costan, enclus quatre arditz per la garda, que monta lo tot : hun escut quatre sos e hoeyt dines.

(1) *Junquera*, panier en joncs. Un panier d'écrevisses. Voir compte de 1499, art. 31.
(2) Jean d'Albret, roi de Navarre, fils aîné d'Alain d'Albret.
(3) Jean de Bilhères-Lagraulas, seigneur de Camicas, chambellan du Roi, grand maître des eaux et forêts de France, Brie et Champagne, frère cadet de Jean de Bilhères, cardinal, évêque de Lombez, avait épousé, par contrat du 14 février 1501, Anne d'Armagnac, fille unique et héritière de Jean d'Armagnac, seigneur de Termes, et de Catherine d'Armagnac-Lescun. Il fut stipulé dans le contrat de mariage que les enfants qui naîtraient de cette union prendraient les nom et armes des seigneurs de Termes. C'est en vertu de cette clause qu'une seconde maison d'Armagnac-Termes s'est greffée sur l'ancienne. Elle s'est éteinte le 28 juillet 1730, dans la personne de Jean-François d'Armagnac, baron de Termes, seigneur d'Arparens, Izotges, Vieil-Capet, etc., mort sans enfants de Marie de Bossost de Campeils, qu'il avait épousée le 28 décembre 1655.
(4) *Lus*, *tenquas*, brochets, tanches. *Lux* et *luceaux* désignent les gros brochets. Le nom de *brochet* était réservé aux brochets de moyenne grandeur. Les plus petits s'appelaient *lancerons*.

10. Item, lo jorn apres, los susditz deu Sobiran e de Mostayon anan a Termes portar lodit peys e duas cargas de cibasa; que costa ladita cibassa : hun escut seys sos.

11. Item, a v de mars, mosen Sans de Poges, prior de Baulenx, e maste Pey de Mostayon anan a Nogaro a la jornada en la causa de la bila contra lo senhor de Camorteras; e fon produsitz per los susditz en la cort tres aliuramens e hun esturment de combenensas, lascaus son enter lodit de Camorteras e la bila.

12. Item, a vii deudit mes, venguo lo probinciau deus frays de la Merce; de que fo apuntat que lo trametossam hun quart de cibasa e duas terseras de bin blanc, duas de roge e duas de claret; que costa lo tot : quatre sos.

13. Item, a xii deudit mes, trametom Johan de Casanaba a Nogaro per veser la ordenansa sy se donara lodit jorn toquan lo pleyt de Camorteras; don ladita ordenansa no se balha, a causa que mosenhor lo jutge era enta Leytora e n'abe portat augunas pessas per las consultar.

14. Item, a xiii deudit mes, fo apuntat que, atenut que lo collector nos menassaba de nos far despensas a causa que no lo pagabam lo segont quarte, fo apuntat que, bist que la praube gent no poden pagar, que Berdot d'Argellos, Arnaut deu Sobiran e maste Pey de Mostayon anessan asemprar Arnaut d'Armau, bayle de Gotz, per nom de la bila, en lo pregan que fossa son bon plasser de prestar a la bila seysanta quoartz de froment; e ayxi a fen; e lodit d'Armau los dixo que et era content de far plaser a la bila deusditz seysanta quoartz de froment.

15. Item, a xiiii deudit mes, venguo Mediabilla, jutge regent (1); per que fo apuntat que lo pagassam la despensa qui aguora feyta; e ayxi a fem.

16. Item, a xxiiii deudit mes, fo apuntat per lo conselh que crompassam cera per far fa lo ciri pascau e per far fa huna torcha per la neyt de dityaus sant per luminayra au *Corpus Domini;* e

---

(1) Juge régent. Médiavilla remplissait les fonctions de juge en l'absence de Jean de Pomadère, juge ordinaire (compte de 1499, art. 71), qui était parti pour Notre-Dame du Puy (voir art. 20). Voir plus loin, art. 31, la nomination de Médiavilla à la charge de juge ordinaire.

ayxi crompam tretze liuras e duas onsas de cera; que costa : dus escutz sinc sos nau dines. — Item, crompam carbon e berdet tant per lodit ciri que per la torcha ; que costa lo tot : oeyt dines. — Item, pagam per la fayson deudit ciri e torcha : seys sos (1).

17. Item, lo ters jorn d'abriu, trametom huna letra a maste Johan Fitano, notari de la cort deus appels, lacau contie que nos lo pregabam que bolhossa parlar ab mosenh lo jutge que nostra jornada fossa prorogada per hoeyt jorns per balhar nostra certifiquansa de las somas per lascaus lo senhor de Camorteras era stat executat; don lodit de Lafitan lo fe resposta que et parlera ab mosenhor lo jutge bolentes, e que audit jorn no falhissam punt que no portassam ladita certificansa.

18. Item, crompam dotze paums de bruneta e dotze de roge per nos far los capayros, ayxi que es acostumat; que costa lodit drap : nau escutz.

19. Item, crompam una cana de bert et auta de paumela per far fa la pelha a la garda ; que costa lodit drap : quatorze sols.

20. Item, a xx deudit mes d'abriu, trametom huna letra a maste Johan Fitano, lacau contie per besse la ordenensa de so de Camorteras si se balhera lo disapte aprop; fe resposta que no, atenut que mossenh lo jutge era enta Nostra Dama deu Poy (2).

(1) On a remarqué que la confection du cierge pascal était toujours confiée à un personnage marquant, généralement à un prêtre. Le prieur de Baulens, M° Sans de Poges, en fut chargé en 1501 (art. 12). La raison en est que l'on gravait sur ce cierge les fêtes mobiles (Pâques, Ascension, Pentecôte, Noël), les dimanches de l'Avent et du Carême et autres renseignements qu'il importait aux fidèles de connaître. La fixation de ces fêtes nécessitait un calcul astronomique que pouvaient faire seuls des hommes ayant une certaine instruction. C'est pour graver ces renseignements sur le cierge, que les consuls font, avec l'achat de la cire, celui du charbon (*carbon*) et du sulfate de fer (*berdet*, ainsi appelé à cause de sa couleur verte), matières avec lesquelles on fabriquait une encre noire adhérente et indélébile.

(2) Jean de Pomadère, juge ordinaire d'Armagnac, était au Grand-Pardon de Notre-Dame du Puy, en Auvergne. Ce Pardon avait lieu toutes les fois que la fête de l'Annonciation (25 mars) tombait le vendredi-saint. Celui de 1502, le quatorzième depuis la fondation, est demeuré célèbre par l'affluence prodigieuse des pèlerins qui s'y rendirent de tous les pays de l'Europe. Les chemins se trouvèrent trop étroits, disent les chroniques, et les pèlerins furent obligés de se frayer des routes à travers les blés et les vignobles. Les rues furent encombrées d'une multitude tellement pressée que si quelque objet venait à tomber personne n'osait se baisser pour le ramasser. Les habitants du même pays et les

ANNÉE 1502.

21. Item, lo prume jorn de may, fo apuntat que fessam far tres processios generaus e missa cascun jorn en honor de Diu e de tota la cort celestiala de paradis, per tau que Diu nos donessa salut inspirituau a las animas e corporau aus coos, e nos bolhossa concerbar los frutz de la terra; e fo donat a cascun caperan oeyt arditz; que monta: quatre sos.

22. Item, lo v[e] jorn deudit mes, fo dit en conselh que per totas las bilas d'Armanhac era lo jubileu (1) e que fora bona causa que nos l'agossam; de que fo apuntat que mosenh Sans de Poges, prior de Baulenx, s'en anessa Aux pregar a mosenh lo becari que fossa son bon plasser que nos agossam esta bila lo jubileu; de que lo fe resposta que et era content; e ayxi lodit de Poges porta lodit jubileu e potestat de elegir los coffessos (2).

membres d'une même famille tenaient leurs bâtons haussés, avec des enseignes pour se reconnaître. Quatre mille confesseurs échelonnés dans les églises et dans les chemins suffisaient à peine à cette multitude. Il y eut de nombreux accidents à déplorer. Beaucoup de pèlerins périrent à la ville et dans les chemins; quatre-vingt-quinze furent étouffés à une des portes de la ville, d'autres furent écrasés par des murailles qui s'écroulèrent sous la poussée de la foule. Il est à croire que notre bon juge fut au nombre des victimes. Il disparaît en effet à ce moment, et deux mois après nous voyons Jean de Médiavilla, son suppléant, nommé à sa place. Voir plus loin, art. 35.

Citons le nom d'un autre pèlerin qui se rendit quelques années plus tard au seizième Grand-Pardon de 1524 : Jean de La Gravère, de Mauvezin, trésorier du vicomté de Fezensaguet, « ayan afection, Diu permetan, de hana « gasana los perdos ha Nostra Dama deu Poeys, hen Aubernya, consideran que « la vita de l'ome es mortale et pot fienyr deu matin au ser », prit avant de partir la sage précaution de faire son testament, 15 mars 1523 (v. st.) (Arch. de M. d'Orcival de Peyrelongue, à Gimont.)

Ces Pardons de Notre-Dame du Puy (les précédents dataient de 1416 et 1440) avaient rendu populaire en Gascogne la dévotion à ce sanctuaire. On trouve peu de testaments du XVe siècle, même ceux des plus pauvres paysans, qui ne renferment un legs fait à la célèbre basilique. Rocamadour, Le Pùy, Roncevaux et Montserrat sont les quatre sanctuaires vers lesquels la Gascogne a cheminé pendant plusieurs siècles. Ces quatre sanctuaires sont constamment désignés dans les testaments sous la rubrique des quatre hôpitaux généraux, souvent on y ajoutait celui de Saint-Jacques de Compostelle.

(1) Ce Jubilé n'était autre que les indulgences des *quinze-vingts* de Paris, que l'on publiait en ce moment dans la province d'Auch. Ces indulgences extraordinaires équivalaient à celles du Jubilé. L'hôpital des Quinze-Vingts aveugles de Paris avait été fondé par saint Louis en mémoire des trois cents chevaliers qui l'ayant accompagné Outre-Mer à la conquête des lieux saints furent pris par les infidèles et eurent les yeux crevés.

(2) Élire les confesseurs. Une des faveurs dont jouissait le jubilé des quinze-vingts.

23. Item, fo apuntat que fessam far tres dobles deudit jubileu, hun per lo botar en la porta de la gleysa, e los dus per los botar en las portas de la bila; e ayxi fo feyt; donam au qui copia lodit jubileu per sa pena e tribalh : seys sos (1).

24. Item, a xxiii deudit mes, fo apuntat que Johan de Casanaba anessa a Nogaro parlar dab mosenhor lo jutge d'apels sy fora son bon plaser de estre nostre accessor; de que lo fe resposta que no e per causa.

25. Item, a xxvi deudit mes, auan a Nogaro Berdot d'Argellos e maste Pey de Mostayon portar argent au collector e per far resposta que nos nos bolem aseri ab los gentiushomes e proprietatz toquan de balhar la cargua a mossenhor de anar en cort per lo bien deu pays (2).

26. Item, lo ix^e jorn deu mes de jun, anan a Bilar Berdot d'Argelos, Arnaut deu Sobiran, maste Pey de Mostayo e Johano de Sobabera, per pregar a Menyolet de Baganos que nos prestesa bint scutz ab deu collector, atenut que no ne podem aber de la praube gent; de que nos presta dotze escutz e mey dequia a la Magdalena (3). En losditz dotze escutz e mey que eran ducatz e hun escut au sorelh aguo cortessa, que monta : sinc sos oeyt dines.

27. Item, cambiam de la moneda que no era pas moneda de Rey, per la tramete Aux; que costa : dus sos quatre dines.

28. Item, a xviii deudit mes, fo apuntat que fessam far quatre processios generaus e missa cascun jorn en honor e lausor de Diu e de tota la cort celestiau de paradis, per tau que Diu nos bolhossa concerbar los frutz de la terra; e fo donat a cascun caperan oeyt arditz; que monta : sinc sos quatre dines.

---

(1) Cette ingérence des consuls dans une question purement spirituelle, et qui par sa nature semble exclusivement réservée aux prêtres, surprendra peut-être. Mais ce n'est pas la première fois que la municipalité s'occupe des intérêts spirituels de la commune. Nous avons vu en maintes circonstances les consuls ordonner les processions, faire célébrer les messes, choisir les prédicateurs, pourvoir aux besoins de l'église, etc. Dans ce siècle où le Christianisme inspirait toute choses, les intérêts spirituels et matériels de la commune se confondaient, les uns étant la sauvegarde des autres, et les fonctions des consuls empruntèrent à cette union intime quelque chose de sacerdotal.

(2) La grande situation du seigneur de Termes, les charges qu'il occupait (art. 9) le désignaient pour remplir avec succès cette ambassade auprès du Roi.

(3) Au 22 juillet, fête de sainte Madeleine.

29. Item, pagam a Berdot Sala, per la fayson deu candele per botar lo ciri pascau, dus sos seys dines (1).

30. Item, lo xxvi jorn deudit mes, anan a Nogaro Berdot de Sempot, sendic, Arnaut deu Sobiran, maste Pey de Mostayon, conselh, per malhebar sincanta escutz deus canonges deudit Nogaro, per los balhar au collector per lo ters quarte; e agon a demora tot lo jorn a causa que los susditz canonges no fon amassa dequia lo vespe a vespras; e can vespras fon ditas, bolhon balhar lodit argent e fen legir lo cendicat, on no se troba deguna soma; e a causa de quo no podon deliura are dequia pertant que lo sendicat fossa arefeyt.

31. Item, lo viii^e jorn deu mes de jul, tornan a Nogaro, ayxi que eran demoratz ab los canonges, e portan lo cendicat per aber los sincanta escutz deusditz canonges; e los agon, e los balhan au collector en deduction deus quartes.

32. Item, a xiiii deudit mes, anan maste Pey de Mostayon e Arnauton de Sobabera, garda, per banir los fens aus forans de Bilar qui son contribuables a la bila, perso qui no pagaban las talhas.

33. Item, lo viii^e jorn deu mes d'aost, pagam a maste Pey Barta, procurayre d'Armanhac e nostre abocat en la causa que abem contra lo senhor de Camorteras, que monta : nau sos.

34. Item, lo jorn metis, trametom a mosenh lo jutge d'apels, que era esta bila, quatre terseras de bin; que costa lodit bin : oeyt dines.

35. Item, lo metis jorn, venguo Mediabilla, jutge ordinari d'Armanhac naberament creat (2); de que fo apuntat que per sa

---

(1) Anciennement le cierge pascal était placé au milieu du chœur, sur un chandelier élevé, afin que le peuple pût lire les renseignements gravés sur la colonne de cire. (Voir plus haut, art. 15.)

(2) Nicolas de Médiavilla ou Miègeville, d'abord juge régent (art. 15), avait remplacé dans la charge de juge ordinaire, Jean de Pomadère, mort au pèlerinage de N.-D. du Puy (art. 20). Il avait déjà rempli en 1492 les fonctions de procureur du sire d'Albret dans le comté d'Armagnac. Médiavilla était originaire de Marciac; il était fils de Jean de Médiavilla et d'Andrée d'Antras. Il avait avait épousé, le 8 septembre 1493, Balthasare de Pensenx, fille de Guillaume-Jean de Pensenx, marchand de Condom. Sa mère, Andrée d'Antras, remariée avec Sans de Bordes, juge de Pardiac, lui fit donation des biens qu'elle possédait par indivis avec noble Nicolas d'Antras, seigneur de Samazan, son frère. (Arch.

nabera venguda lo pagassam la despensa qui et ne lo procurayre ne son serbidor agoran feyta; que monta: huu escut nau sos oeyt dines.

36. Item, mosenhor l'abat de Tasqua nos escrisco huna letra, lacau contic que nos pregaba que lo bolhossam anar fer honor au cap d'an de mosenh de Termes, son fray (1); don ladita letra fo metuda en conselh, e fo apuntat que fessam far quatre torchas grossas per las portar can anessam audit cap d'an; e ayxi a fem; que costan tant de cera, fiu, carbo e de la fayson: quinse sos. — Anan audit cap d'an Arnaut deu Sobiran e maste Pey de Mostayon, e portan lasditas torchas.

37. Item, lo XXIII deudit mes, fem far hun carr de toya (2) per lo bota au cimiteri per tau que la clota s'arasesa (3); que costa ladita toya: hun so.

38. Item, a XII de seteme, venguo mosenhor lo jutge d'apels esta bila, e maste Johan Fitano en sa companbia, e asso per far huna enquesta per mosenhor de Camorteras contra la bila; e lodit mosenhor lo jutge tenguo audiensa tres o quatre begadas, on nostre abocat s'y troba cascun biatge; que lo pagam la despensa qui aguo feyta per et ne per son rossin.

39. Item, fo apuntat que fessam fa quatre crotz, las tres per las botar la on abem acostumat de anar los jorns de las letanias (4), e l'autre fossa botada au plasot de Montanha a las binhas; de que agon Peyron de Mombet, menusse, au jornau a picar las fustas per lasditas crotz.

40. Item, a XIIII deu mes d'octobre, maste Pey de Mostayon parla ab mosenhor lo jutge d'apels deus proces qui eran estatz feytz a l'encontra de las femnas que eran en la presson; que dona audit jutge: dus sos.

---

du Séminaire d'Auch, registre de d'Argelos, notaire à Cahuzac.) Son petit-fils, Jean de Médiavilla, fut seigneur de Juillac et de Coutens, et porta les armes. (Voir *Mémoires de Jean d'Antras*, par MM. de Carsalade du Pont et Tamizey de Larroque.)

(1) Voir le compte précédent, art. 33.

(2) *Toya*, sorte d'ajonc vulgairement appelé *thuie*. *Far hun carr de toya*, c'est-à-dire couper une charretée de thuie.

(3) *Clota s'arasesa*, pour combler (*arasa*) la mare (*clota*) du cimetière. Le mot *clota* est augmentatif de *clot*, trou.

(4) Les Litanies, nom liturgique des Rogations.

41. Item, a xix deudit mes, trametom Johan de Marrenx e Bidet de Tinharaya adobar lo pont de l'Ador, que i abe hun aramat de foratz (1).

42. Item, a xx deudit mes, anan a Semmont Berdot d'Argelos e Johan de Casanaba per parlar ab lo procurayre e ab Garderia, e portan los proces de la molhe de Manauton de Sobabera e de la mayre de mosenh Bernat d'Angles; de que pagan audit Garderia per los reportz deus susditz proces : nau sos.

43. Item, lo vi^e jorn deu mes de nobembre, trametom Peyrot deu Sobiran alias de Peyroli a Bic au conselh, la om eram mandatz per mosenhor lo tesaure, on se deben trobar los senhos de finhansas per remustrar lo bon boler de nostre sire le roy de Fransa; e ayxi fo feyt; dont lodit deu Sobiran demora set jorns a causa que las ayguas eran grossas.

44. Item, lo ix^e jorn deudit mes, fem curar lo clot de la tor, la on ba lo contrapes deu relotge.

45. Item, lo xi^e jorn deudit mes, venguo huna granda inondation d'aygua, lacala ne mena lo cap deu pont de l'Ador; on agom Peyron de Mombet-Lonc, Johan de Mombet e seys autres homes per hi botar quatre cabiros, per que om ne podossa passar.

46. Item, a xx deudit mes, anan a Nogaro a la cieta mosenh Sans de Poges, prior de Baulenx, Arnaut deu Sobiran, maste Pey de Mostayon, cossos, Peyrot deu Sobiran e Johan de Casanaba; de que demoran tres jorns e duas neytz.

47. Item, a xxii deudit mes, venguo huna granda inondation d'aygua, lacala tie quassi la Ribera (2); de que fo apuntat que las gardas anassan estaquar las platas deudit pont, que l'ayga no las ne menhassa.

48. Item, lo prume jorn deu mes de desembre, fem mandar tot cap d'ostau au conselh, a causa que audit jorn nos era inpausat la tersa part de tot l'an.

49. Item, Arnaud deu Sobiran ana a Aydia serquar dus homes per los tramete a Nogaro, la on se fasse lo reserc deus dampnatges qui eran estatz en la present aneya en Armanhac.

---

(1) Un grand nombre de trous. Nous avons déjà signalé l'expression *aramat*, compte de 1498, art. 28.

(2) Le quartier de la ville dit la *Ribera*.

50. Item, lo viii® jorn deudit mes, venguon losditz homes d'Aydia per anar a Nogaro. — Lo jorn apres, anam mustrar los damnatges qui eran en la Ribera aus susditz homes, eysems ab hun aramat de concelhes. — Lo jorn metis, ne anan los susditz homes enta Nogaro, eysems ab lo prior de Baulenx; que los fem passar a la nau; que costa: seys dines. — Donam a hun enfant que ana passa lo rossin deudit prior a Semmont: seys dines.

51. Item, pagam la collation à la gleysa lo jorn de Nadau, can los cossos fon elegitz; que costa: oeyt dines.

REDDITION DES COMPTES DE 1502.

L'an mil sinc sens e dus (1503), a x deu mes de feure, en la mayson de Berdot de Sant-Pot, Berdot d'Argelos, Arnaud deu Sobira, maste Pey de Mostayo, Johan de Sobauera, conselhs en l'an darre passat mil v° e dus, redon conde de la aministratio que haben aministrat de lor cosolat a Peyro deu Pandele, Bertomiu de Sant-Pot, Bernad de Sant-Pot e Anthoni de Sobauera, conselhs l'an present.

Recettes. — Apareys que montan totas las receptas en huna soma universau sinc sens quaranta e sinc scutz dotze sos e seys dines.

Dépenses. — E aqui metis mustran que agon despensat en huna soma quoate sens nabanta scutz setze sos e detz dines.

Lo present conde foc redut en presentia de mossenh Sans de Poges, prior de Baulenx, etc., e de my Johanot Fontanhera, qui ey scriut las presens e signat de ma man.

J. DE FONTANHERIA, *ita confiteor esse vera.*

XLV.

COMPTES DE L'ANNÉE 1503.

RECETTES.

SOMMAIRE : 1 et 2. Tailles levées pendant l'année.

Recepta feyta per Peyron deu Pandele, alias de Marqueson, Berthomiu de Sent-Pot, Bernad de Sent-Pot e Anthoni de Sobauera, conselhs de la vila de Riscla en l'an mil sincq cens et dus comensan a la festa de la Nativitat de Nostre Senhor Diu Jhesu Christ, e finin en l'an mil sincq cens et tres a la susdita festa, ayxi que dejus s'ensiec.

1. Prumerament, mustram que abem recebut una talha a nos autreyada lo darree jorn de decembre l'an susdit sincq cens et dus per los cosselhs et cosselhers de ladita bila, de la soma de cent scutz; bau la liura grossa dus sos, et cascuna de las autras dus arditz.

2. Item, mustram que abem recebut, lo dotzeme jorn de jun, huna talha de la soma de cent et sincquanta scutz; de laqual soma bau liura grossa cascuna tres sos, et cascuna de las autras tres arditz.

DÉPENSES.

SOMMAIRE : 1. Procès Camortères; enquête. — 2. Arrivée de trois pauvres à l'hôpital de Riscle; l'un d'eux est atteint de la peste. — 3. Instrument de fidélité rédigé par le notaire Chastenet. — 4. Licence pour l'arrentement des revenus communaux. — 5-7. Réparations au pont de l'Adour; chute d'un char dans la rivière. — 8. Maître d'école. — 9. Processions et messes. — 10. Venue du juge ordinaire à Riscle; émeute causée par l'arrestation d'un habitant qui *cridaba la carrita;* on sonne le tocsin. — 11 et 12. Saisie faute de paiement du subside accordé à Rose d'Armagnac, dame de Saint-Paul; les consuls de Riscle se décident à payer leur quote-part, après s'être assurés que ceux de Nogaro et de Castelnau-de-Rivière l'avaient également payée. — 13. Procès Camortères. — 14. Achat d'une barrique de vin blanc. — 15. M. d'Amou consent, moyennant finance, à détourner ses troupes du territoire de Riscle. — 16. Honoraires payés au procureur d'Armagnac, avocat des consuls de Riscle, dans le procès Camortères. — 17. États tenus à Auch pour l'impôt de la crue. — 18. Visite des chemins. — 19. Assiette des impôts à Nogaro. — 20. Excommunication des consuls pour dette envers le chapitre d'Auch; dépenses pour obtenir l'absolution. — 21. Procès contre M. de Maumusson au sujet de droits d'usage. — 22. Toiture du pont du moulin. — 23 et 24. Lettre envoyée au bâtard d'Armagnac, à Madiran, en vue d'obtenir le délogement de ses troupes. — 25 et 26. Blé réquisitionné; voyage à Toujouse pour demander une diminution; ordre de porter ledit blé à Bayonne. — 27 et 28. Procès Maumusson; descente sur les lieux. — 29. Nouvel ordre de porter le blé à Bayonne. — 30. Crue de l'Adour. — 31. Gages du maître d'école. — 32. On fait réparer les verrières de l'église. — 33. Remise de la taille à M. de Camortères. — 34. Saisie pratiquée sur M. de Maumusson, faute de paiement de ses tailles; procédure devant le sénéchal d'Armagnac. — 35 et 36. Laquais d'armée; leur habillement et équipement; on les mène à Saint-Paul-de-Baïse. — 37. Tuiles à canal et à crochet.

Despensa feyta per Peyron deu Pandele, Berthomiu de Sent-Pot, Bernad de Sent-Pot et Anthoni de Sobauera, conselhs de Riscla en l'an mil sincq cens et dus, finin l'an sincq cens et tres.

1. Prumerament, foc passat per lo conselh, lo quinze jorn de gener l'an susdit sinc cens et dus (1503), que fessan far la inquesta contra mossenh de Camorteras; dont mossenh lo jutge d'appel et mossenh lo procurayre d'Armanhac, maeste Johan de Lafitan bengon per far ladita inquesta a ladita vila de Riscla, lo xviime jorn de gener; que donen audit mossenh lo jutge la soma de dus scutz, a mossenh lo procurayre la soma de bint et quatre sos, audit de Lafitan ung scut.

2. Item, bengon tres paubres a l'espitau de sta bila; dont l'un era fort malau, et lodit paubre dixo que et abe la bossa, et demora audit spitau dus jorns et duas neytz; et lo donen per affin que no intressa en la vila a et et sous companhos dus piches de bin balen tres arditz, e tres arditz de pan.

3. Item, lo setzeme jorn de gener, maeste Jaques Chastanet nos abe feytz adjornar a prene et recebe hun instrument de fidelitat, loqual instrument toca la utilitat et proffeyt de ladita vila; et foc ordenat que prencossan lodit instrument; dont tremeton la goarda a Nogaro per demandar terme audit Chastanet de pagar lodit instrument.

4. Item, l'an susdit sincq cens et dus et lo binteme jorn deu mees de mars, paguem a mossenh lo jutge ordinari, per la licensia deus arrendamentz, la soma de dus scutz.

5. Item, lo binte quatre jorn deudit mees de mars, que l'om

condaba mil sincq cens et tres, aguon Peyron de Johan Lonc et Guilhem de Marrenx et bint et oeyt homes de beziau, et asso per bastir los stantz deu pont de l'Ador, dont l'ayga n'abe feyt dampnatge de tres cobles deudit pont.

6. Item, lo xxviiime jorn deudit mes, anec Berthomiu de Sent-Pot a Tarsac per anar sercar huna plata de las deu pont, laquala plata l'ayga n'abe menada.

7. Item, lo ters jorn de may, foc passat per lo conselh que fessam reparar lo pont de l'Ador per passar lo jorn deu marcat, a causa que era romput, et lo pabat de la Leguoa et lo car et los boeus eran tombatz en l'ayga (1); et lo fem reparar incontinent per passar audit marcat.

8. Item, foc passat per lo conselh, lo xiime jorn deudit mes, que tremetossam a Barsalona dize au magistera qui bole tenir las scolas; e ayxi affem.

9. Item, lo xiime jorn deudit mes, foc apuntat que fessam far tres processions generaus e que fessam cantar tres messas, l'una a la gleysa de Sent-Pe, l'autra au combent de la Merce et l'autra a l'espital; e ayxi affem.

10. Item, lo xv jorn deudit mes, bengo lo jutge d'Armanhac en la villa; dont fec mectre lo filh de Fabeu en la preson de ladita bila, perso et a causa que cridaba la carrita (2), dont lo poble foc corrossat, et n'y aguoc cauque hun que anec far tocquar lo sey. Et ayxi metis lodit jutge se tengoc injuriat, et a causa deudit tocasey nos fec adjornar a Nogaro personaument totz quatre. Et foc apuntat que tremetossam a Nogaro a ladita jornada; et hy tremetom Johan de Cazanaba et Berdot Sala, dont apuntan ab lodit mossenh lo jutge que lo donen per composition et apuntament la soma de dus scutz.

---

(1) Le gravier (*pabat*) que l'on charriait à La Leugue (*la Leguoa*, ancienne paroisse, près Riscle), était tombé dans la rivière avec le char et les bœufs.

(2) *Carrita.* Il faut entendre ce mot par la *cherté* plutôt que par *charité*. On ne comprendrait pas que le juge d'Armagnac fît mettre en prison un homme qui demandait la charité, à une époque où la mendicité était le droit absolu et reconnu de ceux qui ne possédaient pas, et où le pauvre était honoré et respecté. Il s'agit plutôt de la cherté des vivres ou des denrées, ou encore de la cherté des impôts. On s'explique alors la mesure prise par le juge contre celui qui « criait la cherté », et l'émotion populaire qu'elle excita.

11. Item, lo xi jorn deu mes de jung, bengo Bertran de Calhabet, procurayre de mossenhor et dama de Sent-Paul (1), per nos far excequtar, et asso per la donation que era stada feyta et prometuda a ladita dama; et ayxi nos fec excequtar totz quatre. Et foc apuntat que anessam bezer au Castetnau et a Nogaro per bezer si aben pagada ladita donation; dont hy anec Bernad de Sent-Pot audit Castetnau, et lo dixon que abian pagada ladita donation.

12. Item, lo xiii jorn deudit mes, foc apuntat que contentessam au susdit Bertran de Calhabet, procuray deusditz senhor et dama de Sent-Paul; et ayxi ac fem; dont lo balhem la soma de detz et sept liuras et meya.

13. Item, lo xxiiii jorn deudit mes, paguem au procurayre d'Armanhac per los patrocinis et comparitions qui abe feytz per nom de la bila contra mossenh de Camorteras, so es assaber la soma de hun scut.

Sec se la despensa que fem quant mossenh d'Amos volia benir en la vila.

14. Prumerament, crompem huna barrica de bin blanc de la Daurada; que costa : hun scut quatorze sos.

---

(1) Gaspard de Villemur, seigneur de Saint-Paul, et Rose d'Armagnac, sa femme. — Voici la copie d'une lettre missive de la main du duc d'Alençon, comte d'Armagnac, premier mari de Marguerite de Valois. Cette lettre, non datée, a trait à un procès de Rose d'Armagnac et de son fils, Jacques de Villemur, contre Jean de Villemur, seigneur de Saint-Paul :

« A Monsr le second president de la court du parlement, à Tholose. Monsr le
« president, je me recommande à vous de si bon cur que je puis. Autreffois
« vous ay escript pour l'expedicion d'un proces que ma cousine Roze d'Armaignac
« et Jacques de Villemur, son filz, ont en la court par devant vous, à l'encontre
« de Jehan de Villemur, s^r de St Paul; lequel, à ce que j'entens, n'est encore
« vuidé. Et pour ce, Monsr le president, que led. proces est despieçà prest et
« en estat de juger et que tres fort desire le bien et avancement des affaires
« de mad. cousine et [de] son dit filz, vous pry que pour l'amour de moy,
« vueillez tant faire que leurd. proces soit vuidé et jugé le plustost que vous
« pourrez et en bonne et briefve justice avoer le bon droit de mad. cousine et
« sond. filz pour recommandé, et vous me ferez bien grant plaisir. En vous
« disant adieu, Monsr le president, qui vous soit garde. A Saint-Germain-en-
« Laye, le ve jour de juing. »

« Le duc d'Alençon, conte d'Armaignac. Bien vostre.
« CHARLES. — MARIN. »

(Communiquée par M. Eugène de Serres de Justiniac.)

15. Item, foc apuntat que l'om anessa parlar ab mossenh d'Amos, per bezer si podoram far cauque apuntament que las gendarmas no passessan per las pertiensas de ladita vila et no y fessan punt dampnatge; dont hy anen Bernad de Sent-Pot et Bernadon de Lafitan; et quan fon a Lanux, troban lodit mossenh d'Amos et composin que lo donan tres scutz d'aur que balen tres scutz setze sols. — Plus, menan en lor companhia mossenh de Cornelhan per fer lodit apuntament, et lo termeton per sa pena dotze quartz de ciuaza, que costa la soma de hun scut sept sos hun ardit.

16. Item, lo XXI jorn deu mes de julhet, anec Berthomiu de Sent-Pot a Nogaro per pagar lo procuray d'Armanhat de sous patrocinis et advocations, et lo paga la soma de tres liuras tornesas (II scutz IIII sos).

17. Item, lo XXVII jorn deudit mes, foc apuntat que tremetossam a Aux aus Statz, quan impausan la crua sus lo paiis; don hy anec Berdot Sala et demorec quatre jorns et quatre neytz; que despensa tant per lo doble de la comission deu Rey que per sa despensa la soma de vint et dus sos.

18. Item, lo XXVIII deudit mes, paguem a Guilhaume Bolay, saryant real de Leytora et maeste deus camiis (1), la soma de vint arditz, et asso per la visitation per luy feyta cum sa comission portessa que et visitessa los pontz et camiis.

19. Item, lo XXX jorn deudit mes, anec Bernad de Sent-Pot a la syeta a Nogaro, quan talhan la crua.

20. Item, lo XIII jorn deu mes d'aost, lo clauary de capito d'Aux

---

(1) Louis XII, par des lettres datées de Paris, le 25 décembre 1499, avait ordonné la visite générale et la réparation des chemins, des ponts et des chaussées dans tout le royaume. Les péages et leudes, disent ces lettres, perçus par les communautés ou les seigneurs, ont été anciennement établis pour que leurs revenus servissent à l'entretien des chemins, ponts et passages des lieux où ils sont perçus. Or, il est venu à la connaissance du Roi que les chemins du royaume, les ponts et passages et chaussées de rivière sont rompus, défoncés, remplis d'excavations, tellement que les voyageurs n'y peuvent circuler sans grand danger de leur vie et de celle de leurs animaux. C'est pourquoi il commet des personnages pour s'enquérir de l'état des chemins et obliger les seigneurs et les communautés péagers à les entretenir convenablement, et, au besoin, les contraindre à ce faire par la saisie des deniers des péages et autres voies quelconques. (Voir le *Recueil des Ordonnances des Rois*, t. XXI, p. 249.)

nos tremeto l'escominge a causa de l'enteressi que la vila fe audit capito; que paguem per lo confes de l'esturment : xxi arditz; paguem de la absolution : xxvii arditz. — Lo paguem la soma de oeyt scutz, condan per scut cent et detz arditz; paguem per lo cambiament de la moneda la soma de dus sos quatre arditz. Quant tremetom lodit argent audit clauary et sercar la absolution, donem au messatge la soma de oeyt sos.

21. Item, lo xxme deudit mes, foc apuntat que hun deus cossos anassa a Nogaro parlar ab Fontanerii, per saver de noelas deu proces que lo bayle menaba ab mossenh de Maumusson, et asso majorment per saver et bezer la demanda si lodit Maumusson entene aber erba et foelha en tot temps en los padoentz de la bila; dont y anec Bernad de Sent-Pot et parla ab lodit Fontanerii, et no ago punt ladita demanda, a causa que era a Leytora.

22. Item, lo xxiiii jorn deu mes de seteme, balhem a pretz feyt lo teyt deu pont deu molin per lo arteytar. Loqual pretz feyt fo balhat a Pegulh; dont lo donem per son triballh e pena la soma de sincq sos dus arditz.

23. Item, lo xix deu mes de seteme, ana Bernad de Sent-Pot ab lo forre de mossenh deu Cendat (1) a Sent-Mont, per parlar ab lo loctenent deu capitayne per bezer et trobar partit de far tirar fora las pertiensas et territori de la vila la gens de mossenh lo bastard d'Armanhat (2); et ayxi parlec ab lodit loctenent, et lo balha huna letra myssoria per la portar audit mossenh lo bastard; prenco hun home per lo far companhia a causa que era granda hora de neyt debant que podossa aber expedit ab lodit loctenent; que donec audit home dus karolus (vi arditz).

---

(1) Jean de Lupiac, seigneur du Sendat et de Moncassin, près Casteljaloux, Lot-et-Garonne. C'est à lui que Alain d'Albret avait confié la garde du comte Charles d'Armagnac, retenu prisonnier dans le château de Casteljaloux, en 1485. (Voir le compte de cette année, art. 1). On trouvera des renseignements biographiques sur ce personnage, dans la *Biographie de l'arrondissement de Nérac*, par Samazeuilh, art. Moncassin ; dans l'*Histoire de l'Agenais*, par le même (t. II, p. 54 et 55), et dans la *Monographie de Casteljaloux*, du même auteur. Sa fille Catherine épousa, le 20 février 1494, Gaillard de Monlezun, seigneur du Cardenau, cadet des seigneurs de Baratnau-Montastruc, qui fut l'auteur de ces seigneurs de Moncassin, Sendat, Tajan et Houeillès, dont les noms remplissent l'histoire des guerres de la seconde moitié du xvie siècle.

(2) Pierre d'Armagnac.

24. Item, aqui metix, la metissa neyt qui lodit de Sent-Pot foc arribat deudit Sent-Mont ab ladita letra, tremetom la goarda portar ladita letra audit mossenh lo bastard, qui era a Madiran (1).

25. Item, lo XXIII deudit mes, foc apuntat que los dus cossos anessan parlar ab mossenh de Toyosa a Toyosa per bezer si poscoran far rebayxar lo blad qui era inpausat a la bila; dont hy anec Berthomiu de Sent-Pot et Bernad de Sent-Pot; et no troben punt lodit mossenh de Toyosa, et madona (2) fec demorar losditz de Sent-Pot audit lot de Toyosa; dont demoren la huna neyt a l'ostaleria.

26. Item, lo XXVII deudit mes, bengo hun saryant de Nogarol per nos far mandament que agossan far diligensa de amassar lodit blad per portar a Bayona; dont lo pagem per sa despensa quatre arditz, e per son salari dus sos.

27. Item, lo X jorn deu mes d'octobre, maeste Guilhem Fontanerii fec excequtar hun statut de querela a la instancia de mossenhe de Maumusson, e asso a l'encontra de la vila; dont foc apuntat que anessan au loc assignat et contensios; e ayxi hi anen lo prio de Baulenx, Peyramon Farga, maeste Bernad de Teza, et comparin totz ensemble au territori de Dezon a la hora de bespras; et quant fom retornatz a la vila, anem beure a la teberna; que despensem tant en peyx, pan que vin, la soma de detz arditz.

28. Item, lo XII jorn deudit mees, anem autra begada audit territori totz quatre los cossos; quant non retornabam, trobem mossenh de Maumusson et lo comissari aupres de Bernat de Pees, que anaba far tenir la jornada a nos assignada; et aqui metis, de voluntat de totas duas partidas, ce tengo ladita jornada; et quant foc tenguda, dixon a mossenh de Maumusson si bolia anar a la vila far collation deu bin de la vila; et ayxi bengo a la vila, et lo tremetom per sa collation quatre terceras de vin; costan: sincq arditz hun dine.

29. Item, lo XVIme deudit mes, bengo maeste Bernad, l'armuré, ab hun mandament que agossam amassar lo blad impausat per lo

---

(1) Madiran, ancien prieuré de Cluny, canton de Castelnau-Rivière-Basse (Hautes-Pyrénées).

(2) Pierre, seigneur de Toujouse, avait épousé Marie d'Armagnac, fille de Bernard, seigneur de Termes.

portar a Bayona; dont balhem audit saryant la soma de quaranta arditz, ayxi que en ladita comission nos mandaba per son salary.

30. Item, lo xxvi deudit mes, l'Ador cresco et hy ago grant diluby d'aygas; dont tremetom Berdoli Sala et Peyrot de Leriau au pont de l'Ador per stacar las platas deudit pont.

31. Item, lo xvi deu mes de novembre, paguem l'escola au magistera (1), dont era feyt marcat per lo conselh, la soma de dus scutz nau sos.

32. Item, foc apuntat que fessam pinhar las ymayas deus portaus et los portaus; dont fem marcat ab lo beyraie; que costan la soma de tres scutz sieys sos (2). — Plus, fem enblanquir losditz portaus a Galhardet; que lo donem per sa pena : tres sos dus arditz.

33. Item, foc apuntat que quictessam la talha a mossenhe de Camorteras ab condition que lodit de Camorteras balhessa la soma de vint liuras a la vila, ayxi que debant; la present despensa n'abem feyta recepta; que se monta ladita talha la soma de hun scut setze sos hun arditz.

34. Item, abem feyt penherar a mossenh de Maumusson; dont lodit de Maumusson impetra hun statut de querela per recrubar sos gatges, ayxi que la causa depen en la cort de mossenh lo senescal d'Armanhac a Leytora; et asso per la talha que la vila lo demanda; que monta la susdita talha : hun scut tres sos quatre arditz.

35. Item, foc apuntat que tremetossam a Nogaro huna letra a

(1) Ce mot a été biffé.
(2) Il s'agit évidemment des réparations aux verrières de l'église, d'autant que le marché, d'un prix d'ailleurs modique, 3 écus, est conclu avec un verrier (*beyraie*). Le mot *portaus* désignerait les ouvertures, les baies, destinées à recevoir le verre peint. Il est regrettable que le scribe ne nous ait pas donné le nom de ce peintre verrier. Arnaud de Moles, notre grand artiste, faisait vers ce temps-là les magnifiques verrières de la cathédrale d'Auch, qui ne furent terminées qu'en 1513. D'autres artistes de la région peignaient également sur verre à la même époque. En voici un dont le nom nous est révélé par les minutes du notaire Fabri. (Archives du Séminaire d'Auch.) Le 20 novembre 1501, les consuls de Vic-Fezensac et le prieur des Prémontrés du couvent de Notre-Dame de Vic font un traité avec Me Jean Deydieu, peintre verrier de Condom, pour la facture d'un vitrail représentant le Christ en croix entre la Vierge et saint Jean, et dont le prix est évalué à six écus et à la nourriture du verrier pendant le temps de la pause du vitrail.

mossenh lo jutge per bezer si nos responoram deus abilhamentz deus lacays ny si losditz lacays foran pagatz a las mustras; dont lodit mossenh lo jutge nos tremeto huna lectra que contie que los fessam deliurar abilhamentz, que can agossan prees los gatges pagueran. Et puis apres metom la resposta deudit mossenh lo jutge en coselh; dont lo cosselh apunta que responossam deusditz abilhamentz; et ayxi ac fem. Et prumerament, responom a Monon d'Argelos, tant en hun broquee, en sintz de balesta (1), huna spaza et en autras causas, ayxi que appar per minuta, la soma de dus scutz unze sos dus arditz; — item plus, responom a Guilhaumes, per quatre parelhs de causas bigarradas (2); que foc feyt marcat de tot la soma de quatre scutz; — item plus, responom au menusèe, de dus poleyons, de la soma de nau sos; — item plus, responom au senhe de Lerete, per huna spaza, de la soma de nau sos; — item, pagam au maestro de la Boha per la fayson deus jupos deus arches : IIII sos; — item plus, ha fornit Bernad de Sent-Pot ausditz lacays, tant en fustaine, bonetas que sintz et autras marchandissas, que monta la soma de vint et oeyt sos quatre arditz; — item plus, responom a Arnaud deu Rey, per huna balesta et los treytz, hun scut oeyt sos quatre arditz.

36. Item plus, ana Bernad de Sent-Pot ab losditz lacays per los condusir, et los mena dequi a Sent-Paul de Baysa; que demora quatre jorns et tres neytz.

37. Item, deu Berdot deu Sobira, teule, per lenha qui lo benon, so es hun myale de teule cop e mey myale de teule crochet (3).

REDDITION DES COMPTES DE 1503.

L'an mil sinc sens e tres (1504), a xxx deu mes de gener, en la mayso de Johan de Meyloc, redon conde Peyro deu Pandele,

(1) Un bouclier et des ceinturons d'arbalète.
(2) Chausses bigarrées, de plusieurs couleurs.
(3) *Teule cop... teule crochet.* Tuile à canal et à crochet. Nous avons déjà rencontré la forme *teule cuput*, dont le mot *cop* est une variante. Voir compte de 1462, art. 12.

Bertomiu de Sant-Pot, Bernad de Sant-Pot, Anthoni de Sobauera, conselhs eu l'an passat, a Johano de Mombet, Johan de Casanaba, Anthoni deu Casso e Johan de Meyloc, conselhs en l'an present.

Recettes. — Prumerament, mustran que agon recebut en duas talhas, que montan, rebatut gatges, greuges, binte dine acostumat de passar, que montan dus cens et nabanta et tres scutz ; — plus, mustran que agon recebut deu senhor de Camorteras per augunas despensas, que la vila habe feyta contra luy augun pleyt que era demenat en la cort deu jutge d'apels, ont lodit de Camorteras ne tomba ; que foc apuntat ab lodit de Camorteras a bint liuras tornesas.

Dépenses. — E aqui mustran que agon pagat en los negocys de la vila que monta en huna soma quoate sens bint e hoeyt scutz oeyt sos oeyt dines.

Lo present conde foc feyt e redut en presencia de mossenh Sans de Poges, mossenh Pey de Meyloc, etc., e jo Johanot Fontanhera qui lo present conde ey scriut de ma man.

J. de Fontanheria, *ita confiteor esse vera.*

XLVI.

COMPTES DE L'ANNÉE 1504.

RECETTES.

Sommaire : 1. Levée d'une taille. — 2. Vente de dix pipes de vin à un marchand de Lourdes. — 3. Vente d'une pipe de vin à banastre et à taverne. — 4. Recette du bassin du purgatoire. — 5. Levée d'une taille.

Recepta feyta per Johano de Mombet alias de Berdolet, Johan de Cazanaba, Anthoni deu Casso, Johan de Meyloc, conselhs de la bila d'Ariscla en l'an mil V^c e tres, comensan a la festa de la Natibitat de Nostre Senhor Diu Jhesu Christ, e finin en l'an V^c e quatre a la susdita festa l'an rebolut, ayxi que dejus s'ensec.

1. Primo, mustran que aben recebut eu huna talha a lor autre-

yada lo prumer jorn deu mees de jener per lo conselh de ladita bila, de la soma de cent sincanta scutz.

2. Item, mustran que aben recebut per benda de detz pipas de bin, loscaus biis eran statz pres per maneyra d'enpaus e fon benutz a Johan Quinet, marchant de Lorda, per lo pretz de trenta e quatre scutz, ab tau pacte que etz foran tengutz de balhar bin au metis pretz per far detz caas carguatz.

3. Item, mustran que aben recebut per benda de huna pipa de bin, e fo benut [lodit bin] tant a banastra (1) que a teberna; que monta l'argent qui salhi deudit bin, paguada la inposition : tres scutz nau sos.

4. Item, mustran que aben recebut deus caperas e collector deu bassin de purgatori setze scutz au sorelh, [condan] per cada bint e sinc soos, e lo demorant en moneda dequi a bint e sinc scutz.

5. Item, mustran que aben recebut en huna auta talha a lor autreyada lo xxvii° jorn deu mees de jun, de la soma de cent sincanta scutz.

DÉPENSES.

SOMMAIRE : 1 et 2. Copie et proclamation des ordonnances de police. — 3. Destruction du pont de l'Adour par une crue; réparations. — 4. Statue de sainte Catherine au portail de l'église. — 5-9. Différend avec le seigneur de Cannet au sujet du bois de la Barthe; descente sur les lieux; discussion avec M. de Cannet. — 10. Vente de vin à Jean Quinet, marchand de Lourdes. — 11. Saisie de deux charges de pastel, par le collecteur du subside de Rose d'Armagnac. — 12. Envoi d'argent au collecteur; perte sur la monnaie de Béarn. — 13. Chaperons consulaires. — 14. On envoie chercher la thuie faite par M. de Cannet dans le bois de Riscle. — 15. Voyage à Auch pour obtenir l'absolution du chapitre. — 16. Arpentement du terrain à donner à M. d'Armentieu. — 17. Prêt de dix florins d'Aragon par D. de Baganos, habitant de Viella. — 18. Les chefs de maison sont convoqués pour aller combler les fossés creusés par ordre de M. de Cannet dans les bois de la Barthe. — 19. Funérailles de madame de Termes. — 20. Processions et messes. — 21. Excommunication blanche. — 22. Honoraires de M° Guillem Fortanier, greffier de Lectoure. — 23 et 24. Voyage à Auch pour obtenir l'absolution du chapitre; perte sur la monnaie. — 25-27. Procès contre M. de Cannet; M. Guiraud du Comte est nommé commissaire par le sénéchal d'Armagnac. — 28. Adjudication de la toiture de la tour. — 29-34. Sentence rendue en faveur de M. de Cannet; appel des consuls de Riscle; ils sont ajournés devant le sénéchal à Lectoure; consultation de M° Pierre Tostard, avocat de Condom. — 35. Procès contre M. de Maumusson. — 36. Jean de Gramont, greffier de Lectoure, vient ajourner les consuls et procéder à une

(1) Sur ce mot, voir ce que nous avons dit au compte de 1477, art. 41. Ajoutons ici que *banastra* paraît être l'augmentatif de *bana*, cruche.

information au sujet du procès contre M. de Cannet. — 37. Tranchée dans le gravier de l'Adour, au-dessus du pont. — 38.° Voyage des consuls à Lectoure pour répondre à un ajournement personnel dans le procès Cannet; renvoi à trois semaines. — 39. États convoqués à Nogaro; on y lit une ordonnance royale réduisant les impôts d'un quart pour l'année présente. — 40. Nouveau voyage à Lectoure pour le procès Cannet; l'affaire est mise en surséance. — 41. Prêt de 24 écus au soleil par le commis du collecteur. — 42. Entretien d'un enfant trouvé. — 43. Procès intenté par M. du Baradat, chanoine de Nogaro, au sujet d'une saisie faite par les consuls de Riscle. — 44. Un sergent de Lectoure vient ajourner les consuls par-devant le sénéchal.

Despensa feyta e fornida per Johano de Mombet, Johan de Casanaba, Anthoni deu Casso e Johan de Meyloc, alias de Pardelhan, conselhs de la present bila d'Ariscla, comensan en l'an mil V^c e tres, finin en l'an V^c e quatre.

1. Primo, a xxvii deu mees de desembre (1503), fo apuntat que fessam doblar las ordenansas, a causa que las bielhas eran rompudas; e ayxi a fem; que donam per las copiar : tres soos.

2. Item, lo darrer jorn deudit mees, fem cridar lasditas ordenansas; de que, can fon cridadas, anam paguar la collation au notari e a la trompeta.

3. Item, lo segont jorn deu mees de jener (1504), agom tretze homes de besiau a amasar lo tenhoat e l'aute fustatye deu pont de l'Ador, a causa que era venguda huna grana inondation, e n'abe menat lodit pont. — Item, a ix deudit mees, que era jorn de marquat, aguom quatre homis per anar far lo pasatge audit pont; de que despensan tant etz que las guardas e dus booes que abem de besiau per portar l'estaquat per far lo pont mot : tres soos onze dines.

4. Item, paguam a Gualhart de Chartas, peyre, per mudar la cetina de santa Katalina (1) en lo portau; que monta : hun soo hun dine.

5. Item, a xxi deudit mees, fo apuntat que trametossam huna letra a mosenh de Canet toquan lo diferent qui abem dab et au cap de la Barta; e ayxi la y trametom per la guarda; don nos fe resposta que et no entene a toquar sino en so deu son.

---

(1) La sellette, le socle de la statue de sainte Catherine. Ce socle devait être en pierre, puisque le maçon, *peyre*, est chargé de le placer au portail.

6. Item, a xxii deudit mees, fo apuntat que anessam au cap deu bosc parlar ab lo senhor de Canet toquan noste diferent e soo; e ayxi a fem, e i anan xl coselhes o plus; e no podom star d'acordi dequet jorn; don demoran ab lodit senhor que dequi a quatre jorns nos tornaram au loc deu debat; e bolem que lo procurayre d'Armanhac hy fossa per l'entereze de Mosenhor; don et respono que et era content.

7. Item, a xxiiii^{te} deudit mees, trametom huna letra a mosenhor lo procurayre d'Armanhac, en lo pregan que lo plaguos de se transportar part desa per anar audit loc deu debat; don fe resposta que et entene que aquo toquaba l'entereze de Mosenhor e que et s'y trobara bolentes.

8. Item, a xxvi deudit mees, venguo mosenhor lo procurayre e Bernad deu Drulhet, bayle d'Armanhac; de que lodit jorn apres disna, partin los susditz eysems ab lo bayle e los cossos e bint o xxiiii^{te} conselhes; don can ban star part dela, aqui se troba lodit senhor de Canet, e aqui la materia fo augunament debatuda; e demoran que lo darre jorn deu present mees se trobaran totz ensemle sus lo metis loc, e aqui foran aperatz deus besiis per los interrogar sus la materia contensiosa, e ausitz aquetz, fora bist sy podoram star d'acordi.

9. Item, lo darrer jorn deudit mees, venguon mosenhor lo jutge ordinari e mosenhor lo procurayre d'Armanhac, per anar au loc contencios e dessus nomentat, e sopan lo vespe a Bernadon de Lafitan; e lo maytin partin entau dit loc, eysems los cossos e beucop d'autes cosselhes; don can ban star part dela, aqui se troban beucop deus circumbessis, e lo senhor de Canet parelhament; don, ausitz losditz circumbessis, loscaus depausaban en nosta fabor, lo senhor de Canet se bota a corrossa; e ausit aquo, messenhors de cosselhes e totz autes se botan a arassar los baratz qui lodit senhor abe feyt fa en so deu noste, car ayxi ac dixen losditz circumbessis tant de Chausac, de Gotz et de Termis.

10. Item, a xv deu mees de feurer, venguo Johan Quinet, marchant de Lorda; de que lodit jorn lo venom detz pipas de bin, a tres scutz set soos hun ardit r^a baqua per pipa.

11. Item, a xvii deudit mees, parti Johan de Cazanaba enta Bic, e asso a causa que a Menyon deu Magenc aben arastadas duas

charguas de pastel per la donation de madama de Sant-Pau, Roza d'Armanhac; de que pagua lodit de Cazanaba a Bertran de Lamora, habitant de Bic e comis a colhe ladita donation, que monta set scutz tres soos oeyt dines; e lo prometo de lo paguar la resta lo jorn d'Arams prosman benent; e ayxi deliura lasditas charguas.

12. Item, a xx deudit mees, ana Johano de Mombet porta argent au collector; de que lo pagua : trenta scutz. — Item, pagua per la mingua de dotze scutz que y abe moneda de Bearn, que monta : dus sos.

13. Item, fo apuntat que crompassam dotze paums de roge e dotze de bruneta per nos far far los capayros, ayxi que es acostumat; de que a xxv deudit mes, parti Johan de Cazanaba enta Euza per crompar losditz draps; que costan : oeyt scutz onze sos.

14. Item, paguam a Bernadon de Lafitan per seys banas quatre piches de bin blanc can anen sercar la toya que mossenh de Canet abe feyta far au cap deu bosc en so deu noste; que monta lodit bin dezaset sos quatre dines.

15. Item, a xi de mars, trametom lo Vescomte a Aux a causa que aben trametut l'escominge contra los dus cossos, perso qui no abem pagat lo fiu deus sincanta scutz qui los debem; de que pagua lodit Vescomte lodit fiu, que monta : sinc scutz. — Item, pagua per lo biatge deu saryant qui abe aportat lodit scominge; que monta : seys soos. — Item, pagua per lo *pateat* e cofes de l'esturment, letra e saget del scominge e greuges; que monta lo tot : dus sos detz dines. — Item, pagua per las absolutions : nau soos. — Item, pagua per lo cambi de la moneda en moneda de Rey; que monta : tres soos.

16. Item, a xxiii deudit mees de mars, fo apuntat que los bint e sinc arpens de terra qui la bila debe balhar a mosenhor d'Armentiu, que fossan perchatz; e ayxi fo feyt; de que donam au perchado (1) per sa pena, marquat feyt : seys sos.

17. Item, a ix deu mees d'abriu, vesen que no se pode colhe hun ardit per lo collector, Johano de Mombet, Arnaud deu Sobiran

---

(1) *Perchats*, arpentés. La perche était une mesure agraire. *Perchado*, arpenteur, agrimenseur.

e Johan de Cazanaba s'en anan a Bilhar asemprar Menyolet de Baguanos que lo plaguos de far plaser a la bila de detz scutz dequia a la colhuda e que et no hi perguora are; don los fe resposta que a lu no l'era posible de prestar per ta lonc terme, mas que et abe detz floris d'Aragon, que los ne fera plaser per seys semmanas, a XXXIIIes doblas pessa; don los susditz, vesen que la bila aguora despensas, recebon losditz detz floris d'Arguon; don s'y perguo la begada la on fon mersatz, que monta : dus soos tres dines.

18. Item, a XI deudit mees, foc apuntat que tot cap d'ostau fossa mandat per anar arasar los baratz au cap deu bosc en las terras qui lo senhor de Canet nos prene.

19. Item, a XV deu mees de may, madamissela de Termes (1) nos trameto huna letra, lacau fo remustrada en conselh, e contie que la dona sa may era anada a Diu (2), on nos preguaba que lo jorn apres l'anasan far onor a la sepultura de ladita dona sa may; don fo apuntat que Johan de Cazanaba, Anthoni deu Casso anassan audit loc e portassan quatre thorchas honestas; e ayxi a fen; don crompan sinc liuras e tres cars de cera, que costan : quatorze soos.

20. Item, fo apuntat que fessam far tres processions generaus e fessam dixe tres missas per tau que Diu nos prebersa *(sic)* de famina, de guerra, de mortalha e de tempesta, e nos conserbesa en la sua santa guarda; de que fo donat a cascun caperan qui dixon lasditas missas : oeyt arditz.

21. Item, a XV deu mees de jun, pagua Johan de Cazanaba a Johanot deu Testet, obite per los canonges de Nogaro, per lo fiu qui los debem deus sincanta scutz : sinc scutz. — Pagua audit deu Testet, per lo biatge deu lacay qui nos era vengut citar e nos abe

---

(1) Anne d'Armagnac, héritière de Termes.
(2) Catherine d'Armagnac-Lescun, veuve de Jean d'Armagnac, seigneur de Termes (voir son mariage, compte de 1485, art. 21), était fille naturelle de Jean de Lescun, dit le bâtard d'Armagnac, comte de Comminges et maréchal de France, et de Marie Sohter, native de Genèpe, en Brabant. Elle fut légitimée, avec son frère Jean et sa sœur Jeanne, par lettres du mois d'avril 1466. Le Père Anselme (*Grands Officiers de la Couronne*, t. VII, p. 94) se contente de nommer ces trois bâtards légitimés, sans dire quel fut leur sort. Nous connaissons celui de Catherine et de Jean ; celui de Jeanne nous est inconnu.

metut en scominge blanc (1); don nos fe paguar per lasditas despensas : tres soos quatre dines.

22. Item, lo metis jorn, pague a maeste Guilhem Fontanherii, grafier de Leytora, per sertanas scripturas que lo debem per lo proces qui abem ab lo senhor de Maumusson : seys sos. — Lo metis jorn, balhe noste articulat contra lodit senhor de Maumusson audit grafier, que lo portaza a maeste Pey Fracxino, noste abocat, e lo balhe que lo portasa : nau soos.

23. Item, a xxiiii deudit mees, parti Johan de Casanaba enta Aux, per paguar lo fiu a capito e per aber las absolutions per los tres cossos que eran scomingatz, a causa que lodit fiu no era stat paguat au terme; de que pagua lodit de Cazanaba a mosenh Pey deu Poy, obite per messenhors de canonges : quinze scutz. — Item, pagua per lo biatge de Cossiensa, qui abe aportat lodit scominge : seys soos. — Item, pagua de las absolutions : tretze soos e seys dines.

24. Item, per far lodit paguament a Aux, malhebam de Peyron de Lafitan quatre scutz bielhs, hun alfonsin e hun scut moneda de Rey; don part dela i aguora de tara tant de cortessa d'aur que autament, que monta : hun scut; e no i aguo punt auta mingua, car lo restant deudit paguament era de l'argent qui malhebam deus collectors e caperas de purguatori.

25. Item, lo quart jorn deu mees de jul, lo senhor de Canet nos fe ajornar a totz quatre e parelhament au bayle, e asso ab hunas letras de statut de querela, per debant mosenh Guiraut deu Compte, comissari per mosenhor lo senechal d'Armanhac a execcutar lasditas letras deputat; don fo apuntat que mosenh Sans de Poges s'en anassa a Nogaro parlar ab mosenhor lo jutge deus apelhs en lo pregan que lo plaguos de se transportar part dessa per comparir per la part de la bila per debant lodit comissari; don lodit mosenhor lo jutge lo fe resposta que et era tot au comandament de la bila e que et era content.

26. Item, partin per anar au loc deu debat e per compari per debant lo dessus nomentat comissari; don can ban ste part dela,

---

(1) Excommunication blanche, terme inconnu dans le *Droit canon*. Nous pensons qu'il s'agit d'une excommunication dont les effets sont subordonnés à une cause conditionnelle.

aqui fo lodit comissari ab hun grafier de Leytora; dont la causa fo tenguda, e aqui compari mosenh Johan deu Pentinhayre, caperan, habitant de Plasensa, per nom deu senhor de Canet; e mossenhor lo jutge, eysems ab lo sendic e cossos comparin per nom de la bila. E feytas las susditas comparitions, lodit comissari ba dixe que et era aqui per excecutar lodit rest de querela, sy que nos aleguessam causas perque no se deguossa excecutar; don mosenhor lo jutge ba dixe e aleguar que sus la materia contenciosa los cossos e sendic, manans e habitans de la bila de Riscla, oeyt ans abe o enbiron, que etz aben lebadas hunas letras de saubaguarda e aqueras excecutas (*sic*) o feytas excecutar, don no s'i era trobat nul contradisent, e que desso apariba en la cort de mosenhor lo senechal d'Armanhac a Leytora, e a loc e a temps ne feram fe, e ad aquo demandam jorn; don nos fe resposta que a et no l'apariba punt de ladita lis pendensia ne no nos admete punt a far fe de quera, mas que et anaba tirar a lebant a la excecution de sa comission; e ausin aquo, lo susdit mosenhor lo jutge protesta per nom que dessus de se aperar a denegation de dret, e de feyt se apera; don lodit comissari respono que no admete punt noste apel, mas dixo que et tirera a la excecution de sa dita comission. E comensa a tirar ad aquera; e a la begada lodit mosenhor lo jutge ba demandar este admetut a proar contraria possessio; e lodit comissari nos admeto a la proar e nos balha letras per far ajornar nostes testimonis au jorn apres. E encontinent fem ajornar audit mosenh Johan cum comprocurayre per lodit de Canet, a beser jurar sertans testimonis per nosta ententa proar produsidors; e trametom Arnaud de Sobabera, guarda de la bila, a Canet per far ajornar audit senhor a beser jurar los susditz testimonis; e de la en fora ladita guarda s'en ana portar huna letra a Arnaud d'Armau, bayle de Gotz, lacau contie que nos lo preguabam que los plaguos de nos ajornar deus habitans de Gotz, de quetz qui a lu semlera que fossan boos per nosta ententa proar; e ayxi a fe.

27. Item, lo prumer jorn d'aost, venguo mosenhor lo jutge deus apelhs per nos demandar argent de las jornadas qui abe bacat per nos au demeat (1) qui abem agut ab lo senhor de Canet; de que

---

(1) Démêlé.

fo apuntat que lo donassam dus scutz; e lo jorn apres lo remustran auguns proces que i abe a ordena en la cort, e l'aguom a pagar la despensa per et e per son serbidor.

28. Item, a xxi deudit mees, botam a pretz feyt a caperar la torr a Johan, crestia de Betloc, e au filh de Bernad, lo crestia de sta bila; e los paguam per lodit pretz feyt : tres scutz.

29. Item, lo x^e jorn de seteme, a la instancia deu senhor de Canet, fo ajornat Bernad Fitau, bayle de sta bila, e nos autres totz quatre parhelhament, a beser balhar la ordenansa deu rest de querela sus lo loc contencios, au jorn apres; don la causa fo remustrada en conselh, e fo apuntat que scricosam au procurayre d'Armanhac que lo plaguos de se transportar part dessa; e ayxi a fem.

30. Item, lo jorn apres, venguo lo dessus nomentat per anar comparir per debant lo susdit comissari; de que fo apuntat que lo bayle e los cossos anassan ab lodit procurayre; e ayxi a fen, e Philip de Cregut en lor companhia; dont can ban star part dela, aqui compari lodit senhor de Canet e mosenh Guiraut deu Compte, comissari susdit, e son grafier; dont aqui fo debatut sus la materia, mas lo tot no ostant, lodit comissari procedi a la ordenansa e dixo lo rest de querela per la part deudit de Canet bien enpetrat; e vesen aquo, mosenhor lo procurayre susdit se apera e se proboca per apellant de ladita ordenansa; don lodit comissari respono que no admete punt noste apelh, mas sus lo segont cap et nos asignaba jornada per debant mosenhor lo senechal a Leytora. Incontinent aqui fo Bernad de Las Correyas, alias Guoiohet, saryant, e nos ajorna a totz quatre e au bayle parhelhament personaument, a la instantia deu procurayre deu Rey per debant mosenhor lo senechal d'Armanhac a Leytora; don demandam copia; costa : hun soo.

31. Item, a xvi deudit mees, fo apuntat que Bernad Fitau, bayle, e Anthoni deu Casso anassam a Nogaro parlar ab jutge d'apelhs cum nos abem a guovernar tocan l'ajornament personau; don nos dixo que falhe obesir a justicia, o au cas que no y anassam i aguora defaut contra de nos e letras ab penas.

32. Item, a xvii deudit mees, venguo mosenhor lo jutge ordinari e Bernad deu Drulhet e hun serbidor son ab lodit jutge; de que lo parlam de la materia susdita; don et nos dixo que et n'abe entenut

cauque causa a Nogaro e que au meyan de quo et era tirat assi que deba enta Marciac; don nos dixo que no i abe remedi sino que tramete sercar l'apel a Tholoza; e nos fe huna cedula apellatoria, e l'agnom a paguar la despensa.

33. Item, a XXI deudit mees, venguo sta bila maste **Pey Tostardi**, abocat de Condom, e lo parlam de la materia susdita; don nos dixo que sy nos relebabam l'apel de Tholoza nos foram condamnatz per lo fol apel en LX liuras parisentas, mas que melhor era que toquan lodit exces que apuntasam ab lo procurayre deu Rey. On lo jorn metis mosenh Sans de Poges, prior de Baulenx, e Johan de Marrenx partin enta Nogaro, e can ban estre part dela, remustran la causa au procurayre; don dixo que et crese e dobtara que fosam condamnatz, ayxi que l'aute abe dit, mas que per ara lodit de Baulenx anassa a Leytora e que en breu et abe deliberat de i anar e que et parlera ab lo procurayre deu Rey e no dobtaba pas que om no i fossa d'acordi.

34. Item, a XXII deudit mees, parti lodit de Poges enta Leytora a ladita jornada; de que la causa fo tenguda, e fo apuntat que, atenut que lo procurayre deu Rey no gera, que la causa demorera en surseansa dequia pertant que autrament hi fora apuntat.

35. Item, a sinc d'octobre, maste Guilhem Fontanherii, nos trameto huna letra missoria, lacau contie que la cort l'abe cometut a benir part dessa per far nosta enquesta contra lo senhor de Maumusso sus lo pleyt qui abem ab lodit senhor per las terras qui thien contribuables sta bila, e parelhament nos tramete sa comission e huna letra per ajornar los testimonis qui a nos fora abiis que sabossan sus la materia; dont lo jorn apres trametom Johan de Tinharaya, saryant, a Maumusson, eysems ab maste Johan de Lafitan, per far ajornar lodit senhor; dont deudit jorn no podon expedir a causa que lo bayle no se troba dequia que fo de tot neytz, mas los dixo que tornassan lo jorn apres e et aguora feyt las diligensias.

36. Item, a XVIII deudit mees, venguo Johan d'Aygremont, grafier de Leytora; dont nos dixo que abe charya de nos ajornar personaument a la requesta deu procurayre deu Rey, e ayxi nos ajorna e au bayle parhelhament; apres, dixo que et abe charya de far informations contra lo senhor de Canet a proar so qui per lo

prior de Baulenx era stat alegat a la prumera jornada sus asso tenguda; e parhelhament abe charya per far informatios sus lo blad qui era stat dampnatyat en lo territori contencios; de que paguam audit d'Aygremont per far las informatios susditas e enquesta deudit blad, marcat feyt ab lu, que lo pagam : hun scut tres soos quatre dines.

37. Item, a xx deudit mes, fem mandar la besiau per anar fene lo grabe (1) a dessus lo pont de l'Ador. — Item, a xxvi deudit mes, venguon a ladita besiau per fene lo susdit grabe xl homes, de que despensan en pan : detz sos iiii dines. — Item, aguon dus boes audit grabe que furoaban (2); que los donam per lor pena : dus soos seys arditz.

38. Item, a xxvii deudit mees, mosenh Sans de Poges, prior de Baulenx, e Anthoni deu Casso partin enta Leytora, a causa que eram ajornatz personaument a la instancia deu procurayre deu Rey ; dont can fon part dela, la causa se tenguo, e fo augunament altercada e debatuda; don foc apuntat per la cort que nos aguoram dilay de tres semmanas inclusibament a la data deudit jorn.

39. Item, a xvi de nobembre, fo apuntat per lo conselh que mosenh Sans de Poges, prior de Baulenx, Bernadon de Lafitan e Johan de Cazanaba anassan a Nogaro aus Statz; de que lodit de Poges e de Cazanaba partin desi a xvii deudit mees de nobembre que era disapte, e lodit de Lafitan era enta Bic e se troba part dela, car ayxi era stat enpres; don lo jorn susdit fon tengutz los Statz, e aqui fo remustrat cum lo Rey per sa gracia bole que per la present aneya i aguosa rebays de la quarta part per respeyt de la pasada aneya.

40. Item, a xix deudit mees de nobembre, Anthoni deu Casso e Johan de Cazanaba partin enta Leytora a la jornada; de que can fon part dela, balhan huna letra a maste Dorde, lacau mosenhor lo jutge maye lo tramete, en lacau l'escribe que la causa demorasa en sursansa dequia pertant que la cort y aguora apuntat autrament, e que nos nos obliguesam de comparir totas veguadas qui

---

(1) Faire une tranchée dans le gravier. Voir l'Introduction, page lvii.

(2) *Furoaban*, mot à mot furetaient le sable. Opération qui consiste à fouiller le gravier ou le sable avec une tige en fer appelée *furou* ou *hurout*, pour le désagréger et en faciliter l'enlèvement.

foram requestz. — Paguan a maste Guilhem Fontanherii, notari, qui retenguo lodit apuntament, a causa que lo notari Sarcino erat *(sic)* mort, e la causa que era de son taule; paguan per lodit apuntament e relacxe : dus soos oeyt dines.

41. Item, a x deu mees de desembre, venguo Johan de Lariu, comis per Bernad deu Bedat, collector d'Armanhac, ab Coet, saryant, per nos far excecutar per la terza part de l'aneya; de que lo pregam que nos fessa plaser de bint e quatre scutz au sorelh ; don nos fe resposta que no fera, mas et trobara qui a fera, en lo pagan per pessa bint e sinc soos e hun ardit, e que aguora termy deudit argent, so es que pagueram la terza part pasatz quinze jorns e l'auta terza part pasat autes quinze jorns e l'auta terza part au bot deus autes quinze jorns; e ayxi fo feyt.

42. Item, paguam a Bernad Veyria e a sa molhe per seys mees e mey que tenguon lo bastart, e fo marquat feyt ab lor a set soos e mey per mees; que monta per lodit temps : dus scutz dotze soos e nau dines. — Item, paguam a Blanquina deu Cosso per dus mees e mey que tenguo lodit bastart : hun scut. — Item, paguam a Bernad Castay e a sa molhe per thie lodit bastart de la feyra de Sant-Martin dequia a cap d'an : dotze soos.

43. Item, a vii deu mees de jener (1505), Anthoni deu Casso e Johan de Cazanaba anan a Nogaro, a causa que lo canonge deu Baradat (1) los hy abe feytz ajornar a totz quatre cossos bielhs perso qui l'aben penherat per la darrera talha, lacau se colhe per maneyra d'enpaus ; don can fon a Nogaro, mosenhor lo procurayre los dixo que balhessan la copia de l'ajornament e que s'en tornassan, car et prene la causa, e que rason era que paguessa.

44. Item, a x deudit mees, venguo hun saryant de Leytora aperat La Trompeta, e ajorna aus susditz cossos bielhs personaument a la instancia deu procurayre deu Rey a comparir per debant mosenhor lo senechal o per debant son loctenent; don la causa fo remustrada aus cossos nabetz, don fon d'aupinio que desferrasam audit saryant de l'ostaleria e que lo donassam per lo bin xx arditz e que la causa demorassa per lo present ; e ayxi fo feyt.

(1) Martial de Baradat, chanoine de Nogaro. Voir compte de 1507, art. 36.

REDDITION DES COMPTES DE 1504.

L'an mil v^c e quoate (1505), a iiii^{te} deu mes de mars, en la mayson de Johan de Meyloc, redon condes Johano de Mombet, Johan de Casanaba, Anthoni deu Casso e Johan de Meyloc, conselhs de l'an passat, a Arnauto de Poges, Bernadon de Lafitan, Johanot Fontanhera e a Menyo deu Magenc, conselhs de l'an present.

Recettes. — Mustran que agon recebut en duas talhas de sent syncanta scutz quada talha, que montan totas duas, rebatut greuges, gatges, binte dine acostumat de passar, que montan en huna soma tres cens quaranta scutz sinc sos dus dines, etc. — E ayxi apareys que montan lasditas receptas en huna soma universal sinc cens trenta e dus scutz quoate sos detz dines hun tolozan.

Dépenses. — Item, aqui metis, mustran que agon despensat la soma de sinc cens e setze scutz onze sos.

Lo present conde foc feyt e redut en presencia de maste Johan de Sant-Guilhem, etc.

XLVII.

COMPTES DE L'ANNÉE 1505.

RECETTES.

SOMMAIRE : 1. Fief annuel payé par les consuls de Cahuzac. — 2 et 3. Levée de deux tailles.

Recepta feyta per Arnauton de Poges, alias lo Feste, Bernadon de Lafitan, Johanot de La Fontanhera e Menyon deu Magenc, conselhs de la present bila d'Ariscla en l'an mil V^e e quatre, comensan a la festa de la Natibitat de Nostre Senhor Diu Jhesu

ANNÉE 1505.

Christ, e finin en l'an V° e sinq a la susdita festa l'an rebolut, ayxi que dejus s'ensec.

1. Primo, mustran que aben recebut deus conselhs de Chausac per lo fiu qui annuaument fen a ladita bila per la Barta, que monta : sinq scutz tres soos quatre dines.

2. Plus, mustran que aben recebut en huna talha a lor autreyada lo prumer jorn de jener per lo conselh de ladita bila, de la soma de cent sincanta scutz, e assendeys ladita talha en huna soma universau cent e hoeytanta e dus scutz tretze soos seys dines.

3. Plus, mustran que aben recebut en huna auta talha, a lor autreyada lo vint e seteme jorn deu mes de jun, de la soma de cent sincanta scutz.

DÉPENSES.

SOMMAIRE : 1. Levée des tailles dans les divers quartiers de la juridiction. — 2. Visite annuelle du juge d'appeaux, du juge ordinaire et du procureur d'Armagnac. — 3. Entretien d'un enfant trouvé. — 4. Chaperons consulaires. — 5. Excommunication des consuls par le chapitre d'Auch; absolution. — 6. Paiement du fief annuel au receveur d'Armagnac. — 7. Cierge pascal et torche du jeudi-saint. — 8. Le marché, qui tombait cette année le jour de l'Annonciation, est renvoyé au lundi de Pâques. — 9. Prêt de cent quarts de froment par Jean du Cousso, d'Aignan. — 10. Compte avec le collecteur. — 11. Mort de M° Pierre Fraxino, avocat à Lectoure. — 12. Demande d'argent par le collecteur. — 13. Procès criminel contre des boulangères de Riscle. — 14. Maladie contagieuse. — 15. Réparation de la trompette de la ville. — 16. Visite des chemins de la juridiction. — 17. Emprisonnement de deux voleuses. — 18. Le juge ordinaire est choisi pour assesseur des consuls, à la place du juge d'appeaux. — 19. Les boulangères livrées au bourreau. — 20 et 21. Vente de blé à Castelnau et à Izotges. — 22 et 23. Procès Maumusson et Cannet; — choix d'un avocat en remplacement de M° Fraxino, décédé. — 24. Envoi d'argent au trésorier du chapitre d'Auch, à Saint-Amand. — 25. Ajournement personnel de M. de Maumusson devant le sénéchal de Lectoure. — 26. Le juge d'appeaux réclame ses gages d'assesseur. — 27 et 28. M. de Maumusson prétend que sa qualité de noble le dispense de comparaître en personne; sentence rendue par le sénéchal. — 29. Intérêts réclamés par les chanoines de Nogaro. — 30. Achat de drap à Condom pour les chaperons consulaires. — 31. Rupture du battant de la cloche. — 32. Paiement des gages du juge d'appeaux comme assesseur pendant la moitié de l'année. — 33. Le collecteur fait saisir du blé et envoie quatre chars pour l'emporter à Nogaro; on lui donne 10 écus et les chars s'en retournent vides. — 34. Procès Maumusson; venue à Riscle d'un commissaire et d'un greffier de Lectoure. — 35. Venue à Riscle de M. de Montagnac, nouveau gouverneur d'Armagnac, avec une escorte de 25 chevaux. — 36. Paiement du loyer du peintre. — 37. Funérailles de M. de Saint-Lanne. — 38. Réparations aux cloches et à l'horloge. — 39. Affaire du prisonnier de Castelnau. — 40. États tenus à Vic. — 41. Manteau du garde. — 42. Lettre du conservateur de Toulouse, au sujet d'une requête de M⁰ Jacques Tafanet. — 43. Sonnerie le jour de la Passion. — 44. Reddition des comptes.

Despensa feyta e fornida per Arnauton de Poges, Bernadon de Lafitan, Johanot de La Fontanhera e Menyon deu Magenc, conselhs d'Ariscla, comensan l'an mil V^c e quatre, finin l'an V^c e sinq, e asso en los negossis e afers de ladita bila tant de dines reaus, ordinaris ne extraordinaris ne autament.

1. Primo, anan demandar argent de la talha per la bila, castet, bordalat e cambadia, que donan a la garda per sa despensa : quatre dines.

2. Item, a XIIII de jener, venguon mosenhor lo jutge deus apelhs, mosenhor lo jutge ordinari, e mosenhor lo procurayre d'Armanhac eu lor companhia; de que demoran tres jorns sta bila, e despensan tant per etz que per lors rossis : tres scutz; e fo apuntat que, atenut que bien per far la visita, que la bila paguasa ladita despensa; e ayxi a fem.

3. Item, balham a la molhe deu filh de Berdot d'Amada, per la noyritura deu bastart qui la bila fase noyri : hoeyt soos.

4. Item, a x de feurer, ana Bernadon de Lafitan a Euza crompar lo drap per los capayros.

5. Item, lo clabari de capito d'Aux nos trameto l'escominge a totz quatre a causa quo no lo portam l'argent deu fiu; don l'y trametom per Gualhardet de Bilar, e lo pagua : sinq scutz. — Item, per lo cambi de la moneda : dus soos seys dines. — Item, pagua tant per lo pateat que lo cofes de l'insturment : dus soos dus dines. — Item, pagua per las absolutios : hun scut oeyt dines. — Item, per la mingua de l'escut de las absolutios : seys dines. — Item, pagua aus bequaris per lo registre deus susditz scominges : dus soos seys dines.

6. Item, a XII de mars, paguam a Bernad de La Crotz, recebedor d'Armanhac, per lo fiu qui fem de la Barta a mosenhor lo compte, que monta : sinq scutz setze soos sinq arditz hun dine torne.

7. Item, crompam VII liuras de cera per far lo ciri pascau e per adobar los autes, e ayxi metis que ne fem far huna torcha per la

neyt deu dityaus saut botar au monument; que costa : hun scut detz soos.

8. Item, a xx deudit mees, ana Bernadon de Lafitan a Saumont; de que fe cridar lo marquat au dilus de Pascas, a causa que Nostra Dama era lo dimars (1); que dona au qui crida lodit marquat : quatre dines.

9. Item, fo apuntat que, atenut que la praube gent no poden paguar las talhas e lo collector que nos fase grans despensas, que malhebasam cent quartz de froment, a fugir totas despensas; e ayxi los malhebam de Johan deu Cosso, marchant d'Auha.

10. Item, a xxvi deudit mees, condan vᶜ e sinq, Bernadon de Lafitan e Johan de Casanaba anan a Noguaro per condar ab lo collector e per consultar l'esturment apellatori qui abem trames sercar a Leytora per relebar l'apel contra lo senhor de Canet; de que, can fon part dela, consultan lodit insturment e aguon a demorar la neyt part dela, a causa que lo collector no gera punt; de que lo jorn apres condan dab het de dus aneyas pasadas.

11. Item, a xxvii deudit mees, trametom huna letra a maste Pey Fracxino, abocat a Leytora, e asso toquan los proces qui abem contra lo senhor de Maumusson ne contra lo senhor de Canet; abem balhat au mesatger sinc soos, que los balhasa audit noste abocat; don can ba este part dela, Fracxino fo mort, mas lodit mesatge los balha au notari de la causa. — Item, lodit mesatge aporta huna letra per far ajornar au senhor de Maumusson, a respone aus captz de nostes artigles, lacau letra e saget costa : dus soos.

12. Item, a viii d'abriu, venguon lo Baron e Coet, lo saryant, per demandar la resta deu quarte, e los paguan : detz scutz tretze soos tres arditz e hun tholosan. — Item, per la mingua : detz arditz e hun tholosa.

13. Item, lo jorn susdit, donam au boreu, que no prenguosa lo pan a las pancoseras (2) : hoeyt dines.

14. Item, lo jorn metis, donam a la guarda, que guardasa la

---

(1) La fête de l'Annonciation de la sainte Vierge, 25 mars.
(2) *Pancoseras*, boulangères. La cuisson du pain était alors, comme aujourd'hui encore dans les campagnes, une attribution exclusivement féminine.

porta de la bila, a causa de las mortalitatz que eran per lo pays : quatre dines.

15. Item, donam a hun astanher (1), per adobar la trompeta de la bila : dus soos.

16. Item, a xxvi deudit mees, venguo hun comissari reau per far abilhar e visitar los camis ; de que lo donam per sa bisita : detz soos.

17. Item, a xxviii deudit mees, foc apuntat que Menyon deu Magenc anasa a Nogaro parlar ab noste accessor toquan duas presoneras que abe en la preson per cauque furt que los era inpausat.

18. Item, a vii de may, venguo mosenhor lo jutge ordinari d'Armanhac; de que fo apuntat que, atenut que lo jutge deus apelhs no era vengut, que lo ordinari fosa noste accessor e que aguosam son conselh toquan las presoneras ; e ayxi a fem ; e paguam sa despensa e de soos serbidors.

19. Item, a xxiii deudit mees, venguo lo boreu, e lo donam que no toquessa a las pancoseras deu pan : hoeyt dines.

20. Item, a xxiiii deudit mees, trametom a Castelnau d'Arribera bint e quatre quartz de froment per los bene deu qui abem malhebat.

21. Item, a xxvi deudit mees, ana Menyon deu Magenc a Plasensa per vene la resta deu blad au mules d'Isotge ; e ayxi a fe.

22. Item, lo darrer jorn deudit mees, fo apuntat que mosenh Sans de Poges, prior de Baulenx, anassa a Leytora, a causa que i abem feyt ajornar persouaument au senhor de Maumuson a respone aus artigles per noste abocat en la cort balhatz, e ayxi metis per far botar lo pareatis deu seneschal en las letras apellatorias qui eran stadas relebadas au parlament de Tholoza, instigant lo procurayre d'Armanhac a l'encontra deu senhor de Canet, e ayxi metis per constituir hun abocat per la bila, a causa que Fracxino era mort ; don can lodit de Poges es stat part dela, a costituit nostre abocat mosenhor l'abocat deu Rey. Balha a l'abocat : sinc soos. — Item, lo doble de las susditas letras apellatorias e parhel-

(1) *Astanher*, potier d'étain, étameur.

hament deu parheatis aguo a demorar a nostes despens devert la cort; de que costa tant de letra que de saget : sinq soos dus arditz.

23. Item, ab conselh de noste abocat, lodit de Poges, per vertut de lasditas letras, a feyt inhybir lo loctenent deu senechal e parhelhament los grafies de la cort, e ayxi a Comite, qui era comissari principau en la causa; don per inhibir lodit Comite, lo saryant aguo a anar a Arossès on lodit Comite demoraba.

24. Item, a VIII de jun, mosenhor lo clabari de capito d'Aux nos trameto huna letra de Sant-Aman en fora, en lacau nos scribe que trametosam los quinze scutz qui debem deu fiu qui fem a capito, autrament aguoram despensas. — Item, lo jorn susdit, trametom Bertran de Los a Sant-Aman portar los susditz quinze scutz au susdit clabari.

25. Item, a XI de julh, trametom Bernad de Las Correyas a Bilhar per ajornar lo senhor de Maumusson personaument a Leytora, a la pena de bint e sinc marcx d'argent.

26. Item, a XX deudit mees, mosenhor lo jutge deus apelhs nos trameto hun son serbidor, per locau nos preguaba que de so qui l'abem acostumat de balhar cum a accessor que nos plaguos de lon tramete la meytat; don lo fem resposta que la bila i abe botat aute accessor, mas que de so qui et aguora serbit et fora contentat au plus breu qui podoram.

27. Item, a XXX deudit mees, parti mosenh Sans de Poges, prior de Bauleux, enta Leytora; don can ba star part dela a la cort, l'abocat deu senhor de Maumusson ba balha huna cedula *in jure* (1), on dixe que lodit de Maumusson era noble e no era punt tengut de comparir personalament (2); nostre abocat dixo lo contrari; e fo a ordenar; don noste abocat ba dixe audit de Poges que et era expedient que per lo report de so dessus et donassa cauque causa a maste Dorde, per tau que no lo fossa de greu de retornar deu Castera-Leytores en fora, car la fase sa demoransa; e ayxi lodit de Poges balha audit maste Dorde : sinq soos.

28. Item, fo apuntat per la cort que lodit de Maumusson fosa ausit a sons despens e condempnat en los despens e letras autre-

---

(1) *In jure*, c'est-à-dire dans l'instance.
(2) A noter cette exception déclinatoire fondée sur la noblesse du défendeur.

yadas a beser tacxar; que costan lasditas letras tant de letra que de saget : dus soos.

29. Item, lo viiie jorn d'aost, mosenh Colomet venguo sta bila per nom deus canonges de Nogaro per recebre los sinq scutz qui los debem deu fiu ; e apuntam dab et que dequia hoeyt jorns nos anaram part dela e los portaram lor argent.

30. Item, paguam au marchant de Condom per lo drap qui n'abem agut ab deus capayros, so era huna cana e meya de bruneta e autant de roge borges; que costa lo tot : detz scutz nau soos.

31. Item, lo segont jorn de seteme, fem adobar lo batalh deu cey, que s'era romput; que costa tant de ferr que de fayson, comprees auta biatge que s'era romput : v sos iiii dines.

32. Item, a xxiiii deudit mees, paguam a mosenhor lo jutge deus apelhs cum a accesor, e asso per la meytat de la aneya : hun scut.

33. Item, a xvi d'octobre, venguo Huguet deu Baradat ab hun saryant, de que los pregam que demorasan dequia a l'endejorn e que lo dibes apres aguoran argent; dont lodit de Baradat s'en retorna enta Noguaro parlar ab son maeste; don lo jorn apres, torna lodit deu Baradat ab quatre carrs per carguar los blatz qui nos aben pres; de que los cars s'en aguon a retornar boeytz, a causa que los balham de l'argent, que monta : detz scutz. — Item, per la mingua : hun soo hoeyt dines.

34. Item, a xx deudit mees, venguon hun comissari e hun grafier de Leytora en fora, per prene la asercion de nos autes deus artigles per nos balhatz contra deu senhor de Maumusson, e parhelhament per far respone ausditz artigles au susdit senhor de Maumusson ; don lodit comissari e grafier baquan tant sta bila que en anar e venir, que monta sinq dietas, de lascaus ne paguam la meytat ; que monta : tres scutz setze soos.

35. Item, a vii de nobembre, venguo sta bila mosenhor lo guovernado d'Armanhac, senhor de Montanhac (1), don eran en sa companhia bint e sinq caguauguaduras e tres o quatre lacays ; don fon alotyatz en la mayson de Bernadon de Lafitan, de Arnauton

(1) François de Lomagne, seigneur de Montagnac et de Courrensan, baron des Angles, lieutenant du sénéchal d'Armagnac, avait épousé, le 28 avril 1502, Jeanne de La Roche-Fontenilles. (*Abrégé général. de la maison de Lomagne.*)

de Poges e de Bernad d'Aurelhan ; de que fo apuntat per lo conselh que per sa nabera venguda la bila paguasa tot so qui aguoran despensat ; que se troba que aguon despensat tant pan, carn fresqua que salada, espesias, fromatge, sucre, castanhas, lenha, bin blanc, roge e claret, fen e cibaza, que monta : cinq scutz dezaset soos hoeyt dines.

36. Item, a XXVI deudit mees, fo apuntat que la bila paguesa lo logue de l'hostau on lo pintre demoraba ; que monta : dus scutz.

37. Item, monsenhe lo canonge de Sanlana (1) e madona (2) parelhament nos trameton huna letra, lacau contie cum mosenhor de Sanlana (3) era mort e que etz nos preguaban que au jorn de la basaliqua (4) nos plaguos de los anar dar honor ; don fo apuntat que Bernadon de Lafitan e Menyon deu Magenc hy anasan e que portasan quatre thorchas ; e ayxi a fen ; e pesaban lasditas thorchas quatre liuras e meya ; que costan : hun scut.

38. Item, a XIIII de desembre, crompam dus pibles de boeu (5)

(1) Bertrand de Saint-Lane, chanoine de Nogaro, fils d'Auger, seigneur de Saint-Lane, et d'Agnès de Rivière-Labatut, oncle de Géraud.
(2) Marie de Viella.
(3) Nous avons souvent rencontré dans ces comptes le nom de Géraud, seigneur de Saint-Lane et Cahuzac. Voici quelques détails biographiques. Il était le second des dix enfants de Raymond-Bernard, seigneur de Saint-Lane, de Cahuzac, etc., et de Agnès de Larée. Son frère aîné, Bernard, héritier universel, mourut en 1484, sans enfants de Galiane de Rivière-Labatut, qu'il avait épousée le 18 juillet 1483. Géraud, devenu l'aîné de la famille, épousa, le 16 avril 1491, Marie de Viella, fille de Roger, seigneur de Viella, et de Marguerite Henriquès y Carras. Il fut lieutenant de Hugues d'Amboise, gouverneur de l'Armagnac. (Arch. du Sém. d'Auch.) Géraud était un des seigneurs les plus grandement apanagés de l'Armagnac. A sa mort, survenue le 26 mai 1506, les tuteurs de sa fille unique, Catherine, firent faire l'inventaire de sa succession (6 juin 1506). Les terres composant la succession étaient : Cahusac, Saint-Lane, Monledous, Sinzos, Tourdun, La Terrade, Saint-Aubin, Cantiran, Monclar, Larée. (Ibid.) Sa fille unique, riche héritière, fut mariée à un grand seigneur d'Auvergne, Guy de Clermont-Lodève, seigneur baron de Saint-Quentin en Auvergne, frère du cardinal François de Clermont-Lodève, archevêque d'Auch. Deux filles naquirent de cette union. L'aînée, Marie, fut mariée, en 1541, à Aymeric de Léaumond-Puygaillard, seigneur de Drudas, et la seconde, Jeanne, épousa Jacques de Fourcès, baron de Fourcès en Armagnac. (Ibid.) Cette branche de Léaumond a possédé les terres de la maison de Saint-Lane jusqu'au commencement du XVIIe siècle ; elle s'est éteinte par un mariage dans la maison de Saint-Julien, dont les descendants possèdent aujourd'hui Saint-Lane et Cahuzac.
(4) *Le jour de la Basilique.* — Géraud était mort le 26 mai précédent. (Voir sur la Basilique une note, comptes de 1497, art. 19.)
(5) *Pibles de boeu*, nerfs de bœuf.

per los botar en los batalhs deus ceys; que costan : hoeyt dines. — Item, crompam hunas baguas grosas (1) per los contrapees de l'arelotge; que costan : hun soo hoeyt dines. — Item, crompam holy per untar lodit relotge ; que costa : hun tholosan.

39. Item, trameton la guarda a Noguaro per demandar conselh a noste accessor sus lo feyt deus presones de Castetnau.

40. Item, fo apuntat que Menyon deu Magenc anassa a Bic aus Statz, la on se deben trobar messenhors de finansas; e ayxi a fe; don can ba star part dela, aqui comparin beucop de gentiushomes e de cosolatz, e per los susditz messenhors de finansas los fo remustrat le bon boler deu Rey nostre sire qui ha sus le praube pays.

41. Item, crompam duas canas de drap de gris per far la pelha a la guarda; que costan : hun scut dus soos.

42. Item, a XXVI deudit mees, anan a Noguaro Bernadon de Lafitan e Menyon deu Magenc, a causa que aben botat en la porta de la gleysa huna copia de huna letra deu conserbador de Tholoza, instigant maeste Jaques Tafanet, per lo contentar de hun insturment que demandaba.

43. Item, paguam aus torres per toquar a la Pasio : VI soos (2).

44. Item, mustram que aben despensat en la redition deus condes tant pan, bin, peys, holy, arenx, merlus, armotas, alh, spesias, lenha e sau et totas autas cosas; que monta : quatre scutz.

REDDITION DES COMPTES DE 1505.

L'an mil v° e sieys, e lo ters jorn deu mes d'abril, en la mayson de Bernadon de Lafitan, redon los condes Arnauton de Poges,

---

(1) *Bagas.* — Nous trouvons dans le procès-verbal détaillé de la reddition des comptes de 1501 l'explication de ce mot : « Plus monstran que abem recebut « de sinc *bagas*, vulgaument aperat *cordas*, que eran de lad. villa, lasquals benon « sinc sos. »

(2) *Toquar* paraît avoir ici le sens de sonner. *Toquar lo sey*, expression fréquemment employée dans ces comptes, signifie sonner la cloche. La sonnerie était confiée aux gardes de la tour, *torres*. — Il s'agit probablement d'un usage, perdu aujourd'hui, de sonner les cloches, le glas peut-être, à la Passion (*Pasio*) de Notre-Seigneur, le vendredi saint.

Bernadon de Lafitan, Johanot Fontanhera et Menyon deu Magenc, cosselhs de l'an passat, a Johan de Mayne, Arnaud deu Sobiran, Guilhon Fitau et Johan d'Angles, conselhs en l'an present.

Recettes. — Mustran que montan las receptas a la part de la vila en una soma universau quatre cens sincquanta sieys scutz detz sos detz dines.

Dépenses. — Et aqui metis, mustran que agon despensat en una soma universau quatre cens quatorse scutz nau sos oeyt dines.

Lo present conde foc feyt en presentia de maeste Johan de Lafitan, etc., et de my Bernad de Tesa, notari de Riscla, qui la present conclusion ey scriuta de ma propria man et signada de mon segne manual.

B. de Teza, not.

XLVIII.

COMPTES DE L'ANNÉE 1507 (1).

RECETTES.

Sommaire : 1 et 2. Levée de deux tailles.

Recepte feyte per Berdot d'Argelos, alias de Lonno, Berdot de Sanct-Pot, alias de Laguilhat, Ramonet d'Argelos, Johan de Sanct-Pot, com conselhs de la present billa de Riscle en l'an mil cinq cens et sieys, comensan a la Nativitat de Nostre Senhor Dieu Jesu Christ, et finin l'an cinq cens et sept a la susdite feste l'an revolut.

1. Primo, mustran que aben recebut en une talha a lor ouctragada per lo conseilh lo preme jour deu meys de jenier, et aso de la somme de cent et cinquante escutz ; et fut enpousat per cap de lieure tres sos et per cascune lieure de las aultras tres arditz.

2. Mustran que aben recebut en une aultre talha a lor octragada lo preme jorn de julhet, et aso de la somme de cent escutz ; et fut

---

(1) Les comptes de 1506 font défaut.

enpausat per cap de lieura dus sos e per chascune aultre lieura duz arditz.

DÉPENSES.

SOMMAIRE : 1. Gardes mis aux portes le jour du marché, à cause de la maladie contagieuse. — 2. Paiement du fief annuel au receveur d'Armagnac. — 3. Procès Maumusson ; voyage à Lectoure et à Sérignac. — 4 et 5. Mutations à l'allivrement de la ville. — 6. Chemin de Bergons ruiné par une crue. — 7. Réparations aux portes et à la grosse cloche. — 8. Procès Maumusson. — 9. Réparations aux toitures de la maison commune, de la petite halle et du portail du Bordalat. — 10. Visite des places du comté d'Armagnac par un commissaire du sire d'Albret. — 11. Procès Maumusson. — 12. Établissement d'une passerelle au gué de Lesce, à cause de la contagion. — 13. Achat de deux brouettes. — 14. Provisions en vue du prochain passage du sire d'Albret, comte d'Armagnac. — 15. Don de 6 sous à un pauvre pour s'acheter une cornemuse. — 16. Célébration de quinze messes, pour préserver la ville de la peste. — 17. Plusieurs habitants de Castelnau-de-Rivière se réfugient sur le territoire de Riscle, à cause de la peste ; on va les en faire sortir. — 18-20. Un commissaire vient annoncer l'arrivée du sire d'Albret en Armagnac ; cadeau offert à celui-ci, comme comte d'Armagnac, par les consuls de Riscle dans la ville de Nogaro. — 21. Actes passés à Auch contre les prieurs de la confrérie de Notre-Dame. — 22. Venue à Riscle de M° Jean Planis, nouveau juge ordinaire d'Armagnac. — 23. Vin offert à M. de Moncorneil, sénéchal d'Aure. — 24. Procès Maumusson ; enquête faite à Sérignac devant M° Guillem Fontanier, commissaire. — 25 et 26. Ajournement des consuls à Lectoure par M. de La Pailhère. — 27. Réparations au pont de l'Adour. — 28-32. Gens d'armes signalés du côté d'Aire et de Barcelonne ; le capitaine consent, à la prière de M. de Corneillan et moyennant une étrenne d'un marc d'argent, à ne point loger ses troupes dans la ville de Riscle ; départ des soldats pour Tasque, Galiax, Préchac, Plaisance et Marciac ; le capitaine réclame par lettre l'étrenne promise, en citant un proverbe gascon. — 33 et 34. Procès Maumusson et La Pailhère ; voyage de M° Sans de Poges, recteur de Cahuzac, à Auch et à Lectoure. — 35. Venue à Riscle de M° Costa (Lacoste), nouveau juge ordinaire, avec le gouverneur, le procureur et le receveur d'Armagnac. — 36. Demande d'un chêne par M. Martial du Baradat, chanoine de Nogaro. — 37. Gardes placés aux portes, à cause de la contagion. — 38. Comptes avec le collecteur ; don du Roi. — 39. Loyer de l'école. — 40. Honoraires des prêtres du purgatoire.

Despensa feyta et furnida per Berdot d'Argelos, Berdot de Sanct-Pot, Ramonet d'Argelos, Johan de Sanct-Pot, conselhs de Riscla en l'an mil cinq cens et sieys, comensan a la Nativitat e finin en l'an cinq cens et sept.

1. Primo, a xxix deu meys de decembre (1506), fut appoinctat per lo conseilh que agossen a fa goyta-porta lo jour deu marcat, a cause de las mortalitatz que eren per lo pays.

2. Item, lou susdit jour, pagan au seigne Bernard de La Crotz, recebedour d'Armanhac, per lo fieu que fen annuaument a moùs^r lo comte, de la Bartha : cinq escutz setze sos et huyt dines.

3. Item, a quoate de jener (1507), partit Berdot de Sainct-Pot en[t]a Leytora, a cause que lo s^r de Maumusson nous ave feyt citar enta Bic, et nous que l'aven feyt inhibir ave une letre de *laycus ad laycum;* et la jornada tombaua au premer jour juridic apres l'Epiphanhe; et eysi lodit de Sainct-Pot porta ladite letre par dela et visita lous proces que y aven; et feyt aquo, s'en ana enta Serinhac (1) per saber Benavent et lo Malau si eren par dela, a cause que ne aven neccessitat per lo far ousir per maneyre d'enqueste contre lodit de Maumusson ; de que ne trova l'un audit Serinhac et l'autre aupres d'Agen, et lous refferi que et era aqui per parlar da lour si saben sur la materie de las talhas que nous demandant au susdit seigneur ; dont lo responon que be y saben quaulque cause et a loc et a temps degut ne responeron la vertat. Dont per la begada lodit de Sainct-Pot ne podo da ordie que foussen ausitz, a cause que m^e Guilhem Fontanherii ne y podo vacqua. Demora lodit de Sainct-Pot tant en anar que en torna, a cause que las ayguas eren grossas, nau jours.

4. Item, a detz deudit meys, fon elegitz par adoubar l'arieurament sieys homis, ausquaulx fut donada carge de pogar lous qui fossen besoing d'estre pogatz et de rebeysar lous qui fossen besoing d'estre rebeysatz, et a Johan de Casanova fut donada carge d'escripre ce que fure appoinctat per lous susditz; et juran de y far au milhour qui sobouran ne podoran, en descargament de lours consiensas.

5. Item, au treze deudit meys, lous dessus nomentatz comensan a reparar lodit alieurament; de que y vacquan detz jours, compres duz jours que vacquan a anar visitar las terras en la Ribera qui eren besoing de estar reparadas.

6. Item, a bing et duz deudit meys, anan Armentieu per avisar que era de far toucan la carrere que l'aygue ave grandement goastada; de que, quant fon par dela, fout dit et appoinctat que y tramectossen quoate plates per passar les gens et los soumes. —

(1) Sérignac, canton de la Plume, Lot-et-Garonne.

Item, a xxv deudit meys, agon quoate boes per carregar las platas deu pon de l'Ado en fora a la susdita carrere deux Bergons.

7. Item, a bingt et houyt deudit meys, agon cinq homis deu visau per derroquar et picquar lous cassos au Bernet per far lous captz-mataratz et aultras fustas neccesarias per las compostas que eren totas duas deffeytas. — Item, fen abilhar las cadenas de las comportas et y fen fa dus anetz et dotze gaffous; et fen abilhar lo batailh deu sein gros que era romput, et eysi metis fen fa bingt et quoate claux gros per los bota en las lannas deudit sein; de que pagan a Berdot Sala tant de fern que de man per far los susditz obrages : quoate sos.

8. Item, a nau de feurier, tramecton une letre a mestre Guilhen Fontanharii a Leytora, a cause que nous era estat dit que eren escumingatz instigant lou s^r de Maumusson; dont l'y escripscon que nous tramectossas las noelas; agon resposte que ne n'y ave mot, ans la cause era retenguda par dela per maneyre de principalitat.

9. Item, lo premier jour de mars, botan a pres faict a arteyta la meyson comunau, la alete et lo portau deu bordelat a Guilhen de Marrens e a Manauton Fontanhere; de que los promecton et pagan per lodit obrage : dus escutz. — Item, compram clau per latar audit portau et a la ala. — Item, compram cinq coars et myey de causie per lo morte per abilhar losditz obrages; que costan : cinq sos et sieys dines.

10. Item, a tres deudit meys, tengon (1) mestre Nycholau de Megebille, juge ordinari d'Armanhac, mons^r lo juge deux appelhs, mestre Pey Bartha, procurayre d'Armanhac et ung comissari de par mons^r de Labrit, comte deudit comtat, loquau visitaue las places deudit comtat per man deudit s^r; et lous susditz mess^{rs} de officiers eren vengutz per bisitar ayssi que chascun an an acostumat; et lo recebedour era en lor compagnhe.

11. Item, a unze deudit meys, partit Johan de Casanova enta Leytora porta los alieuramens de la bille per lous produsir en la court de mons^r lo seneschal d'Armanhac a prouar las terras deu s^r de Maumusson lasquan[s] a esta ville estre contribuables aux

(1) *Sic* pour *bengon*.

dines deu Rey et a aultras chargas; et dela en fora lodit de Casanova s'en tira enta Tholosa per leuar lo congiet que lous era estat ouctragat per lo parlament contra de mess^{rs} d'officiers d'Armanhac; et quant fou part dela, s'en ane parla a meste Bernard Tarralh, nostre procurayre; dont lodit mestre Bernard ly disso que ne pode poinct leuar lodit congiet, a cause que era subanat; dont n'aue remedi sino que leuessa unes letres deudit parlament per far adjornar lous susditz officiers a veze leuar lodit congiet; et ayssi a feys; que costan lasditas letras et saget : ung escut duz sos.

12. Item, a XIX^{au} deudit meys, fut appoinctat que, atenut las grans mortalitas qui eren per lo pays, que prengossan une pesse de fusta de la gleysa per la porta au goa Lesce per y fa palanca per passar les gens; et eyssi agon houyt personages per la devala cabat lo banieu (1) et eyssi medis per la bastir. — Item, fen porta une belle pesse de fuste d'abet a la gleysa en lo loc d'aquelle qui n'aven treyta.

13. Item, a sieys d'abrieu, crompan duas carriolas per la provision de la bille per carriar los pons et per aultres services; que costan : dus sos detz dines.

14. Item, lo quart jour de may, fut appoinctat que, atenut que fame era que Monsr deue venir en Armanhac, que feguessam provision de motons, aucquatz et poralhe et de fen et de cibaza, et ayssi metis deux vis; et ayssi a fen.

15. Item, lo jour metis, estan en conseilh, foc appoinctat que nous autes, per man de la villa, donessan a Peyroton deu Lin per amour de Dieu sieys sos per se compra une cornamusa (2) per se gasanhar la bita : VI sos.

16. Item, a VIII deudit meys, a cause de las grans mortalhas que eren per lo pays, fen dize en diversas veguadas quinze missas per tau que Dieu nous conservesse en sa saincte garde et nous bolossa garda de mauvase enpedimie et de totas aultras aversitas.

17. Item, lo jour metis, fut appoinctat que anessan a Canet a la

---

(1) *La devala cabat lo banieu*, la descendre dans le bassin.

(2) Cornemuse, instrument à anche et à vent composé de deux tuyaux et d'une peau de mouton que l'on remplit d'air.

borde de mossen Fortane, laquau es en la beylie d'esta billa, et asso a cause que aulcuns personages deu Castelnau de Ribere eren fugitz per la mortalha et se volen par dela aretrese; dont y anan per los ne fa salhir lo bayle et sieys conselhes et la goarda.

18. Item, de part mons^r de Labrit, comte d'Armanhac, vengo ung comissari aperat Villafuyta, ab ung servidor; et quant fut arribat, tramectot a sercar los consolz et los notiffiquet que mondit s^r deue vie en la comtat, et creze que bengora esta billa, per so avisessen de far las provisions de fen et de siuaze, d'aucatz et de polhalhe et de las aultras causas que y furen neccessarias; et ayssi medis lodit comissari fet fa une proclamassion et adjornament de part mondit s^r ad aquetz que aven comprat degunas pocessions en lo fiu de mondit s^r despeux que et es comte d'Armanhac, que agossan a comparer per dauant et. — Item, a douse deudit meys, fut appoinctat que mossen Sans de Poges, priour de Baulens, anesse a Nogaro per se enforma que era de fa toucan la susdite proclamacion et adjornament.

19. Item, a treze deudit meys, agon une letre de mons^r, en laquau nous mandaue que bistas las presens nous trobessan a Nogaro; de que la cause fut remustrade en conseilh et fout appoinctat que Berdot de Sainct-Pot, Ramonet de Argelos, Johan de Casanoua anessen audit Nogaro per comparir per dauant mondit s^r; aysi medis fout appoinctat que los susditz fessen la presentacion audit s^r prenen de la billa de sieys motons, duas douzenes de aucatz, quoate douzenes de gariatz, vingt conques de ciuaze et sieys lieuras de torches; et eyssi fut feyt.

20. Item, a xv^e deudit meys, Berdot de Sainct-Pot, Ramonet d'Argelos anan a Nogaro per far lodit present; de que eren quinze arrossins tant per porta los motons, pollalhe, aucatz, siuaze et luminarie et aus susditz cossos. — Item, costan los susditz sieys motons l'ung per l'autre sept sos pesse; que monten : dus escutz sieys sos. — Item, costan lasditas duas dozenas d'auquas, que costaue lo pareilh detz arditz; que monte : ung scut II sos. — Item, costan los susditz vingt et quoate pareilhs de guariatz, que monten : ung escut sieys sos. — Item, costan sieys liuras duas unsas de torchas, que montan : ung escut sieys sos sieys dines.

21. Item, a dus de jun, fut appoinctat que paguessan a ung

notari d'Aux aperat Riseti aulcunas scripturas que ly eren degudas, lasquaux eran estadas feytas a l'encontra de Monon d'Argelos et de Bernard de Sainct-Pot, prieurs de la confreyrie de Nostre-Dame; que montan : tres sos quoate dines.

22. Item, a x deudit meys, vengo mons^r de Saincte-Christine a duz servidos, mons^r lo juge des appelx et lo juge novet ordinari appellat mestre Johan Planis (1), et lo recebedor bielh et novet, et mestre Johan Fitano et mestre Ramond deu Baradat en lor companhie; de que fo appoinctat que [a causa de] la novella venguda deudit mons^r lo juge pagessen la despensa que los susditz agoran feyt tant per etz que per los arrossins; que agon despensat : quoate escutz duz sos.

23. Item, a xxx deudit meys, fut appoinctat que fesessen presen de vin a mons^r lo senescau d'Aure, s^r de Moncornelh (2), que era alogat a Bernadon de Lafitan; et eyssi ly trameton douze tarseres de vin, quoate de blanc, quoate de roge et quoate de claret; que costan : duz sos houyt dines.

24. Item, a houyt de julh, mossen Sans de Poges, prior de Baulens, et Johan de Casanova partin enta Leytora et dela en fora enta Cirinhac per anar fa acaba la enquesta en lo proces que aven contre lo s^r de Maumusson; dont quant ban estre a Leytora, fen renovelar la comission per appoinctament de la court; et feyt aquo, lo susdit de Poges parti aqui metis enta Cirinhac per far adjornar lous testimonis per devant nostre comissari; et lo susdit de Casanova demora a Leytora per remustrar en lous alieuramens a nostre advocat et au notari las terras litigiousas, la ont eran cotadas; et lo jorn apres, mestre Guilhem Fontanherii, comissari en ladite cause, et lo susdit de Casanova partin de Leytora et s'en anan audit Cirinhac; et quant van esta par dela, troban que los testimonis eren adjornatz, et lodit comissari los dissot que a cause deu grand cauld qui fase era tot enogat mas que los assignaue a l'endoman a l'ora de prime per dauant lu a comparir; et quant se vengot l'endejour losditz testimonis comparin a l'eure assignada,

---

(1) Jean Planis, juge ordinaire, succédait à Nicolas de Médiavilla ou Miégeville.

(2) Arnaud-Guillem de Labarthe, baron de Moncorneil, sénéchal d'Aure.

et lodit comissari los ausit; de que pagan losditz de Poges et de Casanova, tant deus adjornamens que information, au bayle : ung so quoate dines.

25. Item, a xxii deudit meys, lo sʳ de La Palhera (1) nous feys adjornar enta Leytora; et lo jorn metis nous fen inhibir mestre Bernard Sabaric, sergent, per vertut de nostre letre appellatoria dauant que ne fossan adjornatz.

26. Item, a xxvii deudit meys, partit Bernard Fitau enta Leytora a la jornada; de que, quant fou part dela, la cause fut tenguda et agon relaxe contra lodit sʳ de La Palhera a cause que ne comparit poinct; et costa ladite letre de relaxe : tres sos et quoate dines.

27. Item, a unze d'augst, boutan a pres faict per reparar lo pont de l'Ado et per lo tenir reparat dequi a la festivitat Nostre Sʳ Dieu Jesu Christ, a Johanon de Mombet, et ly donan per lodit obrage : ung escut cinq sos. — Item, fen descargar lodit pont de fustage et d'arbres que y abe par debat entre los estans.

28. Item, lo viᵉ de septeme, lo sʳ de Maumusson vie de Saincte-Christine et nous disso que lo bordelat de Caseras, d'Ayra, deu Mas et de Barsalona eren plens de gens d'armes; et ayssi aqui medis a remustran en conseilh, et foc ordenat que Berdot de Sainct-Pot et Bertran de Los los anessen au deuant per appoinctar ab lo capitayne que no alogessen esta billa; et quant los susditz fon a Sainct-Germe, trouvan aqui de las gens d'armes et los demandan ont era lor capitayne, et los responon que et era Ayra; et s'en tiran a l'auant et troban ung servidor deu sʳ de Cornelhan que nous portaue une letre per nom deudit sʳ fasen mencion de lasdites gens d'armes; et bista ladite letre, lodit de Sainct-Pot et de Los s'en tiran a l'evant; et quant fon a miey camin de Barsalona et de Sainct-Germe, encontran lodit capitayne et sos forrers et lo sʳ de Cornelhan eu lor companhie, et s'en retornan

---

(1) Jean de Rivière, seigneur de La Palhère. Il était fils de Géraud de Rivière, seigneur de Sarraute, héritier du dernier des La Palhère, Carbonel, mort vers 1470. Jean avait épousé Marguerite du Fourc de Montastruc, fille de Carbonel du Fourc, seigneur de Montastruc, et de Catherine de Viéla. Il mourut en 1535, sur le chemin de Saint-Jacques de Compostelle, en faisant son pelerinage. (*Glanage* Larcher.)

ensemble; et quant van esta a Sainct-Germe, aqui parlan a lo capitayne, en lo preguan que lo plagos que ses gens ne pasessen ne agossen logis esta billa; dont los fec resposta que ne ly era poinct possible. Ont aqui fo lo susdit sʳ de Cornelhan, et lo preguet que per amour de lu ly plagos que ses gens ne agossen poinct logis esta billa et que et agora l'estrene; dont lodit capitayne lo fec resposta que ne era poinct possible que ne pasessen esta billa mas que et era content per amor deudit sʳ de Cornelhan que esta billa ne feren poinct degun logis, mas que quant ses gens passeran los deren defora la villa pan et vin, et que et et sos forriers s'en vien esta billa per alogar et per dar ordia a ses gens que tiressen a l'evant, et ayssi metis que et agora l'estrene de ung mar d'argent et balheren guysa a ses gens per los acompanha a Tasque, a Galhatz, a Preyssac et a Plasence. Et ayssi lodit capitayne et sos forrers s'en vengon ab lodit de Sainct-Pot et de Los, et los alogan a Ramonet d'Aurelhan.

29. Item, passan les gens deudit capitayne lo jour deu marcat; de que los donen pan et bin, ayssi que aven prometut; que monta: dus escutz unze sos unze dines. — Item, lo susdit journ, Berdot de Sainct-Pot acompanha los forres deudit capitayne a Tasque, a Gualhatz, a Preyssac et a Plasence, et pus s'en vengo dina esta billa.

30. Item, a causa que lodit capitayne ne era paguat, lodit de Sainct-Pot, Ramonet d'Argelos s'en anan enta Tasqua per paguar audit capitayne et ne lo troban poinct, mes s'en anan a Galhiatz et dela en fora a Plasence, et la los disson que et era per desa per recebre son argent, et s'en retornen los susditz et troban que lodit capitayne era estat esta billa et ave leyssat dict que lo portessen son argent lo maytin de Nostra Dame a Preyssac.

31. Item, lo maytin de Nostra Dame, davant jorn, Berdot de Saint-Pot, Arnauton de Sobabera partin enta Preyssac per porta l'argent audit capitayne et ne lo troban poinct, et s'en tiran a Galhatz, la ont eren las gens d'armes, et los disson que a Plasence lo troberen, et quant fon a Plasence, Castanh los disso que partit era lodit capitayne enta Marciac; et eyssi s'en tornan.

32. Item, lodit capitayne nous trameto ung son servido ab une letre missoria, ont nous escripve que ne bolossen poent fa a la

guise deux Bascons : *Aygue passade, Sancta Marie cugnanada* (1), mas que lo tramectossen los sieys escutz que ly aven promectut; et ayssi a fen. — Item, agon a far lodit pagament monede de Reys, que nous costa de cambie : tres sos.

33. Item, fut appoinctat que mossen Sans de Poges, rector de Caheusac, anesse a Leytora per visitar los proces que aven par dela; et partit a sept de octobre, et quant fut par dela, trobet que lo fil deu s^r de Maumusson (2) era par dela que deligentaua ausditz proces per nom de son pay; et lodit de Poges fec publicquar l'enquesta que aven feyta far contra lodit s^r; et trouvec que l'appoinctement que era estat balhat en nostre favour contre deu s^r de La Palhera era retractat; et s'en anet parlar en nostre advocat, et lo dissoc que portessa los despens per escrieupt que lo bayle ave feyt et que et feyra tota diligence de lous nous fa recruba, aultrement et se appellera.

34. Item, a XXII deudit meys, mossen Sans de Poges, retor de Caheusac, s'en anaba ent' Aux per sas besognhas, et lo ban disa si fura sa plasence, quant agossa expedit Aux, de s'en ana a Leytora porta per escricpt lous despens qui lo bayle ave faytz quant agon l'appoinctament et relaxe contra deu s^r de La Palhera; et lodit de Poges nous respono que et era content; et quant fut a Leytora, nostre advocat bouta en forme lousditz despens, et lous produsit devers la court, et la court ne los amecto point, mas la cause fut remectude au conseilh.

35. Item, a XXVI deudit meys, bengo mons^r de Saincte Christine ab dus servidos, et lo juge novet aperat Costa ab ung servido, et lo procurayre d'Armanhac et lo ressebedor vielh et mestre Johan Fitano et mestre Françoys de Baradat, notharis de Nogaro, en lor compagnhie; de que demoran deu dimars d'aqui au digaux quant agon begut; que los pagan la despensa per la nouvelle venguda de mons^r lo juge ordinari.

(1) Il est assez difficile de traduire honnêtement ce proverbe prétendu gascon, mais dont le dernier mot trahit une origine italienne : L'eau passée Sainte-Marie *coglionada*. C'est l'équivalent de cet autre proverbe : *Passato il pericolo, gabato il santo.*

(2) Jean de Viela, seigneur de Maumusson, avait deux fils, Bertrand, l'aîné, et Jean, morts tous les deux sans postérité, après 1520. Voir la notice sur le seigneur de Sainte-Christie.

36. Item, moussen Marsau deu Baradat, canonge de Nogaro, fec demandar en conseilh que lo donessen ung casso au Bernet per far une pesse de fusta que ave besoing ab deu casau deu Poy; et fut appoinctat que lo passessan sur sas talhas detz sos sieys dines, et que se compressa ladita fusta a sa guyse.

37. Item, lo darrer jour de novembre, a causa que per besiau ne se pode da bonne ordia a goarda a las portas de la bille que les gens qui bien de las mortallitas ne entressen dedens, agon en dus viages au jornau sieys homis; que fut donat a chascung per son jornau et despensa : ung so.

38. Item, a xvii de decembre, anan a Nogaro mossen Sans de Poges, rectour de Caheusac, et Berdot de Sainct-Pot; de que, quant font par dela, contan ab lo collector, et contan que agon, lo acaban de paguar per ladite année doze escutz quatorze sos, compres sieys escutz doze sos de las aulmoynas, losquaux nostre soveran s^r lo rey de France a donnat a present billa per la present année per los compartir a paubre gens sur lours talhes.

39. Item, pagan a Bernard de Sainct-Pot per lo logue de l'escola per nosta année, marcat feyt : ung escut douze sos.

40. Item, paguan aux caperans de purgatori per lo servici que feu de Saincte Croux deu meys de may d'aqui a la de septeme, de dize tout jour la passion et la missa secca de la Nativitat de Nostre S^r (1), a chascun detz nau sos; monta : cinq escutz. — Item, paguam aux susditz caperans per l'interesse de quoarante et ung escut tres sos quoate dines que la bila tien de purgatori; que monta a quoate escutz ung so quoate dines.

---

(1) C'est le nom qu'on donnait autrefois à un simulacre de sacrifice, parce qu'on n'y consacrait, ni on n'y communiait. Voici comment se disait cette *messe sèche*. Le prêtre se revêtait de tous les ornements sacerdotaux et il commençait la *messe*, qu'il poursuivait avec les cérémonies ordinaires jusqu'à la fin de l'Offertoire, en omettant tout ce qui avait rapport au Sacrifice. Ainsi il n'y avait sur l'autel ni calice, ni hostie. Le prêtre ne disait point la Secrète, mais il récitait la Préface; puis omettant tout le Canon, il passait au *Pater*, disait : *Pax Domini*, *Agnus Dei* et aussitôt arrivait aux Oraisons de la Post-communion, terminant, à partir de là, comme dans les messes ordinaires. Inutile d'ajouter que l'Église a toujours proscrit cet abus.

REDDITION DES COMPTES DE 1507.

L'an mil sincq cens et sept (1508), et lo vint et quatreme jorn deu mes de feure, en la mayson deus hereters de moss. Johan de Lapalu, redon los condes Berdot d'Argelos Anno, Berdot de Sent-Pot, Ramonet d'Argelos, Johan de Sent-Pot, conselhs de l'an passat, a Besin deu Pandele, Johan de Meyloc, maeste Bernad de Tesa et Anthoni deu Busquet, conselhs l'an present.

Recettes. — Mustran que aben recebut duas talhas, de totas duas rebatut greuges, gatges, binte dine acostumatz de passar, que monta en una soma dus cens oeytanta et oeyt scutz hun so et dus dines, etc. — Et aysi appareys que montan las receptas en una soma universau la soma de quatre cens detz et nau scutz quatorse sos et dus dines.

Dépenses. — Et aqui metis mustran que aben despensat quatre cens vint et ung scut sincq sos quatre dines.

Testimonis de la present conclusion : maeste Johan de Casanoba, maeste Johan de Sent-Guilhem, notaris, etc.

 DE CASANOBA, not.

FIN DES COMPTES DE RISCLE.

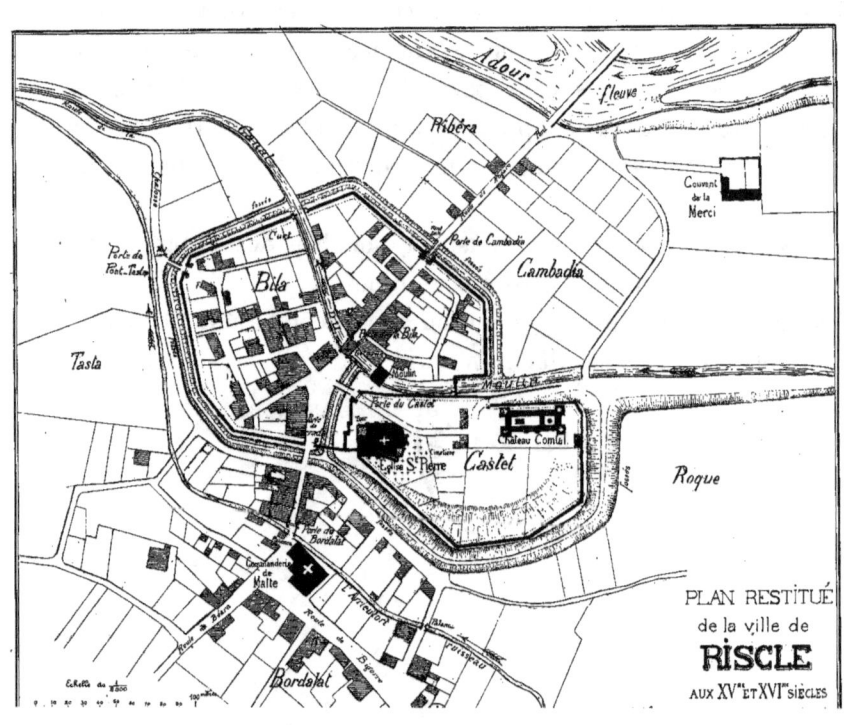

GLOSSAIRE.

Abilhar, réparer, p. 443, 448, 553, 596.
Abet, sapin, p. 211, 485, 605.
Abolugament, état des feux pour les impôts, p. 383, 386, 517, 518, 526.
Ab una que, pourvu que, p. 336, 354, etc.
Acabatz (*lisez* a cabatz), à cheval, p. 374.
Accequtar, exécuter, saisir, p. 45.
Achicar, rapetisser, diminuer, p. 295.
Acses, excès, désordre, p. 530.
Adobar, réparer, p. 96, etc.
Afforat (forment), froment afforé (vieux français), p. 48. — *Affor*, ouverture avec un foret, et (sens dérivé) fixation de prix.
Affres, affaires, p. 64 et 67.
Afolat, endommagé, p. 96.
Aforestament, affermage de forêt, p. 47.
Agrabar, charger de gravier, p. 52, 425.
Agulheta, flèche de tour, p. 275.
Agulhetas, aiguillettes, p. 102, 413, 421.
Aholhas, brebis, p. 256.
Aholhe, berger, p. 263.
Ala, halle, p. 604. — Voir *Fala*.
Alas de pont, ailes, p. 236, 444.
Alete, petite halle, p. 604.
Alh, ail, p. 600.
Alleyas, aleges, allées, chemin de ronde, galeries ou hourds, p. 11, etc.
Alluda, basane, p. 102, 481.
Alotyar, loger en garnison, p. 202, etc.
Amassa, ensemble, p. 374, 389.
Amatigar, calmer, apaiser, p. 243.
Amermar, diminuer, p. 123.
Angelas, anguilles, p. 495, 497, 534, 556.
Anquito, quitus, p. 189.
Ans, mais, p. 240.
Ara, maintenant, à présent, p. 172, 531.
Arama, ramée, branchages, p. 259, 356, 363.
Arastetz, rateaux, vannes, herses, palissades, p. 295, 307.
Arde, brûler, p. 94.
Are, arre, arren, rien, p. 203, 407, 493.
Areche. — Voir *Arreche*.
Arencurar, se plaindre, p. 247.
Arens, harengs, p. 474, 600.
Areposta, réponse, p. 201.
Aresegar, scier, refendre, débiter en planches, p. 299.
Aretrese (se), se retirer, p. 606.
Arieurament, allivrement, p. 603.

Armotas, bouillie de millet, p. 474, 600.
Arnabir, renouveler, p. 23.
Arnela, flanelle, p. 127.
Aroca (bert d'), sorte de toile verte, p. 218.
Arota, brisée, rompue, p. 226, 370.
Arpeyra, rentrer, se retirer, p. 197.
Arramat, grand nombre, p. 508, 569, 570.
Arrastets, herse, p. 291. — V. *Arastetz*.
Arrazas, razes, mesure de longueur, p. 397, 447.
Arrebot, galet, p. 436.
Arreche, frêne, bardeau de frêne, p. 63, 65, 259, 448.
Arrosset, aroset (drap d'), drap roux, p. 81, 354, etc.
Arrossins, arrosiis, roussins, chevaux, p. 7, etc.
Arteytar, recouvrir, réparer une toiture, p. 342, 448, 576.
Arucada, arrachée, p. 276.
Asabut (fer), faire savoir, p. 346, 365, 519, 527.
Ase, acier, p. 239.
Assemlar, assembler, réunir, p. 108.
Asemprar, azemprar, prier, p. 186, 423, 491, 563, 585.
Aserens, adhérant, p. 526, 527.
Aserir (se), azerir, adhérer, s'associer, p. 182, 351, 433, 434, 526.
Asetiar, comprendre dans une assiette d'impôts, p. 380.
Aseyas, sièges, poisson, p. 543.
Asta, haste, hampe, p. 103, 410.
Astanher, étameur, p. 596.
Astay, étain, p. 428.
Atras, ci-devant, p. 69.
Aule, mauvais, défectueux, p. 96, 338.
Auranoa, goûter, collation, p. 170.
Auranoar, faire collation, p. 191.
Auras, noisettes, p. 520.
Aurio (drap), drap de couleur jaune, p. 189, 227.
Ausart, ausardas, hardi, osé, p. 202.
Ausido (l'), l'auditeur d'Armagnac, p. 135.
Aygat, crue, inondation, p. 347, 360.

Aysina, loisir, p. 341, 499.

B

Baguas, cordes, p. 549, 600.
Balesta, arbalète, p. 102, etc.
Balestes, balestres, arbalétriers, p. 108, 110, etc.
Baliu, bailli, p. 391.
Bana, cruche, mesure pour le vin, p. 503, 546, 554, 584.
Banastra, sorte de panier, mesure pour le vin, p. 230, 581.
Baniu, canal du moulin, bief, p. 181, 348, 444, 455.
Barader, fossoyeur, cureur de fossés, p. 19.
Baratz, fossés, p. 12, 19, etc.
Barbeus, barbeaux, poisson, p. 543.
Bardeyar, gâcher de la terre, p. 399.
Bareu, bareus, barres de guichet, de portes, p. 533, 546.
Bart, terre pétrie, p. 399, 422, 506.
Bartaberas, pentures, p. 435.
Basalica, basilique, catafalque, cérémonie mortuaire, p. 487, 496, 523, 524, 599.
Bason, devinrent, p. 94, 462.
Basta, thuie, ajonc, p. 350.
Batalh, battant de cloche, p. 498, etc.
Baysera, vaisselle, p. 195, 428.
Beda, défense, p. 494.
Benbenguda, bienvenue, p. 141.
Beraye, peintre-verrier, vitrier, p. 578.
Berdet, vert-de-gris, sulfate de fer, p. 564.
Bergantinas, brigandines, sorte d'armure, p. 103, etc.
Berenha, vendange, p. 232.
Berifiquar, vérifier, p. 8.
Besiales, prestataires, p. 115, 433.
Besiau, prestation, corvée, p. 11, etc.
Besbe, bespre, soir, p. 280, 281, 351.
Bespereya, souper, p. 280, 311.

Bigatana (lansa), sorte de lance, p. 128.
Biis, vins, p. 267, 347, etc.
Bilheta, quittance, p. 82, etc.
Bilhous, billots, pièces de bois équarries, p. 209.
Bisquet, guichet, p. 546.
Blanquet, drap blanchâtre, p. 82, 411.
Blasidas (camisas), chemises usées, p. 127.
Bocaus, embouchure d'un canal, p. 228, 444.
Boes, bouviers, p. 313, 356, etc.
Boeytar, vider, p. 104, 524.
Boloart, boulevard, p. 71, 462.
Bolugas, belugues, feux, p. 383, 384, 385, 387, 517.
Boot, image votive, statue, p. 453.
Bordiu, borde, métairie, p. 131.
Borges (roge), drap rouge de Bourges, p. 598.
Borit, bouilli, p. 152.
Bossa, bosa, bourse, p. 414, 499.
Bossa, bosse, tumeur, nom vulgaire de la peste, p. 537, 572.
Bossin, morceau de pain, p. 99.
Bot de trompa, à son de trompe, aux enchères, p. 392, 498, 534.
Bota, voûte, p. 397.
Boyn (carnalage de), de bœuf, p. 77, 158.
Boyrac, carquois, p. 102, 410, 414.
Boyshetz, boisseaux, p. 493.
Braca (jornada), délai trop court, p. 212.
Brana, brande, bruyère, p. 236.
Brespa, veille, p. 259.
Brespas, vêpres, soir, p. 345, 365, 517.
Brespe, soir, p. 434.
Broc, épine, p. 236, 397, 436, 444.
Broquee, bouclier, p. 579.
Bruneta, étoffe de couleur foncée, drap noir, p. 489.
Brut, bruit, tapage, p. 444, 447.
Buu (carn de), viande de bœuf, p. 78.

C.

Cabat, tête-bas, vers, p. 605.
Cabat (a), à cheval, p. 401, 522, 528, 536.
Cabirons, cabiros, chevrons, p. 272, 485, 569.
Cadeyra, chaire, p. 443, 450.
Cage, tomber, p. 469.
Cagualbar, chevaucher, p. 203.
Caguauguaduras, escorte à cheval, p. 598.
Calhibar, cheviller, p. 327, 448.
Callibas, calhibas, chevilles, p. 235, etc.
Cambi, change de monnaie, p. 492, 584.
Cancellar, annuler un acte, p. 171.
Canebas, canevas, toile écrue, grossière, p. 455.
Canlatz, latte-feuille, p. 327.
Cantet deu barat, talus du fossé, p. 497.
Capas-mantos, manteaux à capuchon, p. 204.
Capayrous, chaperons, p. 488, etc.
Cap d'an, service anniversaire, bout de l'an, p. 568.
Cap de liura, chef de livre, p. 474.
Cap d'ostau, chef de maison, p. 447, 468, 472, etc.
Capitet, architrave, pièce de bois reliant deux piliers consécutifs (*stans*), p. 356.
Capmatras, grosse poutre, levier de pont-levis, p. 295, 397, 453, 604.
Capnep, chanvre, p. 204.
Cara (bona), bonne chère, bon accueil, p. 496.
Carrey, charroi, p. 397, 533.
Carnau, saisie de bétail, p. 14.
Carrates, charretiers, p. 8, 552.
Carretz, poulies, p. 132, 462, 551.
Carriola, cariola, brouette, p. 185, 342, 495, 605.
Carrita, cherté, p. 573.

Carx, charges, p. 60.
Casinos, chaussons, p. 493.
Cassos, chênes, p. 209.
Castanhas, châtaignes, p. 177.
Causada, chaussée, p. 185.
Causea, chaux, p. 261, 455.
Caussas, chausses, p. 101, etc.
Cautade, cheminée, p. 558.
Caychet, coffret, p. 110.
Cedas, minutes d'actes notariés, p. 171.
Celadas, salades, armure de tête, p. 103, 408, 421, etc.
Celari, salaire, p. 110.
Ceti, seti, siège, p. 73, etc.
Cetina, sellette, socle de statue, p. 582.
Cey, cloche, p. 443, 553, etc.
Chabiment deu teule, terme générique pour désigner le revêtement, la chape du toit, p. 259.
Cheyar, descendre, p. 443.
Cheytadau. — Voir *Peytadau.*
Christian, capot, p. 16, 260, 282, 420, 496, etc.
Cieta, assiette des impôts, p. 119, etc.
Cinta, ceinture, p. 102, etc.
Cirbens, serviteurs, valets, p. 8.
Clabari, trésorier, p. 561.
Claber, clabe, clauer, fermer, boucher, p. 12, 257, 350, 397.
Claberia, claverie, circonscription d'un trésorier, d'un receveur, d'un fermier des revenus ecclésiastiques, p. 157.
Clamates, huissiers, crieurs, p. 43.
Clot, trou, mare, p. 257, 569.
Clota, mare, abreuvoir, vivier, p. 436, 568.
Coa deu martet, queue, manche du marteau, p. 422.
Coayra, face, côté, p. 486.
Cobles, coples, couples, poutres, p. 63, etc.
Cochar, coucher, inscrire, p. 379, 381.
Coe, cuir, p. 393, 486.
Coentas, affaires, besoins, p. 7, 12, 13, 76, 105, 381, 462, 491, etc.
Coheytas, coeytas. — Voir *Coentas.*
Colana, arbrier d'arbalète, p. 127, 226.

Colanas, collanas, poutrelles, p. 350, 399.
Combidar, inviter, p. 86, 426.
Composir, régler, transiger, p. 2, 5, 99, 457.
Comps, p. 295.
Conduar, conduire, p. 205, 434.
Conduta, conduite, p. 401.
Conilhs, lapins, p. 424, 498.
Companhatges (e autras), accompagnement, articles de même genre, p. 8.
Conportas, contreportes, poternes, p. 12, etc.
Consurgeria, conciergerie, p. 134.
Content (esser), consentir, p. 407, etc.
Cop. — Voir *Cuput.*
Corau, cœur de chêne, p. 115, 389, 497.
Corbelh, trémie, p. 192.
Cordar, relier, p. 40.
Coreyas, courroies, p. 545.
Corn, cor, trompette, p. 228, 352, 364, 366. — *Mete au corn,* mettre à la criée.
Cornador, trompette de ville, p. 484.
Cornales, cornières, encoignures, p. 341, 383.
Corpera, croupière, p. 472.
Cortessa, moins-value d'une monnaie, p. 566, 586.
Cos, cours, p. 529.
Cose, cuire, p. 326.
Cosenas, cause, auteurs, p. 531.
Cosiratz, châtiés, p. 246.
Coston, escarpe d'un fossé, p. 397, 398, 435.
Crabot, crabotin, chevreau, p. 111, 387, 471, 543.
Crampada, chambrée, compagnie (terme militaire), p. 321.
Crausta, cloître, p. 248.
Cremat, brûlé, p. 426.
Cresedos, créanciers, p. 171.
Crestian. — Voir *Christian.*
Crobir, crubir, couvrir, recouvrir, p. 259, 449.
Crostuir, construire, p. 199.

Crotz, menue monnaie, p. 494.
Crubar, recouvrer, p. 447.
Culhat (pour **cunhat**), beau-frère, p. 520.
Cuput (teule), tuile à canal, p. 68.

D

Dagot, petite dague, p. 128.
Darratyes, arrérages, p. 430.
Darrigar, arracher, p. 399.
Darrocar, jeter par terre, couper, p. 503, 544, 553.
Daun, perte, p. 300.
Debarar, descendre, p. 401, 526.
Demeat, démêlé, p. 587.
Desaunor, déshonneur, p. 297.
Desencusar, excuser, p. 110, 415.
Desotas (peyras), pierres disjointes, p. 298.
Dietas, vacations, p. 521, 522, 598.
Diminuir, diminuer, réduire, p. 122.
Donges, danger, p. 116.
Draougoentz, goujons, p. 182. — Aujourd'hui un goujon se nomme *troguen* dans le Bas-Armagnac.
Dressado, dressoir, p. 522.
Dromilhs, écrevisses, p. 349, 523, 562. — Le mot *dromillon* désigne encore dans le Béarn une espèce de petits poissons.

E

Egua, jument, p. 425.
Empero, cependant, toutefois, p. 176.
Enbat (a l'), en aval, p. 526.
Enceacer, enseaser, encensoir, p. 80, 447.
Enchees, crampon, p. 399.
Enclaber, enclabe, clore, arrêter, p. 521, 523, 524.
Endejorn, lendemain, p. 292, 360, etc.

Endoca, panier de pêcheur, p. 543.
Endusir, induire, p. 309.
Enebir, enhibi, défendre, empêcher, déclarer un juge incompétent, p. 187, etc.
Enfortir, fortifier, p. 329.
Engalhament, péréquation, répartition égale de l'impôt, p. 480, 519.
Engalhar, répartir également les impôts, p. 505, 523, 524.
Enganetas, bois de flèche, p. 102, etc.
Engelas, anguilles, p. 8. — Voir *Angelas*.
Enhubersau, universel, p. 559.
Enmeribilatz, surpris, étonnés, p. 250.
Enmiron, environ, p. 248, 262, 281.
Enmorterar, recrépir. p. 342.
Ennobar, innover, p. 172.
Enogat, énervé, fatigué, p. 607.
Enpedimie, épidémie, p. 605.
Enpenhats, engagés, p. 116, 413, etc.
Enpontament, pont, p, 404.
Enrer (sa), défunt, p. 43, 176.
Enroclado, enrôleur, p. 546.
Enta, à, vers, p. 2, etc.
Enteresse, interessi, intérêt de l'argent, p. 45, 545, 576.
Enteresse, enteressi, dommage, tort, avantage, p. 211, 434, 518, 541, 583.
Enterpachar, s'interposer, p. 334, 361.
Esbastar, enlever la baste, p. 12.
Escafinhos, sandales, escarpins, p. 191.
Esconjurament de tempesta, prière pour conjurer la tempête, p. 493.
Esgotalh, gouttière. — *Bin deus esgotalhs*, vin d'un fût qui a des fuites, p. 165.
Estant, étai, p. 132, etc.
Estrea, étrenne, p. 349.
Estrem, côté, p. 285, 350.
Estremar, enlever, ôter, p. 148, 189.
— **Se estremar**, se soustraire à, p. 405.
Estric (que ben à l'), qui vint à l'étrier (à cheval), p. 312.
Exessor, assesseur, p. 68.

Expleyt, répit, délai, p. 517. — Voir *Respleyt* et *Spleyt*.
Eysala, eyshala, déversoir, canal de fuite, p. 404, 448.
Eyshardinas, sardines, p. 96, 103.
Eyssia, gesse, pois, p. 163.

F

Fala, halle, p. 177, 404, 510.
Faleta, petite halle, p. 455.
Falha, défaut, manque, p. 148.
Falina, farine, p. 491.
Fangas, boues, p. 485.
Fangos, boueux, p. 396.
Faraut, héraut, p. 324.
Farga, forge, p. 275.
Faria, farine, p. 3, 75, etc.
Fatiguar, tracasser, poursuivre, p. 130.
Fauquetos, hoquetons, p. 101, etc.
Faur, forgeron, p. 185.
Faut, fautas, haut, haute, p. 18, 400, 526.
Fene, fendre, p. 479, 590.
Feretz, bride en fer, p. 235, 471, 481, 497.
Fermansa, caution, p. 87, 90.
Fermessa, force d'un acte, p. 161.
Fiera, pointe, aiguillette (?), p. 410, 545.
Finar, financer, donner de l'argent, p. 99.
Fisansa, caution, p. 508.
Fizilitat, fisalitat, fidélité, p. 247, 249, 279.
Fogasetas, fogassinas, fouaces, sorte de gâteaux, p. 485, 491, 555.
Fogatge, fouage, p. 11.
Forans, forains, p. 385, 567.
Foratz, trous, p. 236, 506.
Forestes, forestiers, p. 50.
Forre, fourrier, p. 201, 470, etc.
Fos, fors, coutumes, usages, p. 177.
Fremansa, caution. — Voir *Fermansa*.
Frobir, fourbir, p. 446, 448, 470.
Furoar, fureter, fouiller, p. 590.
Fustani, fustane, futaine, p. 101.
Fuste, charpentier, p. 263, 462.

G

Gabanhada, détériorée, p. 337, 376.
Gabias, cages, p. 446.
Gachius, guérites, p. 39.
Gadafautz, échafauds, p. 12.
Gaffous, gonds, p. 604.
Gahina, gaîne, p. 264, 425.
Gasardonar, guerdonner, récompenser, rendre la pareille, payer de retour, p. 294.
Gasay, garantie, gage, p. 484.
Gast, dégât, ravage, p. 112, 373.
Gimbilas, *guimbelles*, p. 471.
Goa, gua, gué, p. 261, 376, 397.
Goryayretas, gorgerins, p. 104.
Gote, chenal, p. 192.
Graba, gravier, p. 348, 350, 363.
Grae, grenier, p. 191, 384.
Gran pour **grau,** grade, degré (de licence), p. 375.
Grapa per l'espaza, crochet pour l'épée, p. 500.
Grauhe, grabe, gravier, p. 479, 590.
Gruvelas, grues, treuils, p. 235.
Guiza, guide, p. 434, 609.

H

Hinibir. — Voir *Enebir*.
Hoy, aujourd'hui (*hodie*), p. 347.
Hucada, proclamée, p. 534.
Hunclas, ongles ou onglets, p. 185; *claus de iiij hunclas*, clous à quatre onglets, — ou clous longs de quatre ongles (?).
Huntar, oindre, p. 235.
Huous, œufs, p. 187.
Hupunihos, hupunhos, opinion, avis, p. 252.

Hurbana, (saubagarda), sauvegarde urbaine, p. 424.

I

Inibir, p. 405. — Voir *Enebir*.
Inspirituau, spirituel, p. 565.

J

Jaques, monnaie de Jaca, p. 3, 7.
Joglars, joglas, joclas, joclaas, jongleurs, p. 252, 444, 468, 487, 546.
Junquera, panier de jonc, p. 562.
Jupos, jupoos, jupons, p. 101, 409, etc.
Juridic (jorn), jour de la reprise des audiences après vacances, p. 391, 391, 532, 558, 603.

L

Lacays, laquais, valets d'armée, p. 496, 579.
Latar, latter, p. 327.
Lausimi, ratification, p. 173.
Lebe, lièvre, p. 504.
Lection, choix, élection, p. 197.
Lega, lieue, p. 497.
Lenha, bois à brûler, p. 7, etc.
Leser, loisir, p. 435.
Libeu, libelle, factum, p. 367, 368.
Ligas, liens, chaînes, p. 453.
Linssoos, draps, p. 107.
Lom, ormeau, p. 421.
Loy, loin, p. 110.
Lucanas, ouvertures, lucarnes, p. 327.
Lus, brochet, p. 562.

M

Madaychas, écheveaux, p. 128, 239, 500.
Magenca, droit de vendre le vin en mai, p. 62, 541.
Malautia, maladie, p. 253, 519.
Malhebar, emprunter, p. 90, 411, 554, 567.
Malheuta, emprunt, p. 37.
Malh-moton, marteau-pilon, p. 191, 362, 367, 422, 429, 551.
Man, ordre, mandement, p. 605.
Manader, berger, p. 13, 42.
Mansaysir, masasir, livrer, remettre, p. 133, 378, 385.
Maosan (no se), qu'ilz ne se dérangeassent, p. 249; — de *mabe* ou *maue*, mouvoir.
Maro, mouton, bélier, p. 256.
Maseres, bouchers, p. 434, 544.
Masip, valet, serviteur, p. 257.
Mas que, dès que, p. 125.
Matiau (missa), messe matinale, p. 558.
Maynatye, ménage, famille, p. 267.
Mazet, boucherie, p. 3.
Mea (lo pleyt qui), le procès qu'il mène ou poursuit, p. 34.
Meansas, fiançailles, mariage, p. 349.
Membrar, se souvenir, p. 305.
Mera, emmener, p. 106.
Merlus, sorte de poisson, p. 185, 474, 495, 600.
Mersatz, dépensés, p. 585.
Mescla, drap mêlé, blanc et noir, p. 420, 455, 469, 545.
Mescondar, mal compter, p. 481, 503.
Mesconde, mécompte, p. 94, 497.
Mestir, besoin, nécessité, p. 363.
Mestura, méteil, p. 87.
Metaler, ouvrier en métaux, p. 4.
Metaus, marmites en fonte, pots de fer, p. 195.
Metge, médecin, p. 496.
Meu, miel, p. 520.

Meyansan, moyennant, p. 49.
Meyyan, moyen, p. 349.
Milh, millet, p. 47, 163.
Minga, diminution, déchet, p. 399, 424, 429, 584, etc.
Minyadera, mangeoire, auge, p. 211.
Miserias, missorias (letra), lettres missives, p. 378, 531, 589.
Moletas, pelotons, p. 204.
Molie, meunier, p. 199.
Morlanau, de Morlaas, p. 3.
Mortalhas, maladies contagieuses, p. 126, etc.
Mules, muletiers, p. 75, 85, 522.
Mustras, montre, revue, p. 122, etc.
Myale, mille, un millier, p. 579.

N

Nau, nef, barque, p. 246, 570.
Nichils, non-valeurs, p. 233.
Noaeremens, néanmoins, notamment, surtout, p. 274, 283, 358, 434, 536.
Noelas, nouvelles, p. 130, 376, 576.
Noples, nobles, p. 197.

O

Ob, ops, besoin, nécessité, p. 359, 397, 480, 552.
Obbesiensa, obéissance, p. 262.
Obesir, obéir, p. 229.
Obite, celui qui est chargé de recouvrer l'argent des obits, p. 585, 586.
Obres, ouvriers, fabriciens, p. 8, etc ; — manœuvres, p. 184.
Obrisa (que om), qu'on ouvrît, p. 309.
Officier, livre d'offices, p. 507.
Onquera, encore, p. 347.
Ordelhas, linge, literie, p. 210.
Otratya, outrager, p. 531.
Oyas, ouïes, p. 497. — Dans le sens d'ouvertures, pour écoulement (?)

P

Pabat, pavé, gravier, p. 573.
Pac, paiement partiel, p. 373. 388.
Padebent, padoens, pâtus communal, p. 34, 350, 576.
Palanca, passerelles, p. 195.
Palomas, palombes, p. 177.
Pancoseras, boulangères, p. 595.
Pareansa, obéissance, p. 12.
Pargam, parchemin, p. 170.
Parisentas (liuras), livres parisis, p. 589.
Parlas, paroles, p. 368.
Partilhas, partage, division, p. 26, 27.
Pas, pains, p. 212.
Pastenc, pâturage, p. 263.
Pastus, pâtés, p. 387.
Patrocinis, plaidoiries d'avocat, p. 358, 575.
Paubreyra, pauvreté, p. 140.
Paumela, drap pommelé, pointillé, p. 82, 411, 479, 500.
Paus, pieux, p. 398.
Payas, pages, p. 202.
Payseras, digues, barrages, p. 19, 445, etc.
Pelha, vêtement, p. 227, 455.
Penherar, saisir, prendre des gages, p. 85, etc.
Perchado, arpenteur, p. 584.
Pet, peau, p. 307.
Peyre, maçon, p. 185, etc.
Peytadau, grosse poutre, p. 554.
Pibles de boeu, nerfs de bœuf, 599.
Picar, pichar, tailler la pierre ou le bois, p. 436, 552, 568, 604.
Piela, pile, p. 539.
Pilhard (duas pintas de), deux pintes de *pillard*, sorte de vin, 176.
Pillauret, piloris, p. 447.
Pinganada, amandes de pin, p. 510.
Platas, planches, p. 96, 462, etc.
Ployatz, grandes pluies, p. 199.
Ployos, pluvieux, p. 396.
Podar, couper, rompre, briser, p. 185, 434, 540.

Poleya, poulie, moufle d'arbalète, p. 102.
Poleyos, poleyons, poulies d'arbalète, p. 410, 454, 579.
Poralhas, volailles, p. 22, etc.
Poras, poules, p. 180.
Portes, portiers, p. 126.
Premi, récompense, p. 459.
Presicado, prédicateur, frère prêcheur, p. 222, 527.
Primas (liuras), petites livres, p. 2, 9, 20, etc.
Pro, assez, p. 131, 381.
Proar, proha, prouver, p. 531, 587, 589.
Probesir, pourvoir, p. 193.
Proensa, province, p. 525.
Proha. — Voir *Proar*.
Proprietatz, proprietaris, villes ou bourgs relevant directement du comte ou du Roi, p. 76, 197.
Prosetta, poursuite, p. 67.
Punhau, poignard, p. 471.
Puyar, pogar, élever. monter, p. 350, 356, 400, 552, 603.

Q

Quale, il fallait, p. 279.
Qualera, il faudrait, p. 352.
Quarquas, charges, p. 281.
Quenha, quelle, p. 529.
Queras, (pour *aqueras*), celles-ci p. 16.
Quiscun, quiscuna, chacun, chacune, p. 2, 4.

R

Rama, ramée, p. 348.
Recrubar, recouvrer, p. 479, 578.
Redempna, rachat, la Merci, ou rachat des captifs, ordre religieux, p. 89, etc.
Releu, relief, p. 352.
Religar, relier, p. 511.

Reno, il rendit, p. 8.
Respleyt, répit, délai, p. 251.
Rest, arrestation, p. 119, 352, 392, 527.
Robi, fourbir, p. 103, 227, 421, 481. — Voir *Frobir*.
Roclar, enrôler, enregistrer, p. 487.
Rocle, rogle, rôle, p. 3, 8, 34, 385.
Ronhosas (celadas), salades rouillées, p. 103.
Routera (sus), sur un lieu de passage (route), p. 321.
Ructo, ructor, recteur, curé, p. 252, 524.
Ructoria, rectorie, cure, p. 265.

S

Sabatos, sabatous, souliers, p. 127, 359, etc.
Sagerat, acte scellé, p. 38.
Saget, sceau, p. 352, 354, 396, etc.
Salir, salhir, sortir, p. 208, etc.
Saralhe, serrurier, p. 295, 348, 367, 435.
Sarto, tailleur, p. 159, 520.
Sau, sel, p. 433, 600.
Saumier, saume, bête de somme, p. 51, 107.
Saun (prim), premier sommeil, p. 97.
Saupres, qui a pris le sel, mis au sel, salé, p. 84.
Scaleta, crémaillère d'arbalète, p. 102.
Schardinas, sardines, p. 103.
Scogosar (lo lom), émonder l'orme, p. 421.
Sebas, oignons, p. 211.
Seda, minute, p. 552. — Voir *Ceda*.
Segin, cegin, saindoux, p. 552, 554.
Segrament, serment, p. 175, etc.
Sengles, sencles, chacun, p. 408, 413, 486.
Senh, sey, cloche, p. 185, etc.
Septz, ceps, fers, p. 205.
Seres, celliers, p. 256, 267.
Serralha, serrure, p. 110.
Serras, selles, p. 312.

Sersion deu libeu, texte de l'exploit, p. 369.
Ses, sans, p. 92.
Sese, asseoir, p. 527.
Seti, siège. — Voir *Ceti*.
Seu, ceu, suif, p. 497, 552.
Singlaus, singulaus, individus, particuliers, p. 3, 4.
Sint, ceinturon, p. 500, 579.
Sinta, ceinture, p. 189, etc.
Sinture, fabricant de ceintures p. 486.
Sobe, sober, délivrer, p. 116, 203, 413, 425, 448, etc.
Sobresolatz, subersolatz, subessolatz (sabatos), souliers à doubles semelles, p. 188, 381, 479, 493.
Sobtament, immédiatement, p. 176.
Sole, plancher, p. 400.
Sootz, délivrés, dégagés, p. 447.
Soquet, droit sur les vins, p. 560.
Soptar, presser, harceler, p. 384.
Sotada, gages, salaire, p. 127.
Spariar la despensa, payer la dépense, p. 381.
Spasa, épée, p. 127, etc.
Specias, épices, p. 7, etc.
Sperforsar, s'efforcer, p. 325.
Spleyt, répit, délai, sursis, p. 247, 251, 318, 358, 366. — Voir *Respleyt*.
Squiretas, squretas, clochettes, p. 285, 498, 554.
Squilhotz, noix, p. 520.
Stacas, staquas, estacades, p. 191, 397, 398, etc.
Staca, attache, terme de chancellerie, p. 424.
Stalaria, hôtellerie, p. 125.
Staplas, étapes, p. 348.
Stans, étais, piliers, p. 12, etc. — Voir *Estant*.
Strems, côtés, p. 350. — Voir *Estrem*.
Stremar, p. 246, 349. — Voir *Estremar*.
Strenier, étranger, p. 62.
Suac (sintas de), ceinture en peau de truie (et non *cuir suiffé,*) p. 205, note 1).
Subanat, suranné, p. 605.
Subersolas, subesolas, semelles, p. 154, 438, 468.
Subesolar, ressemeler, p. 359.
Subessolats. — Voir *Sobresolatz*.

T

Tabart, tambour, p. 411, 420.
Tabe, taben, aussi, p. 363, 392, 405.
Talh, rôle d'impositions, p. 110.
Tapauc, non plus, p. 406.
Tapia, mur en terre, p. 313, 399, 422, 497.
Tara, perte, déchet, p. 11, 49, 419, 429.
Tarip, tarif, règlement, p. 160.
Tastar, goûter, p. 219.
Taules, étaux, tables au marché, p. 546, etc.
Taus, taxe, p. 95.
Tendas, tentes, p. 239.
Tenhoar, tenhoa, mettre des piliers ou planches, p. 363, 552.
Tenhoat, piles de ponts, p. 582.
Tenhos, tinhos, tenlhos, poutrelles, soliveaux, piliers, p. 133, 348, 350, etc.
Terrar, terrer, recouvrir de terre, p. 363, etc.
Tenquas, tanches, p. 562.
Terseras, mesures pour le vin, p. 337, 407, 426, etc.
Tesson, cochon, porc, p. 152, 387.
Teule, teulo, teulon, tuile, p. 326, 350, 579.
Timo, timon, p. 453, 497.
Tinta, encre, p. 170, 307.
Tiqueta, billet, p. 202.
Toca-sey, tocsin, p. 573.
Todelhas d'areche, planches, faisceaux, fagots (?) de frêne, p. 259.
Tolhas, linges de table, p. 195.
Tone, tondre, p. 102, 126.
Torelha, glace, gelée, p. 540.
Torrer, torre, gardien de la tour, p. 2, 42, 542, 600.
Tortissar, bâtir avec du torchis, p. 400.
Tost, grillé, rôti, p. 152.

GLOSSAIRE.

Toya, ajonc, p. 568, 584.
Tozas, deniers toulousains, p. 515.
Trahy, pour *tranh, trany,* train, marche, p. 366.
Trebes (de et **au),** en et au travers de, p. 348, 397.
Trebesees, traverses de bois, p. 397.
Trensot, lopin, morceau (de terre), p. 260.
Tresse, trese, tirer, p. 191, etc.
Treytz, flèches, p. 102.
Trigaban (trop), ils retardaient trop. — *Trigar,* retarder, p. 84.
Tropas, plusieurs, p. 22, 44, 59.
Trossa, trousse, p. 421, 454, 500.
Trucar, frapper, p. 275.
Truquetas, petits vases de terre, p. 495.
Tucor, hauteur, colline, p. 315.
Tumos deus seys, béliers, contre-poids des cloches, p. 285.

U

Ubert, ouvert, p. 407.
Ubertura, ouverture, p. 256.
Uche d'armas, huissier d'armes, p. 26.
Untar, oindre, p. 554. — Voir *Huntar.*
Urbana, p. 343, 424, 425, 428. — Voir *Hurbana.*

V

Varbe, barbier, p. 334.
Ven, bien, p. 351.
Verdet, p. 553. — Voir *Berdet.*
Vertadera, véritable, p. 225.
Vertos, sorte de filet, verveux, p. 247.
Vesiales, p. 235. — Voir *Besiales.*
Vesiau, visau, corvée, p. 417, 422, 604. — Voir *Besiau.*
Vesonhi, besoin, p. 174.
Vie, venir, p. 422.
Vilheta, quittance, p. 175.
Vilho, billot, p. 533. — Voir *Bilhous.*
Vis, vins, p. 605.
Visquet, guichet, p. 428. — Voir *Bisquet.*
Von, bon, p. 248, 358, 361.
Vordiu, p. 243. — Voir *Bordiu.*
Vossas, bosses, tumeurs, p. 532. — Voir *Bossa.*

Y

Yaques, jaquès, monnaie, p. 433. — Voir *Jaques.*
Ymayas, statues, images de saints, p. 453, 578.
Ympudymya, épidémie, p. 543.
Ypoticari, apothicaire, p. 496.

TABLE ANALYTIQUE.

A

AGENAIS (Robert de Balzac, sénéchal d'), dévoué à Louis XI, 82. — Convoque les consuls d'Armagnac à Vic, 105.

Agenais (le pays d') proteste contre l'arrêt qui défend aux habitants du haut pays de transporter à Bordeaux leurs denrées avant le 1er mai, 526.

AGRICULTURE. — Prix des grains, denrées, etc., LXVII.

Aignan. — Le sénéchal d'Armagnac y convoque les députés des communautés, 259. — Le sénéchal d'Armagnac y rassemble des troupes, 300. — Les consuls refusent de voter une gratification au trésorier, 557.

AIRE (Bernard d'Abadie, évêque d'), va à Riscle, 490. — Réconcilie le cimetière de Riscle, 551.

AIRE (Pierre de Foix, évêque d'), arrive à Riscle, 443.

Aire (la ville d'), créancière des habitants de Riscle, 60. — Ses habitants courent sus aux gens de Barcelonne, 504. — Envahie par les gens d'armes, 608.

ALBRET (Alain, sire d'), ravage le Bordelais et les Landes, 6, 216. — Occupe militairement l'Armagnac, 293. — Exige le serment de fidélité des communautés de l'Armagnac qui le refusent, 315. — Assiège Maubourguet, 321. — Se rend à Riscle, préparatifs pour le recevoir, 322, 323, 324. — Trahit les intérêts du comte Charles Ier et est chargé d'informer contre lui, 339. — Retient prisonnier le comte Charles, 345. — Convoque les États à Auch, ne s'y rend pas et va à Saint-Palais, 347. — Refuse de délivrer le comte d'Armagnac, 364. — Ses gens d'armes menacent les habitants de Nogaro, 374. — Est à Pau, où il reçoit les députés de l'Armagnac, 387, 389. — Ses gens d'armes passent à Riscle, 397. — Vont prendre Barcelonne, 398. — Entreprend la guerre pour la succession de Bretagne, 401. — Convoque à Nogaro, où il doit se trouver, les consuls de l'Armagnac, qui hésitent à s'y rendre à cause des défenses du Roi, 406. — Leur demande des subsides pour aller au service du Roi, 407. — Convoque les consuls à Nogaro et ne s'y rend pas, 444. — Vient à Riscle avec soixante chevaux, 453. — Vient de nouveau à Riscle, 460, 461. — Est à Narbonne et fait approvisionner Bayonne, 473. — Autorise les consuls de Riscle à porter le chaperon consulaire, 488. — Se rend à Riscle où les consuls le défrayent, 522. — S'en retourne à Pau, 522. — Prie les consuls de faire bon accueil au maître d'hôtel du duc de Valentinois, 523. — Se rend à Riscle pour vider la querelle des consuls avec le collecteur Jean Barthe, 528. — Va à Nogaro et de là à Nérac, 528. — Fait visiter les places fortes de l'Armagnac, 604. — Se dispose à visiter l'Armagnac, préparatifs pour le recevoir, 605, 606. — Convoque les consuls à venir le saluer à Nogaro, 606. — Présents qu'ils lui apportent, 606.

ALBRET (Jean d'), roi de Navarre. — Les revenus du comté d'Armagnac lui sont remis, 433.

ALBRET (Amanieu d'), protonotaire, arrive à Riscle, 496.

ALBRET (le sénéchal d') va à Riscle, 447.

ALENÇON (René duc d'), réclame la mise en liberté du comte d'Armagnac, 364. — Écrit en faveur de la dame de Saint-Paul, sa cousine, 574.

ALONZO-PAULO fait vendre aux enchères ses chevaux, 58.

AMOU (Jean de Caupenne, seigneur d'), lieutenant du seigneur d'Andouins, vient loger à Riscle avec ses hommes, 530. — Difficultés de le recevoir, 530. — Dépense faite à l'occasion de son séjour, 574, 575.

ANDOUINS (Jean baron d') envoie son lieutenant et ses hommes loger à Riscle, 530. — Est à Maubourguet, 531.

ANDOUINS (Louis baron d') passe à Riscle en allant épouser la fille du seigneur de Fimarcon, 39.

Andrest. — Seigneurie appartenant au sénéchal de Toulouse, 270.

ANGLES (Monot d'), consul de Riscle en 1483, 270.

ANGLES-FAGET (Monon d'), consul de Riscle en 1494, 459; — en 1496, 476.

ANGLES (Pierre d'), consul de Riscle en 1487, 395; — en 1493, 452; — en 1497, 484.

ANGOULÊME (Charles d'Orléans, comte d'), gouverneur de Guyenne, occupe Riscle avec ses troupes, 470.

ANOYE (l'abbé d'), 83. — Veut acheter du vin à Riscle, 84, 92.

ANTIN (Baylin d'), maître d'hôtel du Roi, envoyé en Armagnac pour réprimer les désordres, 377.

ANTOINE (Maitre), greffier de Lectoure 448.

APPEAUX (le juge d') d'Armagnac demande aux consuls de Riscle une somme d'argent pour l'aider à prendre ses grades supérieurs; on lui donne six écus, 375.

ARAGON (Bernard d'), franc-archer de Riscle, 126.

Aragon (la guerre d'). — Les francs-archers de Riscle y sont envoyés, 183.

Aran (vallée d'). — Le sénéchal d'Armagnac y envoie une compagnie de francs-archers, 109. — Les consuls de Riscle n'y envoient pas les leurs, 117. — Les francs-archers en reviennent, 140. — Nouvel envoi de francs-archers, 197.

ARBALÉTRIERS (levée d'), LX. — Leur équipement, 414, 415.

ARBLADE-BRASSAL (Géraud de Benquet, seigneur d'), envoyé à Fleurance, 81. — Convoque les États au nom du Roi, 108. — Arrive de son ambassade en cour, 133. — Assiste au conseil d'Armagnac tenu à La Pujolle, 145. — Consent à ce que le sieur Taquenet soit nommé ambassadeur, 150. — Évite aux gens de Riscle le logement des gens de guerre, 150. — Écrit aux consuls de Riscle pour leur recommander un homme de Corneillan, 174. — Chargé de rechercher les blés dans les greniers pour en pourvoir les nécessiteux, 191, 193. — Revient de son ambassade vers le Roi, 200, 201. — Député vers le comte Charles d'Armagnac par les Trois-États, 334, 336. — Assiste la comtesse d'Armagnac, 346. — Est député vers le sire d'Albret, 346. — Porte aux consuls de Riscle des nouvelles du comte d'Armagnac, 376.

ARBLADE-BRASSAL (Jean de Benquet, seigneur d'), convoque à Caumont les consuls de Riscle, 350. — Leur remontre les malheurs du comte Charles, 351. — Est député vers le Roi, 358. — Rend compte de son ambassade, 363.

ARBLADE-BRASSAL (le cadet d'), 469.

ARBLADE-COMTAL (Bertrand de Bernède, seigneur d'), député de l'Armagnac aux États généraux de Tours, 282. — Convoque les populations de l'Armagnac au siège de Monlezun, 353, 354. — Est en procès avec les consuls de Nogaro, 360, 361.

Arblade-Comtal. — Incendié par les troupes royales, 97.

ARCHIAC (Charles, seigneur d'), chambellan du sire de Beaujeu, réclame au nom de son maître le serment de fidélité des habitants de l'Armagnac, 247.

AREMAT (Vidalon d'), commissaire des subsides votés au capitaine Martin Garcias, 33.

Argelès (les habitants d') achètent du vin aux consuls de Riscle, 535.

ARGELOS (Berdet d'), consul de Riscle en 1482, 261 ; — en 1494, 459 ; — en 1502, 561 ; — en 1507, 601.

ARGELOS (Bernard d'), consul de Riscle en 1487, 395.

ARGELOS (Maître Jean d'), notaire, consul de Riscle en 1442, 1. — Collecteur de l'argent de Monseigneur de Lomagne, 17. — Les consuls de Riscle payent ses tailles, 31. — Député à Rodez, 34. — Envoyé à Lectoure par les consuls de Riscle pour demander leur rémission, 67.

ARGELOS (Monon d'), consul de Riscle en 1497, 484.

ARGELOS (Peyron d'), consul de Riscle en 1476, 213.

ARGELOS (Maître Raymond d'), notaire, député par les consuls de Riscle vers le sénéchal d'Armagnac pour régler l'impôt des arbalétriers, 245. — Envoyé par eux à Marciac pour régler leurs affaires, 367. — Arbitre dans le procès de la ville de Riscle avec le seigneur d'Armentieu, 418.

ARGELOS (Raymond d'), consul de Riscle en 1500, 540 ; — en 1507, 601.

ARGELOS (Sans d'), est au siège de Dax, 31.

ARMAGNAC (Jean IV, comte d'), reçoit une donation de ses sujets pour la guerre de Comminges, 2, 11. — Sa mise en liberté demandée par les États, 17. — Sort de prison et va à l'Isle-en-Jourdain, 23. — Conditions de sa mise en liberté, 24. — Sa comparution devant le Parlement de Toulouse, 25. — Séjourne à Rodez, 34. — Est au château de Gages, 39. — Meurt à l'Isle-en-Jourdain, 48. — Ses funérailles à Auch, 53.

ARMAGNAC (Jean V, comte d'). — Voir *Lomagne.* — Va à la conquête de Bordeaux, 47, 51. — Reçoit le serment des municipalités, 50. — Fait approvisionner les troupes qui assiègent Bayonne, 51. — Se révolte contre Louis XI, est chassé de ses États, y rentre, et se saisit de Lectoure, 74. — Où il est assiégé, 74. — Propose un traité de paix, 74. — Emprunte des armes à des marchands de Limoges, 134. — Sa mort, 134.

ARMAGNAC (Charles d'), vicomte de Fezensaguet, 17. — Va en Espagne par ordre du Roi, 24. — Reçoit une donation des États d'Armagnac, 29. — Est au château de Termes, 33. — Subsides qui lui sont votés, 33, 43. — Succède à son frère Jean V et est réintégré dans ses domaines, 299. — Mainlevée de ses domaines faite à Auch, 310. — Sa dépense à la Bastille pendant son emprisonnement payée par Alain d'Albret, 310. — Engage à Alain d'Albret le comté d'Armagnac, 311, 317. — Le sire de Beaujeu lui remet l'Armagnac, 311.

— Ordonne aux communautés de l'Armagnac de prêter serment au sire d'Albret, 315. — Son entrée solennelle à Auch, 316. — Remontrances que lui font les États, 316. — Pardon qu'il accorde à la comtesse et au bâtard, 317. — Se rend à Nogaro, 323. — Envoie un héraut vers le sire d'Albret, à Riscle, 324. — Prie les communautés de l'Armagnac de payer les sommes qui lui ont été votées pour le rachat du comté, 325. — Fait une levée de troupes pour le siège de Maubourguet, 326. — Donne un sauf-conduit aux troupes du vicomte de Narbonne, 326. — Dîne à Mansencôme et voyage pour éviter les députés aux États qui sont à sa recherche, 330. — Les reçoit à Montfort, 331. — Demande cent hommes d'armes et douze cents arbalétriers aux États, 331. — Remontrance que lui font les États, 331. — Réponse sage qu'il leur fait, 333. — Il les convoque à Auch et ne s'y rend pas sous prétexte qu'il est malade, 333. — Quitte Lectoure et s'enfuit à Tournon, 334. — Les États lui envoient des ambassadeurs, 334. — Réponse qu'il leur fait, 336. — Excès auxquels il s'est livré depuis sa restauration, 338. — Le conseil de régence prend des mesures contre lui, 338. — Ses malheurs, sa prison à Casteljaloux, 345. — Sort de prison, 364, 381, 382, 383. — Charge le seigneur de Termes de porter ses ordres aux consulats d'Armagnac, 404. — Reçoit une donation des États d'Armagnac, 432. — Faux bruits de sa mort, 443. Visite Riscle, 460. — Sa mort, 494. — Son portrait, note, *ibid*.

ARMAGNAC (Jean de Lescun, dit le bâtard d'), va au siège de Coudures, 6. — Est envoyé à la guerre d'Allemagne par ordre du Roi, 24.

ARMAGNAC (Jean, bâtard d'), fils de Jean V, est à Castelnau-de-Rivière-Basse, 303. — Demande aux consuls de Riscle vingt-cinq arbalétriers pour charger les gens qui occupent Maubourguet; refus des consuls, 304. — Attaque les Quatre-Vallées et est fait prisonnier, 304. — Belle réponse qu'il fait aux consuls de Riscle, 305. — Les États refusent de lui donner secours, 305, 306. — Vive et spirituelle réponse qu'il leur fait, 306. — Prie les consuls de Riscle de se rendre à Castelnau pour recevoir une communication importante, 307. — Il leur expose qu'il sort de prison, qu'il est dans le plus grand dénûment et leur demande deux chevaux et cent écus, 308. — Refus des États, 308. — Il leur envoie le seigneur de Saint-Lane pour implorer leur pitié, 308. — Se présente à la porte de Riscle et demande à entrer, ce qui lui est accordé, 309. — Se retire mécontent des consuls, 309. — Revient à Riscle, 311. — Va à Nogaro, 311. — Retourne à Riscle, où il est mal reçu, 312. — Quitte la ville furieux, tire l'épée contre elle et enlève les troupeaux qui paissaient aux environs, 312. — Plainte portée contre lui aux officiers royaux, 313. — Se retire à Castelnau, d'où il menace encore les habitants de Riscle, 315. — Va rejoindre à Riscle le sire d'Albret et demande aux consuls de venir à son secours; représentations touchantes qu'il leur fait, 324. — Se retire à Saint-Mont, 367.

ARMAGNAC (Pierre, bâtard d'), fils du comte Charles, venu de France en Armagnac, reçoit des États une donation de 500 francs, 329, 331. — Bel éloge que les États d'Armagnac font de lui, 331. — Écrit aux consuls de Riscle pour une levée de volontaires, 336. — Entre à Riscle avec sa suite, 463. — Note, *ibid*. — Occupe Saint-Mont avec sa compagnie et est prié d'épargner Riscle, 576. — Est à Madiran, 577.

ARMAGNAC (Pierre de Lescun d'), fils

de Jean de Lescun, dit le bâtard d'Armagnac, vicaire général de l'archevêque d'Auch, vient à Riscle, 473. — Note, *ibid.*

ARMAGNAC (Jeanne de Foix, comtesse d'), femme de Jean V, réclame les donations qui lui avaient été votées au temps où elle était comtesse d'Armagnac, 182.

ARMAGNAC (Catherine de Foix, comtesse d'), femme de Charles Ier, assiste aux États tenus à Vic, 345. — Ses malheurs, sa misère, 345. — Réunit les États à Vic, 363. — Convoque les communautés d'Armagnac aux États, à Jegun, pour recevoir la réponse des ambassadeurs envoyés vers le Roi pour demander la mise en liberté de son mari, 381, — Demande aux États un secours d'argent pour qu'elle puisse aller à la rencontre du comte d'Armagnac, 383. — Difficulté pour percevoir cette donation, 384, 385. — Défense faite de la payer, 388, 389, 390, 392, 393. — Écrit aux consuls de Riscle au sujet du mariage de Rose d'Armagnac, 405.

ARMAGNAC (Rose d'), fille naturelle de Jean V, épouse le seigneur de Saint-Paul, 405. — Les consulats d'Armagnac lui font une donation à l'occasion de son mariage, 532, 533, 546. — Est en procès avec Jean de Villemur ; le duc d'Alençon écrit une lettre en sa faveur, 574.

ARMAGNAC (Catherine de Lescun d'), fille naturelle de Jean de Lescun, dit le bâtard d'Armagnac, épouse le fils du seigneur de Termes, 349.

ARMAGNAC. — Voir *Bascous, Caumont, Termes.*

ARMAGNAC (Jacques Galliot, sénéchal d'), convoque les consuls d'Armagnac à Vic, 525. — Note, *ibid.*

ARMAGNAC (le chancelier d'), se rend à Riscle, 44.

ARMAGNAC (le gouverneur d'), doit être un officier de justice, 446.

ARMAGNAC (le juge mage d'), envoyé en ambassade vers le Roi par les États d'Armagnac, 267, 268. — Revient de son ambassade, 271.

ARMAGNAC (comté d'), sa composition, V, VI. — Son état politique, VII. — Donné à la duchesse d'Alençon, passe au roi de Navarre, X. — Retourne à la couronne et est donné au prince de Condé, XI. — Puis au duc de Bouillon, XII. — Occupé et rançonné par les troupes royales, 22, 26. — Se révolte contre les gens de guerre, 27. — Ses consuls sont mandés à Toulouse pour assister à l'entérinement des lettres de grâce du comte Jean IV, 25. — Prêtent serment de fidélité au Roi, 26. — Est livré à la merci des gens du Roi, 133, 134. — Est détaché du ressort du Parlement de Toulouse et uni à celui de Bordeaux, 175. — Ses habitants contraints de prêter serment de fidélité au comte de Beaujeu, 175. — Refusent d'abord le serment parce qu'ils n'ont pas congé du Roi, puis le prêtent, 176. — Est dévasté par la guerre de Lectoure, par la peste et par la grêle, 248. — Est engagé au sire d'Albret, 311, 317. — Ses gentilshommes et ses consuls prêtent serment de fidélité au Roi, 384. — Est mis sous la main du Roi, 390. — Levée de la mainmise, 433. — Les gentilshommes et bourgeois prêtent serment de fidélité au sire d'Albret, 445. — Les consuls réclament un gouverneur, 446. — Levée de la mainmise sur les terres d'Armagnac, 453. — Les consuls s'opposent au nouveau recensement des feux, 517, 518.

ARMAGNAC (Sénéchaussée d'), son ressort, V.

ARMAGNAC (Élection d'), son ressort, VI.

ARMAGNAC (État de la recette d'), 65.

ARMAU (Arnaud d'), bayle de Gouts, prête aux consuls de Riscle soixante quarts de froment, 563.

Armilh (Arnaud-Guillem d'), marchand de Monguilhem, 42, 44.

Armentieu (Antoine de Lafargue, seigneur d'), marchand de Lupiac, a un long procès avec les consuls de Riscle au sujet de sa terre d'Armentieu, 283 et suiv. — Fait un accord avec les consuls au sujet de son procès, 418. — Prête de l'argent aux consuls de Riscle et marie sa fille, 423. — Fait lire l'accord conclu entre lui et les consuls de Riscle au sujet de l'allivrement de ses terres, 552. — Reçoit des consuls de Riscle vingt-cinq arpents de terre, 584.

Armentieu. — Les habitants font un prêt à la ville de Riscle, 56. — Procès au sujet de la seigneurie et des droits seigneuriaux, 283 et suiv. — Les habitants sollicités par leur seigneur de se soustraire à la juridiction des consuls de Riscle, 405.

Arné (Arnaud-Guillem de Larroquan, seigneur d'), 238.

Arrasa, mesure de longueur, 397.

Astiguefonte (Arnaud-Guillem de Massas, seigneur d'), commissaire des guerres, visite les fortifications de Riscle, 421.

Astarac (Jean III comte d'), chargé des ordres de la cour, 478.

Aubijoux (Hugues d'Amboise, seigneur d'), chargé d'administrer l'Armagnac, 498 ; — note, 498.

Auch (Philippe de Lévis, archevêque d'), se rend à Riscle, 34. — Les consuls lui envoient du poisson, 39.

Auch (Jean de Lescun, archevêque d'), est à Saint-Mont, où les consuls de Riscle vont le prier de leur donner terme pour le paiement des rentes qui lui sont dues, 140, 144. — Est à Bassoues, 144 ; — à Sauveterre, 144, note ; — à Bassoues, 153.

Auch (Jean de La Trémoille, archevêque d'), est en procès avec les consuls de Riscle, 467. — Prie l'évêque d'Aire de réconcilier le cimetière de Riscle, 551.

Auch (les chanoines d') prêtent une somme d'argent aux consuls de Riscle, 507.

Auch (la ville d') rançonnée par le capitaine Martin Garcias, 22. — Les États y sont convoqués, 77. — La seigneurie est donnée à Pharamond de Lamothe, 174. — Les communautés y sont convoquées pour assister à la mainlevée des domaines d'Armagnac, 310. — Les États s'y réunissent, 347. — Les commissaires royaux y convoquent les députés des États d'Armagnac pour l'assiette de l'impôt, 358. — Les États s'y réunissent, 498.

Audirac (Mᵉ Bernard d') : les consuls de Riscle lui font un rabais sur le montant de son fouage, 16.

Audirac (Guisarnaud d'), archer de la ville de Riscle, 409, 474. — Devenu vieux ne peut plus servir, 487. — Sa mort et les honneurs funèbres que lui rendent les consuls, 496.

Audirac (Pey d') accompagne à Riscle le sénéchal d'Armagnac, 198.

Audirac (Mᵉ Pierre d'), 405.

Aumensan (Jean seigneur d') assiste au mariage du seigneur de Termes, 256.

Aure (Jean de Labarthe, seigneur de Moncorneil, sénéchal d'), reçoit une donation des États, 33. — Est à Saint-Mont, 398. — Adresse aux consuls réunis à Nogaro une demande de subsides pour le sire d'Albret, 407.

Aure (Arnaud Guillem de Labarthe, sénéchal d'), nommé gouverneur d'Armagnac, 446. — Reçoit le serment de fidélité des consuls, 447. — Visite le château de Riscle, 452. — Est à Saint-Mont, 455. — Va à Riscle, 460. — Donne ordre aux consuls de Riscle de lui mener des arbalétriers, 464. — Vient faire la montre des gentilshommes et des bourgeois, 469.

Aure (les consuls d') sont convoqués aux États à Lannepax, 146.

AURELHAN (Bernard d'), hôtelier, 88.
— Consul de Riscle en 1476, 213 ; — en 1480, 253 ; — en 1493, 452 ; — en 1500, 540.
AURENSAN (les consuls d') convoqués à Caupenne pour délibérer sur l'envoi d'un messager au Roi, 266.
AURENX (Bertrand d'), trésorier, 83.
Auriabat (seigneurie d') appartient à Bernard de Rivière, sénéchal d'Armagnac, 245.
Auvillars. — Les francs-archers y sont conduits, 471, 479.
AVESNES (Gabriel d'Albret, seigneur d'), convoque les consuls de Riscle à Nogaro, 490. — Réclame une donation, 491. — Demande le don d'un cheval, 493. — Va à Riscle, 496 ; — note, 496.
AYDIE (Bertrand, seigneur d'), prié de faire déloger son fils des environs de Riscle, 151. — Son fils meurt à Caupenne, 188. — Part pour Hagetmau, 201. — Prête de l'argent aux consuls de Riscle, 201. — Réclame à la ville de Riscle les chênes qui lui avaient été promis, 209. — Est prié de rendre la liberté à un homme qu'il a pris sur ses terres, 508.
AYDIE (N., fils du seigneur d'), campe près de Riscle avec sa compagnie, 151. — Meurt à Caupenne, 188.
AYDIE (Odet d'), dit le capitaine Odet, prie les consuls de Riscle de lui envoyer à Saint-Mont des provisions pour lui, sa troupe et ses chevaux, 198. — Va à Beaumarchés, 199. — Occupe Plaisance, 200. — Prête quarante écus aux consuls de Riscle, 232.
AYDIE (le barbier d'), prête aux consuls de Riscle quatre-vingts sacs de mil, 272, 273.
AYGREMONT (Jean d'), greffier de Lectoure, 589.
Aygue passada, sancta Marie cugnanada, propos de gascon, 610.
AYSIEU (Jean d'), commissaire des gens d'armes, 59.
AZEMA (Berdot d'), frère du curé de Riscle, 173.

B

BAGANOS (Dominique, « Menyolet », de), marchand de Viella, 549 ; — fait excommunier les consuls de Riscle, 553 ; — prête aux consuls de Riscle dix florins d'Aragon, 585.
Balambits : donné au monastère de Saint-Mont, 148.
Balambits (l'église de), bénite par l'évêque d'Aire, 556.
BALAMBITS (Thibaut de Bassabat, seigneur de) commissaire député pour la levée des francs-archers, 364 ; — assiste aux États d'Armagnac, 427.
BANASTRA (procès de la), 264, 265.
BAQUAS ; monnaie de Morlaas, 55.
BARADAT (Arnaud de), abbé d'Idrac, 478.
BARADAT (Mᶜ Bernard de), commissaire des gens d'armes, 59 ; — receveur des deniers, 66.
BARADAT (Mᵒ Jean de), notaire de Nogaro, 49, 100 (note), prétend être fermier de la rectorerie de Riscle, 119 ; — envoyé pour traiter de l'ambassade vers le Roi, à Nogaro, 280, et à Éauze, 281 ; — conseil des consuls de Riscle, 351, 352, 353 ; — député par les villes et les propriétaires d'Armagnac au conseil d'Auch, 358, 359, 395, aux États de Vic, 363 ; — envoyé à Marciac par les consuls de Riscle, 367 ; — se rend à Riscle pour consulter les consuls, 392 ; — entreprend plusieurs voyages pour les affaires de la ville, 404 ; — arbitre dans le procès de la ville de Riscle et du seigneur d'Armentieu, 418 ; — va au conseil de Vic entendre le rapport des commissaires du Roi, 426 ; — fermier des dîmes pour Mᵍʳ le comte, 462 ; — meurt ; les consuls vont assister à sa sépulture et lui rendre les honneurs, 487.
BARADAT (François de), notaire de Nogaro vient à Riscle, 610.

BARADAT (Huguet de), va à Riscle chercher l'argent des tailles, 598.

BARADAT (Martial de), chanoine de Nogaro, 591, 611.

BARADAT (Me Nicolas de), envoyé à Fleurance, 81. — Chargé de recueillir l'argent destiné à la subsistance de l'armée au siège de Lectoure, 95, 97. — Député vers les sénéchaux après la prise de Lectoure, pour intercéder en faveur de l'Armagnac, 98. — Juge d'Armagnac, 137. — Convoque les consuls d'Armagnac à Lupé pour envoyer des ambassadeurs au sire de Beaujeu, 138. — Vient à Riscle, 141. — Doit un reste d'argent pour les frais du siège de Lectoure, 142. — Chargé de faire payer les tailles votées autrefois à M. de Guyenne, au comte et à la comtesse d'Armagnac, 173.

BARADAT (Me Raymond de), notaire, 542.

Barbaste : les consuls de Riscle y sont menés prisonniers, 527.

BARBIER (Jean du), nommé collecteur des tailles, 263.

BARCELONNE (les consuls de), prêtent serment au sire de Beaujeu, 249. — Cette ville est désolée par la peste, 278. — Les habitants réclament un dégrèvement, 379, 380, 381. — Les consuls d'Armagnac viennent à leur secours, 503. — Les habitants d'Aire leur courent sus, 504 ; note, *ibid.* — Riscle envoie quarante hommes à leur défense, 506. — La ville est envahie par les gens d'armes, 608.

BARDE (le sieur de La), maître d'hôtel du Roi, est envoyé à Maubourguet, par le conseil de régence, vers la princesse d'Orléans, 328.

Barran : les États s'y réunissent, 338.

BARRÈRE (Me Jean), revient de son ambassade vers le Roi, 124. — Lieutenant du gouverneur d'Armagnac, 187. — Réclame l'argent qui lui est dû pour le voyage qu'il a fait à Libourne au nom de l'Armagnac, 211, 214.

BARRÈRE (Me Jean), homme de loi d'Auch, 252.

BARRUSQUET (Me), chirurgien de Riscle, 496.

BARTHE (Jean), est nommé collecteur d'Armagnac par le sire d'Albret, après avoir refusé de l'être, 347, 438, 467. — Cité devant ledit sire d'Albret, comte d'Armagnac, pour les exactions qu'il a commises dans la levée des impôts, vient à Riscle, d'où il s'enfuit en apprenant l'arrivée du sire d'Albret, 528.

BARTHE (Pierre), procureur d'Armagnac, visite les comptes de Riscle, 555, 567. — Visite les places fortes de l'Armagnac, 604.

BARRY (Me Bertrand du), homme de loi à Auch, 252.

BARRY (Jean du), licencié en droit, consul d'Auch, 53. — Juge ordinaire d'Armagnac, 57. — Assesseur des consuls de Riscle, 68.

BARRY (Léberon du), 128.

BARRY (Menauton du), bayle du Houga, 318.

BASCOUS (Jean, seigneur de), tue son frère Jeannot, 520.

BASCOUS (Jean d'Armagnac, seigneur de) : sa vie, sa mort, ses funérailles, 520.

Bassoues, résidence de l'archevêque d'Auch, 144.

BATS (Manaud de), *vallibus*, intervient dans la querelle du seigneur d'Arblade-Comtal avec les habitants de Nogaro, 362.

BAUDET (Jean de), assesseur de Riscle, 481.

BAULAT (Bernard, seigneur de), présent au mariage du seigneur de Termes, 256.

BAULENS (Sans de Poges, prieur de), va recevoir la déposition du seigneur de Termes dans une enquête pour la ville de Riscle, 521. — Envoyé au consul d'Auch pour imposer les lances, 535. — Va à Nogaro pour l'assiette de l'impôt, 569. — Va à Sérignac faire une enquête contre M. de Maumusson, 607.

BAUTIAN (Bernard de Monclar, seigneur de), receveur des lances, 50.

Bayonne (la ville de), est assiégée par les troupes royales, 51. — Est prise d'assaut, 52. — Les gens d'armes en reviennent, 205. — Est approvisionnée de blé pour la guerre de Biscaye, 215, 217, 219, 221, 223. — Approvisionnée de vivres, 473.

BAYONNE (un frère prêcheur du couvent de), vient prêcher à Riscle, 222.

BEAUCAIRE (Ruffec de Balzac, sénéchal de), contraint les consuls de Riscle à lui payer quarante-cinq écus d'or, 75, 76. — Réunit les États, 77.

BEAUJEU (Pierre de Bourbon, sire de), reçoit l'Armagnac dans le partage des dépouilles de Jean V, 113. — Fait signifier aux États que le Roi lui a donné l'Armagnac sauf le titre de comte et offre ses services aux États, 136, 178. — Reçoit une ambassade des États, 137, 138. — Réclame les tailles qui lui sont dues, 145. — Son procureur vient pour la première fois à Riscle, 152. — Reçoit le serment des gentilshommes d'Armagnac, 176, et celui des habitants de Riscle, 178. — Exige le serment de toutes les communautés, 248. 249, et demande une donation aux États, 249.

Beaumarchès, occupée par le capitaine Odet d'Aydie, 199.

Beauvais (le sceau de), 42, 45.

BEDAT (Bernard du), collecteur d'Armagnac, 555.

BÉDAT (frère Jean du), dominicain du couvent d'Orthez, prêche le carême à Riscle, 257.

BÉDAT (Raymond du), élu collecteur des tailles : procès-verbal de son élection, 301, 352.

BÉDAT (Monon du), collecteur des lances, 182.

BÉDAT (Jeannot du), fils du collecteur des tailles, 258.

Belloc : les consulats de Pardiac s'y réunissent pour traiter la question de l'impôt des francs-archers, 238 et 239.

BELSIC (le commissaire), 96.

BENQUET (Jean de), intervient dans la querelle des habitants de Nogaro avec le seigneur d'Arblade-Comtal, 362.

BERGET (Jean), trésorier du sénéchal de Toulouse, saisit les troupeaux des gens de Riscle qui n'ont pas payé ce qui est dû au sénéchal, 111, 112. — Est à Gimont, 112. — Fait exécuter les villes d'Armagnac pour le paiement de 1,000 francs dus au sénéchal, 132 à 138. — Fait arrêter les consuls de Riscle, 147. — Les fait excommunier à cause du non paiement des 1,000 francs dus au sénéchal, 218. — Convoque les consulats d'Armagnac à Nogaro, pour le paiement de cette somme, 222. — S'offre à restituer aux consuls de Riscle les calices et encensoirs par eux engagés, 447.

BERNÈDE (Jean de Magnan, seigneur de), clerc du pays d'Armagnac, 379, 519. — Fait une enquête à Riscle, 520.

BESOMBE (Guillaume), notaire de la cour du sénéchal d'Armagnac, 229.

Betbèze, 226.

Betplan : le sénéchal y envoie des arbalétriers, 190.

BEYA (Bernard), franc-archer de Riscle, 126. — Prisonnier à Condom, 214.

BIDOS (Jean de), crestian, charpentier, 260.

BILHÈRES (Arnaud-Guilhem de), franc-archer de Riscle, 126. — Réclame sa solde pour le voyage à la vallée d'Aran, 140.

Biscaye (armée envoyée en), au secours d'Alphonse de Portugal, 215.

BLAGNAN (Odon de), clerc, écrit le récit des funérailles du comte d'Armagnac, 54.

BLANQUEFORT (le seigneur de), capitaine de francs-archers, 486.

634   TABLE ANALYTIQUE.

Blanquets : drap blanc, 82 (note).
BLANC (Jean), bayle de Riscle, 156.
BOELHIO (M° Guilhem), homme de loi d'Auch, 392.
BOHÉMIENS, leur passage à Riscle, 544.
BOLAY (Guillaume), sergent de Lectoure, maître des chemins, visite les chemins de l'Armagnac, 575.
BONELLI (M° Pélegrin), chanoine de Tarbes, arrente la rectorie de Riscle aux consuls, 116. — En règle le compte, 119. — Fait excommunier les consuls de Riscle, 157, 168. — Les consuls le font dîner en maigre, car il ne mange pas de viande, 193. — Vend un cheval aux consuls, 241.
BONJEAN, franc-archer, 104.
BORDALY (M°), notaire d'Auch, député en cour par les États, pour demander une diminution d'impôt, 526.
BORDAS (Sans de), lieutenant du juge de Rivière, 253, 283, 310.
Bordeaux (envoi de troupes et de subsides à la conquête de), 47, 51. — Un président du parlement de Bordeaux vient faire prêter serment aux communautés de l'Armagnac, 175. — Un membre du parlement de cette ville mande à Nogaro, au nom du sire de Beaujeu, les consuls d'Armagnac, 211. — Arrêt qui défend aux habitants du haut pays de faire descendre à Bordeaux des blés et vins, avant le 1er mai, 526.
BOSQ (le seigneur du), lieutenant des compagnies de francs-archers, 467, 468, 469. — Enrôle les francs-archers et les conduit à Saint-Michel-de-la-Corneille, 471. — Fait arrêter un consul de Riscle, 545.
BOSQUET (Gayo de), official d'Auch, 193.
BOSREDON (Jean de), baron de Larroque et d'Herman, sénéchal d'Armagnac, 386. — Se rend à Riscle et à Nogaro et veut exiger les impôts arriérés, 387. — Reçoit une lettre du sire d'Albret à ce sujet, 388, 389. — Défend aux consulats de payer la donation faite à la comtesse, 392.

— Les convoque à Auch, 402, 406 et à Lectoure, pour la levée des archers, 400, 407. — Réunit les États à Vic, 427. — Dépenses faites à Riscle pour le recevoir, 435.
Boucheries (règlement sur les), 544.
BOUILLAS (Arnaud de Roquelaure, abbé de), député vers le comte Charles par les Trois-États, 334, 336.
BOURROUILHAN (le seigneur de), demande la prorogation de l'arbitrage entre les consuls de Riscle et de Nogaro, 542.
BOUTEVILLE, neveu du capitaine Briant Grabi, 217.
BOYSSE (le seigneur de), 533.
Bretagne, 137.
BRIAAT GRABI (le capitaine), à Riscle, 209. — Est prié par M. de Maumusson de ne pas loger à Riscle, 216. — Les consuls de Riscle lui font un présent, 226.
BRIANT (Jacques), receveur d'Armagnac, réclame la donation faite par les États au sire de Beaujeu, 255.
BRUN (Jeannot), clerc, veut se faire légitimer à Rome pour être homme d'église, et demande un secours aux consuls de Riscle, 460.
BUSET (Louis de Noailhan, seigneur de), est logé à Bernède où il reçoit un présent des consuls de Riscle, 201. — Passe à Riscle avec ses troupes, 201. — Capitaine général des troupes pour le roi de France, 202. — Donne aux habitants de Riscle une sauvegarde contre les gens de guerre, 202, 203.

C

CADEILLAN (Jean de Preissac, seigneur de), assiège le château de Monlezun, 355.
CADROY (Bernard de), bayle de Barcelonne, 318.

CAHUZAC (Les consuls de), payent une redevance aux consuls de Riscle pour l'usage de la forêt de La Barthe, 14 et suiv.
CAHUZAC (Raymond Bernard de Saint-Lane, seigneur de), est en procès avec la ville de Riscle, 50. — Voir *Saint-Lane.*
CALART. — Voir *Carlat.*
CALHABET (Me Bertrand de), procureur du seigneur et de la dame de Saint-Paul, réclame la donation qui leur a été faite à l'occasion de leur mariage, 574.
Callian (consuls de), arment un franc-archer, 411.
CAMICAS (frère Arnaud de), 97.
CAMICAS (Berdot de), sergent royal, arrête certains habitants de Riscle, 262. — Commis à la recette des impôts, 347.
CAMICAS (Bernard de), collecteur, lève les impôts avec des sergents et des archers, 373.
CAMICAS (Guiranton de), fils du collecteur, 206. — Va à Riscle, 247. — Bayle de Nogaro, 318.
CAMICAS (Guiraud de), sergent de Condom, 364. — Saisit les troupeaux des gens de Riscle, 365.
CAMICAS (Me Jean de), procureur d'Armagnac, visite les comptes des consuls de Riscle, 18, 62. — Notaire de Nogaro, est mort, 176. — Retient le contrat de mariage du seigneur de Termes, 256.
CAMICAS (Pierre de), consul de Riscle en 1446, 23.
CAMICAS (Peyron de), visite les comptes des consuls de Riscle, 246.
CAMORTÈRES (Auger du Lau, seigneur de), nomme un titulaire à la commanderie de Riscle, 19.
CAMORTÈRES (Léberon du Lau, seigneur de), obtient un rabais sur le montant de ses tailles, 2, note. — Les consuls de Riscle lui font une donation à l'occasion du mariage de ses filles, 18. — Prête cent conques de mil à la ville de Riscle, 47.

CAMORTÈRES (Bernard du Lau, seigneur de), reçoit du comte d'Armagnac une donation de 100 écus, 60, 61. — Reçoit des consuls de Riscle une donation à l'occasion de son mariage, 67. — Prête du blé aux consuls, 87. — Ses biens sont confisqués, 95. — Prié d'intervenir en faveur des consuls de Riscle, 140. — Droits seigneuriaux qu'il possède dans le territoire de Riscle, 141. — Est en procès avec Riscle, 146, 148. — Fait saisir la barque et les filets d'un pêcheur de Saint-Maurice, qui pêchait dans l'Adour, 246. — Possède une pêcherie sur l'Adour, 247.
CAMORTÈRES (Carbonel du Lau, cadet de), va à Riscle, 100.
CAMORTÈRES (Carbonel du Lau, seigneur de) accompagne à Riscle le bâtard d'Armagnac, 309. — Meurt à Monlezun d'Armagnac, 445.
CAMORTÈRES (Auger du Lau, seigneur de), refuse de payer ses tailles, 474. — Refuse de payer ses tailles, 555. — Fait faire une sommation aux consuls de Riscle, 558. — A un paréage avec la ville de Riscle, 561, 562. — Suite de son procès avec les consuls, 568, 572, 574. — Les consuls lui donnent quittance de ses tailles 578.
CAMORTÈRES (Guiraud, fils du seigneur de), fait sommer les consuls de lui rendre le blé qu'il leur a prêté, 140, 141. — Fait excommunier les consuls, 154.
CAMORTÈRES (Guiraud de), va à Morlaas chercher des brigandines, 123.
CAMORTÈRES (Jeanne de Castelnau, dame de), écrit aux consuls de Riscle, 488.
CAMORTÈRES (Pierre de), consul de Riscle en 1474, 162.
CANET (Géraud, seigneur de), invite les consuls de Riscle à son mariage, 555. — Est en procès avec eux, 582, 583, 586, 587, 588, 589, 595, 596.
CAPBARI (Joannet de), crestian de Belloc, charpentier, construit les

chemins de ronde de la ville de Riscle, 314.

CAPTAL DE BUCH (Gaston II de Foix), veut imposer l'Armagnac, 400.

CARCASSONNE (Odet d'Aydie, sénéchal de), fait sommer les habitants de Riscle de se tenir prêts et armés à toute heure, 298, 300.

CARDAILLAC (Guillaume de), lieutenant du sénéchal d'Armagnac, 463.

CARDONNE (Jean-François de), nommé sénéchal d'Armagnac, 338. — Remontre aux États d'Armagnac les excès auxquels s'est livré le comte Charles depuis sa restauration, 338.

CARLAT (Antoine de), lieutenant du capitaine des francs-archers, 205. — Réclame des brigandines aux consuls de Riscle, 207. — Mande à Nogaro les consuls de l'Armagnac, 211. — Leur ordonne de conduire à Vic leurs francs-archers, 212.

CARMONE (Jean de), juge d'Armagnac pour le sire de Beaujeu, 113. — Va à Riscle, 189. — Est à Riscle où les consuls le traitent, 193.

Case-Dieu (abbaye de la), 86.

CASENAVE (Berdot de), consul de Riscle en 1451, 46.

CASENAVE (Jean de), consul de Riscle en 1499, 514 ; — en 1504, 580. — Envoyé à Lectoure pour l'allivrement de la ville, 604. — Fait une enquête contre le seigneur de Maumusson, 607.

CASENAVE (Pierre de), consul de Riscle en 1449, 3; — en 1443, 13. — Commissaire des gens d'armes, 37.

CASENAVE (Pierre de), régent des écoles, vend sa chaire, 450.

CASENAVE (M° Pierre de), prêtre, dépêché vers le sénéchal de Toulouse à Andrest, 270. — Prêche à l'église pour endoctriner le peuple, 457. — Sermonne le peuple, 486.

Cassagne, 90.

CASSAGNET (le cadet de), 479.

CASSE (Antoine du), consul de Riscle en 1504, 580.

CASSE (Jean du), prêtre, 441.

CASSE (Pierre du), archiprêtre de Corneillan, 30. — Créancier de la ville de Riscle, 41. — Rentier de la chapellenie de Notre-Dame, 49.

CASSE (Peyron du), consul de Riscle en 1461, 64.

CASSE (Pey du), consul de Riscle en 1475, 196.

CASTANET (M° Jean de), notaire, 82.

CASTANH (Barthélemy et Vidot du), consuls de La Pujolle, 319.

CASTAY (Fortaner de), de Lannepax, 98.

CASTELBAJAC (Bertrand de), chevalier de Saint-Jean de Jérusalem, est en querelle avec le chevalier de Gauthier au sujet de la commanderie de Riscle, 19.

Castelnau-Rivière-Basse, 117, 238. — Les habitants quittent la ville infestée par la peste, 606.

Castéra-Lectourois : On y concentre les francs-archers, 470.

CASTETS (Carbonnel de Bassabat, seigneur de), commis par le sénéchal pour la levée des francs-archers, 414. — Prête de l'argent aux consuls de Riscle, 479.

CASTILLON (le chanoine), curé de Riscle, 490, 507.

CASTILLANS (une compagnie de), veut entrer à Riscle, 401.

CASTRES (le seigneur de), capitaine des francs-archers, 450.

CAUMONT (Agnès d'Armagnac, dame de), prie les consuls de Riscle de venir lui parler, 477. — Note, *ibid.*

CAUMONT (Marguerite de Viella, dame de), 205.

COMMINGES (Odet d'Aydie, comte de), envoie dans l'Armagnac des sergents et des archers pour lever les impôts, 373..

Caupenne : le conseil d'Armagnac s'y réunit, 186, 196, 197, 266.

CAUSSADE (habitants de La), contribuent à l'impôt des francs-archers, 164.

CAUSSENS (Odet du Boutet, seigneur de), fait prisonnier certains habitants de Riscle, 472.

CAZAUX (Bertrand de Lasseran, seigneur de), chargé de rechercher les blés pour en pourvoir les nécessiteux, 193. — Engage les consulats de l'Armagnac à payer l'impôt des francs-archers, 237. — Chargé par le comte d'Armagnac d'approvisionner Lectoure, 237. — Transmet aux consuls de Riscle, au nom du Roi et du comte d'Armagnac, l'ordre de se trouver en armes à Aignan, 299. — Est député par les États d'Armagnac vers le sire d'Albret, 346.

Cazaubon (ville de), reçoit cent conques de blé, à cause de la famine, 193.

Cazères-sur-Adour, envahi par les gens d'armes, 608.

CÉZAN (consuls de) autorisés à porter le chaperon consulaire, 489.

CHAMPAROS (le seigneur de), capitaine des gendarmes, 444, 446.

CHANCELLIER (la femme du) d'Armagnac, venant de Sarrance, passe à Riscle, 232.

Chaperons consulaires : les consuls de Riscle sont autorisés à les porter, 488. — Note, *ibid*. — Achat de drap rouge et noir pour les faire, 489. — Note, *ibid.*, — 503, 527, 542, 552, 564, 584, 594, 598.

CHARLES VIII diminue les charges de l'Armagnac à cause de son nouvel avènement, 300. — Feu de joie pour célébrer son entrée à Naples, 468.

CHARTAS (Me Jean de), maçon-architecte, construit un boulevard sur la porte de l'église de Riscle, 462. — Répare avec son fils les murs de la ville, 508. — Répare l'église de Riscle, 547. — Invite les consuls au mariage de son fils, 556. — Répare la tour de la ville, 558.

CHARTAS (Gaillard de), fils du précédent, change le socle de la statue de sainte Catherine à l'église de Riscle, 582.

CHASTEL (Tanneguy du), 26.

CHASTELET (Méric du), procureur d'Armagnac pour M. de Beaujeu, 171, 190.

CHASTENET (Me Jean de), notaire de Nogaro, fait mention dans ses registres de la restauration de Charles Ier comte d'Armagnac, 313. — Député vers le sire d'Albret, à Pau, pour demander au nom des consulats d'Armagnac un dégrèvement d'impôts, 387. — Chargé de trancher un différend entre les consuls de Riscle et Arnaud de Laffargue, 351, 352, 353, 356. — Procureur d'Armagnac, accompagne le commissaire des guerres à Riscle pour la visite des fortifications, 421. — Revient d'une ambassade à la cour, 423.

CHASTENET (Me Jacques de) retient un acte de fidélité pour la ville de Riscle, 572.

CHATEAUGUYON (Hugues de Châlons, seigneur de), réclame la mise en liberté du comte d'Armagnac, 364.

CHERONIS (Me Pierre), notaire de Condom, 76.

CRESTIAS : ont un cimetière près de la ville de Riscle, 480.

Cimetière : Profanation et réconciliation du cimetière de Riscle, 531.

CLARENC (Nicolas de), de Bayonne, 202, 203, 205.

CLARENS (Bertrand de), écuyer, 319.

CLAUDE (Me), envoyé en ambassade vers le Roi, 153.

CLAUX (Raymond du), de Saint-Mont, procureur d'Armagnac, fait porter des vivres à Fleurance pour approvisionner les troupes qui assiègent Lectoure, 74. — Reçoit un don à l'occasion de sa nouvelle charge de procureur, 100. — Fait faire la montre des arbalétriers, 122. — Va à Riscle, 131. — Commissaire pour imposer les blés destinés à l'approvisionnement de Bayonne, 215, 219, 221, 223. — Commissaire député pour la levée des arbalétriers, 244. — Commissaire pour la recherche des grains, 256. — Procureur général d'Armagnac, 351. — Va à Riscle pour juger les malfaiteurs, 359. — Nommé procureur du Roi, 367. —

Commissaire pour la levée des francs-archers, 414.

Claverie : nom des trésoreries ecclésiastiques ; leur nombre dans le diocèse d'Auch, 157.

CLAVERIE (Arnaud de La), argentier de Nogaro, prête de l'argent aux consuls de Riscle et prend en gage la croix de l'église, 262.

CLAVERIE (Menjoulet de La), bayle de Lanne-Soubiran, 267.

CLERMONT-LODÈVE (Guy de), frère du cardinal de Clermont, archevêque d'Auch, épouse la fille unique du seigneur de Saint-Lane, 599.

Clisson : les francs-archers d'Armagnac y sont envoyés pour la guerre de Bretagne, 420.

COBET (Me Guillaume), notaire de Nogaro, 319, 438, 460.

COLOMET (Me), délégué du chapitre de Nogaro, 598.

COMBORN (Jean, vicomte de), et son frère, empêchent les troupes royales de se jeter sur l'Armagnac, 52.

Comminges (guerre de), 2, 5, 11.

COMTE (Guiraud du), commissaire de M. le sénéchal d'Armagnac, 586.

CONCEPTION (Fête de l'Immaculée-) précédée d'un jour de jeûne, 151.

Conchez-de-Béarn, 79.

Condom (Guy de Monbrun, évêque de), prête du blé aux consuls de Riscle, 90.

CORNEILHAN (consuls de), convoqués à Caupenne pour l'envoi d'un messager au Roi, 266.

CORNEILHAN (Jean de Vernède, seigneur de), empêche les troupes royales de pénétrer dans l'Armagnac, 52. — Dîne à Riscle, 87. — Député vers les sénéchaux après la prise de Lectoure pour intercéder en faveur de l'Armagnac, 98. — Assiste au conseil d'Armagnac tenu à La Pujolle, 141. — Commissaire député pour la levée des francs-archers, 182. — Va à Riscle pour les choisir, 194. — Revient de son ambassade vers le sire d'Albret, 216.

CORNEILHAN (Antoine de Vernède, seigneur de), préserve les habitants de Riscle du logement de la compagnie du seigneur d'Amu. La ville lui fait un présent, 575. — Écrit aux consuls au sujet des gens de guerre qui circulent dans le pays, 608.

CORSIER (Pierre), chancelier d'Armagnac, 44.

COS (Pierre du), consul de Riscle en 1478, 233.

COSTA, juge nouveau d'Armagnac, 610.

Coudures (siège et prise de), 26.

COUSSO (Arnaud du), consul de Riscle en 1440, 1 ; — en 1448, 31 ; — en 1451, 55.

COUSSO (Berdot du), consul de Riscle en 1476, 213.

COUSSO (Guillaume du), consul de Riscle en 1445, 20 ; — en 1450, 40 ; — en 1454, 60.

COUSSOL (Berdot du), 180.

COUSSOL (Jean du), marchand d'Aignan, 595.

CRÉMENS (Michel de Lupé, seigneur de), 319.

CRESSIO (Me Jean de), procureur du Roi, 243. — Sa femme habite Roquebrune, 243. — Sa mère est à Vic, 244. — Va vers le Roi, 244. — Mande les consuls d'Armagnac à Nogaro pour se plaindre des désordres et des crimes qui se commettent dans le pays, 376. — Envoyé en ambassade en France, 425.

Crouseilles, 79.

CUMENGES (Domenio de), receveur des deniers d'Armagnac, 66.

D

DABIT (Nicolas de), notaire de la cour d'appel de Nogaro, 230.

DAMMARTIN (Antoine de Chabanes, comte de), reçoit du Roi un don de 7,000 francs à prendre sur l'Armagnac, 107.

Daste (Frère Jean), invite les consuls de Riscle à sa première messe, 529.
Dauban (Arnaud), consul d'Aignan, 318.
Daunian : fief du seigneur de Castet.
Dauphin (Louis XI) : donation que lui font les États d'Armagnac, 24. — Assiège Metz, 24.
Dauphin (Charles de France) de Viennois ; réjouissances publiques en l'honneur de sa naissance, 449.
Dax (Bertrand de Boirie, évêque de), ajourne à Nogaro les consuls de Riscle et leur enjoint de porter six chars de blé à Bayonne, 215.
Dax (Un chapelier de) vend aux consuls de Riscle une conjuration de tempêtes, 493.
Dax (La ville de) assiégée par Charles VII, 11.
Denis (Frère) invite les consuls de Riscle à sa première messe, 503.
Deydieu (M° Jean), peintre verrier de Condom, fait un vitrail pour l'église des Prémontrés de Vic, 578.
Domingo (Ferrando de) fait saisir les consuls de Riscle pour refus de paiement des prestations de guerre, 38.
Drulhet (Bernard du), bayle d'Armagnac, 583.
Dufaur (Peyret), consul de Caupenne, 318.
Dupont (Jean), habitant de Toulouse, receveur général des lances, 50.

E

École (maître d'), 39, 45.
Épée rouge (Saint-Jacques de l'), ordre de chevalerie, 45.
Espagnet, 197.
Estaing (Jean vicomte d'), fait payer sa dépense par les consuls de Riscle, 83.
Estaet (Manaud d'), consul de Barcelonne, 318.
Estalenx (le seigneur d') accompagne à Riscle le seigneur de Saint-Martin, 321.
Estallens (Bernard d'), consul du Houga, 318.
Estampes (Seguinot d'Astain, seigneur d'), assiste au mariage du seigneur de Termes, 256.
Estillac. — Voir Mandenard.
États d'Armagnac. — Leur ancienneté, xvii. — Leur composition et leurs attributions, xviii. — Gentilshommes, et Tiers-État ou propriétés, xix, xx. — Vote de l'impôt, xxi. — Le conseil des États, sa composition, ses attributions, xxv. — Leur attachement au comte, 17. — Députent vers le Roi, 17, 22. — Convoqués fréquemment, 27. — Convoqués par les sénéchaux de Beaucaire et d'Agenais, à Auch et à Plieux, 77. — Convoqués à Vic pour délibérer sur les 7,000 francs octroyés au comte de Dammartin, 107. — Envoient des députés vers le Roi, 108. — Votent un impôt pour payer cette ambassade, 110. — Votent 1,000 francs au sénéchal de Toulouse, 100, 118. — Envoient une ambassade vers le sire de Beaujeu pour le prier de demander au Roi un rabais sur les sommes imposées, 137. — Réunis à Lannepax pour envoyer des ambassadeurs vers le Roi, 146, 148. — Noms des villes qui envoient des députés aux États d'Armagnac, 146. — Réunis à Nogaro pour prêter serment de fidélité au sire de Beaujeu, 175. — Refus des gentilshommes et du Tiers, 176. — Ils sont contraints de le prêter, 176. — S'assemblent à Nogaro pour envoyer des députés au Roi, 179. — Se réunissent à Auch, 186 ; — à Caupenne, 187 ; — à Vic, 200. — Députent vers le sire de Beaujeu, 206. — Réunis à Vic, 217, 244, 247. — Délibèrent s'ils doivent prêter serment au sire de Beaujeu, les avis sont partagés, 248. — Délibèrent sur le don

demandé par le sire de Beaujeu, les avis sont partagés, le Tiers fait opposition, discours du prieur Jean Marre, 249, 250, 251. — Réunis à Nogaro, délibèrent sur les lourdes charges qui pèsent sur le pays, 257. — Envoient vers le sire de Beaujeu, 259. — Se réunissent à Nogaro pour savoir le résultat de l'ambassade, 262. — Se réunissent à Caupenne, 267, 268, 271. — Réunis à Nogaro pour députer vers le Roi, 278. — A Jegun pour prêter serment au Roi, 279. — A Nogaro pour députer vers le Roi, 280. — A Eauze pour la décharge des impôts, 281. — A Lectoure pour élire de nouveaux ambassadeurs, 281. — Votent une somme pour envoyer des députés aux États généraux à Tours, 289. — Hésitent à les y envoyer, sont semoncés par le sénéchal, 290, 291. — Se réunissent à Lectoure pour l'élection des députés, 291, 291, 293. — Refusent de prendre parti dans la querelle du vicomte de Narbonne et du roi de Navarre, et de donner de l'argent et des armes au bâtard d'Armagnac, 305, 306. — Réunis à Nogaro pour prêter serment au comte Charles, 313. — Refusent de prêter serment au sire d'Albret, 315. — Remontrances qu'ils font au comte Charles, 316. — Reçoivent l'ordre de prêter le serment au sire d'Albret, 317, 318. — Persistent dans leur refus, puis y consentent, incidents divers de cette affaire, 318. — Réunis à Vic, votent une somme de 500 francs à Pierre, bâtard d'Armagnac, 329. — Décident qu'ils iront en corps, les trois États réunis, prier le comte de les conserver en leurs fors et coutumes, 330. — Vont à la recherche du comte à Manssencôme, à Valence, au Mas-Fimarcon, à La Sauvetat, à Fleurance où ils trouvent l'évêque de Saint-Papoul qui leur dit que le comte s'est retiré à Montfort. Ils y envoient quatre d'entre eux; le comte leur donne rendez-vous à Auch, 330, 331. — Adressent de nouvelles remontrances au comte Charles, 331. — Bonne réponse qu'ils en reçoivent, 333. — Convoqués à Auch, où le comte promet de se rendre en personne, 333. — Leur désappointement quand le comte leur fait dire qu'il est malade et qu'il n'y viendra pas, 334. — Envoient vers lui des députés, 334. — Réponse qu'ils en reçoivent, 336. — Réunis à Barran pour entendre les remontrances du sénéchal au sujet des excès commis par le comte d'Armagnac, 338. — Préviennent le sire d'Albret de la situation du comte, et cherchent à le justifier, 339. — Se réunissent à Vic pour prendre une résolution sur ses affaires, 341. — Se réunissent à Auch, 347; — à Jegun pour délibérer sur la délivrance du comte prisonnier à Casteljaloux, 381; — à Lectoure, 382; — à Jegun, 383. — Votent une donation à la comtesse d'Armagnac, 383. — Réunis à Lectoure, 384; — à Vic, font un don de joyeux avènement au sénéchal d'Armagnac, 386. — S'assemblent à Nogaro pour demander la mise en liberté du comte, 375. — Réunis à Auch, 395; — à Lectoure, font appel de l'imposition faite sur l'Armagnac par le captal de Buch, 400. — Convoqués à Nogaro, 402. — Réunis à Vic, protestent contre l'édit royal proscrivant les monnaies provinciales, 427, 428. — Réunis à Vic, 437, 485; — à Auch, 498; — à Vic, 495. — Convoqués à Vic pour prêter serment de fidélité au Roi, à cause de son nouvel avènement, 525; — à Nogaro, 541; — à Nogaro, où le Roi leur fait annoncer qu'il diminue les impôts de la présente année, 590. — Convoqués à Vic où messeigneurs des finances leur expose le bon vouloir du Roi ou la pauvreté du pays, 600.

Étoffes : Drap anglais, 36. — Drap roux *(rosset)*, pommelé, 82. — Drap jaune, 189. — Drap rouge d'Angleterre, 245.

Excommunication contre les consuls, 46 et suiv. (presque chaque annnée, et plusieurs fois par an, les consuls sont excommuniés pour défaut de paiement des dettes de la communauté). — Excommunication levée sous la condition d'une offrande faite à l'église, 109. — Avertissement par monitoire précède l'excommunication, 141. — Excommunication pour dette d'un usage général et fréquent, détails, 208.

F

FAGET (Berdot du), consul de Caupène, 318.

FAGET (Jean du), procureur d'Armagnac pour le sire de Beaujeu, va à Riscle, 141.

FAMINE. On recueille du blé pour les nécessiteux dans toutes les terres d'Armagnac, 193.

FARABOSC (Emeric de), maçon, 68.

FARGA (M° Jean), prêtre, 179. — Consul de Riscle en 1482, 261 ; — en 1497, 484. — Est dépêché vers le sénéchal de Toulouse à Andrest, 270. — Fait le service de l'église de Riscle, 285, 441.

FARGUE (Jean), consul de Riscle en 1486, 372 ; — en 1497, 484.

FARGA (Peyroton), chargé de garder le lieu de Perchède avec quarante hommes, 121. — Va mener les arbalétriers à Saint-Griède, 122.

FARGUE (Pierre), consul de Riscle en 1450, 40.

FARGUE (Pierre), franc-archer, 506.

FAUDOAS (Béraud de), sénéchal d'Armagnac, se rend à Riscle, 34. — Fait fortifier le pays, 38. — Approvisionne les troupes qui assiègent Bayonne, 51.

FAUR (Barthélemy du), consul de Riscle en 1449, 35.

FAUR (Jean), de Manciet, mande aux consuls de Riscle de conduire leurs archers à Lupiac, 126. — Consul de Riscle, député aux Etats de Vic, 335. — Est retenu prisonnier à Nogaro, 366. — Consul de Riscle en 1493, 452, et en 1495, 467.

FAUR (Meynolet du), consul de Riscle en 1477, 225.

FAUR (Raymond du) vend son vin à la ville, 49. — Consul de Riscle en 1483, 270, et en 1489, 417.

FAU (Ramonet du); consul de Riscle en 1475, 196, et en 1479, 235.

FAURARIE (Bertrand de La), receveur d'Armagnac, 30.

FERANT (Ferris), sergent, 114.

FERRAS (M° Raymond de), relieur, corde les livres de l'église de Saint-Pierre, 40.

FERRIS (Bernard de), notaire d'Auch, plaide en la cour de l'official d'Auch pour les consuls de Riscle, 228. — Fait excommunier les consuls 284, 480.

FEZENSAC (les consuls du) et du Fezensaguet sont convoqués aux États à Lannepax. 146.

FIRMARCON (Odet de Lomagne, seigneur de), reçoit le serment de fidélité au Roi des consuls de l'Armagnac, 26.

FIRMARCON (Catherine de Lomagne de) épouse le seigneur d'Andouins, 39.

FITAN (M° Bernard), notaire de Nogaro, prétend être fermier de la rectorie de Riscle, 119. — Consul de Riscle en 1474, 162. — Député en cour par les États pour demande d'allégeance d'impôts, 526.

FITAN (Bernard), bayle de Riscle, 588.

FITÈRE (Jean), consul de Riscle en 1443, 13.

FLAMARENS (Jean de Grossolles, seigneur de), chargé de lever des ouvriers et des vivres pour la reconstruction de Lectoure, 184.

FLARAN (Jean de Montlezun, abbé de), député aux États-Généraux de Tours, 282, 289, 291.

Fleurance. Les vivres pour le siège de Lectoure y sont portés, 74, 75, 76, 77, 78, 79, 157, 158.

FOIX (Jean de), vicomte de Narbonne; ses troupes occupent Tarsac, 460.

FONTAGNÈRE (Arnauton), franc-archer de la ville de Riscle, 409.

FONTAGNÈRE (Berdot), consul de Riscle en 1451, 46.

FONTAGNÈRE (Jean), consul de Riscle en 1478, 233.

FONTAGNÈRE (Jeannot), consul de Riscle en 1500, 540.

FONTAGNÈRE (Guilhem de), greffier de Lectoure, 586. — Commissaire enquêteur des consuls de Riscle contre M. de Maumusson, 607.

FONTAGNÈRE (Monon) élargi de prison, 228.

FONTAGNÈRE (Me Pierre), notaire, est payé de diverses vacations qu'il a faites pour la ville de Riscle, 156. — Prisonnier à Saint-Mont, 167. — Consul de Riscle en 1478, 233. — Tombe malade en chemin, 241.

FONTAGNÈRE (Bernard de la), consul de Riscle en 1444, 15.

Fontarrabie (siège de), 220.

FORT (Jean du), barbier, fait mettre une femme à l'hôpital, 533.

FOU (Yven du), conseiller et chambellan du Roi, envoie son lieutenant en Armagnac pour faire équiper les francs-archers, 208.

FOURC (Arnaud du), consul de Riscle en 1489, 417.

FOURC (Me Jean du), prêtre, 115. — Fait le service de l'église de Riscle, 285.

FOURC (Raymond du), consul de Riscle en 1492, 442.

FOURCÈS (Amanieu, seigneur de), capitaine du sire d'Albret, envoie une lettre au capitaine Pierre-Buffière, 323.

Francs-archers. Notice LVII. — Leur levée, 100. — Détail de leur équipement, 101 à 103, 123, 126, 174, 193, 203, 226, 227, 410, 413, 420, 421, 579. — Leur enrôlement, leur insuffisance, 104. — Envoyés dans la vallée d'Aran, 108, 110, 197. — A Lupiac, 129. — Engagent leurs arbalètes, 205. — La chanson du franc-archer, 214. — Dépenses et armement des francs-archers pour la guerre de Bourgogne, 236. — Ils sont conduits à Lectoure, 241. — Levée pour le service du Roi, 407. — Récolement des harnais fournis du temps du roi Louis XI, 408, 409. — Traité pour leur enrôlement, 411. — Leur départ, 412. — Ils sont envoyés à Clisson, 420. — Départ du franc-archer de Riscle pour la guerre, 425.

FRAXINO (Me Pierre), avocat, 537.

FREICHOU (le seigneur de), chargé de la garde du comte d'Armagnac à Casteljaloux, 382.

FRESQUET (Me Jacques), trésorier du comte, 30.

FRISE (Me Pierre), bachelier en décret, 54.

Fustérouau, 125. — Occupé par les gens d'armes du vicomte de Narbonne, 297.

G

GABARRA (Guilhem du), seigneur de Castelpugon, évêque de Philadelphie, bénit l'église de Riscle, 436. — Revient à Riscle, 509. — Réconcilie l'église profanée par les soldats qui y tenaient garnison, 510.

Gages (le château de), séjour du comte d'Armagnac, 39.

GALABERT (Bernard de), receveur de monseigneur de Lomagne, 21.

Galan; le sénéchal d'Armagnac y envoie des arbalétriers, 197.

Galiax, 125.

GALLIOT (le sénéchal). — Voir Armagnac.

TABLE ANALYTIQUE.   643

Garcias (le capitaine Martin) rançonne Auch, 22. — Commande les gens du Roi en Gascogne, 27 (note). — Va loger à Riscle avec ses troupes, 51 (note). — Est nommé maire de Bayonne, 58. — Son lieutenant occupe l'Armagnac, 58, 61.

Garlin, occupé par les troupes royales, 202.

Guarron (Jean), procureur d'Armagnac, 78. — Oncle de Marsan, 137. — Fait saisir Nicolas de Baradat pour le reste de l'argent du siège de Lectoure qui lui était dû, 142. — Fait excommunier Pierre Fargue, 142. — Va à Riscle, 153.

Gatie-Arnaud, gascon de Saint-Sever, ses rodomontades, 220.

Gauthier (Pierre de), chevalier de Saint-Jean-de-Jérusalem, a querelle avec le chevalier de Castelbajac, 19.

Geaune (les consuls de) vont à Riscle protester contre l'établissement d'un marché à Saint-Mont, 434.

Geaune (Jean de), collecteur d'Armagnac, 541.

Geaune, 94.

Gellenave, 433.

Gens d'Armes (un capitaine de) occupe avec sa troupe les environs de Riscle, 608. — Loge à Aire, Barcelonne, Cazères, Saint-Germier, Galiax, Tasque, Préchac, Plaisance, Marciac, 608, 609, 610. — Consent à épargner Riscle, moyennant une redevance, 609. — Propos un peu leste qu'il tient aux consuls, 610.

Girardi (Jean), notaire de Mezin, fait arrêter les consuls de Riscle, 184.

Gobeti (Guilhem), notaire, accompagne à Riscle le sénéchal d'Armagnac, 198.

Gondrin (Jean de Pardailhan, seigneur de), partant pour la guerre de Bourgogne, fait son testament, 236. — Écrit aux consuls de Riscle, 488.

Gonzalves de Font Grouhas (Jean de), commandeur de Manciet, 45.

Goutz (le bayle de) prête une somme d'argent aux consuls de Riscle, 321.

Groing (Hélion le), gouverneur d'Armagnac, fait réparer la tour de Riscle, 66.

Grossolles (Antoine de), vicaire général de l'évêque de Condom, 90.

H

Hagetmau, 201.

Héraut d'Armes (un), met l'Armagnac sous la main du Roi, 497.

Hirigoyen (Jean de), dit le Basquinat, partisan anglais, enfermé au château de Sion d'où il s'évade, 38.

Horloge de Riscle, réparation et détail de ses pièces, 422.

I

Idrac (Arnaud de Baradat, abbé d'), caution pour les consuls de Riscle, négocie pour eux un emprunt au chapitre d'Auch, 478, 486, 507.

Impôts: Son assiette, XLV. — Allivrement, livres grosses, livres primes et chef de livres, XLVIII et suivantes. — Tailles, L. — Droits seigneuriaux, LI. — Dîmes, LII. — Assiette des impôts royaux à Auch, 358. — Mode de perception de l'impôt à Riscle, 501 (note).

Isle (Jean de l'), secrétaire de l'archevêque d'Auch, 141, 144.

Isle-en-Jourdain (l'), résidence du comte d'Armagnac, 8. — Jean IV s'y retire et y meurt, 23.

J

Jacobe (M⁰), commissaire, fait mettre les consuls en prison, 79.

Jaymes (M⁰), notaire de Plaisance, 21.

Jasses (le capitaine) est prié de ne pas

envoyer ses gens d'armes à Riscle et campe à Sarragachies, 495.

Jegun. Les États d'Armagnac s'y réunissent, 363. — On y fait les montres des francs-archers, 498.

Jérusalem (commanderie de Saint-Jean-de) à Riscle, 19.

Job (M° Jean de), juge d'appel d'Armagnac, député par les États aux États-Généraux de Tours, 282, 289 et 291 ; — vers le sire d'Albret, 346 ; — et vers le Roi, 358. — Rend compte de son voyage à la cour, 363.

Jongleurs viennent jouer à Riscle à l'entrée du carême, 252, 444.

Juridiction. Nul ne peut être ajourné hors de sa juridiction, 229.

Jusas (M° de), maître d'hôtel du capitaine Tournemire, lève des subsides pour son maître, 84. — Va à Riscle où il fait grande dépense, 96.

Justice : Le *juge d'appel* siège à Lectoure, puis à Nogaro, XII. — Est rétabli à Lectoure, XIV. — Le *juge ordinaire* siège à Nogaro, XIV. — Son ressort et ses fonctions XIV, XV. — Liste des juges et de leurs lieutenants, XVI, XVII. — Justice consulaire, XL. — Détails sur l'administration de la justice à Riscle, 266. — Rapacité des gens de loi, 320. — Vénalité de la justice, 505.

L

La Barthe (forêt de), 4.

Labarthe-Cugnard (les habitants de) contribuent à l'impôt des francs-archers, 164.

Labat (Marot de), commissaire de Tournemire, 97. — Vient à Riscle avec cent archers, 105. — Fait prisonniers les consuls, 106.

Labatut (Bernard de Rivière, vicomte), sénéchal d'Armagnac, 18. — Reçoit une donation à l'occasion de son mariage, 34. — Fait une levée d'arbalétriers pour aller au val d'Aran, 108 (note). — Va à Riscle où les consuls le traitent, 194. — Impose une levée d'archers pour aller à Galan, 196. — Invite les consuls à lui apprêter à dîner, 198. Perd un de ses fils, 200. — Va à Riscle, avec sa compagnie, le jour de la foire de Saint-Martin, pour saisir les malfaiteurs qui s'y trouvent, 210. — Se plaint des nombreuses injustices qui se commettent, 211. — Est à Auriabat et décharge Riscle des arbalétriers qu'on lui a imposés, 245. — Les consuls lui font présent de six cannes de drap rouge d'Angleterre, 245. — Mande à Vic les communautés de l'Armagnac, 245. — Pour prêter serment au sire de Beaujeu, 248. — Épouse Jeanne d'Armagnac, 255 (note). — Réunit à Ladevèze les arbalétriers qu'il doit conduire au siège de Maubourguet, 322. — Enjoint aux communautés de réparer et de garder les places fortes, 329. — Son frère est envoyé par le comte en mission vers les États, 331. — Sa mort, 338.

Labatut, 92.

Labordère (Pierre de), capitaine du château de Monlezun, 357.

Labrosset (l'archiprêtre de), procureur du curé de Riscle, 119.

Lacase (M° Manaud de), 65, 87. — Fait le service de l'Église de Riscle, 285.

Lacase (Sans de), consul de Riscle, 345.

Lacroix (Bernard de), receveur d'Armagnac, 594, 603.

Ladevèze, 238. — Est occupée par le bâtard d'Armagnac, 306. — Le sénéchal y réunit les arbalétriers, 322.

Lafargue (Antoine de), de Lupiac, entre en procès avec la ville de Riscle au sujet de la seigneurie d'Armentieu, 282, 283, 351, 352.

La Faurarie (Barthélemy de), receveur d'Armagnac, 350.

Lafitan (Arnauton de), lieutenant

du bayle, 182. — Député de la ville de Riscle aux États, 347. — Va travailler à l'assiette de l'impôt à Vic, 348.

Lafitan (Jean de), rentier du domaine du comte d'Armagnac, 459, 462.

Lafitan (Berdot de), consul de Riscle en 1452, 55.

Lafitan (Bernard de), notaire, reçoit un legs du seigneur de Sion, 49. — consul de Riscle en 1490, 432 ; — en 1496, 476 ; — en 1501, 548 ; — et en 1505, 592. — Décédé à Nogaro, 523. — Les consuls vont à ses funérailles, 524.

Lafitan (Peyron de), consul de Riscle, en 1484, 289.

Lafitan (Pierre de), custode de Nogaro, excommunie les consuls de Riscle, 46.

Lafontan (M. Pélegrin de), procureur du recteur de Riscle, 171. — Est chanoine et sacriste de Tarbes et fermier de la cure de Riscle, 173.

Lafontagnère (Jeannot de), consul de Riscle en 1505, 592.

Lagarde (Vital de Bourrouillan, seigneur de), engage les habitants de Riscle à se soumettre, 98, 99.

Lagraulet (Amador de Montesquiou, seigneur de), fait la montre des francs-archers, 423. — Assiste aux États d'Armagnac, 427. — Vient à Riscle avec ses gens, 468.

Laguian (Bernard de Cannet, seigneur de), est chargé de conduire les troupes à Mazères, 266, 477 (note). — Emprunte un cheval à la ville de Riscle, 506.

Laguian (Raymond de Caunet, seigneur de), son mariage, 485.

Lalane (Jean de), consul de Fustérouau, 319.

Laleugue (Mathieu de), commissaire de Pierre de Laporterie, collecteur des impôts, 222. — Est excommunié, 252.

Lamothe (Bernard, seigneur de), procureur du sire d'Albret aux États d'Armagnac, 318.

Lamothe (Pharamond de), seigneur d'Auch, vient imposer sept archers à la ville de Riscle, 174.

Lamora (Bertrand de), habitant de Vic, chargé de recueillir la donation faite à la dame de Saint-Paul, 584.

Lances (impôt des), son historique, XXVII. — Son impopularité, XXXI. — Résistance des populations, XXXII, XXXIII. — Composition de la lance, 27, 28, 32. — Cet impôt d'abord refusé par les États, 50. — Est enfin voté, 274, 294, 345, 377. — Les commissaires du Roi imposent les lances, 395, 449, 464, 505, 517.

Lannepax : Les États s'y réunissent, 146. — Ainsi que les communes de l'Armagnac, 274.

La Palhère (Jean, seigneur de), assiste au mariage du seigneur de Termes, 256.

La Palhère (Jean de Rivière, seigneur de), fait ajourner les consuls de Riscle, 608. — Est en procès avec eux, 610.

La Palhère (M° Odet de), 64 (note).

Lapleigne (Jean), écuyer de cuisine du sire de Beaujeu, 319.

La Porterie (Pierre de), receveur des lances, 218. — Sa femme passe à Riscle en venant de Sarrance, 232. — Détails sur sa famille, 257. — Trésorier des guerres, 347, 456. — Réclame des indemnités aux consuls de l'Armagnac, 557.

Lapujole; le conseil d'Armagnac s'y réunit, 143. — Pour entendre les ambassadeurs envoyés vers le Roi, 145.

Larée, fief du seigneur de Saint-Lanc, 540.

Larieu (Jean de), commis à la recette des tailles, 591.

Lascourrèges (Frère Jean de), invite les consuls à sa première messe, 527.

Lascourrèges (Bernard de), sergent royal, 588.

Laterrade (Jean de Latrau, seigneur de), commissaire des francs-archers, est chargé de négocier en faveur des habitants de Riscle au sujet des francs-archers, 110. — Cite les consuls de Riscle pour n'avoir pas envoyé leurs francs-archers au val d'Aran, 117, 118. — Intercède pour eux, 121. — Fait la montre des archers, 122. — Choisit les francs-archers de Riscle, 124.

LAU (Auger, seigneur de), assiste au conseil d'Armagnac tenu à La Pujolle, 145. — Charge Léberon de Thèze d'écrire au seigneur de Viella que la charge des francs-archers est trop lourde pour le pays, 183. — Est prié d'intervenir pour apaiser la querelle des habitants de Nogaro et du seigneur d'Arblade, 361. — Vient à Riscle avec ses gens, 468.

LAUR (Bernard de), député à Rodez et à Gages, 39. — Empêche les troupes royales de pénétrer dans l'Armagnac, 52.

LAUBE (M° Guilhem de), homme de loi d'Auch, 252.

LAUBÈRE (Arnaud Guilhem de), est nommé juge ordinaire d'Armagnac par le comte Charles, 332. — Juge d'Armagnac, 354. — Va à Riscle, 355. — Fait arrêter les consuls de Riscle, 374. — Ancien juge d'Armagnac, 390.

LAUZIÈRES (Guinot de), sénéchal de Quercy, est chargé de mettre en liberté le comte Charles, 382, et d'administrer ses biens, 391. — Nommé sénéchal d'Armagnac, mande les consuls au conseil d'Auch, 444.

LAVARDAC, procureur de l'archevêque d'Auch, 491. — Les consuls veulent lui emprunter du blé et du mil, 492. — Il ne peut leur en prêter, 493.

Lavardens, les archers y sont conduits, 498.

LAVEDAN (Odet, vicomte de), assiste au mariage du seigneur de Termes, 256.

LA VISTE (Albert), conseiller au grand conseil, reçoit mission de mettre en liberté le comte d'Armagnac, 364.

LEAUMONT (Aymeric de), épouse la fille du seigneur de Saint-Lane, 59.

LÉBERON (M°), maître d'école à Riscle, 404.

Lectoure (les habitants de) se révoltent contre les troupes royales, 26. — Construction du boulevard, 71. — La ville est assiégée par les troupes royales, 73. — Est prise et mise à feu et à sang, 97. — Levée d'ouvriers et de vivres pour sa réédification, 184. — Le comte d'Armagnac y fait porter des vivres en prévision du siège, 237.

LECTOURE (Hugues d'Espagne, évêque de), déclare aux États réunis à Auch que le comte Charles est malade et ne peut s'y rendre, 333.

LEMASIAN (Jean), seigneur de Clermont, est fait prisonnier, 355.

Lembeye (les jongleurs de) viennent jouer à Riscle au commencement du carême, 546.

LE MENUSIER (Guillaume), sergent royal de Condom, 464.

LE MERCIER (Odet), trésorier des Lances du Roi, 398.

LÉON (Pierre), franc-archer, revient du siège de Perpignan, 140.

LESCUN (Odet d'Aydie, seigneur de), 181. — Ses soldats passent à Riscle, pour aller chercher le corps du fils du seigneur d'Aydie, qui était mort à Caupenne, 188.

Limoges (les marchands de) avaient prêté des armes au comte Jean V, 528.

LIN (Peyroton du) reçoit des consuls une aumône pour acheter une cornemuse pour gagner sa vie, 606.

LISARDE : nom d'une pièce d'artillerie envoyée par les consuls de Riscle au siège de Monlezun, 356, 357, 358. — Les consuls de Riscle l'envoient chercher à Plaisance, 359.

LITURGIE. — Quête au cimetière le jour des Rameaux pour le cierge pascal, 29. — Confection de ce cierge, 57. — Torches pour la fête du *Corpus Domini*, 265. — Offrande de la croix le jour des Rameaux, 439. — Cierge le Jeudi-Saint au monument, 446. — Conjuration des tempêtes, 493. — Les consuls font faire l'*officiarium* à un scribe, 507 (note, *ibid*.). — Ils font écrire le santoral et le dominical, 508. — Églises fortifiées 509. — La messe de Noël, la Passion et les quatre évangiles dits pour la conservation des fruits de la terre, 537, 547. — Monument du Jeudi-Saint, 542. — Cierge pascal, 553, 595. — La veillée du Vendredi-Saint, 553, 563. — Messe de Noël, etc., 558. — Confection du cierge pascal, 563 (et note, *ibid*.). — Trois processions générales pour les fruits de la terre, 565. — Le Jubilé, 565, 566. — Quatre processions générales, 566. — Chandelier pour le cierge pascal, 567. — Processions des Rogations, litanies, 568. — Trois processions générales, 473, 585. — Luminaire au monument du Jeudi-Saint, 596. — Sonnerie des cloches le Vendredi-Saint à la Passion, 600. — La messe sèche de la Nativité, 610. — Prières pour la conservation des fruits de la terre, 610.

LOMAGNE (Jean d'Armagnac, vicomte de), reçoit une donation des États pour aller à Coudures, 2, 6. — Pour l'entretien de sa maison, 11. — Vient à Riscle avec de grandes troupes, 11. — Donation pour son entretien, 13, 14. — Reconquiert les domaines de son père, 18, 19. — Vient à Riscle, 22. — Va à la guerre de Normandie par ordre du Roi, 24. — Comparaît devant le Parlement de Toulouse, 25.

LOMAGNE (l'archidiacre de), 6. — La ville paye ses tailles, 7. — Rabat son fouage, 16 (note *ibid*.).

LOMAGNE (les consuls de), convoqués aux États d'Armagnac, 146.

LOMBEZ (l'official de), 424.

LOUIS XI, n'étant encore que dauphin, envahit l'Armagnac, 15. — Le bruit de sa mort se répand dans l'Armagnac, 279.

LOUIS XII donne aux consuls de Riscle six écus douze sous d'aumônes pour être distribués aux pauvres, 611.

Lourdes (la foire de), 557.

LUCIA (Jacques de), collecteur d'Armagnac, 439. — Revient de Sarrence avec sa famille, 527.

LUDE (Jean de Daillon, seigneur de), occupe Vic et veut prendre logement à Riscle, 98.

LUPÉ (Bernard, seigneur de), lieutenant du sénéchal, empêche les troupes royales d'envahir l'Armagnac, 52. — Va à Riscle, 71.

LUPÉ (Jean, seigneur de), est député par les États vers le Roi, 281. — Rend compte de son ambassade, 300. — Demande une indemnité pour les frais qu'elle lui a occasionnés, 302, 303, 470.

LUPÉ (Carbon de), assiste la comtesse d'Armagnac, 346.

LYON (Gaston du), sénéchal de Toulouse ; les États lui votent 1,000 fr., 100, 111, etc. — Va à Andrest, 270. — Sa mort, 448.

M

MABERETH (Guillaume), consul de Riscle en 1495, 467.

MACON (Jean de La Roche, seigneur de Chabanes, bailli de), convoque les consuls d'Armagnac à Auch pour leur transmettre les volontés du Roi, 391.

MAGENT (Jean du), consul de Riscle en 1461, 64 ; — en 1475, 196 ; — en 1483, 270 ; — en 1493, 452.

MAGENT (Menyon du), consul de Riscle en 1501, 548 ; — en 1505, 592.

MAGENT (Pierre du), consul de Riscle en 1495, 467.

MAGENT (Vidot du), consul de Riscle en 1479, 235 ; — en 1487, 395.

MAGNAN (Mº Jean de), 57. — Envoie aux consulats d'Armagnac une convocation de la part du sénéchal d'Agenais, 105. — Auditeur d'Armagnac 117. — Seigneur de Bernède, commissaire député pour la levée des francs-archers, 183. — Commissaire royal, envoyé en mission en Armagnac, 426.

MAGNAN (Hugues de), clerc du pays d'Armagnac, reçoit un présent des consuls de Riscle, 556.

MAGNAN (Rigal de), clerc du pays d'Armagnac, reçoit un présent des consuls de Riscle, 535, 536.

MAGNÉ (Me Dominges) député vers les sénéchaux après la prise de Lectoure pour intercéder en faveur de l'Armagnac, 98.

MAGNÉ (Pey de), receveur d'Armagnac, 48.

Manciet, 125. — Ordre du Roi, d'y conduire les francs-archers, 463.

MANCIET (le commandeur de) rend des services à la ville de Riscle, 45.

MANSES (Jean de), licencié en décret, juge de Fezensaguet, 54.

MANSENCOME (Jean de Lasseran, seigneur de), ordonne aux consuls de Riscle, au nom du Roi et du comte d'Armagnac, de se trouver en armes à Aignan, 299. — Reçoit le comte d'Armagnac à dîner, 330.

MARAMBAT (Jean de Podenas, seigneur de), épouse la fille du seigneur de Termes, 426.

Marciac: Siège d'une cour de justice, 170 et suivantes.

MARCIAC (les carmes de), prêtent un cable aux consuls de Riscle pour monter les bois de leur tour, 272.

MARCHA (Pey de La), bayle d'Aignan, 318.

MARESTANG (Géraud, seigneur de), curateur du comte d'Armagnac, 443.

MARQUÉS (Raymond de), juge ordinaire d'Armagnac pour le sire d'Albret, 378. — Juge de la temporalité de l'archevêque d'Auch, 427.

MARINÉ (Arnauton), franc-archer, a vendu son épée au siège de Fontarabie, 220. — Est à la guerre, sa femme meurt de faim, les consuls lui votent des subsides, 241.

MARQUAU (Arnauton de), collecteur des deniers des gens d'armes, 49, 34.

MARRE (Jean), official d'Auch, absout les consuls de Riscle, 109. — Prieur d'Eauze, prononce un discours aux États d'Armagnac en faveur de l'union, 250.

MARSAC (Jean de Montesquiou, seigneur de), assiste la comtesse d'Armagnac, 346.

MARSAN (Jean de), collecteur des impôts, 105. — Sa mort, 177. (Le nom de ce personnage revient à chaque page des comptes précédents, nous ne l'avons pas répété.)

MARSSAU. Fait prisonnier les consuls de Riscle, 136. — Est neveu de Jean Garron, 137. — Fait arrêter les consuls de Barcelonne et de Nogaro, 153.

MARTINI (Jean), licencié ès lois, 54.

MASCARAS (l'abbé de), 83. — Va acheter du vin à Riscle, 84, 92.

MASCARON, bayle de Nogaro, 534. — Saisit les habitants de Riscle pour non paiement de la donation faite au sire d'Albret, 534.

MAUBOURGUET (Dominique de Prunet, commandeur de), va à Riscle, 200.

Maubourguet (ville de), assiégée par le sire d'Albret; ordre aux communautés d'Armagnac d'y envoyer des secours, 321, 332. — Envoi de vivres à l'armée des assiégeants, 325, 326. — Capitulation, 326. — Le vicomte de Narbonne y séjourne 328. — Le Roi lui ordonne de quitter la ville, 328.

Mauléon (ville de), reçoit cent conques de blé à cause de la famine, 193.

Maulichère, 323.

MAUMUSSON (Jean de Viella, seigneur de), est lieutenant de monseigneur de Lescun, 181. — Va à Riscle, 186. — Préserve les habitants de Riscle du logement des gens d'armes de monseigneur de Lescun, 194. — Prie le capitaine Odet d'Aydie de ne pas loger ses troupes à Riscle, 199. — Commande à Bayonne, 202, 205. — Écrit au capitaine Briant de déloger de Riscle, 216. — Part pour Bayonne, 217. — Vient à Riscle; fournitures faites par les consuls à lui, à ses valets, à ses chevaux, 209. — Les consuls lui font un présent, 210. — Reçoit un présent du capitaine Briant-Grabi, 226. — Est prié de prêter de l'argent aux consuls de Riscle pour payer les impôts, 264. — Leur prête soixante quarts de froment et huit pipes de vin, 267. — Fait excommunier les consuls, 268. — Engage aux consuls de Riscle une tasse et une aiguière d'argent, 275. — Député par l'Armagnac aux États généraux de Tours, 282. — Accompagne à Riscle le bâtard d'Armagnac, 309. — S'interpose entre lui et les habitants qui ont fait au bâtard mauvais accueil, 312. — S'emploie à décharger la ville de Riscle du logement des gens de guerre, 349. — Fait excommunier les consuls, puis les fait absoudre, 368, 369. — Rend aux consuls les armures qu'ils lui avaient prêtées, 408. — Leur prête des brigandines, 410. — Prétend avoir le droit de prendre en en tout temps herbe et feuilles dans les padouens de Riscle, 576. — A un procès au sujet de ce droit, 577, 578, 586, 589, 595, 596. — Cite à Vic les consuls de Riscle qui font opposition par une lettre *laicus ad laicum*, 603. — Fait excommunier les consuls de Riscle, 604. — Enquête faite contre lui, 607. — Prévient les consuls que le pays est envahi par les gens d'armes.

MAUMUSSON (Bertrand de Viella, fils du seigneur de), poursuit le procès contre la ville de Riscle, 610.

MAUMUSSON (Jeanne du Lin, dame de), va à Riscle où les consuls lui font un présent, 380.

MAUREL (frère Antoine), général de l'ordre de la Merci, reçoit un présent des consuls de Riscle, 426, 507.

MAURIN (Huguet), chassé de Nogaro par la peste, demande asile aux consuls de Riscle, qui lui imposent une quarantaine, 268, 352. — Sergent de Condom, 364. — Saisit les troupeaux des gens de Riscle, 365. — Exécute les consuls de Riscle au sujet de la donation faite à la comtesse d'Armagnac, 392.

MAURIN (Pierre), collecteur des impôts, 34.

MAURISET (Mᵉ Denis), 114.

MAY, *mayado*, droit de vendre le vin au mois de mai, 36, 188.

MAYNE (Antoine de), consul de Riscle en 1480, 253.

MAYNE (Jean du), capitaine des francs-archers, 446. — Sa mort, 486.

MAYNE (Jean du), consul de Riscle en 1495, 467; — en 1499, 514.

Mazères, résidence des archevêques d'Auch, 157.

Mazères-en-Rivière-Basse: le lieutenant du sénéchal y rassemble des troupes, 265.

MÉDIAVILLE (Mᵉ Nicolas de), chargé de sévir contre les malfaiteurs de l'Armagnac, 378.

MÉDIAVILLE (Jean de), juge régent d'Armagnac, 563. — Est nommé juge ordinaire d'Armagnac, 567, note. — Les consuls de Riscle lui font un présent pour sa nouvelle venue, 568. — Fait mettre en prison un homme qui criait la *carrita*, ce qui provoque un soulèvement des habitants de Riscle contre lui, 573. — Va à Riscle, 604.

MENDE (Nicolas Dangu, évêque de), chancelier de Navarre, 545.

MERCI (couvent de Notre-Dame de la) à Riscle, 21. — Met ses revenus en ferme, 89, note. — Un frère du couvent demande à prêcher à l'église de Riscle, 443. — Première messe d'un frère à laquelle les consuls sont conviés, 469. — Le général de la

Merci vient à Riscle, 496. — Visite du provincial, 563.
MERDE D'OIE (couleur), 227.
MESURES, LXVI. — 4.
MEYABILE (Jean de), nommé gardien de la Tour de Riscle, prête serment, 372.
MEYLOC (Mᵉ Jean de), 154. — Est prêtre 173. — Fait le service de l'église de Riscle, 285.
MEYLOC (Jean de), consul de Riscle en 1504, 580.
Mezin, 114.
MIEUSSENS (Bernard de), consul de Riscle en 1497, 484.
MIQUEU (Mᵉ Gabriel), notaire de Lectoure, 459.
Miradoux : les consuls de l'Armagnac y sont convoqués pour voter l'impôt des francs-archers, 222.
MIRANDE (le gardien des cordeliers de) prêche à Riscle, 308.
MISSEL de l'église de Riscle relié, 171.
MOLIE (Mᵉ Bernard), secrétaire du comte Charles Iᵉʳ d'Armagnac, 37, 38.
MOLINÉ (Mᵉ Mathelin), notaire, commissaire député pour la levée des francs-archers, 189. — Député aux États-généraux de Tours, 291, 292.
MOLLARD (Mᵉ Claude), notaire de Barcelonne, 319.
MOLLARD (Hugues), greffier, 506.
MOMBET (Jeannot de), consul de Riscle en 1484, 287.
MOMBET (Jean de), consul de Riscle en 1486, 372 ; — en 1489, 417 ; — en 1492, 442 ; — en 1498, 503 ; — en 1504, 580.
MOMBET (Jean de), géomètre *(perchador)*, consul de Riscle en 1498, 503.
MOMBET (Pierre de), consul de Riscle en 1446, 23.
MOMBET (Peyron de), consul de Riscle en 1454, 60.
MONBARDON (Bertrand de Manas, seigneur de), prête serment au sire de de Beaujeu, 248.
MONCORNEIL (Jean de Labarthe, seigneur de), sénéchal d'Aure, 33. — Voir *Aure*.
MONDENARD (Bertrand de), seigneur de Sainte-Colombe, prête assistance à la comtesse d'Armagnac, 346.
MONDENARD (Jean de), seigneur d'Estillac, prête assistance à la comtesse d'Armagnac, 346.
Monguilhem, 42.
Monlezun-Pardiac (siège du château de), 353, 354, 355 et suiv.
MONLONG (Mᵉ Donat de), notaire, consul d'Auch, 53.
MONNAIES : notice LXIV. — Tare de l'or, 11. — Réforme de la monnaie, 172. — Refus des monnaies du pays, 194. — Tare de la monnaie, écu d'or du Béarn, 231. — Valeur de l'écu, 252. — Édit royal sur les monnaies, 427.
MOREL. — Voir *Maurel*.
MORÈS (Église de), bénite par l'évêque d'Aire, 556.
Morlas, 81. — Les consuls de Riscle y envoient acheter des brigandines, 123, 216.
MORMÈS (Carbonel de Latrau, seigneur de), député vers les sénéchaux après la prise de Lectoure, pour intercéder en faveur de l'Armagnac, 98.
MORMÈS (Ramond de), consul d'Aignan, 318.
MONTAGUT (le seigneur de), 43.
MONTARNAUD (François de) fait saisir les consuls de Riscle, 77.
MONTASTRUC (Jean de Monlezun, seigneur de), assiste aux États d'Armagnac, 427.
MONTAGNAC (François de Lomagne, seigneur de), gouverneur de l'Armagnac et lieutenant du sénéchal, arrive à Riscle avec sa compagnie de vingt-cinq cavaliers et les laquais, 598.
MONTAUT (Philippe de Voisins, baron de), député par les États d'Armagnac aux États généraux de Tours, 282, 289, 291. — Assiège Monlezun-Pardiac, 353, 355. — Sénéchal d'Armagnac, apaise la querelle des habitants de Nogaro avec les seigneurs

d'Arblade et de Clarac, 362. — Rend une ordonnance et envoie des commissaires pour renforcer les places fortes, 368. — Convoque les États à Vic-Bigorre, 374 ; — à Lectoure, 382, 384. — Assiste aux États d'Armagnac, 427. — Est curateur du comte d'Armagnac, 443.

Montbartier (Jean d'Astorg, seigneur de), prévôt de l'armée qui assiège Lectoure, va à Riscle et y séjourne ; accueil qu'il y reçoit, 78. — Intercède en faveur des habitants, 79. — Est à Mirande, 89. — Va à Riscle avec sa compagnie et y fait une grande dépense, 87, 90. — Fait mettre les consuls en prison, 91. — Séjourne à Vic, 105.

Montbartier (Antoine d'Astorg de), fils du prévôt, convoque à Barcelonne les consuls de Riscle, 91, 92. — Va à Labatut, 92. — Va à Riscle faire payer les subsides, 93.

Montesquiou (Jean, baron de), assiste aux États d'Armagnac, 427. — Entre à Riscle, 500.

Montpellier (le petit sceau de), 246.

Montréal, 114.

Mosquet, franc-archer, refuse d'aller au siège de Perpignan, 188. — Est boiteux, 214.

Mostayon (Me Jean de), notaire, 86. — Consul de Riscle en 1475, 162, 345.

Mostayon (Me Pey de), notaire, consul de Riscle en 1502, 561.

Mouchés (Me Jean de), notaire et lieutenant du juge d'appeaux d'Armagnac, 168.

Mouchés (Me Bernard de), notaire de Nogaro, fait excommunier les consuls de Riscle, 457. — Est en procès avec eux, 459.

Moulins : détails de leur réparation, 192.

Moyrax (Pons de Baynac, doyen de), procureur du sire d'Albret pour la réception du serment de fidélité des habitants de l'Armagnac, 318.

Muanade (frère Guillaume de), religieux de la Merci, 21.

N

Narbonne (Jean de Foix, vicomte de), envahit le pays de Rivière-Basse et menace de courir sus aux habitants de Riscle, 296. — Ravage les terres du Roi de Navarre, 305.

Narbonne (Marie d'Orléans, vicomtesse de), est à Maubourguet avec sa maison ; le Roi lui ordonne de quitter la ville, 328.

Narbonne (ville de) : Alain d'Albret, y séjourne, 473.

Navarre (Jean d'Albret, roi de), prend possession de l'Armagnac, 438. — Vient à Riscle avec sa compagnie de cent vingt hommes, 562.

Nay (ville de) : différence de ses mesures avec celles de Riscle, 273.

Nérac (ambassade envoyée à) par les consuls pour représenter à la cour la pauvreté du pays, 464.

Nevers (le comte de), curateur du comte Charles Ier d'Armagnac, 443.

Nogaro, ville allodiale exempte des droits seigneuriaux, li. — Les États d'Armagnac se réunissent dans le cloître de l'église, 248. Les habitants prêtent serment au sire de Beaujeu, 249. — Ravagée par la peste, 263. — Les consuls offrent des secours aux habitants de Riscle menacés par les gens d'armes du pays de Rivière, 295, 296, 297. — Les consuls réclament l'argent voté pour l'envoi des ambassadeurs à la cour, 359. — Sont en querelle avec le seigneur d'Arblade-Comtal et demandent conseils et secours aux villes voisines, 360. — Motifs de cette querelle, 361. — Les consuls sont mandés au conseil à Jegun, 363. — Menacés par les gendarmes du sire d'Albret demandent mainforte aux consuls de Riscle, 374. — Les États s'y réunissent ; les consuls empruntent des brigandines à ceux de Riscle, 375. — Les nobles et les pro-

priétaires d'Armagnac s'y assemblent pour la nomination du collecteur des impôts, 379. — Les consuls intentent un procès au sénéchal d'Armagnac, 391. — Sont autorisés à porter le chaperon consulaire, 489. — Envoient des arbalétriers pour défendre les habitants de Barcelonne menacés par ceux d'Aire, 504. — Les chanoines prêtent cinquante écus aux consuls de Riscle, 567.
NOGARO (le châtelain de), emprunte une arbalète pour armer un des soldats que la ville envoie au siège de Lectoure, 190.
NOULENS (Carbonnel du Lau, seigneur de), assiste aux États d'Armagnac, 427.

O

OLIER (Berdot), consul de Riscle en 1475, 196; — en 1480, 253.
OLIVE, huissier d'arme, député pour recevoir le serment de fidélité au Roi des consuls de l'Armagnac, 26.
ORDONNANCE (publication de l') du mois de mars 1498, 534.
ORVAL (Jean d'Albret, sire d'), curateur du comte d'Armagnac, 443. — Passe à Riscle, 492.
OYARSUN (Michel de), tuilier de Riscle, 63.

P

PALHÈRE (Arnauton), consul de Riscle en 1480, 253.
PALHÈRE (Manaud), consul de Riscle en 1441, 1; — en 1450, 40; — en 1454, 60.
PALHÈRE (Mᵉ Odet), 21, 45.
PALHÈRE (Peyrot), consul de Riscle en 1483, 270.
PALHÈS (Gaspard de Villemur, baron de), épouse Rose d'Armagnac, 533.

PANDELÉ (Mᵉ Bertrand de), est allé vers le Roi traiter des affaires du pays, 143. — Rend compte de son ambassade vers le Roi, 145. — Consent à ce que le sieur Taquenet soit nommé ambassadeur, 150. — Est nommé lui-même, 153.
PANDELÉ (Besin de), consul de Riscle en 1501, 548.
PANDELÉ (Pierre de), consul de Riscle, 345. — Nommé gardien de la tour, prête serment, 372.
PANDELÉ (Peyron de), consul de Riscle en 1503, 571.
PANJAS (Bertrand de Pardaillan, seigneur de), passe à Riscle avec sa compagnie, 114. — Mène au siège de Perpignan les francs-archers de la prévôté de Saint-Sever, 131. — Commissaire député pour la levée des francs-archers qui doivent aller au val d'Aran, 197. — Lieutenant du sénéchal est prié de décharger la ville de Riscle des dix arbalétriers qui lui ont été imposés, 200. — Présent au mariage du seigneur de Termes, 256.
PAPETERIE établie sur l'Adour, entre Riscle et Cahuzac, LXX.
PARDAILLAN (Jean, baron de), député vers le sire d'Albret au sujet des gages promis aux francs-archers, 218. — Député vers le comte d'Armagnac, par les trois États, 334, 336.
PARDAILLAN (Bernard, baron de), député en cour pour demander un rabais sur les impôts, 526.
PARDAILLAN (Mᵉ Jean de), prêtre, 77. — Fermier de la Taverne, 163, 172.
PARDAILLAN (église de), 108, 109.
PART (Vidal de), perd sa femme, les consuls de Riscle viennent à son secours, détails des dons qui lui sont faits, 111.
PASTEL (Saisie de deux charges de), 584.
Pavie. Les consulats d'Armagnac reçoivent ordre d'y envoyer cent hommes, 226.
PENTINHAYRE (Mᵉ Jean de), prêtre de

Plaisance, procureur du seigneur de Canet, 587.

Perchède (le lieu de), confié à la garde d'un consul de Riscle avec quarante hommes, 121.

PERCHÈDE (les arbalétriers de) viennent à Riscle où on leur donne la collation, 212.

PERÈ (Jean du), fermier de la recette d'Armagnac, 190.

PERGADE (Jean de), fait saisir les consuls de Riscle pour le paiement des tailles, 155.

PERNET DE BAIGNOLET, franc-archer, 104.

Perpignan, assiégée par les troupes royales, 131. — Levée du siège, 140. — Les consuls refusent d'aller au siège de la ville, 188. — Fournitures aux archers envoyés au siège, 191.

PESTE. Précautions pour la prévenir, 154, 278, 369, 532, 543. — Trois pestiférés arrivent à Riscle et sont soignés à l'hôpital, 572. — Précautions prises contre la peste qui fait de grands ravages dans le pays, 595, 602, 605. — Les consuls font faire des prières publiques pour être préservés du fléau, 606. — Précautions prises contre ceux qui viennent des lieux infestés, 606, 611.

PEYRAGUE (Guillem de), commissaire des francs-archers, 193.

PEYRET (Norflo de), lieutenant du sieur de Solas, saisit les biens de ceux qui sont enfermés dans Lectoure, 88. — Vient à Riscle avec cent francs-archers, 105. — En repart pour Vic, 106.

PEYRUSSE-GRANDE (consuls de), équipent un franc-archer, 411.

PICARDS (soldats), occupent Pimbo, 221.

PIERRE-BUFFIÈRE (Foucaud de), capitaine du sire d'Albret, est à Riscle, 323. — Assiège le château de Monlezun-Pardiac, 353, 355. — Vient à Riscle avec sa compagnie, 380, 385.

PIGION (Jean de), commissaire des guerres du sire d'Albret, 348.

Pimbo : Occupé par une compagnie de soldats picards, 221.

PIRAT (Jacques), commissaire royal envoyé en mission dans l'Armagnac, 426.

PIS (Raymond de Thèze, seigneur de), fermier de la taverne de Riscle, 110. — Dîne à Riscle, 87.

PIS (Déodat de Thèze, seigneur de), prévient les consuls de Riscle que les troupes du sire d'Albret vont prendre Barcelonne, 398.

PIS (Sans-Aner de Thèze, seigneur de), 477.

Plaisance (ville de), était dans le ressort de la jugerie de Rivière, fut rattachée au Bas-Armagnac, XIV. — Occupée par le capitaine Odet d'Aydie, 200.

PLANIS (Mᵉ Jean de), 506.

Plieux, les États y sont convoqués, 77.

PLUME (commerce de la), 93.

POGES (Arnaud de), consul de Riscle en 1499, 514.

POGES (Arnauton de), consul de Riscle en 1482, 261; — en 1490, 432; — en 1494, 459; — en 1505, 592.

POGES (Mᵉ Bernard de), prêtre, fait un service religieux pour chasser les tempêtes, 3. — La ville lui fait un rabais sur son fouage, 16.

POGES (Bernardon de), consul de Riscle en 1440, 1; — en 1445, 20; — en 1450, 40. — Chargé de faire le cierge pascal, 57.

POGES (Léberon de), consul de Riscle en 1476, 213; — en 1489, 417. — Rentier du domaine d'Armagnac, 443. — Fait prisonnier par le seigneur d'Aydie, 508.

POGES (Pey de), consul de Riscle en 1451, 46.

POGES (Pierre de), consul de Riscle en 1445, 20; — en 1486, 372.

POGES (Raymond de), consul de Riscle en 1442, 9.

POGES (Mᵉ Sans de), mis en prison, 465. — Recteur de Cahuzac, va à Lectoure s'informer du procès contre

M. de Maumusson, 610. — Va à Auch pour ses affaires, 610.

POGES (Sanson de), consul de Riscle en 1440, 1.

POMARÈDE (Antoine de), archidiacre de Rivière, présent au mariage du seigneur de Termes, 256.

POMARÈDE (*alias* POMADÈRE) (Jean de), juge ordinaire d'Armagnac, mis en possession de sa charge, 536. — Meurt au pèlerinage de Notre-Dame-du-Puy, 564.

PONT (Guillaume du), consul de Riscle en 1484, 289.

PORDÉAC (Bernard de Bassabat, seigneur de), commissaire chargé de la levée des francs-archers, 129, 364. — Commande les troupes royales et est prié de ne pas loger à Riscle, 202. — Envoyé en ambassade en France, 425. — Convoque les francs-archers à Lectoure, 492.

PORTE (Jean du), conduit les francs-archers à Lectoure, 241. — Consul de Riscle en 1479, 235 ; — en 1487, 395 ; — en 1492, 442 ; — en 1498, 503.

POUY (Arnauton du), franc-archer, revient du siège de Perpignan, 140. — Est équipé, 174.

POUY (Arnaud de), receveur d'Armagnac, 562.

POUY (Berdot du), consul de Riscle en 1477, 225 ; — en 1482, 261 ; — en 1499, 514.

POUY (Mᵉ Jean du), chapelain de la chapellenie de Saint-Clair, 49. — Vient mettre en ferme la cure de Riscle ; le peuple le prie de choisir un bon prêtre pour qu'il en soit bien servi, 265.

POUY (Mᵉ Raymond du), consul de Riscle en 1454, 60.

Pouydraguin, 125.

POYANNE (Charles de), dit le capitaine, loge les troupes royales dans la sénéchaussée d'Armagnac, 442. — Note, *ibid.*, 444.

PRAT (Pierre du), maçon, 185.

PRÉCHAC (Antoine de Monlezun, seigneur de), gouverneur de l'Armagnac pour M. de Beaujeu, 169, note. — Va à Riscle, 172. — Va à Riscle, réception qui lui est faite, 189. — Visite Riscle, 193. — Va à Bordeaux trouver M. de Beaujeu pour lui parler en faveur des communautés d'Armagnac, 206. — Procureur de M. de Beaujeu, 319.

Préchac, 125.

PROPRIÉTÉS, ce qu'on entend par ce mot, XIX.

PUNTOUS, juge d'Armagnac, 390.

PUY-EN-VELAY (Notre-Dame du), célèbre pèlerinage, 564, note.

PUYGUYON (Jean de) assiège le château de Monlezun-en-Pardiac, 355.

PUYMINET (seigneurie de), 258.

Q

Quatre-Vallées, 101, 105.

QUERCU (Mᵉ Jean du), prêtre, 441.

QUINET (Jean), marchand de Lourdes, achète dix pipes de vin aux consuls de Riscle, 581, 583.

R

RAMPSTON (Thomas de), sénéchal de Guyenne, assiège Tartas, 6.

RAPHAEL (Jean), conseiller au Parlement de Bordeaux, chargé de mettre en liberté le comte d'Armagnac, 345. — Ses tribulations, 345. — Délivré de prison, 364.

REYNELLI (Mᵉ Guillaume), notaire de de Marciac, 438.

RICHEMONT (Arthur de Bretagne, connétable de), vient à Riscle avec de grandes troupes, 12.

RIGUAUT (Pierre), receveur des lances, 50.

RISETI (Mᵉ), notaire d'Auch, reçoit des honoraires pour avoir instru-

menté pour les consuls de Riscle, 607.
Rius (Peyret de), consul de Barcelonne, 318.
Rivière (Guiraud, seigneur de), commissaire député pour la levée des arbalétriers, 244. — Est présent au mariage du seigneur de Termes, 256.
Rivière (Jean de), bailli de Bruillois, assiste la comtesse d'Armagnac, 346.
Rivière. — Voir Labatut.
Rivière-Basse (les consuls de), convoqués aux États à Lannepax, 146.
Rivière-Basse (Les gens d'armes de), menacent les habitants de Riscle, 295, 296.
Robiner (Me), horloger, répare l'horloge de Riscle, 422.
Rolies (Hugues), procureur d'Armagnac, 113. — Procureur du sire de Beaujeu, fait faire la montre des francs-archers, 122, 172. — Notaire de Nogaro, retient l'acte de serment des habitants de l'Armagnac au sire de Beaujeu, 176. — Accompagne à Riscle le sénéchal d'Armagnac, 198. — Visite les comptes des consuls, 245, 286, 377, 537.

S

Sabaric (Bernard), sergent, 608.
Sabatier (Arnaud de), licencié ès lois, juge de Fezensac, *citra Baïsam*, 54.
Sacrati (Me Jean), notaire de Marciac, 378.
Saint-Antoine : les consuls de Riscle font peindre sa statue, 453.
Saint-Aubin (Jean de), collecteur de l'impôt, 7. — Habitant de Panjas, demande à être collecteur des tailles, 262. — N'est pas choisi, 263.
Saint-Aubin (Pierre de), vient exécuter les consuls de Riscle, 232.
Saint-Aunis occupé par les troupes du gouverneur de Guyenne, 471.
Saint-Bernard (Les indulgences de), pour la croisade sont prêchées à Riscle, 252.
Saint-Germé (Arnaud de), consul de Riscle en 1442, 9 ; — en 1446, 23.
Saint-Germé contribue à l'équipement des francs-archers, 164. — Occupé par les troupes royales, 202.
Saint-Griède (Arnaud de), seigneur de Clarens, a querelle avec les habitants de Nogaro, 362.
Saint-Griède (Bertrand de), dit de Clarens, a querelle avec les habitants de Nogaro, 361, 362.
Saint-Guilhem (Me Jean de), 353. — Va à Marciac pour traiter les affaires de la ville de Riscle, 392.
Saint-Guilhem (Pierre de), neveu du collecteur, 507.
Saint-Hilaire (Me de), trésorier, 26.
Saint-Lane (Auger, seigneur de), présent au mariage du seigneur de Termes, 256, note.
Saint-Lane (Raymond-Bernard, seigneur de), fils du précédent, cité par les consuls de Riscle devant l'évêque de Saint-Papoul, 50. — Ses biens sont confisqués, 95. — Avertit les consuls de Riscle de garder leur ville à cause des gens d'armes qui tiennent la campagne, 293, 295. — Leur offre son assistance, 297. — Est commissaire des guerres, au nom du sénéchal de Carcassonne, et prie les consuls de Riscle de se tenir prêts en armes, à toute heure, 298. — Implore les habitants de Riscle en faveur du bâtard d'Armagnac, 308. — Prie les consuls de Riscle d'apaiser la querelle des consuls de Nogaro et du seigneur d'Arblade, 360, note, 360, 361.
Saint-Lane (Géraud, seigneur de), fils du précédent, chargé de conduire les gens de guerre à Manciet, 463. — Est arbitre de la querelle des consuls de Riscle avec ceux de Nogaro, 540, 542. — Sa mort, sa sépulture à laquelle assistent les consuls de Riscle, 599. — Sa fille

42

épouse Guy de Clermont-Lodève, frère du cardinal-archevêque d'Auch, 599, note.

Saint-Lane (Bertrand de), frère cadet du seigneur de Saint-Lane, 445. — Chanoine de Nogaro, annonce aux consuls de Riscle la mort de son frère, 599.

Saint-Lane (Arnaud de), seigneur du Tilhet, signe l'accord fait entre la ville de Riscle et le seigneur d'Armentieu, 420.

Saint-Lane (Raymond et Antoine de), habitants d'Izotges, 164.

Saint-Lane (Thibaut de), consul de Nogaro, se rend aux États, à Jegun, 383.

Saint-Macaire (siège de), 151.

Saint-Martin (Manaud, seigneur de), transmet aux consuls de Riscle l'ordre du sénéchal d'armer vingt-cinq arbalétriers, 321. — Leur prête quarante écus, 545.

Saint-Martin (Pechon de), commissaire pour la recherche des grains, 256.

Saint-Maurice (un pêcheur de) a ses barque et filets saisis par M. de Camortères, 246. — Les consuls de Riscle protestent contre cette saisie, 247.

Saint-Michel-de-la-Corneille: les francs-archers y sont conduits, 471, 481.

Saint-Mont (Jeannot de), fourrier de monseigneur de Lomagne, 18.

Saint-Mont (les consuls de) se défendent contre les empiétements de ceux de Riscle. — Achètent un cheval à M. Pélegrin, 241. — Font saisir des gerbes sur le territoire de Riscle, 275. — Ont un procès avec les habitants de Riscle au sujet des limites de leurs juridictions, 276 à 280. — Demandent à prendre part à l'assiette de l'impôt, 379. — Veulent établir un marché dans leur ville, 434, 435.

Saint-Mont (Roger de Labarthe, prieur de), est en procès avec les habitants de Riscle, 424. — Les fait citer à Lombez devant l'official, 424, 426.

Saint-Mont (le prieur de) est obligé de contribuer tous les ans au paiement du gardien des portes de Riscle, 542.

Saint-Nicolas (le prieur de), de Nérac, 454.

Saint-Papoul (Raymond de Lupo Alto (Lupaut), évêque de), chancelier d'Armagnac, 44, 57.

Saint-Papoul (Clément de Brillac, évêque de), convoque les communautés de l'Armagnac à Nogaro pour leur faire entendre les volontés du comte, 317. — Est à Fleurance où il rencontre les Trois États d'Armagnac allant à la recherche du comte, 330. — Se rend aux États à Auch, 347.

Saint-Pé-de-Génerès (Abbaye de), 267.

Saint-Pierre (Pierre de), official d'Auch, envoyé vers le sire de Beaujeu, 207. — Réclame une indemnité pour le voyage qu'il a fait en France au nom de l'Armagnac, 211.

Saint-Pot (Arnaud de), consul de Riscle en 1461, 64.

Saint-Pot (Barthélemy de), consul de Riscle en 1496, 476; — en 1503, 571.

Saint-Pot (Berdot de), consul de Riscle en 1484, 289; — en 1490, 432; — en 1494, 459; — en 1500, 540; — en 1507, 601.

Saint-Pot (Mᵉ Bernard de), prêtre, fait le service de l'église de Riscle, 285.

Saint-Pot (Bernard de), consul de Riscle en 1508, 571.

Saint-Pot (Jean de), consul de Riscle en 1447, 28.

Saint-Pot (Mᵉ Jean de), prêtre, 168.

Saint-Pot (Jean de), consul de Riscle en 1507, 601.

Saint-Sauvy: les francs-archers y sont conduits, 130.

Saint-Sever (les francs-archers de la prévôté de) sont envoyés au siège de Perpignan, 131.

SAINT-SULPICE (Raymond Hébrard, seigneur de), menace de détruire la ville de Riscle, 83, 99. — Les consuls se plaignent de lui au sénéchal d'Agenais, qui leur ordonne de lui fermer les portes, 83.
SAINT-VINCENT (Claude de), messager du seigneur de Saint-Sulpice, 83.
SAINTE-CHRISTIE (Jean d'Armagnac, seigneur de), convoque le conseil d'Armagnac à Nogaro pour lui transmettre la réponse qu'il rapporte du sire de Beaujeu, 216. — Prête serment à M. de Beaujeu, 216. — Fait la recherche des blés pour l'approvisionnement des pauvres gens, 267. — Chargé d'annoncer aux communautés de l'Armagnac que le comte Charles a engagé le comté au sire d'Albret, 317. — Met son influence au service des habitants de Riscle, 523. — Chargé de juger le différend entre les consuls de Riscle et le collecteur Jean Barthe, 528, 529. — S'informe de l'administration de la justice à Riscle, 529. — Gouverneur de l'Armagnac, 530. — Délivre la ville de Riscle du logement des gens de guerre, 531. — Va à Riscle, 496. — Prend les intérêts de la ville de Riscle, 497. — Reçoit un présent des consuls de Riscle, 535. — Met le juge ordinaire en possession de sa charge, 536. — Fait faire la montre des gens d'armes du pays, 541. — Va à Riscle en nombreuse compagnie, 610.
SAINTE-CHRISTIE (Jeanne de Latrau, dame de) : les consuls de Riscle lui font présent d'un panier d'écrevisses, 523.
Sainte-Christie : Le conseil d'Armagnac s'y réunit, 186. — Est occupée par vingt-huit hommes d'armes, 279.
SAINTE-COLOMBE. — Voir Mondenard.
SAINTE-QUITERIE (le chemin de), 255.
SALA (Arnauton), lieutenant du bayle, 113. — Consul de Riscle en 1478, 233.
SALA (Berdot), consul de Riscle en 1496, 476. — Député vers la cour de France, 480. — Consul en 1501, 548.
SALA (Guillaume), consul de Riscle en 1443, 13; — en 1447, 28; — en 1461, 64.
SALA (Mᵉ Jean), héritier du recteur de Bilhères, 260. — Lieutenant du juge d'Armagnac, 276.
SALA (Mᵉ Jean), prêtre, fait le service de l'église de Riscle, 285, 441.
SALIGNAC (Antoine, baron de), capitaine des archers, arrive à Nogaro, 323. — Va à Riscle, 325.
SAMAZAN (Nicolas d'Antras, seigneur de), commissaire pour la levée des troupes destinées au siège de Lectoure, 95. — Écrit aux consuls de Riscle au sujet des calices qu'ils ont donnés en gages au sénéchal de Toulouse, 270. — Est prié de ne pas faire des frais à la ville, 271.
SANGUINÈDE. — Voir Saint-Griède.
SANS (Guillem du), notaire d'Aignan, 203.
SARCINO (Mᵉ), notaire, est mort, 591.
SARETÉ (Mᵉ Jean), greffier du juge de Rivière, 369.
Sarragachies : occupé par le capitaine Jasses, 495.
Sarrance (Notre-Dame de), sanctuaire célèbre, 232.
SARRAUTE (Jean de), consul du Houga, 318.
SASTELET (Michel), vient de la cour du sire de Beaujeu et reçoit bon accueil des consuls afin qu'il fasse un rapport favorable à son maître, 207.
SAUT (Pierre de), prêtre, 465.
SAUVETERRE (Bertrand de Lavedan, seigneur de), présent au mariage du seigneur de Termes, 257.
SAUVETERRE (Jean de Lavedan, seigneur de), commande les troupes qui occupent Fustérouau, 297. — Le bruit court qu'il veut prendre Riscle et que ses soldats sont au vicomte de Narbonne, 297. — Se défend de cette accusation et écrit aux consuls, 298.

Sauveterre, en Comminges : l'archevêque d'Auch s'y rend, 144. — Note, *ibid.*

SEDIRAC (Bertrand, seigneur de), présent au mariage du seigneur de Termes, 256.

SENDAT (Jean de Lupiac, seigneur du), chargé de garder le comte d'Armagnac à Casteljaloux, 382, 576. — Note, 576.

SENS (Guillot de), sergent royal, 35.

SÉNÉCHAL (le) va à Riscle et y séjourne, frais de son séjour, 187. — Son lieutenant préside les États à Jegun, 279. — Ne peut aller au conseil à Jegun, 279. — (Tout ce qui concerne les sénéchaux d'Armagnac a été mis en regard de leurs noms. Voir Cardonne, Bosredon, Faudoas, Galliot, Lauzière, Montaut, Labatut.)

SÉRIGNAC (les consuls de), autorisés à porter le chaperon, 490. — Ville du canton de La Plume, 603. — Les consuls de Riscle y font ajourner des témoins contre le seigneur de Maumusson, 607.

SERMENT de fidélité prêté par les habitants de Riscle au sire de Beaujeu ; formule et cérémonie de ce serment, 177, 178.

SERREFRONT : les États votent cent francs pour les besoins de la ville, 67, 68.

SERRES (Gérons, seigneur de), lieutenant de la compagnie du capitaine Aydie, 150.

SION (Jean de Lavardac, seigneur de), créancier de la ville de Riscle, 37, 43. — Garde prisonnier dans son château Jean Hiragoyen, 38, note. — Sa mort, 43. — Fait un legs à Lafitan, son notaire, 49.

SION (Bertrand de Luppé, seigneur de), assiste au conseil d'Armagnac tenu à La Pujolle, 145. — Chargé de rechercher les blés pour pourvoir les nécessiteux, 191, 192.

SOBAVÈRE (Antoine de), consul de Riscle en 1503, 571.

SOBAVÈRE (Jean de), consul de Riscle en 1502, 561.

SOBAVÈRE (Manauton de), consul de Riscle en 1477, 225.

SOBAVÈRE (Raymond de), consul de Riscle en 1474, 162 ; — en 1486, 372.

SOBAVÈRE (Mano de), consul de Riscle en 1479, 235 ; — en 1490, 432.

SOLAS (Paga de) envoie son lieutenant saisir les biens de ceux qui sont assiégés dans Lectoure, 88.

Sos (l'official de), nommé curé de Riscle, 508. — Prête 25 écus aux habitants de Riscle, 525.

SOUBIRAN (Arnaud de), consul de Riscle en 1441, 1 ; — en 1447, 28.

SOUBIRAN (Me Arnaud de), prêtre, fait le service de l'église de Riscle, 285.

SOUBIRAN (Arnaud de), consul de Riscle en 1498, 503 ; — en 1502, 561.

SOUBIRAN (Bernard de), consul de Riscle en 1442, 9. — Bayle de Riscle 131, 328.

SOUBIRAN (Bertrand de), consul de Riscle en 1440, 1 ; — en 1449, 35 ; en 1445, 20.

SOUBIRAN (Me Domenges de), vend du vin aux consuls de Riscle, 3.

SOUBIRAN (Me Guillem de), recteur de Bilhères, 259.

SOUBIRAN (Manaud de), consul de Riscle en 1444, 15 ; — en 1448, 31.

SOUBIRAN (Menjoulet de), franc-archer de Riscle, 126.

SOUBIRAN (Peyroli), consul de Riscle en 1448, 31.

SOUBIRAN (Pierre), consul de Riscle en 1444, 15 ; — en 1447, 28.

SOUBIRAN (Sans de), curé de Gouts, 36. — Prête une tasse d'argent aux consuls de Riscle, 37.

T

TAFANET (Jacques) fait afficher sur la porte de l'église de Riscle une lettre du Conservateur de Toulouse, 600.

TAQUENET (Jean), procureur d'Armagnac, 66, 67. — Prié de vouloir se contenter des quatre archers que fournit Riscle, 130 — Envoyé en ambassade vers le Roi, 150, 153. — Est seigneur de Saint-Léger en la Marche, 319. — Procureur du sire de Beaujeu, 319.

Tarsac : occupé par les troupes du vicomte de Narbonne, 460.

Tarsaguet : brûlé par les troupes royales, 94.

Tartas (ville de) assiégée par les troupes du sénéchal de Guyenne, 6. — Id. par le connétable de Richemont, 12.

TASQUE (l'abbé de) présent au mariage du seigneur de Termes, 256.

TASQUE (Bernard d'Armagnac, abbé de), annonce aux consuls de Riscle la mort du seigneur de Termes, son frère, et les invite à la sépulture, 555. — Invite les consuls au bout d'an, 568.

Tasque : occupé par les troupes de Martin Garcias, 28.

TASQUET (Raymond), juge ordinaire d'Armagnac, 518.

TASTEBIN, cuisinier du gouverneur d'Armagnac, 169. — Sergent royal, 223.

TASTET (Jean du), juge-mage d'Armagnac, 386. — Voir Appeaux.

TASTET (Bernard du), frère du juge-mage, 444.

TERMES (Bernard d'Armagnac, seigneur de), assiste au conseil des États tenu à La Pujolle, 145. — Prié d'intervenir dans une querelle entre son fils et les habitants de Riscle, 255. — Son mariage, 255, note. — Envoie ses brebis paître sur le territoire de Riscle, 263. — Avertit les consuls de Riscle que les gens d'armes du pays de Rivière vont leur courir sus, 295. — Leur offre son assistance, 297. — Enjoint aux consuls de Riscle d'envoyer des secours à l'armée qui assiège Maubourguet, 321. — Les invite au mariage de son fils, 349. — Est prié d'intervenir pour apaiser la querelle des habitants de Nogaro avec le seigneur d'Arblade, 361. — Chargé d'apporter aux consulats d'Armagnac les ordres du comte, 404, 405. — Invite les consuls de Riscle au mariage de sa fille, 426. — Vient à Riscle avec ses gens, 468. — Sa mort et ses funérailles auxquelles assistent les consuls des villes voisines, 512, note.

TERMES (Jean d'Armagnac, seigneur de) (voir Violes). — Son mariage, 349. — Ajourné pour venir témoigner en faveur de la ville de Riscle, 519. — Ne peut se rendre à cause de la mort de son beau-frère le seigneur de Bascous, 520. — Le prieur de Baulens délégué vers lui pour recevoir sa déposition, 521. — Écrit aux consuls au sujet d'une donation réclamée par le trésorier, 541. — Sa mort, ses funérailles, 555. — On célèbre son bout d'an, 568.

TERMES. — Voir Tasque.

TERMES (Thibaut d'Armagnac de), bailli de Chartres, présent au mariage du seigneur de Termes, 256.

TERMES (Catherine d'Armagnac-Lescun, dame de) : son mariage, 349. — Sa mort, 585.

TERMES (Agnès d'Armagnac, dame de), excommuniée pour dettes, meurt et ne peut être ensevelie en terre sainte avant que ses enfants aient payé ses dettes, 209. — Son mariage, 562. — Annonce aux consuls de Riscle la mort de sa mère et les invite à la sépulture, 585.

TERMES (Jean de Billères-Camicas, seigneur de), grand-maître des eaux et forêts, 562.

TERMES (Arnaud de), arbitre dans le procès de la ville de Riscle avec le seigneur d'Armentieu, 418.

TERMES (château de) : le vicomte de Fezensaguet y séjourne, 33.

TERRAIL (Bernard), avocat, 532. — Procureur des consuls de Riscle, 605.

TERRAUBE (Archieu de Galard, seigneur de), chargé d'une ambassade vers le Roi, 44. — Indemnité et frais de voyage qui lui sont payés pour son ambassade, 57.

TERRAUBE (consuls de) autorisés à porter le chaperon, 489.

TESTET (Jeannot du), obituaire des chanoines de Nogaro, 585.

THÈZE (Arnaud de) consul de Riscle en 1492, 442.

THÈZE (Me Leberon de) notaire, est payé de diverses vacations qu'il a faites pour la ville de Riscle, 156. — Prisonnier à Saint-Mont, 167. — Député vers M. de Beaujeu à Bordeaux, 206. — Chargé de négociations pour la ville de Riscle, 242, 243, 244. — Est mort, 285.

THÈZE (Pierre-Bernard de), consul de Riscle en 1441, 1; — en 1444, 15. — Député à Rodez vers le comte d'Armagnac, 34; — en 1449, 35.

THÈZE (Me Jean de), procureur d'Armagnac, 62.

THÈZE (Peyron de), consul de Riscle en 1452, 55.

THÈZE (Arnauton de), vend une arbalète aux consuls de Riscle, 158.

THÈZE (Ramonet de), consul de Riscle en 1442, 9.

THÈZE (Raymond de), lieutenant du bayle de Riscle, 418. — Bayle de Riscle, 453. — Reçoit une gratification des consuls, 501.

TINHARAY (Jean de), sergent royal, 589.

TOSTARDI (Me Pierre), avocat de Condom, 589.

TOUJOUSE (Pierre, seigneur de), 319. — Est prié de faire diminuer la quantité de blé imposée à la ville de Riscle pour le siège de Bayonne, 577.

TOUJOUSE (Marie d'Armagnac, dame de), reçoit chez elle les consuls de Riscle, 577.

TOULOUSE (l'archevêque de) passe à Riscle, 488.

TOULOUSE (Gaston du Lyon, sénéchal de), reçoit des États d'Armagnac une donation de mille francs, 100. — Va à la guerre en Roussillon, 106. — Difficultés de faire payer les mille francs, 118, 119, 121 et suiv. — Meurt, les consuls de Riscle font faire une expédition de son testament, 448, note. — Voir Lyon.

TOULOUSE (Charles de Bourbon, sénéchal de), vient à Riscle, 510. — Passe à Riscle, 546.

Toulouse (la foire de Saint-Sernin à): les consuls y font porter de la plume, 546.

TOURNEMIRE (Antoine de), chevalier, commissaire des guerres, fait saisir les consuls de Riscle, 78, 79, 80. — Prend les calices et les encensoirs de la ville, 80. — Tyrannise les consuls de Riscle, 82. — Est à Marciac, 84, 85. — Chargé de lever les francs-archers pour le siège de Lectoure, 95. — Fait arrêter les consuls d'Armagnac, 101. — Capitaine des francs-archers, 138. — Est en procès avec les consuls d'Auch, 138, note.

TOURS (États généraux de): l'Armagnac y envoie des députés, 291.

TROBAT (Arnaud), député à Rodez et à Gages vers le comte d'Armagnac, 39.

TROBAT (Jean), consul de Riscle en 1443, 13; — en 1448, 31; — en 1452, 55.

TROBAT (Menauton), garde de la ville de Riscle, détail de son costume, 218. — Joue de la trompette à la procession du Très Saint-Sacrement 454. — Meurt, les consuls lui font faire un service funèbre, 508.

TROBAT (Manaud), sergent royal, 355.

TROBAT (Pierre), consul de Riscle en 1446, 23.

TUDERT (Jean), maître des requêtes, demande l'entérinement des lettres de grâces accordées à Jean IV, 25.

TABLE ANALYTIQUE.

V

Valcabrère (Le couvent de) a été incendié, un moine vient quêter à Riscle pour sa reconstruction, 426.

Valde (Guillem), lieutenant du sénéchal d'Armagnac, règle le différend des consuls de Riscle avec le seigneur de Camortères, 242. — Habite aux environs de Condom, 242. — Va à Lectoure, 243.

Valentinois (César Borgia, duc de), gendre d'Alain d'Albret ; son maître d'hôtel passe à Riscle, 523.

Valpergue (Théode de), gouverneur de Gascogne, 26.

Verdier (Me Guillem), notaire, avocat de Marciac, s'occupe des affaires de la ville de Riscle, 169, 170, 306, 307. — Est à Barran, 174. — Chargé de faire un arbitrage entre la ville de Riscle et le seigneur de Camortères, 184. — Gouverne le capitaine Pierre-Buffière, 354, 356, 357, 358, 359.

Verlus (Michel de), écuyer, est en querelle avec les habitants de Nogaro, 361, 362.

Verlus (Jean, seigneur de), intervient dans la querelle de son frère avec Nogaro, 362.

Verduzan (Jean de), curé de Cambiat, 398.

Vergoignan (Bernard, seigneur de), revient de son ambassade vers le Roi, 138. — Assiste au conseil d'Armagnac à La Pujolle, 145. — Député par les États vers le Roi, 281. — Rend compte de son ambassade, 300. — Demande une indemnité pour son voyage, 302, 303. — Assiste aux États d'Armagnac, 427. — Est capitaine des francs-archers, 450.

Vergoignan (les francs-archers de) reviennent de Guinegatte, 240.

Verrier (un peintre) répare les vitraux de l'église de Riscle, 578.

Veuvin (Antoine de), sergent royal, 244.

Viane (la princesse de) est en guerre avec le vicomte de Narbonne, 305.

Vic-Fezensac (la ville de) envahie par les troupes royales, 97. — Occupée par les compagnies du seigneur de Lude, 98. — Voir États.

Villafuite, commissaire du sire d'Albret, vient en Armagnac pour préparer la venue de son maître, 606.

Voirie : un commissaire des chemins vient à Riscle, 452.

FILIGRANES.

Nous avons parlé dans l'Introduction (p. LXX) d'une papeterie contemporaine des documents que nous publions, établie sur l'Adour, entre Riscle et Cahuzac, et appartenant au comte d'Armagnac. Il est probable que cette papeterie a fourni le papier sur lequel les consuls de Riscle ont enregistré leurs recettes et leurs dépenses. Il nous a paru intéressant pour ce motif de reproduire les divers filigranes empreints sur les feuilles de papier.

Nous avons placé au-dessous la date du compte correspondant à chaque filigrane.

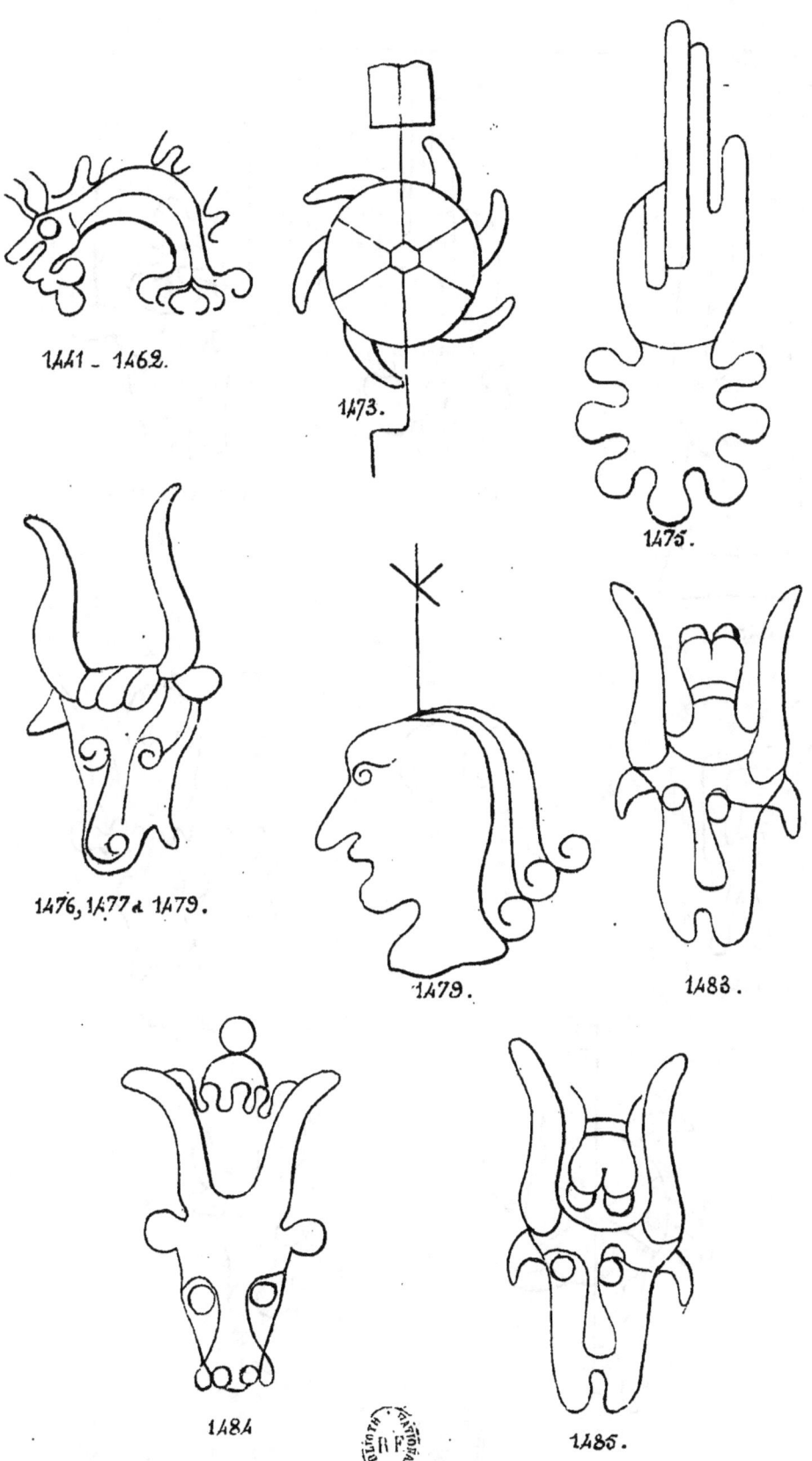

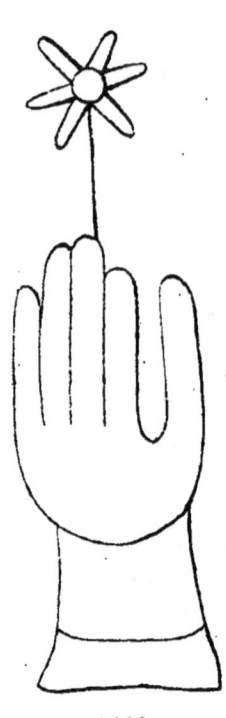
1489.

1486, 1492, 1507.

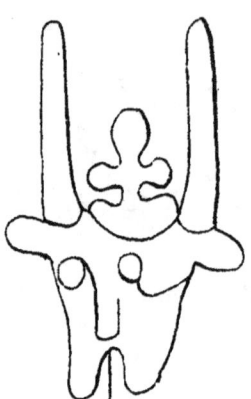
1490, 1494, 1497.

1496.

1493.

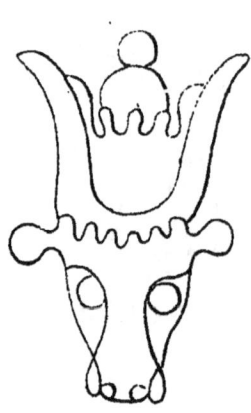
1495 – 1505.

1498.

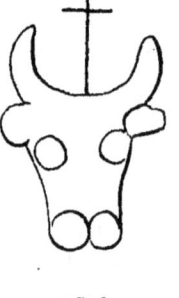
1503.

CORRECTIONS.

Page xxix, ligne 24 : lire *la* sagesse au lieu de *le* sagesse.
— LX, ligne 21 : lire *1473* au lieu de *1743*.
— LXV, ligne 5 : lire *1479* au lieu de *1470*.
— 105, note 1, rectifier ainsi : Bernard VII, comte d'Armagnac. Par lettres datées, etc., elles avaient été données, etc.
— 145, note : lire 16 mars *1465* au lieu de 16 mars *1435*.
— 351, ligne 21 : effacer *metut*, répété deux fois.
— 365, ligne 3 (bas) : lire *Nogaro* au lieu de *Nogara*.
— 402, ligne 7 (bas) : lire *termetossam* au lieu de *tormetossam*.
— 480, ligne 15 (bas) : lire *los christians* au lieu de *las christians*.
— 497, ligne 20 : lire *paysera* au lieu de *peyrera*.
— 498, ligne 1 : lire *cen* (*signum*) au lieu de *ceu*.
— 517, ligne 8 (bas) : lire *cossolatz* au lieu de *cossslatz*
— 528, ligne 14 : lire *environ* ou lieu de *envion*.
— 566, ligne 12 : après le mot *mossenhor* ajouter *de Termes*.

www.ingramcontent.com/pod-product-compliance
Lightning Source LLC
Chambersburg PA
CBHW071659300426
44115CB00010B/1256